U0548743

经时济世
继往开来
贺教育部
重大攻关项目
成果出版

季羡林
时年九十有八

教育部哲学社會科学研究重大課題攻關項目

“十三五”国家重点出版物出版规划项目

东亚国家语言中汉字词汇使用现状研究

RESEARCH ON THE CURRENT USE OF CHINESE CHARACTER VOCABULARY IN EAST ASIAN NATIONAL LANGUAGES

中国财经出版传媒集团
经济科学出版社
Economic Science Press

图书在版编目（CIP）数据

东亚国家语言中汉字词汇使用现状研究 / 施建军等著．-- 北京：经济科学出版社，2021.11

教育部哲学社会科学研究重大课题攻关项目 “十三五”国家重点出版物出版规划项目

ISBN 978-7-5218-3261-7

Ⅰ．①东…　Ⅱ．①施…　Ⅲ．①日语 - 汉字 - 研究②朝鲜语 - 汉字 - 研究③越南语 - 汉字 - 研究　Ⅳ．①H362②H552③H442

中国版本图书馆 CIP 数据核字（2021）第 250667 号

责任编辑：孙丽丽　纪小小
责任校对：蒋子明　孙　晨　王肖楠
责任印制：范　艳

东亚国家语言中汉字词汇使用现状研究
施建军　等著
经济科学出版社出版、发行　新华书店经销
社址：北京市海淀区阜成路甲 28 号　邮编：100142
总编部电话：010-88191217　发行部电话：010-88191522
网址：www.esp.com.cn
电子邮箱：esp@esp.com.cn
天猫网店：经济科学出版社旗舰店
网址：http://jjkxcbs.tmall.com
北京季蜂印刷有限公司印装
787 × 1092　16 开　41.25 印张　800000 字
2023 年 3 月第 1 版　2023 年 3 月第 1 次印刷
ISBN 978-7-5218-3261-7　定价：168.00 元
（图书出现印装问题，本社负责调换。电话：010-88191545）

课题组主要成员

首席专家 施建军

主要成员 谯 燕 祁广谋 赵新建 白晓光
马会霞 高陆洋 赵 岩 洪 洁
林 丽 谢群芳 熊文新

本书作者与任务分工

研究篇

第一章　绪论　施建军执笔

第二章　东亚国家汉字词汇研究现状及课题　施建军执笔

第三章　东亚国家语言汉字词汇诸态　施建军　许雪华　赵新建　祁广谋执笔

第四章　现代日本语汉字词汇使用现状研究　施建军执笔

第五章　现代韩国语汉字词汇使用现状研究　施建军执笔

第六章　现代越南语汉字词汇使用现状研究　施建军执笔

第七章　汉语与日、韩、越等语言通用词汇使用现状研究　施建军执笔

第八章　日本、韩国、越南等东亚国家汉字及汉字词相关语言政策
　　　　施建军　赵新建　祁广谋　洪　洁　杨超时　高陆洋执笔

资料篇

第九章　日本常用汉字词汇使用现状　施建军承担

第十章　韩国常用汉字词汇使用现状　施建军　赵新建承担

第十一章　越南常用汉字词汇使用现状　祁广谋　施建军　范氏缘红　谢群芳承担

总 序

哲学社会科学是人们认识世界、改造世界的重要工具，是推动历史发展和社会进步的重要力量，其发展水平反映了一个民族的思维能力、精神品格、文明素质，体现了一个国家的综合国力和国际竞争力。一个国家的发展水平，既取决于自然科学发展水平，也取决于哲学社会科学发展水平。

党和国家高度重视哲学社会科学。党的十八大提出要建设哲学社会科学创新体系，推进马克思主义中国化、时代化、大众化，坚持不懈用中国特色社会主义理论体系武装全党、教育人民。2016年5月17日，习近平总书记亲自主持召开哲学社会科学工作座谈会并发表重要讲话。讲话从坚持和发展中国特色社会主义事业全局的高度，深刻阐释了哲学社会科学的战略地位，全面分析了哲学社会科学面临的新形势，明确了加快构建中国特色哲学社会科学的新目标，对哲学社会科学工作者提出了新期待，体现了我们党对哲学社会科学发展规律的认识达到了一个新高度，是一篇新形势下繁荣发展我国哲学社会科学事业的纲领性文献，为哲学社会科学事业提供了强大精神动力，指明了前进方向。

高校是我国哲学社会科学事业的主力军。贯彻落实习近平总书记哲学社会科学座谈会重要讲话精神，加快构建中国特色哲学社会科学，高校应发挥重要作用：要坚持和巩固马克思主义的指导地位，用中国化的马克思主义指导哲学社会科学；要实施以育人育才为中心的哲学社会科学整体发展战略，构筑学生、学术、学科一体的综合发展体系；要以人为本，从人抓起，积极实施人才工程，构建种类齐全、梯队衔接的高校哲学社会科学人才体系；要深化科研管理体制改革，发挥高校人才、智力和学科优势，提升学术原创能力，激发创新创造活力，建设中国特色新型高校智库；要加强组织领导、做好统筹规划、营造良好学术生态，形成统筹推进高校哲学社会科学发展新格局。

哲学社会科学研究重大课题攻关项目计划是教育部贯彻落实党中央决策部署的一项重大举措，是实施"高校哲学社会科学繁荣计划"的重要内容。重大攻关项目采取招投标的组织方式，按照"公平竞争，择优立项，严格管理，铸造精品"的要求进行，每年评审立项约40个项目。项目研究实行首席专家负责制，鼓励跨学科、跨学校、跨地区的联合研究，协同创新。重大攻关项目以解决国家现代化建设过程中重大理论和实际问题为主攻方向，以提升为党和政府咨询决策服务能力和推动哲学社会科学发展为战略目标，集合优秀研究团队和顶尖人才联合攻关。自2003年以来，项目开展取得了丰硕成果，形成了特色品牌。一大批标志性成果纷纷涌现，一大批科研名家脱颖而出，高校哲学社会科学整体实力和社会影响力快速提升。国务院副总理刘延东同志做出重要批示，指出重大攻关项目有效调动各方面的积极性，产生了一批重要成果，影响广泛，成效显著；要总结经验，再接再厉，紧密服务国家需求，更好地优化资源，突出重点，多出精品，多出人才，为经济社会发展做出新的贡献。

作为教育部社科研究项目中的拳头产品，我们始终秉持以管理创新服务学术创新的理念，坚持科学管理、民主管理、依法管理，切实增强服务意识，不断创新管理模式，健全管理制度，加强对重大攻关项目的选题遴选、评审立项、组织开题、中期检查到最终成果鉴定的全过程管理，逐渐探索并形成一套成熟有效、符合学术研究规律的管理办法，努力将重大攻关项目打造成学术精品工程。我们将项目最终成果汇编成"教育部哲学社会科学研究重大课题攻关项目成果文库"统一组织出版。经济科学出版社倾全社之力，精心组织编辑力量，努力铸造出版精品。国学大师季羡林先生为本文库题词："经时济世继往开来——贺教育部重大攻关项目成果出版"；欧阳中石先生题写了"教育部哲学社会科学研究重大课题攻关项目"的书名，充分体现了他们对繁荣发展高校哲学社会科学的深切勉励和由衷期望。

伟大的时代呼唤伟大的理论，伟大的理论推动伟大的实践。高校哲学社会科学将不忘初心，继续前进。深入贯彻落实习近平总书记系列重要讲话精神，坚持道路自信、理论自信、制度自信、文化自信，立足中国、借鉴国外，挖掘历史、把握当代，关怀人类、面向未来，立时代之潮头、发思想之先声，为加快构建中国特色哲学社会科学，实现中华民族伟大复兴的中国梦做出新的更大贡献！

教育部社会科学司

前 言

东亚国家对汉字文化的传承是中华民族优秀文化走出去的成功范例。汉字文化共同体的形成不仅缘于汉字自身的魅力，也缘于汉字所承载的中华民族的优秀文化传统。这些文化传统不仅在周边国家得到了传承，也沉淀在了周边国家的语言中，以汉字词汇的形式大量保留下来。近代以来，由于汉字习得困难，加上民族意识的觉醒，汉字文化共同体的主要国家都先后出现了“驱逐”“挞伐”汉字的风潮，导致汉字在韩国消失殆尽，在越南彻底废除。但是，在这些语言中汉字词汇的使用并没有受到太大影响。进入21世纪后，信息技术飞速发展，计算机处理汉字的能力极大提升，作为形义结合的汉字，其实现跨语言信息传递的特殊能力导致人们又开始重新审视汉字的科学性和魅力。汉字作为一种文字，很容易受到主观意识和语言政策影响，但是语言政策很难左右作为承担文化、概念的语言形式——汉字词汇的使用。近年来，汉字作为中华民族优秀文化的结晶，再次得到学界和社会的重视与青睐。但是，对汉字词汇的研究尚没有得到应有的重视，特别是汉字文化共同体主要国家语言中的汉字词汇。实际上，汉字和汉字词汇是形式和内容的关系，汉字词汇是汉字的灵魂，对东亚国家汉字的研究应该重视这些国家语言中的汉字词汇。

日本是中国之外使用汉字最多的国家，由于汉字的存在，现代日本语中的汉字词汇一目了然。随便翻开日本出版的书籍或者报纸，我们就可以看到，汉字词汇至少占版面的1/3以上，从直感上就可以判断汉字词汇在日本语中的地位是如何的重要。实际上，根据本课题研究的结果，日本报纸音读汉字词的覆盖率达到41.41%，韩国语和越南语汉字词汇的总体覆盖率也分别达到了38.28%和38.64%。也就是说，如果恢复使用汉字，就可以看到韩国、越南等国语言的书面语中有近40%是汉字词汇，汉字词汇是这些语言词汇系统不可或缺的重要组成部分。

汉字是世界上为数不多的音形义相结合的文字，在相当长的历史中，其一直是汉字文化共同体国家之间重要的交流手段。古代文人贤士虽然语言不通，但是可以用汉字进行“笔谈”，这是东亚国家特有的、有趣的语言现象，成为美谈，汉字词汇便是这种笔谈达意的语义单位。近年来，随着我国和周边国家经济贸易合作的进一步加深、文化交流更加频繁、信息技术日新月异，加上这些语言仍然大量使用汉字词汇，日本、韩国、越南等国家的有识之士再次意识到汉字在东亚国家的重要性。2009年，韩国在世的历任总理联名上书韩国政府，敦促时任总统在韩国恢复使用汉字。日本2010年出台了新的汉字使用政策，将日本法定《常用汉字表》中的汉字由1 945个增加到2 136个。2014年，日本时任文部科学大臣下村博文在日本横滨举行的第6届中日韩文化部长官会议上建议加强“中日韩汉字文化交流”。2016年，中国、日本、韩国三国合作秘书处成立了《中日韩通用汉字词汇》编辑委员会。越南的一些专家学者也呼吁越南政府恢复使用汉字。正是因为这些国家的语言中使用着大量汉字词汇，汉字有可能重新在这些国家“开花结果”，汉字文化在东亚的繁荣或许将会重新出现。

虽然自古以来汉字曾经是东亚国家共通的文字，中华民族的优秀文化深深影响了日本、韩国、越南三个国家，人们使用汉字基本上可以达意，但是，中、日、韩、越四国语言完全不同，而且都拥有各自的文化传统，这些差异导致汉字和汉字词汇在四个国家语言中存在或多或少的差异，这些差异不仅表现在汉字词汇的多少上，也表现在同一汉字词汇在四国语言中具有不同的意义用法上，还表现在各个国家都使用着各自独有、其他国家并不使用的汉字词汇上。汉字词汇在东亚国家语言中的这些共性和差异，随着国家间相互交流的加深，也引起了社会的广泛关注。

东亚国家共同使用汉字至少有一千多年的历史，无论从历时的角度还是从共时的角度，东亚国家的汉字词汇都有无数值得研究的学术课题，可以说是一个广阔的研究领域。无论开展汉字词汇的哪方面研究，我们认为首先必须对日、韩、越三国现代语言中汉字词汇的使用现状进行调查摸底，包括这些国家的现代语言中正在使用的汉字词汇有哪些、每一个汉字词的使用频率是多少、汉字词汇在这些语言中的覆盖率是怎样的、哪些词和现代汉语是通用的、哪些词是这些国家独有的等。为此，2012 年我们申请了这个课题，研究东亚国家语言中汉字词汇的使用现状，并获得教育部哲学社会科学研究重大课题攻关项目的立项。

项目实施过程中课题组面临了很多预想到和没有预想到的困难。本课题的核心目标是研究日本、韩国、越南三个国家现代语言中汉字词汇的使用现状，具体就是研究这些语言中还在使用的汉字词汇词条、每一个汉字词汇的使用频率以及汉字词汇在书面语中所占比例。要实现这个目标，需要有大规模语料库和先进语言处理技术作支撑，这在 21 世纪初是很难想象的。即便是现在，韩国语和越南语的语言资源和相关技术的缺乏也是本课题研究面临的巨大挑战。

日本在开展大规模词汇调查方面有着丰富的经验，“二战”结束后到 20 世纪末，日本每隔一段时间就要进行一次词汇调查。由于当时技术条件的限制，特别是自然语言处理技术的限制，日本实施的这些调查基本上都是抽样调查，在学界产生影响最大的一次调查所使用的样本约为 200 万字左右。从今天的角度看，这个语料库的规模是非常小的，不过由于组织科学，那次调查所得到的结果相当可靠，得到了学界的广泛认可。日本这些调查的目的主要是把握自己国家语言的使用状况，虽然得到了一些关于日本语中汉字和汉字词汇的信息，但似乎每一次调查的结果都并不完全一致。因此，我们认为还有必要利用大数据和全数调查的方法对日本语中的汉字词汇进行进一步调查。由于日本的信息化发展程度很高，而且日本语相关的计算机处理技术水平也很先进，加上日本语书面语保留了大量的汉字，因此，开展日本语汉字词汇的调查研究，无论从数据资源还是技术角度，都不是十分困难。

但是，和日本语相比，用同样的方法对韩国语和越南语中的汉字词汇开展研究困难却要多得多。首先由于限制汉字的使用，韩国出版的现代书籍和报纸，除少数保留汉字以外，绝大多数看不到汉字，因此我们对韩国语中汉字词汇的使用量无法有一个感性的认识。即便是韩国人，如果不是汉字词汇研究的专家，也无法辨认其中的汉字词汇。正因如此，到目前为止，学界并没有可以直接应用于本课题研究的大规模韩国语语料库，特别是标注有汉字的韩国语语言资源十分匮乏。从技术角度看，虽然韩国信息处理技术也达到了相当高的水平，但是，其实际语言生活中基本上不使用汉字，因此，韩国的汉字智能处理技术缺乏，特别是本课题研究所需要的韩国语文字到汉字的智能转换技术。也是因为这个原因，课题组在这方面获得了1项国家发明专利。

越南语更是如此，现代越南语文字完全实现拉丁化，原先使用汉字书写的越南语汉字词汇，全部以拉丁文字的形式呈现，现代越南语中到底哪些词汇是汉字词汇已无法从文字上直接判断。从语言资源的角度看，韩国语还有一些词汇使用了汉字的语言资源，虽然不多；而越南语基本上找不到可用于本课题研究的汉字语言资源，更不用说大规模语料库。由于文字拉丁化政策在越南已经实施相当长的时间，在越南的现代语言生活中，基本上不存在汉字智能处理技术上的需求，因此，可以说越南语这方面的技术是空白的。另外，从语言自身的特点看，越南语和汉语一样是孤立语，其书面语是拼音化了的孤立语，音节之间有间隔，但是单词之间没有间隔，这一点和韩国语存在差异。也正是这一点，给开发越南语的相关语言技术造成了更加复杂的障碍和困难。

本课题的一个重要理念就是利用大数据，对东亚国家语言中的汉字词汇进行梳理，因此，数据资源的加工建设是本课题的主要任务。但是，由于韩国语和越南语在语料库加工建设方面存在挑战，这不但大大加大了本课题研究的难度，而且使得科研工作量比预想增加了许多倍，当然也提升了课题研究的价值和意义。为了确保科研成果能够尽可能客观、真实地反映日本、韩国、越南三国语言中汉字词汇的使用情况，保证研究结论的科学性，除了日本语语料课题组主要依靠日本语的自动分词和标注技术进行加工外，韩国语和越南语的语料主要采用机器和手工相结合的方式进行汉字的标注和加工。本课题所涉及和处理的数据量达到数亿规模，这在东亚国家语言汉字词汇研究领域可能较少见，其工作量是可想而知的。

由于所处理数据规模庞大、多学科交叉、多单位协同，在项目实施过程中，课题组遇到了许多组织上的困难和技术上的障碍，但是为了摸排清楚汉字词汇在东亚国家语言中的真实使用情况，为学界今后在该领域开展深入研究打下基础，课题组没有因为困难而降低对核心目标的研究标准，经过课题组多年的艰苦努力，最终圆满完成了研究任务。我们将本课题研究过程中得到的主要成果撰写成著作，公开出版，谨供学界参考。这部著作中的第九章“日本常用汉字词汇使用现状”、第十章“韩国常用汉字词汇使用现状”、第十一章“越南常用汉字词汇使用现状”收录了课题组通过对大规模语料库和相关语言资源分析而得到的、日韩越三国现代语言中正在使用的汉字词汇及其使用频率等信息，是本项目的核心和标志性成果。但是由于篇幅限制这里只收录了三国语言的常用汉字词各10 000条，而本课题研究所获得的实际数据要多得多。

本课题横跨了日本语、韩国语、越南语等多国语言，涉及了词汇学、计量语言学、语料库语言学、自然语言处理等多个语言学相关的研究领域，课题组成员的通力合作是保证本课题顺利实施的重要前提。本课题攻关团队的核心成员来自上海外国语大学、原解放军外国语学院、北京外国语大学等单位，均为该领域国内外知名专家。

由于时间仓促、水平有限，这部成果一定存在很多疏漏的地方，恳望得到学界同仁的批评指正。

该项目执行过程中得到了国内外著名专家的大力支持、热情指导和帮助。教育部社科司徐青森司长、教育部语用司原司长姚喜双教授、语文出版社原社长李行健教授、首都师范大学原副校长周建设教授、中国社会科学院语言所董昆研究员莅临项目开题研讨会，给项目的实施提出了许多具体而富有建设性的建议，在此向上述专家和领导表示衷心的感谢。经济科学出版社的编辑老师，在这部著作的编辑出版过程中付出了很多辛劳和智慧，提出了许多宝贵意见，在此也一并表示感谢。

另外，北京外国语大学谯燕教授、朱京伟教授、熊文新教授、陈小明教授、苗春梅教授，北京理工大学彭广陆教授，日本国立国语研究所山崎诚教授，韩国国立国语言院李准焕副教授，越南胡志明市外语信息大学范氏缘红（PHAM THI DUYEN HONG）老师，北京外国语大学汪波副教授、潘蕾副教授、王嘉副教授、韩涛博士，西安外国语大学的白晓光副教授，原解放军外国语学院马会霞老师、林丽老师、赵岩老师，河南科技大学陈慧荟老师，中国政法大学石立珣副教授，外交学院秦石美副教授，青岛农业大学仇虹博士，浙江工商大学张晓东老师，上海外国语大学高氏清玄（Cao Thị Thanh Huyền）同学等在项目执行过程中做出了贡献，在此表示感谢！

摘 要

汉语在历史上对日本、韩国、越南等东亚国家语言文字的形成和发展产生了重要影响。日本至今仍然大量使用汉字，尽管韩国限制汉字使用，越南已经废除了汉字，但是韩国语、越南语中汉字词汇仍然大量存在。汉字词汇在这些语言词汇体系中占核心地位，没有汉字词汇的日本语、韩国语和越南语是无法想象的。近年来，东亚国家语言中的汉字和汉字词汇问题再次受到社会和学界的广泛关注。2010 年，日本政府出台了关于日本语中汉字使用的新的语言政策，将法定常用汉字由 1 945 个增加到 2 136 个。韩国和越南的一些有识之士也在呼吁恢复汉字教育和恢复使用汉字。汉字和汉字词汇在周边国家的前途究竟如何？要回答这个问题，首先必须摸清东亚国家语言中汉字词汇的使用现状和汉字的生态环境。

本课题研究的核心目标是围绕“东亚国家语言汉字词汇使用现状”这个中心，重点解决日本、韩国、越南三个国家语言中汉字词汇有哪些、汉字词汇的使用情况如何等问题。作为本课题研究的最终成果，力图对上述问题作出明确的回答。

为了保证本课题研究结果的科学性和准确性，研究过程中引入了一些新的研究方法和研究理念。首先导入大数据的理念，充分发挥汉、日、韩、越等语言大规模语料库的优势，采取全数调查的方法，对反映东亚国家语言中汉字词汇使用现状的各项指标开展研究，本课题研究所使用的日本语、韩国语、越南语的文本数据总计达到数亿字规模；其次充分利用先进的计算机自然语言处理技术对日、韩、越等语言中的汉字词汇以及汉语和这些语言的通用词汇进行分析研究，包括既有的日本语词法分析和标注技术、韩国语和越南语的分词技术，以及本课题执行过程中自主开发的中、日、韩、越四国语言通用的语料库分析工具；最后利用专业数据库管理系统对东亚国家语言汉字词汇及其相关数据进行处理和管理。

围绕日、韩、越等国语言汉字词汇使用现状问题，本书对这三国语言汉字词汇的各种形态进行了详细考察，并对日、韩、越等国汉字词汇作了界定。在此基础上，利用大规模语料库和计算机技术，获得了三国语言中正在使用的汉字词汇列表，给出了每一个汉字词的词频，并且分析统计了汉字词汇在书面语中的覆盖率，利用这些指标对汉字词汇在日、韩、越等东亚国家语言中的使用现状作了描述。利用同形词自动分析技术，分析和获取了现代汉语及日、韩、越等语言的通用词汇，并且给出了这些词在各自语言中的使用频度。

根据对日本国立国语研究所2011年公布的《现代日语书面语平衡语料库》的分析研究，该语料库中共出现汉字词汇70 000余条，汉字词汇在现代日本语书面语词汇系统中所占比例为61.55%，总体覆盖率为30.53%，实词覆盖率为50.85%。根据对日本《每日新闻》8年的数据分析，该报纸共出现汉字词汇47 000余条，占该报纸使用词汇的59.86%，该报纸汉字词汇的覆盖率为45.66%，实词覆盖率为64.59%。

根据对韩国国立国语院2012年公布的“二十一世纪世宗计划”成果《现代韩国语书面语语料库》的分析研究，该语料库中共出现汉字词汇90 000余条，占现代韩国语书面语词汇系统的49.83%，汉字词汇总体覆盖率为38.28%，实词覆盖率为62.29%。

根据对现代越南语汉字标注语料库的分析研究，该语料库共出现汉字词汇13 000余条，汉字词汇占该语料库词汇系统的33.95%，汉字词汇在该语料库中的覆盖率为38.64%。越南语法律公文中使用汉字词汇最多，占49.6%，法律公文中汉字词汇的覆盖率接近59.6%。

受到篇幅限制，本课题最终成果分别收录日本语、韩国语、越南语常用汉字词汇各10 000条，并标注了这些汉字词汇的使用频度，以反映汉字词汇在日本、韩国、越南等国语言中的使用情况。

从以上数据可以得知，无论是大量使用汉字的日本，还是限制汉字使用的韩国，或是已经废除汉字的越南，汉字词汇在上述东亚国家语言中均大量使用，汉字词汇无论是在这些语言的词汇体系中所占比重，还是日常语言生活中出现的频度都非常高，汉字词汇是这些国家现代语言生活不可或缺的重要语言要素，而且充满活力。正因为这些语言大量使用汉字词汇，相关国家才会出现恢复汉字教育和恢复使用汉字的呼声。在东亚国家的现代语言中，汉字词汇是汉字的灵魂，也是汉字的种子，只要条件成熟，就会生根、发芽、开花、结果。

Abstract

Historically, the formation and development of languages of East Asia (such as Japanese, Korean, and Vietnamese) has been greatly influenced by Chinese. So far, Chinese characters have been widely used in Japanese (known as Kanji) . Despite that the use of Chinese characters is restricted in South Korea and has been abolished in Vietnam, Chinese vocabularies still exist in Korean (known as Hanja vocabulary), and Vietnamese (known as Sino-Vietnamese vocabulary) . Chinese occupies such a vital position in these languages that Japanese, Korean and Vietnamese without Chinese would be unthinkable. In recent years, the issue of Chinese characters and vocabulary in languages of East Asia has received widespread attention from both society and academia. In 2010, the Japanese government promulgated a new language policy on the use of Chinese characters in Japanese, increasing the number of legal common Chinese characters from 1 945 to 2 136. Some people of insight in South Korea and Vietnam are also calling for the restoration of Chinese character and its education. What's the future of Chinese characters and vocabulary in neighboring countries? To answer this question, we must understand the current situation of the use of Chinese vocabulary in East Asian languages and the ecological environment of Chinese vocabulary.

With its main goal of entering around the issue of "the current situation of Chinese vocabulary usage in languages of East Asia", this research aims to solving such questions as "What are the Chinese vocabulary in Japanese, Korean and Vietnamese?", "How is Chinese vocabulary used in these languages?" and "By comparing vocabularies in contemporary Chinese with that in Japanese, Korean and Vietnamese, are there any common Chinese vocabularies? If so, are there any differences between them and what are they?" . Answers to these questions are given as thc results of this study.

To ensure its scientific nature and accuracy, some new research concepts and research methods were introduced in this study. First, the concept of big Data was employed. With the aid of large-scale corpora (hundreds of millions of words) of Chinese, Japanese, Korean, Vietnamese and other languages, a full investigation of various indexes reflecting the current situation of Chinese vocabulary usage in languages of East Asia was carried out. Second, advanced natural language processing technology (including the existing text segmentation and annotation system: Japanese POS tagger, word segmentation tool for Korean and Vietnamese, as well as self-developed corpus tool) was adopted for linguistics analysis of common Chinese vocabulary used in Chinese, Japanese, Korean and Vietnamese. Third, professional database management system was used to process and manage linguistic data.

Focusing on the current situation of the current situation of Chinese vocabulary usage in Japanese, Korean and Vietnamese, a detailed investigation of the various forms of Chinese vocabulary in these three languages was carried out. This observation comes along with an explicit definition of Chinese vocabulary in these three languages respectively. On this basis, lists of existing Chinese vocabulary are obtained through large-scale corpus and computer technology, in which Chinese vocabulary word frequency and coverage rate in written language are calculated and analyzed. Using these indexes, the current situation of Chinese vocabulary usage in languages of East Asia are described. Applying automatic analysis of homographs, common vocabularies of modern Chinese, Korean and Vietnamese are gained and analyzed, with usage frequency of these words in respective languages.

According to the study of "The Balanced Corpus of Contemporary Written Japanese" (BCCWJ) released by National Institute for Japanese Language and Linguistics (NINJAL) in 2011, the corpus contains more than 70 000 Kanji items, with a notional words coverage rate of 50.85%.

A statistics analysis towards texts collected from *The Mainichi Newspapers* in 8 years shows that it includes more than 47 000 Kanji items, accounting for 59.86% of its vocabulary. *The Mainichi Newspapers* has a Kanji coverage rate of 45.66%, with a notional word coverage rate of 64.59%.

According to study of The Written Modern Korean Corpora, which is a part of the obtained results of "The 21st Century Sejong Project" released by National Institute of the Korean Language (NIKL) in 2012, this corpus includes more than 90 000 Hanja items, accounting for 49.83% of the vocabulary used in modern Korean written language. It has a Hanja coverage rate of 38.28%, with a notional word coverage rate of 62.29%.

The study of The Annotated Sino–Vietnamese Corpus shows that it includes more than 13 000 Sino–Vietnamese entries, accounting for 33.95% of its vocabulary. The corpus has a Sino–Vietnamese word coverage rate of 38.64%, among which legal documents is the genre where Sino–Vietnamese words are mostly used, constituting 49.6% of its vocabulary, with coverage rate of 59. 6%.

Limited by the space, the final results of this project include 10 000 common Chinese vocabulary in Japanese, Korean and Vietnamese respectively, and mark the frequency of using these words to reflect the use of Chinese vocabulary in Japanese, Korean and Vietnamese.

From the above data, we can see that whether Japan, where a large number of Chinese characters are still in use, or South Korea where the use of Chinese characters is restricted, or Vietnam where Chinese characters has been abolished, Chinese vocabulary is widely used in languages of East Asia. It is safe to say that Chinese vocabulary is a vital part of languages of East Asia. It makes sense then, that there are pleas to reinstate Chinese character and its education in these countries. In the modern languages of East Asia, the Chinese vocabulary is the soul, as well as the seeds of Chinese characters. As long as the conditions are mature, they will take root, sprout, blossom, and finally bear fruit.

目录

Contents

研 究 篇

资　料　篇

Contents

Part I

Part II

研究篇

第一章

绪　论

在“汉字文化圈”国家的语言史上，汉字词汇是和汉字相伴而生的，由于汉字具有表意功能，古代汉语往往一个汉字可以是一个词，而一个词有时又可以用一个汉字来表达。不仅古代汉语如此，古代日本语、韩国语、越南语中的汉字词汇和汉字也有这样的关系。直至近代，汉字和汉字词相伴而生的状态被“文字走拼音化道路”的思潮打破，越南和韩国现代书面语言中汉字基本上消失，但是，汉字词汇在这些语言中并没有随着汉字的消失而消失，仍然充满着活力。近年来，汉字作为中华文明的象征受到了学界和社会的广泛关注，但是东亚国家语言中的汉字词的使用问题似乎没有受到应有的重视。

汉字词汇是东亚文化传承的载体，也是中华文化“走出去”的印记，汉字只是汉字词汇在东亚语言中存在的一种形式，从韩国、越南等国语言的现状就可以证明这一点。研究东亚国家语言中的汉字词汇对研究中华文化传承规律的价值某种意义上可能远大于对汉字本身的研究。进入 20 世纪以后，汉字在东亚国家有不同的命运，废除汉字、恢复汉字、限制汉字成了中、日、韩、越四个以汉字（或曾经以汉字）为主要书写文字的国家的热点问题。但是汉字词汇在东亚国家语言中的使用是否也因汉字命运的不同而受到影响，关于这方面的研究似乎并没有汉字本身的研究那么有热度。正因为汉字和汉字词汇为形式和内容的关系，同时又因为汉字的表意特性，使得汉字和汉字词汇有着不可切分的关联，因此要研究汉字词汇一定程度上必须要研究汉字，汉字的使用情况某种意义上也会涉及汉字词汇的使用情况。更重要的是，要研究汉字将来在东亚国家语言中的命运必须研究东亚国家汉字词汇使用现状，因为汉字词汇在这些语言中就像被埋在地下的汉字的种子，等待时机成熟便会发芽、开花、结果。

20世纪60年代，日本学者首次提出了“汉字文化圈”的概念[①]，主要指中国以及受中国传统文化影响、历史上也以汉字作为主要交流媒介的日本、韩国、朝鲜、越南等东亚国家。作为由这些国家形成的“文化圈”，历来有很多种命名，如“儒教文化圈”“汉文化圈”等。但是人们认为“汉字的使用”是这个“文化圈”的实质特征，用“汉字”这个具体文化要素能够更加平等和恰当地涵盖这些国家文化特征的共性。因此我们认为使用“汉字文化共同体”这个概念也许更加合适。如果完全从这个意义出发，汉字文化圈的范围可能不止于这五个国家，东南亚的新加坡等国家和地区也可以纳入进来。但是，从语言学的角度看，新加坡和我国使用的语言均为华语，而日本、韩国、朝鲜、越南等所使用的语言除了历史上书面语中使用汉字之外，和汉语有本质上的区别。由于这些国家的语言和汉语存在本质的差别，汉字只不过是作为这些语言的书面标记符号而被引入这些国家，因此汉字在这些国家的使用也有着不同的命运。有的国家已经彻底废除了汉字，如越南、朝鲜；有的国家对汉字的使用作了非常严格的限制，只在特定情况下才能够使用，如韩国；日本是一个特殊情况，虽然废除汉字和限制汉字的声音一度高涨，但是，最终并没有能够扼杀汉字的使用。但是，近年来随着社会的进步，不但日本政府法定使用的汉字数量在不断增加，严格限制汉字使用（如韩国）甚至完全废除汉字（如越南）的国家，呼吁恢复使用汉字的呼声也越来越高，并开始产生效果，如2009年韩国在世的历任总理联名上书李明博政府，敦促李明博总统在韩国恢复使用汉字。[②]2016年12月30日韩国教育部表示，根据“小学教材汉字标注标准”，将从2019年起在全国小学5~6年级教材上标注汉字。在越南，20世纪初法国殖民者下令全面废除汉字教育，但是由于废除汉字教育存在割断历史、弱化民族认同感的危险，许多越南的有识之士一直呼吁在学校教育中开设有关汉字教学的课程。近年，汉字教育问题甚至成为越南国家科学会议的议题。[③]

为什么日本限制使用汉字的政策会失败？为什么韩国多年实行限制汉字政策后又开始恢复汉字教育？为什么越南恢复汉字教育的呼声也越来越高？这些现象到底是源自功利的假象，还是来自文化灵魂深处的声音？为什么这些国家将汉字

---

① 1963年，日本平凡社出版的《日本語の歴史2文字とのめぐりあい》中出现了“汉字文化圈”的概念。该书的主要编著者一桥大学的日本国语学教授龟井孝后来在一次访谈中说，“汉字文化圈”这一概念是他首次使用的。该访谈刊登在1994年8月出版的日本杂志《现代思想》22卷9号。

② 王燕：《韩前总理总动员推动汉字成韩字》，载于《法制晚报》2009年1月13日。

③ ［越］Đoàn Lê Giang, *Cần Khôi Phục Việc Dạy Chữ Hán Trong Nhà Trường*, *Tuổi Trẻ Cuối Tuần*, 2010.6.26.

作为自己国家语言的文字使用了 1 000 多年后却要废除，而废除了短暂的时间后却又提出要恢复？其根本原因是汉文化对这些国家的深远影响导致日本语、韩国语、越南语中产生并正在使用着大量的汉字词汇。汉字词汇在这些语言的词汇体系中的地位不是一般的借词所能够比拟的。仅从数量上看，汉字词汇在日本语、韩国语、越南语的词汇中所占比例超过了其词汇体系的 50% 以上。日本国语辞典中，汉字词汇占总词条的 53% 左右，日常语言生活中汉字词汇也占了 47.5%。[①] 这些"汉字文化圈"语言中的汉字词汇到底有多强的生命力？这不仅是学界研究的课题，也是所有华夏子孙感兴趣的话题。

第一节　东亚国家语言中的汉字词汇是中国文化"走出去"的结晶

一个民族的文化在域外的影响、传播和这个民族文化自身的先进性、经济社会的高度发展密不可分，"汉字文化圈"的形成正说明了这一点。公元前 1600 年左右建立的殷商王朝文字系统就已经发展得非常成熟，殷墟甲骨文所记载的文字符号有 4 500 多种，已经辨认出的有 1 700 种左右。[②] 根据教育部、国家语言文字工作委员会发布的《2007 年中国语言生活状况报告》显示，现代汉语 2 394 个高频汉字的覆盖率为 99%，也就是说只要掌握了这 2 400 个左右的汉字，就完全可以满足现代人的日常语言生活需要。秦始皇统一中国文字后，李斯等人编写的识字课本共有 3 300 字[③]，可以认为用这 3 300 字在秦朝已经完全能够标记当时的规范语言。由此也可以推断，4 500 多种文字符号完全能够满足记载殷商当时语言的需要，因此可以说商朝也是我国有文字记载历史的起点，也可以说是世界文明历史的起点。中国文化从商朝末年、西周初就开始对周边国家产生影响，特别是文字从那时起开始传入"汉字文化圈"国家，尽管那时的文字还不叫"汉字"。

汉字最早传播的中国周边国家是朝鲜和韩国。根据我国史料记载[④]，商末周初，商朝旧臣、殷末三贤、孔子尊为"三仁"之一的箕子，怀着亡国之恨带着一批商朝的遗老来到朝鲜，同时也带去了内地的先进文化，中华文化现代意义上的

① ［日］金田一春彦他：《日本語百科大辞典》，（日本東京）大修館書店 1988 年版，第 421 页。

② 李大遂编著：《简明实用汉字学》，北京大学出版社 1993 年版，第 46 页。

③ 李大遂编著：《简明实用汉字学》，北京大学出版社 1993 年版，第 38 页。

④ 司马迁在《史记》"宋微子世家"中记载"於是武王乃封箕子於朝鲜而不臣也"。

境外传播至少始于箕子。虽然目前还没有直接证据证明，但是可以想象，文字也应该同箕子一同进入了朝鲜。也就是说汉字境外传播的第一站应该是“汉字文化圈”中的朝鲜半岛，传播时期不晚于西周初期箕子东渡朝鲜。有些国外学者根据朝鲜半岛保存下来的史料推断汉字传入时间，这是有片面性的，因为朝鲜半岛记录不同民族间文化交流的史籍很晚才出现。自箕子进入朝鲜后，中国和朝鲜半岛的交流基本上没有中断。其后 1 000 多年的时间里中国的政治、社会、军事、经济、制度、哲学思想、宗教文化、科学技术也有了长足的发展。到秦时，所有这些方面可以说都达到了当时世界的先进水平，特别是诸子百家思想影响深远，中华民族迎来了第一次文化大繁荣。同时，中国古文字也从甲骨文、金文、大篆、小篆、隶书不断演变，文字系统日臻完善，特别是秦朝统一使用隶书作为书面文字，使中国文字具备了现代文字的特征。前四种文字和现代汉字差别很大，现代人很难辨认，但是隶书已经和现代汉字差别不大。难怪郭沫若认为秦始皇改革文字的更大功绩，是采用了隶书。在这期间，朝鲜半岛在和中国的不断交流中也在努力学习和吸收中华文化，特别是贵族阶层已经学会使用汉字记录事件、表达思想。自秦以后直至明朝，朝鲜的历代王朝都以中华文化为楷模，以汉字作为其唯一的文字，特别是唐、明两朝，朝鲜半岛的王朝几乎全盘采用唐朝和明朝的制度，贵族更是以精通汉文化为荣，甚至朝鲜王朝历史上的“海东尧舜”世宗大王主持制定的朝鲜本民族文字工程“训民正音”的推广都受到来自士大夫阶层的抵制，以至于直至第二次世界大战结束其民族文字也没有能够得到正式采用和普及。朝鲜半岛正式使用本民族文字是第二次世界大战结束以后的事情，韩国直到 20 世纪 60 年代还在大量使用汉字，汉字词汇的使用从来没有停止过。

汉字随后被传入越南。有些研究认为汉字是东汉时期开始进入越南的，这是以历史记载东汉时期越南确立汉文化教育制度为依据的。实际上，秦始皇统一六国后，秦朝也将越南中北部地区纳入了自己的管辖范围，设立了郡县，并开始派遣官员，甚至移民到这些地区。应该说自这一时期起汉语就开始在越南传播了。到汉武帝时期，汉朝更加强化了对上述地区的统治，而且将汉语定位为这些地区的官方语言。因此，很难说秦和整个西汉时期这些地区没有使用汉字，应该认为自秦起汉字就开始进入越南了，尽管那时这种文字还不叫汉字。东汉光武帝时期，这一地区的统治者开始设立学校，推动汉文化教育。到了隋唐时期，这一地区开始实行科举考试，这也大大促进了本地汉文化教育，涌现了一大批精通汉语的精英，有的进入了统治阶层。这一时期汉字已经进入了越南人民的日常生活，知识分子已经能够熟练运用汉字、汉语，而且出现了用汉语创作的文学作品。秦以后 2 000 年漫长历史中，越南一直以汉文化为楷模，汉字是越南人民学习中华文化的媒介，也是越南人民记载本民族历史的重要工具。即便在摆脱中原统治、建立了自己独立的封建王朝后，越南的统治阶层仍然模仿中原的统治制度，对儒家文化倍加推崇。这期间，虽然越南人民在吸收消化了汉字后，开始利用汉字构成原理创造自己的文字——喃字，有些统治者也试图将其作为自己的国字推广，但是由于士大夫阶层怀有浓厚的汉文化情节，对喃字加以抵制，最终使得喃字没有能够普及开来。17 世纪时西方传教士来到越南，他们尝试用拉丁文来标记越南语，设计了越南语拉丁文文字系统，也就是现代越南语中所谓的“国字”。19 世纪法国殖民者在越南推动了这种文字的普及，但是越南彻底废除汉字，使用上述拉丁文字作为越南国字是越南南北统一后的 1975 年。

汉字传入日本的具体时间众说纷纭。一个广为流传的说法是，根据《日本书纪》的记载，日本应神天皇时期，一位叫阿直岐和一位叫王仁的人从朝鲜半岛来到日本，这两个人带去了汉文书籍。下面是《日本书纪》中关于阿直岐和王仁的记载。

（应神）十五年，秋八月壬戌朔(六)丁卯，百濟王遣阿直岐(あちき)，貢良馬二匹。即養於輕坂(かるのさか)上廏。因以阿直岐令掌飼，故號其養馬之處曰廏坂(うまやさか)也。

阿直岐亦能讀經典(ふみ)。即太子菟道稚郎子(うぢのわきいらつこ)師焉。於是天皇問阿直岐曰:「如勝汝博士(はかせ)亦有耶?」對曰:「有王仁(わに)者，是秀也。」時遣上毛野君(かみつけののきみ)祖荒田別(あらたわけ)、巫別(かむなぎわけ)於百濟，仍徵王仁也。其阿直岐者，阿直岐史(あちきのふびと)之始祖也。

十六年，春二月，王仁來之。則太子菟道稚郎子師之，習諸典籍(ふみ)於王仁。莫不通達(とほりさとり)。所謂王仁者，是書首(ふみのおびと)等之始祖也。

如果应神天皇在位时间为公元 270~310 年，那么那时汉字传到朝鲜半岛已经 1 000 多年了。从上面的文字我们可以看出，阿直岐和王仁都是饱学之士，他们的到来肯定带去了朝鲜半岛上的典籍，否则也无法成为太子的老师。但是，由于日本有文字记载的历史很短，流传的古代史书也不多，上面的记载似乎成了孤证。即便上述记载是史实，阿直岐和王仁带去了汉文典籍，但是应神天皇在位的具体时间也存在争议，因此仅从日本典籍的记载也很难推断汉字传入日本的具体时间。

还有一个说法，汉字大概是中国的东汉年间传入日本的，证据是日本江户时代天明年间（1784 年）出土的金印［见图 1-1（a）］。我国古代典籍中也有关于这枚金印的记载。根据《后汉书 · 东夷传》记载，东汉光武帝时，曾经给来朝贡的日本（倭奴國）使臣赐印，具体记载如图 1-1（b）所示。

（a）

建武中元二年倭奴國奉貢朝賀使人自稱大夫倭國之極南界也光武賜以印綬

《后汉书·东夷传》

（b）

图 1–1　日本江户时代出土金印

虽然有学者认为发现这枚金印的过程记载得比较可疑，因此质疑这枚印是作假的，但是许多学者从中国东汉时期印的规制等多方面考证，认为这枚印是真的。不管怎么说，中国自汉以来史官制度已经比较健全，而且《后汉书》是正史，其中的记载应该是可信的。这么看来，我国和日本的交流至少东汉以前就开始了，而且是官府层面的交流，特别是根据《后汉书》的这个记载，可以推断当时的日本人和东汉官员能够彼此沟通，如果日本人不懂汉字和汉语或者中国人不懂日本语，这种沟通是很难实现的。从中原王朝的传统看，很有可能是来朝贡的日本人懂汉语或者汉字书面语。由此，可以推断汉字传入日本的时间在东汉以前，而不是东汉结束以后的日本应神时代。

隋唐时期是日本人学习中华文化的高峰期。这一时期我国和日本的交流更加频繁，除了日本派来大量的遣隋使、遣唐使外，隋朝和唐朝也有人东渡日本，同时朝鲜半岛来往日本的人也很多，佛教的传播也促进了中华文化在日本的传播。日本第一部古籍《古事记》（公元 712 年）以及日本的史书《日本书纪》（公元 720 年）（见图 1–2、图 1–3）均成书于这一时期。这两部典籍均使用汉字写作，基本上直接使用古代汉语中的字词，少数反映日本特有风土人情的地方则将其日本语读音训为汉文，如前文提到的关于阿直岐赴日记载中的“輕坂”“廄坂”。这两处是日本固有的地名，日本语发音为“かるのさか”“うまやさか”，为了将这些日本语用文字表达出来，就用借训的方法，将“かる”写成“轻”“さか”写成“坂”“うまや”写成“廄”。正是由于古代日本基本使用汉文写作，所以大量的古汉语词汇进入了日本语当中，有的一直沿用至今。

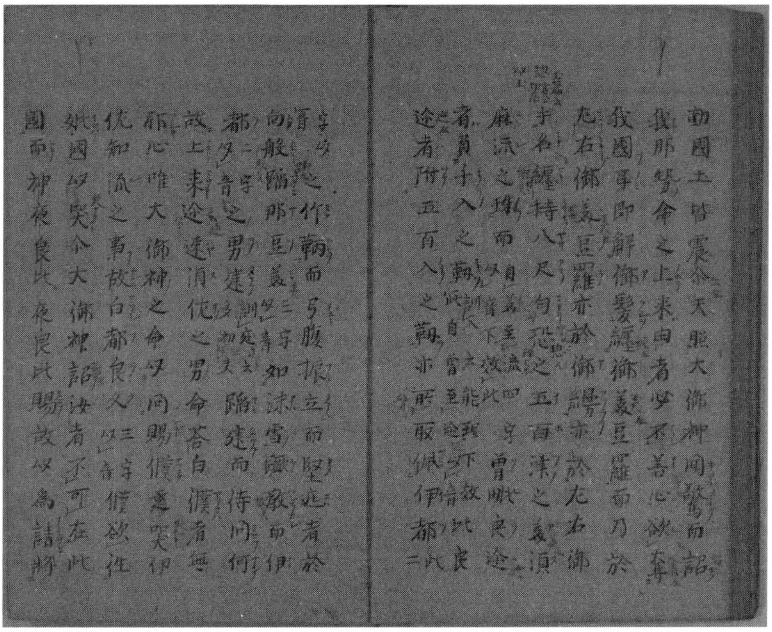

图 1–2　日本京都大学图书馆藏《古事记》（中津本）

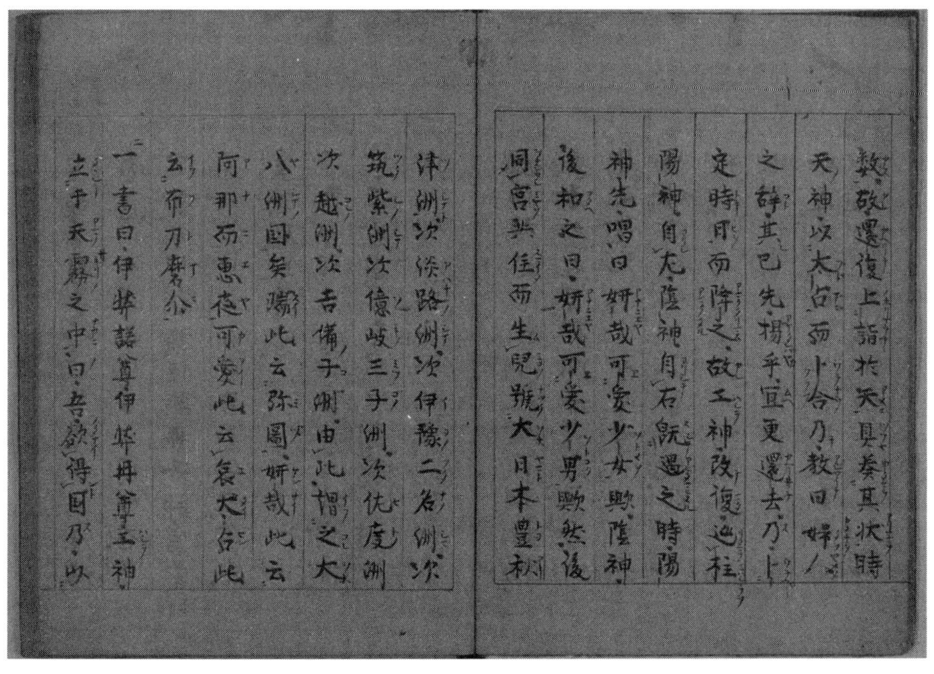

图 1–3　日本京都大学图书馆藏《日本书纪》（神代卷）

隋唐时期日本的文人使用汉文写作已经非常熟练，这一时期的日本典籍，精通古代汉语的中国人基本上都能够看懂。正因为这一时期日本的文人使用汉字非常熟练，因此，日本人开始用汉字标注日本语的发音，这种标注方法有两种，一种是借音，即用与日本语发音相同或者相近的汉字标注日本语；二是借训，即用与日本语同义的汉字去标注日本语及其同音词。如前文的“輕坂（かるのさか）”“廄坂（うまやさか）”，因为汉语的“輕”和日本语的“かる”同义，在没有平假名和片假名的时代，日本人就用“輕”来书写“かる”这个日本语读音。慢慢地，日本语的读音就这样逐步固定地使用一些汉字书写。这种现象实际上在《古事记》和《日本书纪》中就已经出现，在日本古诗集《万叶集》中被认为达到了顶峰，所以，这些固定地被用来书写日本语读音的汉字就被称为万叶假名，这些万叶假名是现代日本假名文字的始祖。

从汉字传入日本的历史可以看出，汉字传入日本后，日本人最早是用汉文记录历史，公文等也都用汉文书写，无论是《古事记》还是《日本书纪》，虽然都有反映日本特有文化的词汇，但主要还是古代汉语词汇。因此，日本古代书面语的词汇大都来自汉语。但是，也有记录日本语的需求，比如记录诗歌等，随着假名的逐步形成，日本的书面语也开始发生变化，从纯粹的汉文开始演变为功能部分用假名书写、意义部分用汉字书写，即所谓的“假名汉字混合文”（かな漢字交じり文），这种行文方式一直流传到现在，现代日本语的书面语都是这样的行文。日本语的这种书写方式不但方便日本人用日本语思考问题、表达思想，也使得在书面语中使用汉字词汇非常方便，这为日本语中保存汉字词汇提供了非常好的语言环境和物质条件。

综上所述，随着汉字传入日本、韩国、越南，这三个国家在很长的一段历史时期都使用汉字和汉文记录它们的历史，发布公文。除了记录这三个国家民族特有的文化外，其书面语中的词汇大都使用同一时期的汉语词汇，而且这些汉语词汇有的一直沿用至今，形成了日、韩、越现代语言词汇体系的重要组成部分，这也使得在这些国家传播的一些中国古代文化得以以文字形式流传下来。也可以说，汉字词汇是中国文化在这些国家传播的结晶。

第二节　东亚国家关于汉字存废的争论

东亚国家废除汉字的声音从很早就有。15 世纪朝鲜半岛世宗大王发明韩国语拼音文字韩字，17 世纪法国人发明用拉丁文书写越南语，从那时开始，朝鲜半岛和越南就尝试废除汉字，日本出现废除汉字的声音是在 19 世纪中后期。

朝鲜半岛尝试废除汉字是日、韩、越三个国家中最早的。由于汉字习得困难，韩国自世宗大王时期发明“训民正音”的 15 世纪开始，就试图以拼音文字替代汉字。韩国关于汉字存废的争论比日本、越南激烈，而且形成了水火不容、尖锐对立的两大阵营。现代韩国语废除汉字的情况起源于韩国的“国语纯化运动”，其中一个原因与 20 世纪上半叶日本对朝鲜半岛实行的残酷的殖民统治有关。日本吞并朝鲜后，企图彻底灭绝朝鲜民族，出台了一系列践踏朝鲜民族和人民的殖民政策，其中在朝鲜半岛强制推行所谓的“国语教育”就是这一系列殖民政策和皇民化教育政策的核心部分。日本在朝鲜设立总督府后，1911 年颁布《第 1 次朝鲜教育令》，明确提出朝鲜的普通教育要以在朝鲜普及“国语”（日本语）为目的。1922 年颁布《第 2 次朝鲜教育令》，其中明确规定强制朝鲜人学习“国语”（日本语）。特别是在 1938 年以后，日本为了满足全面发动侵华战争在朝鲜征兵的需要，在朝鲜半岛发动了“国语常用”运动，采用了多种强制性手段强迫朝鲜半岛人民放弃本民族语言而学习日本语。比如给不愿说日本语或者不小心说朝鲜语的学生挂“惩罚牌”。还有一项措施就是在朝鲜语的广播中混入大量“日本语”词汇，渐进性地强迫朝鲜半岛人民接受日本语。这些措施企图抹杀朝鲜民族的历史和文化，严重侮辱了朝鲜半岛人民，当然引起了朝鲜半岛人民的反抗。但是，日本殖民统治者对反抗的朝鲜半岛人民进行了残酷的镇压，其中最有名的就是 1942 年 10 月发生的“朝鲜语学会事件”。在这次事件中，日本殖民统治者以煽动“独立运动”为名逮捕了 31 名从事朝鲜语研究和推动朝鲜文字普及的著名朝鲜语学者。这些学者有的死在了狱中，有的直到日本战败后才被释放出来。日本在朝鲜半岛的这种长期的殖民主义语言政策，使得朝鲜语中混入了很多日本语成分，这些日本语成分大多数是用汉字书写的，引起了朝鲜半岛人民的强烈不满和反抗，造成了民族主义情绪的强烈反弹，以至于光复后不久的 1948 年，韩国文教部在《우리말 도로찾기》中提出了以限制在韩国语中使用日本语词汇为目的的纯化韩国语的政策，并颁布了“韩文专用法”。由于当时韩国语中使用的日本语词汇大多是汉字词汇，因此韩国语纯化政策的出台，使得在韩国废除使用汉字有了法律依据，韩国掀起了轰轰烈烈的“国语纯化运动”。1970 年朴正熙政权宣布废除汉字宣言，并且禁止在普通教育中进行汉字教育。但是由于遭到舆论的强烈反对，当时的韩国政府又很快于 1972 年撤回了上述宣言，但是仍然禁止在小学教育中进行汉字教学。

韩国的“国语纯化运动”目的实际上有两个，一是废除习得困难的汉字，推广使用韩国文字；二是净化韩国语中包括汉字词汇在内的外来词汇（主要是来自日本语的词汇），以本民族语言的词汇替代。其中第二个目的涉及了汉字词汇在韩国语中的使用问题。从目前韩国语的情况看，第一个目的基本上实现了，现代韩国语的书面语中汉字已经基本消失。但是，第二个目的还远远没有实现，实际上也是不可能实现的。因为任何语言的词汇系统都不可能是封闭的，都需要不断吸收外来词汇以丰富自身的词汇体系。韩国语词汇中，汉字词汇量非常庞大，甚至超过了韩国语的固有词汇，用韩国语固有词汇替代汉字词汇实际上是行不通的，这也是韩国“国语纯化运动”不可能达到目的的根本原因。非但如此，正因为有大量汉字词汇的存在，恢复汉字的使用却是一个值得认真思考的现实问题。

越南废除汉字的运动比较彻底。19 世纪末，法国在越南实行殖民统治，法国印度支那总督府在越南推行法国人发明的用于书写越南语的拉丁文字（所谓的越南国语“Quốc Ngữ”），同时由于 1919 年以后越南废除了科举制度，这样以汉文化教育为主要内容的汉字教育也就失去了存在的理由，越南人学习汉字的动力也就渐渐弱化了。起初越南的一些有识之士，包括一些独立运动的领导人对废除汉字、学习法国人创造的所谓“国字”还抱有强烈的反对情绪，但是，为了提高教育水平和教化国民，他们也开始接受这种“国语”教育的现实。1945 年越南北方独立后，在公文中正式以越南的“国字”取代汉字。1950 年越南北方实行教育制度改革，义务教育阶段的汉字教育随之停止。1975 年越南实现南北统一，汉字在越南南部也被废止。由于越南停止了汉字教育，使得没有接受汉字教育的新一代国民根本就不认识汉字，使用汉字也就无从谈起，因此，汉字在现代越南语的书面出版物上完全消失了。从以上情况看，越南语废除汉字除汉字本身难学这一原因外，其直接原因主要是官方立法禁止。无论是法国殖民统治者，还是后来的越南政府，其一系列关于汉字使用政策的颁布，直接导致了汉字在越南语中的消失。由此可见，文字只是语言的外衣，一种语言的文字改变就像更换衣服一样容易，只要强制推行禁止政策，汉字一夜之间就可以在越南语中消失。尤其用拼音文字替代汉字，更是轻而易举。但是，作为语言灵魂的词汇，是千百年来人类文化生活和文明创造的结晶，是不可能因为政策的强行推动而发生根本性改变的，除非禁止使用这个民族的语言，彻底隔断民族发展的历史。

日本最早从国家层面讨论汉字存废和限制使用汉字词汇的问题是在幕府末期。前岛密（1835~1919 年）在 1866 年 12 月向当时的幕府将军德川庆喜提交了一份“废除汉字之议”（漢字御廃止之議）的建议书。明治初期，前岛密又向当时的立法机构及相关大臣提出了一系列关于教育改革的建议，改良所谓的“国字”（汉字）是其关于教育改革建议的核心，其背后的动因是国家主义。他认为，开发国民的心智、培养国民的爱国心就必须要改良教育，要改良教育就必须废除汉字采用拼音文字。其用意是通过制定语法和编辑词典以规范当时书写上的一些混乱现象，达到言文一致。前岛密在日本被认为是文字改良的先驱。

前岛密的建议书开启了日本关于汉字存废的争论，特别是在明治时期，废除汉字的呼声高涨，出现了许多替代汉字的方案，归纳起来有三种典型的论调，即假名专用论、罗马字专用论、新字论。这三种论调后面都各自积聚了一定的势力。但是，也有反对废除汉字的声音，日本著名的教育家、哲学家，日本东洋大学的创始人井上圆了（1858~1919 年）发表了“漢字不可廃論”。明治时期的另一位著名教育家、思想家福泽谕吉（1834~1901 年）则认为，从日本语实际情况看，完全废除汉字是不现实的，但是将汉字的使用限制在一定的范围内应该是可取的。福泽谕吉在《文字之教》一书中写道，“ムツカシキ字ヲサエ用ヒザレバ漢字ノ数ハ二千か三千ニテ沢山ナルベシ”（只要不用难字，有 2 000~3 000 个汉字就应该够用了）。实际上，日本政府很早就认为有必要规范汉字教育，早在明治 5 年（1872 年），当时的文部卿大木乔任就下令选定教育汉字，据说当时选定的汉字为 3 167 个。到了大正时期，日本进入实质性限制汉字使用的阶段。大正 10 年（1921 年），东京和大阪的 14 家媒体向同行呼吁率先在报纸上限制使用汉字；大正 12 年（1923 年），文部省下属的日本国语临时调查委员会正式公布了“常用汉字表”（含汉字 1 962），与此相呼应，东京的主要媒体根据该“常用汉字表”选定了 2 108 个汉字作为报纸的法定用汉字，限制汉字使用在日本进入实质性实施阶段。昭和初期到“二战”日本战败，日本政府对上述汉字表进行了两次修正，并在昭和 17 年（1942 年）颁布了“标准汉字表”（含 2 669 个汉字），文部省规定这些汉字是日本基础教育必须教授的。日本战败后，在美国占领当局的要求下，废除汉字采用罗马字的问题被再次提出来，但是，考虑到社会舆论，日本政府还是采取了限制汉字使用的政策，并于 1946 年以政府告示的形式公布了 1 850 字的“当用汉字表”，政府内部则以训令的形式强制实行“当用汉字表”。这个政策执行了很长时间，直到 1981 年出台“常用汉字表”（含 1 945 个汉字）为止。2010 年日本政府又对该“常用汉字表”进行了修订，增加了 191 个汉字，因此现在日本法定使用的汉字为 2 136 字。这里需要特别说明的是，为了配合限制汉字使用政策的实施、最终实现文字的拼音化，一段时期（大正到昭和初期）内日本政府认为汉字词汇同音词太多，妨碍人们口头交流和对广播内容的理解，除了出台了规定使用的汉字外，还对汉字词汇进行了整理。

关于汉字和汉字词汇使用的问题，在日本曾经出现了一个有趣的现象，即在明治时期，日本一方面废除使用汉字的呼声高涨，另一方面为了向西方学习，实现日本的近代化，在翻译西方文献时，又创造了大量的汉字词汇。非但如此，根据我们对日本明治大正时期和现代媒体中汉字词汇使用情况的大规模调查，日本现代媒体中使用的汉字词汇比明治时期又有了大幅度增长，增幅达15%左右。日本制造的汉字词汇有许多甚至进入了现代汉语中来。我们现在耳熟能详的，甚至是现代汉语的常用词汇很多都来自日本，如民主、科学、电话、干部等。根据高名凯等编写、1984年上海辞书出版社出版的《汉语外来词词典》，现代汉语中正在使用的来自日本的词汇有800多个。汉语中来自日本语的词汇现在还在不断增加，如“爆买、食材、封杀”等词都是近几年从日本语借用到汉语里的。

和日本、韩国、越南一样，汉字的鼻祖中国，在一个时期也有人大声疾呼要废除汉字，甚至差点进入实施阶段。20世纪初，中华民族面临着严峻的存亡危机，一些先进的知识分子对中国命运进行了深刻的思考，认为文化的落后是中国落后挨打的原因之一，号召国民开展以“言文一致”为中心内容的新文化运动。废除汉字也是新文化运动的议题之一。几乎所有新文化运动的倡导者都认为，汉字是落后的文字，应该予以废除，汉语也应该采用拼音文字。新中国成立以后，也大力推行以实现汉字拼音化为目标的新的语言政策，并实施汉字简化方案，推动“汉字要走拼音化的道路”。到目前为止，简化汉字的政策达到了阶段性的目标，但是汉字要走拼音化道路的目标并没有实现。有学者认为，五四新文化运动以后提出的文字改革，实际上是在折腾汉字（张广照，2015）。

第三节　废除汉字的理由已经不复存在

中国、日本、韩国、越南四个国家都推行过以废除汉字为目标的文字改革，认为汉字是落后的文字是这种文字改革的根本动因。在此基础上衍生出汉字难学妨碍了国民教育、汉字阻碍信息技术的普及等诸多废除汉字的理由。为了寻找废除汉字的理论依据，部分中国学者对汉字“罪行”的剖析可谓“深刻”“尖刻”和“苛刻”，恨不得将中国近代所有的落后都归咎于中国使用了汉字这种“落后”的文字。汉字真的是落后的文字吗？是汉字难学妨碍了国民教育吗？是汉字阻碍了信息技术的普及和进步吗？这些中国学者对汉字的这种批判有可能是受到日本限制汉字思潮的影响。除了民族主义方面的原因外，中国学者对“废除汉字理由的归纳”可以说涵盖了中、日、韩、越四个国家的情况，如果能够理清上述问题也可以说就能够消解这四个国家现代社会在使用汉字方面所产生的困惑。

一、“汉字是落后的文字”是个伪命题

汉字真的是落后的文字吗？文字的先进与落后不能够以文字系统成员习得的难易作为唯一的评判标准，而应该从文字系统表达人类文化的有效性、传递信息的速度，以及在进行交流过程中所受到的限制等诸多方面进行衡量。如果仅把汉字作为一个符号系统，和西方拉丁文字系统、日本假名系统、韩国拼音文字系统等相比，汉字确实数量庞大。但是，汉字不仅仅是一个符号系统，它还是一个意义系统，它肩负着任何表音文字所不具备的表意功能，对应着西方语言的词，对应着多个西方字母按照复杂的组合规则拼写起来的组合体。简单地将汉字作为符号和西方的表音文字进行对比实在是一种误解，或者是方法论上的错误。拉丁文字系统成员数目确实很少，非常便于记忆，但是仅掌握这些文字并不能够开展有效的交流，还必须掌握由这些文字组合起来的词汇，而与此相比，汉字却不一样了，汉字本身就是词，就能够表达概念，承载着一定的文化信息。因此，以语言符号系统成员的多少和文字习得的难易程度来判定汉字是落后的文字实在是跑偏了路。

将近代中国的落后归咎于汉字的落后，也是极其错误的。汉字从甲骨文开始传承至今有 3 000 多年的历史，其间中华民族经历了多少次王朝交替、兴衰胜败。但是可以肯定的是每一次衰败都不是因为使用了“落后的汉字”。相反正是基于汉字，中华民族才积累了五千年的灿烂文化。华夏大地每一个兴盛时期，都不曾使用过汉字以外的别的文字，特别是对汉文化发展影响深远、统一强大的汉朝不但使用的是汉字，而且中国文字正是因为汉朝强大而深远的影响力才被称为“汉字”的。历史上没有任何记载认为，汉字阻止了先秦诸子百家思想的产生；也没有历史记载汉字阻碍了汉唐时期经济文化社会的高度繁荣。相反，历史上的强盛时期，中华文化却借助汉字影响了世界。怎么能够认为近代中国的落后是因为“汉字是落后的文字”造成的呢？汉字传递信息的效率远远高于拼音文字。正是由于汉字是表意文字，每一个汉字都包含丰富的意义，有时一个字就可能传达一个完整的信息，人们从汉字接收信息的速度要快于拉丁文字。拉丁文字、假名等，其文字一般都不含有意义，不可能从一个字母获得完整信息，必须从多个字母组合的单词中才能得到一个汉字所表达的内容，拼读一个单词需要花费比识读一个汉字多得多的时间成本。韩国首先恢复高速公路标牌上的汉字就是一个重要的证据。

任何拼音文字都不可能仅仅凭借文字本身来实现跨语言交流，但是汉字却不一样。无论是西方拉丁字母还是日本的假名、韩国的韩字，如果不掌握这些国家

的语言，即便是熟记了这些文字，也无法实现与这些民族人民的交流。但是汉字就不一样了，即便是所使用的语言不一样，也不懂对方的语言，但是如果大家都掌握了一定量的汉字就能够进行沟通，古代中、日、韩、越等国知识分子之间的笔谈就是这样一种跨语言交流方式，是世界上少有的仅仅凭借文字就能够实现相互之间沟通的现象。现代国人特别是年青一代很少有不认识英文字母的，但是到英美等国家旅游生活却不会因认识英文字母语言障碍就消失了。而到日本等使用汉字的国家情况就不太一样，很多汉字我们是认识的。可以说，进行跨语言交流时，掌握汉字比掌握其他文字更加容易实现使用不同语言人们之间的沟通。现代通信工具（如微信等）中，图形文字越来越受到人们的欢迎，原因是图形文字具有表意性，不同国家、民族的人都能够看懂。汉字的本质是图形文字。如果表意文字落后，这些图形文字也不可能产生。

综上所述，汉字无论是在文化表达的有效性方面，还是在传递信息的效率方面，抑或是在跨语言交流所受到的限制方面都具有其他文字无法比拟的先进性，即便不认可汉字是一种先进的文字，也无论如何不能认为汉字是落后的文字。人对事物的认识是逐步提高的，当然对汉字的认识也是逐步提高的。新文化运动的“旗手们”挞伐汉字，主要局限于当时的认识以及与受到西方国家和日本的一些思潮影响有关。我们也不应因其在汉字认识上的局限性而否定他们在新文化运动上所做的贡献。

二、妨碍国民教育普及的根本原因不是汉字

是汉字难学妨碍了国民教育吗？主张近代中国衰败的根本原因是“汉字落后”的观点，实际上是基于一个简单的逻辑，即近代中国的落后是因为国民素质的低下，国民素质的低下是因为汉字落后难学、教育难以普及。这里实际上包含两个问题，一是汉字和西方语言相比是否真的难学？二是近代中国教育难以普及是不是因为汉字难学；张广照教授（2015）在这方面进行了深入研究和分析，有许多真知灼见，我们深为赞同。认为汉字难学的人，通常是把汉字和西方字母都作为没有意义的符号进行比较，认为汉字的符号系统和西方的文字系统相比非常繁杂。但是，从上面的论述我们知道，汉字系统和西方文字系统不是一个层面上的东西，西方文字是不含任何意义的、简单的符号，但是汉字不仅仅是符号，汉字集符号和意义于一体，承载着西方语言单词所承载的信息。如果要比较的话应该将汉字同西方语言中具有表意功能的语言单位进行比较。

从外语学习的角度看，英语的书写符号系统很简单，只有 26 个字母，习得

26 个字母也很简单，但是，学会 26 个英文字母不等于学会英语。学会英语必须掌握至少几千个单词，英语学习过程中单词的记忆负担非常重，这是不争的事实。再看汉字，因为汉字是表意文字，实际上是一个词，掌握一个汉字实际上至少等于掌握了一个词，不仅如此，掌握了一个汉字对掌握包含这个汉字的所有词汇都大有益处。根据我们对汉语的调查，学习汉语如果掌握了 1 000 个左右的汉字，中文报纸 90% 的内容都可以读懂。但是，学习英语只掌握 26 个字母，不能看懂任何英语文章，掌握 1 000 个英语常用词汇只能认识文章中 70% 多的单词，要认识英语文章中 90% 的单词，必须记 6 000 个左右的英语词汇。再从母语者扫盲教育的角度看，扫盲教育的目标有两个：一是让母语者能够书面表达自己的思想；二是让母语者能够看懂文章。母语者通常掌握母语常用词汇的语音形态，如何将这些语音形态转变为书面语是扫盲教育的主要任务。由于英语单词的书面形式和其书写符号之间并不是简单的对应关系，即便英语母语者掌握了 26 个字母也不能够拼写出正确的英文单词，因此，英语母语者的扫盲也必须要记忆相当数量的英语单词拼写方法，单从单词数量上讲，这个记忆量也超过了汉字的记忆量。日本语假名、韩文、越南语拉丁文字是完全意义上的拼音文字，其文字和语音单位之间有严格的对应关系，即能读就能写。这些语言的母语者确实可以很方便地利用这些文字书面表达出他们的思想，也就是说利用这些文字进行输出是很方便的。但是，语言的交际功能除了输出外，还有输入，即接受方对书面语的理解。这些语言之所以文字和发音能够对应，是因为其音素较少，发音相对简单。音素较少导致这些语言中存在着大量的同音词，而其文字与发音对应，不能够有效区别同音词的不同含义，因此利用这三种语言的文字所书写的书面内容，接受方在阅读和理解时会碰到障碍。其中日本语比较典型，自假名发明后，日本语的所有发音都可以用假名书写，是最容易实现言文一致的，但是，实际语言生活中的情况却很复杂。例如，“きしゃ”这一语音单位在日本语中可以对应多个意义单位，由于日本语假名只能记录语音，不能区别意义，下面句子中划线部分的单词从文字上是无法区分的：“きしゃのきしゃはきしゃできしゃした”，接受方在阅读这样的句子时，会碰到理解上的困难。但是如果使用汉字书写这个句子，理解起来就比较容易了：“貴社(きしゃ)の記者(きしゃ)は汽車(きしゃ)で帰社(きしゃ)した”（贵社的记者已经乘火车回贵社了）。实际上完全用假名记录的句子不但同音词得不到区分，甚至断词、断句都会发生困难。正是由于这些原因，虽然日本政府大力推行限制汉字的政策，但是，现代日本语言生活中汉字的使用却越来越多。韩国语中同音词比日本语还多，据课题组统计，韩国语的同音词有上万组，这么多的同音词对日常语言生活也造成了困扰。

综上所述，无论同西方语言相比，还是和日本语、韩国语、越南语相比，由于汉字具有表意功能，汉语在词汇系统的习得上不比这些语言困难，至少在记忆量上并不比这些语言大。如果能够将汉字的内部结构规律讲解清楚，汉字的习得效率会有很大的提高。汉字并不难学，更不能认为国民教育普及的障碍是汉字。

三、汉字和汉字词汇促进了计算机信息技术的进步和发展

汉字妨碍了信息技术的发展和进步吗？技术是不断进步的，任何技术都是有生命周期的，只有现实需求是永恒的。技术是为实际需要服务的，为了普及一时的技术而压制实际需求的做法是本末倒置的。早期由于通信技术和计算机技术的落后，信息技术对大量汉字的处理非常困难。首先碰到的技术难题是汉字的编码和存储问题，这个问题甚至到现在也没有很好地得到解决。由于汉字繁多，而且中国、日本、韩国所使用的汉字字形不一致，不能像西方文字那样用8位的ASCII代码就可以基本解决问题。中国和日本的常用汉字分别有6 000多种，如果算上繁体汉字等，汉字的种类有几万种。仅就一个国家的常用汉字进行编码，8位编码也是显然不能满足要求的，更不用说对几万个汉字进行统一编码了。由于存储技术的限制，早期中国、日本、韩国都对各自所使用的汉字分别进行编码，出台了各自的汉字编码标准（如中国的GB2312、日本的JIS标准等）。但是，随着存储技术的进步和为了满足汉字信息处理的实际需要，编码技术也有了长足的进步，从中、日、韩三国的CJK联合编码，到现在流行的UTF-8编码，这些技术不但解决了中、日、韩三国文字的统一编码问题，甚至世界上绝大多数文字的统一编码问题也都得到了解决。其次是汉字的计算机输入问题。同样由于汉字的字种繁多，早期汉字的计算机输入也非常复杂，日本在20世纪80年代发明了汉字大键盘，即将计算机能够处理的汉字都放在一个大键盘上。利用这个排有6 000多个汉字的键盘进行汉字输入必须经过专门的训练。80年代末、90年代初，由于汉字信息处理的需求，汉字输入技术出现了井喷式的发展，涌现了许多输入方法，出现了“万码奔腾”的局面，可以说现在汉字的计算机输入已经没有任何问题，有的汉字输入方法的输入速度甚至已经大大超过了西方语言的计算机输入速度。最后是汉字词汇的处理问题。由于中日等东方语言书写时单词之间没有空格，利用计算机进行汉语、日本语信息的处理时机器不能够像处理西方语言那样直接处理单词。但是，正是汉语和日本语信息处理的实际需求又促进了汉语和日本语计算机分词技术的进步。到目前为止，汉语和日本语的分词技术精度普遍达到了95%以上，有的甚至达到了98%，这两种语言的分词精度已经达到

了实用水平。汉字的信息处理需求不但促进了汉字信息处理技术的发展，而且汉字词汇的一些分布特性在分词技术的实现上也发挥了重要作用。特别是日本语书面语中汉字可用作分词的一种标志，可以减小日本语分词的技术难度。可以说，目前计算机对中、日、韩、越等国语言的处理已经处于和西方语言同等的水平，有的技术甚至领先于西方语言。计算机并没有成为汉字的“掘墓人”，相反，正是汉字和汉字词汇促进了计算机信息技术的进步和发展。

第四节　大量的汉字词汇是韩、越等国恢复使用汉字的动力

从汉字传入最晚的日本开始算，汉字文化圈的形成至少已经有 1 500 多年的历史。这期间，中、日、韩、越四个国家的社会文化交流从来没有间断，伴随着文化的交流，语言也相互影响，这种影响不仅在文字层面，词汇层面甚至语法层面都有体现。古代主要是汉语词汇作为文化的载体进入了日本语、韩国语、越南语中，同时，日本、韩国、越南三个国家的人民为了表达本民族特有的文化现象也利用汉字自造词汇。在漫长的过程中，日本语、韩国语、越南语中形成了一套庞大的汉字词汇系统，汉字词汇系统是这三种语言词汇系统的主要组成部分，在日常语言生活中发挥着不可或缺的作用。

从汉字传入朝鲜半岛到 20 世纪 60 年代，朝鲜半岛使用汉字有 3 000 年的历史。3 000 年来，中华文化不仅仅在朝鲜半岛产生了影响，而且深深地扎下了根。可以深刻说明这个结论的一个事实就是，现代朝鲜语中存在大量的汉字词汇。现在这些词汇从形式上看虽然全部用韩文书写，但是，核心还是汉字，如果哪一天恢复使用汉字，那么这些词汇完全可以用汉字书写，韩文只不过是这些汉字的注音而已，如同汉语拼音一样。现代韩国语中的汉字词汇基本上有三种来源。首先是源于汉语，韩国语中大量的汉字词汇绝大部分是受中华文化影响的结果，是从汉语借用的。其次是朝鲜半岛人民自造的。朝鲜民族毕竟不同于汉族，有其自己的民族文化，朝鲜半岛人民也发挥本民族的聪明才智，利用汉字创造了很多反映本民族文化的汉字词汇。最后是来自日本语。由于近代日本占领朝鲜半岛，在朝鲜半岛实行殖民政策，迫使朝鲜半岛接受日本语教育，因此现代韩国语中存在许多来自日本语的汉字词汇。总之，汉字词汇是现代韩国语词汇体系的重要组成部分，占有很大的比例，没有汉字词汇的现代韩国语是不可想象的。

和韩国语一样，由于受到汉文化和汉语长达 2 000 多年的影响，现代越南语中也保留着大量来自汉语的词汇。现代越南语中的汉字词汇主要来源有两种，一

种是直接从汉语中借入的汉语词汇；另外一种是越南人民为了表达本民族独有的文化思想，根据汉字的造词规律自己创造的汉字词汇。越南语从汉语中引进词汇是一个漫长的过程，在语音层面形成了特有的汉字越南语读音体系——汉越音，汉越音实际上可以理解为汉字的越南语拼音，这一读音体系能够系统地标注汉字的发音。汉越音标注体系的形成和越南语孤立语的性格，使得越南语借用汉语词汇变得非常方便。由于汉语从秦汉时代就开始影响越南语，现代汉语和那时的汉语相比发音发生了很大的变化，加上方言的因素，因此古代进入越南语的汉语词汇发音和现代越南语汉越音存在很大的差别，以至于很难辨别这类词汇和越南语固有词汇的区别，我们认为这一类词虽然和古代汉语有关但是已经彻底越南语化了，可以不作为汉字词汇对待。另外还有一种词汇就是越南人民根据越南语固有的构词规律利用汉字创造的词汇，其词汇结构是越南语的，但是构词要素是汉字，这一类词学界称为越化汉越词，由于词素是汉字，而且发音遵循汉越音体系，我们将这一类词也纳入越南语汉字词汇范围。现代越南语中数量最大的汉字词汇是汉越词。汉越词和古汉越词、越化汉越词的不同在于，汉越词不论是词素还是构词规律都和汉语一样，而且构词要素的读音完全遵循汉越音体系。这里需要特别说明的是，越南语汉字词汇的来源和韩国语不一样，韩国语的汉字词汇有相当一部分来自日本语，而越南语的汉字词汇基本上都是来自汉语的官话或者是方言，即便有的汉字词汇的源头是日本语，但是也不是直接从日本语借来的，而是从汉语中借来的，这一点从汉越词的读音便可以看得出来。

和韩国语一样，越南语中的汉字词汇也是越南语词汇体系的主要组成部分，甚至可以自成系统。在越南语的公文等文本中，汉字词汇的覆盖率达到 60% 左右，如果没有汉字词汇，越南语是无法承担作为交流工具的功能的。

现实语言生活中越南已经彻底废除了汉字，韩国现代书面语也几乎看不到汉字，但是从上述语言事实我们可以看到，韩国语和越南语的汉字词汇仍大量存在。废除汉字使用拼音文字或者拉丁文字，实际上只是给这些语言中的汉字词汇换了外衣而已，作为内容和灵魂的汉字词汇并没有消失和减少。越南和朝鲜半岛废除了汉字，换成了拼音文字，汉字词汇就像汉字的种子被埋到了地下，人们看不到了，但是，被土壤掩盖的这些汉字的种子还大量存在，具有旺盛的生命力，只不过现在还不到种子萌发的时候。只要环境条件适宜了，这些种子一定会破土而出，发芽、开花、结果，到那时这些国家恢复使用汉字也就水到渠成了。实际上汉字在日本语中的生存状态就很能够说明问题。

同越南、韩国一样，日本从江户末期到明治维新期间，甚至到“二战”后，也是一直采取限制汉字使用的政策，只是没有像越南、韩国那样完全消除汉字的生存空间，但是正是因为这仅有的生存空间，汉字却一直在日本语中顽强地发展着，其生命的源泉主要是日本语中的大量汉字词汇。日本语中不但保存了大量古汉语的词汇，日本人也利用汉字和汉字词汇的构词规律（包括汉语的和日本语的）创造了大量自制汉字词。这些词汇不但丰富了日本语的词汇体系，而且也进入了汉语、韩国语、越南语，同时也丰富了这三个国家语言的现代语词汇系统，可以说这是日本人对“汉字文化圈”文化传承的重大贡献。日本人创造汉字词汇可以分为两个阶段，第一阶段是自汉字传入日本到江户时代。这是一个漫长的过程，根据《漢字百科大事典》列出的古代“和製漢語”表，在这个漫长的时期，日本人创造了 1 000 多个汉字词汇。第二个阶段是江户时代开始，经过幕府末期、明治时期，一直到现代，日本开始向西方开放，为了引进西方的先进文化和科学技术，日本人大量翻译来自荷兰、英国、法国、德国等西方国家的文献，创造了大量的汉字词汇，上述《漢字百科大事典》中列出的这一时期日本创造的汉字词汇便有 600 多个。有意思的是，有些词汇原本是训读的日本语固有词汇，但是由于使用汉字书写，久而久之日本人开始用音读的方法使用这些词，不再训读这些用汉字书写的日本语固有词汇。如“大根”是日本语的固有词汇，日本语发音原本为“おおね”，但是，由于书面语一直使用汉字“大根”，现代日本语中已经用“大”和“根”的音读方法（だいこん）读这个词，因此这个词也就成了日本语中的汉字词汇了。根据课题组对日本《每日新闻》（2005~2012 年）8 年的数据统计，现代日本语中汉字词汇的覆盖率为 41.41%。也就是说 1 000 词的日本语文章中约有 414 词为汉字词汇。由于日本语的实词后面通常附着一个虚词，因此汉字词以外的实词在日本语文章中所占的比例只有百分之十几，由此可见汉字词汇是日本语文章内容的主要表达成分，在日本语中的地位十分重要。可以说如果没有汉字词汇，日本语的书面语是难以成立的。

如果将汉字词汇和其他词汇放在一种语言中让它们自由竞争，汉字词汇的优越性就会显现出来。这一点我们也可以从日本语中得到验证。从词汇系统看，日本语词汇体系中存在三种词汇，即日本语母语词汇“和語”、汉字词汇“漢語”、来自西方的借词“外来語”。我们利用大规模语料库对日本明治大正时期日本语中的汉字词汇和现代日本语中的汉字词汇进行了比较发现，与日本明治大正时期相比，现代日本语中汉字词汇的覆盖率有了大幅度的增长。根据我们的调查，明治大正时期日本报纸杂志中汉字词汇所占比例为 26.49%，而现代日本报纸杂志中的汉字词汇所占比例为 41.41%，增幅达到 15% 左右。这还是在日本明治以后实行限制汉字使用政策的前提下出现的语言事实，如果完全让汉字词汇和其他词汇在日本语中自由竞争可能情况又会大不一样。正是因为现实语言生活中汉字词汇的使用频率不断增加，这也倒逼着日本政府几度修改其汉字的使用政策，仅“二战”后的 65 年间日本政府就三次修改汉字使用表中汉字的数量，从“二战”

结束时《当用汉字表》中的 1 850 个，到 1981 年《常用汉字表》中的 1 945 个，再到 2010 年《常用汉字表》中的 2 136 个，汉字数量一路增加。实际上，无论中国还是日本，2 000 多个常用汉字已经能够基本满足日常语言生活的需要。从这个角度讲，日本已经完全恢复了汉字的使用，现在出台的政策只不过是在规范汉字的使用。从限制到规范，可以说日本的汉字使用政策已经发生了根本性的变化，而日本汉字使用政策根本改变的直接动因正是现代日本语中大量使用的汉字词汇。

汉字词汇在日本、韩国、越南现代语言中的大量使用，为这些国家恢复汉字的使用提供了有力的物质条件，而且日本的汉字使用政策已经发生了改变。但是在整个“汉字文化圈”恢复使用汉字可能还需要一个漫长的过程。特别是韩国和越南，因为这两个国家当初废除汉字不仅仅是因为汉字本身的原因，更主要的是这两个国家追求民族独立的民族主义思想意识。尽管废除汉字后出现了诸多弊端，有的甚至对民族发展是致命性的，如面临割裂本民族历史的危险等，但是废除汉字的语言政策在这些国家还是实行了。因此，尽管在现代社会中前人强加给汉字的诸多“罪恶”已经不复存在，但是恢复汉字还需要克服民族主义的思想意识。不管怎么说，日、韩、越等国语言中使用着大量汉字词汇，这是不争的语言事实。这些汉字词汇是汉字的种子，在这些国家的语言中具有旺盛的生命力，是这些国家恢复使用汉字的强大动力。

第五节　东亚国家语言中汉字词汇研究的学术价值

汉字和汉字词汇在世界语言中的使用情况，可以说是中华民族兴衰的风向标。中华民族强盛的汉唐时期，汉字词汇承载着中华民族的优秀文化走出了国门，最终形成了“汉字文化圈”。19 世纪，随着清王朝的衰落，“汉字文化圈”国家废除汉字的声音四起。近年来，韩国、越南等国又有声音提出再次恢复汉字的使用。相信，随着中华民族的再次崛起，以及中华新文化的建设和形成，汉字词汇将再次承载着中华文化走出去。这种大背景下，东亚国家语言中汉字词汇使用现状研究将被赋予新的时代意义，具有重要的学术价值。

第一，该研究有助于研究我国优秀文化的海外传播规律和海外影响力。语言是文化的载体，许多中华民族的优秀文化在东亚国家的传播是通过语言这个工具实现的。中华文化在东亚国家的影响力可以从东亚国家语言中所使用的汉字词汇来评估。同时，对东亚国家通用汉字词汇的研究，也有助于我们学习国外（如日本）进行文化海外推广的经验。尤其是研究我国和日本的通用汉字词汇，有助于了解近代日本文化对我国的影响，吸取日本在海外推广其本国语言文化的经验教训，对我国更好地实施中华文化“走出去”战略有着积极的意义。

第二，该研究有助于提高外语教学和对外汉语教学的效率。大量的汉字词汇是面向日本、韩国、越南等“汉字文化圈”国家汉语教学的捷径。随着我国国力的增强以及中华文化“走出去”战略的实施，汉语的国际推广成为我们的一项重要工作。日本、韩国、越南等国由于大量使用汉字词汇，充分发挥汉字词汇的作用可以大大提高面向这些国家的汉语教学效率。特别是，这些国家的语言中存在着很多和现代汉语意义相同的同形同义词汇，这些词汇是这些国家汉语学习者学习汉语的捷径。同时，这些国家语言中的汉字词汇也为我国学生学习这些国家的语言带来了便利。因此，研究这些国家语言中所使用的汉字词汇对对外汉语教学和我国日本语、韩国语、越南语等语言的教学具有重要的现实意义。

第三，该研究有助于中、日、韩、越等国家语言的计算机跨语种智能处理研究。日、韩、越等国家的语言中，意义比较虚的功能词汇一般都是其固有词汇，而具有实际意义的重要内容一般都用汉字词汇表达。这些语言中的汉字词汇通常承载着非常重要的信息。同时，这些语言中的汉字词汇在形态上和其固有词汇之间存在差别，汉字词汇又是计算机进行日、韩、越等国语言信息处理的重要形态标志。由于汉字词汇在意义和形态两个方面存在着非常明显的特征，因此在机器翻译、文本挖掘、跨语言信息检索等计算机智能信息处理领域有着重要的价值。

第四，该研究对于规范我国外来词的使用有着重要价值。历史上，日、韩、越主要是借用汉语词。但是到了近代，有的汉语词在这些国家被赋予了新的含义又返回到汉语中；有的国家（如日本）自造的汉字词也进入汉语中，这些回归词在汉语中被广泛使用。尤其近年来日本动漫深受中国青少年的喜爱，其中许多日本语汉字词汇正在影响着我国青少年的语言形成。由于这些词汇的意义用法和汉语的固有用法之间存在差别，因此，这些词汇在中国的使用亟待规范。

第五，该研究有助于促进东亚国家人民的相互理解、避免误解。我国现代汉语和日、韩、越等国语言的汉字词汇，从形态角度看，存在着大量通用词汇，这些通用词汇有同形同义、同形近义、同形异义之分。同形同义词是我国学生学习这些国家语言和这些国家学生学习汉语的捷径。但是，同形近义词由于其意义用法和现代汉语存在微妙的差别，是学生学习这些语言的陷阱和障碍。在实际交流过程中，由于这些国家的汉字词汇跟我国现代汉语中的同形汉字词汇在意义用法上存在着似是而非的差别，因此非常容易带来误解甚至产生笑话。根据中国人民大学贺阳对70篇日本学生汉语作文的调查，其中汉字词汇的用词错误达1 000多处，是所有错误类型中错误数量最多的。这些错误在实际的语言交流中难免造成障碍和冲突。因此，研究中、日、韩、越等国语言中的通用汉字词汇有助于促进这些国家人民的相互理解。

第六，该研究有助于促进相关学科的平衡发展。本课题研究是典型的跨学科合作研究，将中、日、韩、越等东亚国家语言中的汉字词汇放在一起进行研究，使得相关学科之间在该领域能够充分交流、互相取长补短。我国日本语、朝鲜语（包括韩国语）、越南语等学科的发展并不平衡。就本课题而言，这三个学科的研究也处于不同的跑线上。无论是在技术水平，还是研究资料丰富程度、数据积累等方面，日本语学科在这方面的研究远远处于前列。因此，通过本课题的实施不但可以促进相关学科在这方面研究的深入，而且可以将先进的理论、方法、研究手段引入相关学科的同类研究领域中，从而带动相关学科平衡发展。

第七，本课题研究是我国人文社科研究能力的体现。本课题研究需要许多软硬件条件的支撑和保障，如需要大规模单语种语料库、大规模平行语料库、功能强大的语料库统计分析工具、尖端的自然语言处理技术等。过去由于这些条件不具备，因此，很少有国家同时进行中、日、韩、越四个国家语种的汉字词汇研究。近年来，随着技术的进步，我国在这方面的研究条件日渐成熟。因此，开展这个课题的研究是我国人文社科研究实力提升的一个重要体现，也有助于彰显我国在这方面的学术影响力。

第八，该研究有助于促进语言学研究手段的现代化。本课题研究计划将在一些关键问题的解决上引进计算机自然语言处理技术。传统的语言研究虽然也使用计算机作为工具，但是以内省为主的传统方法仍然是语言学界的主要研究方法，计算机只是辅助工具。本研究将在东亚国家语言通用汉字词汇的自动获取、同形近义词汇的自动甄别等关键问题上应用人工智能的理论方法和自然语言处理技术，以求利用计算机科学理论解决一些语言学研究的实质问题。从这个意义上讲，本研究是语言学研究实现现代化的一个重要尝试。同时本课题研究过程中所产生的语言研究工具也将会对语言研究手段的现代化做出贡献。

第九，汉字词汇是汉字这种文字形式所表达的实质内容，日、韩、越三国语言中汉字词汇的使用情况是决定汉字命运走向的关键。日、韩、越等国实行了不同的汉字使用政策，使得汉字在三个国家遭到了不同的命运。但是，近年来越南、韩国恢复使用汉字的呼声越来越大，日本也在不断调整其汉字使用政策，增加法定汉字的数量。这些新情况的出现与这些语言中汉字词汇的使用情况密不可分。因此，研究日韩越三国语言中汉字词汇的使用现状也可为这三个国家制定符合语言实际的汉字使用政策提供重要的参考和依据。

另外，本课题研究对于加强对东亚国家的文化宣传、学习和借鉴国外（尤其是日本等国）在海外推广本国语言文化的经验具有积极作用。现在一些东亚国家

（如越南、朝鲜等）已经完全取消了汉字，年轻一代虽然在日常生活中大量使用着汉字词汇，但是他们并不能够意识到他们的语言中仍然保留着汉语，使得汉文化意识趋于淡化。因此，搞清楚这些语言中汉语词汇的使用现状对于研究这些国家对华意识的变化、唤醒这些国家人民对汉文化的认同感、促进我国和这些国家之间的关系友好也具有积极意义。

第二章

东亚国家汉字词汇研究现状及课题

第一节 东亚国家汉字词汇研究的现状

由于日本、韩国、朝鲜、越南等东亚国家的语言中都曾经大量使用汉字，因此我国和这些东亚国家的语言学家对汉字词汇的研究有很长的历史，也产生了丰富的成果。下面分别就日本语、韩国语、越南语等语言中汉字词汇的研究现状进行简要介绍和评述。

一、日本语中汉字词汇研究现状

据20世纪日本的调查（金田一春彦，1988），日本《朝日》《每日》《读卖》三大报纸（1966年）中汉字的使用量占38.7%，日本语中汉字词汇的使用量更是高达47.5%，高于日本语的固有词汇。在日本，汉字词汇和日本语的固有词汇一样，一般不作为外来词看待。学界对日本语汉字词汇的研究主要从两个角度进行：一是从词汇交流的角度考察汉字词汇的起源问题，即汉字词汇是起源于中国还是日本。词汇交流史的研究属于日本语汉字词汇的历时研究，和本课题研究不属同一研究领域，故这里不做详细介绍。二是出于日本的国语教育、日本语的对外推广、日本语的计算机处理等目的，从共时的角度研究某一时期日本语中汉字词汇的使用情况，汉字词汇的构成，日本人对汉字词汇和外来词接受情况的比较，日本语汉字词汇和汉语、韩国语、越南语中汉字词汇意义用法差别研究等。这些研究和本课题紧密相关，因此这里着重介绍日本语中汉字词汇的共时研究。主要包括两方面的内容：一是日本语中汉字词汇使用情况的调查研究；二是中日两国语言汉字词汇的比较研究。

（一）日本语中汉字词汇使用情况的调查研究

日本语汉字词汇使用情况的调查最早可追溯到“二战”时期（山崎诚，2013）。日本为了在其侵略掠夺的土地上实行殖民教育，强行推广日本语，研究日本语教育中的基本词汇问题，其中就涉及日本语基本词汇中汉语词的选定问题。但是，日本语的大规模词汇调查研究开始于战后，其中影响力最大的是日本国立国语研究所的词汇调查。20 世纪 50 年代初，日本国立国语研究所用《主婦の友》(《妇女之友》）杂志（1950 年 1~12 月）为语料调查妇女杂志的用词问题；50 年代末 60 年代初，该研究所以 90 种杂志 1 年的量为语料进行日本语杂志中用词和用字的调查；60 年代中后期 70 年代初，该研究所利用大型计算机，并独自开发了能够处理日本语汉字的计算机软件进行日本语词汇调查。其调查规模达到了 300 万字，产生了一大批科研成果，如《日本語教育のための基本語彙表》（面向日本语教学的基本词汇表)、《日本語分類語彙表》(日本语分类词汇表）等。这些成果为日本国际交流基金在海外推广日本语、实施日本语能力考试做出了重要贡献。其后日本对日本语词汇的调查研究进入了停滞时期，直到 2000 年以后，日本国立国语研究所才又开始对以前的研究数据进行重新整理。为了比较战后到 20 世纪后期日本语的变化，该研究所在 2005 年、2006 年对 1994 年出版的 70 种杂志的 200 万字语料进行了调查，并公布了其调查结果。

日本国立国语研究所有关日本语用词用字的这些调查研究，虽然是针对整个日本语的词汇系统的，但是由于汉字词汇是日本语词汇系统的一个重要组成部分，因此，这些调查所获得的数据中包含了汉字词汇的信息，也可以说这些调查也包含了汉字词汇的调查。日本国立国语研究所的这些研究在当时可以说规模是非常大的，而且使用了非常先进的技术手段——大型计算机，这在世界语言研究史上是少见的，可以说是倾全国之力进行这项研究。当然其所取得的成果也具有相当的可靠性，特别是为后来利用计算机进行日本语研究积累了很多宝贵的经验。

但是从今天来看，这些研究是存在一定局限性的。日本最近的词汇调查是

2005年、2006年期间进行的，但是由于对1994年出版的70种杂志的调查只是日本国立国语研究所为了和以前的研究进行对比而实施的，成果少、规模也没有超过20世纪60年代的调查，没有在学术界产生太大影响。反而，60年代的调查学术影响更大，其研究成果得到了广泛的认可和应用，因此这里只分析该研究所60年代词汇调查的局限。首先该研究所使用的语料规模都不大，而且没有对这些语料进行全部调查，而是从中进行了抽样调查，即便是对1994年出版的70种杂志的调查，其规模也只有200万字。从今天的角度来讲，这些调查规模太小。下面是其公布的部分数据：

1. 报纸调查（日本《国立国语研究所研究报告21》）

调查对象语料：《朝日新闻》《每日新闻》《读卖新闻》，1966年1年的数据量。

样本总词次：431 186词

样本词汇量：29 882词

汉字词汇量：4 108词

2. 杂志调查（日本《国立国语研究所研究报告37》）

调查对象语料：90种杂志，1956年1年的数据量。

样本总词次：438 135词

样本词汇量：40 016词

汉字词汇：2 850词

这些调查由于样本容量太小，对掌握日本语常用词使用情况和研制《日本语教育基本词汇表》虽有一定的参考价值，但是，有相当一部分词汇的信息被丢失，因此无法全面掌握和研究日本语的汉字词汇系统，也很难在东亚国家汉字词汇对比研究中得到应用。日本语学界近年所进行的一些有关日本语汉字词汇研究仍然以日本国立国语研究所60年代的成果为依据，如《基于词汇调查数据的基本汉字词抽取》(《語彙調査データによる基本漢語の抽出》)（野村雅昭，1999）。而汉字词汇在日本语中的使用是在不断变化的。根据日本学者安本美典对1900~1955年日本100位作家作品的调查，日本语中汉字词汇的使用在逐年减少。日本国立国语研究所的调查所使用的都是20世纪五六十年代日本媒体的数据。而六七十年代日本经济腾飞以后，大量的西方外来词充斥日本语，以至于日本国语审议会于2000年制定了“报纸杂志中外来词的使用方针”，号召大家尽量控制西方外来词的使用。由此也可以看出，日本语的词汇系统正在发生改变，日本语中的汉字词汇正在受到源于西方的外来词的冲击。而日本国立国语研究所五六十年代的数据已经不能够全面反映日本现代语言生活中汉字词汇的使用情况。

（二）中日两国语言中汉字词汇的比较研究

围绕日本语中汉字词汇的理论研究，学界一直将其重点放在中日两国语言中汉字词汇的比较研究和汉日词汇交流研究上。汉日词汇交流研究属于历时研究，这方面内容不做重点介绍。汉语和日本语中汉字词汇的比较研究在我国的日本语教学和面向日本人的汉语教学中具有重要的应用价值和学术意义。因此，无论是在我国或是在日本从事中日汉字词汇比较研究的学者很多，这方面的研究成果也十分丰富。其中最具代表性的成果是日本文化厅 1978 年出版的《与中文对应的日语汉字词》(《中国語に対応する漢語》)。

20 世纪 70 年代，随着中日关系的正常化，日本政府开始重视对华文化宣传。1973 年日本政府文化厅给早稻田大学语言教育研究所下达了研究课题——“关于中文对应的汉字词研究”（“中国語と対応する漢語について”）。该研究所以日本语教科书作为语料，并用当时日本最权威的两部词典《现代日中词典》和《现代中日词典》为依据，对汉日语同形词、同形同义词、同形近义词、同形异义词等的使用情况进行了调查。调查发现，这些教科书共使用汉字词汇 2 000 多条，其中绝大多数是汉日语通用词汇，同形同义词约占 2/3；同形异义词不到 1/3；同形类义词 80 余条。日本文化厅在此基础上出版了《与中文对应的日语汉字词》(《中国語と対応する漢語》) 一书。这是由日本政府主导的关于汉日语通用汉字词汇的大规模系统调查研究。正如中日许多学者所指出的，这个研究存在三方面的问题：第一，其所调查的汉日通用词汇数量与中日两国现实语言生活中所使用的实际数量存在非常大的差距；第二，对汉日通用词汇中同义、近义、异义词汇的把握标准缺乏科学性，致使这三类词汇的分类和语言实际存在很大差距；第三，对汉日通用近义词的意义用法描述和中日两国语言的实际情况存在很大差距。

针对这些缺陷，我国和日本的一些学者列举了许多语言事实对上述成果提出了尖锐批评，掀起了汉日语通用汉字词汇研究的热潮。如我国学者王蜀豫的专著《中日词汇对比研究》(《中日語彙の対照的な研究》)、潘钧的《中日同形词词义差异原因浅析》、曲维的《中日同形词比较研究》等。仅我国这方面研究的论文数量就达到数十篇之多。这些研究主要涉及两个领域，一是从日本语和汉语教学的角度，对教学中碰到的汉日语通用词汇个案的意义差别进行研究；二是从汉日语词汇交流史的角度，研究汉字词的起源。这些研究取得了很多有价值的成果。学者们对汉日通用汉字词汇的个案研究，虽然纠正了日本文化厅上述研究中对一些汉字词的分类问题，但是由于研究手段的限制，无论在我国还是在日本都没能够对汉日语通用汉字词汇系统进行全面考察，汉日语通用词汇系统的全貌仍然无人触及，一些基础性问题至今没有得到实质性解决。这些问题归纳起来有以下几点：

第一，中日两国现代语言生活中正在使用的通用汉字词汇数量至今尚无科学的结论。根据王蜀豫（2001）等学者的研究估计，汉语、日本语中的通用汉字词汇约有 10 000 条以上，远远高于日本文化厅公布的 2 000 余条。但是，中日两国学界均没有针对这个问题进行大规模调查，我们日常生活中使用的汉字词汇到底有哪些是汉日通用的？哪些是汉日同义的？哪些是汉日近义的？哪些是汉日异义的？没有确切结论。

第二，正如学者们指出的，词典对汉日语通用汉字词汇的收录及其意义用法描述本身就存在很多偏误，因此以词典作为依据对其进行分类是不科学的。比如上述日本文化厅的成果中，汉日同形近义词汇只有 80 余条，只占其考察词汇整体的 4%，这是不符合语言实际的。那么，汉日语通用汉字词汇中同义、近义、异义的词汇到底各有多少？如何判别？这些问题也有待进一步解决。

第三，对汉日通用汉字近义词汇的意义用法差别缺乏系统研究。通用近义汉字词汇在汉语和日本语中的意义用法往往是似是而非，差别极其微妙。学习者很容易以本国语言的意义用法去理解和使用对象国语言中的这些词汇，而忽视其差别。这些词汇是学习对象国语言的陷阱，也是翻译对象国文献的陷阱。

总之，从现有的研究情况来看，日本的汉字词汇使用情况以及汉语和日本语汉字词汇的比较仍然存在很多值得研究的课题。

二、韩国语中汉字词汇研究现状

作为“汉字文化圈”国家语言的韩国语中包含大量的汉字词汇。据调查，韩国朝鲜语学会编《大辞典》所收录的 164 125 条朝鲜语词汇中汉字词有 81 362 条，占 53.01%（黄贞姬，2007）。韩国语汉字词汇所承担的语法功能也很多，朝鲜语的名词、动词、形容词中均有大量的汉字词汇。从来源上看，这些汉字词汇有的来自汉语，有的来自日本语，也有的是朝鲜民族利用汉字自己创造的。韩国语构成成分比较复杂，而且其构词、意义、用法具有鲜明的特点。因此，韩国语中的汉字词汇研究很早就引起了学界的关注。随着中韩建交，中国和韩国经济文化交流不断加深，中国学生学习韩国语和韩国学生学习汉语的人数逐年攀升，从语言教学的角度，对韩国语中汉字词汇的研究也在不断加深。这里主要介绍韩国和我国有关韩国语汉字词汇的研究现状。

学界对韩国语中汉字词汇的研究主要从三个方面展开：一是围绕韩国国语

辞典编撰而展开的基于语料库的韩国语词汇研究；二是从韩国语本体研究角度所开展的有关韩国语汉字词汇的音韵特点、构词规律、句法功能、语义等方面的研究；三是出于海外韩国语教学目的所进行的中韩、日韩语言汉字词汇比较研究。

韩国围绕韩国语词典编纂而展开的基于语料库的韩国语词汇研究起步于20世纪80年代。80年代中后期，随着计算机初步具备处理韩国语的能力，韩国学界开始用计算机作为工具辅助韩国语词典的编撰，并开始着手建设韩国语语料库。这些语料库主要用于韩国语的词频调查、韩国语词典词汇条目的圈定、韩国语词汇语义的解释说明（徐尚揆，2006）。由于词典编撰的需要，这些研究都伴随着韩国语词汇的调查研究。由于汉字词汇是韩国语词汇的重要组成部分，因而这些研究涉及汉字词汇。因为受“韩国语纯化运动”的影响，韩国政府关于在韩国语中汉字使用的政策始终处于摇摆不定的状态，而且曾在1968年一度推行“去除汉字”的法令，彻底禁止在书面语中使用汉字。直到2005年韩国政府才允许在一些必要的场合使用汉字。而韩国学界关于汉字的使用问题分裂成了水火不容的两派，一派主张“韩文专用”，另一派主张“韩汉混用”。因为政府原因韩国曾经一度在书面语中取消了汉字，而且学界对汉字使用存在很大分歧，关于韩国语中汉字词汇使用状况的研究非常困难。因此，韩国学界虽然对汉字的使用做过调查，但是对韩国现代语言生活中汉字词汇使用状况的研究似乎并不多见，没有像日本那样针对韩国语汉字词汇的使用进行大规模的专门调查。我国学者对韩国语中汉字词汇使用现状的系统研究似乎也不多见。

虽然韩国政府曾经一度禁止使用汉字，但是，由于汉字词汇在韩国语中占有决定性的地位，因此，韩国语中汉字词汇的使用是不可能禁止的。汉字词汇虽没有以汉字形式在书面语中出现，但是其换上了韩文外壳仍然在韩国语中大量存在。因此关于韩国语中汉字词汇相关学术问题的研究无论在韩国学界还是我国学界都有很多学者一直在从事和开展着。虽没有对韩国语中汉字词汇的使用现状进行过大规模、系统的调查，但是从韩国语本体研究、中韩对比研究、语言政策研究的角度学者们对韩国语中的汉字词汇还是做了大量的研究工作。20世纪90年代以前，学界主要是以朝鲜语或者南朝鲜语为对象开展朝鲜语中汉字词汇的研究，这种研究甚至持续到90年代末。六七十年代是韩国文字政策摇摆最激烈的时期。这一时期，韩国政府一会儿主张废除汉字，一会儿又主张使用汉字，因此有关韩国汉字使用政策的研究比较多。比如，韩国学者南广祐1991年发表的《废除汉字利少弊多——论国字（谚文）与汉字并用》，我国学者崔宰宇1988年发表的《从朝文书写沿革论朝汉夹写的不可行性》。这两篇论文观点截然相反，是当时甚至现在学界关于韩国语中汉字使用语言政策存在相互对立的两种观点的集中表现，具有代表性。这一时期有关韩国语汉字词的来源研究也是学界关注的问题。韩国语中的汉字词汇主要有三个来源，一是汉语，二是日本语，三是自造词。这方面的代表成果有张光军的《南朝鲜语中的日本语汉字词》(1982年)、李得春的《关于朝鲜语中的汉语借词》(1986年)、全香兰的《谈朝鲜语独有的汉字成语》(1996年)等，这三篇成果涉及了韩国语汉字词汇的三个来源。90年代前，学界还关注了中韩汉字词的比较、汉字词的翻译等问题。如张兴权(1984)、张义源(1987)、李得春(1988)等。总之，90年代及以前，有关韩国语汉字词汇的研究成果数量不多，所涉及的领域也比较有限，集中在汉字的使用政策、汉字词的来源、汉语和韩国语的比较等少数几个问题上。

随着20世纪90年代中韩建交，中韩之间社会、经济、文化往来日渐频繁，学习汉语的韩国学生和学习韩国语的中国学生越来越多。从90年代后期开始，特别是进入21世纪后，出于对韩汉语教学和对中韩国语教学的目的，我国和韩国学界开始全方位、多角度地对韩国语中的汉字词汇进行研究，掀起了中韩汉字词汇比较研究的热潮，取得了丰硕的成果。根据对知网数据库的统计，截至2019年底，有关韩国语汉字词的研究成果(包括硕士、博士论文)有400篇左右。90年代以前的语言政策、词汇来源、汉韩语比较等领域的问题继续得到关注，进入21世纪以后，语言政策和词源等方面的代表研究有高陆洋(2013)的《韩国语言净化事业——"国语醇化运动"的启示》、张辉女(2002)的《汉字和汉语与朝鲜半岛语言的关系》、李得春(2007)的《朝鲜语汉字词和韩源词》。与90年代以前笼统的汉韩语汉字词比较研究相比，学界开始从语音、文字、构词、用法、语义等多个角度全方位研究韩国语汉字词语言学特征及其与汉语词汇的差异。这些研究产出的具有代表性的成果包括，语音方面的《韩国语汉字收音与日本语汉字音对应关系研究》(周琨，2015)，文字方面的《韩国的汉字》(张光军，1999)，构词方面的"面向朝鲜语教学的朝汉同形汉字词结构对比研究"("조선어교육을 위한 동일 한자구성의 조한 어휘 대조")(蔡玉子，2020)、《韩国语汉字复合词与汉语复合词的构词法比较研究》(韩春梅，2009)、《韩国独有汉字词构词初探》(朴爱华等，2012)，语义方面的《韩国语汉字形容词与汉语形容词的语义对比》(黄贞姬，2009)等。同时，汉语和韩国语的同形词研究逐渐成为热点，学界不仅关注汉韩同形词的语义用法差异，也关注同形词中韩间的色彩差异，如《韩汉同形汉字词的句法功能与语义色彩分析》(戴世双，2000)等。除了韩国语汉字词本体研究及汉韩比较研究外，关于外语教学中汉字词的教学和翻

译问题也是学界关注的另外一个热点，特别是外语教学中汉字词的正负迁移现象是这方面研究的重点，关于汉韩语同形词的研究许多都是在解决正负迁移问题。这方面的代表性成果有：《中韩同形词正负迁移初探》（奇化龙，2000）、《韩国语汉字词的母语迁移与教学对策》（齐晓峰，2008）、《韩国语中的“汉字词”及其教学法探索》（朴金凤，2010）等。

如上所述，21世纪后关于韩国语汉字词的研究除了研究领域进一步拓展、研究视野不断扩大以外，研究方法也有了创新。近年来有学者开始将语料库语言学的方法引入该领域研究，如毕玉德赵岩（2016）的《基于新闻语料库的朝韩词汇对比研究》、毕玉德、赵岩等（2019）的《基于新闻语料库的韩国语汉字词分布特点研究》。

综上所述，学界对韩国汉字词汇的研究虽然在韩国语汉字词汇的语源问题，韩国语汉字词汇的音韵、构词、语义特征，面向韩国语教学和对韩汉语教学的汉韩汉字词汇比较研究等方面取得了长足的进步和丰富的成果，但也存在一些不足和有待进一步努力的地方。这些不足主要表现在以下几个方面，首先是研究内容同质化现象比较严重，许多研究不但内容大同小异，有的甚至成果标题都几乎一样，而且这不是个别现象。其次关于韩国语汉字词的独特语法规律的研究十分少见。虽然很多研究从汉韩语比较的角度考察了韩国语汉字词和汉语词汇的意义用法差异，涉及了一些韩国语汉字词的语法问题，但是，汉字词汇作为韩国语词汇体系的重要组成部分，有着区别于韩国语固有词汇独特的语法特点和语法规律，这是韩国语汉字词汇研究的基本问题也是核心问题，但是遗憾的是关于这方面的研究很少。最后，韩国语汉字词汇研究方法上的创新和新方法的引入不多。虽然20世纪90年代末至今该研究领域有400多篇论文，但是，绝大多数都是使用传统方法开展的研究，即便是利用语料库方法所开展的研究也不多见，尽管语料库语言学的理论和方法引入我国已有30年的历史。利用其他新方法的研究更是少见。

总之，由于缺乏对语言大数据的分析手段和方法，加上韩国政府对韩国语中汉字的使用政策始终摇摆不定，作为国家行为，韩国政府没能像日本那样对本国语言中汉字及汉字词汇的使用进行过系统调查。一些研究机构和个人虽有这方面的研究，但终究规模十分有限，缺乏系统性。所以学界关于汉字词汇在韩国现实语言生活中的生存状态缺乏系统和全面的认识。利用大规模语料库和先进的技术手段，开展现代韩国语汉字词汇的体系，以及中韩两国现代语言生活中汉字词汇的系统比较等涉及韩国语汉字词汇使用现状的系统研究仍然是学界未完成的重要工作，既有重要的学术意义，同时又具有重要的应用价值。

三、越南语汉字词汇的研究现状

越南语中的汉字词汇通称汉越词。越南语汉越词系统是在中越两国人民长期的语言文化交流过程中形成和发展起来的，具有独特的结构方式、灵活多样的语义特点和丰富深厚的文化内涵。汉越词在越南语词汇系统中占有相当大的比重，一直以来受到国内外学者的关注。在中国，早在1948年，王力先生就发表了《汉越语研究》一文，从音韵学的角度第一次系统地研究了汉越语的声母、韵母、声调系统以及古汉越语和汉语越化等问题，第一次对汉越语、古汉越语和汉语越化等概念进行了界定。王力在《汉语史稿》中指出："越南语中的汉语借词，叫做'汉越语'"，并且明确指出汉越语"分两次传入越南：第一次在汉代，即公元前二世纪到公元二世纪；第二次在唐初，即第七世纪"，由此奠定了汉越语即等同于汉语借词的概念，明确了整套汉越语系统形成的时间。王力关于汉越语研究的成果无论对中国还是对越南学术界都产生了深刻的影响。然而，王力的研究只局限在单个字的读音，其所论述的汉语借词也非现代意义的词。受王力影响，程方《现代越南语概论》（1982年）、范宏贵《越南语言文化探究》（2008年）等学者也把汉越词等同于汉语借词，而他们的论述无一例外地只讨论音、义、形（结构）兼借的词语，不涉及按照越南语结构进行组合的汉字词以及汉越语素跟其他语素组合的意译词，也不涉及从汉语方言借入的词语。

在越南，对汉越语研究成果最多、影响最大的当属阮才谨。他对汉越音和汉越词研究的成就主要集中在《汉越音读的起源和形成过程》以及《语言、文字和文化的若干问题探源》两部著作上。阮才谨的贡献在于其在王力先生的基础上更加详尽地描写和分析了汉越音读系统，提出了分析汉越音读、汉根语素和汉越语素的方法。遗憾的是，同王力先生一样，阮才谨的研究也只局限在单个字上面。阮善甲的《越南语词汇学》（2002年）一书则指出越南语存在着大量的汉根词。汉根词分为两大类，一种是按汉越音读发音的词语，简称为"汉越词"，其中包括从汉语直接借入的词语和用汉根语素重新组合或者用汉根语素与纯越南语素组合而成的词语两小类；另一种是不按汉越音发音的词语，包括唐以前借入的古汉语词、越化汉语词和汉语方言词三小类。应该说，《越南语词汇学》对汉根词的分类相对合理。不足在于，由于汉语功底不深，作者把一些从汉语直接借入的词语当成了越南人用汉根语素构成的新词，而且把汉根语素与纯越南语素构成的词语也当作了"汉越词"，这与其"（汉越词是）按汉越音读发音的词语"的概念相矛盾，使得汉越词的范围变得相当宽泛。另外，阮文康在《越南语外来词》

（2007年）一书中用四章的篇幅对汉越词进行了讨论，其最大的特点就是分析了汉越词的变体。

近年来，中国学者在汉越词研究方面取得了不少成绩。罗文青的《越南语双音节汉越词特点研究——与汉语比较》（2011年）从普通语言学的角度比较系统地论述了双音节汉越词的结构特点和语义特点。该书用越南语写成，在对双音节汉越词的梳理方面下了不少工夫。但由于过多地依赖传统语言学理论对汉越词进行梳理，因此在对汉越词结构特点及语义特点进行分类方面偏于简单，而且对汉越词词源的把握也不够准确，把不少汉源词归入了越南人自造类汉越词。对不少由汉越语素组合而成的新词的解释过于主观臆断，因此所下的结论往往显得不够严谨。祁广谋在专著《越南语文化语言学》（2011年）中专门辟出“汉越词及其文化涵义”一章论述汉越词，并且在中国、越南权威杂志上发表了若干相关文章，内容覆盖了汉越词的内涵与外延、汉越词的结构特征和语义特征、汉越词的文化内涵等诸多方面。由于祁广谋的研究更多的是从历时与共时的角度与汉语词语进行对比，所得出的结论有各种词典以及丰富的语料作为支撑，具有可靠的科学依据，因此其研究成果受到了中越学者的重视，所申报的“越南语汉越词研究”课题也获2010年国家社科基金项目立项。

第二节　东亚国家语言汉字词汇研究的对象、课题和任务

本课题研究的主要目标是从研究中华文化海外传播规律及其海外影响力，服务对外汉语教学、外语教学，外来词使用规范，语言信息智能处理等目的出发，利用大规模语料库和计量语言学、语料库语言学理论以及计算机自然语言处理技术，在外语框架下研究日本、韩国、越南等东亚国家现代语言生活中汉字词汇的使用状况，调查这些国家语言中汉字词汇的条目、汉字词汇的使用频率。从形态、意义、用法等角度，开展日、韩、越等东亚国家语言汉字词汇和我国现代汉语词汇的双边比较研究，包括研究我国和日、韩、越等国通用的汉字词汇问题。由于日、韩、越等国家政府有关本国语言中汉字使用的政策深刻影响着汉字词汇在这些国家语言中的使用，因此本课题还将研究日、韩、越等国政府有关汉字和汉字词汇使用的政策及其变化。

一、关于本课题的研究对象——汉字词汇的界定

本课题主要研究日本、韩国、越南等国现代语言生活中使用的汉字词汇。位处东南亚的新加坡、马来西亚、印度尼西亚等国的华语中也使用汉字词汇，但是由于这些国家的华语和我国汉语是一种语言，我们不视其为外语而将其作为汉语对待，因此这些国家华语中的汉字词汇不是我们研究的对象。另外，由于朝鲜和韩国所使用的是一种语言，本课题对朝鲜语的研究主要以韩国语为主。

汉字词汇顾名思义即用汉字书写的词汇。但是，汉字词汇在日本语、韩国语、越南语中的表现形态各不一样。韩国语和越南语中汉字词汇的书面存在形式已经发生了巨大变化，韩国的书面语基本上不使用汉字，越南已经取消了汉字，确立了以拉丁字母作为越南语的法定文字，这两个国家语言中的汉字词汇不再以汉字形式出现。有些学者甚至认为韩国语和越南语已经不使用汉字，所以不存在汉字词汇。汉字词汇在日本、韩国、越南等国学界的叫法也不一样。日本称为“漢語”（かんご）、韩国称为“漢字語（한자어）”、越南则称为“Từ Hán Việt”（汉越词）。正因为汉字词汇在各个国家的呈现形式纷繁复杂，有必要在这里对我们的研究对象——汉字词汇以及我们的研究范围进行界定。

日本语中由于大量使用汉字，汉字词汇仍然以汉字的形式存在。但是由于日本语汉字训读形式的存在，使得不同种类词汇的表现形式非常复杂。在日本语中一个汉字至少有两种读音，即音读和训读。所谓音读是日本人为了标读汉字所形成的一种读音系统，这种读音系统主要模仿古代汉语的发音，和汉语发音有很强的对应规律，完全用这种发音识读的词汇是标准的汉字词汇。但是，日本语中汉字也可以根据其意义，用与其意义相近或者相同的日本语固有词的发音来读写，这就是训读。日本语中的训读词汇，虽然其一部分构词要素的书面表达形式可以是汉字，但是其实质是日本固有的“和语”词汇，因此这一部分词汇原则上不能作为汉字词汇对待。日本语中还有一类词，这些词的部分汉字构词要素是音读的，另一部分却是训读的，如“湯桶(ゆとう)”“重箱(じゅうばこ)”，这两个词中“湯、箱”是训读，“桶、重”为音读。“湯桶”读音是前训后音，“重箱”为前音后训。由于这两个词在日本语的音训混读词汇中具有代表性，因此日本语中前训后音词汇的读音叫作“湯桶読み”（汤桶读法），前音后训词汇的读音叫作“重箱読み”（重箱读法）。这一类词汇实际上是汉字词汇和日本语固有词汇的混合，虽然经常使用汉字书写，但是，日本学者不认为这些词汇是“漢語”。另外还有一部分日本语词汇其书面形态是两个汉字复合成的，但是两个汉字的读音都是训读的，如

“立場、取締、取消”等，这类词汇日本学者也不将其看成是“漢語”。

综上所述，由于汉字既可以作为日本语固有词汇的书面表达形式，也可以用来书写汉语词汇，造成日本语词汇的书面形式非常复杂，研究现代日本语汉字词汇的使用现状究竟以哪些词为研究对象是非常值得探讨的问题。如果将所有可以用汉字书写的词汇都纳入研究的范围，那么日本语固有的“和語”词汇都有可能被包括进来，因为汉字一般都有训读，也就是说和语词汇都有可能用汉字书写，如果真是这样的话，除了极少数不能用汉字书写的日本语词汇（如功能词、部分虚词）外，绝大部分日本语词汇都可能成为研究对象，这会无限制扩大日本语汉字词汇的范围。但是，如果严格按照日本学者定义的“漢語”为研究对象，那么“立場、取締、取消”等词汇将被排除在外。

因此，本课题首先要对研究对象进行界定。我们认为，日本语中的汉字词汇可以分成两个部分，第一部分我们称之为标准汉字词汇，即日本学者定义的“漢語”，这部分词汇不但书面形式一般使用汉字书写，同时其发音形式是音读，和汉语发音有很强的对应规律。第二部分我们称之为扩展汉字词汇。这些词汇虽然发音形式是训读或者音训混渎，但是书写时汉字是其基本的书面形态，而且没有送假名。如果韩国、越南恢复使用汉字，这部分词汇其汉字书写形式将在中国、日本、韩国甚至越南等东亚国家通用，如“立場、取締、取消”等词汇。单个汉字构成的词汇无论其发音形式是音读还是训读，暂时不纳入我们的考察范围，同时不能单独成词的汉字前缀和后缀（如不(ふ)、非(ひ)、的(てき)、性(せい)）也不单独作为考察对象。

韩国基本上不以汉字作为韩国语的书面表达形式，而是使用韩国语自己的表音文字。从文字上看，韩国语中的汉字词汇和韩国语固有词汇没有差别。但是，从汉字进入朝鲜半岛后，在漫长的历史过程中，汉字的发音在韩国语中也形成了类似日本语音读、区别于韩国语固有词的独特的发音体系。韩国语利用这个发音体系可以标读所有的汉字，我们将韩国语中专门用于标读汉字的发音体系称为汉字的韩国语音读。汉字的韩国语音读和韩国语固有词汇的发音规律有明显的差别，但是与汉语的发音有明显的对应规律。和日本语汉字有音读和训读两套发音系统不一样，韩国语中原来使用汉字书写的词汇的发音比较单纯，基本上是按照汉字韩国语音读标识的，这样虽然韩国语中的汉字词汇不用汉字书写，但是其认定比日本语中的汉字词汇简单。而韩国语词汇中也存在汉字语素和韩国语语素混合的情况，特别是“무（無）、불（不）、미（未）、비（非）、몰（沒）、품（品）”等汉字词缀有很强的构词能力，不但能够和汉字词汇结合，也能够和韩国语固有词汇结合，但是由于这些汉字成分不能够单独成词，所以我们不单独

将其作为考察对象。另外有一些韩国语汉字词汇，经常和韩国语语素（如하다/hada/）结合形成动词，这些汉字词汇通常也能够独立成词、独立使用，我们将这类词看成韩国语中的汉字词汇，纳入考察范围。近年来，随着中韩社会、文化、经济交流的加深，现代汉语中的一些流行词也进入韩国语中，但是，韩国语在借用这些现代汉语词汇的方式上发生了变化，不是通过借用汉字，然后用韩国语音读来标读这些汉语词汇，而是直接借用汉语发音，用韩国语发音来模仿现代汉语发音，将现代汉语发音用韩国语发音转写出来，如：炸酱面→짜장면，老头儿→노틀，茄子→가지、白菜→배추。这些词汇虽然源于现代汉语，其发音模仿现代汉语原词的发音，但是，这种模仿现代汉语发音的韩国语发音还没有能够形成体系，不能够读写所有的汉字，再加上这些词的实质是借音，而不是借字，所以不能够将这些词看成是韩国语中的汉字词，我们也不将这些词纳入考察范围。

汉字进入越南以后，和日本语、韩国语一样，越南语中形成了读写汉字特有的发音体系——汉越音，汉越音可以标读所有的汉字。现代越南语中已经彻底废除了汉字，书面语都用拉丁字母书写，从书写形式上看，越南语的所有词汇的形态都是一样的，但是，从发音的角度看，越南语中存在着发音规律不同的两类词，即汉越音词汇和越南语固有词汇。有些越南学者认为越南语中不使用汉字，所以不存在汉字词汇，这种说法是不符合客观语言事实的。首先现代越南语中存在着特殊的、发音形式与其本国语言不同的一群词汇，而且数量庞大，其发音自成系统——汉越音。其次，这群词汇和汉语、汉字有很深的渊源，其发音和汉语发音有严格的对应关系。至于将这群词汇称为汉越词，还是汉字词汇，这只是名称上的问题。从“汉字文化圈”四国语言的共性出发，我们将越南语中的这一类词也称为汉字词汇。根据王力先生的分类，越南语中和汉语、汉字词汇相关的词汇可以分为古汉越词、汉源越化词、汉越词。古汉越词进入越南语的时间很早，已经高度越化，越南人把这些词当作地道的越南语词来看待和使用；汉源越化词虽然属汉语借词，但是由于受到越南口语的影响，其读音发生了改变，具有了纯越南语词的特点，数量很少；汉越词是越南语中大量存在的来自汉语的词汇。这类词汇的越南语发音存在独立的系统和规律，和汉语发音之间存在很强的对应关系。另外汉越词中还存在一种越式汉越词，这类词是越南人利用汉语语素制造的独特的越南语词汇，在语素层面上其发音遵循汉越音的发音规律，但是其结构却和典型的汉越词存在差别，也不同于中日韩等国语言中的汉字词汇，属于越南语中独有的，如：chủ sở hữu（主所有）、chiến tranh nhân dân（战争人民）。由于古汉越词和汉源越化词已经高度越化，和现代汉语进行比较的价值相对较小，我们将把重点放在汉越词和越式汉越词的研究上。

综上所述，我们所研究的东亚国家语言中的汉字词汇包括两类：一类是音韵上与汉语有对应关系、根据其音韵规律可以转写成汉字的日韩越等语言中的词汇；另一类是日、韩、越等国人民利用汉字自创的、有完全的汉字书写形式的其他固有词汇。越南语、韩国语中的固有词汇一般不会用汉字书写，现代韩国语和越南语更是如此，因此，作为我们研究对象的韩国语和越南语汉字词汇主要是指音韵上和汉语有严格对应关系的韩国语音读词汇和越南语汉越音词汇。但是日本语中汉字使用情况比较复杂，其固有词汇的书面表达中也使用汉字成分，而且有时汉字成分和假名成分混杂，如“取り締まり、手続き、取り消し、立向う”等，有时又只以汉字形态出现，如“取締、立場、手続、取消”。这样就造成了我们在选定日本语汉字词汇时的困惑。当然日本语中音韵上和汉语发音有对应关系的音读词汇，因其书写通常使用汉字，无疑我们应该将这些词作为研究对象。但是，上述日本语固有词汇如何处理？如果将其纳入研究范围，则这些词汇中含有假名，显然不合适；如果不将其纳入研究范围似乎也不合适，因为这些词汇的汉字形式不但日本语中使用，而且汉语、韩国语甚至越南语中也使用。为此，我们对日本语中的汉字词汇进行重新界定，即不论音读词汇还是训读词汇，只要有完全的汉字形式存在，就将其作为汉字词汇。这是因为即便是日本语的训读词汇，如果拿掉送假名仅仅依据其中的汉字也不妨碍这些词的词义理解，如“取り締まり→取締”“手続き→手続”。而日本语的“立場”一词，虽然发音为“たちば”，是典型的训读词汇，但是，书写时根本不用假名，这样的词更应该作为汉字词汇。而“立向う”等词，因为没有完全的汉字书写形式，其构词成分中总会出现假名，因此，我们不将其作为研究对象。

二、本课题研究所要实现的目标

通过本课题研究我们计划实现以下几个目标：（1）调查清楚日本、韩国、越南等国家现代语言生活中经常使用的汉字词汇的条目、汉字词汇的使用频率；（2）调查清楚中国和日、韩、越等国家经常使用的通用汉字词汇的数量、条目；（3）调查清楚日、韩、越等国家独有汉字词汇的条目；（4）研究中国和日、韩、越国家核心通用汉字词汇意义、用法的异同；（5）创建东亚国家语言中汉字词汇研究相关网站；（6）开发汉日、汉韩、汉越通用语料库分析工具；（7）开发韩国语、越南语表音文字—汉字的计算机转写软件工具；（8）开发中、日、韩、越通用汉字词汇的自动识别工具；（9）开发通用词汇按意义（同形同义、同形近义、同形异义）计算机辅助归类工具；（10）研究日、韩、越等国关于汉字和汉字词汇使用的政策。

三、本课题研究的任务和内容概述

（一）日本语汉字词汇使用现状研究内容

日本语汉字词汇使用现状研究主要涉及三部分内容：一是汉字词汇在日本语中的使用现状调查及近现代日本语媒体中汉字词汇使用情况比较；二是汉语和日本语汉字词汇比较研究，主要以汉语和日本语中的同形词汇调查为主；三是日本语汉字词汇研究相关计算机软件工具的开发研究。

日本虽然对20世纪50年代以及90年代的日本语进行过大规模的词汇调查，但是这些调查都是针对整个日本语词汇系统的。汉字词汇是日本语整个词汇体系中的一个重要组成部分，虽然通过对整个词汇体系的调查也能够了解汉字词汇的部分情况，但是由于不是专门针对汉字词汇的，而且是抽样调查，因此这些调查所获取的汉字词汇信息不够全面。对50年代的语料的调查已经过去60多年，60多年前的调查结果是否能够反映日本现代语言生活中日本语汉字词汇的使用现状是值得探讨的问题。日本自明治以后，一直实行限制日本语中汉字和汉字词使用的语言政策，同时日本语中的汉字词汇不断受到西方外来词的冲击，在这样的情况下，现代日本语中的汉字词汇的使用频率到底增加了，还是减少了，发生了哪些变化，目前尚未有一个科学的结论。因此，我们有必要利用现实的语言材料作为语料对这些问题展开研究。

明治以后日本语中汉字词汇的使用是增加了还是减少了？现代日本语中经常使用的汉字词汇有多少？有哪些条目？对第一个问题学术界触及得不多。对第二问题的研究，传统的做法主要是依据词典，但是如果词典规模不同所调查的结果也会不一样。本课题研究引进、收集了大量的现代日本语和明治时期日本语语料，现代日本语语料有日本『每日新聞』（1991~2012年、3GB）、日本国立国语研究所开发的『現代日本語書き言葉均衡コーパス』（现代日本语书面语平衡语料库）（1亿多词次），明治大正时期的语料有『太陽コーパス』（太阳语料库）、『明治の文豪』（明治文豪）等。利用这些语料，我们对日本语中的汉字词汇进行大规模调查并且对明治时期日本语中的汉字词汇使用情况和现代日本语进行了比较。

汉语和日本语中存在着大量的汉日语通用词汇（中日同形词）。这些词汇在汉语和日本语中虽然形态相同，但是意义用法不尽相同，有的似是而非。这些词汇无论在研究中日本语言接触、中国文化在日本的传播，以及日本语教学和对日汉语教学等方面都有重要价值。因此，中日同形词的调查也是本课题研究重要的突破点和创新点。日本文化厅在 20 世纪 70 年代虽然组织早稻田大学日本语教育研究所进行过这方面的调查，但是由于受到当时技术手段的限制，其调查范围很小，研究成果也遭到了学界的质疑。其后我国和日本都有学者以词典、词汇调查表等为对象进行了中日同形词的调查，但是，这些研究的结论却都不一致。为了调查清楚现代汉语和现代日本语中中日同形词的使用情况，我们利用《光明日报》(1998~2008 年共 11 年的量)、日本『每日新聞』(2005~2012 年共 8 年的量)、日本『現代日本語書き言葉均衡コーパス』(现代日本语书面语平衡语料库)(1 亿词)等大规模语料库对中日同形词体系进行了调查研究。

依据大规模调查所得到的数据，遴选面向日本语教学的中日核心通用词汇和面向对日汉语教学的中日核心通用词汇。由于日本语教学和对日汉语教学所面对的对象不一样，因此核心通用词汇的遴选角度是不一样的。日本语教学的对象是中国学生，日本语习得是中国学生的目的，因此，日本语教学中的核心通用汉字词汇应该以日本语中汉字词汇的使用情况为主要依据；同样道理，对日汉语教学中核心通用汉字词汇的遴选必须以汉语的使用情况为主要依据。这一原则在进行中日核心通用词汇（中日同形词）的遴选时十分重要。虽然汉日通用词汇中日两国都使用，但是使用情况是不一样的，有的词汇汉语中是常用词，但是日本语中有可能很少使用；有的情况可能正好相反。因此，有必要针对不同的教学对象分别确定日本语教学的核心通用词汇和对日汉语教学的核心通用词汇。

汉日通用汉字词汇意义用法的比较研究，特别是基于意义用法差异的中日同形词分类研究也是日本语汉字词汇使用现状研究的重点和创新点。在面向日本人的汉语教学、我国的日本语教学以及规范我国现代语言生活中日本语外来词的使用、日本语和汉语的机器翻译研究等方面，中日同形词的意义用法比较研究具有十分重要的应用价值。课题组提出了一个衡量中日同形词意义用法距离的方法，利用这个方法，以大规模《中日对译语料库》为数据资源，可以从同形同义、同形近义、同形异义三个角度对常用的汉日语通用词汇进行自动筛选归类。在实际应用中这个方法取得了非常好的效果。

由于汉日语通用近义词汇其意义用法在汉语和日本语之间存在微妙差别，课题组在上述研究的基础上，遴选中日核心通用汉字词汇，并对其意义用法进行比较，研发了一套能够有效表达汉日语通用近义词汇意义用法差别的描述方法。在汉语和日本语汉字词汇的比较研究方面，课题组发表了多篇论文。

本课题研究的主要目标是系统把握东亚国家汉字词汇的使用现状，需要处理大量的语料，必须引入计算机技术，并且开发本课题研究所必需的计算机软件工具。由于开展日本语汉字词汇研究比较早，而且，通过实施教育部人文社科项目“汉日语料库通用分析工具开发研究”，课题组已经开发了很多能够处理汉语和日本语的计算机软件工具。在实施本课题研究的过程中，我们又开发了汉日通用词汇自动识别工具和中日同形词按词义辅助归类工具等。

（二）韩国语汉字词汇使用现状研究主要内容

和日本语一样，韩国语汉字词汇使用现状研究子课题也由三部分组成。第一部分是韩国语汉字词汇的使用现状调查；第二部分是汉语和韩国语汉字词汇比较研究；第三部分是韩国语汉字词汇研究相关计算机软件工具的开发研究。主要内容如下：

1. 韩国语汉字词汇使用情况调查

和日本语不一样，在韩国语的书面语中，汉字词汇不一定以汉字形式出现。根据本章第二节对东亚国家汉字词汇所作的界定，本书将韩国语的韩国语音读词汇作为研究对象，利用大规模语料库，研究了韩国语中汉字词汇词条数量、条目以及汉字词汇在韩国语书面语中的使用和覆盖情况。本书引进了韩国国立国语院韩国“21 世纪世宗计划”建设成果——“现代韩国语均衡语料库”，以该语料库作为现代韩国语的数据资源开展上述研究。

韩国国立国语院在 2005 年出版了《现代韩国语频率词典》，含韩国语词汇 80 000 多条，其中汉字词汇 41 510 多条。由于韩国国立国语院的这部成果是在韩国国家计划的支持下完成的，加上韩国国立国语院是韩国语言研究最权威的机构，因此这部成果是我们开展韩国语汉字词汇研究最重要的参考资料。另外，作为韩国“21 世纪世宗计划”成果之一，韩国国立国语院还开发了一部韩国语信息处理用电子词典，含韩国语词汇 480 000 余条，其词条描述采用 XML 标注规格。这部电子词典可以说是韩国语收词量较全的词典。我们以这两部词典为数据源，利用计算机技术手段，将其中的汉字词汇挖掘出来，以此方法收集现代韩国语汉字词汇的条目。由于迄今为止韩国语汉字词汇的使用研究主要是以词典为对象进行，汉字词汇在整个韩国语词汇体系中的比重也是以词典为资源调查得到，而关于韩国现代语言生活中汉字词汇使用的实际情况很少有研究触及。词典的收词虽然具有很强的体系性，但是未必能够反映语言的实际使用情况，因此，我们的研究重点主要放在了汉字词汇在韩国现实语言生活中，特别是韩国语书面语体系中的使用情况，即汉字词汇在韩国语书面语中的使用频度和覆盖率的研究上，这也是韩国语汉字词汇使用现状研究的主要课题。无论在国内还是在韩国关于这个课题的研究都十分少见，尚未有权威成果发表，因此这也是本书在韩国语汉字词汇使用现状研究方面的创新之处。

2. 汉语和韩国语汉字词汇比较研究

汉语和韩国语汉字词汇比较研究由两部分组成，即中韩汉字词汇的形态比较研究和中韩汉字词汇意义用法的比较研究。重点进行中韩通用汉字词汇（中韩同形词）的比较研究。

（1）中韩汉字词汇的形态比较研究。

从与汉语对比的角度看，韩国语和日本语一样，其汉字词汇也存在着韩国语独有的词汇以及和汉语通用的汉字词汇两大类。确定韩国语的独有汉字词汇和汉韩语通用汉字词汇是汉韩语汉字词汇形态比较研究的一项重要内容。解决这个问题的关键是如何界定汉韩语通用词汇。由于韩国语中的汉字词汇在书面语中的表现形态绝大多数为韩文形式，而且即便是汉字书写的韩文汉字词汇，由于韩国汉字和我国汉字字形上存在较大差异，因此不能够完全依靠字形进行汉韩语通用汉字词汇的判定，有必要研究圈定汉韩语通用词汇的新的标准。特别是研究可用于计算机自动识别的汉韩语通用词汇的判定标准对本课题研究至关重要。

本研究的一个重要目的是根据汉韩通用汉字词汇的界定标准从大规模语料库中调查汉韩通用汉字词汇的使用现状问题。由于涉及的语料规模非常庞大，用传统的手工方法不能够适应本研究的需要，汉韩语通用词汇计算机自动甄别方法研究也是本课题研究的一项重要内容。

（2）中韩通用汉字词汇意义用法的比较研究。

在面向朝鲜人和韩国人的汉语教学及我国韩国语教学中，汉韩语通用汉字词汇意义用法的研究具有十分重要的应用价值。因此，在大规模调查的基础上，我们将筛选常用的核心汉韩语通用词汇，对常用的核心汉韩语通用词汇从同形同义、同形近义、同形异义三个角度出发进行归类。这种归类也需要借助计算机，因此，我们研发了汉韩语同形同义词、同形异义词、同形近义词的计算机辅助甄别、归类的方法和工具。

由于汉韩语通用类义词汇其意义用法在汉语和韩国语之间存在微妙差别，我们在上述研究的基础上，遴选出汉韩语常用的核心通用汉字词汇，并对其意义用法进行比较，研究能够有效表达汉韩语通用类义词汇意义用法差别的描述方法。

另外，在重点进行汉语和韩国语汉字词汇比较研究的同时，本书将涉及韩国语汉字词汇的本体研究，如从韩国语词汇学、语义学、语法学等方面对韩国语汉字词的基本结构、词义变化进行分析研究等，但这部分内容不作为重点。在汉语和韩国语汉字词汇比较研究方面，课题组发表了多篇论文。

3. 韩国语汉字词汇研究相关计算机软件工具的开发研究

汉语和韩国语通用的语料库分析工具在国内比较少见。为了能够顺利实施本课题的研究，课题组自主开发了汉语和韩国语通用的语料库分析工具，实现了在同一平台上同时对大规模汉语、韩国语、汉韩语平行语料库的检索、分析和统计。汉韩语对译词参数的获取、韩国语表音文字—汉字的转写工具、汉韩语通用汉字词汇的自动甄别、汉韩语通用汉字词汇按词义（同形同义、同形异义、同形近义）计算机辅助归类等工具也是我们针对韩国语汉字词汇研究专门开发的。

（三）越南语汉字词汇使用现状研究主要内容

和日本语、韩国语一样，越南语汉字词汇使用现状研究主要研究以下三部分内容：第一部分是越南语中汉字词汇的使用现状调查；第二部分是汉语和越南语汉字词汇比较研究；第三部分是越南语汉字词汇研究相关计算机软件工具的开发研究。

1. 越南语汉字使用情况调查

和日本语、韩国语相比，越南语中的汉字词汇又具有自己的独特性。越南语中和汉语有关的词汇种类比较复杂，可称之为汉越词。王力先生将越南语中的汉越词分成 3 类，根据本章第二节本课题研究所界定的研究对象，我们所研究的越南语中的汉字词汇主要是指汉越词和越式汉越词。从形态上看，现代越南语书面语中的汉字词汇（汉越词和越式汉越词）都不以汉字形式出现，完全使用拉丁文字来拼写。将计算机应用到越南语汉字词汇的研究中就必须要解决如何让计算机将越南语汉字词汇从越南语中识别出来的问题。因此，越南语汉字词汇的识别是本课题研究的一项重要内容，这是进行越南语汉字词汇大规模调查研究的关键。

对越南语汉字词汇使用现状的调查研究，我们将主要研究越南语汉越词和越式汉越词的数量、条目、使用频率情况以及这些汉字词汇在越南语书面语中所占的比例（覆盖率）。同时从我国越南语教学和面向越南人的汉语教学角度出发，我们还将进行以下三方面的研究工作：

（1）调查汉语和越南语通用的汉字词汇（中越同形词）；

（2）调查遴选面向越南语教学的中越核心通用汉字词汇；

（3）调查遴选面向对越汉语教学的中越核心通用汉字词汇。

我们收集整理了现代越南语的语言材料近 7 000 万音节（一个越南语音节相当于一个汉字），以此建设了现代越南语大规模语料库，利用该语料库和数量相当的现代汉语的数据为语料展开上述调查。同时，为了研究汉字词汇在现代越南语中的使用情况（频率）和覆盖率，我们利用机器辅助标注和人工校对相结合的方法，建设了现代越南语汉字词汇标注语料库，规模达到350万音节，231万词次。

2. 汉语和越南语汉字词汇比较研究

汉语和越南语汉字词汇比较研究由两部分组成，即中越汉字词汇的形态比较研究和中越汉字词汇的意义用法比较研究。重点进行中越通用汉字词汇的比较研究。

（1）中越汉字词汇的形态比较研究。

从与汉语对比的角度看，越南语和日本语、韩国语一样，其汉字词汇也存在着越南独有的汉字词汇（越式汉越词）以及和汉语通用的汉字词汇（汉越词）两大类。确定越式汉越词、中越通用的汉越词是汉语和越南语汉字词汇形态比较研究的一项重要内容。解决这个问题的关键是如何界定中越通用词汇。由于越南语书面语中汉字词汇的表现形态已经不是汉字，因此不能够依靠字形进行中越通用汉字词汇（汉越词）的判定，有必要研究认定中越通用词汇（汉越词）的有效标准和方法。课题组开发了一套可用于计算机自动识别中越通用词汇（汉越词）的标准和方法，大大提高了本课题在这方面的研究效率，也提高了研究成果的精度和可靠性。

（2）中越汉字词汇的意义用法比较研究。

在面向越南人的汉语教学和我国的越南语教学中，越南语汉越词的意义用法研究具有十分重要的应用价值。因此，我们将对比越南语汉越词和现代汉语同形词的意义用法。在大规模调查结果的基础上，我们筛选出常用的核心中越同形词，并从同形同义、同形近义、同形异义三个角度出发对这些常用核心中越同形词进行归类。

由于越南语汉越词的意义用法和同形汉语词之间存在微妙差别，我们在上述研究的基础上，遴选出常用的核心越南语汉越词，并对其意义用法和汉语同形词进行比较。研究能够有效表达越南语汉越词和汉语同形词意义用法差别的描述方法。作为这方面研究的中间成果，课题组编写了《越南语汉越词词典》，并由商务印书馆正式出版。

另外，在重点进行汉语和越南语汉字词汇比较研究的同时，涉及越南语汉字词汇的本体研究，如越南语自造类汉越词的结构规律、汉越词与纯越词的对应对比、影响汉越词使用的语言制约、汉越词在越南语的地位和作用研究等。关于汉语和越南语汉字词汇的比较研究，课题组发表了多篇论文。

3. 越南语汉字词汇研究相关计算机软件工具的开发

作为越南语汉字词汇研究特有工具，我们开发了越南语表音文字—汉字辅助转写、汉越语对译词参数的获取、汉越语通用汉字词汇的自动甄别、汉越语通用汉字词汇按意义（同形同义、同形异义、同形近义词）计算机辅助归类等计算机软件工具。

（四）东亚国家语言语料库工具的开发研究

东亚国家语言汉字词汇使用现状研究涉及的数据量非常庞大，如果不能够有效地引入计算机技术，是无法在项目规定的期限内完成研究任务的。为此，我们自主开发了东亚国家语言语料库分析工具。同时，在项目实施过程中，加工产生了大量中间成果数据，这些数据无论对语言教学，还是语言研究，或者是东亚国家语言的计算机处理都具有重要价值。

本课题开发的计算机处理工具分两大种类：一类是根据日、韩、越三种语言汉字词汇的个性而开发的针对其中一种语言的专门处理工具，这些工具的功能在上述论述中已经作了具体介绍。另一类是中、日、韩、越四种语言通用的语料库分析工具。针对西方语言的语料库分析工具比较多，而且功能也比较强大，但是，由于西方语言和东方语言无论在字符层面还是在词汇层面，计算机的处理技术都存在很大差异，这就导致面向西方语言的语料库分析工具无法直接用来处理东方语言。为此我们自主开发了能够同时处理中、日、韩、越四种语言的语料库分析工具，以满足东亚国家语言中汉字词汇使用现状研究的需要。通用分析工具拥有以下十大功能：

（1）基于大规模语料库的词频统计分析；
（2）基于大规模语料库的词汇分布统计分析；
（3）NGRAM 的自动抽取和统计；
（4）基于大规模语料库的特殊表达方式抽取；
（5）基于大规模标注语料库的语法结构抽取；
（6）单语种语料库的检索分析；
（7）平行语料库的检索分析；
（8）大规模语料库 KWIC 检索；
（9）基于大规模语料库的词语搭配参数计算；
（10）基于平行语料库的对译词参数计算。

（五）日、韩、越等国汉字及汉字词汇使用政策研究

日、韩、越等国关于汉字的使用分别制定了不同的政策，这些语言政策对汉字在这些国家的使用产生了决定性的影响。当然汉字的使用政策也不可避免地对

这些国家语言中汉字词汇的使用产生了影响。

日本在明治初期的时候关于日本语中汉字的使用问题曾经出现过观点不同的三个派别，即“废除汉字派”“限制汉字派”和“维持现状派”。其中“维持现状派”观点的影响很小，主要是前两派展开了激烈的争论。“废除汉字派”从教育的普及和缩短文字学习时间等目的出发，认为应该废除日本语中的汉字，完全采用假名或者罗马拼音来书写日本语。而以福泽谕吉为代表的“限制汉字派”认为不应完全废除汉字，应该减少复杂汉字的使用。日本政府采纳了福泽谕吉的这一主张，并先后在1900年、1923年、1942年分别制定和颁布了《小学校令实行规则》《常用汉字表》《标准汉字表》等有关日本语中汉字使用的政策法规。但是这些政策当时并没有在日本国民中普及。1946年日本颁布《当用汉字表》，正式要求在法律、公文、报纸、杂志等书面语中尽量使用“当用汉字”。这个政策一直延续到现在。日本限制汉字使用的政策无疑也影响日本语中汉字词汇的使用。

韩国的语言政策一直就在“韩文专用”“韩汉混用”或“韩汉并用”的非一贯性语言政策中徘徊并延续至今，以致韩文专用和韩汉混用这两个主张的对立愈演愈烈。

1968年，韩国极力推行“去除汉字化”，总统下令在公文中禁止使用汉字，强行废除韩国小学、中学教科书中使用的汉字。直到前几年，韩国政府开始修改全面废除使用汉字的方针。2005年，韩国政府宣布在所有公务文件和交通标志等领域，全面恢复使用已经消失多年的汉字和汉字标记，并确定恢复了初中、高中的汉字教育。2009年初，韩国健在的历届国务总理21人中有20人联合签名给时任韩国总统李明博提交了建议书，敦促实施汉字教育。

“韩文专用”观点的代表为“韩文学会”，主张“强化韩文专用，反对在小学变相进行汉字教育”，并号召在全国范围内广泛开展韩文专用运动。而主张“韩汉混用”观点的代表“韩国语文会”，主张要求废止韩文专用法，并主张从小学起就实行汉字教育。这两种主张水火不相容，没有任何妥协的余地。

韩国关于汉字使用摇摆不定的语言政策，不但引起了学界激烈的争论，而且使民众对汉字使用产生迷茫，从而影响了韩国语中汉字生态和汉字词汇的使用现状。

汉字作为书面文字在越南占据了上千年的统治地位，即使到了12世纪越南开始出现喃字之后，汉字也一直独踞正统地位。1919年，法国殖民统治者和阮朝政权完全废除儒学学习和科考制度，代之以学习和考试都仅使用法文和“国语”拉丁字的教学方式，越南“国语字”开始取代汉字和喃字。1945年越南民主共和国成立，宣布全境各阶层使用越南“国语字”，越南社会实现了拉丁字母替代汉字的文字改革。

尽管越南实现了拉丁字母替代汉字的文字改革，但汉字词（汉越词）在越南的使用随越南与中国关系的变化而时有强弱，20世纪五六十年代，汉字词在越南语中的使用曾经一度泛滥。1966年，时任越南总理范文同代表越南共产党和政府号召全社会要维护越南语的纯洁性。

由于越南的文字改革客观上在一定程度上造成了文化断层，一些学者深为担忧，认为文字制度的改变使不少越南人成为了自己国土上的文盲，越南著名语言学家高春浩甚至尖锐地指出越南放弃使用汉字和喃字是一场无法改变的灾难①，要求恢复汉字教学。但他们的主张受到了很多人的反对。

无论汉字恢复与否，汉字词在越南一直发挥着强大的语言功能和社会功能，围绕它所制定的语言政策具有很强的民族性、开放性和时代性。

日、韩、越等国有关汉字使用的政策主要包括这些国家的汉字教育、汉字在语言中的使用等政策，以及有关汉字和汉字词汇的规定等。这些研究成果一方面可以帮助我们了解日、韩、越等国对汉字和汉字词使用的政策；另一方面也可以为我国语言政策的完善提供一定的借鉴。因此，从这个角度讲，日、韩、越等国有关汉字和汉字词使用的政策非常值得研究。

日、韩、越等国汉字和汉字词汇使用政策的研究主要开展了两个方面的工作：一是梳理日、韩、越等国政府发布的有关汉字和汉字词汇使用的语言政策，分析其得失，为有关部门制定我国语言政策提供参考；二是研究日、韩、越等国对本国语言生活中所出现的与汉字词汇有关的新的语言现象以及所发生的与汉字词汇使用有关的问题采取的应对策略。

第三节　本课题研究的理论、方法和手段

本课题的核心研究目标是调查日本、韩国、越南等东亚国家现代语言中汉字词汇的使用现状。如何把握词汇的使用情况，即从哪些维度对词汇的使用情况进行描述，这是研究之初必须要解决的理论问题。无论日本语、韩国语或是越南语，如果要进行词汇调查研究，都涉及语言调查计划的制订、语言样本的抽取、所调查语言单位的选择、统计指标的确立，这些都离不开计量语言学理论的指导，计量语言学为词汇的调查研究提供了一整套的理论和原则，因此计量语言学是本课题研究所遵循的主要理论依据。同时，词汇调查需要以大量的语言数据作

① Cao Xuân Hạo，Tiếng Việt Văn Việt Người Việt，Nhà xuất bản Trẻ，2001，tr. 113.

为支撑，语料库语言学所提出的方法和自然语言处理技术是本课题实施过程中用来计算和描述词汇使用现状各个维度的主要手段。

一、实施本课题研究的理论基础——计量语言学

所谓计量语言学，是用统计的方法对语言或者语言活动的量化规律进行研究的学问。计量语言学通过对语言现象的统计分析，得到一系列关于语言结构的量化属性，在此基础上归纳语言现象的规律和规则。这些规则包括语言本体的，也包括社会学视域下人类语言活动所体现出来的规律性。本研究将日、韩、越等东亚三国语言中的汉字词汇作为研究对象，调查这些国家语言中汉字词汇的使用现状，既要摸清楚汉字词汇作为语言本体单位的量化属性和规则，也有从社会学角度考察三个国家语言在使用汉字词汇方面所体现出来的量化特性的目的。因此，以计量语言学理论指导本课题研究的实施是合适和恰当的。

日本学者（伊藤雅光，2002）认为，计量语言学所涉及的语言学研究领域主要包括以下几个方面：一是语言单位使用率的研究；二是文体的分析；三是语言所属系统的研究；四是方言划分研究；五是社会语言学和语言生活研究。其中语言单位使用率的研究是其他几个领域研究的基础，因为要研究其他四个领域的语言问题，都要使用语言单位使用率这个指标。本课题研究主要调查汉字词汇在三国语言中的使用情况，从大的方面讲可以认为是社会语言学和语言生活的研究范围，是考察这三个国家现实语言生活的一个侧面，即其词汇系统的重要组成部分——汉字词汇在这些语言中的生存状态。

语言单位使用率的研究是计量语言学的基础。语言单位所指的范围涉及语言学的各个领域，语音、词汇、语法等方面都有各自的语言单位。但是，到目前为止，计量语言学取得明显成效的是词汇的计量研究。许多国家为了考察本国的语言生活状况，都用计量的方法开展了大规模词汇调查，得出了许多有关词汇方面可以定量描述的重要的语言规律。如著名的齐夫定律就是在对众多语言词汇使用频率进行统计的基础上总结出来的，这个定律给出了词的使用率与该词在某种语言词汇频率表中的次序之间的函数关系。到目前为止，词汇的计量研究是计量语言学发展最成熟的方向，可以说是计量语言学的代表，甚至形成了计量语言学下属的专门领域——计量词汇学。

在长期的研究实践中，作为计量语言学的一个重要分支，计量词汇学逐渐形成了一个较为成熟的理论体系。首先，计量词汇学有明确的研究目标，这个研究目标就是研究各种语言单位的概率分布特征，如词类的分布特征、不同来源词汇

的分布特征、词频和语义分化的相互关系、词目数量和词次数量之间的相互关系等，这些研究目标是描述语言量化结构特征的关键。本课题需要实现的核心目标就是研究日本、韩国、越南语中不同来源词汇的分布特征，尤其是汉字词汇的量化特征，以期利用这些量化特征描述汉字词汇在这些语言中的使用状态。其次，计量词汇学形成了一整套实现研究目标的概念、理论体系。由于本课题研究将使用这些概念解释和描述日、韩、越三国语言汉字词汇的量化特征，因此，作为本课题研究的重要理论基础，这里对计量词汇学所使用的基本概念进行简要介绍。

语言的计量单位：根据研究目的的不同，将语言材料切分成更小的单位，统计时将这些单位作为计量对象。计量词汇学通常将词作为计量单位，统计词的数量。但是，中、日、韩、越等国家的语言分属不同的语言系统，汉语和越南语为孤立语，日本语和韩国语为黏着语。汉语和越南语的词没有形态变化，这两种语言的词在使用时其词形和辞典中词目的形态是一致的，因此汉语和越南语的词可以直接作为计量单位。而日本语、韩国语则不一样，这两种语言的词在实际使用过程中会发生形态变化，即词典中的词目与其在使用时的形态不完全一致，因此，在计量语言学中，需要把日本语和韩国语词典中的每一个词目与其所有的变化形态作为一个集合，把这个集合中的每一个成员作为计量单位。假如日本语或韩国语的词 X 在实际使用时有 n 个变体，则可以把这 n 个变体看作一个集合，也可以给这个词条集合或者词目集合取一个叫作 X 的名字或者贴一个叫作 X 的标签。

语言单位的频度：某一语言材料中某一语言单位出现的次数，计量语言学中最常使用的语言单位是词，词的频度是非常重要的概念。对于汉语和越南语来讲，如果考察对象是词的频度，那么只要统计词目出现的次数即可，如果语言材料中词 X 出现了 n 次，那么词 X 的使用频度为 n。但是，日本语和韩国语的词频统计方法就不一样了，需要把某个词目集合中每一个元素分别出现的次数加在一起，才是这个词的使用频度。词的频度也叫词的绝对频度，它和语料库的规模有关，同一个词在规模不同的语料库中其使用频度是不一样的，在进行计量语言学研究时需要注意这一点。

词目数量：某一语言材料中所出现的不同词条的数量。对于汉语和越南语来讲，如果考察对象语言材料中所出现的不同的词表示为 X_1，X_2，X_3，…，X_n，那么，这个语言材料中的词目数量就是 n。词目数量可以理解成语言材料的词汇量。对日本语和韩国语来讲，词 X 的变体集合中的每一个元素都是词 X 的变体，因此，不管这个词有多少个变体，也不管每一个变体出现多少次，从词目的角度讲都只能算作是一个词，因此，日本语和韩国语的词目数实际上是词目变体集合标签的数量。词目数量可以看成所考察语料的词汇量。

词次数量：某一语言材料中不同词条所出现的次数之和，即词汇的累计频度。对于汉语和越南语来讲，词次数量是指语料中每一个词的词频的和；而对于日本语和韩国语来讲，是指语料中所有词目变体出现频度的和。衡量语料库的规模时，通常以词次数量作为指标，而不是词目数量。

词的频率：某一个词目出现的次数在整个对象语料中所占的比例，通常用词的频度除以语料库的词次数量计算，词的频率也叫词的相对频度。由于词的频率比较小，为了便于观察，一般使用千分率来表示。同一个词在规模大的语料库中的使用频度高于在规模小的语料库中的使用频度，也就是说词的使用频度和语料库的规模有关，不适合用作对词的普遍规律所进行的研究，也无法对不同语料中同一词目或相同语料中不同词目使用情况的比较，因此，语言计量研究的大多数情况需要使用词的频率。

覆盖率：是指在所考察的语言材料中，某一个词或者某一类词所占的比例，通常用某一个词或者某一类词的累计频度除以对象语料总的词次数量计算，表示某一个或一类词对语料的覆盖情况。词的频率是覆盖率的特殊情况，是指某一个词对语料的覆盖情况。如果将对象语料放到平面媒体上，那么这个比例可以衡量对象词汇所覆盖的平面媒体的面积，因此可以从这个参数直观地观察到特定词汇在语言中的实际使用情况及其重要性。正因如此，覆盖率是描述汉字词汇在日、韩、越等国语言中使用状况的重要指标。

计量语言学主要是利用以上指标描述语言的量化结构，这些指标可以清晰和直观地描述本课题研究所要实现的核心目标，因此本课题研究将在计量语言学的框架下，对日、韩、越三国语言中汉字词汇的这些量化指标进行调查。利用这些量化指标不但能够使日、韩、越三个东亚国家语言汉字词汇的使用现状得到统一描述，而且能够在同一尺度下比较三国语言汉字词汇的使用和发展规律，便于掌握同为“汉字文化圈”国家的日、韩、越三国汉字词汇的生态和汉字词汇将来的走向，为进一步深入开展这方面的研究提供科学数据。

二、实施本课题的方法和手段

本课题研究总体上是以计量语言学的理论为指导，具体实施的思路是建设（含购置）中、日、韩、越等国家语言的大规模现代语语料库，利用计算机自然语言处理技术、语料库语言学方法、统计学方法，结合传统的语言学研究手段，开展东亚国家语言汉字词汇的大规模、系统性研究。

本课题的重点是在外语视域下研究日、韩、越等东亚国家语言中汉字词汇的使用现状问题以及对这些国家语言中汉字词汇的意义用法和我国现代汉语词汇进行双边比较研究。为了达到全面、系统把握这些国家语言中汉字词汇的使用现状以及和现代汉语进行双边比较研究的目的，这就要求进行大规模语言调查和研究。仅仅依靠词典调查、手工作业、专家内省等传统语言学研究手段显然不能够满足本课题研究的要求，因此，我们在本课题研究中全面引入了计算机及相关技术手段。本课题研究所进行的大规模语言数据处理，其规模达到几亿字级，加上这些东亚语言不同于西方语言，其书面语的词和词之间大多没有天然界限，因此，进行东亚语言词汇研究时，我们日常使用的计算机办公软件的语言处理功能和数据处理能力也不能够满足本课题研究的要求。基于以上情况，本课题研究引入计算机自然语言处理技术、大规模语料库、语料库语言学理论和工具、统计学理论方法等新的语言研究技术和手段。具体情况如下：

第一，基于大规模语料库，对东亚国家语言中的汉字词汇进行全面、系统的调查研究。本课题研究以大规模语料库为研究资源，将语料库和权威词典结合起来，对日、韩、越三国语言中的汉字词汇进行全面调查，摒弃仅仅依靠词典或者仅仅依靠抽样调查的传统的研究方法，以期获得东亚国家语言中汉字词汇的全面、系统的数据。以中国和日本、韩国、越南等东亚国家现代语言生活中的语言材料（包括报纸等语料）为对象建设或引进大规模语料库，包括自主建设和购置相关语料。我们建设的语料库规模分别如下：现代汉语 1.7 亿字、现代日本语 3 亿字、现代韩国语 1.5 亿字（韩文字符）、现代越南语 7 000 万音节（1 个越南语音节相当于 1 个汉字）；另外建设一定规模的汉日平行语料库、汉韩平行语料库、汉越平行语料库。

第二，引入东亚国家语言的分词和汉字标注等技术实现东亚国家语言中汉字词汇调查的自动化或半自动化。一些东亚国家语言书面语的词和词之间由于没有间隔，用计算机进行东亚语言研究时首先必须对这些语言进行分词。本课题的主要内容是进行东亚语言词汇使用现状的研究，而且涉及语料规模非常庞大，要想在研究过程中引入计算机，首先必须对这些语言进行词的切分处理。东亚国家语言的自动分词标注技术是计算机自然语言处理技术中已经取得突破、进入实用阶段的计算机自然语言处理技术，有的分词处理技术其分词精度接近 99%（如日本的 CHASEN、MECAB 等）。利用这些技术和工具进行大规模语料的分词时在一致性、精度、效率等方面已经大大超过手工处理，完全能够满足本课题研究的要求。因此，为应对大规模词汇研究的需要，我们将这种分词技术全面引入本课题的研究中。

第三，引入 KWIC 等语料库语言学方法研究东亚国家语言汉字词汇的意义、用法。本课题的一个重点是对我国现代汉语和日、韩、越等国语言中汉字词汇的意义用法进行比较研究。传统上，这一领域的研究都是依靠学者自己的内省和推理进行的。由于学术积累等方面因素的影响，这种传统研究方法是有局限性的，一个重要表现就是用传统方法编撰的词典中往往存在释义不符合实际情况的词条，日汉、韩汉、越汉等词典都存在这种现象。根据语料库语言学研究的成果，KWIC 技术能够帮助学者对词汇的语义用法进行有效的观察和归纳。本书在汉语和这三国语言汉字词汇意义用法的对比研究上引入 KWIC 等语料库语言研究的理论和方法。

第四，引入统计学的理论和方法进行汉语和日、韩、越等国语言通用汉字词汇的研究。汉语和日、韩、越等国语言通用汉字词汇研究是本课题研究的中心任务之一。这种研究在外语教学、信息处理等方面具有重要学术价值和应用价值。为了提高通用汉字词汇的抽取效率和通用汉字词汇中同形同义、同形近义、同形异义词的甄别归类效率和精确度，我们利用统计学方法开展了这方面的研究工作。

第五，引入专业数据库技术进行东亚国家语言汉字词汇及其相关数据的管理。本课题研究所涉及的数据量是庞大的，普通办公软件（如 EXCEL）的数据处理能力远远不能够满足本课题研究的需要，因此本课题研究将使用专业数据库技术。

第四节　本课题研究的重点和创新

一、本课题研究的重点

本课题研究的重点将放在汉语（包括海外华语）以外东亚其他国家语言中的汉字词汇使用现状研究以及这些国家语言中的汉字词汇和我国现代汉语词汇的双边比较研究上。东亚国家语言都或多或少借用汉语词汇，其中，日、韩、越等国家语言中汉字词汇最多。汉字词汇在这些国家语言的词汇系统中占有举足轻重的地位，对这些国家语言汉字词汇使用现状的研究具有代表性。另外，朝鲜和韩国使用同一种语言，这两国的语言在细微的地方可能有一些个性化的特点，但是在整个语言体系上没有大的差异，我们对朝鲜语汉字词汇的研究主要以韩国语为主。日、韩、越等国语言中使用汉字词汇的情况都比较复杂。日本语的汉字使用范围很广，不但汉语词汇用汉字书写，而且其固有词汇也可以用汉字标记；韩国语中很少使用汉字标记汉字词汇；越南语中和汉字词汇有关的词汇可分为汉越词、古汉越词、越化汉越词、越式汉越词四类。其中古汉越词、越化汉越词等词虽然和汉语存在亲缘关系，但已经转变成为地道的越南语。日、韩、越三国语言中的汉字词汇种类虽然繁杂，但是也有共性，这些共性为我们确定本课题的研究对象提供了可靠的依据。根据日、韩、越三国语言汉字词汇的共性，我们确定本课题研究的对象汉字词汇主要是指：（1）从汉语借入、音韵上与汉语有对应关系、根据其音韵规律可以转写成汉字的日、韩、越等国语言中的词汇；（2）日、韩、越等国人民利用汉字自创的汉字词汇以及被汉语吸收且可以完全用汉字书写的其他固有词汇。具体来讲，我们的重点研究对象是日本语中所有的音读词汇和习惯使用汉字书写的部分训读词汇、韩国语的音读词汇、越南语的汉越词和越式汉越词。简言之，本课题研究的重点是：日本、韩国、越南三国语言中所有能够用汉字书写且使用汉字书写后不再含有本国文字的词汇的使用现状问题，以书面语为主要研究对象。

同时，从汉语海外推广的国家战略出发，将日、韩、越等东亚国家语言的汉字词汇与我国现代汉语进行双边对比研究也是我们研究的内容。日、韩、越等国家语言中的汉字词汇和我国使用的汉字词汇之间存在大量的词形相同的通用词汇（同形词），这些通用词汇中的许多词汇和汉语的意义、用法之间既有相通之处，又存在非常微妙的差别，成为我国学生学习这些国家语言以及这些国家学生学习汉语的“陷阱”。近年来，受到这些国家语言（特别是日本语）的影响，汉语中的一些词汇出现了一些新的特殊用法，比如“了解”一词。根据《现代汉语词典》“了解”一词有两种用法：（1）知道得清楚，如“只有眼睛向下，才能真正了解群众的愿望”；（2）打听；调查，如“这究竟是怎么回事？你去了解一下”。但是，在我国青少年的语言中出现了下面的用法，妈妈说：“小明该做作业啦!”，小明答道：“了解”。“了解”的这种表示应答的用法是否符合现代汉语的规范很值得我们研究。正因为东亚国家语言中的通用词汇存在上述问题，而且大量存在，因此，日、韩、越等国和我国现代语言生活中的通用词汇及其意义用法差别是我们进行对比研究的重点。

我们争取在这两个重点的以下五个方面取得突破：

第一，东亚国家汉字词汇使用现状的把握，包括日、韩、越等国家现代语言生活中正在使用的汉字词汇的数量、条目、频率和分布。

第二，汉语和日、韩、越等国家语言汉字词汇的双边比较研究，包括汉语和日、韩、越等国通用汉字词汇的数量、条目以及汉语和日、韩、越同形词汇的分类问题。

第三，中国和日、韩、越等国核心通用汉字词汇意义用法双边比较研究。

第四，用于东亚国家汉字词汇研究计算机工具的开发：中、日、韩、越语料库分析工具的开发，韩、越等语言表音文字—汉字的计算机转写工具，通用词汇自动识别工具及同形词按词义计算机辅助归类工具的开发。

第五，日、韩、越等国关于汉字和汉字词使用政策研究。

二、本课题研究主要创新之处

本课题研究在研究内容、研究方法、研究成果三个方面都取得了具有创新性的成果。

本课题在研究内容上的创新首先表现在，对日、韩、越等东亚国家现实语言生活中的汉字词汇使用现状进行了系统性的研究。日、韩、越等国家的现实语言生活中所使用的汉字词汇到底有多少？中、日、韩、越等国语言的通用汉字词汇有多少？其中，常用的同形同义、同形异义、同形近义词汇各有多少？至今没有一个科学的结论。过去的研究大多从词典中进行调查统计，其结果与实际语言生活存在很大差距。日本虽然倾全国之力对日本语做过类似的研究，但是，其研究的对象是50多年前的语料，结论能否正确反映今天日本语汉字词汇的使用现状是值得探讨的。课题组以反映现实语言生活的语言材料为语料进行调查研究，更能够反映这些国家语言中汉字词汇的使用现状。我们在日、韩、越等东亚语言的汉字词汇研究中应用分词和汉字标注技术，而且使用大规模语料库，这样就可以对上述问题得出相对可靠和科学的结论。同时，利用大规模语料库和通用词汇识别技术分析汉语和日、韩、越等国语言的通用汉字词汇，可以较为全面、准确地把握汉语和日、韩、越等国现实语言生活中通用的汉字词汇体系。这可以说是本领域研究的一个重要创新。

在研究内容上的创新还表现在将中、日、韩、越四个东亚国家语言中的汉字词汇放在一起进行对比研究，特别是系统地对汉语和日、韩、越等国语言中汉字词汇使用情况以及其意义、用法进行研究是目前国内外不多见的。日本和韩国都曾经对自己国家语言中汉字的使用状况做过研究。日本曾经较大规模地对中日同形词在汉语和日本语中的使用差别进行过研究，但是在可靠性和系统性上都存在一定的局限性。也有学者分别对中日、中韩、中越、日韩、日越的汉字词汇进行过对比研究，但是，这些研究大都属于学者个人对相关语言的少量词汇所进行的个案探索。将汉语和日、韩、越三国语言的汉字词汇系统进行研究是十分罕见的。

本课题所采取的研究方法和本领域传统的研究方法相比也有较大的创新。我们将自然科学研究的理论方法，特别是计算机自然语言处理技术和统计学、计量语言学的理论引入东亚语言汉字词汇研究这一人文社科研究领域。这些方法的应用不但满足了大规模，系统性研究东亚国家语言汉字词汇的需要，提高了研究效率，保证了研究成果和研究结论的可靠性、科学性、正确性，也符合《教育部哲学社会科学研究重大攻关项目管理办法》所倡导的“积极吸收自然科学中先进的研究方法”和“定性研究方法与定量研究方法的结合”的精神。这些方法的创新表现在以下几个方面：

第一，韩国语书面语中的汉字词汇很少使用汉字，越南语书面语完全取消了汉字，日本语书面语的汉字词汇有的使用汉字、有的不使用汉字，日、韩、越三国语言的汉字词汇所表现出来的形态很不一样。要研究东亚国家汉字词汇的使用现状，必须将这些语言中的汉字词汇以汉字形态呈现出来。我们利用统计模型实现了这些语言的汉字词汇由表音文字到汉字的自动或者半自动地转写，使这些语言书面语中的汉字词汇以汉字形式浮现出来，进而进行研究。

第二，利用平行语料库，引入统计学和计量语言学的理论方法研究汉语和日、韩、越等语言的通用汉字词汇，将汉语和日、韩、越等语言的常用通用汉字词汇按照同形同义、同形近义、同形异义三种类别进行计算机辅助归类。这种方法可以突破传统方法只能进行小规模或者个案研究的限制，实现通用汉字词汇按意义用法距离的远近进行自动或者半自动归类，使得汉语和日、韩、越等语言通用汉字词汇研究能够大规模展开，大大提高了研究的效率、精度和科学性。

第三，利用语料库语言学倡导的 KWIC 方法开展汉语和日、韩、越等语言核心通用汉字词汇意义用法的双边比较研究。利用 KWIC 技术考察类义词共起词群的差别是西方语言同义词研究行之有效的方法。但是，利用 KWIC 方法大规模进行东亚国家语言同形近义词意义用法比较研究十分少见。由于东亚语言和西方语言存在很大差别，在东亚语言同义词研究中如何应用 KWIC 技术是值得探讨的。课题组在这个问题上做了很多有益的尝试，并且发表了相关论文。

除了以上研究内容、研究方法等方面的创新之外，本课题研究还产生了一批创新成果：

第一，根据大规模调查的结果，我们获得了日本、韩国、越南等国家现实语言生活中经常使用的汉字词汇的使用情况，并且分别编辑了日本语、韩国语、越南语常用汉字词汇集成。这三国语言汉字词汇集成包含了汉字词汇在三个国家语言中的使用频率、读音形态、汉字形态、简体汉字形态、词性信息等。由于篇幅限制，最终成果只收录了三个国家常用汉字词汇各 10 000 条。同时，我们将现代汉语所使用的词汇和日、韩、越三国所使用的汉字词汇进行了对比，获取了汉语和日、韩、越三国语言通用汉字词汇，共收录汉日通用词汇 16 080 余条、汉韩通用词汇 11 910 余条、汉越通用词汇 11 810 余条。由于篇幅限制，这部分内容未能反映在最终成果中。我们将本项目研究过程中所攻克的课题以及项目研究的经过撰写成了研究报告，形成了本书。最终成果包括两部分内容：一是基础研究篇；二是日、韩、越这三个东亚国家语言常用汉字词汇使用情况。

第二，在大规模调查的基础上，抽取汉语和日、韩、越等国的通用汉字词汇，并对常用的核心通用词汇按照同形同义、同形异义、同形近义进行归类。对日、韩、越等语言和现代汉语的同形近义词中的核心词汇进行意义用法方面的研究，并形成这方面的研究成果，其中《越南语汉越词词典》已出版。同时作为中间成果还发表了多篇论文。

第三，通过本课题的实施研发了一批东亚国家语言汉字词汇研究的计算机辅助工具等。这些计算机工具有中、日、韩、越四国语言通用语料库分析工具，韩、越等语言表音文字—汉字的半自动转写工具，日、韩、越汉字词汇抽取工具，汉语和日、韩、越等语言通用汉字词汇抽取工具，汉语和日、韩、越等语言通用汉字词汇同形词计算机辅助归类工具等。这些都是目前该领域不多见的创新性成果。

对东亚国家语言汉字词汇的研究日本开展得比较早，成果也很丰富，可以说到目前为止日本在这方面的研究处于领先地位。但是，正如前文所述，由于日本的研究已经过去很多年，而且所使用的语料规模不够大，特别是在汉语和日本语通用汉字词汇的研究上，采用了传统的手工作业的方法，不能够适应大规模的词汇研究，因此，日本的这些研究在汉字词汇的系统性、精确性上存在很多问题，遭到了学界的质疑和批评。本课题研究吸取了日本在这方面的经验教训，引进了新的研究方法，在东亚国家汉字词汇研究的系统性、精确性上超过了日本的同类研究，尤其在汉语和日、韩、越等国语言的通用汉字词汇研究上取得了超过日本的创新性成果。

第三章

东亚国家语言汉字词汇诸态

汉字词汇在日本、韩国、越南等东亚国家语言中有很长的使用历史，而且大量使用，是这些国家语言词汇系统不可或缺的重要组成部分。这些国家语言的汉字词汇基本上有三种来源：一是来自古代汉语。古代汉语对日、韩、越等国语言文字的形成产生了深远的影响，汉语是这三个国家语言汉字词的共同而且是主要的来源。二是来自日本语。近代以来，日本在学习西方文化和科学技术时创造了很多汉字词汇，这些汉字词汇不但日本使用，而且进入了韩国语和越南语，甚至现代汉语中也有很多来自日本语的汉字词汇。三是日、韩、越等国人民自己创造的汉字词汇。日、韩、越三个国家的人民在长期的劳动生活中，不但消化吸收了汉字的精髓创造过自己国家的文字，而且利用汉字创造了很多反映自己国家独特文化的汉字词汇，日本还创造了大量汉字词汇以引进西方的思想观念。由于日、韩、越等东亚国家语言中汉字词汇有多种来源，造成了汉字词汇在不同语言中各具特色，纷繁复杂。本重大课题的目标是研究汉字词汇在日、韩、越三国语言中的使用现状，因此，有必要对汉字词汇在各国语言中的表现形态进行梳理，以便准确地把握研究的对象。本项目实施过程中，对项目研究对象——东亚国家语言汉字词汇的界定也都是以日本、韩国、越南等国语言中汉字词汇的实际使用形态为基础的。

第一节　日本语汉字词汇诸态

日本语词汇体系成分复杂，包含“和語”（日本固有词）、“漢語”（汉字词）、“外来語”（外来词），以及由这三种词汇中的两种以上混合而成的“混種語”（混种词）。其中“漢語”完全由汉字书写，但“和語”“混種語”也同样可由汉字书写，甚至部分“外来語”也有相对应的汉字，因此日本语书面语中“漢語”与没有送假名的“和語”“混種語”在书写形态上并无太大区别，例如书面语中出现“梅雨”一词时，其到底是读“つゆ”的“和語”，还是读“ばいう”的“漢語”，很难区分。如今日本语汉字词汇相关研究成果可谓汗牛充栋，但多数研究都以传统意义上的“漢語”作为对象，而跳过了何谓汉字词汇这一基本概念的认定环节，使得许多非传统意义的“漢語”（用汉字书写的非典型汉字词汇）常常被忽略。但日本语书面语中用汉字书写的词汇的使用情况，以及日本语和周边国家语言词汇交流情况，这类非典型汉字词汇是不容忽视的。本课题研究将日本语汉字词汇分为典型和非典型两大类，以便厘清和界定日本语汉字词汇的范围。

一、日本语汉字词汇的特征

汉字词汇顾名思义是指用汉字书写的词语，但传统日本语词汇研究领域兼顾音形两要素，将“汉字词汇”与“漢語”（漢字音からなる語）（汉字音读形成的词）等同起来，一般称其为“音读词”或“汉语词”，由此“大地震”“出口”等“混種語”“訓読み語”（训读词）被排除在外。实际上日本语中并不存在纯粹的“漢語”，即使是“簡単”“勉強”这些看似最具代表性的“漢語”，在实际使用时通常也以“簡単な”“勉強する”的“和漢混用”形式出现，而“出口”“入口”等训读词书面语中却完全以汉字形式出现，若将其排除在汉字词汇范围之外也不太合理。

我们认为日本语汉字词汇是指日本语书面语中基本形态为用汉字书写的词语。在此界定下，日本语汉字词汇就排除了以下词汇：（1）用片假名书写、无对应汉字形态的“外来語”；（2）完全由平假名书写的“和語”，如“が”“を”等助词，“しっかり”“はっきり”等拟声拟态词；（3）含有送假名的训读词，如

“書く”“美しい”等日本语固有词汇；（4）上述三类词组合而成的复合词，如“ガラス窓”“書き方”等。但值得注意的是日本语中的“形容動詞”“サ変動詞”，主要看其词干是否含有“送り仮名”（送假名），如果这些词的词干完全由汉字书写，则将其词干看作日本语汉字词汇。如“簡単だ”“勉強する”等词虽然作为形容词或者动词使用时含有“だ”“する”等假名词尾或其变化形态，但是词干“簡単”“勉強”也可以独立使用，应该看成汉字词。

当然，打破传统并非抛弃传统，日本语书面语中的汉字词汇，因多数有形态可循，我们将形态是否全部为汉字作为判定日本语汉字词的首要因素，这样可以排除其他非汉字词汇，但在此界定下的汉字词汇规模庞大，类型复杂，在进行汉字词汇的深入研究时，需要进一步梳理。我们借鉴传统词汇研究的方法，根据语音特点将书面语中的汉字词汇分为典型汉字词汇（“漢語”）和非典型汉字词汇两大类。

二、典型汉字词汇

典型汉字词汇就是日本语学界传统所指的“漢語”，即用汉字书写的日本语音读词，是日本语汉字词汇的核心成分，数量庞大，具有极其复杂的结构体系。

（一）典型汉字词汇的特征

课题组调查了几种具有代表性的日本国语词典以及多种日本语语法书籍对“漢語”的解释发现，这些词典和语法书对日本语“漢語”的定义基本一致。其中金田一春彦（1982）的定义较为详细：“漢語は字音語とも言い、上代、大陸との交際が開けて以来、中国から、直接にまたは間接に輸入された単語、およびそれを真似て作った単語である……「天地」とか「太陽」とか、あるいは「立春」とか「風雨」とかいうのは、中国から来たオーソドックスな漢語である……これに対して、「火事」「油断」などは、日本で作った漢語で、いわば和製漢語である”（汉字词也称音读词。是指在古代日本和大陆开始交往以后，直接或者间接从中国引进的单词，或者日本模仿中国自己创制的单词。……像“天地”“太阳”还有“立春”“风雨”等都是来自中国的正统汉字词。……而「火事」「油断」等则是日本自己创制的、所谓“和制汉字词”）。根据金田一春彦的这个定义，日本语典型汉字词汇有以下三个基本特征：（1）全部由汉字书写；（2）音读词；（3）主要由中国传入，包含日本人创制的“和製漢語”（日本创制的汉字词）。其中（3）是词源探讨，需大量实证调查，无法将其设为判定标准，

因此判定典型汉字词汇的可操作标准是：（1）汉字书写；（2）音读词。前者是书面形态标准，后者是语音形态标准。

根据上述标准，“教師（きょうし）”“重要（じゅうよう）”等词，由汉字组成，且“教”“師”“重”“要”在词中皆是音读，是典型的汉字词汇。汉字音读体系复杂，一个汉字往往有多个音读方法与其对应，如“憧憬”既可读作“しょうけい”，也可读作“どうけい”，“憧”读前者时为汉音，读后者时为惯用音，但两者都是汉字词汇。我们认为不论音读为哪一种类型，只要是音读汉字词就是典型的汉字词汇。

（二）典型汉字词汇的多样性

首先，典型汉字词汇按照其组成汉字的字数可以分为一字词、二字词、三字词等。单个汉字能独立成词的较少，多数是构词语素。而二字汉字词由于意义、用法固定，使用自由，而且数量庞大，形成了日本语汉字词汇的基本部分，也是日本语的基础词汇。日本语中的多字汉字词通常是在二字汉字词的基础上通过复合和派生两种手段组成的，因此日本语词典中一般收录的是二字汉字词。二字汉字词与词缀、类词缀等合成的三字词乃至多字词，除了「一目瞭然」（一目了然）、「発展途上国」（发展中国家）等少数成语或专有名词外，多数为临时性的，其数量远超词典收录的二字词。根据『図説日本語』（图说日本语）的调查，日本语中单个汉字中能够独立成词的仅有 15.5%，二字汉字词中能独立成词的达到 45.6%，三字词中能独立成词的则高达 77.3%，可见随着汉字的增加，其独立性呈上升趋势。

其次，典型汉字词汇的读音体系复杂。虽说都统称为音读，但根据从中国传入的时期、地区不同，可分为“呉音”（古代中国南方传入日本的发音，年代古老，一般指遣唐使将“汉音”带入日本前，已经扎根日本语的汉字读音）“漢音”（遣隋使、遣唐使以及到中国留学的日本僧人带入日本的中国长安地区的汉字发音，融入日本语过程中有一定日本化过程，且具完整的体系）“唐音”（一般指日本镰仓时代之后传入日本的汉字读音，是中国宋代以后传入日本的，此处的“唐”是“唐土”即中国之意）“慣用音”（不属于上述任何一种，但在日本语中广泛使用的汉字读音）四类。比如“行”就有“ぎょう”（呉音）、“こう”（漢音）、“あん”（唐音）三种读音。虽然多数词语是同一种音读的组合，如“毒手”（どくしゅ）“象牙”（ぞうげ）就是吴音与吴音的组合，而“経営”（けいえい）、“性格”（せいかく）则是汉音与汉音的组合，但日本语中也存在这三种音两两组合的情况，如“言語”（げんご）、“出題”（しゅつだい）等便是汉音与吴音组合在一起形成的。

最后，典型汉字词汇根据词源不同，可分为中国传入日本的词语和日本自造的“和製漢語”。朱京伟（2005）将中国传入日本的词汇细分为“漢籍・漢訳仏典から受け入れたもの”（从中国古籍、汉译佛典吸收的词汇，如“地狱”“迷惑”“邪魔”“庄严”等）以及“漢訳洋学書から受け入れたもの”（从西学典籍汉译本中吸收的词汇，如“纬度、温带、赤道”等）两类。前者的历史广为人知，而后者的历史背景则与西方传教士有关。从明末开始近200年间活跃在中国的传教士翻译了大量西方书籍，用以传教，其中部分书籍流传至日本，这些书籍中的一些西方文化的汉语译词被日本语吸收。朱京伟（2005）将“和製漢語”分为“和文・変体漢文から生まれたもの”（产生自和文或变体汉字的词汇）以及“洋学書の翻訳から生まれたもの”（翻译自西方书籍的词汇）两大类，这些词虽然是日本人自己创造的词，但由于符合音形标准，因此都是典型的汉字词汇。

（三）几类特殊“漢語”

1. 部分“混種語”

首先，“勉強する”“解決する”等词其词干很显然是标准的汉字词汇，然而日本语中还存在许多“達する”“罰する”等一个汉字形成的“サ変動詞”（サ变动词），一般将其作为一个整体看作是“混種語”（混种词），但其词形变化与二字、三字的“漢語サ変動詞”（汉字サ变动词）没有区别，因此这些词的词干也是典型的汉字词汇。

其次，“堂々たり”“滔々たり”等“たり活用語”，在古代日本语属于“形容動詞”活用的一种，但由于“堂々たり”“滔々たり”，在读音上与和语词汇中的拟声拟态词相似，且基本无名词用法，常常以“堂々と”“堂々たる”形式出现，无法单独使用，容易被误认为是和语词汇，但实际上这些词语基本都是由中国传入日本的古代汉语拟声拟态词，且读音、意义都与汉字紧密相关，因此这些词的词干也是标准的汉字词汇。

再来看“お茶”“お礼”“ご免”“ご覧”等词。乍一看它们是和语词汇，然而“茶”“礼”等从读音和形态标准来看都是汉字词汇，其前面的“お”“ご”仅表达郑重，无实际含义，且脱落后并不影响词语的理解，因此含有“お”“ご”的词语应直接判断其后的词汇本身是否为汉字词汇，不需要将“お”“ご”等纳入判定范围。当然由于“ご”本身就是汉字词汇，因此“御免”“御覧”自然是典型的汉字词汇。

2. 日本自造的汉字和汉字词汇

一般而言，汉字词汇原本是指源自汉语的词汇，然而日本人在掌握了汉字的造词规律后自己也创造了大量汉字词汇。朱京伟（2005）将日本创造的汉字词汇分为了两类。其一是“和文・変体漢文から生まれたもの”（产生自和文或者变体汉文的词汇），即日本语书面语由汉文向“和漢混合文”变迁时，部分和语词汇通过用音读方式改写成了汉字词汇，如“火事”“大根”“返事”等词就是由“ひのこと”“おおね”“かえりごと”等转化而来。虽然从词语结构、词源等方面来看这些词与由中国传入的汉字词汇不同，但从共时层面来看符合典型汉字词汇的判定准则。由于这类词原本为日本固有词汇，其结构和词义理解都脱离了“漢語”的范畴，容易被误认作“和語”，但从形态和语音特征来看，符合汉字词汇的形态标准，是典型的汉字词汇。另一类是“洋学書の翻訳から生まれたもの”（翻译自西方书籍的词汇），指的是日本翻译西方书籍时，仿照汉字词汇结构而创造出的“新漢語”，如“哲学”“積極”“間接”等，因模仿汉字词汇而造，结构和读音都符合“漢語”的一般特征，自然这些词都归于典型汉字词汇范畴。

此外还有日本人仿造汉字创造的“働”“搾”“腺”等所谓的“国字”也具有音读，这些汉字又组成了“劳働”“压搾”“胃腺”等词语，若从来源来看是“和字”，但符合汉字词的形态、语音规则，我们认为这些含有日本国字的音读词也是典型的汉字词汇。

3. 缩略词

“落研”“阪神”“早大”等是“落語研究会”“大阪・神戸”“早稲田大学”的缩略词，分别读作“らっけん”“はんしん”“そうだい”，因此从读音来看是汉字词汇，但它们的原词仅有“落語研究会”是汉字词汇，后两者原词的读音形态是训读词，但是缩略语的读音形态变成了音读，而且书写形态完全是汉字，因此这些词的缩略词是典型的汉字词汇。

自2003年起就有学者向日本国立国语研究所提议将部分难懂的外来词替换为汉字词汇或和语词汇，其后公布的“「外来語」言い換え提案”（“外来词”替代方案）中多数外来词使用汉字词汇进行了替换，如“インキュベーション=起業支援”（国立国语研究所，2006）、“デリバリー=配達”（国立国语研究所，2006）等就是较为典型的例子。这些替换外来词的汉字词汇，严格意义上来说与明治维新时期日本创造的汉字词汇是同类，更多的是翻译而非“借用”，因此替换后的词语自然是典型的汉字词汇。

三、非典型汉字词汇

除典型汉字词汇外，日本语中还有“出口”“見本”等从语音标准来看不是音读的典型汉字词汇，但是，考察这些词语对于观察日本语书面语中汉字的使用情况以及确定汉字词汇范围都有所裨益，同时有部分非典型汉字词汇是中日同形词，对其考察也是对中日词汇交流和传播的探究，因此无论是共时用法还是历时来源，这类词作为日本语词汇体系的汉字词汇一员与典型汉字词汇有着相同的价值，不可忽视。非典型汉字词汇是指日本语书面语中基本形态是用汉字书写的非音读词，主要包含部分“训读汉字词”“混種語”（混种词）、“当て字”（假借字）等，以下分类进行探讨。

（一）“混種語”

由于“外来語”不符合汉字词汇的形态标准，因此我们主要探讨“和語”和“漢語”组合而成的“和漢混種語”中的汉字词汇。这类混合词可分为“前音后训”（重箱読み）和“前训后音”（湯桶読み）两类，前者如“緣側”（えんがわ）、“残高”（ざんだか）等，后者如“番組”（ばんぐみ）、“見本”（みほん）等。当复合词所含“和語”没有送假名时，其书写形态与典型汉字词汇没有区别，只是在读音方面，除音读外还包含一部分训读，因此我们将这一类书面语形态为汉字的词汇归入非典型日本语汉字词汇。

除二字词之外，“混種語”更多的是“大地震”（おおじしん）、“出張先”（しゅっちょうさき）这样由汉字词汇和和语词缀组合而成的合成词，虽然词干为典型汉字词汇，但词缀是训读，因此是非典型汉字词汇。此外，“私的”（わたくしてき）、“不得手”（ふえて）这种词干为训读，词缀为音读的合成词，因其书面形式全部由汉字书写，且其语法性质由音读部分决定，自然也纳入非典型汉字词汇范畴。

（二）部分“訓読み語”（训读词）

“訓読み語”中有许多词其书面语的基本形态是汉字、不包含送假名，因此其书面语的形态符合“用汉字书写”这一准则，这一类词可以纳入非典型汉字词汇考虑。可纳入这一类非典型汉字词汇的词语多数为“出口”“青空”“竹馬”等名词，和“常々”“時々”等副词。日本语的形容词、动词等有活用的词虽然书面语形态中部分成分可以用汉字书写，但其词尾基本都有送假名出现，也就是说这些词的书面语基本形态除汉字外还有假名成分，因此这些词不是汉字词汇。

然而，日本语中送假名的标记方式并没有完全统一，有部分词语如“手続（き）”“呼（び）出（し）”“取締（り）”等在书面语中有时附带送假名，有时则完全由汉字书写，为了最大限度地了解汉字词汇的使用情况，根据日本语汉字词汇的形态标准我们将这一类词汇的汉字形态纳入日本语非典型汉字词汇的范围。

（三）“当て字”

和日本语假名相比，汉字最大的优势在于汉字的表意作用，日本语中的“明後日”（あさって）、“五月雨”（さみだれ）等“当て字”“熟字訓”利用的就是汉字的表意功能。这些词语的读音与汉字的音读、训读都无对应关系，从词源来看属于日本语固有词汇，汉字仅表示这些词的词义而与这些词的发音毫无关系。然而由于汉字进入日本语较早，其发音也在与日本语的长期磨合中不断被同化，许多音是否为“音读”已然较难判断，因此按语音标准无法判别其类型。但从形态来看，由于这些词通常用汉字书写且无送假名，因此我们也将其纳入非典型汉字词汇的范畴。

（四）“借音語”

典型汉字词汇一般指用汉字书写的音读词，然而其中有部分特殊的词语，汉字的音与义之间毫无联系，我们认为应将其放入非典型汉字词语中去考察。

首先是“めちゃくちゃ（滅茶苦茶）”“たくさん（沢山）”等“借音語”，汉字在其中仅起表音作用，虽然汉字是音读，但词义与汉字之间多数毫无关涉，虽然符合“用汉字书写的音读词”这一标准，但就学术研究范畴而言，音形义不对应，与“教師”“重要”等典型汉字词汇存在差异，因此我们将其纳入非典型汉字词汇的范畴。此外，日本语中还有许多利用汉字训读音的词语，如“でたらめ”（出鱈目）、“あいにく”（生憎）等，同样这些词中的汉字与词义毫无关涉，尽管如此只要这些词书面语的基本形态都是汉字，我们也将其纳入非典型汉字词汇。

其次是“コーヒー”（珈琲）、“ローマン”（浪漫）、“ページ”（頁）、“インド”（印度）、“アジア”（亜細亜）、“ロンドン”（倫敦）等有汉字对应的“外来語”。这些词的书面语形态利用的仍然是汉字的表音功能，因为这些词源自欧洲语言，且音义往往不对应，传统上一般不作汉字词汇看。但是“印度”“倫敦”等词为地名，用汉字还是假名标记并不影响词义的判断，用汉字书写时，似乎可以将其作为外来词汇汉字化的一种表现，类似的还有新传入日本的中文词汇，如

“メンツ”（面子）、“ワンタン”（雲呑）等新词，传入的是中文的现代发音，与已经固定的日本语汉字音读有很大差距，且多数时候用片假名书写，显然这些词不是典型汉字词汇，但当这些词以汉字形式出现在书面语中时，可将其归入非典型汉字词汇的范畴。

我们认为，日本语书面语基本形态完全为汉字的词汇都可称作汉字词汇，其范围大于日本语言学界传统所说的“漢語”。这些汉字词汇根据读音特点可分为典型汉字词汇和非典型汉字词汇。典型汉字词汇是指由汉字书写的音读词，除“教育”“学生”等一眼就可辨别出的词语外，“罰する”“堂々たり”“お茶”等特殊的“混種語”，“火事”“返事”等源自日本语固有词汇的音读词的词干、“落研”“阪神”“早大”等缩略语也都是典型的汉字词汇。与之相对，“豚肉”“縁側”等“混種語”，“竹馬”“手続（き）”等无送假名的“訓読み語”，“明後日（あさって）”等“当て字”，“滅茶苦茶”“野暮”等借用汉字读音的“借音語”则都属于非典型汉字词汇。

汉字及汉字词汇传入日本后，完美地融入了日本语的语言体系，日本人还利用汉字创造了大量的“和製漢語”，使得日本语汉字词汇系统更为丰富。如今，日本语中“外来語”泛滥，汉字及汉字词汇的使用受到了一定的冲击，然而从实际占有率来看，汉字词汇仍然占据着日本语书面语的主要位置，这与汉字的表意性、汉字词汇的造词能力有关，从目前各类调查数据来看，汉字词汇在日本语词汇体系的重要地位不会动摇。

第二节　韩国语汉字词汇诸态

由于韩国基本废除了汉字，韩国的书面语中基本看不到汉字，韩国语的汉字词汇已经成了掩盖在韩文形态之下的隐形存在，我们要研究现代韩国语言生活中汉字词汇的使用现状，解决以下三个问题是关键，也是本研究课题的核心问题。首先是如何认定韩国语中的汉字词汇，即如何从真实的语言材料中将穿着韩文外衣的汉字词汇提取出来？其次是如何在大量的语料中提取汉字词汇的词条，统计现代韩国语言生活中常用汉字词汇的词汇量。最后是如何研究韩国现代语言生活中汉字词汇的覆盖率，即一般韩国语文章中汉字词汇所占的比例，这是反映汉字词汇在韩国语中使用现状的重要指标。

以上三个问题中，第一个问题是核心。由于韩国基本废除了汉字，现代韩国语书面语全部是韩文，我们无法从形态上辨别现代韩国语中的汉字词汇，这一点韩国语和日本语有很大的区别。如果没有办法将汉字词汇同韩文其他词汇区别开来，那么也就无法研究韩国现实语言生活中汉字词汇的词条信息和汉字词汇的覆盖情况。要解决这个核心问题，我们必须对韩国语汉字词汇的特征进行研究。虽然从形态上看现代韩国语的汉字词汇和韩国语固有词汇没有区别，两者都是用韩文书写的，但是，从韩文文字组合成汉字词汇和组合成韩国语固有词汇的规律上看还是有明显特征的，而这些特征又与韩国语汉字词汇的来源有着密切的关系。

一、韩国语汉字词汇的种类及其特征

众所周知，日本语和韩国语都是黏着语，这两种语言在语法上有很多的相似性。韩国语词汇构成句子时，通常是实词后面附着助词（词缀），形成句节（语节），句节再组合成句子，而且助词（词缀）通常是韩国语的固有成分，不含汉字词素，汉字词素通常是实词的构成要素，也就是说韩国语汉字词汇一般只能是实词。这些特点韩国语和日本语是相似的，在韩汉混写的时期，韩国语固有词汇用韩文书写，汉字词汇用汉字书写，这一时期的韩文有点类似现代日本语的书面语，只不过日本语中非汉字词汇用假名书写，而韩国语中的非汉字词汇用韩文书写。韩国实行韩文专用的语言政策后，汉字词汇在现代韩国语和日本语中的表现形态完全不一样了，韩国语的汉字词汇基本上都用韩文书写，而日文还保留着汉字。现代韩国语中汉字词汇虽然都用韩文书写，但是，汉字词汇的韩文拼写与韩文固有词汇的拼写遵循不同的规律，实际上是将汉字的韩国语读音用韩文书写出来，就像现代汉语用拼音拼写汉字一样。在漫长的历史岁月中，为了读写汉字，韩国语中形成了一种识读汉字的独特的读音体系，这套读音体系专门用来识读汉字，虽然在音素层面，用于识读汉字的韩国语音素和识读韩国语固有词汇的韩国语音素完全相同，但是，在音素组合规律上汉字词汇和韩国语固有词汇有明显的区别特征。这一点为我们将汉字词汇从韩国语固有词汇中区别出来提供了很大的帮助。日本语的汉字通常有两个读音，即音读和训读，完全按照读音区别日本语中的汉字词汇通常不符合我们对日本语汉字词汇的界定。但是，韩国语中的汉字通常没有训读，只按上述韩文读音体系识读，我们也将其称为音读（韩文音读）。因此，韩国语中的汉字词汇从识读的角度讲其情况比日本语简单得多。虽然韩国语汉字词汇的识读一般按照音读的读音规律，或是主流是音读，但是，由于汉字词汇的来源不同，其音读方法也不一样，这样就出现了一少部分汉字词汇不是严格遵循上述读音规律的情况。

韩国语中的汉字词汇从来源上讲，主要是来自汉语和日本语。这两种来源的汉字词汇经过不断演变，导致现代韩国语中汉字词汇的读音形态出现了多样性。由于现代韩国语中汉字词汇的形态多样性和其来源密切相关，我们必须对其来源进行梳理，以揭示其不同的特征，从而廓清作为本课题研究对象的韩国语汉字词汇。现代韩国语中的汉字词汇主要源自以下四类：古汉源词、汉源词、韩国自造汉字词、日源汉字词。

1. 古汉源词

古汉源词是远古时代进入朝鲜的汉语词汇，这些词汇已经融入韩国语中，从读音形态上已经分辨不清其是汉字读音还是韩国语固有词读音。虽然从词源上讲可能来自古代汉语，但是，韩国人已经意识不到这一点，在韩国的现代语言生活中，这些词遵循韩国语固有词汇的使用规律。李得春（2005）认为下面的一些词汇就是这一类词，如：성냥（石硫磺）、종지（钟子）、가지（茄子）、빈지（板子）、생철（西洋铁）、사냥（山行）、낙지（络蹄）、나귀（骡驹）、조용（从容）等。其实越南语和日本语也存在这种情况，如越南语的古汉越词也是源自汉语，但是现在从读音形态上看和越南语固有词没有明显差别。李得春（2005）认为，许多词汇从古汉语进入韩国语后其发音形态和词义都发生了变化，融入进现在的韩国语固有词中，这是韩国语中古汉源词的重要特征。根据李得春（2005），韩国语的古汉源词有三类：一是语音外壳发生变化，如모란봉（牡丹峰）、보리수（菩提树）、수지（休纸）；二是语义和语音同时发生了变化，如짐승（兽）源于중생（众生）、가난（家难）源于간난（艰难）、사랑（爱）源于사랑（思量）（关键是现代韩国语中后者是否还在使用，另外前者是否保持汉字发音）；三是发音没有发生变化，但是词义发生了变化，如서방（书房），现变为"丈夫"的意思。古汉源词在演变成韩国语固有词的过程中，除了上述汉字词汇整体固有化之外，还有就是古汉字词的构词成分和韩国语固有词的构词成分进行融合，形成派生词，这些派生词实际上现在也成了韩国语固有词。

但是，实际上词义发生变化而词的发音没有发生变化的词汇，不但保留了汉字词汇的语音形态，而且其语法特征和其他汉字词汇没有差别，只是词义和汉语不一样，这一类词我们应该将其作为汉字词汇来对待，但其在韩国语中的数量不大。

2. 汉源词

在中国和朝鲜半岛的长期交流过程中，大量汉语词汇进入韩国语中，非但如此，为了识读汉字，韩国语形成了专门用于识读汉字的发音体系，即韩国语的汉字音读。从汉语进入韩国语的大量汉字词汇就是用这种发音体系识读的，用这种发音体系识读的汉字词汇是典型的韩国语汉字词，这样的汉字词占韩国语汉源词的主要部分，如：허풍（虚风）、민주（民主）、통일（统一）等。从表面上

看，这些词的韩文形态和韩国语固有词没有什么两样，都是由韩文的音节文字组成的，但是，从构成词的音节单位是否具有意义这一点上看，韩国语汉字词汇和韩国语固有词汇的音节单位存在很大差别，这一差别就是识读汉字词汇的每一个韩文音节都和一个汉字对应，和汉字一样具有意义。而构成韩国语固有词的每一个音节单位却不一定有意义，如바랑这个韩国语固有词，其整体是“风”的意思，但是构成这个词的音节“바”和“랑”不具备意义。而허풍（虚风）这种词，“허”对应汉字“虚”，“풍”对应汉字“风”，这些韩文音节是特殊汉字的韩文发音。这一类汉源词是韩国语中典型的汉字词汇，这些词汇的韩文形态如果按音节转换则完全可以转换成汉字，实际上在过去韩国使用汉字的时代，这些词汇基本上都是使用汉字书写的。这一类汉源词很早就进入了韩国语中，而且数量庞大，韩国语汉字的音读体系就是在引进这些汉源词过程中形成的，这一类词根据韩国语汉字的音读规律是可以转写成汉字的。

韩国语中还存在另外一种源自汉语的词汇，这些词汇并不遵循上述汉字的韩国语识读体系，而是模仿现代汉语发音，如상하이（上海）、베이징（北京）。这些词的每一个韩国语音节和汉字之间没有对应关系，也不具备意义，这些音节作为一个整体和“上海”“北京”对应，不应该是韩国语汉字词汇。这一类词如果按照汉字的韩国语识读体系发音的话应该是상해（上海）、북경（北京）。

3. 韩国语中的自造词

韩国语中的汉字词汇，除了从汉语中借用的外，还包括朝鲜民族利用汉字自己创造的许多词汇。朝鲜民族在长期的生产实践中，为了表达其特有的文化概念，在充分掌握、理解汉字和汉字词构成规律的基础上，不但创造了一些自身特有的汉字，还创造了很多朝鲜民族特有的汉字词汇，如防筑（방축）、两主（양주）、垈地（대지）、媤宅（시댁）等。这一类词，是朝鲜民族以汉字为单位创造出来的，完全符合韩国语汉字的音读规律，每一个音节都和一个汉字对应，并且具有一定的意义。这一类词除了用已有的汉字创造的外，还包括用朝鲜民族自己创造的汉字（如乭、畓）组成的词，如田畓（전답）等。

4. 日源汉字词

近代以来，东亚国家中日本吸收欧洲先进文化比较早，为了引进西方的一些文化概念、理论学说，日本人利用汉字创造了很多当时中国、日本、韩国都没有的新的汉字词汇。在日本侵略朝鲜半岛以前，韩国语和日本语的正常语言接触中这一类词就有相当一部分进入韩国语中。

（1）韩国语对和语词的借用。

韩国语对和语词的借用通常是借音方式，也就是用韩国语的发音模仿日本语的发音，如다라이（たらい）、미다시（見出し）、소데나시（袖無し）、오시이

레（押入れ）、테모치（手持ち）、히키사게（引下げ）等。

（2）韩国语对日本语汉字词的借用。

韩国语对日本语汉字词汇的借用比较复杂，由于日本语中汉语词和和语词都可能使用汉字标记，因此韩国语借用日本语汉字词汇时标记方式也分为三种，第一类是借音方式借用日本语汉字词，包括用汉字书写的日本语训读词汇和日本语音读词汇。借音方式借入的训读汉字词汇包括가라테（空手）、가타가키（肩書）、구루마（車）、구치베니（口紅）、나카마（仲間）、다마네기（玉葱）、다테（縦）、데코보코（凸凹）、사루마타（猿股）、사시미（刺身）、시바이（芝居）等；借音方式借入的日本语音读词汇包括가이단（階段）、겐세이（牽制）、곤조（根性）、낑깡（金柑）、닌진（人参）、단스（箪笥）、멧키（鍍金）、민초（明朝）、반카이（挽回）、센베이（煎餅）、셉방（折半）、슨포（寸法）、싯푸（湿布）、엔토쓰（煙突）、와이로（賄賂）、잇파이（一杯）、히니쿠（皮肉）等。

第二类是借用汉字引进日本语训读词汇。这些词汇虽然是地道的和语，但是日本语通常用汉字书写，读音是训读，有一部分这样的词借入韩国语后，书面标记仍使用汉字，但是这些汉字的读音不是用韩国语发音去模仿日本语原来的发音，而是用这些汉字的韩国语音读方式发音，如공차（空車）（日本语中经常读成「あきぐるま」，是和语训读）、행선지（行先地）（日本语的和语训读词「行き先」后接「지（地）」形成的韩国语词汇）、수속（手續）、무기수입（武器手入）、인하（引下）、절하（切下）、지입（持入）、가봉（仮縫い）、견습（見習い）、내역（内訳）、대출（貸出）、대폭（大幅）、매도（売渡し）、매립（埋立）、매상（売上）、매점（買占め）、명찰（名札）、방사（放飼い）、사입선（仕入先）、수당（手当）、수부（受付）、승환（乗換）、언도（言渡し）、위체（為替）、이서（裏書）、인상（引き上げ）、입구（入口）、적립（積立）、절상（切上）、조립（組立）、지불（支払）、취소（取消）、평영（平泳ぎ）、품절（品切れ）、할인（割引）等。

第三类日本语音读汉字词，进入韩国语后，书面使用汉字标记，读音使用韩国语音读。通过这类借用方式借用的日本语音读词汇包括개간（開墾）、격무（激務）、견학（見学）、과잉（過剰）、금회（今回）、남벌（濫伐）、납득（納得）、다반사（茶飯事）、단말기（端末機）、대기실（待機室）、만개（満開）、망년회（忘年会）、별책（別冊）、비상식（非常識）、시사（示唆）、시합（試合）、이자（利子）、익년（翌年）、잔업（残業）、종지부（終止符）、집중（集中）、택배（宅配）、회람（回覧）흑판（黒板）等。

（3）韩国语对日本语混种词的借用。

由于日本语词汇来源比较复杂，除了日本语固有词汇（和语）、汉字词汇、西方外来词汇等多种外，日本语中有一类词是由上述几种词汇的至少两种复合形成的，日本语中将这些词叫作“混种词”。这些混种词也有一部分进入韩国语中。韩国语在借用这些混种词时一般采用三种方式：

①借用汉字：日本语中由和语训读词和音读汉字词组成的词汇，通常可以使用汉字表达，韩国语引进这些词汇时，将这些词的汉字形式直接借用过来，但是读音按照这些汉字的韩国语音读发音识读，如가처분（仮処分）、개인계（改印届）、개찰구（改札口）、견본（見本）공장도가격（工場渡価格）、기합（気合）、대합실（待合室）、세대 주（世帯主）、수하물（手荷物）、잔고（残高）、중절모자（中折帽子）하물（荷物）等。

②借用读音：日本语中有一些混种词汇在融入韩国语时，不借用汉字而是借用日本语的发音，尽管这些词汇中有些成分可以用汉字书写，但是进入韩国语时词汇作为一个整体，用韩国语发音模仿其日本语发音，如가라오케（空オケ）、가부시키（株式）、가케우동（かけ饂飩）、고부가 리（五分刈り）、구치판치（ロパンチ）、니쿠돈부리（肉丼）、만땅（満タン）、메지（目地）、보이상（ボーイさん）、스리가라스（摺りガラス）、에비후라이（海老フライ）、오야붕（親分）、와리칸（割勘）、혼다테（本立て）等。

③混合借用：即在引进日本语混种词时，词的一部分借用汉字元素，另一部分借用日本语读音，即用韩国语汉字音读方法识读借词中的部分汉字标记，用韩国语发音模仿日本语发音的方法识读词中的另一部分，如곤색（紺色）、모치도구（持ち道具）、세라복엔고（円高）、오수리（大修理）、터키탕（トルコ風呂）、가성소다（苛性ソーダ）等。

二、作为本课题研究对象的韩国语汉字词汇

汉字在韩国有独特的发音体系，但是，韩国语中一般不会出现用汉字书写的固有词汇，这一点韩国语和日本语是不一样的。历史上韩国语汉字词汇主要使用汉字书写，由此韩国语形成了专门用于识读汉字的独特发音体系。现代韩国语中虽然很少使用汉字，或者基本不使用汉字，但是利用汉字独特发音体系书写的词汇仍然大量存在，这些词汇可按照汉字的韩国语发音规律转写成汉字，我们将这些词汇作为本课题的研究对象，即我们所认为的韩国语汉字词汇。本书在前文中对韩国语中与汉字相关词汇的类型进行了梳理，从中可以看出韩国语中与汉字相关词汇的情况比较复杂，有些可以成为我们的研究对象，有些虽然和汉字有关，但是我们不将其认作汉字词汇。为此，有必要结合上述汉字相关词汇的情况，根

据本书给出的韩国语汉字词汇的定义，对韩国语汉字词汇认定标准和原则进行清晰的归纳。

我们认定现代韩国语汉字词汇的基本原则是在现代韩国语中使用汉字读音体系（韩国语汉字音读规则）书写，并且根据韩国语汉字音读规则可以转写成汉字，这样的词汇被认定为现代韩国语汉字词汇。在认定韩国语汉字词汇时只使用这种共时标准，不考察词汇的来源等历时依据。

（一）关于古汉源词的处理

李得春（2005）认为韩国语的古汉源词有三种情况：（1）来源为古汉语但是发音遵循韩国语发音规律的词；（2）来源为古汉语，但是语音和语义都发生了变化的词；（3）来源为古汉语，语音未发生变化只是语义发生了变化的词。

第一类词汇尽管从词源上讲可能来自古代汉语，但是现代韩国语中这些词的发音不遵循韩国语汉字音读规律，无法用汉字识读。由于这一类词不符合我们认定韩国语汉字词汇的基本原则，因此不将这些词作为考察对象，即不认为这些词为韩国语汉字词汇。同样道理，第二类词尽管其来源可能是古汉语，但是由于其发音不符合韩国语汉字音读规律，也不作汉字词对待。但是第三类词汇，虽然其意义已经和原来的汉字词汇的意义产生了很大差别，但是其读音仍然保持着韩国语汉字的音读规律，因此，我们将其作为汉字词汇对待。如서방（书房）一词，现代韩国语中是“丈夫”的意思，其词义和“书房”相去甚远，但是，其发音却保持了汉字“书”和“房”的音读。

（二）关于汉源词的处理

韩国语中大部分来自古代汉语的词汇，保持了韩国语汉字的音读规律，这一类词汇是典型的韩国语汉字词汇，是我们考察的主要对象。有一些词虽然来自汉语，但是发音不遵循韩国语长期形成的汉字音读规律，而是用韩国语的发音去模仿这些词的汉语发音，这些词虽然和汉语关系密切，但是我们不认为其为韩国语汉字词，因此不作为本研究的考察对象。这类词如상하이（上海）、베이징（北京）等。

（三）关于韩国语自造汉字词的处理

韩国自己创造的汉字词汇包括两类，一类是用原有的汉字作为构词要素创造的、韩国特有的、中国和日本都没有的词汇。这一类词汇只要其读音遵循韩国语汉字音读规律，我们就将其看作汉字词汇，如防筑（방축）、两主（양주）、垈地

（대지）、媤宅（시댁）等。

除了从中国借用的汉字外，韩国自己也创造了一些汉字，并且用这些汉字创造了一些词汇。这一类词，虽然汉字字型是韩国人自己创造的，但是，有一部分是遵循汉字音读体系的，这一部分汉字应该当作汉字词汇看待，如田畓（전답）等。

但是有一部分词汇是韩国人用自造汉字标记韩国语固有词汇，这一部分词汇不应该看作汉字词汇。实际上，在古代，韩国人也曾用汉字作为读音符号标记韩国语固有词汇，这些词归根到底是韩国语固有词，虽然用汉字标记，但只是借音，在废除汉字之后，已经回归韩国语词汇，也无法根据韩国语汉字音读规律将其转换成汉字词汇，因此，这一类词汇不能作为韩国语汉字词汇来看待。这一点和日本语不同，日本语中虽然有一些用汉字书写的日本语固有词，用日本语训读方式识读，但是，现代日本语的书面语中汉字形式是这些词的基本形式，因此在日本语中这些词汇我们将其作为汉字词汇，但是韩国语中却无法这么做。

（四）关于日源词的处理

由于历史的原因，韩国语受日本语的影响非常深，借自日本语的词汇也非常多。这些来自日本语的词汇从日本语的角度大体可分为日本语固有词（和语词）、汉字音读词、混种词、外来词四种。这四种词汇借入韩国语中时又有三种借入方式，即借音、借字、借音借字混合。根据日本语词汇种类和借用方式的组合，理论上韩国语从日本语借入的词汇有 12 类，具体如表 3–1 所示。

表 3–1　　韩国语的日本语借词类型

	借音方式（词例）	借字方式（词例）	混合借用方式（词例）
日本语固有词	다라이（たらい）、미다시（見出し）、소데나시（袖無し）、오시이레（押入れ）、테모치（手持ち）、히키사게（引下げ）、가라테（空手）、가타가키（肩書）、구루마（車）、구치베니（口紅）、나카마（仲間）、다마네기（玉葱）、다테（縦）、데코보코（凸凹）、사루마타（猿股）、사시미（刺身）、시바이（芝居）	수속（手續）、지입（持入）、견습（見習い）、내역（内訳）、대출（貸出）、대폭（大幅）、매상（売上）、매점（買占め）、명찰（名札）、수당（手当）、수부（受付）、승환（乗換）、언도（言渡し）、위체（為替）、이서（裏書）、입구（入口）、절상（切上）、조립（組立）、지불（支払）、취소（取消）、품절（品切れ）、할인（割引）	복지리（フグ汁）、소라색（空色）

续表

	借音方式（词例）	借字方式（词例）	混合借用方式（词例）
日本语汉字音读词	가이단（階段）、겐세이（牽制）、곤조（根性）、낑깡（金柑）、닌진（人参）、단스（箪笥）、멧키（鍍金）、민초（明朝）、반카이（挽回）、센베이（煎餅）、셉방（折半）、슨포（寸法）、싯푸（湿布）、엔토쓰（煙突）、와이로（賄賂）、잇파이（一杯）、히니쿠（皮肉）	개간（開墾）、격무（激務）、견학（見学）、과잉（過剰）、금회（今回）、남벌（濫伐）、납득（納得）、다반사（茶飯事）、단말기（端末機）、대기실（待機室）、만개（満開）、망년회（忘年会）、별책（別冊）、비상식（非常識）、시사（示唆）、시합（試合）、이자（利子）、익년（翌年）、잔업（残業）、종지부（終止符）、집중（集中）、택배（宅配）、회람（回覧）、흑판（黒板）	가쿠목（角木）、마호병（魔法瓶）、잉꼬부부（インコ夫婦）、전화다이（電話台）、칠부바지（七分ズボン）
日本语混种词	가라오케（空オケ）、가부시키（株式）、가케우동（かけ饂飩）、고부가리（五分刈り）、구치판치（ロパンチ）、니쿠돈부리（肉丼）、만땅（満タン）、메지（目地）、보이상（ボーイさん）、스리가라스（摺りガラス）、에비후라이（海老フライ）오야붕（親分）、와리칸（割勘）、혼다테（本立て）	가처분（仮処分）、개인계（改印届）、개찰구（改札口）、견본（見本）공장도가격（工場渡価格）、기합（気合）、대합실（待合室）、세대주（世帯主）、수하물（手荷物）、잔고（残高）、중절모자（中折帽子）하물（荷物）	곤색（紺色）、모치도구（持ち道具）、세라복엔고（円高）、오수리（大修理）、터키탕（トルコ風呂）、가성소다（苛性ソーダ）
日本语外来词	가다로쿠（カタログ）、가라（カラー）、고로케（コロッケ）、고짓쿠（ゴシック）、난닝구（ランニング）、다오루（タオル）、도란스（トランス）、레루（レール）、모다（モーター）、미싱（ミシン）	구락부（倶楽部）、옥도정기（沃度丁幾）、호열자（虎列刺）	

根据以上情况，从日本语借入韩国语中的词汇，我们只将用借字方式引进的日本语词汇认定为韩国语汉字词汇，包括用借字方式借用的日本语训读词汇、日

本语音读词汇、混种词的汉字成分和部分外来词。其他方式借入韩国语的日本语各类词汇，由于无法按照韩国语汉字音读规律转换成汉字，故不作为我们的研究对象。实际上这些词汇有些尽管与汉字有关，但是由于在现代韩国语中无论是从文字上还是从读音上都找不到其与汉字有关的证据，故在韩国语中这些词汇就不是汉字词汇。另外，日本语混种词以混合借用方式借入韩国语中的词汇均是合成词，其借字部分和借音部分都可认为是韩国语的单纯词或者词素，这些单纯词基本上分别都包含在其他种类的借字词或者借音词中，因此我们在调查韩国语汉字词汇时，不把混种词作为一个整体进行调查，只抽取其中的汉字成分。如오수리（大修理）一词由“오”（大）和“수리”（修理）组成，这类词在日本语中的原形词也是合成词，借入韩国语中时“大”借的是日本语训读“お”属于借音，而“수리”是汉字“修理”在韩国语中的音读，属于借字，借字部分的“修理”包含在借入韩国语中的日本语音读汉字词汇中，因此，我们只将“수리”作为研究对象。

中国和韩国拥有世界上最长的文化交流的历史，汉字是这种文化交流的重要载体，在长期引进吸收中国文化的过程中，每一个汉字都有一个韩国语的固定识读方法，就像我国汉字在每一个方言区都有一种读法一样。现代韩国语主要采用拼音文字，汉字词汇在韩国语书面语中的汉字形态虽然消失，但是其在口语中区别于韩国语其他词汇的独特的发音形态并没有消失，汉字词汇以韩文拼音的形态在韩国语书面语中被大量保留下来。作为本课题研究对象的汉字词汇是韩国语中那些用韩国语汉字音读方式书写的词汇，这些韩国语汉字词汇有很多种类，在研究过程中我们按照上文归纳的特征分别进行处理。

第三节　越南语汉字词汇诸态

现代越南语书面语不用汉字书写，因此，越南语中的汉字词汇学界习惯上称为汉越词。在越南使用汉字的时期，汉越词都是使用汉字书写的，越南废除汉字改用拉丁文字后，汉越词的特殊形态被掩盖在了拉丁字母背后。仅从文字上看汉越词和越南语固有词汇都使用拉丁文字，似乎没有区别，但是，由于汉字在越南语中有很长的使用历史，在漫长的历史中，汉字形成了自己独特的发音——汉越音。如果深入音节的组成形态上看，汉越音和越南语固有词的发音规律不同，汉越词有着区别于越南语固有词汇的明显的特点，特别是组成汉越词的语素组合规律和越南语固有词的语素组合规律是有区别的。汉越词的各种形态是从汉越语素的不同组合上体现出来的。

一、汉越词与汉越语素

汉越词首先必须是词。一般认为，词是音义结合的能独立运用的最小的语言单位。对于越南语，这个定义有四层含义：

第一，在越南语中，组成词的音节一般是固定的，各个音节有固定的声、韵、调，如 đẹp（美）、xinh（漂亮）、áo dài（长衫）、kì diệu（奇妙）等。有些词在运用中会略微改变语音形式，不过这种变化都是有规律的，比如基数词 mười（十）在十位数为二及二以上时变成 mươi，một 在 mươi 之后变成 mốt，năm（五）在 mười 之后变成 lăm、在 mươi 之后变成 nhăm。另外还有合音现象，如 hai mươi（二十）可读成 hăm，ba mươi（三十）可读成 băm，于是就有了 hăm mốt（二十一），hăm nhăm（二十五），băm tư（三十四），băm bảy（三十七）的合音读法。词的前后可以停顿，中间则不允许停顿，比如 đã đến sân vận động（已经到运动场）可以读成 đã/đến/sân vận động，不能读成 đã/đến sân/vận động；再如 giữ gìn và phát huy truyền thống anh hùng，应该读成 giữ gìn/và/phát huy/truyền thống/anh hùng，不能读成 giữ/gìn và/phát/huy truyền/thống anh/hùng。

第二，词都有跟语音形式相匹配的完整而明确的意义，如 gạo（大米）、lúa（稻谷）、cơm（米饭）、phở（米粉）、bát（碗）、đũa（筷）、đĩa（碟）、máy tính（计算机）、điều hòa（调和）、quan niệm（观念）、pha lê（玻璃）、bồ hóng（油烟）等，其中 máy tính、điều hòa 拆开后意思就不完整和明确，pha lê、bồ hóng 拆开后 pha 和 lê、bồ 和 hóng 单独就没有意义，它们都不是词。汉越词 bồ đào（葡萄）是一个词，意义很明确，但是 bồ 或 đào 单独就没有了意义，它们都不是词。

第三，可以独立运用，也可以跟别的词语自由组合。在组合过程中实词和虚词有不同的情况。实词跟别的词结合起来，组成词组、句子，充当词组和句子成分，比如 bài 表示“作品、文章”，同别的词结合起来组成 bài thơ（诗歌）、bài phát biểu（发言稿）等词组，组成 Tôi đã gửi bài đến tòa soạn（我已经把文章寄到报社）等句子。再如 núi（山），可以跟别的词组成 núi đá（石山）、đỉnh núi（山顶）、núi và biển（山和海）、chất cao như núi（堆得像山一样高）等词组，组成 Nhà ở chân núi（房子在山脚下）、Đứng núi này trông núi nọ（这山望着那山高）等句子。有的虚词表示词组成分或句子成分之间的关系，比如 và（和）、thì（则）、tuy nhiên（然而）、nhưng（但是）等；有的则表示一种语气，如 nhỉ（吧）、nhé（啊）、thôi（而已）等。

第四，把词组或句子加以分割，得到最小的、可以独立运用的有意义的语言单位，才是词。例如，chất/cao/như/núi，thực hiện/tốt/các/chính sách/phát triển/kinh tế-/xã hội/vùng/dân tộc/thiểu số，隔开的单位才是词。

词是最小的可以独立运用的语言单位，这个原则可以把词跟词组和语素区别开来。例如，Chúng ta/đều/yêu/tiếng mẹ đẻ/của/mình（我们都热爱自己的母语），这句话可以切分为九个最小的语言单位，一共有六个词，即隔开的单位才是词。而 yêu tiếng mẹ đẻ 和 tiếng mẹ đẻ của mình 不是最小的可以独立运用的语言单位，不是词，而是词组。

汉越词应该具备以上四个条件。Giáo dục là lối thoát cho tình trạng nghèo đói, lạc hậu（教育是摆脱贫穷落后状况的出路）这句话就有 3 个汉越词，分别是 giáo dục、tình trạng、lạc hậu。这 3 个词可以分别拆分为 giáo（教）、dục（育）、tình（情）、trạng（状）、lạc（落）、hậu（后）6 个字，这些字都是汉越语素。

语素是音义相结合的最小的语言单位。越南学术界把越南语语素称为 hình vị、tiếng、tiếng một、chữ、từ tố、nguyên vị 等。称为 hình vị 是用以指一个词内的形态成分，称为 tiếng、iếng một 是从音段或音节的角度来分析词的构成，chữ 则是从文字的角度进行考察。从这些名称可以看出，越南语中的语素、字和音节很多时候是重叠的，也就是说，一个语素就是一个音节，书面语上就是一个字，有时候是一个词。研究的切入点不同，所使用的术语也不相同。目前越南学术界关于“语素”的术语使用尚未统一，更多人赞成的是用 tiếng 和 tiếng một，也有不少人赞成用 hình vị。

越南语的语素绝大多数是单音节的，如 nhà（家）、nước（国）、trời（天）、đất（地）、ông（翁）、bà（婆）、đông（东）、tây（西）、nam（南）、bắc（北）、chân（脚）、tay（手）、đi（去）、lại（来）、vui（高兴）、sướng（快乐）等。也有两个以上音节的，如 đủng đỉnh、lù khù、lúng túng、rađiô、pôpơlin、apatí、pênixilin 等。多音节语素里的各个音节并没有意义，它们结合起来才表示一种意义。语素是构词的基本单位，属于构词层面，一旦可以独立运用，就进入词汇层面。

从语素本身的性质看，有两种语素。一种是成词语素，语素本身能成为一个词，如 đứng、ngồi、không、như、thế、nhé、thì 等。同时它也能和别的语素结合成别的词，如 đứng（站立）可以和别的语素构成 đứng đường（流离失所）、đứng lớp（教书）、đứng số（命中注定）、đứng tên（出面签字）、đứng tuổi（中年）等。另一种是不成词语素，即不能独立运用的语素，只能和别的语素结合成词，如 nhân（dân）、binh（lính）、（đẹp）đẽ、（phố）xá、（dễ）dãi、（đất）đai、（hẹp）hòi、（tuổi）tác、（chơi）bời、（non）nót 等，括号内的是成词语素，括号外的是不成词语素。不少汉越语素是不成词语素，这是汉语言文化语境中的学生需要特别注意分辨的，如（mĩ）(nhân)、(mĩ)(phẩm)、(chính）trị 等。

二、汉越语素与汉越字

越南语和汉语同属孤立语类型，其特点是一个字就是一个音节，形、音、义三位一体，这是过去汉字能够成为越南社会正式文字超过千年的一个重要原因，也是喃字得以产生的一个重要的基础。基于这个特点，单个的汉字在古代汉语中大多数时候都相当于一个词，因此字的地位和作用也就相当突出。现代语言学引进中国后，字在语言学中愈来愈不受重视，一度只作为文字学至多是语文学的术语。但随着对汉语研究的深入和对汉语特点的把握，越来越多的学者认为传统的字的概念是语素、词、语等概念所无法代替的。徐通锵先生的《语言论——语义型语言的结构原理和研究方法》一书把字定义为“语言中有理据的最小结构单位”。他认为，一种语言的基本结构单位在语言社团中应该具有心理现实性，就是说，应该与本族人的语感相吻合。而字这个概念正好符合上古以来人们的心理现实性，字可以是一个书写形体，也可以是一个音节。“严格地说，像‘高’之类的现象应该叫作单音字，‘彷徨’‘朋友’之类的叫作双音字，‘绿油油’之类的叫作‘三音字’，‘稀里哗啦’‘惊心动魄’之类的叫作四音字；汉语字的音节高限是四，‘打破脸充胖子’之类的熟语不属于字的范畴，需要另行分析。”①

跟汉语研究一样，在越南语研究过程中不少学者也意识到现代语言学中的语素、词、语等概念不能完全解释越南语语法现象。阮才谨教授主张在描写越南语词汇结构的时候仍然需要保留传统的 tiếng 这个概念，这是越南语语法学中一个最基本的分析单位，之所以称为 tiếng 是从语音角度来说的，因为一个话语的最基本的单位听起来就是有声调的声音（tiếng、tiếng một），而从文字的角度来说 tiếng 就是“字”，无论喃字还是越南现代国语字，这个最基本的话语单位都写成一个字。他认为 tiếng 在很多时候相当于一个语素，因为 tiếng 事实上就是越南语中最小的音义结合体。但是 tiếng 又不是印欧语中完全意义上的语素，它是介于语素和词的一个中间单位。他进一步解释说，作为单音节词的 tiếng 既具有词独立运用的功能，又具有基本单位的特征，比如 ăn、học、nhà、cửa、cao、rộng、và、nhưng 等；非单音节词的 tiếng 也像单音节词一样是一个音节，尽管不是词，

① 徐通锵：《语言论——语义型语言的结构原理和研究方法》，东北师范大学出版社 1997 年版，第 17 页。

但在一定的场合中它有可能以词的面貌出现，如 ki lô（公斤）中的 lô 是一个语素，但在 hai lô bột（两公斤粉）中则是一个词。同样，chim chóc（鸟儿）中的 chóc 在 không có một con chim con chóc gì cả（一只鸟啊雀啊都没有）中也是一个词。lô 和 chóc 在合成词 ki lô 和 chim chóc 中没有具体的意义，如果按最小的音义结合的统一体这个定义来套用的话，它们并不是印欧语系语言中典型的语素，然而，在具体的场合中它们却充当了词的角色。①

无论是汉语还是越南语，除少数情况外，一般地说，一个语素就是一个音节，书面上就是一个字，有时候还是一个词。但是，音节是从语音学角度分析的结果，文字是书面记录的符号，语素则是语言中构词的基本成分，词是指音义相结合的能够独立运用的最小的语言单位。这四者角度不同，并不是一回事，我们特别要注意它们之间的区别。辨析汉越语素，通常要从字入手，这个“字”按阮才谨教授的说法叫 tiếng，但 tiếng Hán Việt 按语义更接近于“汉越音”，一些越南学者称之为 yếu tố（成分），但 yếu tố 不少时候跟语素相同。我们认为，单个汉字在传入越南语之后，由于它读汉越音，不妨叫作“汉越字”（chữ Hán Việt）。汉越字与汉越语素的关系大体上有下面几种情况：

（1）同一个汉越字，可以代表不同的语素。例如：

án：án mạch（按脉）、án thư（书案）、án tiết（案情）

Tham：tham chiến（参战）、tham lam（贪婪）

bình：hòa bình（和平）、bình luận（评论）、bình phong（屏风）、bình nước（水瓶）

canh：canh cải（更改）、canh điền（耕田）、canh phòng（更防）、đồng canh（同庚）、canh khuya（深更）、canh cải（菜汤）

cảnh：cảnh báo（警报）、cảnh huống（境况）、cảnh quan（景观）、cảnh vực（境域）

cao：cao quý（高贵）、cao cấp（高级）、cao thuốc（药膏）

công：công môn（公门）、công môn（肛门）、công năng（功能）、công nghệ（工艺）、công lợi（公利）、công lợi（功利）

（2）汉越语素绝大多数是单音节的，例如 tài（才）、đức（德）、thôn（村）、dân（民）、nam（男）、nữ（女）等。但有时候，一个汉越字并不代表一个语素，只代表一个音节，也就是说，一个汉越语素也可以是两个以上音节，这主要有两种情况：

---

① Nguyễn Tài Cẩn, *Nguồn gốc và quá trình hình thành cách đọc Hán Việt*, *Nhà xuất bản Đại học Quốc gia Hà Nội*, 2000, tr. 19-20.

第一，连绵词，例如：

ảm đạm（黯淡）	an ủi（安慰）	bàng quan（旁观）
bao biện（包办）	bôn ba（奔波）	bồng bột（蓬勃）
hoàng hôn（黄昏）	hoạt bát（活泼）	hồn hậu（浑厚）
khảng khái（慷慨）	khủng khiếp（恐怯）	lam lũ（褴褛）
lan can（栏杆）	lâm dâm（淋淫）	lẫm liệt（凛冽）
mê muội（迷昧）	tì bà（琵琶）	tử tế（仔细）
tha thiết（磋切）	tham lam（贪婪）	thảm thê（惨凄）
thảm thiết（惨切）	hân thiết（亲切）	thê thảm（凄惨）
xa xỉ（奢侈）	yểu điệu（窈窕）	

第二，音译词，例如：

câu lạc bộ（俱乐部）	trường hợp（场合）	kinh tế（经济）
Nhật Bản（日本）	Miến Điện（缅甸）	Mặc Tư Khoa（莫斯科）
Mạnh Đức Tư Cưu（孟德斯鸠）		

有的语素在汉语词中本身就是三音节以上的，所以音译之后汉越语素也是三音节以上。

当然，并不是所有的汉越字都能成为语素。汉越字可以分为三类：

①单纯可以读汉越音，只跟汉语有关系，跟越南语毫无关系，也就是说，不能进入越南语系统的，如 chẩm（怎）、giá（这）、ma（么）。

②在汉语中可以独立成词，但在越南语中只能充当构词语素的，如 quốc（国）、gia（家）、sơn（山）、thủy（水）、nhân（人）、phẩm（品）、thiên（天）、thảo（草），nhi（儿）、đồng（童）、đồng（同）。

③进入越南语之后，既可以充当语素，也可以独立成词的，如 đầu（头）、vạn（万）、học（学）、tập（习）、băng（冰）、tuyết（雪）、dân（民）、trung（忠）、hiếu（孝）、đảng（党）、đoàn（团）、thôn（村）、ấp（邑）、xã（社）。

（3）汉字进入越南语系统之后，可能出现异读现象，其中原因包括：

①历史及方言因素造成的。例如：

宝	bảo	bửu	协	hiệp	hợp	时	thời	thì
本	bản	bổn	起	khởi	khỉ	收	thu	thâu
病	bệnh	bịnh	激	kích	khích	受	thụ	thọ
正	chính	chánh	泪	lệ	lụy	宗	tôn	tông
勇	dũng	dõng	利	lợi	lị	朝	triều	trào
带	đái	đới	良	lương	lang	著	trứ	trước

单	đơn	đan	任	nhiệm	nhậm	威	uy	oai
当	đang	đương	退	thoái	thúi	武	vũ	võ

②文言音与白话音并存。例如：

安	an	yên	读	độc	đọc
舅	cậu	cữu	两	lượng	lạng
贾	cổ	giả	连	liên	liền
供	cung	cúng	差	si	sai
谀	du	dua	试	thí	thi

③可能是误读汉字造成的。例如：

幻	ảo	huyễn
汇	vựng	hội

有些汉字虽然相同，但读音不同，借入越南语系统后则为不同的汉越字。例如：

乐：	（快）乐	lạc	（音）乐	nhạc
间：	（中）间	gian	（间）谍	gián
弹：	弹（琴）	đàn	（子）弹	đạn
行：	行（动）	hành	（银）行	hàng
分：	分（配）	phân	（成）分	phần
难：	难（题）	nan	（困）难	nạn

过去通常以为 khốn nạn 跟汉语源词“困难”的语义相比发生了根本性的变化，实际上这个词虽然可以对应出“困难”，但不是 kùn·nan，而实为 kùnnàn，“困”取“困顿”之意，“难”取“灾难”之意，khốn nạn 的原意指“困苦”，如 cuộc sống khốn nạn（生活困苦）；后引申出“可怜”：thằng bé khốn nạn（可怜的孩子）；也引申出了“可鄙”：đồ khốn nạn（混账东西）。

三、汉越词与汉越语素的区别

汉越语素可以分为成词语素和不成词语素，成词语素也就是自由语素，指能够自由运用的语素，即可以独立成词，比如 dân（民）、đảng（党）、học（学）、tập（习）、diễn（演）、kịch（剧）、đấu（斗）、tranh（争）、bắc（北）、bệnh（病）、cứu（救）、địch（敌）、nam（男）、nông（农）；不成词语素也就是粘着语素，即不能够自由运用的语素，也就是不能独立成词，例如 quân（军）、nhân（人）、ái（爱）、an（安）、áp（压）、ân（恩）、bách（百）、bạch（白）、bán（半）、bảo（宝）、

bát（八）、vong（亡）、xuất（出）、y（医）、yếu（要）。

有的不成词语素具有极强的构词能力。例如 tổng（总）这个语素，曾经可作为成词语素，法属时期为行政区域名“总、区”，属县，下辖乡；还可以构成 chánh tổng（正总），指“总长、区长”。现在这一制度已经成为过去，tổng（总）只作为一个构词语素。根据我们的整理，包括借词和自造词在内，“总”作为语素构成的汉越词多达 115 个。

四、从音节的角度看汉越词的类型

现代越南语虽然用拉丁文字书写，但是，汉越词的特殊发音（汉越音）决定了用拉丁文字书写的汉越词在音节上有比较突出的特点。汉越词从构成音节角度可以将其分类为单音节汉越词、双音节汉越词和多音节汉越词。而且汉越词在使用上也会体现出与固有词汇不同的特色。

（一）单音节汉越词

越南语和汉语同属孤立语，语素都以单音节为主，在使用频率上，单音节词占优势。随着社会文化的发展，越南语的词汇量不断扩大，多音节词所占的比例越来越大，双音节化的趋势不断扩大。

汉语单音词是以文化词的身份进入越南语的，进入时间久远，因此在越南语中，单音节汉越词的使用频率很高，而且很少有相对应的越南语固有词。例如，tiền(钱)、lương(粮)、áo(袄)、quần(裙)、ông(翁)、bà(婆)、cô(姑)、dì(姨)、xuân（春）、hạ（夏）、thu（秋）、đông（冬）、đông（东）、tây（西）、nam（南）、bắc（北）、hoa（花）、tùng（松）、cúc（菊）、trúc（竹）、mai（梅）、nam（男）、nữ（女）、thắng（胜）、bại（败）、danh（名）、lợi（利）、phúc（福）、lộc（禄）、thọ（寿）、văn（文）、thơ（诗）、khúc（曲）、trung（忠）、hiếu（孝）、thưởng（赏）、phạt（罚）、ngâm（吟）、phổi（肺）、đầu（头）、não（脑）、phú（富）、quý（贵）、nhã（雅）、túc（俗）、tâm（心）。

由于单音节词造句功能的强大，越南语的一些句子显得比较简练，如：

Đạo đức cách mạng là hòa mình với quần chúng thành một khối，tin quần chúng，hiểu quần chúng，lắng nghe ý kiến của quần chúng（革命道德就是要跟群众打成一片，相信群众，了解群众，倾听群众的意见）。其中的 hòa（和）、hiểu（晓）在越南语中具有很强的构词能力，翻译成汉语时要根据语境进行合理的词语调整。

（二）双音节汉越词

现代越南语词汇发展有一个明显的趋势，就是“双音节化”，而且不少新造双音节词采用的是汉语的构词方式。从社会发展层面来看，新事物的出现必然要求有新的词语加以反映，以利于社会交际。从语言内部现象来看，作为孤立语，越南语双音节化是一种经济化的手段，以有限的语素通过各种结构方式可以创造大量的新词。

所创造的新词中，除了由越南语语素＋越南语语素方式构成的之外，由汉越语素＋汉越语素、汉越语素＋越南语语素、越南语语素＋汉越语素以及外来语素＋汉越语素方式构成的新词占极大的比例。例如：

汉越语素＋汉越语素：đại lượng（数量）、đại liên（重机枪）、hải tặc（海盗）、lâm tặc（盗林者）、hải phận（领海）、không phận（领空）、luật gia（法学家）、luật học（法律学）、luật khoa（法律系）、tâm bão（飓风中心）、tâm điểm（中心位置）、tiếp âm（转播）、tiếp thị（市场营销）、tiếp viên（服务员）、tha hóa（异化）、chiến hạm（战舰）、cảm nhận（感认）、cảm nghiệm（感念）、chiến tranh lạnh（冷战）。

汉越语素＋越南语语素：tiếp tay（帮凶）、binh lính（士兵）、luật rừng（森林法则）、luật chơi（游戏规则）、khổ cực（极苦）、khô khan（干涸）、quán trọ（客栈）、hiệu sách（书店）、hiệu ăn（饭店）、cảm mén（感佩）、động đất（地震）、động lòng（动心）、ác miệng（言语恶毒）、hòa mình（融入）、hòa dịu（缓和）。

越南语语素＋汉越语素：tàu chiến（战舰）、tàu khách（客轮）、chạy điện（化疗）、chạy tội（洗脱罪名）、đánh giá（评价）、đánh vần（押韵）、sóng thần（海啸）、rắn độc（毒蛇）、bỏ hóa（丢荒）、ngòi bút（笔尖）、ngói âm dương（阴阳瓦）。

外来语素＋汉越语素：I-ốt hóa（碘化）、lô-gích học（逻辑学）。

由此可以看出，汉越语素具有极强的构词能力。

不少新造词采用的是汉语词的结构方式，这一点在偏正结构的词语中很明显，比如 không phận（领空）、hải phận（领海）、chủ điểm（要点）、hoa hậu（花魁）、á hậu（选美比赛亚军）、diễn văn（演说词）、doanh số（营业额）、lâm luật（森林法）等。汉语词偏正结构的表现方式是前偏后正，越南语正好相反，是前正后偏。有些词是为了避免跟已有词的冲突而做的调整，比如 lâm luật（森林法），按说应该跟 luật dân sự（民事法），luật quốc tế（国际法），luật hình sự（刑事法）等一致起来，为 luật rừng，但已有的 luật rừng 为“森林法则”，而 luật lâm 不伦不类，lâm 是一个不成词语素，它本身并不具备“森林”的意思，luật lâm 反而不符合越南语的表达习惯，所以最终采用的是 lâm luật。其实，越南语社会已经习惯汉语词语的结构方式，因为很多汉语借词本身就是这种结构方式，如 hải đăng（海灯），hải quyền（海权）等。

（三）多音节汉越词（汉越复合词）

由于越南语的特殊结构特点，使得其固有词往往指称不明确、表达不严密，从而产生了很多汉越复合词。越南语和汉语都属于 S+V+O 型语言，在句法结构上有很多相同之处，都非常注重语序的组合。由于汉语定 + 中结构特点正好跟越南语的中 + 定结构相反，不少时候汉越词的结构就比越南语固有词结构显得严谨，难以拆分。比如 xạ thủ（射手）比 người bắn 谨严得多，xạ thủ Giáp 人们只会理解为一名叫甲的射手，而 người bắn Giáp 既可以理解为名叫甲的射手，也可以理解为向甲射击的人；因此在组合中就出现了 xạ thủ bắn tỉa（狙击手）、các xạ thủ trong đội tuyển bắn súng（射击队运动员）来专门指“射手”。同样，phi công（飞工 — 飞行员）也比 người lái 语义更加明确，结构更加严谨，người lái 也就是相当于“驾驶员”，它的语义是宽泛的，而 phi công 就专门指“飞行员”。同理，nhược điểm（弱点）虽然在某种情况下可以用 điểm yếu 替代，但 điểm yếu 跟 điểm sáng（亮点）、điểm xuất phát（出发点）、điểm quan trọng（重点）一样，更像一个词组，而非词。因此，在作为专有名词使用的时候，多采用的是汉越词，例如 địa chấn 和 động đất 都指“地震”，但在“地震仪”和“地震学”中，都用的 địa chấn，如 địa chấn kí（地震仪）、địa chấn học（地震学）。

五、自造类汉越词的造词类型

很多越南语汉越词和汉语有着解不开的渊源，但是越南人民在长期的生产劳动中也利用汉越语素自己创造了不少汉越词，这些汉越词使用的语素是汉越语素，但是这些自造汉越词中的汉越语素之间的结构关系有着越南语自己的特色。这些自造汉越词主要有结合型和改造型两大类。

构成汉越复合词的语素绝大多数是实语素，实语素和实语素相结合形成了汉越复合词的典型形式。

（一）结合型

所谓结合型就是把两个或两个以上汉越语素按一定的关系原则排列在一起从而造出新词。例如：

thủ+pháo→thủ pháo（手 + 炮 → 手炮 = 手榴弹）

nữ+trầm→nữ trầm（女 + 沉 → 女沉 = 女低音）

tái+cử→tái cử（再 + 举 → 再举 = 再次当选）

ca+sĩ→ca sĩ（歌 + 士 → 歌士 = 歌手）

hóa+mĩ+phẩm→hóa mĩ phẩm（化 + 美 + 品 → 化美品 = 化妆品）

tiểu+đoàn+trưởng→tiểu đoàn trưởng（小 + 团 + 长 → 小团长 = 营长）

根据汉越词构成语素之间的关系，我们可以把结合类汉越词再分为组合型和附加型两小类。

1. 组合型

组合型就是把各构词语素的概念意义组合在一起的汉越词，如表 3–2 所示。

表 3–2　　组合型汉越词对应的汉字及其意义

汉越词	对应汉字	意义	汉越词	对应汉字	意义
á hậu	亚后	选美比赛亚军	ác cử	恶举	作恶
ác dâm	恶淫	性虐待	ác hại	恶害	危害性大的
ác hữu	恶友	损友	ác phạm	恶犯	凶犯；重刑犯
ác sắc	恶色	不好的形象	ái hữu hội	爱友会	联谊会
ái kỉ	爱己	利己；自私	ái ngại	爱碍	伤感；于心不安

在结合类汉越词中，组合型占有相当大的比重。

2. 附加型

附加型就是由词根和词缀结合而成的汉越词。越南语中可以充当词缀的汉源语素主要有：sĩ（士）、gia（家）、giả（者）、viên（员）、học（学）、tính（性）、nhân（人）等。例如：

nghệ sĩ（艺士）→ 艺术家

thi sĩ（诗士）→ 诗人

ca sĩ（歌士）→ 歌手

luật gia（律家）→ 法学家

triết gia（哲家）→ 哲学家

diễn giả（演者）→ 演员

khán giả（看者）→ 观众

soạn giả（撰者）→ 作者

mậu dịch viên（贸易员）→ 售货员

chính trị viên（政治员）→ 指导员
điều khiển học（调遣学）→ 控制论
giới tính（界性）→ 性别
tù nhân（囚人）→囚犯

（二）改造型

所谓改造就是把原来的汉越词的结构成分或结构形式替换掉，从而造出新词。主要有替换构词语素、颠倒语素顺序和缩略词语等类型。

1. 替换语素型

替换语素就是用一个语素替换某个复合词中意义相反或相类比的语素，从而造出新词。例如：在越南语词汇系统中已经借入 ngoại tệ（外币）、ngoại thương（外商）等词，现在越南人又用语素 nội（内）替换其中的 ngoại（外），由此产生新词 nội tệ（内币）、nội thương（内商），分别指"国内货币"和"国内贸易"。同样，越南语中也已经借入了 ngoại ô（外坞）这个词，指"郊外"，现在采取替换语素的方法造出了 nội ô（内坞）这个词，表示"内城"。

其他还有：

án tình→án tiết（案情 → 案节）
bạc kĩ→bạc nghệ（薄技 → 薄艺）
cẩn thận→cẩn trọng（谨重 → 慎重）
duyệt mục→ngoạn mục（悦目 → 玩目）
điện giải→điện phân（电解 → 电分）
kiên quyết→cương quyết（坚决 → 刚决）

替换语素和被替换语素通常可以组合成一个词，例如：

分 + 解 → 分解
生 + 死 → 生死
赏 + 玩 → 赏玩
检 + 验 → 检验

在前面的例子中，duyệt mục（悦目）和 ngoạn mục（玩目）似乎没有什么关联，但如果探究其根源就可以发现它们在"赏心悦目"这个成语中的组合，而"赏"和"玩"则是经常搭配在一起的语素。

需要注意的是，同一个汉字在越南语中可能对应出两个汉越音语素，这些语素我们称之为同义不同音语素。例如"命"可以对应出 mạng 和 mệnh，"主"可以对应出 chủ 和 chúa。用一个汉越音语素替换另一个汉越音语素同样可以造出新词，如用 mạng 替换掉 cách mệnh(革命) 中的 mệnh，用 chúa 替换掉 công chủ(公主) 中的 chủ。现在，cách mạng 和 công chúa 两个词已经完全代替了 cách mệnh 和 công chủ 两个词。这样的替换方法是对越南语词汇系统的一种规范。但是，很多时候，两个汉越音语素的同时存在丰富了越南语的表达方式，如 chính phủ 和 chánh phủ（政府）、vũ trang 和 võ trang（武装）、an tâm 和 yên tâm（安心），尽管从词汇意义上来说是相同的，但修辞色彩却存在差别。在不同的语境，采用不同的语素通常还能起到区分语义的作用。也就是说，在跟同一个语素结合时，采用同义不同音的汉越语素可以分别造出不同的词。例如 vũ đài 是表演舞蹈的地方，借自汉语的"舞台"，而 võ đài(武台) 则是比武的地方，相当于汉语的"擂台"。再如 an trí，虽然借自汉语的"安置"，但语义发生了变化，变化后的语义相当于汉语的"拘禁、流放"；而 yên trí 同样源自汉语的"安置"，但语义却指"没有什么值得担忧的"，相当于汉语的"安心、放心"。

2. 变序型

变换语素顺序的方法比替换语素的方法常见。例如：âm thanh、bảo đảm、chứng kiến、cứu vãn、hoán cải、huyệt mộ、mộ phần、liên quan、lâm viên、nghị quyết、kích thích、mã hiệu、phóng thích、sản xuất、tha thiết、sắc diện、thụ hưởng、triệu chứng 等词，如果还原其汉语词的面貌则是"声音、担保、见证、挽救、改换、墓穴、坟墓、关联、园林、决议、刺激、号码、释放、出产、切磋、面色、享受、征兆" 等。在这一类汉越词中，许多词仍然保留源词的语义， 如 âm thanh、bảo đảm、chứng kiến、lâm viên、liên quan、nghị quyết、quan khách、phóng thích、sắc diện、thụ hưởng、triệu chứng 等词。有的词跟源词相比则失去了某项功能，如 hưởng thụ（享受）在汉语中可以做动词，也可以做名词；而 thụ hưởng（受享）则只能做动词，使用范围缩小。而 điểm tâm（点心）如果颠倒，则产生了另外一个词——tâm điểm（心点），表示的是"中心点，中央"的意思。

3. 缩略型

缩略法同样也是一种常用的方法，其理据源于语言的经济原则。例如：

bất tỉnh←bất tỉnh nhân sự（不省人事）

đơn chiếc←hình đơn ảnh chiếc（形单影只）

hạ viện←hạ nghị viện（下议院）

kỉ vật←kỉ niệm vật（纪念物）

kịch tính←hí kịch tính（戏剧性）

mãi lộ←tiền mãi lộ（买路钱）

nam cao←nam cao âm（男高音）

nam kha←nam kha nhất mộng（南柯一梦）

vong niên←vong niên giao（忘年交）

thế chiến←thế giới đại chiến（世界大战）

viễn thông←viễn trình thông tấn（远程通讯）

有的缩略型汉越词是由汉语成语典故缩略而成的，如 cúc cung←cúc cung tận tụy（鞠躬尽瘁）、khoái trá←khoái trá nhân khẩu（脍炙人口）、đông sàng←đông sàng khoái tế（东床快婿）、băng hoại←lễ băng nhạc hoại（礼崩乐坏）等。当然，要考证这些词的来源既复杂也困难。相对来说，考证 cúc cung、khoái trá、đông sàng 之类的词困难不是很大，因为这些成语和典故经常出现在中国的文学作品中，中国人对这些成语和典故耳熟能详。在越南语中，cúc cung、khoái trá、đông sàng 等词仍然保留汉语的语义。但是，像源于《论语》的 lễ băng nhạc hoại 以及其他经典中的词语如果没有足够的知识和考究工夫的话，则不容易了解其来源。在现代越南语中，băng hoại（崩坏）指“严重破坏和损害”，如 Bạo lực làm băng hoại tâm hồn trẻ thơ（暴力严重损害了孩子的精神）、Diễn biến hòa bình”hướng tới làm băng hoại chủ nghĩa xã hội từ bên trong（和平演变的目的是从内部对社会主义进行破坏）。在这个组合中，băng 的意思是“崩塌”，hoại 的意思是“被破坏”或者“损害”。

4. 转化型

转化型汉越词指赋予语音形式以新的语义，使它产生新的概念。从表面来看，这一类词的语音形式没有改变，但实际语义已经发生变化，有时候还原成汉字的话面目已有改变。例如：“认真”在汉语中有两个词，一个指“信以为真；当真”；另一个指“严肃对待，不马虎”，而 nhận chân 在越南语中指“认清事实真相”，nhận 是“认识”，chân 是“真切”；sinh sắc 已不是汉语中表示“增添光彩”的“生色”，其语义是“生动，灵动”；vật chủ 不是汉语中的“物主”，而是“寄生附着物”；hoa thị 不是“花市”，而是星号（*）。Thánh giá 在越南语中有两个词，一个相当于汉语中的“圣驾”，另一个还原成汉字应该是“圣架”，相当于汉语的“十字架”。

转化型汉越词体现了越南人使用和理解语言的习惯与原则。再如 ngoại cảm（外感），汉语中的“外感”是中医的一个词语，指由风、寒、暑、湿等侵害而引起的疾病。越南语除了保留这个语义之外，还指“特异功能；第六感觉”，这个意思跟中医中的概念完全不同，取的是“对外界的感应”。实际上这也是一个结合类的汉越词。

由于汉越语素构词能力强，而且，由于越南语是拉丁字，有时候容易把纯越南语素跟汉越语素混淆起来。因此，在判断汉越词的时候要注意不要把汉越词和纯越词混淆起来，例如 quá khổ、thán khí、trái vụ、truyền bảo、hổ danh 等词。粗看起来，quá khổ 很有点像汉语的“过苦”，实际不然，而是“过分，超过某种限度”的意思；thán khí 是“煤气；含碳气体”，而非“叹气”；trái vụ 是“反季节，不合农时”，而非“债务”；truyền bảo 是“指示”，而非“传宝”；hổ danh 是“蒙羞”，而非“虎名”。对于这些词的语义，一方面要通过查词典进行准确把握，另一方面可以通过语境进行判断。事实上，这些词的组合是符合越南人语言使用和理解的习惯与原则的。正如我们所知，khổ 在越南语中指“规格”，quá khổ 当然就是“超过规格”，即“过分”。同样，thán khí 指的是“碳气”，根据上面所说的替换语素和被替换语素可以互换语素的习惯，“煤气”就变成了“碳气”。此外，trái 是“违反”，vụ 是“农时”，trái vụ 就是“违反农时”；truyền 是“传令”，bảo 是“指导，训导”（chỉ bảo），truyền bảo 就是“传令并指导”；hổ 是“羞愧”（xấu hổ），danh 为“名声”，hổ danh 就是“使名誉蒙羞”。对于这一类词语，不能先入为主就认定其为汉越词，而应仔细加以甄别。

越南语中自造类汉越词的造词方法充分体现了越南人对待外来语言元素特别是汉语元素的开放精神，同时也充分体现了汉语对越南语的影响。大量的汉越词丰富了越南语的词汇系统，灵活的自造类汉越词造词方法则丰富了越南语的造词手段。

大量的汉越词丰富了越南语的表达能力，弥补了越南语词汇系统的不足。同时，由于具有浓厚的文化色彩，因此不少汉语词进入越南语系统以后具有了庄重、文雅、严肃、含蓄等修辞色彩，而越南语固有词语则比较通俗，更加具有口语色彩。汉越词通常具有更高的概括性，因此多用于正式专业的场合，比如表示“电影”这个概念，越南语中共有 điện ảnh、phim、chiếu bóng、xi-nê 等词，但使用的场合有区别，汉越词 điện ảnh 的组合更倾向于书面正式的表达。例如：diễn viên điện ảnh（电影演员），“电影艺术”只会用 nghệ thuật điện ảnh 而不会用 nghệ thuật xi-nê。“去看电影”可以用 đi xem phim、đi xem xi-nê、đi xem chiếu bóng，但不会用 đi xem điện ảnh。正是由于越南语汉字词汇具有这些特点，而且种类繁多，因此，研究越南语汉字词汇具有非常重要的意义和价值。

我们所研究的汉越词是指由汉越语素构成的越南语词汇，包括由汉语进入越南语的、用汉越音识读的词汇，也包括越南人民用汉越语素自己创造的词汇。尽管有些越南自造的汉越词其构词方式遵循越南语自身的语法规则，和传统的汉源词不同，但是由于其构词语素均是汉越语素，如果进行汉字转写这些语素均能转写成汉字，因此我们也认为这些词为汉越词，即越南语中的汉字词汇。

第四节 小 结

我国和日本、韩国、越南有着悠久的文化交流历史，语言交流是重要内容。所有这些交流都在这些国家语言的词汇系统中留下了很深的印记，这些国家的语言中保留了大量的汉字词汇。汉字进入后，这些国家都各自形成了一套专门用于识读汉字的读音体系，日本语和韩国语都叫“音读”，越南语叫“汉越音”，这些语言中的汉字词汇都用这种与本民族固有词汇相区别的读音进行识读。日、韩、越等国语言的汉字词汇丰富多彩，种类繁多，但是根据对日、韩、越三国语言中汉字词汇诸多形态的梳理，我们可以发现，这些语言中的汉字词汇都有一个鲜明的共性特征，即无论是使用汉字的国家，还是已经废除汉字的国家，其汉字词汇在语音层面仍然保持着汉字独特的识读特征。这也决定了日、韩、越等东亚国家语言中的汉字词汇在书面语中仍然存在区别于其固有词汇的规律可循。我们研究的对象——东亚国家语言中的汉字词汇，就是具有这种发音特征的词汇，尽管汉字词汇在这些国家语言中千姿百态，独特的发音特征却是我们界定东亚国家语言汉字词汇的重要依据。

第四章

现代日本语汉字词汇使用现状研究

自幕府末期前岛密提出废除汉字起，日本政府即开始推行在日本语书面语中限制汉字使用的政策。“二战”战败后，美国占领当局主导日本又制定了一系列符合西方价值观的法律、法规，其中包括一些语言政策，特别是制定了含有1 850个汉字的《当用漢字表》，并于1946年以日本政府内阁公告的形式推行实施。这个政策一直执行了35年，直到1981年日本内阁政府发布《常用漢字表》后，《当用漢字表》才废止。

汉字在日本语中的命运，也受到了日本学术界的关注。早在20世纪60年代，日本学者安本美典就对汉字在日本语中的命运进行了预测。安本利用1900~1954年日本出版的100位作家的文学作品为语料进行抽样调查，计算了每一位作家作品中汉字所占的比例。然后按年代顺序将这些作家作品进行排列，每5年的作品作为一组计算汉字比例的平均值。安本发现虽然这些平均值在时间轴上有起有伏，但是，总体趋势是逐渐递减的。安本在这些统计数据的基础上利用回归分析的方法，给出了反映日本语书面语中汉字使用情况和年代之间相互关系的回归方程，表示如下：

$$y=-1.244x+2\,726.17$$

上述公式中，y为日本语书面语中汉字的使用率，x为作品发表的年代。按照这个公式可以计算出，日本语作品中汉字使用率y为0的年代为2191年。也就是说，根据安本美典预测，到2191年日本语中的汉字将会消亡。据此，安本在1963年发行的杂志《言語生活》上发表了论文「漢字の将来——漢字の余命はあと二百三十年か」(《汉字的未来——汉字的余命或许只剩二百三十年》)。其后，多位日本学者就日本语中汉字的命运展开了研究。但是，根据日本学者（菅野倫匡，2017）对1986~2015年30年间介川奖获奖作品研究的最新结论，日本文学作品中汉字含有率和年代之间没有相关关系，日本文学作品中的汉字含有率基本上是稳定的，也就是说汉字不会在日本语中消亡。

日本限制汉字使用的语言政策对日本语中汉字的使用情况无疑是会有影响的。如果日本像越南、韩国那样强行推行废除汉字的政策，那么汉字在日本语中消亡可能只是一夜之间的事情。汉字是汉字词汇在日本语书面语中的表达形式，汉字的消亡或者泛滥是否会对日本语中汉字词汇的使用产生影响？也就是说，限制汉字使用的语言政策会不会影响日本语中汉字词汇的使用？如果有影响，是如何影响的？现代日本语中汉字词汇使用的情况如何？限制汉字使用的政策是否影响了日本语汉字新词的产出？我们利用超大规模语料库对现代日本语中汉字词汇的覆盖率、汉字词汇的种类，以及和明治大正时期相比现代日本语中汉字词汇这两个指标的变化情况进行了考察，探明了汉字词汇在现代日本语中的生存状态以及汉字在日本语中的命运，并根据我们的考察结果，对上述问题提出了我们的观点。同时我们还从日本语教学和面向日本人的汉语教学的角度出发研究了中日两国现代语言中的通用词汇问题。

第一节　关于日本语汉字词汇使用情况研究的分析

日本语词汇调查研究起步很早，目前有关日本语中汉字词汇使用情况的研究是在整个日本语词汇系统下开展的，没有将汉字词汇从日本语词汇体系中区分开来作为一个独立的系统对待。20世纪30年代日本侵略中国，占领中国东三省后，为了在中国东北实施殖民主义的所谓“国语”教育，日本军国主义政府在制定语言教育的侵略政策时意识到这方面的基础资料不足，于是开始了以编纂“教育基本词汇”为目的的词汇调查工作。这一时期有关日本语词汇的调查，以所谓的“南满洲教育会”和阪本一朗的研究最值得注意，前者在调查基础上编写了《基础日本语》（1934年），后者则出版了《日本语教育基本词汇　幼年部分》（1943年）。

日本大规模展开关于日本语词汇使用情况的调查是战后的事，特别是1948年日本国立国语研究所成立后，大规模词汇调查是该研究所的主要研究内容。根据日本著名的词汇调查专家、该研究所山崎诚教授的介绍（山崎诚，2013），日本国立国语研究所成立以后，平均每6年开展一次词汇调查。最早的一次是该研究所成立不久的1949年，调查对象是1949年6月一个月的《朝日新闻》，方法是全数调查，总词次24万，词目数1.5万。

日本国立国语研究所开展的最有影响、规模较大、成果较多的一次词汇调查是针对日本1956年出版的90种现代杂志（1956年全年）的调查，调查总体规模估计达到1.6亿词次，抽样规模达到53万词次，结果词条达到4.0万词，这次调查使用了大型计算机。日本学界对这次调查及其成果评价很高，有学者认为这次调查是日本国立国语研究所词汇调查的顶峰，大阪大学石井正彦教授认为此次调查精度很高，现在仍具备很高的学术价值。日本语词汇体系有三大组成部分：日本语固有词汇（和語）、汉字词汇（漢語）、西方借词（外来語）。这次调查的一个突出的成果就是给出了汉字词汇、和语词汇、外来词汇在日本语中的使用情况。根据这次调查的结果，汉字词汇在现代日本语书面语中的覆盖率为41.3%，占日本语词汇量的47.5%，日本语词汇体系中汉字词汇所占比例超过日本语固有词汇。

该研究所最近的一次词汇调查是针对1994年日本出版的70种现代杂志（1994年全年）展开的，其中一个主要目的是，和40年前针对90种杂志的调查结果进行比较，以观察20世纪后半期日本语词汇的变迁情况。这次调查采用抽样调查，调查总体规模估计达到1.4亿词次，样本词次达到107万，调查结果词条达到5.9万，这次调查还专门针对汉字在日本语中的使用情况进行了研究，出版了研究报告『現代雑誌の漢字調査』(《现代杂志汉字调查》)（国立国語研究所，2005）。这次调查所积累的数据和40年前针对90种杂志词汇调查所积累的数据为开展战后半个世纪以来日本语词汇的变化研究提供了必要条件、打下了坚实基础。

从上面情况可以看出，日本对日本语的词汇调查、监测研究频率之高、层次之深入可以说是世界上其他任何一个国家都无法比拟的。特别是日本国立国语研究所在这方面取得了杰出的成就和做出了突出的贡献，其在这方面所采用的统计学方法和计算机的应用都是当时学术界开先河的工作。尽管当时都是采取抽样调查，从今天的角度看，其样本规模并不大，但是，由于方法科学，所以其研究成果和结论可信度很高，即便是数据规模很大、信息化手段更先进的今天，也很难超越。尽管如此，从日本语中汉字词汇使用的角度看，仍存在一些值得进一步研究的课题。首先，汉字词汇在日本语中使用的变迁情况不但是学术界，也是日本社会一直关注的问题。自日本开始实施限制汉字使用的语言政策后，关于日本语中汉字本身的使用变迁情况学术界研究得比较多，最近仍有学者（菅野倫匡，2017）在深入研究这个问题。而关于汉字词汇在日本语中的使用变迁情况的研究却不如对汉字本身的研究。但是，文字只是语言依附的一种形式，是语言的外衣，因此，文字的使用受语言政策的影响很大，甚至可以被彻底废除，改换成另一种完全不相干的文字。而词汇是语言的内容，是一切概念的承载体，虽然随着语言的发展和变迁，一种语言的词汇系统会有所变化，但是，这种变化不可能像文字那样因语言政策等非语言自身因素的影响而急剧改变，而是遵循着语言自身发展的某种自然规律，语言的基本词汇体系更是如此。日本语中的汉字词汇，不仅数量庞大，而且有相当一部分成为现代语言生活不可或缺的基本词汇，深入日本人日常生活的每一个角落。由于词汇是文化的重要载体，从日本语中汉字词汇的使用情况我们也能够观察到中国文化对日本的影响，甚至可以据此研究中国文化海外传播的规律。从这个意义上讲，日本语中汉字词汇使用规律的研究无论对研究语言本身，还是对研究东亚文化相互交融吸收都具有重要价值，其意义甚至超过研究日本语汉字本身。

正因如此，本项目研究的重点之一聚焦在日本语中的汉字词汇，虽然日本在这方面已经取得了卓越成就，但是，仍有进一步研究的空间和余地。首先，日本虽然用抽样统计的方法，描述了汉字词汇在日本现代语言生活中的使用情况，而且得到了比较科学的结论，这一点我们并不否认。但是，由于抽样统计的结论都是基于概率论和统计学的“估计”而作出的，其结论的科学性存在可能性的大小问题，而且这种可能性的大小和抽样样本的大小有直接关系。日本国立国语研究所的两次比较有名的词汇调查，样本容量分别为53万词次和107万词次，就当时的研究条件而言这已经是非常大的规模，而且组织非常严密、使用的统计学方法也得当，所以在当时情况下，其研究结论代表了20世纪60年代和21世纪初的最高水平。但是，随着动辄1亿词级的大规模平衡语料库的建成，100万词次的样本容量只能算是很小规模的。另外，针对90种杂志的词汇调查过程中词单位的认定主要依靠手工作业，难免会带来一定的误差。因此，关于日本语中汉字词汇使用情况的有关数据和结论其精确程度尚有进一步提高的余地。这也是本项目在日本语中汉字词汇使用情况研究方面谋求突破的一个重要课题。

在日本语中汉字词汇研究方面谋求突破的第二个课题是，日本幕府末期实施限制汉字使用政策以来，日本语中汉字词汇的使用是否受到了日本语言政策的影响？100多年来日本语中汉字词汇的使用情况是否发生了变化？发生了哪些变化？日本国立国语研究所针对1994年出版的70种杂志的大规模调查，其一个重要目的是与1956年出版的90种杂志的调查结果进行比较，试图研究40年间日本语词汇的使用发生了哪些变化。但是，经过两次大规模调查，虽然考察战后至20世纪后期日本语词汇所发生变化的条件已经具备，但是日本国立国语研究所并没有展开这方面的实质性研究（山崎诚，2013）。虽然我们还不知道这其中的原因，但是，有一点可以肯定，不像幕府末期和“二战”战败时那样，日本战后的语言政策是基本稳定的，而词汇变化的周期较长，因此，试图通过观察1956~1994年近40年期间日本语的词汇变化可能意义不大。但是，幕府末期日本政府开始限制日本语中汉字的使用、日本“二战”战败后的1946年日本政府出台了《当用汉字表》正式实施限制汉字使用的政策，这100多年来日本语中汉字词汇的使用是否受到日本政府的语言政策的影响是非常值得研究的课题，这对我们研究周边其他国家，特别是韩国、越南的汉字词汇使用也非常有意义。

第二节　日本语汉字词汇使用现状研究的方法、工具和资源

迄今为止，日本国立国语研究所在进行日本语词汇大规模调查时，所采用的方法都是抽样调查，虽然调查结论的科学性和可信度达到了当时的最高水平，但是，毕竟样本容量相对很小，而且主要依靠手工作业，这些因素不可避免会造成一些负面的影响，因此，关于反映日本语词汇特别是日本语中汉字词汇实际使用情况的数据的精确性尚有进一步提高的余地。

日本语中相同的概念通常有汉字词汇和和语词汇两种表达方式，有时甚至有三种表达方式，即汉字词汇、和语词汇、外来词汇。因此要理清日本语中汉字词汇的使用情况，主要是调查清楚这三种词汇在日本现代语言生活中的实际构成比。我们将大规模语料库和辞典结合起来作为本研究的数据资源，引入大数据理念——全数调查（非抽样调查），并引入计算机智能分词和标注技术。

一、本研究所使用的语言数据资源

随着互联网的普及，互联网上充斥着各种各样的数据资源，语言数据的获取也并非像21世纪初时那么困难。数据很容易获取，但是这些数据质量很难有保证。尽管大数据理论认为，在数据规模足够大的情况下，数据中少量杂质并不会对数据分析的结论产生太大的影响，因而这些杂质可以忽略。但是作为词汇调查研究，要确保研究结论能够客观反映语言事实，语言数据的质量和平衡性还是要有足够的保证。基于此种情况，本研究主要采用的语言数据是经过实践检验的，学术价值高、质量优良、规模和平衡性达到要求的数据资源。这类资源主要有两大类，第一类是语料库，第二类是辞典。

目前日本语语料库种类繁多。有的是以文学作品为主要内容，如日本的“青空文库”里面收录了1万多册日本小说；也有日本新闻媒体的语料库，如日本的三大报纸《朝日新闻》《每日新闻》《读卖新闻》，这些报纸都有数据库可以利用；21世纪初日本国立国语研究所建成了专门面向语言学研究的“现代日本语书面语平衡语料库”(『現代日本語書き言葉均衡コーパス』)。“青空文库”虽然数据规模很大，但是有两个弱点：一是题材单一，主要是以文学作品为主，平衡性较弱；二是语料年代跨度很大，其中有100多年前的近代小说，也有当代日本小说，不能完全反映日本语言的现状。

本研究的目的主要是调查汉字词汇在现代日本语中的使用情况。日本语词汇系统由三大类别的词汇组成，即汉字词汇、外来词汇、和语词汇，虽然有时这三种词汇都可以表达同一种概念，但是，意义相同的三种词汇使用领域、文体色彩差异比较大，有的题材的文章汉字词汇使用比较多，文学作品和语词汇使用比较多，科技类文章则外来词汇使用比较多。因此，开展词汇调查时需要能够反映实际语言生活的语料，这时需要平衡语料库。为此，本课题研究引入日本国立国语研究所开发的“现代日本语书面语均衡语料库”(『現代日本語書き言葉均衡コーパス』(以下简称“平衡语料库”)。

“现代日语书面语平衡语料库”(略称“BCCWJ”)是日本国立国语研究所2011年建成的日本第一个大规模平衡语料库。20世纪90年代，和欧美相比，日本在大规模语料库建设方面处于落后局面。为了改变这种状况，日本政府90年代末开始资助日本语研究所所需的基础建设，日本文部科学省提出了“完善21世纪日本语研究基础建设”的计划，在这个计划的支持下，日本国立国语研究所于2006年开始了“构建具有代表性的大规模日本语书面语语料库”项目。该项目历时4年，2010年完成，2011年正式公开其研究成果BCCWJ。语料库研制过程中考虑到了语言生产、流通、利用三个环节，为了确保所收语料的平衡性，利用抽样方法抽取语料。语料库总体规模达到1亿多词次。BCCWJ由三个子语料库组成：

出版物子语料库：内容主要是2001~2005年期间出版的图书、期刊、报纸，样本语料规模达到3 437万词次。

图书馆藏书子语料库：内容主要是1986~2005年出版的图书，样本语料规模达到3 038万词次。

特定领域子语料库：内容主要是白皮书、教科书、广告、畅销书、Yahoo知识库、Yahoo博文、韵文、法律文书、国会会议录等，时间跨度为1976~2005年，样本语料规模达到4 017万词次。

本课题研究目的要求我们必须利用能够全面、真实反映现代日本语实际情况的语料，不能局限于哪一个领域或者哪一种题材，否则结果将会与现状存在很大的偏差。从 BCCWJ 的设计理念和实际语料的情况看，这个语料库无论从规模还是从语料的平衡性来看都非常符合我们的研究需要，因此，这个语料库是我们的主要数据资源，主要通过考察这个平衡语料库来研究日本语中汉字词汇的使用现状。

BCCWJ 语料库因为规模大、语料种类比较平衡，特别适合考察日本语词汇的整体使用情况，是全面考察汉字词汇的使用现状必需的。但是，由于平衡语料库兼顾了各个领域的文章，有的并不一定能够反映日常语言生活，换言之，平衡语料库中的词汇在日常语言生活中不一定使用。另外，由于平衡语料库的平衡性，导致其对词汇的变迁情况反应不敏感，特别是特定时期的一些热词在平衡语料库中其热度不一定能反映出来。要考察日常生活中词汇使用的变迁情况，报纸是非常好的语料。首先报纸主要是面向大众的发行物，其接受面非常广泛，是反映现实语言生活的主要语料；其次，报纸对新词、热词等反映词汇变迁情况的元素比较敏感，新词通常通过报纸等大众媒体传播。为此我们考察日本语中汉字词汇的历时变迁，比较不同时期汉字词汇在日本语中的使用状况时主要使用了报纸语料。日本报纸媒体有很多家，我们的研究主要使用日本三大报纸之一的《每日新闻》。《每日新闻》自 1991 年起将每年的报纸内容做成文本数据发售。由于《每日新闻》的这种数据发行历史长，数据量庞大，在日本的自然语言处理研究和技术开发中得到广泛的应用，事实上成了日本语自然语言处理研究领域的标准数据。日本的相关研究机构利用这个特大型语料库进行二次开发，不但研制出很多语言智能处理技术产品，而且开发了很多二次数据库，这些二次语料库中比较有名的有京都大学词法语法标注语料库、新闻报道朗读语料库、日本国立国语研究所的语言相关新闻报道标题数据库等。我们引进了 2005~2012 年共 8 年的《每日新闻》全部数据，用 MECAB 和 UNIDIC 进行分词标注，除去标点符号后，获得有效词次规模达到 2.7 亿。

为了在研究中引进日本语计算机智能分词技术以提高研究效率和研究精度，同时为了保证研究结果的系统性、验证研究成果的可信度，我们在研究过程中引进了词典资源。该词典资源包括两类，一类是用于计算机智能分词的高效分词词典 UNIDIC；另一类是传统的日本国语词典，使用传统词典的主要目的是检测计算机智能工具在抽取汉字词汇时的有效性。

我们使用的第一个词典资源是计算机智能分词用分词词典 UNIDIC。为了充分发挥"现代日本语书面语平衡语料库"（BCCWJ）的效益，日本国立国语研究所利用日本当时先进的分词技术开发了语料库的配套分析工具"茶豆""ひまわり"等，并且开发了专用分词词典 UNIDIC。由于 UNIDIC 涉及日本语词汇单位界定等与本研究密切相关的理论问题，因此，这里有必要作详细介绍。

在UNIDIC研制运用之前，日本语已经有多种分词（计算机词法分析）词典，但是根据日本国立国语研究所的研究报告（山崎诚，2014），利用这些分词词典进行词法分析时存在以下三类比较突出的问题。首先是分词的一致性问题，如“経済学部”“理工学部”被当作一个词处理，而类似的“教育学部”却被分成了两个词——“教育｜学部”，“法務大臣秘書官”被分成了两个词——“法務大臣｜秘書官”，而类似的“防衛大臣補佐官”却被分成了“防衛｜大臣｜補佐｜官”四个词。其次是词条标记存在不一致性。日本语同一个词的书面表达方式有好多种，有的词既可以用汉字书写，也可以用假名书写，还可以用假名和汉字混合书写。而UNIDIC以前的分词词典分词结果不能对词条标记进行归一化处理。如“玉葱、たまねぎ、玉ねぎ”是同一个词，如果将其作为一个词条，就应该对其标记进行归一化处理。最后是以前分词词典的分词参数大多是基于报纸新闻语料训练而获得的，这些词典对新闻语料的分词具有很高的精度，但是，在处理其他语料时性能却得不到有效保证。如果在词汇认定阶段不能得到很好的结果，将会严重影响后续研究的开展。而UNIDIC以前的词典所造成的这种分词结果的不一致将会严重影响我们的研究结果。

为了避免以前分词词典所带来的诸多错误和缺陷，提高语料词法分析的精度，日本国立国语研究所在建设大规模平衡语料库的同时研制了可以应对不同领域、文体语料的分词词典UNIDIC。根据山崎诚（2014）和我们的实践，UNIDIC有以下优点：（1）采用短单位（后文详细介绍）作为分词标准，有效地控制了分词过程中切分不一致的问题。如上述几个例子，用UNIDIC进行切分后，分词结果保持了一致，即得到如下结果：“経済｜学｜部”“理工｜学｜部”“教育｜学｜部”“法務｜大臣｜秘書｜官”“防衛｜大臣｜補佐｜官”。（2）通过结构化词法信息标注，使得存在多个标记变体的单词的词典形态得到了统一，同时又能够使其各种变体信息得以保留。UNIDIC主要设置了“词典形”（語彙素）、“词形”（語形）、“表层形”（書字形）三个信息，将单词的词典形态、文章中出现的形态、可能的变体形态都标注出来，这样我们在进行词汇统计时不会因为词形变体而发生困惑。（3）可以应对多种体裁的书面语，克服了以前词典在分析新闻以外的文章时精度低的缺陷。这一特点为我们处理大规模平衡语料提供了可靠的保证。（4）UNIDIC提供了分词结果词汇的发音、语种等信息，特别是语种信息为我们提取汉字词汇提供了极大的方便。日本语词汇总体可分和语词汇、汉字词汇、外来词汇。利用UNIDIC进行分词标注时结果中给出了日本语词汇的语种信息，这对我们的研究非常重要。根据词汇的语种信息，我们可以很快地提取和分析汉字词汇的使用情况。

我们使用的第二种词典资源是传统词典——日本『新明解国語辞典』(《新明解国语词典》)。使用传统词典的目的是验证语料库中的汉字词汇体系，以及确定日本语中的汉字词条。传统词典的一个重要特点是词汇的体系性，即不管实际语言生活中是使用还是不使用、经常使用还是不经常使用，只要是语言中可能使用的词汇基本上都会收录，尤其是一些比较权威的词典更是如此。当然，根据词典规模的大小，收词量会有不同，但是基本词汇都应该收入，这是所有日本国语词典的收词原则。《新明解国语词典》是日本三省堂出版的一部中型日语词典，发行量很大，影响广泛，其在日本语言生活中的地位相当于我国的《现代汉语词典》，目前已经出版了 7 版。本研究采用的是《新明解国语词典》第五版，共收词近 75 000 条，其中汉字词汇近 47 000 条（包括单字词），汉字词汇占该词典词条的 62.67%。

二、研究对象——日本语汉字词及其认定

汉字词汇在日本语中的使用情况非常复杂，其复杂性不仅表现在书面表达形式的多样上（即同一个词可能有多种书写形式，这一点在前文中已经详细叙述），还表现在其作为词的边界难以确定，如前文中提到的“経済学部”“理工学部”“教育学部”“法務大臣秘書官”“防衛大臣補佐官”等是作为一个复合词还是分解成多个词。正如汉语中词的界定一样，到底什么样的单位算作一个词，理论上的界定也许是容易的，但是实际操作上会碰到很多困难，比如：“経済学部”是作为一个词处理，还是切分成“経済｜学部”“経済｜学｜部”“経済学｜部”。如果将所有合成词都作为一个整体处理，那么在研究中所要面对的词汇数量将会急剧增加，词汇的规模将无法控制。实际上这是没有必要的，因为合成词的产生有许多是临时的，是可以将其分解成单纯词的。另外，合成词的处理无论是计算机分词或者是人工分词都很难保证其一致性，特别是在进行大规模数据处理时更是如此，从日本一些分词技术对上述合成词的处理结果就可以看到这一点。正因为如此，UNIDIC 以前的分词词典，并没有很好地解决汉字词汇的边界问题，造成了分词工具在处理这些词汇时分词单位的一致性问题没有得到很好的解决。由于日本语的文字有汉字、平假名、片假名、英文字母等几种，字种发生变化的地方通常是词的边界，因此日本语词的边界总体上还是比较清楚、比较容易处理的，只是汉字复合词的处理相对复杂一点。汉语相对日本语而言，因为书面语清一色的都是汉字，词的边界的确定更加困难。理清日本语汉字合成词的处理方法对处理汉语词的边界问题也具有重要的借鉴意义。

日本国立国语研究所自“二战”以后，进行了多次大规模词汇调查，有60多年的研究历史，积累了丰富的经验，在合成词的处理问题上制定了自己独到的、行之有效的标准，即根据词结构的复杂程度将合成词从长、短两个不同的层次上进行统计，即长单位词和短单位词。

（一）长单位词

长单位词的判定标准是从句法层次考虑的。从形态上讲，日本语的句子是由“句节”组成的，“句节”通常由两部分构成，即具有实际意义的部分和承担句法功能的部分，将这两部分切分开来得到的单位就是长单位的“词”。如“東アジア諸言語における漢語に関する研究”（关于东亚诸语言中汉字词汇的研究）切分成句节后如表4–1所示。

表4–1　　句节切分

東アジア諸言語における	漢語に関する	研究
句节①	句节②	句节③

将上述三个句节中具有实际意义的部分和承担语法功能的部分再进行切分，如表4–2所示。

表4–2　　词切分

東アジア諸言語	における	漢語	に関する	研究
①	②	③	④	⑤

这样就得到了长单位的词：

①東アジア諸言語

②における

③漢語

④に関する

⑤研究

在用长单位对日本语句子进行切分时，合成词将作为一个整体，不进行切分。这是进行长单位分词的特点。

（二）短单位词

和汉语一样，从意义的角度讲，日本语中也存在能够表示语义的最小语言单位，因为这个最小的语言单位和汉语的“语素”定义相同，因此，我们也称之为语素。日本语语素和汉语语素一样虽然具有意义，但是有的可以独立运用，有的不能够独立运用。因此日本国立国语研究所将日本语语素分成了 3 大类 6 小类，具体如表 4–3 所示。

表 4–3　　　　日本语语素类别

类别		举例
普通语素		和语词：やま、かわ、白い、話す、言葉…… 汉语词：社、会、研、究、所…… 外来词：オレンジ、ボックス、アルゴリズム……
数		一、二、三、…、十、百、千、…、幾、数、何……
其他	附属词素	接头词：相、御、各…… 接尾词：致す、っぽい、性、的……
	助词、助动词	助词：が、に、を、へ、と、で、から、まで、の…… 助动词：た、です、ます……
	专有名词	人名：和田、豊、マット、マートン…… 地名：大阪、待兼山町、六甲山……
	符号	A、B、C、D、甲、乙、丙、丁、イ、ロ、ハ、NHK、JR……

根据语素的类别，国立国语研究所对短单位词的认定作了不同的规定，和日本语汉字词相关的规定如下：

和语、汉字词的短单位词：2 个以内语素构成的词，如母 / 母親 / 歩き回る / 大臣 / 級 / 会合。

外来词短单位词：一个外来词语素为一个短单位词，如レーザー / プリンター、オレンジ / 色。

其他日本语语素都作为短单位词处理，如接头词、接尾词：相｜次ぐ、日本｜的。

（三）本研究汉字词单位的处理

本研究不对词的认定作理论探讨。合成词由于表示一个概念，将其作为一个单位处理有其合理的地方，但是无限制地将合成词纳入考察范围，将会导致本研究的考察范围无法控制。同时，词形越长，专有名词的可能性越大，这样的词作为百科知识可能有很高的价值，但是其语言学研究价值会变低。而缩短词单位的长度，虽然可能会切碎合成词，但是获得日本语基本词汇的可能性却很大，开展语言学研究的价值就很大。本研究的主要目的是考察日本语中汉字词汇的使用状况，重点考察那些语言学价值高的汉字基本词汇，因此日本国立国语研究所的短单位词比较符合我们对日本语汉字词的认定标准。根据其对短单位汉字词的操作规定，其处理对象并不只是含有一个语素的单纯词，还包括了含有两个语素的合成词，特别是覆盖了含两个语素的复合词，这样一般的汉字词汇都进入了我们的考察范围。基于以上原因，我们原则上采用日本国立国语研究所制定的短单位词的认定标准。由于该研究所用于语料自动分词的词典 UNIDIC 是基于短单位词标准建立的，所以我们将直接利用《现代日本语书面语平衡语料库》的 UNIDIC 分词结果。

不过，UNIDIC 的分词结果也会存在一些不尽如人意的地方，这些地方表现为：

（1）有一些明显为一个词的表达方式被切分成两个词，如“理不尽”被分成“理｜不尽”。在日本语中，通常“理不尽”作为一个词的意思和“理｜不尽”两个词组合起来的意义是不一样的，因此不能够切分。

（2）有一些和语词汇被错误地判别成为汉字词汇，如差し代わる等。“差し代わる”是和语。

（3）很多汉字词汇没有标注汉字，如ヒンプン（繽紛）、カンカン（漢奸）、しょっちゅう（一般认为对应：始終）。

（4）数字组合均当作汉字词处理，如八十等。汉字数字可以派生出无数组合，使用 UNIDIC 分词时这些数字组合均被当作汉字词汇。虽然这些数字组合均是汉字组合，但是如果将这些组合都看成汉字词汇没有实际意义。

正是因为存在上述情况，使用计算机智能分词工具进行日本语汉字词汇的切分时会出现一些汉字词汇的遗漏，同时又会出现一些非汉字词汇的误判，尽管这种情况比例较小，但是确实存在。为了确保我们所考察的汉字词汇的系统性，我们将日本三省堂出版的《新明解国语辞典》（第五版）所收的汉字词汇全部抽取出来，用以对计算机自动分词产生的结果进行校正和补充，以弥补 UNIDIC 之不足。

三、本课题研究所使用的计算机分词技术和工具

计算机自动分词系统由两大部分组成：一是利用特定的分词算法研制的计算机软件工具；二是分词算法所依据的分词词典等数据资源。日本国立国语研究所开发的分词词典 UNIDIC 就是数据资源。分词算法依据分词词典提供的知识自动

对未知文本数据进行分词。因此，计算机分词系统的性能取决于分词算法和分词词典两方面的因素。关于UNIDIC的性能和情况前文已经详细介绍，这里主要介绍本课题在进行日本语分词作业时所使用的计算机分词工具。

目前日本已经开发出来的分词工具有多种，如果使用比较科学的分词词典，则有的工具的分词精度能够达到99%左右，日本语基本词汇的切分精度会更高。我们主要是研究语言学价值大的日本语基本汉字词汇，如果分词精度能够达到99%左右，则可以满足要求。除了分词精度以外，分词速度和应对复杂语言数据的能力也是我们关注的两个重要方面。由于本课题研究利用大数据对日本语汉字词汇进行全数调查，所要处理的数据规模达到几亿字，人工固然无法应对，如果软件工具的速度得不到保证，数据处理效率将会降低。不过，到目前为止，日本语的分词工具已经达到了很高的速度，不同工具之间速度差别已经不大，仅从速度上讲，大多数日本语分词工具都可以满足我们的需要。随着数据规模的增大，语言数据中包含情况会变得越来越复杂，因此分词工具处理大数据的规模和应对复杂语言情况的能力也是我们在选择分词工具时必须要考虑的。有的分词工具虽然在应对小规模数据时表现突出，但是遇到大规模数据或者情况复杂时就会崩溃，而且结果不可预测，这是应该避免的。综合考虑速度、精度、应对大规模数据的能力等几方面因素，我们选用了开源日本语词法分析器MECAB。

MECAB是日本京都大学情报科学研究科和日本电信电话公司通信科学基础研究所的共同项目成果。MECAB的最大特点是不受语言限制，同时算法与词典、语料库等语言资源独立，词法分析参数的计算使用条件随机场，其分词速度和性能都高于目前市面上的日本语分词系统。由于其算法不仅独立于具体的语言，而且独立于分词词典等语言资源，因此，理论上讲，MECAB也可以用于汉语、韩国语、越南语的词法分析，只要建设这些语言的分词词典即可。我们曾经使用其对韩国语、越南语进行了分词和汉字标注的试验，取得了初步效果。但是由于利用MECAB开发韩国语、越南语分词标注系统需要庞大的数据资源支撑，我们对MECAB在这两种语言上的二次开发研究目前只停留在了尝试阶段。

MECAB根据上下文的语境可以智能标注出词在该上下文语境下的多种信息，如果使用MECAB自带的分词词典，其词法分析结果输出如下信息：

表层词形，词性，词性小类1，词性小类2，词性小类3，活用形，活用型，词典形态，读音，发音

表层词形：为文章中词的形态，词在文章中是什么样，这里就输出什么样。

词性：如果使用MECAB自带词典进行分词，则按词典中规定的词性进行标注。这里的词性基本上和我们常说的语言学意义上的词性是一致的。

词性小类：有些词虽然词性相同，但是可以分属不同的下位分类。如名词下

面可以有普通名词（日本语称为一般名词）和专有名词（日本语称作固有名词），助词的下位分类中有格助词、接续助词等。这些词性的下位分类分别在“词性小类”中体现出来。词性小类对于区别形态相同意义不同的多义词非常有帮助，特别是进行词频统计时，多义词应该分别统计，词性小类会发挥很好的作用。

活用形：文章中的词形具体属于用言活用的哪一类，如动词有一段活用、五段活用等。

活用型：文章中的词形属于该用言的哪种类型，如动词有未然型、假定型等。

词典形态：MECAB 输出结果的第一列通常是词在文章中的实际形态，即活用形，而词典形态这一列则输出该词的原形，即在词典中的形态。日本语词在文章中的形态是变化了的，同一个词有多种变化形态，而词的词典形态是唯一的，因此，词的词典形态对我们进行日本语汉字词汇的调查研究非常有用。

读音：用片假名标注该词的读音情况。

发音：形式上虽然与读音有类似的地方，但是实际上标注了发音的方法。

表 4-4 是 MECAB 用自带分词词典对下面句子进行词法分析的输出结果。

原文：東アジア諸国の言語における漢字語の使用に関する研究が注目を浴びている（有关东亚各国语言中汉字词使用情况的研究受到关注）。

表 4-4　　　　MECAB 的输出结果

表层形	词性	词性小类			活用	活用形	词典形	读音	发音
東アジア	名詞	固有名詞	地域	一般	*	*	東アジア	ヒガシアジア	ヒガシアジア
諸国	名詞	一般	*	*	*	*	諸国	ショコク	ショコク
の	助詞	連体化	*	*	*	*	の	ノ	ノ
言語	名詞	一般	*	*	*	*	言語	ゲンゴ	ゲンゴ
における	助詞	格助詞	連語	*	*	*	における	ニオケル	ニオケル
漢字	名詞	一般	*	*	*	*	漢字	カンジ	カンジ
語	名詞	接尾	一般	*	*	*	語	ゴ	ゴ
の	助詞	連体化	*	*	*	*	の	ノ	ノ
使用	名詞	サ変接続	*	*	*	*	使用	シヨウ	シヨー
に関する	助詞	格助詞	連語	*	*	*	に関する	ニカンスル	ニカンスル
研究	名詞	サ変接続	*	*	*	*	研究	ケンキュウ	ケンキュー

续表

表层形	词性	词性小类			活用	活用形	词典形	读音	发音
が	助詞	格助詞	一般	*	*	*	が	ガ	ガ
注目	名詞	サ変接続	*	*	*	*	注目	チュウモク	チューモク
を	助詞	格助詞	一般	*	*	*	を	ヲ	ヲ
浴び	動詞	自立	*	*	一段	連用形	浴びる	アビ	アビ
て	助詞	接続助詞	*	*	*	*	て	テ	テ
いる	動詞	非自立	*	*	一段	基本形	いる	イル	イル
。	記号	句点	*	*	*	*	。	。	。
EOS									

注：表中“*”表示没有该项目的输出信息。

MECAB 的设计理念是算法和词典分离，用户可以使用自己的分词词典。由于 MECAB 自带的分词词典在词的单位界定上存在不一致性，而日本国立国语研究所开发的 UNIDIC 克服了这一问题，因此，我们用 MECAB 进行日本语分词处理时没有使用 MECAB 自带的分词词典，而是使用了 UNIDIC。同时，由于 MECAB 是一个多语言通用的词法分析器，这为我们研究汉字词汇在日本语中的历史变迁提供了莫大方便。我们利用 MECAB 和日本国立国语研究所开发的日本近代语词典（UNIDIC 近代语）对日本明治时期的语料进行分析，从而可以对比明治时期日本语中汉字词汇使用情况和现代日本语中汉字词汇的使用情况。这在后面将作详细介绍。

使用 UNIDIC 还有一个非常重要的好处，那就是 MECAB 利用 UNIDIC 进行分词时能够输出日本语词汇的种类，这些种类包括：和语词、汉语词、外来词、专有名词、混种词、符号等，这为我们研究日本语中的汉字词汇提供了极大的便利，大大提高了抽取日本语汉字词汇的效率和精度，从而也提高了我们研究的科学性。MECAB 用 UNIDIC 分词的输出结果如表 4-5 所示。

表 4-5　UNIDIC 词典分词结果

表层形	发音形态	读音	词素	词性	活用型	活用形	词形	基本形	词种
東	ヒガシ	ヒガシ	東	名詞			ヒガシ	東	和
アジア	アジア	アジア	アジア	名詞			アジア	アジア	固

续表

表层形	发音形态	读音	词素	词性	活用型	活用形	词形	基本形	词种
諸国	ショコク	ショコク	諸国	名詞			ショコク	諸国	漢
の	ノ	ノ	の	助詞			ノ	の	和
言語	ゲンゴ	ゲンゴ	言語	名詞			ゲンゴ	言語	漢
に	ニ	ニ	に	助詞			ニ	に	和
おけ	オケ	オク	於く	動詞	文語四段	命令形	オク	おく	和
る	ル	リ	り	助動詞	文語助動詞	連体形	リ	り	和
漢字	カンジ	カンジ	漢字	名詞			カンジ	漢字	漢
語	ゴ	ゴ	語	名詞			ゴ	語	漢
の	ノ	ノ	の	助詞			ノ	の	和
使用	ショー	ショウ	使用	名詞			ショー	使用	漢
に	ニ	ニ	に	助詞			ニ	に	和
関する	カンスル	カンスル	関する	動詞	サ行変格	連体形	カンスル	関する	混
研究	ケンキュー	ケンキュウ	研究	名詞			ケンキュー	研究	漢
が	ガ	ガ	が	助詞			ガ	が	和
注目	チューモク	チュウモク	注目	名詞			チューモク	注目	漢
を	オ	ヲ	を	助詞			オ	を	和
浴び	アビ	アビル	浴びる	動詞	上一段	連用形	アビル	浴びる	和
て	テ	テ	て	助詞			テ	て	和
いる	イル	イル	居る	動詞	上一段	終止形	イル	いる	和
。			。	補助記号				。	記号

日本语词汇在现实语言生活中有各种各样的形态，比如有的词汇常用汉字书写，有的词汇常用假名书写，词汇的基本形态是什么对我们研究日本语中的汉字词汇十分重要。MECAB 使用 UNIDIC 分词输出结果右侧的“基本形”清楚地

标记了日本语词汇的基本形态，这正是我们的研究所需要的。输出结果的最后一列标记了词汇的语种信息，如“漢”就是汉字词汇、“和”就是和语词汇，这些信息为我们抽取汉字词汇以及分析各种词汇在日本语中的使用情况提供了极大的方便。

我们使用日本语的词法分析工具 MECAB 和分词词典 UNIDIC 对前述语料库进行了分词和标注，并对现代日本语中汉字词汇的使用情况进行了分析。

第三节　现代日本语汉字词汇使用现状分析

要掌握现代日本语中汉字词汇的使用情况，主要需要理清两个问题：一是现代日本语中正在使用的汉字词汇有多少、具体有哪些条目；二是现代日本语中汉字词汇的覆盖情况，如 1 000 词的书面语中汉字词汇所占的比例。对应这两个问题，这里我们定义三个概念，即词目、词次和覆盖率。

词目：语料中所出现的不同的词，也称作词条。语料中所出现的不同词的数量，我们称之为词目数，也就是词条集合中的元素个数。

词次：语料中所出现的所有词条的重复次数的总和。如 1 000 词的文章中，有的词只重复出现 1 次，有的词重复出现多次，我们将这篇文章中所有不同的词重复出现的次数相加就是这篇文章的词次。

覆盖率：语料中某一词条的词次占整篇文章词次的比例。比如，日本语文章中有汉字词、和语词、外来词等。假设汉字词出现的词次为 n，文章的总词次为 m，则这篇文章汉字词汇的覆盖率为：$cvp=\frac{n}{m}$。

现代日本语中正在使用的汉字词汇有多少？有哪些是研究汉字词汇在日本语中使用现状的最基础的问题？我们要对这两个问题作出清楚的回答，也必须列出现代日本语中汉字词汇的词目。这是本课题必须实现的主要目标。本研究的第二个主要目标是研究汉字词汇在日本现代语言生活中的重要性，即汉字词汇在日本人的语言生活中发挥着什么样的作用。这个问题的实质是汉字词汇在人们进行语言交流时承担着多大的信息量，具体地说就是人们说一句话或者写一句话时，需要用到汉字词汇的概率是多少，这个概率实际上就是我们上面定义的覆盖率。覆盖率是描述汉字词汇在日本语中使用情况最直接的参数，通过汉字词汇的覆盖率可以直观地把握日本实际语言生活中汉字词汇使用量的多少，覆盖率越高说明汉字词汇使用量越大，汉字词汇在日本语语言生活中的地位越重要。可以说我们只要把握了现代日本语中正在使用的汉字词汇的词目和语言生活中汉字词汇的覆盖率，日本语中汉字词汇的使用现状也就清楚了。因此，接下来将重点论述我们对这两个问题的研究结论。

一、现代日本语汉字词汇的词目

现代日本语中正在使用的汉字词汇有哪些？关于这个问题日本学界有很多研究。一般日本语词典中也会给出汉字词汇的注释。日本国立国语研究所的历次调查都会对汉字使用情况及其走向进行分析，给出汉字使用情况表。图 4–1 是 20 世纪 60 年代该研究所对 90 种期刊的用词用字展开调查后得出的结果，从该图我们可以看出当时的日本语中不同种类的词汇使用情况。

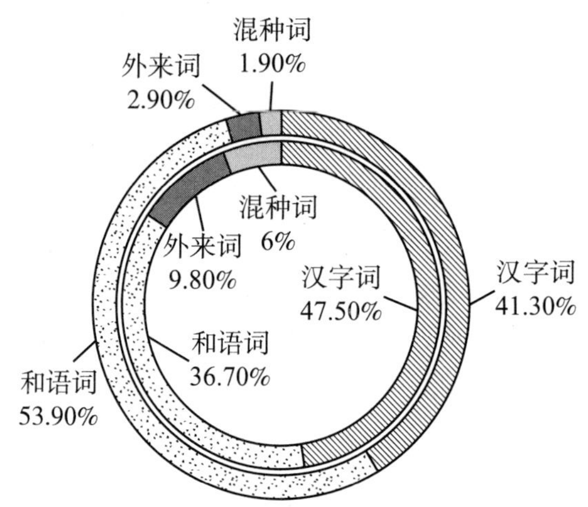

图 4–1　20 世纪 60 年代日本 90 种期刊词汇构成情况

注：外侧为词次构成比（覆盖率），内侧为词目构成比。

资料来源：本图依据金田一春彦编《日本语百科大事典》绘制。

日本学界对汉字的使用情况十分关注，日本国立国语研究所的调查都会对日本语中汉字的使用趋势进行研究，相对而言对汉字词汇使用趋势的研究却比较薄弱。无论是日本语词典还是日本国立国语研究所的词汇调查，都是将汉字词汇作为日本语词汇体系的成员对待，一般不将日本语中的汉字词汇和日本语中其他词汇区别开来，作为独立的词汇系统处理。因此，很少能够看到独立的日本语汉字词汇表。就该研究所最近两次的调查报告书来看，也没有给出独立的日本语汉字词汇表。但是，汉字词汇是日本语语言生活所依赖的重要的词汇系统。汉字只不过是汉字词汇在语言生活中的表达手段和外衣，汉字词汇的使用是汉字得以生存和发展的决定性因素，可以说是汉字在日本语中的灵魂。正因如此，本研究将给出现代日本语中正在使用的汉字词汇的词目。

一般地，日本学者在研究日本语中的汉字词汇时，只研究日本语中发音和汉语有严格对应关系的那部分词汇（日本学者称其为“漢語”）。但是，日本语中还有一部分词汇，其语音形态和汉语发音并无对应关系，是地道的日本语发音，但是在书写时一般使用汉字，不仅仅使用汉字，而且是完全使用汉字书写。如“悪口、立場、取締”等，尽管这些词汇从发音的角度看是地道的和语词汇，也有“わるぐち”“取り締まり”“たちば”等书面语形态，但是，一般书面语都是用汉字表达的，可以说汉字形式是这些词的主要书写形式。为了说明这个问题，我们就这几个词对一年的《每日新闻》、共 3 000 多万有效词次的语料进行了调查，具体情况如表 4–6 所示。

表 4–6　　　　日本语训读词汉字形态使用情况

悪口	可能形态	悪口	わるくち	わるぐち	
	使用频度	64	1	0	
立場	可能形态	立場	たちば		
	使用频度	2 379	0		
取締	可能形态	取締	取り締まり	取締り	取り締り
	使用频度	1 917	218	0	0

从上面的调查可以看出，存在一些和语词汇，虽然它们的发音是训读，但是在书面语中这些词主要以汉字形态出现，而且可能成为其词汇构成要素的送假名不出现，可以说汉字形态是这些词的基本形态。由于这些词有相当一部分在中国、日本、韩国、越南等东亚国家语言中是通用的，如果有一定的汉字知识，这些国家的人民可以认知这些词汇的意义。因此，我们将这些词汇作为汉字词汇处理。

另外，这些词发音形式有可能转变成日本语音读，前文提到的“大根”，本来的发音是“おおね”，是训读和语词，但是久而久之其发音就变成了音读形式“だいこん”，“大根”也就成了日本学者所说的“漢語”，现在很少有日本人将其训读为“おおね”。再比如“二十日”是训读和语词，其发音为“はつか”，但是，在实际语言使用过程中，日本人常常用音读形式“にじゅうにち”对其进行补充说明或者解释。由于汉字是表意文字，其信息传达功能主要是通过书面或者

视觉实现的，因此书面形式基本为汉字的词汇本研究一般都将其作为汉字词汇，这一点是本研究和传统日本语汉字词汇研究最大的不同。这样做的好处是使东亚国家语言中的汉字词汇有了一个统一的界定，为东亚国家语言中汉字词汇及其比较研究提供了一个统一的标准和平台。

基于以上想法，我们所抽取的日本语汉字词汇包括两类，一类是日本学者所公认的“漢語”，即日本语音读词汇，读音上和汉语发音有对应关系的词汇；第二类为书面语常用汉字书写或者书面上基本形态为汉字的和语词汇。由于MECAB利用UNIDIC进行分词后，第一类汉字词汇后面都注明了“漢”，所以这一类汉字词汇的抽取比较容易，将标有“漢”标记的词汇抽取出来即可。第二类汉字词汇的抽取比较复杂，由于第二类汉字词汇虽然书写时其基本形态是汉字，但是，其发音是训读发音，MECAB进行分词标注时，将这一类词分在和语词汇中，其语种标记为“和”，因此，如何抽取这一类词汇是我们需要解决的一个重要问题。

为了全面把握现代日本语中正在使用的汉字词汇的词目和数量，平衡语料库是最理想的，因为平衡语料库无论是从规模还是从语料种类来讲都比较丰富，不会出现因某一类语料的缺失而导致与这类语料内容密切相关词汇的缺失。因此，我们抽取日本语汉字词汇时使用的第一个语言资源是日本国立国语研究所开发的『現代日本語書き言葉均衡コーパス』（平衡语料库），关于这个语料库的情况前文已经做了详细介绍，这里从略。但是，均衡语料库虽然可以反映汉字词汇的全面情况，即我们能够利用均衡语料库尽可能全面地收录汉字词汇，但是，毕竟均衡语料库为了满足其语料均衡的要求不得不收录一些偏离实际语言生活的语料，甚至在收录反映实际语言生活的语料时做出一些取舍，导致反映实际语言生活的词汇数据失真。日本国立国语研究所的上述均衡语料库就存在这个问题。最贴近人们日常生活，能够反映人们日常语言生活的语料应该是报纸或者期刊。为了能够使我们的研究成果充分反映日本现代语言生活中汉字词汇的使用情况，我们使用了日本三大报纸之一的《每日新闻》数据。受科研经费以及其他客观条件所限（无法得到其他报纸），我们只能够使用《每日新闻》一种报纸。这难免会出现语料单一的缺憾，为了弥补这一缺憾，我们尽可能增大数据规模，这样就可以获得更多的汉字词汇，更能真实地反映语言的实际情况。为此我们使用了2005~2012年8年的《每日新闻》语料，字数达到4.5亿。由于数据稀疏问题的存在，规模再大的语料库总存在出现频率为0或者为1的词汇。如果语料库中出现频率为0，那么意味着这样的汉字词汇信息我们不能够获得，尽管这些汉字词汇在实际语言生活中并不那么重要，但是，从建立汉字词汇体系的角度讲是一种缺失。为了弥补这种缺失，我们还使用了日本发行量很大的词典——《新明解国语辞典》

（第5版），从中抽取汉字词。

（一）"现代日本语书面语平衡语料库"中的汉字词汇

日本国立国语研究所开发的"现代日本语书面语平衡语料库"考虑了语料的平衡性和代表性，因此，该语料库应该是目前词汇丰富程度最高的日本语语料库，可以反映日本语中汉字词汇使用的全面情况。因此，我们将该语料库作为获取汉字词汇的主要来源。

第一类汉字词汇的抽取：日本国立国语研究所均衡语料库 BCCWJ 中的语料已经进行了分词处理，并且给出了从语料库中得到的所有短单位词汇的频度和分布表。从这个单词表中将带有"漢"标记的词汇抽取出来即可。我们从均衡语料库中抽取的第一类汉字词汇近 50 000 条，其中单字汉字词汇 1 744 条，二字以上汉字词汇 48 000 多条。

第二类汉字词汇的抽取：第二类汉字词汇分布在和语词、混种词甚至外来词中，如和语词"手続（テツヅキ）"、混种词"場所（バショ）"、外来词"浪漫（ロウマン）"。这一类汉字词日本人不认为是"漢語"，日本的词法分析工具不将其作为汉字词汇，没有标记为"漢"，而是作为和语词、混种词或者外来词，标记为"和、混、外"。但是这一类词尽管其发音是日本语固有发音，是日本语固有词汇，但是由于其基本书写形态是汉字，所以我们认为应该将其纳入日本语汉字词汇的研究范围。这一类词汇共获取 20 100 余条，其中单字汉字词汇 2 876 条，二字以上汉字词汇 17 200 余条。从和语词汇中获取基本形态为二字以上汉字的词汇 13 300 余条、从混种词汇中获取基本形态为二字以上汉字的词汇 3 300 余条、从外来词汇中获取这样的词汇 524 条。值得一提的是，从外来词汇中获取的基本形态为二字以上汉字的词汇有相当一部分是现代汉语进入日本语中的，如：白薬（パイヤオ）、包子（パオズ）、宝貝（パオペー）等，这些词汇的发音不遵循日本语汉字的音读规律，而是采用与现代汉语拼音相近的发音，这也反映了现代日本语吸收现代汉语词汇的一个新的动向。

由于日本语中的单字词性质比较复杂，既可能是和语词汇，也可能是汉字词汇，而且通常不单独成词，有相当一部分作词缀使用。因此，我们研究日本语中汉字词汇的使用现状的主要对象是二字以上词汇。在收集《每日新闻》和《新明解国语辞典》中的汉字词汇时也基于这条原则。我们从"现代日本语书面语平衡语料库"中共收集汉字词汇 70 000 余条，其中二字以上汉字词汇 65 400 余条（见表 4-7）。

表 4–7　　"现代日本语书面语"平衡语料库汉字词汇形态构成

类别	单字词	二字词	三字词	四字以上词	二字以上词总计
音读汉字词汇	1 744	47 559	544	99	48 202
非音读汉字词	2 876	15 714	1 376	139	17 229
总计					65 431

基于"现代日本语书面语平衡语料库"我们统计了现代日本语的词汇表，该词汇表包括符号、专有名词在内共计词目 175 800 余条（同形异义词未作区分）。由于符号不能作为有效词汇，专有名词也不在常用词汇之列，实际上这个词汇表中有效词汇的词目数量为 113 804 条。由此我们可以知道，现代日本语中二字以上汉字词汇占整个日本语词汇体系的 61.55%。根据这个语料库，日本语和语词汇、汉字词汇、外来词汇、混种词汇的词目构成如表 4–8、图 4–2 所示。

表 4–8　　"现代日本语书面语平衡语料库"词汇种类构成

类别	音读汉字词	和语词	外来词	混种词	总计
非汉字词汇		21 120	20 440	2 193	43 753
汉字词	49 946	16 149	564	3 392	70 051
总计	49 946	37 269	21 004	5 585	113 804

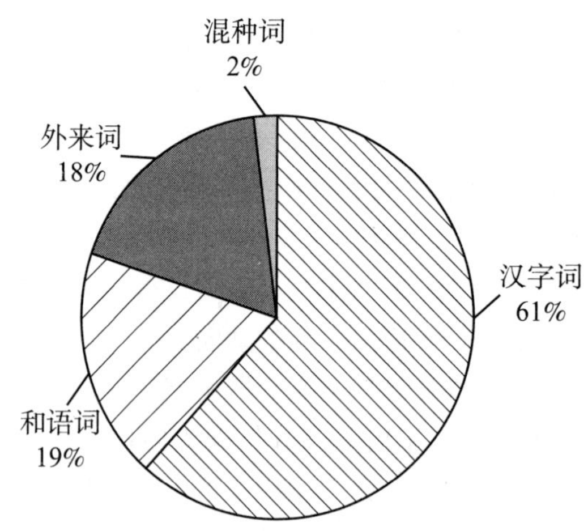

图 4–2　"现代日本语书面语平衡语料库"各类词汇比重

（二）《每日新闻》中的汉字词汇

日本国立国语研究所建设"现代日本语书面语平衡语料库"的主要目的是为

全面研究日本语的情况提供基础数据，所收语料涉及许多领域，可以说能够全面反映日本语书面语的情况，当然也能够全面反映词汇的使用情况，包括现代日本语中正在使用词汇的多少和条目，所以要想尽可能多地网罗、调查日本语中所使用的汉字词汇，使用这个语料库是非常合适的。但是，正是由于平衡语料库建设的这个出发点，决定了所收语料不一定能够反映人们日常生活中语言的使用情况，其中有很多语料来自专业领域，人们在日常生活中很少能够接触到。本研究的主要目的不但是要全面研究日本语中的汉字词汇，更主要的是要研究日本人民日常语言生活中所使用的汉字词汇，这不但对日本语的本体研究，而且对东亚国家语言的比较研究具有重要的意义。

要研究现代日本语语言生活中汉字词汇的使用情况，报纸是重要的语料来源。尽管现代人们交流的工具、手段、媒体种类繁多，但是报纸仍然是与人们日常生活最贴近的一种语言载体，即便在互联网蓬勃发展的今天，报纸也都推出了其电子版本，尽管如此其语言性质并没有发生实质性变化，变化了的只是文章的载体形式而已。因此，本研究在利用“现代日本语书面语平衡语料库”全面掌握日本语汉字词汇使用情况的基础上，还利用报纸语料重点研究了日本现代语言生活中汉字词汇的使用现状问题。我们使用的报纸为日本三大报纸之一的《每日新闻》，为了避免单一报纸带来的偏颇，我们尽量扩大了语料的规模，使用了8年的《每日新闻》，总字数超过了4.5亿，经过MECAB和UNIDIC分词后，总词次超过2.7亿。如此大规模的语料应该可以反映日本现代语言生活中的汉字词汇使用情况。和“现代日本语书面语平衡语料库”一样，我们从《每日新闻》中抽取的汉字词汇也包括日本语音读词汇和基本书写形态为汉字的其他词汇。

《每日新闻》中第一类汉字词汇（日本语音读词汇）的情况：8年的《每日新闻》中汉字音读词汇的词目有35 400余条，其中单字汉字词1 500余条，二字汉字词33 400余条、三字汉字词370余条、四字以上汉字词不到100条；二字以上的汉字词近33 900条。

《每日新闻》中第二类汉字词汇（非音读汉字词汇）的情况：我们从《每日新闻》语料库中获得了书面语中一般只用汉字书写的日本语非音读汉字词汇的词目共11 500余条，其中单字汉字词1 900多条，二字汉字词8 900余条，三字汉字词600多条，四字以上汉字词40多条。

和“现代日本语书面语平衡语料库”中的汉字词汇一样，《每日新闻》中单个汉字词因成因复杂、通常不具备独立使用的能力，因此本课题研究主要考察二字以上的日本语汉字词汇。《每日新闻》中二字以上的汉字词汇共43 400多条，其中音读汉字词汇近33 900条，非音读汉字词汇9 500多条（见表4-9）。

表 4-9　《每日新闻》汉字词汇形态构成

类别	单字词	二字词	三字词	四字以上词	二字以上词总计
音读汉字词汇	1 564	33 445	371	82	33 898
非音读汉字词	1 976	8 905	620	46	9 571
总计					43 469

根据对《每日新闻》语料的统计数据，我们给出了日本媒体中经常使用的汉字词汇词目数量，并统计了和语词、汉字词、外来词、混种词在日本语词汇体系中的构成情况。日本语媒体中经常使用的普通词汇（专有名词除外，不区别同形异义词）词目共 78 530 余条，其中汉字词汇词目 47 000 余条，汉字词汇词目数量占日本语词汇词目数量的 59.86%（见表 4-10、图 4-3）。

表 4-10　《每日新闻》词汇构成

类别	音读汉字词	和语词	外来词	混种词	总计
非汉字词汇		16 363	13 552	1 610	31 525
汉字词	35 462	9 338	218	1 991	47 009
总计	35 462	25 701	13 770	3 601	78 534

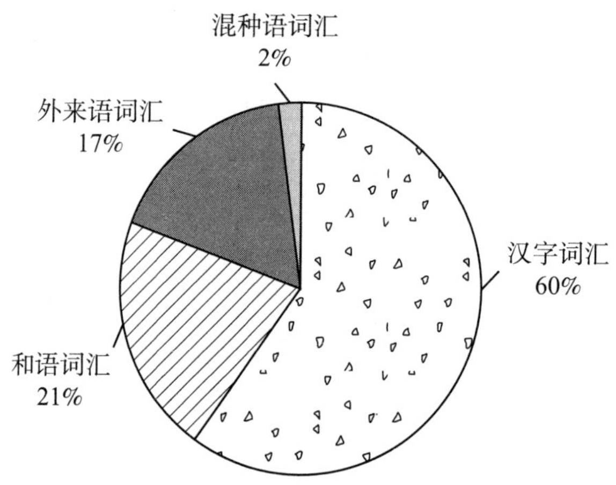

图 4-3　《每日新闻》各类词汇比重

从以上的分析结果可以知道，现代日本语书面语中二字以上汉字词汇的总数在 65 000 条左右，人们日常语言生活中常用的二字以上汉字词汇有 47 000 多条。日本发行量很大的《新明解国语辞典》中共收录二字以上汉字词汇近 42 000 条。

由于存在汉字词边界的认定问题，为了避免收词争议，我们根据这三种来源的词汇建设了两个数据库，一是"日本语基本汉字词汇数据库"，二是"日本语汉字词汇数据库"。第一个数据库收录《新明解国语辞典》中出现，同时在《每日新闻》或者 BCCWJ 两个语料库中的一个出现的词汇。由于汉字词汇边界认定上有争议，《新明解国语辞典》是传统的专家认定的，《每日新闻》和 BCCWJ 的分词结果是一致的，都是遵循 UNIDIC 分词标准的。该标准前文已经详细叙述，这里从略。我们不对日本语汉字词作理论上的界定，我们认为如果一个词在《新明解国语辞典》和两个语料库之一中收录，就说明在这个词的认定上争议比较少，可以认为是一个汉字词汇，这样的词汇我们将其收录到"日本语常用汉字词汇数据库"中，这个数据库中收录了二字以上日本语汉字词汇 25 400 多个。第二个数据库中的日本语汉字词汇数据收录的是《新明解国语辞典》《每日新闻》、"现代日本语书面语均衡语料库"三个语言资源中出现的所有汉字词汇，也就是这三种语言资源汉字词汇集合的并集，这个数据库中收录了二字以上日本语汉字词汇近 77 000 词。这样我们基本理清了现代日本语中所使用的汉字词汇有哪些或有多少的问题，并且获得了有关这些问题的实际数据。

二、现代日本语书面语中汉字词汇的覆盖情况

日本语中汉字词汇的使用现状很大程度上是反映在文章中汉字词汇所占的比例上的，我们称其为汉字词汇的覆盖率。在日本国立国语研究所的历次词汇调查中一般只把日本语中的音读汉字词汇当作汉字词汇。但是，我们认为日本语中的汉字词汇不应该只是音读汉字词汇，应该将书面语一般只用汉字书写的词汇也纳入进来，因为从书写和视觉效果上这两类词汇的标记形式都是汉字。因此，本课题研究按照这个标准考察日本语中汉字词汇的使用情况，即汉字词汇在日本语文章中的覆盖率。另外，日本国立国语研究所对日本语中词汇种类构成情况进行研究时通常以和语词汇、汉字词汇、外来词汇、混种词汇四类词汇的构成作为研究对象，但是，实际上根据是否承担实质信息可将日本语词汇分为实词和虚词（语法功能词）两类，少量没有实际意义的助词等语法功能词具有很高的覆盖率，而汉字词汇一般都是实质信息的承担者，是实词，在研究覆盖率时将实词的汉字词汇和虚词的日本语助词进行覆盖率比较是没有意义的。因此，本研究在衡量汉字词汇的覆盖率时，从汉字词汇的整体覆盖率和汉字词汇在实词中的覆盖率两个角度进行研究。

（一）“现代日本语书面语平衡语料库”汉字词汇的覆盖情况

“现代日本语书面语平衡语料库”收录的语料已经进行了分词，我们在分析时使用了其短单位的分词结果。日本国立国语研究所在开展词汇调查时将词汇分成了汉字词、和语词、外来词、混种词、专有名词五种词汇类别。该语料库的分词结果中，每个词条后面都标记了该词条的词汇类别。除去符号等非词汇因素，共获得有效词汇 100 000 400 多万词次，其中包含日本学者习惯规定的音读汉字词汇 2 600 多万词次。尽管专有名词中包含了一部分汉字词汇，但是，由于专有名词在语法功能等诸多方面和普通词汇差异较大，因此，我们将专有名词和普通词汇分开。另外还有一点需要说明的是，我们完全按照词形对词汇进行统计，因此，同形异义词未作区分，因为词形相同，即便是异义的，我们也作同一词条处理。具体情况如表 4-11 所示。

表 4-11　“现代日本语书面语平衡语料库”各类词词次构成

汉字词	和语词	外来词	混种词	专有名词	符号	有效词总计
26 073 988	71 355 806	2 938 869	1 123 473	2 655 119	19 402 391	104 147 255

由于符号不是有效词汇，在计算汉字词汇的覆盖率时，我们除去符号出现的频次，只计算有效词汇的词次。按照日本学者有关汉字词汇的定义，首先统计了 BCCWJ 中日本语音读词汇（漢語）的覆盖率，该语料库中音读汉字词汇（漢語）的覆盖率约为 25%（见图 4-4）。

由于我们对日本语汉字词汇的定义和日本学者不一样，我们认为日本语中的汉字词汇应该是书面表达基本形式为汉字的词汇，这样日本语中的汉字词汇除了日本学者所说的日本语音读词汇（漢語）外，还应该包含和语词、外来词、混种词中书写时一般使用汉字的词汇，如“取消、立場”等。根据我们对日本语汉字词汇的定义，对 BCCWJ 中的词汇情况又进行了统计，具体情况如表 4-12 所示。

BCCWJ 中各种词汇覆盖情况如图 4-5 所示。

如果按照我们对日本语汉字词汇的定义，BCCWJ 语料库现代日本语中汉字词汇的覆盖率为 30% 左右。

由于日本语中大量使用助词、助动词等功能性词汇，这些词汇对信息的传达不具备实质性意义，而日本语汉字词汇基本都是承担实质信息的实词。如果只是按照上述的词汇分类方式统计日本语中各种词汇的覆盖率不能够客观地反映汉字词汇在日本语信息传达中所起的作用，因此，我们从是否具备实际意义的角度，将助词、助动词从日本语和语词汇中剔除出来，考察了汉字词汇在日本语实词中所占的比例，具体情况如表4-13所示。

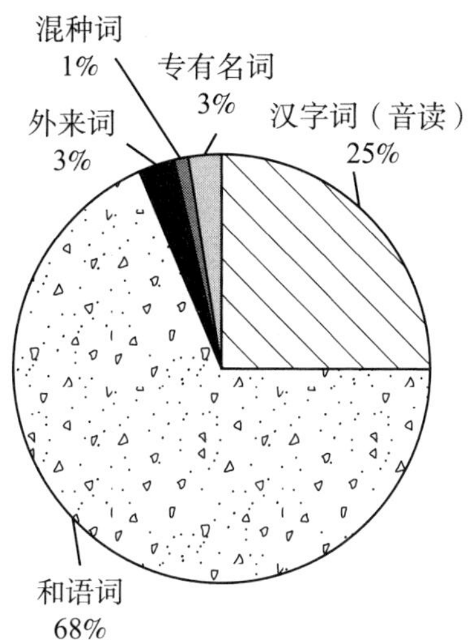

图4-4 “现代日本语书面语平衡语料库”各种词汇覆盖率

表4-12 含训读汉字词的词次构成

汉字词	和语词	外来词	混种词	专有名词
31 793 698	66 051 766	2 848 105	798 567	2 655 119

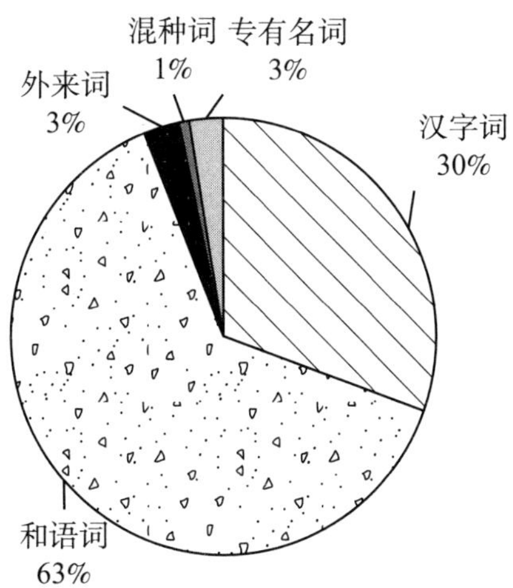

图4-5 “现代日本语书面语平衡语料库”汉字词汇总体覆盖情况

表 4-13　　汉字词汇实词词次构成

汉字词	和语词（实词）	外来词	混种词	专有名词	和语（助词）
31 793 698	24 426 749	2 848 105	798 567	2 655 119	41 625 017

汉字词汇在日本语实词中的覆盖情况如图 4-6 所示。

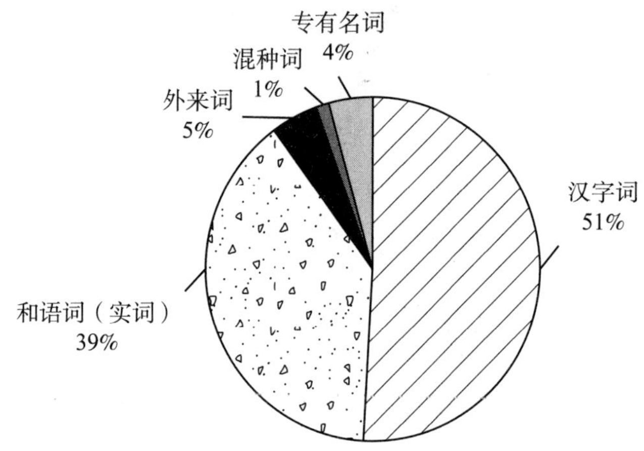

图 4-6　“现代日本语书面语平衡语料库”汉字词汇的实词覆盖情况

从上面的结果我们可以看出，汉字词汇在日本语的实际使用过程中扮演着其他词汇无法替代的作用，特别是在日本语实词的使用中扮演着主要角色，是日本语信息传递的关键。

（二）《每日新闻》（2005~2012 年）汉字词汇的覆盖率

BCCWJ 语料库收集了来自各个领域的日本语语料，被称为能够反映现代日本语使用情况的日本语语料库。但是，由于需要兼顾现代日本语的各种可能的情况，因此 BCCWJ 语料库所收的语料未必能够真实反映实际语言生活中日本语的使用情况。从考察词汇使用情况的角度，该语料库还存在一些缺陷，如报纸期刊语料不能反映该领域的真实情况等。为了考察日本现代语言生活中的汉字词汇，我们使用了《每日新闻》（2005~2012 年）八年的数据为语料，对其进行短单位分词，共获得 2.7 亿个语言单位，除去符号后，共获得有效词 2.1 亿多词次。与考察 BCCWJ 的方法一样，我们也从音读汉字词汇覆盖率、汉字词汇（音读 + 非音读）覆盖率、汉字词汇在日本语实词中的覆盖率三个角度考察了汉字词汇在日本语报纸中的覆盖情况。具体情况如表 4-14~ 表 4-16、图 4-7~ 图 4-9 所示。

表 4-14　　音读汉字词汇在《每日新闻》中的出现情况

项目	汉字词（音读）	和语词	外来词	专有名词	混种词
数量（词次）	87 969 596	103 465 298	6 757 074	12 723 920	1 539 791
占比（%）	41.41	48.70	3.18	5.99	0.72

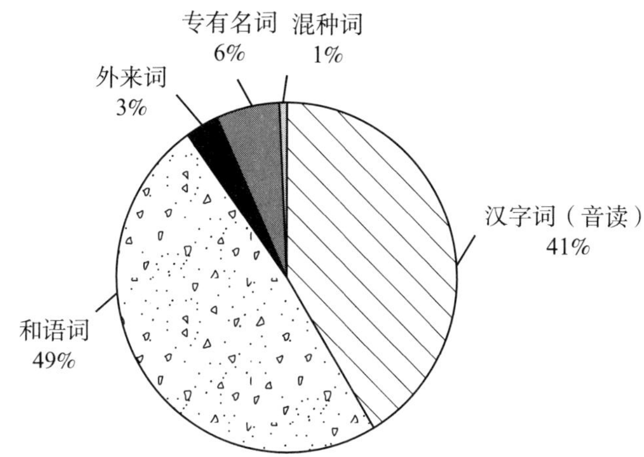

图 4-7 《每日新闻》音读汉字词覆盖情况

表 4-15　　汉字词汇（音读 + 非音读）在《每日新闻》中的出现情况

项目	汉字词	和语	外来词	专有名词	混种词
数量（词次）	97 006 872	95 989 877	5 974 859	12 723 920	760 151
占比（%）	45.66	45.18	2.81	5.99	0.36

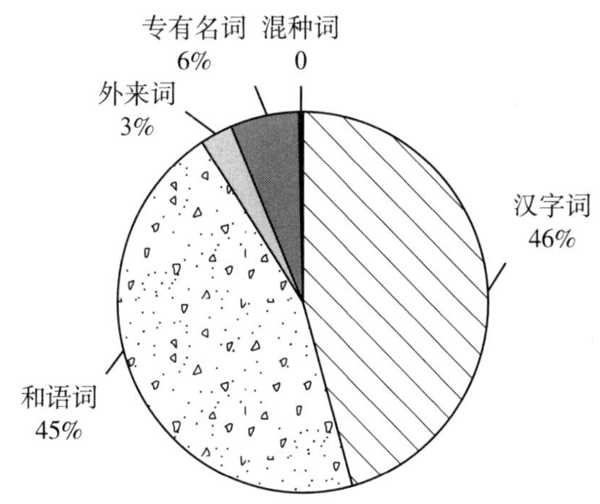

图 4-8 《每日新闻》汉字词汇总体覆盖情况

表 4–16　《每日新闻》中汉字词汇和其他日本语实词的出现情况

项目	汉字词	和语（实词）	外来词	专有名词	混种词	实词总数	和语（助词）
数量（词次）	97 006 872	33 732 824	5 974 859	12 723 920	760 151	150 198 626	62 257 053
占比（%）	64.59	22.46	3.98	8.47	0.5		

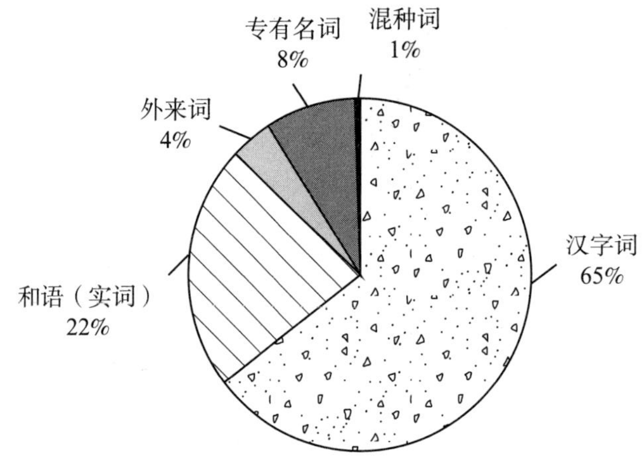

图 4–9 《每日新闻》汉字词汇实词覆盖情况

三、现代日本语汉字词汇使用情况总结

我们认为，日本语中的汉字词汇应该是日本语书面语中一般使用汉字书写，并且形态上只有汉字不含假名的词汇。日本语汉字词汇应该包括两个部分，一部分是日本语的音读词汇；另一部分是非音读，但是书写时的基本形态是汉字的词汇。为了理清汉字词汇在整个现代日本语语言系统中的使用情况，我们利用"现代日本语书面语平衡语料库"，从汉字词汇在日本语词汇系统中的覆盖情况、和日本语汉字词汇在实词中的覆盖情况两个角度进行了调查，结果表明日本语汉字词汇在整个日本语词汇系统中的覆盖率为 25%，在日本语实词系统中的覆盖率为 51%。与日本语实词系统中的其他词汇（如和语实词、外来词、混种词）相比，汉字词汇的使用率是最高的，比和语实词的覆盖率高出 20%。可以说，汉字词汇是日本语实质信息的主要承载者。

由于"现代日本语书面语平衡语料库"为了兼顾各个领域的语言现实，所收语料与现实语言生活有一定差距，也就是说该语料库的语料不一定能够反映现实语言生活的情况。为了把握汉字词汇在日本语现实语言生活中的使用情况，我们利用日本三大报纸之一的《每日新闻》为语料，也对汉字词汇在整个日本语词汇系统中的覆盖情况和日本语汉字词汇在日本语实词中的覆盖情况进行了调查。调查结果表明，汉字词汇在新闻媒体日本语词汇系统中的覆盖率为46%，在媒体日本语实词系统中的覆盖率为65%。《每日新闻》中这两个反映汉字词汇使用情况的指标均高于和语词汇，实词系统中汉字词汇的覆盖率甚至是和语词汇的近3倍。由此我们可以看出，在日本语的现实语言生活中汉字词汇的作用更大。这就是日本语中汉字词汇使用的现状。

第四节　近代和现代日本语中汉字词汇使用的变迁情况

众所周知，日本的文字起源于汉字。在现代日本语文字体系形成的过程中存在着借音和借义等阶段，这导致了日本语中用汉字书写的词汇及其使用发生了几次大的变化。日本明治时期日本语由古代日本语向现代日本语急剧转变，日本语中汉字词汇的使用也呈现出了前所未有的变化，这一时期日本语中新出了大量的汉字词汇。现代日本语的汉字词汇体系基本上是在那个时期的基础上发展形成的。不过，明治维新以后，日本社会一直有限制汉字和汉字词汇使用的声音，有的甚至提出要废除汉字。不但如此，日本政府还出台了一些限制汉字使用的政策。有些日本学者甚至预测到公元2191年汉字将从日本语中消失。这些思潮和政策到底有没有对日本语中汉字词汇的使用产生影响？汉字真的会从日本语中消失吗？和明治大正时期相比现代日本语中汉字词汇的使用到底发生了什么样的变化？明治大正时期日本语中使用了哪些汉字词汇？哪些现在已经消亡？哪些现在还在使用？研究这些问题，不但对研究汉字及汉字词汇在日本语中的生态问题，而且对研究日本的有关语言政策有着重要的学术价值和现实意义。不仅如此，由于日本明治以后创造的汉字词汇有很多也进入现代汉语中，形成了大量中日两国语言通用的同形词汇（施建军，2014），研究这些问题对研究中日两国现代语言的词汇交流也有十分重要的意义。

我们基于全数调查等大数据的思想方法，以现代和明治大正时期的期刊、报纸为语料，对上述问题进行了考察。

明治大正时期的语料使用日本国立国语研究所开发的“太阳语料库”。该语料库收录了5年（1895年、1901年、1909年、1917年、1925年）的《太阳》

杂志，约2 000万字语料。《太阳》是日本发行最早的综合期刊，其中内容涉及政治、经济、社会、军事、历史、工业、宗教、艺术、文学、家庭等，有的是新闻报道。1894~1928年共发行531册。在日本当时影响很大。

现代日本语的语料使用《每日新闻》2012年一年的语料，共约7 000万字。从内容上看，《每日新闻》也是比较综合的报纸，新闻报道涉及内容十分宽泛。《太阳》虽然是刊物，但是，由于是综合性的，包含新闻报道内容，因此，从内容和文体的角度看，《太阳》和《每日新闻》还是有可比性的。

我们以这两种语料主要考察明治大正时期日本语中汉字词汇和现代日本语中汉字词汇的差别，以理清100年来汉字词汇在日本语中使用的变化情况。我们将分别从词目和词次两个角度进行比较，即从词目和词次上考察《太阳》和《每日新闻》中汉字词汇所占的比例并比较其差别。同时，抽取这两个语料库中的汉字词汇，考察明治大正时期汉字词汇在现代日本语中的存留情况。考察明治大正时期的词汇哪些在现代日本语中已经消亡了、哪些保存下来了，还有哪些是现代日本语中新出现的。

一、汉字词汇使用的总体变迁情况

为了调查日本明治大正时期的日本语和现代日本语中汉字词汇的使用情况并对近代和现代日本语中的汉字词汇进行对比，首先必须对所使用的语料进行加工，以便于汉字词汇的统计分析。我们利用日本的自动分词技术（MECAB）以及日本国立国语研究所开发的现代日本语分词词典和近代日本语分词词典（UNIDIC），分别对《每日新闻》（2012年）和《太阳》语料库进行了分词，并进行了词性、读音、汉字等信息的标注。

MECAB是一个通用的分词标注工具，其特点是分词词典和分词算法分离，根据词典的不同可以应对不同的语料，输出不同的分词信息；只要能够提供相应的词典，该工具甚至可以对日本语以外的语言（比如汉语）进行词法分析。UNIDIC是日本国立国语研究所为了进行日本语词法分析而开发的电子词典，共有三种，即古代日本语分词词典、近代日本语分词词典和现代日本语分词词典。这三种词典包含了日本语词汇的表层形、读音、词典形、词性和词汇类别等信息。词汇类别是指日本语词汇的几种来源，如汉字词、和语词、外来词、混种词等。这三种词典和MECAB结合就可以对古代日本语、近代日本语、现代日本语的语料进行词法分析。本研究由于考察明治大正时期的日本语和现代日本语中汉字词汇的使用情况，因此，需用到UNIDIC的近代日本语分词词典和现代日本语分词词典。

我们对2012年发行的《每日新闻》和《太阳》语料进行了词法分析，标注了词汇的表层形、词典形、读音、词性以及词汇种类等信息，并进行了词频统计。由于标点符号等不属于有效的词汇，因此，统计结果中排除了标点符号。通过上述处理，从《每日新闻》（2012年）中获得有效词3 077万余词次，有效词目7万8千余条，其中普通汉字词汇1 274万2千余词次，普通汉字词汇词目2万5千余条；从《太阳》中获得有效词883万7千余词次，有效词目近7万6千条，其中普通汉字词汇234万1千余词次，普通汉字词汇的词目3万6千余条。并分别统计了这两种语料中的汉字词、和语词、混种词、外来词、专有名词等不同种类词汇的词次和词目数量，具体如表4-17和表4-18、图4-10和图4-11所示。

表4-17　　《每日新闻》词汇种类构成表

项目	汉字词	和语词	混种词	外来词	专有名词	总计
词次	12 742 257	14 883 097	214 651	1 006 929	1 923 529	30 770 463
词次比（%）	41.41	48.37	0.70	3.27	6.25	100
词目	25 300	18 077	2 284	8 592	23 784	78 037
词目比（%）	32.42	23.16	2.92	11.02	30.48	100

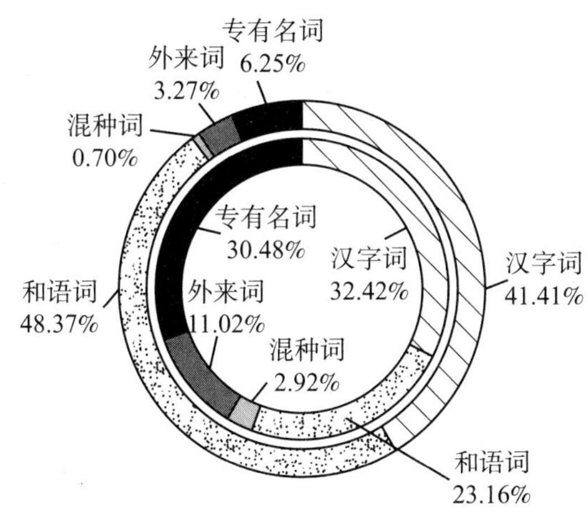

图4-10 《每日新闻》词汇种类构成

注：外侧为词次构成比，内侧为词目构成比。

表 4-18 《太阳》词汇种类构成表

项目	汉字词	和语词	混种词	外来词	专有名词	总计
词次	2 341 496	6 089 896	126 891	30 448	249 019	8 837 750
词次比（%）	26. 49	68. 91	1. 44	0. 34	2. 82	100
词目	36 777	17 900	2 301	2 947	15 598	75 905
词目比（%）	48. 45	23. 58	3. 03	3. 88	20. 55	100

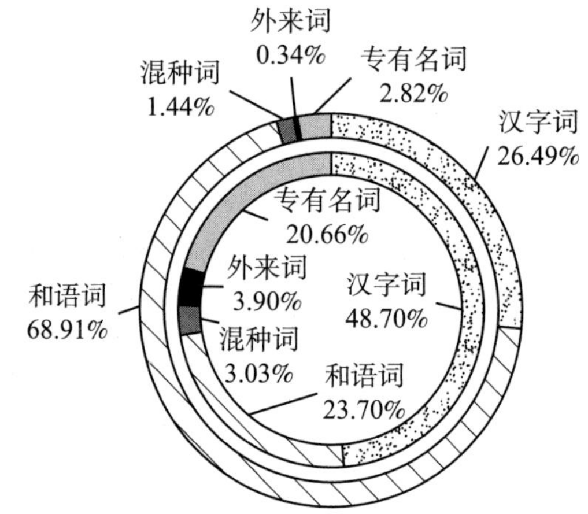

图 4-11 《太阳》词汇种类构成

注：外侧为词次构成比，内侧为词目构成比。

从上述统计结果我们可以看出，仅就普通词汇来讲，现代日本语中汉字词汇的使用量（汉字词汇在文章中的覆盖率）为 41.41%，而明治大正时期的汉字词汇的覆盖率为 26.49%。如果将专有名词中的汉字词汇计算进来，现代日本语汉字词汇的覆盖率则达到 47% 左右，明治大正时期汉字词汇的覆盖率则接近 30%。由此可见，现代日本语特别是当代日本发行的报纸中汉字词汇的使用量有了大幅度的上升，也就是说，现代日本语中汉字词汇的覆盖率比明治大正时期多了很多。但是,《每日新闻》一年所使用的汉字词的种类（词目）只有 25 000 余条，而明治大正时期汉字词汇的词目有 36 000 余条，这说明日本明治大正时期的汉字词汇种类很多，远比现代日本语丰富，是现代日本语汉字词汇的 1.44 倍。也就是说，那个时期日本自己创造的好多汉字词汇现代日本语中已经不用了、消亡了。

我们对《太阳》中出现的明治大正时期的汉字词目和《每日新闻》(2012 年）中出现的现代日本语汉字词目进行了对比统计。统计出了《太阳》和《每日新闻》(2012 年)均出现的汉字词汇、只在《太阳》中出现的词汇、只在《每日新闻》(2012 年)中出现的词汇。具体情况如表 4-19 所示。

表 4-19　《太阳》和《每日新闻》汉字词出现情况

汉字词汇出现情况	二字以上词目数量	词目数量(含单字词)
《太阳》《每日新闻》均出现	18 746	20 147
只在《太阳》中出现	16 278	16 630
只在《每日新闻》2012 年中出现	5 117	5 154

从表 4-19 可以看出,明治大正时期使用的二字以上汉字词汇有将近一半已经消失,存留下来、现代日本语中还在使用的只有一半多一点。明治大正以后出现、现代日本语中使用的二字以上汉字词汇只有 5 000 余条,不到消亡汉字词汇的 1/3。可以说,从明治大正时期到现在,日本语中使用的汉字词汇的条目是在不断减少的。但是,从覆盖率上看,明治大正时期存留下来的 18 000 余条汉字词汇,在 2012 年的《每日新闻》上共出现了 1 212 万余词次,占总词次的 39.41%,占汉字词汇总词次的 95.17%。这说明,明治大正时期日本语中使用的汉字词汇在现代日本语中仍然占有绝对优势,发挥着主导作用。而且其发挥的作用有所加强,这一点可以从这些二字词汇在《太阳》和《每日新闻》中的覆盖率看出。在《太阳》中这些二字汉字词的覆盖率为 24.70%,占汉字词汇贡献率的 93.22%。1925~2012 年近九十年期间出现的汉字词汇在现代日本语中的贡献率只有 2% 左右,只占汉字词汇贡献率的 4.83%(见表 4-20)。

表 4-20　二字汉字词汇近现代使用情况比较　单位:%

项目	《太阳》	《每日新闻》
总体覆盖率	24.70	39.41
占汉字词汇覆盖率比例	93.22	95.17

二、沿用汉字词汇的量化特征

如果把《太阳》和《每日新闻》中都出现的词汇看成是明治时期以前产生并且沿用至今天的词汇,为了叙述方便,我们将其略称为“沿用词汇”。这些词有什么特征是一个值得研究的问题。由于《太阳》沿用到现在的汉字词汇有 2 万余条,二字词汇也有 18 000 余条,对全部词汇的特征进行考察不是短时间内能够完成的事情。本书仅抽取在《每日新闻》和《太阳》中出现频率最高的100个二字词汇（不含数词）作为考察对象，通过对比这两个群体来考察沿用词汇的特征。

首先，我们关心的是明治大正时期的常用词现在是否还是常用词？关于这一点日本学者田中牧郎（2010）对《太阳》语料库和“现代日本语书面语均衡语料库”中的所有词汇进行了考察，发现《太阳》的常用词汇中有一部分虽然沿用到现在，但是现代日本语中已经不常用了，而有一部分非常用词在现代日本语中却成了常用的基本词汇。田中牧郎的研究是针对日本语词汇整体的，至于日本语中的汉字词汇是否也存在着这样的情况，汉字词汇和日本语词汇整体相比又有什么特殊性，其并没有考察。

为了调查明治大正时期二字汉字词现在的使用情况，我们对《太阳》中词频最高的前100词在《每日新闻》汉字词汇词频表（共含汉字词汇25 300条）中的排序位置和《每日新闻》词频最高的前100词汇在《太阳》词频表（共含汉字词汇36 777条）中的排序位置进行了考察，发现《每日新闻》的前100个二字词中有19个词汇在明治大正时期也排在前100个汉字词之内。具体情况如表4-21所示。

表4-21　《每日新闻》前100词在《太阳》中的使用情况

词条	《每日新闻》序号	《太阳》序号	《每日新闻》词频	《太阳》词频
問題	54	27	19 134	6 712
政府	50	29	20 749	6 431
国民	147	32	9 746	5 988
社会	74	34	16 116	5 458
政治	130	37	10 783	5 391
学校	128	41	10 983	4 645
必要	92	43	14 499	4 406
世界	48	45	21 492	4 344
以上	98	48	13 646	3 992
結果	157	49	9 393	3 865
関係	73	53	16 326	3 759
研究	119	54	11 823	3 753
自分	113	55	12 106	3 655
事業	107	56	12 545	3 620
経済	76	57	16 015	3 499

续表

词条	《每日新闻》序号	《太阳》序号	《每日新闻》词频	《太阳》词频
時代	162	64	9 146	3 278
会社	78	73	15 653	2 914
大学	115	79	12 006	2 741
生活	151	80	9 535	2 740

也就是说这些现在常用的汉字词汇，在明治大正时期就已经是常用词了。另外有一部分词明治大正时期不常用，有的甚至位置排在了 10 000 以后，但是现在比较常用，有的进到了前 100 之内，如表 4–22 所示。

表 4–22　　现代日本语常用的近代日本语非常用词

词条	《每日新闻》序号	《太阳》序号	《每日新闻》词频	《太阳》词频
出場	110	11 813	12 265	12
五輪	56	12 547	19 027	10
検討	181	13 401	8 537	8
衆院	116	16 463	12 003	3
原発	36	17 388	28 309	2
高校	136	18 504	10 303	1

这些词有一些和社会时代的发展有密切关系，比如“五輪”（奥运）、“衆院”（众议院）、“原発”（原子能发电）、“高校”（高中）等。这些都是现在常见但是明治大正时期还不普及甚至没有的事物和概念。这里应该引起关注的是“出場、検討”等词汇，这些词汇应该和社会发展关系不大，但是什么原因促使这些词逐渐用得多起来，是一个非常有趣的话题。

相反，《太阳》前 100 个二字词中有 13 个词在《每日新闻》中进到了前 100 个汉字词之内，如表 4–23 所示。

表 4–23　　近代和现代均常用的 13 词

词条	《太阳》序号	《每日新闻》序号	《太阳》词频	《每日新闻》词频
世界	45	48	4 344	21 492
政府	29	50	6 431	20 749
問題	27	54	6 712	19 134

续表

词条	《太阳》序号	《每日新闻》序号	《太阳》词频	《每日新闻》词频
委員	167	59	1 774	18 793
時間	202	72	1 581	16 476
関係	53	73	3 759	16 326
社会	34	74	5 458	16 116
経済	57	76	3 499	16 015
会社	73	78	2 914	15 653
新聞	111	82	2 298	15 146
調査	192	86	1 633	14 651
必要	43	92	4 406	14 499
以上	48	98	3 992	13 646

也有很少的一部分明治大正时期的常用汉字词汇，在《每日新闻》中出现的频率很低，排序十分靠后，现在已经不是常用词汇了。如“政友”等词在《每日新闻》中出现的频度很低，已经排在了 10 000 以后。而这个词在《太阳》中的排序很靠前。

从上面考察的情况可以看出，明治大正时期常用的汉字词汇有一部分现在仍然常用，在现代日本语中仍然是常用词，但是，也有一部分词在现代日本语中已经不经常使用。同样，现代日本语中的常用词在明治大正时期有一部分也是常用词，但是也有一部分是不常用的。

这里需要特别说明的是，有一部分词汇在《太阳》和《每日新闻》中是共有核心词汇，这些词汇不但从明治大正时期一直沿用到现在，而且在现代日本语中的作用变得大了起来，大概有 960 个，这从其在《太阳》杂志和《每日新闻》中出现率的排序可以看得出来。这 960 个二字汉字词汇在《太阳》所有汉字词汇词频排序中均处于前 3 000 以内，而这些词在《每日新闻》中的排序则提升到 2 500 以内。从覆盖率来看也是这样的，这 960 个词在《太阳》中的覆盖率只有 7.32%，而在《每日新闻》中的覆盖率却大幅增加到 9.78%（见表 4-24）。

表 4-24　　960 个常用二字汉字词汇近现代使用情况比较

项目	《太阳》	《每日新闻》
排序	3 000 以内	2 500 以内
覆盖率（%）	7.32	9.78

除了这960个词汇以外,《每日新闻》中使用频率最高的2 000个二字词汇中有1 040个词汇在《太阳》使用频率最高的2 000个词汇中是没有的，同样《太阳》中使用频率最高的2 000个词汇中也有1 040个词汇不是《每日新闻》中使用频率最高的2 000个词汇里的。也就是说,《太阳》之中使用频率最高的2 000个词汇中有1 040个在现代日本语中其作用已经大幅减弱。其减弱的程度可以从在《太阳》和《每日新闻》的覆盖率上看得出来，如表4–25所示。

表4–25　明治大正时期常用汉字词汇近现代使用情况比较　单位：%

项目	《太阳》	《每日新闻》
总体覆盖率	3.86	0.51
占汉字词汇覆盖率比例	14.55	1.23

而在《每日新闻》中进入使用率排序前2 000词以内，但是《太阳》中却在2 000词以外的1 040词，其在《太阳》中的使用却比较少，其整体的覆盖率《每日新闻》比《太阳》杂志提高了10倍之多，如表4–26所示。

表4–26　《每日新闻》常用汉字词汇近现代使用情况比较　单位：%

项目	《太阳》	《每日新闻》
总体覆盖率	0.56	5.92
占汉字词汇覆盖率比例	2.11	14.30

从上面的比较可以看出，现代日本语中汉字词汇的覆盖率比明治大正时期升高了近15%，可以说这个幅度是比较大的。这主要是因为使用率逐步降低的词汇其降低的速度，比使用率升高的汉字词汇的使用率升高速度要慢。使用率升高了的1 040词，在《每日新闻》中的覆盖率比在《太阳》语料库中的覆盖率多了10倍多；而使用率降低了的也是1 040词，其在《每日新闻》中的覆盖率只比《太阳》减少了7.5倍。这决定了现代日本语整体上汉字词汇的使用频率与明治大正时期相比升高了。

明治时期是日本创造汉字词汇的高峰期，这一点从《太阳》汉字词汇词目总量就可以看出。《太阳》2 000万字的语料中汉字词汇的词目总量达到3.6万多条，而2012年《每日新闻》7 000多万字的语料中汉字词汇词目总量只有2.5万多条，比《太阳》减少了1.1万条。但是，现代日本语中汉字词汇的使用频率却上升了很多，汉字词汇在现代日本语中的覆盖率达到了41.41%，与明治大正时期的 26.49% 相比，上升了近 15%。也就是说，在现代日本语中虽然汉字词汇的总条目减少了，但是其作用和地位却上升了，汉字词汇在现代日本语中变得更加重要了。正因如此，日本政府关于汉字使用的语言政策也在不断调整，特别是常用汉字的规定使用量不断增加。“二战”后的 1946 年 11 月，日本内阁公布了“当用汉字表”，规定公文、报纸等必须使用的汉字为 1 850 个。1981 年日本内阁又公布了“常用汉字表”以替代战后的“当用汉字表”，1981 年的常用汉字表收录汉字数为 1 945 个。21 世纪后，2010 年日本内阁又公布了新的常用汉字表，共收汉字 2 136 个。日本内阁公布的常用汉字表收录汉字数量的增加是符合现代日本语中汉字词汇使用量不断增加这个语言事实的。

另外，日本语中的核心汉字词汇无论从其在近代日本语和现代日本语中发挥的作用还是从词目上讲，都基本保持了相对的稳定性。特别是有 1 000 条左右的二字汉字词保持了旺盛的生命力。这 1 000 条二字词以外的汉字词汇在现代日本语和近代日本语中的作用却在发生变化。有的在近代日本语中是非常用词，到现代日本语中变成了常用词；同时也有相当一部分在近代日本语中是常用词汇，但是到现代日本语中却变成了非常用词，有的甚至消亡了。这些随着时代变迁而发生了很大变化的汉字词汇群体有什么特征？其变化遵循什么规律是我们今后要研究的课题。

第五节　汉日语同形词通用性的计量研究

东亚国家语言中不但存在着大量的汉字词汇，而且存在着大量通用的汉字词汇即同形词。所谓东亚国家通用的汉字词汇应该从两个层面去理解，一是形态层面，即具有相同形态的词汇（韩国语和越南语用汉字转写后具有与汉语、日本语形态相同的词汇）；二是意义用法层面，即形态相同且意义用法相通的词汇。根据课题组的统计，我国和日本现代语言生活中经常使用的、具有相同形态的汉字词汇约 16 000 余条（通用词汇的调查方法将在第七章中介绍）。汉字和汉字词汇很早就进入日本语，这些汉字词在两国语言中经历了各自不同的演变过程（朱京伟，1992）。现在，这些词汇在中日之间意义用法是否相通、有多少相同，不但是学界研究的热点，也是普通民众关心的问题。本课题重点研究东亚国家语言中的汉字词汇使用情况，理应对这个问题进行深入探讨。

1972 年日本政府文化厅给日本早稻田大学语言教育研究所下达了研究“关

于汉语对应的日本语汉字词汇"（中国語と対応する漢語について）的任务。该课题的重要内容就是遴选常用的中日同形词并对中日同形词按照词义的差别进行分类。作为这个项目的最终成果，日本政府文化厅出版了《和中文对应的汉字词》(《中国語と対応する漢語》)一书。这本著作中，学者根据与汉语词汇形态、语义的对应关系将所收集的日本语汉字词汇分成了四大类，即同形同义词（same，即S类）、同形近义词（overlap，即O类）、同形异义词（different，即D类）、日本语独有汉字词汇（nothing，即N类）。并认为，绝大多数同形词的意义在汉语和日本语之间是相同或者极为相近的，即大都是同形同义（S类）；而意义用法中日之间有所重叠而又有所区别的同形近义词只有80条左右，约占所收集词条总数的4%。由于日本语独有汉字词（N类）不属于中日同形词，因此，我们称上述有关中日同形词的分类为三分类，下文略称为"同形词三分类"。

对上述研究结果，学者们从许多角度提出了不同意见。这些意见概括起来主要有三点：一是认为该书对同形词的界定存在问题；二是同形词分类的标准存在问题；三是认为具体词的归类存在问题。关于同形词的界定问题施建军（2014）已经作了详细探讨，这里不再赘述。关于后两个问题，日本学者大塚秀明（1990）认为应该按照以下标准对中日同形词进行归类，即判断同形词是否存在互译关系，如果日本语同形词完全可以作为汉语同形词的译词则可认为该同形词为同形同义（即为S类）；如果日本语同形词有时可以作汉语同形词的译词，有时又不能，则这类同形词为同形近义（即为O类）；如果完全不能够进行对译，则该类同形词为同形异义（即为D类）。以此为标准，大冢秀明（1990）对《现代汉语800》所收虚词中的中日同形词进行了归类，发现其分类结果和《和中文对应的汉字词》一书的分类有较大的差别。

大塚秀明对《和中文对应的汉字词》的修正还是在承认同形词三分类成立的前提下展开的。对《和中文对应的汉字词》提出的中日同形词三分类法本身，大塚秀明并没有提出异议。但是，早稻田大学语言教育研究所提出的这种同形词三分类法是否符合中日同形词的语言实际？三分类法能不能精确描述中日同形词意义用法在汉语和日本语之间差异的大小？如何才能精确测量中日同形词汉日之间的意义用法差距？这里将对此开展进一步探讨。

一、汉日同形词意义用法差异的连续性

分类是描述语言现象相似性和差异性最一般的研究方法，因此，如上所述，研究中日同形词汉日语之间意义用法的相似和不同，学界最初也是采取了分类

的办法。中日同形词是中日两国语言在长期的交流影响过程中形成的，中日同形词的意义用法在中日之间的差异也是随着两国语言的各自发展而发生的。粗略地看，中日同形词根据其意义用法的不同可以分成同形同义（S）、同形近义（O）、同形异义（D）三大类别。但是，由于中日同形词的这种差异的出现是一个不断发展的过程，这就决定了中日同形词的意义用法差异不是非此即彼的，同样是同形近义词，有的中日之间的意义用法差别就大一些，有的意义用法差别就小一些。比如“椅子（椅子）”一词汉语和日本语都是指“带靠背的用于坐人的家具”，其用法也基本一样，这两个词的意义用法差异就小一些；“话题（話題）”一词虽然汉语和日本语都是指“谈话的中心”，词汇意义基本上一致，也都是名词，但是，汉语的“话题”通常很难单独作为定语修饰一个名词，而日本语中“話題の人物、話題の商品”这样单独作定语修饰名词的情况则是常见的用法，因此，汉语“话题”和日本语“話題”的意义用法差距比“椅子”（椅子）大；再比如“人选”（人選）一词，《现代汉语词典》中标注的意思是“为了一定的目的挑选出来的人”，日本《学研国语词典》标注的意思是“挑选适合那项工作的人”（その仕事をするにふさわしい人を選ぶこと）。从词典标注的意思看，“人选”（人選）一词在汉语和日本语中词汇意义似乎差不多，但是，仔细分析还是有差别的，汉语的意义中心在“人”，而日本语的意义中心在“挑选人”这件事情。从语法功能上看，汉语只有名词用法，日本语可以作名词也可以作动词。“人选”（人選）一词中日之间的差距比“椅子”（椅子）、“话题”（話題）都大。而“人选”（人選）和“话题”（話題）虽然中日之间的意义用法有重叠的地方，按照《和中文对应的汉字词》的分类，这两个词都是同形近义词，至于这两个词中日之间的细微差距，如哪一对同形词的中日差距小一些，哪一对的中日差距更大，具体差距又有多大，用同形词三分类法就看不出来了。

由此可见，《和中文对应的汉字词》提出的中日同形词三分类，虽然能够大概区分中日同形词的意义用法差别，但是对同形词意义用法中日之间的微妙差别不能够进行精确细致地描述。从同形词的意义用法角度看，同形同义词和同形异义词是指意义用法完全相同和完全不同的两类词汇。我们不否认中日同形词中这两类词的存在，关键是介于这两类词之间的词其意义用法的中日差异情况十分复杂，不是简单地以“同形近义”这一类别能够说清楚的。因为中日同形词的意义用法的差距表现在这些词汇的很多方面，整个中日同形词的词汇体系所表现的意义用法的差距可以用以同形同义词和同形异义词为两端的连续的数据轴来描述，同形词的意义用法差距的大小几乎遍布这个数据轴。为此用计量的方法来衡量中日同形词的意义用法差距是有其客观依据的。

二、汉日同形词的对译比和同形词意义用法距离

根据前文所述，不同的中日同形词其汉日之间的意义用法差异有大有小，同形异义词的差异最大，同形同义词的差异最小；不同的同形近义词意义用法的差异更是千差万别，不能够简单地用传统的分类方法进行分析和描述。这里，我们将中日同形词之间的这种差异定义为同形词汉日之间的意义用法距离。如果寻找一种方法能够测量出这个距离的大小，就可以对同形词汉日间的意义用法差别进行精确的计算和描述，这对中日同形词的自动分类、面向语义分析的计算机自然语言处理、日本语教学和面向日本人的汉语教学都具有实际意义。

日本学者大塚秀明（1990）针对《和中文对应的汉字词》中一些具体词的分类错误，提出了自己的分类办法，认为应该以同形词能否互译作为判断中日同形同义词的标准，并且以此方法对《现代汉语800词》中的虚词同形词进行了重新分类。这种方法对少量同形词进行手工分类作业是有效的和可行的，比如对“简单”（簡単）这种汉日语意义用法基本重叠的同形词可以作出正确判断。但是这种方法也存在自身的弱点，一是同形词中既存在着“贵重”（貴重）这种汉日语一方意义用法涵盖另一方的同形词，也存在“深刻”（深刻）这种汉日语意义用法虽有交叉但交叉很小的同形词。汉语的“贵重”虽然可以翻译成日本语的“貴重”，但是反之，日本语的“貴重”未必能够全部翻译成汉语的“贵重”，也就是说，用“能否对译”这个标准不能够精确把握“贵重”（貴重）这类同形词的意义用法距离。“能否对译”是一个非此即彼，比较刚性的标准，而同形词的意义用法距离是一个连续的区间，需要一个柔性的策略进行描述。二是大塚秀明的分类标准主要是通过手工作业对同形词进行分类的，能否互译主要依靠进行分类作业的人来判断。这要求进行这种判断的人需要同时具备很高的汉语水平和日本语水平，否则无法正确把握同形词在汉语和日本语中的微妙差距。虽然大塚秀明的方法在对同形词进行传统的分类上比前人前进了一步，但是，仍不能对同形词的意义用法距离进行精细描述。尽管如此，其做法却给我们的研究带来了一个重要启示，即能否使用反映同形词互译情况的数学参数来衡量中日同形词的意义用法差距。

一个很容易让人想到的数学参数就是同形词的互译比。我们假设同形词汉语词 W_{ch} 的日译词为同形词日本语词 W_{ja}，同形词日本语词 W_{ja} 的汉译词为同形词汉语词 W_{ch}，那么同形词的翻译比就是在实际翻译时，汉语 W_{ch} 被翻译成日本语 W_{ja} 和日本语 W_{ja} 被翻译成汉语 W_{ch} 的比例。这个比例我们可以从大规模中日平行语料库中统计得到。假设中日平行语料库中源语言 W_{ch} 的使用频度为 F_{SC}，语

料库中 W_{ch} 被翻译成 W_{ja} 的频度为 F_{TJ}，那么中日对译语料库中汉语词汇 W_{ch} 被翻译成日本语同形词 W_{ja} 的比例 F_{CJ} 可以用如下公式求得：

$$F_{CJ}=\frac{F_{TJ}}{F_{SC}} \quad (4.1)$$

同样道理，假设中日对译语料库中源语言 W_{ja} 的使用频度为 F_{SJ}，同时语料库中 W_{ja} 被译成 W_{ch} 的频度为 F_{TC}，那么中日对译语料库中的日本语词汇 W_{ja} 被翻译成汉语同形词 W_{ch} 的比例 F_{JC} 可以用如下公式求得：

$$F_{JC}=\frac{F_{TC}}{F_{SJ}} \quad (4.2)$$

假设我们所使用的中日平行语料库足够大，语料库中出现的每一对同形词其翻译均不只是一个人，这样就可以保证语料库中的同形词的翻译受个人因素的影响比较小，从而可以使得上述同形词的翻译比能够真实反映同形词在互译时的客观情况。如果这个假设成立，那么 F_{CJ} 和 F_{JC} 应该具有以下性质：

第一，同一对同形词，当 F_{CJ} 和 F_{JC} 同时接近 1 时，说明语料库中该同形词用其目标语言中的同形词翻译的可能性很大，即可认为其意义用法距离很近，该对同形词相当于传统分类中的同形同义词。为了验证这一点，我们利用北京日本学研究中心开发的“中日对译语料库”进行了统计，表 4–27 是两个对译比同时接近 1 的同形词在该语料库中的出现例数和对译情况。

表 4–27　　对译比均接近 1 的中日同形词

中文	日文	中文原文例数	中译日例数	中译日比例	日文原文例数	日译中例数	日译中比例
政治	政治	2 385	2 344	0.98	198	182	0.92
政策	政策	1 733	1 708	0.99	130	118	0.91
全国	全国	1 246	1 217	0.98	114	107	0.94
矛盾	矛盾	625	595	0.95	73	69	0.95
科学	科学	524	513	0.98	90	85	0.94
企业	企業	422	418	0.99	250	234	0.94
艺术	芸術	211	199	0.94	68	67	0.99
世纪	世紀	186	182	0.98	124	117	0.94

第二，同一对同形词，当 F_{CJ} 和 F_{JC} 同时接近 0 时，说明语料库中该同形词一般不用目标语言中的同形词翻译，这种情况下可以认为该对同形词中日间的意义用法距离很远，可以看成传统分类中的同形异义词。如“结构”（結構）、“迷

惑”（迷惑）、“恰好”（恰好）等词中日之间的意义用法完全不一样，在我们所使用的语料库中对译比都为 0。具体情况见表 4-28。

表 4-28　　对译比均为 0 的中日同形词

中文	日文	中文原文例数	中译日例数	中译日比例	日文原文例数	日译中例数	日译中比例
迷惑	迷惑	50	0	0	109	0	0
结构	結構	83	0	0	97	0	0
用事	用事	14	0	0	86	0	0
气味	気味	46	0	0	78	0	0
下手	下手	54	0	0	76	0	0
大抵	大抵	23	0	0	66	0	0
恰好	恰好	44	0	0	66	0	0

第三，同一对同形词，如果 $F_{CJ}>F_{JC}$，即汉语翻译成日本语时用日本语同形词翻译汉语同形词的情况比较多，而日本语翻译成汉语时用汉语同形词翻译日本语同形词的情况比较少，这说明同形词的汉日语意义用法有重叠的地方，但是在汉语中的意义用法比在日本语中的要窄，也就是说日本语的意义用法要多于汉语。表 4-29 所列就是这样的同形词。

表 4-29　　汉译日使用同形词的情况多于日译汉

中文	日文	中文原文例数	中译日例数	中译日比例	日文原文例数	日译中例数	日译中比例
说明	説明	362	159	0.44	301	89	0.30
文字	文字	60	26	0.43	133	36	0.27
发达	発達	159	63	0.40	125	34	0.27
姿势	姿勢	38	16	0.42	114	34	0.30
使用	使用	239	84	0.35	77	23	0.30
真实	真実	129	47	0.36	77	22	0.29

第四，同一对同形词，如果 $F_{CJ}<F_{JC}$，即日本语翻译成汉语时用汉语同形词翻译日本语同形词的情况比较多，而汉语翻译成日本语时用日本语同形词翻译汉语同形词的情况较少，这说明同形词的汉日语意义用法有重叠的地方，但是在日

本语中的意义用法比在汉语中的要窄，也就是说汉语的意义用法要多于日本语。表 4–30 所列即为这样的词汇。

表 4–30　　日译汉时使用同形词的情况多于汉译日

中文	日文	中文原文例数	中译日例数	中译日比例	日文原文例数	日译中例数	日译中比例
机会	機会	454	144	0.32	199	144	0.72
努力	努力	670	388	0.58	191	144	0.75
不可	不可	1 080	181	0.17	181	78	0.43
一般	一般	697	332	0.48	171	101	0.59
以前	以前	468	128	0.27	152	76	0.5
比较	比較	695	245	0.35	150	95	0.63
希望	希望	985	365	0.37	150	87	0.58

从上述对译比的性质可以看出，当同形词的中日翻译比和日中翻译比同时接近 1 时，那么这对同形词汉日语之间的意义用法距离最近，可以看成同形同义词；当这两个参数同时接近 0 时，那么这对同形词的意义用法距离最远，可以看成是同形异义词；如果两个翻译比之间的关系不是上述关系，那么，中日同形词的意义用法距离介于上述情况之间，这些词属于传统意义上的同形近义词。从上述分析也可以看出，这些同形近义词的意义用法距离有的比较近，有的比较远，情况比较复杂，这种复杂情况反映在了两个翻译比的大小及其相互关系上。由此可见，对译比能够反映中日同形词的互译情况，可以观测中日同形词意义用法距离的大小情况。由于翻译是有方向性的，同形词的互译情况必须同时用汉译日和日译汉两个比例来衡量。意义用法距离最近的同形词必须两个翻译比同时接近 1，只有其中一个接近 1 还不能说明这组同形词是同形同义的。比如“处分”（処分）这对同形词，在我们调查的平行语料库中汉语的“处分”有 51 例，其翻译成日本语“処分”的有 47 例，汉译日的翻译比为 92%，接近 1；而语料库的日本语“処分”有 37 例，其翻译成汉语“处分”的只有 10 例，翻译比为 29%。同形词“注意”日译汉的比例为 90%，而汉译日的比例只有 49%。虽然这两对同形词的翻译比中有一个接近 1，但是这两对词中日之间的意义用法距离还是比较大的。因此，如果用翻译比来计量同形词汉日语之间的意义用法距离的话，就必须同时考虑这两个翻译比，否则不能够正确反映同形词的实际情况。

三、汉日同形词意义用法距离的计量

根据上述分析，翻译比可以用来衡量中日同形词意义用法距离，但是，必须同时考虑汉译日和日译汉两个翻译比，也就是说需要两把“尺子”去度量，这对考察同形同义和同形异义的词汇比较有效也可行。但是，同形近义词的情况很复杂，可以说同形近义词遍布在同义词和异义词之间，形成了同形同义和同形异义词之间的如图 4-12 所示的一条连续的线段。

同形同义词——同形近义词 1……同形近义词 n——同形异义词

图 4-12　同形近义词图示

这些同形近义词汉日之间的意义用法距离有大也有小，汉日之间意义用法距离小的同形词与同形同义词接近，汉日之间意义用法差距比较大的与同形异义词接近。这种距离的大小用汉日翻译比和日汉翻译比这两个尺度显然比较麻烦，进行大规模操作也很复杂，因此，如果要比较多对同形词之间意义用法差距的大小，并根据汉日间意义用法距离的大小可视化地将每一对同形词都安排到图 4-12 所示的直线上，最好能够不用上述两个比例而是用一个参数来计算这个距离。这个参数必须能够对汉日翻译比和日汉翻译比进行综合考虑，使得这个参数的大小能够和汉日同形词意义用法距离的大小呈比例关系（或者正比例或者反比例）。即如果两个翻译比同时都比较大则这个参数也应该大（或者相反），表示这对同形词的意义用法距离比较小，意思比较接近；如果两个翻译比只有一个大另一个比较小，说明这对同形词的意义用法虽有重叠但还是有差距的，这个参数就不应该大；如果两个翻译比都很小，说明这对同形词意义用法距离很大，很可能是同形异义词，那么这个参数就应该很小（或者相反）。

自然语言处理研究中常常用 F-measure 对计算机处理自然语言结果的好坏进行评价。好的处理结果应该是所需要的目标都在计算机的输出结果中，同时计算机输出结果中除了所需要的目标外其他杂质应该尽可能的少。前一个要求一般用召回率 recall 来衡量，第二个要求则用正确率 precision 来衡量。也就是说，评价计算机输出结果的好坏需要同时对输出结果的召回率和输出结果的正确率进行综合评价。输出结果均是所需要的目标，即正确率很好，但是，所需要的目标大部分没有出现即召回率很低，就不能够认为结果是好的。好的输出结果必须正确率和召回率同时都很高。基于这种情况，自然语言处理研究通常采用 F-measure 综合正确率和召回率的情况以对输出结果进行评价。

根据上述内容可知，我们在用翻译比对同形词意义用法距离进行衡量时，也必须同时对日译汉和汉译日两个翻译比进行综合考虑。只有两个翻译比都大的同形词其意义用法距离才是最小的。这与用 F–measure 对信息检索结果的评价是一致的。因此，可以采用 F–measure 作为描写中日同形词意义用法距离的参数（简称 F 值）。这个参数可以用中日同形词的对译比来构建。

假设某对同形词汉译日的比例为 F_{CJ}，日译汉的比例为 F_{JC}，那么反映这对同形词中日之间意义用法距离的参数 F–measure 可以用如下公式计算：

$$\text{F-measure}=\frac{2\times F_{CJ}\times F_{JC}}{F_{CJ}+F_{JC}} \tag{4.3}$$

从公式（4.3）可以看到，F–measure 的值是与汉译日比例 F_{CJ} 和日译汉比例 F_{JC} 的乘积成正比的。根据前文的分析可以知道，如果汉译日比例 F_{CJ} 与日译汉比例 F_{JC} 两个值都很大，这种同形词汉日之间的意义用法就比较接近，由公式（4.3）可知这时 F–measure 的值也很大；如果这两个比例只有一个很大另一个比较小，这种同形词汉日之间的意义用法距离就比较大，由公式（4.3）可知 F–measure 这时的值也不可能大；如果两个翻译比中有一个为 0，这种同形词一般是同形异义词，汉日之间的意义用法距离最大，由公式（4.3）可知这时 F–measure 的值为零。由此可知，F–measure 同时反映了同形词的汉译日比例和日译汉比例两方面的情况，将这两个比例综合在了一个数值上，用 F–measure 这一个数值就可以描述中日同形词汉日之间的意义用法距离。

为了检验 F–measure 在描述中日同形词意义用法距离、区分同形词意义用法上的有效性，我们利用中日对译语料库对经常使用的 1 900 余对核心同形词的对译比进行了统计，并根据所统计的对译比计算出了每一对同形词的 F–measure。然后按 F–measure 从大到小的顺序对这些同形词进行了排序，结果是这 1 900 余对同形词词表从同形同义词开始逐步过渡到同形异义词，形成了一个近乎连续的链条。因篇幅限制，这里只取 F 大于 0.9，F 在 0.5 附近和 F 无意义三种情况列表说明，从这三个表就可以证明，同形词的意义用法距离是随着 F 值的逐步递减而由小逐步变大的（见表 4–31~ 表 4–33）。

表 4–31　　F 值大于 0.9 的情况（同形同义）

中文	日文	中文原文例数	汉译日例数	日文原文例数	日译汉例数	F 值
改革	改革	1 005	993	675	624	0.96
政策	政策	2 029	2 008	1 050	963	0.95
原则	原則	852	845	233	209	0.94
全国	全国	1 338	1 310	1 102	988	0.94

续表

中文	日文	中文原文例数	汉译日例数	日文原文例数	日译汉例数	F值
分析	分析	377	356	494	456	0.93
技术	技術	493	494	1 077	924	0.92
社会	社会	1 427	1 551	2 984	2 388	0.92
统一	統一	804	758	332	298	0.92
教授	教授	241	221	476	435	0.92
解决	解決	1 620	1 513	538	474	0.91
文化	文化	770	731	1 035	898	0.91
目标	目標	354	327	573	508	0.90
企业	企業	535	556	2 672	2 139	0.90
具体	具体	619	591	543	464	0.90
干部	幹部	1 626	1 615	482	397	0.90

表 4-32　　F值在 0.5 附近的情况（同形近义）

中文	日文	中文原文例数	汉译日例数	日文原文例数	日译汉例数	F值
重大	重大	327	168	242	137	0.54
利用	利用	313	249	1 040	419	0.53
发表	発表	348	273	2 251	878	0.52
时间	時間	1 171	585	2 849	1 529	0.52
主要	主要	1 174	458	360	274	0.52
倾向	傾向	276	179	400	168	0.51
时期	時期	885	587	610	252	0.51
完全	完全	1 166	482	362	220	0.49
认识	認識	858	502	507	210	0.49
一般	一般	686	323	633	306	0.48
必要	必要	496	477	2 695	854	0.48
注意	注意	933	428	452	223	0.48
共同	共同	425	164	588	347	0.47
希望	希望	1 013	352	528	374	0.47
以来	以来	412	143	624	439	0.46
部分	部分	281	175	648	236	0.46

续表

中文	日文	中文原文例数	汉译日例数	日文原文例数	日译汉例数	F 值
使用	使用	244	92	637	373	0.46
状况	状况	235	135	1 475	555	0.45

表 4-33　　　　F 值无意义的情况（同形异义）

中文	日文	中文原文例数	汉译日例数	日文原文例数	日译汉例数	F 值
结构	結構	87	0	124	0	除数为 0
迷惑	迷惑	46	0	179	0	除数为 0
下手	下手	41	0	87	0	除数为 0
气味	気味	48	0	62	0	除数为 0
恰好	恰好	34	0	59	0	除数为 0
暴乱	乱暴	15	0	58	0	除数为 0
上手	上手	13	0	124	0	除数为 0
素质	質素	69	0	14	0	除数为 0
脱出	脱出	12	0	67	0	除数为 0
心肝	肝心	12	0	59	0	除数为 0
作法	作法	12	0	48	0	除数为 0
喧哗	喧嘩	7	0	158	0	除数为 0
贫乏	貧乏	6	0	62	0	除数为 0
皮肉	皮肉	6	0	50	0	除数为 0
见地	見地	5	0	23	0	除数为 0

F-measure 无意义的情况是指同形词汉译日的翻译比 F_{CJ} 和日译汉的翻译比 F_{JC} 均为 0 时，公式（4.3）中分母 $F_{CJ}+F_{JC}$ 为 0，导致这种情况下 F-measure 值无法计算。在这种情况下，同形词不能成为对译词，即同形词汉语和日本语的意义用法在汉日语间没有重叠的地方。也就是说当 F 值无意义时，同形词汉语和日本语的用法距离是无穷大的，即是同形异义词。

中日同形词的汉语和日本语的意义用法差距不是非此即彼的，其差距有大有小，如果我们用中日同形词汉日语间的意义用法距离来描述同形词的中日用法差别的话，那么同形词这个距离的集合会近似地形成一条以同形同义词和同形异义词为两个端点的连续直线。这一客观事实决定了传统的同形同义、同形异义、同形近义等关于同形词的三分类不能够精确客观地描述同形词的意义用法差别。为了解决这个问题，我们利用大规模中日对译语料库，从对译语料库中统计中日同形词的对译比，并用同形词的对译比构建 F-measure，以 F 值衡量同形词中日之间意义用法距离的大小。由于对译语料库中均是比较权威的译文，能够客观地反映同形词的对译情况，进而能够客观地反映同形词中日之间的差距。因此这样做不但可以在进行中日同形词意义用法判别时引入翻译家的智慧，避免人工判别同形词意义用法差异时因个人因素而带来的影响，同时又能够精细地描述出每一对同形词中日之间的微妙差别。我们以中日平行语料库为知识库，对常用的 1 900 余对核心同形词中日之间的意义用法距离 F-measure 进行了计算，并按 F 值从大到小的顺序进行排序，确认了 F 值接近 1 的是同形同义词，F 值接近 0 的是同形异义词，两者之间的是同形近义词，同形近义词的意义用法距离也有大有小，这种距离的大小也反映在了 F 值的大小上面，可用 F 值的大小来精确计算，从而验证了这一方法的可行性。

所谓同形词的意义用法，严格地讲应该包括“意义”和“用法”两个方面，而中日同形词的“意义”又应该包括“词汇义”和“语法义”。我们所提出的 F 值是中日同形词意义用法距离的综合体现，如何分别从词汇义、语法义、用法等多个侧面计量同形词中日之间的差别是一个新的课题，有待进一步研究，但是用 F 值来衡量中日同形词汇之间意义用法的相似程度是切实可行的。

第六节　小　　结

现代日本语中汉字词汇使用现状研究是本重大课题研究的重中之重。课题组利用大规模语料库以及统计学方法和计算机自然语言处理技术，对反映现代日本语汉字词汇使用现状的三个重要问题开展了深入研究，并在这些问题上取得了突破，获得了很多创新性成果。有的修正了日本国立国语研究所现有的结论，有的课题是我们新开辟的。本研究在日本语汉字词汇研究方面的主要突破和创新表现在以下四个方面。

首先在日本语汉字词汇界定上我们改变了以“音读”为标准的传统定义，认为日本语中的汉字词汇应该是日本语书面语中基本书写形式为汉字的那些词汇，包括传统的音读词汇，并且把包括日本语训读词汇在内的、基本形态为用汉字书写的其他词汇也纳入进来。这样就把虽然产生于日本、发音为日本语训读，但是在东亚国家语言中也经常使用的“立場、市場、取締、取消”等词也纳入了考察范围，解决了长期困扰东亚语言汉字词汇比较研究领域的一个难题。这个问题是现代日本语汉字词汇研究的基本问题，只有解决这个问题，我们才能开展后面的研究，同时这个问题的解决也为解决韩国语和越南语中汉字词汇的界定问题提供了重要的参考。

其次我们通过对大规模语料库的调查，对反映现代日本语中汉字词汇使用现状的两个重要指标（即汉字词汇的词目数量和汉字词汇的覆盖率）有了更加接近语言事实的把握。我们利用“现代日本语书面语平衡语料库”（BCCWJ）分别调查了现代日本语正在使用的汉字词汇的词汇总量和词目；利用《每日新闻》（2005~2012 年）为语料调查了现代日本语言生活中经常使用的汉字词汇的词汇量、条目和汉字词汇的覆盖率。结果表明，现代日本语中所使用的汉字词汇总量为 70 000 余条，其中二字以上汉字词 65 400 余条，汉字词汇约占日本语总词汇量的 61.55%；日本报纸中经常使用的汉字词汇总量为 47 000 余条，其中二字以上汉字词为 43 400 余条，汉字词汇约占日本语日常使用词汇量的 60%。这些汉字词汇中在词的认定上没有太大争议的汉字词共 25 400 多条。由于篇幅限制，这里只能将最常用的 10 000 条收入第九章“日本常用汉字词使用现状”中，作为本课题最终成果的一部分。覆盖率方面，由于日本语汉字词汇基本都是实词，没有助词、助动词等虚词，因此，汉字词汇的实词覆盖率比汉字词汇的整体覆盖率更具有语言学意义。根据我们的研究结果，总体上日本语汉字词汇的实词覆盖率为 51% 左右，而日常生活中日本语汉字词汇的实词覆盖率为 65% 左右。这些指标基本上可以反映日本语汉字词汇的使用现状。

日本国立国语研究所曾经对汉字词汇的词目和汉字词汇的覆盖率开展过多次调查，但是，我们的研究结果和该研究所的结果还是有差别的。首先对汉字词汇的认定标准和日本国立国语研究所不一样，我们以基本书写形态为标准，而日本以“音读”为标准；其次，BCCWJ 所收语料在计算报纸期刊中汉字词汇的覆盖率时并不平衡，造成该研究所依据 BCCWJ 统计的汉字词汇的覆盖率不能够反映实际情况。本研究使用的报纸语料的量为 2.1 亿词次，而 BCCWJ 只有 579.43 万词次，从统计学角度讲我们的统计结果比其更具可靠性。从该研究所两次调查的结果看，该研究所 20 世纪 60 年代对报纸期刊的统计结果是，汉字词汇的覆盖率为 41.3%；而同为报纸期刊，该研究所利用 BCCWJ 统计的结果，汉字词汇的覆盖率只有 27.08%，两者差距甚大。而就我们的研究而言，无论是使用《每日新闻》1 年的数据，还是使用《每日新闻》8 年的数据，统计的结果基本保持了一致性。使用与日本国立国语研究所调查 BCCWJ 时同样的标准，我们对《每日新闻》2012 年的统计结果显示，汉字词汇（音读）的覆盖率为 41.41%；《每日新闻》（2005~2012 年，8 年的数据）汉字词汇（音读）的覆盖率同样是 41.41%，这个结果基本和该研究所 20 世纪 60 年代的结果接近，可以说本研究结果真实反映了汉字词汇在日本语中的使用现状。

再次，汉字词汇在日本语中的生存和发展状态不但是日本人所关心的，也是我们所关心的。为了考察日本语中汉字词汇的生存和发展状态，我们以报纸、期刊为语料，以日本语音读汉字词汇为对象，比较了日本明治大正时期和现代日本语中汉字词汇使用的情况，考察了 100 年来日本语汉字词汇的使用变迁情况。结果发现，日本日常语言生活中汉字词汇的使用不但没有像人们想象的那样越来越少，反而有了大幅度增长，其覆盖率的增长幅度达到了 15%。汉字词汇是日本语汉字的灵魂，只要日本语中大量使用汉字词汇，汉字就不可能从日本语中消失。也正因如此，日本政府“二战”后 3 次调整其“当用汉字表”或“常用汉字表”中法定使用汉字的数量，由最初的 1 850 个增加到现在的 2 136 个，这也说明汉字在日本语言生活中的重要性。

最后，汉字词汇不但是中日两国，也是整个“汉字文化圈”的共同文化遗产。由于汉字的表意特性，汉字可以用作“汉字文化圈”内语言不通人们相互之间的交流工具。但是词形相同的汉字词汇在不同的国家其意义用法既有相通又有不同，关系比较微妙，汉语和日本语的同形词也存在这种情况。传统上一般学者们根据中日之间意义用法的不同将中日同形词分为同形同义、同形近义、同形异义三大类。但是这三大类对同形词中日之间意义用法差别的描述非常粗糙，特别是同形近义词之间存在各种各样的情况，有的意义用法非常接近，几乎是同义的，有的意义用法差距却非常大，也有的意义接近但用法有区别，这些差别无法用同形近义说清楚。本研究创新性地提出了用计量的方法衡量同形词中日之间的意义用法差异，用能够表达互译可能性的 F 值计算同形词中日之间意义用法距离，同形词互译的可能性可以从大规模平行语料库中统计得到。我们用这种方法对 1 900 多对常用的同形词中日之间意义用法差异进行了分析，取得了非常好的效果。

汉字词汇是日本语词汇研究的重要领域，虽然该领域研究具有很长的历史，也积累了丰富的研究成果，但是不得不承认迄今为止仍然存在着许多课题。本研究也只是涉及了该领域的一些基本问题，更多问题还有待今后继续探索。通过对日本语汉字词汇的研究我们可以发现，汉字词汇是汉字的灵魂，汉字词汇可以用汉字这种形式表达出来，同时汉字的使用也能够促进汉字词的创新、丰富汉字词汇体系，这是由汉字是表意文字这一性质决定的。限制汉字使用，虽然限制了汉字词汇的创新，但是，绝不能够阻挡汉字词汇的使用，这又是由词汇承载着许多历史文化信息这一语言学属性决定的。我们通过对日本语中汉字词汇的使用现状研究可以清楚地看到这一点。从这个意义上讲，研究日本语中的汉字词汇有着甚至超过研究汉字本身的价值和意义。

第五章

现代韩国语汉字词汇使用现状研究

如果从“箕子朝鲜”算起，朝鲜半岛和中国的交流已经有 3 000 多年的历史，尽管没有明确的历史记载箕子去朝鲜半岛时带去了当时的文字，并在当地开展文字的教学工作，但是，大批有知识、有文化的殷商时期贵族遗老进入朝鲜半岛后，他们在语言生活中不使用文字也是无法想象的。当然，殷商时期中国的文字系统尚处于形成阶段，那时还没有“汉字”这个名字，但是，那时的文字是现代汉字的祖先，我们现在所使用的汉字正是从那时的文字发展过来的。如果箕子去朝鲜半岛时带去了当时的文字，那么可以说汉字进入朝鲜半岛也有 3 000 多年的历史，朝鲜半岛是汉字文化圈中除中国以外最早使用汉字的区域。由于汉字很早进入朝鲜半岛，因此朝鲜半岛形成了识读汉字的独特朝鲜语发音体系，通俗地讲每一个汉字在朝鲜语中都有固定的朝鲜语发音方法，就像我国各地汉字的方言发音一样。虽然音素层面这种发音体系和朝鲜语固有发音音素没有差别，但是用这些朝鲜语音素识读汉字时，其发音规律和朝鲜语固有词汇的发音有很大差别。因此从发音上很容易将汉字词汇和朝鲜语固有词汇区别开来，现代朝鲜语中存在着大量这样的汉字词汇。

在漫长的历史中，中国和朝鲜半岛交往频繁，大陆文化对其产生了深远影响，特别是在语言方面，除了文字以外，朝鲜半岛所使用的书面语言也一直是汉文。即便 15 世纪中叶朝鲜世宗大王发明韩文文字以后，朝鲜半岛的官方书面语言也一直使用汉字汉文。这样在朝鲜半岛就出现了一个非常有趣的现象，在相当长的历史中，朝鲜半岛的口语和书面语是完全不同的两种语言，从现代语言学分类体系看，这两种语言有着非常巨大的差别，甚至不属于同一种语系。由于朝鲜半岛官方书面语言长期使用汉文，加上士大夫阶层以使用汉字汉文为荣，导致了朝鲜语的词汇系统中存在着大量来源于汉语的汉字词汇。另外，近代日本人为了引进西方先进文化、概念创造了大量的汉字词汇，这些词汇也进入了朝鲜语中。同时，朝鲜半岛人民在长期的劳动和生活中也创造了一些汉字词汇。汉字词汇是现代朝鲜语词汇体系中不可或缺的组成部分。国内有学者认为朝鲜语中的汉字词汇量达到总词汇量的 70%（张光军，1999），也有学者认为在朝鲜语词汇系统中汉字词占了一半以上（张晓曼，2002）。现在朝鲜半岛分为朝鲜和韩国两个国家，本书重点研究韩国语中的汉字词汇，后文主要以韩国语为研究对象。

近代以来，日本占领朝鲜半岛，在朝鲜半岛实行了 50 年的殖民统治，推行强制朝鲜半岛人民使用日本语的殖民语言政策。这些政策不但在日本占领时期遭到韩国半岛人民的强烈抵制和反抗，甚至到 1945 年韩国光复以后，为了彻底清算日本侵略者的罪行，韩国掀起了“国语纯化运动”，以扫除来自日本语的词汇、净化韩国语。这个运动的最终结果就是基本上废除了韩国语书面语中的汉字，导致现代韩国语书面语基本上见不到汉字了。由于不使用汉字，韩国语中的汉字词汇也就淹没在了韩文形态之下，就像埋在土壤中没有发芽的种子，以至于韩国的年轻一代甚至意识不到韩国语中大量汉字词汇的存在。虽然他们在日常语言生活中经常被大量同音异义词所困扰，但是直到有机会接触到汉字以后才发现摆脱同音词的困扰实际上并不太难，只要掌握并使用汉字，这个问题就自然消失了。随着中韩各方面交流日益频繁，韩国社会的这种意识也日益增强，在韩国语中恢复汉字的呼声也越来越高。2009 年 20 位在世的韩国历届国务总理联名上书时任韩国总统李明博，要求政府恢复汉字教育。他们认为，韩国实行了半个多世纪的“韩文专用”语言文字政策，使得韩国陷入了比 20 世纪 90 年代的经济危机更可怕的文化危机，割断了韩国的历史，让人们理解书面语言变得非常困难，是错误的语言文字政策。

韩国语中的大量汉字词汇是韩国恢复汉字使用的动力和基础，可以说汉字词汇是汉字的灵魂，汉字作为文字标记符号，可以因一项特殊的语言政策一夜之间消失，但是汉字词汇作为韩国语言词汇系统不可或缺的组成部分，不可能在韩国语中消失。尽管韩国掀起了以韩国语固有词汇替代汉字词汇的“国语纯化运动”，从语言政策推行角度看，韩国去除汉字词汇的力度不可谓不强，但是这场运动虽然表面上取得了很大的成果，基本上废除了作为书写符号的汉字，但是其以韩国语词汇替代汉字词汇的另一个目标并没有实现。任何一种语言的词汇系统都不是自给自足的，总是要吸收外来词汇的，这是世界上所有语言的客观现实，韩国语也不例外，因此从韩国语中消灭汉字词汇从语言规律上讲是不现实的，更不用说汉字词汇对韩国语来讲不是一般意义上的外来词，已经是韩国语词汇系统的核心组成部分。正是因为大量汉字词汇的存在，在韩国恢复汉字就有了实际需求和基础，一旦客观条件成熟恢复汉字是非常有可能的。就像种子发芽一样，汉字词汇是深埋在土壤里面的种子，看不到任何痕迹，一旦环境条件合适，种子就会发芽，就会冒出土壤，汉字也就会出现在韩国语中。因此，关于韩国语中汉字词汇的研究无论对韩国恢复使用汉字、制定汉字使用政策，还是对东亚国家经济文化交流都具有重要的学术价值和现实意义。

第一节　关于韩国语汉字词汇使用情况研究的分析

由于现代韩国语中很少使用汉字，尽管韩国普通百姓所说出的话里面都会使用汉字词汇，但是他们很少能够意识到汉字词汇的存在。韩国语正在使用的汉字词汇到底有多少，其使用情况如何，学界说法很多，有的说是 70%，有的说是 60%，也有的说是 50% 以上，没有一个科学、确切、一致的结论。实际上，韩国对韩国语中所使用的汉字词汇的态度十分复杂。1945 年韩国从日本帝国主义手中解放以后，抵制日本的民族主义情绪高涨，其中抵制使用来自日本语词汇的语言民族主义最具代表性，韩国语中的日本语借词被认为是日本殖民主义的残渣，应该从韩国语中剔除，在整个韩国掀起了“国语纯化”运动。

韩国语中的汉字词汇从其来源上，可分为 5 大类：古汉语词汇、现代汉语词汇、日本语汉字词汇、佛教汉字词汇、韩国自造汉字词汇。其中来自日本语的汉字词汇是一个特殊群体，数量庞大，而且大多数词汇在韩国语和日本语中是同形的，根据韩国学者张元哉（2002）的调查，韩国语中有 66% 的汉字词汇和日本语是同形的。尽管无论是官方还是学界对来自日本语的汉字词汇都持抵制态度，但是由于这类词太多，而且深入到韩国语言生活的每一个角落，如果将其从韩国语中全部剔除，那么韩国语可能无法成立。尽管韩国政府和学界下大力气要纯化韩国语，但是收效不大。根据韩国学者李光济（2011）对韩国政府 1970 年和 1990 年公布的两份韩国语纯化资料集的比较，两份资料中收录的应该纯化的词汇大多是重复的。这说明，在 1970~1990 年的 20 年间，韩国政府开展“国语纯化运动”最兴盛的时期，作为纯化目标的词汇并没有显著减少，韩国甚至没有对作为纯化目标的词汇的使用情况进行实际调查。与此同时，尽管韩国如火如荼地开展“国语纯化运动”，但是 1945 年以后，来自日本语的汉字词汇仍然不断地流入韩国语中，这些词汇也没有得到很好的调查研究。其中的原因，李光济（2011）认为可能与韩国的语言民族主义有关。

由于语言民族主义等原因，现代韩国语中虽然大量使用汉字词汇，但是韩国语中汉字词汇的使用情况到底怎样，对这个问题韩国学界似乎并没有什么深入的研究，也没有什么权威的结论。但是尽管韩国没有像日本那样动用国家的力量对韩国语中的汉字词汇使用情况进行大规模调查研究，韩国的一些学者仍然出于研究东亚国家语言和词汇交流的需要，从学者个人的角度对韩国语中的汉字词汇开展了很多研究。同时，我国和韩国建交以后，国内有很多学者对韩国语中的汉字词汇也开展了研究，特别是近年来，随着大量韩国留学生来华学习，出于对韩汉语教学的需要，韩国语中的汉字词汇受到对外汉语教学界的关注。目前关于韩国语中汉字词汇的研究主要有以下三个方面的成果。

第一个方面，利用韩国语词典开展的韩国语汉字词汇的调查。20 世纪七八十年代，韩国学者李应百对韩国语学会 1957 年编的韩国语词典《大词典》「큰사전」和 1961 年出版发行的韩国《国语大辞典》两部词典收录的词汇构成进行了调查。这两部词典在韩国影响很大，前者是 1945 年韩国从日本帝国主义统治下解放以后出版的第一部真正意义上的韩国国语词典，第二部是当时韩国收词最多、最权威的词典。「큰사전」收词 160 000 多条，其中汉字词汇 85 000 多条，汉字词汇所占比例超过 52%。这部词典收词情况具体如表 5-1 所示。

表 5-1　「큰사전」收词情况

项目	固有词	汉字词	外来词	合计
词数	74 612	85 527	3 986	164 125
比例（%）	45.46	52.11	2.43	100

根据李应百的调查，韩国《国语大辞典》共收词 22 万余条，其中汉字词汇 14 万多条，汉字词汇所占比例超过 66%。具体情况如表 5-2 所示。

表 5-2　韩国《国语大辞典》收词情况

项目	固有词	汉字词	外来词	混种词	其他	合计
词数	34 272	148 769	13 847	16 221	17 942	225 203
比例（%）	15.22	66.06	6.15	7.20	7.97	100

21 世纪初的 2002 年，韩国学者李云暎（이운영）对韩国 1999 年出版发行的《标准国语大辞典》的收词情况又进行了调查。《标准国语大辞典》是韩国国立国语院利用国家力量，花费 10 年时间编纂的现代韩国语最权威的工具书。这部词典共收词 44 万余条，其中汉字词汇 25 万余条，汉字词汇所占比例超过

57%。具体情况如表 5–3 所示。

表 5–3　　韩国《标准国语大辞典》收词情况

项目	固有词	汉字词	外来词	混种词	合计
词数	112 157	252 755	24 050	53 187	442 149
比例（%）	25.23	57.26	5.45	12.06	100

以上为韩国学者对汉字词汇在韩国权威词典中所占比例的调查。词典所收词条在一定程度上可以反映某一种语言的词汇使用情况。但是，词典根据编纂者编纂目的的不同，收词情况是不同的，即便是以收全为目的的韩国《国语大词典》，其所收词条和现实语言生活中所使用的词条还是有一定的差别的。这种差别主要表现在有的词条在现实语言生活中不一定使用，而现实语言生活中新出现的词汇在词典中不一定能够及时收录，尽管这些词不是太多，但是，确是实际存在的。要掌握汉字词汇在韩国语中使用的实际情况还必须使用现实的语言材料——语料库进行调查。

第二个方面，基于语料库的韩国语汉字词汇使用情况的调查。在韩国，利用大规模语料库进行汉字词汇使用情况的专门调查不多，至少没有像日本国立国语研究所那样利用国家的力量进行该项工程。但是也有个别学者尝试了这方面的研究。韩国延世大学教授韩荣均曾经在 2003 年利用“南允真平衡语料库”，对汉字词汇在几个领域韩国语文本中的覆盖率进行了统计。“南允真平衡语料库”的规模约为 100 万韩国语语节单位，涉及艺术和学术两大类，小说、传记、随笔、私人作品、学术散文、教养散文 6 小类。汉字词汇在这几类文本中的使用情况如表 5–4 所示。

表 5–4　　“南允真平衡语料库”汉字词使用情况

项目	南允真语料库	艺术类文本				学术类文本		
		小说	传记随笔	私人作品	全体	学术散文	教养散文	全体
语节数	1 009 015	247 997	152 689	95 124	491 867	168 159	334 359	496 757
汉字词数	373 144	59 443	48 903	30 661	138 335	85 150	146 715	230 032
汉字词比例（%）	36.98	23.97	32.03	32.23	28.12	50.64	43.88	46.31

根据韩荣均的上述研究，汉字词汇在韩国语中的整体覆盖率接近37%，其中学术散文中汉字词汇的覆盖率最高，超过了50%。韩荣均的研究成果虽然对汉字词汇在韩国语中的使用倾向有一定程度的反映，但是有一些明显的缺陷：第一，只是反映了汉字词汇的覆盖率，没有词汇占有率的报告。第二，“南允真平衡语料库”所收语料实际上并不平衡，收词领域较窄，而且规模太小。第三，对汉字词汇的认定没有足够的信息，到底将什么样的词认定为汉字词汇？汉字词汇是如何界定的？没有具体说明。由于现在韩国语书面语不使用汉字，从字面上看韩国语汉字词汇没有明显的形态特征，而用韩文书写的汉字词汇到底有什么特征，如何将这些词汇认定为汉字词汇并不是一件容易的事情，需要将这些词汇区别于韩文固有词汇等其他词汇的特征描述出来，这样才能得出让人信服的结论。但是韩荣均（2003）似乎没有做太多的描述。第四，统计单位存在不一致性。韩国语中语节和单词是两个概念。语节是由一个或者多个单词组成的语言单位，汉字词汇通常是单词层面上的单位，整个语节均是由汉字词汇组成的情况很少，即便整个语节都可以转换成对应的汉字，但是，语节也应该由一个和几个汉字词汇组成（见表5-5），因此，计算汉字词汇的覆盖率时使用汉字词汇的数量占语节数的比例显然是不合适的。

表5-5　　韩国语的语节和单词

语节	构成语节的单词
위기를	위기 01/NNG+ 를 /JKO
극복하기	극복하다 01/VV+ 기 /ETN
위한	위하다 01/VV+ ㄴ /ETM

基于以上情况可以说，韩荣均研究结果的科学性在一定程度上是值得斟酌的。

第三个方面，以教学为目的的韩国语词频调查。以上为一些韩国学者个人开展的关于韩国语词汇使用情况的调查研究，作为国家行为，韩国国立国语院也曾对韩国语使用情况进行了研究。韩国虽然没有把韩国语中汉字词汇的使用情况作为国家科研项目专门进行立项研究，但是，出于韩国本国国语教学和对外韩国语教学的目的，韩国政府还是针对韩国语词汇的使用情况开展过调查研究。1955~1956年间韩国文教部发行的《韩文词汇频率调查》报告就是韩国国家层面主导的最早的关于韩国国语使用情况的调查报告。后来这种国家主导的韩国语言词汇使用频率调查一度中断。直到21世纪初，出于对外韩国语教学的需要，韩国国立国语院开始对韩国语词汇的使用频率进行大规模调查。这次调查规模达到了150万语节，并于2002年出版发布了《现代韩国语使用频率调查》的报告，这个报告中收录了面向外国人的韩国语教学分级词汇表。

此后，为了满足本国国语教学的需要，韩国国立国语院于2002年启动了"基本词汇选定和使用情况调查的基本研究"项目，主要目的是为不同阶段韩国国内的国语教育制定词汇教学大纲和词汇表。这次调查建立了一个规模达到300万语节的平衡语料库，并按照该研究院出版的《标准国语大辞典》对词汇条目的描述标准，对语料库进行了词法分析和词汇使用频率的调查，2005年公布了这次词汇调查的结果报告，出版了《现代国语使用频率调查2》。这个研究报告共收录了82 500余条韩国语词汇的词频信息，另有5 800余条复合词的信息。这是目前为止韩国关于韩国语词汇整体使用情况最权威的调查报告。

这个调查报告以大规模语料库的统计数据为依据对韩国语词汇的整体使用情况进行了细致的调查分析，可以认为总体上应该在某种程度上反映了韩国语词汇使用的语言实际。但是这个调查报告也有几个地方是值得斟酌的。首先该研究报告并没有对韩国语中韩国语固有词汇、汉字词汇、外来词汇的使用情况进行分类研究，因此，我们也无法直接从这个成果中了解汉字词汇在韩国语中的使用情况。其次这个报告标注了汉字词汇的词源（即汉字词形），但是，汉字词汇的判断和汉字词形的标注依据是什么？是在对语料库进行词法分析阶段进行汉字词形的标注的？还是在统计结果词表上进行汉字词形标注的？报告中没有详细交代。最后，韩国语取消汉字专用韩文后，形成了大量的同音词，即形态相同意义不同的词汇（也称同形异义词），从该研究报告列出的实例看，似乎进行词法分析的阶段就对同形异义词进行了标注，标注标准是该研究院研制的《标准国语大辞典》，但是如何在上下文中判别同音词，关于这个问题没有详细的交代。事实上，从这个研究报告的词表情况看，其在汉字词汇标注上存在一些问题。这些问题归纳起来有以下几类：同音字标错，如"问"错标为"文"；非汉字标注为汉字，如"당"标注为"當"；同形异义词错误，如숙청되다，应为"肅清——"，但是误标为"淑清"。这些错误中同音字标错的情况最多。以上和汉字词汇有关的错误在这份研究报告的词表中不是个别现象，有数百例之多。由于篇幅限制这里只列举一部分，如表5-6所示。

表5-6　《现代国语使用频率调查2》中汉字词汇的标注

错误汉字词形	韩文词形	词性	正确汉字词形
延着陸	연착륙시키다	동	軟着陸
宿緣	숙연히	부	肅然

续表

错误汉字词形	韩文词形	词性	正确汉字词形
陷殺當	함살당하다	동	"陷殺當"整体不是汉字词
退廳	퇴화되다	동	退化
頭雲	근두운	명	筋斗雲
窕淑女	요조숙녀	명	窈窕淑女
四死五入	사사오입하다	동	四捨五入
淑清	숙청되다	동	肅清——,"淑清"只能做形容词词干
聖肉身	성육신하다	동	成肉身——
聖域時	성역시되다	동	聖域視
善善	선선히	부	非汉字词
全形化	전형화되다	동	典型化
情密化	정밀화되다	동	精密化——
前場化	전장화하다	동	戰場化——
閉止	폐지시키다	동	廢止
不慈悲	부자비하다	형	一般不用此词，而用"无慈悲"
才量	재량되다	동	裁量——
操切當	조절당하다	동	"操切當"整体不是汉字词
常禮化	상례화되다	동	常例化

从以上情况可以看出，韩国虽然有一些针对韩国语中汉字词汇使用情况的调查研究，但是基本是学者个人的行为，而且这些研究大多是以词典为研究对象，对韩国现代语言生活中的汉字词汇使用现状的研究基本上没有。韩国国立国语院虽然对现代韩国语词汇的使用情况进行了大规模调查，但是，没有关于汉字词汇使用情况的报告。

我们认为韩国学界没有开展韩国语汉字词汇使用现状调查的原因可能有三个。第一，语言民族主义的思潮导致对汉字词汇的使用产生了抵制情绪，因此对汉字词汇使用问题的研究得不到重视。韩国学界有相当一部分人主张废除汉字，如主张韩文专用的"韩国语文学会"，这个学会在学界的势力很大，因此这部分学者也不可能进行汉字词汇的深入研究。第二，"国语纯化运动"导致韩国语中汉字被基本废除，汉字词汇成了隐形存在的语言现象。虽然汉字词汇在韩国语中大量存在，但是，由于失去了明显的形态特征，导致研究汉字词汇的难度加大，传统的手工作业研究方法无法进行大规模汉字词汇的统计研究。第三，韩国语汉字词汇处理技术开发滞后，因此无法利用信息技术开展汉字词汇的研究。由于日常生活中不使用汉字，所以导致韩国语汉字的输入输出技术开发失去动力。我们就韩国语中汉字词汇的自动标注技术对包括韩国国立国语院在内的多家韩国研究机构进行了调研，均被告知韩国没有开发这样的技术。由此可知，韩国的汉字词汇处理技术尚无法和中国、日本相提并论。

正是因为韩国关于现代韩国语言生活中汉字词汇使用情况的研究实际上并不是太多，因此，在这个领域有很多值得探讨的课题，有的甚至是一些非常基础的问题。如韩国现代语言生活所使用的汉字词汇有哪些？其使用情况如何？针对这些问题，本研究主要通过大规模语料库，利用计算机信息处理技术理清现代韩国语中正在使用的汉字词汇的条目以及韩国语书面语中汉字词汇的覆盖情况，为今后深入研究韩国语的汉字词汇问题打下基础。

第二节　现代韩国语中的汉字词汇的获取

在第三章第二节中，我们对韩国语汉字词汇的各种形态进行了梳理，并在此基础上，对本研究的对象之一——韩国语汉字词汇进行了界定，对各种形态的汉字词汇提出了认定的办法。我们在研究韩国语汉字词汇的使用现状时，主要采取的方法和策略是：根据前文提出的韩国语汉字词汇的认定办法，利用计算机技术从现有的语言资源中提取韩国语中的汉字词汇，然后利用大规模真实语料对韩国语汉字词汇的使用现状进行研究。这些语言资源和技术包括大型韩国国语词典、大规模韩国语语料库、韩国语汉字词汇的计算机辅助识别技术等。

一、韩国语的词典资源

词典是完整反映一种语言词汇体系最好的语言资源，特别是一种语言的大型词典基本上收录了这种语言的所有基本词汇，韩国国立国语院编纂的韩国《标准国语大词典》收词 44 万余条，可以说韩国语中所使用的词汇基本上都收录在这部词典中了。虽然当代韩国语言生活中新词、合成词层出不穷，但是，新词毕竟是极少数，尤其是新增汉字词汇更少，而合成词基本上是基本词汇组合而成，可以拆解成基本词汇。因此，如果全面掌握了基本词汇的使用情况，韩国语汉字词汇的使用情况可以说也就掌握了。即便是以韩国语整体为处理对象的韩国语词法分析技术，其核心资源也是使用词典收录的词条。本研究在获取韩国语汉字词汇体系时主要使用词典资源，具体有两种：一是韩国“21世纪世宗计划”成果《世宗电子词典》；二是韩国国立国语院出版的《现代国语使用频率调查2》。

（一）韩国“21世纪世宗计划”成果《世宗电子词典》

《世宗电子词典》是韩国文化观光部与国立国语院共同实施的韩国21世纪世宗计划的重要内容。该项目开始于1988年，于2007年底结束，目标是引进现代韩国语词法分析技术，构建一个面向韩国语自然语言信息计算机处理的、通用的韩国语基础电子词典。因此这部词典是研究韩国语计算机智能处理不可或缺的核心。

作为韩国国家计划开发的大型通用韩国语电子词典，《世宗电子词典》的主要目的是为韩国开展信息搜索、文本分析、自动翻译、多语种词典开发、人工智能以及韩国语研究与教育等建设基本的数据资源。在这部电子词典的建设过程中，专家们对现有的语言学理论、韩国语语言学、词典学、相关计算机技术成果进行了深入检讨，在此基础上摸索出了一套描述语言事实和构建电子词典行之有效的理论和方法，并开发了具有实用价值的电子词典及其应用工具。经过多年的努力，该电子词典于2011年底正式向外部推出。这部词典有四个特点：

第一，收词规模非常大，其基础部分收词46万余条，加上复合词部分，收词达到61余万条，可以说是韩国历史上收词最多、最全的一部大型词典。第二，对每一个词条进行了多方位标注，这些信息包括词条的词性信息、用法信息甚至是意义信息。第三，采用XML技术对词条信息进行了结构化标注，便于利用者进行二次开发。第四，可广泛使用于韩国语计算机处理的多个领域。下面是该词典关于体言“각도기”、用言“경각시키다、비장하다”和副词“피동적으로”的XML结构化描述信息。

1. 体词类“각도기”

```
<?xml version="1.0"encoding="UTF-8"?>
<!DOCTYPE superEntry SYSTEM"dic_basic.dtd">
<superEntry>
    <entry n="1">
        <orth> 각도기 </orth>
        <dic> 체언사전 </dic>
        <hom/>
        <org> 角度器 </org>
```

```
            <str> 각도 - 기 </str>
        </entry>
</superEntry>
```

2. 用言类“경각시키다”（**动词**）

```
<?xml version="1.0"encoding="UTF-8"?>
<!DOCTYPE superEntry SYSTEM"dic_basic.dtd">
<superEntry>
        <entry n="1">
            <orth> 경각시키다 </orth>
            <dic>vv</dic>
            <hom/>
            <class/>
            <org lg="si"> 警覺 _</org>
            <str>N. 시 </str>
            <infl type="reg"/>
            <npTem/>
            <subTem/>
            <constant/>
            <colC/>
            <conOrg lg=""/>
            <conCOrg lg=""/>
            <dom/>
        </entry>
</superEntry>
```

3. 用言类“비장하다”（**形容词**）

```
<?xml version="1.0"encoding="UTF-8"?>
<!DOCTYPE superEntry SYSTEM"dic_basic.dtd">
-<superEntry>
        -<entry n="1">
            <orth> 비장하다 </orth>
            <dic>va</dic>
            <hom>E</hom>
            <class/>
            <org lg="si"> 悲壯 _</org>
```

```
            <str>R. 하 </str>
            <infl type="yeo"/>
            <npTem/>
            <subTem/>
            <constant/>
            <colC/>
            <conOrg lg=""""/>
            <conCOrg lg=""/>
            <dom/>
        </entry>
        -<entry n="2">
            <orth> 비장하다 </orth>
            <dic>va</dic>
            <hom>E</hom>
            <class/>
            <org lg="si"> 肥壯 _</org>
            <str>R. 하 </str>
            <infl type="yeo"/>
            <npTem/>
            <subTem/>
            <constant/>
            <colC/>
            <conOrg lg=""""/>
            <conCOrg lg=""/>
            <dom/>
        </entry>
    </superEntry>
```

4. 副词“피동적으로”

```
<?xml version="1.0"encoding="utf-8"?>
<!DOCTYPE superEntry SYSTEM"dic_basic.dtd">
<superEntry>
    <entry n="1">
        <orth> 피동적으로 </orth>
        <dic> 부사사전 </dic>
```

```
        <hom></hom>
        <class></class>
        <org lg="si"> 被動的 __</org>
        <str> 피동 . 적 - 으로 </str>
        <infl type="temp"></infl>
        <npTem></npTem>
        <subTem></subTem>
        <constant></constant>
        <colC></colC>
        <conOrg lg="temp"></conOrg>
        <colCOrg lg="temp"></colCOrg>
        <dom></dom>
    </entry>
</superEntry>
```

这部词典是目前韩国语词典中收词最全的词典，我们可以认为其中囊括了韩国语中正在使用的汉字词。因此，如果能够将这部词典中的汉字词汇提取出来，那么就能够解决现代韩国语中有哪些汉字词条的问题，这对我们研究现代韩国语汉字词汇使用现状是非常重要的。由于这部词典的标注信息中提供了一些有关韩国语词的汉字词源信息，这也为我们提取汉字词条提供了极大的便利。如何从这部词典中提取汉字词条我们将在下面的章节中详细描述。

（二）《现代国语使用频率调查 2》

韩国最早曾经在 1955~1956 年由国家主导开展过韩国语词汇调查，由韩国国家文教部公布了这次调查的成果——《韩文词汇频率调查》报告。2002 年为了满足外国人学习韩国语的需要，韩国国立国语院对 150 万韩国语语节单位[①]的语料展开调查，在此基础上选定了面向外国人的“韩国语教学分级词汇表”并且予以公布。此后，为了满足韩国国内国语教育的需要，2002~2005 年韩国国立国语院又以 300 万语节单位为语料，展开了韩国语词汇使用情况的调查，并于 2005 年底公布了这次调查的研究报告《现代国语使用频率调查 2》，这是目前韩国最权威的有关韩国语词汇使用情况的研究成果。

韩国国立国语院的这次调查主要对象是字母、音节、一般词汇、助词、词

① 语节单位是韩国语书面语中两个空格之间的语言单位，一般由一个实词 + 一个（或多个）虚词构成。

尾、语节结构、短语、词汇范畴、活用形、规范错误型等韩国语语言单位和语言事实的出现频率。汉字词汇主要包含在一般词汇中，韩国语的助词等一般不包含汉字成分。因此，我们利用这部研究成果抽取韩国语汉字词汇时主要以一般词汇为对象。这个调查结果，共收录韩国语一般词汇 82 500 余条，给出了每一个词条的使用频率、按频率排序、词条名称、词条的来源信息、词条的范畴信息（词性）等。特别是在词条的来源信息中标注了这个词条与汉字有关的信息，这为我们抽取韩国语汉字词汇带来了便利。表 5–7 是这个调查报告关于部分一般词汇的信息。

表 5–7　《现代国语使用频率调查 2》的一部分

序号	频率	词条	解释	词类
1171	1	ㄱ 01		명
1150	22	가 01	우물 ~	명
1171	1	가 02	여섯 번째 음이름	명
1162	10	가 04	可	명
1169	3	가 07	家	명
1171	1	가 82	架	명
1171	1	가가대소	呵呵大笑	명
1171	1	가가대소하다	呵呵大笑 -	동
1171	1	가가소소하다	呵呵笑笑 -	형
1168	4	가가호호	家家戶戶	부
1162	10	가감 01	加減	명
1170	2	가감승제	加減乘除	명
1167	5	가감하다 01	加減 -	동
1171	1	가갸글		명
1171	1	가갸날		명
1166	6	가건물	假建物	명
1171	1	가검물	可檢物	명
904	268	가게		명
1171	1	가게상		명
1169	3	가겟방	- 房	명

《世宗电子词典》是目前为止韩国发布的收录韩国语词条最全的词典，可以说这部词典反映了现代韩国语中具体正在使用的词条数量。我们将这部词典中的汉字词条提取出来，就可以知道韩国语中正在使用的汉字词条有哪些。《现代国语使用频率调查 2》给出了韩国语常用词汇的使用情况即使用频率。如果我们将其中的汉字词汇提取出来，也就知道了韩国语汉字词汇的使用情况。

二、韩国语汉字词汇的提取及其相关技术

本课题研究的主要目标之一是理清现代韩国语中正在使用的汉字词汇有哪些。日本语书面语大量使用汉字，日本语的汉字词汇从书面语语料库中用技术手段就可以获取。但是与日本语不同，韩国语基本上不使用汉字，韩国语汉字词汇以韩文形式出现在书面语中，从形态上看韩国语固有词汇和韩国语汉字词汇在现代韩国语书面语中是无法区分的。由于《世宗电子词典》是目前收录韩国语词汇最全的词典，现代韩国语中使用的词汇基本都收录在本部词典里，这部词典中没有收录的词汇可能很少，可以忽略不计，因此，如果能够将这部词典中的汉字词条提取出来，就可以解决现代韩国语中使用的汉字词汇有哪些词条的问题了。同时为了能够确保汉字词汇获取的准确性，我们将《世宗电子词典》和《现代国语使用频率调查 2》中的汉字词汇进行了对校。

《世宗电子词典》的每一个词条都是用 XML 格式对其标注信息进行描述的。XML 有清晰的树形数据结构，这为我们提取词条的信息提供了便利。我们利用 XML 结构数据的分析技术，提取了《世宗电子词典》每一个词条的所有信息。下面是《世宗电子词典》词条信息提取工具的 PYTHON 实现：

```
#-*-encoding:utf-8-*-
import sys
import os
import codecs
from xml.dom import minidom
filelist=os.listdir(os.getcwd())
outfile=codecs.open('kreandic.txt'，'w'，'utf-8')
for filename in filelist：
    if filename.find('xml')!=-1：
            dicstr=''
            xmldoc=minidom.parse(filename)# 将 XML 文档解析后存放到一
```

```
棵树里
root=xmldoc.documentElement# 取出存放 XML 文档树中的根节点
for node in root.getElementsByTagName('entry'):# 取出根节点下的
子节点
    id=node.getAttribute('n')# 取出子节点的属性值
    orth=node.getElementsByTagName('orth')[0]# 取出子节点下元素
    dic=node.getElementsByTagName('dic')[0]
    org=node.getElementsByTagName('org')[0]
    try：
      orth1=orth.childNodes[0].nodeValue# 取出元素的下一节子
      节点的值
    except:
        orth1=''
    try:
        dic1=dic.childNodes[0].nodeValue
    except：
        dic1=''
    try：
        org1=org.childNodes[0].nodeValue
    except：
        org1=''
    if id==u'1'：
        dicstr=orth1+u'，'+dic1+u'，'+org1+u','
    else：
        dicstr=dicstr+org1+u','
    dicstr=dicstr+u'\n'
    outfile.write(dicstr)
outfile.close()
print U' 世宗电子词典 XML 文件解析完成 '
```

前文提到的“각도기、경각시키다、비장하다、피동적으로”以及“갠슬하다”等词从 XML 结构化数据中提取出来后，结果如表 5-8 所示。

表 5-8　　《世宗电子词典》部分词汇信息

序号\信息	词条名称	词性	词源信息
1	각도기	체언사전	角度器
2	경각시키다	vv	警覺_
3	비장하다	va	悲壯_
4	피동적으로	부사사전	被動的__
5	캔슬하다	vv	cancel_

从表 5-8 中我们就可以清楚地看出每个词条的信息：词条名称、词性、对应的汉字信息。值得注意的是韩国语的词汇有的是来自汉字词，有的是来自外来词，世宗词典的 XML 数据中“ORG”数据段标注了这一信息，如果该词源于汉字词汇则标注其汉字形态；如果源于外来词，则标注其外语原形，如表 5-8 中的“캔슬하다”一词是来自英语“cancel”的动词，“ORG”数据段中就标注了其外来词的原形。

韩国语属黏着语，其词汇从形态上讲分为有形态变化的词尾和不存在形态变化的词干。通常地，一般语法理论认为，接在名词后面的具有语法功能的、可变化的成分被称为助词，而用言中可变化的部分称作词尾。因为这个原因，汉字词汇在韩国语中的形态可以分成两大类，一类是体言中的汉字词汇，一类是用言中的汉字词汇。

（一）体言类汉字词汇的获取

在《世宗电子词典》中，体言的汉字词汇是独立存在的，如“각도기”一词。

```
<?xml version="1.0"encoding="UTF-8"?>
<!DOCTYPE superEntry SYSTEM"dic_basic.dtd">
<superEntry>
    <entry n="1">
        <orth> 각도기 </orth>
        <dic> 체언사전 </dic>
        <hom/>
        <org> 角度器 </org>
        <str> 각도 – 기 </str>
    </entry>
</superEntry>
```

也就是说,《世宗电子词典》中的词条“각도기”及其汉字形态“角度器”，按照韩国语汉字的音读规律是完全对应的。因此，获取体言类汉字词汇比较简单，用上面算法就可以直接将其从XML数据中提取出来，如：

각도기　　체언사전　　角度器

（二）用言类汉字词汇的获取

用言类汉字词汇和体言类汉字词汇作为词条在《世宗电子词典》中的列举方式是不同的。用言类汉字词汇除了汉字成分作为词干出现外，词条中还包括词尾成分。该词典是面向韩国语计算机智能处理开发的韩国语语言数据资源，其词汇列举的标准与普通词典不同。最主要的是具备词尾变化的用言类词汇，将其不同的词尾变化形态都作为单独的词条列举出来了。如：“경각시키다”实际上是“경각”（警覺）一词的使动用法，其作为动词使用时还有如下几种形态：

경각되다　　vv　　警覺_

경각시켜주다　　vv　　警覺_

경각하다　　vv　　警覺_

韩国语的汉字词汇在作动词、形容词、副词使用时，都必须加上韩国语词尾，实际上这些形态属于汉字词词素+韩国语词素的混合形态，根据第三章中对本课题研究对象的界定，对于这种混合形态，我们只提取其中遵循韩国语汉字音读规律的部分作为汉字词汇。因此，对这些有词尾变化的汉字和韩国语的混合词我们必须把其中的汉字成分提取出来。根据前文所述，在现代韩国语中每一个汉字都有一个固定韩国语读音与之对应，这为我们从这些词汇中提取汉字成分提供了便利。我们根据对韩国语汉字词汇的规定，将与汉字对应的韩文读音提取出来作为词条。如上例“警覺”一词，虽然词典中有4个相关词条，但是都是由汉字词“警覺”变化而来，可认为是同一个汉字词条。因此，关于动词“警覺”，我们只将下面的一个词条作为汉字词汇。其他用言都采取类似办法。

경각　　vv　　警覺

（三）混种词汉字成分的提取

韩国语中存在许多汉字成分和韩国语成分、汉字成分和其他语言词汇构成的混种词汇。根据第三章中提出的韩国语汉字词汇处理原则，我们只提取其中的汉字成分，因为这些汉字成分也可以单独成词。获取方法同上面的用言类汉字词汇。其实用言类汉字词汇就是由汉字成分和韩国语成分组成的混种词。

由于《世宗电子词典》规模非常大，加工过程中难免有一些错误，我们在抽取汉字词汇时发现了500条左右的词汇在标注时有误。主要是有的汉字词汇没有标注韩文读音，有的没有标注词性，有的汉字出现乱码等。对这些词汇我们进行了人工校正。

经过以上加工，我们从《世宗电子词典》共获取韩国语汉字词汇102 000余条，韩文读音相同、汉字标记不同的词（韩文同音词）分开计数。《世宗电子词典》主要是面向韩国语计算机智能处理而开发的，尽可能多地收录词条对自然语言处理（如计算机词法分析的研究）等非常有价值，因此这部词典中收录了大量的合成词和一些专有名词，汉字词汇中也包括大量这样的词，如表5-9所示。

表5-9　　《世宗电子词典》中的部分合成词

韩文形态	汉字形态	词性
가격결정론	價格決定論	体词
가나자와쇼사부로	金澤莊三郎	固有名词
가니색가왕	迦尼色迦王	固有名词
가전제품	家電製品	体词
고지자기년대측정법	古地磁氣年代測定法	体词
고체폐기물	固體廢棄物	体词
기념박물관	記念博物館	体词
기능공학교	技能工學校	体词
기동전류배수	起動電流倍數	体词
기본건설투자	基本建設投資	体词

但是这些合成词的构词成分和基础汉字词汇造成重复，加上合成词的数量非常庞大，从词汇学研究的角度来讲，应该将合成词和基础词汇区别开来。本课题研究的主要对象是韩国语基础汉字词汇，因此尽量排除合成词。为了摸清韩国语基础汉字词汇有哪些条目，当然第一个方法就是手工判别。但是，手工判别102 000个汉字词汇工作量比较大，我们采取交叉比较《世宗电子词典》和《现代国语使用频率调查2》中收录的汉字词汇的方法，以这两部语言资源中均收录的汉字词汇作为最终结果。但是，在对《世宗电子词典》中的汉字词汇进行整理时发现，这部成果的标注信息虽然非常有参考价值，但是和《现代国语使用频率调查2》一样，难免有一些疏漏。特别是汉字标注方面存在一些错误，如表5-10所示。

表 5-10　　汉字词汇错误标注例

《世宗电子词典》		正确标注	
포기	泡起	포기	抛棄
예탁	豫度	예탁	豫託
수탈당	收奪當	수탈	收奪
묵살당	默殺當	묵살	默殺
구금당	拘禁當	구금	拘禁
학살당	虐殺當	학살	虐殺
겁탈당	劫奪當	겁탈	劫奪
세뇌당	洗腦當	세뇌	洗腦

这些错误主要有两大类，一是汉字标注错误，如将“抛棄”标注成“泡起”等；另一类是许多动词后面多加了“當”，实际上是将动词词尾的一部分“당”错误地当作汉字“當”了。在加工过程中，我们对此予以纠正。

我们以《世宗电子词典》和《现代国语使用频率调查 2》中均收录的汉字词汇作为韩国语常用汉字词汇，共获得韩国语常用汉字词汇 29 000 多条。这些词汇可以认为是韩国现代语言生活中正在使用的汉字词汇。

第三节　现代韩国语汉字词汇使用现状

研究现代韩国语汉字词汇的使用现状，必须理清两个问题：一是现代韩国语中正在使用的汉字词汇有哪些？二是现代韩国语书面语中汉字词汇所占比例（即汉字词汇的覆盖率）。理清这两个问题不但对我国的韩国语教学以及面向韩国人的汉语教学有积极意义，而且对研究汉文化对韩国的影响以及韩国对汉文化的接受程度也具有重要的价值和意义。

关于现代韩国语中正在使用哪些汉字词汇的问题，在第二节中我们从韩国收词最全的《世宗电子词典》和《现代国语使用频率调查 2》中获得了现代韩国语常用词汇 29 000 余条，可以说基本摸清了现代韩国语正在使用哪些汉字词汇的问题。但是，词典中收录的词汇有的在现实生活中不一定使用，不一定能够反映汉字词汇的实际使用情况，因此，要理清现实语言生活中汉字词汇的使用情况还需要对大量的韩国语实际语料进行调查。这个工作的主要目标有两个，一是从词目的角度看现实语言生活中汉字词汇所占的比例，韩国语文章中汉字词汇和非汉字词汇的比例是多少。上述词典调查只是从韩国语词汇体系的角度理清了汉字词汇在整个韩国语词汇体系中所占的比例，但是不能说明韩国语实际语言生活中汉字词汇的使用情况。二是研究现实语言生活中汉字词汇的覆盖率，也就是说从词次的角度看书面语中汉字词汇的使用词次占所有词次的比例。

为了说明这些问题，这里定义了三个相关概念：词目数量、词次数量、覆盖率，这些概念是有效描述现代韩国语汉字词汇使用现状的重要指标。

词目数量是指一定量的韩国语语料中所出现的不同词语种类的多少。比如一篇韩国语文章，包含 1~n 个不同的单词，那么这篇文章的词目数量就是 n。

词次数量是指一定量的韩国语语料中所有不同词语出现次数的总和。比如一篇韩国语文章，包含 $word_1$，…，$word_n$ 等不同的单词。每一个单词出现了 X_1，…，X_n 次，那么这篇韩国语文章的词次数量为 $\sum_{i=1}^{n} X_i$。

覆盖率是指一定量的韩国语语料中某一类词语出现次数之和占该语料词次数的比例。比如：一篇韩国语文章中总的词次数量为 X，汉字词汇的词次数量为 Y，那么汉字词汇在这篇文章中的覆盖率 $Z=\frac{Y}{X}$。

汉字词词目数量是指一定量的现代韩国语书面语中不同汉字词的条目数量。比如 1 000 词的韩文文章中所出现的不同的汉字词条为 300 词，那么这篇文章中汉字词的词目数量为 300。

汉字词汇覆盖率是指一定量的现代韩国语书面语中所有汉字词条使用频率之和占所有词条使用频率之和的比例。如果将韩国语书面语中的所有汉字词汇转写成汉字，汉字词汇的覆盖率也可以看成汉字词汇所占版面面积的比例，这样更容易理解。汉字词汇覆盖率越大，汉字词汇在韩国语书面语中所占的面积越多。

一、韩国语汉字词汇使用情况研究的基本策略和技术路线

由于现代韩国语书面语中汉字词汇不是以汉字形态，而是以韩文形态出现，目前也没有成熟的技术将韩国语书面语中的汉字词汇自动转换成汉字。因此，与日本语和汉语相比，调查韩文中的汉字词汇比较复杂。但是，幸运的是韩国国立国语院建设了很多词典资源，比如前文所述的《世宗电子词典》，除此之外作为韩国国家项目的“21 世纪世宗计划”，韩国国立国语院还建设了大型韩国语书面语语料库。这些资源为我们的研究带来了很多方便的条件，从这一点讲，研究韩国汉字词汇又比研究越南语中的汉字词汇方便。

为了调查现实语言生活中韩国语汉字词汇的使用情况，我们所采取的基本策略是利用韩国语词典资源开发韩国语汉字词汇的判别工具，利用韩国语汉字词汇判别工具对世宗语料库形态标注数据进行汉字词汇判别，形成世宗语料库汉字词汇标注数据，在此基础上研究韩国语书面语中汉字词汇的覆盖率和汉字词目的比例。

主要技术路线是：

第一步：对 21 世纪世宗计划韩国语书面语语料库形态数据的结构进行分析。

第二步：利用 21 世纪世宗计划韩国语书面语语料库形态分析数据提取韩国语词汇标注数据。

第三步：对以上结果进行汉字词汇的判别。韩国语汉字词汇的判别方法参见图 5-1。

第四步：统计汉字词汇出现的频度等信息，在此基础上进行韩国语汉字词汇使用情况研究。

二、韩国语汉字词汇的判别方法和技术

从对韩国国立国语院开发的语料库数据分析可以看出，韩国语书面语数据大部分是由韩文书写的，汉字词汇以韩文形式出现。要准确研究汉字词汇在韩国语中的使用现状，必须判别韩文文章中哪些是汉字词汇，哪些是韩文词汇。最理想的方法是将韩文文章中的汉字词汇用汉字转写，形成韩文和汉字混合书写的书面语，像日本语的假名汉字混合书面语一样。但是，要做到这一点技术要求非常高，需要投入大量的资金和技术力量。本课题研究采取一种比较切实可行的技术路线对韩国语汉字词汇进行判别。即在前文所介绍的已经完成词法分析的韩文数据基础上，进行汉字词汇的判别操作。这样做的好处是，由于这些数据已经进行了词法分析，因此在进行汉字词汇判别时可以大大减少分词错误，从而提高研究的精确度。

在进行汉字词汇判别时，主要是利用韩国语汉字词汇词典采用正向最长匹配（FMM）算法对已经完成词法分析的语料库数据的每一个词条进行汉字词汇判别。要达到这个目标，必须做两项工作，即建设韩文汉字词汇判别词典，然后基于韩文汉字词汇判别词典开发 FMM 汉字词汇判别工具（见图 5-1）。

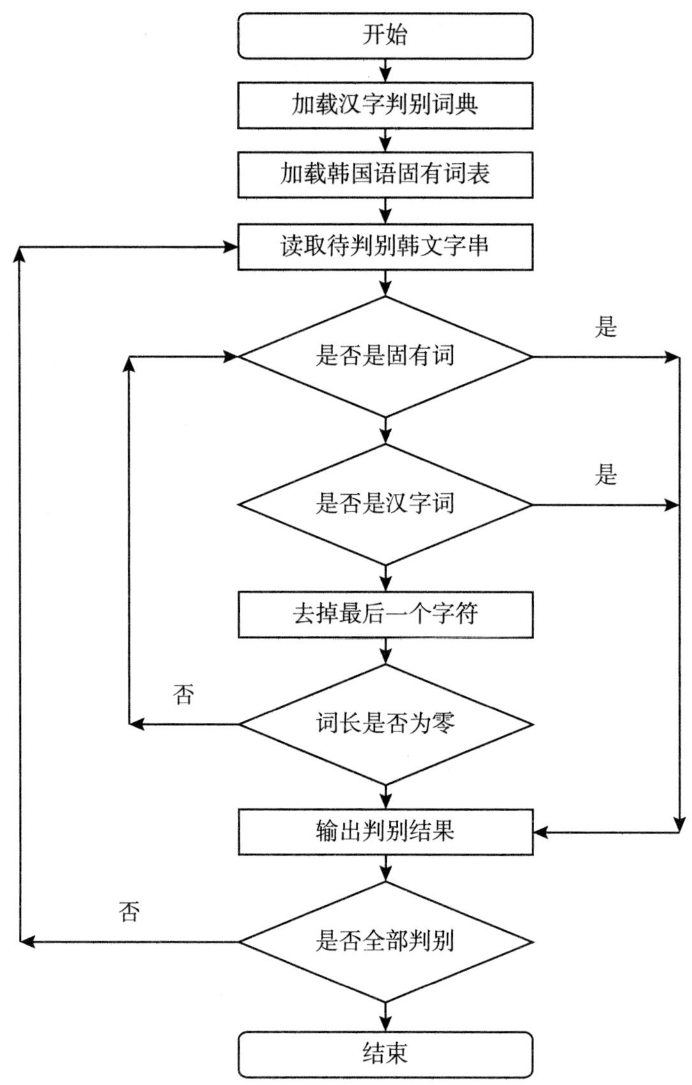

图 5–1　韩国语汉字词汇判别流程

（一）韩文汉字词汇判别词典的建设

利用《世宗电子词典》和《现代国语使用频率调查 2》词汇表建设汉字词汇判别词典。根据前文对这两个数据资源的介绍，《世宗电子词典》收词比较全，但是也有缺点，部分现实语言生活中使用的合成词仍然没有收录，而《现代国语使用频率调查 2》可以弥补这一点。我们将这两部语言资源的汉字词汇并集作为现代韩国语汉字词汇判别的依据，这个并集共收录汉字词汇 118 400 余条。《世宗电子词典》独有的汉字词汇 73 470 余条，《现代国语使用频率调查 2》独有的汉字词汇 17 590 余条，两种词典资源共有的汉字词汇 29 000 余条。

由于《世宗电子词典》和《现代国语使用频率调查 2》的词汇表是面向韩国语研究的，并没有针对韩国语汉字词汇作特殊处理，因此其中的数据必须根据本课题研究汉字词汇判别的需要进行进一步加工。特别是，韩国语动词、形容词等用言均有词尾变化。汉字词汇作动词使用时，需要加上韩文词尾。如：

번연히　　[幡然] 히　　MAG
분연히　　[忿然] 히　　MAG
특별하다　[特別] 하다　VA
부서하다　[副署] 하다　VV
고함하다　[鼓喊] 하다　VV
고동하다　[鼓動] 하다　VV

根据我们对韩国语汉字词汇的界定，应该将这部分词汇的词尾从韩文词汇去除掉，将其词干判别为汉字词汇。要做到这一点需要在建设判别词典时，将从上述两部词典中获取的词干为汉字词、词尾为韩文的词汇的词尾去掉。作为汉字判别词典的词条信息，我们采用这些词的词干读音，以及与读音对应的汉字。汉字词汇判别词典的结构如表 5-11 所示。

表 5-11　　韩国语汉字词汇判别词典

韩文读音	对应的汉字
번연	幡然
분연	忿然
특별	特別
부서	部署
고함	高喊
고동	鼓動
생화학	生化學
구첨	具瞻
추수	追隨
고검	古劍
자전거	自轉車

（二）基于 FMM 的汉字词汇判别

这项工作的主要目标是以上面建立的韩国语汉字词汇判别词典为依据，对已经完成词法分析的韩国语语料进行汉字词汇的判别。由于韩国语单字层面存在很多同音字，如果按字为单位进行判别则错误率会很高；但是多音节词的层面，同音词的情况会减少，特别是多音节韩国语固有词汇和汉字词汇同音的现象很少，最长匹配法是从音节数最多的词汇开始判别的，这可以大大提高汉字词汇判别的精度。

韩国语汉字词汇判别的大体思路是以完成韩国语词法分析的语料为对象，优先识别其中的韩国语固有词，由于汉字和韩国语的固有词也存在同音现象，我们将韩国语的固有词单独建成一个词表，优先识别，这样可以避免韩国语固有词汇被错误判别成汉字词汇。

关于非韩国语固有词汇的处理。这些词汇可能是汉字词汇或者包含汉字词汇的合成词，主要采取正向最长匹配法进行判别。具体做法是，先将这些非韩国语固有词的韩文字符串作为一个整体与前文建立的判别词典中的词条进行匹配，如果判别词典中存在这样的韩文词条，则认为这个韩文字符串为汉字词汇，然后读入新的韩文字符串。如果要判别的韩文字符串在判别词典中不存在，则去掉这个字符串的最后一个字符，再去和判别词典中的词条进行匹配，如果这次匹配上了则将去掉最后一个字符的新字符串判别为汉字词汇，否则重复这个操作直到字符串长度为零。如果字符串长度为零，则说明前面读入的字符串为非汉字词汇，可判别为非汉字词汇。

韩国语的汉字词汇中存在很多复合词，这些复合词可能由判别词典中的汉字词组合而成，而复合词本身在判别词典中可能不存在。如韩国语词汇“검찰총장”是由“검찰”和“총장”组合而成的，分别对应汉字词“檢察”“總長”。词典中虽没有“검찰총장”，但是，词典中却有“검찰”和“총장”，这样就存在复合词是否是汉字词的判别问题。从前面正向最长匹配的原理可以知道，正向最长匹配算法可以对复合词内部的汉字词汇作出正确的判别。因此，构成这样的复合词的基本汉字词是可以被判别工具识别的，不会出现遗漏的情况。韩国语汉字词汇正向最长匹配判别算法的流程，判别结果如表 5-12 所示。

表 5-12　　韩文汉字词汇判别结果

频度	出典编号	判别前	判别后	词性
1	BTHO0104-00041463	청단	青短	NNG
9	BTHO0135-00033278	청담	清談	NNG
17	BTAE0206-00041178	민변	民辯	NNG
1	BTHO0387-00022282	사천주	四天柱	NNG

续表

频度	出典编号	判别前	判别后	词性
6	BTIO0143-00020372	콩닥콩닥	콩닥콩닥	MAG
15	BTHO0435-00045079	묘향산	妙香山	NNP
1	BTHO0107-00000244	踏步	踏步	SH
1	BTHO0381-00008985	Retreat	Retreat	SL
4	BTHO0381-00036270	Euro	Euro	SL
1	BTHO0434-00040513	항일군	抗日軍	NNG
1	BTAE0206-00057837	교하읍	交河邑	NNP
1	BTHO0396-00047613	脯肉	脯肉	SH
1	BTEO0329-00025064	는데그래	는데그래	EF
87	BTHO0437-00003677	십만	十萬	NR
8	BTGO0348-00030030	티처	티처	NNG
1	BTHO0422-00005809	Valla	Valla	SL
1	BTHO0387-00022090	蓮花瓣	蓮花瓣	SH
15	BTHO0421-00026500	민본	民本	NNG
1	BTJO0444-00001448	플라니	플라니	NNP
3	BTHO0430-00012435	럼술통	럼술桶	NNG

上面我们对本研究中使用的韩文汉字词汇判别技术的实现方法作了介绍，我们利用这些技术对韩国现实语言生活中汉字词汇的使用情况展开了研究。

三、现实语言生活中韩国语汉字词汇的使用情况

研究韩国现实语言生活中汉字词汇使用情况主要是理清汉字词汇在现实语言生活中的词条占有率和覆盖率。我们使用韩国语汉字词汇的判别技术和韩国国立国语院建设的“21 世纪世宗计划”现代韩国语书面语语料库研究这两个问题。如果语料库收集的语料能够反映现代韩国语的实际情况，那么语料库中汉字词汇的占有率可以用语料库中汉字词汇的词目数除以语料库中的韩国语词汇总量得到。而汉字词汇的覆盖率可以用语料库中汉字词汇出现的词次除以语料库中韩国语词汇出现的总词次得到。

（一）21 世纪世宗计划现代韩国语书面语语料库形态数据分析

韩国国立国语院 2012 年推出的“世宗计划语料库”中包括了一个已经完成了词法分析的形态标注语料库。这个词法分析语料库的数据用 SGML 规范进行了单词形态标注。其标注信息由语料出处文献相关信息标注数据（包括原文的出处、作者、出版社、出版年代等）和语料文本词法形态分析标注数据两部分组成。词法形态分析标注数据是将语料中的语节作为一个数据记录，对语节的相关信息进行标注。这些信息包括语节的出处、语节的原始形态、语节构成要素（词）分析等信息。下面是这个标注语料库的一部分：

```
<!DOCTYPE tei.2 SYSTEM"c:\sgml\dtd\tei2.dtd"[
  <!ENTITY % TEI.corpus"INCLUDE">
  <!ENTITY % TEI.extensions.ent SYSTEM"sejong1.ent">
  <!ENTITY % TEI.extensions.dtd SYSTEM"sejong1.dtd">
]>
<tei.2>
<teiHeader>
  <fileDesc>
      <titleStmt>
          <title> 조선일보 생활 (93), 형태소 분석 전자파일 </title>
          <author> 조선일보사 </author>
          <sponsor> 대한민국 문화관광부 </sponsor>
          <respStmt>
              <resp> 문헌입력 , 표준화 , 형태소 정보 부착 </resp>
              <name> 고려대학교 민족문화연구원 </name>
          </respStmt>
      </titleStmt>
      <extent>19 335</extent>
      <publicationStmt>
          <distributor> 국립국어연구원 </distributor>
          <idno>BTAA0001.txt, 원본 :BRAA0001.txt</idno>
          <availability> 배포 불가 </availability>
      </publicationStmt>
      <notesStmt>
```

<note> 원문의 일부분 ⅓ 을 추출하여 형태소 정보 부착 </note>

</notesStmt>

<sourceDesc>

<bibl>

<author> 조선일보사 </author>

<title> 조선일보 생활 (93)</title>

<pubPlace> 서울 </pubPlace>

<publisher> 조선일보사 </publisher>

<date>1993</date>

</bibl>

</sourceDesc>

</fileDesc>

……………………………

</teiHeader># 以上为语料出处文献信息标注数据，以下为语料文本词法形态分析标注数据

<text>

<group>

<text>

<body>

<source>

<date>

BTAA0001-00000001 1993/06/08 1993/SN+//SP+06/SN+//SP+08/SN

</date>

<page>

BTAA0001-00000002 19 19/SN

</page>

</source>

<head>

BTAA0001-00000003 엠마누엘 엠마누엘 /NNP

BTAA0001-00000004 웅가로 웅가로 /NNP

BTAA0001-00000005 / //SP

BTAA0001-00000006 의상서 의상 /NNG+ 서 /JKB

BTAA0001-00000007 실내 실내 /NNG

BTAA0001-00000008　장식품으로 …　장식품 /NNG+ 으로 /JKB+…/SE
BTAA0001-00000009　디자인　디자인 /NNG
BTAA0001-00000010　세계　세계 /NNG
BTAA0001-00000011　넓혀　넓히 /VV+ 어 /EC
</head>
<p>
BTAA0001-00000012　프랑스의　프랑스 /NNP+ 의 /JKG
BTAA0001-00000013　세계적인　세계 /NNG+ 적 /XSN+ 이 /VCP+ ㄴ /ETM
BTAA0001-00000014　의상　의상 /NNG
BTAA0001-00000015　디자이너　디자이너 /NNG
BTAA0001-00000016　엠마누엘　엠마누엘 /NNP
BTAA0001-00000017　웅가로가　웅가로 /NNP+ 가 /JKS
BTAA0001-00000018　실내　실내 /NNG
BTAA0001-00000019　장식용　장식 /NNG+ 용 /XSN
BTAA0001-00000020　직물　직물 /NNG
BTAA0001-00000021　디자이너로　디자이너 /NNG+ 로 /JKB
BTAA0001-00000022　나섰다 .　나서 /VV+ 었 /EP+ 다 /EF+./SF
</p>
…………………………
</body>
</text>
</group>
</text>
</tei.2>

（二）“21 世纪世宗计划”现代韩国语书面语语料库词汇的提取和数据规模

从上面的数据结构分析可知，我们所需要语料的文本形态分析数据是 SGML 标注数据中的 <text>……</text> 部分。这些语料数据以韩国语的语节单位为一个数据记录，语节内部的构成要素（词）也进行了分析和词性标注。表 5-13 是该标注语料库中关于韩国语语节分析的标注记录结构。

表 5-13　　韩国语语节分析标注记录结构

文本出处信息	语节	语节内部结构
BTAA0002-00000036	자금이	자금 /NNG+ 이 /JKS
BTAA0002-00000037	크게	크 /VA+ 게 /EC
BTAA0002-00000038	늘어날	늘어나 /VV+ ㄹ /ETM
BTAA0002-00000039	것으로	것 /NNB+ 으로 /JKB
BTAA0002-00000040	기대되고	기대 /NNG+ 되 /XSV+ 고 /EC
BTAA0002-00000041	있다 .	있 /VX+ 다 /EF+./SF

表 5-13 第 1 列为文本出处信息，第 2 列为书面语中韩国语语节的形态，第 3 列是对前面语节所进行的词法分析，包括构成该语节的单词及其词性。如语节"자금이"是由名词"자금 /NNG"和助词"이 /JKS"构成。由于本研究的对象是韩国语词汇，而不是韩国语语节，因此，我们将第 3 列作为研究对象，并作进一步分解，提取韩国语词汇及其标注信息如表 5-14 所示。

表 5-14　　韩国语词汇标注信息

文本出处信息	词汇	词性标注
BTAA0002-00000036	자금	NNG
BTAA0002-00000036	이	JKS
BTAA0002-00000037	크	VA
BTAA0002-00000037	게	EC
BTAA0002-00000038	늘어나	VV
BTAA0002-00000038	ㄹ	ETM
BTAA0002-00000039	것	NNB
BTAA0002-00000039	으로	JKB
BTAA0002-00000040	기대	NNG
BTAA0002-00000040	되	XSV
BTAA0002-00000040	고	EC
BTAA0002-00000041	있	VX
BTAA0002-00000041	다	EF
BTAA0002-00000041	.	SF

（三）21 世纪世宗计划现代韩国语书面语语料库中汉字词汇的判别和分析

经过上述加工，我们从标注语料库中获取了现代韩国语词汇的词频表。这个词频表中的词条是用韩文文字书写的，我们需要利用上述汉字词汇判别算法对这些韩文书写的词条进行汉字词汇的判别，判别结果如表 5–12 所示。由于韩国语中存在大量的同音词，在利用前面的汉字词汇判别算法进行判别时会出现一些规律性错误。特别是单音节助词应该是韩国语固有词汇，但是在上述判别过程中会被误判为汉字，如表 5–15 所示。

表 5–15　　　　汉字词误判词例

韩文形态	误判汉字	词频	词性	判别状态
다가	多價	305	JKB	X
로	爐	110 130	JKB	X
보고	報告	2	JKB	X
서	誓	16 656	JKB	X
서부	西部	1 180	JKB	X
와	瓦	70 733	JKB	X
이루	二壘	1	JKB	X
의	椅	521 697	JKG	X
가	街	282 098	JKS	X

由于韩国语助词都是非汉字词汇，所以这些错误很容易纠正。进行汉字词汇判别后，我们利用词性等标注信息，对上述判别错误进行了纠正，最后得到了汉字词汇使用情况的数据，在此基础上对韩国语汉字词汇的使用情况进行分析。

（四）现代韩国语汉字词汇的使用现状

经过以上处理，我们从韩国 21 世纪世宗计划现代韩国语语料库形态分析子语料库中共获得近 2 200 万词次规模的现代韩国语语料。去除符号、数字等非词汇成分后，获得有效词汇数据规模为 2 146 万多词次。这也是我们这次进行现代韩国语汉字词汇使用现状研究的数据规模，超过了韩国国立国语院历次统计的数据规模。

我们分别从真实语料中汉字词汇的词目所占比例、汉字词汇总覆盖率、汉字词汇的实词覆盖率等几个角度对现代韩国语汉字词汇使用现状进行了研究，并且将研究结果和韩国国立国语院2005年公布的结果进行了比较。

我们从上述大规模语料库中，共获取韩国语有效词汇186 700多条，其中汉字词汇为93 000余条，占49.83%；韩国语固有词汇为75 200多条，占40.30%；外来词为18 400多条，占9.87%。由此我们可以看到在韩国日常语言生活中韩国人使用的汉字词汇占韩国语总词汇的一半左右，超过韩国语固有词汇近10%（见表5–16）。

表5–16　　韩国语语料库词汇种类构成

	总词汇量	汉字词汇	固有词	外来词
数量（条）	186 727	93 041	75 256	18 430
占比（%）	100	49.83	40.30	9.87

以上是实际使用中汉字词汇词目占有比的情况。根据前文韩国相关研究的情况介绍我们知道，许多研究以词典中的收词为研究对象研究了韩国语中汉字词汇的比例问题，有的是70%（张辉，1999），有的是50%（张晓曼，2002），韩国《国语大辞典》，汉字词汇占66%。这些研究都不是以现实语言生活中的词汇为对象的，所以，根据其研究对象词典的不同，所得出的结果也不一样。本研究以大规模现实语言材料为依据，可以说得出的数据应该是有一定科学性的，能够反映现代韩国语特别是韩国实际语言生活中汉字词汇所占比重的情况。

汉字词汇在韩国语词汇中所占的比重只是汉字词汇在现代韩国语中使用情况的一个方面。要全面掌握汉字词汇的使用情况还必须理清韩国语书面语中汉字词汇的覆盖情况。和日本语的情况基本一样，韩国语的汉字词汇一般也都是实词，因此我们在统计韩国语汉字词汇的覆盖率时也分两个方面，即书面语整体上汉字词汇的覆盖率，以及韩国语实词词汇覆盖率中汉字词汇的贡献率。韩国国立国语院在建设《世宗电子词典》和21世纪世宗计划现代韩国语书面语语料库时，将韩国语的有效词汇分成了8大类21个小类，并建立了一个韩国语词法分析的标注体系。其有效韩国语词汇的范畴和标记符号（不包含数字、标点符号等标记）如表5–17所示。

表 5-17 韩国语词汇的词类标记

大分类	小分类	细分类	是否有汉字词汇
体词	名词 NN	普通名词 NNG 专有名词 NNP 依存名词 NNB	有汉字词汇
	代词 NP		有汉字词汇
	数词 NR		有汉字词汇
谓词	动词 VV		有汉字词汇
	形容词 VA		有汉字词汇
	补助谓词 VX		非汉字词汇
	指定词 VC	肯定指定词 VCP 否定指定词 VCN	非汉字词汇
修饰词	冠形词 MM		有汉字词汇
	副词 MA	普通副词 MAG 接续副词 MAJ	有汉字词汇
独立词	感叹词 IC		有汉字词汇
关系词	格助词 JK	主格助词 JKS 补格助词 JKC 冠形格助词 JKG 目的格助词 JKO 副词格助词 JKB 呼格助词 JKV 引用格助词 JKQ	非汉字词汇
	补助词 JX		非汉字词汇
	接续助词 JC		非汉字词汇
依存形态	词尾 E	先语末词尾 EP 终结词尾 EF 连接词尾 EC 名词形转换词尾 ETN 冠形词形转换词尾 ETM	非汉字词汇
	前缀 XP	体词前缀 XPN	有汉字词汇
	后缀 XS	名词派生后缀 XSN 动词派生后缀 XSV 形容词派生后缀 XSA 副词派生后缀 XSB	有汉字词汇
	词根 XR		有汉字词汇

续表

大分类	小分类	细分类	是否有汉字词汇
不能分析	无统计价值范畴 NA		有汉字词汇
	有统计价值范畴 NV		有汉字词汇
其他	外国语 SL		非汉字词汇
	汉字 SH*		有汉字词汇

注：* 上述标注语料库中部分语料是韩文和汉字混合书写的，因此语料中的汉字在作词法分析时用 SH 标记。

我们以上述 2 146 万多词次规模的语料为对象，分别统计了各个小类中汉字词汇的累积频度，并统计了汉字词汇的总覆盖率和汉字词汇在实词中的覆盖率。具体情况如表 5-18 所示。

表 5-18　　韩国语各类词汇的总体覆盖率

词类	标记符号	判别符号	累积频度	累计频率（%）	总体覆盖率（%）
外来词	SL	E	84 297	0.39	0.39
词根	XR	H	116 197	0.54	38.28
动词	VCP	H	900 243	4.19	
动词	VV	H	349 952	1.63	
动词	VX	H	204 675	0.95	
副词	MAG	H	197 604	0.92	
感叹词	IC	H	2 356	0.01	
冠形词	MM	H	124 014	0.58	
汉字词	SH	H	62 283	0.29	
后缀	XSA	H	2 359	0.01	
后缀	XSN	H	220 375	1.03	
后缀	XSV	H	871 298	4.06	
接续副词	MAJ	H	14 698	0.07	
体词	NA	H	327	0.001	
体词	NNB	H	374 330	1.74	
体词	NNG	H	4 214 639	19.63	
体词	NNP	H	267 974	1.25	
体词	NP	H	166 763	0.78	
体词	NR	H	27 330	0.13	
体词前缀	XPN	H	61 834	0.29	
形容词	VA	H	37 696	0.18	

续表

词类	标记符号	判别符号	累积频度	累计频率（%）	总体覆盖率（%）
补助词	JX	K	231 495	1.08	61.33
补助词	JX	K	74 760	0.35	
词基	XR	K	36 205	0.17	
动词	VCN	K	47 655	0.22	
动词	VV	K	1 259 919	5.87	
动词	VX	K	110 726	0.52	
副词	MAG	K	419 478	1.95	
感叹词	IC	K	10 739	0.05	
格助词	JKB	K	1 019 425	4.75	
格助词	JKG	K	521 710	2.43	
格助词	JKO	K	836 640	3.897	
格助词	JKQ	X	3 542	0.02	
格助词	JKS	K	284 016	1.32	
格助词	JKV	K	271	0.001	
冠形词	MM	K	122 292	0.57	
冠形词形转换词尾	ETM	K	354 405	1.65	
冠形词形转换词尾	ETM	K	1 506 208	7.02	
后缀	XSA	K	13 323	0.06	
后缀	XSN	K	212 897	0.99	
后缀	XSV	K	202 164	0.94	
接续副词	MAJ	K	133 852	0.62	
接续助词	JC	K	104 403	0.49	
接续助词	JC	K	120 835	0.56	
连接词尾	EC	K	1 082 691	5.04	
连接词尾	EC	K	677 758	3.16	
名词形转换词尾	ETN	K	104 433	0.49	
名词形转换词尾	ETN	K	25 631	0.12	
数字符号等	SN	S	7	0.00003	
数字符号等	SO	S	5	0.00002	

续表

词类	标记符号	判别符号	累积频度	累计频率（%）	总体覆盖率（%）
数字符号等	SP	S	4	0.00002	61.33
数字符号等	SS	S	22	0.0001	
数字符号等	SW	S	4 989	0.02	
体词	NA	K	1 014	0.005	
体词	NNB	K	306 392	1.43	
体词	NNG	K	1 167 096	5.44	
体词	NNP	K	307 721	1.43	
体词	NP	K	145 177	0.68	
体词	NR	K	29 562	0.14	
体词前缀	XPN	K	771	0.004	
先语末词尾	EP	K	29 907	0.14	
先语末词尾	EP	K	507 281	2.36	
形容词	VA	K	362 977	1.69	
终结词尾	EF	K	561 970	2.62	
终结词尾	EF	K	223 863	1.04	
总计			21 467 475	100	100

根据统计可以知道，汉字词汇在韩国语书面语中的总覆盖率为38.28%，韩文固有词汇的覆盖率为61.33%，外来词汇的覆盖率为0.39%。韩国实际语言生活中使用最多的词汇为汉字词汇和韩国语固有词汇，外来词汇只占很小比例。由于韩国语使用频率最高的助词等少数功能词汇不具备实际意义，而汉字词汇都是具备实际意义的实词，把汉字词汇和韩国语的功能性词汇放在一起比较并不科学，而将汉字词汇和韩国语中的实词进行比较，计算汉字词汇的实词覆盖率更能凸显汉字词汇在传达韩国语信息过程中的价值。根据以上数据，我们统计出了汉字词汇的实词覆盖情况，具体情况如表5-19所示。

从韩文的词法分析可以看出，韩文的句子由语节构成，每一个语节由实词和语法功能词组成。语法功能词在韩国语中数量非常少，但是使用频率却非常高，从词汇单位角度看，功能词的累积频度占总词汇的累积频度的将近一半，实词的累积频度占一半多一点。本研究使用的语料库中实词的累积频度为 13 191 204 词次，其中汉字词汇的累积频度为 8 216 947 词次，汉字词汇占实词覆盖率的 62.29%，而韩国语固有实词词汇的累积频度只有 4 889 960 词次，仅占实词覆盖率的 37.07%。由此可见，同样是实词，汉字词汇和韩国固有实词相比占绝对优势，在韩国实际语言生活中承担信息交流的主要角色，可以说如果没有汉字词汇仅仅依靠韩国语固有词汇，韩国语是无法承担语言交际任务的。

表 5-19　　韩国语各类实词覆盖率

词种	词类	标记符号	判别符号	累积频度	覆盖率（%）
西方外来词	外来词	SL	E	84 297	0.64
汉字词	词根	XR	H	116 197	62.29
	动词	VCP	H	900 243	
	动词	VV	H	349 952	
	动词	VX	H	204 675	
	副词	MAG	H	197 604	
	感叹词	IC	H	2 356	
	冠形词	MM	H	124 014	
	汉字词	SH	H	62 283	
	后缀	XSA	H	2 359	
	后缀	XSN	H	220 375	
	后缀	XSV	H	871 298	
	接续副词	MAJ	H	14 698	
	体词	NA	H	327	
	体词	NNB	H	374 330	
	体词	NNG	H	4 214 639	
	体词	NNP	H	267 974	
	体词	NP	H	166 763	
	体词	NR	H	27 330	
	体词前缀	XPN	H	61 834	
	形容词	VA	H	37 696	

续表

词种	词类	标记符号	判别符号	累积频度	覆盖率（%）
固有词	词基	XR	K	36 205	37.08
	动词	VCN	K	47 655	
	动词	VV	K	1 259 919	
	动词	VX	K	110 726	
	副词	MAG	K	419 478	
	感叹词	IC	K	10 739	
	冠形词	MM	K	122 292	
	后缀	XSA	K	13 323	
	后缀	XSN	K	212 897	
	后缀	XSV	K	202 164	
	接续副词	MAJ	K	133 852	
	体词	NA	K	1 014	
	体词	NNB	K	306 392	
	体词	NNG	K	1 167 096	
	体词	NNP	K	307 721	
	体词	NP	K	145 177	
	体词	NR	K	29 562	
	体词前缀	XPN	K	771	
	形容词	VA	K	362 977	
总计				13 191 204	100

第四节　小　结

韩国语中大量使用汉字词汇，这是众所周知的语言事实。但是，由于“二战”后韩国掀起“国语纯化运动”，20 世纪 70 年代开始实行“韩文专用”的语言政策，导致现代韩国语书面语基本不使用汉字，汉字词汇也以韩文形式出现。但是废除汉字带来了语言生活的诸多不便和尴尬，年轻人无法读懂历史文献，韩国的有识之士又担忧在韩国会发生隔断历史的危险，加上近年来由于中韩经济文化交流不断加深，韩国社会开始呼吁恢复使用汉字。然而，“汉字使用”派和“韩文专用”派各执一词，似乎都有各自的理由，关于是否使用汉字的争论在韩国社会大有愈演愈烈之势。

在韩国恢复汉字使用是否存在语言基础和社会基础，这应该是韩国政府和学界在研究新的语言政策时首先要探讨的问题。韩国关于是否使用汉字问题的争论从“二战”后开始至今已有 70 多年的历史，围绕这个问题的学术研究也有很长的历史，积累了大量的成果。但是，从对学术成果的梳理看，韩国关于汉字词汇使用的研究大多是基于词典的统计，而基于实际语言生活的汉字词汇使用情况研究十分少见。如果不掌握韩国现代语言生活中汉字词汇的使用情况，采取“废除汉字”或者是“使用汉字”的语言政策都会失之偏颇。为了理清韩国语中汉字词汇使用的实际情况，我们首先从理论上对韩国语汉字词汇的各种形态进行分析，在此基础上对韩国语汉字词汇进行了界定，将遵循韩国汉字音读规则、根据汉字音读规则可以转换为汉字作为韩国语汉字词汇的认定标准。根据韩国语汉字词汇这一认定标准，本课题研究以 21 世纪世宗计划现代韩国语书面语语料库为数据，引入计算机语言处理的技术，对韩国语中的汉字词汇进行了统计分析。可以说基本上摸清了汉字词汇在韩国日常语言生活中的使用情况。我们将韩国日常语言生活中使用的词汇分成三类，即韩国语固有词汇、韩国语汉字词汇、外来词汇。这三类词汇的词目比例如表 5-20 所示。

表 5-20　　　　韩国语中各类词汇比重

	总词汇量	汉字词	固有词	外来词
数量	186 727	93 041	75 256	18 430
占比（%）	100	49.83	40.30	9.87

韩国语书面语中汉字词、固有词、外来词的总体覆盖情况如表 5-21 所示。

表 5-21　　　　韩国语各类词汇覆盖率

	总词次	汉字词词次	固有词词次	外来词词次
数量	21 467 475	8 216 947	13 166 231	84 297
占比（%）	100	38.28	61.33	0.39

由于韩国语固有词汇中居少数的功能词只具备语法意义，不具备实际意义，但是却使用频繁，在书面语中占了很高的覆盖比例，而汉字词汇是承担关键信息的、具有实际意义的实词词汇，将汉字词汇和语法功能词汇放在同一水平上比较

会抹杀韩国语中汉字词汇在信息传达和交流中所起的作用，为此本课题研究也分析了汉字词汇对韩国书面语实词词汇覆盖率的贡献，具体情况如表 5-22 所示。

表 5-22　韩国语各类实词覆盖率

	实词词次	汉字词汇词次	固有实词词次	外来词词次
数量	13 191 204	8 216 947	4 889 960	84 297
占比（%）	100	62.29	37.07	0.64

汉字词汇在现代韩国语中实际使用情况用饼图可直观地表达出来，如图 5-2 所示。

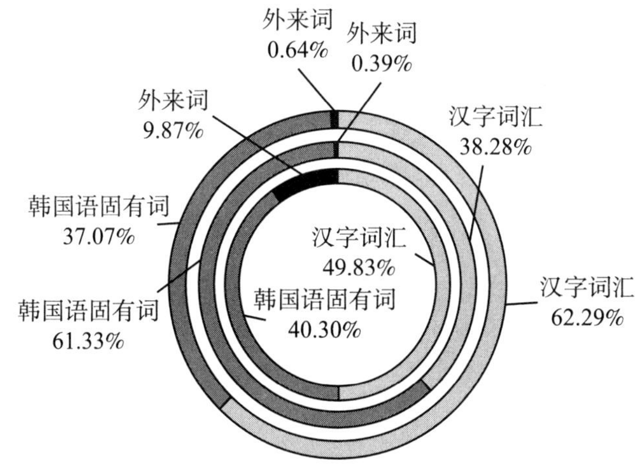

图 5-2　现代韩国语词汇构成

注：外层为各类实词词汇的覆盖率，中层是各类词汇总体覆盖率，里层为各类词汇的比重。

上图从内到外依次是词目构成情况、三种词汇总体覆盖情况、三种词汇实词覆盖情况。从上面图表可以看出，在韩国的实际语言生活中汉字词汇占韩国语总词汇量的 50% 左右，在实际运用中汉字词汇是信息的主要承担者，占实词覆盖率的 62% 左右，而韩国固有词汇只占实词覆盖率的 37%。

通过以上研究，我们基本理清了汉字词汇在现代韩国语中的使用现状，明确了汉字词汇在韩国语中的地位和在现实语言生活中的作用。为了对韩国语教学和对韩汉语教学有所贡献，我们在以上研究的基础上，选取了韩国人日常生活中经常使用、在词的认定上没有太大争议的汉字词汇 29 000 余条，统计了使用频度，以反映这些汉字词汇在现代韩国语中的使用情况。由于篇幅限制这里只将最常用的 10 000 条收入第十章“韩国常用汉字词汇使用现状”中，作为本课题研究最终成果的一部分。

从汉字词汇在韩国语中的使用情况看，在韩国恢复使用汉字有着非常深厚的语言学基础。由于韩国语中大量使用汉字词汇，恢复使用汉字，对方便和加深韩国同使用汉字的中国、日本等国之间的经济文化交流无疑是利大于弊的。当然，一个国家使用何种文字完全取决于这个国家所推行的语言政策，但是语言使用的实际情况又是制定语言政策的重要依据。在韩国，汉字词汇就像深埋在土壤中汉字的种子，只要条件合适，这些种子就会冲出土壤，发芽、开花。

第六章

现代越南语汉字词汇使用现状研究

中国和越南是近邻，自秦汉以来有长达2 000多年的交往历史，越南的历代封建王朝在社会生活的方方面面都模仿学习中国的制度和习惯。其中，汉语对越南语的形成和发展产生了深远的影响。曾经在相当长的一段时间里，越南官方用汉语作为书面语，在日常生活中用独有的发音来读汉字，形成了汉字的越南语发音体系——汉越音。正是由于历史上的这种语言接触，因此现代越南语中还保存有大量的“汉越词”（越南语中的汉字词汇，按照学界的习惯，下文将其称为“汉越词”）。关于汉越词在越南语中的使用，很多学者和研究成果都有涉及。有的学者（黄文行，1991）认为汉越词约占越南语词汇的60%，有些领域甚至达到70%~80%，而日常生活中汉越词的使用达到1/3（黄华，1990）。但是，这些都是学者们的大概估算，而且这些数据是指越南语汉越词的覆盖率（后文中进行界定）还是指汉越词在越南语词汇系统中所占的比例？也不清楚。现代越南语中汉越词使用的真实情况到底如何，迄今尚无精确统计（黄华，1990）。

近年来，随着中越两国经济社会的发展，两国在社会各层面的交流不断加深，人员往来日渐频繁，对双方的语言学习又重新得到了对象国的重视，中国学习越南语的学生和越南学习汉语的学生也越来越多。大量的汉越词为中越两国的学生学习对象国语言带来了便利。非但如此，由于汉字是表意文字，如果将越南语文章中的汉越词转写成汉字，虽然中国人不知这些越南语的发音，但是由于汉字的大概意思是相通的，中国人通过这些汉字会理解文章的大概内容。同样道理，如果将汉语文章中那些和越南语通用的词汇转写成汉越词，那么越南人或许也会理解这些汉语文章的大概。由此可见，越南语中的汉越词研究具有非常重要的学术意义和实用价值。

本研究利用大规模语料库，对现代越南语中汉越词的使用现状开展了大规模调查，目的是理清现代越南语中常用的汉越词有哪些，使用情况如何，哪些是汉语和越南语通用的词汇，以期为越南语的语言研究、面向中国人的越南语教学和面向越南人的汉语教学研究做出自己的贡献。

第一节　越南语汉越词的界定和本研究的对象

进行越南语汉越词使用现状的研究，其实质是研究越南语中的汉字词汇。但是由于现代越南语的书写系统已经不使用汉字，这使我们开展这项工作面临很多困难。如果越南语像日本语那样仍把汉字作为文字，那么我们只要将其中用汉字书写的词汇提取出来即可。但是，越南语却没有这种形态依据可以把握。因此，我们必须找到这些原本可以用汉字书写的汉越词的形态特征，并对其进行界定，以明确我们的研究对象。

所谓的汉越词，学界有多种叫法，如汉源词、汉根词、汉越语等。汉语和越南语的接触最早始于秦汉时期，非常久远，这导致了被吸收到越南语中的汉语词汇在现代越南语中呈现出了不同的面貌。有的已经完全被越南语同化，几乎已经分辨不清其到底是越南语的固有词还是汉语词，特别是秦汉时期就已经进入越南语中的那些词；有的则用汉越音体系标注，并且与汉字有比较严格的对应关系。正因为进入越南语中的汉语词汇的表现形态比较复杂，所以我们必须对所要研究的对象进行清晰的界定，这是利用计算机进行越南语汉越词研究最基本的要求，否则无法对汉越词进行正确的定位、转写和调查。

王力先生在《汉越语研究》（1949 年）中提出了“汉越语”的概念，有学者认为，王力先生所说的汉越语实际上就是越南汉语文言，而越南汉语文言跟中国文言除了读音有别之外，基本上是一样的（阮越雄，2014）。但是关键问题是，王力先生认为汉越语可以分为古汉越语、汉越语和汉语越化三种类别形式，这实际上是从发音的角度对越南语中和汉语有关的词汇进行的分类。阮越雄（2014）认为王力先生这里所说的古汉越语等同于古汉越词，汉语越化应该指的是越化汉越词。我们认为，王力先生所说的汉越语是一种语言，是古代越南语书面语子系统，这种语言既然可以分成古汉越语、汉越语和汉语越化等情况，那么属于该书面语子系统的词汇系统也可以进行这样的分类。因此阮越雄（2014）的这个看法是符合实际的，也就是说汉越词也可以分为古汉越词、汉越词、汉语词的越化。

那么汉越词到底有哪些种类，哪些是我们要研究的对象？要回答这个问题，必须要揭示我们所要研究对象（汉越词）的实质是什么，而这些实质性特征应该反映在我们所要研究的对象这个群体中的每一个个体上，因此观察这个群体的每一个个体的类别特征是必须的，在此基础上才能归纳出我们所要研究对象的总体特征，并做出清晰的界定。实际上，关于我们所要研究对象的特征，有很多学者均已经开展了探索。这里我们将在一些代表性探索的基础上，对研究的对象——汉越词作出清晰的界定，给出汉越词明确的形态特征，这样才能帮助我们利用语料库开展越南语汉越词使用现状的大规模研究。

关于古汉越语（词）和越化汉越语（词），王力先生表示，“所谓古汉越语，指的是汉字尚未大量传入越南以前，零星传到越南口语里的字音。这个时代大约是在中唐以前。它们是比汉越语更古的一种语言形式。所谓汉语越化，和古汉越语恰恰相反，它们的产生是在整套的汉越语形成了之后。……古汉越语好比汉族人在越南住了十几代，现在没有人知道他们是汉族血统了。越化汉语好比汉族人和越南结婚生的儿子。事实上他们已经不是纯粹的汉族了”[①]。由此可见，古汉越词和越化汉越词，虽然和汉语有着千丝万缕的联系，但是根据其在现代越南语中的形态已经无法找到和汉字的对应关系，因此这两类词不是我们研究的对象。

除了王力先生的上述分类以外，谭志词（1997）从汉越词同汉语词汇构词差别的角度出发，将汉越词分成了5类，即全借型、调序型、组序型、合璧型、缩略型。其中，全借型汉越词其构词成分及顺序全部保持了汉语词汇的形态；调序型汉越词其构词成分保持了和汉语对应词汇的一致，但是构词成分在汉越词中的次序和对应汉语词汇不一致；所谓组序型汉越词指的是利用对应汉语词汇的部分语素进行重新组合形成的汉越词；合璧型汉越词是指用汉语词汇的语素和越南语固有语素进行组合构成的越南语词汇；缩略型是指在对应汉语词汇的基础上省略部分构词要素而形成的汉越词。谭志词（1997）分类的优点是从词素层面揭示了汉越词和对应汉语词汇之间的关联，但是，这种分类也存在一定的局限性。首先，这种分类的指导思想还是从汉语借词的角度出发来考察汉越词，将越南语中的汉越词局限在汉语借词上，忽视了越南人民自己创造的词汇，也忽视了越南语吸收其他语言（如日本语）汉字词汇的现实；其次，合璧型越南语词汇中虽然包含汉越词词素，但是也包含了纯越词词素，这一类词实际上是汉语语素和纯越南语语素的结合体，可以认为是混种词。祁广谋（2006）也认为“那些越南人根据自身社会的事物或交际需要，自主地将汉越语素加上越南语语素所构成的词应该

① 王力：《龙虫并雕斋文集》，商务印书馆1980年版，第770页。

算作纯越词，至于习惯上所说的纯越词纯粹到什么程度，这是一个历史问题”。至于能不能将这类词汇看成是纯越词，还有待于进一步研究。至少这一类混种词不应该是汉越词。由此可见，仅从汉语借词角度考察汉越词的指导思想将会使汉越词研究失之偏颇。这种思想势必会把一些越南人民自造的汉越词和越南语从其他语言中吸收的汉越词排除在外，同时，又将本不属于汉越词的部分词汇（如混种词）错误地当作汉越词处理。祁广谋（2006）也认为，应该将汉越词和汉语借词分开，汉越词指的是越南语中能够独立运用的汉越音类汉语借词以及按汉语结构模式构成的汉越音类越南语复合词。

谭志词（2003）从越南语吸收汉语借词的时期和出处方言等角度出发，又提出了七分类，即古汉越词、今汉越词（等于狭义汉越词，即读音为汉越音的汉源词）、二次越化汉越词（等于王力的“汉语越化”）、汉语方言汉越词、越南语方言汉越词、讹化音的汉越词、混读汉越词。这种分类的指导思想还是没有脱离汉语借词这个角度。但是，其提出的汉语方言汉越词、越南语方言汉越词、讹化音汉越词三类是新的发现，虽然这类词不一定遵循汉越音体系，但是在方言这个层面上这些词汇的词素和汉字有严格的对应关系，遂应该将这些词看作汉越词。因此，这三类对我们大规模考察越南语中的汉越词有借鉴作用。

除了中国学者的研究以外，越南学者对越南语中的汉越词问题也开展了探索。这些学者和中国学者一样，基本上都把读音为汉越音、来源为汉语的词汇作为自己的研究对象，并在此基础上，从词汇学角度和语法学角度对汉越词进行了研究。这里值得一提的是，越南学者阮善甲在其著作《越语词汇学》（1985年）一书中，将越南自造的“汉+汉”型和“汉+越”型词语纳入了汉越词的范围，同时，他还认为来源为汉语的汉越词中有一部分是汉语的外来词。这实际上认为，越南语通过汉语间接地吸收了其他语言的词汇。这种观点更加全面地描述了越南语汉越词的来源范围。

汉语和越南语的语言接触，最早可以追溯到汉以前。在其后的漫长历史中，大量汉语词汇进入越南语，不但如此，越南人民在长期的生活实践中也利用汉字造词要素创造、改造了很多词汇，形成了今天越南语中的汉越词词汇系统。同时，为了利用汉字词汇进行日常口语交流，越南语逐渐形成了一个专门表达汉字和汉语词汇的读音体系，即汉越音，利用这套读音体系可以读出全部的汉字，甚至包括未进入越南语的汉字（谭志词，1997）。根据越南语汉越词的这种语言事实，综合上述中国学者和越南学者的研究成果，同时为了适应利用计算机进行越南语汉越词调查研究的实际需求，我们将越南语中利用汉越音读音体系吸收的外来词和越南人民自己创造的词汇称为汉越词。利用这套读音体系吸收的外来词汇包括来自汉语以及来自汉语以外语言的汉字词汇（如日本语等），越南人民利用这套读音体系创造的词汇包括汉语中没有的、越南人民独创的词汇以及对汉语词汇进行缩略、改造的词汇。由于利用汉越音的读音体系可以标记全部汉字，即汉越音和汉字存在对应关系，因此从理论上讲，汉越词全部可以用汉字转写。

我们不把古汉越词、越化汉越词作为研究对象，因为这些词已经融入纯越南语当中，从形态上已经是地道的越南语词汇。就像汉语在正式使用“互联网”这个词之前，英语“internet”的汉语译词有多个，如“因特网”“万维网”“Internet”等。“因特网”等还能够看得到“internet”的痕迹，可以认为是英语借词，但是“互联网”虽然也来自“internet”，但是将“互联网”也看成是英语借词就不太合适了，因为这是地道的汉语词汇，看不出一点英语的痕迹。古汉越词和越化汉越词同汉语对应词汇的关系也是这样。因此，我们不把这两种越南语词汇纳入研究对象。

这样做的好处是，首先由于现代越南语书面语所使用的文字符号是拉丁文字，汉字已经没有了踪影，而汉越音是拉丁文字和汉字的桥梁，现代越南语中汉越音是用拉丁文字书写的，同时由于汉越音和汉字存在对应关系，因此，能够利用与汉越音对应的拉丁文字来找到对应汉越词的汉字书写方法，这样就可以将所有的汉越词都用汉字转写出来。至于是对应繁体字还是对应简体字，这一点可以根据我们的研究目的和研究需要而定，没有必要在繁简问题上过于纠结，因为越南语现在不用汉字，也就没有使用汉字的规范和标准。如果我们需要和现代汉语进行对比，那么将汉越词用简体字进行转写就比较方便。其次，由于将汉越音识读作为越南语汉字词汇的界定标准，故可以将所有由汉字对应语素构成的词汇都纳入进来，不管是越南人民自造的，还是来自汉语的或是来自其他语言的，这样基本囊括了越南语中的所有汉越词（汉字词汇）。

第二节　现代越南语汉越词汉字标注方法和汉字标注语料库的建设

本研究开展现代越南语汉越词使用现状研究的基本思路是，根据所要研究的对象——汉越词的界定和特征，对语料库中的语料进行汉字标注，并在大规模标注语料库基础上研究现代越南语中汉越词的词汇量、不同领域文章中汉越词的分布情况、汉越词的词频情况，以及现代越南语和现代汉语通用的汉越词使用情况。

我们的研究对象是用汉越音体系识读的越南语词汇，包括越南语中用汉越音体系吸收的外来词，以及越南人民用汉越音体系创造的越南语词汇。由于古汉越词和越化汉越词的书写规律已经脱离了汉越音体系，因此这些词汇不在我们的考察范围之内。汉越音体系理论上和汉字对应，所有的汉字都可以由汉越音体系标注，可以说汉越音体系是汉字在越南语中的拼音。正是由于这个原因，由汉越音体系书写的越南语汉越词理论上完全可以转换成汉字，只要我们想这样做。这也是将越南语汉越词研究纳入"东亚国家汉字词汇研究"中来并将其称作越南语汉字词汇的原因。

如果将越南语中用汉越音体系书写的汉越词转换成汉字，那么越南语文章的一部分内容就可以以汉字呈现，这对于学习越南语的中国学生来讲是非常亲切的一件事情。非但如此，如果能够将越南语文章中的汉越词转写成汉字，我们研究汉字词汇在越南语中的使用现状也就变得容易很多。就像现代日本语一样，由于现代日本语中，汉字词汇基本上都用汉字书写，汉字词汇在日本语书面语中是非常清晰的，我们只要有大规模日本语书面语语料库，调查现代日本语中的汉字词汇使用现状相对而言就比较容易。如果能够有大规模标注汉字的越南语语料库，以这样的标注语料库为调查对象，我们进行现代越南语中汉字词汇使用情况调查的精度和科学性就会有突破性的提高。因此，建设大规模越南语汉字词汇标注语料库是本研究的重要工作。

一、现代越南语语料库的建立

为了本课题研究的需要，以及服务越南语研究、越南语教学以及词典编纂，课题组越南语团队建设了"现代越南语语料库"。收集了文学、军事、社会、经济、医药卫生、工业交通、政法宗教等 13 个领域的现代越南语语料，共计 12 954 篇文本，单篇文本长度在 89~2 514 个音节单位（相当于越南语的"字"）之间，语料库规模达到近 17 000 000 音节单位。该语料库语料的主要来源是越南主流报纸（或报刊）网站的新闻报道或评论性文章。由于语料选取覆盖了多个领域，且主要选自越南的现代媒体，因此语料库比较均衡地反映了现代越南语的使用情况，我们在对越南语汉字词汇的使用情况进行调查时主要使用了这个语料库中的语料，从中选取了约 350 万越南语音节单位的语料进行了汉字标注加工（具体加工方法见后文）。以此汉字标注语料为依据，我们基本摸清了越南语汉字词汇的使用和分布情况。这个语料库的语料统一以纯文本 txt 格式存储，字符编码为 utf–8。

另外，为了获取更多的语言信息，尽可能多地调查正在使用的越南语汉字词汇，我们还通过各种途径收集了大量的越南语语料，除了以上 1 700 万音节单位的语料库外，还收集了 250M、约 4 500 万音节单位的越南语语料。本课题研究所调查的越南语语料规模达到 6 000 万音节单位，可以说是迄今为止越南语汉字词汇使用情况调查史上规模最大的研究。

二、越南语汉越词的汉字标注与加工方法

越南语汉越词的汉字标注与加工方法根据人工和计算机参与的程度可以分为汉字手工标注、计算机自动标注、计算机标注人工校对三种。汉字手工标注即完全由人工将越南语文章中符合上述界定的汉越词用汉字标注出来。这种方法的好处是标注的精度比较高，但是有三个缺陷，首先是消耗的人力比较大，进度比较慢，特别是大规模作业，需要投入大量的人力和经费，而且作业很慢。其次是对标注人员的专业要求比较高。由于现代越南语中不使用汉字，越南人对汉字没有感性认识，日常生活中使用汉越语时也是无意识的，因此普通越南人根本不知道也不需要知道哪些是汉越词，进而更不知道汉越词可以用什么样的汉字进行标注。因此，如果用人工进行越南语汉越词的汉字标注工作，要求作业人员具备以下条件：（1）要能够辨认越南语中的汉越词；（2）要能够知道汉越音和汉字之间的对应关系；（3）要认识汉字。具备这样的能力和素质的一般应该是有很深汉学功底的越南学者，或者具有很好越南语基本功的中国学者。即便是这方面的专家，也未必能够将越南语文章中的汉字词汇一个不漏地标注出来。因为每一个人的知识范围是有限的，都有认识的字和不认识的字，这就容易造成遗漏和错误。最后是人工进行大规模越南语汉越词的汉字标注，容易产生前后不一致的现象。也就是说在碰到一些有多种可能性的标注时可能会出现前面用这一个汉字标注，后面又用另一种不同的汉字标注的情况。汉越音体系允许存在大量的同音字，即一个音可能对应多个汉字，特别是碰到生僻汉字时很有可能产生前后标注不一致的情况。

第二种标注方法是利用计算机进行自动标注。为了实现语言的计算机智能处理和满足语料库加工的需要，计算机科学家研制出了很多词层面的智能处理算法和工具，如汉语、日本语的分词、词性标注、拼音标注，日本语的假名汉字转换等。其中汉语和日本语的音字转换技术智能化程度已经很高，可达到实用程度，如汉语以句子为单位的拼音—汉字转换输入技术已经很成熟。20 世纪 90 年代初，计算机的汉字输入输出处理技术是计算机在中国普及的“瓶颈”。特别是汉字的

输入，曾经有过无数种输入方法，那时的拼音输入方法只能够以字为单位进行汉字的输入，后来发展到以词为单位输入。但是无论输入单位是字还是词，在当时拼音输入汉语文章的速度还是非常慢的。正因如此，出现了许多其他的办法，但是这些方法中有的虽然能够实现汉字的高速输入，但是，由于不符合人们的思维习惯、缺乏科学性，很难推广使用，因此科学家一直在探索以句子为单位的、拼音输入汉字的方法。近年来终于在这一方面有了突破性的进展。今天的计算机汉字输入，基本上都是使用以句子为单位的拼音输入，而且正确率非常高。日本语以句子为单位的音字转换输入方法比汉语更早也更成熟。这些技术实际上可以用于把用拼音文字写成的文章转换成汉字，因此也完全可以用于现代越南语文章的音字转换上。从算法上讲，越南语的音字转换和汉语、日本语基本是一样的（阮越雄，2014），但是，由于这种智能音字转换算法都是基于机器学习的思想开发的，对用于机器学习的语言资源的要求比较高，这些要求包括音字字典、音字对应的频率、大规模音字标注语料库等。智能音字转换算法需要从这些语言资源中学习人工标注的规律。但是由于拉丁字母是越南法定的书写文字，在越南的语言生活中没有必要使用汉字，因此，开发越南语音字转换工具在越南的语言生活中并无需求，正因如此，关于越南语音字转换算法的研究，以及研究这些算法所需要的语言资源十分匮乏。由于客观条件尚不具备，本研究暂时不采用这个办法。但是，本研究对越南语音字智能转换的研究也取得了一定的进展，在上述语言资源和算法工具的开发上也有了一定的积累，相信不久的将来会创造出性能比较高的现代越南语拼音—汉字转换工具。

第三种越南语汉越词汉字标注方法是机器加手工的方法。这种方法的基本思路是以字或者词为单位将越南语汉越词可能对应的汉字用计算机进行标注，然后，在计算机标注的基础上进行人工校对。这样做的好处有三点：第一，可以加快建设标注语料库的速度。对已知读音和汉字对应关系且不会发生同音歧义的越南语汉字词汇，计算机可以进行自动标注，这可大大节省人工标注的时间和人力。第二，可以提高汉字的标注精度，确保越南语汉字词汇使用现状研究结果的质量。对于存在同音歧义的词、新词，可以通过人工校对进行最后确定，这样不但可以保证数据的规模，而且确保了数据标注的准确性，从而确保本研究能够得出可靠而科学的结论。第三，可以为智能标注系统的开发提供训练语料。现在人工智能软件的开发都离不开机器学习，也就是说必须先让计算机算法学习人类积累下来的经验，而人类积累下来的经验和知识都隐藏在目前积累下来的大数据中。这种方法建设起来的汉字标注语料库实际就是人类积累的关于越南语读音和汉字对应关系的大数据，由于规模大而且准确率有保证，在开发越南语智能音字转换工具时，可以用机器学习的办法从这种语料库中学习越南语读音和汉字的对应规律，从而提取音字转换的模型，完成越南语读音和汉字转换工具的开发。

下面将具体介绍利用人工和计算机相结合的音字标注语料库的建设技术和过程。

三、人机结合的越南语语料库汉字标注

基本思路：利用计算机机械分词常用的最长匹配算法，根据音字转换词典，在越南语分词数据上用计算机实现越南语汉字词汇从读音到汉字的转换。然后对上述结果，利用人工进行校对，纠正同音词错误、分词错误、新词标注错误，产生最终的现代越南语汉字标注语料库。基于以上思路，我们需要建设音字转换所需的音字对应词典，选用越南语分词技术。

（一）越南语音字转换词典的建设

越南语读音和汉字对应词典建设是采用最长匹配法进行计算机汉字标注的关键，也是利用该方法进行越南语汉字标注语料库建设唯一的语言资源。词典建设的质量直接关系到标注结果的质量。根据前文论述，虽然越南语汉越词存在古汉越词、越化汉越词、汉越词等多个种类，但是由于古汉越词和越化汉越词已经融入越南语中，无法找到其与汉字的对应关系，本研究不认为这两类汉越词是汉字词汇，不将其纳入我们的研究对象。可研究的对象是现代越南语中的汉越词，可称之为越南语中的汉字词汇。越南语书面语中这些词汇是用汉越音书写的，而汉越音体系是专门用于标读汉字的读音体系，和汉字有严格的对应关系，如果以汉字为单位进行音字转换，那么现代越南语书面语中的汉越词都可以转换成汉字。因此，如果我们建立以汉字为单位的越南语读音和汉字对应的字典，用这种字典对越南语书面语汉越词进行汉字标注，那么理论上不会产生漏标的情况。也就是说，越南语中用汉越音书写的地方都可以转换成汉字。基于此，以汉字为单位的越南语读音和单个汉字对应的字典是我们开发标注工具词典的必要内容。我们收集了国内外几部字典中收录的汉字越南语读音表，其中包括本项目立项时日本刚出版的《详解越南语词典》（『詳解ベトナム語辞典』，2011 年 8 月日本大修馆书店），建立了包含 8 085 个汉字的“汉字越南语读音对照表”。表 6–1 是其中的一部分。

表 6–1　　汉字越南语读音对照

a　啊	a　锕	a　阿	a　阿	a　阿	a　阿
a　婀	a　屙	a　怄	a　丫	a　呀	a　鸦
á　垩	á　哑	á　哑	á　痖	á　亚	á　娅
á　氩	ác　恶	ách　厄	ách　厄	ách　扼	ách　呃
ách　轭	ai　哀	ai　锿	ai　埃	ai　挨	ai　唉
ai　欸	ai　唉	ai　欸	ái　霭	ái　嗳	ái　欸
ái　爱	ái　嗳	ái　瑷	ái　叆	ái　媛	ải　隘
ải　缢	am　庵	am　鹌	am　庵	am　谙	am　盦
ám　暗	ám　暗	âm　窨	âm　阴	âm　音	âm　窨
ãm　黯	ấm　喑	ấm　喑	ấm　荫	ẩm　饮	ẩm　饮

但是由于同音现象的存在，同一个汉越音可以和多个汉字对应，用以上汉字越南语读音字典标注语料时，虽然所有的汉越音可能都标注上了汉字，但是，很有可能出现一个汉越音标注多个汉字的情况。如：

tin tức　　［信］［唧 / 即 / 鲫 / 息 / 熄 / 螅 / 媳］
biến　　遍 / 遍 / 变
kỳ vọng　　［/ 崎 / 期 / 祁 / 圻 / 祈 / 蕲］［妄 / 望］
thành　　成 / 城 / 诚 / 盛
hiện thực　　现实

为了减少这种情况，我们收集了 20 000 多条常用的二字以上汉字词汇并将其加入上述汉字标注词典中，这样就构建了一个含有单个汉字和二字以上越南语汉字词汇的读音汉字对照词典。表 6–2 是加入了二字以上汉字词词典的一部分。

表 6–2　　汉字词越南语读音词典

读音	汉字	读音	汉字	读音	汉字
y	衣 / 依 / 铱 / 伊 / 咿 / 医 / 繄 / 噫 / 猗 / 漪 / 鷖 / 簃	ý	衣 / 意 / 薏 / 镱 / 饐 / 懿 / 惏	ỷ	倚 / 椅 / 旖 / 齮 / 椅
yêm	俺 / 腌 / 奄 / 淹 / 腌 / 腌 / 阉 / 厌 / 恹 / 弇 / 揜	yếm	厌 / 餍	yểm	掩 / 奄 / 罨 / 魇

续表

读音	汉字	读音	汉字	读音	汉字
yên	鞍 / 蔫 / 胭 / 曣 / 烟 / 湮 / 堙 / 焉 / 嫣 / 蔫 / 鄢 / 晏 / 咽 / 焱 / 湮 / 堙 / 禋 / 堙	yến	燕 / 郾 / 宴 / 讌 / 曣 / 燕 / 赝 / 要	yển	偃 / 鼹 / 堰
yết	暍 / 揭 / 咽 / 谒	yêu	夭 / 妖 / 要 / 腰 / 邀 / 幺 / 吆 / 哟 / 侥 / 要	yểu	夭 / 窈 / 窅
vũ kịch	舞剧	áp giải	押解	liệp danh	猎名
phù vân	浮云	man di	蛮夷	thiện tâm	善心
sóc cảnh	朔境	không tập	空袭	cai trị	该治
ý tưởng	意想	biến chứng	变症	thể chế	体制
hoang đàng	荒唐	tư bản độc chiêm	资本独占	dương nhật	阳日
mục súc	牧畜	quan cách	官格	sĩ phu	士夫

（二）基于最长匹配算法的汉越词汉字自动标注

根据最长匹配算法，标注是从最长的词开始的，即首先从语料中截取长度和上述词典中收录的音节最长的词相等的字符串 X，用字符串 X 与词典中的每一个词条去匹配。如果汉字标注词典中存在 X，则把 X 对应的汉字词拿出来作为 X 的汉字标注结果，然后从剩下的语料中再截取下一个字符串 X，重复上述操作。如果在词典中找不到 X，则将字符串 X 的最后一个字符去掉，用 $X_{0\cdots\cdots n-1}$ 与词典中的词进行匹配，如果词典中存在这个字符串，则将对应的汉字词拿出来作为汉字标注结果，否则再从 $X_{0\cdots\cdots n-1}$ 的尾部去掉一个字符，并重复以上操作，直至 X 变成一个音节为止。如果 X 变成一个音节，则要么匹配成一个汉字（当然可能有多个候选同音字，如果是这样就全部拿出，供后续人工校对时参考），要么词典中没有，如果词典中没有，则将该音节原样用越南语拉丁字母输出。这样，需要标注的语料中只要包含词典中的汉越词词条，无论是单音节还是双音节、多音节，最后都能够标注上对应的单个汉字、两个汉字和多个汉字。用上述算法进行越南语汉字词汇标注的流程如图 6-1 所示。

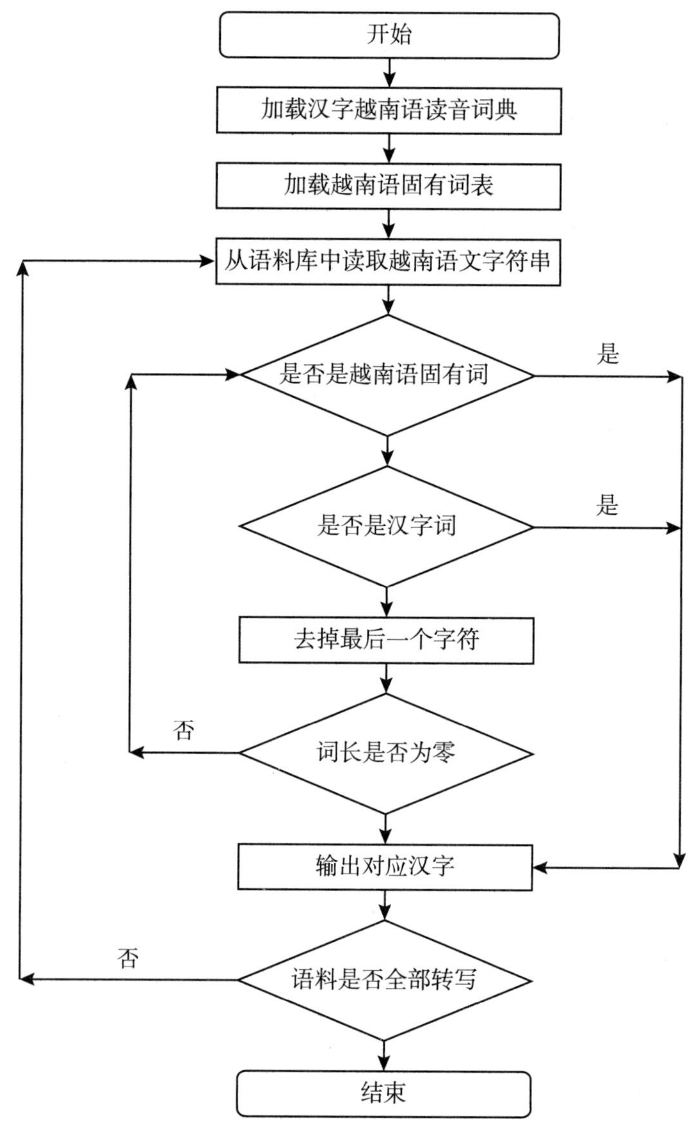

图 6-1　越南语汉越词汉字标注流程

（三）词典未登录汉字词汇与新词的处理

根据以上构建的汉字越南语读音词典和最长匹配算法，语料中如果存在二字以上的汉字词，且这个词是词典中收录的，那么就可以标注出来。现实语言生活中可能使用词典中没有登录的汉字词汇，如派生词、复合词、新词等，这些词目前没有很好的智能处理办法应对。但是，由于该系统所能处理的最小标注单位是汉字，同时词典中收录 8 000 余个汉字（早期中国国标汉字的一级、二级字库之和也只有7 000多个汉字，这7 000多个汉字就可以满足现代汉语的使用需求了），可以说基本覆盖了越南语汉字词汇中可能出现的汉字，因此，语料中所出现的与这8 000多个汉字所对应的汉越音，都可以转换为汉字。由于最长匹配算法确保了二字以上汉字词汇有标注优先权，因此如果是词典中已登录的二字以上汉字词汇就可以优先标注出来。如果是词典中未登录的新词、复合词、派生词，只要这些未登录词是汉字词汇，其构成要素也会被以单字单位转换成汉字，如果存在同音字，则提供所有同音字候选字。这种情况，构成要素的汉字候选字用［ ］括起来，为人工校对时提供参考。如果一组汉越音对应n组［XXX］，则每一组［XXX］中提取一个汉字进行组合，如果成词，则可以以此作为这组汉越音对应的汉字表达。这样可以为人工识别新词和词典未登录词提供非常有价值的线索和带来便利。表6-3的实例就是这种情况。

表6-3　　机器标注结果的人工校对

汉越音	计算机标注结果	校对结果
tin tức	［信］［唧/即/鲫/息/熄/螅/媳］	信息
kỳ vọng	［/崎/期/祁/圻/祈/蕲/綦/鬐/鳍/踦］［妄/望］	祈望
bài toán	［掰/摆/捭/俳/排/牌/簰/旆］［算/蒜］	牌算
khu phố	［抠/眍/区/岖/躯/驱/姝］［浦/埔/圃/铺］	区铺
khách hàng	［客/喀］［缸/行/桁/绗/吭/杭/航/颃/洚/降］	客行
thông tin	［匆/葱/聪/骢/痌/恫/通］［信］	通信
nguyễn văn bính	［阮］［文/蚊/纹/炆/雯/闻/汶］［丙/炳/柄/邴/昺/屏/饼/摒］	阮文炳
cá nhân	［个］［人/仁/湮/因/茵/氤/絪/铟/姻/闉］	个人
phạm tuyết mai	［犯/范/梵］［惙/薛/雪/鳕］［埋/霾/玫/枚/莓/媒/梅］	范雪梅
vật dụng	［勿/物］［用/佣］	物用

（四）分词技术引入和标注质量的控制

本课题研究中用于给越南语汉越词标注汉字的算法是最长匹配法。最长匹配法是早期用于汉语和日本语分词的机械算法之一。这种方法基于词典，虽然在分词时需要资源较少、实现比较简单、能够达到较高的精度，但是，由于词典收词数量的限制以及实际语言的复杂性，最长匹配法这种机械分词方法和现代分词技术相比，其分词精度尚有一定的距离。我们在对越南语汉越词进行汉字标注时，如果在分词阶段出现大量的错误，那么，标注阶段就不可能正确，这样就会给后期人工校对带来很多困难。为了尽量减少人工校对的负担，必须控制机器标注阶段产生的错误，首先必须保证分词阶段的准确率。

为了实现上述目标，我们在分词阶段引入了高性能的越南语计算机分词技术，对要进行汉字标注的语料进行了分词加工。然后，在经过分词的语料上利用最长匹配算法进行汉字标注。最长匹配算法处理的对象已经是一个词，不需要再对其进行分词处理，只需要对所处理的词进行汉越词或者汉越音的判定和汉字的标注。这样做的好处是，减少了利用最长匹配算法进行分词的错误，同时由于利用该算法进行汉字标注的对象是一个词，因此，即便在对该词进行汉字标注时产生错误，这个错误也只限在该词内部，不会影响上下文中的其他词汇。如果从分词到标注全部依靠最长匹配算法，若在分词阶段发生错误，那么，就会产生词的认定问题。前一个词判定错误，就会影响后一个词的认定，这样会产生一连串的问题，汉字标注也不可能正确。我们采用专用分词技术先分词，后用 FMM 算法标注汉字就会避免这样的错误。

此处引入 vnTokenizer 越南语分词工具，这是一个共享软件，可以从互联网上免费下载。根据这个软件的用户指南，其分词精度达到了 98% 左右。我们在对语料进行汉字标注时，首先用这个工具对语料进行分词。

综上所述，本研究对越南语汉字词汇进行汉字标注与加工主要按照以下步骤展开：

第一步：用 vnTokenizer 工具对现代越南语的语料进行分词加工。

第二步：利用汉字越南语读音词典和最长匹配算法对分词加工得到的数据进行汉字的自动标注。

第三步：对自动标注的结果进行人工校对。

表 6-4 为以上三个环节中每一个环节的部分结果数据。

表 6-4　　汉越词汉字标注的三个环节

第一步分词结果	第二步机器标注结果		第三步人工校对后的成品	
mục	mục	目 / 苜 / 钼 / 牧 / 睦 / 穆 / 缪	mục	目
⋮	⋮	⋮	⋮	⋮
bạn đọc	bạn đọc	［伴 / 拌 / 绊 / 柈 / 畔 / 叛］đọc	bạn đọc	［伴］đọc
thời gian	thời gian	时间	thời gian	时间

续表

第一步分词结果	第二步机器标注结果		第三步人工校对后的成品	
tiêu đề	tiêu đề	标题	tiêu đề	标题
tin tức	tin tức	[信][即/鲫/息/熄/螅/媳]	tin tức	信息
1/9/2015	1/9/2015	1/9/2015	2015/1/9	2015/1/9
nói	nói	nói	nói	nói
về	về	về	về	về
thành phố	thành phố	城铺	thành phố	[城铺]
đáng	đáng	挡/当/镫	đáng	当
sống	sống	sống	sống	sống

利用以上方法，我们对来自越南几大报纸约350万音节（含标点符号）的现代越南语语料进行了汉字词汇的标注加工，最终获得了精确标注汉字的现代越南语语料库，规模为231万词次（不包含标点符号，单位为词而非音节），语料内容涉及政策法规、社会、文学、军事等几个方面。我们以此标注语料库为依据，对现代越南语中汉字词汇的使用现状进行统计分析。

第三节　基于标注语料库的汉越词使用现状研究

现代越南语中和汉语或者汉字有关的词汇虽然可以分成古汉越词、越化汉越词和汉越词，但是古汉越词和越化汉越词已经融化于纯越南语中，其读音和汉字不存在严格的对应关系，我们不认为这两类为现代越南语中的汉字词汇。其实任何语言在吸收外来词时都存在音译和意译两种情况，就像前文提到的，“internet”在进入汉语以“互联网”扎根下来之前，有“因特网”等多种形态，“因特网”和“internet”之间存在某些音韵上的关联，但是“互联网”无论从音韵上还是从形态上都找不到“internet”影子，但是“互联网”确实来源于“internet”。尽管如此，我们还是不能够认为“互联网”是英语借词。同样道理，我们不将古汉越词和越化汉越词看作现代越南语中的汉字词汇。我们的研究对象是现代越南语中的那些用汉越音书写、和汉字有严格对应关系、根据汉越音可以转写成汉字的汉越词。我们将这样的词称为现代越南语中的汉字词汇。

由于越南语中同汉语和汉字有关的词汇比较复杂，以往的研究虽然认识到古汉越词、越化汉越词和我们要研究的汉字词汇有很大区别，但是由于在实际操作过程中又无法将这些词识别出来，也没能够认识到这些词实际上已经不是地道的汉字词汇，所以在进行汉字词汇使用情况分析时，过于纠结这些词汇的存在。同时，由于越南语语言研究的技术手段限制，不可能建立大规模越南语汉字词汇标注语料库，因此，越南语汉字词汇使用现状的分析研究一直停留在研究者个人的估计上，没有形成科学的结论。

由于古汉越词和越化汉越词已经融入越南语固有词汇当中，在音韵上和现代汉语汉字读音不存在严格的对应关系，而且数量非常有限，这些词无论在面向越南人的汉语教学、面向中国人的越南语教学，还是在汉语越南语的跨语言计算机信息处理上均贡献不大，因此，我们不将其作为现代越南语中的汉字词汇。与此相对，现代越南语中还存在着用汉越音体系书写的词汇，这些词汇其在音韵上和现代汉语汉字的读音存在着严格的对应关系，可以认为是汉字被拼音化了，只不过不是采取现代汉语的拼音化方案，而是采用了越南语汉越音拼音化方案。这些词汇在越南语中大量存在，由于其在理论上均可以用汉字来转写，无论是教学还是跨语言计算机信息处理这些词汇都是非常重要的。因此，这些词汇是本项目的重要调查对象。

为了精确掌握现代越南语中汉字词汇的使用状况，我们对 350 万音节、231 万词次的语料进行了汉字词汇的精确标注，同时为了调查不同内容和文体中越南语汉字词汇的使用，我们对其中的近 175 万音节、107 万多词次的语料进行了分类统计。这里主要将语料分成三大类——法律法规、文学作品、其他内容文章（包括社会、经济、军事）。因为我们的语料主要来自越南的报纸，书面语色彩很重，因此，传统按书面语、口语、文学等的分类方法并不十分符合这些语料。本次统计主要是从文章内容上考虑，目的在于理清不同内容的语料，哪些汉字词汇使用较多？哪些使用较少？总体看现代越南语书面语汉字词汇使用的现状如何？

在进行现代越南语中汉字词汇使用现状研究时，需要使用一些语言计量研究的基本概念。这些概念最常用的主要有词次数量、词目数量、覆盖率等，部分前已述及，现仅对纯汉越词和含汉语词素词汇进行界定。

纯汉越词：构成要素均为汉源词素，所有构成词素全部用汉越音拼写，所有词素均和汉字有对应关系。如：tốt nghiệp（卒业）、tẩu tán（走散）、tổng chi（总支）、tổng thể（总体）、tổng đài（总台）、tổng số（总数）、tổng thu（总收）、tổng lượng（总量）、tổng quát（总括）。

含汉语词素词汇：构成要素部分为汉字词素，部分词素用汉越音拼写，部分词素和汉字有对应关系，另外一部分要素可以是纯越音或其他拼写。如：bỏ phiếu（bỏ 票）、biển đông（biển 冻）、bên việt nam（bên 越南）、bè bạn（bè 伴）、bầu cử（bầu 举）、bắt đầu（bắt 头）、băng thông rộng（băng 通 rộng）、ban đầu（ban 头）、bán đấu giá（bán 斗价）、bài học（bài 学）、bài tập（bài 习）。

根据以上界定，我们以前述的 107 万词次的现代越南语语料为对象，分别对含有汉字词素的越南语词汇以及纯汉越词汉字词汇在现代越南语中的覆盖率，汉字词汇在法律法规、文学作品、其他语料中的覆盖率进行了统计，同时，也统计了现代越南语中含有汉字语素的词汇以及纯汉越词的词目数量，并统计了这些词汇在越南语词汇系统中所占的比例（词目数量比例），清楚地揭示了汉字词汇在现代越南语中的使用情况。具体结果如表 6–5、图 6–2 所示。

表 6–5　　汉字相关词汇在现代越南语中的使用情况

项目	总计	汉字相关词汇	比例（%）
词次数量	1 073 419	439 791	41
词目数量	39 232	16 915	43

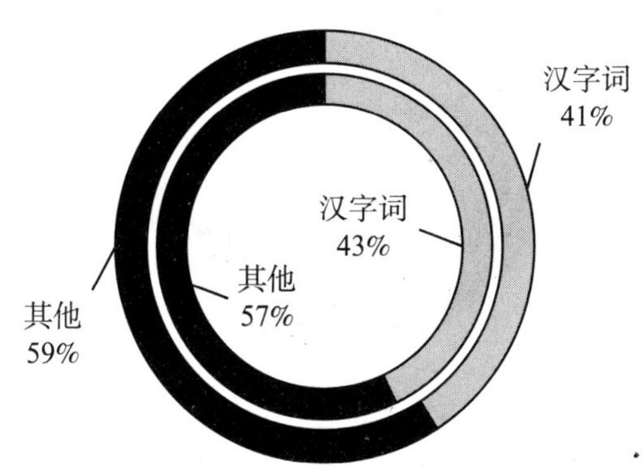

图 6–2　越南语汉字相关词汇使用情况

注：外侧为覆盖率、内侧为词汇所占比重。

总体来看，包含汉字词素的词汇在现代越南语中的覆盖率为 41%（饼图外侧），纯越南语词和其他外来词覆盖文章的 59%。也就是说，一篇现代越南语的文章中，有 41% 的词是和汉字有关的，如果将其转换成汉字，中国人是有可能理解其含义的。而这篇文章中和汉字有关的词目数量占总体词目数量的 43%（饼图内侧），而纯越南语以及其他外来词占词目数的 57%。也就是说，中国人在学习越南语时，43% 的单词记忆起来比较容易，因为这些词汇来源于汉字。

纯汉越词是指那些用汉越音标记，和汉字有严格对应关系的词汇。这些词汇在现代越南语中的综合覆盖率为 39%（饼图外侧）。一篇现代越南语的文章，如果按照汉越音和汉字的对应规则，将其中的纯汉越词转换成汉字，则这篇文章有 39% 的内容被汉字词覆盖，这些内容中国人也是可以领会的。而纯汉越词的词目数量占总词目数量的 34%，也就是说如果我们记忆文章中的单词，那么有 34% 的单词是完全可以用汉字来书写的（见表 6–6、图 6–3）。

表 6–6　　现代越南语纯汉越词使用情况

项目	总计	纯汉越词	比例（%）
词次数量	1 073 419	414 725	39
词目数量	39 232	13 320	34

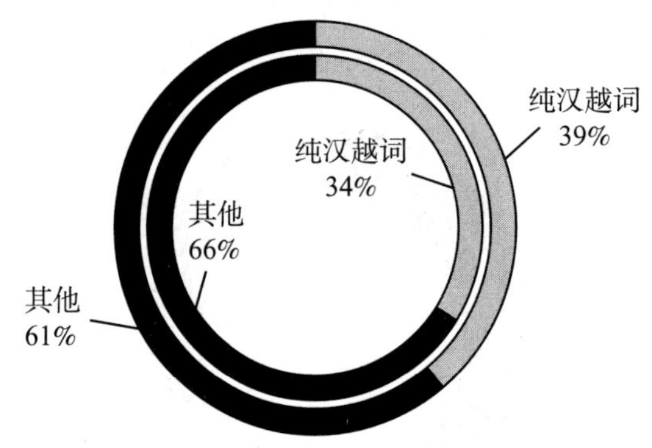

图 6–3　越南语纯汉字词使用情况

注：内侧为所占词汇比重、外侧为覆盖率。

以上为纯汉越词以及与汉字有关的词汇在现代越南语中使用的总体情况。但是，根据文章内容、文体等的不同，现代越南语中汉字词汇的使用情况是不一样的。有的文章中使用的汉字词汇比较多，有的文章中使用的汉字词汇就比较少。为了理清哪些文章中汉字词汇使用比较多，哪些文章中不怎么使用汉字词汇，我们将上述 107 万词次的语料分成了三大类，即法律法规、文学作品和其他类。这种分类主要是因为，在日常语言生活中人们有一种印象，即越南语法规文献中的汉越词较多，文学作品中汉越词较少。为了证明是否真正存在这种情况，我们作了以上分类。我们以法律法规文章和文学作品作为越南语汉字词汇使用的两个极端情况，其他文章作为这两类语料的中间情况，根据这三类语料研究越南语汉越词的分布情况。这三类语料的词次数量如表 6-7 所示。

表 6-7　　三类语料的规模

语料类别	法律法规	文学作品	其他	总计
词次数量（万）	31.3	29.5	46.5	107.3

这三类现代越南语语料中与汉字有关词汇的使用情况以及这三类现代越南语语料中纯汉越词的使用情况如表 6-8、表 6-9、图 6-4~ 图 6-6 所示。

表 6-8　　三类语料汉字相关词汇使用情况

语料类别	法律法规	文学作品	其他
总词次数量	313 061	294 910	465 448
汉字相关词词次	202 313	61 355	176 530
覆盖率（%）	64.6	20.8	37.9
总词目数量	6 613	16 107	26 915
汉字相关词目数	4 501	7 166	10 395
汉字相关词比例（%）	68.1	44.5	38.6

表 6-9　　三类语料纯汉越词汇使用情况

语料类别	法律法规	文学作品	其他
总词次数量	313 061	294 910	465 448
纯汉越词词次	186 565	51 787	176 380
覆盖率（%）	59.6	17.6	37.9
总词目数量	6 613	16 107	26 915
纯汉越词词目数	3 277	4 724	10 293
纯汉越词比例（%）	49.6	29.3	38.2

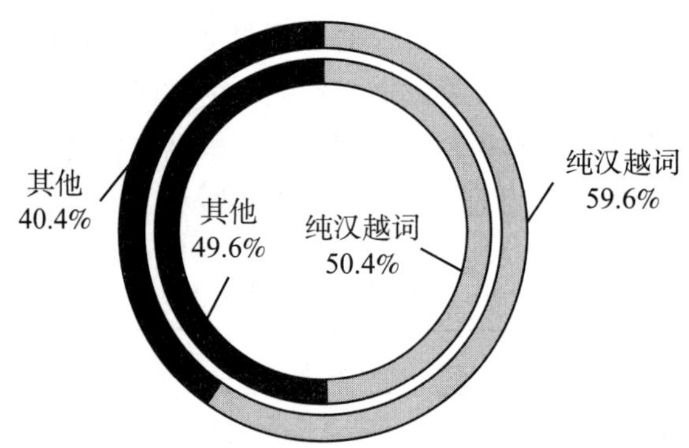

图 6-4　越南法律法规纯汉越词使用情况

注：内侧为所占词汇比重、外侧为覆盖率。

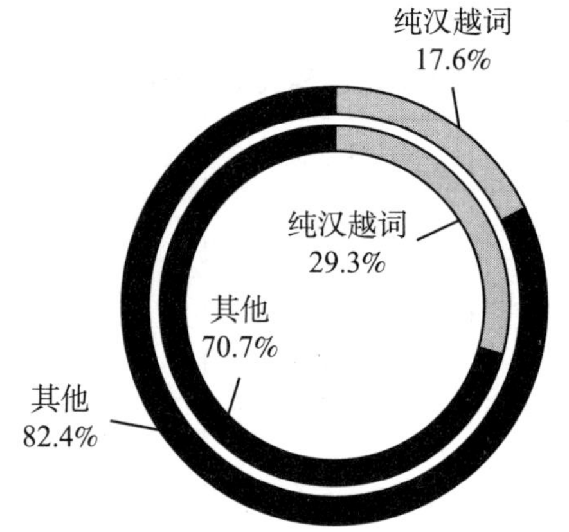

图 6-5　越南文学作品中纯汉越词使用情况

注：内侧为所占词汇比重、外侧为覆盖率。

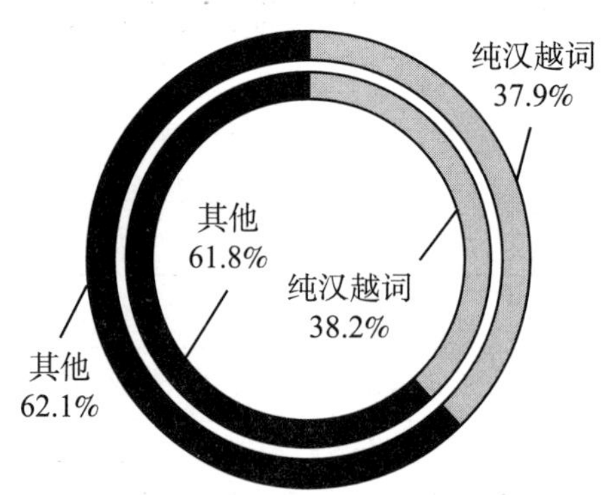

图 6-6　其他越南语语料中纯汉越词使用情况

注：内侧为所占词汇比重、外侧为覆盖率。

从以上统计可以看出，我们所统计的三类现代越南语语料中，法律法规文章汉越词的覆盖率最高，达到近60%。这些文章如果将其中的汉越词转写成汉字，有60%的词是可以用汉字来标记的。而这些文章的词汇中纯汉越词的比例也超过了50%。和传统的看法一致，现代越南语文学作品中汉越词的使用率比较低，纯汉越词在文学作品中的覆盖率只有17.6%，不到法律法规语料的1/3。但是，就词汇量来讲，文学作品中汉越词的词汇量占了这类语料词汇量的近30%，不算太低。其他语料中汉越词的使用处于法律法规语料和文学作品之间，无论是覆盖率还是词汇量比率，纯汉越词都占到接近40%，这和汉越词在现代越南语中使用的总体情况是一致的。由此可见，现代越南语中的汉字词汇还有很高的使用率，这就是越南语中汉字词汇的使用现状。

第四节　小　　结

通过自己建立"现代越南语汉字标注语料库"并以此为依据进行统计分析，我们对汉字词汇在现代越南语中的使用情况有了一个整体的把握，即现代越南语中汉字词汇（纯汉越词）在文章中的覆盖率超过39%，接近40%；现代越南语语料中汉字词汇（纯汉越词）的词目数占到语料中越南语总词目数的34%。法律法规用语中所使用的汉字词汇词目数最多，占该领域文章总词汇量的近50%；汉字词汇在这些领域文章中的覆盖率接近60%。另外关于现代越南语中常用的汉字词汇有哪些，他们的使用频度达到多少，哪些词是现代汉语和现代越南语共用的等问题，我们也进行了大规模整理，并且将现代越南语中常用的、在汉字词认定上没有太大争议的10 000多条收入第十一章"越南常用汉字词汇使用现状"中，作为本课题研究最终成果的一部分。同时也整理出了"汉语和越南语通用汉字词汇使用情况表"（11 810余条）[①]。根据这些数据我们可以把握越南语中汉字词汇的使用现状。

① 注：篇幅限制，本书中年未收录。

第七章

汉语与日、韩、越等语言通用词汇使用现状研究

众所周知，历史上汉语对中国周边国家语言文字的形成产生了巨大影响，形成了“汉字文化圈”，“汉字文化圈”国家和地区的语言中使用着大量的汉字词汇。实际上，语言的影响是相互的，虽然汉语对周边国家语言的影响是主流，但是，周边国家的语言也或多或少地对汉语产生了影响。比如近代，日本语就反过来对汉语产生了影响。19 世纪末 20 世纪初，日本人创造性地使用汉字词翻译了许多西方先进文化的概念，这些汉字词有相当一部分传到中国，进入了汉语。因此，语言的这种相互影响可以从词汇上找到证据。甚至，从词汇上也可以找到不同文化相互交融的证据，不同语言中的同形词汇，就是这种证据的一种。近年来，学界开始重视“汉字文化圈”国家词汇交流史的研究，主要目的是试图通过研究词汇的起源和词汇交流的轨迹以探寻文化交流的规律。这一领域研究的主要对象就是“汉字文化圈”国家和地区语言中的同形词。由于汉字是表意文字，“汉字文化圈”中持不同母语的人们可以利用汉字而不依靠音声语言进行交流，不同语言中的同形词汇为实现这种交流发挥了重要作用。但是由于以汉字为媒介的同形词汇在“汉字文化圈”国家可以通用，人们往往忽视这些词在不同语言中意义用法存在微妙差别、使用时缺乏敬畏之心而出现语病。正如史有为（2019）指出的，“常常不加咀嚼，以博眼球为考量，造成粗糙滥用的现象”。因此研究这些同形词，不但对外语教学和对外汉语教学、促进“汉字文化圈”的文化交流，而且对规范现代汉语中日源汉字词的使用都具有重要意义。

古代汉语对周边国家语言产生影响，在日本、韩国、越南等国语言中留下了许多汉字词汇，同时，这些国家的人民在本民族的文化活动中也利用汉字创造了大量反映本民族文化以及他们所吸收的西方外来文化的汉字词汇，其中有些也进入了现代汉语中。这样就形成了汉语和日本语、韩国语、越南语通用的词汇——同形词。这些通用词汇大量存在，理清汉语和日、韩、越三国语言中的通用词汇使用现状也是本课题研究的重要目标。要实现这个目标必须解决汉语和日、韩、越等语言的通用词汇到底有哪些、有多少的问题。如何才能从大规模现实语言材料中理清这个问题?

针对汉语和日、韩、越等语言通用词汇使用情况的问题，虽然专门探讨的研究成果不多，但是在有关通用词汇研究的几乎所有论文中都有涉及。传统研究所采用的方法有一个共同特点就是将汉语或者日本语、韩国语、越南语的一个词表作为蓝本，利用汉语和这三国语言的词典作为甄别依据，从词表中遴选通用词汇，以此调查汉语和日、韩、越等语言通用词汇的使用情况。这样做有以下几方面的缺陷：第一，无法大规模获取汉语和这些语言的通用词汇，因此也无法观察通用词汇的整体面貌；第二，无法考察汉语和这些语言通用词汇的实际使用情况；第三，无法把握语言生活中新出现的通用词汇（新的借词）的情况。

针对汉语和这些语言通用词汇在传统获取方法上的缺陷，我们将语料库引入了该研究领域，利用计算机进行自动甄别以获取汉语和日、韩、越等语言的同形词，以期掌握日、韩、越等东亚国家现代语言中和汉语通用汉字词汇使用的真实情况。这里需要特别说明的是，通用词汇是中、日、韩、越四个国家的任何两个国家语言之间都存在的语言现象，我们只研究汉语和日、韩、越等语言的通用词汇，日、韩、越等语言之间的通用词汇不在研究范围之内。

第一节　汉语和日、韩、越等语言通用词汇的界定

在利用语料库进行通用词汇大规模自动抽取之前，必须对汉语和日、韩、越等国语言通用词汇进行明确界定，即必须解决何谓汉语和日、韩、越等语言的通用词汇问题，否则将无法验证抽取方法的有效性，也没有办法从现实语料中进行正确抽取。

日本早在20世纪70年代就曾经以国家项目的形式研究过中日同形词的问题。随着中日邦交的正常化，日本政府非常重视面向中国的日本语教学，也很重视汉语和日本语的共性及差异的研究。1973年日本政府文化厅给早稻田大学语

言教育研究所下达了研究课题“日本语和汉语语言结构对比研究”（日本語と中国語との言語構造の対照研究），其中包括两个子课题“和中文对应的汉字词”（中国語と対応する漢語について）以及“关于近义汉字词的日中对比”（類義漢語の日中対応について）。作为这两个课题的研究成果，日本文化厅 1978 年出版了《和中文对应的汉字词》(『中国語と対応する漢語』) 一书。这本书当时还没有用“同形词”这个概念来描述日本语中的这些和汉语有对应关系的汉字词汇。承担日本文化厅这项研究任务的早稻田大学语言教育研究所的研究人员在描述其研究对象时使用了“汉字音读词”（漢字音読語），即认为和汉语存在对应关系的汉字词汇都应该是“汉字音读词”。也就是说，他们认为中日通用词汇应该都是“汉字音读词”。日本的这个项目成果中列出了中日通用词汇约 1 500 余条。

根据以上情况，上述研究成果对中日通用词汇的界定是日本语中与汉语有对应关系的“漢字音読語”。也就是说汉语中存在的、形态上和日本语有对应关系的日本语音读汉字词，即汉语和日本语中具有相同形态的日本语音读词。因此传统研究一般将汉日语通用词汇叫作汉日同形词，以是否具有相同的词形作为判别汉日通用词汇的标准。但是，中日同形词是否仅限于日本语中的音读汉字词，对这个问题，学界存在争议。日本学者荒川清秀（1979）认为，汉日同形词研究是建立在同形词的“视觉同一性上的”，因此对中日同形词的研究不能局限于日本语中的音读汉字词。这一认识比只在日本语音读汉字词范围内研究汉日同形词的传统观点有了很大进步。但是，众所周知，汉字传入日本后，无论在中国还是在日本，汉字的字形都发生了不同程度的变化。另外，日本人也根据他们实际生活的需要，创造了许多日本自己的汉字，这些汉字在中国的汉字体系中不存在。由于这些原因，视觉上具有同一性的汉日同形词汇只是汉日通用词汇的一部分，有相当一部分词汇字形并不完全相同，但无论中国人还是日本人一看就能明白这些词汇在汉语和日本语之间具有对应关系，如“爱情—愛情、认识—認識”等。另外，日本语固有词汇中有相当一部分也借用了汉字作为其书写符号，如“来る、入る”等，这些虽然在视觉上具有相似性，但是并非汉日通用词。由此可见，以“视觉同一性”作为标准也很难正确把握汉日通用词汇。

日本学者大河内康宪（1992）也将汉日通用词汇看成是汉日同形词。但是，大河内康宪对汉日通用词汇实质的把握不再局限在视觉的同一性上。他认为，所谓“汉日同形词汇”，应该是汉语和日本语中具有“借用”关系的词汇。不管是从汉语借到日本语还是从日本语借到汉语，是否具有“借用关系”是判断“同形词”的关键，即词汇同源是所谓“汉日同形词汇”的实质。这一观点基本可以概括汉日语通用汉字词汇的普遍特性。由此可见，汉语和日本语的通用词汇，不仅仅是日本语的音读词汇，日本语的音读词汇只是汉日通用词汇的一部分来源。我们认为，汉语和日本语的通用词汇是由两个关键因素决定的，即形态上必须具有“视觉同一性”（同形），实质上相互之间必须有借用关系。有关东亚国家词汇交流的研究，主要是依据这一点展开的。

我们将关于汉语和日本语通用词汇界定的这一结论推而广之，把汉语和日本语、韩国语、越南语之间存在着形态对应、具有借用关系的词汇称为汉语和这三种语言的通用词汇。

“借用”是两种语言词汇交流的一种方式，具有借用关系的两种语言的词汇一定是同源的。因此确定某两个词汇是否同源，无疑是确定汉日通用词汇的有效手段。但是，词汇的借用过程是不能够直接应用在以形式特征为主要依据的计算机“汉日通用词汇”的自动获取上的。因此，建立一套能够有效反映汉语和日、韩、越三种语言通用词汇同源本质的形式规则是实现“通用词汇”自动获取的关键。

第二节　汉语和日、韩、越三种语言通用词汇的形式特征

根据上述论述，汉语和日、韩、越三国语言的通用词汇是汉语和这些语言中存在形态对应、具有借用关系的词汇。其中，通用词汇具有借用关系的特性很难应用在计算机的自动获取上面。通用词汇的形态对应这一特性，由于反映的是通用词汇的形态上的特征，有具体的形态特征可以把握，因此，通用词汇的这一特性是我们实现通用词汇自动获取的主要依据。

但是，日本语、韩国语、越南语的现代语言书面语中和汉语通用的词汇已经不完全具备汉字形态。越南语已经彻底废除汉字、使用拼音文字，尽管越南语中存在很多汉字词汇，但是，无法直接从形态上判别汉语和越南语的通用词汇。韩国语尽管少量使用汉字，但是现代韩国语的大量汉字词汇并不用汉字书写，而是使用韩文，因此，汉语和韩国语的通用汉字词汇也无法直接从形态上进行判断。日本语是东亚国家语言中还在大量使用汉字的非汉语语言，即便日本语中大量使用汉字，但是由于日本语的自身特点使得日本语中使用汉字书写的词汇存在很多复杂性，这也为用计算机自动获取汉日通用词汇带来了非常多的困难。

尽管如此，我们通过对三国语言的汉字词汇特征进行分析后发现，实现汉语和日、韩、越三国语言通用词汇的计算机自动获取，仍然可以从这些语言汉字词汇的形态入手，以汉字为重要的线索，可以用计算机将日、韩、越等语言中与汉语具有相同汉字形态的汉字词汇作为汉语和日、韩、越等语言的通用词汇提取

出来。要实现这个想法，必须解决两个问题：一是将日、韩、越等语言的汉字词汇转写成汉字；二是将这些语言中汉字词汇的汉字标记和汉语词汇的字形进行归一化处理。在这两点上，日本语、韩国语、越南语的情况又不一样，必须作具体分析。

一、汉语和日本语通用汉字词汇的形态分析

自汉字进入日本以后，日本语一直从汉语中吸收营养，丰富着自己的词汇体系，这些古代从汉语进入日本语中的汉字词汇自然是汉语和日本语通用的。近代，日本为了译介西方新思想、新概念，利用汉字自己又创造了很多汉字词汇，这些词汇反过来又被汉语吸收，也加入了汉日通用词汇的行列。根据朱京伟（1998；2008）的研究，近代日本创造的汉字词汇，对汉语术语体系形成产生了重要影响。比如汉语基本音乐术语是20世纪初至30年代从日本借来的。除此之外，政治、法律、哲学以及科学技术等许多领域的术语体系里都有相当数量的日本语借词存在。根据彭广陆（2000；2001；2002；2003；2008；2012）等一系列研究，即便到了现代，来自日本语的借词还在源源不断地进入汉语。虽然近代以来，中日之间的词汇交流主要以汉语借用日本语为主，但是，近年来又出现了汉语和日本语互动的现象，即部分汉语新词也在进入日本语。根据刘凡夫（2016）的研究，虽然在日本传播范围受到制约，认知度不高，但是进入现代日本语的汉语新词数量正逐年增加，这也是事实。自古至今汉语和日本语的这种互动，形成了大量汉日通用词汇，但是，又由于两国语言文字在各自不同的环境中发展变化，导致了这些通用词汇出现了形态意义等方面的差异，因此，开展汉日通用词汇研究，其形态上的特征辨析是基础工作。

国内有学者（曲维，1995）认为，根据字形可将汉日同形词[①]分成3类，即字形完全相同（如学生—学生）、字形基本相同（如压力—圧力）、字形大不相同（如艺术—芸術）。从形式角度讲，实际上只有两类，即字形相同和字形不同。这是因为，中日两国在近代都对所使用的汉字进行简化，而且使用了不同的简化规则。同时日本为了减少汉字的使用，用一些汉字代替另外一些汉字。这就使得中日两国当今使用的汉字在字形上存在差异。如果我们找出中日两国汉字在简化以前的《康熙字典》中对应的字体，并将这些汉日同形词用其改写，那么曲维（1995）所认为的字形不同的通用词则变成了字形完全相同的词汇了，如艺术—

① 在介绍传统研究时，为了尊重前人的研究成果，这里仍采用他们的提法。

藝術（汉语）；芸術—藝術（日本语）。

我们认为汉日通用词汇的本质是同源，这一本质反映在形式上，就是作为其构成要素的汉字应具有相同的字源。由具有相同字源的汉字组成的词汇是判别汉日通用词汇的必要条件。也就是说汉日通用词汇构成要素的汉字，如果追溯到《康熙字典》，其字形是一样的。这就是反映汉日通用词汇同源本质重要的形式特征。

汉语和日本语中还存在着一类词汇，其字形同源，但是作为词却不同源，如“手纸、丈夫、大丈夫”等。由于这类词汇在汉语、日本语中均使用，因此也可以认为是汉日通用的。但是由于这类词汇之间没有借用关系，意义、用法上存在差别，因此学界习惯上将其称为同形异义词（即通用异义词）。

这里需要强调的是日本语中存在一些书面语的基本形态为汉字，但是音声形态并不是日本语音读而是日本语训读的词汇，如“立場、取締、市場”等。传统上，这些词是否是汉日语通用词汇存在争议。但是，由于这些词的书面语形态和汉语存在对应关系，而且具有借用关系（同源），符合我们关于通用词汇的界定，故我们将这些词纳入汉日通用词汇的研究范围。这些词其组成要素汉字如果追溯到繁体字也是和汉语形态一致的。

因此用计算机自动获取汉语和日本语的通用词汇，需要将日本语汉字进行归一化处理。

二、汉语和韩国语通用汉字词汇的形态分析

汉语和韩国语的通用汉字词汇主要是韩国语中的汉字词汇。但是，现代韩国语书面语中的汉字词汇都不使用汉字书写，如果以形态为依据提取汉语和韩国语通用汉字词汇，需要将用韩文书写的韩国语汉字词汇转写成汉字。尽管现代韩国语书面语中基本不使用汉字，但是少数特殊情况还是使用汉字的，因此，韩国在汉字的使用上有自己的国家标准，特别是在计算机信息处理方面韩国对韩国语中所使用汉字的种类和字形出台了国家规范。韩国汉字的国家标准和我国现行国标字库中的简体汉字字形不一致。表 7-1 是韩文汉字和中文简繁体字对照的例子。

表 7-1　　韩国汉字与中文简繁体汉字对应示例

韩文	韩文汉字	中文繁体汉字	中文简体汉字
학	學	學	学
국	國	國	国

续表

韩文	韩文汉字	中文繁体汉字	中文简体汉字
실	實	實	实
적	的	的	的
교	教	教	教
창	窓	窗	窗
사	事	事	事
체	體	體	体
발	發	發	发
관	關	關	关

从表 7-1 可以看出，与中文汉字的繁体字和简体字相比，韩国国家标准中的韩文汉字的字形存在三种类型：第一，和中文简体字相近（中文简体、繁体一致），如“的、事”等；第二，和中文繁体字相近，和简体字有差别，如“學、國、實、體、發、關”等；第三，和中文的简体、繁体都不同，如“教、窓”等。前两种韩文汉字占绝大多数，第三种比较少。虽然第三种比较少，但是这种情况给汉语和韩国语通用词汇的自动获取带来了困难，因此，用计算机自动获取汉语和韩国语通用词汇时首先要将汉字词汇由韩文形态转写成汉字形态，同时也需要解决汉字形态的归一化问题。关于韩文汉字词汇由韩文形态转写成汉字形态的方法在第五章“现代韩国语汉字词汇使用现状研究”一章中有详细阐述，这里不再赘述。关于汉字词汇归一化的处理方法和目的将在本章的后面介绍。

三、汉语和越南语通用汉字词汇的形态分析

越南语和日本语、韩国语的情况又不一样，越南语中的汉字词都是用拉丁文字书写，已经完全不使用汉字了。虽然越南为了满足计算机信息处理的需要，也制定了信息处理用汉字的国家标准。但是，无论是越南的现实语言生活，还是计算机信息处理研究基本上都不涉及汉字的问题。由于越南不使用汉字，因此，不存在汉字在日本语和韩国语中的那些复杂情况，我们只需要将越南语汉字词汇转写成简体汉字即可。转换成简体汉字后，从字形和计算机编码上看，越南语汉字词汇所使用的汉字和现代汉语完全一致，即国家标准（GB，以下简称“国标”）。这样我们可以将越南语汉字词汇的简体汉字词表直接和现代汉语词汇表进行比

较以获取汉语和越南语的通用词汇。关于越南语汉字词汇由越南语形态到简体汉字形态的转写方法第六章“现代越南语汉字词汇使用现状研究”一章中有详细论述，这里不再赘述。

第三节　汉字的归一化和中、日、韩、越异体字表的建立

我们用计算机自动获取汉语与日、韩、越等语言通用词汇的基本思路是将日、韩、越等语言的汉字词汇统一用国标（GB）中的简体汉字来表示，这样虽然这些汉字词汇分别属于不同语言，但是，如果是与汉语通用的汉字词汇，那么，无论其字形，或是计算机的内部表达都是一致的，根据这种一致性，我们就可以进行汉语和日、韩、越三种语言通用汉字词汇的自动抽取。我们把将日本语、韩国语中和汉语意义一致、字形相近的汉字都投射到国标（GB）简体汉字上的处理叫作归一化处理。这样做的依据是把日本语、韩国语中和现代汉语意义一致、字形相近的汉字都看成是现代汉语简体字的异体字。

由于归一化处理的目标是使日本语、韩国语、越南语和汉语通用的汉字词汇在投射到简体汉字上后，其形态完全一样，因此实现归一化处理的关键一环是建立国标（GB）简体汉字和日本、韩国国家标准中的汉字的异体字对应表，然后根据异体字对应表将所有日本语和韩国语的汉字词都转换成简体汉字形态。越南语汉字词汇由于直接转换成了简体汉字，所以不需要这样的归一化处理。

大多数简体汉字和日本语、韩国语的汉字之间存在一一对应关系，这样可以将简体汉字与日文汉字或韩文汉字分别做成两个异体字对应表，如表 7–2 和表 7–3 所示。

表 7–2　　简繁体汉字与日本语汉字异体字对应表

简体	繁体	日文	简体	繁体	日文	简体	繁体	日文
亚	亞	亜	压	壓	圧	以	以	以
哀	哀	哀	扱	扱	扱	衣	衣	衣
爱	愛	愛	安	安	安	位	位	位
恶	惡	悪	案	案	案	围	圍	囲
握	握	握	暗	暗	暗	医	醫	医
依	依	依	尉	尉	尉	胃	胃	胃

续表

简体	繁体	日文	简体	繁体	日文	简体	繁体	日文
委	委	委	异	異	異	为	為	為
威	威	威	移	移	移	广	廣	広
……								

表 7–3　　简繁体汉字与韩国语汉字异体字对应表

简体	繁体	韩文	简体	繁体	韩文	简体	繁体	韩文
伽	伽	伽	嘉	嘉	嘉	珂	珂	珂
佳	佳	佳	嫁	嫁	嫁	痂	痂	痂
假	假	假	家	家	家	稼	稼	稼
价	價	價	暇	暇	暇	苛	苛	苛
加	加	加	架	架	架	茄	茄	茄
可	可	可	枷	枷	枷	街	街	街
呵	呵	呵	柯	柯	柯	袈	袈	袈
哥	哥	哥	歌	歌	歌	诃	訶	訶
……								

关于这些异体字表的整理已经有一些现成的资源和工具可以利用。日本学者针谷壮一将中日韩字符集（“CJK Unified Ideographs” 和 “CJK Compatibility Ideographs”）[①] 中的所有汉字异体字作了整理，共有异体字 3 598 组。不过这个异体字整理表没有注明哪些字是中文简体字、哪些是中文繁体字、哪些是日文汉字、哪些是韩文汉字，但是我们可以利用这个表，结合简体字国标（GB）代码集、日本国家标准 JIS 代码集、韩国国标代码集（KR–EUC）等资源再生成本研究归一化处理所需要的简体字和日文汉字、韩文汉字的异体字对应表。

日本语和韩国语中也存在少量和汉语简体汉字无法一一对应的汉字，即这些字没有简体字异体字。这些字主要是日本和韩国自己制造的汉字，如日本的“辻、峠、畑、匂、俣”、韩国的“畓、媤、乭、岾”等。不过这些字现在还没有进入现代汉语，因此不存在由这些字构成的通用词汇的问题。但是，日本语为了避免使用比较复杂的汉字，使用了一些代用字，造成了一些日文汉字和多个汉语简体汉字对应的情况（施建军、许雪华，2014），如表 7–4 所示。

① 该字符集出处请参考：http://www.unicode.org/charts/。

表 7-4　日文代用字简体字异体字表

日本语汉字	对应的中文汉字
弁	辨辩辫办瓣
乱	乱滥
付	付附
連	连联
傍	旁傍
包	包绷
発	发泼拨
中	中衷
反	叛反
跡	踪迹
綿	绵棉
総	综总
郭	廓郭
瞑	瞑冥
知	知智

同时，也存在多个不同日文汉字和一个简体汉字对应的情况，如表 7-5 所示 。

表 7-5　多种日文汉字对应一种简体字

中文	干	预	赞	掠	了	历	动
日本语	乾干	予預	賛讃	略掠	瞭了	歴暦	動働

由于归一化处理的目标是将日文汉字、韩文汉字都转换成简体汉字异体字，因此对于表 7-5 中多种日文汉字对应一种简体汉字的情况，归一化处理后的结果是唯一的，因此，不存在问题。但是，对于表 7-4 的情况，在进行归一化处理时存在某一个日文汉字究竟选择哪个简体汉字作为目标的问题。针对这个问题，我们主要是依据与其组合成词的另外一个汉字来确定异体字的选择。如日本语的“買弁、乱用、付属、連合、活発、熱中、知力、明瞭、予定、輪郭”等词，其中的日文代用字选择哪个异体字作为归一化的目标，主要看哪个异体字能够和另外一个汉字组成现代汉语的词。如果异体字和另外一个汉字的组合在现代汉语中能够成词，则那个异体字就是目标字。表 7-6 就是这两种情况下日文汉字词归一

化为汉语简体字的词例。

表 7–6　　日本语汉字词归一化为简体汉字词例

日文词汇	日本语代用字	简体异体字	归一化目标词
買弁	弁	辨辩辫办瓣	买办
乱用	乱	乱滥	滥用 / 乱用
付属	付	付附	附属
連合	連	连联	联合
明瞭	瞭了	了	明了
予定	予預	预	预定
活発	発	发泼拨	活泼
熱中	中	中衷	热衷
輪郭	郭	廓郭	轮廓
知力	知	知智	智力

日本语汉字词、韩国语汉字词归一化为简体汉字异体字后，汉语和日本语、韩国语通用汉字词汇的形态完全变成相同的简体汉字，这样计算机就可以很容易地进行自动抽取。理论上讲，汉语简体字词、日本语汉字词、韩国语汉字词也可以归一化为繁体汉字，或者将其归一化为其他两种语言汉字的任何一种。但是，由于简体和繁体之间的转换有个别字也不是一一对应的，如果这样需要对韩国语的汉字进行上述整理。我们将三种语言的汉字词汇都归一化为简体汉字可以减少这种整理带来的工作量。同时由于我们在对越南语汉字词进行音字转换时使用的是简体汉字，因此越南语汉字词汇无须进行归一化处理。这也是我们在运用计算机抽取通用汉字词汇时将三种语言汉字词汇归一化处理的目标定位为汉语简体字的原因。

第四节　汉语和日、韩、越通用汉字词汇的自动抽取

要从语料库中自动抽取汉语与日、韩、越通用词汇，关键有两步。第一步，根据上述异体字对应表，将汉、日、韩、越四种语言汉字词汇表中的汉字词用一种汉字表达（我们使用中文简体字），即对日本语、韩国语、越南语的汉字进行

归一化处理。如果能够将汉语词汇和日本语、韩国语、越南语汉字词汇在不改变其意义的情况下用同一代码体系的汉字来表达（如汉语繁体字、汉语简体字、日本语汉字），那么，这些语言中的汉字词汇只要是具有同源关系的通用汉字词汇，作为其构成元素的汉字就会是同样的汉字。根据第三节的论述，这种汉、日、韩、越等语言汉字的归一化处理不但具有理论依据，而且实践中也是可行的。首先，在理论上，从上述论述可以看出，汉语的简体字、日本语汉字、韩文汉字、转写越南语的简体汉字都可以看成是彼此的异体字，这就可以保证，如果将日本语汉字词汇的日文汉字、韩国语汉字词汇的韩文汉字都替换成简体汉字，日、韩这两种语言汉字词的结构和意义是不会改变的。越南语汉字词在进行音字转换时，本身使用的就是简体字，也保持了原来的词义和构词方式。这样由同一词源发展过来的汉语词汇、日本语词汇、韩国语词汇、越南语词汇不但在形态上就变成完全相同的词汇，而且其词义和构词方式均没有发生变化，如图 7-1 所示。

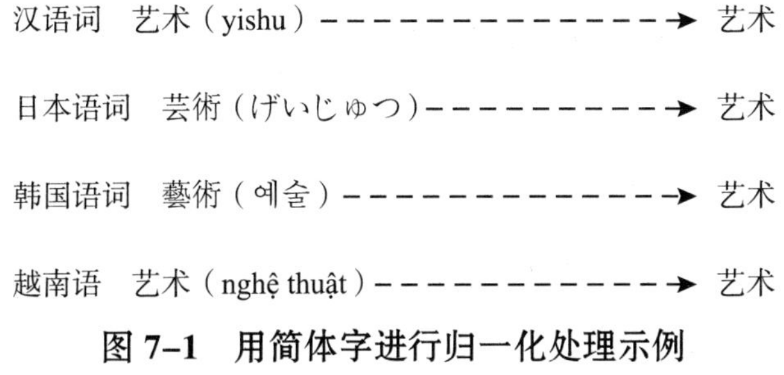

图 7-1　用简体字进行归一化处理示例

将日、韩、越等语言的汉字词汇以简体汉字为目标实现上述归一化处理，在实践上也是可行的。根据中、日、韩越异体字对应表，我们可以将从语料库中获取的日本语汉字词汇、韩国语汉字词汇以及越南语汉字词汇中与汉语词汇具有对应关系的所有汉字自动替换成简体汉字。

为了把握我国和日本、韩国、越南等国通用汉字词汇使用的现实情况，我们必须使用反映这些东亚国家语言使用情况的实际语料提取四国语言的汉字词汇表。根据前面几章对日本语、韩国语、越南语汉字词汇使用现状的研究，我们已经获取了这些语言中正在使用的汉字词汇，只要对这些汉字词汇进行归一化处理即可。为了说明问题，我们将现实语料中获取的、最常使用的 10 条日本语、韩国语、越南语的汉字词归一化处理后的结果作为例子，罗列在表 7-7、表 7-8、表 7-9 中。

表 7–7　　频度最高的日本语汉字词归一化处理结果示例

读音	日文汉字	词性	归一化结果
ジブン	自分	名詞	自分
ニッポン	日本	名詞	日本
カノジョ	彼女	名詞	彼女
ジギョウ	事業	名詞	事业
ヒツヨウ	必要	名詞	必要
カンケイ	関係	名詞	关系
ニンゲン	人間	名詞	人间
ケンキュウ	研究	名詞	研究
モンダイ	問題	名詞	问题
バアイ	場合	名詞	场合

表 7–8　　频度最高的韩国语汉字词归一化处理结果示例

读音	韩文汉字	词性	归一化结果
사회	社會	普名 / 專名	社会
사실	事實	名词	事实
시작	始作	名词	始作
인간	人間	專名 / 普名	人间
정도	程度	名词	程度
문화	文化	專名 / 普名	文化
대하	大河	名词	大河
정부	政府	普名 / 專名	政府
의미	意味	普名	意味
문제	問題	名词	问题

表 7–9　　频度最高的越南语汉字词汇简体字示例

越南语	简体汉字	词性
thời gian	时间	【名】
lập tức	立即	【副】
việt nam	越南	【名】
công ty/công ti	公司	【名】
đột nhiên	突然	【副】
vô cùng	无穷	【形副】

续表

越南语	简体汉字	词性
tổ chức	组织	【动名】
thực hiện	实现	【动】
cô nương	姑娘	【名】
vũ công/võ công	武功	【名】

我们的第二步工作就是要从经过归一化处理的日本语、韩国语、越南语汉字词汇中将与现代汉语具有相同形态的词汇作为汉语和日、韩、越的通用词汇提取出来。根据归一化结果我们可以看出，表 7–7 中日本语的“彼女”是现代汉语中没有的，其他都是汉语和日本语通用的；表 7–8 中韩国语“始作”是韩国语独有的，其他都是汉语和韩国语通用的；表 7–9 的越南语汉字词汇都是和现代汉语通用的。我们抽取通用词汇就是要将这样的词汇抽取出来。

综上所述，汉语和日、韩、越等语言通用汉字词汇的自动获取可按图 7–2 的流程进行。

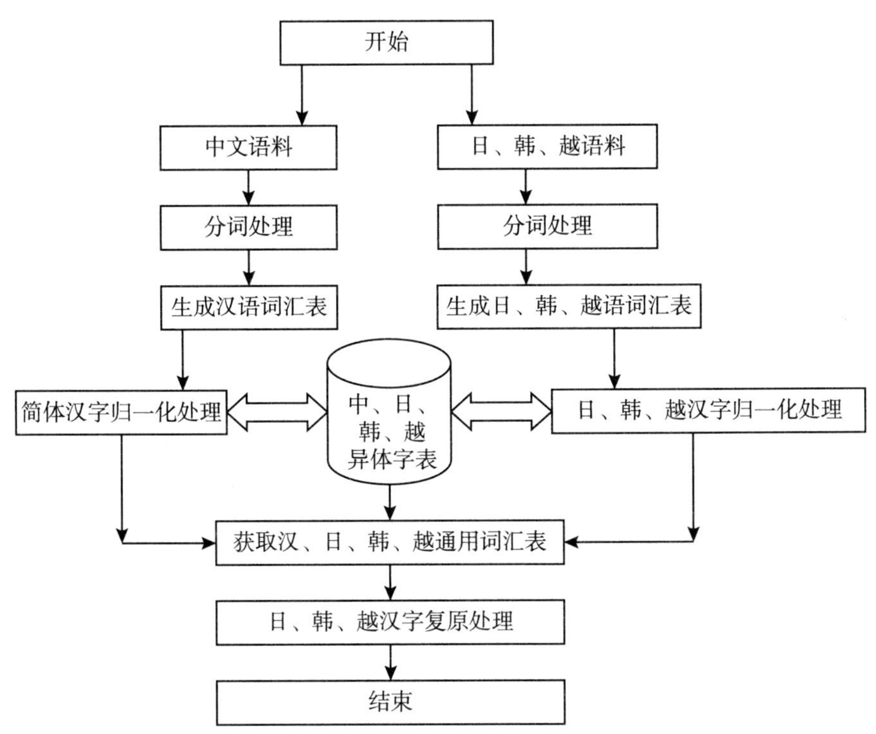

图 7–2　汉语与日、韩、越等语言通用词汇获取流程

根据以上思路，课题组将日、韩、越汉字词汇使用现状研究过程中获得的25 400多条日本语汉字词汇、29 000多条韩国语汉字词汇、21 000余条越南语汉字词汇进行归一化处理，然后将这些经归一化处理的日、韩、越等语言的汉字词汇和从《光明日报》及《现代汉语词典》中提取的汉字词汇作为数据源，用计算机进行汉语和日、韩、越等语言通用汉字词汇的自动抽取。共抽取汉日通用词汇 16 082 条，汉韩通用词汇 11 910 条，汉越通用词汇 11 810 余条。表 7–10~表 7–12 分别是计算机自动获取的汉日、汉韩、汉越通用词汇的部分实例。

表 7–10　　汉日通用词汇

汉语词形	汉语拼音	汉语词性	汉语词频	日文词形	日本语读音	日本语词性	日本语词频
发展	fāzhǎn	动词	401 174	発展	はってん	名詞	6 212
社会	shèhuì	名词	253 305	社会	しゃかい	名詞	42 580
工作	gōngzuò	名词 / 动词	232 508	工作	こうさく	名詞	2 251
文化	wénhuà	名词	223 249	文化	ぶんか	名詞	14 038
建设	jiànshè	动词	223 236	建設	けんせつ	名詞	14 706
教育	jiàoyù	名词 / 动词	197 756	教育	きょういく	名詞	25 118
经济	jīngjì	名词 / 动词 / 形	194 173	経済	けいざい	名詞	36 487
国家	guójiā	名词	192 776	国家	こっか	名詞	12 341
记者	jìzhě	名词	177 386	記者	きしゃ	名詞	25 088
问题	wèntí	名词	173 773	問題	もんだい	名詞	85 520

表 7–11　　汉韩通用词汇

汉语词形	汉语拼音	汉语词性	汉语词频	韩国语读音	韩文汉字	韩文词性	韩文词频
社会	shèhuì	名词	253 305	사회	社會	普名 / 專名	42 510
事实	shìshí	名词	9 929	사실	事實	名词	27 029
人间	rénjiān	名词	1 881	인간	人間	專名 / 普名	23 999
程度	chéngdù	名词	19 172	정도	程度	名词	21 718
文化	wénhuà	名词	223 249	문화	文化	專名 / 普名	21 450
大河	dàhé	名词	583	대하	大河	名词	21 254
政府	zhèngfǔ	名词	102 213	정부	政府	普名 / 專名	19 137
意味	yìwèi	名词	1 252	의미	意味	普名	18 796

续表

汉语词形	汉语拼音	汉语词性	汉语词频	韩国语读音	韩文汉字	韩文词性	韩文词频
问题	wèntí	名词	173 773	문제	問題	名词	17 614
运动	yùndòng	名词	16 282	운동	運動	普名 / 專名	17 467

表 7-12　　　　　　　　汉越通用词汇

汉语词形	汉语拼音	汉语词性	汉语词频	越南语词形	越南语词性	越南语词频
时间	shíjiān	名词	133 940	thời gian	名词	24 456
立即	lìjí	副词	8 898	lập tức	副词	20 544
公司	gōngsī	名词	70 817	công ty/công ti	名词	18 537
突然	tūrán	形容词	4 919	đột nhiên	副词	18 424
无穷	wúqióng	状态词	1 100	vô cùng	形容 / 副词	17 404
组织	zǔzhī	动词	86 730	tổ chức	动词 / 名词	17 089
实现	shíxiàn	动词	80 072	thực hiện	动词	16 924
姑娘	gūniang	名词	1 941	cô nương	名词	16 648
武功	wǔgōng	名词	168	vũ công/võ công	名词	16 359
接续	jiēxù	动词	248	tiếp tục	动词	16 298

第五节　小　　结

根据前文论述，通过对大规模中、日、韩、越四种语言的语料进行分词，根据汉、日、韩、越汉字异体字对应表对分词结果进行日文和韩文汉字的归一化处理，我们利用计算机大规模、高效地获取了汉语和日、韩、越等东亚语言中正在使用的通用词汇。共抽取汉日通用词汇 16 080 余条，汉韩通用词汇 11 910 余条，汉越通用词汇 11 810 余条。由于这些通用词汇都是从汉语、日本语、韩国语、越南语等东亚国家语言的现实语料中获取的，因此，真实地反映了汉语和日、韩、越通用词汇的实际使用情况，这是以往任何通用词汇获取方法都无法做到的。另外，此方法可以从大规模语料库中大量、快速、精确地获取通用词汇，这也是传统手工作业无法比拟的。但是不可否认，由于该方法在获取通用词汇的过程中依赖分词技术，因此汉语和日本语的分词技术的局限性多少会影响通用词汇的获取，尽管这种影响也许是很小的。这种影响根据分词过程所使用技术的不同而不同。为了克服这些不足，我们对计算机自动获取的结果进行了人工校对。如何在计算机自动获取阶段克服分词技术对通用词汇抽取的影响是我们今后研究的课题。

现代汉语和日、韩、越东亚三国现代语言的通用词汇是这四个国家跨语言交流的桥梁和捷径。古代这些国家文人之间的“笔谈”主要就是通过汉字词汇实现的，汉日通用词汇也在现代中日之间的交流中不知不觉地发挥着很大的作用。访日的中国人或者是访华的日本人都会因为双方书面语中存在通用汉字词汇而感到亲切。但是，由于这些通用汉字词汇在各自国家经历了不同的发展、演变过程，因此，其意义用法在中、日、韩、越四国之间不尽相同，这些微妙差异在跨语言交流时又常常会带来误解，造成交流的不畅。关于汉日通用词汇的意义用法之间的关系，在第四章中已经进行了详细探讨。实际上，汉语和韩国语、汉语和越南语的通用汉字词汇之间也存在和汉日通用词汇相似的情况。

关于汉韩通用汉字词汇之间的意义用法关系，国内有很多学者从多个角度进行了研究。有学者认为，韩国语汉字词汇和现代汉语词汇的形态及语义关系类型可以分为五种，即韩汉同形同义词、韩汉同形异义词、韩汉同形部分异义词、韩汉异形同义词、韩汉逆序词（张晓曼，2015）。这种观点在韩国语教学研究学界具有代表性，如张文丽（2019）、姜飞（2018）、桂香（2016）、马淑香（2009）、徐建宏（1999）等都有类似看法。如果不考虑形态问题，无论是在同一种语言体系内部，还是不同的语言之间，同义词都是普遍存在的语言现象，特别是韩国语固有词汇中也存在和汉语词汇意义相同或相近的词汇，这些词汇汉韩之间形态也不一样，将韩汉异形同义词作为韩国汉字词汇和现代汉语词汇间的一种特有的关系类型似乎不具特殊性，因此我们认为韩汉异形同义词可不作为两种语言汉字词汇的语义关系类型。但是，从认知和教学的角度看，将形态相同词汇的语义关系类型区别清楚应该是有意义的，因为形态上的相似性容易造成认知上的错觉，在语言习得时会产生严重的负迁移。因此从这些方面看，韩国语汉字词汇和汉语词汇的关系类型可分为韩汉同形同义词、同形异义词、同形近义词、韩国独有汉字词四类。关于韩汉逆序汉字词，这是一种比较特殊的词汇现象，即表示同一语义的词汇在汉语和韩国语中汉字的顺序是相反的，如汉语的“拥抱”，在韩国语中是“抱拥”。这种现象也发生在汉语和日本语之间，如鲁迅的作品中出现的“运命”“绍介”都是来自日本语。关于汉语和韩国语通用词汇中同义、近义、异义三类各有多少词这个问题，学界似乎研究得不多。

现代汉语和现代越南语通用词汇之间的语义关系类型也同汉日、汉韩通用词汇情况相似，存在语义基本相同、语义同中有异、语义完全不同三种种类。对此，学界研究得较多，如祁广谋（2013）、阮福禄（2003；2011；2014）等。越南学者阮福禄（2014）根据越南出版的《汉越词词典》，对这三种类型词汇的比例进行了统计，结果是汉越意义基本相同的词汇占62.8%，同中有异的词汇占28.7%，意义不同的词汇占8.5%。这是一个粗线条的分类，阮福禄（2014）在此基础上作了进一步梳理认为，汉越之间词义基本相同的词汇还存在着语体色彩不同、词语搭配不同两个子类别；而汉越之间词义同中有异的词汇中存在着义项增加、义项减少、词义扩大、词义缩小等不同类别。但是根据杨绪明、阮氏和（2018）对《汉语水平词汇与汉字等级大纲》（2001年修订版）中汉越通用词汇的调查研究，汉越通用词汇中汉越意义基本相同的词汇占97.13%，而语义不同的占2.88%。阮福禄和杨绪明等的调查结果存在很大差别。这种差别的出现说明汉语和越南语通用词汇的语义类型不是以简单的三种分类可以说清楚的。

实际上，汉语和日、韩、越等语言的通用词汇除了意义差异外，还有体现在词性、句法功能等方面的用法差异。越南语学者的上述统计结果只能是汉越通用词汇语义类型的大概情况，但是，从实际使用的角度看，这种大概的统计数据并没有太大的价值，因为，看似意义相同和相近的词汇，在各国的现实语言生活中却呈现出了很大的差距，反映了四个国家各自不同的语言文化。为此，施建军、谯燕（2016）提出了用计量的方法测定通用词汇的意义用法距离，并且在汉日通用词汇上取得了成功。遗憾的是，由于韩汉平行语料库、汉越平行语料库的规模较小，尚不能满足这种方法所需要的数据规模，我们未能将这种方法应用在汉韩通用词和汉越通用词汇意义用法差异的测定上。但是，由于汉日通用词汇的情况具有代表性，只要有足够数据，这种方法在汉语和韩国语、越南语通用词汇意义用法距离的测定上也是可行的。

汉语和日本语、韩国语、越南语中的通用词汇是中国同这些国家语言接触和文化交流的结晶，在今后的交流中也会发挥作用。但是，由于这些词汇在各自语言中有着不同的使用环境和意涵，不是简单地用同义和近义能够说清楚的。因此，对这些词汇的研究无论是对外语教学或是语言交流，都具有重要的价值。在这方面，本课题研究除了对汉日通用词汇中日间意义用法进行了定性和定量研究外，关于汉语和韩国语、越南语的通用词汇只是对其数量和条目进行了调查，至于汉韩和汉越通用词汇在中国和韩国、越南之间的意义用法问题仍有待今后进一步研究。

第八章

日本、韩国、越南等东亚国家汉字及汉字词相关语言政策

汉字很早就传入了日本、韩国、越南，这三个国家早期的书面语几乎全部使用汉字，也借用了大量汉语词汇，使其语言中存在大量的“汉字词”。值得一提的是，韩国、越南甚至使用汉文记录历史，日本古代也以汉文水平衡量文化人的知识层次。在这样的语言政策背景之下，汉字词汇成为这三个国家语言词汇体系的重要组成部分或者主要组成部分，是三国语言发展的必然结果。

但是，进入近代后，这三个国家都不约而同地开始实行限制甚至废除汉字的语言政策，致使汉字在现代越南语书写体系中全部消失，韩国也全面实施“韩字专用”政策，汉字成为了辅助性标注手段。三国之中，只有日本一直在使用汉字。虽然日本也曾经有过“废除汉字”的呼声，而且日本政府执着地推行了近百年的限制汉字使用的语言政策，但是，近年来汉字和汉字词汇的使用不降反升，致使日本政府多次修改颁布“常用汉字表”，一而再地增加常用汉字的字数。同时，韩国和越南社会近年来也出现了恢复使用汉字的呼声，其中代表性的案例就是韩国民众曾两次向宪法法院提出限制使用汉字违宪的诉讼。韩国各界政府的汉字政策也出现了“摇摆不定”的波动。

这些有关汉字和汉字词的政策现象所反馈出的日、韩、越三国的语言生活特点和问题值得我们关注与思考。鉴于此，这里通过对日本、韩国、越南三国汉字和汉字词政策的发展历程和当前情况的梳理，评价其政策效果，分析其发展动

因，以期对日、韩、越三国有关汉字和汉字词的语言政策有更加深入的认识和理解，并希望以此为契机，为中国的语言文字工作提供有益的参考。

语言的基本功能是人类交际和思维的工具。随着人类社会的发展，语言被赋予了更加丰富而深刻的社会功能。在微观层面上，语言与使用者的个人、民族、文化认同有着密切的关系，语言权力成为语言使用者基本人权的重要组成部分；在宏观层面上，语言作为一种特殊的社会资源，与国家利益、文化安全、软实力竞争等关系国家安全与发展的战略性课题有着密不可分的关系。因此，语言问题的预防与处理，语言资源的保护与利用，语言安全的维护与强化，语言文化的引进与推广等课题成为关乎国家发展和社会稳定的重要课题。

语言政策作为公共政策的一部分，是一个国家为了解决这些课题而实施的公共职能，是政府对语言的地位、发展和使用所作的行政规定，语言政策具有公共政策的基本特质与基本功能。美国学者戴维·伊斯顿[①]从政治系统分析的理论出发，将公共政策定义为：政治系统权威性决定的输出，因此，它是对全社会的价值做有权威的分配。陈庆云教授认为，这些价值其实就是“利益”，公共政策的核心要素就是利益，公共政策的制定和执行是社会各种利益冲突的集中体现。[②]政府常常利用公共政策，去保护、满足一部分人的利益，同时抑制、削弱甚至打击另一部分人的利益需求，通过政策作用去调整利益关系，在原有利益格局基础上形成新的利益结构。因此，公共政策的本质应该是政府对社会利益施行的权威性分配。

同时，作为语言领域的公共政策，它主要包括两方面内容：（1）就语言文字本身地位、发展、规范和改革所作的标准和法规；（2）对语言文字使用的要求和规定。合理、科学的语言政策能够促进语言社会功能的实现和发展，从而促进国家的发展和社会的稳定。说到语言政策，不能不提及语言规划和语言立法，很多社会语言学家将三者看作同义词。[③]陈章太认为：“语言规划与语言政策、语言立法有着极为密切的关系，因此往往有人视三者为一体。三者的内容有共同之处，他们是既互有联系又有区别的关系，其中语言政策是基础、核心，是行政行为；语言立法是语言政策和语言规划的升华与保障，是法律行为；语言规划是语言政策的延伸和体现，语言规划的理论又可以为语言政策的制定提供理论依据，语言规划是政府行为，又是社会行为。”[④]郭熙也对此指出，语言规划主要指一个国家

① David Easton. *The Political System: An Inquiry into the State of Political Science*, NewYork: Knopf, 1971, pp.129-134.

② 陈庆云：《公共政策分析》，北京大学出版社 2011 年版，第 7~8 页。

③ 陈章太：《语言规划研究》，商务印书馆 2005 年版，第 148 页。

④ 陈章太：《语言规划研究》，商务印书馆 2005 年版，第 2 页。

对官方语言的选择和规范化，而语言政策所涉及的范围更广，除语言规划外，还包括对官方语言以外的语言、方言及其他变异形态的态度。语言政策对语言规划有着直接的影响，语言政策的提出也要以语言规划的理论为原则。[①]总之，语言政策与语言规划和语言立法有“交集”，相互关联，同时也有相异之处。为了叙述上的便利，这里将语言政策、语言规划、语言立法视为同义词，统称为“语言政策”，不再做进一步区分。

尽管语言政策和语言规划作为一种社会现象，已经存在了几千年，但语言政策研究作为一个独立的研究领域或学科，不过是近50多年的事情。[②]目前为国内外学者使用较多的语言政策研究理论框架主要有：弗格森的问题观、克洛斯的两分法、豪根的规划过程、库珀的八问方案、哈尔曼的声誉规划、洪恩伯格的融合框架、阿格的规划动机与驱动理论、开普兰和波尔多夫的综合框架等。这里基本遵循的理论框架是库珀的八问方案。该分析框架主要从以下八个方面考察和分析语言政策行为：谁是政策的制定者？政策将影响哪些人的哪些行为？要达到何种目的（或出于何种动机）？在何种条件下？用何种方式？通过何种决策过程？政策实施效果如何？[③]这八个方面基本涵盖了语言政策的背景、过程、内容和结果，有利于对语言政策行为进行全方位的观察、分析与评价，是目前为国内外学者使用较多的理论框架。

第一节　日本汉字及汉字词相关语言政策

日本语中的汉字问题，从德川幕府末期就开始受到关注，随着近代化思想开始渗透到日本社会，没有统一文字的日本开始思考其“国语”的问题。但幕府和天皇对日本“国语”的态度不尽相同，汉字政策成为各派势力斗争的阵地，政治界、思想界的斗争也直接影响了日本汉字政策的制定。这种历史背景在日本语汉字的使用上也留下了诸多痕迹，导致日本语书面语中汉字的使用到目前为止仍然是问题重重，如应该是「例を挙げる」还是「例をあげる」，诸如此类，数不胜数，日本语汉字的使用标准至今仍处于形同虚设的状态。

---

① 郭熙：《中国社会语言学》，南京大学出版社1999年版，第2页。

② 张治国：《中美语言教育政策比较研究——以全球化时代为背景》，北京大学出版社2012年版，第74页。

③ Robert L，Cooper，*Language Planning and Social Change*，Cambridge：Cambridge University Press，1989，P. 98.

面对日本语文字的各种问题，日本学界对相关语言政策进行过各种反思，有学者梳理了各个时期的档案记录，武部良明（1977）从语言政策产生的经过进行了论述，平井昌夫（1982）从历史学角度论述了这段历史。每当日本出台新的语言政策时都会有学者开展这方面的研究。近年来，语言政策研究成为国内语言学研究领域的热点，有很多学者也把目光投向了日本的语言政策，如陈月娥（2011）对日本语言近代化思想的相关研究进行了总结，韩涛（2015）就明治日本佩里来航事件对语言政策的影响进行了论述，施建军、洪洁（2017）基于日本语言本身存在的问题对相关的语言政策进行了分析。由于日本的“国语”政策是一个重要的政治、文化问题，因此国内外的研究多以日本的“国语”政策为研究对象，涉及面比较广。

本课题聚焦日本语言中的汉字以及日本关于汉字和汉字词使用的语言政策，把日本“国语”中的汉字问题作为研究对象。结合日本关于汉字使用政策的历史发展轨迹，剖析汉字和汉字词在日本所面临的根本问题，理清这些问题与日本所颁布和施行的语言政策之间的关系，并分析日本关于汉字和汉字词汇使用政策方面的得失及产生的原因。

一、日本汉字及汉字词政策的历史发展轨迹

明治之前日本语书面语的标记方法是非常不规范的，官方文件只使用汉字，民间是汉字与假名混用的。而且，即使同样使用汉字，由于字的种类很多，使用的字体和音训也很混乱。在这样的背景下，“如何使日本语变得简单明了，准确，美丽又丰富”，是明治以后的日本政府面临的一个迫切需要解决的基本问题，特别是汉字急需整理并制定规范。明治以来，政府、学界、知识分子对这个问题进行了很多讨论，研究了很多对策。下面对日本各个时期关于日本语汉字使用的政策进行梳理，一窥其发展的历史轨迹。

（一）日本汉字改革方针的形成

日本幕府末期庆应2年（1866年）前岛密提出“漢字御廃止之議”（废除汉字之议）到明治35年（1902年）“国语调查委员会”成立这一段时期，日本开始考虑日本语汉字的改革并制定相关改革方针。

“日本普遍认为，最早是前岛密于庆应2年（1866年）向第15代将军德川庆喜提出了‘漢字御廃止之議’的建言，‘他的主张是全部废除汉字，仅仅假名

文字就够日常之用'。"[①] 前岛密被认为是日本提倡废除汉字政策的第一人。他的建议中，废除汉字的目的是想改变当时教育中多学习汉语这一情况，因为他认为继续学习汉语或者"直接用日本语读汉文"（漢文素読）与当时幕府学习西方、推进改革的方针不符，所以应该对日本语中的汉字使用进行改革，废除汉字既可以在普及国民教育上省时省力，又可以使日本摆脱中国的影响向西方学习。这与庆应 2 年刚刚上台的最后一位幕府将军——德川庆喜的意志是基本一致的。可以说前岛密的建言为日本的汉字改革揭开了序幕，但也可以说是"应景之作"。

明治维新以后，明治新政府的文部省在明治 5 年为了提高国民教育水平首次进行了日本语中的汉字调查。明治 6 年（1873 年）编写了汉字节减方案《新撰字书》，这个方案中选用汉字的原则是以当时日本社会最常用的汉字为准，共选定了 3 167 字，这是明治政府首次制定的汉字政策。与此同时，日本社会各个方面关于汉字政策的讨论也不断发酵，如清水卯三郎、有栖川威仁、南部义筹、西周等人主张废除汉字，只使用假名或者罗马字；福泽谕吉则主张限制汉字的使用，并明确指出了削减汉字的必要性；但是也有主张使用汉字、反对废除和限制汉字使用的呼声，如西村茂树反对使用罗马字、三宅雪岭主张优化汉字。

明治 27~28 年（中日甲午战争）后，日本和中国签订了《马关条约》，战胜清政府使日本对中国的认识发生了根本性转变，社会各界都提出要简化汉字。明治 29 年，东京帝国大学教授上田万年提出"缺乏语言学专业知识将造成教育上的漏洞，希望国家成立国语调查会"。明治 33 年，参众两院也采纳了"帝国教育会"的"对国语国字改良政策的请愿书"，向明治政府提出建议改革的方案。

随着日本各方改革日本语汉字声浪的不断高涨，明治 33 年 8 月，日本政府颁布了《小学校令施行规则》，规定小学期间只进行 1 200 字的汉字教学，从学校教育开始推行限制汉字使用的政策。这是日本首次涉及汉字使用的教育改革。不久，明治 35 年，日本政府在文部省设置了专门进行国语研究的部门——国语调查委员会，该委员会在之后的 10 年间成为调查研究语言问题、向政府提供语言政策咨询的核心组织。日本政府的最终目的是在日本逐步普及使用表音文字，在这个目标实现前以暂行"削减汉字"为应急政策。该委员会的中心人物为东京帝国大学教授上田万年。由此可见，到了明治中期，日本政府基本确立了废除汉字的政策方针，并开始逐步制定"削减汉字"的相关方案。

① 郝祥满：《日本近代语言政策的困惑——兼谈日本民族"二律背反"的民族性格》，载于《世界民族》2014 年第 2 期，第 47~54 页。

（二）日本汉字改革的摇摆期

日本汉字改革的摇摆期是明治 35 年（1902 年）成立国语调查委员会到“二战”日本无条件投降的昭和 20 年（1945 年）这 40 多年。

日本明治政府的国语改革由汉字改革开始，在确立了废除汉字的总指导方针之后，“假名用法”“普及罗马字”“文言一致”等日本国语相关问题的改革方案逐步出台并且得到完善。日本的语言改革迎来了第一个高潮期。而负责制定这些语言政策的国语调查委员会这时也发生了变化。大正 2 年，国语调查委员会被废除，大正 10 年成立临时国语调查会，到了昭和 9 年又变为国语审议会，国语审议会一直到平成 13 年又变为现在的文化审议会。国语改革机构在这几次改旗易帜过程中也制定、废弃了无数国语改革方案，其中几次大规模且影响比较深远的汉字方案的出现侧面反映了日本汉字改革政策的摇摆不定（见表 8–1）。

表 8–1　　日本近代汉字改革相关机构及相关法案

主体	颁布时间	法案名称	法案内容
国语调查室	大正 8 年（1919 年）	汉字整理案（「漢字整理案」）	最初的字体整理方案，整理了小学教科书上 2 600 多个汉字的字体
临时国语调查会	大正 12 年（1923 年）	常用汉字表（「常用漢字表」）	共 1 962 字，这是日本出台的第一部由国家机关制定的限制汉字使用的方案。但是因为发生了关东大地震，这个方案被烧毁，推迟实施
	大正 15 年（1926 年）	字体整理案（「字体整理案」）	整理了上面“常用汉字表”中 1 020 个汉字的字体
	昭和 6 年（1931 年）	“常用汉字表”修正（「常用漢字表（修正）」）	共 1 858 字。在大正 12 年“常用汉字表”的基础上削减、追加了一部分汉字
国语审议会	昭和 13 年（1938 年）	汉字字体整理案（「漢字字体整理案」）	把“常用汉字表”分为第一种 743 字和第二种 289 字，并进行了字体整理。因反对意见众多，没有得到实施
	昭和 17 年（1942 年）	标准汉字表、“标准汉字表”修正（「標準漢字表」、「標準漢字表（修正）」）	“标准汉字表”收汉字 2 528 字，其中分为“常用 1 134 字、准常用 1 320 字、特别 74 字”。“标准汉字表”修正中又废除了上述三种区别，并增加了 141 字，共 2 669 字。但因日本发动侵略战争，没有得到实施

大正 12 年出台的“常用汉字表”可以说是日本限制汉字使用政策的最直接

反应，但是由于关东大地震，这个在舆论上得到共识的方案没有得到落实。到了成立国语审议会时，日本已经开始了对外侵略，语言政策已经不再是单纯的日本国内改革问题，而成为其推行对外侵略、扩张政策的重要内容。为了迎合殖民地语言政策的需要，创立所谓的“大东亚共荣圈”，汉字政策成了日本军国主义势力利用的对象。正因如此才又制定了“标准汉字表”和之后的“标准汉字表”修正等大规模增加汉字的语言政策。

日本这一时期汉字政策的摇摆不定也揭示了明治维新以后日本政府和知识界矛盾的心态，真正带领日本走向维新的有识之士正是一群饱读汉书之人。无论是贵族阶层还是知识分子，虽然眼光都是向西看，但是其语言、文化和思想上的造诣却都是以汉书、汉字为基础的。更大的问题还有天皇诏敕，也全部用汉字书写。一旦政府颁布了具有法律效力的废除汉字的政策，那么上至天皇、贵族，下至普通的日本国民，都会受到巨大的影响。“废除汉字”的政策可谓“缺天时、差地利、无人和”。

（三）汉字政策的确立期

这一时期指“二战”战败到平成22年（2010年）颁布的现行的汉字表——“常用汉字表（改定）”。

日本“二战”战败后，鼓吹“忠君爱国”，企图利用“汉字”的右翼势力失去了阵地，美军的联合司令部接管日本，向日本文部省下达了“限制汉字”及改用罗马字的命令。于是日本文部省又颁布了“一揽子”“限制汉字使用”的政策，日本又一次进入了实施“限制汉字使用”政策的时代。这一时期起主导作用的是时任国语审议会干事长、文部省国语调查主任、东京文理科大学名誉教授保科孝一（见表8-2）。

表8-2　战后日本汉字改革相关方案

机构	颁布时间	方案名称	方案内容
国语审议会	昭和21年（1946年）	当用汉字表（「当用漢字表」）	1 850字，限制了日常使用汉字的范围
	昭和23年（1948年）	当用汉字别表（「当用漢字別表」）	规定了“当用汉字表”中作为义务教育阶段必须学习的881个汉字
	昭和24年（1949年）	当用汉字字体表（「当用漢字字体表」）	制定了500个汉字的新简易字体
	昭和26年（1951年）	人名用汉字别表（「人名用漢字別表」）	“当用汉字表”中没有的，可以作为人名使用的汉字92字

战后日本汉字使用复杂的乱象得到了一定的控制，结合假名使用政策“现代假名使用方案”(「現代かなづかい」)，可以说日本语书面语基本确立了汉字假名混合使用的局面（“漢字かな交じり文”)。但是，汉字问题并没有得到彻底解决。“当用汉字表”是以内阁告示的形式公布的，是具有法律性质的命令，所以和战前调查委员会等机构发布的方案有着本质上的区别。相关政府部门是必须遵照“当用汉字表”来使用汉字的，如果需要涉及表外汉字，则必须改为假名或者用表内汉字代替。如读音一样的“入る”（いる）和“要る”（いる），“入”字是表内汉字，书面语可以使用，而“要”不是表内汉字则书面语不能使用，因为“入”和“要”的意思完全不同，碰到“要”时只能用假名代替书写，这种规定给实际使用汉字较多的教育界、新闻出版界带来了巨大不便。

这一连串“限制汉字使用”的政策实施不久，便遭到了来自各方的批判。于是，当时的文部大臣中村梅吉为了进一步改善战后的语言政策，于昭和41年（1966年）向国语审议会提出了“关于改良国语政策的具体方略”的咨文。在这份咨文中，指出了此前语言政策中的一些“值得商榷的问题”，如“需要探讨‘当用汉字表’的使用方法、如何甄选汉字及选定汉字的方针”等。文部大臣在国语审议会总会（昭和41年6月）的致辞中指出，“希望各位的审议，以简化现代国语表记符号为宗旨，使用汉字假名混合书写为前提，充分考虑与先前政策的关联，在更加广阔的视角和立场下认真研讨我国汉字的改革政策”①。国语审议会以此为依据，在昭和47年（1972年）向文部省提出了“当用汉字改定音训表”和“改定送假名标注法”，接着内阁在昭和48年（1973年）通过了上述两个动议，并以政府公告形式对外公布了这两项政策。和之前限制汉字使用的色彩不同的是，这一次只是将“当用汉字改定音训表”定位为音训使用的参考，并不具有强制执行的标准性质。这一方案的出台也说明日本从“限制汉字使用”的时代开始进入了“指导汉字使用”的时代。之后，国语审议会展开了各种修改汉字使用政策的工作。

进入“指导汉字使用”时代后，日本政府不再以制定“汉字使用标准”作为目标而出台相关语言政策，更多是为语言使用提供“参考”(「目安」)。而且在制定、公布语言政策前开始广泛向社会征求意见，如昭和52年（1977年）公布汉字使用的参考方案——“新汉字表试案”前就曾向社会广泛征求意见。昭和54年（1979年）在出台“常用汉字表案”前，日本文部省为了谨慎起见，也曾多次向社会征求意见，日本内阁正式颁布“常用汉字表”已经是昭和56年

① http://www.bunka.go.jp/kokugo_nihongo/sisaku/joho/joho/kakuki/06/sokai043/02.html，文化庁ホームページ　国語施策情報 > 第6期国語審議会 > 第43回総会 > 次第文部大臣あいさつ.

（1981 年）的事了。这一汉字使用规范，不但成为日本法令、公共文书中汉字使用的事实标准，也使日本进入了规范日本语书面语现代汉字假名混合书写的时期（见表 8-3）。

表 8-3　　日本昭和后期和平成时期的汉字规范方案

机构	颁布时间	方案名称	方案内容
国语审议会	昭和 52 年（1977 年）	「新漢字表試案」	削减“常用汉字表”45 字，削减“当用汉字表”33 字，另外添加 83 字
	昭和 54 年（1979 年）	「常用漢字表案」	国语审议会向内阁提出方案
	昭和 56 年（1981 年）	「常用漢字表」	在“当用汉字表”上添加 95 字，达到 1 945 字。4 087 个音训（2 187 个音、1 900 个训）
	平成 12 年（2000 年）	「表外漢字字体表」	增加“常用汉字表”中没有的，但常用的汉字 1 022 字，并制定了印刷字体的标准
文化审议会	平成 22 年（2010 年）	「常用漢字表（改定）」	现行的日本语汉字表，追加“常用汉字”196 字，削减 5 字，共 2 136 字，4 388 个音训（2 353 个音、2 036 个训）

另外，“常用汉字表”出台之后，出版业因为电子打字机的出现也发生了根本变化。昭和 53 年（1978 年）日本第一台电子打字机诞生，昭和 54 年（1979 年）个人电脑 PC8001 问世，出版业和文字处理进入电子信息时代，这大大降低了原来汉字字体复杂带来的高成本。汉字政策也迎来了新的发展方向，即不单单是为人们在书写过程中使用汉字而制定规范，制定汉字使用政策更成为制定工业规范的一部分。

进入 21 世纪后，网络信息时代的来临，先进的汉字输入输出技术的开发，使得日本语书面语中汉字的使用变得更加方便，也迫使日本进一步放宽对汉字的限制，2010 年日本内阁又出台了新的“常用汉字表”，汉字数达到 2 136 个。随着信息技术以及人工智能领域自然语言处理技术的进步，日本语汉字的使用将变得更加简单而频繁，日本在制定汉字使用政策时也会不断适应社会需求。

二、日本汉字使用政策制定过程中的争论和矛盾

从“废除汉字”到“限制使用汉字”再到“指导汉字使用”，从“常用汉字表”的 1 962 字到“标准汉字表”的 2 528 字，从“当用汉字表”的 1 850 字到“常用汉字表（改定）”的 2 136 字，日本的汉字政策无论是方针还是具体的方案都是一波三折，制定过程中一直伴随着各方势力的斗争和争论。这种不断曲折反复的情况以及斗争反映了日本政府和日本社会在使用汉字问题上的矛盾心态。这些争论和矛盾主要表现在以下几个方面：

（一）“废除汉字”与“保留汉字”之争

“废除汉字”的主张是日本汉字改革的起点，但是主张“废除汉字”的人又分为“使用假名”“使用罗马字”“全面使用外语”等几派，其中影响最大的是两个民间协会——主张全部用假名书写的“假名文字会”（カナモジカイ）和主张全部使用罗马字的“罗马字推广会”（ローマ字ひろめ会）。这两个组织的活动一直持续到“二战”前。“废除汉字”的主张是明治维新时期日本新思想的一种反映，体现了当时日本急于脱离中国影响、崇尚西方的心态。随着“二战”的结束，“废除汉字”的主张开始逐渐衰落，取而代之的是“限制汉字”的主张。

但是，日本社会主张“保留汉字”的呼声也很高。当然主张保留汉字的人的出发点也不尽相同，明治初期主张“尊重汉字”的代表是两位学者——西村茂树和三宅雪岭。西村茂树曾指出，“罗马字不能区分日本语的同音异义词，而且改弃国民原有的阅读习惯，古往今来的和语汉书就再无人识了”[①]（笔者译）。三宅雪岭则排斥欧化风潮，高调地提倡国粹主义。他们多次发表论文论证作为东洋的交流手段，废除汉字的弊将大于利，主张更应该想办法如何减少汉字的不便之处，优化汉字。

到了“二战”时，汉字又被一些人利用，将其和所谓的“忠君爱国”联系在一起，成为日本军国主义在殖民地推行“大东亚共荣圈”的工具。这一时期，废除汉字、限制汉字的政策被认为是有违国格的行为。1936 年 5 月 9 日的“平生釟三郎事件”就是典型的例子。平生釟三郎是当时的文部大臣，他在帝国议会贵族院上表示要废除汉字，但这一言论迅速引起贵族不满，权贵们指责他否定日本精神、违背“大东亚共荣圈”任务，这种指责一直持续了一个多月，最后平生釟

① 井之口有一,『明治以後の漢字政策』, 日本学術振興会，1982 年版，第 233 页。

三郎被迫不得不当众宣布："至今为止（废除汉字）的主张尚有许多不成熟之处，还要继续研究。"[①] 事实上，日本军国主义为了在殖民地推行奴化殖民地人民的语言政策，需要利用汉字，这也迫使当时的日本政府放弃了废除汉字的方针。

（二）"表音"与"表意"之争

日本制定语言政策的主体是"国语审议会"，在"国语审议会"中"废除汉字"一直是主流的声音。主张"废除汉字"的委员中虽说有的支持全部使用假名，有的支持全部使用罗马字，但是在主张日本应该采用"表音"文字这一点上他们的想法是一致的。"二战"后日本政府出台"当用汉字表"，大规模地"限制汉字使用"，但是，社会生活中在按照"当用汉字表"使用汉字时却碰到了严重问题，有时甚至不能够正确使用，导致了一些混乱，因此"国语审议会"委员中的一些人开始支持日本应该保留"表意"文字的主张，实际上是主张"保留汉字"，于是"国语审议会"出现了主张"保留汉字"和主张"废除汉字"的两派。这两派人的矛盾在审议会第五期最后的总会上达到了顶点，发生了"五委员脱退事件"。

这五个委员是"表意"派的东京大学教授成濑正胜、宇野精一、舟桥圣一，大正大学教授盐田良平，实践女子大学山岸德平。事件起源于下一届委员的选取办法，此前都是由任期结束的委员向推荐委员会推荐新委员，由推荐委员会再向文部大臣推荐人选。但这种选取方法造成新选入的人员还是延续前任委员的观点，多数派一直是多数派，不会有任何变化。因为审议会中"表音"派委员一直占大多数，这种选取办法实质上维护了"表音派"的立场，使"表意"派孤立无援，最终造成了矛盾的爆发。第五期国语审议会总会上两派辩论了两天仍没有结果，于是五位"表意"派委员随即宣布退出审议会。

经过这次事件，虽然"表意派"委员都退出了审议会，但是推荐委员会顾忌这次事件，导致新选出的第六期委员发生了根本性变化，原来元老级的"表音派"委员土岐善磨、仓石武四郎、松坂忠则都没有入选。文部大臣也在第六期审议会第一次的总会上发言表示："希望各位摒弃之前的做法，不要接连抛出具体的实施方案，要充分征求国民的意见，并对以往的成果加以反省，从大局出发商讨国语问题……"[②]（笔者译）这给审议会内的舆论导向带来了巨大影响，"表意"派获得了实质性的胜利。由此，日本的国语政策又开始偏向使用汉字。

---

① 安田敏朗，『漢字廃止の思想史』，平凡社，2016 年版，第 183 页。

② 倉島正長，『国語 100 年』，小学館，2002 年版，第 81 页。

（三）“标准”与“参考”之争

按时间顺序，“当用汉字表”（1946年）之前的日本汉字使用政策的制定，是由文部省普通学务局国语调查室、临时国语调查会、国语审议会等机构负责的。这三个部门由名称即可看出基本负责调查整理的工作，它们发布的政策、方案虽也经过了研讨，但基本上是没有社会约束力的，更不用说法律效力。虽然这些政策是作为“国家标准”制定的，但是由于实施时没有相应的保障措施，结果可想而知。

战后，日本语言政策的制定过程是，国语审议会接受文部大臣的质询，然后国语审议会就质询问题开会研究、形成决议并向文部大臣汇报，在决议获得批准后，日本政府以内阁告示的形式训令发布。这种内阁告示中的训令属于法令一类，是具有社会约束力的，特别是对于内阁直接管辖的政府机构部门更具效力。可是，昭和56年（1981年）公布的“常用汉字表”及之后的国语政策中都明确标明不再是“限制”（制限），即明确其为非“标准”，而是一种要努力实现的目标（“目安”）。这就说明“常用汉字表”这种语言政策方针已经降低了其社会约束力。这种变化带来的影响可想而知，既然是要努力实现的目标，那么实行起来就会失去刚性。

方针政策上的对立、政策制定机构成员内部的纷争、实施上缺乏保障，这是日本汉字政策制定和执行中极其突出的几大矛盾，正是由于这些矛盾难以调和，造成了日本汉字政策朝令夕改、摇摆不定。

三、日本汉字使用政策出现问题的原因

日本在制定和执行汉字使用政策时之所以问题重重，可以从以下四个角度分析其根源：

（一）制定政策时忽视汉字使用的历史和现状

明治之前日本的有识之士都是精通汉学之人，同时私塾教育的基本内容也都是教授汉文，这使得当时汉字、汉字词已经深深融入日本语，成为日本语不可或缺的一部分。到明治时期，汉字和汉字词汇的使用比之前任何一个时代都要普及，而且，这一时期的日本开明精英在学习西方近代思想、引进西方先进科学技术概念时创造了很多新的汉字词汇。这些日本自创的汉字词和新思想紧密结合在一起，到明治后期已经成为日本语中词汇体系的重要组成部分。日本国立国语研

究所做过关于「現代の雜誌九十種の用語用字」(1960年)的调查，对日本现代杂志中最常用的1 000词进行了语种比较，结论如表8–4所示。

表8–4　　日本语常用词汇1 000词发展情况

	和语	汉语	外来词	混种词	合计
明治前字典中即收录	568	203	1	8	780
明治后字典首次收录	16	180	16	8	220

从表8–4就能看出，虽然日本语中最常用的是和语词汇（其中也包括汉字的训读），但是明治以后产生的新词则多数是汉字词，和语新词只有16个（其中也包括汉字的训读），可见明治时期日本语中汉字和汉字词汇发生的历史性变化。但是制定汉字政策的人无视这样的汉字、汉字词汇发展情况和使用现状，一味地将汉字使用问题强加上政治、意识形态色彩，必然导致语言政策不符合语言实际，致使语言政策的失当。

（二）忽视专业研究者的研究成果

昭和23年（1948年），日本文部省接受国语审议会的建议成立了国立国语研究所，专门负责对语言文字进行科学研究。日本国立国语研究所的宗旨是为国语改革提供大规模的语言数据、科学的调查依据和研究成果，以及真实可靠的基础资料，为制定语言规划和语言政策奠定坚实的科学基础。但是实际上，作为语言政策制定的机构，国语审议会却并没有客观、科学地吸收和采纳国立国语研究所的研究成果。如昭和48年（1973年）颁布的“当用汉字改定音训表”(「当用漢字改定音訓表」)中新增的353个汉字的训读音在前述国立国语研究所《现代九十种杂志的用词用字》(「現代雑誌九十種の用語用字」)(1960年)的调查中使用频率为0。尽管许多专家指出「当用漢字改定音訓表」中的这个问题并提出了尖锐的批评，但是日本文部省并未作出太多的解释。[①] 政策制定者如果忽视专业研究者的研究，容易陷入主观判断，也容易受到他人影响，这是国语审议会分裂为“表意”派和“表音”派的原因，也是其经常被诟病的地方。

（三）语言政策的意识形态化

“以‘日本语’作为‘国语’是近代日本的国家意识形态，在其影响下产生

① 鈴木康之,「無視された国研の資料」,『国語国字問題の理論　教育文庫12』, 麦書房，1977年版，第44页。

的语言思潮和语言政策，直接服务于近代日本的国家建设和对外的帝国主义扩张。在某种意义上说，近代日本的历史中如果缺失了语言政策方面的叙述，将无法正确把握它的全貌。"[①] 这段论述揭示了近代日本语言政策的一个特点，即语言政策的意识形态化。明治维新时期，汉字被认为是中国文化的糟粕，会影响日本近代发展，当时被日本主流思想所排斥。"二战"中汉字又成为日本军国主义在殖民地推行"大东亚共荣圈""忠君爱国"思想的工具。这种意识形态对各个时期的日本政府制定汉字使用政策起到了至关重要的作用。也导致汉字使用政策沦为各持己见的日本政治家们的斗争工具，而日本语中汉字的客观使用情况往往被忽视了。

（四）制定语言政策缺乏发展的眼光

无论"废除汉字""限制汉字"还是"指导汉字使用"，日本关于汉字使用政策制定的方针几乎都是"对策性的"，即只关注眼前的问题。这与国语审议会的工作流程也有关，文部大臣针对日本语言方面的实际问题向国语审议会提出质询，国语审议会针对文部大臣的质询组织会议讨论研究，并形成决议。这样的流程犹如老师和学生之间的问答。文部大臣提出的问题当然是日本语言使用上已出现的问题，对尚未出现、未来的问题进行预测性质询毕竟只是少数，当然回答问题的一方只能在现实中寻找答案，很难跳出眼前情况、以长远发展的眼光来制定政策。这也是日本出台的汉字政策非常局限的原因。制定一个国家的语言政策，对客观语言现象进行分析，解决眼前问题是基础，能够以长远的、发展的眼光发现问题并预先防范或引导，才能使语言政策在不断发展变化的语言生活中真正发挥作用。

日本的语言问题特别是日本语中汉字和汉字词的使用问题确实是日本走向近代化过程中所碰到的诸多社会问题中非常受关注的问题，对日本汉字使用政策的梳理不但有助于我们更好地分析日本近代发展的历史以及日本对华意识的演变，同时也是中日两国语言发展比较研究的基础，事实上近代中国的语言政策也影响了日本语言政策的制定。日本国语审议会曾多次组织委员来中国考察汉字的简化方案。作为同样使用汉字的东亚国家，日本的语言政策、韩国的语言政策也会对我国语言政策的制定产生影响，这些国家之间有关汉字和汉字词的语言政策有何关系，彼此是如何影响的也值得我们进一步关注。

---

① 石剛，「戦後日本言語計画一瞥」，『成蹊大学文学部紀要』，2016年第51号，第83页。

第二节 韩国汉字及汉字词相关语言政策

一、韩国文字政策的历史流变

1945年后，韩国的文字政策呈现出“韩字[①]专用论”和“汉字教育论”相对立的局面，“韩字专用”“汉字混用”“汉字并记”政策此消彼长（见表8-5）。[②]

表8-5 “二战”后韩国汉字相关语言政策和措施

年度	政策	内容	字量
1948年	颁布韩字专用第6号法律	规定公用文书中实行韩字专用	
1951年	制定教育（国民）汉字	规定1952年起刊行的小学4年级以上国语教科书中可在常用汉字1 000字范围内实行汉字并记	1 000字
1957年	文教部制定临时许用汉字	在既有的1 000字基础上增录300字	1 300字
1957年	国务会有关推进韩字专用的表决	招牌、告示、公告实行韩字专用	
1963年	实行课程改革， 公布第二次课程改革	小学4年级以上及初高中国语教科书中开始涉及汉字教育，允许出现汉字词。小学（4~6年级）学习600字，中学400字，高中300字	600字 400字 300字
1969年	课程改革	教科书中实行韩字专用	
1971年	课程部分改革	规定汉文为必修课（初高中）	

① 韩字古称“谚文”，是大韩民国（简称“韩国”）、朝鲜民主主义人民共和国（简称“朝鲜”）的通用文字，也是中国朝鲜族的民族文字。韩国、朝鲜，以及中国朝鲜族的民族和民族语言相同，民族文字也相同，但相关概念的表述方式有所不同。韩国使用“韩民族”“韩国语”“韩字”等表述，朝鲜和中国朝鲜族使用“朝鲜民族”“朝鲜语”“朝鲜文”。鉴于这里主要介绍韩国情况，书中统一使用“韩民族”“韩国语”“韩字”等表述。

② 정연실, 한국의 한자교육, 중국학연구회, 2008, P3.

续表

年度	政策	内容	字量
1972 年	制定汉文教育用基础汉字	规定初中用 900 字，高中用 900 字，国语教科书中允许汉字并记	1 800 字
1973 年	各大学新设汉文教育系		
1991 年	大法院制定人名用汉字	在常用汉字中加入 1 054 字	2 854 字
1992 年	第 6 次课程改革		
1997 年	第 7 次课程改革		
1999 年	居民登陆证汉字并记		
1999 年	修正事务管理规定	所有公共文书中允许汉字并记	
2000 年	汉文教育用基础汉字修正案公布	增录 44 字，删减 44 字	1 800 字

二、汉字的定量化[①]

1951 年，韩国开始设定常用汉字，限制汉字数量。而后，制定“汉文教育用基础汉字”并广泛运用于汉文学科等各方面。之后很长一段时间，教育用基础汉字一直受到批评和指责。1990 年，当时的 5 个团体曾共同提案新的常用汉字案和准常用汉字案，直到 2000 年，在“汉文教育用基础汉字”出台将满 30 年之际，才第一次对其进行修订。除常用汉字外，还包括国学研究用常用汉字及韩国语学习用基础汉字制定案（见表 8-6）。

表 8-6　“二战”后韩国相关机构设定的常用汉字使用量

年度	机关	名称	字数
1951 年	文教部	常用汉字	1 000 字
1957 年	文教部	常用汉字	1 300 字
1966 年	中央日报	常用汉字	1 966 字
1967 年	东亚日报	常用汉字	2 000 字
1968 年	韩国新闻人协会	常用汉字	2 000 字
1972 年	文教部	汉文教育用基础汉字	1 800 字

① 정연실, 한국의 한자교육, 중국학연구회, 2008, P5.

续表

年度	机关	名称	字数
1990 年	韩国语文教育研究会 韩国国语教育研究会 韩国国语教育学会 韩国汉文教育研究会 汉字教育振兴会	常用汉字案 准常用汉字案	2 000 字 1 500 字
1997 年		人名用增录汉字	1 164 字
1999 年	许成道	国学研究用常用汉字制定案（1、2、3 基准）	3 000 字
2000 年	教育人力资源部	修正汉文教育用基础汉字	修正 44 字
	国立国语研究院	国语生活用汉字	200 字
2001 年		人名用增录汉字（KSC：韩国国家规格标准汉字）	4 888 字

1972 年“汉文教育用基础汉字”颁布后，引起了学界对“汉文教育用”这一说法的指责。学者们纷纷发表自己的看法：“首先，许多古文中常用的汉字并未被列入其中，而且限制汉文教育字数本身毫无意义，汉文教育应将重点放在文章上，汉字教育是汉文教育的当务之急，教育用基础汉字应当改为常用汉字，并加入姓名用汉字。”直到 2000 年，政府对汉文教育用基础汉字进行修订，但修订后依旧问题频现。类似的问题在徐宗学和金柱弼（1999）的调查结果中也曾被提及。据徐宗学和金柱弼的调查，在小学，随着年级的升高，汉字词的使用也逐渐复杂多样，而在组成这些汉字词的所有汉字中，未曾被收录进“汉文教育用基础汉字”的多达 533 字。

结合上述问题我们认为，韩国在对“汉文教育用基础汉字”进行补充修订时，应当综合考虑“国语生活中汉字的使用频率”“频率的高低和分布广度”“构词力”以及“姓氏等日常生活中的常用字”等多种标准。而且，以教育用基础汉字为导向的汉字教育要想取得成效，应当与国语学科相联系，并分阶段进行教授。

三、韩国的文字使用纷争

在韩国文字政策制定和实施的过程中，韩字与汉字的博弈，即韩字专用与韩汉混用之间的矛盾始终是文字生活的热点议题之一。这一问题折射出韩国社会对汉字价值的认识，也反映出韩国政府文字政策的基本立场。

（一）纷争背景

2005年制定的韩国《国语基本法》第14条规定，公共机关的公文必须使用韩字书写。同时，为保证汉字词语义传达的准确性，可在韩字后面加括号，标注相应汉字。这一规定就是所谓的“韩字专用原则”。2012年，学生家长、大学教授、出版界人士、汉字教育工作者等332人组成了一个诉讼团，针对《国语基本法》第14条，向韩国宪法法院提出了违宪诉讼。该诉讼团认为，汉字的使用对于正确理解韩国语语义，具有必不可少的重要作用。但是，《国语基本法》却刻意排斥汉字，侵害了学生受教育的权利。而且，教育科学技术部的相关文件将汉字教育排斥在必修课之外，此举也将降低学习者的阅读理解能力和思考能力。针对这样的诉讼，宪法法院于2016年5月举行了公开辩论，辩论的焦点如下：（1）《国语基本法》中将韩字视为韩国的固有文字，规定公文写作使用韩字的条例，是否侵犯了诉讼方在语言文字生活上的自主权？（2）在小学、初中的国语教育课程中排斥汉字教育是否侵犯了学生的“人格发现权”和学生家长的“子女教育权”？

基于这次公开辩论的结果，宪法法院做出了最终判决。2016年11月24日判决当天，宪法法院的9名法官一致认为，鉴于国民获取公共信息的途径是公文，公文写作有必要使用大部分国民都能阅读和理解的韩字，因此，《国语基本法》第14条是符合宪法规定的。宪法法院还表示，除公共机关颁布的公文外，国民拥有根据自己的意愿选择书写方式的自由，因此《国语基本法》的相关规定没有限制国民的语言表达自由。

另外，对于韩国教育科学技术部将汉字教育列为选修课的决定，有5位法官认为该决定符合宪法。其理由是，只使用韩字并不影响知识的习得和信息的获取，将汉字教育定性为必修课的必要性并不成立。而且由于网络的普及，即使汉字知识不足，人们也可以通过上网搜索来弥补。另外4位法官则认为，在高中课程设置中，汉字教育确实应被列为必修课程。宪法法院的相关人士表示，《国语基本法》和教育科学技术部的相关规定并没有抹杀汉字文化或阻止汉字教育，不能被视为对公民基本权利的侵犯。

（二）纷争内容：韩字专用还是韩汉混用

韩汉混用派与韩字专用派一直僵持不下，虽说2016年底的判决再一次显示了韩国政府对韩字专用政策的坚持立场，但是这个问题也从一个侧面反映出韩国社会对这一政策的不同认识，具体的意见分歧如下。

1.《国语基本法》是否违宪

韩汉混用派认为，汉字具有充分的资格成为韩国语文字的一部分。而《国语基本法》将汉字排除在韩国语文字之外，禁止使用汉字，这违背了大韩民国宪法第 9 条“国家应致力于传统文化的继承与发展、民族文化的繁荣”的相关精神，因此《国语基本法》违反了宪法。

韩字专用派认为，《国语基本法》的相关条例不能被看作是对国民权力的侵害，也不能被看作是对汉字的排斥或抹杀，因为国民在日常生活中仍然拥有使用汉字的自由。同时，尽管国民在个人语言生活中拥有表达方式上的自由，但在公共领域，国家有必要照顾社会共同体全体成员的利益。如果允许在公文中使用汉字，则是侵犯了那些不懂汉字的国民的知情权和思想沟通权。

2. 汉字词比例是否真实

韩汉混用派认为，韩国语词汇中的汉字词（或称汉源词）占比超过 70%，尽管汉字词源于汉语，但由于它的特殊地位，学界一般不把汉字词看作“外来词”，而是作为与“固有词”具有相同地位的本民族词汇来看待。为了准确理解汉字词的意思，汉字的辅助是必须的，汉字词只有用汉字来书写才能准确地传达其含义，用韩字书写汉字词只能起到注音的作用，不利于意义的准确传达。所以，韩字专用会引起以下问题：难以掌握高难度汉字词意义，难以辨析同音异义词。而韩汉混用则能解决这些问题。

韩字专用派认为，所谓的韩国语词汇中 70% 是汉字词的说法并不一定是事实。国立国语研究院于 2002 年发布的《现代国语使用频度调查》显示，固有词使用率占比为 54%，汉字词占比为 35%，外来词占比为 2%。韩字学会等组织指出，“汉字词占比达 70%”的说法源于 1920 年朝鲜总督府编订的《朝鲜语词典》。而且，即使韩国语词汇中汉字词占比很大的说法是真实的，也没有必要因此使用汉字或者学习汉字，良好的用词能力并不源于汉字学习。

3.“训民正音”的创制目的是普及汉字还是标记韩国语

韩汉混用派认为，李祹（世宗大王）在创制“训民正音”的同时开始编写《东国正韵》和《洪武正韵》的译训，而且 15 世纪没有仅用韩字编写的文书。综观“训民正音”创制的各种史实可知，世宗大王创制韩字并不是为了创制一种独立的标记体系，而是为了让国民借韩字之力去理解和学习汉字，其真正的目的是普及汉字。尊重韩字创制者原本意图是有意义的。而且，韩汉混用派引用世宗大王创制“训民正音”之后所做的《龙飞御天歌》指出，世宗大王早在创制韩字之初，就已经明确规定，汉字词用汉字书写，固有词用韩字书写。

韩字专用派则指出，根据“训民正音”御制序文和郑麟趾序可知，“训民正音”的创制是为了标记韩国语。“训民正音”的字例中，并没有使用汉字音标记，而是通过汉字的释义来呈现字例。《东国正韵》中使用“训民正音”标记汉字音的现象和现在的汉字教育中使用韩字标记音训是一个道理，不过是应用而已，不能被看作根本的创制目的。

4. 汉字是否是民族文化传承的必要手段

韩汉混用派认为，为了理解和发展数千年以来用汉字记载的文化遗产，学习汉字是必要的。韩字专用会使人无法阅读文化遗产中的汉字，无法理解它的意思。众多的韩国青少年不理解父母给自己取的名字是什么意思，这一现象就充分说明了韩汉混用的必要性。韩汉混用派还指出，汉字与韩字混用的书写法从韩字被创制出来那一刻起就已经存在了，韩汉混用是已经延续了570年的民族语言生活传统，是韩民族特性的一种体现。因此，认为韩汉混用是19世纪末从日本人那里学来的看法是错误的。

韩字专用派认为，学习历史的人可能需要掌握汉字，但是普通人没有必要掌握汉字。而且，认识汉字也并不一定就能充分理解它的意思。因此，汉字教育并不是文化传承的必要手段。

5. 汉字是否有助于语言理解和词汇生成

韩汉混用派认为，从视觉上区分固有词和汉字词将有助于语言的理解，而且，同音异义词的区分也将更加明确和高效。韩字专用派则认为，对于韩国语使用者来说，笔画繁复的汉字不利于语言认知。韩汉混用只能降低语言的明确性和系统性。

韩汉混用派认为，在外来词的本土化方面，构词能力和应用能力较高的汉字是首选，所以应该使用汉字、开展汉字教育。韩字专用派则认为，汉字不够直观，同音异义词又很多，构词能力并不强。因此，应该减少“晦涩难懂”的汉字词汇的使用。

6. 汉字是否有助于提升教育效果

韩汉混用派认为，不学习汉字，只学韩字，就无法掌握汉字词术语。而且，汉字作为表意文字，通过联想记忆，可以促进大脑的发育，越早开始学习汉字，对大脑的发育越有帮助。因为，使用汉字的大脑区域和使用韩字的大脑区域是不同的，处理汉字和韩字的认知途径也是不同的，同时使用汉字和韩字可以使大脑得到均衡发展。在此基础上，韩汉混用派指出，韩字和汉字是互补的关系，应当营造两者和谐共存的文字生活环境。因此，国家应在小学、初中的国语教学中，使用韩汉混用的教科书，使学生掌握汉字，以便正确地理解和使用韩国语，进而提高学生大脑的开发程度。

韩字专用派认为，表意文字能够促进智力发展的说法无从证实，即使汉字有助于智力开发，智力开发也不可能只与汉字使用相关。况且，《国语基本法》里并没有禁止汉字教育和汉字使用。因此，韩字专用政策不存在任何问题。

选择韩汉混用还是韩字专用，韩国社会的认识差异可以说是“公说公有理、婆说婆有理”。韩汉混用派主要是立足于汉字是韩民族文化不可分割的一部分这一论点展开。他们将汉字作为韩民族文化的“根基”之一，对汉字的感情是深厚的。而韩字专用派则认为韩字是韩民族的唯一文字，汉字是外来文字。分析其原因，日本的殖民统治留下的民族心理阴影是首要因素，长期对本民族语言文字的失控使民族主义者对韩字抱有认同情结，他们害怕再次失去对民族语言和民族文化的控制，将韩字独一无二的地位与民族意识、民族权利画上了等号。

四、韩国汉字教育研究现况[①]

汉文学科在韩国初中和高中都属于选修科目，分别教授学生 900 个汉字。学生不仅在国语课，而且在中文、日本语等外语课上都会接触到汉字，国语课以汉字词学习为主，中文和日本语课上则是学习两国现今分别使用的汉字。

具体来看，汉文课以中学汉文教育用基础汉字 900 字为中心，让学生熟悉汉文基础知识，致力于培养学生理解汉文资料的基本能力。学生以掌握 900 汉字的音、义及正确字形为学习目标，具体学习内容可分为汉文和汉文知识两部分，汉文部分包括“短文”“散文”“汉诗”的阅读和释义、理解和欣赏，对传统文化的理解和继承、“汉字文化圈”的相互理解和交流等内容。汉文知识则分为“汉字”“词汇”和“文章”三个章节，汉字包括“汉字的特征”“汉字的结构”和“汉字的历史”。

在中文课上，学生接触到的是中国现代汉语词汇，主要掌握现代汉字的书写规范；日本语课上学生则是以掌握日本语学习用汉字的正确书写方法为学习目标。

韩国的汉字教育并不像中国和日本一样属于义务教育，因此韩国学生并没有平等的机会对汉字进行系统学习。

近年来随着中国经济的发展，中韩两国在经济、政治、文化上的交往日益密切。现实的需要使汉字教育在韩国迅速升温。

① 张光军:《韩国的汉字与汉字词》，载于《韩国研究》2001 年第五辑。

（一）文化危机意识敦促韩国汉字教育升温

汉字在韩国的使用有着两千多年的历史。韩国的主要历史文献都是用汉字记载的。时至今日，韩国图书馆中用韩字撰写的历史书籍不超过5%，其余全部用汉字撰写。不认识汉字，就无法掌握韩国历史和文化的第一手资料。由于年轻人普遍不认识汉字，越来越多的国民成了“汉字盲”，国民的语文程度也越来越低。即使图书馆有丰富的藏书，有网罗8.5万个汉字词汇的《大辞典》，但一般人都望“字”生畏而不敢问津。有识之士因此忧心忡忡，韩国年轻人如果不懂汉字，韩国传统文化的精髓必定将日渐流失。他们认为要根本解决韩国的“文化危机”，就应该从小学开始分阶段教学生认识汉字。

（二）中国实力增长对韩国汉字教育制度的影响

当前，全世界都注意到了中国经济发展迅速，韩国经济的发展对汉字的需求也日益增加，韩国政府顺应这一趋势，在汉字教育政策上做出了一些调整。

2009年1月，韩国健在的多位前总理在全国汉字教育推进总联合会的推动下，联名提出《敦促在小学正规教育过程中实施汉字教育的建议书》（以下简称《建议书》）。《建议书》认为，半个世纪以来，由于韩字专用的错误文字政策，韩国陷入了比20世纪90年代经济危机还要严重的文化危机中。因此，为了从根本上解决这一问题，在小学教育过程中，应让学生分阶段学习汉字，不应将汉字视为外语，而应和韩字一起作为“国字”进行教育。

虽然韩国政府并没有完全采纳《建议书》的提议进行教育改革，但是首尔江南区教育厅独自决定，自2008年10月始，允许他们管辖下的小学实行汉字教育，首尔钟路区教育厅也决定，自2009年3月开始实行汉字教育。究其原因，是因为韩字教育与汉字教育并无根本的冲突，学习汉字有助于韩国语的学习，因为51万个韩国语单词中，有70%是汉字词，所以学会汉字才能更准确地掌握韩国语。到目前为止，韩国政府似乎还维护着韩字专用的语言政策，但伴随着中国经济实力增长的影响，中韩经济交流需求的扩大，韩国政府必然会顺应时代潮流，对韩国的汉字教育做出实质性的支持。

（三）韩国汉字考级的兴起对汉字教育的促进

自1989年韩国语文会首次施行全国性的“汉字能力检定考试”（汉字等级考试）以来，至今已逾30余年。30余年来，韩国主管汉字考级的机构数量不断增加。2004年韩国决定实行国家公认制度，由教育人力资源部（李明博政府改称教育科学技术部）对众多汉字考级机构进行审查，选出其中优秀者，授予他们权力，以确保汉字考级向健康持续的方向发展。这一举措，在一定程度上也反映了韩国政府对汉字教育及其推广的重视。

另外，韩国教育人力资源部于2000年承认了汉字等级考试的国家认证资格，并将汉字引入大学入学及企业招聘考试当中。大学和高中在录取学生时，获得汉字考试规定等级证书的学生可以得到加分照顾。

韩国现有6个机构可以组织国家认可的汉字测试，其中包括韩国语文会测试，始于1992年，级别为准3级（1 500个汉字）以上，测试名称为“全国汉字能力测试”；大韩检定会测试，始于1996年，级别为准2级（1 500个汉字）以上，测试名称为“汉字级别资格测试”；韩国汉字能力评价院测试，始于2004年，级别为3级（1 301汉字）以上，测试名称为“汉字级别资格测试”；大韩商工会议所测试，始于2004年，级别为3级（1 800汉字）以上，测试名称为“商工会议所汉字考试”；韩国继续教育评价院测试，始于2006年，级别为韩国汉字测试准3级（1 300汉字）以上；韩国信息管理协会测试，始于2007年，测试名称为“汉字词能力考试”。韩国语文会全国汉字能力测试每年举行4次，提前1个月在网上报名，考试后1个月公布结果，截至2022年12月已举行至第99届。

汉字考级的兴起促进了汉字教育的蓬勃发展。汉字的私立教育市场规模也不断扩大，与汉字有关的习题集、参考书销路大开。各种假期或业余汉字等级考试补习班应运而生，吸引许多考生，尤其是小学生和中学生。获得汉字考试证书可以在升学考试中加分，这对升学考试压力较大的初中生和高中生来说具有较大吸引力，在一定程度上激发了他们学习汉字的兴趣。

（四）社会需求对汉字教育的推动

韩国工商界人士都很清楚，如果韩国年轻人在国内连对方的名片都看不懂，则无法跟“汉字文化圈”的同行打交道，更不用说谈生意了。基于以上考虑，韩国各大企业规定，如果汉字应用能力达不到一定水平，就不能升职。2003年，韩国五大经济团体[①]决定建议属下19万家公司，从2004年起招聘职员时进行汉字资格检定考试，只录取能认识1 817个汉字、书写1 000个汉字的新入职人员。五大经济团体提议：录用新员工和员工升职时应该测试他们的汉字能力。该提议得到了许多著名企业的响应，例如三星集团、LG集团、SK集团、韩国现代重工集团、现代汽车集团等，他们在招聘员工时陆续引入了汉字考试。应该说，韩国

① 韩国五大经济团体指大韩商工会议所、韩国贸易协会、中小企业中央会、韩国经营者总协会和韩国中间企业联合会。

经济界特别是大企业在录用员工时对汉字水平和汉语能力的要求，已成为韩国当代年轻人越来越重视汉字学习的重要因素。

第三节 越南汉字及汉字词相关语言政策

越南位于中南半岛东部，北与中国广西、云南接壤，西与老挝、柬埔寨交界，东、南临南中国海，西南濒暹罗湾，总面积 32.9 万平方公里。全国共划分为河内、胡志明市、海防、岘港、芹苴 5 个中央直辖市和 59 个省，首都河内，现有民族 54 个。越南 54 个民族使用的语言分属南亚语系、马来—波利尼西亚语系和汉藏语系 3 个语系，具体如下：

1. 南亚语系

南亚语系是一个比较大的语系，分布的地区比较广，包括印度一部分，马来西亚一部分，缅甸一部分，柬埔寨大部分和越南大部分。南亚语系分有不少语族，在越南具体有：

（1）越——芒语族：属于此语族的有越（京）族、芒族、土族、哲族。

（2）蒙——高棉语族：属于此语族的有高棉族、巴拿族、色登族、格贺族、赫雷族、墨侬族、斯丁族、布鲁—云侨族、仡都族、叶坚族、麻族、克姆族、戈族、达渥族、遮罗族、抗族、兴门族、莽族、布劳族、俄都族、勒曼族。

（3）苗——瑶语族：属于此语族的有赫蒙（苗）族、瑶族、巴天族。

（4）岱侬——傣语族：属于此语族的有岱侬族、傣族、侬族、山仔族、热依族、佬族、卢族、布依族。

（5）嘉代语族：属于此语族的有拉支族、拉哈族、仡佬族、布标族。

2. 马来—波利尼西亚语系

马来—波利尼西亚语系亦称南岛语系，也是一个比较大的语系，主要分布于马达加斯加群岛、马来西亚、印度尼西亚、菲律宾和我国的台湾等地。在越南，属于此语族的有嘉莱族、埃岱族、占族、拉格来族、朱鲁族。

3. 汉藏语系

汉藏语系主要分布于中国和缅甸的大部分。在越南的有藏缅语族和汉语族，属于藏缅语族的有哈尼族、拉祜族、夫拉族、倮倮族、贡族、西拉族；属于汉语族的有华（汉）族、艾族和山由族。

越南语是越南主体民族越（京）族的共同语，是越南全国的共同语，是生活在越南国土上 54 个民族最重要的交际工具。越南语大致形成于公元前 2 世纪，它的形成与定型跟汉语汉字在越南的传播有很大的关系，它的发展和文字制度的确立跟汉文化和西方文化的传播有很大的关系。越南的汉字和汉越词使用相关语言政策的制定和推行跟越南社会历史的发展息息相关。

一、越南文字及其相关语言政策的历史演变

（一）越南汉字正统地位的确立与越南古代的语言政策

越南古代的语言政策反映出中越之间的统治关系和宗藩关系。

郡县时期（公元前214年至公元968年），今天的越南北部和中部地区一直处在中国封建王朝的统治之下，所以也称“北属时期”。郡县初期，这一地区的社会经济文化相当落后，言语各异，没有文字。历代的中国封建统治者都大力推行汉语汉字，普及汉文化。西汉末年东汉初，太守锡光、任延“教其耕稼，制为冠履，初设媒娉，始知姻娶，建立学校，导之礼仪”[①]，因此有“岭南华风，始于二守”的评价。东汉末年，名士士燮任交趾太守长达40年，在任期间，他广招贤士，在当地“教取中夏经传，翻译音义，教本国人”[②]，率先把汉语音译成越南语，为汉越音的发展奠定了基础。大批来自中原的官吏和学者文人对汉文化在越南的传播做出了不可磨灭的贡献，特别是在正确使用和按正统音读汉字方面有不容忽视的指导甚至是强制作用，使汉语汉字成为当地的官方语言文字，对越南的语言文化发展产生了根本性的影响。

公元968年，丁部领建立“大瞿越”国，越南从此进入自主时期。独立后的越南封建王朝积极效法中国封建王朝的政治文化制度，使汉语汉字在越南的传播变成主动自觉的行为，其影响更加深远广大。历代的越南封建王朝都把汉语汉字定为国家正式的书面语言和文字。李陈时期，儒学教育受到重视。1075年李仁宗开科举考试，1076年设立国子监。从此，掌握汉语汉字成为越南封建士子踏上仕途进入上层社会的必要条件。这个时期越南的语言文字状况是两语一文：汉语文言文和汉字是书面语及书面文字，越南语是口语，没有对应的文字。汉越语言文化长期接触的结果是越南语吸收了大量的汉语语素并使之越化，形成了独特的汉越音和汉越词（越南语汉字词）。

可以说，汉语汉字在越南的传播首先是因为中国封建王朝普及华夏文化的需

① 《东观汉记》卷五。
② 《殊域周咨录》卷六。

要，更是越南封建王朝出于加强自身统治的需要而实施的一项国策。

（二）社会文化的发展与喃字的创制

汉字是丰富多彩的汉文化的载体，要吸收汉文化就必须学习汉字、汉文；汉字本身形、音、义三位一体的结构机制也比较适合于描写越南语这样的孤立语。正是出于以上原因，汉字自从输入越南后一直受到越南统治者的重视，一直到19世纪末20世纪初都是越南社会的正式文字，对越南的社会文化发展起到了非常重要的作用。但是，汉字毕竟是一种借源文字，在越南社会生活不断发展以及精神文化生活要求不断提高的情况下，汉字模音不准确、难以完整准确地表达越南土地上丰富生动的社会生活的弱点就暴露出来了，也就是说汉字难以完全负载起记录和书写越南全民族文化的重责。为了满足政治文化和日常生活的需要，一种越南人自己的文字——喃字就应运而生了。

喃字是越南古代国语字即记录越族人语言的文字，称喃字以区别于汉字。喃字的发展历程可以分为四个阶段，即体系形成准备阶段（13世纪末以前）、基本定型阶段（13世纪末至15世纪初）、成熟发展阶段（15世纪初至18世纪中叶）和完备大发展阶段（18世纪中叶至20世纪初）。

喃字的造字方法过去一般认为本于许慎的“六书”，只是把象形、指事和转注排除在外，如陶维英的假借、会意、形声三书说。事实上，陶氏的三书说把喃字的造字方法和用字方法混为一谈，他的假借类喃字相当一部分是汉字的借用而不是自创的新字。根据喃字静态的结构类型和动态的创造方法，我们把喃字分为两大类：假借字和自造字。

所谓假借字，就是借用汉字及其读音和意义来记录越南语的喃字。可细分为三小类：

（1）音义兼借字。这是一种纯粹借字，其读音或者按古汉越音读，或者按今汉越音读（见表8-7、表8-8）。

表8-7　按古汉越音读

喃字	古汉越音	今汉越音	越南语	意义
帆	buồm	phàm	buồm	帆
房	buồng	phòng	buồng	房
碑	bia	bi	bia	碑
句	câu	cú	câu	句
种	giống	chủng	giống	种子
浊	đục	trọc	đục	浊

表 8-8　　按今汉越音读

喃字	今汉越音	意义	喃字	今汉越音	意义
文	văn	文	译	dịch	翻译
学	học	学	妙	diệu	妙
糖	đường	糖	孝	hiếu	孝
晓	hiểu	知晓	形	hình	形

按今汉越音读借用的汉字可以说是不胜枚举。

无论是按古汉越音读还是按今汉越音读，音义兼借字在整个喃字体系中占有相当大的比重。严格地说，这类字仍然是完全意义上的汉字而非新造的喃字。

（2）借音不借义（见表 8-9）。

表 8-9　　借音不借义词例

喃字	今汉越音	意义	喃字	今汉越音	意义
碎	tôi	我	廊	làng	村
饶	nhau	互相	恬	điềm	兆头
们	món	味	埃	ai	谁

同音或近音假借在喃字系统中所占的比例还是相当大的。其实这也容易理解，用同音或音近的汉字表示越南语词语毕竟是既自然又最方便的事情。

（3）借义不借音（见表 8-10）。

表 8-10　　借义不借音词例

喃字	越南语	意义	喃字	越南语	意义
鲜	tươi	新鲜	纸	giấy	纸
稼	cày	插秧	点	chấm	点，蘸
燥	ráo	干燥	迟	chầy	迟缓
驭	ngựa	马	田	ruộng	田
胡	râu	胡子	灶	bếp	灶

这类借义不借音的假借字并不多，毕竟不便于语言的理解。

所谓自造字就是越南人根据汉字的形体特征采用汉字或汉字的构件组合而成的新字。

①会意字。这类字不多，仅举几例（见表 8–11）。

表 8–11　　越南自造会意字

喃字	越南语	意义
歪	trêi	天
进	m-êi	十
仝	trïm	头目
㤼	mÊt	丢失
𡗶	rÎ	便宜

②形声字。

喃字也跟汉字一样，形声字占大多数。喃字的形声字采用的部首绝大多数都是汉字的常用部首。如果说《康熙字典》中有 214 个部首的话，喃字仅借用了 60 多个（见表 8–12）。

表 8–12　　越南自造形声字（一）

喃字	越南语	意义	喃字	越南语	意义
咹	ăn	吃	輌	bánh	车轮
抔	bắt	抓	暎	ánh	光芒
犻	bò	牛	弹	bắn	射
𠰺	cãi	争辩	𡥵	con	子女
㝵	người	人	𤝞	chuột	鼠

另外还有一种没有部首的形声字，越南人直接把两个汉字拼合起来，其中一个是声符，一个是意符（见表 8–13）。

表 8–13　　越南自造形声字（二）

喃字	越南语	意义	喃字	越南语	意义
𠄩	hai	二	𠀧	ba	三
𠔭	tám	八	𤾓	trăm	百
𠦳	nghìn	千	𨉟	mình	自己
𦤾	đến	到	𠫾	đi	去
𦹵	cỏ	草	𤳆	trai	男

续表

喃字	越南语	意义	喃字	越南语	意义
𧊊	nhỏ	小	𪀄	chim	鸟
𤤰	vua	王，皇	𣩂	chết	死
𧡊	thấy	见	𢆥	năm	年

还有一种更加繁复的形声字，就是以喃字为声符的字（见表 8-14）。

表 8-14　　　　越南自造形声字（三）

喃字	越南语	意义
𠳒	lời	话语
𠰺	mời	邀请
猘	sề	母猪
𢯕	ném	抛，掷
蛭	giời	蜈蚣

③加符借音字。

越南语中有一种介乎假借字与新形声字之间的喃字，即采用在汉字旁边加“ᐸ”的办法，使汉字变为喃字。加“ᐸ”表示此字跟原来的汉字读音稍有区别（见表 8-15）。

表 8-15　　　　越南加符借音字

喃字	越南语	意义
買ᐸ	mới	新
木ᐸ	mọc	长出
仍ᐸ	ngững	（表复数）

④简化字。

简化字就是采用某个汉字的一部分，或借其音，或借其义（见表 8-16）。

表 8-16　　　　越南简化字

喃字	越南语	意义
𫜵	làm	做
㐌	đã	已经

“𠂉”取“为”字的上端，借用的是“为”的语义“做”；“㐌”取的是“拖”的一半，借用的是它的语音，表示的是“已经”的意思。

喃字的出现和完善是由越南语社群自主创制和推动发展的。历史上，喃字从来没有能撼动汉字的正统地位，它更多地被应用于诗文创作和唱和之中，其中诗文更多的是通俗文学作品。在越南历史上，虽然有个别皇帝想通过行政的手段推动喃字的发展，但也没有希望过要取代汉字。喃字的价值主要体现在它的文化功能上。

首先，喃字的发展是越南民族意识增强和文化上升的表现。

《大越史记全书·陈纪》记载，胡季犛于陈顺宗乙亥八年（公元1396年）“编无逸篇，译为国语以教官家”、第二年“十一月季犛作国语诗义并序，令女师教后妃及宫人学习，序中多出己意，不从朱子集传”，西山光中帝使用喃字作为正式文字写诏颁旨，并计划让罗山夫子阮涉用喃字翻译汉字经书典籍，所有这些，无不显示出越南人民族意识的增强以及文化上升的趋势。

应该说，喃字经历了一个漫长的发展阶段，取得了不少的成就，如果越南封建统治者正式承认喃字并把喃字规范化，它可能会成为一种比较完善的文字系统。但是，越南的统治者们并没有这样做。14世纪末，胡季犛称帝并推行改革，不管他的改革力度有多大，都不敢大胆地对喃字进行标准化，不敢承认喃字为国家的正式文字，虽然他自己很注重民族的语言并用喃字进行翻译和写作。其他各朝统治者中，黎圣宗鼓励过使用喃字写诗，郑检曾用喃字写过公文，阮惠曾经推行过喃字科考。尽管如此，喃字也从来没有被统治者们看作一种需要严肃研究和不断完善的对象。历史上也曾有过一些学者企图规范喃字的书写，如17世纪法性的《玉音解义指南》、18世纪吴时茬的《三千字解音》、19世纪阮文珊的《大南国语》等，为喃字的发展做出了不小的贡献。但所有这些也仅是个人的努力，没有得到国家的承认。因此，喃字一直是一种自发形成与发展的文字。

其次，喃字的产生为越南文学以及越南语的发展提供了条件。

喃字是中越文化交流的结果，是越南民族意识增强与民族文化发展的体现。尽管它身上存在着很多缺陷，而且也没有得到历朝统治者充分的重视，其作用无法跟汉字相比，但它毕竟是越南古代文化的载体之一。它的重要作用首先在于文学创作方面。由于喃字的产生，使得阮廌、黎圣宗和骚坛会、阮秉谦、胡春香、清官县夫人等人的喃字诗，阮辉似的《花笺传》、阮攸的《金云翘传》、段氏点的《征妇吟曲》、阮嘉诏的《宫怨吟曲》和阮廷炤的《廖云仙》等叙事长诗的出现成为可能。这些经典作品的广泛流传对越南语本身的发展无疑是一个促进。同时，喃字的产生为记录民间文化和风物地理等提供了保证，不少民歌、熟语、剧本，一些医书、地理契卷、家谱、中堂对联就是用喃字记录并传承下来的。另外，喃字用以翻译外国优秀文化并普及于普通百姓之中，一方面提高了百姓的文化素质，另一方面也促进了越南语本身的发展。目前，越南现存的喃字作品有约12 000册书、12 000件碑文拓片以及为数不少的诗赋、文册作品，在不少寺庙和私人住宅仍然可以看到喃字的影子。可以说，喃字在历史上为越南传统文化的传承是做出过巨大贡献的。

（三）西方文化的传播和越南语拉丁字的普及

我们通常所称的越南国语字就是越南目前正在使用的拉丁字母拼音文字（下文略称“国语字”）。它是西欧文化与越南文化接触交融的一个产物，其形成跟基督教在越南的传播有着密切的关系。根据现有材料，可以把越南国语字的发展历程划分为三个阶段。

1. 形成阶段（1620~1651年）

从16世纪开始，西方商船到越南进行贸易，不少西方传教士随之来到越南传播基督教教义。为了能与当地居民广泛接触，从事传教活动，他们必须学习越南语。由于汉字和喃字难认难写，他们就用各自国家的字母系统记录越南语语音。为了方便传教和跟越南人打交道，也为了教士间互相沟通，他们采用拉丁字母，根据葡萄牙和意大利文字以及希腊文字的一些符号，创制出了最初的国语字。

在这个阶段，从1620年到1631年可以看作胚胎初始时期，出现了杰·雷兹（J.Roiz）、伽士帕尔·路易斯（Gaspar Luis）、亚历山大·德·罗德（Alexandre de Rhodes，1591~1660年）、安东尼奥·德·冯特茨（Antonio de Fontes）等人的手写材料和克里斯托弗·勃利（Christophoro Borri）的两本书。

2. 发展阶段（1651~1772年）

1651年罗马传教士亚历山大·德·罗德的《越葡拉丁词典》和《对愿入天主圣教接受洗礼者的八日教程》在意大利罗马正式出版，标志着拉丁国语字进入了一个新的发展阶段。由于《越葡拉丁词典》是第一部用国语字印刷的字典，《对愿入天主圣教接受洗礼者的八日教程》是第一部用国语字印刷的书，负责印刷的罗马教会印刷厂也就成为了世界上第一个铸造越南语国语字的地方。亚历山大·德·罗德不是第一个创造出国语字的欧洲人，在他之前，在越南传教的天主教教士已经比较普遍地使用手写国语字材料，其中有加斯普拉·德·阿马拉勒编撰的《越葡对译词汇集》（手抄本）和安东尼奥·巴尔保萨（Antonia Barbosa）编撰的《葡越对译词汇集》（手抄本）。罗德的重大贡献在于在越南拉丁文字开始形成的最初阶段对这套文字系统进行整理和完善，并用这套文字系统编撰出版了最早的两部越南拉丁文字著作。

3. 完备阶段（1772~1838 年）

这一阶段出现了不少国语字著作，其中最具代表性的是 1772 年贝海纳（Pigneau de Béhaine，越南语名字 Bá Đa Lộc，汉译伯多禄）的《越—拉丁词典》和 1838 年塔勃（Taberd）在印度印刷出版的《越—拉丁词典》。这两部词典的国语字跟目前使用的国语字基本相同，此后出现的传道书籍都是按照这两部词典的字母来书写的。它们的出现，标志着国语字系统已经完备。之后对它的改进也就是使之更加完善、更加科学。

越南国语字的创制和普及具有深刻的社会文化意义。

首先，国语字的创制和完善是西方传教士和越南人共同努力的结果。

一直以来我们都承认越南国语字为西方传教士所创，但在其创制和完善的过程中也不能忽视了越南人特别是越南传教士和知识分子的作用。国语字在创制和完善的过程中得到了越南人特别是越南人传教士的帮助。越南人传教士一方面向西方传教士教授越南语，协助西方传教士用拉丁字母准确记录越南语的读音，帮助其创制和完善国语字；另一方面，少数越南人传教士积极主动用国语字进行写作，对国语字进行整理、改进和完善，为国语字的改进和完善做出了贡献。在这些越南人传教士中，斐利丕·秉（Philiphê Bỉnh）的成绩令人瞩目。

斐利丕·秉是一名天主教徒，教名为 Felippe do Rosario，1759 年出生于越南海阳，1775 年进入天主教学校学习，1793 年被封为牧师。由于天资聪明并在天主教徒中有很高的威信，斐利丕·秉在被封为牧师后即被授予越南天主教多个重要的职务。18 世纪末，越南基督教派别之间发生矛盾和冲突，斐利丕·秉流亡葡萄牙直至去世。流亡期间，斐利丕·秉翻译、撰写了不少有价值的作品，采用笔记的方式记录下了当时越南的社会生活。据越南学者清朗的考证，现在罗马梵蒂冈图书馆还保留斐利丕·秉本人手写的 26 种作品，这些作品是用国语字记录当时越南社会生活的珍贵资料，其中《记事录》和《日呈今书乞正主教》在研究越南政治、经济、社会、人种、文学、语言学方面具有极其重要的价值。就文字方面来说，通过比较，学者们认为《记事录》和《日呈今书乞正主教》中的国语字跟罗德时期的国语字相比有一定的改进，也就是说斐利丕·秉本人以及其他一些越南人对完善国语字是做出过一定贡献的。因此，有越南学者认为斐利丕·秉本人“对健全国语字有很多创见……斐利丕·秉是越南第一个着手改进国语字的语言学家”[①]。（笔者译）

---

① Lý Toàn Thắng，*Mấy vấn đề Việt ngữ học và ngôn ngữ học đại cương*，*Nhà xuất bản Khoa học xã hội*，2002，tr. 257.

其次，国语字是拼音文字与越南语的具体结合。

我们知道，在普及国语字之前，越南是使用汉字和喃字来书写和记录本民族的历史和文化的。汉字和喃字属于表意文字，拉丁国语字则属于表音文字。对于越南民族来说，无论是汉字、喃字还是国语字都属于借源文字，由于历史传统和民族思维的差异，汉字的表意功能在越南语中不可能得到充分的体现，由它派生出来的喃字到底保留了多少汉字形体那种“视而可见，察而见意”的具体感知方式也是不言而喻。正如我们上面所分析的，喃字主要是为了满足越南民族政治文化和日常生活的需要、为了满足越南社会生活不断发展以及精神文化生活不断提高的要求诞生出来的，它的出现主要是为了弥补汉字模音不准确、难以完整准确地表达越南土地上丰富生动的社会生活的弱点。可以这样说，喃字的出现既是对汉字的补充，也是对汉字地位的挑战和对汉字功能的否定，是越南民族尝试使文字跟语言更加有机地结合在一起的无奈的挣扎，事实上，它更多地带有了表音性质。但是喃字的音和义绝大部分都借自汉语，同样存在模音不准确的问题，加上它体系的不完善和缺乏科学性，也难以完全担负起记录和书写越南全民族文化的重责。由于汉字和喃字表意功能的丢失，汉字和喃字实际上已经逐渐变成了一个抽象的记音符号系统，但是这个系统模音不够准确，书写比较烦琐，不能完全记录越南语特别是越南语口语。因此，当国语字这套简单而科学的文字系统诞生以后，越南民族最终选择了它，实现了拼音文字与越南语的具体结合。

最后，国语字创制的初衷只在于传播天主教教义，后来法国殖民统治者利用它打击儒学，传播西方思想和加强自身的统治。

从最初出现到 19 世纪中叶，国语字只广泛应用于传教士和基督教（主要是天主教）教徒中间，主要用来翻译《圣经》和编写教义。随着基督教的传播，懂得国语字的人也越来越多，不少用以传教的书籍和一些双语词典得以编撰出版。1867 年法国殖民者占领并直接统治南圻之后，废除了只用汉字来学习和科考的方式，代之以使用汉字和国语字进行教学的法—越教学方式。1865 年，法属南圻出现了第一份国语字报纸即《嘉定报》。1906 年中圻和北圻颁布法令修改学制和考试制度，法文和拉丁文得以进入儒学学制和考试制度。1919 年最后一次科举考试之后，法国殖民统治者和阮朝政权完全废除旧的儒学学习和科考制度，而代之以学习和考试都仅使用法文和国语字的法—越教学方式。尽管带有强制的味道，但国语字也就因此能冠冕堂皇地取代汉字和喃字，堂而皇之地在越南的土地上广泛传播起来了。

（四）拉丁文字成为越南国字的社会基础

近代以来，西方文化对东方国家产生影响，包括西方人在东方推行拼音文字。其实西方人的这种行为并不仅仅局限在越南一个国家，中国也一直面临着文字制度改革的问题。公元 1605 年，也就是明朝万历三十三年，天主教耶稣会士利玛窦（Matteo Ricci，1552~1610 年）来到中国，带来了罗马字母（罗马字母因为在罗马帝国时期用来书写拉丁语，所以也叫拉丁字母）。在中国，利玛窦写了一本《西字奇迹》，其中有四篇是用罗马字注音的汉字文章。这是最早用罗马字拼写官话的设计，从此中国人开始明白汉语不仅可以用汉字书写，也可以用罗马字母书写。这在当时是一件了不起的大发现。清代末年西学东渐，罗马字母在中国的影响进一步扩大。五四运动时期已经有许多人明确主张，汉字改为使用罗马字母的拼音文字。1928 年民国政府公布了“国语罗马字拼音法式”，这是由政府公布的第一套罗马字母的拼音方案。十月革命后列宁领导的苏联掀起了文字拉丁化运动。苏联说的拉丁化就是罗马化。受苏联文字拉丁化运动的影响，1931 年产生了使用拉丁字母的北方话拉丁化新文字。新中国成立后，国家要大力发展教育、发展文化，要制定新的拼音方案。经过认真的研究，最后决定采用国际通用的拉丁字母。这是影响十分深远的决策。正是有了这个决策，1958 年才产生了使用拉丁字母的汉语拼音方案。从此拉丁字母成为汉语拼音字母，进入了中国人民的语文生活。20 世纪 70 年代末期，中国实行改革开放政策。随着开放的力度不断扩大，中国和世界各国的联系日益密切，汉语拼音的使用日益频繁，国外使用的拉丁字母也进入了汉语书面语。尽管如此，由于汉字强大的文化功能使汉民族产生了强大的凝聚力量，这种力量反过来又成为汉字不废的根本原因。

越南的情况则不相同。由于汉字这种借源文字并没有在越南民族中形成足够强大的凝聚力量，而喃字又向着表音化方向发展，因此，当一种真正的表音文字出现的时候，越南民族中阻断了表意文字系统中的民族文化动机，越南文化因此也越来越清楚地表现出了多元化性质。文字制度的根本改变造成了传统文化的中断，这是越南学者深感痛惜的。但是中断的另一层含义是新生和交流。正是国语字使越南的教育水平和文化水平得以迅速提高，现代文明得以在民众中迅速普及。而且，国语字诞生于与异质文化长期交流的过程中，对它的选择也在一定程度上体现出了越南民族对异质文化的宽容精神。国语字用不能表达特定文化动机的抽象线条（音位字母）去记录语言的物质层面（语音），超越了对特定文化的依赖而具有国际性、超民族性。

越南国语字作为一种记录音位的表音文字，它跟语音的结合是比较紧密的，结构方面仍然保持传统上所谓的“形音义”结合体，即“一个音节一个字，而字中的核心是意义，直接体现编码的信息”[1]。由于是拼音文字，因此它易读、易写、易认、易记，为普及教育带来极大的便利，也很容易直接引进西方文字和缩写，便于记录科学符号、产品代号等。当然，从语言学的角度来说，越南国语字还存在有待改进的不合理的地方，如用 29 个字母记录 36 个音位导致字母与音位数目不相等、少部分音位同时有两个甚至三个书写符号、在拉丁字母上添加符号等现象，给书写、印刷以及计算机代码转换带来了一定的困难。另外，由于国语字方便引用西方语言，因此在外来词、专有名词的引用和翻译等方面就存在着是直接引用还是翻译以及如何翻译等混乱现象。有鉴于此，长期以来，越南政府、越南语言和文字工作者一直在努力克服上述缺陷，在国语字改革方面取得了显著的成绩。

越南人对国语字（拉丁文字）的接受是一个从被动到自觉的过程，并且随着民族斗争的发展而更加坚定。

越南国语字一开始仅在教民中传播，后来法国殖民统治者强制推行，引起了大部分儒学出身的官吏和知识分子的反感，他们对它采取抵制和排斥的态度。19世纪末，一些知识分子逐渐认识到了国语拉丁字的作用，南圻的一些作家开始用国语字创作散文、诗歌和小说。20 世纪初，由越南爱国知识分子发起的东京义塾维新运动（1907~1908 年）把使用国语字列为其纲领性文件《文明新学策》六方法之首，劝谕“国人读书应以国语字为首要工具，使妇女、孩童在三五个月中能够识字，人们可以用国语字记录过去与今日之事情，书信亦可以通顺达意。实为开拓民智之首举”。1920 年以后，公开或秘密的国语字出版物越来越多，社会政治议论文体首先得到发展，出现了新的遣词造句方式。1930 年以后，小说、诗歌、话剧等国语字文学艺术作品得到了长足的发展，社会政治、科学技术词语大量涌现。为了反对法国殖民统治者的文化侵略政策，在印度支那共产党的领导和支持下，1938 年“国语字传播会”在河内成立，越南全国掀起了一场声势浩大的学习和教授国语字的运动。到 1945 年，“国语字传播会”共有 51 个支会，吸引了 69 827 人参加，共开了 857 个国语字训练班，为国语字的传播与使用做出了重要的贡献。[2]

1945 年八月革命成功，越南成为了一个主权独立的国家。独立之前，由于法国殖民统治者推行愚民政策，越南社会有 90% 以上的人是文盲。为了消除这个后果，胡志明提倡发动一场扫盲战役，国家成立了平民学务署专门负责扫盲事宜，平民学务运动迅速发展。经过一年的努力，共开了 75 805 个学习班，有

① 徐通锵：《语言论》，东北师范大学出版社 1998 年版，第 135 页。

② 笔者根据相关资料整理。

97 664 人参加教学，250 多万人脱盲。[①] 国语字成为了越南民族唯一正式的文字，不仅在京族人中应用，而且推行到各个民族，成为了越南全社会的语言交际工具。

二、现代越南语中汉越词的使用及相关政策

汉越词是越南语词汇系统的重要组成部分。汉越词是指越南语中能够独立运用的汉越音类汉语借词以及由汉越音类语素构成的复合词。汉越音为界定汉越词的语音标准，所有汉越词都能根据汉越音还原为相应的汉字，并且符合汉语的语义结构规范。汉越音是越南语用来拼读汉字的语音系统，来源于公元 7、8 世纪在交州（安南）地区传播的唐朝长安语音系统。唐朝长安语音系统跟交州（安南）地区语音系统融合之后形成了汉越音。这是一套庞大的语音系统，从理论上来说，任何汉字都可以用汉越音拼读出来。

越南语汉越词在越南语词汇系统中占有相当大的比重，一般认为汉越词占现代越南语词汇的 60%~70% 左右，越南学者黄文行认为："各种研究材料显示，现代越南语约 60% 的词汇为汉越词，在政治、经济、法律等很多领域，这一比例高达 70%~80%"[②]。黄文行等学者所认定的汉越词指的是凡是含有一个及以上的汉越词素的词语都是汉越词。事实上，这个认定有不少不确定性，其中还包括词序的颠倒等，所以统计的比例差别比较大。按照我们的定义，根据对黄批 2010 年《越南语词典》的统计，该词典 41 300 个词条中大约有汉越词 19 240 个左右，占该词典全部词条的 46.5%。根据课题组对大规模现代越南语真实语料的统计，越南现实语言生活中汉越词在越南语词汇系统中所占的比例为 33.95%，综合覆盖率为 38.64%。法律法规领域越南语词汇中汉越词的比例最高，占 49.6%，在这一领域的文章中汉越词的覆盖率为 59.6%。可以说汉越词在越南的社会生活中使用非常广泛。

在封建时期，汉语文言文和汉字是越南社会通用的书面语和书写文字，整个社会体制和历史典籍都是用汉字书写，因此存在着大量的汉越词，当然，由于当时文字没有改制，因此称汉字词更加准确。文字改制之后，大量的汉字词就沉淀成了汉越词，虽然有不少已经成了历史词汇，但仍然有很多词鲜活地存在于现代越南语之中，比如 đầu(头)、dân(民)、học(学)、hiểu(晓)、trung(忠)hiếu(孝)、

---

① 笔者根据相关资料整理。

② 笔者译，详见 Hoàng Văn Hành. *Từ điển yếu tố Hán Việt thường dùng*，*Nhà xuất bản Khoa học xã hội*，1991，tr. 67。

xuân（春）、hạ（夏）、thu（秋）、động（冬）。现代越南语继续借入了一系列的汉越词，如 chính trị（政治）、kinh tế（经济）、triết học（哲学）、quân sự（军事）、khoa học（科学）、kỹ thuật（技术）、bị vong lục（备忘录）、dân túy（民粹）、định suất（定率）、hạch toán（核算）、sát thương（杀伤）、biểu tượng（表象）、đối lưu（对流）、sinh thái học（生态学）、quần thể（群体）、điện môi（电媒）、lượng tử（量子）等。越南社会还借助汉越语素创造出新的科学术语，如为了区别 luật rừng（森林法则），越南语新创造了 lâm luật（林律）来指《森林法》；为了区别 máy bay lên thẳng（直升飞机），越南语新创造出了 máy bay trực thăng 来指垂直起降飞机。从下列有关语言学的术语中可以看出汉越词在越南语词汇系统中的地位：

ngữ hệ（语系）：语系

ngữ học（语学）：语言学

ngữ khí（语气）：语气

ngữ liệu（语料）：语料

ngữ nghĩa（语义）：语义

ngữ nghĩa học（语义学）：语义学

ngữ ngôn（语言）：语言；言语

ngữ pháp（语法）：语法

ngữ pháp học（语法学）：语法学

ngữ tộc（语族）：语族

ngữ văn（语文）：语文

ngữ vực（语域）：语域

在语法结构上，汉越词的逆序句法结构跟越南语一般的句法结构不同，越南语一般的句法结构为中心语素在前，修饰语素在后，汉越词的逆序句法结构正好相反，即修饰语素在前，中心语素在后，因此在创造新的术语和其他词语时具有更强的稳定性，词义也具有更强的排他性。基于此，越南语在借用和创造新的术语时，汉越词成为首选。

汉越词一方面弥补了越南语词汇系统的不足，另一方面也因为其独特的修辞效果扩大了汉越词的语用效果。比如 đàn bà（女人）和 phụ nữ（妇女），trẻ con（小孩）和 nhi đồng（儿童），均有不同的语境分工。再比如 mãi mãi 和 vĩnh viễn（永远）都表示"时间久远"的意思，但 mãi mãi 是副词，一般只能做状语，如：sống hạnh phúc bên nhau mãi mãi（永远幸福地生活在一起），mãi mãi ghi ơn các anh hùng liệt sĩ（永远牢记英烈们的功绩）。vĩnh viễn 是形容词，有两个义项，一个表示"永恒"，一个表示"永远，永久"，既可以做定语，也可以做状语，例如：vật chất tồn tại vĩnh viễn（物质永恒存在）；mang lại hạnh phúc vĩnh viễn（带来永远的幸福)。

越南文字改制之后，在较长的一段时间内越南语的使用不够稳定，无论是词汇还是语法结构。在词汇方面，很多政治军事词语都是借用汉语的，因此存在比较严重的汉越词泛滥现象，不少生僻的汉越词未能为广大群众所理解。针对这一情况，胡志明在 1947 年 10 月出版的《改造我们的工作方法》一书中要求干部在做思想工作和写文章时必须更多地运用本民族的语言。胡志明指出："语言是民族非常悠久非常宝贵的财富，我们要好好加以保护，要尊重她并不断加以推广。我们自己有的不去使用，反而去借用外国的，这不是依赖思想是什么?"[①]（笔者译）针对越南语发展中所存在的问题，1966 年 2 月，越南民主共和国发起"维护越南语纯洁性"运动，提出要保护和发展本民族的字词；说和写要符合越南语语法规范；各种文体要注意保留越南语的特色、精华和风格。在政府的指导下，汉越词滥用的现象得到了一定程度的控制，但也出现了走极端的现象，即不管任何场合都使用所谓的纯越词，不仅不利于交际，还导致了语言运用的混乱。比如把 phi công（飞行员）改用 người lái/giặc lái，把 không phận（领空）改用 vùng trời，把 công tố viên（公诉员）改用 ủy viên buộc tội。更有甚者，为了证明不使用汉越词同样能反映越南社会的现实，有人主张把 Đại hội Phụ nữ toàn quốc（全国妇女大会）改为 Buổi sum họp lớn của đàn bà cả nước（如果翻译出来，即为"全国女人大聚会"）。

1979 年底和 1980 年初，越南社会科学委员会与教育部教育科学研究院联合成立了两个委员会：越南语书写规范委员会和越南语术语规范委员会。1984 年 3 月，越南教育部出台了《关于越南语书写和术语制订规范的规定》，对汉越词的功能给予了充分的肯定，汉越词在越南的使用得到了健康的发展。

第四节　小　结

汉字作为中华优秀文化的结晶，不但为中国历史、文化的传承发挥了其他任何文化符号无法替代的作用，同时也承载着中华优秀文化走向海外，对周边国家产生了深远影响。特别在日本、韩国、越南等东亚国家语言文字的形成以及这些国家历史文化记载等方面做出了杰出贡献。但是由于近代以来民族意识的觉醒、国民教育的普及、西学东渐以及西方殖民统治等方面的原因，日、韩、越等东亚

① Nguyễn Thiện Giáp, *Lược sử Việt ngữ học*, *Nhà xuất bản Giáo dục*, 2007, tr. 36.

国家在汉字使用方面分别采取了不同的政策。

从结果上看，日本虽然从明治时期开始一直采取限制汉字使用的政策，但是，和明治大正时期相比，日本语中汉字的使用非但没有减少，反而上升了很多，日本是中国以外唯一大量使用汉字的国家；韩国从 20 世纪 70 年代开始正式推行“韩字专用”的语言政策，导致现代韩国语书面语中汉字消失殆尽；越南自法国对其实施殖民统治、推行文字拉丁化的语言政策后，越南语完全拼音化，汉字彻底从越南语中消失。

从汉字使用的语言政策实施过程看，越南废除汉字的态度坚决，废除汉字的效果最彻底；韩国虽然推行“韩字专用”的语言政策，但是主张使用汉字的势力十分强大，致使韩国政府一直在“韩字专用”和“恢复使用汉字”之间摇摆；日本从一开始就没有实行“废除汉字”的政策，其限制使用汉字的语言政策实质上也不是为了限制汉字的使用，而是一直在努力规范和优化汉字的使用。

近年来，韩国、越南等国又出现了恢复使用汉字的呼声。这些呼声能否促进这两个国家改变现行的语言政策，恢复韩国语和越南语中的汉字使用，成了学术界和这两个国家民众普遍关心的社会问题。东亚国家语言中汉字的使用和很多因素有关，这些因素既包括语言机制本身，也不能排除民族意识。韩国、越南之所以当初废除汉字，日本之所以明治大正时期开始限制使用汉字，汉字难学固然是重要原因，但是决定性因素是民族意识的觉醒。这一点从日本、韩国、越南三国所实施的汉字政策的演变过程可以清楚地看出来。

从汉字在日、韩、越等东亚国家将来的命运看，日本将继续使用汉字，而且随着信息技术的进步和日本规范汉字使用政策的实施，日本使用汉字的水平将进一步优化。韩国恢复汉字使用的可能性很大。仅从语言机制上看，韩国语和日本语有着非常相似的语言结构，由于韩国语存在大量同音词，实行“韩字专用”后，同音异义词的形态完全相同，这给韩国语的阅读和理解带来了很多不便和困扰，而使用汉字后这些困扰便不复存在，日本语就是这方面的例子。如果不考虑其他因素的影响，韩国有可能恢复汉字的使用。越南语和日本语、韩国语情况不一样，越南语是孤立语，且废除汉字实行拼音文字后，越南语没有产生很多语言上的不便，越南语语言机制本身没有给恢复汉字使用带来足够的原动力。

不管怎么说，作为悠久的文化积淀，这些国家的语言中仍然使用着大量的汉字词汇。这些汉字词汇是日本继续使用汉字，韩国、越南恢复汉字使用的动力和物质基础。

资料篇

第九章

日本常用汉字词汇使用现状

说 明

（1）由于最终成果篇幅限制，这里收录现代日本语最常用的汉字词汇 10 000 条左右，并按照从“现代日本语书面语平衡语料库”统计到的词频，从大到小顺序排列。

（2）为了反映日本汉字词汇的使用现状，每一个汉字词条标有五种信息：日本语汉字、日本语读音（片假名）、日本语词性、日本语词频（平衡）、日本语词频（报纸）。

（3）日本语词性遵循日本国立国语研究所研制的分词词典（UNIDIC）词性标准标注。

（4）每一条日本语汉字词标有两种词频，第一种词频根据日本国立国语研究所“现代日本语书面语平衡语料库”统计得到，第二种词频根据《每日新闻》（2005~2012 年 8 年）语料统计得到。

（5）日本语汉字动词、形容词等有词尾变化的用言词语只收录这些词的词干成分，但是词性按照原来词语的性质标注。

自分	ジブン	名詞	110797	83527
場合	バアイ	名詞副詞	95686	60003
問題	モンダイ	名詞	71422	173941
必要	ヒツヨウ	名詞形状詞	70519	102372
時間	ジカン	名詞助数詞	67748	112534
関係	カンケイ	名詞サ変	57549	117352
社会	シャカイ	名詞	48977	110494
以上	イジョウ	名詞副詞	46624	99497
事業	ジギョウ	名詞	46513	77615
世界	セカイ	名詞	42879	149093
人間	ニンゲン	名詞	42524	29928
生活	セイカツ	名詞サ変	42136	67462
会社	カイシャ	名詞	41111	119861
研究	ケンキュウ	名詞サ変	39860	88268
地域	チイキ	名詞	39646	64068
情報	ジョウホウ	名詞	39264	92530
意味	イミ	名詞サ変	39241	25259
彼女	カノジョ	代名詞	38846	8329
学校	ガッコウ	名詞	38040	78363
仕事	シゴト	名詞サ変	37360	36956
企業	キギョウ	名詞	36651	85416
可能	カノウ	形状詞	36321	99459
委員	イイン	名詞	35451	118170
利用	リヨウ	名詞サ変	35323	43651
時代	ジダイ	名詞	35314	64435
本当	ホントウ	名詞	34975	19549
言葉	コトバ	名詞	34222	43374
現在	ゲンザイ	名詞副詞	33990	190539
方法	ホウホウ	名詞	33299	21313
経済	ケイザイ	名詞	33246	108357
女性	ジョセイ	名詞	32941	96440
今日	キョウ	名詞副詞	32229	9541
年度	ネンド	名詞	31877	87763
活動	カツドウ	名詞サ変	31410	65781
環境	カンキョウ	名詞	30678	59523
子供	コドモ	名詞	29879	38258
結果	ケッカ	名詞副詞	29458	63448
調査	チョウサ	名詞サ変	29456	106376
電話	デンワ	名詞サ変	29428	81099
相手	アイテ	名詞	28733	39162
状況	ジョウキョウ	名詞	28448	45394
教育	キョウイク	名詞サ変	27746	49535
技術	ギジュツ	名詞	27581	41633
計画	ケイカク	名詞サ変	27578	53632
大学	ダイガク	名詞	27070	82429
先生	センセイ	名詞	26937	13337
内容	ナイヨウ	名詞	26638	38644
写真	シャシン	名詞	26577	135806
保険	ホケン	名詞	26027	46454
場所	バショ	名詞	25851	44173
状態	ジョウタイ	名詞	25364	32501
一般	イッパン	名詞	25332	31240
五百	ゴヒャク	名詞数詞	25080	4584
使用	シヨウ	名詞サ変	25069	32179
部分	ブブン	名詞	24774	21080
政府	セイフ	名詞	24757	139358
八百	ハッピャク	名詞数詞	24695	1122
労働	ロウドウ	名詞サ変	24532	48454
制度	セイド	名詞	24257	61153
対象	タイショウ	名詞	24230	55429
存在	ソンザイ	名詞サ変	24102	25327
開発	カイハツ	名詞サ変	24055	51289
基本	キホン	名詞	23651	28429
規定	キテイ	名詞サ変	23512	15007
質問	シツモン	名詞サ変	23389	23715
説明	セツメイ	名詞サ変	23343	97891
自然	シゼン	名詞	23231	25924
実施	ジッシ	名詞サ変	22871	54026
重要	ジュウヨウ	形状詞	22622	31432
施設	シセツ	名詞サ変	22560	52733
地方	チホウ	名詞	22247	52064
一番	イチバン	副詞	22144	18025
管理	カンリ	名詞サ変	22130	39654
参加	サンカ	名詞サ変	21861	72992
最近	サイキン	名詞副詞	21287	21519
事件	ジケン	名詞	21167	111027
国民	コクミン	名詞	21033	73167
程度	テイド	名詞	20955	32778
機関	キカン	名詞	20895	51577
中心	チュウシン	名詞	20888	45010
勿論	モチロン	副詞	20869	8181
文化	ブンカ	名詞	20540	41243
整備	セイビ	名詞サ変	20445	22922
国際	コクサイ	名詞	20388	92162
目的	モクテキ	名詞	20321	24207
実際	ジッサイ	名詞副詞	20217	17374
最初	サイショ	名詞副詞	20196	17515
主義	シュギ	名詞	19937	23236

評価	ヒョウカ	名詞サ変	19796	43233
部屋	ヘヤ	名詞	19657	17896
理由	リユウ	名詞	19575	37505
全体	ゼンタイ	名詞	19538	30930
変化	ヘンカ	名詞サ変	19410	19821
自由	ジユウ	名詞形状詞	19402	31953
生産	セイサン	名詞サ変	19380	31614
以外	イガイ	名詞副詞	19325	23858
十分	ジュウブン	形状詞	19320	27388
普通	フツウ	名詞形状詞	19294	12777
最後	サイゴ	名詞	19197	34417
家族	カゾク	名詞	19050	46372
効果	コウカ	名詞	19034	31461
機能	キノウ	名詞サ変	18943	22683
以下	イカ	名詞	18929	22414
箇月	カゲツ	名詞助数詞	18823	62652
影響	エイキョウ	名詞サ変	18776	67241
対策	タイサク	名詞	18743	64965
理解	リカイ	名詞サ変	18729	25537
都市	トシ	名詞	18548	31581
一方	イッポウ	接続詞	18444	88528
相談	ソウダン	名詞サ変	18378	30793
健康	ケンコウ	名詞形状詞	18244	26879
対応	タイオウ	名詞サ変	18208	56026
運動	ウンドウ	名詞サ変	18042	27505
個人	コジン	名詞	17883	39215
午後	ゴゴ	名詞副詞	17872	74443
障害	ショウガイ	名詞サ変	17663	36894
非常	ヒジョウ	形状詞	17636	12791
安全	アンゼン	名詞形状詞	17504	60039
当時	トウジ	名詞副詞	17489	57330
期間	キカン	名詞	17488	26845
政治	セイジ	名詞	17419	77337
確認	カクニン	名詞サ変	17160	55656
指導	シドウ	名詞サ変	17095	39624
意識	イシキ	名詞サ変	16947	28144
自身	ジシン	名詞副詞	16869	22407
結婚	ケッコン	名詞サ変	16699	15315
経営	ケイエイ	名詞サ変	16601	51904
大変	タイヘン	形状詞	16502	12097
商品	ショウヒン	名詞	16324	26673
今回	コンカイ	名詞副詞	16279	64074
年間	ネンカン	名詞助数詞	16179	57968
事務	ジム	名詞	16171	58247
作品	サクヒン	名詞	16075	41244
推進	スイシン	名詞サ変	15991	19448
行動	コウドウ	名詞サ変	15891	21289
法律	ホウリツ	名詞	15816	10187
自動	ジドウ	名詞	15784	50942
名前	ナマエ	名詞	15771	14724
発生	ハッセイ	名詞サ変	15692	33365
決定	ケッテイ	名詞サ変	15682	57561
歴史	レキシ	名詞	15678	29365
産業	サンギョウ	名詞	15654	31338
組織	ソシキ	名詞サ変	15620	37953
特別	トクベツ	形状詞	15459	43801
協力	キョウリョク	名詞サ変	15424	45545
消費	ショウヒ	名詞サ変	15360	49495
病院	ビョウイン	名詞	15345	51394
報告	ホウコク	名詞サ変	15323	55513
価格	カカク	名詞	15217	38014
処理	ショリ	名詞サ変	15194	20502
保護	ホゴ	名詞サ変	15153	34914
事実	ジジツ	名詞副詞	15152	29802
増加	ゾウカ	名詞サ変	15142	16302
表示	ヒョウジ	名詞サ変	15094	145011
条件	ジョウケン	名詞	15053	22429
精神	セイシン	名詞	15044	20571
行為	コウイ	名詞	15022	19292
責任	セキニン	名詞	14998	48519
医療	イリョウ	名詞	14878	43157
設定	セッテイ	名詞サ変	14823	11884
経験	ケイケン	名詞サ変	14776	32393
文字	モジ	名詞	14770	647598
出来	デキル	動詞	14737	4477
紹介	ショウカイ	名詞サ変	14663	25064
今後	コンゴ	名詞副詞	14600	49665
一部	イチブ	名詞副詞	14497	40887
意見	イケン	名詞サ変	14489	41190
土地	トチ	名詞	14433	11965
映画	エイガ	名詞	14316	41517
団体	ダンタイ	名詞	14312	53388
戦争	センソウ	名詞サ変	14106	31588
資料	シリョウ	名詞	13978	14407
注意	チュウイ	名詞サ変	13956	15566
新聞	シンブン	名詞	13946	99473
同時	ドウジ	名詞	13895	19064
福祉	フクシ	名詞	13891	16684

判断	ハンダン	名詞サ変	13866	56333	当該	トウガイ	名詞	12376	882
銀行	ギンコウ	名詞	13845	44080	今度	コンド	名詞副詞	12364	6046
基準	キジュン	名詞	13811	30490	位置	イチ	名詞サ変	12240	18327
住宅	ジュウタク	名詞	13806	40280	現実	ゲンジツ	名詞	12186	15716
時期	ジキ	名詞副詞	13797	24448	心配	シンパイ	名詞サ変	12160	13007
簡単	カンタン	形状詞	13775	8849	科学	カガク	名詞サ変	12067	36717
行政	ギョウセイ	名詞	13735	27705	連絡	レンラク	名詞サ変	12056	20380
構造	コウゾウ	名詞	13706	12877	道路	ドウロ	名詞	12037	24939
交通	コウツウ	名詞サ変	13676	29470	建設	ケンセツ	名詞サ変	12020	37627
午前	ゴゼン	名詞副詞	13629	68673	中央	チュウオウ	名詞	12004	37043
契約	ケイヤク	名詞サ変	13590	33042	絶対	ゼッタイ	名詞副詞	11999	8244
予定	ヨテイ	名詞サ変	13506	58600	具体	グタイ	名詞	11902	22074
政策	セイサク	名詞	13453	59315	患者	カンジャ	名詞	11893	33537
代表	ダイヒョウ	名詞サ変	13453	136847	同様	ドウヨウ	形状詞	11876	18168
作業	サギョウ	名詞サ変	13437	35501	毎日	マイニチ	名詞副詞	11858	98285
世紀	セイキ	名詞	13362	17361	選手	センシュ	名詞	11835	144746
家庭	カテイ	名詞	13296	19104	比較	ヒカク	名詞サ変	11828	9530
直接	チョクセツ	副詞	13260	17411	通信	ツウシン	名詞サ変	11816	28797
当然	トウゼン	形状詞	13256	9974	会議	カイギ	名詞サ変	11793	70970
男性	ダンセイ	名詞	13194	73126	取引	トリヒキ	名詞サ変	11785	37209
検討	ケントウ	名詞サ変	13180	58634	負担	フタン	名詞サ変	11784	35399
原因	ゲンイン	名詞サ変	13129	26441	規模	キボ	名詞	11697	31577
市民	シミン	名詞	13109	34778	業務	ギョウム	名詞	11686	26038
選択	センタク	名詞サ変	13107	20723	奇麗	キレイ	形状詞	11682	5354
以前	イゼン	名詞副詞	13092	12520	構成	コウセイ	名詞サ変	11675	12572
販売	ハンバイ	名詞サ変	13076	59448	提供	テイキョウ	名詞サ変	11670	31179
支援	シエン	名詞サ変	13070	86046	被害	ヒガイ	名詞	11649	68471
指定	シテイ	名詞サ変	13027	20020	事故	ジコ	名詞	11623	90154
警察	ケイサツ	名詞	13021	34703	変更	ヘンコウ	名詞サ変	11540	16751
自己	ジコ	名詞	13013	14307	方向	ホウコウ	名詞	11539	19042
大切	タイセツ	形状詞	12933	18978	金融	キンユウ	名詞サ変	11502	61063
全国	ゼンコク	名詞	12827	96173	一体	イッタイ	名詞	11420	12939
料理	リョウリ	名詞サ変	12815	15265	総合	ソウゴウ	名詞サ変	11364	33329
投資	トウシ	名詞サ変	12814	31700	関連	カンレン	名詞サ変	11296	49884
専門	センモン	名詞	12680	36301	検査	ケンサ	名詞サ変	11246	30415
表現	ヒョウゲン	名詞サ変	12616	20244	治療	チリョウ	名詞サ変	11232	21814
法人	ホウジン	名詞	12599	33247	資金	シキン	名詞	11180	39597
作成	サクセイ	名詞サ変	12521	14383	様子	ヨウス	名詞	11150	16209
年金	ネンキン	名詞	12512	35808	音楽	オンガク	名詞	11123	25532
期待	キタイ	名詞サ変	12493	44298	高齢	コウレイ	名詞	11110	26133
能力	ノウリョク	名詞	12476	18560	特定	トクテイ	名詞サ変	11055	15755
裁判	サイバン	名詞サ変	12435	55342	設置	セッチ	名詞サ変	11000	33318
国家	コッカ	名詞	12424	31735	放送	ホウソウ	名詞サ変	10996	36776
種類	シュルイ	名詞	12399	10964	措置	ソチ	名詞サ変	10955	23189

以降	イコウ	名詞副詞	10951	44563
購入	コウニュウ	名詞サ変	10927	20890
昨日	キノウ	名詞副詞	10920	1527
人生	ジンセイ	名詞	10910	16075
安定	アンテイ	名詞サ変	10905	26622
価値	カチ	名詞	10869	11935
少年	ショウネン	名詞	10826	25779
段階	ダンカイ	名詞	10802	19286
一杯	イッパイ	副詞	10795	9852
危険	キケン	名詞形状詞	10705	19632
指摘	シテキ	名詞サ変	10611	63369
登録	トウロク	名詞サ変	10593	18347
完全	カンゼン	形状詞	10583	14906
食事	ショクジ	名詞サ変	10482	9635
計算	ケイサン	名詞サ変	10464	9229
今年	コトシ	名詞副詞	10375	80838
不安	フアン	名詞形状詞	10368	28930
最高	サイコウ	名詞形状詞	10354	50528
記録	キロク	名詞サ変	10290	48124
無理	ムリ	名詞形状詞	10260	8486
参考	サンコウ	名詞サ変	10236	6903
撮影	サツエイ	名詞サ変	10225	19850
年齢	ネンレイ	名詞	10219	17675
努力	ドリョク	名詞サ変	10207	16622
高校	コウコウ	名詞	10197	67448
利益	リエキ	名詞	10188	20653
明日	アス	名詞副詞	10164	5329
発展	ハッテン	名詞サ変	10139	14089
友達	トモダチ	名詞	10102	4721
公共	コウキョウ	名詞	10053	11363
結構	ケッコウ	形状詞	10039	2191
監督	カントク	名詞サ変	10030	98988
発表	ハッピョウ	名詞サ変	10029	119213
運転	ウンテン	名詞サ変	10005	41132
開催	カイサイ	名詞サ変	9978	41367
改善	カイゼン	名詞サ変	9961	25266
反対	ハンタイ	名詞サ変	9915	38174
開始	カイシ	名詞サ変	9888	28822
確保	カクホ	名詞サ変	9883	23909
担当	タントウ	名詞サ変	9844	57089
参照	サンショウ	名詞サ変	9837	3592
結局	ケッキョク	名詞副詞	9819	6894
公園	コウエン	名詞	9806	16896
拡大	カクダイ	名詞サ変	9782	37651
全部	ゼンブ	名詞副詞	9776	4283
住民	ジュウミン	名詞	9731	41691
立場	タチバ	名詞	9729	17359
農業	ノウギョウ	名詞	9680	15663
介護	カイゴ	名詞サ変	9666	20001
発見	ハッケン	名詞サ変	9650	21368
改革	カイカク	名詞サ変	9633	54610
共同	キョウドウ	名詞サ変	9632	64066
解決	カイケツ	名詞サ変	9604	22224
体験	タイケン	名詞サ変	9601	17190
目標	モクヒョウ	名詞	9547	33560
調整	チョウセイ	名詞サ変	9544	26495
動物	ドウブツ	名詞	9469	11725
過去	カコ	名詞副詞	9461	38379
減少	ゲンショウ	名詞サ変	9450	16735
回答	カイトウ	名詞サ変	9421	20826
体制	タイセイ	名詞	9395	25860
試験	シケン	名詞サ変	9380	16591
旅行	リョコウ	名詞サ変	9374	12717
平均	ヘイキン	名詞サ変	9373	26293
週間	シュウカン	名詞助数詞	9333	18676
病気	ビョウキ	名詞サ変	9320	12047
展開	テンカイ	名詞サ変	9308	24968
役割	ヤクワリ	名詞	9291	14729
母親	ハハオヤ	名詞	9274	16487
準備	ジュンビ	名詞サ変	9272	19886
大丈夫	ダイジョウブ	形状詞	9255	5681
将来	ショウライ	名詞副詞	9232	19531
範囲	ハンイ	名詞	9225	9488
実現	ジツゲン	名詞サ変	9193	28644
地区	チク	名詞	9150	30190
勉強	ベンキョウ	名詞サ変	9130	10961
友人	ユウジン	名詞	9123	11613
知識	チシキ	名詞	9123	7229
資本	シホン	名詞	9118	9772
希望	キボウ	名詞サ変	9057	35355
認識	ニンシキ	名詞サ変	9025	21310
権利	ケンリ	名詞	9023	8368
最大	サイダイ	名詞	9010	41000
学習	ガクシュウ	名詞サ変	8981	9950
金額	キンガク	名詞	8948	10231
人口	ジンコウ	名詞	8917	13756
資産	シサン	名詞	8877	12865
分野	ブンヤ	名詞	8866	15874

相当	ソウトウ	副詞	8864	13262
材料	ザイリョウ	名詞	8853	10275
傾向	ケイコウ	名詞	8839	11873
海外	カイガイ	名詞	8826	30770
学生	ガクセイ	名詞	8807	31417
防止	ボウシ	名詞サ変	8756	23690
製品	セイヒン	名詞	8746	11432
移動	イドウ	名詞サ変	8714	9529
費用	ヒヨウ	名詞	8671	13354
細胞	サイボウ	名詞	8657	14722
国内	コクナイ	名詞	8610	48142
株式	カブシキ	名詞	8596	24412
職員	ショクイン	名詞	8592	40581
次第	シダイ	名詞副詞	8583	8955
輸入	ユニュウ	名詞サ変	8575	16311
記事	キジ	名詞	8569	30501
無料	ムリョウ	名詞	8552	18111
課題	カダイ	名詞	8550	29975
事項	ジコウ	名詞	8535	3325
成功	セイコウ	名詞サ変	8489	15823
本人	ホンニン	名詞	8486	13647
登場	トウジョウ	名詞サ変	8472	16530
改正	カイセイ	名詞サ変	8452	34973
距離	キョリ	名詞	8441	18662
気分	キブン	名詞	8422	5602
維持	イジ	名詞サ変	8413	23869
息子	ムスコ	名詞	8412	13159
携帯	ケイタイ	名詞サ変	8395	27480
製造	セイゾウ	名詞サ変	8375	18862
電気	デンキ	名詞	8363	14362
人物	ジンブツ	名詞	8355	30427
所為	セイ	名詞	8335	4587
予算	ヨサン	名詞	8321	39365
災害	サイガイ	名詞	8295	18634
主張	シュチョウ	名詞サ変	8260	36333
建物	タテモノ	名詞	8240	10794
反応	ハンノウ	名詞サ変	8238	9828
興味	キョウミ	名詞	8209	7232
形成	ケイセイ	名詞サ変	8189	4006
導入	ドウニュウ	名詞サ変	8158	28744
以来	イライ	名詞副詞	8150	37437
最終	サイシュウ	名詞	8143	54379
英語	エイゴ	名詞	8131	9471
財政	ザイセイ	名詞	8122	33581
生徒	セイト	名詞	8120	26317
義務	ギム	名詞	8117	20239
地球	チキュウ	名詞	8095	19268
保健	ホケン	名詞	8072	8469
適用	テキヨウ	名詞サ変	8071	11882
物質	ブッシツ	名詞	8064	12737
積極	セッキョク	名詞	8009	15373
割合	ワリアイ	名詞	7994	8732
表情	ヒョウジョウ	名詞	7984	15804
元気	ゲンキ	名詞形状詞	7978	13788
基礎	キソ	名詞	7955	9241
規制	キセイ	名詞サ変	7952	27338
途中	トチュウ	名詞副詞	7951	16322
分析	ブンセキ	名詞サ変	7948	18403
多分	タブン	副詞	7942	1221
児童	ジドウ	名詞	7934	21974
支配	シハイ	名詞サ変	7930	9282
通常	ツウジョウ	名詞副詞	7912	16480
是非	ゼヒ	副詞	7900	8885
請求	セイキュウ	名詞サ変	7881	19517
馬鹿	バカ	名詞形状詞	7871	3013
議論	ギロン	名詞サ変	7863	32482
要求	ヨウキュウ	名詞サ変	7857	21991
記憶	キオク	名詞サ変	7854	10458
番号	バンゴウ	名詞	7853	19010
観光	カンコウ	名詞サ変	7851	18100
機会	キカイ	名詞	7833	12623
自治	ジチ	名詞	7790	45589
交換	コウカン	名詞サ変	7786	12735
自体	ジタイ	名詞	7783	7492
神経	シンケイ	名詞	7759	6281
申請	シンセイ	名詞サ変	7759	17791
工事	コウジ	名詞サ変	7748	21279
大人	オトナ	名詞	7745	11597
提出	テイシュツ	名詞サ変	7715	35483
促進	ソクシン	名詞サ変	7700	7198
出品	シュッピン	名詞サ変	7694	2925
原則	ゲンソク	名詞副詞	7691	14468
活用	カツヨウ	名詞サ変	7651	14737
営業	エイギョウ	名詞サ変	7616	21916
医師	イシ	名詞	7604	27786
現代	ゲンダイ	名詞副詞	7596	16610
上昇	ジョウショウ	名詞サ変	7574	22419
保存	ホゾン	名詞サ変	7567	7646

事情	ジジョウ	名詞	7560	16521
終了	シュウリョウ	名詞サ変	7547	17567
不思議	フシギ	名詞形状詞	7528	5942
強化	キョウカ	名詞サ変	7511	37270
原子	ゲンシ	名詞	7424	29627
有効	ユウコウ	形状詞	7404	12696
民間	ミンカン	名詞	7377	21193
画像	ガゾウ	名詞	7341	4371
攻撃	コウゲキ	名詞サ変	7340	23910
性格	セイカク	名詞	7336	3848
建築	ケンチク	名詞サ変	7326	13886
成立	セイリツ	名詞サ変	7285	23563
会場	カイジョウ	名詞	7279	21541
仲間	ナカマ	名詞	7276	11950
予想	ヨソウ	名詞サ変	7264	22681
大会	タイカイ	名詞	7240	105823
社長	シャチョウ	名詞	7155	74987
一定	イッテイ	名詞サ変	7125	10777
機械	キカイ	名詞	7116	5811
手紙	テガミ	名詞	7085	8790
用意	ヨウイ	名詞サ変	7082	8433
集団	シュウダン	名詞	7057	14316
取得	シュトク	名詞サ変	7044	13749
箇所	カショ	名詞助数詞	7044	21683
空間	クウカン	名詞	7037	5885
低下	テイカ	名詞サ変	7026	12990
設備	セツビ	名詞サ変	7014	9496
安心	アンシン	名詞サ変	7005	10533
選挙	センキョ	名詞サ変	6972	81475
印象	インショウ	名詞	6969	13362
想像	ソウゾウ	名詞サ変	6962	6328
宗教	シュウキョウ	名詞	6952	7130
周辺	シュウヘン	名詞	6948	23179
現場	ゲンバ	名詞	6921	37500
父親	チチオヤ	名詞	6912	11194
教授	キョウジュ	名詞サ変	6912	61045
感覚	カンカク	名詞サ変	6904	8328
野菜	ヤサイ	名詞	6894	8975
落札	ラクサツ	名詞サ変	6871	4240
所有	ショユウ	名詞サ変	6842	7351
練習	レンシュウ	名詞サ変	6819	29430
従来	ジュウライ	名詞副詞	6806	14877
困難	コンナン	名詞形状詞	6801	14825
貿易	ボウエキ	名詞サ変	6798	12595
本来	ホンライ	名詞副詞	6788	9351
関心	カンシン	名詞	6787	14528
注目	チュウモク	名詞サ変	6782	23029
実験	ジッケン	名詞サ変	6780	18231
作用	サヨウ	名詞サ変	6780	4800
航空	コウクウ	名詞	6779	24392
実行	ジッコウ	名詞サ変	6761	12665
記載	キサイ	名詞サ変	6715	10722
図書	トショ	名詞	6692	7889
充実	ジュウジツ	名詞サ変	6686	9788
制限	セイゲン	名詞サ変	6682	15329
感情	カンジョウ	名詞	6654	7600
公開	コウカイ	名詞サ変	6651	34614
教室	キョウシツ	名詞	6643	9526
交流	コウリュウ	名詞サ変	6632	21050
批判	ヒハン	名詞サ変	6623	48220
犯罪	ハンザイ	名詞	6606	15111
番組	バングミ	名詞	6603	24491
違反	イハン	名詞サ変	6596	37166
電子	デンシ	名詞	6593	13795
小説	ショウセツ	名詞	6588	15481
記念	キネン	名詞サ変	6587	29629
財産	ザイサン	名詞	6580	5075
半分	ハンブン	名詞副詞	6578	8571
募集	ボシュウ	名詞サ変	6570	12655
厚生	コウセイ	名詞	6566	23269
協議	キョウギ	名詞サ変	6556	58721
証明	ショウメイ	名詞サ変	6553	8259
日常	ニチジョウ	名詞副詞	6548	7948
態度	タイド	名詞	6537	6465
画面	ガメン	名詞	6511	5794
処分	ショブン	名詞サ変	6503	36230
訓練	クンレン	名詞サ変	6489	11957
採用	サイヨウ	名詞サ変	6488	17354
協会	キョウカイ	名詞	6483	50176
多数	タスウ	名詞副詞	6472	16997
前年	ゼンネン	名詞副詞	6467	21922
誕生	タンジョウ	名詞サ変	6458	14409
症状	ショウジョウ	名詞	6456	9002
資源	シゲン	名詞	6455	10784
会計	カイケイ	名詞サ変	6451	11009
運営	ウンエイ	名詞サ変	6449	25361
独立	ドクリツ	名詞サ変	6446	17293
思想	シソウ	名詞	6441	5163

競争	キョウソウ	名詞サ変	6434	15658
観察	カンサツ	名詞サ変	6410	4658
工業	コウギョウ	名詞	6398	19297
平和	ヘイワ	名詞形状詞	6374	25776
共通	キョウツウ	名詞サ変	6373	10033
予防	ヨボウ	名詞サ変	6350	8724
消防	ショウボウ	名詞	6348	11123
派遣	ハケン	名詞サ変	6347	28005
不足	フソク	名詞サ変	6335	21131
時点	ジテン	名詞	6318	15167
発行	ハッコウ	名詞サ変	6308	16136
昨年	サクネン	名詞副詞	6306	112139
言語	ゲンゴ	名詞	6281	3309
補助	ホジョ	名詞サ変	6276	14990
援助	エンジョ	名詞サ変	6267	8017
物語	モノガタリ	名詞	6259	12437
満足	マンゾク	名詞サ変	6259	7230
完成	カンセイ	名詞サ変	6244	11636
回復	カイフク	名詞サ変	6223	24716
整理	セイリ	名詞サ変	6219	8558
役所	ヤクショ	名詞	6203	7559
地震	ジシン	名詞	6196	43461
中学	チュウガク	名詞	6173	20981
輸出	ユシュツ	名詞サ変	6147	16419
飛行	ヒコウ	名詞サ変	6141	17130
過程	カテイ	名詞	6135	6541
椅子	イス	名詞	6125	6626
議員	ギイン	名詞	6114	67170
保育	ホイク	名詞サ変	6110	9721
要素	ヨウソ	名詞	6106	4261
失敗	シッパイ	名詞サ変	6105	10858
卒業	ソツギョウ	名詞サ変	6102	16164
弁護	ベンゴ	名詞サ変	6092	39805
空気	クウキ	名詞	6091	7489
資格	シカク	名詞	6091	10573
集中	シュウチュウ	名詞サ変	6088	17015
収入	シュウニュウ	名詞	6083	12336
宇宙	ウチュウ	名詞	6065	18025
債権	サイケン	名詞	6053	5750
社員	シャイン	名詞	6042	25413
姿勢	シセイ	名詞	6037	34677
手段	シュダン	名詞	6034	6236
債務	サイム	名詞	6023	9403
植物	ショクブツ	名詞	6019	4410
民族	ミンゾク	名詞	6015	8342
料金	リョウキン	名詞	6005	12104
単位	タンイ	名詞	6002	7158
方式	ホウシキ	名詞	5996	9507
民主	ミンシュ	名詞	5989	110194
大体	ダイタイ	名詞副詞	5988	1119
魅力	ミリョク	名詞	5947	11635
全員	ゼンイン	名詞副詞	5936	16127
内部	ナイブ	名詞	5922	10468
長期	チョウキ	名詞	5921	15426
方針	ホウシン	名詞	5920	65385
生物	セイブツ	名詞	5915	7678
雰囲気	フンイキ	名詞	5909	7536
理論	リロン	名詞	5908	3146
約束	ヤクソク	名詞サ変	5907	9261
適切	テキセツ	形状詞	5895	10334
前後	ゼンゴ	名詞副詞	5889	14251
伝統	デントウ	名詞	5884	10965
世代	セダイ	名詞	5881	22598
背景	ハイケイ	名詞	5878	21252
雑誌	ザッシ	名詞	5876	7064
全然	ゼンゼン	副詞	5865	2169
再生	サイセイ	名詞サ変	5826	19932
周囲	シュウイ	名詞	5814	9991
美術	ビジュツ	名詞	5809	19770
命令	メイレイ	名詞サ変	5804	11226
許可	キョカ	名詞サ変	5774	8878
部門	ブモン	名詞	5763	18256
入力	ニュウリョク	名詞サ変	5759	2380
案内	アンナイ	名詞サ変	5755	4732
地下	チカ	名詞	5754	14152
編集	ヘンシュウ	名詞サ変	5741	18667
現象	ゲンショウ	名詞	5740	4420
手術	シュジュツ	名詞サ変	5732	13530
瞬間	シュンカン	名詞副詞	5722	7354
信頼	シンライ	名詞サ変	5721	15797
食品	ショクヒン	名詞	5694	18390
地元	ジモト	名詞	5670	34387
残念	ザンネン	形状詞	5659	8452
舞台	ブタイ	名詞	5656	23469
近代	キンダイ	名詞	5654	6703
保障	ホショウ	名詞サ変	5644	27785
需要	ジュヨウ	名詞	5616	11645
予約	ヨヤク	名詞サ変	5610	5714

世帯	セタイ	名詞	5609	13597
文学	ブンガク	名詞	5609	14176
供給	キョウキュウ	名詞サ変	5605	13555
明確	メイカク	形状詞	5599	13357
効率	コウリツ	名詞	5598	7542
憲法	ケンポウ	名詞	5597	22154
防災	ボウサイ	名詞	5593	13226
水準	スイジュン	名詞	5588	13595
文書	ブンショ	名詞	5584	18303
出版	シュッパン	名詞サ変	5582	18523
男女	ダンジョ	名詞	5582	15336
推移	スイイ	名詞サ変	5574	3091
御飯	ゴハン	名詞	5565	3377
一層	イッソウ	副詞	5559	6399
知恵	チエ	名詞	5555	4412
多様	タヨウ	形状詞	5540	7821
相互	ソウゴ	名詞	5540	4256
禁止	キンシ	名詞サ変	5538	22785
職業	ショクギョウ	名詞	5534	6652
芸術	ゲイジュツ	名詞	5528	12215
要因	ヨウイン	名詞	5526	7787
内閣	ナイカク	名詞	5525	32683
審査	シンサ	名詞サ変	5514	19834
訪問	ホウモン	名詞サ変	5501	22317
企画	キカク	名詞サ変	5499	16473
数字	スウジ	名詞	5495	21430
否定	ヒテイ	名詞サ変	5493	20288
固定	コテイ	名詞サ変	5478	6373
交渉	コウショウ	名詞サ変	5476	168122
保証	ホショウ	名詞サ変	5465	6670
文章	ブンショウ	名詞	5453	4466
日時	ニチジ	名詞	5443	2041
大統領	ダイトウリョウ	名詞	5436	89869
化学	カガク	名詞	5424	8581
郵便	ユウビン	名詞	5421	17493
教師	キョウシ	名詞	5421	7615
高度	コウド	形状詞	5420	5290
発売	ハツバイ	名詞サ変	5415	21612
設計	セッケイ	名詞サ変	5408	8827
統計	トウケイ	名詞サ変	5405	6517
審議	シンギ	名詞サ変	5400	24985
戦後	センゴ	名詞副詞	5391	17230
連続	レンゾク	名詞サ変	5389	57701
勝手	カッテ	名詞形状詞	5380	3882
大量	タイリョウ	名詞形状詞	5367	14298
太陽	タイヨウ	名詞	5365	10116
提案	テイアン	名詞サ変	5358	23225
保全	ホゼン	名詞サ変	5353	4303
事態	ジタイ	名詞	5348	16989
挨拶	アイサツ	名詞サ変	5323	10227
装置	ソウチ	名詞サ変	5319	10283
条約	ジョウヤク	名詞	5318	17014
主要	シュヨウ	形状詞	5311	16216
現状	ゲンジョウ	名詞	5303	15618
鉄道	テツドウ	名詞	5290	16250
疑問	ギモン	名詞	5285	13523
戦略	センリャク	名詞	5259	23533
項目	コウモク	名詞	5245	8453
削除	サクジョ	名詞サ変	5237	4143
勤務	キンム	名詞サ変	5235	13858
革命	カクメイ	名詞	5232	7082
住所	ジュウショ	名詞	5232	14340
自信	ジシン	名詞サ変	5219	13058
各種	カクシュ	名詞	5217	2333
普及	フキュウ	名詞サ変	5210	9825
会話	カイワ	名詞サ変	5198	5814
心理	シンリ	名詞	5188	6040
指示	シジ	名詞サ変	5183	21631
防衛	ボウエイ	名詞サ変	5156	32146
小学	ショウガク	名詞	5155	16494
危機	キキ	名詞	5130	33510
政権	セイケン	名詞	5119	80027
同士	ドウシ	接尾辞名詞	5105	9341
諸国	ショコク	名詞	5103	10990
総理	ソウリ	名詞サ変	5097	5002
検索	ケンサク	名詞サ変	5092	3626
経過	ケイカ	名詞サ変	5087	6036
両親	リョウシン	名詞	5080	10591
達成	タッセイ	名詞サ変	5077	16146
一生	イッショウ	名詞副詞	5075	5879
一時	イチジ	名詞副詞	5073	24213
授業	ジュギョウ	名詞サ変	5073	13122
形式	ケイシキ	名詞	5072	3368
栄養	エイヨウ	名詞	5059	5084
自転	ジテン	名詞サ変	5048	12395
振興	シンコウ	名詞サ変	5045	8809
出身	シュッシン	名詞	5045	32322
継続	ケイゾク	名詞サ変	5041	17137

仕方	シカタ	名詞	5027	3338
特殊	トクシュ	形状詞	5026	5861
確実	カクジツ	形状詞	5026	10589
話題	ワダイ	名詞	5024	9929
解釈	カイシャク	名詞サ変	5024	4560
運用	ウンヨウ	名詞サ変	5020	11386
実態	ジッタイ	名詞	5017	14047
空港	クウコウ	名詞	5016	22390
国会	コッカイ	名詞	5010	52061
左右	サユウ	名詞サ変	5001	6114
加入	カニュウ	名詞サ変	4999	9418
正確	セイカク	名詞形状詞	4986	5164
温泉	オンセン	名詞	4985	6024
首相	シュショウ	名詞	4985	161326
形態	ケイタイ	名詞	4985	2154
成果	セイカ	名詞	4983	12219
若者	ワカモノ	名詞	4969	14672
後半	コウハン	名詞副詞	4942	21314
広告	コウコク	名詞サ変	4934	9703
診断	シンダン	名詞サ変	4933	10517
観点	カンテン	名詞	4933	3961
詳細	ショウサイ	名詞形状詞	4929	8125
捜査	ソウサ	名詞サ変	4914	53303
退職	タイショク	名詞サ変	4870	12801
操作	ソウサ	名詞サ変	4868	6082
出発	シュッパツ	名詞サ変	4867	9222
設立	セツリツ	名詞サ変	4856	16557
認定	ニンテイ	名詞サ変	4843	23012
発言	ハツゲン	名詞サ変	4843	27595
限定	ゲンテイ	名詞サ変	4841	9662
標準	ヒョウジュン	名詞	4840	5534
本部	ホンブ	名詞	4833	40675
証券	ショウケン	名詞	4827	24664
少女	ショウジョ	名詞	4819	8768
以内	イナイ	名詞副詞	4810	13763
連合	レンゴウ	名詞サ変	4800	28783
納得	ナットク	名詞サ変	4798	8459
証拠	ショウコ	名詞	4794	12669
活躍	カツヤク	名詞サ変	4794	18593
緊張	キンチョウ	名詞サ変	4792	10075
接続	セツゾク	名詞サ変	4790	3425
遺伝	イデン	名詞サ変	4787	7448
把握	ハアク	名詞サ変	4779	9017
電車	デンシャ	名詞	4770	11273
初期	ショキ	名詞	4769	4640
比率	ヒリツ	名詞	4765	6673
感染	カンセン	名詞サ変	4763	21015
書類	ショルイ	名詞	4762	9986
野球	ヤキュウ	名詞	4760	99939
感謝	カンシャ	名詞サ変	4744	11188
時計	トケイ	名詞	4740	4410
作家	サッカ	名詞	4739	20204
合計	ゴウケイ	名詞サ変	4736	6875
信用	シンヨウ	名詞サ変	4726	9038
機構	キコウ	名詞	4725	24263
医者	イシャ	名詞	4694	2977
死亡	シボウ	名詞サ変	4683	53883
複数	フクスウ	名詞	4679	16825
入院	ニュウイン	名詞サ変	4667	11949
表面	ヒョウメン	名詞	4664	5612
返事	ヘンジ	名詞サ変	4658	1817
駐車	チュウシャ	名詞サ変	4655	7056
秘密	ヒミツ	名詞形状詞	4654	6472
犯人	ハンニン	名詞	4652	5720
抵抗	テイコウ	名詞サ変	4648	7429
青年	セイネン	名詞	4647	5696
随分	ズイブン	副詞	4646	1584
複雑	フクザツ	名詞形状詞	4639	6797
概念	ガイネン	名詞	4631	1701
緊急	キンキュウ	名詞形状詞	4617	18690
妊娠	ニンシン	名詞サ変	4615	4130
景気	ケイキ	名詞	4610	25394
徹底	テッテイ	名詞サ変	4605	13069
記者	キシャ	名詞	4597	67425
素材	ソザイ	名詞	4596	4981
一応	イチオウ	名詞副詞	4588	833
前提	ゼンテイ	名詞	4584	9507
神社	ジンジャ	名詞	4579	8831
自宅	ジタク	名詞	4573	36052
刺激	シゲキ	名詞サ変	4573	6036
転換	テンカン	名詞サ変	4572	11919
高速	コウソク	名詞形状詞	4564	13991
定員	テイイン	名詞	4561	4911
発達	ハッタツ	名詞サ変	4561	3319
施行	シコウ	名詞サ変	4554	9286
申告	シンコク	名詞サ変	4553	6780
確立	カクリツ	名詞サ変	4549	5093
輸送	ユソウ	名詞サ変	4549	6408

回転	カイテン	名詞サ変	4537	9399
意外	イガイ	形状詞	4532	3915
合併	ガッペイ	名詞サ変	4527	9554
刑事	ケイジ	名詞	4527	12142
暴力	ボウリョク	名詞	4522	15383
視線	シセン	名詞	4516	3222
配慮	ハイリョ	名詞サ変	4510	12733
当初	トウショ	名詞副詞	4501	19675
追加	ツイカ	名詞サ変	4501	16877
未来	ミライ	名詞	4487	12312
季節	キセツ	名詞	4484	7438
公害	コウガイ	名詞	4480	2157
主体	シュタイ	名詞	4479	4767
規則	キソク	名詞	4469	3339
苦労	クロウ	名詞サ変	4452	6180
一瞬	イッシュン	名詞副詞	4443	3814
報道	ホウドウ	名詞サ変	4439	37387
課税	カゼイ	名詞サ変	4436	5001
更新	コウシン	名詞サ変	4432	13019
展示	テンジ	名詞サ変	4431	13583
生涯	ショウガイ	名詞副詞	4430	3758
石油	セキユ	名詞	4426	13331
講座	コウザ	名詞	4414	4333
掲載	ケイサイ	名詞サ変	4396	21504
場面	バメン	名詞	4394	11699
測定	ソクテイ	名詞サ変	4393	4954
領域	リョウイキ	名詞	4392	1647
交付	コウフ	名詞サ変	4390	9640
面積	メンセキ	名詞	4386	4806
会長	カイチョウ	名詞	4384	71579
一切	イッサイ	名詞副詞	4384	4590
研修	ケンシュウ	名詞サ変	4366	7715
給付	キュウフ	名詞サ変	4365	8941
議会	ギカイ	名詞	4361	26401
旦那	ダンナ	名詞	4356	241
呼吸	コキュウ	名詞サ変	4352	5130
医学	イガク	名詞	4345	9453
日曜	ニチヨウ	名詞副詞	4344	7359
便利	ベンリ	名詞形状詞	4343	2978
単純	タンジュン	形状詞	4342	3621
合理	ゴウリ	名詞	4340	4263
出演	シュツエン	名詞サ変	4340	13046
就職	シュウショク	名詞サ変	4336	11512
巨大	キョダイ	形状詞	4330	6696
無視	ムシ	名詞サ変	4329	5214
玄関	ゲンカン	名詞	4328	5196
軍事	グンジ	名詞	4328	15466
解説	カイセツ	名詞サ変	4327	11978
御免	ゴメン	名詞	4321	1629
破壊	ハカイ	名詞サ変	4319	7631
近年	キンネン	名詞副詞	4309	5367
放射	ホウシャ	名詞サ変	4304	22785
施策	シサク	名詞	4288	3731
加工	カコウ	名詞サ変	4276	6010
該当	ガイトウ	名詞サ変	4275	2928
御覧	ゴラン	名詞	4272	909
機器	キキ	名詞	4253	7909
工夫	クフウ	名詞サ変	4244	6370
先日	センジツ	名詞副詞	4242	4056
動産	ドウサン	名詞	4240	9421
世話	セワ	名詞サ変	4237	4817
長官	チョウカン	名詞	4232	40501
権力	ケンリョク	名詞	4232	6680
兄弟	キョウダイ	名詞	4229	6016
都合	ツゴウ	名詞	4224	3157
速度	ソクド	名詞	4223	4629
要請	ヨウセイ	名詞サ変	4197	21917
職場	ショクバ	名詞	4196	6603
森林	シンリン	名詞	4192	4242
最低	サイテイ	名詞形状詞	4191	10935
階段	カイダン	名詞	4164	3291
理事	リジ	名詞	4164	46017
大幅	オオハバ	形状詞	4160	18637
確定	カクテイ	名詞サ変	4157	17238
優先	ユウセン	名詞サ変	4156	15629
正直	ショウジキ	副詞	4156	3345
現地	ゲンチ	名詞	4148	17019
人権	ジンケン	名詞	4142	11151
実践	ジッセン	名詞サ変	4137	4284
進行	シンコウ	名詞サ変	4136	5176
総務	ソウム	名詞	4134	21333
依頼	イライ	名詞サ変	4131	9423
分類	ブンルイ	名詞サ変	4129	2098
基盤	キバン	名詞	4128	6617
笑顔	エガオ	名詞	4113	16703
値段	ネダン	名詞	4106	2332
両手	リョウテ	名詞	4105	2566
演奏	エンソウ	名詞サ変	4097	10113

背中	セナカ	名詞	4091	4893
菓子	カシ	名詞	4087	5167
動向	ドウコウ	名詞	4083	6146
理想	リソウ	名詞	4083	4457
育成	イクセイ	名詞サ変	4078	7856
考慮	コウリョ	名詞サ変	4078	7101
男子	ダンシ	名詞	4076	52116
夫人	フジン	名詞	4068	3561
協定	キョウテイ	名詞サ変	4068	11811
配置	ハイチ	名詞サ変	4057	5304
到着	トウチャク	名詞サ変	4055	7876
我慢	ガマン	名詞サ変	4052	3402
道具	ドウグ	名詞	4051	3249
結論	ケツロン	名詞サ変	4050	11023
統一	トウイツ	名詞サ変	4043	12683
活性	カッセイ	名詞サ変	4042	6314
実質	ジッシツ	名詞	4041	8953
受付	ウケツケ	名詞サ変	4039	1008
定期	テイキ	名詞	4034	8662
以後	イゴ	名詞副詞	4032	3187
支給	シキュウ	名詞サ変	4023	12686
習慣	シュウカン	名詞	4023	3755
調子	チョウシ	名詞	4021	5390
注文	チュウモン	名詞サ変	4019	7655
会員	カイイン	名詞	4018	10615
連携	レンケイ	名詞サ変	4014	15819
廃棄	ハイキ	名詞サ変	4012	8443
通知	ツウチ	名詞サ変	3996	6991
多少	タショウ	名詞副詞	3994	1596
不明	フメイ	名詞形状詞	3993	23031
知事	チジ	名詞	3990	49826
印刷	インサツ	名詞サ変	3978	4978
経費	ケイヒ	名詞	3967	6389
映像	エイゾウ	名詞	3963	15242
自衛	ジエイ	名詞サ変	3960	21034
反映	ハンエイ	名詞サ変	3958	9215
地図	チズ	名詞	3947	3489
教会	キョウカイ	名詞	3945	3660
離婚	リコン	名詞サ変	3939	5128
発揮	ハッキ	名詞サ変	3934	8232
風景	フウケイ	名詞	3926	5738
専用	センヨウ	名詞サ変	3921	7083
大型	オオガタ	名詞形状詞	3919	12372
取材	シュザイ	名詞サ変	3917	32152
対処	タイショ	名詞サ変	3913	5868
承知	ショウチ	名詞サ変	3905	1601
風呂	フロ	名詞	3905	2502
重視	ジュウシ	名詞サ変	3893	14519
哲学	テツガク	名詞	3890	3123
血液	ケツエキ	名詞	3884	4495
車両	シャリョウ	名詞	3873	9888
登記	トウキ	名詞サ変	3871	1504
味噌	ミソ	名詞	3869	2869
新規	シンキ	形状詞	3857	8026
地位	チイ	名詞	3856	4935
区域	クイキ	名詞	3856	7831
翌日	ヨクジツ	名詞副詞	3852	6750
療法	リョウホウ	名詞	3845	2853
控除	コウジョ	名詞サ変	3845	3276
婦人	フジン	名詞	3844	3430
優勝	ユウショウ	名詞サ変	3833	67189
天気	テンキ	名詞	3828	2113
立派	リッパ	形状詞	3828	2032
気味	キミ	名詞	3820	4437
差別	サベツ	名詞サ変	3813	7868
容易	ヨウイ	形状詞	3813	3715
性質	セイシツ	名詞	3807	1175
独自	ドクジ	形状詞	3806	13644
汚染	オセン	名詞サ変	3803	10246
代理	ダイリ	名詞サ変	3802	10694
温度	オンド	名詞	3801	4504
件数	ケンスウ	名詞	3798	5440
事前	ジゼン	名詞	3797	12913
恐怖	キョウフ	名詞サ変	3796	4018
事例	ジレイ	名詞	3794	3885
適当	テキトウ	名詞サ変	3791	1416
一致	イッチ	名詞サ変	3790	16076
余裕	ヨユウ	名詞	3782	6142
国土	コクド	名詞	3775	14824
支持	シジ	名詞サ変	3770	44456
掃除	ソウジ	名詞サ変	3768	3152
各地	カクチ	名詞	3768	18255
海岸	カイガン	名詞	3766	5148
定義	テイギ	名詞サ変	3760	2474
入札	ニュウサツ	名詞サ変	3742	9207
判決	ハンケツ	名詞サ変	3739	49731
応援	オウエン	名詞サ変	3737	14277
監査	カンサ	名詞サ変	3726	6705

宣言	センゲン	名詞サ変	3716	15998
近所	キンジョ	名詞	3711	6248
流通	リュウツウ	名詞サ変	3705	5844
部隊	ブタイ	名詞	3703	11244
人類	ジンルイ	名詞	3702	4115
古代	コダイ	名詞副詞	3701	3047
損害	ソンガイ	名詞	3697	10979
相続	ソウゾク	名詞サ変	3691	2159
停止	テイシ	名詞サ変	3688	29947
当日	トウジツ	名詞副詞	3687	6657
訴訟	ソショウ	名詞サ変	3685	25995
創造	ソウゾウ	名詞サ変	3682	3554
将軍	ショウグン	名詞	3681	1589
視点	シテン	名詞	3681	7083
地上	チジョウ	名詞	3675	6715
株主	カブヌシ	名詞	3674	13291
自殺	ジサツ	名詞サ変	3664	17294
貢献	コウケン	名詞サ変	3658	12174
金属	キンゾク	名詞	3656	7203
従業	ジュウギョウ	名詞	3655	13313
連中	レンジュウ	名詞	3655	425
感動	カンドウ	名詞サ変	3654	6126
世間	セケン	名詞	3651	3215
殺人	サツジン	名詞	3648	25125
懸命	ケンメイ	形状詞	3647	6156
構築	コウチク	名詞サ変	3639	7398
強調	キョウチョウ	名詞サ変	3630	33965
変動	ヘンドウ	名詞サ変	3628	7032
獲得	カクトク	名詞サ変	3627	25864
依存	イゾン	名詞サ変	3617	6509
強制	キョウセイ	名詞サ変	3617	12031
免許	メンキョ	名詞サ変	3616	6297
金利	キンリ	名詞	3615	16130
迷惑	メイワク	名詞サ変	3604	5316
共産	キョウサン	名詞	3600	14578
支出	シシュツ	名詞サ変	3600	8040
収集	シュウシュウ	名詞サ変	3598	6580
親子	オヤコ	名詞	3597	7376
国立	コクリツ	名詞	3596	17275
未満	ミマン	名詞副詞	3596	8328
博士	ハカセ	名詞	3588	5015
同一	ドウイツ	形状詞	3586	3778
皮膚	ヒフ	名詞	3584	2955
要件	ヨウケン	名詞	3578	3045
賃金	チンギン	名詞	3572	7056
一旦	イッタン	副詞	3571	5121
適正	テキセイ	形状詞	3570	4085
日記	ニッキ	名詞	3569	4186
候補	コウホ	名詞	3568	53737
夕方	ユウガタ	名詞副詞	3568	2992
両方	リョウホウ	名詞	3558	2813
直後	チョクゴ	名詞副詞	3554	20648
延長	エンチョウ	名詞サ変	3548	21495
付近	フキン	名詞	3548	13202
逮捕	タイホ	名詞サ変	3540	69845
監視	カンシ	名詞サ変	3536	13414
個別	コベツ	名詞形状詞	3531	5549
燃料	ネンリョウ	名詞	3526	15868
本日	ホンジツ	名詞副詞	3523	769
模様	モヨウ	名詞	3522	10129
幼稚	ヨウチ	形状詞	3521	4860
唯一	ユイイツ	名詞副詞	3521	7922
漫画	マンガ	名詞	3508	9365
何故	ナゼ	副詞	3503	167
土曜	ドヨウ	名詞副詞	3497	5298
記述	キジュツ	名詞サ変	3496	3821
保有	ホユウ	名詞サ変	3495	14242
公務	コウム	名詞	3492	15879
教科	キョウカ	名詞	3489	7108
帝国	テイコク	名詞	3488	3078
区別	クベツ	名詞サ変	3479	2059
承認	ショウニン	名詞サ変	3477	11555
移転	イテン	名詞サ変	3477	11410
列車	レッシャ	名詞	3476	7297
修正	シュウセイ	名詞サ変	3475	19263
先輩	センパイ	名詞	3474	5852
趣味	シュミ	名詞	3472	3916
勝利	ショウリ	名詞サ変	3470	24397
融資	ユウシ	名詞サ変	3467	11480
不満	フマン	名詞形状詞	3457	11636
解放	カイホウ	名詞サ変	3452	6277
本格	ホンカク	名詞	3450	17132
作戦	サクセン	名詞	3447	7224
体育	タイイク	名詞	3443	10709
応募	オウボ	名詞サ変	3443	12283
期限	キゲン	名詞	3442	14976
一種	イッシュ	名詞	3440	2452
廃止	ハイシ	名詞サ変	3436	17137

筋肉	キンニク	名詞	3435	2634
体重	タイジュウ	名詞	3421	5822
全身	ゼンシン	名詞	3420	3658
譲渡	ジョウト	名詞サ変	3417	3441
自主	ジシュ	名詞	3404	9340
化粧	ケショウ	名詞サ変	3398	4664
具合	グアイ	名詞	3395	4148
予測	ヨソク	名詞サ変	3393	9172
成分	セイブン	名詞	3392	3381
水産	スイサン	名詞	3384	8538
前項	ゼンコウ	名詞	3378	58
窓口	マドグチ	名詞	3368	7604
犠牲	ギセイ	名詞	3357	12030
外交	ガイコウ	名詞	3356	25800
統合	トウゴウ	名詞サ変	3351	15103
農家	ノウカ	名詞	3348	8408
醤油	ショウユ	名詞	3346	1972
増大	ゾウダイ	名詞サ変	3344	1865
読者	ドクシャ	名詞	3344	7377
限界	ゲンカイ	名詞	3332	6172
一気	イッキ	名詞	3331	7616
脂肪	シボウ	名詞	3329	2475
高等	コウトウ	形状詞	3327	3673
根拠	コンキョ	名詞	3322	6216
中間	チュウカン	名詞	3317	11199
生理	セイリ	名詞	3316	1195
常識	ジョウシキ	名詞	3316	3750
人材	ジンザイ	名詞	3311	8339
対立	タイリツ	名詞サ変	3309	15509
策定	サクテイ	名詞サ変	3302	8083
勢力	セイリョク	名詞	3300	15803
文明	ブンメイ	名詞	3294	2751
出席	シュッセキ	名詞サ変	3292	22005
削減	サクゲン	名詞サ変	3291	35154
国務	コクム	名詞	3289	9142
成績	セイセキ	名詞	3286	17673
散歩	サンポ	名詞サ変	3282	3219
基地	キチ	名詞	3277	14477
正面	ショウメン	名詞	3274	3925
恋愛	レンアイ	名詞サ変	3273	2419
方面	ホウメン	名詞	3267	2285
幕府	バクフ	名詞	3264	744
運命	ウンメイ	名詞	3253	2412
挑戦	チョウセン	名詞サ変	3249	20887
信仰	シンコウ	名詞サ変	3248	1592
心臓	シンゾウ	名詞	3248	5094
投票	トウヒョウ	名詞サ変	3245	36117
側面	ソクメン	名詞	3244	3545
無事	ブジ	形状詞	3243	5385
大抵	タイテイ	副詞	3241	859
特性	トクセイ	名詞	3241	1270
早速	サッソク	副詞	3240	1786
合意	ゴウイ	名詞サ変	3239	36098
抑制	ヨクセイ	名詞サ変	3234	7094
原理	ゲンリ	名詞	3231	3943
製作	セイサク	名詞サ変	3230	9969
解消	カイショウ	名詞サ変	3227	9197
喧嘩	ケンカ	名詞サ変	3225	2768
拒否	キョヒ	名詞サ変	3222	15090
数値	スウチ	名詞	3217	5062
指揮	シキ	名詞サ変	3212	9607
真剣	シンケン	名詞形状詞	3196	4391
見事	ミゴト	形状詞	3193	3121
戦闘	セントウ	名詞サ変	3191	7478
意志	イシ	名詞	3189	1391
記入	キニュウ	名詞サ変	3188	2322
来年	ライネン	名詞副詞	3185	31797
外部	ガイブ	名詞	3182	7409
朝日	アサヒ	名詞	3179	10503
顧客	コキャク	名詞	3178	9092
人数	ニンズウ	名詞	3172	4785
実家	ジッカ	名詞	3169	4594
中身	ナカミ	名詞	3167	3688
区分	クブン	名詞サ変	3166	1481
今夜	コンヤ	名詞副詞	3159	1317
蛋白	タンパク	名詞	3158	2543
口調	クチョウ	名詞	3145	1898
砂糖	サトウ	名詞	3141	2201
吸収	キュウシュウ	名詞サ変	3139	3366
栽培	サイバイ	名詞サ変	3138	4388
崩壊	ホウカイ	名詞サ変	3136	9348
性能	セイノウ	名詞	3135	3590
得意	トクイ	名詞形状詞	3135	6888
衛生	エイセイ	名詞	3133	4733
進展	シンテン	名詞サ変	3128	5948
出来事	デキゴト	名詞	3126	3665
河川	カセン	名詞	3124	3567
小屋	コヤ	名詞	3123	2306

助成	ジョセイ	名詞サ変	3122	5508
発電	ハツデン	名詞サ変	3119	16025
体系	タイケイ	名詞	3117	1756
洗濯	センタク	名詞サ変	3109	2995
著作	チョサク	名詞サ変	3104	138917
火災	カサイ	名詞	3102	10004
論理	ロンリ	名詞	3102	2295
居住	キョジュウ	名詞サ変	3099	4344
混乱	コンラン	名詞サ変	3099	13903
本質	ホンシツ	名詞	3099	2936
口座	コウザ	名詞	3098	9366
論文	ロンブン	名詞	3095	5201
乾燥	カンソウ	名詞サ変	3091	2805
文部	モンブ	名詞	3087	11917
動作	ドウサ	名詞サ変	3086	1268
特許	トッキョ	名詞	3080	3115
意図	イト	名詞サ変	3070	5055
象徴	ショウチョウ	名詞サ変	3066	8211
分布	ブンプ	名詞サ変	3065	1064
出産	シュッサン	名詞サ変	3063	7176
見解	ケンカイ	名詞	3061	7697
在住	ザイジュウ	名詞サ変	3047	6301
途端	トタン	名詞副詞	3046	1400
分割	ブンカツ	名詞サ変	3044	3119
育児	イクジ	名詞	3037	4543
趣旨	シュシ	名詞	3035	4360
回収	カイシュウ	名詞サ変	3032	10464
人員	ジンイン	名詞	3031	3191
肉体	ニクタイ	名詞	3028	1434
博物	ハクブツ	名詞	3028	7295
階級	カイキュウ	名詞	3027	3218
個性	コセイ	名詞	3026	3722
収益	シュウエキ	名詞	3020	8113
恋人	コイビト	名詞	3019	2169
答弁	トウベン	名詞サ変	3019	5088
権限	ケンゲン	名詞	3016	7402
出現	シュツゲン	名詞サ変	3010	1710
荷物	ニモツ	名詞	3001	2394
廊下	ロウカ	名詞	2992	1567
講師	コウシ	名詞	2987	7469
海軍	カイグン	名詞	2986	4213
共有	キョウユウ	名詞サ変	2985	7034
同意	ドウイ	名詞サ変	2978	7990
上記	ジョウキ	名詞	2974	302
公的	コウテキ	形状詞	2973	8334
必死	ヒッシ	形状詞	2969	3757
文句	モンク	名詞	2969	1827
興奮	コウフン	名詞サ変	2966	2748
意義	イギ	名詞	2965	6221
重大	ジュウダイ	形状詞	2958	7028
救急	キュウキュウ	名詞	2956	6513
結合	ケツゴウ	名詞サ変	2953	762
実績	ジッセキ	名詞	2950	11151
秩序	チツジョ	名詞	2945	2052
思考	シコウ	名詞サ変	2935	1932
急速	キュウソク	形状詞	2933	4387
総額	ソウガク	名詞	2932	13973
編成	ヘンセイ	名詞サ変	2926	8952
弁当	ベントウ	名詞	2925	3661
高級	コウキュウ	名詞形状詞	2924	6830
乃至	ナイシ	接続詞	2919	314
若干	ジャッカン	名詞副詞	2917	823
名称	メイショウ	名詞	2914	3357
自立	ジリツ	名詞サ変	2914	5800
仏教	ブッキョウ	名詞	2913	3303
勝負	ショウブ	名詞サ変	2913	19138
早期	ソウキ	名詞	2909	16233
改良	カイリョウ	名詞サ変	2903	3498
氏名	シメイ	名詞	2902	10509
上司	ジョウシ	名詞	2888	4391
商店	ショウテン	名詞	2883	6313
市街	シガイ	名詞	2879	2659
当事	トウジ	名詞	2877	3547
酸化	サンカ	名詞サ変	2877	4935
両者	リョウシャ	名詞	2868	3647
幹線	カンセン	名詞	2868	8562
集合	シュウゴウ	名詞サ変	2866	3166
先着	センチャク	名詞サ変	2862	1582
悪化	アッカ	名詞サ変	2862	18365
手法	シュホウ	名詞	2854	7854
預金	ヨキン	名詞サ変	2850	6412
入学	ニュウガク	名詞サ変	2847	7699
制定	セイテイ	名詞サ変	2846	5659
怪我	ケガ	名詞サ変	2842	15043
首都	シュト	名詞	2839	16503
途上	トジョウ	名詞副詞	2825	6540
加減	カゲン	名詞サ変	2825	1501
透明	トウメイ	形状詞	2824	11215

微妙	ビミョウ	形状詞	2822	3936
遺跡	イセキ	名詞	2820	3766
店舗	テンポ	名詞	2816	10203
爆発	バクハツ	名詞サ変	2815	11466
丁寧	テイネイ	形状詞	2815	4417
西洋	セイヨウ	名詞	2814	1949
衛星	エイセイ	名詞	2811	7200
政令	セイレイ	名詞	2799	2973
診療	シンリョウ	名詞サ変	2796	8878
広場	ヒロバ	名詞	2795	19734
疾患	シッカン	名詞	2792	4319
人工	ジンコウ	名詞	2791	6980
後期	コウキ	名詞	2790	3980
循環	ジュンカン	名詞サ変	2788	3955
財務	ザイム	名詞	2788	25927
役員	ヤクイン	名詞	2787	19437
水道	スイドウ	名詞	2784	3558
失業	シツギョウ	名詞サ変	2779	6480
構想	コウソウ	名詞サ変	2776	11254
大陸	タイリク	名詞	2774	3640
想定	ソウテイ	名詞サ変	2768	16792
知的	チテキ	形状詞	2767	4768
天井	テンジョウ	名詞	2765	3584
流行	リュウコウ	名詞サ変	2762	5425
深刻	シンコク	形状詞	2761	12068
赤字	アカジ	名詞	2761	17272
屋敷	ヤシキ	名詞	2757	1013
武器	ブキ	名詞	2755	7391
給与	キュウヨ	名詞サ変	2750	6904
税金	ゼイキン	名詞	2750	4766
先進	センシン	名詞	2749	8415
身分	ミブン	名詞	2746	1764
農林	ノウリン	名詞	2746	6160
邪魔	ジャマ	名詞サ変	2746	1234
大手	オオテ	名詞	2745	32438
発想	ハッソウ	名詞サ変	2745	3946
屋根	ヤネ	名詞	2743	3944
委託	イタク	名詞サ変	2741	7160
布団	フトン	名詞	2739	2678
決算	ケッサン	名詞サ変	2738	12132
幹部	カンブ	名詞	2734	41964
出場	シュツジョウ	名詞サ変	2733	61140
排出	ハイシュツ	名詞サ変	2733	10714
死体	シタイ	名詞	2729	4797
圧倒	アットウ	名詞サ変	2727	7284
漁業	ギョギョウ	名詞	2725	4061
慎重	シンチョウ	名詞形状詞	2720	14680
広報	コウホウ	名詞	2719	10070
前回	ゼンカイ	名詞副詞	2718	17866
無線	ムセン	名詞	2717	3021
緩和	カンワ	名詞サ変	2717	14402
路線	ロセン	名詞	2714	14078
存知	ゾンジ	名詞	2714	33
平等	ビョウドウ	名詞形状詞	2713	3012
信号	シンゴウ	名詞	2711	4438
半年	ハントシ	名詞副詞	2711	7977
進出	シンシュツ	名詞サ変	2709	16768
情勢	ジョウセイ	名詞	2706	11659
農村	ノウソン	名詞	2705	2692
総会	ソウカイ	名詞	2702	14987
品質	ヒンシツ	名詞	2702	3400
正月	ショウガツ	名詞	2701	2812
身近	ミヂカ	形状詞	2699	4628
観測	カンソク	名詞サ変	2697	13814
前半	ゼンハン	名詞副詞	2696	15084
大戦	タイセン	名詞	2695	4502
公民	コウミン	名詞	2692	2499
分離	ブンリ	名詞サ変	2692	5510
漢字	カンジ	名詞	2691	5826
手数	テスウ	名詞	2690	3996
手当	テアテ	名詞サ変	2688	8407
限度	ゲンド	名詞	2683	2572
貴重	キチョウ	形状詞	2681	5176
報酬	ホウシュウ	名詞	2679	9656
彼氏	カレシ	名詞	2679	325
調理	チョウリ	名詞サ変	2679	3416
紛争	フンソウ	名詞サ変	2675	6638
徴収	チョウシュウ	名詞サ変	2668	3443
駄目	ダメ	名詞形状詞	2668	1392
分子	ブンシ	名詞	2667	1403
覚悟	カクゴ	名詞サ変	2664	5179
連邦	レンポウ	名詞	2664	8855
失礼	シツレイ	名詞サ変	2661	898
株価	カブカ	名詞	2658	11876
発送	ハッソウ	名詞サ変	2652	2305
勇気	ユウキ	名詞	2651	4877
素直	スナオ	形状詞	2648	2580
芸能	ゲイノウ	名詞	2647	3787

復活	フッカツ	名詞サ変	2644	12870
偶然	グウゼン	名詞形状詞	2641	2032
金曜	キンヨウ	名詞副詞	2641	2703
青少年	セイショウネン	名詞	2627	2507
講習	コウシュウ	名詞サ変	2624	2004
兵器	ヘイキ	名詞	2623	13318
帰国	キコク	名詞サ変	2619	13544
部品	ブヒン	名詞	2613	7401
天然	テンネン	名詞	2610	5895
賠償	バイショウ	名詞サ変	2607	16736
決議	ケツギ	名詞サ変	2605	16520
実感	ジッカン	名詞サ変	2602	7380
従事	ジュウジ	名詞サ変	2601	2619
物理	ブツリ	名詞	2596	3079
内側	ウチガワ	名詞	2592	1966
今朝	ケサ	名詞副詞	2589	663
物価	ブッカ	名詞	2585	7430
体力	タイリョク	名詞	2584	4538
感想	カンソウ	名詞	2583	7749
死者	シシャ	名詞	2578	11010
食料	ショクリョウ	名詞	2578	6130
手前	テマエ	名詞	2576	3341
数学	スウガク	名詞	2576	2565
夕食	ユウショク	名詞	2576	2443
反省	ハンセイ	名詞サ変	2575	9803
幼児	ヨウジ	名詞	2575	2671
競技	キョウギ	名詞サ変	2573	21660
留学	リュウガク	名詞サ変	2572	7822
重点	ジュウテン	名詞	2569	4949
冷蔵	レイゾウ	名詞サ変	2567	2588
豊富	ホウフ	形状詞	2564	4297
移行	イコウ	名詞サ変	2562	6859
公式	コウシキ	名詞形状詞	2560	12768
調達	チョウタツ	名詞サ変	2558	6976
部下	ブカ	名詞	2558	2646
左手	ヒダリテ	名詞	2555	1739
公表	コウヒョウ	名詞サ変	2554	26727
修理	シュウリ	名詞サ変	2554	4633
上下	ジョウゲ	名詞サ変	2548	4752
直前	チョクゼン	名詞副詞	2541	11693
本気	ホンキ	名詞形状詞	2540	2278
行使	コウシ	名詞サ変	2539	6446
豆腐	トウフ	名詞	2536	1495
商売	ショウバイ	名詞サ変	2534	1674
外務	ガイム	名詞	2533	18163
半島	ハントウ	名詞	2533	7002
収支	シュウシ	名詞	2532	6787
所属	ショゾク	名詞サ変	2532	20685
正式	セイシキ	形状詞	2532	12951
職務	ショクム	名詞	2532	3640
短期	タンキ	名詞	2526	4503
業者	ギョウシャ	名詞	2523	12690
法則	ホウソク	名詞	2520	508
要望	ヨウボウ	名詞サ変	2518	10092
人民	ジンミン	名詞	2517	9680
引用	インヨウ	名詞サ変	2516	1945
地面	ジメン	名詞	2513	1778
自覚	ジカク	名詞サ変	2511	3463
健全	ケンゼン	形状詞	2511	4532
機嫌	キゲン	名詞	2511	1344
特例	トクレイ	名詞	2510	4779
余計	ヨケイ	形状詞	2510	1202
拠点	キョテン	名詞	2509	11735
臨時	リンジ	名詞	2508	10097
月曜	ゲツヨウ	名詞副詞	2507	3747
成人	セイジン	名詞サ変	2502	3919
優秀	ユウシュウ	形状詞	2500	10203
正常	セイジョウ	名詞形状詞	2500	5812
演出	エンシュツ	名詞サ変	2495	10902
司法	シホウ	名詞	2494	10464
当局	トウキョク	名詞	2493	19705
納付	ノウフ	名詞サ変	2493	2934
通過	ツウカ	名詞サ変	2491	8942
締結	テイケツ	名詞サ変	2491	4510
苦情	クジョウ	名詞	2489	2611
売買	バイバイ	名詞サ変	2489	6872
商業	ショウギョウ	名詞	2487	5321
行事	ギョウジ	名詞	2485	4617
完了	カンリョウ	名詞サ変	2474	3959
会館	カイカン	名詞	2474	9215
強力	キョウリョク	形状詞	2473	3330
意欲	イヨク	名詞	2472	12169
売上	ウリアゲ	名詞	2471	11212
制作	セイサク	名詞サ変	2471	9629
前日	ゼンジツ	名詞副詞	2470	16124
帰宅	キタク	名詞サ変	2467	6905
酸素	サンソ	名詞	2465	2193
不要	フヨウ	形状詞	2464	8154

借金	シャッキン	名詞サ変	2447	7210	基金	キキン	名詞	2354	10211
休日	キュウジツ	名詞副詞	2444	3600	本物	ホンモノ	名詞	2350	2620
共和	キョウワ	名詞	2442	10209	室内	シツナイ	名詞	2348	4948
気配	ケハイ	名詞	2440	1910	決意	ケツイ	名詞サ変	2348	8450
相対	ソウタイ	名詞	2439	1495	市内	シナイ	名詞	2344	2641
不幸	フコウ	名詞形状詞	2438	1771	司令	シレイ	名詞サ変	2338	6273
他方	タホウ	名詞	2437	787	貴方	アナタ	代名詞	2335	53
外科	ゲカ	名詞	2436	3373	濃度	ノウド	名詞	2331	3963
避難	ヒナン	名詞サ変	2435	35103	美容	ビヨウ	名詞	2330	2474
就業	シュウギョウ	名詞サ変	2435	1622	幸福	コウフク	名詞形状詞	2326	3861
給料	キュウリョウ	名詞	2434	2152	法務	ホウム	名詞	2325	6151
接触	セッショク	名詞サ変	2427	6441	認知	ニンチ	名詞サ変	2323	7652
中止	チュウシ	名詞サ変	2421	14052	筆者	ヒッシャ	名詞	2321	919
入手	ニュウシュ	名詞サ変	2416	5484	推定	スイテイ	名詞サ変	2321	6628
正当	セイトウ	名詞形状詞	2415	4103	風邪	カゼ	名詞	2317	1772
所在	ショザイ	名詞サ変	2414	3430	農民	ノウミン	名詞	2316	1748
受診	ジュシン	名詞サ変	2414	2936	法的	ホウテキ	形状詞	2314	5522
武士	ブシ	名詞	2412	1069	先端	センタン	名詞	2314	3689
例外	レイガイ	名詞	2405	2962	救済	キュウサイ	名詞サ変	2314	11917
小型	コガタ	名詞形状詞	2404	6642	理念	リネン	名詞	2313	4414
光景	コウケイ	名詞	2403	3539	前述	ゼンジュツ	名詞サ変	2313	120
林檎	リンゴ	名詞	2399	2223	侵入	シンニュウ	名詞サ変	2310	6282
最新	サイシン	名詞	2398	6314	起動	キドウ	名詞サ変	2309	994
指数	シスウ	名詞	2394	8079	不可欠	フカケツ	形状詞	2308	6021
様式	ヨウシキ	名詞	2390	949	開設	カイセツ	名詞サ変	2306	7820
現金	ゲンキン	名詞	2385	15819	面接	メンセツ	名詞サ変	2303	2721
業種	ギョウシュ	名詞	2385	2214	確信	カクシン	名詞サ変	2300	2975
相場	ソウバ	名詞	2385	7791	苦手	ニガテ	名詞形状詞	2300	2911
気温	キオン	名詞	2382	6197	学問	ガクモン	名詞サ変	2297	1239
海上	カイジョウ	名詞	2382	12293	公正	コウセイ	名詞形状詞	2294	5651
衝撃	ショウゲキ	名詞	2380	5456	確率	カクリツ	名詞	2292	2463
劇場	ゲキジョウ	名詞	2379	9192	運輸	ウンユ	名詞	2290	5219
対抗	タイコウ	名詞サ変	2371	19721	用語	ヨウゴ	名詞	2284	1869
官僚	カンリョウ	名詞	2370	8038	弟子	デシ	名詞	2284	3272
大蔵	オオクラ	名詞	2369	1520	担保	タンポ	名詞サ変	2281	3345
合格	ゴウカク	名詞サ変	2368	7571	関節	カンセツ	名詞	2279	1653
排除	ハイジョ	名詞サ変	2367	5950	活発	カッパツ	形状詞	2279	4989
進歩	シンポ	名詞サ変	2365	2117	受信	ジュシン	名詞サ変	2278	3755
血圧	ケツアツ	名詞	2362	1991	付属	フゾク	名詞サ変	2271	3973
補償	ホショウ	名詞サ変	2361	9658	尊重	ソンチョウ	名詞サ変	2269	4210
認可	ニンカ	名詞サ変	2360	3803	集落	シュウラク	名詞	2269	3143
兵士	ヘイシ	名詞	2359	5864	開放	カイホウ	名詞サ変	2267	4061
血管	ケッカン	名詞	2357	1821	水分	スイブン	名詞	2265	1619
条例	ジョウレイ	名詞	2357	8622	受講	ジュコウ	名詞サ変	2262	2588

愛情	アイジョウ	名詞	2259	1998
過剰	カジョウ	名詞形状詞	2257	4606
現行	ゲンコウ	名詞	2256	14063
原稿	ゲンコウ	名詞	2256	2851
制御	セイギョ	名詞サ変	2253	3838
持続	ジゾク	名詞サ変	2251	3743
連結	レンケツ	名詞サ変	2251	6584
関数	カンスウ	名詞	2249	41
独特	ドクトク	形状詞	2248	3220
牛乳	ギュウニュウ	名詞	2246	2033
賛成	サンセイ	名詞サ変	2243	14353
手帳	テチョウ	名詞	2243	2851
昼間	ヒルマ	名詞副詞	2242	1507
地帯	チタイ	名詞	2242	3106
客観	キャッカン	名詞サ変	2242	2158
同盟	ドウメイ	名詞サ変	2241	8099
中世	チュウセイ	名詞副詞	2240	957
依然	イゼン	副詞	2238	5069
貴族	キゾク	名詞	2237	868
典型	テンケイ	名詞	2233	1541
拡張	カクチョウ	名詞サ変	2233	1250
地獄	ジゴク	名詞	2231	1514
繊維	センイ	名詞	2227	2423
説得	セットク	名詞サ変	2225	5007
滞在	タイザイ	名詞サ変	2223	6731
分解	ブンカイ	名詞サ変	2220	1599
軽減	ケイゲン	名詞サ変	2219	6595
返済	ヘンサイ	名詞サ変	2218	7343
矛盾	ムジュン	名詞サ変	2218	3077
被告	ヒコク	名詞	2217	59964
手順	テジュン	名詞	2215	1940
冗談	ジョウダン	名詞	2215	1606
次元	ジゲン	名詞	2208	1491
元年	ガンネン	名詞副詞	2208	505
帽子	ボウシ	名詞	2206	2155
動機	ドウキ	名詞	2204	4846
圧力	アツリョク	名詞	2204	10291
生地	キジ	名詞	2201	1200
後者	コウシャ	名詞	2198	826
保安	ホアン	名詞	2197	10456
夜中	ヨナカ	名詞副詞	2197	1063
文献	ブンケン	名詞	2194	1014
電力	デンリョク	名詞	2194	39372
先行	センコウ	名詞サ変	2193	7250
平気	ヘイキ	名詞形状詞	2191	642
収穫	シュウカク	名詞サ変	2185	4008
対照	タイショウ	名詞サ変	2184	2690
時刻	ジコク	名詞副詞	2184	2307
準用	ジュンヨウ	名詞サ変	2183	85
無論	ムロン	副詞	2182	1077
持参	ジサン	名詞サ変	2182	2212
変換	ヘンカン	名詞サ変	2180	840
入場	ニュウジョウ	名詞サ変	2178	8751
主催	シュサイ	名詞サ変	2178	24910
巨人	キョジン	名詞	2177	20674
実用	ジツヨウ	名詞サ変	2175	2441
警戒	ケイカイ	名詞サ変	2173	14762
皇帝	コウテイ	名詞	2173	974
表明	ヒョウメイ	名詞サ変	2173	37350
往復	オウフク	名詞サ変	2171	3571
出張	シュッチョウ	名詞サ変	2171	3307
単独	タンドク	形状詞	2168	8269
円滑	エンカツ	形状詞	2166	1646
回数	カイスウ	名詞	2166	7031
全面	ゼンメン	名詞	2165	12506
大声	オオゴエ	名詞	2162	1444
判定	ハンテイ	名詞サ変	2162	7441
共済	キョウサイ	名詞	2161	2482
有無	ウム	名詞	2161	4365
図表	ズヒョウ	名詞	2160	113
収容	シュウヨウ	名詞サ変	2156	6000
奇妙	キミョウ	形状詞	2156	1002
大使	タイシ	名詞	2155	19218
伝達	デンタツ	名詞サ変	2154	1936
指標	シヒョウ	名詞	2150	4685
有利	ユウリ	形状詞	2150	4068
応用	オウヨウ	名詞サ変	2149	2576
貨物	カモツ	名詞	2144	3584
田舎	イナカ	名詞	2142	1335
宣伝	センデン	名詞サ変	2142	3763
観念	カンネン	名詞サ変	2140	786
復帰	フッキ	名詞サ変	2137	15577
合成	ゴウセイ	名詞サ変	2135	1976
関与	カンヨ	名詞サ変	2133	15820
胡麻	ゴマ	名詞	2133	914
不況	フキョウ	名詞	2130	5223
放置	ホウチ	名詞サ変	2130	6669
双方	ソウホウ	名詞副詞	2129	7760

財源	ザイゲン	名詞	2128	16386
宿泊	シュクハク	名詞サ変	2127	6485
農地	ノウチ	名詞	2126	2903
反射	ハンシャ	名詞サ変	2125	914
有力	ユウリョク	形状詞	2123	9123
数量	スウリョウ	名詞	2123	706
装備	ソウビ	名詞サ変	2123	2468
注射	チュウシャ	名詞サ変	2119	2463
南部	ナンブ	名詞	2118	12351
定着	テイチャク	名詞サ変	2118	4438
出資	シュッシ	名詞サ変	2115	10496
業績	ギョウセキ	名詞	2110	9611
陸軍	リクグン	名詞	2110	2965
極端	キョクタン	名詞形状詞	2110	1975
大衆	タイシュウ	名詞	2108	2580
消滅	ショウメツ	名詞サ変	2107	1778
下記	カキ	名詞	2106	818
小売	コウリ	名詞サ変	2105	4109
見学	ケンガク	名詞サ変	2103	3315
回線	カイセン	名詞	2103	2046
保管	ホカン	名詞サ変	2100	5386
著者	チョシャ	名詞	2097	7837
大気	タイキ	名詞	2096	4361
由来	ユライ	名詞サ変	2095	2115
商法	ショウホウ	名詞	2093	2108
仕様	シヨウ	名詞	2092	1192
容器	ヨウキ	名詞	2090	4051
船舶	センパク	名詞	2089	2188
就任	シュウニン	名詞サ変	2088	29974
既存	キソン	名詞サ変	2086	4299
損失	ソンシツ	名詞サ変	2085	7771
作者	サクシャ	名詞	2084	2541
披露	ヒロウ	名詞サ変	2083	7830
熱心	ネッシン	形状詞	2081	3330
今月	コンゲツ	名詞副詞	2076	32626
深夜	シンヤ	名詞副詞	2074	5697
計上	ケイジョウ	名詞サ変	2073	6628
魔法	マホウ	名詞	2071	1208
才能	サイノウ	名詞	2069	2332
美人	ビジン	名詞	2068	1524
金銭	キンセン	名詞	2068	2814
進化	シンカ	名詞サ変	2067	2814
長男	チョウナン	名詞	2064	17854
再建	サイケン	名詞サ変	2061	15741
家事	カジ	名詞サ変	2060	2279
一家	イッカ	名詞	2059	4773
実力	ジツリョク	名詞	2058	6320
遠慮	エンリョ	名詞サ変	2055	1061
自慢	ジマン	名詞サ変	2055	2507
冷静	レイセイ	名詞形状詞	2054	5911
原料	ゲンリョウ	名詞	2053	3875
職人	ショクニン	名詞	2053	2938
伝説	デンセツ	名詞	2052	2465
正午	ショウゴ	名詞副詞	2052	4481
創設	ソウセツ	名詞サ変	2044	9846
保持	ホジ	名詞サ変	2042	2984
軍隊	グンタイ	名詞	2041	1296
学年	ガクネン	名詞	2041	4261
大勢	オオゼイ	名詞	2037	4271
誘導	ユウドウ	名詞サ変	2037	3586
快適	カイテキ	名詞形状詞	2035	1770
名誉	メイヨ	名詞形状詞	2034	15570
人格	ジンカク	名詞	2033	1253
人参	ニンジン	名詞	2032	1118
道徳	ドウトク	名詞	2031	1130
同僚	ドウリョウ	名詞	2030	5695
不正	フセイ	名詞形状詞	2029	20998
予備	ヨビ	名詞	2028	6254
電源	デンゲン	名詞	2024	3832
検察	ケンサツ	名詞サ変	2024	20540
地点	チテン	名詞	2023	5066
投手	トウシュ	名詞	2022	30392
点検	テンケン	名詞サ変	2022	7794
非難	ヒナン	名詞サ変	2022	8466
純粋	ジュンスイ	形状詞	2021	1422
独占	ドクセン	名詞サ変	2020	4231
走行	ソウコウ	名詞サ変	2019	5005
法令	ホウレイ	名詞	2019	2826
一見	イッケン	名詞サ変	2017	1527
天下	テンカ	名詞	2015	912
倫理	リンリ	名詞	2014	4993
証言	ショウゲン	名詞サ変	2013	12821
解散	カイサン	名詞サ変	2012	17422
違法	イホウ	名詞形状詞	2009	10820
縮小	シュクショウ	名詞サ変	2006	6742
看板	カンバン	名詞	2005	4795
年末	ネンマツ	名詞副詞	2004	5498
台所	ダイドコロ	名詞	2003	2376

公演	コウエン	名詞サ変	2000	9532
解除	カイジョ	名詞サ変	1999	11711
朝食	チョウショク	名詞	1997	1516
昼食	チュウショク	名詞	1996	2877
下水	ゲスイ	名詞	1996	1531
工作	コウサク	名詞サ変	1993	3964
同年	ドウネン	名詞副詞	1991	6005
一斉	イッセイ	名詞	1987	5465
植民	ショクミン	名詞サ変	1986	2087
味方	ミカタ	名詞サ変	1982	2685
規格	キカク	名詞	1982	2133
民営	ミンエイ	名詞	1981	13054
支店	シテン	名詞	1980	6405
台風	タイフウ	名詞	1979	6656
前方	ゼンポウ	名詞	1975	1394
誤解	ゴカイ	名詞サ変	1968	3209
寄与	キヨ	名詞サ変	1967	1685
摂取	セッシュ	名詞サ変	1967	2168
告白	コクハク	名詞サ変	1967	1537
新鮮	シンセン	形状詞	1965	2607
曖昧	アイマイ	形状詞	1963	3796
翻訳	ホンヤク	名詞サ変	1963	3251
女房	ニョウボウ	名詞	1962	1056
容量	ヨウリョウ	名詞	1961	1634
休暇	キュウカ	名詞	1957	2372
古典	コテン	名詞	1956	2781
昨夜	サクヤ	名詞副詞	1956	286
三角	サンカク	名詞形状詞	1956	1905
搭載	トウサイ	名詞サ変	1954	4480
配当	ハイトウ	名詞サ変	1952	4980
苦笑	クショウ	名詞サ変	1952	1268
角度	カクド	名詞	1950	1380
出力	シュツリョク	名詞サ変	1950	1766
冷凍	レイトウ	名詞サ変	1949	3284
作曲	サッキョク	名詞サ変	1949	4315
完璧	カンペキ	名詞形状詞	1947	2234
着物	キモノ	名詞	1946	2168
教員	キョウイン	名詞	1943	9227
評判	ヒョウバン	名詞	1941	2510
一貫	イッカン	名詞サ変	1941	3878
体調	タイチョウ	名詞	1939	6665
業界	ギョウカイ	名詞	1939	9199
銘柄	メイガラ	名詞	1936	3420
送信	ソウシン	名詞サ変	1935	2357
政党	セイトウ	名詞	1934	20309
投入	トウニュウ	名詞サ変	1933	7509
接種	セッシュ	名詞サ変	1933	4292
広域	コウイキ	名詞	1931	3338
動脈	ドウミャク	名詞	1929	1712
民衆	ミンシュウ	名詞	1929	1583
的確	テキカク	形状詞	1928	1593
占領	センリョウ	名詞サ変	1927	3296
制約	セイヤク	名詞サ変	1927	2094
境界	キョウカイ	名詞	1926	2613
処置	ショチ	名詞サ変	1926	1211
一面	イチメン	名詞副詞	1923	1471
全般	ゼンパン	名詞	1919	1809
税務	ゼイム	名詞	1918	2056
秘書	ヒショ	名詞	1914	9877
震災	シンサイ	名詞	1914	73742
投与	トウヨ	名詞サ変	1911	2608
発明	ハツメイ	名詞サ変	1910	1426
納税	ノウゼイ	名詞サ変	1910	2158
直線	チョクセン	名詞	1909	3641
再度	サイド	名詞副詞	1908	2366
遺産	イサン	名詞	1907	7806
大分	ダイブ	副詞	1906	1123
心身	シンシン	名詞	1904	2021
出血	シュッケツ	名詞サ変	1904	3102
療養	リョウヨウ	名詞サ変	1903	3972
詐欺	サギ	名詞	1903	12946
一連	イチレン	名詞	1898	5488
決勝	ケッショウ	名詞	1897	65559
視聴	シチョウ	名詞サ変	1896	10194
学者	ガクシャ	名詞	1894	2062
今週	コンシュウ	名詞副詞	1893	13695
物件	ブッケン	名詞	1891	2099
養成	ヨウセイ	名詞サ変	1890	2793
加盟	カメイ	名詞サ変	1889	14705
周波	シュウハ	名詞	1887	887
留守	ルス	名詞サ変	1887	1005
品種	ヒンシュ	名詞	1887	1365
機種	キシュ	名詞	1886	3652
書店	ショテン	名詞	1885	7324
敷地	シキチ	名詞	1884	4951
周年	シュウネン	名詞助数詞	1883	10015
消化	ショウカ	名詞サ変	1882	1738
到頭	トウトウ	副詞	1881	508

睡眠	スイミン	名詞サ変	1881	3154
長年	ナガネン	名詞副詞	1880	5640
記号	キゴウ	名詞	1880	484
免疫	メンエキ	名詞	1876	2248
上位	ジョウイ	名詞	1874	11053
検診	ケンシン	名詞サ変	1871	1871
十字	ジュウジ	名詞	1866	3801
詩人	シジン	名詞	1864	3543
指針	シシン	名詞	1863	6631
東洋	トウヨウ	名詞	1860	6763
少数	ショウスウ	名詞副詞	1858	4323
急激	キュウゲキ	形状詞	1855	3070
葡萄	ブドウ	名詞	1852	1759
水質	スイシツ	名詞	1851	894
任務	ニンム	名詞	1849	2699
経緯	ケイイ	名詞	1846	8997
配分	ハイブン	名詞サ変	1842	4953
服装	フクソウ	名詞	1842	1504
蓄積	チクセキ	名詞サ変	1841	2197
交差	コウサ	名詞サ変	1840	3350
集会	シュウカイ	名詞サ変	1838	9333
何処	ドコ	代名詞	1836	75
電池	デンチ	名詞	1836	4327
電波	デンパ	名詞	1834	2415
到達	トウタツ	名詞サ変	1832	2923
有機	ユウキ	名詞	1831	2900
検証	ケンショウ	名詞サ変	1831	12984
警備	ケイビ	名詞サ変	1829	8673
学会	ガッカイ	名詞	1829	6737
議長	ギチョウ	名詞	1827	23109
日程	ニッテイ	名詞	1826	11719
虐待	ギャクタイ	名詞サ変	1823	8104
景観	ケイカン	名詞	1823	1679
通貨	ツウカ	名詞	1820	5998
受給	ジュキュウ	名詞サ変	1820	6986
臨床	リンショウ	名詞	1818	3336
炭素	タンソ	名詞	1816	5198
粒子	リュウシ	名詞	1813	2161
夜間	ヤカン	名詞	1812	3642
後悔	コウカイ	名詞サ変	1811	1782
懸念	ケネン	名詞サ変	1810	28146
技能	ギノウ	名詞	1809	1854
回路	カイロ	名詞	1809	762
迅速	ジンソク	形状詞	1809	3371
不意	フイ	名詞形状詞	1808	378
売却	バイキャク	名詞サ変	1806	12698
意気	イキ	名詞	1805	7079
代金	ダイキン	名詞	1801	3602
放棄	ホウキ	名詞サ変	1800	5257
均衡	キンコウ	名詞	1799	1851
商人	ショウニン	名詞	1798	617
祝日	シュクジツ	名詞	1794	2191
署名	ショメイ	名詞サ変	1794	8137
効力	コウリョク	名詞	1793	529
招待	ショウタイ	名詞サ変	1792	7279
最小	サイショウ	名詞	1789	2399
登山	トザン	名詞サ変	1788	4125
国籍	コクセキ	名詞	1787	5134
歯科	シカ	名詞	1787	3564
発足	ホッソク	名詞サ変	1787	15103
衣装	イショウ	名詞	1786	2577
最適	サイテキ	形状詞	1783	1277
休憩	キュウケイ	名詞サ変	1782	1887
推測	スイソク	名詞サ変	1782	2234
体質	タイシツ	名詞	1781	4079
志向	シコウ	名詞サ変	1781	3399
俳優	ハイユウ	名詞	1775	7854
国境	コッキョウ	名詞	1774	6791
女優	ジョユウ	名詞	1774	6405
尊敬	ソンケイ	名詞サ変	1773	1822
音声	オンセイ	名詞	1773	2075
展望	テンボウ	名詞サ変	1772	3844
適応	テキオウ	名詞サ変	1771	1219
相違	ソウイ	名詞サ変	1769	1009
苦痛	クツウ	名詞形状詞	1769	1690
部長	ブチョウ	名詞	1769	6266
北部	ホクブ	名詞	1768	8774
公平	コウヘイ	名詞形状詞	1768	3904
遂行	スイコウ	名詞サ変	1766	1056
下手	ヘタ	名詞サ変	1764	1183
固有	コユウ	名詞形状詞	1764	1359
調節	チョウセツ	名詞サ変	1763	1001
気象	キショウ	名詞	1760	9507
行方	ユクエ	名詞	1760	15901
子宮	シキュウ	名詞	1759	1357
歓迎	カンゲイ	名詞サ変	1759	7343
在庫	ザイコ	名詞サ変	1758	2611
半身	ハンミ	名詞	1758	1

体操	タイソウ	名詞サ変	1757	4766
同居	ドウキョ	名詞サ変	1756	4172
録音	ロクオン	名詞サ変	1756	3384
民法	ミンポウ	名詞	1756	1403
決断	ケツダン	名詞サ変	1753	7368
本体	ホンタイ	名詞	1752	3029
権威	ケンイ	名詞	1751	1770
寄付	キフ	名詞サ変	1750	10480
在宅	ザイタク	名詞サ変	1749	2657
衝突	ショウトツ	名詞サ変	1749	13225
欲望	ヨクボウ	名詞	1748	864
校長	コウチョウ	名詞	1745	9237
文庫	ブンコ	名詞	1744	3715
保守	ホシュ	名詞サ変	1743	8634
侵害	シンガイ	名詞サ変	1740	5008
任意	ニンイ	名詞	1739	3789
加速	カソク	名詞サ変	1737	8515
黒人	コクジン	名詞	1736	3497
適合	テキゴウ	名詞サ変	1736	872
市販	シハン	名詞サ変	1735	1531
次回	ジカイ	名詞副詞	1732	5885
最悪	サイアク	名詞形状詞	1732	4896
会見	カイケン	名詞サ変	1731	63967
観客	カンキャク	名詞	1731	7321
夢中	ムチュウ	形状詞	1729	1612
考察	コウサツ	名詞サ変	1728	661
外側	ソトガワ	名詞	1721	1391
為替	カワセ	名詞	1721	5987
本社	ホンシャ	名詞	1717	17549
解明	カイメイ	名詞サ変	1715	8105
両国	リョウコク	名詞	1715	13011
前者	ゼンシャ	名詞	1714	629
景色	ケシキ	名詞	1714	1376
半数	ハンスウ	名詞	1713	12023
国語	コクゴ	名詞	1710	2321
振動	シンドウ	名詞サ変	1709	978
親戚	シンセキ	名詞	1709	1419
遺族	イゾク	名詞	1707	18958
気軽	キガル	形状詞	1705	1339
郵送	ユウソウ	名詞サ変	1704	3590
楽器	ガッキ	名詞	1704	2704
階層	カイソウ	名詞	1703	403
正義	セイギ	名詞	1702	1858
親切	シンセツ	名詞形状詞	1701	1103
頻繁	ヒンパン	形状詞	1700	2167
証人	ショウニン	名詞	1698	3855
勧告	カンコク	名詞サ変	1698	7883
家具	カグ	名詞	1697	1993
土壌	ドジョウ	名詞	1696	2709
胡椒	コショウ	名詞	1695	730
役人	ヤクニン	名詞	1694	1470
新設	シンセツ	名詞サ変	1693	7657
知人	チジン	名詞	1692	8696
女王	ジョオウ	名詞	1692	4162
洋服	ヨウフク	名詞	1692	983
国道	コクドウ	名詞	1691	3502
徒歩	トホ	名詞	1687	2288
神話	シンワ	名詞	1685	1986
外出	ガイシュツ	名詞サ変	1684	3587
黄色	キイロ	名詞	1684	1246
扶養	フヨウ	名詞サ変	1681	1365
省庁	ショウチョウ	名詞	1680	6982
海洋	カイヨウ	名詞	1679	4458
格差	カクサ	名詞	1679	12013
調和	チョウワ	名詞サ変	1679	1569
感心	カンシン	名詞サ変	1677	1460
稽古	ケイコ	名詞サ変	1677	5343
細菌	サイキン	名詞	1677	1339
闘争	トウソウ	名詞サ変	1676	3440
絵画	カイガ	名詞	1674	4055
用途	ヨウト	名詞	1674	985
東南	トウナン	名詞	1674	4219
戦前	センゼン	名詞副詞	1671	3144
焦点	ショウテン	名詞	1671	12738
都会	トカイ	名詞	1671	2291
順調	ジュンチョウ	形状詞	1670	4405
東西	トウザイ	名詞	1670	4390
通勤	ツウキン	名詞サ変	1669	2836
饂飩	ウドン	名詞	1667	1392
要領	ヨウリョウ	名詞	1667	2641
休業	キュウギョウ	名詞サ変	1665	2705
木材	モクザイ	名詞	1662	1428
一覧	イチラン	名詞サ変	1662	2005
移植	イショク	名詞サ変	1661	11051
税制	ゼイセイ	名詞	1661	7934
悪魔	アクマ	名詞	1660	571
火山	カザン	名詞	1660	2392
姉妹	シマイ	名詞	1659	3400

解析	カイセキ	名詞サ変	1658	2368
芝居	シバイ	名詞サ変	1658	2820
家屋	カオク	名詞	1657	2527
始末	シマツ	名詞サ変	1656	1020
容疑	ヨウギ	名詞	1654	148939
聖書	セイショ	名詞	1652	638
実証	ジッショウ	名詞サ変	1651	1760
国有	コクユウ	名詞	1651	2997
結成	ケッセイ	名詞サ変	1650	6717
社内	シャナイ	名詞	1645	4882
回避	カイヒ	名詞サ変	1645	7212
除去	ジョキョ	名詞サ変	1644	3071
動画	ドウガ	名詞	1644	3543
公益	コウエキ	名詞	1644	4008
講義	コウギ	名詞サ変	1643	2255
前掲	ゼンケイ	名詞	1643	18
間接	カンセツ	名詞	1642	1519
画家	ガカ	名詞	1641	4309
一環	イッカン	名詞	1639	5336
公団	コウダン	名詞	1639	2545
警部	ケイブ	名詞	1637	2833
一族	イチゾク	名詞	1637	1366
不当	フトウ	形状詞	1637	5460
市長	シチョウ	名詞	1636	33813
生成	セイセイ	名詞サ変	1633	652
不法	フホウ	形状詞	1632	4105
収納	シュウノウ	名詞サ変	1630	1455
生存	セイゾン	名詞サ変	1630	3285
革新	カクシン	名詞サ変	1628	2076
贅沢	ゼイタク	名詞形状詞	1628	1354
家計	カケイ	名詞	1627	3484
倒産	トウサン	名詞サ変	1627	2503
絵本	エホン	名詞	1621	5456
旅館	リョカン	名詞	1621	2546
定年	テイネン	名詞サ変	1618	4565
付加	フカ	名詞サ変	1618	1205
浄化	ジョウカ	名詞サ変	1616	1400
平日	ヘイジツ	名詞副詞	1616	4844
品目	ヒンモク	名詞	1616	3279
開示	カイジ	名詞サ変	1614	6392
素人	シロウト	名詞	1612	1216
偉大	イダイ	形状詞	1609	1497
正解	セイカイ	名詞サ変	1606	1573
週末	シュウマツ	名詞副詞	1605	5619
妥当	ダトウ	名詞サ変	1605	3009
片手	カタテ	名詞	1604	916
課長	カチョウ	名詞	1603	3524
警官	ケイカン	名詞	1603	4608
順番	ジュンバン	名詞	1603	1315
掲示	ケイジ	名詞サ変	1603	4178
真面目	マジメ	形状詞	1598	261
重量	ジュウリョウ	名詞	1595	2725
実情	ジツジョウ	名詞	1594	3607
順位	ジュンイ	名詞	1593	13756
産地	サンチ	名詞	1592	2739
勿体	モッタイ	名詞	1591	4103
食堂	ショクドウ	名詞	1591	1974
会談	カイダン	名詞サ変	1590	40313
強烈	キョウレツ	形状詞	1588	2349
補正	ホセイ	名詞サ変	1588	7668
悲鳴	ヒメイ	名詞	1588	1621
食物	クイモノ	名詞	1588	2
通行	ツウコウ	名詞サ変	1587	5430
単語	タンゴ	名詞	1587	665
分裂	ブンレツ	名詞サ変	1587	4321
演技	エンギ	名詞サ変	1587	6540
免除	メンジョ	名詞サ変	1586	3079
郵政	ユウセイ	名詞	1586	18982
他者	タシャ	名詞	1585	1022
主題	シュダイ	名詞	1584	1406
艦隊	カンタイ	名詞	1584	848
年代	ネンダイ	名詞	1583	3330
負債	フサイ	名詞	1582	2241
古墳	コフン	名詞	1580	3163
商工	ショウコウ	名詞	1580	4464
奴隷	ドレイ	名詞	1579	642
送料	ソウリョウ	名詞	1579	1585
無限	ムゲン	名詞形状詞	1577	808
返還	ヘンカン	名詞サ変	1576	11019
水曜	スイヨウ	名詞副詞	1576	1575
真理	シンリ	名詞	1575	1600
孤独	コドク	名詞形状詞	1574	3067
視野	シヤ	名詞	1574	6220
異議	イギ	名詞	1573	1998
店員	テンイン	名詞	1572	4123
間隔	カンカク	名詞	1572	1520
会合	カイゴウ	名詞サ変	1572	22345
名義	メイギ	名詞	1571	4080

対話	タイワ	名詞サ変	1570	11031
照明	ショウメイ	名詞サ変	1569	2858
身体	カラダ	名詞	1567	610
収録	シュウロク	名詞サ変	1567	4636
本件	ホンケン	名詞	1566	964
通商	ツウショウ	名詞サ変	1563	2252
破綻	ハタン	名詞サ変	1562	10307
薬物	ヤクブツ	名詞	1562	4915
診察	シンサツ	名詞サ変	1561	2360
薬剤	ヤクザイ	名詞	1561	1757
地理	チリ	名詞	1559	1518
輿論	ヨロン	名詞	1558	13118
何事	ナニゴト	名詞	1557	979
歩行	ホコウ	名詞サ変	1556	2753
発信	ハッシン	名詞サ変	1555	9662
私立	シリツ	名詞	1554	6684
歌詞	カシ	名詞	1553	1671
代替	ダイタイ	名詞サ変	1550	4102
配偶	ハイグウ	名詞	1549	1333
葬儀	ソウギ	名詞	1548	11651
経由	ケイユ	名詞サ変	1547	2911
改造	カイゾウ	名詞サ変	1547	5749
疲労	ヒロウ	名詞サ変	1547	2764
系統	ケイトウ	名詞	1543	1252
分担	ブンタン	名詞サ変	1543	2557
余地	ヨチ	名詞	1541	3165
更生	コウセイ	名詞サ変	1541	3195
小麦	コムギ	名詞	1539	2030
刊行	カンコウ	名詞サ変	1539	5339
拘束	コウソク	名詞サ変	1539	8987
修行	シュギョウ	名詞サ変	1538	733
器具	キグ	名詞	1538	1872
本文	ホンブン	名詞	1537	269406
利子	リシ	名詞	1537	1506
貸付	カシツケ	名詞サ変	1536	1240
算定	サンテイ	名詞サ変	1535	1651
信託	シンタク	名詞サ変	1534	4440
教養	キョウヨウ	名詞	1534	1650
小児	ショウニ	名詞	1533	5009
体内	タイナイ	名詞	1532	1992
歌手	カシュ	名詞	1531	6314
頭痛	ズツウ	名詞	1531	1116
復興	フッコウ	名詞サ変	1530	26440
水平	スイヘイ	名詞形状詞	1529	763
期日	キジツ	名詞	1527	1643
喫茶	キッサ	名詞	1526	1834
貯金	チョキン	名詞サ変	1526	3385
貧乏	ビンボウ	名詞形状詞	1524	1030
浮気	ウワキ	名詞サ変	1523	416
当面	トウメン	副詞	1523	8175
排水	ハイスイ	名詞サ変	1522	1817
答申	トウシン	名詞サ変	1518	3095
個体	コタイ	名詞	1515	691
出土	シュツド	名詞サ変	1514	1288
立法	リッポウ	名詞	1514	3443
分泌	ブンピツ	名詞サ変	1513	994
増殖	ゾウショク	名詞サ変	1513	2127
理屈	リクツ	名詞	1513	1279
類似	ルイジ	サ変形状詞	1509	1125
上場	ジョウジョウ	名詞サ変	1508	9881
統治	トウチ	名詞サ変	1508	3241
同期	ドウキ	名詞サ変	1505	6498
冒頭	ボウトウ	名詞	1504	6031
登校	トウコウ	名詞サ変	1504	3261
閉鎖	ヘイサ	名詞サ変	1503	5953
勤労	キンロウ	名詞サ変	1503	1130
柔軟	ジュウナン	形状詞	1501	4122
進学	シンガク	名詞サ変	1500	4645
議決	ギケツ	名詞サ変	1500	5140
花火	ハナビ	名詞	1499	2345
天使	テンシ	名詞	1497	716
競馬	ケイバ	名詞	1497	14290
社債	シャサイ	名詞	1497	1521
意地	イジ	名詞	1496	2363
陛下	ヘイカ	名詞	1496	6817
提起	テイキ	名詞サ変	1494	2457
人種	ジンシュ	名詞	1494	2246
一行	イッコウ	名詞	1493	1054
木曜	モクヨウ	名詞副詞	1493	1516
国王	コクオウ	名詞	1493	2859
土産	ミヤゲ	名詞	1493	831
喫煙	キツエン	名詞サ変	1493	3462
清掃	セイソウ	名詞サ変	1492	3111
座席	ザセキ	名詞	1491	2339
履行	リコウ	名詞サ変	1490	2470
野郎	ヤロウ	名詞	1488	380
実務	ジツム	名詞	1487	3189
寿命	ジュミョウ	名詞	1487	1666

中期	チュウキ	名詞副詞	1486	3382
先頭	セントウ	名詞	1486	6605
情熱	ジョウネツ	名詞	1486	2310
正規	セイキ	名詞	1485	5142
学園	ガクエン	名詞	1485	19854
馳走	チソウ	名詞サ変	1485	716
大地	ダイチ	名詞	1484	2486
読書	ドクショ	名詞サ変	1483	5514
上陸	ジョウリク	名詞サ変	1482	3161
中古	チュウコ	名詞	1481	2180
仮定	カテイ	名詞サ変	1481	571
曲線	キョクセン	名詞	1480	574
内訳	ウチワケ	名詞	1479	2740
身長	シンチョウ	名詞	1479	4181
発音	ハツオン	名詞サ変	1479	543
支障	シショウ	名詞	1478	2880
増進	ゾウシン	名詞サ変	1478	643
遺言	ユイゴン	名詞サ変	1477	1030
軌道	キドウ	名詞	1477	3303
侵略	シンリャク	名詞サ変	1475	1308
学級	ガッキュウ	名詞	1475	2009
調停	チョウテイ	名詞サ変	1474	1751
判明	ハンメイ	名詞サ変	1473	14326
負荷	フカ	名詞サ変	1472	935
得点	トクテン	名詞サ変	1472	26075
主導	シュドウ	名詞サ変	1471	14507
生態	セイタイ	名詞	1471	2644
封筒	フウトウ	名詞	1470	1054
開拓	カイタク	名詞サ変	1470	1922
騒音	ソウオン	名詞	1468	1950
再開	サイカイ	名詞サ変	1467	25056
欲求	ヨッキュウ	名詞サ変	1465	407
通用	ツウヨウ	名詞サ変	1464	2106
親父	オヤジ	名詞	1464	188
食材	ショクザイ	名詞	1464	2901
複合	フクゴウ	名詞サ変	1463	3135
閲覧	エツラン	名詞サ変	1458	2927
名詞	メイシ	名詞	1456	711
連載	レンサイ	名詞サ変	1456	6438
明記	メイキ	名詞サ変	1455	14133
入金	ニュウキン	名詞サ変	1455	1135
指名	シメイ	名詞サ変	1454	11767
移民	イミン	名詞サ変	1452	4836
特有	トクユウ	形状詞	1452	1431
検挙	ケンキョ	名詞サ変	1452	1699
解体	カイタイ	名詞サ変	1449	5280
入浴	ニュウヨク	名詞サ変	1449	1718
健診	ケンシン	名詞	1449	1598
卸売	オロシウリ	名詞サ変	1448	1535
意向	イコウ	名詞	1447	17851
補給	ホキュウ	名詞サ変	1446	2626
水素	スイソ	名詞	1445	2412
必然	ヒツゼン	名詞	1444	812
手元	テモト	名詞	1443	1934
陸上	リクジョウ	名詞	1443	13687
食欲	ショクヨク	名詞	1442	1035
再現	サイゲン	名詞サ変	1441	4192
通報	ツウホウ	名詞サ変	1440	8726
牛肉	ギュウニク	名詞	1439	5052
火曜	カヨウ	名詞副詞	1439	1795
豪華	ゴウカ	名詞形状詞	1438	1903
林業	リンギョウ	名詞	1438	1052
儀式	ギシキ	名詞	1437	918
公衆	コウシュウ	名詞	1436	1206
沿岸	エンガン	名詞	1436	6051
南北	ナンボク	名詞	1434	5813
手形	テガタ	名詞	1433	534
独身	ドクシン	名詞	1433	1195
糖尿	トウニョウ	名詞	1432	4075
真似	マネ	名詞サ変	1431	90
内線	ナイセン	名詞	1431	343
駅前	エキマエ	名詞	1430	2008
救助	キュウジョ	名詞サ変	1430	5372
不快	フカイ	名詞形状詞	1430	2380
現役	ゲンエキ	名詞	1430	8861
悲劇	ヒゲキ	名詞	1429	3078
肥料	ヒリョウ	名詞	1429	1185
示唆	シサ	名詞サ変	1428	6858
立地	リッチ	名詞サ変	1427	3215
皮肉	ヒニク	名詞形状詞	1426	1592
無効	ムコウ	名詞形状詞	1425	2949
軍人	グンジン	名詞	1425	2290
価額	カガク	名詞	1424	132
買収	バイシュウ	名詞サ変	1423	14392
喪失	ソウシツ	名詞サ変	1423	2408
直面	チョクメン	名詞サ変	1422	4019
特集	トクシュウ	名詞サ変	1422	11483
添付	テンプ	名詞サ変	1420	1708

中年	チュウネン	名詞	1419	1404
有料	ユウリョウ	名詞	1419	3502
検出	ケンシュツ	名詞サ変	1419	8687
総裁	ソウサイ	名詞サ変	1418	24082
形状	ケイジョウ	名詞	1415	1025
郊外	コウガイ	名詞	1415	4027
庶民	ショミン	名詞	1414	2797
先週	センシュウ	名詞副詞	1411	2690
有害	ユウガイ	形状詞	1410	2021
判例	ハンレイ	名詞	1409	744
来週	ライシュウ	名詞副詞	1408	3211
克服	コクフク	名詞サ変	1408	3695
償却	ショウキャク	名詞サ変	1406	385
履歴	リレキ	名詞	1404	1275
表記	ヒョウキ	名詞サ変	1403	2209
潜在	センザイ	名詞サ変	1403	1845
領土	リョウド	名詞	1402	5831
大豆	ダイズ	名詞	1402	1641
彫刻	チョウコク	名詞サ変	1402	2035
探偵	タンテイ	名詞サ変	1401	1270
砂漠	サバク	名詞	1401	1491
介入	カイニュウ	名詞サ変	1400	5647
存続	ソンゾク	名詞サ変	1400	3539
圧縮	アッシュク	名詞サ変	1400	2473
開業	カイギョウ	名詞サ変	1399	5257
気候	キコウ	名詞	1398	4381
当選	トウセン	名詞サ変	1396	27835
殺害	サツガイ	名詞サ変	1396	24448
親族	シンゾク	名詞	1396	5276
工程	コウテイ	名詞	1395	3063
財団	ザイダン	名詞	1394	8701
啓発	ケイハツ	名詞サ変	1392	1675
協同	キョウドウ	名詞サ変	1392	2593
区民	クミン	名詞	1391	464
理性	リセイ	名詞	1390	489
引退	インタイ	名詞サ変	1389	11463
太鼓	タイコ	名詞	1389	2117
給食	キュウショク	名詞サ変	1388	2922
分散	ブンサン	名詞サ変	1387	2082
主役	シュヤク	名詞	1386	3368
野生	ヤセイ	名詞サ変	1386	2495
科目	カモク	名詞	1383	1999
密度	ミツド	名詞	1381	682
助言	ジョゲン	名詞サ変	1381	3408
接近	セッキン	名詞サ変	1379	3247
役者	ヤクシャ	名詞	1379	2996
事柄	コトガラ	名詞	1378	401
自社	ジシャ	名詞	1378	3774
公社	コウシャ	名詞	1377	4134
爆弾	バクダン	名詞	1377	8651
脅威	キョウイ	名詞	1377	4477
寝室	シンシツ	名詞	1377	1132
配達	ハイタツ	名詞サ変	1375	2284
特色	トクショク	名詞	1375	900
抗議	コウギ	名詞サ変	1375	11542
手間	テマ	名詞	1375	1349
継承	ケイショウ	名詞サ変	1372	4259
白人	ハクジン	名詞	1372	2000
良好	リョウコウ	形状詞	1372	1605
頂戴	チョウダイ	名詞サ変	1371	271
割引	ワリビキ	名詞サ変	1369	3808
本能	ホンノウ	名詞	1369	631
統制	トウセイ	名詞サ変	1368	1811
上級	ジョウキュウ	名詞	1367	2245
財布	サイフ	名詞	1367	2368
任命	ニンメイ	名詞サ変	1366	3581
行列	ギョウレツ	名詞サ変	1364	1534
夫妻	フサイ	名詞	1363	5644
電流	デンリュウ	名詞	1363	405
地形	チケイ	名詞	1362	1048
運行	ウンコウ	名詞サ変	1362	5223
助手	ジョシュ	名詞	1361	2564
書面	ショメン	名詞	1361	1667
生姜	ショウガ	名詞	1361	797
永久	エイキュウ	名詞	1359	1233
支部	シブ	名詞	1358	9941
前進	ゼンシン	名詞サ変	1357	4187
警視	ケイシ	名詞	1355	16693
動詞	ドウシ	名詞	1355	118
移住	イジュウ	名詞サ変	1355	2755
変形	ヘンケイ	名詞サ変	1354	844
支所	シショ	名詞	1354	1362
役目	ヤクメ	名詞	1354	1415
法定	ホウテイ	名詞	1354	1486
顕著	ケンチョ	形状詞	1354	1515
源泉	ゲンセン	名詞	1352	948
視覚	シカク	名詞	1351	2774
警告	ケイコク	名詞サ変	1350	6530

備考	ビコウ	名詞	1350	40
比例	ヒレイ	名詞サ変	1350	10771
庁舎	チョウシャ	名詞	1350	3927
評論	ヒョウロン	名詞サ変	1349	7215
斜面	シャメン	名詞	1348	1500
故障	コショウ	名詞サ変	1348	6472
大名	ダイミョウ	名詞	1347	311
石炭	セキタン	名詞	1347	1856
集積	シュウセキ	名詞サ変	1346	1240
死刑	シケイ	名詞	1346	14416
発掘	ハックツ	名詞サ変	1346	3189
海水	カイスイ	名詞	1344	3094
中旬	チュウジュン	名詞副詞	1344	9014
流動	リュウドウ	名詞サ変	1343	1411
眼鏡	メガネ	名詞	1343	1285
投稿	トウコウ	名詞サ変	1343	5498
酵素	コウソ	名詞	1342	810
通路	ツウロ	名詞	1342	1476
勘定	カンジョウ	名詞サ変	1342	674
鑑定	カンテイ	名詞サ変	1341	8904
物体	ブッタイ	名詞	1341	463
貯蓄	チョチク	名詞サ変	1339	939
幻想	ゲンソウ	名詞サ変	1338	1797
寺院	ジイン	名詞	1338	1545
出生	シュッショウ	名詞サ変	1337	2900
着手	チャクシュ	名詞サ変	1336	4868
戸籍	コセキ	名詞	1335	2477
契機	ケイキ	名詞	1333	2553
直径	チョッケイ	名詞	1331	3312
好意	コウイ	名詞	1331	914
所管	ショカン	名詞サ変	1330	3000
密接	ミッセツ	形状詞	1330	1122
飲食	インショク	名詞サ変	1330	6706
分配	ブンパイ	名詞サ変	1330	1935
内外	ナイガイ	名詞	1329	2038
税額	ゼイガク	名詞	1329	1385
処方	ショホウ	名詞サ変	1327	2484
送付	ソウフ	名詞サ変	1326	2423
王国	オウコク	名詞	1325	1452
節約	セツヤク	名詞サ変	1324	2050
決心	ケッシン	名詞サ変	1324	628
戦場	センジョウ	名詞	1323	1573
論議	ロンギ	名詞サ変	1322	7410
下落	ゲラク	名詞サ変	1322	10829
損益	ソンエキ	名詞	1321	2277
倉庫	ソウコ	名詞	1321	3008
普遍	フヘン	名詞形状詞	1320	1047
支度	シタク	名詞サ変	1320	1071
包括	ホウカツ	名詞サ変	1320	2882
公立	コウリツ	名詞	1318	4988
経路	ケイロ	名詞	1317	1545
物事	モノゴト	名詞	1316	1249
歩道	ホドウ	名詞	1316	3508
拡充	カクジュウ	名詞サ変	1316	3876
中毒	チュウドク	名詞サ変	1315	4916
木造	モクゾウ	名詞	1313	3629
目撃	モクゲキ	名詞サ変	1312	5123
下旬	ゲジュン	名詞副詞	1312	11407
慢性	マンセイ	名詞	1311	1722
逆転	ギャクテン	名詞サ変	1311	18161
中継	チュウケイ	名詞サ変	1311	5539
著書	チョショ	名詞	1311	6043
条項	ジョウコウ	名詞	1311	2639
予感	ヨカン	名詞サ変	1311	1184
放出	ホウシュツ	名詞サ変	1311	2701
規範	キハン	名詞	1311	1305
執筆	シッピツ	名詞サ変	1310	4210
無言	ムゴン	名詞	1309	1503
大将	タイショウ	名詞	1309	1299
了解	リョウカイ	名詞サ変	1309	2267
死後	シゴ	名詞副詞	1309	2183
出勤	シュッキン	名詞サ変	1309	2450
私的	シテキ	形状詞	1308	2237
敗戦	ハイセン	名詞サ変	1308	3597
課程	カテイ	名詞	1308	2304
通産	ツウサン	名詞	1308	751
幸運	コウウン	名詞形状詞	1307	1085
武装	ブソウ	名詞サ変	1307	10216
首脳	シュノウ	名詞	1307	25392
主流	シュリュウ	名詞	1306	2757
相性	アイショウ	名詞	1306	1313
負傷	フショウ	名詞サ変	1304	10027
結核	ケッカク	名詞	1302	846
録画	ロクガ	名詞サ変	1302	2189
復旧	フッキュウ	名詞サ変	1301	7633
花粉	カフン	名詞	1301	2080
上部	ジョウブ	名詞	1300	1589
大胆	ダイタン	形状詞	1300	2758

審判	シンパン	名詞サ変	1300	6790
利害	リガイ	名詞	1300	1798
入所	ニュウショ	名詞サ変	1299	4547
連盟	レンメイ	名詞	1299	21207
動員	ドウイン	名詞サ変	1298	3124
一流	イチリュウ	名詞	1298	1303
肯定	コウテイ	名詞サ変	1298	1582
演説	エンゼツ	名詞サ変	1297	14869
早朝	ソウチョウ	名詞副詞	1297	4000
決済	ケッサイ	名詞サ変	1296	1676
着実	チャクジツ	形状詞	1293	3134
体温	タイオン	名詞	1293	1079
参入	サンニュウ	名詞サ変	1293	5499
選定	センテイ	名詞サ変	1291	3492
一同	イチドウ	名詞	1291	254
叔父	オジ	名詞	1290	625
変数	ヘンスウ	名詞	1290	30
出荷	シュッカ	名詞サ変	1290	8034
優位	ユウイ	名詞形状詞	1289	3522
一向	イッコウ	副詞	1289	696
創作	ソウサク	名詞サ変	1289	2580
破産	ハサン	名詞サ変	1289	3211
出願	シュツガン	名詞サ変	1289	1080
過失	カシツ	名詞	1288	7182
入居	ニュウキョ	名詞サ変	1288	6411
前期	ゼンキ	名詞副詞	1288	5337
井戸	イド	名詞	1286	1398
系列	ケイレツ	名詞	1286	1886
推計	スイケイ	名詞サ変	1286	4398
工学	コウガク	名詞	1285	4033
部位	ブイ	名詞	1285	1236
航海	コウカイ	名詞サ変	1285	1147
脱出	ダッシュツ	名詞サ変	1284	3158
乗車	ジョウシャ	名詞サ変	1284	2186
振替	フリカエ	名詞	1283	4016
性別	セイベツ	名詞	1283	2544
制服	セイフク	名詞	1281	1953
天才	テンサイ	名詞	1280	1952
蒸気	ジョウキ	名詞	1279	1715
絶望	ゼツボウ	名詞サ変	1279	2358
下着	シタギ	名詞	1277	1549
入社	ニュウシャ	名詞サ変	1276	5831
成熟	セイジュク	名詞サ変	1276	1588
日数	ニッスウ	名詞	1273	1326
留意	リュウイ	名詞サ変	1272	732
西側	ニシガワ	名詞	1272	2068
所要	ショヨウ	名詞	1271	995
提言	テイゲン	名詞サ変	1271	9507
合同	ゴウドウ	名詞サ変	1270	7949
賃貸	チンタイ	名詞サ変	1270	2456
週刊	シュウカン	名詞	1269	4692
参画	サンカク	名詞サ変	1269	1418
頻度	ヒンド	名詞	1268	916
簡易	カンイ	形状詞	1267	2485
分科	ブンカ	名詞	1267	1599
衆議	シュウギ	名詞	1267	999
目安	メヤス	名詞	1266	3404
耐震	タイシン	名詞	1265	8344
守護	シュゴ	名詞サ変	1264	623
冒険	ボウケン	名詞サ変	1262	2061
高額	コウガク	名詞形状詞	1262	4300
反論	ハンロン	名詞サ変	1261	6374
品物	シナモノ	名詞	1261	323
先祖	センゾ	名詞	1259	957
後退	コウタイ	名詞サ変	1259	6565
敏感	ビンカン	名詞形状詞	1259	1609
表彰	ヒョウショウ	名詞サ変	1259	8086
新人	シンジン	名詞	1259	14815
処遇	ショグウ	名詞サ変	1258	1841
広大	コウダイ	形状詞	1257	1105
歳出	サイシュツ	名詞	1256	5222
垂直	スイチョク	名詞形状詞	1256	889
需給	ジュキュウ	名詞	1256	2456
実習	ジッシュウ	名詞サ変	1256	1906
愉快	ユカイ	名詞形状詞	1256	768
表紙	ヒョウシ	名詞	1256	1363
活力	カツリョク	名詞	1256	1506
指先	ユビサキ	名詞	1255	607
麻薬	マヤク	名詞	1254	2417
融合	ユウゴウ	名詞サ変	1253	2343
両側	リョウガワ	名詞	1252	428
被災	ヒサイ	名詞サ変	1252	45813
原作	ゲンサク	名詞	1252	3839
国産	コクサン	名詞	1251	3192
微笑	ビショウ	名詞サ変	1249	212
運送	ウンソウ	名詞サ変	1249	2424
横断	オウダン	名詞サ変	1247	2975
区画	クカク	名詞サ変	1247	855

次男	ジナン	名詞	1246	5034
遺体	イタイ	名詞	1246	19916
外来	ガイライ	名詞	1245	2446
北方	ホッポウ	名詞	1241	3660
医薬	イヤク	名詞	1241	3522
風俗	フウゾク	名詞	1241	1350
経常	ケイジョウ	名詞	1240	3201
片方	カタホウ	名詞	1239	796
内科	ナイカ	名詞	1239	2111
奉行	ブギョウ	名詞サ変	1238	247
総数	ソウスウ	名詞	1237	2171
代謝	タイシャ	名詞サ変	1236	653
家賃	ヤチン	名詞	1234	2790
通訳	ツウヤク	名詞サ変	1233	1986
石鹸	セッケン	名詞	1233	685
強度	キョウド	名詞	1232	2341
弁済	ベンサイ	名詞サ変	1232	583
来日	ライニチ	名詞サ変	1231	10102
自家	ジカ	名詞	1230	1545
区間	クカン	名詞	1230	5513
円高	エンダカ	名詞	1229	8419
空中	クウチュウ	名詞	1228	1337
養子	ヨウシ	名詞	1228	1255
後継	コウケイ	名詞	1228	5399
自国	ジコク	名詞	1227	3868
貨幣	カヘイ	名詞	1226	423
戦車	センシャ	名詞	1226	1055
管轄	カンカツ	名詞サ変	1223	1124
抽象	チュウショウ	名詞サ変	1223	1088
混合	コンゴウ	名詞サ変	1223	2162
若手	ワカテ	名詞	1222	10790
退院	タイイン	名詞サ変	1222	2749
熱帯	ネッタイ	名詞	1221	1315
武力	ブリョク	名詞	1219	3522
主任	シュニン	名詞	1219	4121
急増	キュウゾウ	名詞サ変	1219	6244
省略	ショウリャク	名詞サ変	1218	768
言及	ゲンキュウ	名詞サ変	1218	8653
末期	マッキ	名詞	1217	2339
検定	ケンテイ	名詞サ変	1216	3876
方策	ホウサク	名詞	1216	1592
高原	コウゲン	名詞	1216	1697
国防	コクボウ	名詞	1214	9141
官庁	カンチョウ	名詞	1214	1833
中枢	チュウスウ	名詞	1213	1255
風土	フウド	名詞	1212	1538
宅地	タクチ	名詞	1212	813
装飾	ソウショク	名詞サ変	1211	990
原油	ゲンユ	名詞	1210	11691
中途	チュウト	名詞	1209	1828
予選	ヨセン	名詞	1209	32176
端末	タンマツ	名詞	1208	4258
到底	トウテイ	副詞	1208	963
集計	シュウケイ	名詞サ変	1208	3769
国債	コクサイ	名詞	1207	10515
改修	カイシュウ	名詞サ変	1207	3712
神秘	シンピ	名詞形状詞	1206	798
微塵	ミジン	名詞	1206	581
選任	センニン	名詞サ変	1206	2338
欠点	ケッテン	名詞	1206	626
症候	ショウコウ	名詞	1204	1857
率直	ソッチョク	形状詞	1203	2098
因子	インシ	名詞	1203	400
使命	シメイ	名詞	1202	2551
変革	ヘンカク	名詞サ変	1202	2380
非行	ヒコウ	名詞	1201	1422
日付	ヒヅケ	名詞	1201	1282
隙間	スキマ	名詞	1200	511
還元	カンゲン	名詞サ変	1199	1470
庭園	テイエン	名詞	1198	1228
閣僚	カクリョウ	名詞	1198	16127
洪水	コウズイ	名詞	1198	2431
西部	セイブ	名詞	1198	5247
推薦	スイセン	名詞サ変	1198	11039
港湾	コウワン	名詞	1198	1541
書記	ショキ	名詞	1198	11092
突破	トッパ	名詞サ変	1198	8899
風味	フウミ	名詞	1197	956
防犯	ボウハン	名詞	1197	4290
厳密	ゲンミツ	形状詞	1196	615
肝臓	カンゾウ	名詞	1196	1782
上流	ジョウリュウ	名詞	1195	1074
加熱	カネツ	名詞サ変	1195	1196
算出	サンシュツ	名詞サ変	1193	1948
圧迫	アッパク	名詞サ変	1193	2502
親友	シンユウ	名詞	1193	1107
地名	チメイ	名詞	1192	1010
対決	タイケツ	名詞サ変	1191	8756

調味	チョウミ	名詞サ変	1191	879
質疑	シツギ	名詞サ変	1191	2538
心得	ココロエル	動詞	1190	675
清潔	セイケツ	名詞形状詞	1189	744
短縮	タンシュク	名詞サ変	1189	3412
新生	シンセイ	名詞	1189	2984
全力	ゼンリョク	名詞	1186	6116
惑星	ワクセイ	名詞	1185	2373
麻酔	マスイ	名詞サ変	1185	841
貸借	タイシャク	名詞サ変	1185	373
着用	チャクヨウ	名詞サ変	1184	2393
中核	チュウカク	名詞	1184	2830
刑法	ケイホウ	名詞	1183	1297
装着	ソウチャク	名詞サ変	1183	1141
厄介	ヤッカイ	名詞形状詞	1182	608
見物	ケンブツ	名詞サ変	1179	796
批評	ヒヒョウ	名詞サ変	1177	1510
採択	サイタク	名詞サ変	1175	8344
民事	ミンジ	名詞	1175	2772
見当	ケントウ	名詞	1174	307
修道	シュウドウ	名詞	1174	504
無数	ムスウ	形状詞	1173	981
建造	ケンゾウ	名詞サ変	1172	2933
周期	シュウキ	名詞	1172	1326
差異	サイ	名詞	1172	337
原価	ゲンカ	名詞	1171	649
修復	シュウフク	名詞サ変	1171	3607
鑑賞	カンショウ	名詞サ変	1170	2580
座敷	ザシキ	名詞	1169	426
損傷	ソンショウ	名詞サ変	1169	4016
採取	サイシュ	名詞サ変	1168	3190
液体	エキタイ	名詞	1167	1248
連帯	レンタイ	名詞サ変	1167	2302
抽出	チュウシュツ	名詞サ変	1167	2160
奇跡	キセキ	名詞	1166	2587
顧問	コモン	名詞	1165	8922
隣接	リンセツ	名詞サ変	1164	3516
繁栄	ハンエイ	名詞サ変	1164	1613
動揺	ドウヨウ	名詞サ変	1163	2057
初日	ショニチ	名詞副詞	1163	7296
食器	ショッキ	名詞	1163	1089
罰金	バッキン	名詞	1163	4496
結晶	ケッショウ	名詞サ変	1161	841
必着	ヒッチャク	名詞	1160	1423
対面	タイメン	名詞サ変	1160	2024
史料	シリョウ	名詞	1160	904
用心	ヨウジン	名詞サ変	1160	494
農産	ノウサン	名詞	1160	2299
樹木	ジュモク	名詞	1160	1146
性的	セイテキ	形状詞	1159	2535
五輪	ゴリン	名詞	1159	68991
訂正	テイセイ	名詞サ変	1157	4358
同行	ドウコウ	名詞	1157	399
嫉妬	シット	名詞サ変	1156	631
文芸	ブンゲイ	名詞	1156	4808
腫瘍	シュヨウ	名詞	1154	1925
農薬	ノウヤク	名詞	1154	2628
農協	ノウキョウ	名詞	1154	1240
周知	シュウチ	名詞サ変	1153	1754
相撲	スモウ	名詞	1153	21268
順序	ジュンジョ	名詞	1152	269
覚醒	カクセイ	名詞サ変	1150	4513
大国	タイコク	名詞	1150	4177
論争	ロンソウ	名詞サ変	1150	2628
検事	ケンジ	名詞	1150	9111
違和	イワ	名詞	1150	2886
取組	トリクミ	名詞	1147	1311
黒字	クロジ	名詞	1146	6339
細工	サイク	名詞サ変	1145	667
本店	ホンテン	名詞	1145	3880
一昨	イッサク	名詞	1144	3178
顔色	カオイロ	名詞	1144	462
拍手	ハクシュ	名詞サ変	1144	3973
信念	シンネン	名詞	1144	1913
名目	メイモク	名詞	1144	3938
旅客	リョカク	名詞	1144	2801
手足	テアシ	名詞	1144	1863
奉仕	ホウシ	名詞サ変	1144	857
同情	ドウジョウ	名詞サ変	1143	1204
部会	ブカイ	名詞	1142	5966
欠陥	ケッカン	名詞	1140	2474
実体	ジッタイ	名詞	1140	1292
居間	イマ	名詞	1138	1402
麻痺	マヒ	名詞サ変	1137	1855
飼育	シイク	名詞サ変	1137	3375
果物	クダモノ	名詞	1137	1733
養護	ヨウゴ	名詞サ変	1137	2514
染色	センショク	名詞サ変	1135	837

出口	デグチ	名詞	1135	2239
日頃	ヒゴロ	名詞副詞	1135	34
交際	コウサイ	名詞サ変	1135	3526
手首	テクビ	名詞	1134	1173
蜜柑	ミカン	名詞	1134	1154
院長	インチョウ	名詞	1134	4925
改定	カイテイ	名詞サ変	1134	5737
乳幼児	ニュウヨウジ	名詞	1133	1560
飲料	インリョウ	名詞	1131	3469
残高	ザンダカ	名詞	1131	3969
騎士	キシ	名詞	1130	347
好奇	コウキ	名詞	1130	1041
突入	トツニュウ	名詞サ変	1129	3051
色彩	シキサイ	名詞	1129	1526
特権	トッケン	名詞	1128	796
共感	キョウカン	名詞サ変	1128	3400
物資	ブッシ	名詞	1128	5605
近隣	キンリン	名詞	1126	2849
不利	フリ	名詞形状詞	1126	2085
均等	キントウ	名詞形状詞	1126	1049
贈与	ゾウヨ	名詞サ変	1125	638
幹事	カンジ	名詞	1125	27976
加算	カサン	名詞サ変	1125	2868
休館	キュウカン	名詞サ変	1125	1971
協調	キョウチョウ	名詞サ変	1124	4774
聴取	チョウシュ	名詞サ変	1124	8439
沙汰	サタ	名詞サ変	1124	1659
描写	ビョウシャ	名詞サ変	1124	1761
学術	ガクジュツ	名詞	1124	2293
照射	ショウシャ	名詞サ変	1123	590
昆布	コンブ	名詞	1122	873
強引	ゴウイン	形状詞	1122	1879
特異	トクイ	名詞形状詞	1121	902
演劇	エンゲキ	名詞	1121	4172
天候	テンコウ	名詞	1120	2624
妄想	モウソウ	名詞サ変	1119	697
強盗	ゴウトウ	名詞	1118	8230
教材	キョウザイ	名詞	1118	1812
部落	ブラク	名詞	1117	499
灰色	ハイイロ	名詞	1115	736
利息	リソク	名詞	1114	2059
団地	ダンチ	名詞	1113	2702
変身	ヘンシン	名詞サ変	1113	1414
都内	トナイ	名詞	1112	21863
提携	テイケイ	名詞サ変	1111	9664
承継	ショウケイ	名詞サ変	1111	247
感性	カンセイ	名詞	1111	1556
初代	ショダイ	名詞	1111	3341
復元	フクゲン	名詞サ変	1111	1885
師匠	シショウ	名詞	1111	3768
打撃	ダゲキ	名詞	1110	9148
果実	カジツ	名詞	1109	731
親指	オヤユビ	名詞	1109	673
施工	シコウ	名詞サ変	1108	1395
朝廷	チョウテイ	名詞	1106	169
発射	ハッシャ	名詞サ変	1106	7961
青春	セイシュン	名詞	1106	2651
名簿	メイボ	名詞	1106	4297
主演	シュエン	名詞サ変	1106	4439
斡旋	アッセン	名詞サ変	1105	2353
自我	ジガ	名詞	1105	193
通話	ツウワ	名詞サ変	1104	1850
整形	セイケイ	名詞サ変	1104	1076
坊主	ボウズ	名詞	1101	423
再編	サイヘン	名詞サ変	1100	10612
付与	フヨ	名詞サ変	1100	1327
在日	ザイニチ	名詞サ変	1100	7792
追放	ツイホウ	名詞サ変	1099	1725
認証	ニンショウ	名詞サ変	1099	1805
窒素	チッソ	名詞	1098	1377
正体	ショウタイ	名詞	1098	869
視界	シカイ	名詞	1098	1173
合戦	カッセン	名詞サ変	1096	2232
阻害	ソガイ	名詞サ変	1095	1070
不在	フザイ	名詞	1095	3864
衣服	イフク	名詞	1095	956
無償	ムショウ	名詞	1094	4965
公庫	コウコ	名詞	1092	1153
対外	タイガイ	名詞	1091	2232
撤退	テッタイ	名詞サ変	1091	10561
法制	ホウセイ	名詞	1091	2848
習得	シュウトク	名詞サ変	1091	1075
局面	キョクメン	名詞	1090	3493
半端	ハンパ	名詞形状詞	1090	1298
誠実	セイジツ	名詞形状詞	1089	1904
一括	イッカツ	名詞サ変	1089	2818
天国	テンゴク	名詞	1087	1782
百姓	ヒャクショウ	名詞	1087	160

自律	ジリツ	名詞サ変	1087	822
停滞	テイタイ	名詞サ変	1087	2887
元素	ゲンソ	名詞	1086	479
境内	ケイダイ	名詞	1085	1224
指輪	ユビワ	名詞	1084	738
天文	テンモン	名詞	1084	2034
守備	シュビ	名詞サ変	1084	9087
犯行	ハンコウ	名詞	1084	5708
不倫	フリン	名詞サ変	1083	686
応答	オウトウ	名詞サ変	1083	934
培養	バイヨウ	名詞サ変	1082	835
年数	ネンスウ	名詞	1082	1250
後日	ゴジツ	名詞副詞	1082	1979
擁護	ヨウゴ	名詞サ変	1081	2358
担任	タンニン	名詞サ変	1081	2485
阻止	ソシ	名詞サ変	1080	4064
受話	ジュワ	名詞	1080	252
創業	ソウギョウ	名詞サ変	1080	4829
解剖	カイボウ	名詞サ変	1079	3022
忠実	チュウジツ	形状詞	1079	961
乗客	ジョウキャク	名詞	1079	8432
塗装	トソウ	名詞サ変	1078	921
解答	カイトウ	名詞サ変	1078	881
発現	ハツゲン	名詞サ変	1078	104
返信	ヘンシン	名詞サ変	1078	880
辞書	ジショ	名詞	1077	1216
転職	テンショク	名詞サ変	1077	1130
入国	ニュウコク	名詞サ変	1077	3505
頂点	チョウテン	名詞	1077	3605
子孫	シソン	名詞	1076	1038
本音	ホンネ	名詞	1075	3226
痴呆	チホウ	名詞	1075	179
退屈	タイクツ	名詞サ変	1072	479
残業	ザンギョウ	名詞サ変	1071	2926
悲惨	ヒサン	名詞形状詞	1070	2019
全額	ゼンガク	名詞	1069	5142
反面	ハンメン	名詞副詞	1069	156
低迷	テイメイ	名詞サ変	1069	8395
成年	セイネン	名詞	1069	3197
立体	リッタイ	名詞	1068	1912
乱暴	ランボウ	名詞サ変	1067	807
放題	ホウダイ	名詞	1067	869
不能	フノウ	名詞形状詞	1066	1692
発注	ハッチュウ	名詞サ変	1066	7224
露出	ロシュツ	名詞サ変	1064	1131
流出	リュウシュツ	名詞サ変	1063	9040
飛躍	ヒヤク	名詞サ変	1063	2941
是正	ゼセイ	名詞サ変	1063	5390
戦国	センゴク	名詞	1061	929
分別	ブンベツ	名詞サ変	1061	763
承諾	ショウダク	名詞サ変	1058	1275
昆虫	コンチュウ	名詞	1058	1174
干渉	カンショウ	名詞サ変	1058	1159
郷土	キョウド	名詞	1058	1361
仮面	カメン	名詞	1057	741
月額	ゲツガク	名詞	1056	3469
究極	キュウキョク	名詞	1056	1128
事由	ジユウ	名詞	1055	182
連鎖	レンサ	名詞サ変	1055	1962
貧困	ヒンコン	名詞形状詞	1055	5945
一員	イチイン	名詞	1054	1921
養育	ヨウイク	名詞サ変	1054	906
新築	シンチク	名詞サ変	1054	1813
好調	コウチョウ	名詞形状詞	1053	8754
素朴	ソボク	名詞形状詞	1053	1015
類型	ルイケイ	名詞サ変	1052	333
拍子	ヒョウシ	名詞	1052	823
計測	ケイソク	名詞サ変	1052	1597
用事	ヨウジ	名詞	1051	260
皇后	コウゴウ	名詞	1051	3016
高値	タカネ	名詞	1051	4279
委任	イニン	名詞サ変	1050	951
工芸	コウゲイ	名詞	1050	2055
上空	ジョウクウ	名詞	1050	2985
学力	ガクリョク	名詞	1050	4669
銀河	ギンガ	名詞	1050	1220
多発	タハツ	名詞サ変	1049	5042
英雄	エイユウ	名詞	1049	1865
足音	アシオト	名詞	1048	323
運賃	ウンチン	名詞	1048	2174
平面	ヘイメン	名詞	1048	371
抜群	バツグン	形状詞	1047	2142
年上	トシウエ	名詞	1047	751
会費	カイヒ	名詞	1047	1474
定番	テイバン	名詞	1047	1182
鬱病	ウツビョウ	名詞	1047	1613
付則	フソク	名詞	1047	475
償還	ショウカン	名詞サ変	1046	1102

到来	トウライ	名詞サ変	1046	998
主力	シュリョク	名詞	1046	6376
宝石	ホウセキ	名詞	1046	1057
翌朝	ヨクアサ	名詞副詞	1046	1010
換算	カンサン	名詞サ変	1043	2543
平行	ヘイコウ	名詞サ変	1043	1722
家電	カデン	名詞	1043	5428
土木	ドボク	名詞	1043	2336
受注	ジュチュウ	名詞サ変	1043	6728
発作	ホッサ	名詞	1042	1032
一帯	イッタイ	名詞	1041	1496
道場	ドウジョウ	名詞	1041	1912
法廷	ホウテイ	名詞	1041	8073
指令	シレイ	名詞サ変	1038	1308
内臓	ナイゾウ	名詞	1037	1002
下車	ゲシャ	名詞サ変	1037	833
除外	ジョガイ	名詞サ変	1037	2478
名刺	メイシ	名詞	1037	930
地中	チチュウ	名詞	1036	1809
衝動	ショウドウ	名詞サ変	1035	572
機動	キドウ	名詞	1035	2487
受容	ジュヨウ	名詞サ変	1034	544
何者	ナニモノ	名詞	1033	1199
都心	トシン	名詞	1033	3378
若年	ジャクネン	名詞	1032	1563
一段	イチダン	名詞副詞	1032	3082
文法	ブンポウ	名詞	1031	290
必須	ヒッス	名詞形状詞	1030	1088
作物	サクモツ	名詞	1030	1207
同級	ドウキュウ	名詞	1030	6700
上映	ジョウエイ	名詞サ変	1029	4973
治安	チアン	名詞	1029	10827
特急	トッキュウ	名詞	1029	2396
餓鬼	ガキ	名詞	1029	451
県民	ケンミン	名詞	1029	3790
時価	ジカ	名詞	1029	1600
内面	ナイメン	名詞	1027	1084
拒絶	キョゼツ	名詞サ変	1027	1146
実在	ジツザイ	名詞サ変	1027	895
生育	セイイク	名詞サ変	1027	486
地主	ジヌシ	名詞	1026	444
長寿	チョウジュ	名詞形状詞	1024	1579
所見	ショケン	名詞	1024	409
難民	ナンミン	名詞	1024	6085
老齢	ロウレイ	名詞	1024	467
役場	ヤクバ	名詞	1024	2239
拳銃	ケンジュウ	名詞	1024	2620
次官	ジカン	名詞	1023	13779
関税	カンゼイ	名詞	1023	3811
解雇	カイコ	名詞サ変	1022	5461
入会	ニュウカイ	名詞サ変	1022	1621
摩擦	マサツ	名詞サ変	1021	1783
四方	シホウ	名詞	1021	1390
塩分	エンブン	名詞	1021	778
渋滞	ジュウタイ	名詞サ変	1021	2411
態勢	タイセイ	名詞	1020	6925
精度	セイド	名詞	1020	2133
清算	セイサン	名詞サ変	1020	1189
奨励	ショウレイ	名詞サ変	1020	3529
就学	シュウガク	名詞サ変	1020	1265
傾斜	ケイシャ	名詞サ変	1019	1053
水槽	スイソウ	名詞	1019	618
諸島	ショトウ	名詞	1019	7217
中断	チュウダン	名詞サ変	1018	5267
茶碗	チャワン	名詞	1017	810
急性	キュウセイ	名詞	1017	2189
東部	トウブ	名詞	1017	4660
捜索	ソウサク	名詞サ変	1016	11482
減額	ゲンガク	名詞サ変	1016	3793
出世	シュッセ	名詞サ変	1015	1091
接着	セッチャク	名詞サ変	1015	522
予言	ヨゲン	名詞サ変	1015	617
山頂	サンチョウ	名詞	1015	1163
年収	ネンシュウ	名詞	1014	3147
納豆	ナットウ	名詞	1014	994
水中	スイチュウ	名詞	1014	944
猶予	ユウヨ	名詞サ変	1014	6016
供与	キョウヨ	名詞サ変	1011	2271
切断	セツダン	名詞サ変	1011	2634
連休	レンキュウ	名詞	1011	2455
紅茶	コウチャ	名詞	1011	595
乳房	チブサ	名詞	1010	157
路上	ロジョウ	名詞	1009	6570
外相	ガイショウ	名詞	1009	21881
地味	ジミ	形状詞	1008	1140
与党	ヨトウ	名詞	1007	28230
切手	キッテ	名詞	1007	1271
高温	コウオン	名詞形状詞	1006	1234

転送	テンソウ	名詞サ変	1005	697
伝承	デンショウ	名詞サ変	1004	919
防火	ボウカ	名詞	1004	761
電圧	デンアツ	名詞	1002	272
営利	エイリ	名詞	1001	2061
操縦	ソウジュウ	名詞サ変	1001	2332
鉄砲	テッポウ	名詞	1000	488
鉛筆	エンピツ	名詞	1000	1055
不審	フシン	名詞形状詞	1000	4462
質量	シツリョウ	名詞	1000	599
信者	シンジャ	名詞	1000	1831
臓器	ゾウキ	名詞	1000	6811
狩猟	シュリョウ	名詞サ変	999	426
紀元	キゲン	名詞	999	635
併用	ヘイヨウ	名詞サ変	999	1047
暗殺	アンサツ	名詞サ変	998	2360
終戦	シュウセン	名詞	998	3789
維新	イシン	名詞	997	10062
気力	キリョク	名詞	997	1221
初頭	ショトウ	名詞副詞	996	886
案外	アンガイ	副詞	996	428
合図	アイズ	名詞サ変	996	481
都度	ツド	名詞副詞	996	608
分化	ブンカ	名詞サ変	995	877
所定	ショテイ	名詞	995	595
利点	リテン	名詞	995	1368
願望	ガンボウ	名詞サ変	994	691
疾病	シッペイ	名詞	994	940
同等	ドウトウ	形状詞	993	871
知覚	チカク	名詞サ変	992	117
排気	ハイキ	名詞サ変	992	1134
列島	レットウ	名詞	991	2430
不便	フベン	名詞形状詞	991	982
墓地	ボチ	名詞	990	1096
王朝	オウチョウ	名詞	990	851
婚姻	コンイン	名詞サ変	989	855
国税	コクゼイ	名詞	989	4504
食卓	ショクタク	名詞	989	4471
友好	ユウコウ	名詞	989	3943
標識	ヒョウシキ	名詞	986	771
同志	ドウシ	名詞	986	2337
集約	シュウヤク	名詞サ変	985	3082
新型	シンガタ	名詞	985	10482
起訴	キソ	名詞サ変	984	29020

孤立	コリツ	名詞サ変	984	3960
内心	ナイシン	名詞副詞	983	489
将校	ショウコウ	名詞	983	671
大佐	タイサ	名詞	982	1804
主観	シュカン	名詞	982	277
不信	フシン	名詞	982	6211
自発	ジハツ	名詞	982	1131
導体	ドウタイ	名詞	980	2606
乗用	ジョウヨウ	名詞	980	8395
球団	キュウダン	名詞	980	15390
感激	カンゲキ	名詞サ変	980	1581
下部	カブ	名詞	979	1311
宮殿	キュウデン	名詞	979	1325
告知	コクチ	名詞サ変	979	1565
傷害	ショウガイ	名詞サ変	979	7543
対戦	タイセン	名詞サ変	978	14665
両面	リョウメン	名詞	977	1584
脚本	キャクホン	名詞	977	4470
常時	ジョウジ	名詞副詞	977	950
添加	テンカ	名詞サ変	977	750
上品	ジョウヒン	形状詞	976	451
外見	ガイケン	名詞	976	700
戦時	センジ	名詞	974	2142
遭遇	ソウグウ	名詞サ変	972	1040
待機	タイキ	名詞サ変	972	2737
資質	シシツ	名詞	972	1356
尋問	ジンモン	名詞サ変	971	1819
警報	ケイホウ	名詞	971	3268
主権	シュケン	名詞	971	3045
電磁	デンジ	名詞	971	801
通学	ツウガク	名詞サ変	969	2856
所持	ショジ	名詞サ変	969	5037
提唱	テイショウ	名詞サ変	968	3800
学歴	ガクレキ	名詞	968	806
小物	コモノ	名詞	966	555
紳士	シンシ	名詞	966	996
丈夫	マスラオ	名詞	965	1
再発	サイハツ	名詞サ変	965	7685
中立	チュウリツ	名詞	965	1781
注入	チュウニュウ	名詞サ変	964	2753
任期	ニンキ	名詞	963	7929
煉瓦	レンガ	名詞	962	1075
火事	カジ	名詞	962	1657
礼拝	レイハイ	名詞サ変	962	1285

頂上	チョウジョウ	名詞	961	772
異様	イヨウ	形状詞	959	752
討論	トウロン	名詞サ変	958	6005
連想	レンソウ	名詞サ変	958	1005
路地	ロジ	名詞	957	1035
経理	ケイリ	名詞サ変	957	2624
生息	セイソク	名詞サ変	957	2564
点数	テンスウ	名詞	957	1516
肥満	ヒマン	名詞サ変	956	1397
混雑	コンザツ	名詞サ変	956	1361
迫力	ハクリョク	名詞	955	1941
友情	ユウジョウ	名詞	955	1455
液晶	エキショウ	名詞	953	3281
中略	チュウリャク	名詞サ変	953	619
繁殖	ハンショク	名詞サ変	952	1839
潜水	センスイ	名詞サ変	951	1603
後輩	コウハイ	名詞	950	3131
職種	ショクシュ	名詞	950	848
汽車	キシャ	名詞	949	560
手軽	テガル	形状詞	949	1509
合唱	ガッショウ	名詞サ変	947	2160
鉄鋼	テッコウ	名詞	946	2606
落下	ラッカ	名詞サ変	945	3387
弾力	ダンリョク	名詞	945	875
参謀	サンボウ	名詞	944	1535
流域	リュウイキ	名詞	943	1116
再会	サイカイ	名詞サ変	943	2630
明示	メイジ	名詞サ変	942	2400
静脈	ジョウミャク	名詞	942	542
労務	ロウム	名詞	941	821
早急	サッキュウ	形状詞	940	3711
方言	ホウゲン	名詞	939	724
減税	ゲンゼイ	名詞サ変	938	5561
了承	リョウショウ	名詞サ変	938	5398
士官	シカン	名詞	938	491
矯正	キョウセイ	名詞サ変	936	1104
補強	ホキョウ	名詞サ変	935	3753
対比	タイヒ	名詞サ変	935	673
超過	チョウカ	名詞サ変	935	2464
未知	ミチ	名詞形状詞	934	2119
教訓	キョウクン	名詞サ変	933	4571
探検	タンケン	名詞サ変	933	608
租税	ソゼイ	名詞	932	832
不全	フゼン	名詞	932	3922
入門	ニュウモン	名詞サ変	932	2353
妨害	ボウガイ	名詞サ変	931	6132
地盤	ジバン	名詞	931	2738
印鑑	インカン	名詞	931	588
念仏	ネンブツ	名詞サ変	931	913
爆撃	バクゲキ	名詞サ変	931	1441
前記	ゼンキ	名詞サ変	931	136
停車	テイシャ	名詞サ変	931	2552
合流	ゴウリュウ	名詞サ変	930	3038
閣議	カクギ	名詞	930	11609
上限	ジョウゲン	名詞	930	6400
収縮	シュウシュク	名詞サ変	929	547
識別	シキベツ	名詞サ変	929	1078
拡散	カクサン	名詞サ変	929	4961
局長	キョクチョウ	名詞	929	2289
硬化	コウカ	名詞サ変	929	1198
在学	ザイガク	名詞サ変	928	1559
真相	シンソウ	名詞	928	3076
選出	センシュツ	名詞サ変	928	7533
主務	シュム	名詞	927	58
名人	メイジン	名詞	927	14450
宮廷	キュウテイ	名詞	927	347
礼儀	レイギ	名詞	927	654
抵当	テイトウ	名詞	926	352
創出	ソウシュツ	名詞サ変	926	1904
洗剤	センザイ	名詞	926	798
歌舞伎	カブキ	名詞	926	4909
空襲	クウシュウ	名詞サ変	925	2844
書籍	ショセキ	名詞	925	3771
魔女	マジョ	名詞	924	555
異性	イセイ	名詞	924	377
書房	ショボウ	名詞	924	2942
解約	カイヤク	名詞サ変	923	2034
稼働	カドウ	名詞サ変	923	13596
陽気	ヨウキ	名詞	923	702
婚約	コンヤク	名詞サ変	922	797
基調	キチョウ	名詞	922	3692
開花	カイカ	名詞サ変	922	1837
格子	コウシ	名詞	922	511
生後	セイゴ	名詞	922	2351
骨折	コッセツ	名詞サ変	921	4408
先発	センパツ	名詞サ変	921	21028
馬車	バシャ	名詞	921	315
開幕	カイマク	名詞サ変	921	25956

即座	ソクザ	名詞	920	833
明白	メイハク	形状詞	919	1091
下痢	ゲリ	名詞サ変	919	1036
流入	リュウニュウ	名詞サ変	919	2227
騒動	ソウドウ	名詞サ変	919	3017
相関	ソウカン	名詞サ変	919	312
国庫	コッコ	名詞	919	2433
説教	セッキョウ	名詞サ変	919	539
指紋	シモン	名詞	918	1316
地価	チカ	名詞	918	1610
水域	スイイキ	名詞	918	1323
役務	エキム	名詞	918	78
服用	フクヨウ	名詞サ変	917	1811
症例	ショウレイ	名詞	917	621
住人	ジュウニン	名詞	917	1742
家畜	カチク	名詞	916	1769
幽霊	ユウレイ	名詞	915	528
皇太子	コウタイシ	名詞	915	4042
原爆	ゲンバク	名詞	914	11763
規約	キヤク	名詞	914	890
穀物	コクモツ	名詞	912	1394
快感	カイカン	名詞	912	336
増減	ゾウゲン	名詞サ変	912	950
他社	タシャ	名詞	912	2364
密着	ミッチャク	名詞サ変	910	1618
大腸	ダイチョウ	名詞	909	1457
配列	ハイレツ	名詞サ変	909	405
充電	ジュウデン	名詞サ変	908	1860
野党	ヤトウ	名詞	908	21704
起因	キイン	名詞サ変	908	714
推理	スイリ	名詞サ変	908	831
就労	シュウロウ	名詞サ変	908	2186
帳簿	チョウボ	名詞	907	682
物品	ブッピン	名詞	907	1019
商事	ショウジ	名詞	906	3099
有価	ユウカ	名詞	906	1727
林野	リンヤ	名詞	906	718
格闘	カクトウ	名詞サ変	906	1445
暗闇	クラヤミ	名詞	905	706
年次	ネンジ	名詞助数詞	905	1537
通称	ツウショウ	名詞	904	1466
順次	ジュンジ	副詞	903	2964
応急	オウキュウ	名詞	903	977
油断	ユダン	名詞サ変	902	808
気管	キカン	名詞	902	654
技法	ギホウ	名詞	902	923
念頭	ネントウ	名詞	901	3546
店頭	テントウ	名詞	901	2720
名物	メイブツ	名詞	901	1363
民俗	ミンゾク	名詞	901	1125
機体	キタイ	名詞	901	2156
浄土	ジョウド	名詞	900	810
繊細	センサイ	名詞形状詞	900	1524
隊長	タイチョウ	名詞	898	605
言動	ゲンドウ	名詞	898	2278
手配	テハイ	名詞サ変	898	2704
平凡	ヘイボン	名詞形状詞	897	1237
勧誘	カンユウ	名詞サ変	897	2476
発動	ハツドウ	名詞サ変	897	3483
人体	ジンタイ	名詞	897	1251
県立	ケンリツ	名詞	897	11208
大小	ダイショウ	名詞	896	734
楽天	ラクテン	名詞	896	15709
四季	シキ	名詞	895	1922
一角	イッカク	名詞	894	2824
書簡	ショカン	名詞	894	1851
身内	ミウチ	名詞	893	1304
拉致	ラチ	名詞サ変	893	14006
金庫	キンコ	名詞	893	2258
資材	シザイ	名詞	892	1639
書式	ショシキ	名詞	892	112
人的	ジンテキ	形状詞	892	1428
余分	ヨブン	名詞形状詞	891	540
年賀	ネンガ	名詞	891	1876
疑惑	ギワク	名詞	891	8746
運搬	ウンパン	名詞サ変	890	1536
司会	シカイ	名詞サ変	890	2481
家内	カナイ	名詞	890	372
重力	ジュウリョク	名詞	889	770
原点	ゲンテン	名詞	889	4659
消火	ショウカ	名詞サ変	888	1889
茶色	チャイロ	名詞	888	594
予告	ヨコク	名詞サ変	888	2784
官房	カンボウ	名詞	887	22258
公営	コウエイ	名詞	887	1840
出動	シュツドウ	名詞サ変	887	2486
近世	キンセイ	名詞	886	518
民生	ミンセイ	名詞	886	1341

東方	トウホウ	名詞	885	839
電灯	デントウ	名詞	885	583
本土	ホンド	名詞	885	2519
老後	ロウゴ	名詞	885	1585
海域	カイイキ	名詞	884	2548
傑作	ケッサク	名詞	884	1075
暴走	ボウソウ	名詞サ変	884	2143
所長	ショチョウ	名詞	883	5173
裏側	ウラガワ	名詞	882	1081
暗号	アンゴウ	名詞	882	590
明瞭	メイリョウ	形状詞	881	446
妥協	ダキョウ	名詞サ変	881	3092
増強	ゾウキョウ	名詞サ変	881	3004
証書	ショウショ	名詞	880	1208
泥棒	ドロボウ	名詞	880	560
兵隊	ヘイタイ	名詞	879	431
外観	ガイカン	名詞	879	1006
君主	クンシュ	名詞	879	328
精密	セイミツ	名詞形状詞	879	1821
好評	コウヒョウ	名詞形状詞	878	2234
参戦	サンセン	名詞サ変	878	2363
洗面	センメン	名詞サ変	878	573
参議	サンギ	名詞	878	728
係数	ケイスウ	名詞	877	268
求人	キュウジン	名詞サ変	876	2338
宿題	シュクダイ	名詞	875	1110
反抗	ハンコウ	名詞サ変	875	558
一夜	イチヤ	名詞副詞	875	2109
戦力	センリョク	名詞	875	3897
抑圧	ヨクアツ	名詞サ変	875	929
諸君	ショクン	名詞	875	303
蝋燭	ロウソク	名詞	874	967
外資	ガイシ	名詞	874	2565
線路	センロ	名詞	874	3374
有用	ユウヨウ	名詞形状詞	874	521
山岳	サンガク	名詞	874	1666
牧場	ボクジョウ	名詞	874	1296
歳入	サイニュウ	名詞	873	1716
処罰	ショバツ	名詞サ変	873	2566
公明	コウメイ	名詞形状詞	872	20516
少子	ショウシ	名詞	872	5687
新品	シンピン	名詞	872	529
優良	ユウリョウ	形状詞	871	1135
定款	テイカン	名詞	871	329
菩薩	ボサツ	名詞	870	354
無用	ムヨウ	名詞形状詞	870	739
禁煙	キンエン	名詞サ変	870	2444
前線	ゼンセン	名詞	870	3763
有限	ユウゲン	名詞形状詞	870	670
母乳	ボニュウ	名詞	870	522
便秘	ベンピ	名詞サ変	867	258
百貨	ヒャッカ	名詞	867	5816
転倒	テントウ	名詞サ変	867	3477
妊婦	ニンプ	名詞	866	2169
生体	セイタイ	名詞	866	1270
付着	フチャク	名詞サ変	866	1705
獅子	シシ	名詞	865	1708
女神	メガミ	名詞	865	680
暫定	ザンテイ	名詞	865	9514
平方	ヘイホウ	名詞サ変	864	10499
視察	シサツ	名詞サ変	864	6952
方形	ホウケイ	名詞	863	315
排泄	ハイセツ	名詞サ変	863	618
返答	ヘントウ	名詞サ変	862	717
亭主	テイシュ	名詞	860	308
告発	コクハツ	名詞サ変	860	5957
換気	カンキ	名詞サ変	859	1059
消毒	ショウドク	名詞サ変	858	934
俳句	ハイク	名詞	858	4932
債券	サイケン	名詞	858	2265
儀礼	ギレイ	名詞	858	441
試算	シサン	名詞サ変	858	5780
粘土	ネンド	名詞	857	532
上旬	ジョウジュン	名詞副詞	856	6500
日系	ニッケイ	名詞	856	3401
排卵	ハイラン	名詞サ変	856	116
戦術	センジュツ	名詞	856	3334
嫌悪	ケンオ	名詞サ変	855	556
錯覚	サッカク	名詞サ変	854	487
演習	エンシュウ	名詞サ変	851	2325
並行	ヘイコウ	名詞サ変	850	1843
航路	コウロ	名詞	850	666
大工	ダイク	名詞	849	1260
商社	ショウシャ	名詞	849	2451
謝罪	シャザイ	名詞サ変	848	11214
日光	ニッコウ	名詞	845	483
多額	タガク	名詞	844	3457
散策	サンサク	名詞サ変	844	702

前面	ゼンメン	名詞	844	2415
断層	ダンソウ	名詞	844	5071
頭上	ズジョウ	名詞	844	619
包装	ホウソウ	名詞サ変	843	1213
今季	コンキ	名詞副詞	843	28942
器用	キヨウ	形状詞	843	1035
懇談	コンダン	名詞サ変	842	5159
悪口	ワルクチ	名詞	842	552
一挙	イッキョ	名詞	841	1285
鮮明	センメイ	形状詞	841	4755
愛人	アイジン	名詞	841	519
飼料	シリョウ	名詞	840	1226
船員	センイン	名詞	840	811
安打	アンダ	名詞サ変	839	30093
海底	カイテイ	名詞	839	2264
貯蔵	チョゾウ	名詞サ変	839	1640
本線	ホンセン	名詞	839	502
車体	シャタイ	名詞	838	1895
知能	チノウ	名詞	838	411
協働	キョウドウ	名詞	838	308
衣類	イルイ	名詞	838	1235
物流	ブツリュウ	名詞	837	1566
安易	アンイ	形状詞	835	2023
仲介	チュウカイ	名詞サ変	834	4461
懲役	チョウエキ	名詞	834	14218
諮問	シモン	名詞サ変	833	5561
戦線	センセン	名詞	833	1889
部署	ブショ	名詞	833	1778
家臣	カシン	名詞	833	172
帰属	キゾク	名詞サ変	833	820
本番	ホンバン	名詞	832	3079
無縁	ムエン	形状詞	832	1495
心情	シンジョウ	名詞	831	1921
病室	ビョウシツ	名詞	831	1054
個室	コシツ	名詞	830	1519
案件	アンケン	名詞	830	1806
師団	シダン	名詞	830	463
規律	キリツ	名詞サ変	830	1876
手袋	テブクロ	名詞	828	876
他国	タコク	名詞	828	2718
根底	コンテイ	名詞	826	1125
僧侶	ソウリョ	名詞	826	1806
御所	ゴショ	名詞	826	1518
和解	ワカイ	名詞サ変	825	8803
土砂	ドシャ	名詞	825	3801
受刑	ジュケイ	名詞サ変	824	3103
校舎	コウシャ	名詞	823	3162
経歴	ケイレキ	名詞	823	1581
脅迫	キョウハク	名詞サ変	822	2567
汚濁	オダク	名詞サ変	822	120
海面	カイメン	名詞	821	1053
優遇	ユウグウ	名詞サ変	821	3011
自作	ジサク	名詞サ変	821	1327
誘拐	ユウカイ	名詞サ変	820	3134
捕虜	ホリョ	名詞	820	1341
咄嗟	トッサ	名詞	820	546
知性	チセイ	名詞	819	395
動力	ドウリョク	名詞	819	417
情緒	ジョウチョ	名詞	819	778
粘膜	ネンマク	名詞	818	466
娯楽	ゴラク	名詞	818	1793
優雅	ユウガ	名詞形状詞	818	614
異動	イドウ	名詞	818	1723
青空	アオゾラ	名詞	818	1065
本願	ホンガン	名詞	818	869
交響	コウキョウ	名詞	818	1831
偏見	ヘンケン	名詞	818	1521
義理	ギリ	名詞	818	652
間近	マヂカ	形状詞	817	1514
本名	ホンミョウ	名詞	817	4162
天狗	テング	名詞	816	443
頭部	トウブ	名詞	816	2019
化合	カゴウ	名詞サ変	816	727
後部	コウブ	名詞	816	1456
愚痴	グチ	名詞	816	1246
造成	ゾウセイ	名詞サ変	815	887
厳格	ゲンカク	形状詞	815	2890
燃焼	ネンショウ	名詞サ変	815	1195
供養	クヨウ	名詞サ変	815	898
噴火	フンカ	名詞サ変	815	2016
無難	ブナン	形状詞	813	673
安堵	アンド	名詞サ変	813	1700
敗北	ハイボク	名詞サ変	813	2635
赴任	フニン	名詞サ変	813	1729
勘案	カンアン	名詞サ変	812	647
後述	コウジュツ	名詞サ変	812	13
独裁	ドクサイ	名詞サ変	812	3221
新作	シンサク	名詞サ変	812	4104

図形	ズケイ	名詞	811	175
所詮	ショセン	副詞	811	238
来月	ライゲツ	名詞副詞	811	10384
気圧	キアツ	名詞	810	2982
扶助	フジョ	名詞サ変	810	670
重複	チョウフク	名詞サ変	809	2384
切符	キップ	名詞	809	2392
屋外	オクガイ	名詞	809	2102
化石	カセキ	名詞サ変	809	1816
考古	コウコ	名詞	809	2030
学院	ガクイン	名詞	808	15419
冷戦	レイセン	名詞	805	2647
議事	ギジ	名詞	805	2457
無知	ムチ	名詞形状詞	805	397
受理	ジュリ	名詞サ変	805	2100
誘惑	ユウワク	名詞サ変	804	438
濃厚	ノウコウ	形状詞	804	1925
模型	モケイ	名詞	804	1200
甲斐	カイ	名詞	803	333
船長	センチョウ	名詞	802	2847
要員	ヨウイン	名詞	802	1749
暗示	アンジ	名詞サ変	802	354
裁量	サイリョウ	名詞サ変	802	1561
山地	サンチ	名詞	802	825
背筋	セスジ	名詞	802	705
新株	シンカブ	名詞	802	1256
最強	サイキョウ	名詞	801	1591
神宮	ジングウ	名詞	801	4779
根元	ネモト	名詞	801	685
気楽	キラク	形状詞	801	609
専業	センギョウ	名詞	801	1558
神殿	シンデン	名詞	800	280
領主	リョウシュ	名詞	800	79
要約	ヨウヤク	名詞サ変	800	470
兵力	ヘイリョク	名詞	800	611
裁定	サイテイ	名詞サ変	800	797
寸前	スンゼン	名詞	800	1296
筆記	ヒッキ	名詞サ変	799	668
頭脳	ズノウ	名詞	799	618
静止	セイシ	名詞サ変	798	315
下位	カイ	名詞	798	3943
年始	ネンシ	名詞	798	1538
借地	シャクチ	名詞	798	261
共存	キョウゾン	名詞サ変	798	1786
駆使	クシ	名詞サ変	796	1985
追跡	ツイセキ	名詞サ変	795	2711
四半	シハン	名詞	795	2482
城下	ジョウカ	名詞	795	322
沸騰	フットウ	名詞サ変	795	951
炎症	エンショウ	名詞	794	889
悪質	アクシツ	形状詞	793	4286
葛藤	カットウ	名詞サ変	793	1765
園芸	エンゲイ	名詞	793	851
巡回	ジュンカイ	名詞サ変	793	2212
終始	シュウシ	副詞	793	2494
虚偽	キョギ	名詞	792	8137
交互	コウゴ	名詞	792	730
焼酎	ショウチュウ	名詞	792	1232
中性	チュウセイ	名詞形状詞	791	758
残酷	ザンコク	名詞形状詞	791	770
使者	シシャ	名詞	790	288
許容	キョヨウ	名詞サ変	790	1113
海賊	カイゾク	名詞	790	2744
小柄	コガラ	名詞形状詞	790	933
戦死	センシ	名詞サ変	790	1333
先物	サキモノ	名詞	789	3007
征服	セイフク	名詞サ変	789	214
絶滅	ゼツメツ	名詞サ変	789	2301
本庁	ホンチョウ	名詞	789	617
創立	ソウリツ	名詞サ変	789	2596
規程	キテイ	名詞	789	374
胎児	タイジ	名詞	788	1137
良心	リョウシン	名詞	788	807
望遠	ボウエン	名詞	788	923
着目	チャクモク	名詞サ変	786	1582
放映	ホウエイ	名詞サ変	786	2437
新年	シンネン	名詞副詞	786	1689
屋上	オクジョウ	名詞	785	1741
快楽	カイラク	名詞	785	241
冷却	レイキャク	名詞サ変	784	3062
原型	ゲンケイ	名詞	784	609
晩年	バンネン	名詞副詞	784	1461
高層	コウソウ	名詞	783	2047
断言	ダンゲン	名詞サ変	783	1225
先月	センゲツ	名詞副詞	781	15523
両立	リョウリツ	名詞サ変	781	2844
現物	ゲンブツ	名詞	781	620
声明	セイメイ	名詞サ変	781	13713

握手	アクシュ	名詞サ変	780	2079
媒体	バイタイ	名詞	780	909
高揚	コウヨウ	名詞サ変	780	968
参拝	サンパイ	名詞サ変	779	8790
兄貴	アニキ	名詞	778	309
幼虫	ヨウチュウ	名詞	778	304
専念	センネン	名詞サ変	777	2091
構図	コウズ	名詞	777	4457
痙攣	ケイレン	名詞サ変	777	502
鉱山	コウザン	名詞	776	1487
上演	ジョウエン	名詞サ変	774	4656
減量	ゲンリョウ	名詞サ変	774	1048
自給	ジキュウ	名詞サ変	774	1789
土台	ドダイ	名詞	774	1634
産物	サンブツ	名詞	774	608
因果	インガ	名詞形状詞	774	2261
商標	ショウヒョウ	名詞	773	1279
山脈	サンミャク	名詞	773	525
万一	マンイチ	名詞副詞	772	539
抗体	コウタイ	名詞	772	738
武家	ブケ	名詞	772	270
芸人	ゲイニン	名詞	770	1587
宴会	エンカイ	名詞	770	999
漠然	バクゼン	形状詞	770	495
株券	カブケン	名詞	770	839
公認	コウニン	名詞サ変	769	8143
凍結	トウケツ	名詞サ変	769	6737
占有	センユウ	名詞サ変	769	381
内海	ナイカイ	名詞	769	1919
段落	ダンラク	名詞	769	680
決着	ケッチャク	名詞サ変	769	6916
雑貨	ザッカ	名詞	769	1263
別途	ベット	名詞副詞	768	624
公安	コウアン	名詞	768	3881
病棟	ビョウトウ	名詞	768	971
多彩	タサイ	形状詞	767	3590
鸚鵡	オウム	名詞	767	2079
年下	トシシタ	名詞	767	756
一刻	イッコク	名詞副詞	767	1368
原産	ゲンサン	名詞	767	893
攻略	コウリャク	名詞サ変	767	1339
補完	ホカン	名詞サ変	766	865
図面	ズメン	名詞	766	541
無休	ムキュウ	名詞	766	565
購買	コウバイ	名詞サ変	765	570
適度	テキド	形状詞	765	591
自在	ジザイ	形状詞	765	1665
重症	ジュウショウ	名詞	764	1954
神道	シントウ	名詞	764	343
美女	ビジョ	名詞	764	683
葬式	ソウシキ	名詞	764	547
単価	タンカ	名詞	764	1036
人影	ヒトカゲ	名詞	764	334
猛烈	モウレツ	形状詞	762	759
遠征	エンセイ	名詞サ変	762	2644
水泳	スイエイ	名詞サ変	761	3031
茶屋	チャヤ	名詞	761	841
浮上	フジョウ	名詞サ変	760	10043
心境	シンキョウ	名詞	760	2163
球場	キュウジョウ	名詞	759	7785
如来	ニョライ	名詞	759	316
開館	カイカン	名詞サ変	759	1894
血糖	ケットウ	名詞	759	1462
容赦	ヨウシャ	名詞サ変	759	591
幕末	バクマツ	名詞	758	1120
事犯	ジハン	名詞	758	95
珊瑚	サンゴ	名詞	758	1079
居酒屋	イザカヤ	名詞	758	2310
不振	フシン	名詞形状詞	757	5816
後世	コウセイ	名詞	757	1133
薬局	ヤッキョク	名詞	757	1072
衰退	スイタイ	名詞サ変	757	1217
降伏	コウフク	名詞サ変	756	517
軍団	グンダン	名詞	756	613
低減	テイゲン	名詞サ変	756	894
織物	オリモノ	名詞	755	426
受託	ジュタク	名詞サ変	755	1350
尺度	シャクド	名詞	755	341
競合	キョウゴウ	名詞サ変	754	1198
首長	シュチョウ	名詞	754	5247
根源	コンゲン	名詞	753	764
当分	トウブン	副詞	753	739
急行	キュウコウ	名詞サ変	753	1206
愛用	アイヨウ	名詞サ変	753	781
苦悩	クノウ	名詞サ変	753	2026
慣習	カンシュウ	名詞	752	657
全集	ゼンシュウ	名詞	752	970
上京	ジョウキョウ	名詞サ変	752	1639

外貨	ガイカ	名詞	752	1569
測量	ソクリョウ	名詞サ変	752	553
本屋	ホンヤ	名詞	752	581
辞任	ジニン	名詞サ変	751	15634
梅雨	ツユ	名詞	751	1133
劇団	ゲキダン	名詞	751	3063
耐久	タイキュウ	名詞	751	829
面会	メンカイ	名詞サ変	751	4899
隊員	タイイン	名詞	750	2585
事後	ジゴ	名詞	749	759
著名	チョメイ	形状詞	749	2188
足跡	アシアト	名詞	748	1522
補充	ホジュウ	名詞サ変	748	1180
梗塞	コウソク	名詞サ変	748	4357
年月	トシツキ	名詞	748	616
戦士	センシ	名詞	748	654
高騰	コウトウ	名詞サ変	748	6750
堆積	タイセキ	名詞サ変	748	508
長所	チョウショ	名詞	747	702
一律	イチリツ	名詞副詞	747	3218
街路	ガイロ	名詞	746	533
代行	ダイコウ	名詞サ変	746	6949
別荘	ベッソウ	名詞	745	788
通達	ツウタツ	名詞サ変	745	1921
連日	レンジツ	名詞副詞	745	3635
藩主	ハンシュ	名詞	744	279
刺身	サシミ	名詞	743	18
過激	カゲキ	形状詞	743	3679
本年	ホンネン	名詞副詞	743	231
市政	シセイ	名詞	743	1387
差額	サガク	名詞	742	1217
受取	ウケトリ	名詞	742	366
柔道	ジュウドウ	名詞	741	6834
敬意	ケイイ	名詞	741	1278
交易	コウエキ	名詞サ変	741	294
理科	リカ	名詞	741	2386
種目	シュモク	名詞	741	9258
海峡	カイキョウ	名詞	739	1995
対等	タイトウ	形状詞	739	1205
叔母	オバ	名詞	739	398
出店	シュッテン	名詞サ変	739	2356
昼寝	ヒルネ	名詞サ変	738	386
不動	フドウ	名詞	738	1403
神聖	シンセイ	名詞形状詞	738	310
命名	メイメイ	名詞サ変	738	1526
水路	スイロ	名詞	738	1042
蛍光	ケイコウ	名詞	738	851
目玉	メダマ	名詞	737	2485
予知	ヨチ	名詞サ変	737	746
作動	サドウ	名詞サ変	736	2289
対日	タイニチ	名詞	735	2221
定数	テイスウ	名詞	735	5148
形容	ケイヨウ	名詞サ変	735	449
用紙	ヨウシ	名詞	734	601
選抜	センバツ	名詞サ変	734	13501
威力	イリョク	名詞	734	1796
東側	ヒガシガワ	名詞	734	973
酸性	サンセイ	名詞	733	275
仲裁	チュウサイ	名詞サ変	732	901
人柄	ヒトガラ	名詞	732	1337
祖先	ソセン	名詞	731	520
彼方	カナタ	代名詞	731	530
右翼	ウヨク	名詞	731	5034
教団	キョウダン	名詞	731	1439
原始	ゲンシ	名詞	730	334
回想	カイソウ	名詞サ変	730	769
暖房	ダンボウ	名詞サ変	729	1474
社交	シャコウ	名詞	729	477
西瓜	スイカ	名詞	729	995
肖像	ショウゾウ	名詞	728	1558
実効	ジッコウ	名詞	728	3074
樹脂	ジュシ	名詞	728	1110
聖人	セイジン	名詞	728	226
医院	イイン	名詞	727	1845
新興	シンコウ	名詞	727	6574
良質	リョウシツ	形状詞	727	611
総長	ソウチョウ	名詞	727	5845
洗練	センレン	名詞サ変	727	687
既婚	キコン	名詞	726	307
過度	カド	形状詞	726	1748
大尉	タイイ	名詞	725	240
露天	ロテン	名詞	725	445
配合	ハイゴウ	名詞サ変	725	1502
乳児	ニュウジ	名詞	725	1648
和歌	ワカ	名詞	725	726
縄文	ジョウモン	名詞	724	918
下駄	ゲタ	名詞	724	565
立証	リッショウ	名詞サ変	724	2325

村人	ムラビト	名詞	723	618
近郊	キンコウ	名詞	723	2752
同性	ドウセイ	名詞	723	1344
上着	ウワギ	名詞	722	782
外食	ガイショク	名詞サ変	722	1552
透析	トウセキ	名詞サ変	722	1192
群集	グンシュウ	名詞サ変	722	537
飲酒	インシュ	名詞サ変	721	4676
工房	コウボウ	名詞	720	1358
拝見	ハイケン	名詞サ変	720	314
方角	ホウガク	名詞	720	234
漢方	カンポウ	名詞	720	704
考案	コウアン	名詞サ変	720	1292
肺炎	ハイエン	名詞	719	3089
金色	キンイロ	名詞	719	639
同日	ドウジツ	名詞副詞	719	29411
寸法	スンポウ	名詞	719	200
落語	ラクゴ	名詞	719	7934
恩恵	オンケイ	名詞	718	1547
観戦	カンセン	名詞サ変	718	3637
脳裏	ノウリ	名詞	717	592
熱中	ネッチュウ	名詞サ変	717	2056
雑草	ザッソウ	名詞	717	775
大物	オオモノ	名詞	716	1410
同伴	ドウハン	名詞サ変	716	718
洗浄	センジョウ	名詞サ変	716	1784
抜本	バッポン	名詞	715	5307
単一	タンイツ	形状詞	715	543
処刑	ショケイ	名詞サ変	714	803
分量	ブンリョウ	名詞	714	407
生殖	セイショク	名詞サ変	714	689
牧師	ボクシ	名詞	714	1097
教職員	キョウショクイン	名詞	714	3453
太子	タイシ	名詞	713	483
万全	バンゼン	名詞形状詞	712	2754
不服	フフク	名詞形状詞	712	2280
祝福	シュクフク	名詞サ変	712	1661
消去	ショウキョ	名詞サ変	712	450
年長	ネンチョウ	名詞形状詞	712	2118
多量	タリョウ	名詞形状詞	711	395
名所	メイショ	名詞	711	1359
水上	スイジョウ	名詞	711	754
借家	シャクヤ	名詞	711	257
錯誤	サクゴ	名詞サ変	711	1299
暴行	ボウコウ	名詞サ変	711	9197
画期	カッキ	名詞	711	1274
獲物	エモノ	名詞	710	187
仮名	カナ	名詞	710	1011
留保	リュウホ	名詞サ変	709	1099
罰則	バッソク	名詞	709	2813
途方	トホウ	名詞	709	646
救命	キュウメイ	名詞	709	1496
専務	センム	名詞	709	8614
故意	コイ	名詞	708	1537
治癒	チユ	名詞サ変	708	332
常勤	ジョウキン	名詞サ変	708	2858
書紀	ショキ	名詞	708	327
無人	ムジン	名詞	707	2687
襲撃	シュウゲキ	名詞サ変	707	4141
漁船	ギョセン	名詞	707	6257
木製	モクセイ	名詞	706	854
蕎麦	ソバ	名詞	706	60
緑地	リョクチ	名詞	706	638
計量	ケイリョウ	名詞サ変	706	479
利便	リベン	名詞	706	1532
怪物	カイブツ	名詞	705	567
様相	ヨウソウ	名詞	704	1533
尊厳	ソンゲン	名詞	704	1333
心中	シンジュウ	名詞サ変	704	1776
器官	キカン	名詞	704	212
立案	リツアン	名詞サ変	704	1359
野外	ヤガイ	名詞	703	992
評議	ヒョウギ	名詞サ変	703	6157
湾岸	ワンガン	名詞	702	1959
町民	チョウミン	名詞	701	1389
浪人	ロウニン	名詞サ変	701	562
女中	ジョチュウ	名詞	700	91
一元	イチゲン	名詞	700	3288
封建	ホウケン	名詞	699	160
危惧	キグ	名詞サ変	699	3579
腹部	フクブ	名詞	699	981
昇格	ショウカク	名詞サ変	699	5229
総称	ソウショウ	名詞サ変	699	519
伝送	デンソウ	名詞サ変	699	162
戦艦	センカン	名詞	699	466
困惑	コンワク	名詞サ変	698	1928
腐敗	フハイ	名詞サ変	698	1719
各自	カクジ	名詞副詞	698	687

視力	シリョク	名詞	698	1047
白書	ハクショ	名詞	697	2586
善意	ゼンイ	名詞	697	871
現存	ゲンソン	名詞サ変	697	678
一様	イチヨウ	形状詞	697	612
円形	エンケイ	名詞	697	574
甲板	カンパン	名詞	697	398
功績	コウセキ	名詞	697	1554
当方	トウホウ	名詞	696	154
控訴	コウソ	名詞サ変	696	9941
定形	テイケイ	名詞	696	54
自力	ジリキ	名詞	696	2227
駐在	チュウザイ	名詞サ変	695	1488
偏差	ヘンサ	名詞	695	207
講談	コウダン	名詞	695	4258
画質	ガシツ	名詞	695	755
輪郭	リンカク	名詞	695	376
着工	チャッコウ	名詞サ変	694	2982
特典	トクテン	名詞	694	626
造船	ゾウセン	名詞サ変	694	1634
制裁	セイサイ	名詞サ変	694	12122
発覚	ハッカク	名詞サ変	694	11611
累積	ルイセキ	名詞サ変	694	1248
親分	オヤブン	名詞	693	254
連動	レンドウ	名詞サ変	693	2725
時折	トキオリ	副詞	692	1707
効用	コウヨウ	名詞	692	524
離脱	リダツ	名詞サ変	692	3809
標高	ヒョウコウ	名詞	692	1879
執着	シュウチャク	名詞サ変	692	639
問屋	トンヤ	名詞	691	348
分権	ブンケン	名詞	691	2924
昨今	サッコン	名詞副詞	691	1252
題名	ダイメイ	名詞	690	725
造形	ゾウケイ	名詞サ変	690	1701
洞窟	ドウクツ	名詞	690	519
共生	キョウセイ	名詞サ変	690	2131
初回	ショカイ	名詞	690	1706
堤防	テイボウ	名詞	690	1755
受精	ジュセイ	名詞サ変	690	1750
低温	テイオン	名詞形状詞	690	533
将棋	ショウギ	名詞	689	13768
亡命	ボウメイ	名詞サ変	689	2113
莫大	バクダイ	名詞形状詞	689	655
合法	ゴウホウ	名詞形状詞	688	1455
原告	ゲンコク	名詞	688	12406
査定	サテイ	名詞サ変	688	1211
新車	シンシャ	名詞	688	3224
色素	シキソ	名詞	688	459
滑走	カッソウ	名詞サ変	688	3356
方位	ホウイ	名詞	687	204
夕飯	ユウハン	名詞	687	171
伯父	オジ	名詞	686	387
哺乳	ホニュウ	名詞サ変	686	574
万葉	マンヨウ	名詞	686	1150
平野	ヘイヤ	名詞	686	1252
余暇	ヨカ	名詞	686	192
青色	アオイロ	名詞	686	656
軽蔑	ケイベツ	名詞サ変	686	169
骨格	コッカク	名詞	685	1440
留置	リュウチ	名詞サ変	685	1087
農場	ノウジョウ	名詞	685	1536
対称	タイショウ	名詞形状詞	685	514
乳首	チクビ	名詞	685	37
反動	ハンドウ	名詞	685	1379
国旗	コッキ	名詞	685	1475
年中	ネンジュウ	名詞副詞	685	435
焼却	ショウキャク	名詞サ変	685	1980
舗装	ホソウ	名詞サ変	684	623
心筋	シンキン	名詞	684	1667
法学	ホウガク	名詞	684	2041
民家	ミンカ	名詞	684	4373
歴代	レキダイ	名詞	683	5899
待遇	タイグウ	名詞サ変	683	1703
入園	ニュウエン	名詞サ変	683	904
事象	ジショウ	名詞	682	525
先程	サキホド	名詞副詞	682	9
簡潔	カンケツ	名詞形状詞	682	426
親方	オヤカタ	名詞	682	8366
騎乗	キジョウ	名詞サ変	681	528
通告	ツウコク	名詞サ変	681	3533
路面	ロメン	名詞	681	1122
発熱	ハツネツ	名詞サ変	681	1820
些細	ササイ	名詞形状詞	681	531
延期	エンキ	名詞サ変	680	7045
神父	シンプ	名詞	679	422
歳月	サイゲツ	名詞	679	924
憂鬱	ユウウツ	名詞形状詞	679	381

誘発	ユウハツ	名詞サ変	679	819
複製	フクセイ	名詞サ変	678	716
湿度	シツド	名詞	678	918
帰還	キカン	名詞サ変	677	3359
遅滞	チタイ	名詞サ変	677	153
頑固	ガンコ	形状詞	677	539
北西	ホクセイ	名詞	676	2943
炭酸	タンサン	名詞	676	491
中庭	ナカニワ	名詞	676	465
先住	センジュウ	名詞	675	1502
南西	ナンセイ	名詞	675	2473
小声	コゴエ	名詞	675	203
相殺	ソウサイ	名詞サ変	675	441
転勤	テンキン	名詞サ変	674	905
濃縮	ノウシュク	名詞サ変	674	5178
質的	シツテキ	形状詞	674	192
薬品	ヤクヒン	名詞	674	1646
相応	ソウオウ	名詞サ変	674	569
啓蒙	ケイモウ	名詞サ変	673	352
全長	ゼンチョウ	名詞	673	1847
消極	ショウキョク	名詞	673	2961
配線	ハイセン	名詞サ変	673	493
断念	ダンネン	名詞サ変	673	6026
自営	ジエイ	名詞サ変	673	2761
安価	アンカ	形状詞	672	1175
随時	ズイジ	名詞副詞	672	1369
領収	リョウシュウ	名詞サ変	672	3369
休養	キュウヨウ	名詞サ変	672	2296
護衛	ゴエイ	名詞サ変	672	1575
変異	ヘンイ	名詞サ変	671	924
祖国	ソコク	名詞	671	1672
厩舎	キュウシャ	名詞	670	290
風潮	フウチョウ	名詞	670	1281
明細	メイサイ	名詞形状詞	669	675
通算	ツウサン	名詞サ変	669	18928
専攻	センコウ	名詞サ変	669	2753
整合	セイゴウ	名詞サ変	669	904
創刊	ソウカン	名詞サ変	669	2945
消耗	ショウモウ	名詞サ変	668	821
肝炎	カンエン	名詞	668	4251
筆頭	ヒットウ	名詞	668	4170
左翼	サヨク	名詞	668	4404
技師	ギシ	名詞	667	1006
原発	ゲンパツ	名詞	667	67855
公債	コウサイ	名詞	667	1477
陽性	ヨウセイ	名詞形状詞	667	1348
元来	ガンライ	副詞	667	256
投下	トウカ	名詞サ変	667	2857
空白	クウハク	名詞形状詞	666	2124
大家	オオヤ	名詞	666	939
南方	ナンポウ	名詞	666	722
水源	スイゲン	名詞	665	664
極力	キョクリョク	副詞	665	803
年報	ネンポウ	名詞	665	53
部族	ブゾク	名詞	665	1098
探索	タンサク	名詞サ変	665	313
出典	シュッテン	名詞	665	184
所蔵	ショゾウ	名詞サ変	665	1441
挫折	ザセツ	名詞サ変	665	1298
堪能	タンノウ	名詞サ変	664	1043
配備	ハイビ	名詞サ変	664	4661
逃亡	トウボウ	名詞サ変	664	1371
断定	ダンテイ	名詞サ変	664	2163
時効	ジコウ	名詞	664	3963
魚介	ギョカイ	名詞	663	665
史上	シジョウ	名詞	662	7325
埋葬	マイソウ	名詞サ変	662	1014
馬券	バケン	名詞	662	1943
入試	ニュウシ	名詞	662	4653
屋台	ヤタイ	名詞	661	860
地表	チヒョウ	名詞	661	738
転落	テンラク	名詞サ変	661	7102
救援	キュウエン	名詞サ変	661	12913
学期	ガッキ	名詞	661	1146
弾圧	ダンアツ	名詞サ変	661	3128
空想	クウソウ	名詞サ変	660	433
修了	シュウリョウ	名詞サ変	660	2949
軽量	ケイリョウ	名詞	660	1526
未熟	ミジュク	形状詞	660	1030
増幅	ゾウフク	名詞サ変	659	985
可決	カケツ	名詞サ変	659	9005
箪笥	タンス	名詞	659	790
腎臓	ジンゾウ	名詞	658	2512
開通	カイツウ	名詞サ変	658	1511
台詞	セリフ	名詞	658	38
雨天	ウテン	名詞	658	885
月間	ゲッカン	名詞	657	2031
緊密	キンミツ	形状詞	657	1594

血球	ケッキュウ	名詞	657	384
本紙	ホンシ	名詞	657	2833
請負	ウケオイ	名詞	657	1820
聴覚	チョウカク	名詞	656	1187
下流	カリュウ	名詞	656	1479
在勤	ザイキン	名詞サ変	656	153
温室	オンシツ	名詞	656	4934
即位	ソクイ	名詞サ変	655	706
地裁	チサイ	名詞	655	35553
法師	ホウシ	名詞	655	334
四角	シカク	名詞形状詞	655	897
分岐	ブンキ	名詞サ変	654	506
移籍	イセキ	名詞サ変	653	7941
恐竜	キョウリュウ	名詞	653	1119
躊躇	チュウチョ	名詞サ変	653	599
調書	チョウショ	名詞	653	3775
畜産	チクサン	名詞	653	1344
最上	サイジョウ	名詞	652	586
射撃	シャゲキ	名詞サ変	652	2261
和平	ワヘイ	名詞	652	5618
利潤	リジュン	名詞	652	141
合間	アイマ	名詞	651	1304
対価	タイカ	名詞	651	701
応接	オウセツ	名詞サ変	651	361
伐採	バッサイ	名詞サ変	650	1214
恐縮	キョウシュク	名詞サ変	650	264
見地	ケンチ	名詞	650	352
波長	ハチョウ	名詞	650	298
題材	ダイザイ	名詞	649	2311
農耕	ノウコウ	名詞	649	261
地蔵	ジゾウ	名詞	649	602
内緒	ナイショ	名詞	649	282
滞納	タイノウ	名詞サ変	649	2214
学説	ガクセツ	名詞	648	226
多大	タダイ	形状詞	648	1138
足首	アシクビ	名詞	648	1637
単身	タンシン	名詞副詞	648	1547
総括	ソウカツ	名詞サ変	648	4236
甲状	コウジョウ	名詞	648	725
着陸	チャクリク	名詞サ変	647	3635
悪意	アクイ	名詞	647	464
重心	ジュウシン	名詞	647	492
栄光	エイコウ	名詞	647	922
石垣	イシガキ	名詞	647	521
金魚	キンギョ	名詞	647	533
昇進	ショウシン	名詞サ変	646	3222
香水	コウスイ	名詞	646	330
養殖	ヨウショク	名詞サ変	646	2055
作法	サホウ	名詞	646	520
活字	カツジ	名詞	646	1420
当人	トウニン	名詞	645	357
乳癌	ニュウガン	名詞	645	1149
空洞	クウドウ	名詞	644	1088
分業	ブンギョウ	名詞サ変	644	236
断片	ダンペン	名詞	644	484
人道	ジンドウ	名詞	643	3779
実例	ジツレイ	名詞	642	435
降下	コウカ	名詞サ変	641	886
総督	ソウトク	名詞	641	249
英文	エイブン	名詞	641	754
王子	オウジ	名詞	641	784
国外	コクガイ	名詞	640	3184
宣告	センコク	名詞サ変	640	1060
精力	セイリョク	名詞	640	1098
有線	ユウセン	名詞	640	623
白菜	ハクサイ	名詞	639	488
比重	ヒジュウ	名詞	639	654
享受	キョウジュ	名詞サ変	638	494
芝生	シバフ	名詞	638	695
運河	ウンガ	名詞	638	585
絨毯	ジュウタン	名詞	638	387
一大	イチダイ	接頭辞	638	695
定額	テイガク	名詞	638	2220
司祭	シサイ	名詞	638	143
肛門	コウモン	名詞	638	279
忠告	チュウコク	名詞サ変	637	457
現況	ゲンキョウ	名詞	637	255
連隊	レンタイ	名詞	637	394
感度	カンド	名詞	637	350
林道	リンドウ	名詞	637	602
供述	キョウジュツ	名詞サ変	636	14986
緑化	リョッカ	名詞サ変	636	757
補足	ホソク	名詞サ変	635	418
活気	カッキ	名詞	635	1218
合致	ガッチ	名詞サ変	634	852
細部	サイブ	名詞	633	997
属性	ゾクセイ	名詞	633	79
公布	コウフ	名詞サ変	633	401

障子	ショウジ	名詞	633	407
番地	バンチ	名詞	633	181
皇室	コウシツ	名詞	633	4433
先方	センポウ	名詞	632	170
磁気	ジキ	名詞	632	710
本国	ホンゴク	名詞	632	664
発芽	ハツガ	名詞サ変	632	254
学部	ガクブ	名詞	632	1092
議題	ギダイ	名詞	631	2110
遮断	シャダン	名詞サ変	631	1808
精子	セイシ	名詞	631	751
還付	カンプ	名詞サ変	631	1153
文脈	ブンミャク	名詞	631	371
巡査	ジュンサ	名詞	630	4157
力学	リキガク	名詞	630	515
顔面	ガンメン	名詞	630	655
短編	タンペン	名詞	630	2050
判事	ハンジ	名詞	630	3073
一遍	イッペン	名詞副詞	630	253
下宿	ゲシュク	名詞サ変	629	446
製剤	セイザイ	名詞	629	1398
突如	トツジョ	副詞	629	454
名字	ミョウジ	名詞	629	310
病床	ビョウショウ	名詞	628	1194
隔離	カクリ	名詞サ変	628	1218
片隅	カタスミ	名詞	628	543
原文	ゲンブン	名詞	628	353
書斎	ショサイ	名詞	628	348
納期	ノウキ	名詞	628	151
和尚	オショウ	名詞	628	190
弱点	ジャクテン	名詞	627	1167
身元	ミモト	名詞	626	3794
中将	チュウジョウ	名詞	626	382
変容	ヘンヨウ	名詞サ変	626	666
格別	カクベツ	形状詞	626	526
断面	ダンメン	名詞	626	330
食塩	ショクエン	名詞	626	215
花見	ハナミ	名詞	626	1300
浴室	ヨクシツ	名詞	625	955
政務	セイム	名詞	625	5699
全域	ゼンイキ	名詞	624	1893
一歩	イッポ	副詞	624	1131
衆院	シュウイン	名詞	624	58593
古来	コライ	名詞副詞	623	476
師範	シハン	名詞	623	461
公募	コウボ	名詞サ変	623	5100
耕作	コウサク	名詞サ変	623	780
便所	ベンジョ	名詞	622	136
便宜	ベンギ	名詞形状詞	622	1433
建立	コンリュウ	名詞サ変	622	787
展覧	テンラン	名詞サ変	622	3182
鉱業	コウギョウ	名詞	622	409
甲子	コウシ	名詞	622	16118
救出	キュウシュツ	名詞サ変	621	4042
学科	ガッカ	名詞	621	1275
血統	ケットウ	名詞	621	319
同人	ドウニン	名詞	621	635
喘息	ズダ	名詞	621	2
光線	コウセン	名詞	620	269
通院	ツウイン	名詞サ変	620	1594
別名	ベツメイ	名詞	620	239
釈放	シャクホウ	名詞サ変	620	5391
公判	コウハン	名詞	620	16681
空腹	クウフク	名詞形状詞	620	447
代用	ダイヨウ	名詞サ変	620	426
少佐	ショウサ	名詞	620	241
行進	コウシン	名詞サ変	619	2381
劇的	ゲキテキ	形状詞	618	1373
味醂	ミリン	名詞	618	361
未然	ミゼン	名詞	618	619
電動	デンドウ	名詞	618	1066
熱湯	ネットウ	名詞	618	427
生前	セイゼン	名詞副詞	618	1634
責務	セキム	名詞	617	1780
内務	ナイム	名詞	616	1115
辛抱	シンボウ	名詞サ変	616	664
歓声	カンセイ	名詞	615	2956
反復	ハンプク	名詞サ変	615	391
正統	セイトウ	名詞形状詞	614	904
宅配	タクハイ	名詞サ変	614	1826
情景	ジョウケイ	名詞	613	783
褐色	カッショク	名詞	613	230
開会	カイカイ	名詞サ変	613	5634
両腕	リョウウデ	名詞	612	500
丸太	マルタ	名詞	612	257
水着	ミズギ	名詞	612	1362
打者	ダシャ	名詞	612	10349
端的	タンテキ	形状詞	611	316

大師	ダイシ	名詞	611	456
編纂	ヘンサン	名詞サ変	611	372
病状	ビョウジョウ	名詞	611	1149
完結	カンケツ	名詞サ変	610	1026
朗読	ロウドク	名詞サ変	610	2401
上体	ジョウタイ	名詞	610	330
艦長	カンチョウ	名詞	610	335
丘陵	キュウリョウ	名詞	610	422
短歌	タンカ	名詞	610	2961
水気	ミズケ	名詞	610	284
蒟蒻	コンニャク	名詞	610	685
欠損	ケッソン	名詞サ変	610	324
外人	ガイジン	名詞	609	143
冊子	サッシ	名詞	609	1345
点滴	テンテキ	名詞	609	995
壮大	ソウダイ	形状詞	609	937
目録	モクロク	名詞	609	318
異質	イシツ	名詞形状詞	609	424
往来	オウライ	名詞サ変	608	1064
試行	シコウ	名詞サ変	608	1989
再婚	サイコン	名詞サ変	608	926
報復	ホウフク	名詞サ変	608	1681
騎手	キシュ	名詞	608	1562
人質	ヒトジチ	名詞	608	1742
天体	テンタイ	名詞	607	777
残留	ザンリュウ	名詞サ変	607	4573
媒介	バイカイ	名詞サ変	607	256
厳重	ゲンジュウ	形状詞	607	2402
見本	ミホン	名詞	607	805
放火	ホウカ	名詞サ変	607	6306
死傷	シショウ	名詞サ変	606	3962
近辺	キンペン	名詞	606	341
窃盗	セットウ	名詞サ変	606	5626
和風	ワフウ	名詞	606	480
売春	バイシュン	名詞サ変	606	679
病原	ビョウゲン	名詞	606	1194
巨額	キョガク	形状詞	605	4564
侵攻	シンコウ	名詞サ変	605	2050
爆笑	バクショウ	名詞サ変	605	637
予期	ヨキ	名詞サ変	605	461
連勝	レンショウ	名詞サ変	605	16348
今更	イマサラ	副詞	605	145
半径	ハンケイ	名詞	605	1920
満点	マンテン	名詞	605	1160
通帳	ツウチョウ	名詞	604	1224
箇条	カジョウ	名詞助数詞	604	104
捕獲	ホカク	名詞サ変	604	1342
採算	サイサン	名詞	604	1906
上方	カミガタ	名詞	604	683
風情	フゼイ	名詞	604	580
座標	ザヒョウ	名詞	604	72
対人	タイジン	名詞	604	701
改札	カイサツ	名詞サ変	604	948
増設	ゾウセツ	名詞サ変	603	1280
慣行	カンコウ	名詞	602	557
敬語	ケイゴ	名詞	602	227
武将	ブショウ	名詞	602	524
蓮華	レンゲ	名詞	601	222
虐殺	ギャクサツ	名詞サ変	601	2244
最善	サイゼン	名詞	601	1155
潰瘍	カイヨウ	名詞	601	594
官邸	カンテイ	名詞	601	14084
前夜	ゼンヤ	名詞副詞	601	2060
適宜	テキギ	副詞	601	233
破損	ハソン	名詞サ変	601	1873
地層	チソウ	名詞	600	845
浅見	センケン	名詞	600	268
未婚	ミコン	名詞	600	640
労使	ロウシ	名詞	599	1890
感受	カンジュ	名詞サ変	599	358
土手	ドテ	名詞	599	481
畜生	チクショウ	名詞	599	89
精霊	セイレイ	名詞	598	209
魔術	マジュツ	名詞	597	276
上人	ショウニン	名詞	597	135
原動	ゲンドウ	名詞	597	1774
絶好	ゼッコウ	名詞	597	1083
思惑	オモワク	名詞	596	4813
根性	コンジョウ	名詞	596	606
夜空	ヨゾラ	名詞	596	787
内陸	ナイリク	名詞	596	2138
電報	デンポウ	名詞	596	284
反撃	ハンゲキ	名詞サ変	595	2778
締切	シメキリ	名詞	595	6
作文	サクブン	名詞サ変	595	1261
食用	ショクヨウ	名詞	595	1110
欠如	ケツジョ	名詞サ変	595	1116
端子	タンシ	名詞	594	134

語学	ゴガク	名詞	594	1057
牛蒡	ゴボウ	名詞	594	437
半額	ハンガク	名詞	594	1655
武道	ブドウ	名詞	594	2149
車検	シャケン	名詞	593	517
大雨	オオアメ	名詞	593	1979
容認	ヨウニン	名詞サ変	593	7398
靴下	クツシタ	名詞	593	605
戸口	トグチ	名詞	592	40
乾杯	カンパイ	名詞サ変	592	516
意匠	イショウ	名詞	591	234
人目	ヒトメ	名詞	591	384
回帰	カイキ	名詞サ変	591	1249
生計	セイケイ	名詞	591	816
矢印	ヤジルシ	名詞	591	131
過言	カゴン	名詞	591	268
瞬時	シュンジ	名詞副詞	590	732
万能	バンノウ	名詞	590	4912
長老	チョウロウ	名詞	590	690
親密	シンミツ	名詞形状詞	590	679
操業	ソウギョウ	名詞サ変	590	3087
煮物	ニモノ	名詞	589	422
殿下	デンカ	名詞	589	663
小僧	コゾウ	名詞	589	279
起業	キギョウ	名詞サ変	589	1838
航行	コウコウ	名詞サ変	589	1626
広間	ヒロマ	名詞	588	173
誠意	セイイ	名詞	588	1234
豪雨	ゴウウ	名詞	588	2936
白色	シロイロ	名詞	588	1
開店	カイテン	名詞サ変	588	1765
熱意	ネツイ	名詞	588	1238
津波	ツナミ	名詞	588	19378
満喫	マンキツ	名詞サ変	588	703
遭難	ソウナン	名詞サ変	587	1520
切除	セツジョ	名詞サ変	587	592
純正	ジュンセイ	名詞形状詞	587	131
納入	ノウニュウ	名詞サ変	587	2186
老化	ロウカ	名詞サ変	587	800
寝台	シンダイ	名詞	587	391
避妊	ヒニン	名詞サ変	587	309
巡礼	ジュンレイ	名詞サ変	586	827
変遷	ヘンセン	名詞サ変	586	978
忍耐	ニンタイ	名詞サ変	586	649
特質	トクシツ	名詞	586	237
好感	コウカン	名詞サ変	586	1749
刺繍	シシュウ	名詞サ変	586	517
多角	タカク	名詞	586	1302
観覧	カンラン	名詞サ変	586	689
存分	ゾンブン	形状詞	586	907
算入	サンニュウ	名詞サ変	585	312
嘔吐	オウト	名詞サ変	585	1207
光学	コウガク	名詞	585	916
標本	ヒョウホン	名詞	585	556
包囲	ホウイ	名詞サ変	585	1155
福音	フクイン	名詞	584	643
騎馬	キバ	名詞	584	188
搭乗	トウジョウ	名詞サ変	584	1986
旅人	タビビト	名詞	584	400
陰陽	オンヨウ	名詞	583	142
極東	キョクトウ	名詞	583	1270
馬場	ババ	名詞	583	1120
重度	ジュウド	名詞形状詞	583	926
均一	キンイツ	名詞形状詞	583	367
軍艦	グンカン	名詞	582	557
輸出入	ユシュツニュウ	名詞サ変	582	569
伯爵	ハクシャク	名詞	581	150
一途	イチズ	形状詞	581	924
半日	ハンニチ	名詞副詞	581	506
長屋	ナガヤ	名詞	580	1021
条文	ジョウブン	名詞	580	958
統括	トウカツ	名詞サ変	580	2837
接待	セッタイ	名詞サ変	580	2004
弱者	ジャクシャ	名詞	580	1687
粗末	ソマツ	形状詞	579	676
隠居	インキョ	名詞サ変	579	623
法華	ホッケ	名詞	579	294
妖精	ヨウセイ	名詞	579	345
戸数	コスウ	名詞	578	1063
食後	ショクゴ	名詞	578	324
祭祀	サイシ	名詞	578	335
最期	サイゴ	名詞副詞	577	1384
団子	ダンゴ	名詞	577	516
過疎	カソ	名詞形状詞	577	1616
信心	シンジン	名詞サ変	577	105
駆除	クジョ	名詞サ変	577	834
製薬	セイヤク	名詞	576	4628
脂質	シシツ	名詞	576	338

本拠	ホンキョ	名詞	576	3735
腰痛	ヨウツウ	名詞	576	1098
彼岸	ヒガン	名詞	575	366
弊害	ヘイガイ	名詞	575	1087
崇拝	スウハイ	名詞サ変	575	311
断固	ダンコ	副詞	575	1183
縁起	エンギ	名詞	575	605
思案	シアン	名詞サ変	574	328
古今	ココン	名詞	574	892
電機	デンキ	名詞	574	8271
台帳	ダイチョウ	名詞	573	1278
終身	シュウシン	名詞	573	1179
絶妙	ゼツミョウ	形状詞	573	1232
故人	コジン	名詞	572	1856
目前	モクゼン	名詞	572	2140
撤廃	テッパイ	名詞サ変	571	3485
誘致	ユウチ	名詞サ変	571	2548
一変	イッペン	名詞サ変	571	2064
往生	オウジョウ	名詞サ変	570	748
屈辱	クツジョク	名詞	570	800
体型	タイケイ	名詞	570	40
共演	キョウエン	名詞サ変	570	2433
審理	シンリ	名詞サ変	570	4496
討議	トウギ	名詞サ変	570	1643
送金	ソウキン	名詞サ変	570	1973
本心	ホンシン	名詞	570	351
懲戒	チョウカイ	名詞サ変	570	5592
遊園	ユウエン	名詞	569	1131
次女	ジジョ	名詞	568	3017
空母	クウボ	名詞	568	1644
失点	シッテン	名詞	568	18067
直結	チョッケツ	名詞サ変	568	1974
町長	チョウチョウ	名詞	568	3732
能率	ノウリツ	名詞	568	236
家来	ケライ	名詞	568	75
銀杏	ギンナン	名詞	568	622
硬直	コウチョク	名詞サ変	568	501
指向	シコウ	名詞サ変	567	49
偽造	ギゾウ	名詞サ変	567	7715
秘訣	ヒケツ	名詞	567	1228
学童	ガクドウ	名詞	567	730
出番	デバン	名詞	566	1604
配給	ハイキュウ	名詞サ変	566	1162
雨水	アマミズ	名詞	566	743
急遽	キュウキョ	副詞	565	1931
合体	ガッタイ	名詞サ変	565	276
休止	キュウシ	名詞サ変	565	2346
聖堂	セイドウ	名詞	565	592
開口	カイコウ	名詞サ変	565	404
滅亡	メツボウ	名詞サ変	564	285
下降	カコウ	名詞サ変	564	544
愛国	アイコク	名詞	564	1966
決戦	ケッセン	名詞サ変	564	1947
賢明	ケンメイ	名詞形状詞	564	423
充足	ジュウソク	名詞サ変	563	254
切開	セッカイ	名詞サ変	563	445
結末	ケツマツ	名詞	563	887
不妊	フニン	名詞	563	1111
議定	ギテイ	名詞サ変	563	4669
出家	シュッケ	名詞サ変	563	254
定住	テイジュウ	名詞サ変	563	934
多重	タジュウ	名詞	562	1587
的中	テキチュウ	名詞サ変	562	1568
栗鼠	リス	名詞	562	580
返品	ヘンピン	名詞サ変	562	542
塩基	エンキ	名詞	562	259
隣人	リンジン	名詞	562	678
新婚	シンコン	名詞	562	516
当社	トウシャ	名詞	561	887
募金	ボキン	名詞サ変	561	4178
種別	シュベツ	名詞サ変	561	258
満載	マンサイ	名詞サ変	561	1065
脊髄	セキズイ	名詞	561	1322
有能	ユウノウ	名詞形状詞	561	330
在籍	ザイセキ	名詞サ変	560	2383
団結	ダンケツ	名詞サ変	560	1742
有益	ユウエキ	名詞形状詞	560	499
滑稽	コッケイ	名詞形状詞	560	489
舞踊	ブヨウ	名詞	559	1792
不調	フチョウ	名詞形状詞	559	2621
所収	ショシュウ	名詞	559	129
使節	シセツ	名詞	559	459
遠隔	エンカク	名詞	559	1107
簡素	カンソ	形状詞	559	1062
電球	デンキュウ	名詞	559	935
既成	キセイ	名詞	557	1171
気質	キシツ	名詞	557	382
対談	タイダン	名詞サ変	557	2013

激化	ゲキカ	名詞サ変	557	4304
野心	ヤシン	名詞	557	649
実戦	ジッセン	名詞	557	2144
手本	テホン	名詞	557	1208
本堂	ホンドウ	名詞	557	588
法規	ホウキ	名詞	557	378
代議	ダイギ	名詞サ変	557	1345
唐辛子	トウガラシ	名詞	557	331
地質	チシツ	名詞	556	885
公示	コウジ	名詞サ変	556	2397
異国	イコク	名詞	556	505
皆無	カイム	名詞形状詞	556	471
有罪	ユウザイ	名詞	556	6993
痛感	ツウカン	名詞サ変	556	2116
手話	シュワ	名詞	556	1344
産卵	サンラン	名詞サ変	556	834
真空	シンクウ	名詞	555	359
髪型	カミガタ	名詞	555	15
愛好	アイコウ	名詞サ変	555	1245
架空	カクウ	名詞形状詞	555	3910
日向	ヒナタ	名詞	555	599
坂道	サカミチ	名詞	555	475
定価	テイカ	名詞	555	811
口頭	コウトウ	名詞	555	1810
入館	ニュウカン	名詞サ変	555	1156
没収	ボッシュウ	名詞サ変	554	561
談話	ダンワ	名詞サ変	554	2787
胃癌	イガン	名詞	554	1044
饅頭	マンジュウ	名詞	553	520
基幹	キカン	名詞	553	896
合金	ゴウキン	名詞	553	247
陣営	ジンエイ	名詞	553	5102
一心	イッシン	名詞	553	731
修業	シュギョウ	名詞サ変	553	893
敵対	テキタイ	名詞サ変	553	1990
消失	ショウシツ	名詞サ変	552	817
梱包	コンポウ	名詞サ変	552	426
道理	ドウリ	名詞	552	211
動植物	ドウショクブツ	名詞	552	663
父子	フシ	名詞	551	974
呪文	ジュモン	名詞	551	144
無力	ムリョク	名詞形状詞	551	867
作為	サクイ	名詞サ変	551	1494
常連	ジョウレン	名詞	551	1564
付帯	フタイ	名詞サ変	551	423
事物	ジブツ	名詞	550	103
吟味	ギンミ	名詞サ変	550	613
鉱物	コウブツ	名詞	550	666
言論	ゲンロン	名詞	550	2104
年配	ネンパイ	名詞	550	950
描画	ビョウガ	名詞サ変	550	28
紫蘇	シソ	名詞	550	253
拷問	ゴウモン	名詞サ変	549	965
消印	ケシイン	名詞	549	3707
常務	ジョウム	名詞	549	6536
管内	カンナイ	名詞	549	2227
剣道	ケンドウ	名詞	549	2084
大綱	タイコウ	名詞	548	2208
中尉	チュウイ	名詞	548	228
造作	ゾウサ	名詞	548	182
宿舎	シュクシャ	名詞	548	2514
仏壇	ブツダン	名詞	548	677
近頃	チカゴロ	名詞副詞	548	43
寄生	キセイ	名詞サ変	548	256
派閥	ハバツ	名詞	548	6078
機材	キザイ	名詞	548	1051
命題	メイダイ	名詞	548	202
客室	キャクシツ	名詞	548	1485
陰謀	インボウ	名詞	547	562
宿命	シュクメイ	名詞	547	503
木綿	モメン	名詞	547	250
忠誠	チュウセイ	名詞	547	421
手口	テグチ	名詞	547	2559
実業	ジツギョウ	名詞	547	4536
例年	レイネン	名詞	547	3573
強要	キョウヨウ	名詞サ変	546	1794
社団	シャダン	名詞	546	1677
満開	マンカイ	名詞サ変	546	867
適量	テキリョウ	名詞	546	415
下町	シタマチ	名詞	545	1132
波及	ハキュウ	名詞サ変	545	2482
残存	ザンゾン	名詞サ変	545	256
恒例	コウレイ	名詞	545	1955
掌握	ショウアク	名詞サ変	545	1005
初夏	ショカ	名詞	545	567
目線	メセン	名詞	545	1692
光沢	コウタク	名詞	545	332
借款	シャッカン	名詞	545	682

作詞	サクシ	名詞サ変	545	1671
受益	ジュエキ	名詞	545	364
論点	ロンテン	名詞	544	1837
大脳	ダイノウ	名詞	544	249
風習	フウシュウ	名詞	544	363
応対	オウタイ	名詞サ変	544	768
芸者	ゲイシャ	名詞	544	476
定休	テイキュウ	名詞	544	655
旺盛	オウセイ	形状詞	543	733
役職	ヤクショク	名詞	543	1260
遅刻	チコク	名詞サ変	543	526
失望	シツボウ	名詞サ変	542	2120
海運	カイウン	名詞	542	651
劣化	レッカ	名詞サ変	542	1975
大金	タイキン	名詞	542	487
発効	ハッコウ	名詞サ変	542	3013
一端	イッタン	名詞	542	896
志望	シボウ	名詞サ変	541	1688
毛皮	ケガワ	名詞	540	199
屋内	オクナイ	名詞	540	1682
破滅	ハメツ	名詞サ変	540	385
表題	ヒョウダイ	名詞	540	748
家出	イエデ	名詞サ変	540	613
内装	ナイソウ	名詞	539	810
万歳	バンザイ	名詞サ変	539	993
並木	ナミキ	名詞	539	672
胃腸	イチョウ	名詞	539	618
撤去	テッキョ	名詞サ変	538	4781
本家	ホンケ	名詞	538	487
補修	ホシュウ	名詞サ変	537	1847
気体	キタイ	名詞	537	204
北東	ホクトウ	名詞	537	3213
構内	コウナイ	名詞	537	1586
推奨	スイショウ	名詞サ変	537	758
発育	ハツイク	名詞サ変	537	219
祖父母	ソフボ	名詞	537	1263
漁場	ギョバ	名詞	536	435
国営	コクエイ	名詞	536	3927
標的	ヒョウテキ	名詞	536	2028
燃費	ネンピ	名詞	535	2227
核心	カクシン	名詞	535	901
痕跡	コンセキ	名詞	535	983
執拗	シツヨウ	形状詞	535	1237
表象	ヒョウショウ	名詞	534	144
問答	モンドウ	名詞サ変	534	434
末端	マッタン	名詞	534	453
熱狂	ネッキョウ	名詞サ変	534	1032
混同	コンドウ	名詞サ変	534	446
猥褻	ワイセツ	形状詞	534	3966
多種	タシュ	名詞	533	332
口実	コウジツ	名詞	533	606
今晩	コンバン	名詞副詞	533	110
紙幣	シヘイ	名詞	533	697
興行	コウギョウ	名詞サ変	533	2411
出費	シュッピ	名詞サ変	533	486
中絶	チュウゼツ	名詞サ変	532	875
適格	テキカク	名詞形状詞	532	817
右腕	ミギウデ	名詞	532	4876
独創	ドクソウ	名詞サ変	532	907
増額	ゾウガク	名詞サ変	532	2598
牡丹	ボタン	名詞	531	419
合宿	ガッシュク	名詞サ変	531	5790
悪夢	アクム	名詞	531	875
公告	コウコク	名詞サ変	531	220
辞退	ジタイ	名詞サ変	531	3704
起用	キヨウ	名詞サ変	531	7907
荒廃	コウハイ	名詞サ変	531	707
国費	コクヒ	名詞	530	691
閉塞	ヘイソク	名詞サ変	530	2255
散乱	サンラン	名詞サ変	530	1044
音響	オンキョウ	名詞	530	728
変貌	ヘンボウ	名詞サ変	530	484
麒麟	キリン	名詞	529	3543
上層	ジョウソウ	名詞	529	570
銀色	ギンイロ	名詞	529	520
安値	ヤスネ	名詞	528	2224
唐突	トウトツ	形状詞	528	632
死去	シキョ	名詞サ変	528	22222
女将	オカミ	名詞	528	339
憎悪	ゾウオ	名詞サ変	528	482
砂浜	スナハマ	名詞	528	836
産出	サンシュツ	名詞サ変	528	429
量的	リョウテキ	形状詞	527	2040
下方	カホウ	名詞	527	3214
解任	カイニン	名詞サ変	527	3385
対岸	タイガン	名詞	527	802
悪性	アクセイ	名詞	527	596
愛犬	アイケン	名詞	527	818

匿名	トクメイ	名詞	527	5765
要綱	ヨウコウ	名詞	527	1003
義父	ギフ	名詞	526	779
平然	ヘイゼン	形状詞	526	340
教諭	キョウユ	名詞	526	9216
瑕疵	カシ	名詞	526	240
軍備	グンビ	名詞	526	599
居宅	キョタク	名詞	526	151
弾丸	ダンガン	名詞	526	380
政界	セイカイ	名詞	526	5377
建国	ケンコク	名詞サ変	525	1031
浴槽	ヨクソウ	名詞	525	737
面影	オモカゲ	名詞	525	678
致命	チメイ	名詞	524	713
尾根	オネ	名詞	524	409
括弧	カッコ	名詞サ変	524	4148
中高年	チュウコウネン	名詞	524	1564
居心地	イゴコチ	名詞	524	423
中堅	チュウケン	名詞	523	5190
中隊	チュウタイ	名詞	523	160
農政	ノウセイ	名詞	523	1256
横顔	ヨコガオ	名詞	523	643
匹敵	ヒッテキ	名詞サ変	522	1002
特産	トクサン	名詞	522	1424
採集	サイシュウ	名詞サ変	522	331
道中	ドウチュウ	名詞副詞	522	556
北斗	ホクト	名詞	521	693
名作	メイサク	名詞	521	1562
跡地	アトチ	名詞	521	2019
管制	カンセイ	名詞サ変	520	1916
受領	ジュリョウ	名詞サ変	520	1247
花嫁	ハナヨメ	名詞	520	422
本法	ホンポウ	名詞	520	21
駆逐	クチク	名詞サ変	520	335
西方	セイホウ	名詞	520	441
試料	シリョウ	名詞	520	480
即時	ソクジ	名詞副詞	519	2249
囚人	シュウジン	名詞	519	419
湖沼	コショウ	名詞	519	182
発散	ハッサン	名詞サ変	519	346
妖怪	ヨウカイ	名詞	519	691
抗争	コウソウ	名詞サ変	519	1194
修繕	シュウゼン	名詞サ変	519	720
書庫	ショコ	名詞	519	157
人手	ヒトデ	名詞	519	1120
転用	テンヨウ	名詞サ変	518	1595
本位	ホンイ	名詞	518	766
教官	キョウカン	名詞	517	876
議席	ギセキ	名詞	517	10062
楽団	ガクダン	名詞	517	2199
食道	ショクドウ	名詞	517	562
満員	マンイン	名詞	517	1339
明快	メイカイ	形状詞	516	849
呼称	コショウ	名詞サ変	516	653
客席	キャクセキ	名詞	516	972
真夏	マナツ	名詞	515	1076
大別	タイベツ	名詞サ変	515	318
地平	チヘイ	名詞	515	298
虫歯	ムシバ	名詞	515	419
点灯	テントウ	名詞サ変	515	1406
尋常	ジンジョウ	形状詞	514	284
共鳴	キョウメイ	名詞サ変	514	871
巧妙	コウミョウ	形状詞	514	702
内的	ナイテキ	形状詞	514	65
玄米	ゲンマイ	名詞	514	439
公然	コウゼン	形状詞	514	919
進捗	シンチョク	名詞サ変	513	705
静寂	セイジャク	名詞形状詞	513	340
安静	アンセイ	名詞形状詞	513	264
熱気	ネッキ	名詞	513	1244
開戦	カイセン	名詞サ変	513	2028
金剛	コンゴウ	名詞	513	996
開場	カイジョウ	名詞サ変	513	1072
史跡	シセキ	名詞	512	803
農園	ノウエン	名詞	512	839
来場	ライジョウ	名詞サ変	512	1936
童話	ドウワ	名詞	512	1312
人情	ニンジョウ	名詞	512	1104
無邪気	ムジャキ	名詞形状詞	512	365
風船	フウセン	名詞	511	675
下級	カキュウ	名詞	511	410
幾何	キカ	名詞	511	250
憲章	ケンショウ	名詞	511	1798
水辺	ミズベ	名詞	511	442
植木	ウエキ	名詞	511	823
山村	サンソン	名詞	510	725
推論	スイロン	名詞サ変	510	102
仏像	ブツゾウ	名詞	510	1144

告示	コクジ	名詞サ変	510	3690
開演	カイエン	名詞サ変	510	935
真珠	シンジュ	名詞	509	367
貧血	ヒンケツ	名詞サ変	509	364
格納	カクノウ	名詞サ変	509	1406
半減	ハンゲン	名詞サ変	509	3505
夕日	ユウヒ	名詞	508	677
過大	カダイ	名詞形状詞	508	1376
蒸発	ジョウハツ	名詞サ変	508	305
入賞	ニュウショウ	名詞サ変	508	5317
農水	ノウスイ	名詞	507	4595
性欲	セイヨク	名詞	507	136
恐慌	キョウコウ	名詞	507	643
究明	キュウメイ	名詞サ変	507	2783
強固	キョウコ	形状詞	507	1419
抗弁	コウベン	名詞サ変	507	54
本尊	ホンゾン	名詞	507	280
決行	ケッコウ	名詞サ変	507	446
帝王	テイオウ	名詞	507	545
当番	トウバン	名詞	506	395
快速	カイソク	名詞	506	1580
奉公	ホウコウ	名詞サ変	506	244
余剰	ヨジョウ	名詞	506	914
熟練	ジュクレン	名詞サ変	506	401
仮想	カソウ	名詞サ変	506	779
旗本	ハタモト	名詞	506	81
財閥	ザイバツ	名詞	505	499
要点	ヨウテン	名詞	505	148
製鉄	セイテツ	名詞	505	1972
田園	デンエン	名詞	505	786
従前	ジュウゼン	名詞	505	112
離職	リショク	名詞サ変	505	716
草案	ソウアン	名詞	505	2093
工法	コウホウ	名詞	504	921
直轄	チョッカツ	名詞サ変	504	1110
強行	キョウコウ	名詞サ変	504	2329
体格	タイカク	名詞	504	1294
献立	コンダテ	名詞	504	403
休息	キュウソク	名詞サ変	504	362
満了	マンリョウ	名詞サ変	504	2504
文面	ブンメン	名詞	504	431
主宰	シュサイ	名詞サ変	504	2441
伯母	オバ	名詞	503	259
備蓄	ビチク	名詞サ変	503	1862
店主	テンシュ	名詞	503	1905
車輪	シャリン	名詞	503	1076
駆動	クドウ	名詞サ変	503	691
名門	メイモン	名詞	503	1704
街頭	ガイトウ	名詞	503	3830
混入	コンニュウ	名詞サ変	503	2772
含有	ガンユウ	名詞サ変	502	657
武者	ムシャ	名詞	502	458
人前	ヒトマエ	名詞	502	446
谷間	タニマ	名詞	501	311
異例	イレイ	名詞	501	7942
等分	トウブン	名詞サ変	501	263
術後	ジュツゴ	名詞副詞	501	407
国交	コッコウ	名詞	501	12268
無罪	ムザイ	名詞	501	10225
耕地	コウチ	名詞	501	139
首位	シュイ	名詞	501	16025
平穏	ヘイオン	名詞形状詞	500	1034
側近	ソッキン	名詞	500	3240
算数	サンスウ	名詞	500	781
国体	コクタイ	名詞	500	2302
空軍	クウグン	名詞	500	1567
有給	ユウキュウ	名詞	500	474
上院	ジョウイン	名詞	499	6543
代償	ダイショウ	名詞	499	627
音波	オンパ	名詞	499	443
破棄	ハキ	名詞サ変	499	2100
陳述	チンジュツ	名詞サ変	499	2470
贔屓	ヒイキ	名詞サ変	499	418
局所	キョクショ	名詞	498	245
内需	ナイジュ	名詞	498	1401
用法	ヨウホウ	名詞	498	76
老舗	シニセ	名詞	498	1838
電信	デンシン	名詞	498	306
住職	ジュウショク	名詞	498	1538
罪悪	ザイアク	名詞	498	367
石器	セッキ	名詞	498	706
今頃	イマゴロ	名詞副詞	498	15
定食	テイショク	名詞	498	262
税関	ゼイカン	名詞	498	1272
岩石	ガンセキ	名詞	498	559
壊滅	カイメツ	名詞サ変	497	1686
退治	タイジ	名詞サ変	497	990
本性	ホンショウ	名詞	497	155

接点	セッテン	名詞	497	1102
紙面	シメン	名詞	496	4607
高山	コウザン	名詞	496	708
凶悪	キョウアク	形状詞	496	940
教習	キョウシュウ	名詞サ変	496	385
傷病	ショウビョウ	名詞	496	243
希薄	キハク	形状詞	496	897
系譜	ケイフ	名詞	495	371
同調	ドウチョウ	名詞サ変	495	1900
破片	ハヘン	名詞	495	1046
愛着	アイチャク	名詞サ変	495	826
多忙	タボウ	名詞形状詞	494	976
私学	シガク	名詞	494	1042
南下	ナンカ	名詞サ変	494	510
感慨	カンガイ	名詞	494	1581
出所	デドコロ	名詞	494	82
年少	ネンショウ	名詞	494	2942
格段	カクダン	形状詞	494	719
物音	モノオト	名詞	494	231
試練	シレン	名詞	494	1338
狂言	キョウゲン	名詞	493	1175
夜景	ヤケイ	名詞	493	333
台地	ダイチ	名詞	493	115
事典	ジテン	名詞	493	1222
吸引	キュウイン	名詞サ変	493	1004
果樹	カジュ	名詞	493	387
歌声	ウタゴエ	名詞	492	1256
牽引	ケンイン	名詞サ変	492	2287
疎開	ソカイ	名詞サ変	492	1043
立方	リッポウ	名詞	492	1439
悪臭	アクシュウ	名詞	491	235
境地	キョウチ	名詞	491	736
曜日	ヨウビ	名詞	491	393
謄本	トウホン	名詞	491	211
壁面	ヘキメン	名詞	491	737
放課	ホウカ	名詞	491	703
薔薇	バラ	名詞	491	241
多岐	タキ	名詞形状詞	490	695
反響	ハンキョウ	名詞サ変	490	1577
臆病	オクビョウ	名詞形状詞	490	299
倍率	バイリツ	名詞	490	1626
海辺	ウミベ	名詞	490	594
別居	ベッキョ	名詞サ変	490	616
山林	サンリン	名詞	490	1323
時速	ジソク	名詞	490	2177
謙虚	ケンキョ	形状詞	490	1446
平坦	ヘイタン	名詞形状詞	489	605
賛同	サンドウ	名詞サ変	489	2917
屈折	クッセツ	名詞サ変	489	341
上述	ジョウジュツ	名詞サ変	489	6
提灯	チョウチン	名詞	489	795
陶器	トウキ	名詞	489	407
軽快	ケイカイ	名詞サ変	489	783
漁港	ギョコウ	名詞	489	1130
税収	ゼイシュウ	名詞	489	4132
華麗	カレイ	名詞形状詞	489	1264
金髪	キンパツ	名詞	489	159
有様	アリサマ	名詞	489	22
溶液	ヨウエキ	名詞	489	127
名声	メイセイ	名詞	489	292
入荷	ニュウカ	名詞サ変	489	323
歩兵	フヒョウ	名詞	488	154
付録	フロク	名詞サ変	488	345
仏法	ブッポウ	名詞	488	40
発病	ハツビョウ	名詞サ変	488	586
和食	ワショク	名詞	488	514
本陣	ホンジン	名詞	488	45
上達	ジョウタツ	名詞サ変	487	464
毒性	ドクセイ	名詞	487	727
最良	サイリョウ	名詞	487	492
接客	セッキャク	名詞サ変	487	669
発進	ハッシン	名詞サ変	487	2970
解凍	カイトウ	名詞サ変	486	224
団塊	ダンカイ	名詞	486	3030
在留	ザイリュウ	名詞サ変	486	1396
打線	ダセン	名詞	486	10570
宣教	センキョウ	名詞サ変	486	201
祈願	キガン	名詞サ変	486	806
鈍化	ドンカ	名詞サ変	486	1156
書状	ショジョウ	名詞	486	76
水溶	スイヨウ	名詞	486	136
誤差	ゴサ	名詞	485	396
主語	シュゴ	名詞	485	122
病理	ビョウリ	名詞	485	580
脱退	ダッタイ	名詞サ変	485	1420
一転	イッテン	名詞サ変	485	3404
物権	ブッケン	名詞	484	37
極度	キョクド	名詞形状詞	484	514

喚起	カンキ	名詞サ変	484	1455
領事	リョウジ	名詞	484	2177
調印	チョウイン	名詞サ変	484	1936
平常	ヘイジョウ	名詞	483	828
外的	ガイテキ	形状詞	483	92
陶芸	トウゲイ	名詞	483	1305
無断	ムダン	名詞	483	2405
支局	シキョク	名詞	483	7731
稲作	イナサク	名詞	483	494
卵巣	ランソウ	名詞	483	375
驚異	キョウイ	名詞	483	762
極楽	ゴクラク	名詞	482	390
事変	ジヘン	名詞	482	337
巫女	ミコ	名詞	482	73
軍勢	グンゼイ	名詞	482	63
間柄	アイダガラ	名詞	482	422
上段	ジョウダン	名詞	481	406
太刀	タチ	名詞	481	79
修学	シュウガク	名詞サ変	481	1426
防除	ボウジョ	名詞	481	94
実演	ジツエン	名詞サ変	481	628
水銀	スイギン	名詞	481	758
監獄	カンゴク	名詞	480	324
全土	ゼンド	名詞	480	1222
総体	ソウタイ	名詞	480	1893
硫酸	リュウサン	名詞	480	206
伝染	デンセン	名詞サ変	480	614
密集	ミッシュウ	名詞サ変	480	1307
体感	タイカン	名詞サ変	480	1000
音色	ネイロ	名詞	480	981
氾濫	ハンラン	名詞サ変	480	757
撤回	テッカイ	名詞サ変	479	5000
勘弁	カンベン	名詞サ変	479	216
従属	ジュウゾク	名詞サ変	479	263
噴出	フンシュツ	名詞サ変	479	1922
一団	イチダン	名詞	479	172
超越	チョウエツ	名詞サ変	479	222
参院	サンイン	名詞	479	41260
車線	シャセン	名詞	478	1918
骨盤	コツバン	名詞	478	390
暗黒	アンコク	名詞	478	425
天辺	テッペン	名詞	478	174
硫黄	イオウ	名詞	478	1103
尻尾	シッポ	名詞	478	35
介助	カイジョ	名詞サ変	478	1258
偵察	テイサツ	名詞サ変	478	633
電線	デンセン	名詞	478	842
搬送	ハンソウ	名詞サ変	478	5854
離乳	リニュウ	名詞サ変	478	186
文言	モンゴン	名詞	478	1529
別表	ベッピョウ	名詞	477	309
大層	タイソウ	形状詞	477	71
先制	センセイ	名詞サ変	477	10721
一目	イチモク	名詞サ変	477	337
各人	カクジン	名詞	477	162
遺物	イブツ	名詞	477	334
結集	ケッシュウ	名詞サ変	476	1540
減速	ゲンソク	名詞サ変	476	3891
美化	ビカ	名詞サ変	476	367
相棒	アイボウ	名詞	476	538
式典	シキテン	名詞	476	5447
尽力	ジンリョク	名詞サ変	476	2005
体積	タイセキ	名詞	476	168
宗派	シュウハ	名詞	475	1304
肺癌	ハイガン	名詞	475	2180
中等	チュウトウ	名詞	475	916
頭蓋	ズガイ	名詞	475	459
浴衣	ユカタ	名詞	475	532
抗原	コウゲン	名詞	475	129
同感	ドウカン	名詞サ変	475	496
小鳥	コトリ	名詞	474	397
鉄筋	テッキン	名詞	474	1439
無念	ムネン	名詞形状詞	474	2342
年内	ネンナイ	名詞	474	6976
首筋	クビスジ	名詞	474	88
家人	ケニン	名詞	474	221
太夫	タユウ	名詞	473	238
極限	キョクゲン	名詞	473	552
在来	ザイライ	名詞	473	1045
後年	コウネン	名詞副詞	473	264
功労	コウロウ	名詞	473	1334
生死	セイシ	名詞	473	671
合掌	ガッショウ	名詞サ変	472	247
補導	ホドウ	名詞サ変	472	505
気合	キアイ	名詞	472	1494
環状	カンジョウ	名詞	472	876
売店	バイテン	名詞	472	515
書道	ショドウ	名詞	472	4947

腹筋	フッキン	名詞	471	251
主席	シュセキ	名詞	471	9095
無名	ムメイ	名詞	471	960
伝記	デンキ	名詞	471	606
参道	サンドウ	名詞	471	852
長編	チョウヘン	名詞	470	1673
労災	ロウサイ	名詞	470	3624
暗黙	アンモク	名詞	470	364
初級	ショキュウ	名詞	470	204
社外	シャガイ	名詞	470	1568
花壇	カダン	名詞	470	367
連立	レンリツ	名詞サ変	470	9315
察知	サッチ	名詞サ変	470	580
聴衆	チョウシュウ	名詞	469	1342
強硬	キョウコウ	形状詞	469	4741
皮質	ヒシツ	名詞	469	124
八幡	ハチマン	名詞	469	470
国政	コクセイ	名詞	469	3772
愛撫	アイブ	名詞サ変	469	8
省令	ショウレイ	名詞	469	478
後援	コウエン	名詞サ変	469	9200
渡来	トライ	名詞サ変	469	190
試作	シサク	名詞サ変	469	833
遺憾	イカン	形状詞	469	2894
詩集	シシュウ	名詞	468	1397
服従	フクジュウ	名詞サ変	468	160
模範	モハン	名詞	468	551
可憐	カレン	形状詞	468	411
石段	イシダン	名詞	468	245
機内	キナイ	名詞	468	1120
好物	コウブツ	名詞	467	489
剥離	ハクリ	名詞サ変	467	270
併合	ヘイゴウ	名詞サ変	467	830
母体	ボタイ	名詞	467	1761
味覚	ミカク	名詞	466	706
組成	ソセイ	名詞サ変	466	203
粉末	フンマツ	名詞	466	571
祭壇	サイダン	名詞	466	455
渡航	トコウ	名詞サ変	466	1746
物産	ブッサン	名詞	465	2268
追記	ツイキ	名詞サ変	465	38
当地	トウチ	名詞	465	5404
歌謡	カヨウ	名詞	465	1571
同棲	ドウセイ	名詞サ変	465	128
用地	ヨウチ	名詞	465	938
露骨	ロコツ	形状詞	464	498
母音	ボイン	名詞	464	77
連発	レンパツ	名詞サ変	464	2064
常任	ジョウニン	名詞サ変	464	6495
和室	ワシツ	名詞	464	614
定例	テイレイ	名詞	464	3840
産品	サンヒン	名詞	464	428
授乳	ジュニュウ	名詞サ変	464	384
同化	ドウカ	名詞サ変	463	233
解読	カイドク	名詞サ変	463	583
起床	キショウ	名詞サ変	463	410
寛容	カンヨウ	名詞形状詞	463	779
健在	ケンザイ	名詞形状詞	463	1539
招集	ショウシュウ	名詞サ変	463	2284
失踪	シッソウ	名詞サ変	462	1072
狂気	キョウキ	名詞	462	356
裕福	ユウフク	形状詞	462	477
根気	コンキ	名詞	461	337
優勢	ユウセイ	名詞形状詞	461	3122
来訪	ライホウ	名詞サ変	461	398
水晶	スイショウ	名詞	461	328
適性	テキセイ	名詞	461	642
別人	ベツジン	名詞	461	975
平衡	ヘイコウ	名詞サ変	461	107
枚数	マイスウ	名詞	461	720
中火	チュウビ	名詞	461	194
一揆	イッキ	名詞	461	80
選別	センベツ	名詞サ変	461	732
塩化	エンカ	名詞サ変	461	265
堕落	ダラク	名詞サ変	461	218
伝導	デンドウ	名詞サ変	461	347
屏風	ビョウブ	名詞	460	1006
用件	ヨウケン	名詞	460	113
女史	ジョシ	名詞	460	53
弱火	ヨワビ	名詞	460	280
御殿	ゴテン	名詞	460	398
勃発	ボッパツ	名詞サ変	460	307
定量	テイリョウ	名詞	460	111
定時	テイジ	名詞	460	1229
出陣	シュツジン	名詞サ変	460	469
称号	ショウゴウ	名詞	459	602
海中	カイチュウ	名詞	459	729
夢見	ユメミル	動詞	459	857

殺到	サットウ	名詞サ変	459	2433
逸脱	イツダツ	名詞サ変	459	908
終点	シュウテン	名詞	459	266
火燵	コタツ	名詞	458	659
途轍	トテツ	名詞	458	272
盗難	トウナン	名詞	458	1921
暴動	ボウドウ	名詞	458	3256
探査	タンサ	名詞サ変	458	2695
音量	オンリョウ	名詞	458	429
機密	キミツ	名詞	458	1914
水温	スイオン	名詞	458	674
就寝	シュウシン	名詞サ変	458	858
競売	キョウバイ	名詞サ変	457	1987
達人	タツジン	名詞	457	590
一室	イッシツ	名詞	457	1391
投機	トウキ	名詞	457	1270
楽譜	ガクフ	名詞	457	520
楕円	ダエン	名詞	457	533
間伐	カンバツ	名詞サ変	457	684
直観	チョッカン	名詞サ変	456	58
境遇	キョウグウ	名詞	456	763
運航	ウンコウ	名詞サ変	456	2957
外傷	ガイショウ	名詞	455	1819
強大	キョウダイ	名詞形状詞	455	362
河原	カワラ	名詞	455	320
志願	シガン	名詞サ変	455	1669
志士	シシ	名詞	455	153
道筋	ミチスジ	名詞	455	3157
有償	ユウショウ	名詞	455	466
遅延	チエン	名詞サ変	455	603
土間	ドマ	名詞	454	179
洞察	ドウサツ	名詞サ変	454	289
没頭	ボットウ	名詞サ変	454	539
献金	ケンキン	名詞サ変	454	7722
催促	サイソク	名詞サ変	454	257
成型	セイケイ	名詞サ変	454	179
総量	ソウリョウ	名詞	454	728
本棚	ホンダナ	名詞	454	8026
光明	コウミョウ	名詞	454	771
模倣	モホウ	名詞サ変	453	546
図式	ズシキ	名詞サ変	453	311
採掘	サイクツ	名詞サ変	453	839
等級	トウキュウ	名詞	453	443
磁石	ジシャク	名詞	453	270
人脈	ジンミャク	名詞	453	1142
代官	ダイカン	名詞	453	92
病変	ビョウヘン	名詞	453	181
開封	カイフウ	名詞サ変	453	428
必需	ヒツジュ	名詞	452	652
大麻	タイマ	名詞	452	3167
魅了	ミリョウ	名詞サ変	452	1357
高台	タカダイ	名詞	452	2440
束縛	ソクバク	名詞サ変	452	199
料亭	リョウテイ	名詞	451	849
在職	ザイショク	名詞サ変	451	734
激減	ゲキゲン	名詞サ変	451	2315
嗜好	シコウ	名詞サ変	450	242
管財	カンザイ	名詞	450	1195
新入	シンニュウ	名詞	450	1369
変態	ヘンタイ	名詞サ変	450	52
優越	ユウエツ	名詞サ変	450	457
重宝	チョウホウ	名詞サ変	450	362
密教	ミッキョウ	名詞	449	106
次期	ジキ	名詞	449	11186
網膜	モウマク	名詞	449	557
筋力	キンリョク	名詞	449	971
欠席	ケッセキ	名詞サ変	449	3519
調教	チョウキョウ	名詞サ変	449	842
股間	コカン	名詞	449	58
最古	サイコ	名詞	448	1402
概観	ガイカン	名詞サ変	448	124
恣意	シイ	名詞	448	1074
未遂	ミスイ	名詞	448	7087
司教	シキョウ	名詞	448	328
伝票	デンピョウ	名詞	448	533
念願	ネンガン	名詞サ変	447	1095
先駆	センク	名詞サ変	447	814
助長	ジョチョウ	名詞サ変	447	1046
成就	ジョウジュ	名詞サ変	447	396
村落	ソンラク	名詞	447	86
傲慢	ゴウマン	名詞形状詞	447	352
殺菌	サッキン	名詞サ変	447	377
真意	シンイ	名詞	446	1076
軟骨	ナンコツ	名詞	446	326
潮流	チョウリュウ	名詞	446	879
約款	ヤッカン	名詞	446	252
突起	トッキ	名詞サ変	446	292
褒美	ホウビ	名詞	446	348

天守	テンシュ	名詞	445	388
騎兵	キヘイ	名詞	445	41
神学	シンガク	名詞	445	362
列挙	レッキョ	名詞サ変	445	691
下層	カソウ	名詞	445	243
補填	ホテン	名詞サ変	445	1212
始動	シドウ	名詞サ変	445	1817
理学	リガク	名詞	445	897
信徒	シント	名詞	445	331
同種	ドウシュ	名詞	445	1191
抑止	ヨクシ	名詞サ変	445	2617
血行	ケッコウ	名詞	445	204
進入	シンニュウ	名詞サ変	445	1345
万事	バンジ	名詞	444	282
乖離	カイリ	名詞サ変	444	889
材質	ザイシツ	名詞	444	301
公爵	コウシャク	名詞	444	64
培地	バイチ	名詞	444	23
横綱	ヨコヅナ	名詞	443	9389
村長	ソンチョウ	名詞	443	1677
次長	ジチョウ	名詞サ変	443	5082
型式	ケイシキ	名詞	443	205
帰省	キセイ	名詞サ変	443	1441
王者	オウジャ	名詞	443	7330
萎縮	イシュク	名詞サ変	443	1636
遠方	エンポウ	名詞	442	483
刑罰	ケイバツ	名詞	442	632
隠元	インゲン	名詞	442	282
民謡	ミンヨウ	名詞	442	676
渓谷	ケイコク	名詞	442	405
増税	ゾウゼイ	名詞サ変	442	15252
町人	チョウニン	名詞	442	172
版画	ハンガ	名詞	441	1419
外界	ガイカイ	名詞	441	156
上等	ジョウトウ	名詞形状詞	441	243
太郎	タロウ	名詞	441	844
月経	ゲッケイ	名詞	441	262
律令	リツリョウ	名詞	441	148
締約	テイヤク	名詞サ変	441	1730
瞑想	メイソウ	名詞サ変	441	150
背骨	セボネ	名詞	441	542
分娩	ブンベン	名詞サ変	441	557
推察	スイサツ	名詞サ変	441	191
大木	タイボク	名詞	440	450
現職	ゲンショク	名詞	440	8099
工具	コウグ	名詞	440	410
暖簾	ノレン	名詞	440	588
蜘蛛	クモ	名詞	440	140
一撃	イチゲキ	名詞サ変	440	418
分譲	ブンジョウ	名詞サ変	440	1267
配下	ハイカ	名詞	439	156
返却	ヘンキャク	名詞サ変	439	980
有意	ユウイ	名詞形状詞	439	80
軍縮	グンシュク	名詞	439	3013
墜落	ツイラク	名詞サ変	439	3275
高圧	コウアツ	名詞	439	783
刃物	ハモノ	名詞	439	2691
城主	ジョウシュ	名詞	439	71
官吏	カンリ	名詞	439	79
授与	ジュヨ	名詞サ変	439	1605
抹茶	マッチャ	名詞	438	293
反転	ハンテン	名詞サ変	438	1036
貴様	キサマ	代名詞	438	14
迫害	ハクガイ	名詞サ変	438	573
青銅	セイドウ	名詞	438	213
繁盛	ハンジョウ	名詞サ変	438	978
軽視	ケイシ	名詞サ変	438	1823
冷房	レイボウ	名詞サ変	437	947
豪族	ゴウゾク	名詞	437	79
勾配	コウバイ	名詞	437	186
転載	テンサイ	名詞サ変	437	323
口径	コウケイ	名詞	437	198
楽観	ラッカン	名詞サ変	437	1872
判別	ハンベツ	名詞サ変	437	481
椰子	ヤシ	名詞	437	319
出頭	シュットウ	名詞サ変	437	1684
多用	タヨウ	名詞サ変	436	1011
希少	キショウ	形状詞	436	924
抜粋	バッスイ	名詞サ変	436	348
接合	セツゴウ	名詞サ変	436	286
期末	キマツ	名詞	435	403
主食	シュショク	名詞	435	500
労力	ロウリョク	名詞	435	370
北上	ホクジョウ	名詞サ変	435	796
血清	ケッセイ	名詞	435	123
馬力	バリキ	名詞助数詞	435	287
奨学	ショウガク	名詞	435	7951
原案	ゲンアン	名詞	435	2841

外壁	ガイヘキ	名詞	434	1144
不運	フウン	名詞形状詞	434	525
妻子	サイシ	名詞	434	777
下地	シタジ	名詞	434	478
盆地	ボンチ	名詞	434	291
配属	ハイゾク	名詞サ変	434	711
星座	セイザ	名詞	434	215
伝言	デンゴン	名詞サ変	434	1275
突進	トッシン	名詞サ変	434	447
学芸	ガクゲイ	名詞	434	3296
失調	シッチョウ	名詞	433	965
死因	シイン	名詞	433	3906
線量	センリョウ	名詞	433	6838
彩色	サイシキ	名詞サ変	433	559
塗料	トリョウ	名詞	433	484
老朽	ロウキュウ	名詞サ変	433	1781
閉店	ヘイテン	名詞サ変	432	1195
性器	セイキ	名詞	432	143
力士	リキシ	名詞	432	7095
初歩	ショホ	名詞	432	228
大賞	タイショウ	名詞	432	7136
断然	ダンゼン	副詞	432	227
満期	マンキ	名詞	432	562
保温	ホオン	名詞サ変	431	510
種族	シュゾク	名詞	431	31
特約	トクヤク	名詞サ変	431	708
肥大	ヒダイ	名詞サ変	431	568
二塁	ニルイ	名詞	431	13615
学識	ガクシキ	名詞	431	643
被爆	ヒバク	名詞サ変	431	13113
防備	ボウビ	名詞サ変	431	273
出走	シュッソウ	名詞サ変	431	2449
明後日	ミョウゴニチ	名詞副詞	431	37
直撃	チョクゲキ	名詞サ変	430	2991
鎮静	チンセイ	名詞サ変	430	215
花束	ハナタバ	名詞	430	1137
木立	コダチ	名詞	430	174
却下	キャッカ	名詞サ変	430	1982
人称	ニンショウ	名詞	430	287
朝刊	チョウカン	名詞	429	563850
大寺	ダイジ	名詞	429	592
競走	キョウソウ	名詞サ変	429	1413
元本	ガンポン	名詞	429	929
信条	シンジョウ	名詞	429	833
連覇	レンパ	名詞サ変	429	15704
大概	タイガイ	名詞副詞	428	103
酵母	コウボ	名詞	428	302
車庫	シャコ	名詞	428	557
激励	ゲキレイ	名詞サ変	428	2344
倍増	バイゾウ	名詞サ変	428	2523
愛称	アイショウ	名詞	428	1827
市税	シゼイ	名詞	428	199
余談	ヨダン	名詞	428	73
楽章	ガクショウ	名詞	428	364
散布	サンプ	名詞サ変	428	553
分断	ブンダン	名詞サ変	428	1477
終焉	シュウエン	名詞サ変	428	382
慈悲	ジヒ	名詞	428	218
土俵	ドヒョウ	名詞	427	5563
制覇	セイハ	名詞サ変	427	5541
文体	ブンタイ	名詞	427	667
塩素	エンソ	名詞	427	365
格安	カクヤス	形状詞	427	1437
本塁	ホンルイ	名詞	427	18301
体外	タイガイ	名詞	426	1008
小包	コヅツミ	名詞	426	327
共用	キョウヨウ	名詞サ変	426	929
燐酸	リンサン	名詞	426	126
自負	ジフ	名詞サ変	426	1374
農作	ノウサク	名詞	426	725
新婦	シンプ	名詞	426	196
軍部	グンブ	名詞	426	895
終盤	シュウバン	名詞	426	6393
採点	サイテン	名詞サ変	425	1551
移送	イソウ	名詞サ変	425	1897
来客	ライキャク	名詞	425	414
始終	シジュウ	名詞副詞	425	173
融通	ユウズウ	名詞サ変	425	1139
浸水	シンスイ	名詞サ変	425	2975
三郎	サブロウ	名詞	425	258
灰皿	ハイザラ	名詞	425	286
切実	セツジツ	形状詞	424	1143
着信	チャクシン	名詞サ変	424	396
反日	ハンニチ	名詞	424	2724
氷河	ヒョウガ	名詞	424	1055
消息	ショウソク	名詞	424	948
貸与	タイヨ	名詞サ変	424	959
部局	ブキョク	名詞	424	888

地道	ジミチ	形状詞	424	1637
少将	ショウショウ	名詞	424	286
親類	シンルイ	名詞	424	1535
強姦	ゴウカン	名詞サ変	423	3523
遊戯	ユウギ	名詞サ変	423	275
不尽	フジン	名詞	423	893
夕刊	ユウカン	名詞	423	215398
速報	ソクホウ	名詞サ変	423	5932
漁獲	ギョカク	名詞サ変	423	1276
異論	イロン	名詞	423	2564
半月	ハンツキ	名詞	423	571
無謀	ムボウ	名詞形状詞	422	695
略奪	リャクダツ	名詞サ変	422	617
域内	イキナイ	名詞	422	1151
遊女	ユウジョ	名詞	422	184
軍国	グンコク	名詞	422	546
積雪	セキセツ	名詞	422	1135
公家	クゲ	名詞	421	132
配送	ハイソウ	名詞サ変	420	779
傍聴	ボウチョウ	名詞サ変	420	2283
大口	オオクチ	名詞	420	982
零細	レイサイ	形状詞	420	607
全盛	ゼンセイ	名詞	420	768
採決	サイケツ	名詞サ変	420	6999
挑発	チョウハツ	名詞サ変	420	1695
幼少	ヨウショウ	名詞	420	880
有数	ユウスウ	形状詞	420	1383
病態	ビョウタイ	名詞	420	112
家政	カセイ	名詞	420	461
声優	セイユウ	名詞	420	528
減免	ゲンメン	名詞サ変	419	1310
窮屈	キュウクツ	形状詞	419	451
直行	チョッコウ	名詞サ変	419	709
小雨	コサメ	名詞	419	412
白衣	ハクイ	名詞	419	189
黒髪	クロカミ	名詞	419	143
試食	シショク	名詞サ変	419	508
度数	ドスウ	名詞	419	222
電位	デンイ	名詞	419	14
優待	ユウタイ	名詞サ変	419	317
胸部	キョウブ	名詞	419	452
改築	カイチク	名詞サ変	419	713
脱却	ダッキャク	名詞サ変	418	3461
旋回	センカイ	名詞サ変	418	399
対峙	タイジ	名詞サ変	418	598
郷里	キョウリ	名詞	418	515
投棄	トウキ	名詞サ変	418	1150
連関	レンカン	名詞サ変	418	53
宮中	キュウチュウ	名詞	418	462
摘発	テキハツ	名詞サ変	417	3367
沈下	チンカ	名詞サ変	417	634
賞味	ショウミ	名詞サ変	417	1243
先手	センテ	名詞	417	1674
無垢	ムク	名詞形状詞	417	585
無残	ムザン	形状詞	417	568
国歌	コッカ	名詞	417	786
付随	フズイ	名詞サ変	417	166
凝固	ギョウコ	名詞サ変	417	150
怪獣	カイジュウ	名詞	417	336
威嚇	イカク	名詞サ変	416	584
月日	ツキヒ	名詞	416	265
紅白	コウハク	名詞	416	1853
定理	テイリ	名詞	416	62
祈祷	キトウ	名詞サ変	416	177
攻勢	コウセイ	名詞	416	3284
地場	ジバ	名詞	415	452
胴体	ドウタイ	名詞	415	640
感嘆	カンタン	名詞サ変	415	316
官能	カンノウ	名詞	415	253
点在	テンザイ	名詞サ変	415	769
奇怪	キカイ	名詞形状詞	415	153
破裂	ハレツ	名詞サ変	415	861
力量	リキリョウ	名詞	414	965
遊牧	ユウボク	名詞サ変	414	296
儒教	ジュキョウ	名詞	414	174
変質	ヘンシツ	名詞サ変	414	426
冷水	レイスイ	名詞	413	306
解禁	カイキン	名詞サ変	413	2845
片側	カタガワ	名詞	413	749
鎮痛	チンツウ	名詞	413	253
憲兵	ケンペイ	名詞	413	225
木工	モッコウ	名詞	413	237
催眠	サイミン	名詞	413	100
膀胱	ボウコウ	名詞	413	358
嘱託	ショクタク	名詞サ変	413	828
学長	ガクチョウ	名詞	413	3206
利得	リトク	名詞	413	281
家中	カチュウ	名詞	413	144

一門	イチモン	名詞	413	1228
安置	アンチ	名詞サ変	412	966
異変	イヘン	名詞	412	1166
中盤	チュウバン	名詞副詞	412	3708
先般	センパン	名詞	412	52
中佐	チュウサ	名詞	412	287
出撃	シュツゲキ	名詞サ変	412	294
唾液	ダエキ	名詞	412	514
脊椎	セキツイ	名詞	412	482
山麓	サンロク	名詞	412	367
真宗	シンシュウ	名詞	411	548
小指	コユビ	名詞	411	413
甘味	アマミ	名詞	411	41
辞職	ジショク	名詞サ変	411	4659
月給	ゲッキュウ	名詞	411	854
障壁	ショウヘキ	名詞	411	662
軌跡	キセキ	名詞	411	1398
心底	シンソコ	名詞副詞	411	262
代物	シロモノ	名詞	411	100
驚愕	キョウガク	名詞サ変	411	161
未練	ミレン	名詞形状詞	411	299
顕在	ケンザイ	名詞サ変	410	514
続出	ゾクシュツ	名詞サ変	410	2171
眠気	ネムケ	名詞	409	368
大砲	タイホウ	名詞	409	294
照会	ショウカイ	名詞サ変	409	1717
節目	フシメ	名詞	409	2909
利率	リリツ	名詞	409	593
知見	チケン	名詞	408	823
末日	マツジツ	名詞	408	167
呼応	コオウ	名詞サ変	408	525
共犯	キョウハン	名詞	408	779
茶道	サドウ	名詞	408	393
投球	トウキュウ	名詞サ変	408	8421
耐性	タイセイ	名詞	408	844
関白	カンパク	名詞	408	97
装甲	ソウコウ	名詞	408	289
背広	セビロ	名詞	407	472
量産	リョウサン	名詞サ変	407	1275
炭鉱	タンコウ	名詞	407	1036
放浪	ホウロウ	名詞サ変	407	610
返金	ヘンキン	名詞サ変	407	1009
探求	タンキュウ	名詞サ変	407	472
紛失	フンシツ	名詞サ変	407	2074
講堂	コウドウ	名詞	406	1001
蓮根	レンコン	名詞	406	251
起点	キテン	名詞	406	987
異端	イタン	名詞	406	345
送迎	ソウゲイ	名詞サ変	406	1204
降水	コウスイ	名詞	405	602
世俗	セゾク	名詞	405	667
解像	カイゾウ	名詞	405	151
波動	ハドウ	名詞	405	94
脱走	ダッソウ	名詞サ変	405	673
円盤	エンバン	名詞	405	587
量販	リョウハン	名詞サ変	405	1715
固体	コタイ	名詞	405	202
不備	フビ	名詞形状詞	405	2619
半角	ハンカク	名詞	405	10
眼前	ガンゼン	名詞	405	235
耳鼻	ジビ	名詞	405	312
不可解	フカカイ	形状詞	405	588
特攻	トッコウ	名詞	404	724
永住	エイジュウ	名詞サ変	404	787
門前	モンゼン	名詞	404	407
交番	コウバン	名詞	404	1325
教義	キョウギ	名詞	404	208
未定	ミテイ	名詞形状詞	404	3964
月刊	ゲッカン	名詞	403	2054
単行	タンコウ	名詞サ変	403	1094
荘園	ショウエン	名詞	403	57
布告	フコク	名詞サ変	403	324
卓球	タッキュウ	名詞	403	3187
夏場	ナツバ	名詞	402	1303
即決	ソッケツ	名詞サ変	402	143
陣痛	ジンツウ	名詞	402	191
沿線	エンセン	名詞	402	956
形質	ケイシツ	名詞	402	38
電化	デンカ	名詞サ変	402	704
鑑別	カンベツ	名詞サ変	402	248
傘下	サンカ	名詞	402	4970
投影	トウエイ	名詞サ変	402	505
雑巾	ゾウキン	名詞	402	349
年頃	トシゴロ	名詞	402	20
母性	ボセイ	名詞	402	279
敬称	ケイショウ	名詞	401	4504
野原	ノハラ	名詞	401	504
大軍	タイグン	名詞	401	53

愕然	ガクゼン	形状詞	401	390
祝儀	シュウギ	名詞	401	222
編入	ヘンニュウ	名詞サ変	401	724
批准	ヒジュン	名詞サ変	400	2869
中傷	チュウショウ	名詞サ変	400	1172
後頭	コウトウ	名詞	400	413
毎度	マイド	名詞	400	246
不眠	フミン	名詞	400	674
座談	ザダン	名詞サ変	400	870
攘夷	ジョウイ	名詞	400	97
浪費	ロウヒ	名詞サ変	400	409
草木	クサキ	名詞	400	366
集権	シュウケン	名詞	399	328
足場	アシバ	名詞	399	1036
野蛮	ヤバン	名詞形状詞	399	181
万博	バンパク	名詞	399	3705
無機	ムキ	名詞	399	241
老中	ロウジュウ	名詞	399	65
山荘	サンソウ	名詞	399	476
概算	ガイサン	名詞サ変	398	2434
結束	ケッソク	名詞サ変	398	2875
洗顔	センガン	名詞サ変	398	226
逃避	トウヒ	名詞サ変	398	439
浮世	ウキヨ	名詞	398	824
同月	ドウゲツ	名詞副詞	398	6680
混沌	コントン	形状詞	398	682
日陰	ヒカゲ	名詞	398	202
西南	セイナン	名詞	398	332
救護	キュウゴ	名詞サ変	397	797
天子	テンシ	名詞	397	59
根幹	コンカン	名詞	397	1238
多面	タメン	名詞	397	425
盛大	セイダイ	形状詞	397	294
出火	シュッカ	名詞サ変	397	4288
改装	カイソウ	名詞サ変	397	1180
開港	カイコウ	名詞サ変	397	900
充当	ジュウトウ	名詞サ変	396	378
献身	ケンシン	名詞サ変	396	579
序列	ジョレツ	名詞	396	817
洗礼	センレイ	名詞	396	319
煙突	エントツ	名詞	396	317
出馬	シュツバ	名詞サ変	396	10384
小隊	ショウタイ	名詞	395	82
震度	シンド	名詞	395	5651
封鎖	フウサ	名詞サ変	395	1609
無礼	ブレイ	名詞形状詞	395	155
異物	イブツ	名詞	395	515
短所	タンショ	名詞	395	180
疼痛	トウツウ	名詞	395	31
趣向	シュコウ	名詞	394	579
確固	カッコ	形状詞	394	406
侮辱	ブジョク	名詞サ変	394	693
曲目	キョクモク	名詞	394	253
提督	テイトク	名詞	394	82
加齢	カレイ	名詞	394	972
邸宅	テイタク	名詞	394	481
一線	イッセン	名詞	394	2057
凶器	キョウキ	名詞	394	1194
三振	サンシン	名詞サ変	394	10226
城壁	ジョウヘキ	名詞	394	131
造林	ゾウリン	名詞サ変	393	86
内戦	ナイセン	名詞	393	3175
暖炉	ダンロ	名詞	393	97
光子	コウシ	名詞	393	149
草子	ソウシ	名詞	393	196
螺旋	ラセン	名詞	393	235
定石	ジョウセキ	名詞	393	137
亀裂	キレツ	名詞サ変	393	2033
身辺	シンペン	名詞	392	341
高官	コウカン	名詞	392	4253
絶叫	ゼッキョウ	名詞サ変	392	452
西暦	セイレキ	名詞	392	133
陰性	インセイ	名詞形状詞	391	397
界隈	カイワイ	名詞	391	339
効能	コウノウ	名詞	391	404
吐息	トイキ	名詞	391	70
漫才	マンザイ	名詞	391	1464
昼夜	チュウヤ	名詞	391	544
煎餅	センベイ	名詞	391	376
過敏	カビン	名詞形状詞	391	430
本場	ホンバ	名詞	391	758
打開	ダカイ	名詞サ変	391	2842
先導	センドウ	名詞サ変	391	748
火炎	カエン	名詞	390	645
絵図	エズ	名詞	390	119
召集	ショウシュウ	名詞サ変	390	1987
中級	チュウキュウ	名詞	390	268
小口	コグチ	名詞	390	639

脳内	ノウナイ	名詞	390	727
柑橘	カンキツ	名詞	390	212
美貌	ビボウ	名詞	390	171
無職	ムショク	名詞	389	19584
物的	ブッテキ	形状詞	389	171
協約	キョウヤク	名詞サ変	389	729
領地	リョウチ	名詞	389	50
直角	チョッカク	名詞形状詞	389	113
行程	コウテイ	名詞	389	660
新郎	シンロウ	名詞	389	201
校内	コウナイ	名詞	389	1227
毒素	ドクソ	名詞	389	163
王妃	オウヒ	名詞	389	335
死骸	シガイ	名詞	388	542
叙述	ジョジュツ	名詞サ変	388	118
党員	トウイン	名詞	388	3053
木戸	キド	名詞	388	467
道端	ミチバタ	名詞	388	322
心地	ココチ	名詞	388	346
発泡	ハッポウ	名詞サ変	388	1143
範疇	ハンチュウ	名詞	388	109
短大	タンダイ	名詞	388	2228
人文	ジンブン	名詞	388	545
未亡人	ミボウジン	名詞	388	52
銃声	ジュウセイ	名詞	387	304
歌劇	カゲキ	名詞	387	1484
暗記	アンキ	名詞サ変	387	293
毛穴	ケアナ	名詞	387	126
長身	チョウシン	名詞	387	1163
不吉	フキツ	名詞形状詞	387	95
感傷	カンショウ	名詞	387	254
本命	ホンメイ	名詞	387	1333
陳列	チンレツ	名詞サ変	387	643
自白	ジハク	名詞サ変	387	2518
新田	シンタ	名詞	387	60
時分	ジブン	名詞副詞	387	175
材木	ザイモク	名詞	386	306
語句	ゴク	名詞	386	155
灯台	トウダイ	名詞	386	411
骨董	コットウ	名詞	386	450
治水	チスイ	名詞サ変	386	809
繁華	ハンカ	形状詞	386	1445
紙袋	カミブクロ	名詞	386	340
市営	シエイ	名詞	386	2493
発車	ハッシャ	名詞サ変	386	904
勇敢	ユウカン	形状詞	385	183
大判	オオバン	名詞	385	141
一所	イッショ	名詞	385	35
奮闘	フントウ	名詞サ変	385	1940
語彙	ゴイ	名詞	385	181
学派	ガクハ	名詞	385	49
署長	ショチョウ	名詞	385	1272
道教	ドウキョウ	名詞	385	64
本数	ホンスウ	名詞	385	845
浮遊	フユウ	名詞サ変	385	336
洋風	ヨウフウ	名詞	385	252
酒場	サカバ	名詞	385	498
流布	ルフ	名詞サ変	384	298
鉄板	テッパン	名詞	384	622
卒中	ソッチュウ	名詞	384	772
堅調	ケンチョウ	形状詞	384	1481
菩提	ボダイ	名詞	383	212
月光	ゲッコウ	名詞	383	294
累計	ルイケイ	名詞サ変	383	1687
一因	イチイン	名詞	383	2079
自称	ジショウ	名詞サ変	383	1220
産後	サンゴ	名詞	383	231
壁紙	カベガミ	名詞	382	171
争議	ソウギ	名詞サ変	382	245
占拠	センキョ	名詞サ変	382	1814
剰余	ジョウヨ	名詞	382	756
発砲	ハッポウ	名詞サ変	382	3080
同胞	ドウホウ	名詞	382	1118
断熱	ダンネツ	名詞	382	1381
脆弱	ゼイジャク	名詞形状詞	382	1140
通夜	ツヤ	名詞	381	876
至急	シキュウ	名詞	381	124
大差	タイサ	名詞	381	1717
脱毛	ダツモウ	名詞サ変	381	365
演算	エンザン	名詞サ変	381	138
動態	ドウタイ	名詞	381	363
刹那	セツナ	名詞	381	77
校庭	コウテイ	名詞	381	1171
蔓延	マンエン	名詞サ変	381	846
諜報	チョウホウ	名詞	381	236
配管	ハイカン	名詞サ変	381	2011
景品	ケイヒン	名詞	381	663
発祥	ハッショウ	名詞サ変	381	1158

家老	カロウ	名詞	381	85	白黒	シロクロ	名詞サ変	377	615
整数	セイスウ	名詞	381	42	防護	ボウゴ	名詞サ変	377	1929
重傷	ジュウショウ	名詞	381	5669	老年	ロウネン	名詞	377	250
離島	リトウ	名詞サ変	381	1063	続行	ゾッコウ	名詞サ変	377	1359
敬遠	ケイエン	名詞サ変	381	1419	怪訝	ケゲン	形状詞	377	91
下段	ゲダン	名詞	380	202	溶解	ヨウカイ	名詞サ変	377	154
評定	ヒョウジョウ	名詞サ変	380	138	鼓動	コドウ	名詞サ変	377	253
炭化	タンカ	名詞サ変	380	154	電荷	デンカ	名詞サ変	377	57
中部	チュウブ	名詞	380	3222	勃起	ボッキ	名詞サ変	377	55
船団	センダン	名詞	380	417	安楽	アンラク	形状詞	376	368
夕刻	ユウコク	名詞	380	241	湿地	シッチ	名詞	376	543
現像	ゲンゾウ	名詞サ変	380	164	旧約	キュウヤク	名詞	376	122
男児	ダンジ	名詞	380	5955	全開	ゼンカイ	名詞サ変	376	574
草履	ゾウリ	名詞	380	188	概況	ガイキョウ	名詞	376	188
日報	ニッポウ	名詞	380	4544	着色	チャクショク	名詞サ変	376	345
否認	ヒニン	名詞サ変	380	5342	行儀	ギョウギ	名詞	376	181
義姉	ギシ	名詞	380	116	伝来	デンライ	名詞サ変	376	285
防水	ボウスイ	名詞サ変	380	418	想起	ソウキ	名詞サ変	376	376
新書	シンショ	名詞	380	2704	整然	セイゼン	形状詞	376	366
百科	ヒャッカ	名詞	379	439	双六	スゴロク	名詞	376	182
勲章	クンショウ	名詞	379	1348	苦難	クナン	名詞	376	986
財界	ザイカイ	名詞	379	1886	退去	タイキョ	名詞サ変	376	1940
賭博	トバク	名詞	379	2756	湯気	ユゲ	名詞	376	241
符号	フゴウ	名詞	379	55	大作	タイサク	名詞	375	1312
新曲	シンキョク	名詞	379	489	大河	タイガ	名詞	375	1393
此処	ココ	代名詞	379	15	歌人	カジン	名詞	375	2214
至極	シゴク	名詞形状詞	379	95	片道	カタミチ	名詞	375	754
昨晩	サクバン	名詞	379	116	三脚	サンキャク	名詞	375	665
連行	レンコウ	名詞サ変	379	1231	音質	オンシツ	名詞	375	285
常傭	ジョウヨウ	名詞サ変	379	883	母国	ボコク	名詞	375	1775
満月	マンゲツ	名詞	379	319	単体	タンタイ	名詞	375	463
直通	チョクツウ	名詞サ変	378	400	家系	カケイ	名詞	375	232
舞踏	ブトウ	名詞サ変	378	357	人為	ジンイ	名詞	375	721
週休	シュウキュウ	名詞	378	103	素麺	ソウメン	名詞	374	328
単調	タンチョウ	名詞形状詞	378	419	委嘱	イショク	名詞サ変	374	560
開閉	カイヘイ	名詞サ変	378	746	醍醐	ダイゴ	名詞	374	836
終末	シュウマツ	名詞	378	759	無形	ムケイ	名詞	374	649
給油	キュウユ	名詞サ変	378	3138	模擬	モギ	名詞サ変	374	1065
高貴	コウキ	名詞形状詞	378	306	不平	フヘイ	名詞	374	145
同窓	ドウソウ	名詞	378	1480	明言	メイゲン	名詞サ変	374	5808
強気	ツヨキ	名詞形状詞	377	2696	強風	キョウフウ	名詞	374	1958
講和	コウワ	名詞サ変	377	405	本丸	ホンマル	名詞	374	349
悪徳	アクトク	名詞	377	294	交配	コウハイ	名詞サ変	374	273
威厳	イゲン	名詞	377	273	前身	ゼンシン	名詞	374	2191

陸地	リクチ	名詞	374	305
電鉄	デンテツ	名詞	374	2929
牝馬	ヒンバ	名詞	374	1864
傷口	キズグチ	名詞	374	414
仰天	ギョウテン	名詞サ変	373	325
南東	ナントウ	名詞	373	1993
別個	ベッコ	形状詞	373	108
室温	シツオン	名詞	373	367
起算	キサン	名詞サ変	373	142
近親	キンシン	名詞	373	2753
横目	ヨコメ	名詞	373	332
忍者	ニンジャ	名詞	373	342
奉納	ホウノウ	名詞サ変	373	778
雑談	ザツダン	名詞サ変	373	322
日用	ニチヨウ	名詞	373	880
車掌	シャショウ	名詞	373	1442
同席	ドウセキ	名詞サ変	373	4355
利口	リコウ	形状詞	373	118
監修	カンシュウ	名詞サ変	372	1440
熟成	ジュクセイ	名詞サ変	372	555
布教	フキョウ	名詞サ変	372	155
乞食	コジキ	名詞	372	23
助産	ジョサン	名詞	372	1005
登用	トウヨウ	名詞サ変	372	1394
抹消	マッショウ	名詞サ変	372	1611
入団	ニュウダン	名詞サ変	372	4724
容積	ヨウセキ	名詞	372	259
派生	ハセイ	名詞サ変	372	544
多年	タネン	名詞	371	130
古本	フルホン	名詞	371	452
煮汁	ニジル	名詞	371	163
球根	キュウコン	名詞	371	216
侍女	ジジョ	名詞	371	39
難易	ナンイ	名詞	371	360
遺書	イショ	名詞	371	1508
雑音	ザツオン	名詞	371	245
移入	イニュウ	名詞サ変	370	273
近似	キンジ	名詞サ変	370	21
参事	サンジ	名詞	370	1872
損金	ソンキン	名詞	370	196
口紅	クチベニ	名詞	370	312
交感	コウカン	名詞	370	245
総統	ソウトウ	名詞	370	3696
半球	ハンキュウ	名詞	370	561
深海	シンカイ	名詞	369	457
献血	ケンケツ	名詞サ変	369	882
内定	ナイテイ	名詞サ変	369	5850
強迫	キョウハク	名詞サ変	369	115
参詣	サンケイ	名詞サ変	369	175
卑怯	ヒキョウ	名詞形状詞	368	182
天上	テンジョウ	名詞	368	201
可視	カシ	名詞	368	1311
自尊	ジソン	名詞	368	258
免責	メンセキ	名詞サ変	368	464
反感	ハンカン	名詞	368	551
線香	センコウ	名詞	368	419
固形	コケイ	名詞	368	228
発端	ホッタン	名詞	368	1532
美学	ビガク	名詞	368	499
高裁	コウサイ	名詞	368	12700
小切手	コギッテ	名詞	368	365
当主	トウシュ	名詞	367	243
所轄	ショカツ	名詞サ変	367	106
内在	ナイザイ	名詞サ変	367	83
押収	オウシュウ	名詞サ変	367	2999
参列	サンレツ	名詞サ変	367	2534
命中	メイチュウ	名詞サ変	367	252
洋画	ヨウガ	名詞	367	869
徹夜	テツヤ	名詞サ変	367	889
大方	オオカタ	名詞	366	436
大男	オオオトコ	名詞	366	73
逃走	トウソウ	名詞サ変	366	4582
先天	センテン	名詞	366	476
伝播	デンパ	名詞サ変	366	82
段差	ダンサ	名詞	366	578
両替	リョウガエ	名詞サ変	365	363
中指	ナカユビ	名詞	365	229
全滅	ゼンメツ	名詞サ変	365	382
火薬	カヤク	名詞	365	588
野鳥	ヤチョウ	名詞	365	976
邦人	ホウジン	名詞	365	1224
打席	ダセキ	名詞	365	9334
後任	コウニン	名詞	365	5409
醸造	ジョウゾウ	名詞サ変	365	505
厨房	チュウボウ	名詞	365	338
草花	クサバナ	名詞	365	407
風呂場	フロバ	名詞	365	470
壁画	ヘキガ	名詞	364	2277

上質	ジョウシツ	名詞	364	456
図鑑	ズカン	名詞	364	480
公約	コウヤク	名詞サ変	364	8780
回廊	カイロウ	名詞	364	494
深層	シンソウ	名詞	364	493
神仏	シンブツ	名詞	364	191
重役	ジュウヤク	名詞	364	106
教皇	キョウコウ	名詞	364	26
質感	シツカン	名詞	364	391
頭取	トウドリ	名詞	363	1768
胸元	ムナモト	名詞	363	291
便器	ベンキ	名詞	363	360
再三	サイサン	名詞	363	1802
網羅	モウラ	名詞サ変	363	642
感知	カンチ	名詞サ変	363	682
不断	フダン	名詞	363	366
実地	ジッチ	名詞	363	304
鳥居	トリイ	名詞	363	381
迂回	ウカイ	名詞サ変	363	796
軍用	グンヨウ	名詞	363	582
凝縮	ギョウシュク	名詞サ変	363	792
総菜	ソウザイ	名詞	363	527
混在	コンザイ	名詞サ変	363	630
微量	ビリョウ	名詞形状詞	363	885
時給	ジキュウ	名詞	363	780
額面	ガクメン	名詞	363	440
剪定	センテイ	名詞サ変	362	258
注釈	チュウシャク	名詞サ変	362	227
通則	ツウソク	名詞	362	26
弾性	ダンセイ	名詞	362	37
乳酸	ニュウサン	名詞	362	586
酒造	シュゾウ	名詞	362	1254
眼科	ガンカ	名詞	362	684
真摯	シンシ	形状詞	362	3989
稲荷	イナリ	名詞	362	301
信任	シンニン	名詞サ変	362	3372
冬季	トウキ	名詞	361	5455
寒冷	カンレイ	名詞形状詞	361	282
位相	イソウ	名詞	361	39
欠落	ケツラク	名詞サ変	361	500
聖職	セイショク	名詞	361	425
字幕	ジマク	名詞	361	757
乗船	ジョウセン	名詞サ変	361	608
仮称	カショウ	名詞	361	1800
先代	センダイ	名詞	360	868
飽和	ホウワ	名詞サ変	360	262
県道	ケンドウ	名詞	360	1082
反則	ハンソク	名詞サ変	360	1255
激怒	ゲキド	名詞サ変	360	442
体勢	タイセイ	名詞	360	613
現世	ゲンセ	名詞	360	106
目印	メジルシ	名詞	360	345
断絶	ダンゼツ	名詞サ変	360	588
昔話	ムカシバナシ	名詞	360	492
自助	ジジョ	名詞	360	719
改変	カイヘン	名詞サ変	360	569
保留	ホリュウ	名詞サ変	359	1769
監理	カンリ	名詞サ変	359	585
最多	サイタ	名詞	359	15644
印紙	インシ	名詞	359	256
要旨	ヨウシ	名詞	359	4018
男爵	ダンシャク	名詞	359	128
喜劇	キゲキ	名詞	359	1211
血栓	ケッセン	名詞	359	409
法要	ホウヨウ	名詞	359	966
告訴	コクソ	名詞サ変	359	2448
高熱	コウネツ	名詞	359	538
突出	トッシュツ	名詞サ変	359	1130
人命	ジンメイ	名詞	359	903
党派	トウハ	名詞	358	5485
中流	チュウリュウ	名詞	358	385
波形	ハケイ	名詞	358	207
実勢	ジッセイ	名詞	358	299
濾過	ロカ	名詞サ変	358	280
色気	イロケ	名詞	358	452
絶大	ゼツダイ	形状詞	358	568
駐留	チュウリュウ	名詞サ変	357	4893
博覧	ハクラン	名詞サ変	357	656
量子	リョウシ	名詞	357	213
末尾	マツビ	名詞	357	490
勾留	コウリュウ	名詞サ変	357	398
通説	ツウセツ	名詞	357	207
縁側	エンガワ	名詞	357	223
応力	オウリョク	名詞	357	40
卵黄	ランオウ	名詞	357	92
制圧	セイアツ	名詞サ変	357	1051
一色	イッショク	名詞	357	1144
勝敗	ショウハイ	名詞	356	2334

合弁	ゴウベン	名詞	356	1594
封印	フウイン	名詞サ変	356	1848
大字	オオアザ	名詞	356	775
蔵書	ゾウショ	名詞	356	405
長者	チョウジャ	名詞	356	379
世辞	セジ	名詞	356	159
転入	テンニュウ	名詞サ変	356	514
受動	ジュドウ	名詞	356	460
獣医	ジュウイ	名詞	356	485
重臣	ジュウシン	名詞	355	84
大義	タイギ	名詞	355	781
陽光	ヨウコウ	名詞	355	366
情動	ジョウドウ	名詞	355	69
致死	チシ	名詞	355	5293
水色	ミズイロ	名詞	355	382
集結	シュウケツ	名詞サ変	354	871
細分	サイブン	名詞サ変	354	403
必至	ヒッシ	名詞	354	3967
羽織	ハオリ	名詞	354	205
楽園	ラクエン	名詞	354	481
常備	ジョウビ	名詞サ変	354	224
敵意	テキイ	名詞	354	212
利権	リケン	名詞	354	808
新法	シンポウ	名詞	354	1531
治験	チケン	名詞	353	354
上洛	ジョウラク	名詞サ変	353	31
白紙	ハクシ	名詞	353	2106
監察	カンサツ	名詞サ変	353	1203
養生	ヨウジョウ	名詞サ変	353	127
衰弱	スイジャク	名詞サ変	353	868
丹念	タンネン	形状詞	353	763
会釈	エシャク	名詞サ変	353	186
支柱	シチュウ	名詞	353	734
創始	ソウシ	名詞サ変	353	378
黒板	コクバン	名詞	352	500
密室	ミッシツ	名詞	352	808
台本	ダイホン	名詞	352	936
小便	ショウベン	名詞サ変	352	146
固執	コシツ	名詞サ変	352	709
盗聴	トウチョウ	名詞サ変	352	907
弁論	ベンロン	名詞サ変	352	2291
聖地	セイチ	名詞	352	1107
同封	ドウフウ	名詞サ変	352	670
老女	ロウジョ	名詞	352	122
勤続	キンゾク	名詞サ変	352	441
旋律	センリツ	名詞	351	416
内政	ナイセイ	名詞	351	1914
平静	ヘイセイ	名詞形状詞	351	319
宝物	タカラモノ	名詞	351	524
疾走	シッソウ	名詞サ変	351	741
血縁	ケツエン	名詞	351	360
苦戦	クセン	名詞サ変	351	2867
豆乳	トウニュウ	名詞	350	243
激突	ゲキトツ	名詞サ変	350	1414
病名	ビョウメイ	名詞	350	625
酪農	ラクノウ	名詞	349	742
離陸	リリク	名詞サ変	349	1232
本業	ホンギョウ	名詞	349	1294
言説	ゲンセツ	名詞	349	160
水量	スイリョウ	名詞	349	373
精製	セイセイ	名詞サ変	349	619
排他	ハイタ	名詞	349	542
脱落	ダツラク	名詞サ変	348	1163
外野	ガイヤ	名詞	348	5524
骨髄	コツズイ	名詞	348	1021
脱水	ダッスイ	名詞サ変	348	404
保養	ホヨウ	名詞サ変	348	549
過労	カロウ	名詞	348	1398
桟橋	サンバシ	名詞	348	409
橋梁	キョウリョウ	名詞	348	1681
徴兵	チョウヘイ	名詞サ変	348	414
職権	ショッケン	名詞	348	465
疑念	ギネン	名詞	348	1620
飼養	シヨウ	名詞サ変	347	59
内地	ナイチ	名詞	347	110
不変	フヘン	名詞	347	316
追悼	ツイトウ	名詞サ変	347	5300
爆破	バクハ	名詞サ変	347	3139
面談	メンダン	名詞サ変	347	1914
出向	シュッコウ	名詞サ変	347	1168
前髪	マエガミ	名詞	347	131
精進	ショウジン	名詞サ変	347	592
富裕	フユウ	名詞形状詞	347	1810
公費	コウヒ	名詞	346	1632
近接	キンセツ	名詞サ変	346	348
議院	ギイン	名詞	346	1246
流産	リュウザン	名詞サ変	346	665
特製	トクセイ	名詞	346	735

花瓶	カビン	名詞	346	141
部員	ブイン	名詞	346	4037
弁解	ベンカイ	名詞サ変	346	432
元帥	ゲンスイ	名詞	346	257
求職	キュウショク	名詞サ変	346	763
漢文	カンブン	名詞	346	201
片栗粉	カタクリコ	名詞	346	2
献上	ケンジョウ	名詞サ変	345	439
王位	オウイ	名詞	345	1850
監事	カンジ	名詞	345	493
偽物	ニセモノ	名詞	345	504
裏手	ウラテ	名詞	345	117
有志	ユウシ	名詞	345	2048
本山	ホンザン	名詞	345	839
年貢	ネング	名詞	345	69
実費	ジッピ	名詞	344	341
駅舎	エキシャ	名詞	344	577
転校	テンコウ	名詞サ変	344	1004
主君	シュクン	名詞	344	86
救世	キュウセイ	名詞	344	397
感銘	カンメイ	名詞サ変	344	697
専制	センセイ	名詞	344	135
出兵	シュッペイ	名詞サ変	344	119
断食	ダンジキ	名詞サ変	344	225
退学	タイガク	名詞サ変	344	827
小人	コビト	名詞	343	116
最短	サイタン	名詞	343	1159
即応	ソクオウ	名詞サ変	343	367
石膏	セッコウ	名詞	343	179
食肉	ショクニク	名詞	343	1613
禅師	ゼンジ	名詞	343	63
発声	ハッセイ	名詞サ変	343	271
唖然	アゼン	形状詞	343	409
生長	セイチョウ	名詞サ変	343	80
健常	ケンジョウ	形状詞	343	617
書院	ショイン	名詞	343	327
正座	セイザ	名詞サ変	343	317
搬入	ハンニュウ	名詞サ変	343	988
鍍金	メッキ	名詞サ変	343	264
因縁	インネン	名詞	343	698
澱粉	デンプン	名詞	343	246
難解	ナンカイ	名詞形状詞	342	684
注視	チュウシ	名詞サ変	342	1851
医科	イカ	名詞	342	2602

至上	シジョウ	名詞	342	794
汚職	オショク	名詞	342	4348
地代	ジダイ	名詞	342	58
南蛮	ナンバン	名詞	342	176
国勢	コクセイ	名詞	342	646
実存	ジツゾン	名詞サ変	342	73
反逆	ハンギャク	名詞サ変	342	281
眉間	ミケン	名詞	342	75
恩給	オンキュウ	名詞	342	209
後続	コウゾク	名詞	342	1937
本意	ホンイ	名詞	342	716
自伝	ジデン	名詞	342	834
焜炉	コンロ	名詞	341	693
素子	ソシ	名詞	341	119
重厚	ジュウコウ	名詞形状詞	341	700
一掃	イッソウ	名詞サ変	341	1271
伝授	デンジュ	名詞サ変	341	577
第一	ダイイチ	副詞	340	16
君臨	クンリン	名詞サ変	340	603
形跡	ケイセキ	名詞	340	1319
用具	ヨウグ	名詞	340	448
善良	ゼンリョウ	名詞形状詞	340	156
戦没	センボツ	名詞サ変	340	1634
汎用	ハンヨウ	名詞	340	205
仮設	カセツ	名詞サ変	340	7647
衣料	イリョウ	名詞	340	2081
歯車	ハグルマ	名詞	340	571
常設	ジョウセツ	名詞サ変	340	783
自生	ジセイ	名詞サ変	340	283
画一	カクイツ	名詞サ変	340	261
浜辺	ハマベ	名詞	340	309
面目	メンボク	名詞	340	427
緊迫	キンパク	名詞サ変	340	1899
縁組	エングミ	名詞サ変	339	693
閣下	カッカ	名詞	339	90
微小	ビショウ	形状詞	339	265
般若	ハンニャ	名詞	339	179
宰相	サイショウ	名詞	339	292
和紙	ワシ	名詞	339	664
銃弾	ジュウダン	名詞	338	834
争点	ソウテン	名詞	338	5856
公使	コウシ	名詞	338	750
真言	シンゴン	名詞	338	198
悲観	ヒカン	名詞サ変	338	1350

大黒	ダイコク	名詞	338	1383
伴奏	バンソウ	名詞サ変	338	663
社主	シャシュ	名詞	338	132
学業	ガクギョウ	名詞	338	620
満腹	マンプク	名詞サ変	338	186
山伏	ヤマブシ	名詞	338	114
緑茶	リョクチャ	名詞	338	506
好転	コウテン	名詞サ変	337	1177
下山	ゲザン	名詞サ変	337	1025
縦覧	ジュウラン	名詞サ変	337	68
供託	キョウタク	名詞サ変	337	245
禁物	キンモツ	名詞	337	406
皇族	コウゾク	名詞	337	1525
毅然	キゼン	形状詞	337	1134
雑木	ゾウキ	名詞	337	550
教頭	キョウトウ	名詞	337	1145
昂進	コウシン	名詞サ変	337	31
食費	ショクヒ	名詞	337	699
倒壊	トウカイ	名詞サ変	337	3130
屎尿	シニョウ	名詞	337	183
公論	コウロン	名詞	336	758
党首	トウシュ	名詞	336	9669
茫然	ボウゼン	形状詞	336	27
輸血	ユケツ	名詞サ変	336	514
霊的	レイテキ	形状詞	336	62
小生	ショウセイ	名詞	336	76
士気	シキ	名詞	336	549
受諾	ジュダク	名詞サ変	336	983
園児	エンジ	名詞	336	1817
創意	ソウイ	名詞	336	421
他界	タカイ	名詞サ変	336	672
奇襲	キシュウ	名詞サ変	336	230
松葉	マツバ	名詞	335	296
戯曲	ギキョク	名詞	335	1073
埋蔵	マイゾウ	名詞サ変	335	1505
快晴	カイセイ	名詞	335	172
大腿	ダイタイ	名詞	335	276
突撃	トツゲキ	名詞サ変	335	156
奏者	ソウシャ	名詞	334	1278
臨海	リンカイ	名詞	334	669
欠乏	ケツボウ	名詞サ変	334	170
内野	ナイヤ	名詞	333	7510
減退	ゲンタイ	名詞サ変	333	407
車道	シャドウ	名詞	333	774
目先	メサキ	名詞	333	668
斬新	ザンシン	形状詞	333	950
送達	ソウタツ	名詞サ変	333	88
果汁	カジュウ	名詞	333	376
金銀	キンギン	名詞	333	250
本節	ホンセツ	名詞	333	6
迷路	メイロ	名詞	333	678
水深	スイシン	名詞	333	879
宛名	アテナ	名詞	332	72
赤色	アカイロ	名詞	332	299
火花	ヒバナ	名詞	332	611
極秘	ゴクヒ	名詞	332	900
円筒	エントウ	名詞	332	378
円満	エンマン	形状詞	332	385
飢餓	キガ	名詞	332	670
年功	ネンコウ	名詞	332	313
巻末	カンマツ	名詞	332	297
寒天	カンテン	名詞	332	273
総監	ソウカン	名詞	332	846
砂利	ジャリ	名詞	332	275
落胆	ラクタン	名詞サ変	332	1030
雑魚	ザコ	名詞	332	192
急便	キュウビン	名詞	331	1023
磁場	ジバ	名詞	331	204
茄子	ナス	名詞	331	69
熱烈	ネツレツ	形状詞	331	416
親権	シンケン	名詞	331	900
邪悪	ジャアク	名詞形状詞	331	116
入隊	ニュウタイ	名詞サ変	331	458
除雪	ジョセツ	名詞サ変	331	703
爪先	ツマサキ	名詞	330	39
賞与	ショウヨ	名詞	330	667
知名	チメイ	名詞	330	2301
顆粒	カリュウ	名詞	330	93
電極	デンキョク	名詞	330	180
眼球	ガンキュウ	名詞	330	225
予後	ヨゴ	名詞	330	52
借用	シャクヨウ	名詞サ変	330	259
疎外	ソガイ	名詞サ変	330	320
拍車	ハクシャ	名詞	330	1868
夕陽	ユウヒ	名詞	330	125
退場	タイジョウ	名詞サ変	330	2117
興業	コウギョウ	名詞	329	1116
体裁	テイサイ	名詞	329	287

魚類	ギョルイ	名詞	329	675
転売	テンバイ	名詞サ変	329	2193
館内	カンナイ	名詞	329	788
火傷	ヤケド	名詞サ変	329	30
害虫	ガイチュウ	名詞	329	403
懸賞	ケンショウ	名詞	329	1052
用例	ヨウレイ	名詞	329	82
伝道	デンドウ	名詞サ変	329	287
孝行	コウコウ	名詞サ変	329	541
簿記	ボキ	名詞	329	226
断崖	ダンガイ	名詞	329	189
町村	チョウソン	名詞	329	167
吟醸	ギンジョウ	名詞	328	113
絵柄	エガラ	名詞	328	288
副詞	フクシ	名詞	328	11
寛大	カンダイ	形状詞	328	279
楽屋	ガクヤ	名詞	328	840
準拠	ジュンキョ	名詞サ変	328	115
実技	ジツギ	名詞	328	399
前月	ゼンゲツ	名詞	328	3518
貯水	チョスイ	名詞サ変	328	612
水彩	スイサイ	名詞	328	508
本館	ホンカン	名詞	328	872
目途	モクト	名詞	328	96
家業	カギョウ	名詞	328	454
大晦日	オオミソカ	名詞	328	55
先入	センニュウ	名詞	327	388
王宮	オウキュウ	名詞	327	227
菜園	サイエン	名詞	327	460
羽目	ハメ	名詞	327	181
正味	ショウミ	名詞	327	98
薬草	ヤクソウ	名詞	327	79
醸成	ジョウセイ	名詞サ変	327	721
能動	ノウドウ	名詞	327	152
独断	ドクダン	名詞サ変	327	616
序文	ジョブン	名詞	327	152
先取	センシュ	名詞サ変	326	2379
互換	ゴカン	名詞	326	126
床下	ユカシタ	名詞	326	1068
末梢	マッショウ	名詞	326	132
議案	ギアン	名詞	326	1201
写本	シャホン	名詞	326	221
変色	ヘンショク	名詞サ変	326	354
夢想	ムソウ	名詞サ変	325	303
転出	テンシュツ	名詞サ変	325	549
合算	ガッサン	名詞サ変	325	533
火力	カリョク	名詞	325	2769
村民	ソンミン	名詞	325	1068
充満	ジュウマン	名詞サ変	325	577
盆栽	ボンサイ	名詞	325	328
横領	オウリョウ	名詞サ変	325	2886
臨界	リンカイ	名詞	325	1071
修飾	シュウショク	名詞サ変	325	28
療育	リョウイク	名詞サ変	325	194
声援	セイエン	名詞サ変	325	2376
防空	ボウクウ	名詞	325	574
麻疹	マシン	名詞	324	229
先刻	センコク	名詞	324	26
誇張	コチョウ	名詞サ変	324	322
硝酸	ショウサン	名詞	324	114
晴天	セイテン	名詞	324	336
懐疑	カイギ	名詞サ変	324	948
夜行	ヤコウ	名詞	324	571
来店	ライテン	名詞サ変	324	857
円安	エンヤス	名詞	324	2765
矢先	ヤサキ	名詞副詞	324	368
雄大	ユウダイ	形状詞	324	353
改行	カイギョウ	名詞サ変	324	56
水位	スイイ	名詞	324	1451
水滴	スイテキ	名詞	324	208
暴落	ボウラク	名詞サ変	324	946
監禁	カンキン	名詞サ変	323	2725
賄賂	ワイロ	名詞	323	1406
語尾	ゴビ	名詞	323	92
油脂	ユシ	名詞	323	180
国宝	コクホウ	名詞	323	2534
陣地	ジンチ	名詞	323	221
完備	カンビ	名詞サ変	323	269
絶頂	ゼッチョウ	名詞	323	308
疑似	ギジ	名詞	323	469
奥底	オクソコ	名詞	323	234
会期	カイキ	名詞	323	4753
呪術	ジュジュツ	名詞	322	68
素顔	スガオ	名詞	322	857
使途	シト	名詞	322	2409
打破	ダハ	名詞サ変	322	796
有望	ユウボウ	名詞形状詞	322	933
重荷	オモニ	名詞	322	605

煩悩	ボンノウ	名詞	322	173
交錯	コウサク	名詞サ変	322	1329
頭巾	ズキン	名詞	322	162
正気	セイキ	名詞	322	144
自問	ジモン	名詞サ変	322	735
注記	チュウキ	名詞サ変	321	56
灯籠	トウロウ	名詞	321	580
下品	ゲヒン	形状詞	321	127
頸部	ケイブ	名詞	321	78
海兵	カイヘイ	名詞	321	3135
下院	カイン	名詞	321	5957
覇権	ハケン	名詞	321	576
打球	ダキュウ	名詞	321	3904
名曲	メイキョク	名詞	321	1094
組長	クミチョウ	名詞	321	1885
逐次	チクジ	名詞副詞	321	51
驢馬	ロバ	名詞	321	145
漏洩	ロウエイ	名詞サ変	321	3494
射程	シャテイ	名詞	320	847
照合	ショウゴウ	名詞サ変	320	1300
恒久	コウキュウ	名詞	320	1610
別段	ベツダン	副詞	320	17
余韻	ヨイン	名詞	320	574
眼下	ガンカ	名詞	320	220
攻防	コウボウ	名詞	320	2762
病死	ビョウシ	名詞サ変	320	1137
銃撃	ジュウゲキ	名詞サ変	319	3068
大仏	ダイブツ	名詞	319	555
同心	ドウシン	名詞	319	164
有形	ユウケイ	名詞	319	340
駅伝	エキデン	名詞	319	4427
発令	ハツレイ	名詞サ変	319	1648
間際	マギワ	名詞	319	1537
連敗	レンパイ	名詞サ変	319	9405
約定	ヤクジョウ	名詞サ変	319	143
数式	スウシキ	名詞	319	226
乗員	ジョウイン	名詞	319	1970
王権	オウケン	名詞	319	131
幾分	イクブン	名詞副詞	319	104
製法	セイホウ	名詞	319	356
困窮	コンキュウ	名詞サ変	318	1126
看病	カンビョウ	名詞サ変	318	446
無能	ムノウ	名詞形状詞	318	164
冬場	フユバ	名詞	318	758
悪人	アクニン	名詞	318	419
査察	ササツ	名詞サ変	318	1851
遺骨	イコツ	名詞	318	2246
双眼	ソウガン	名詞	318	139
帰結	キケツ	名詞サ変	318	139
焼失	ショウシツ	名詞サ変	318	689
元旦	ガンタン	名詞	318	178
苦心	クシン	名詞サ変	318	473
日没	ニチボツ	名詞	318	603
漂流	ヒョウリュウ	名詞サ変	318	993
沈没	チンボツ	名詞サ変	317	2166
在位	ザイイ	名詞サ変	317	550
要塞	ヨウサイ	名詞	317	142
火葬	カソウ	名詞サ変	317	735
金具	カナグ	名詞	317	578
経典	キョウテン	名詞	317	123
有事	ユウジ	名詞	317	915
電柱	デンチュウ	名詞	317	716
簡便	カンベン	名詞形状詞	317	128
平原	ヘイゲン	名詞	317	459
請願	セイガン	名詞サ変	317	285
乗馬	ジョウバ	名詞サ変	317	429
謹慎	キンシン	名詞サ変	317	1222
忘年	ボウネン	名詞	316	323
挙動	キョドウ	名詞	316	63
私有	シユウ	名詞サ変	316	498
漁村	ギョソン	名詞	316	285
軽度	ケイド	名詞	316	587
中頃	ナカゴロ	名詞副詞	316	3
一世	イッセイ	名詞	316	106
相方	アイカタ	名詞	316	163
係長	カカリチョウ	名詞	316	255
真偽	シンギ	名詞	315	533
当惑	トウワク	名詞サ変	315	217
真下	マシタ	名詞	315	215
卓越	タクエツ	名詞サ変	315	459
失格	シッカク	名詞サ変	315	1480
野望	ヤボウ	名詞	315	299
退社	タイシャ	名詞サ変	315	1082
乗務	ジョウム	名詞サ変	315	1962
公用	コウヨウ	名詞	315	1162
年率	ネンリツ	名詞	315	1117
楽曲	ガッキョク	名詞	315	817
賦課	フカ	名詞サ変	314	60

銃口	ジュウコウ	名詞	314	131
片足	カタアシ	名詞	314	293
遺構	イコウ	名詞	314	403
親善	シンゼン	名詞	314	2532
前段	ゼンダン	名詞	314	116
放流	ホウリュウ	名詞サ変	314	529
耐熱	タイネツ	名詞	314	350
緻密	チミツ	形状詞	314	970
待望	タイボウ	名詞サ変	313	1030
着地	チャクチ	名詞サ変	313	1077
一服	イップク	名詞サ変	313	589
川柳	センリュウ	名詞	313	9077
先人	センジン	名詞	313	690
商船	ショウセン	名詞	313	547
置換	チカン	名詞サ変	313	28
兵法	ヒョウホウ	名詞	313	70
炭水	タンスイ	名詞	313	183
可動	カドウ	名詞	313	272
光栄	コウエイ	名詞形状詞	313	731
増資	ゾウシ	名詞サ変	313	3599
逸話	イツワ	名詞	312	588
清浄	セイジョウ	名詞形状詞	312	469
没落	ボツラク	名詞サ変	312	143
肝要	カンヨウ	形状詞	312	285
高架	コウカ	名詞	312	990
同義	ドウギ	名詞	312	96
単元	タンゲン	名詞	312	44
海浜	カイヒン	名詞	311	406
流用	リュウヨウ	名詞サ変	311	2508
敷設	フセツ	名詞サ変	311	500
刺客	シカク	名詞	311	1073
嫌気	イヤケ	名詞サ変	311	829
正門	セイモン	名詞	311	606
日課	ニッカ	名詞	311	512
聡明	ソウメイ	名詞形状詞	311	137
言明	ゲンメイ	名詞サ変	311	669
少尉	ショウイ	名詞	311	115
由緒	ユイショ	名詞	311	159
時事	ジジ	名詞	311	966
強火	ツヨビ	名詞	310	165
深紅	シンク	名詞	310	152
真上	マウエ	名詞	310	301
必殺	ヒッサツ	名詞	310	249
源流	ゲンリュウ	名詞	310	517
捕鯨	ホゲイ	名詞	310	2212
提訴	テイソ	名詞サ変	310	8535
実況	ジッキョウ	名詞	310	1124
無性	ムショウ	名詞	310	144
恒星	コウセイ	名詞	310	234
仙人	センニン	名詞	310	156
探知	タンチ	名詞サ変	310	801
最長	サイチョウ	名詞	310	3907
娼婦	ショウフ	名詞	310	147
水系	スイケイ	名詞	310	507
搾取	サクシュ	名詞サ変	310	244
度胸	ドキョウ	名詞	310	393
愛護	アイゴ	名詞サ変	309	696
商会	ショウカイ	名詞	309	360
万国	バンコク	名詞	309	276
加味	カミ	名詞サ変	309	614
長調	チョウチョウ	名詞	309	367
結社	ケッシャ	名詞	309	309
小数	ショウスウ	名詞	309	405
慰安	イアン	名詞サ変	309	1762
糾弾	キュウダン	名詞サ変	309	496
手腕	シュワン	名詞	309	1648
修羅	シュラ	名詞	309	315
王室	オウシツ	名詞	309	831
盲目	モウモク	名詞	308	241
両脇	リョウワキ	名詞	308	276
旧来	キュウライ	名詞	308	487
進言	シンゲン	名詞サ変	308	577
残虐	ザンギャク	名詞形状詞	308	836
傍受	ボウジュ	名詞サ変	308	243
支社	シシャ	名詞	308	2504
折衝	セッショウ	名詞サ変	308	999
習性	シュウセイ	名詞	308	235
軍需	グンジュ	名詞	308	288
山菜	サンサイ	名詞	308	410
収拾	シュウシュウ	名詞サ変	307	1376
督促	トクソク	名詞サ変	307	576
戸棚	トダナ	名詞	307	70
愛敬	アイキョウ	名詞	307	350
肉食	ニクショク	名詞サ変	307	281
陳情	チンジョウ	名詞サ変	307	861
高地	コウチ	名詞	307	692
市況	シキョウ	名詞	307	660
手記	シュキ	名詞サ変	307	1283

討伐	トウバツ	名詞サ変	306	34
鋭意	エイイ	名詞	306	54
裏腹	ウラハラ	形状詞	306	724
沈着	チンチャク	名詞形状詞	306	265
誘引	ユウイン	名詞サ変	306	103
細心	サイシン	形状詞	306	458
簡略	カンリャク	形状詞	306	319
発着	ハッチャク	名詞サ変	306	2300
堅持	ケンジ	名詞サ変	306	2297
肉親	ニクシン	名詞	306	763
貧弱	ヒンジャク	名詞形状詞	306	197
執務	シツム	名詞サ変	306	576
人妻	ヒトヅマ	名詞	306	106
鸚哥	インコ	名詞	305	128
夏季	カキ	名詞	305	3010
性交	セイコウ	名詞サ変	305	126
上皇	ジョウコウ	名詞	305	71
特長	トクチョウ	名詞	305	574
広義	コウギ	名詞	305	151
協和	キョウワ	名詞サ変	305	596
虚構	キョコウ	名詞サ変	305	367
別物	ベツモノ	名詞	305	194
発光	ハッコウ	名詞サ変	305	984
譲歩	ジョウホ	名詞サ変	305	2707
無口	ムクチ	名詞形状詞	305	259
停電	テイデン	名詞サ変	305	4779
同定	ドウテイ	名詞サ変	304	18
布巾	フキン	名詞	304	129
団長	ダンチョウ	名詞	304	1437
灯油	トウユ	名詞	304	1147
地検	チケン	名詞	304	18016
寡婦	カフ	名詞	304	76
恩師	オンシ	名詞	304	1096
前途	ゼント	名詞	304	557
余白	ヨハク	名詞	304	435
芳香	ホウコウ	名詞	304	193
下垂	カスイ	名詞サ変	303	71
歩合	ブアイ	名詞	303	295
直営	チョクエイ	名詞サ変	303	761
点火	テンカ	名詞サ変	303	444
駱駝	ラクダ	名詞	303	324
社名	シャメイ	名詞	303	1384
輸液	ユエキ	名詞サ変	303	21
稲妻	イナズマ	名詞	303	134
併設	ヘイセツ	名詞サ変	303	898
本編	ホンペン	名詞	303	103
修士	シュウシ	名詞	303	818
容貌	ヨウボウ	名詞	303	84
本題	ホンダイ	名詞	303	55
竣功	シュンコウ	名詞サ変	303	69
浪士	ロウシ	名詞	303	186
勤勉	キンベン	名詞形状詞	303	334
排便	ハイベン	名詞サ変	303	168
完治	カンチ	名詞サ変	302	568
団員	ダンイン	名詞	302	516
砲弾	ホウダン	名詞	302	475
国定	コクテイ	名詞	302	180
将兵	ショウヘイ	名詞	302	207
抜擢	バッテキ	名詞サ変	302	1428
東北	トウホク	名詞	302	1861
随筆	ズイヒツ	名詞	302	480
前号	ゼンゴウ	名詞	302	7
病的	ビョウテキ	形状詞	302	87
県庁	ケンチョウ	名詞	302	1303
里親	サトオヤ	名詞	302	1225
看守	カンシュ	名詞	301	380
弾薬	ダンヤク	名詞	301	289
素質	ソシツ	名詞	301	688
威勢	イセイ	名詞	301	404
足下	アシモト	名詞	301	27
劣等	レットウ	形状詞	301	201
起立	キリツ	名詞サ変	301	1098
熟知	ジュクチ	名詞サ変	301	574
専属	センゾク	名詞サ変	301	551
治山	チサン	名詞	301	84
式部	シキブ	名詞	301	154
予見	ヨケン	名詞サ変	301	974
嘲笑	チョウショウ	名詞サ変	301	49
空手	カラテ	名詞	300	648
乳母	ウバ	名詞	300	77
所存	ショゾン	名詞	300	92
私鉄	シテツ	名詞	300	847
貫通	カンツウ	名詞サ変	300	412
大隊	ダイタイ	名詞	300	126
葉書	ハガキ	名詞	300	38
復習	フクシュウ	名詞サ変	300	504
標語	ヒョウゴ	名詞	300	442
辺境	ヘンキョウ	名詞	300	323

適法	テキホウ	名詞	300	554
右折	ウセツ	名詞サ変	300	336
右端	ミギハシ	名詞	300	763
隠蔽	インペイ	名詞サ変	300	3068
営農	エイノウ	名詞	300	410
従軍	ジュウグン	名詞サ変	300	1407
問診	モンシン	名詞サ変	299	324
小路	コウジ	名詞	299	199
身柄	ミガラ	名詞	299	2048
漁協	ギョキョウ	名詞	299	1766
駐屯	チュウトン	名詞サ変	299	890
神事	シンジ	名詞	299	386
魚雷	ギョライ	名詞	299	385
鼻先	ハナサキ	名詞	299	62
喇叭	ラッパ	名詞	299	148
懇願	コンガン	名詞サ変	299	311
腹痛	ハライタ	名詞	299	488
別冊	ベッサツ	名詞	299	190
沖合	オキアイ	名詞	299	1118
東国	トウゴク	名詞	299	113
高次	コウジ	名詞	299	178
囲碁	イゴ	名詞	299	10340
従者	ジュウシャ	名詞	299	51
発色	ハッショク	名詞サ変	299	88
吹奏	スイソウ	名詞サ変	299	458
突発	トッパツ	名詞サ変	299	341
小舟	コブネ	名詞	298	201
隕石	インセキ	名詞	298	262
自制	ジセイ	名詞サ変	298	871
毛糸	ケイト	名詞	298	245
危害	キガイ	名詞	298	569
豪快	ゴウカイ	形状詞	298	1514
中退	チュウタイ	名詞サ変	298	1288
走者	ソウシャ	名詞	298	4698
経口	ケイコウ	名詞	298	147
兼業	ケンギョウ	名詞サ変	298	298
介在	カイザイ	名詞サ変	298	421
抗菌	コウキン	名詞	298	323
牽制	ケンセイ	名詞サ変	298	4589
頭数	トウスウ	名詞	298	522
寄託	キタク	名詞サ変	298	360
出題	シュツダイ	名詞サ変	298	963
点滅	テンメツ	名詞サ変	297	298
侍従	ジジュウ	名詞	297	213
原生	ゲンセイ	名詞	297	195
失恋	シツレン	名詞サ変	297	247
送致	ソウチ	名詞サ変	297	1745
手先	テサキ	名詞	297	207
官民	カンミン	名詞	297	2002
未明	ミメイ	名詞副詞	297	7856
出来高	デキダカ	名詞	297	1325
眺望	チョウボウ	名詞サ変	296	277
便益	ベンエキ	名詞	296	88
中和	チュウワ	名詞サ変	296	130
放電	ホウデン	名詞サ変	296	101
造営	ゾウエイ	名詞サ変	296	171
登板	トウバン	名詞サ変	296	26258
軽水	ケイスイ	名詞	296	971
楊枝	ヨウジ	名詞	296	220
旅費	リョヒ	名詞	296	631
家元	イエモト	名詞	296	605
蜂起	ホウキ	名詞サ変	296	472
優美	ユウビ	形状詞	295	272
災難	サイナン	名詞	295	193
子弟	シテイ	名詞	295	149
列強	レッキョウ	名詞	295	188
敗退	ハイタイ	名詞サ変	295	5743
微細	ビサイ	名詞形状詞	295	314
談合	ダンゴウ	名詞サ変	295	10070
初旬	ショジュン	名詞副詞	295	1617
専修	センシュウ	名詞サ変	295	789
難点	ナンテン	名詞	295	263
前例	ゼンレイ	名詞	295	1282
密閉	ミッペイ	名詞サ変	294	327
概略	ガイリャク	名詞	294	78
切迫	セッパク	名詞サ変	294	529
概説	ガイセツ	名詞サ変	294	47
通例	ツウレイ	名詞副詞	294	408
講話	コウワ	名詞サ変	294	323
砲撃	ホウゲキ	名詞サ変	294	1704
出社	シュッシャ	名詞サ変	294	319
水害	スイガイ	名詞	294	1418
小道	コミチ	名詞	294	138
線形	センケイ	名詞	293	61
月報	ゲッポウ	名詞	293	165
起伏	キフク	名詞サ変	293	404
急務	キュウム	名詞	293	1998
魔力	マリョク	名詞	293	154

山椒	サンショウ	名詞	293	297
盗賊	トウゾク	名詞	293	153
一礼	イチレイ	名詞サ変	293	357
依拠	イキョ	名詞サ変	293	169
葬祭	ソウサイ	名詞	293	476
頻発	ヒンパツ	名詞サ変	293	948
園長	エンチョウ	名詞	293	1239
発話	ハツワ	名詞サ変	293	23
風呂敷	フロシキ	名詞	293	487
最盛	サイセイ	名詞	292	770
起草	キソウ	名詞サ変	292	852
悪霊	アクリョウ	名詞	292	111
射殺	シャサツ	名詞サ変	292	2562
女帝	ジョテイ	名詞	292	170
精米	セイマイ	名詞サ変	292	212
出国	シュッコク	名詞サ変	292	1605
生鮮	セイセン	名詞形状詞	292	759
表出	ヒョウシュツ	名詞サ変	292	154
温水	オンスイ	名詞	292	460
憤慨	フンガイ	名詞サ変	292	302
仕業	シワザ	名詞	292	227
茶会	チャカイ	名詞	292	734
神官	シンカン	名詞	291	62
気道	キドウ	名詞	291	222
善悪	ゼンアク	名詞	291	403
不定	フテイ	名詞形状詞	291	1759
一式	イッシキ	名詞	291	178
綿密	メンミツ	名詞形状詞	291	487
米穀	ベイコク	名詞	291	356
良識	リョウシキ	名詞	291	484
元祖	ガンソ	名詞	291	483
義兄	ギケイ	名詞	291	170
癒着	ユチャク	名詞サ変	291	1037
民宿	ミンシュク	名詞	291	420
装束	ショウゾク	名詞	291	328
山門	サンモン	名詞	291	88
集荷	シュウカ	名詞サ変	291	150
幻影	ゲンエイ	名詞	290	176
透過	トウカ	名詞サ変	290	149
天王	チョノワン	名詞	290	2
反戦	ハンセン	名詞	290	938
随所	ズイショ	名詞	290	857
触媒	ショクバイ	名詞サ変	290	586
口癖	クチグセ	名詞	290	553
職能	ショクノウ	名詞	290	86
増産	ゾウサン	名詞サ変	290	1268
満面	マンメン	名詞	290	949
祭典	サイテン	名詞	290	1356
四肢	シシ	名詞	290	154
湿布	シップ	名詞サ変	290	134
分身	ブンシン	名詞	290	268
民放	ミンポウ	名詞	290	2314
学費	ガクヒ	名詞	290	1032
人力	ジンリキ	名詞	290	371
贈呈	ゾウテイ	名詞サ変	289	1892
外気	ガイキ	名詞	289	236
遠心	エンシン	名詞	289	636
幻覚	ゲンカク	名詞	289	286
灌漑	カンガイ	名詞サ変	289	215
銭湯	セントウ	名詞	289	641
短冊	タンザク	名詞	289	282
質素	シッソ	名詞形状詞	288	322
徘徊	ハイカイ	名詞サ変	288	595
憂慮	ユウリョ	名詞サ変	288	977
上水	ジョウスイ	名詞	288	261
温存	オンゾン	名詞サ変	288	931
疫病	ヤクビョウ	名詞	288	178
淡水	タンスイ	名詞	288	452
放牧	ホウボク	名詞サ変	288	269
前衛	ゼンエイ	名詞	288	1414
転写	テンシャ	名詞サ変	288	100
裏口	ウラグチ	名詞	288	249
戦法	センポウ	名詞	288	340
霊魂	レイコン	名詞	287	45
転化	テンカ	名詞サ変	287	154
節句	セック	名詞	287	288
直系	チョッケイ	名詞	287	394
切腹	セップク	名詞サ変	287	172
初演	ショエン	名詞サ変	287	1790
部内	ブナイ	名詞	287	897
軍服	グンプク	名詞	287	293
葉巻	ハマキ	名詞	287	87
前列	ゼンレツ	名詞	287	644
淘汰	トウタ	名詞サ変	287	587
生身	ナマミ	名詞	287	291
和服	ワフク	名詞	287	355
払拭	フッショク	名詞サ変	287	2118
絶縁	ゼツエン	名詞サ変	287	288

招聘	ショウヘイ	名詞サ変	287	424
首尾	シュビ	名詞	287	83
揮発	キハツ	名詞サ変	286	873
特筆	トクヒツ	名詞サ変	286	323
採血	サイケツ	名詞サ変	286	246
埋没	マイボツ	名詞サ変	286	503
激痛	ゲキツウ	名詞	286	216
隆盛	リュウセイ	名詞形状詞	286	413
主眼	シュガン	名詞	286	528
庇護	ヒゴ	名詞サ変	286	113
艦艇	カンテイ	名詞	286	618
雑煮	ゾウニ	名詞	286	166
成虫	セイチュウ	名詞	286	116
小国	ショウコク	名詞	286	731
率先	ソッセン	名詞サ変	286	778
紡績	ボウセキ	名詞サ変	286	162
排尿	ハイニョウ	名詞サ変	286	132
小豆	アズキ	名詞	285	156
定規	ジョウギ	名詞	285	173
天空	テンクウ	名詞	285	1397
権現	ゴンゲン	名詞	285	77
挙式	キョシキ	名詞サ変	285	458
係員	カカリイン	名詞	285	511
無常	ムジョウ	名詞	285	244
無実	ムジツ	名詞	285	1033
難病	ナンビョウ	名詞	285	1738
果敢	カカン	形状詞	285	1136
牧草	ボクソウ	名詞	285	278
街角	マチカド	名詞	285	829
疎通	ソツウ	名詞サ変	285	1008
教祖	キョウソ	名詞	285	263
毀損	キソン	名詞サ変	285	1238
開国	カイコク	名詞サ変	285	470
修練	シュウレン	名詞サ変	285	98
入選	ニュウセン	名詞サ変	285	2391
茶室	チャシツ	名詞	285	320
預貯金	ヨチョキン	名詞	285	573
特派	トクハ	名詞サ変	284	1088
喝采	カッサイ	名詞サ変	284	696
直下	チョッカ	名詞サ変	284	1390
座禅	ザゼン	名詞サ変	284	259
打倒	ダトウ	名詞サ変	284	924
色調	シキチョウ	名詞	284	235
今期	コンキ	名詞	284	992
続編	ゾクヘン	名詞	284	730
罪名	ザイメイ	名詞	284	225
同乗	ドウジョウ	名詞サ変	284	1361
後進	コウシン	名詞サ変	284	717
遠足	エンソク	名詞	283	334
業態	ギョウタイ	名詞	283	325
悪党	アクトウ	名詞	283	154
全裸	ゼンラ	名詞	283	225
遊歩	ユウホ	名詞サ変	283	358
体現	タイゲン	名詞サ変	283	774
軍曹	グンソウ	名詞	283	181
本営	ホンエイ	名詞	283	188
創建	ソウケン	名詞サ変	283	478
帰化	キカ	名詞サ変	283	41
願書	ガンショ	名詞	283	184
水利	スイリ	名詞	283	249
信奉	シンポウ	名詞サ変	283	197
高低	コウテイ	名詞	283	307
時空	ジクウ	名詞	283	374
潜伏	センプク	名詞サ変	283	1122
安物	ヤスモノ	名詞	282	62
当直	トウチョク	名詞サ変	282	1057
思索	シサク	名詞	282	335
補欠	ホケツ	名詞	282	862
去勢	キョセイ	名詞サ変	282	131
進撃	シンゲキ	名詞サ変	282	815
射精	シャセイ	名詞サ変	282	13
席上	セキジョウ	名詞副詞	282	633
不穏	フオン	名詞形状詞	282	282
大雪	オオユキ	名詞	282	1496
埠頭	フトウ	名詞	282	421
洋食	ヨウショク	名詞	282	212
苦闘	クトウ	名詞サ変	282	655
緯度	イド	名詞	282	184
複写	フクシャ	名詞サ変	281	275
誇示	コジ	名詞サ変	281	768
旧法	キュウホウ	名詞	281	120
賛否	サンピ	名詞	281	2949
公定	コウテイ	名詞	281	264
死人	シニン	名詞	281	45
打点	ダテン	名詞サ変	281	6488
浮浪	フロウ	名詞サ変	281	50
自明	ジメイ	名詞形状詞	281	169
銅鐸	ドウタク	名詞	281	94

浄水	ジョウスイ	名詞サ変	280	797
風貌	フウボウ	名詞	280	242
鎮圧	チンアツ	名詞サ変	280	946
当為	トウイ	名詞	280	1
弛緩	シカン	名詞サ変	280	488
小姓	コショウ	名詞	280	23
実数	ジッスウ	名詞	280	263
針金	ハリガネ	名詞	280	283
学界	ガッカイ	名詞	280	259
魅惑	ミワク	名詞サ変	280	265
石畳	イシダタミ	名詞	280	201
春先	ハルサキ	名詞副詞	280	545
定評	テイヒョウ	名詞	280	951
植林	ショクリン	名詞サ変	280	1154
弥生	ヤヨイ	名詞	280	301
自前	ジマエ	名詞	280	1496
潜入	センニュウ	名詞サ変	280	271
要人	ヨウジン	名詞	279	1074
転向	テンコウ	名詞サ変	279	1647
敗者	ハイシャ	名詞	279	2035
風流	フウリュウ	名詞形状詞	279	132
羞恥	シュウチ	名詞	279	99
停戦	テイセン	名詞サ変	279	3316
鎖国	サコク	名詞サ変	279	205
退却	タイキャク	名詞サ変	279	66
手動	シュドウ	名詞	279	692
前文	ゼンブン	名詞	279	685
市外	シガイ	名詞	279	412
同点	ドウテン	名詞	279	6839
単勝	タンショウ	名詞	279	438
視聴覚	シチョウカク	名詞	279	123
大袈裟	オオゲサ	形状詞	279	16
清涼	セイリョウ	名詞形状詞	278	566
略称	リャクショウ	名詞サ変	278	464
激変	ゲキヘン	名詞サ変	278	649
恐喝	キョウカツ	名詞サ変	278	1759
素養	ソヨウ	名詞	278	123
船体	センタイ	名詞	278	631
小川	オガワ	名詞	278	325
冷酷	レイコク	名詞形状詞	278	385
汚泥	オデイ	名詞	278	499
只今	タダイマ	名詞副詞	278	12
後段	コウダン	名詞	278	33
皇居	コウキョ	名詞	278	1933
寺社	ジシャ	名詞	278	207
日和	ヒヨリ	名詞	278	1030
厚手	アツデ	名詞	278	176
一説	イッセツ	名詞	278	90
陰気	インキ	形状詞	277	42
振幅	シンプク	名詞	277	157
所領	ショリョウ	名詞	277	17
倭国	ワコク	名詞	277	31
戸外	コガイ	名詞	277	126
晩餐	バンサン	名詞	277	470
花柄	ハナガラ	名詞	277	174
入植	ニュウショク	名詞サ変	277	1801
預託	ヨタク	名詞サ変	277	241
部類	ブルイ	名詞	277	121
名残	ナゴリ	名詞	277	342
表裏	ヒョウリ	名詞サ変	277	331
新刊	シンカン	名詞	277	4976
人名	ジンメイ	名詞	277	202
夜勤	ヤキン	名詞サ変	276	367
合点	ガッテン	名詞サ変	276	328
河岸	カシ	名詞	276	91
設問	セツモン	名詞サ変	276	584
文中	ブンチュウ	名詞	276	227
鈍感	ドンカン	名詞形状詞	276	340
検閲	ケンエツ	名詞サ変	276	1002
常駐	ジョウチュウ	名詞サ変	276	1089
母屋	オモヤ	名詞	276	264
電離	デンリ	名詞サ変	276	50
軟派	ナンパ	名詞サ変	275	98
五感	ゴカン	名詞	275	438
減点	ゲンテン	名詞サ変	275	540
蘇生	ソセイ	名詞サ変	275	344
墓石	ハカイシ	名詞	275	413
使徒	シト	名詞	275	51
悪戯	イタズラ	名詞サ変形状詞	275	8
厳選	ゲンセン	名詞サ変	275	508
太閤	タイコウ	名詞	275	125
不純	フジュン	名詞形状詞	275	251
一望	イチボウ	名詞サ変	275	335
吸入	キュウニュウ	名詞サ変	275	340
支流	シリュウ	名詞	275	192
信金	シンキン	名詞	275	799
卵白	ランパク	名詞	275	65
街灯	ガイトウ	名詞	275	272

見聞	ケンブン	名詞サ変	275	261
抵触	テイショク	名詞サ変	275	1214
回顧	カイコ	名詞サ変	275	974
迂闊	ウカツ	名詞形状詞	275	126
次点	ジテン	名詞	274	385
在外	ザイガイ	名詞	274	1231
種苗	シュビョウ	名詞	274	178
瞭然	リョウゼン	形状詞	274	294
付記	フキ	名詞サ変	274	134
入射	ニュウシャ	名詞サ変	274	4
手柄	テガラ	名詞	274	160
隣国	リンゴク	名詞	274	1753
整頓	セイトン	名詞サ変	274	94
執事	シツジ	名詞	274	189
入道	ニュウドウ	名詞サ変	274	80
鎖骨	サコツ	名詞	274	162
投融資	トウユウシ	名詞	274	606
局員	キョクイン	名詞	273	625
飛来	ヒライ	名詞サ変	273	907
実権	ジッケン	名詞	273	500
衆生	シュジョウ	名詞	273	17
同位	ドウイ	名詞	273	201
一身	イッシン	名詞	273	368
朝夕	アサユウ	名詞	272	341
下肢	カシ	名詞	272	75
精算	セイサン	名詞サ変	272	446
個数	コスウ	名詞	272	190
翌月	ヨクゲツ	名詞副詞	272	857
左折	サセツ	名詞サ変	272	191
寝具	シング	名詞	272	293
中型	チュウガタ	名詞	271	597
逆説	ギャクセツ	名詞	271	204
内裏	ダイリ	名詞	271	106
鉄骨	テッコツ	名詞	271	905
転機	テンキ	名詞	271	1473
激動	ゲキドウ	名詞サ変	271	752
鋳造	チュウゾウ	名詞サ変	271	154
大関	オオゼキ	名詞	271	8078
禁固	キンコ	名詞サ変	271	1912
校正	コウセイ	名詞サ変	271	214
空虚	クウキョ	名詞形状詞	271	210
一新	イッシン	名詞サ変	271	1194
弱体	ジャクタイ	名詞形状詞	271	857
窒息	チッソク	名詞サ変	271	1469
集成	シュウセイ	名詞サ変	270	210
当座	トウザ	名詞	270	514
隆起	リュウキ	名詞サ変	270	266
権益	ケンエキ	名詞	270	1473
賞品	ショウヒン	名詞	270	560
管区	カンク	名詞	270	2565
海難	カイナン	名詞	270	745
割高	ワリダカ	形状詞	270	764
難問	ナンモン	名詞	270	643
苛酷	カコク	形状詞	270	22
背面	ハイメン	名詞	270	166
終止	シュウシ	名詞サ変	270	752
身勝手	ミガッテ	形状詞	270	678
減収	ゲンシュウ	名詞サ変	269	1438
至福	シフク	名詞	269	303
左端	ヒダリハシ	名詞	269	393
厳正	ゲンセイ	形状詞	269	1065
転嫁	テンカ	名詞サ変	269	1366
鮮度	センド	名詞	269	291
再来	サイライ	名詞サ変	269	726
一派	イッパ	名詞	269	168
寄港	キコウ	名詞サ変	269	853
転生	テンセイ	名詞サ変	269	119
左腕	ヒダリウデ	名詞	269	1524
砂防	サボウ	名詞	269	250
並列	ヘイレツ	名詞サ変	269	100
近道	チカミチ	名詞サ変	269	362
家柄	イエガラ	名詞	269	75
翻弄	ホンロウ	名詞サ変	269	2222
公証	コウショウ	名詞	268	248
身代	ミノシロ	名詞	268	593
白状	ハクジョウ	名詞サ変	268	49
窮地	キュウチ	名詞	268	849
私物	シブツ	名詞	268	518
激戦	ゲキセン	名詞サ変	268	2372
技巧	ギコウ	名詞	268	566
増員	ゾウイン	名詞サ変	268	1388
休職	キュウショク	名詞サ変	268	1186
表層	ヒョウソウ	名詞	268	297
断行	ダンコウ	名詞サ変	268	809
教委	キョウイ	名詞	268	12081
家主	ヤヌシ	名詞	268	361
精通	セイツウ	名詞サ変	268	555
序盤	ジョバン	名詞	268	4732

急落	キュウラク	名詞サ変	267	3405
特段	トクダン	名詞	267	429
史学	シガク	名詞	267	257
古着	フルギ	名詞	267	290
故事	コジ	名詞	267	285
倦怠	ケンタイ	名詞サ変	267	159
参与	サンヨ	名詞サ変	267	1280
半袖	ハンソデ	名詞	267	261
殺戮	サツリク	名詞サ変	267	201
雑種	ザッシュ	名詞	267	173
絶句	ゼック	名詞サ変	267	464
奔走	ホンソウ	名詞サ変	267	1291
轟音	ゴウオン	名詞	267	42
教示	キョウジ	名詞サ変	267	46
民有	ミンユウ	名詞	267	191
背丈	セタケ	名詞	267	213
趨勢	スウセイ	名詞	267	118
艦橋	カンキョウ	名詞	267	137
勝者	ショウシャ	名詞	267	2355
紙芝居	カミシバイ	名詞	267	630
達者	タッシャ	形状詞	266	290
周到	シュウトウ	形状詞	266	587
原資	ゲンシ	名詞	266	1236
残余	ザンヨ	名詞	266	63
直進	チョクシン	名詞サ変	266	222
即興	ソッキョウ	名詞	266	414
禁忌	キンキ	名詞サ変	266	60
副腎	フクジン	名詞	266	54
抹殺	マッサツ	名詞サ変	266	182
部数	ブスウ	名詞	266	836
部材	ブザイ	名詞	266	336
虚血	キョケツ	名詞	266	186
炸裂	サクレツ	名詞サ変	266	324
金運	キンウン	名詞	266	38
交戦	コウセン	名詞サ変	266	640
記帳	キチョウ	名詞サ変	266	550
製紙	セイシ	名詞	266	4831
弁明	ベンメイ	名詞サ変	266	868
改称	カイショウ	名詞サ変	266	691
時差	ジサ	名詞	266	440
天秤	テンビン	名詞	265	234
油絵	アブラエ	名詞	265	278
沿道	エンドウ	名詞	265	825
主事	シュジ	名詞	265	409
購読	コウドク	名詞サ変	265	1046
私服	シフク	名詞	265	293
門下	モンカ	名詞	265	520
免税	メンゼイ	名詞サ変	265	336
内国	ナイコク	名詞	265	43
換金	カンキン	名詞サ変	265	539
更正	コウセイ	名詞サ変	265	161
踏襲	トウシュウ	名詞サ変	265	1214
嗅覚	キュウカク	名詞	265	202
速攻	ソッコウ	名詞サ変	265	927
塩酸	エンサン	名詞	265	169
腐食	フショク	名詞サ変	265	503
海戦	カイセン	名詞	264	204
外套	ガイトウ	名詞	264	27
輩出	ハイシュツ	名詞サ変	264	888
公文	コウブン	名詞	264	187
女児	ジョジ	名詞	264	8612
死滅	シメツ	名詞サ変	264	260
王家	オウケ	名詞	264	140
新米	シンマイ	名詞	264	553
太古	タイコ	名詞副詞	263	164
心的	シンテキ	形状詞	263	487
小枝	コエダ	名詞	263	144
直立	チョクリツ	名詞サ変	263	211
地雷	ジライ	名詞	263	1594
特設	トクセツ	名詞サ変	263	1134
通関	ツウカン	名詞サ変	263	372
周遊	シュウユウ	名詞サ変	263	131
確証	カクショウ	名詞サ変	263	275
代弁	ダイベン	名詞サ変	263	922
馬上	バジョウ	名詞	263	54
植栽	ショクサイ	名詞サ変	263	251
堅固	ケンゴ	形状詞	263	232
生協	セイキョウ	名詞	263	908
積分	セキブン	名詞サ変	263	23
体液	タイエキ	名詞	263	230
亡霊	ボウレイ	名詞	263	131
別館	ベッカン	名詞	262	580
垣根	カキネ	名詞	262	616
唱歌	ショウカ	名詞	262	206
脱皮	ダッピ	名詞サ変	262	532
店先	ミセサキ	名詞	262	265
甚大	ジンダイ	形状詞	262	1057
長袖	ナガソデ	名詞	262	282

女人	ニョニン	名詞	262	110
学位	ガクイ	名詞	262	321
宝庫	ホウコ	名詞	262	386
凹凸	オウトツ	名詞	262	243
生家	セイカ	名詞	262	417
渓流	ケイリュウ	名詞	262	180
信書	シンショ	名詞	262	237
紀行	キコウ	名詞	262	589
伸長	シンチョウ	名詞サ変	262	264
演歌	エンカ	名詞	261	1411
偽善	ギゼン	名詞	261	127
廃業	ハイギョウ	名詞サ変	261	1188
優等	ユウトウ	形状詞	261	422
英米	エイベイ	名詞	261	475
任用	ニンヨウ	名詞サ変	261	254
巡視	ジュンシ	名詞サ変	261	1484
管弦	カンゲン	名詞	261	657
音頭	オンド	名詞	261	445
同業	ドウギョウ	名詞	261	533
製材	セイザイ	名詞サ変	261	175
癲癇	テンカン	名詞	261	602
体長	タイチョウ	名詞	260	995
縫合	ホウゴウ	名詞サ変	260	104
幕僚	バクリョウ	名詞	260	1292
一群	イチグン	名詞	260	68
駕籠	カゴ	名詞	260	37
貪欲	ドンヨク	形状詞	260	722
大昔	オオムカシ	名詞副詞	260	106
胡散	ウサン	名詞形状詞	260	172
陪審	バイシン	名詞	260	804
国益	コクエキ	名詞	260	1803
一瞥	イチベツ	名詞サ変	260	11
寄席	ヨセ	名詞	260	1425
木陰	コカゲ	名詞	260	182
色紙	イロガミ	名詞	260	537
武官	ブカン	名詞	260	84
狭窄	キョウサク	名詞形状詞	260	124
酒屋	サカヤ	名詞	260	248
特技	トクギ	名詞	259	207
内職	ナイショク	名詞サ変	259	131
彗星	スイセイ	名詞	259	407
慰霊	イレイ	名詞	259	3406
門弟	モンテイ	名詞	259	57
司書	シショ	名詞	259	317
漁民	ギョミン	名詞	259	412
太極	タイキョク	名詞	259	185
前代	ゼンダイ	名詞	259	479
汚水	オスイ	名詞	259	613
草地	クサチ	名詞	259	82
敵機	テキキ	名詞	259	53
湿原	シツゲン	名詞	259	234
旅先	タビサキ	名詞	259	393
北国	キタグニ	名詞	259	608
群落	グンラク	名詞	259	78
小銭	コゼニ	名詞	259	218
驚嘆	キョウタン	名詞サ変	259	182
冷気	レイキ	名詞	258	178
愛読	アイドク	名詞サ変	258	736
自室	ジシツ	名詞	258	983
平民	ヘイミン	名詞	258	34
敷居	シキイ	名詞	258	277
文教	ブンキョウ	名詞	258	685
咽頭	イントウ	名詞	258	256
大道	ダイドウ	名詞	258	801
美的	ビテキ	形状詞	258	122
白熱	ハクネツ	名詞サ変	258	770
金貨	キンカ	名詞	258	236
再興	サイコウ	名詞サ変	258	403
開園	カイエン	名詞サ変	258	497
画廊	ガロウ	名詞	258	1584
工務	コウム	名詞	257	816
捕手	ホシュ	名詞	257	5187
基底	キテイ	名詞	257	84
露呈	ロテイ	名詞サ変	257	1631
悪用	アクヨウ	名詞サ変	257	2249
忌避	キヒ	名詞サ変	257	255
古風	コフウ	名詞形状詞	257	149
大門	ダイモン	名詞	257	416
自決	ジケツ	名詞サ変	257	1045
貝殻	カイガラ	名詞	257	245
水虫	ミズムシ	名詞	257	141
頭髪	トウハツ	名詞	257	238
涵養	カンヨウ	名詞サ変	257	79
洋楽	ヨウガク	名詞	257	295
植生	ショクセイ	名詞	257	242
同族	ドウゾク	名詞	257	138
水仙	スイセン	名詞	257	257
納品	ノウヒン	名詞サ変	257	383

新春	シンシュン	名詞	257	966
棄却	キキャク	名詞サ変	257	5799
炊事	スイジ	名詞サ変	256	192
気性	キショウ	名詞	256	241
原形	ゲンケイ	名詞	256	412
長靴	ナガグツ	名詞	256	392
不死	フシ	名詞	256	238
社宅	シャタク	名詞	256	314
如実	ニョジツ	名詞	256	269
入港	ニュウコウ	名詞サ変	256	940
日誌	ニッシ	名詞	256	1073
年額	ネンガク	名詞	256	240
陶磁器	トウジキ	名詞	256	261
急進	キュウシン	名詞サ変	255	781
白地	シロジ	名詞	255	274
不詳	フショウ	名詞	255	1040
色白	イロジロ	名詞形状詞	255	82
赤道	セキドウ	名詞	255	334
節減	セツゲン	名詞サ変	255	379
野草	ヤソウ	名詞	255	108
福利	フクリ	名詞	255	649
好機	コウキ	名詞	255	4194
結節	ケッセツ	名詞	255	31
宣戦	センセン	名詞サ変	255	200
部外	ブガイ	名詞	255	257
浴場	ヨクジョウ	名詞	255	206
攪乱	カクラン	名詞サ変	255	274
要所	ヨウショ	名詞	255	1233
細身	ホソミ	名詞	255	331
親近	シンキン	名詞サ変	255	398
式場	シキジョウ	名詞	255	362
公職	コウショク	名詞	254	1337
境目	サカイメ	名詞	254	200
合板	ゴウハン	名詞	254	94
綱領	コウリョウ	名詞	254	655
仁王	ニオウ	名詞	254	127
可否	カヒ	名詞	254	1500
費目	ヒモク	名詞	254	92
汽船	キセン	名詞	254	307
独学	ドクガク	名詞サ変	254	365
聖母	セイボ	名詞	254	213
前足	マエアシ	名詞	254	50
排斥	ハイセキ	名詞サ変	254	266
脳死	ノウシ	名詞	254	3370
新旧	シンキュウ	名詞	254	808
和音	ワオン	名詞	253	396
象牙	ゾウゲ	名詞	253	213
永続	エイゾク	名詞サ変	253	216
台車	ダイシャ	名詞	253	251
宿場	シュクバ	名詞	253	124
何物	ナニモノ	名詞	253	153
誤認	ゴニン	名詞サ変	253	1243
子女	シジョ	名詞	253	41
出没	シュツボツ	名詞サ変	253	411
催告	サイコク	名詞サ変	253	48
前世	ゼンセイ	名詞	253	82
前科	ゼンカ	名詞	253	295
短波	タンパ	名詞	253	252
法典	ホウテン	名詞	253	59
手錠	テジョウ	名詞	253	496
一味	イチミ	名詞	253	120
有識	ユウシキ	名詞	253	5822
諸侯	ショコウ	名詞	253	12
廃絶	ハイゼツ	名詞サ変	252	2854
船頭	センドウ	名詞	252	167
運気	ウンキ	名詞	252	45
上告	ジョウコク	名詞サ変	252	5078
底辺	テイヘン	名詞	252	395
歌集	カシュウ	名詞	252	2029
等価	トウカ	名詞形状詞	252	128
激甚	ゲキジン	名詞形状詞	252	186
内包	ナイホウ	名詞サ変	252	156
公卿	クギョウ	名詞	252	14
凱旋	ガイセン	名詞サ変	252	1028
精液	セイエキ	名詞	252	178
迷信	メイシン	名詞	252	92
敬礼	ケイレイ	名詞サ変	252	120
孵化	フカ	名詞サ変	252	619
土蔵	ドゾウ	名詞	252	149
気絶	キゼツ	名詞サ変	252	86
尿酸	ニョウサン	名詞	252	161
敬老	ケイロウ	名詞	252	558
信義	シンギ	名詞	252	183
陥落	カンラク	名詞サ変	252	1054
例示	レイジ	名詞サ変	252	524
形相	ギョウソウ	名詞	252	141
安泰	アンタイ	名詞形状詞	251	311
深度	シンド	名詞	251	86

生気	セイキ	名詞	251	108
月夜	ツキヨ	名詞	251	153
旧暦	キュウレキ	名詞	251	227
令状	レイジョウ	名詞	251	493
原本	ゲンポン	名詞	251	574
寄宿	キシュク	名詞サ変	251	218
文人	ブンジン	名詞	251	253
鑑識	カンシキ	名詞サ変	251	227
帰途	キト	名詞	251	191
殺虫	サッチュウ	名詞	251	996
制止	セイシ	名詞サ変	251	573
奥方	オクガタ	名詞	251	32
一過	イッカ	名詞	251	355
巾着	キンチャク	名詞	250	148
古書	コショ	名詞	250	587
車窓	シャソウ	名詞	250	344
要項	ヨウコウ	名詞	250	843
車中	シャチュウ	名詞副詞	250	583
転居	テンキョ	名詞サ変	250	1526
角膜	カクマク	名詞	250	327
嘆願	タンガン	名詞サ変	250	268
威圧	イアツ	名詞サ変	250	297
風格	フウカク	名詞	250	482
恒常	コウジョウ	名詞	250	383
君子	クンシ	名詞	250	101
積載	セキサイ	名詞サ変	250	339
殺傷	サッショウ	名詞サ変	250	2566
交点	コウテン	名詞	250	23
元老	ゲンロウ	名詞	250	76
専任	センニン	名詞サ変	250	853
帰路	キロ	名詞	250	310
栄誉	エイヨ	名詞	250	986
気筒	キトウ	名詞	250	80
液状	エキジョウ	名詞	250	655
大乗	ダイジョウ	名詞	249	62
腕前	ウデマエ	名詞	249	283
割安	ワリヤス	形状詞	249	1054
口内	コウナイ	名詞	249	207
真顔	マガオ	名詞	249	176
詳述	ショウジュツ	名詞サ変	249	222
共催	キョウサイ	名詞サ変	249	2850
吹雪	フブキ	名詞	249	369
説話	セツワ	名詞	249	104
観葉	カンヨウ	名詞	249	89
器量	キリョウ	名詞	249	123
肉眼	ニクガン	名詞	249	190
六角	ロッカク	名詞	248	596
悲痛	ヒツウ	名詞形状詞	248	498
院内	インナイ	名詞	248	1375
脱線	ダッセン	名詞サ変	248	6948
瓦礫	ガレキ	名詞	248	5504
農夫	ノウフ	名詞	248	46
新居	シンキョ	名詞	248	393
初恋	ハツコイ	名詞	248	332
半面	ハンメン	名詞	248	1950
防音	ボウオン	名詞サ変	248	344
家長	カチョウ	名詞	248	272
艦船	カンセン	名詞	248	1244
除草	ジョソウ	名詞サ変	248	332
親交	シンコウ	名詞	248	970
堅実	ケンジツ	名詞形状詞	248	913
政局	セイキョク	名詞	248	2770
民権	ミンケン	名詞	248	93
落選	ラクセン	名詞サ変	248	3677
至難	シナン	名詞形状詞	248	299
思慮	シリョ	名詞	247	141
気品	キヒン	名詞	247	211
熾烈	シレツ	名詞形状詞	247	312
不整	フセイ	名詞形状詞	247	295
号令	ゴウレイ	名詞サ変	247	243
面識	メンシキ	名詞	247	689
交信	コウシン	名詞サ変	247	585
本邦	ホンポウ	名詞	247	42
敬虔	ケイケン	形状詞	247	239
旅券	リョケン	名詞	247	980
照準	ショウジュン	名詞サ変	247	874
苦味	ニガミ	名詞	247	11
出自	シュツジ	名詞	247	315
具現	グゲン	名詞サ変	246	174
足軽	アシガル	名詞	246	21
明朝	ミョウチョウ	名詞副詞	246	60
初等	ショトウ	名詞	246	522
国学	コクガク	名詞	246	2014
雄弁	ユウベン	名詞形状詞	246	279
変性	ヘンセイ	名詞サ変	246	251
苦境	クキョウ	名詞	246	1412
分与	ブンヨ	名詞サ変	246	73
砂丘	サキュウ	名詞	246	214

違憲	イケン	名詞	246	2684
得策	トクサク	名詞	246	512
通念	ツウネン	名詞	245	282
扁平	ヘンペイ	名詞形状詞	245	80
河童	カッパ	名詞	245	184
侵食	シンショク	名詞サ変	245	157
裸体	ラタイ	名詞	245	83
便乗	ビンジョウ	名詞サ変	245	430
際限	サイゲン	名詞	245	221
在任	ザイニン	名詞サ変	245	1818
子音	シイン	名詞	245	30
子守	コモリ	名詞	245	475
一石	イッセキ	名詞	245	464
成員	セイイン	名詞	245	8
記名	キメイ	名詞サ変	245	370
街区	ガイク	名詞	245	154
改名	カイメイ	名詞サ変	245	392
崇高	スウコウ	名詞形状詞	245	198
西国	サイコク	名詞	245	71
延滞	エンタイ	名詞サ変	245	366
刻印	コクイン	名詞サ変	245	313
相乗	ソウジョウ	名詞サ変	245	884
祈念	キネン	名詞サ変	245	754
多元	タゲン	名詞	244	153
遊離	ユウリ	名詞サ変	244	101
奪取	ダッシュ	名詞サ変	244	1742
着任	チャクニン	名詞サ変	244	553
加重	カジュウ	名詞サ変	244	397
詮索	センサク	名詞サ変	244	99
動悸	ドウキ	名詞	244	252
直属	チョクゾク	名詞サ変	244	456
撃破	ゲキハ	名詞サ変	244	424
求償	キュウショウ	名詞サ変	244	27
宿屋	ヤドヤ	名詞	244	73
美徳	ビトク	名詞	244	214
寒気	サムケ	名詞	244	704
音痴	オンチ	名詞	244	143
投薬	トウヤク	名詞サ変	244	707
手頃	テゴロ	形状詞	244	4
居留	キョリュウ	名詞サ変	244	122
低地	テイチ	名詞	244	190
慈善	ジゼン	名詞	244	621
省力	ショウリョク	名詞	244	55
敢行	カンコウ	名詞サ変	244	326
岸壁	ガンペキ	名詞	243	545
織機	ショッキ	名詞	243	820
拝啓	ハイケイ	名詞	243	158
低音	テイオン	名詞	243	242
撲滅	ボクメツ	名詞サ変	243	996
出前	デマエ	名詞	243	610
出先	デサキ	名詞	243	1188
逼迫	ヒッパク	名詞サ変	243	910
絶品	ゼッピン	名詞	243	199
億劫	オックウ	名詞形状詞	243	143
軟膏	ナンコウ	名詞	243	17
追随	ツイズイ	名詞サ変	243	868
人家	ジンカ	名詞	243	91
寄贈	キゾウ	名詞サ変	243	1943
成仏	ジョウブツ	名詞サ変	242	95
形象	ケイショウ	名詞	242	111
桔梗	キキョウ	名詞	242	215
館長	カンチョウ	名詞	242	1372
幾多	イクタ	名詞副詞	242	197
皮下	ヒカ	名詞	242	208
道楽	ドウラク	名詞サ変	242	181
香典	コウデン	名詞	242	117
吸着	キュウチャク	名詞サ変	242	360
梯子	ハシゴ	名詞	242	18
異教	イキョウ	名詞	242	76
弁証	ベンショウ	名詞	242	6
総計	ソウケイ	名詞サ変	242	347
胃袋	イブクロ	名詞	242	148
屋根裏	ヤネウラ	名詞	242	224
辞令	ジレイ	名詞	241	506
先決	センケツ	名詞サ変	241	463
略語	リャクゴ	名詞	241	77
逸品	イッピン	名詞	241	267
充填	ジュウテン	名詞サ変	241	125
南国	ナンゴク	名詞	241	272
許諾	キョダク	名詞サ変	241	302
大路	オオジ	名詞	241	680
飢饉	キキン	名詞	241	280
官軍	カングン	名詞	241	64
樹齢	ジュレイ	名詞	241	356
適時	テキジ	名詞	241	11414
法度	ハット	名詞サ変	241	103
浮腫	フシュ	名詞	241	58
商談	ショウダン	名詞サ変	241	379

紋章	モンショウ	名詞	241	90
富豪	フゴウ	名詞	241	496
町中	マチナカ	名詞	241	257
調度	チョウド	名詞	241	113
利己	リコ	名詞	241	110
魔物	マモノ	名詞	241	161
強弱	キョウジャク	名詞	240	239
残忍	ザンニン	名詞形状詞	240	332
悪事	アクジ	名詞	240	131
論拠	ロンキョ	名詞	240	205
叙情	ジョジョウ	名詞	240	558
横行	オウコウ	名詞サ変	240	1190
不問	フモン	名詞	240	372
感化	カンカ	名詞サ変	240	92
例題	レイダイ	名詞	240	30
鼓膜	コマク	名詞	240	88
密輸	ミツユ	名詞サ変	240	1976
交友	コウユウ	名詞	240	468
大粒	オオツブ	名詞	240	246
生来	セイライ	名詞副詞	240	129
線分	センブン	名詞	239	9
愛車	アイシャ	名詞	239	184
係属	ケイゾク	名詞サ変	239	46
竹刀	シナイ	名詞	239	127
巨匠	キョショウ	名詞	239	980
盛況	セイキョウ	名詞	239	594
無心	ムシン	形状詞	239	496
体位	タイイ	名詞	239	36
初年	ショネン	名詞	239	102
剛性	ゴウセイ	名詞	239	29
子息	シソク	名詞	239	103
元首	ゲンシュ	名詞	239	719
植樹	ショクジュ	名詞サ変	239	2386
手中	シュチュウ	名詞	239	295
抗告	コウコク	名詞サ変	239	1300
辛口	カラクチ	名詞	239	492
過食	カショク	名詞サ変	239	219
変調	ヘンチョウ	名詞サ変	239	347
発起	ホッキ	名詞サ変	239	827
弾道	ダンドウ	名詞	238	2799
台座	ダイザ	名詞	238	301
流星	リュウセイ	名詞	238	375
伸縮	シンシュク	名詞サ変	238	214
一物	イチブツ	名詞	238	43
団欒	ダンラン	名詞サ変	238	303
慣性	カンセイ	名詞	238	20
濃密	ノウミツ	名詞形状詞	238	497
弱気	ヨワキ	名詞形状詞	238	502
華人	カジン	名詞	238	80
書留	カキトメ	名詞	238	2416
自画	ジガ	名詞	238	439
眉毛	マユゲ	名詞	238	23
罫線	ケイセン	名詞	238	25
援軍	エングン	名詞	237	94
移管	イカン	名詞サ変	237	2089
空爆	クウバク	名詞サ変	237	2929
円錐	エンスイ	名詞	237	87
降雨	コウウ	名詞	237	935
極上	ゴクジョウ	名詞	237	150
宿主	シュクシュ	名詞	237	47
力点	リキテン	名詞	237	543
毒物	ドクブツ	名詞	237	595
撃墜	ゲキツイ	名詞サ変	237	350
聖霊	セイレイ	名詞	237	28
八方	ハッポウ	名詞副詞	237	175
純白	ジュンパク	名詞形状詞	237	157
計器	ケイキ	名詞	237	357
拮抗	キッコウ	名詞サ変	237	1165
根絶	コンゼツ	名詞サ変	236	1229
氏族	シゾク	名詞	236	56
見識	ケンシキ	名詞	236	482
捏造	ネツゾウ	名詞サ変	236	3046
腹膜	フクマク	名詞	236	149
進駐	シンチュウ	名詞サ変	236	400
残骸	ザンガイ	名詞	236	352
四球	シキュウ	名詞	236	6267
初版	ショハン	名詞	236	437
電卓	デンタク	名詞	236	139
水軍	スイグン	名詞	236	34
習熟	シュウジュク	名詞サ変	236	291
同上	ドウジョウ	名詞	236	137
低利	テイリ	名詞	236	450
一躍	イチヤク	副詞	236	596
延命	エンメイ	名詞サ変	236	1087
二者	ニシャ	名詞	235	275
撃退	ゲキタイ	名詞サ変	235	321
糖分	トウブン	名詞	235	153
歩調	ホチョウ	名詞	235	842

帰郷	キキョウ	名詞サ変	235	676
油田	ユデン	名詞	235	1378
系図	ケイズ	名詞	235	114
転覆	テンプク	名詞サ変	235	1766
士族	シゾク	名詞	235	40
瑠璃	ルリ	名詞	235	128
新鋭	シンエイ	名詞形状詞	235	1045
雨戸	アマド	名詞	235	102
営林	エイリン	名詞	235	38
余人	ヨジン	名詞	235	73
健闘	ケントウ	名詞サ変	235	2216
今宵	コヨイ	名詞副詞	235	56
過密	カミツ	名詞形状詞	234	539
初老	ショロウ	名詞	234	220
朝方	アサガタ	名詞副詞	234	347
震源	シンゲン	名詞	234	3979
流儀	リュウギ	名詞	234	268
点字	テンジ	名詞	234	1932
糖質	トウシツ	名詞	234	229
順応	ジュンノウ	名詞サ変	234	226
片腕	カタウデ	名詞	234	98
公子	コウシ	名詞	234	151
追究	ツイキュウ	名詞サ変	234	436
訳注	ヤクチュウ	名詞	234	26
表皮	ヒョウヒ	名詞	234	212
拙者	セッシャ	代名詞	234	11
彫像	チョウゾウ	名詞	234	89
搬出	ハンシュツ	名詞サ変	234	793
疲弊	ヒヘイ	名詞サ変	234	853
侯爵	コウシャク	名詞	234	86
奔放	ホンポウ	形状詞	234	465
判官	ホウガン	名詞	234	961
父兄	フケイ	名詞	234	25
剣術	ケンジュツ	名詞	234	52
都立	トリツ	名詞	234	1834
家督	カトク	名詞	234	18
蛇口	ジャグチ	名詞	234	299
遺品	イヒン	名詞	234	1043
宣誓	センセイ	名詞サ変	234	1280
即刻	ソッコク	名詞副詞	233	243
布陣	フジン	名詞サ変	233	1399
歴任	レキニン	名詞サ変	233	2369
今時	イマドキ	名詞副詞	233	145
風力	フウリョク	名詞	233	1571
入念	ニュウネン	形状詞	233	675
操舵	ソウダ	名詞サ変	233	225
投函	トウカン	名詞サ変	233	340
卵子	ランシ	名詞	233	975
右辺	ウヘン	名詞	233	207
損壊	ソンカイ	名詞サ変	233	2435
手際	テギワ	名詞	233	257
鳥類	チョウルイ	名詞	233	557
不可避	フカヒ	形状詞	233	787
逆行	ギャッコウ	名詞サ変	232	750
節分	セツブン	名詞	232	359
怒濤	ドトウ	名詞	232	170
捕捉	ホソク	名詞サ変	232	206
対空	タイクウ	名詞	232	254
引力	インリョク	名詞	232	80
口絵	クチエ	名詞	232	31
山手	ヤマテ	名詞	232	1119
回忌	カイキ	名詞助数詞	232	548
人心	ジンシン	名詞	232	312
決闘	ケットウ	名詞サ変	232	153
年表	ネンピョウ	名詞	232	416
厳粛	ゲンシュク	形状詞	231	534
私法	シホウ	名詞	231	25
拘禁	コウキン	名詞サ変	231	236
普請	フシン	名詞サ変	231	69
減衰	ゲンスイ	名詞サ変	231	70
口笛	クチブエ	名詞	231	216
臨終	リンジュウ	名詞	231	123
緩衝	カンショウ	名詞サ変	231	317
豌豆	エンドウ	名詞	231	110
塩味	シオアジ	名詞	231	151
終局	シュウキョク	名詞	231	380
音源	オンゲン	名詞	231	225
甲冑	カッチュウ	名詞	231	120
防寒	ボウカン	名詞	231	314
流水	リュウスイ	名詞	231	192
躍進	ヤクシン	名詞サ変	230	2263
粗野	ソヤ	名詞形状詞	230	77
武芸	ブゲイ	名詞	230	46
覆面	フクメン	名詞サ変	230	385
余力	ヨリョク	名詞	230	917
鋼鉄	コウテツ	名詞	230	598
寝坊	ネボウ	名詞形状詞	230	78
商工業	ショウコウギョウ	名詞	230	100

風車	カザグルマ	名詞	229	508
昼前	ヒルマエ	名詞副詞	229	194
騒然	ソウゼン	形状詞	229	763
両院	リョウイン	名詞	229	4450
直視	チョクシ	名詞サ変	229	663
全校	ゼンコウ	名詞	229	1075
飛車	ヒシャ	名詞	229	1097
内乱	ナイラン	名詞	229	104
個展	コテン	名詞	229	1740
後手	ゴテ	名詞	229	1773
名手	メイシュ	名詞	229	578
狭義	キョウギ	名詞	229	172
同名	ドウメイ	名詞	229	847
条理	ジョウリ	名詞	229	605
変装	ヘンソウ	名詞サ変	229	101
仮眠	カミン	名詞サ変	229	375
配色	ハイショク	名詞サ変	228	107
流氷	リュウヒョウ	名詞	228	308
直腸	チョクチョウ	名詞	228	179
脱衣	ダツイ	名詞サ変	228	179
得体	エタイ	名詞	228	27
動乱	ドウラン	名詞	228	261
膵臓	スイゾウ	名詞	228	1450
蜂蜜	ハチミツ	名詞	228	41
不毛	フモウ	形状詞	228	353
国策	コクサク	名詞	228	1037
開講	カイコウ	名詞サ変	228	562
山上	サンジョウ	名詞	228	413
一座	イチザ	名詞サ変	228	258
溶剤	ヨウザイ	名詞	228	238
痴漢	チカン	名詞	228	1291
常習	ジョウシュウ	名詞	228	369
試着	シチャク	名詞サ変	228	209
瓢箪	ヒョウタン	名詞	228	244
鍛練	タンレン	名詞サ変	228	375
履修	リシュウ	名詞サ変	227	1147
渇水	カッスイ	名詞サ変	227	176
収束	シュウソク	名詞サ変	227	2379
大火	タイカ	名詞	227	172
優劣	ユウレツ	名詞	227	250
虚無	キョム	名詞	227	205
粘液	ネンエキ	名詞	227	61
大奥	オオオク	名詞	227	231
逆流	ギャクリュウ	名詞サ変	227	317
国名	コクメイ	名詞	227	384
戦勝	センショウ	名詞サ変	227	877
目尻	メジリ	名詞	227	165
打率	ダリツ	名詞	227	6256
前任	ゼンニン	名詞	227	796
病者	ビョウシャ	名詞	227	55
童謡	ドウヨウ	名詞	227	704
功徳	クドク	名詞	227	34
赤毛	アカゲ	名詞	227	107
金網	カナアミ	名詞	227	308
元利	ガンリ	名詞	227	93
几帳面	キチョウメン	形状詞	227	151
虚仮	コケ	名詞	226	217
平年	ヘイネン	名詞副詞	226	2756
速記	ソッキ	名詞サ変	226	102
力説	リキセツ	名詞サ変	226	1025
投書	トウショ	名詞サ変	226	972
屈指	クッシ	名詞サ変	226	1443
庭先	ニワサキ	名詞	226	247
火口	カコウ	名詞	226	374
啓示	ケイジ	名詞サ変	226	94
備品	ビヒン	名詞	226	473
御子	ミコ	名詞	226	28
無地	ムジ	名詞	226	113
立脚	リッキャク	名詞サ変	226	157
洗車	センシャ	名詞	226	87
琥珀	コハク	名詞	226	261
間食	カンショク	名詞サ変	226	76
格式	カクシキ	名詞	226	119
雑用	ザツヨウ	名詞	226	127
喉頭	コウトウ	名詞	226	125
中宮	チュウグウ	名詞	226	57
水兵	スイヘイ	名詞	226	155
視床	シショウ	名詞	226	62
扇子	センス	名詞	226	304
岩場	イワバ	名詞	226	281
添乗	テンジョウ	名詞サ変	226	400
物置	モノオキ	名詞	225	375
佃煮	ツクダニ	名詞	225	38
領有	リョウユウ	名詞サ変	225	1880
消却	ショウキャク	名詞サ変	225	91
流量	リュウリョウ	名詞	225	284
縮減	シュクゲン	名詞サ変	225	625
風水	フウスイ	名詞	225	57

小判	コバン	名詞	225	75
公私	コウシ	名詞	225	348
形勢	ケイセイ	名詞	225	476
前兆	ゼンチョウ	名詞	225	258
重層	ジュウソウ	名詞	225	300
格言	カクゲン	名詞	225	182
余命	ヨメイ	名詞	225	637
検知	ケンチ	名詞サ変	225	1042
開墾	カイコン	名詞サ変	225	134
社説	シャセツ	名詞	224	7473
端数	ハスウ	名詞	224	44
委譲	イジョウ	名詞サ変	224	192
押印	オウイン	名詞サ変	224	402
細君	サイクン	名詞	224	39
駅員	エキイン	名詞	224	1013
目下	メシタ	名詞	224	126
尿道	ニョウドウ	名詞	224	74
征伐	セイバツ	名詞サ変	224	31
脚光	キャッコウ	名詞	224	810
交尾	コウビ	名詞サ変	224	127
否決	ヒケツ	名詞サ変	224	4357
関門	カンモン	名詞	224	519
聖域	セイイキ	名詞	224	647
論説	ロンセツ	名詞	224	3054
一路	イチロ	名詞副詞	224	72
母校	ボコウ	名詞	224	1660
公言	コウゲン	名詞サ変	223	939
居所	イドコロ	名詞	223	58
公選	コウセン	名詞サ変	223	1761
貴女	アナタ	代名詞	223	1
関所	セキショ	名詞	223	74
様態	ヨウタイ	名詞	223	27
必見	ヒッケン	名詞	223	157
増収	ゾウシュウ	名詞サ変	223	1474
戦犯	センパン	名詞	223	2220
前庭	ゼンテイ	名詞	223	101
筋腫	キンシュ	名詞	223	106
雌雄	シユウ	名詞	223	106
床屋	トコヤ	名詞	223	96
止血	シケツ	名詞サ変	223	224
斑点	ハンテン	名詞	223	114
出航	シュッコウ	名詞サ変	223	286
鍵盤	ケンバン	名詞	222	271
近海	キンカイ	名詞	222	704
婚礼	コンレイ	名詞	222	144
抱擁	ホウヨウ	名詞サ変	222	157
洋上	ヨウジョウ	名詞	222	600
屈曲	クッキョク	名詞サ変	222	17
全会	ゼンカイ	名詞	222	1818
主旨	シュシ	名詞	222	8
狂犬	キョウケン	名詞	222	234
強者	キョウシャ	名詞	222	208
無敵	ムテキ	名詞形状詞	222	240
兼用	ケンヨウ	名詞サ変	222	151
差益	サエキ	名詞	222	210
駐輪	チュウリン	名詞サ変	222	467
税源	ゼイゲン	名詞	222	754
型紙	カタガミ	名詞	222	121
短剣	タンケン	名詞	222	29
干拓	カンタク	名詞サ変	222	577
標榜	ヒョウボウ	名詞サ変	222	278
早春	ソウシュン	名詞	222	204
名分	メイブン	名詞	222	322
日照	ニッショウ	名詞	222	409
荷台	ニダイ	名詞	222	544
石碑	セキヒ	名詞	222	451
稜線	リョウセン	名詞	222	106
退散	タイサン	名詞サ変	222	72
示談	ジダン	名詞	222	724
不可分	フカブン	名詞	222	181
永代	エイタイ	名詞	221	85
生業	セイギョウ	名詞	221	141
真正	シンセイ	名詞形状詞	221	243
布地	ヌノジ	名詞	221	130
合作	ガッサク	名詞サ変	221	345
子分	コブン	名詞	221	92
門徒	モント	名詞	221	89
屈伏	クップク	名詞サ変	221	99
賢者	ケンジャ	名詞	221	59
収蔵	シュウゾウ	名詞サ変	221	631
朦朧	モウロウ	形状詞	221	354
体罰	タイバツ	名詞	221	502
懲罰	チョウバツ	名詞サ変	221	757
入籍	ニュウセキ	名詞サ変	221	28
抑留	ヨクリュウ	名詞サ変	221	1386
洗脳	センノウ	名詞サ変	221	152
声高	コワダカ	形状詞	221	417
患部	カンブ	名詞	221	364

前歯	マエバ	名詞	221	130
後場	ゴバ	名詞	221	14
香料	コウリョウ	名詞	221	189
硬変	コウヘン	名詞	221	373
知行	チギョウ	名詞	220	17
女郎	ジョロウ	名詞	220	59
胸中	キョウチュウ	名詞	220	480
所帯	ショタイ	名詞	220	323
皮脂	ヒシ	名詞	220	174
甘美	カンビ	形状詞	220	101
位牌	イハイ	名詞	220	343
重圧	ジュウアツ	名詞	220	2397
忠臣	チュウシン	名詞	220	870
平素	ヘイソ	名詞	220	62
猟師	リョウシ	名詞	220	83
子細	シサイ	名詞形状詞	220	51
殺気	サッキ	名詞	220	71
被覆	ヒフク	名詞サ変	220	75
架橋	カキョウ	名詞サ変	220	287
常温	ジョウオン	名詞	220	169
短調	タンチョウ	名詞	220	342
総勢	ソウゼイ	名詞	220	406
信憑	シンピョウ	名詞サ変	220	353
頓着	トンジャク	名詞サ変	220	149
難聴	ナンチョウ	名詞	219	369
慣例	カンレイ	名詞	219	981
協賛	キョウサン	名詞サ変	219	4675
通気	ツウキ	名詞サ変	219	224
飛翔	ヒショウ	名詞サ変	219	297
厳守	ゲンシュ	名詞サ変	219	231
急病	キュウビョウ	名詞	219	223
空調	クウチョウ	名詞	219	1073
脇腹	ワキバラ	名詞	219	404
豊作	ホウサク	名詞	219	344
誹謗	ヒボウ	名詞サ変	219	325
粉砕	フンサイ	名詞サ変	219	415
学区	ガック	名詞	219	377
還暦	カンレキ	名詞	219	1063
機銃	キジュウ	名詞	219	122
数珠	ジュズ	名詞	219	127
尺八	シャクハチ	名詞	219	218
整列	セイレツ	名詞サ変	219	216
米価	ベイカ	名詞	219	326
土石	ドセキ	名詞	219	553
断続	ダンゾク	名詞サ変	219	816
法事	ホウジ	名詞	219	124
自筆	ジヒツ	名詞	219	428
奇形	キケイ	名詞	219	108
紙片	シヘン	名詞	219	117
圧勝	アッショウ	名詞サ変	219	3975
単品	タンピン	名詞	219	113
哨戒	ショウカイ	名詞サ変	219	868
打診	ダシン	名詞サ変	219	3142
寄進	キシン	名詞サ変	219	78
職域	ショクイキ	名詞	219	304
飲用	インヨウ	名詞サ変	218	215
近況	キンキョウ	名詞	218	485
作図	サクズ	名詞サ変	218	12
商号	ショウゴウ	名詞	218	91
絵巻	エマキ	名詞	218	376
類推	ルイスイ	名詞サ変	218	108
微分	ビブン	名詞サ変	218	30
全角	ゼンカク	名詞	218	7
北海	ホッカイ	名詞	218	724
結実	ケツジツ	名詞サ変	218	662
公法	コウホウ	名詞	218	15
道義	ドウギ	名詞	218	582
一倍	イチバイ	副詞	218	312
民話	ミンワ	名詞	218	265
同質	ドウシツ	名詞	218	106
荘厳	ショウゴン	名詞サ変	218	191
行軍	コウグン	名詞サ変	217	66
着席	チャクセキ	名詞サ変	217	263
太平	タイヘイ	名詞形状詞	217	246
性向	セイコウ	名詞	217	103
弾劾	ダンガイ	名詞サ変	217	385
酢酸	サクサン	名詞	217	123
失効	シッコウ	名詞サ変	217	884
角質	カクシツ	名詞	217	99
袈裟	ケサ	名詞	217	64
廃車	ハイシャ	名詞	217	197
急死	キュウシ	名詞サ変	217	1164
軽微	ケイビ	名詞形状詞	217	485
三塁	サンルイ	名詞	217	6571
年俸	ネンポウ	名詞	217	2238
酒類	シュルイ	名詞	217	603
殺意	サツイ	名詞	217	2143
親和	シンワ	名詞サ変	217	184

琢磨	タクマ	名詞サ変	217	462
縦横	タテヨコ	名詞	217	257
衣食	イショク	名詞	217	6
接地	セッチ	名詞サ変	217	98
十二分	ジュウニブン	形状詞	217	182
密告	ミッコク	名詞サ変	216	154
没後	ボツゴ	名詞副詞	216	1107
弥陀	ミダ	名詞	216	41
枝豆	エダマメ	名詞	216	250
鉄則	テッソク	名詞	216	227
休戦	キュウセン	名詞サ変	216	486
気流	キリュウ	名詞	216	714
揶揄	ヤユ	名詞サ変	216	716
躍動	ヤクドウ	名詞サ変	216	1187
触発	ショクハツ	名詞サ変	216	520
実名	ジツメイ	名詞	216	2123
行灯	アンドン	名詞	216	130
熟睡	ウマイ	名詞	216	1
物色	ブッショク	名詞サ変	216	540
炎上	エンジョウ	名詞サ変	216	1223
老若	ロウニャク	名詞	216	298
新薬	シンヤク	名詞	216	1556
調製	チョウセイ	名詞サ変	216	27
目次	モクジ	名詞	216	93
混血	コンケツ	名詞サ変	216	81
非情	ヒジョウ	名詞形状詞	216	388
土着	ドチャク	名詞サ変	216	136
尊皇	ソンノウ	名詞	216	48
炭火	スミビ	名詞	216	160
改竄	カイザン	名詞サ変	216	4441
爆音	バクオン	名詞	216	368
許認可	キョニンカ	名詞	216	219
通年	ツウネン	名詞	215	548
真冬	マフユ	名詞	215	269
端正	タンセイ	名詞形状詞	215	345
呉服	ゴフク	名詞	215	610
懸案	ケンアン	名詞	215	1484
屈託	クッタク	名詞サ変	215	270
急所	キュウショ	名詞	215	145
壮年	ソウネン	名詞	215	168
復員	フクイン	名詞サ変	215	322
同類	ドウルイ	名詞	215	52
非人	ヒニン	名詞	215	22
薬用	ヤクヨウ	名詞	215	156
岩山	イワヤマ	名詞	215	100
閃光	センコウ	名詞	215	186
吸血	キュウケツ	名詞	215	120
漂白	ヒョウハク	名詞サ変	215	159
農道	ノウドウ	名詞	214	238
絵師	エシ	名詞	214	414
述懐	ジュッカイ	名詞サ変	214	264
溌剌	ハツラツ	形状詞	214	392
古都	コト	名詞	214	601
風物	フウブツ	名詞	214	642
皇位	コウイ	名詞	214	717
声音	コワネ	名詞	214	24
義塾	ギジュク	名詞	214	1480
兵役	ヘイエキ	名詞	214	331
手近	テヂカ	名詞形状詞	214	48
電解	デンカイ	名詞サ変	214	75
平定	ヘイテイ	名詞サ変	213	16
不順	フジュン	名詞形状詞	213	350
大社	タイシャ	名詞	213	618
失神	シッシン	名詞サ変	213	163
紫苑	シオン	名詞	213	222
校区	コウク	名詞	213	221
歴然	レキゼン	形状詞	213	327
公序	コウジョ	名詞	213	100
湖畔	コハン	名詞	213	213
脈絡	ミャクラク	名詞	213	141
文科	モンカ	名詞	213	7681
連戦	レンセン	名詞サ変	213	1653
高炉	コウロ	名詞	213	318
本職	ホンショク	名詞	213	342
手芸	シュゲイ	名詞	213	228
参観	サンカン	名詞サ変	213	405
専従	センジュウ	名詞サ変	213	690
便箋	ビンセン	名詞	212	278
縦軸	タテジク	名詞	212	70
拘置	コウチ	名詞サ変	212	3132
一任	イチニン	名詞サ変	212	930
木箱	キバコ	名詞	212	181
庶務	ショム	名詞	212	208
誓約	セイヤク	名詞サ変	212	639
欺瞞	ギマン	名詞サ変	212	113
発刊	ハッカン	名詞サ変	212	478
学徒	ガクト	名詞	212	559
浸潤	シンジュン	名詞サ変	212	38

生誕	セイタン	名詞サ変	212	1954
懺悔	ザンゲ	名詞サ変	212	175
敬愛	ケイアイ	名詞サ変	212	649
悠然	ユウゼン	形状詞	212	154
熱量	ネツリョウ	名詞	212	110
巻頭	カントウ	名詞	212	251
花形	ハナガタ	名詞	212	417
岩盤	ガンバン	名詞	212	470
空席	クウセキ	名詞	211	1200
遺留	イリュウ	名詞サ変	211	685
鎮守	チンジュ	名詞	211	135
算盤	ソロバン	名詞	211	371
一念	イチネン	名詞	211	313
風疹	フウシン	名詞	211	87
木簡	モッカン	名詞	211	515
低速	テイソク	名詞	211	167
水防	スイボウ	名詞	211	55
有毒	ユウドク	名詞形状詞	211	291
帰依	キエ	名詞サ変	211	108
王道	オウドウ	名詞	211	325
首輪	クビワ	名詞	211	138
迷子	マイゴ	名詞	211	300
前部	ゼンブ	名詞	211	382
総力	ソウリョク	名詞	211	764
水洗	スイセン	名詞サ変	211	114
法曹	ホウソウ	名詞	211	732
画策	カクサク	名詞サ変	211	380
颯爽	サッソウ	形状詞	210	266
大樹	タイジュ	名詞	210	439
座長	ザチョウ	名詞	210	4320
取水	シュスイ	名詞サ変	210	580
弾頭	ダントウ	名詞	210	716
史実	シジツ	名詞	210	466
地租	チソ	名詞	210	4
謀略	ボウリャク	名詞	210	179
主査	シュサ	名詞	210	495
無害	ムガイ	名詞形状詞	210	216
未聞	ミモン	名詞	210	474
横軸	ヨコジク	名詞	210	52
日夜	ニチヤ	名詞副詞	210	140
給仕	キュウジ	名詞サ変	210	59
本島	ホントウ	名詞	210	803
水車	スイシャ	名詞	210	158
杓子	シャクシ	名詞	210	334
銅像	ドウゾウ	名詞	210	472
頭金	アタマキン	名詞	210	71
水夫	スイフ	名詞	210	14
名産	メイサン	名詞	210	420
分館	ブンカン	名詞	210	141
旧制	キュウセイ	名詞	210	550
奥地	オクチ	名詞	210	136
自他	ジタ	名詞	210	169
剥奪	ハクダツ	名詞サ変	210	750
次号	ジゴウ	名詞	209	82
難関	ナンカン	名詞	209	559
明晰	メイセキ	名詞形状詞	209	188
冬眠	トウミン	名詞サ変	209	255
農学	ノウガク	名詞	209	513
動的	ドウテキ	形状詞	209	149
主将	シュショウ	名詞	209	9170
争奪	ソウダツ	名詞サ変	209	2417
如意	ニョイ	名詞	209	101
作付	サクヅケ	名詞	209	167
湯船	ユブネ	名詞	209	175
表札	ヒョウサツ	名詞	209	294
鉱石	コウセキ	名詞	209	246
後発	コウハツ	名詞	209	858
高所	コウショ	名詞	209	298
波紋	ハモン	名詞	209	1800
改宗	カイシュウ	名詞サ変	209	150
読解	ドッカイ	名詞サ変	209	442
未曾有	ミゾウ	名詞	209	752
外形	ガイケイ	名詞	208	156
再審	サイシン	名詞サ変	208	4362
貫禄	カンロク	名詞	208	894
対向	タイコウ	名詞サ変	208	679
気概	キガイ	名詞	208	612
木炭	モクタン	名詞	208	138
強靭	キョウジン	名詞形状詞	208	697
木刀	ボクトウ	名詞	208	149
親睦	シンボク	名詞サ変	208	387
手綱	タヅナ	名詞	208	248
分家	ブンケ	名詞サ変	208	70
試乗	シジョウ	名詞サ変	208	354
目薬	メグスリ	名詞	208	141
大同	ダイドウ	名詞サ変	207	626
長文	チョウブン	名詞	207	166
神妙	シンミョウ	形状詞	207	344

外為	ガイタメ	名詞	207	5067
邦訳	ホウヤク	名詞サ変	207	245
天災	テンサイ	名詞	207	419
失墜	シッツイ	名詞サ変	207	845
獄中	ゴクチュウ	名詞	207	337
遊具	ユウグ	名詞	207	613
持論	ジロン	名詞	207	1692
停留	テイリュウ	名詞サ変	207	314
一堂	イチドウ	名詞	207	801
恍惚	コウコツ	形状詞	207	56
棚田	タナダ	名詞	207	473
棟梁	トウリョウ	名詞	207	183
紅潮	コウチョウ	名詞サ変	207	208
奇数	キスウ	名詞	207	91
談笑	ダンショウ	名詞サ変	207	410
接吻	セップン	名詞サ変	207	60
満席	マンセキ	名詞	207	572
水草	ミズクサ	名詞	206	112
大目	オオメ	名詞	206	83
大群	タイグン	名詞	206	77
原野	ゲンヤ	名詞	206	135
気運	キウン	名詞	206	6
著述	チョジュツ	名詞サ変	206	177
図版	ズハン	名詞	206	142
勧業	カンギョウ	名詞	206	202
下見	シタミ	名詞サ変	206	368
阿諛	アユ	名詞サ変	206	69
号泣	ゴウキュウ	名詞サ変	206	463
凶暴	キョウボウ	形状詞	206	136
精油	セイユ	名詞サ変	206	70
成否	セイヒ	名詞	206	783
王族	オウゾク	名詞	206	207
離宮	リキュウ	名詞	206	192
水筒	スイトウ	名詞	206	164
文壇	ブンダン	名詞	206	281
臣下	シンカ	名詞	206	45
名主	ナヌシ	名詞	206	30
慰労	イロウ	名詞サ変	206	326
送球	ソウキュウ	名詞サ変	206	1134
岸辺	キシベ	名詞	206	226
墓場	ハカバ	名詞	206	142
開校	カイコウ	名詞サ変	206	818
口論	コウロン	名詞サ変	205	1032
明暗	メイアン	名詞	205	1034
原色	ゲンショク	名詞	205	112
広聴	コウチョウ	名詞	205	58
牧畜	ボクチク	名詞	205	75
節度	セツド	名詞	205	246
商用	ショウヨウ	名詞	205	497
封書	フウショ	名詞	205	378
門人	モンジン	名詞	205	49
漆黒	シッコク	名詞	205	100
追撃	ツイゲキ	名詞サ変	205	152
戦慄	センリツ	名詞サ変	205	123
勝率	ショウリツ	名詞	205	1763
硬貨	コウカ	名詞	205	523
客船	キャクセン	名詞	205	446
律儀	リチギ	名詞形状詞	205	145
聖者	セイジャ	名詞	205	42
摂政	セッショウ	名詞	205	46
書評	ショヒョウ	名詞	205	897
本籍	ホンセキ	名詞	205	216
輪廻	リンネ	名詞サ変	205	84
納骨	ノウコツ	名詞サ変	205	225
離縁	リエン	名詞サ変	205	83
薬指	クスリユビ	名詞	205	185
人相	ニンソウ	名詞	205	87
導管	ドウカン	名詞	204	402
卑劣	ヒレツ	名詞形状詞	204	462
厳禁	ゲンキン	名詞サ変	204	186
上官	ジョウカン	名詞	204	308
冥福	メイフク	名詞	204	1305
貫徹	カンテツ	名詞サ変	204	191
壊死	エシ	名詞サ変	204	150
折衷	セッチュウ	名詞サ変	204	210
強豪	キョウゴウ	名詞	204	3726
薄手	ウスデ	形状詞	204	111
異名	イミョウ	名詞	204	617
命日	メイニチ	名詞	204	756
随一	ズイイチ	名詞	204	325
幼年	ヨウネン	名詞	204	107
軍政	グンセイ	名詞	204	1148
発案	ハツアン	名詞サ変	204	1099
修験	シュゲン	名詞	204	99
祭礼	サイレイ	名詞	204	140
策略	サクリャク	名詞	204	121
適齢	テキレイ	名詞	204	143
自爆	ジバク	名詞サ変	204	2853

音読	オンドク	名詞サ変	204	797
納屋	ナヤ	名詞	204	105
泥沼	ドロヌマ	名詞	204	771
存立	ソンリツ	名詞サ変	204	130
満塁	マンルイ	名詞	204	5356
母方	ハハカタ	名詞	204	330
好色	コウショク	名詞形状詞	203	46
難題	ナンダイ	名詞	203	1034
銚子	チョウシ	名詞	203	385
着想	チャクソウ	名詞サ変	203	335
迎撃	ゲイゲキ	名詞サ変	203	1276
助詞	ジョシ	名詞	203	62
羊毛	ヨウモウ	名詞	203	50
始発	シハツ	名詞	203	660
会食	カイショク	名詞サ変	203	1371
未開	ミカイ	名詞	203	69
遍歴	ヘンレキ	名詞サ変	203	118
堅気	カタギ	名詞形状詞	203	19
怠慢	タイマン	名詞形状詞	203	521
構文	コウブン	名詞	203	14
痛風	ツウフウ	名詞	203	161
各界	カッカイ	名詞	203	572
扇動	センドウ	名詞サ変	203	486
擁立	ヨウリツ	名詞サ変	203	5862
退任	タイニン	名詞サ変	203	5817
悪者	ワルモノ	名詞	203	281
小銃	ショウジュウ	名詞	202	431
嫌疑	ケンギ	名詞	202	287
即日	ソクジツ	名詞副詞	202	1273
卑屈	ヒクツ	名詞形状詞	202	65
大空	オオゾラ	名詞	202	385
小袖	コソデ	名詞	202	111
両脚	リョウアシ	名詞	202	181
持病	ジビョウ	名詞	202	887
失脚	シッキャク	名詞サ変	202	569
川岸	カワギシ	名詞	202	286
召喚	ショウカン	名詞サ変	202	123
情念	ジョウネン	名詞	202	297
難儀	ナンギ	名詞サ変	202	95
公司	コウシ	名詞	202	254
可変	カヘン	名詞	202	53
遺児	イジ	名詞	202	3049
顕彰	ケンショウ	名詞サ変	202	1209
養分	ヨウブン	名詞	202	115
塗布	トフ	名詞サ変	202	72
決起	ケッキ	名詞サ変	202	549
親身	シンミ	形状詞	202	211
若衆	ワカシュ	名詞	202	58
西域	セイイキ	名詞	202	92
花言葉	ハナコトバ	名詞	202	79
法王	ホウオウ	名詞	201	2297
思惟	シイ	名詞サ変	201	36
即効	ソッコウ	名詞	201	289
所信	ショシン	名詞	201	1425
長大	チョウダイ	名詞形状詞	201	170
忘却	ボウキャク	名詞サ変	201	139
戦況	センキョウ	名詞	201	308
全権	ゼンケン	名詞	201	336
謝礼	シャレイ	名詞	201	1621
赤子	アカゴ	名詞	201	78
天道	テントウ	名詞	201	140
撃沈	ゲキチン	名詞サ変	201	162
服薬	フクヤク	名詞サ変	201	240
過渡	カト	名詞	201	243
音符	オンプ	名詞	201	95
名札	ナフダ	名詞	201	173
習俗	シュウゾク	名詞	201	73
遍路	ヘンロ	名詞	201	509
退出	タイシュツ	名詞サ変	201	191
積算	セキサン	名詞サ変	201	421
人夫	ニンプ	名詞	201	12
悲哀	ヒアイ	名詞	200	325
冷淡	レイタン	名詞形状詞	200	230
図示	ズシ	名詞サ変	200	32
遠出	トオデ	名詞サ変	200	174
呪縛	ジュバク	名詞サ変	200	325
収量	シュウリョウ	名詞	200	195
配付	ハイフ	名詞サ変	200	7
軍医	グンイ	名詞	200	312
観衆	カンシュウ	名詞	200	3911
御堂	ミドウ	名詞	200	1020
東宮	トウグウ	名詞	200	443
肢体	シタイ	名詞	200	232
分団	ブンダン	名詞	200	79
早目	ハヤメ	形状詞	200	2
雷鳴	ライメイ	名詞	200	88
唯物	ユイブツ	名詞	200	10
居室	キョシツ	名詞	200	525

離散	リサン	名詞サ変	200	442
雪崩	ナダレ	名詞	200	963
演目	エンモク	名詞	200	915
城跡	ジョウセキ	名詞	200	75
傍観	ボウカン	名詞サ変	199	277
局地	キョクチ	名詞	199	456
救難	キュウナン	名詞	199	293
両軍	リョウグン	名詞	199	341
罹患	リカン	名詞サ変	199	351
先鋒	センポウ	名詞	199	382
両目	リョウメ	名詞	199	244
右岸	ウガン	名詞	199	111
国力	コクリョク	名詞	199	375
口上	コウジョウ	名詞	199	430
魔王	マオウ	名詞	199	110
気長	キナガ	形状詞	199	51
以北	イホク	名詞	199	157
家財	カザイ	名詞	199	459
編曲	ヘンキョク	名詞サ変	199	440
図柄	ズガラ	名詞	199	340
常緑	ジョウリョク	名詞	199	184
薬味	ヤクミ	名詞	199	137
隣家	リンカ	名詞	199	466
低廉	テイレン	名詞形状詞	199	15
新卒	シンソツ	名詞	199	1327
果肉	カニク	名詞	199	139
遷都	セント	名詞サ変	199	566
漂着	ヒョウチャク	名詞サ変	199	589
刷毛	ハケ	名詞	198	13
机上	キジョウ	名詞	198	340
用量	ヨウリョウ	名詞	198	78
持久	ジキュウ	名詞サ変	198	488
赤軍	セキグン	名詞	198	470
足腰	アシコシ	名詞	198	602
異人	イジン	名詞	198	91
朝顔	アサガオ	名詞	198	238
反芻	ハンスウ	名詞サ変	198	87
博打	バクチ	名詞	198	15
庚申	コウシン	名詞	198	23
風化	フウカ	名詞サ変	198	1050
羽毛	ウモウ	名詞	198	261
霊感	レイカン	名詞	198	265
寄稿	キコウ	名詞サ変	198	1040
重油	ジュウユ	名詞	198	788
男優	ダンユウ	名詞	198	872
漢語	カンゴ	名詞	198	70
一塁	イチルイ	名詞	198	4781
守秘	シュヒ	名詞サ変	198	844
手品	テジナ	名詞	198	188
鼻血	ハナヂ	名詞	198	117
医大	イダイ	名詞	198	1870
能楽	ノウガク	名詞	198	1159
轆轤	ロクロ	名詞	198	103
胡蝶	コチョウ	名詞	198	108
碑文	ヒブン	名詞	198	168
年輩	ネンパイ	名詞	198	6
従兄弟	イトコ	名詞	198	6
上辺	ジョウヘン	名詞	197	257
育種	イクシュ	名詞	197	111
河口	カコウ	名詞	197	213
険悪	ケンアク	名詞形状詞	197	224
叱咤	シッタ	名詞サ変	197	229
灌木	カンボク	名詞	197	9
建材	ケンザイ	名詞	197	1057
精巧	セイコウ	名詞形状詞	197	293
増築	ゾウチク	名詞サ変	197	275
温厚	オンコウ	名詞形状詞	197	270
精鋭	セイエイ	名詞形状詞	197	449
考査	コウサ	名詞サ変	197	152
新案	シンアン	名詞	197	47
長城	チョウジョウ	名詞	196	324
側室	ソクシツ	名詞	196	81
涅槃	ネハン	名詞	196	103
発布	ハップ	名詞サ変	196	60
退陣	タイジン	名詞サ変	196	5260
発給	ハッキュウ	名詞サ変	196	728
食前	ショクゼン	名詞副詞	196	89
血漿	ケッショウ	名詞	196	55
日刊	ニッカン	名詞	196	460
奇異	キイ	名詞形状詞	196	120
自粛	ジシュク	名詞サ変	196	3460
樹林	ジュリン	名詞	196	85
金品	キンピン	名詞	196	645
護岸	ゴガン	名詞	196	389
胆嚢	タンノウ	名詞	196	127
俳諧	ハイカイ	名詞	195	115
公館	コウカン	名詞	195	690
口語	コウゴ	名詞	195	187

既得	キトク	名詞	195	693
作風	サクフウ	名詞	195	764
解熱	ゲネツ	名詞サ変	195	116
巨体	キョタイ	名詞	195	317
内服	ナイフク	名詞サ変	195	90
野性	ヤセイ	名詞	195	198
競輪	ケイリン	名詞	195	893
懐石	カイセキ	名詞	195	155
場内	ジョウナイ	名詞	195	622
深部	シンブ	名詞	195	233
学名	ガクメイ	名詞	195	94
出獄	シュツゴク	名詞サ変	195	25
朝晩	アサバン	名詞副詞	195	186
出征	シュッセイ	名詞サ変	195	370
分室	ブンシツ	名詞	195	146
分節	ブンセツ	名詞サ変	195	17
短絡	タンラク	名詞サ変	195	347
手工	シュコウ	名詞	195	21
華族	カゾク	名詞	195	66
立憲	リッケン	名詞	195	216
無為	ムイ	名詞	195	91
立像	リツゾウ	名詞	195	253
悲嘆	ヒタン	名詞サ変	194	264
証文	ショウモン	名詞	194	57
炉心	ロシン	名詞	194	1039
慣用	カンヨウ	名詞サ変	194	73
素足	スアシ	名詞	194	143
権勢	ケンセイ	名詞	194	102
激増	ゲキゾウ	名詞サ変	194	344
顛末	テンマツ	名詞	194	177
越冬	エットウ	名詞サ変	194	312
火鉢	ヒバチ	名詞	194	111
兼任	ケンニン	名詞サ変	194	1069
別室	ベッシツ	名詞	194	353
霊界	レイカイ	名詞	194	22
集金	シュウキン	名詞サ変	194	531
過多	カタ	名詞形状詞	194	162
演芸	エンゲイ	名詞	194	1228
帰着	キチャク	名詞サ変	194	101
高率	コウリツ	名詞形状詞	194	300
検地	ケンチ	名詞サ変	194	7
麦茶	ムギチャ	名詞	194	116
終生	シュウセイ	名詞	194	178
指南	シナン	名詞サ変	193	2112
初診	ショシン	名詞	193	282
猛暑	モウショ	名詞	193	2138
建議	ケンギ	名詞サ変	193	315
流派	リュウハ	名詞	193	122
挙手	キョシュ	名詞サ変	193	288
野獣	ヤジュウ	名詞	193	115
清酒	セイシュ	名詞	193	173
置物	オキモノ	名詞	193	163
上気	ジョウキ	名詞	193	81
勧奨	カンショウ	名詞サ変	193	412
稚魚	チギョ	名詞	193	429
采配	サイハイ	名詞	193	1128
変人	ヘンジン	名詞	193	217
戦乱	センラン	名詞	193	168
御座	ギョザ	名詞	193	22
城塞	ジョウサイ	名詞	193	76
旨味	ウマミ	名詞	193	10
城郭	ジョウカク	名詞	193	74
惨状	サンジョウ	名詞	193	827
跳躍	チョウヤク	名詞サ変	193	369
花色	カショク	名詞	193	11
沿革	エンカク	名詞	192	18
安息	アンソク	名詞サ変	192	65
秀才	シュウサイ	名詞	192	119
白木	シロキ	名詞	192	219
近傍	キンボウ	名詞	192	29
副業	フクギョウ	名詞	192	169
自費	ジヒ	名詞	192	712
毛頭	モウトウ	副詞	192	105
手代	テダイ	名詞	192	34
体得	タイトク	名詞サ変	192	151
無尽	ムジン	名詞	192	221
臭気	シュウキ	名詞	192	79
仮装	カソウ	名詞サ変	192	492
目上	メウエ	名詞	192	72
発疹	ハッシン	名詞サ変	192	160
高名	コウメイ	名詞形状詞	192	111
球菌	キュウキン	名詞	192	246
陸路	リクロ	名詞	192	375
惨事	サンジ	名詞	192	980
定式	テイシキ	名詞	192	24
無我	ムガ	名詞	192	275
画定	カクテイ	名詞サ変	192	526
小腸	ショウチョウ	名詞	191	314

領海	リョウカイ	名詞	191	1666
裁断	サイダン	名詞サ変	191	308
安否	アンピ	名詞	191	1973
確執	カクシツ	名詞サ変	191	626
空前	クウゼン	名詞	191	467
風速	フウソク	名詞	191	1565
深化	シンカ	名詞サ変	191	982
熟語	ジュクゴ	名詞	191	246
心霊	シンレイ	名詞	191	40
索引	サクイン	名詞	191	117
心室	シンシツ	名詞	191	104
当代	トウダイ	名詞	191	146
滞留	タイリュウ	名詞サ変	191	265
護送	ゴソウ	名詞サ変	191	222
前菜	ゼンサイ	名詞	191	127
砂地	スナジ	名詞	191	91
法益	ホウエキ	名詞	191	10
湿疹	シッシン	名詞	191	124
一読	イチドク	名詞サ変	191	154
後記	コウキ	名詞	191	418
刷新	サッシン	名詞サ変	190	3212
無量	ムリョウ	名詞	190	463
即死	ソクシ	名詞サ変	190	571
罵倒	バトウ	名詞サ変	190	120
凌駕	リョウガ	名詞サ変	190	56
大海	タイカイ	名詞	190	1401
叱責	シッセキ	名詞サ変	190	536
気風	キフウ	名詞	190	128
陶酔	トウスイ	名詞サ変	190	127
急変	キュウヘン	名詞サ変	190	802
主従	シュジュウ	名詞	190	85
全軍	ゼングン	名詞	190	36
写実	シャジツ	名詞	190	207
逆手	サカテ	名詞	190	482
速力	ソクリョク	名詞	190	125
狂乱	キョウラン	名詞サ変	190	121
迷宮	メイキュウ	名詞	190	285
威信	イシン	名詞	190	646
一両	イチリョウ	名詞	190	296
破局	ハキョク	名詞	190	293
定説	テイセツ	名詞	190	313
同好	ドウコウ	名詞	190	299
肩幅	カタハバ	名詞	190	48
皇太后	コウタイゴウ	名詞	190	106
師走	シワス	名詞	189	539
通俗	ツウゾク	名詞形状詞	189	72
小魚	コザカナ	名詞	189	152
明太	メンタイ	名詞	189	98
罵声	バセイ	名詞	189	168
海抜	カイバツ	名詞	189	349
油彩	ユサイ	名詞	189	611
台場	ダイバ	名詞	189	18
換言	カンゲン	名詞サ変	189	14
英訳	エイヤク	名詞サ変	189	437
武術	ブジュツ	名詞	189	204
戒律	カイリツ	名詞	189	105
結石	ケッセキ	名詞	189	177
座像	ザゾウ	名詞	189	294
遺贈	イゾウ	名詞サ変	189	13
戦災	センサイ	名詞	189	421
辛辣	シンラツ	名詞形状詞	189	192
群生	グンセイ	名詞サ変	189	206
童貞	ドウテイ	名詞	189	12
色相	シキソウ	名詞	189	4
判然	ハンゼン	名詞サ変	189	183
包含	ホウガン	名詞サ変	189	66
各位	カクイ	名詞	189	93
染料	センリョウ	名詞	189	177
回遊	カイユウ	名詞サ変	189	203
未納	ミノウ	名詞	189	1135
説法	セッポウ	名詞サ変	189	126
新星	シンセイ	名詞	189	665
大敗	タイハイ	名詞サ変	188	1919
筋道	スジミチ	名詞	188	159
商務	ショウム	名詞	188	903
商家	ショウカ	名詞	188	116
再選	サイセン	名詞サ変	188	4552
粘着	ネンチャク	名詞サ変	188	600
清流	セイリュウ	名詞	188	354
素案	ソアン	名詞	188	1637
両人	リョウニン	名詞	188	41
素手	スデ	名詞	188	301
素肌	スハダ	名詞	188	49
行幸	ギョウコウ	名詞サ変	188	55
追従	ツイジュウ	名詞サ変	188	274
密航	ミッコウ	名詞サ変	188	255
組員	クミイン	名詞	188	2126
只中	タダナカ	名詞	188	7

物騒	ブッソウ	形状詞	188	117
官職	カンショク	名詞	188	77
帰京	キキョウ	名詞サ変	188	535
樹皮	ジュヒ	名詞	188	97
述語	ジュツゴ	名詞	188	14
弁理	ベンリ	名詞	188	85
病弱	ビョウジャク	名詞形状詞	188	212
武人	ブジン	名詞	188	77
貧富	ヒンプ	名詞	188	637
序章	ジョショウ	名詞	188	160
利尿	リニョウ	名詞	188	53
昇降	ショウコウ	名詞サ変	187	290
難航	ナンコウ	名詞サ変	187	5376
花期	カキ	名詞	187	10
既往	キオウ	名詞	187	86
滅失	メッシツ	名詞サ変	187	9
先例	センレイ	名詞	187	285
嚥下	エンカ	名詞サ変	187	35
勉学	ベンガク	名詞サ変	187	202
工員	コウイン	名詞	187	327
充血	ジュウケツ	名詞サ変	187	95
抱負	ホウフ	名詞	187	2736
快活	カイカツ	名詞形状詞	187	137
女流	ジョリュウ	名詞	187	3601
錠剤	ジョウザイ	名詞	187	312
無法	ムホウ	名詞形状詞	187	218
世襲	セシュウ	名詞サ変	187	1593
遊覧	ユウラン	名詞サ変	187	264
試聴	シチョウ	名詞サ変	187	34
品格	ヒンカク	名詞	187	896
人選	ジンセン	名詞サ変	187	1540
初任	ショニン	名詞	187	261
散会	サンカイ	名詞サ変	187	75
右派	ウハ	名詞	187	1991
新任	シンニン	名詞サ変	187	567
脳波	ノウハ	名詞	187	211
曲折	キョクセツ	名詞サ変	186	682
論調	ロンチョウ	名詞	186	593
鎮座	チンザ	名詞サ変	186	127
直訳	チョクヤク	名詞サ変	186	128
墓所	ボショ	名詞	186	179
渦中	カチュウ	名詞	186	384
小作	コサク	名詞	186	52
師事	シジ	名詞サ変	186	1006
女医	ジョイ	名詞	186	146
臨機	リンキ	名詞	186	242
均質	キンシツ	名詞形状詞	186	98
錯綜	サクソウ	名詞サ変	186	446
相槌	アイヅチ	名詞	186	9
左岸	サガン	名詞	186	124
沢庵	タクアン	名詞	186	131
和洋	ワヨウ	名詞	186	212
暴言	ボウゲン	名詞	186	803
客体	キャクタイ	名詞	186	18
山野	サンヤ	名詞	186	61
得票	トクヒョウ	名詞サ変	186	5122
見世物	ミセモノ	名詞	186	34
医局	イキョク	名詞	185	334
平時	ヘイジ	名詞	185	363
闘志	トウシ	名詞	185	1249
加護	カゴ	名詞サ変	185	70
論証	ロンショウ	名詞サ変	185	54
性状	セイジョウ	名詞	185	6
孫子	マゴコ	名詞	185	45
合議	ゴウギ	名詞サ変	185	217
転身	テンシン	名詞サ変	185	1161
対局	タイキョク	名詞サ変	185	2643
直売	チョクバイ	名詞サ変	185	399
雑多	ザッタ	形状詞	185	103
近視	キンシ	名詞	185	159
湾曲	ワンキョク	名詞サ変	185	82
牢獄	ロウゴク	名詞	185	21
読経	ドキョウ	名詞サ変	185	279
軽率	ケイソツ	名詞形状詞	185	438
散文	サンブン	名詞	185	179
摂理	セツリ	名詞	185	110
総論	ソウロン	名詞	185	251
自重	ジチョウ	名詞サ変	185	224
返上	ヘンジョウ	名詞サ変	185	1750
短気	タンキ	名詞形状詞	185	97
薬効	ヤッコウ	名詞	185	85
前駆	ゼンク	名詞サ変	185	55
統率	トウソツ	名詞サ変	185	305
同室	ドウシツ	名詞サ変	185	540
接収	セッシュウ	名詞サ変	185	200
王座	オウザ	名詞	185	4049
副官	フッカン	名詞	184	39
無頼	ブライ	名詞形状詞	184	164

次代	ジダイ	名詞	184	566
直射	チョクシャ	名詞サ変	184	91
白米	ハクマイ	名詞	184	174
性急	セイキュウ	形状詞	184	371
嘆息	タンソク	名詞サ変	184	117
柔術	ジュウジュツ	名詞	184	25
経年	ケイネン	名詞	184	222
蚊帳	カヤ	名詞	184	265
重篤	ジュウトク	名詞	184	345
縫製	ホウセイ	名詞サ変	184	358
公有	コウユウ	名詞サ変	184	195
祭司	サイシ	名詞	184	14
傭兵	ヨウヘイ	名詞	184	34
判示	ハンジ	名詞サ変	184	64
陳腐	チンプ	名詞形状詞	184	87
異色	イショク	形状詞	184	829
凝集	ギョウシュウ	名詞サ変	184	74
間口	マグチ	名詞	184	255
伽藍	ガラン	名詞	183	120
脇役	ワキヤク	名詞	183	559
天敵	テンテキ	名詞	183	293
外注	ガイチュウ	名詞サ変	183	306
潤滑	ジュンカツ	名詞	183	165
始業	シギョウ	名詞サ変	183	670
竜王	リュウオウ	名詞	183	1370
変位	ヘンイ	名詞サ変	183	12
血族	ケツゾク	名詞	183	56
洋館	ヨウカン	名詞	183	151
精査	セイサ	名詞サ変	183	1584
民芸	ミンゲイ	名詞	183	467
雑炊	ゾウスイ	名詞	183	122
摩耗	マモウ	名詞サ変	183	318
怪奇	カイキ	名詞形状詞	183	151
定率	テイリツ	名詞	183	468
題目	ダイモク	名詞	182	79
春季	シュンキ	名詞	182	2130
席捲	セッケン	名詞サ変	182	434
島国	シマグニ	名詞	182	405
遮蔽	シャヘイ	名詞サ変	182	304
私見	シケン	名詞	182	123
史観	シカン	名詞	182	245
南洋	ナンヨウ	名詞	182	160
拝借	ハイシャク	名詞サ変	182	70
豪雪	ゴウセツ	名詞	182	496
乱入	ランニュウ	名詞サ変	182	689
粛清	シュクセイ	名詞サ変	182	129
粗大	ソダイ	名詞形状詞	182	100
品位	ヒンイ	名詞	182	286
絶景	ゼッケイ	名詞	182	201
怪談	カイダン	名詞	182	403
光源	コウゲン	名詞	182	96
後尾	コウビ	名詞	182	285
墳丘	フンキュウ	名詞	182	354
徴税	チョウゼイ	名詞サ変	182	131
往時	オウジ	名詞	181	242
運勢	ウンセイ	名詞	181	53
月見	ツキミ	名詞	181	186
幅員	フクイン	名詞	181	23
大福	ダイフク	名詞	181	283
旧式	キュウシキ	名詞形状詞	181	183
中耳	チュウジ	名詞	181	84
鼻腔	ビコウ	名詞	181	75
重曹	ジュウソウ	名詞	181	97
重合	ジュウゴウ	名詞サ変	181	32
別格	ベッカク	名詞	181	195
実母	ジツボ	名詞	181	645
新進	シンシン	名詞	181	836
花梨	カリン	名詞	181	75
復権	フッケン	名詞サ変	181	821
度合	ドアイ	名詞	181	5
生起	セイキ	名詞サ変	181	25
薬害	ヤクガイ	名詞	181	2766
不可思議	フカシギ	形状詞	181	101
公設	コウセツ	名詞	180	927
結露	ケツロ	名詞サ変	180	228
築造	チクゾウ	名詞サ変	180	184
体臭	タイシュウ	名詞	180	109
享楽	キョウラク	名詞サ変	180	46
脱税	ダツゼイ	名詞サ変	180	2624
逆上	ギャクジョウ	名詞サ変	180	117
荷車	ニグルマ	名詞	180	50
内実	ナイジツ	名詞	180	259
外装	ガイソウ	名詞	180	239
玄武	ゲンブ	名詞	180	128
授受	ジュジュ	名詞サ変	180	911
女官	ジョカン	名詞	180	102
番所	バンショ	名詞	180	22
文武	ブンブ	名詞	180	204

茶飯	サハン	名詞	180	173
賜物	タマモノ	名詞	180	31
学士	ガクシ	名詞	180	474
左記	サキ	名詞	180	96
無期	ムキ	名詞	180	3514
機敏	キビン	形状詞	180	206
核酸	カクサン	名詞	180	121
祝賀	シュクガ	名詞サ変	180	980
鳥肌	トリハダ	名詞	180	178
圧巻	アッカン	名詞	180	825
山腹	サンプク	名詞	180	100
時報	ジホウ	名詞	180	328
無色	ムショク	名詞	179	123
最愛	サイアイ	名詞	179	297
行者	ギョウジャ	名詞	179	73
行楽	コウラク	名詞	179	448
鋳物	イモノ	名詞	179	144
乳液	ニュウエキ	名詞	179	73
穏健	オンケン	名詞形状詞	179	1457
陵墓	リョウボ	名詞	179	264
吸水	キュウスイ	名詞サ変	179	330
底面	テイメン	名詞	179	79
訳者	ヤクシャ	名詞	179	249
先見	センケン	名詞	179	215
露店	ロテン	名詞	179	317
全貌	ゼンボウ	名詞	179	192
鉄橋	テッキョウ	名詞	179	297
鉄分	テツブン	名詞	179	202
骨子	コッシ	名詞	179	2244
大輪	タイリン	名詞	179	327
専売	センバイ	名詞	179	171
携行	ケイコウ	名詞サ変	179	234
低調	テイチョウ	名詞形状詞	179	870
戦火	センカ	名詞	179	495
諸説	ショセツ	名詞	179	266
過熱	カネツ	名詞サ変	179	1640
濃淡	ノウタン	名詞	179	280
否応	イヤオウ	名詞	179	23
水際	ミズギワ	名詞	179	474
隣室	リンシツ	名詞	179	245
散在	サンザイ	名詞サ変	179	78
自足	ジソク	名詞サ変	179	227
痛烈	ツウレツ	形状詞	179	676
分隊	ブンタイ	名詞	179	20
旅団	リョダン	名詞	179	307
検問	ケンモン	名詞サ変	179	1222
一隅	イチグウ	名詞	179	46
安産	アンザン	名詞サ変	178	46
周回	シュウカイ	名詞サ変	178	793
物心	モノゴコロ	名詞	178	211
平手	ヒラテ	名詞	178	328
清楚	セイソ	形状詞	178	171
保母	ホボ	名詞	178	55
不滅	フメツ	名詞形状詞	178	168
国府	コクフ	名詞	178	144
伴侶	ハンリョ	名詞	178	124
打数	ダスウ	名詞	178	5351
歪曲	ワイキョク	名詞サ変	178	193
連作	レンサク	名詞サ変	178	452
分母	ブンボ	名詞	178	77
分数	ブンスウ	名詞	178	975
破格	ハカク	名詞形状詞	178	346
殉教	ジュンキョウ	名詞サ変	178	259
書生	ショセイ	名詞	178	70
抑揚	ヨクヨウ	名詞	178	105
氷水	コオリミズ	名詞	178	55
青酸	セイサン	名詞	178	110
主管	シュカン	名詞サ変	178	512
欠格	ケッカク	名詞	178	59
填補	テンポ	名詞サ変	178	2
実話	ジツワ	名詞	177	383
即席	ソクセキ	名詞	177	590
虚空	コクウ	名詞	177	63
雑穀	ザッコク	名詞	177	142
論考	ロンコウ	名詞	177	203
鋭敏	エイビン	形状詞	177	112
朱雀	スザク	名詞	177	351
令嬢	レイジョウ	名詞	177	75
流血	リュウケツ	名詞	177	420
随意	ズイイ	名詞形状詞	177	1078
口先	クチサキ	名詞	177	176
実写	ジッシャ	名詞サ変	177	384
参政	サンセイ	名詞	177	435
以南	イナン	名詞	177	338
戦果	センカ	名詞	177	91
何時	イツ	代名詞	177	78
電場	デンジョウ	名詞	177	5
男前	オトコマエ	名詞	177	76

応変	オウヘン	名詞	177	241
客間	キャクマ	名詞	177	36
羊羹	ヨウカン	名詞	177	143
親愛	シンアイ	名詞形状詞	177	85
塩梅	アンバイ	名詞	177	83
王政	オウセイ	名詞	177	107
謙遜	ケンソン	名詞サ変	177	357
似顔	ニガオ	名詞	177	1005
雪国	ユキグニ	名詞	177	311
検疫	ケンエキ	名詞サ変	177	1238
神主	カンヌシ	名詞	177	97
正真	ショウシン	名詞	177	81
夜叉	ヤシャ	名詞	176	74
天界	テンカイ	名詞	176	25
羅列	ラレツ	名詞サ変	176	139
下味	シタアジ	名詞	176	129
布石	フセキ	名詞サ変	176	702
下座	ゲザ	名詞サ変	176	228
撤収	テッシュウ	名詞サ変	176	1019
暗証	アンショウ	名詞	176	576
襲来	シュウライ	名詞サ変	176	398
族長	ゾクチョウ	名詞	176	33
玉葱	タマネギ	名詞	176	11
詩的	シテキ	形状詞	176	226
磁器	ジキ	名詞	176	171
炎天	エンテン	名詞	176	349
五行	ゴギョウ	名詞	176	24
禅宗	ゼンシュウ	名詞	176	41
年季	ネンキ	名詞	176	75
癇癪	カンシャク	名詞	176	34
機長	キチョウ	名詞	176	1122
陸相	リクショウ	名詞	176	54
後輪	コウリン	名詞	176	217
自得	ジトク	名詞サ変	176	85
卓上	タクジョウ	名詞	176	235
総代	ソウダイ	名詞	176	273
正論	セイロン	名詞	176	337
校門	コウモン	名詞	175	308
裁縫	サイホウ	名詞サ変	175	197
庄屋	ショウヤ	名詞	175	63
木馬	モクバ	名詞	175	220
横暴	オウボウ	名詞形状詞	175	231
中元	チュウゲン	名詞	175	328
閉口	ヘイコウ	名詞サ変	175	113
必勝	ヒッショウ	名詞	175	637
偶像	グウゾウ	名詞	175	126
王冠	オウカン	名詞	175	430
失禁	シッキン	名詞サ変	175	110
仲買	ナカガイ	名詞	175	109
至近	シキン	名詞	175	251
一介	イッカイ	名詞	175	29
化身	ケシン	名詞	175	112
松林	マツバヤシ	名詞	175	204
恩人	オンジン	名詞	175	206
和名	ワミョウ	名詞	175	86
元日	ガンジツ	名詞	175	1160
法皇	ホウオウ	名詞	175	58
習字	シュウジ	名詞	175	151
岩壁	ガンペキ	名詞	175	185
質屋	シチヤ	名詞	175	106
漸次	ゼンジ	副詞	174	38
希有	ケウ	名詞形状詞	174	365
収斂	シュウレン	名詞サ変	174	157
移出	イシュツ	名詞サ変	174	4
触覚	ショッカク	名詞	174	93
真横	マヨコ	名詞	174	58
海流	カイリュウ	名詞	174	265
故紙	コシ	名詞	174	549
語順	ゴジュン	名詞	174	17
露地	ロジ	名詞	174	132
椎茸	シイタケ	名詞	174	14
巨木	キョボク	名詞	174	151
真鍮	シンチュウ	名詞	174	59
審問	シンモン	名詞サ変	174	100
行刑	ギョウケイ	名詞	174	14
行商	ギョウショウ	名詞サ変	174	172
報知	ホウチ	名詞サ変	174	373
情事	ジョウジ	名詞	174	41
施術	シジュツ	名詞サ変	174	198
時雨	シグレ	名詞	174	116
心経	シンギョウ	名詞	174	155
整体	セイタイ	名詞	174	206
本流	ホンリュウ	名詞	174	195
水力	スイリョク	名詞	174	675
本領	ホンリョウ	名詞	174	656
義勇	ギユウ	名詞	174	130
惨敗	ザンパイ	名詞サ変	174	1872
法理	ホウリ	名詞	174	56

左派	サハ	名詞	174	2698
御者	ギョシャ	名詞	174	19
年鑑	ネンカン	名詞	174	143
試写	シシャ	名詞サ変	174	1067
開山	カイサン	名詞	174	76
応酬	オウシュウ	名詞サ変	174	865
貧民	ヒンミン	名詞	174	80
口臭	コウシュウ	名詞	173	157
罷免	ヒメン	名詞サ変	173	911
軒下	ノキシタ	名詞	173	153
海産	カイサン	名詞	173	338
松茸	マツタケ	名詞	173	78
露光	ロコウ	名詞サ変	173	61
春雨	ハルサメ	名詞	173	133
微熱	ビネツ	名詞	173	101
落差	ラクサ	名詞	173	628
二元	ニゲン	名詞	173	243
出立	シュッタツ	名詞サ変	173	25
黒色	クロイロ	名詞	173	307
公報	コウホウ	名詞	173	190
劇中	ゲキチュウ	名詞	173	268
下腹	シタハラ	名詞	173	28
同氏	ドウシ	名詞	173	3206
研磨	ケンマ	名詞サ変	173	177
市制	シセイ	名詞	173	113
数理	スウリ	名詞	173	173
拙著	セッチョ	名詞	173	14
雑菌	ザッキン	名詞	173	127
書写	ショシャ	名詞サ変	173	147
黄門	コウモン	名詞	173	589
官公庁	カンコウチョウ	名詞	173	403
自賠責	ジバイセキ	名詞	173	203
荒涼	コウリョウ	形状詞	172	129
基軸	キジク	名詞	172	696
再考	サイコウ	名詞サ変	172	1081
上目	ウワメ	名詞	172	21
梅毒	バイドク	名詞	172	32
末裔	マツエイ	名詞	172	150
小娘	コムスメ	名詞	172	9
本校	ホンコウ	名詞	172	93
始祖	シソ	名詞	172	110
気前	キマエ	名詞	172	78
歯石	シセキ	名詞	172	49
鬱蒼	ウッソウ	形状詞	172	98
純度	ジュンド	名詞	172	157
一巡	イチジュン	名詞サ変	172	480
酸度	サンド	名詞	172	8
役柄	ヤクガラ	名詞	172	357
休眠	キュウミン	名詞サ変	172	440
城門	ジョウモン	名詞	172	18
混迷	コンメイ	名詞サ変	172	1468
克明	コクメイ	形状詞	172	364
過誤	カゴ	名詞	172	357
勝訴	ショウソ	名詞サ変	172	1893
浄瑠璃	ジョウルリ	名詞	172	315
集大成	シュウタイセイ	名詞サ変	172	915
注解	チュウカイ	名詞サ変	171	18
収用	シュウヨウ	名詞サ変	171	313
安住	アンジュウ	名詞サ変	171	432
銃器	ジュウキ	名詞	171	466
縦断	ジュウダン	名詞サ変	171	521
閑散	カンサン	名詞形状詞	171	223
帆船	ホブネ	名詞	171	144
用水	ヨウスイ	名詞	171	455
点線	テンセン	名詞	171	40
農法	ノウホウ	名詞	171	339
再燃	サイネン	名詞サ変	171	1646
戒名	カイミョウ	名詞	171	236
法外	ホウガイ	形状詞	171	190
累進	ルイシン	名詞サ変	171	130
遺骸	イガイ	名詞	171	18
電工	デンコウ	名詞	171	1749
養鶏	ヨウケイ	名詞	171	1234
俸給	ホウキュウ	名詞	171	30
化成	カセイ	名詞サ変	171	1800
迷走	メイソウ	名詞サ変	171	1672
親衛	シンエイ	名詞	171	110
併存	ヘイソン	名詞サ変	171	302
水没	スイボツ	名詞サ変	171	1038
礼状	レイジョウ	名詞	171	146
三蔵	サンゾウ	名詞	171	112
遺棄	イキ	名詞サ変	171	6457
名言	メイゲン	名詞	171	267
秘伝	ヒデン	名詞	170	113
船首	センシュ	名詞	170	212
萌芽	ホウガ	名詞サ変	170	63
仕手	シテ	名詞	170	123
用達	ヨウタシ	名詞	170	67

秋風	アキカゼ	名詞	170	175
論外	ロンガイ	形状詞	170	298
寝息	ネイキ	名詞	170	91
恵方	エホウ	名詞	170	95
公売	コウバイ	名詞サ変	170	119
邦楽	ホウガク	名詞	170	295
一丸	イチガン	名詞	170	1172
発火	ハッカ	名詞サ変	170	1056
人魚	ニンギョ	名詞	170	134
奇抜	キバツ	名詞形状詞	170	279
山車	ダシ	名詞	170	208
謳歌	オウカ	名詞サ変	170	165
代打	ダイダ	名詞	170	3184
居城	キョジョウ	名詞	170	42
居候	イソウロウ	名詞サ変	170	81
放心	ホウシン	名詞サ変	170	116
生還	セイカン	名詞サ変	170	1461
桃色	モモイロ	名詞	170	104
美肌	ビハダ	名詞	170	190
冷暖房	レイダンボウ	名詞	170	305
公道	コウドウ	名詞	169	297
供物	クモツ	名詞	169	61
羨望	センボウ	名詞サ変	169	58
性病	セイビョウ	名詞	169	31
下剤	ゲザイ	名詞	169	56
海原	ウナバラ	名詞	169	148
万人	バンニン	名詞	169	208
対極	タイキョク	名詞	169	291
陰茎	インケイ	名詞	169	29
夜食	ヤショク	名詞	169	90
公儀	コウギ	名詞	169	7
既述	キジュツ	名詞サ変	169	1
刑期	ケイキ	名詞	169	332
口数	クチカズ	名詞	169	4278
結界	ケッカイ	名詞	169	34
漢詩	カンシ	名詞	169	270
実子	ジッシ	名詞	169	173
花卉	カキ	名詞	169	123
超人	チョウジン	名詞	169	139
鉱区	コウク	名詞	169	124
土方	ドカタ	名詞	169	7
研鑽	ケンサン	名詞サ変	169	275
体躯	タイク	名詞	168	9
不覚	フカク	名詞形状詞	168	269
平板	ヘイバン	名詞形状詞	168	76
透視	トウシ	名詞サ変	168	141
若葉	ワカバ	名詞	168	229
上肢	ジョウシ	名詞	168	12
大股	オオマタ	名詞	168	10
降格	コウカク	名詞サ変	168	1936
兼務	ケンム	名詞サ変	168	2036
善人	ゼンニン	名詞	168	132
捻出	ネンシュツ	名詞サ変	168	1892
攪拌	カクハン	名詞サ変	168	72
怠惰	タイダ	名詞形状詞	168	95
絶壁	ゼッペキ	名詞	168	139
水稲	スイトウ	名詞	168	102
鰹節	カツオブシ	名詞	168	9
塩辛	シオカラ	名詞	168	64
乗降	ジョウコウ	名詞サ変	168	388
播種	ハシュ	名詞サ変	168	25
受難	ジュナン	名詞サ変	167	306
膠着	コウチャク	名詞サ変	167	715
身上	シンジョウ	名詞	167	455
黒潮	クロシオ	名詞	167	321
領国	リョウゴク	名詞	167	5
歌曲	カキョク	名詞	167	654
鼻炎	ビエン	名詞	167	97
勧進	カンジン	名詞サ変	167	253
係争	ケイソウ	名詞サ変	167	930
謄写	トウシャ	名詞サ変	167	42
野山	ノヤマ	名詞	167	291
詰問	キツモン	名詞サ変	167	93
素地	ソジ	名詞	167	209
川面	カワモ	名詞	167	211
口唇	コウシン	名詞	167	19
弓矢	ユミヤ	名詞	167	46
大老	タイロウ	名詞	167	53
檀家	ダンカ	名詞	167	261
籠城	ロウジョウ	名詞サ変	167	42
普賢	フゲン	名詞	167	171
瀕死	ヒンシ	名詞	167	152
禁断	キンダン	名詞サ変	167	124
戦地	センチ	名詞	167	569
一報	イッポウ	名詞サ変	167	564
高位	コウイ	名詞	167	179
音節	オンセツ	名詞	167	6
名著	メイチョ	名詞	167	247

本道	ホンドウ	名詞	167	138
郷愁	キョウシュウ	名詞	167	361
単数	タンスウ	名詞	167	18
咽喉	ノド	名詞	166	105
速達	ソクタツ	名詞	166	36
端緒	タンショ	名詞	166	461
昇華	ショウカ	名詞サ変	166	217
広角	コウカク	名詞	166	232
吉日	キツジツ	名詞	166	32
転作	テンサク	名詞サ変	166	152
歌唱	カショウ	名詞サ変	166	644
極意	ゴクイ	名詞	166	278
片面	カタメン	名詞	166	76
兵員	ヘイイン	名詞	166	199
採石	サイセキ	名詞サ変	166	115
既製	キセイ	名詞	166	199
劇作	ゲキサク	名詞	166	1237
援用	エンヨウ	名詞サ変	166	78
作例	サクレイ	名詞	166	29
出仕	シュッシ	名詞サ変	166	19
復古	フッコ	名詞サ変	166	147
発汗	ハッカン	名詞サ変	166	117
水菜	ミズナ	名詞	166	75
投獄	トウゴク	名詞サ変	166	310
謙譲	ケンジョウ	名詞形状詞	166	57
華僑	カキョウ	名詞	166	270
嗚咽	オエツ	名詞サ変	166	54
教化	キョウカ	名詞サ変	166	91
里芋	サトイモ	名詞	166	73
同前	ドウゼン	名詞	166	11
縁談	エンダン	名詞	166	67
酒税	シュゼイ	名詞	166	262
歯茎	ハグキ	名詞	166	107
新約	シンヤク	名詞	166	64
会報	カイホウ	名詞	166	540
例文	レイブン	名詞	166	92
声帯	セイタイ	名詞	166	101
授産	ジュサン	名詞	166	213
長兄	チョウケイ	名詞	165	169
助役	ジョヤク	名詞	165	1245
禁酒	キンシュ	名詞サ変	165	145
足袋	タビ	名詞	165	104
着床	チャクショウ	名詞サ変	165	297
片目	カタメ	名詞	165	98
要衝	ヨウショウ	名詞	165	248
月収	ゲッシュウ	名詞	165	667
劣悪	レツアク	形状詞	165	340
粗暴	ソボウ	名詞形状詞	165	119
船室	センシツ	名詞	165	122
就航	シュウコウ	名詞サ変	165	1177
時限	ジゲン	名詞	165	859
機首	キシュ	名詞	165	123
峡谷	キョウコク	名詞	165	57
今昔	コンジャク	名詞	165	154
辛味	カラミ	名詞	165	14
書体	ショタイ	名詞	165	203
武勇	ブユウ	名詞	165	83
千鳥	チドリ	名詞	165	154
逐一	チクイチ	副詞	165	152
低木	テイボク	名詞	165	72
一辺倒	イッペントウ	名詞	165	661
世相	セソウ	名詞	164	651
太守	タイシュ	名詞	164	6
乱闘	ラントウ	名詞サ変	164	250
偶数	グウスウ	名詞	164	55
油圧	ユアツ	名詞	164	291
蔵相	ゾウショウ	名詞	164	477
話者	ワシャ	名詞	164	41
鉄鉱	テッコウ	名詞	164	487
捕食	ホショク	名詞サ変	164	97
隊士	タイシ	名詞	164	36
大店	オオダナ	名詞	164	71
激烈	ゲキレツ	形状詞	164	186
閉会	ヘイカイ	名詞サ変	164	1703
黒豆	クロマメ	名詞	164	178
来春	ライシュン	名詞副詞	164	3699
身軽	ミガル	形状詞	164	93
群島	グントウ	名詞	164	221
粉塵	フンジン	名詞	164	596
伝馬	テンマ	名詞	164	25
一喝	イッカツ	名詞サ変	164	209
市電	シデン	名詞	164	87
本省	ホンショウ	名詞	164	316
馬楝	バレン	名詞	164	3077
馬身	バシン	名詞助数詞	164	3348
損得	ソントク	名詞	164	234
守衛	シュエイ	名詞	164	72
自嘲	ジチョウ	名詞サ変	164	191

前場	ゼンバ	名詞	164	16
開化	カイカ	名詞サ変	164	88
石南花	シャクナゲ	名詞	164	39
原題	ゲンダイ	名詞	163	142
卑猥	ヒワイ	名詞形状詞	163	92
強打	キョウダ	名詞サ変	163	2135
蒔絵	マキエ	名詞	163	156
軟弱	ナンジャク	名詞形状詞	163	134
女装	ジョソウ	名詞サ変	163	154
走査	ソウサ	名詞サ変	163	22
流暢	リュウチョウ	形状詞	163	218
動転	ドウテン	名詞サ変	163	136
享年	キョウネン	名詞	163	384
柔和	ニュウワ	名詞形状詞	163	215
悪役	アクヤク	名詞	163	334
霊場	レイジョウ	名詞	163	201
乱筆	ランピツ	名詞	163	5
社殿	シャデン	名詞	163	103
血筋	チスジ	名詞	163	123
詩歌	シイカ	名詞	163	669
袖口	ソデグチ	名詞	163	65
絶命	ゼツメイ	名詞サ変	163	123
遊休	ユウキュウ	名詞	163	211
年号	ネンゴウ	名詞	163	127
付表	フヒョウ	名詞	163	13
建具	タテグ	名詞	163	160
畏敬	イケイ	名詞サ変	163	165
養父	ヨウフ	名詞	163	734
後味	アトアジ	名詞	163	384
立国	リッコク	名詞	163	747
放任	ホウニン	名詞サ変	163	104
物腰	モノゴシ	名詞	163	109
執政	シッセイ	名詞	163	56
死闘	シトウ	名詞サ変	162	261
製本	セイホン	名詞サ変	162	196
大挙	タイキョ	名詞サ変	162	108
予断	ヨダン	名詞サ変	162	989
風雨	フウウ	名詞	162	348
遊郭	ユウカク	名詞	162	125
来航	ライコウ	名詞サ変	162	104
即答	ソクトウ	名詞サ変	162	345
択一	タクイツ	名詞	162	350
夕闇	ユウヤミ	名詞	162	111
狙撃	ソゲキ	名詞サ変	162	416
失速	シッソク	名詞サ変	162	1776
蘭学	ランガク	名詞	162	50
両家	リョウケ	名詞	162	62
再犯	サイハン	名詞	162	924
北緯	ホクイ	名詞	162	152
外郭	ガイカク	名詞	162	787
実刑	ジッケイ	名詞	162	3085
治世	チセイ	名詞	162	58
姓名	セイメイ	名詞	162	98
国文	コクブン	名詞	162	226
財宝	ザイホウ	名詞	162	100
女御	ニョウゴ	名詞	162	18
目付	メツケ	名詞	162	24
寝顔	ネガオ	名詞	162	111
苗木	ナエギ	名詞	162	795
同数	ドウスウ	名詞	162	484
温和	オンワ	名詞形状詞	162	126
元凶	ゲンキョウ	名詞	162	241
敵国	テキコク	名詞	162	284
徴用	チョウヨウ	名詞サ変	162	350
随行	ズイコウ	名詞サ変	162	194
入部	ニュウブ	名詞サ変	162	511
一騎	イッキ	名詞	162	860
原初	ゲンショ	名詞	162	88
販路	ハンロ	名詞	161	429
収奪	シュウダツ	名詞サ変	161	99
施主	セシュ	名詞	161	139
更迭	コウテツ	名詞サ変	161	1745
履物	ハキモノ	名詞	161	82
中小	チュウショウ	名詞	161	579
往年	オウネン	名詞	161	509
懇親	コンシン	名詞	161	674
装具	ソウグ	名詞	161	137
両性	リョウセイ	名詞	161	76
悪態	アクタイ	名詞	161	68
夜道	ヨミチ	名詞	161	113
不敵	フテキ	形状詞	161	125
不慮	フリョ	名詞	161	168
狂人	キョウジン	名詞	161	28
実測	ジッソク	名詞サ変	161	187
倹約	ケンヤク	名詞サ変	161	123
参上	サンジョウ	名詞サ変	161	117
壮絶	ソウゼツ	名詞形状詞	161	394
母語	ボゴ	名詞	161	143

給湯	キュウトウ	名詞サ変	161	530
温帯	オンタイ	名詞	161	144
高利	コウリ	名詞	161	163
機運	キウン	名詞	161	1847
干潟	ヒガタ	名詞	161	479
越境	エッキョウ	名詞サ変	161	957
教職	キョウショク	名詞	161	426
強奪	ゴウダツ	名詞サ変	161	594
鼓舞	コブ	名詞サ変	161	645
製図	セイズ	名詞サ変	161	30
派出	ハシュツ	名詞サ変	161	128
名実	メイジツ	名詞	161	302
異臭	イシュウ	名詞	161	510
試案	シアン	名詞	161	672
相似	ソウジ	名詞サ変	161	55
単発	タンパツ	名詞	161	255
殺風景	サップウケイ	名詞形状詞	161	84
共著	キョウチョ	名詞	160	576
大洋	タイヨウ	名詞	160	1019
全容	ゼンヨウ	名詞	160	1721
季語	キゴ	名詞	160	1786
気功	キコウ	名詞	160	69
忠義	チュウギ	名詞形状詞	160	63
駅弁	エキベン	名詞	160	268
洞穴	ホラアナ	名詞	160	71
俳人	ハイジン	名詞	160	1569
黒船	クロフネ	名詞	160	230
真菌	シンキン	名詞	160	29
裏表	ウラオモテ	名詞	160	152
新芽	シンメ	名詞	160	191
門番	モンバン	名詞	160	39
精緻	セイチ	名詞形状詞	160	332
無傷	ムキズ	名詞形状詞	160	490
邁進	マイシン	名詞サ変	160	372
機雷	キライ	名詞	160	85
自首	ジシュ	名詞サ変	160	730
総則	ソウソク	名詞	160	51
蔵人	クラビト	名詞	160	15
病巣	ビョウソウ	名詞	160	147
書名	ショメイ	名詞	160	200
着衣	チャクイ	名詞サ変	159	496
逆襲	ギャクシュウ	名詞サ変	159	457
南無	ナム	名詞	159	39
偉人	イジン	名詞	159	179
侵犯	シンパン	名詞サ変	159	503
乳腺	ニュウセン	名詞	159	64
工賃	コウチン	名詞	159	102
悪気	ワルギ	名詞	159	52
軍務	グンム	名詞	159	60
噴煙	フンエン	名詞	159	179
番人	バンニン	名詞	159	253
一事	イチジ	名詞	159	206
怨念	オンネン	名詞	159	134
常套	ジョウトウ	名詞	159	141
適任	テキニン	名詞形状詞	159	352
落城	ラクジョウ	名詞サ変	159	35
苦行	クギョウ	名詞サ変	159	52
祭神	サイジン	名詞	159	105
観劇	カンゲキ	名詞サ変	159	219
名品	メイヒン	名詞	159	405
杏仁	キョウニン	名詞	159	25
特捜	トクソウ	名詞	159	8585
怨霊	オンリョウ	名詞	159	52
烏帽子	エボシ	名詞	159	196
背任	ハイニン	名詞サ変	158	1504
子役	コヤク	名詞	158	416
餌食	エジキ	名詞	158	74
呈示	テイジ	名詞サ変	158	3
敷金	シキキン	名詞	158	388
進呈	シンテイ	名詞サ変	158	172
失態	シッタイ	名詞	158	418
追認	ツイニン	名詞サ変	158	742
裏技	ウラワザ	名詞	158	83
不燃	フネン	名詞	158	177
目頭	メガシラ	名詞	158	341
悲願	ヒガン	名詞	158	1600
不和	フワ	名詞形状詞	158	145
感応	カンノウ	名詞サ変	158	38
保身	ホシン	名詞	158	391
憲政	ケンセイ	名詞	158	309
孔雀	クジャク	名詞	158	159
他力	タリキ	名詞	158	33
腰椎	ヨウツイ	名詞	158	123
石材	セキザイ	名詞	158	339
奥歯	オクバ	名詞	158	85
格調	カクチョウ	名詞	158	262
雷雨	ライウ	名詞	158	344
福袋	フクブクロ	名詞	158	297

返送	ヘンソウ	名詞サ変	158	306
欠勤	ケッキン	名詞サ変	158	470
時短	ジタン	名詞	158	92
軽薄	ケイハク	名詞形状詞	158	107
薄弱	ハクジャク	名詞形状詞	158	55
開祖	カイソ	名詞	158	115
十二指腸	ジュウニシチョウ	名詞	158	140
聴聞	チョウモン	名詞サ変	157	211
公述	コウジュツ	名詞サ変	157	140
神楽	カグラ	名詞	157	131
即売	ソクバイ	名詞サ変	157	286
天性	テンセイ	名詞	157	216
公訴	コウソ	名詞サ変	157	929
算術	サンジュツ	名詞	157	52
登頂	トウチョウ	名詞サ変	157	934
下校	ゲコウ	名詞サ変	157	1081
竜巻	タツマキ	名詞	157	1086
所望	ショモウ	名詞サ変	157	23
誇大	コダイ	形状詞	157	139
地番	チバン	名詞	157	26
写生	シャセイ	名詞サ変	157	205
逆光	ギャッコウ	名詞	157	47
快勝	カイショウ	名詞サ変	157	5273
中道	チュウドウ	名詞	157	2233
氷山	ヒョウザン	名詞	157	389
白虎	ビャッコ	名詞	157	211
白銀	ハクギン	名詞	157	149
沿海	エンカイ	名詞	157	224
監護	カンゴ	名詞サ変	157	52
別紙	ベッシ	名詞	157	70
善行	ゼンコウ	名詞	157	81
黙認	モクニン	名詞サ変	157	846
名神	メイシン	名詞	157	409
馬子	マゴ	名詞	157	32
水生	スイセイ	名詞	157	99
焼香	ショウコウ	名詞サ変	157	175
塩水	シオミズ	名詞	157	86
文集	ブンシュウ	名詞	157	450
本隊	ホンタイ	名詞	157	114
養女	ヨウジョ	名詞	157	135
和合	ワゴウ	名詞サ変	157	243
尼僧	ニソウ	名詞	157	86
退化	タイカ	名詞サ変	157	73
職安	ショクアン	名詞	157	134
明星	ミョウジョウ	名詞	156	573
大敵	タイテキ	名詞	156	120
喪服	モフク	名詞	156	142
弘法	グホウ	名詞サ変	156	34
冥界	メイカイ	名詞	156	46
加圧	カアツ	名詞サ変	156	363
野戦	ヤセン	名詞	156	134
国事	コクジ	名詞	156	162
魔神	マジン	名詞	156	62
追突	ツイトツ	名詞サ変	156	1909
僧院	ソウイン	名詞	156	66
傍点	ボウテン	名詞	156	2
配水	ハイスイ	名詞サ変	156	155
変則	ヘンソク	名詞形状詞	156	414
舌先	シタサキ	名詞	156	27
送電	ソウデン	名詞サ変	156	1717
噴射	フンシャ	名詞サ変	156	480
水難	スイナン	名詞	156	480
祝祭	シュクサイ	名詞	156	262
連打	レンダ	名詞サ変	156	2310
疎遠	ソエン	形状詞	156	246
薬学	ヤクガク	名詞	156	445
四辺	シヘン	名詞	156	13
厳然	ゲンゼン	形状詞	156	111
告別	コクベツ	名詞サ変	156	451
荒野	アラノ	名詞	156	92
潔癖	ケッペキ	名詞形状詞	156	77
実直	ジッチョク	名詞形状詞	156	222
落雷	ラクライ	名詞サ変	156	766
銀山	ギンザン	名詞	156	270
探訪	タンボウ	名詞サ変	156	205
液化	エキカ	名詞サ変	156	700
面相	メンソウ	名詞	156	90
都営	トエイ	名詞	156	758
疑義	ギギ	名詞	156	368
町名	チョウメイ	名詞	156	117
長子	チョウシ	名詞	155	125
神器	ジンギ	名詞	155	116
基部	キブ	名詞	155	15
内輪	ウチワ	名詞	155	246
味見	アジミ	名詞サ変	155	92
貴殿	キデン	代名詞	155	9
私人	シジン	名詞	155	148
悪戦	アクセン	名詞	155	206

辞表	ジヒョウ	名詞	155	983
船尾	センビ	名詞	155	147
円周	エンシュウ	名詞	155	111
憧憬	ドウケイ	名詞サ変	155	66
原状	ゲンジョウ	名詞	155	405
情感	ジョウカン	名詞	155	508
胞子	ホウシ	名詞	155	55
異形	イギョウ	名詞	155	112
一点	イッテン	名詞	155	128
一夫	イップ	名詞	155	157
計数	ケイスウ	名詞	155	48
適地	テキチ	名詞	155	127
叢書	ソウショ	名詞	155	98
左辺	サヘン	名詞	155	191
痛手	イタデ	名詞	155	764
金堂	コンドウ	名詞	155	312
憤怒	フンヌ	名詞サ変	155	59
生糸	キイト	名詞	155	42
教学	キョウガク	名詞	155	89
輝度	キド	名詞	155	36
抗日	コウニチ	名詞	155	376
罪種	ザイシュ	名詞	155	69
豊饒	ホウジョウ	名詞形状詞	155	57
緩慢	カンマン	形状詞	155	158
扶持	フチ	名詞サ変	155	15
文通	ブンツウ	名詞サ変	155	219
風水害	フウスイガイ	名詞	155	82
希求	キキュウ	名詞サ変	154	268
盛衰	セイスイ	名詞	154	169
管領	カンリョウ	名詞サ変	154	14
硫化	リュウカ	名詞サ変	154	566
直列	チョクレツ	名詞	154	17
談判	ダンパン	名詞サ変	154	268
星雲	セイウン	名詞	154	155
霊園	レイエン	名詞	154	293
魂胆	コンタン	名詞	154	34
眼光	ガンコウ	名詞	154	107
師弟	シテイ	名詞	154	370
既設	キセツ	名詞	154	130
報国	ホウコク	名詞	154	21
初出	ショシュツ	名詞サ変	154	59
客車	キャクシャ	名詞	154	98
代数	ダイスウ	名詞	154	13
苦悶	クモン	名詞サ変	154	82
各般	カクハン	名詞	154	2
咀嚼	ソシャク	名詞サ変	154	175
交雑	コウザツ	名詞サ変	154	168
哀願	アイガン	名詞サ変	154	23
養蚕	ヨウサン	名詞	154	114
食鳥	ショクチョウ	名詞	154	11
飛脚	ヒキャク	名詞	154	53
婦長	フチョウ	名詞	154	23
栄華	エイガ	名詞	154	159
仏陀	ブツダ	名詞	154	35
惹起	ジャッキ	名詞サ変	154	91
急騰	キュウトウ	名詞サ変	153	1175
裁決	サイケツ	名詞サ変	153	317
助力	ジョリョク	名詞サ変	153	71
水圧	スイアツ	名詞	153	243
屋形	ヤカタ	名詞	153	6
故国	ココク	名詞	153	171
微動	ビドウ	名詞サ変	153	156
全能	ゼンノウ	名詞	153	60
腹心	フクシン	名詞	153	204
死別	シベツ	名詞サ変	153	298
軋轢	アツレキ	名詞	153	427
睡蓮	スイレン	名詞	153	148
資力	シリョク	名詞	153	87
落着	ラクチャク	名詞サ変	153	168
音素	オンソ	名詞	153	10
検分	ケンブン	名詞サ変	153	521
儒学	ジュガク	名詞	153	42
信教	シンキョウ	名詞	153	179
雪山	ユキヤマ	名詞	153	187
朝市	アサイチ	名詞	153	218
同姓	ドウセイ	名詞	153	173
盗塁	トウルイ	名詞サ変	153	2157
現出	ゲンシュツ	名詞サ変	153	75
人出	ヒトデ	名詞	153	389
風邪薬	カゼグスリ	名詞	153	186
幻滅	ゲンメツ	名詞サ変	152	179
閉経	ヘイケイ	名詞サ変	152	154
再起	サイキ	名詞サ変	152	910
論評	ロンピョウ	名詞サ変	152	874
等身	トウシン	名詞	152	428
全日	ゼンニチ	名詞	152	299
黄昏	タソガレ	名詞	152	135
裏山	ウラヤマ	名詞	152	381

対数	タイスウ	名詞	152	6
赤土	アカツチ	名詞	152	157
国司	コクシ	名詞	152	19
別姓	ベッセイ	名詞	152	268
母艦	ボカン	名詞	152	50
暴君	ボウクン	名詞	152	91
僻地	ヘキチ	名詞	152	232
純一	ジュンイツ	名詞形状詞	152	87
首領	シュリョウ	名詞	152	94
挽回	バンカイ	名詞サ変	152	929
名画	メイガ	名詞	152	488
弁償	ベンショウ	名詞サ変	152	252
定常	テイジョウ	名詞形状詞	152	27
合奏	ガッソウ	名詞サ変	152	195
墳墓	フンボ	名詞	152	81
主軸	シュジク	名詞	152	668
独房	ドクボウ	名詞	152	122
件名	ケンメイ	名詞	152	129
黙示	モクシ	名詞	152	84
諸氏	ショシ	名詞	152	53
疑心	ギシン	名詞	152	462
融和	ユウワ	名詞サ変	152	1639
七五三	シチゴサン	名詞	152	9
遠近法	エンキンホウ	名詞	152	79
小脳	ショウノウ	名詞	151	90
棋士	キシ	名詞	151	2462
僧正	ソウジョウ	名詞	151	59
潮風	シオカゼ	名詞	151	125
道順	ミチジュン	名詞	151	68
黒煙	コクエン	名詞	151	325
浅瀬	アサセ	名詞	151	199
北風	キタカゼ	名詞	151	142
旧姓	キュウセイ	名詞	151	425
自滅	ジメツ	名詞サ変	151	514
玉座	ギョクザ	名詞	151	23
図案	ズアン	名詞	151	195
特務	トクム	名詞	151	68
縁者	エンジャ	名詞	151	56
図解	ズカイ	名詞サ変	151	165
吐露	トロ	名詞サ変	151	775
薩長	サッチョウ	名詞	151	71
参内	サンダイ	名詞サ変	151	25
送還	ソウカン	名詞サ変	151	1018
還流	カンリュウ	名詞サ変	151	484
貨車	カシャ	名詞	151	98
肌着	ハダギ	名詞	151	264
蹂躙	ジュウリン	名詞サ変	151	72
大筋	オオスジ	名詞	151	1517
鳳凰	ホウオウ	名詞	151	269
錯乱	サクラン	名詞サ変	151	77
民政	ミンセイ	名詞	151	691
編著	ヘンチョ	名詞	151	456
藩政	ハンセイ	名詞	151	26
調剤	チョウザイ	名詞サ変	151	247
企図	キト	名詞サ変	151	75
神棚	カミダナ	名詞	150	75
湖面	コメン	名詞	150	159
白壁	シラカベ	名詞	150	144
識者	シキシャ	名詞	150	1668
降臨	コウリン	名詞サ変	150	71
敷物	シキモノ	名詞	150	52
騒乱	ソウラン	名詞	150	614
性分	ショウブン	名詞	150	46
残党	ザントウ	名詞	150	97
造語	ゾウゴ	名詞サ変	150	322
裏目	ウラメ	名詞	150	776
可燃	カネン	名詞	150	284
忽然	コツゼン	副詞	150	39
小紋	コモン	名詞	150	18
過小	カショウ	名詞形状詞	150	623
胃炎	イエン	名詞	150	68
入城	ニュウジョウ	名詞サ変	150	38
帝都	テイト	名詞	150	123
打撲	ダボク	名詞サ変	150	1034
青竜	セイリュウ	名詞	150	194
妙法	ミョウホウ	名詞	150	66
雨量	ウリョウ	名詞	150	921
良性	リョウセイ	名詞	150	187
寵愛	チョウアイ	名詞サ変	150	24
怪人	カイジン	名詞	150	178
金物	カナモノ	名詞	150	97
軽食	ケイショク	名詞	150	195
過重	カチョウ	名詞形状詞	150	435
不作	フサク	名詞	150	217
面前	メンゼン	名詞	150	71
時宗	ジシュウ	名詞	150	11
勝手口	カッテグチ	名詞	150	120
真心	マゴコロ	名詞	149	169

勇猛	ユウモウ	名詞形状詞	149	57
白昼	ハクチュウ	名詞	149	192
旧友	キュウユウ	名詞	149	186
赤面	セキメン	名詞サ変	149	49
島嶼	トウショ	名詞	149	362
門戸	モンコ	名詞	149	477
失明	シツメイ	名詞サ変	149	642
進退	シンタイ	名詞サ変	149	1943
勅使	チョクシ	名詞	149	42
下限	カゲン	名詞	149	445
召使	メシツカイ	名詞	149	49
威光	イコウ	名詞	149	140
無双	ムソウ	名詞	149	73
神霊	シンレイ	名詞	149	92
不実	フジツ	名詞形状詞	149	485
美男	ビナン	名詞	149	118
文物	ブンブツ	名詞	149	204
精悍	セイカン	形状詞	149	134
人骨	ジンコツ	名詞	149	365
青磁	セイジ	名詞	149	252
正装	セイソウ	名詞サ変	149	103
映写	エイシャ	名詞サ変	149	130
正法	ショウボウ	名詞	149	531
同列	ドウレツ	名詞	149	241
帝政	テイセイ	名詞	149	130
投合	トウゴウ	名詞サ変	149	248
盗人	ヌスビト	名詞	148	51
無骨	ブコツ	形状詞	148	103
可逆	カギャク	名詞	148	59
不老	フロウ	名詞	148	128
堪忍	カンニン	名詞サ変	148	61
残暑	ザンショ	名詞	148	362
合祀	ゴウシ	名詞サ変	148	1205
略式	リャクシキ	名詞	148	1096
陰口	カゲグチ	名詞	148	122
闘牛	トウギュウ	名詞	148	261
先達	センダツ	名詞サ変	148	196
引率	インソツ	名詞サ変	148	443
管掌	カンショウ	名詞サ変	148	182
行員	コウイン	名詞	148	843
起債	キサイ	名詞サ変	148	177
禁欲	キンヨク	名詞サ変	148	105
勇者	ユウシャ	名詞	148	51
電撃	デンゲキ	名詞	148	527
血痕	ケッコン	名詞	148	1132
頭頂	トウチョウ	名詞	148	223
希釈	キシャク	名詞サ変	148	34
良俗	リョウゾク	名詞	148	99
編隊	ヘンタイ	名詞	148	50
権能	ケンノウ	名詞	148	63
畏怖	イフ	名詞サ変	148	107
時勢	ジセイ	名詞	148	60
大君	オオキミ	名詞	147	37
死角	シカク	名詞	147	509
口述	コウジュツ	名詞サ変	147	119
共謀	キョウボウ	名詞サ変	147	4441
戦意	センイ	名詞	147	200
鋳型	イガタ	名詞	147	37
既定	キテイ	名詞	147	289
歳暮	セイボ	名詞	147	278
外敵	ガイテキ	名詞	147	123
共闘	キョウトウ	名詞サ変	147	1168
神人	シンジン	名詞	147	5
球界	キュウカイ	名詞	147	2475
闘病	トウビョウ	名詞サ変	147	1298
動静	ドウセイ	名詞	147	240
誘因	ユウイン	名詞	147	97
完済	カンサイ	名詞サ変	147	562
方便	ホウベン	名詞	147	138
内気	ウチキ	名詞形状詞	147	99
進軍	シングン	名詞サ変	147	99
殿堂	デンドウ	名詞	147	1355
乳頭	ニュウトウ	名詞	147	33
禁制	キンセイ	名詞サ変	147	120
長髪	チョウハツ	名詞	147	176
小手	コテ	名詞	147	751
女体	ジョタイ	名詞	147	44
小粒	コツブ	名詞	147	247
考課	コウカ	名詞	147	30
麺類	メンルイ	名詞	147	168
美味	ウマイ	形容詞	147	2
洋式	ヨウシキ	名詞	147	107
異母	イボ	名詞	147	94
定刻	テイコク	名詞	147	268
甲羅	コウラ	名詞	147	115
家宅	カタク	名詞	147	3511
以西	イセイ	名詞	146	253
凸凹	デコボコ	名詞サ変	146	67

連歌	レンガ	名詞	146	49
大公	タイコウ	名詞	146	30
冷笑	レイショウ	名詞サ変	146	111
贈答	ゾウトウ	名詞サ変	146	303
形見	カタミ	名詞	146	253
札束	サツタバ	名詞	146	169
河畔	カハン	名詞	146	80
俄然	ガゼン	副詞	146	111
両膝	リョウヒザ	名詞	146	54
嫡出	チャクシュツ	名詞	146	270
布施	フセ	名詞	146	150
農工	ノウコウ	名詞	146	232
腹腔	フッコウ	名詞	146	129
昏睡	コンスイ	名詞サ変	146	193
厚紙	アツガミ	名詞	146	67
斜線	シャセン	名詞	146	41
往診	オウシン	名詞サ変	146	288
天命	テンメイ	名詞	146	157
縁日	エンニチ	名詞	146	108
反共	ハンキョウ	名詞	146	101
戒厳	カイゲン	名詞	146	280
番付	バンヅケ	名詞	146	1945
無益	ムエキ	名詞形状詞	146	79
来世	ライセ	名詞	146	69
一翼	イチヨク	名詞	146	286
軍手	グンテ	名詞	146	236
縮尺	シュクシャク	名詞サ変	146	55
演題	エンダイ	名詞	146	116
手羽	テバ	名詞	146	89
曹長	ソウチョウ	名詞	146	65
狡猾	コウカツ	形状詞	146	49
自供	ジキョウ	名詞サ変	146	418
特記	トッキ	名詞サ変	146	95
送別	ソウベツ	名詞サ変	146	170
改悪	カイアク	名詞サ変	146	207
絞首	コウシュ	名詞	146	281
調合	チョウゴウ	名詞サ変	146	143
有頂天	ウチョウテン	名詞形状詞	146	80
平屋	ヒラヤ	名詞	145	846
思潮	シチョウ	名詞	145	315
躍起	ヤッキ	名詞	145	1052
軟化	ナンカ	名詞サ変	145	607
金箔	キンパク	名詞	145	249
窮乏	キュウボウ	名詞サ変	145	77
地所	ジショ	名詞	145	705
史書	シショ	名詞	145	58
甘酢	アマズ	名詞	145	93
裏地	ウラジ	名詞	145	103
埴輪	ハニワ	名詞	145	203
庭木	ニワキ	名詞	145	118
侮蔑	ブベツ	名詞サ変	145	41
追伸	ツイシン	名詞	145	36
釈明	シャクメイ	名詞サ変	145	3251
制動	セイドウ	名詞サ変	145	121
軍令	グンレイ	名詞	145	32
硬質	コウシツ	名詞	145	150
睡魔	スイマ	名詞	145	43
銀貨	ギンカ	名詞	145	114
化膿	カノウ	名詞サ変	145	53
分立	ブンリツ	名詞サ変	145	182
苦慮	クリョ	名詞サ変	145	952
修養	シュウヨウ	名詞サ変	145	33
荷主	ニヌシ	名詞	145	126
増量	ゾウリョウ	名詞サ変	145	138
網戸	アミド	名詞	145	159
山芋	ヤマイモ	名詞	145	43
改組	カイソ	名詞サ変	145	238
茶人	チャジン	名詞	145	41
田舎者	イナカモノ	名詞	145	39
大局	タイキョク	名詞	144	576
傾倒	ケイトウ	名詞サ変	144	241
係官	カカリカン	名詞	144	370
補習	ホシュウ	名詞サ変	144	489
遷移	センイ	名詞サ変	144	29
奪回	ダッカイ	名詞サ変	144	604
工科	コウカ	名詞	144	1034
凄惨	セイサン	名詞形状詞	144	166
互角	ゴカク	名詞	144	1131
舞子	マイコ	名詞	144	171
割愛	カツアイ	名詞サ変	144	36
兵卒	ヘイソツ	名詞	144	136
真価	シンカ	名詞	144	644
遠目	トオメ	名詞	144	75
通風	ツウフウ	名詞	144	108
草丈	クサタケ	名詞	144	19
風体	フウテイ	名詞	144	12
道標	ドウヒョウ	名詞	144	113
諸般	ショハン	名詞	144	77

具足	グソク	名詞サ変	144	6
詩文	シブン	名詞	144	144
花畑	ハナバタケ	名詞	144	140
軽症	ケイショウ	名詞	144	820
異種	イシュ	名詞	144	76
市中	シチュウ	名詞	144	2361
馬主	バシュ	名詞	144	239
陸運	リクウン	名詞	144	52
酷似	コクジ	名詞サ変	144	656
酷使	コクシ	名詞サ変	144	145
胎盤	タイバン	名詞	144	247
功利	コウリ	名詞	144	29
金券	キンケン	名詞	144	256
砒素	ヒソ	名詞	144	476
教壇	キョウダン	名詞	144	539
終業	シュウギョウ	名詞サ変	144	307
新参	シンザン	名詞	144	142
回覧	カイラン	名詞サ変	144	173
各層	カクソウ	名詞	144	105
老廃	ロウハイ	名詞	144	81
迎合	ゲイゴウ	名詞サ変	144	428
改憲	カイケン	名詞	144	2510
市井	シセイ	名詞	144	212
古参	コサン	名詞	143	226
深淵	シンエン	名詞	143	66
陰鬱	インウツ	形状詞	143	32
渇望	カツボウ	名詞サ変	143	218
天元	テンゲン	名詞	143	2488
木蓮	モクレン	名詞	143	46
海綿	カイメン	名詞	143	776
祭日	サイジツ	名詞	143	20
油性	ユセイ	名詞	143	73
対症	タイショウ	名詞	143	220
下心	シタゴコロ	名詞	143	77
地金	ジガネ	名詞	143	71
車高	シャコウ	名詞	143	36
宦官	カンガン	名詞	143	14
寡占	カセン	名詞	143	196
実像	ジツゾウ	名詞	143	530
牢屋	ロウヤ	名詞	143	29
公方	クボウ	名詞	143	10
年式	ネンシキ	名詞	143	16
開運	カイウン	名詞	143	212
仏塔	ブットウ	名詞	143	72

草稿	ソウコウ	名詞	143	145
本殿	ホンデン	名詞	143	400
仕種	シグサ	名詞	143	2
続発	ゾクハツ	名詞サ変	143	902
変速	ヘンソク	名詞サ変	143	161
林立	リンリツ	名詞サ変	143	203
英字	エイジ	名詞	143	422
命運	メイウン	名詞	143	406
外周	ガイシュウ	名詞	142	146
無風	ムフウ	名詞	142	111
所作	ショサ	名詞	142	241
不通	フツウ	名詞	142	1015
警鐘	ケイショウ	名詞	142	1349
要職	ヨウショク	名詞	142	624
特効	トッコウ	名詞	142	274
気弱	キヨワ	名詞形状詞	142	87
降参	コウサン	名詞サ変	142	49
殲滅	センメツ	名詞サ変	142	71
方途	ホウト	名詞	142	35
幕臣	バクシン	名詞	142	34
上申	ジョウシン	名詞サ変	142	920
加筆	カヒツ	名詞サ変	142	245
砲兵	ホウヘイ	名詞	142	73
狂信	キョウシン	名詞サ変	142	62
場外	ジョウガイ	名詞	142	455
肥沃	ヒヨク	名詞形状詞	142	89
戦友	センユウ	名詞	142	435
製菓	セイカ	名詞	142	840
破砕	ハサイ	名詞サ変	142	574
音階	オンカイ	名詞	142	62
同系	ドウケイ	名詞	142	123
政変	セイヘン	名詞	142	558
編者	ヘンシャ	名詞	142	241
私大	シダイ	名詞	142	369
発赤	ハッセキ	名詞サ変	142	2
南無阿弥陀仏	ナムアミダブツ	名詞	142	28
大成	タイセイ	名詞サ変	141	469
月齢	ゲツレイ	名詞	141	385
下等	カトウ	名詞形状詞	141	13
鮮烈	センレツ	形状詞	141	592
下唇	シタクチビル	名詞	141	21
流体	リュウタイ	名詞	141	43
肥育	ヒイク	名詞	141	135

語調	ゴチョウ	名詞	141	39
快挙	カイキョ	名詞	141	1493
別件	ベッケン	名詞	141	140
副長	フクチョウ	名詞	141	108
公刊	コウカン	名詞サ変	141	32
自害	ジガイ	名詞サ変	141	66
一朝	イッチョウ	名詞副詞	141	174
吸気	キュウキ	名詞	141	30
形骸	ケイガイ	名詞	141	466
立身	リッシン	名詞サ変	141	65
貸家	カシヤ	名詞	141	66
汚名	オメイ	名詞	141	354
連名	レンメイ	名詞	141	418
予兆	ヨチョウ	名詞	141	283
汚物	オブツ	名詞	141	91
枇杷	ビワ	名詞	141	745
病歴	ビョウレキ	名詞	141	228
耐火	タイカ	名詞	141	461
器物	キブツ	名詞	141	883
脳幹	ノウカン	名詞	141	90
厳罰	ゲンバツ	名詞	141	1092
会堂	カイドウ	名詞	141	467
頒布	ハンプ	名詞サ変	141	155
林地	リンチ	名詞	141	44
施政	シセイ	名詞	140	832
冤罪	エンザイ	名詞	140	1370
財貨	ザイカ	名詞	140	7
黎明	レイメイ	名詞	140	285
幽閉	ユウヘイ	名詞サ変	140	77
横柄	オウヘイ	形状詞	140	42
論述	ロンジュツ	名詞サ変	140	55
反駁	ハンバク	名詞サ変	140	13
対流	タイリュウ	名詞	140	106
論法	ロンポウ	名詞	140	184
直流	チョクリュウ	名詞サ変	140	105
地籍	チセキ	名詞	140	36
仲人	ナコウド	名詞	140	90
寝袋	ネブクロ	名詞	140	218
藩邸	ハンテイ	名詞	140	17
鋼板	コウハン	名詞	140	551
学内	ガクナイ	名詞	140	735
温床	オンショウ	名詞	140	859
城址	ジョウシ	名詞	140	43
崩御	ホウギョ	名詞サ変	140	30
聖典	セイテン	名詞	140	194
聖戦	セイセン	名詞	140	625
彩度	サイド	名詞	140	7
興隆	コウリュウ	名詞サ変	140	117
武具	ブグ	名詞	140	39
杜撰	ズサン	名詞形状詞	140	1749
受粉	ジュフン	名詞サ変	140	100
強情	ゴウジョウ	名詞	139	40
偽名	ギメイ	名詞	139	444
小言	コゴト	名詞	139	147
転回	テンカイ	名詞サ変	139	127
球形	キュウケイ	名詞	139	102
谷底	タニソコ	名詞	139	97
賞状	ショウジョウ	名詞	139	1010
菌糸	キンシ	名詞	139	25
朝礼	チョウレイ	名詞	139	148
所産	ショサン	名詞	139	28
悪名	アクメイ	名詞	139	111
先陣	センジン	名詞	139	302
滅菌	メッキン	名詞サ変	139	100
外車	ガイシャ	名詞	139	267
触手	ショクシュ	名詞	139	91
不測	フソク	名詞	139	482
小幅	コハバ	形状詞	139	1054
睾丸	コウガン	名詞	139	30
出納	スイトウ	名詞サ変	139	751
譜面	フメン	名詞	139	145
美形	ビケイ	名詞	139	45
心房	シンボウ	名詞	139	68
入山	ニュウザン	名詞サ変	139	385
文例	ブンレイ	名詞	139	25
月面	ゲツメン	名詞	139	472
所司	ショシ	名詞	139	84
毒殺	ドクサツ	名詞サ変	139	241
哀楽	アイラク	名詞	139	329
脊柱	セキチュウ	名詞	139	274
掲揚	ケイヨウ	名詞サ変	139	295
詐称	サショウ	名詞サ変	139	259
敵陣	テキジン	名詞	139	281
日射	ニッシャ	名詞	139	83
義弟	ギテイ	名詞	139	275
名医	メイイ	名詞	139	115
機転	キテン	名詞	139	151
珍重	チンチョウ	名詞サ変	139	85

開眼	カイガン	名詞サ変	139	182
老眼	ロウガン	名詞	139	241
湯治	トウジ	名詞サ変	139	154
速読	ソクドク	名詞サ変	138	15
密売	ミツバイ	名詞サ変	138	532
荒波	アラナミ	名詞	138	409
死語	シゴ	名詞	138	193
服務	フクム	名詞サ変	138	164
外用	ガイヨウ	名詞	138	52
与力	ヨリキ	名詞	138	24
造幣	ゾウヘイ	名詞	138	242
語気	ゴキ	名詞	138	757
意表	イヒョウ	名詞	138	387
特訓	トックン	名詞サ変	138	377
共栄	キョウエイ	名詞サ変	138	732
臀部	デンブ	名詞	138	101
実利	ジツリ	名詞	138	277
曲面	キョクメン	名詞	138	42
現下	ゲンカ	名詞	138	74
初動	ショドウ	名詞	138	583
財形	ザイケイ	名詞	138	14
改選	カイセン	名詞サ変	138	2214
年初	ネンショ	名詞	138	954
符合	フゴウ	名詞サ変	138	152
旗艦	キカン	名詞	138	252
双生	ソウセイ	名詞	138	82
雑然	ザツゼン	形状詞	138	77
自虐	ジギャク	名詞	138	244
続落	ゾクラク	名詞サ変	138	1206
音程	オンテイ	名詞	138	95
自炊	ジスイ	名詞サ変	138	272
恋心	コイゴコロ	名詞	138	203
嫡子	チャクシ	名詞	137	10
囃子	ハヤシ	名詞	137	328
近日	キンジツ	名詞副詞	137	303
穂先	ホサキ	名詞	137	37
平米	ヘイベイ	名詞助数詞	137	2
嫡男	チャクナン	名詞	137	17
来館	ライカン	名詞サ変	137	377
狩人	カリュウド	名詞	137	48
免職	メンショク	名詞サ変	137	2627
穴場	アナバ	名詞	137	49
逆境	ギャッキョウ	名詞	137	562
内情	ナイジョウ	名詞	137	210
免状	メンジョウ	名詞	137	88
誤算	ゴサン	名詞サ変	137	1141
増悪	ゾウアク	名詞サ変	137	14
誤謬	ゴビュウ	名詞	137	20
過信	カシン	名詞サ変	137	383
文具	ブング	名詞	137	356
果皮	カヒ	名詞	137	23
臨場	リンジョウ	名詞サ変	137	423
左遷	サセン	名詞サ変	137	125
各論	カクロン	名詞	137	225
迷彩	メイサイ	名詞	137	171
書棚	ショダナ	名詞	137	164
放水	ホウスイ	名詞サ変	137	949
喉元	ノドモト	名詞	137	14
認容	ニンヨウ	名詞サ変	137	49
終着	シュウチャク	名詞	137	206
大刀	タチ	名詞	136	55
近場	チカバ	名詞	136	106
伸展	シンテン	名詞サ変	136	8
消臭	ショウシュウ	名詞サ変	136	306
静養	セイヨウ	名詞サ変	136	630
脱力	ダツリョク	名詞	136	141
内耳	ナイジ	名詞	136	107
全線	ゼンセン	名詞副詞	136	1363
結納	ユイノウ	名詞	136	54
孫娘	マゴムスメ	名詞	136	648
捺印	ナツイン	名詞サ変	136	28
内向	ナイコウ	名詞サ変	136	99
道家	ドウカ	名詞	136	1
好況	コウキョウ	名詞	136	164
応戦	オウセン	名詞サ変	136	255
試薬	シヤク	名詞	136	214
求心	キュウシン	名詞	136	1559
職責	ショクセキ	名詞	136	506
組頭	クミガシラ	名詞	136	5
肉厚	ニクアツ	形状詞	136	132
創世	ソウセイ	名詞	136	53
分社	ブンシャ	名詞	136	771
雑居	ザッキョ	名詞サ変	136	551
底力	ソコヂカラ	名詞	136	1340
理髪	リハツ	名詞サ変	136	292
統帥	トウスイ	名詞サ変	136	62
性愛	セイアイ	名詞	136	204
源平	ゲンペイ	名詞	136	130

紀要	キヨウ	名詞	136	195
坑内	コウナイ	名詞	136	140
積層	セキソウ	名詞サ変	136	41
執権	シッケン	名詞	136	22
妊産婦	ニンサンプ	名詞	136	233
寡黙	カモク	名詞形状詞	135	263
天神	テンジン	名詞	135	328
拡幅	カクフク	名詞サ変	135	220
全書	ゼンショ	名詞	135	41
豪勢	ゴウセイ	形状詞	135	53
全量	ゼンリョウ	名詞	135	623
赤旗	アカハタ	名詞	135	148
瞳孔	ドウコウ	名詞	135	72
鉄塔	テットウ	名詞	135	305
暖地	ダンチ	名詞	135	3
激情	ゲキジョウ	名詞	135	114
冬至	トウジ	名詞	135	124
大船	オオブネ	名詞	135	280
穀類	コクルイ	名詞	135	90
捻挫	ネンザ	名詞サ変	135	498
原画	ゲンガ	名詞	135	819
謁見	エッケン	名詞サ変	135	60
猜疑	サイギ	名詞サ変	135	74
考証	コウショウ	名詞サ変	135	110
訓令	クンレイ	名詞サ変	135	67
才覚	サイカク	名詞サ変	135	84
変種	ヘンシュ	名詞	135	23
増水	ゾウスイ	名詞サ変	135	627
薄荷	ハッカ	名詞	135	87
蛇行	ダコウ	名詞サ変	135	332
字体	ジタイ	名詞	135	181
剣士	ケンシ	名詞	135	194
音速	オンソク	名詞	135	138
伏線	フクセン	名詞	135	330
橋脚	キョウキャク	名詞	135	279
胆汁	タンジュウ	名詞	135	42
幅広	ハバヒロイ	形容詞	135	146
酒宴	シュエン	名詞	135	40
離着陸	リチャクリク	名詞サ変	135	769
減反	ゲンタン	名詞サ変	134	501
流浪	ルロウ	名詞サ変	134	66
憮然	ブゼン	形状詞	134	192
導線	ドウセン	名詞	134	18
霊長	レイチョウ	名詞	134	185
横幅	ヨコハバ	名詞	134	123
球体	キュウタイ	名詞	134	140
中段	チュウダン	名詞	134	177
特大	トクダイ	名詞	134	306
印字	インジ	名詞サ変	134	245
海図	カイズ	名詞	134	115
猛威	モウイ	名詞	134	357
裾野	スソノ	名詞	134	210
鮮魚	センギョ	名詞	134	291
海道	カイドウ	名詞	134	151
本末	ホンマツ	名詞	134	271
魔性	マショウ	名詞	134	58
財力	ザイリョク	名詞	134	84
茉莉	マツリ	名詞	134	25
文筆	ブンピツ	名詞	134	267
推量	スイリョウ	名詞サ変	134	21
黄緑	キミドリ	名詞	134	125
文官	ブンカン	名詞	134	98
作画	サクガ	名詞サ変	134	137
入室	ニュウシツ	名詞サ変	134	304
代価	ダイカ	名詞	134	55
哀愁	アイシュウ	名詞	134	223
石仏	イシボトケ	名詞	134	134
決壊	ケッカイ	名詞サ変	134	873
域外	イキガイ	名詞	134	315
渾身	コンシン	名詞	134	95
押捺	オウナツ	名詞サ変	134	66
偏重	ヘンチョウ	名詞サ変	134	484
獰猛	ドウモウ	名詞形状詞	134	40
描出	ビョウシュツ	名詞サ変	134	43
家父	カフ	名詞	134	27
目鼻	メハナ	名詞	134	71
欠員	ケツイン	名詞	134	467
一言	イチゲン	名詞サ変	134	99
町会	チョウカイ	名詞	134	312
産科	サンカ	名詞	134	1521
半熟	ハンジュク	名詞	134	51
山賊	サンゾク	名詞	134	27
茶店	チャミセ	名詞	134	69
一風	イップウ	名詞	134	126
覇者	ハシャ	名詞	134	3112
退位	タイイ	名詞サ変	134	82
空欄	クウラン	名詞	133	210
荒天	コウテン	名詞	133	186

慰問	イモン	名詞サ変	133	465
危篤	キトク	名詞	133	181
永劫	エイゴウ	名詞	133	54
余興	ヨキョウ	名詞	133	68
術前	ジュツゼン	名詞	133	23
猪口	イグチ	名詞	133	8
実印	ジツイン	名詞	133	30
小皿	コザラ	名詞	133	74
急患	キュウカン	名詞	133	360
国粋	コクスイ	名詞	133	142
防腐	ボウフ	名詞	133	128
電光	デンコウ	名詞	133	416
一画	イッカク	名詞	133	81
床板	ユカイタ	名詞	133	89
腕白	ワンパク	名詞形状詞	133	103
謡曲	ヨウキョク	名詞	133	54
堕胎	ダタイ	名詞サ変	133	150
甲種	コウシュ	名詞	133	10
元服	ゲンプク	名詞サ変	133	19
生母	セイボ	名詞	133	31
旗印	ハタジルシ	名詞	133	393
軍閥	グンバツ	名詞	133	184
査証	サショウ	名詞サ変	133	356
御霊	ミタマ	名詞	133	2
頑強	ガンキョウ	形状詞	133	104
美観	ビカン	名詞	133	84
就園	シュウエン	名詞サ変	133	13
天主	テンシュ	名詞	132	148
近習	キンジュウ	名詞	132	2
外泊	ガイハク	名詞サ変	132	92
針路	シンロ	名詞	132	336
完熟	カンジュク	名詞サ変	132	175
人里	ヒトザト	名詞	132	186
解毒	ゲドク	名詞サ変	132	56
絢爛	ケンラン	形状詞	132	203
残額	ザンガク	名詞	132	207
腎炎	ジンエン	名詞	132	61
社寺	シャジ	名詞	132	109
小春	コハル	名詞	132	123
物見	モノミ	名詞	132	48
番外	バンガイ	名詞	132	278
人造	ジンゾウ	名詞	132	71
視角	シカク	名詞	132	73
後宮	コウキュウ	名詞	132	27
音韻	オンイン	名詞	132	22
友愛	ユウアイ	名詞	132	680
華厳	ケゴン	名詞	132	51
惨憺	サンタン	形状詞	132	57
胎内	タイナイ	名詞	132	297
砂岩	サガン	名詞	132	34
弔辞	チョウジ	名詞	132	240
人垣	ヒトガキ	名詞	132	89
薄口	ウスクチ	名詞	132	103
復職	フクショク	名詞サ変	132	630
花茎	カケイ	名詞	132	8
聴診	チョウシン	名詞サ変	131	69
科挙	カキョ	名詞	131	50

第十章

韩国常用汉字词汇使用现状

说　明

（1）由于最终成果篇幅限制，这里收录现代韩国语最常用的汉字词汇 10 000 条左右，并按照词频从大到小顺序排列。

（2）为了反映韩国语汉字词汇的使用现状，每一个汉字词条标有四种信息：韩国语读音、韩国语汉字、韩国语词性、韩国语词频。

（3）韩国语词性遵循韩国国立国语院《21 世纪世宗计划电子词典》词性标注标准。

（4）韩国语词频根据韩国国立国语院“21 世纪世宗计划现代韩国语书面语语料库”统计推断得到。

（5）韩国语汉字动词、形容词等有词尾变化的用言词语只收录这些词的词干成分，但是词性按照原来词语的性质标注。

사회	社會	복합명사구	42510
사실	事實	체언	27029
시작	始作	복합명사구	24707
인간	人間	체언	23999
정도	程度	복합명사구	21718
문화	文化	복합명사구	21450
정부	政府	체언	19137
의미	意味	복합명사구	18796
문제	問題	복합명사구	17614
운동	運動	복합명사구	17467
여성	女性	체언	17071
문학	文學	복합명사구	16659
교육	教育	복합명사구	16619
대학	大學	체언	16607
다가	多價	체언	16081
경우	境遇	복합명사구	16053
선생	先生	복합명사구	15979
국가	國家	체언	15645
가장	家長	복합명사구	15262
방법	方法	복합명사구	15261
역사	歷史	복합명사구	15089
생활	生活	복합명사구	15064
학교	學校	복합명사구	14952
자신	自身	복합명사구	14772
지역	地域	복합명사구	14539
물론	勿論	체언	14199
거리	距離	체언	12933
시간	時間	복합명사구	12829
과정	過程	복합명사구	12602
남자	男子	체언	12577
세계	世界	복합명사구	12450
지금	只今	체언	12357
자연	自然	체언	12235
활동	活動	복합명사구	12199
결과	結果	복합명사구	12137
현실	現實	복합명사구	12040
자기	自己	체언	11986
환경	環境	복합명사구	11661
학생	學生	복합명사구	11590
소설	小說	복합명사구	11410
이후	以後	복합명사구	11224
이해	理解	복합명사구	11189
변화	變化	복합명사구	11185
정보	情報	복합명사구	11169
과학	科學	체언	11087
작품	作品	복합명사구	11080
가운	家運	복합명사구	11063
필요	必要	복합명사구	10985
민족	民族	복합명사구	10871
발전	發展	복합명사구	10784
국민	國民	복합명사구	10703
시민	市民	복합명사구	10648
여기	餘技	체언	10567
사건	事件	고유명사 사전	10483
대통령	大統領	복합명사구	10285
존재	存在	복합명사구	10239
친구	親舊	복합명사구	10193
상태	狀態	복합명사구	10089
단체	團體	복합명사구	10077
여자	女子	체언	9846
의식	意識	복합명사구	9683
구조	構造	복합명사구	9667
개발	開發	복합명사구	9659
현대	現代	체언	9568
경제	經濟	복합명사구	9320
산업	產業	복합명사구	9309
표현	表現	복합명사구	9248
대표	代表	복합명사구	9181
신문	新聞	체언	9125
자체	自體	복합명사구	9117
대하	大蝦	체언	9109
일반	一般	체언	9071
생산	生產	복합명사구	9007
당시	當時	복합명사구	8970
전체	全體	복합명사구	8968
관계	關係	복합명사구	8775
시대	時代	복합명사구	8750
정책	政策	복합명사구	8742
대상	對象	복합명사구	8699
최근	最近	체언	8610
생명	生命	복합명사구	8604
가능	可能	체언	8555
역할	役割	복합명사구	8305
요구	要求	복합명사구	8303
예술	藝術	복합명사구	8289
이상	以上	체언	8271

기업	企業	체언	8129
전쟁	戰爭	고유명사 사전	8116
언론	言論	복합명사구	7897
인식	認識	복합명사구	7779
현상	現象	복합명사구	7779
일부	一部	복합명사구	7763
작가	作家	복합명사구	7708
통일	統一	복합명사구	7618
조직	組織	복합명사구	7582
기능	機能	복합명사구	7552
실제	實際	체언	7550
금융	金融	체언	7510
사랑	舍廊	복합명사구	7462
중요	重要	체언	7442
지방	地方	복합명사구	7430
하지	夏至	체언	7347
일어	日語	체언	7335
전화	電話	복합명사구	7334
가족	家族	복합명사구	7265
세기	世紀	복합명사구	7232
연구	研究	복합명사구	7225
언어	言語	복합명사구	7185
이론	理論	체언	7158
기관	機關	체언	7124
결혼	結婚	복합명사구	7103
방식	方式	복합명사구	7087
사용	使用	복합명사구	7059
체제	體制	복합명사구	7057
참여	參與	복합명사구	6975
노력	努力	복합명사구	6963
형태	形態	복합명사구	6962
어가	漁家	체언	6937
행동	行動	복합명사구	6902
발견	發見	복합명사구	6867
나무	南無	체언	6795
시장	市場	복합명사구	6782
수준	水準	복합명사구	6660
기자	記者	체언	6656
대답	對答	동사성 명사	6653
광고	廣告	복합명사구	6556
해결	解決	복합명사구	6523
행위	行爲	복합명사구	6366
어렵	漁獵	체언	6328
발생	發生	복합명사구	6303
사상	思想	복합명사구	6279
투자	投資	복합명사구	6229
공부	工夫	복합명사구	6206
기술	技術	복합명사구	6141
경험	經驗	복합명사구	6113
개념	概念	복합명사구	6056
세상	世上	복합명사구	6022
환자	患者	복합명사구	6001
규모	規模	복합명사구	5980
분야	分野	복합명사구	5941
분석	分析	복합명사구	5928
내용	內容	복합명사구	5903
찬가	讚歌	체언	5877
성격	性格	복합명사구	5874
개혁	改革	복합명사구	5867
반대	反對	복합명사구	5831
관련	關聯	복합명사구	5790
입장	立場	체언	5789
선택	選擇	복합명사구	5763
인물	人物	복합명사구	5759
비판	批判	복합명사구	5754
부모	父母	체언	5727
과거	過去	복합명사구	5717
계속	繼續	복합명사구	5714
주장	主張	복합명사구	5693
현재	現在	체언	5663
정신	精神	복합명사구	5659
성장	成長	복합명사구	5647
성공	成功	복합명사구	5607
목적	目的	복합명사구	5584
기본	基本	복합명사구	5557
체계	體系	복합명사구	5536
방향	方向	복합명사구	5504
진행	進行	복합명사구	5499
확대	擴大	복합명사구	5446
집단	集團	복합명사구	5389
강조	強調	복합명사구	5376
상황	狀況	복합명사구	5325
증가	增加	복합명사구	5312
생기	生氣	체언	5286
비교	比較	복합명사구	5265
자금	資金	복합명사구	5257

태도	態度	복합명사구	5231
갑자	甲子	체언	5217
가장	假裝	체언	5203
음식	飮食	복합명사구	5170
조건	條件	복합명사구	5169
자식	子息	복합명사구	5133
회사	會社	복합명사구	5111
관리	管理	복합명사구	5096
민중	民衆	체언	5095
자유	自由	복합명사구	5070
구체	具體	체언	5047
영화	映畵	복합명사구	5037
경기	競技	복합명사구	5019
건설	建設	복합명사구	5018
철학	哲學	복합명사구	5009
인사	人事	복합명사구	4924
보도	報道	복합명사구	4915
조사	調査	복합명사구	4880
당신	當身	대명사사전	4860
자료	資料	복합명사구	4832
판단	判斷	복합명사구	4825
영역	領域	체언	4815
제도	制度	복합명사구	4814
종교	宗敎	복합명사구	4805
세력	勢力	복합명사구	4786
미래	未來	복합명사구	4784
추진	推進	복합명사구	4783
처리	處理	복합명사구	4733
은행	銀行	복합명사구	4726
원인	原因	복합명사구	4720
운영	運營	복합명사구	4717
위치	位置	복합명사구	4691
혁명	革命	고유명사 사전	4685
모양	模樣	복합명사구	4659
상품	商品	복합명사구	4616
결정	決定	체언	4615
등장	登場	복합명사구	4605
설명	說明	복합명사구	4591
감독	監督	복합명사구	4575
결국	結局	체언	4566
이용	利用	복합명사구	4521
보호	保護	복합명사구	4513
대화	對話	복합명사구	4484
개인	個人	복합명사구	4441
인생	人生	복합명사구	4431
공동	共同	체언	4428
건강	健康	복합명사구	4417
중심	中心	복합명사구	4417
해방	解放	복합명사구	4413
주인	主人	복합명사구	4412
활용	活用	복합명사구	4404
장관	長官	복합명사구	4403
자동차	自動車	복합명사구	4363
남편	男便	체언	4278
부분	部分	복합명사구	4276
정권	政權	복합명사구	4259
건물	建物	복합명사구	4251
관심	關心	복합명사구	4244
경찰	警察	복합명사구	4244
의사	醫師	체언	4230
형식	形式	복합명사구	4229
업체	業體	복합명사구	4213
동물	動物	체언	4209
남북	南北	체언	4173
여행	旅行	복합명사구	4164
고향	故鄕	복합명사구	4161
우주	宇宙	체언	4147
소개	紹介	복합명사구	4142
남성	男性	체언	4139
교수	敎授	복합명사구	4136
공장	工場	복합명사구	4094
분명	分明	형용사성 명사	4088
상당	相當	복합명사구	4076
문장	文章	복합명사구	4060
무리	無理	체언	4059
질서	秩序	복합명사구	4031
측면	側面	복합명사구	3989
대부분	大部分	복합명사구	3941
고통	苦痛	복합명사구	3927
계획	計劃	복합명사구	3914
직접	直接	체언	3913
배우	俳優	복합명사구	3909
요소	要素	복합명사구	3900
조차	潮差	체언	3832
거래	去來	복합명사구	3829
위험	危險	복합명사구	3826

통신	通信	복합명사구	3797
각종	各種	체언	3792
시인	詩人	복합명사구	3790
민주	民主	체언	3778
판매	販賣	복합명사구	3755
기계	機械	복합명사구	3754
치료	治療	복합명사구	3751
종합	綜合	복합명사구	3733
발달	發達	복합명사구	3713
지속	持續	복합명사구	3699
방송	放送	복합명사구	3679
전달	傳達	복합명사구	3677
독립	獨立	복합명사구	3673
사업	事業	복합명사구	3651
위기	危機	복합명사구	3633
능력	能力	복합명사구	3628
정리	整理	복합명사구	3610
고서	古書	체언	3600
국제	國際	분류사사전	3597
실천	實踐	복합명사구	3596
평가	評價	복합명사구	3579
지원	支援	복합명사구	3574
반응	反應	복합명사구	3569
전개	展開	복합명사구	3559
가격	價格	복합명사구	3557
보험	保險	복합명사구	3550
다양	多樣	체언	3544
순간	瞬間	복합명사구	3541
구성	構成	복합명사구	3528
원칙	原則	복합명사구	3525
목표	目標	복합명사구	3519
기존	既存	체언	3493
전망	展望	복합명사구	3492
설치	設置	복합명사구	3491
상징	象徵	복합명사구	3491
진실	眞實	복합명사구	3456
내부	內部	복합명사구	3441
인류	人類	체언	3441
소비자	消費者	복합명사구	3427
효과	效果	복합명사구	3416
박사	博士	복합명사구	3408
우선	于先	동사성 명사	3401
기록	記錄	복합명사구	3374
국내	國內	체언	3349
대신	代身	복합명사구	3344
전자	電子	체언	3341
사내	社內	체언	3340
행정	行政	복합명사구	3327
집중	集中	복합명사구	3325
가치	價值	복합명사구	3280
확인	確認	복합명사구	3275
전통	傳統	복합명사구	3265
종류	種類	복합명사구	3263
책임	責任	복합명사구	3261
확보	確保	복합명사구	3259
도입	導入	복합명사구	3256
제한	制限	체언	3231
청년	青年	체언	3223
수입	輸入	복합명사구	3215
한계	限界	복합명사구	3202
준비	準備	복합명사구	3186
대체	大體	부사사전	3185
상대	相對	복합명사구	3153
시험	試驗	복합명사구	3137
장면	場面	복합명사구	3133
기억	記憶	복합명사구	3119
신경	神經	복합명사구	3114
대중	大衆	체언	3105
차이	差異	복합명사구	3103
관점	觀點	복합명사구	3100
완전	完全	체언	3096
단계	段階	복합명사구	3087
비하	卑下	복합명사구	3076
유지	維持	복합명사구	3076
특성	特性	복합명사구	3073
개선	改善	복합명사구	3058
실험	實驗	복합명사구	3051
지배	支配	복합명사구	3049
근본	根本	복합명사구	3040
대하	帶下	복합명사구	3037
검토	檢討	복합명사구	3035
포함	包含	복합명사구	3030
수단	手段	복합명사구	3027
인정	認定	복합명사구	3021
불교	佛教	체언	3009
이상	異常	형용사성 명사	2998

공동체	共同體	복합명사구	2997
철저	徹底	체언	2989
형성	形成	복합명사구	2989
자본	資本	복합명사구	2988
담당	擔當	복합명사구	2975
동시	同時	체언	2970
후보	候補	복합명사구	2968
민주주의	民主主義	복합명사구	2949
단순	單純	체언	2941
하지	下肢	체언	2939
도덕	道德	체언	2937
의원	議員	복합명사구	2929
작업	作業	복합명사구	2927
배경	背景	복합명사구	2925
재산	財産	복합명사구	2923
제시	提示	동사성 명사	2890
학자	學者	체언	2889
발표	發表	복합명사구	2876
극복	克服	복합명사구	2874
공간	空間	복합명사구	2873
공사	工事	복합명사구	2868
내일	來日	복합명사구	2852
영향	影響	복합명사구	2844
비용	費用	복합명사구	2842
공개	公開	복합명사구	2839
계급	階級	복합명사구	2827
고려	考慮	복합명사구	2826
공공	公共	체언	2816
투쟁	鬪爭	복합명사구	2815
교사	教師	복합명사구	2812
문명	文明	복합명사구	2806
지도	指導	복합명사구	2802
표정	表情	복합명사구	2799
감소	減少	복합명사구	2799
반도	半島	체언	2798
국회	國會	체언	2792
원리	原理	복합명사구	2790
아마	亞麻	체언	2783
경쟁	競爭	복합명사구	2780
부인	夫人	체언	2775
의료	醫療	체언	2758
사회주의	社會主義	체언	2753
전환	轉換	복합명사구	2748
주식	株式	복합명사구	2747
체험	體驗	복합명사구	2741
본질	本質	복합명사구	2739
경기	景氣	체언	2728
거부	拒否	복합명사구	2689
부문	部門	복합명사구	2688
수록	收錄	복합명사구	2686
이념	理念	복합명사구	2680
공급	供給	복합명사구	2678
소유	所有	복합명사구	2673
소식	消息	복합명사구	2673
대책	對策	복합명사구	2669
기준	基準	복합명사구	2652
말로	末路	복합명사구	2642
시절	時節	복합명사구	2637
속도	速度	복합명사구	2630
긴장	緊張	복합명사구	2622
인하	引下	복합명사구	2607
파괴	破壞	복합명사구	2605
조치	措置	복합명사구	2601
외국인	外國人	체언	2594
평균	平均	복합명사구	2581
접근	接近	복합명사구	2580
일상	日常	복합명사구	2579
사물	事物	체언	2578
선거	選擧	복합명사구	2569
시각	視角	복합명사구	2561
졸업	卒業	복합명사구	2561
해외	海外	체언	2554
기간	期間	복합명사구	2553
특수	特殊	형용사성 명사	2552
전제	前提	복합명사구	2545
제공	提供	복합명사구	2541
지식	知識	복합명사구	2540
작용	作用	복합명사구	2534
순수	純粹	체언	2530
매체	媒體	복합명사구	2523
노동	勞動	동사성 명사	2515
시도	試圖	복합명사구	2506
이동	移動	복합명사구	2506
학문	學問	체언	2504
제대	除隊	복합명사구	2498
운명	運命	복합명사구	2495

대응	對應	복합명사구	2479
특별	特別	체언	2474
인구	人口	복합명사구	2469
수출	輸出	복합명사구	2467
복지	福祉	복합명사구	2460
사진	寫眞	복합명사구	2458
통제	統制	복합명사구	2449
차원	次元	복합명사구	2431
기분	氣分	복합명사구	2426
의사	意思	복합명사구	2424
평등	平等	복합명사구	2417
주도	主導	복합명사구	2417
경영	經營	복합명사구	2416
지적	指摘	복합명사구	2415
중앙	中央	복합명사구	2413
최초	最初	복합명사구	2413
충분	充分	형용사성 명사	2410
분위기	雰圍氣	복합명사구	2407
고민	苦悶	복합명사구	2407
무역	貿易	복합명사구	2389
권력	權力	체언	2389
외부	外部	복합명사구	2389
위원회	委員會	복합명사구	2375
일종	一種	복합명사구	2375
감정	感情	복합명사구	2366
농업	農業	체언	2361
재정	財政	복합명사구	2356
성과	成果	복합명사구	2355
회의	會議	복합명사구	2353
영원	永遠	체언	2350
차례	次例	복합명사구	2347
제목	題目	복합명사구	2332
신화	神話	복합명사구	2330
기회	機會	복합명사구	2328
독자	讀者	복합명사구	2326
대립	對立	복합명사구	2326
최고	最高	복합명사구	2326
재미	在美	체언	2316
권리	權利	복합명사구	2315
오후	午後	복합명사구	2312
민간	民間	체언	2311
최대	最大	복합명사구	2309
대우	待遇	체언	2308
의견	意見	복합명사구	2306
충격	衝擊	복합명사구	2301
적극	積極	체언	2301
지향	志向	복합명사구	2301
제품	製品	복합명사구	2297
가정	家庭	복합명사구	2286
단위	單位	복합명사구	2285
정확	正確	체언	2284
차별	差別	복합명사구	2281
토지	土地	체언	2281
절대	絶對	체언	2280
음악	音樂	체언	2278
거대	巨大	체언	2273
전국	全國	체언	2271
식민지	植民地	복합명사구	2265
좌우	左右	복합명사구	2263
여전	如前	형용사성 명사	2253
반영	反映	복합명사구	2252
폭력	暴力	복합명사구	2250
대회	大會	복합명사구	2247
모순	矛盾	복합명사구	2247
설립	設立	복합명사구	2244
진리	眞理	복합명사구	2244
분리	分離	복합명사구	2238
구속	拘束	복합명사구	2234
남녀	男女	체언	2228
신용	信用	복합명사구	2220
실시	實施	복합명사구	2217
전문	專門	복합명사구	2211
고대	古代	체언	2205
회장	會長	복합명사구	2204
기대	期待	체언	2204
기반	基盤	복합명사구	2201
병원	病院	복합명사구	2200
동양	東洋	체언	2182
각각	各各	체언	2180
농민	農民	체언	2176
평화	平和	복합명사구	2171
작년	昨年	체언	2169
논의	論議	동사성 명사	2168
식구	食口	복합명사구	2165
고객	顧客	복합명사구	2163
주체	主體	복합명사구	2157

불리	不利	형용사성 명사	2146	설정	設定	복합명사구	1962
잠시	暫時	체언	2145	식당	食堂	체언	1957
관념	觀念	복합명사구	2143	개성	個性	복합명사구	1951
외국	外國	체언	2142	물질	物質	복합명사구	1945
이성	理性	체언	2140	경쟁력	競爭力	복합명사구	1941
창조	創造	복합명사구	2132	구경	口徑	체언	1938
일제	日帝	체언	2132	양식	樣式	복합명사구	1936
견해	見解	복합명사구	2130	부족	不足	복합명사구	1935
타인	他人	체언	2127	일치	一致	복합명사구	1934
주제	主題	복합명사구	2123	정의	定義	복합명사구	1923
균형	均衡	복합명사구	2121	수립	樹立	복합명사구	1920
객관	客觀	체언	2117	특징	特徵	복합명사구	1920
규정	規定	복합명사구	2111	자주	自主	체언	1919
공기	空氣	체언	2110	식물	植物	체언	1917
어미	語尾	체언	2109	이전	以前	체언	1914
긍정	肯定	복합명사구	2097	주가	株價	복합명사구	1913
당연	當然	형용사성 명사	2077	노인	老人	체언	1905
강화	強化	복합명사구	2073	문제점	問題點	복합명사구	1904
주변	周邊	복합명사구	2071	전부	全部	복합명사구	1892
선정	選定	복합명사구	2067	기여	寄與	복합명사구	1891
재료	材料	복합명사구	2065	주부	主婦	복합명사구	1891
확산	擴散	복합명사구	2061	성립	成立	복합명사구	1889
미소	微笑	복합명사구	2061	주의	注意	복합명사구	1889
허용	許容	복합명사구	2050	형기	刑期	체언	1888
대북	對北	체언	2045	강의	講義	복합명사구	1881
비중	比重	복합명사구	2041	범위	範圍	복합명사구	1880
규제	規制	복합명사구	2040	물건	物件	복합명사구	1880
행복	幸福	복합명사구	2035	약간	若干	체언	1879
피하	皮下	체언	2030	보통	普通	체언	1878
시기	時期	복합명사구	2023	금지	禁止	복합명사구	1865
불행	不幸	형용사성 명사	2019	질문	質問	복합명사구	1865
오염	汚染	복합명사구	2013	확실	確實	형용사성 명사	1858
연결	連結	체언	2011	인사	人士	체언	1855
생존	生存	복합명사구	2008	발휘	發揮	복합명사구	1854
필자	筆者	복합명사구	2007	반면	反面	체언	1854
교통	交通	체언	2007	연합	聯合	복합명사구	1852
결합	結合	복합명사구	2001	조화	調和	복합명사구	1851
불구	不拘	동사성 명사	1997	시설	施設	복합명사구	1850
세대	世代	복합명사구	1994	동기	動機	복합명사구	1844
주민	住民	복합명사구	1982	화학	化學	체언	1843
장사	壯士	체언	1977	발행	發行	복합명사구	1839
분단	分斷	체언	1968	갈등	葛藤	복합명사구	1839
학년	學年	복합명사구	1965	파악	把握	체언	1838

현장	現場	복합명사구	1828	불안	不安	복합명사구	1713
의자	椅子	체언	1828	선수	選手	복합명사구	1710
단어	單語	복합명사구	1822	일단	一旦	부사사전	1709
서양	西洋	체언	1815	도구	道具	복합명사구	1707
용기	勇氣	복합명사구	1815	계층	階層	복합명사구	1705
연대	年代	체언	1814	근거	根據	복합명사구	1700
작성	作成	복합명사구	1810	예산	豫算	복합명사구	1699
평생	平生	체언	1805	백성	百姓	복합명사구	1698
제기	提起	복합명사구	1805	업무	業務	복합명사구	1694
분류	分類	복합명사구	1803	생태	生態	복합명사구	1693
해당	該當	체언	1802	마지	摩旨	체언	1690
전기	電氣	체언	1800	수행	遂行	복합명사구	1688
근대	近代	체언	1800	감각	感覺	복합명사구	1680
심각	深刻	체언	1800	자국	自國	체언	1679
자치	自治	복합명사구	1794	인력	人力	복합명사구	1673
가입	加入	복합명사구	1793	출연	出演	복합명사구	1663
전략	戰略	복합명사구	1788	시계	時計	복합명사구	1658
재벌	財閥	체언	1782	예상	豫想	복합명사구	1650
신뢰	信賴	복합명사구	1782	사정	事情	복합명사구	1649
법률	法律	복합명사구	1780	부담	負擔	복합명사구	1646
삼국	三國	체언	1780	적용	適用	복합명사구	1646
본래	本來	체언	1779	약속	約束	복합명사구	1646
과연	果然	부사사전	1777	제자	弟子	복합명사구	1644
사고	事故	복합명사구	1776	매일	每日	체언	1641
주요	主要	복합명사구	1775	무대	舞臺	복합명사구	1641
개월	個月	체언	1763	예정	豫定	복합명사구	1638
구분	區分	복합명사구	1762	지위	地位	복합명사구	1635
사태	事態	복합명사구	1761	보장	保障	복합명사구	1630
일본인	日本人	체언	1759	국어	國語	체언	1629
행사	行事	복합명사구	1757	기초	基礎	복합명사구	1622
서부	西部	체언	1754	대비	對備	복합명사구	1620
전하	殿下	체언	1750	장군	將軍	복합명사구	1613
신분	身分	복합명사구	1743	지경	地境	체언	1609
직원	職員	복합명사구	1743	향상	向上	복합명사구	1609
편지	便紙	복합명사구	1738	잡지	雜誌	체언	1607
풍경	風景	복합명사구	1738	조정	調整	복합명사구	1606
동료	同僚	복합명사구	1738	억압	抑壓	복합명사구	1595
수필	隨筆	복합명사구	1733	상호	相互	체언	1587
편지	片紙	체언	1726	출신	出身	복합명사구	1586
소재	素材	복합명사구	1725	피아	彼我	체언	1585
관광	觀光	복합명사구	1721	도전	挑戰	복합명사구	1585
침묵	沈默	복합명사구	1721	안정	安定	복합명사구	1584
비극	悲劇	복합명사구	1720	해석	解釋	복합명사구	1584

희망	希望	복합명사구	1574
고양	高揚	체언	1573
중세	中世	체언	1572
주위	周圍	복합명사구	1571
자녀	子女	복합명사구	1566
외교	外交	복합명사구	1565
사원	社員	체언	1564
수사	搜査	복합명사구	1563
태양	太陽	체언	1562
영어	英語	체언	1560
도로	道路	체언	1559
서술	敍述	복합명사구	1559
점점	漸漸	부사사전	1557
숫자	數字	체언	1554
신앙	信仰	복합명사구	1554
조상	祖上	복합명사구	1546
발언	發言	복합명사구	1543
확장	擴張	복합명사구	1538
시점	時點	복합명사구	1538
공격	攻擊	복합명사구	1535
지대	地帶	복합명사구	1531
만약	萬若	체언	1530
공원	公園	체언	1521
방안	方案	복합명사구	1519
검찰	檢察	체언	1518
경향	傾向	복합명사구	1517
하락	下落	복합명사구	1511
정상	頂上	복합명사구	1508
상상	想像	복합명사구	1505
주문	注文	복합명사구	1495
대한	大寒	체언	1494
부부	夫婦	체언	1489
거치	据置	복합명사구	1489
연관	聯關	복합명사구	1487
문자	文字	복합명사구	1487
실질	實質	체언	1486
지구	地球	체언	1484
전문가	專門家	복합명사구	1484
과제	課題	복합명사구	1480
대문	大門	복합명사구	1479
인기	人氣	복합명사구	1479
완벽	完璧	체언	1479
백화점	百貨店	체언	1475
식사	食事	체언	1475
개입	介入	복합명사구	1473
기사	記事	복합명사구	1471
농사	農事	복합명사구	1471
노동자	勞動者	체언	1468
주택	住宅	복합명사구	1464
분노	憤怒	복합명사구	1463
일정	一定	형용사성 명사	1462
관계자	關係者	복합명사구	1461
개별	個別	체언	1457
권위	權威	복합명사구	1455
수혜	受惠	복합명사구	1450
동생	同生	체언	1450
요인	要因	복합명사구	1449
호흡	呼吸	복합명사구	1446
공무원	公務員	체언	1445
계절	季節	체언	1442
포기	拋棄	복합명사구	1442
압력	壓力	복합명사구	1440
임금	賃金	복합명사구	1436
고도	高度	복합명사구	1434
식품	食品	복합명사구	1428
취재	取材	복합명사구	1427
생물	生物	복합명사구	1422
주인공	主人公	복합명사구	1420
장소	場所	복합명사구	1414
소비	消費	복합명사구	1411
혁신	革新	복합명사구	1410
국립	國立	체언	1407
선진국	先進國	복합명사구	1407
의지	意志	복합명사구	1407
축소	縮小	복합명사구	1405
직장	職場	체언	1405
관료	官僚	체언	1403
사고	思考	복합명사구	1401
제외	除外	복합명사구	1400
회담	會談	복합명사구	1398
창작	創作	복합명사구	1397
실패	失敗	복합명사구	1395
입시	入試	복합명사구	1393
계시	啓示	복합명사구	1392
어가	漁歌	체언	1388
어가	御駕	체언	1388

직업	職業	체언	1379
의도	意圖	복합명사구	1378
보고서	報告書	복합명사구	1376
도착	到着	복합명사구	1375
축제	祝祭	복합명사구	1374
재판	裁判	체언	1373
초래	招來	복합명사구	1373
토대	土臺	복합명사구	1372
투표	投票	체언	1371
인도	引導	동사성 명사	1371
여인	女人	체언	1366
제거	除去	복합명사구	1364
합리	合理	체언	1362
실정	實情	복합명사구	1362
총리	總理	체언	1358
지식인	知識人	체언	1356
시선	視線	복합명사구	1354
고유	固有	체언	1353
가구	家口	체언	1353
입학	入學	복합명사구	1347
형사	刑事	복합명사구	1345
수업	授業	복합명사구	1341
향기	香氣	복합명사구	1341
축구	蹴球	복합명사구	1340
대개	大概	복합명사구	1340
방문	訪問	복합명사구	1340
우려	憂慮	복합명사구	1338
합의	合意	체언	1336
초기	初期	복합명사구	1335
완화	緩和	복합명사구	1335
임신	妊娠	복합명사구	1335
일관	一貫	복합명사구	1334
정당	政黨	체언	1334
도리	道理	복합명사구	1333
사례	事例	복합명사구	1333
반성	反省	복합명사구	1330
안전	安全	복합명사구	1329
인연	因緣	복합명사구	1329
물리	物理	체언	1326
건축	建築	복합명사구	1325
서방	西方	체언	1320
강력	強力	형용사성 명사	1319
연상	聯想	동사성 명사	1317
협력	協力	체언	1312
당장	當場	체언	1308
양반	兩班	체언	1308
서류	書類	복합명사구	1308
복잡	複雜	형용사성 명사	1306
마구	馬具	체언	1301
초점	焦點	복합명사구	1299
변동	變動	복합명사구	1296
수익	收益	복합명사구	1296
소외	疏外	동사성 명사	1296
집행	執行	복합명사구	1295
자극	刺戟	복합명사구	1293
핵심	核心	복합명사구	1291
설계	設計	복합명사구	1291
규범	規範	복합명사구	1290
지정	指定	복합명사구	1290
무기	武器	체언	1289
홍보	弘報	복합명사구	1286
출발	出發	복합명사구	1283
농산물	農産物	복합명사구	1281
조차	租借	체언	1278
계기	契機	복합명사구	1275
마지	麻紙	체언	1267
편집	編輯	복합명사구	1264
부패	腐敗	복합명사구	1264
천만	千萬	체언	1262
위원	委員	복합명사구	1262
차량	車輛	복합명사구	1261
정착	定着	복합명사구	1261
보고	報告	복합명사구	1259
시각	時刻	복합명사구	1259
음성	音聲	복합명사구	1259
실현	實現	복합명사구	1257
특정	特定	체언	1257
무시	無視	복합명사구	1257
진정	眞正	체언	1257
결론	結論	복합명사구	1256
개방	開放	복합명사구	1255
윤리	倫理	체언	1255
학습	學習	복합명사구	1254
전시	展示	복합명사구	1250
주목	注目	복합명사구	1249
조각	彫刻	동사성 명사	1247

독점	獨占	복합명사구	1247
사망	死亡	복합명사구	1246
본격	本格	체언	1244
제작	製作	복합명사구	1244
부처	部處	복합명사구	1242
다소	多少	체언	1241
인민	人民	체언	1241
의학	醫學	체언	1241
사항	事項	복합명사구	1240
왜곡	歪曲	복합명사구	1239
운용	運用	복합명사구	1239
인권	人權	복합명사구	1238
법인	法人	체언	1237
검사	檢査	체언	1236
확립	確立	복합명사구	1236
오전	午前	복합명사구	1236
과학자	科學者	체언	1235
공주	公主	체언	1234
소년	少年	체언	1233
공식	公式	복합명사구	1231
노예	奴隷	복합명사구	1231
제약	制約	복합명사구	1231
통합	統合	복합명사구	1230
서해	西海	체언	1222
유전자	遺傳子	복합명사구	1219
배제	排除	복합명사구	1217
유도	誘導	복합명사구	1214
장치	裝置	복합명사구	1214
관객	觀客	복합명사구	1213
만족	滿足	복합명사구	1213
영향력	影響力	복합명사구	1212
피해	被害	복합명사구	1210
의심	疑心	복합명사구	1210
의장	議長	복합명사구	1208
물체	物體	체언	1207
질병	疾病	복합명사구	1205
계약	契約	복합명사구	1205
임명	任命	복합명사구	1203
간접	間接	체언	1202
세월	歲月	체언	1202
전공	專攻	복합명사구	1201
이중	二重	체언	1199
심리	心理	복합명사구	1199
주어	主語	복합명사구	1198
단지	但只	부사사전	1197
채권	債券	복합명사구	1197
군사	軍事	체언	1196
자산	資産	복합명사구	1196
전면	全面	체언	1193
상처	傷處	복합명사구	1193
도대체	都大體	부사사전	1192
만일	萬一	체언	1192
고전	古典	복합명사구	1191
소득	所得	복합명사구	1191
직후	直後	체언	1191
중소기업	中小企業	복합명사구	1186
반장	班長	복합명사구	1185
부정	不正	체언	1183
시행	施行	복합명사구	1183
중간	中間	복합명사구	1183
정기	定期	체언	1180
부여	附與	복합명사구	1180
헌법	憲法	체언	1179
인격	人格	체언	1177
수입	收入	체언	1176
권한	權限	복합명사구	1175
이외	以外	체언	1175
철수	撤收	복합명사구	1173
계산	計算	복합명사구	1173
영업	營業	복합명사구	1172
거두	巨頭	체언	1171
회원	會員	복합명사구	1168
가로	街路	체언	1167
절망	絶望	복합명사구	1167
자원	資源	복합명사구	1167
보편	普遍	체언	1160
교회	敎會	체언	1159
업종	業種	복합명사구	1157
악화	惡化	체언	1155
가치관	價値觀	복합명사구	1154
유형	類型	복합명사구	1153
논문	論文	체언	1153
대전	大戰	체언	1152
지하철	地下鐵	복합명사구	1151
증대	增大	복합명사구	1150
조작	造作	복합명사구	1149

여부	與否	복합명사구	1146
참가	參加	동사성 명사	1144
대선	大選	체언	1144
근무	勤務	복합명사구	1144
일대	一帶	복합명사구	1144
개편	改編	복합명사구	1142
애정	愛情	복합명사구	1139
종업원	從業員	복합명사구	1138
지시	指示	복합명사구	1132
안보	安保	복합명사구	1131
진출	進出	복합명사구	1131
순환	循環	복합명사구	1131
짐작	斟酌	복합명사구	1131
파업	罷業	체언	1127
조심	操心	복합명사구	1127
생성	生成	복합명사구	1126
존중	尊重	복합명사구	1125
일시	一時	체언	1122
요청	要請	복합명사구	1121
본능	本能	복합명사구	1119
증거	證據	복합명사구	1117
점차	漸次	부사사전	1116
기법	技法	복합명사구	1115
구별	區別	복합명사구	1115
연구소	研究所	복합명사구	1110
절차	節次	복합명사구	1108
진전	進展	복합명사구	1108
소문	所聞	복합명사구	1108
연극	演劇	복합명사구	1108
증권	證券	체언	1108
저리	低利	체언	1107
지지	支持	복합명사구	1107
실리	實利	체언	1106
수도	水道	복합명사구	1106
복합	複合	체언	1105
의약	醫藥	체언	1103
영웅	英雄	체언	1103
적자	赤字	체언	1102
편리	便利	복합명사구	1101
매각	賣却	복합명사구	1099
교장	校長	복합명사구	1098
일체	一體	체언	1098
화제	話題	복합명사구	1096
인공	人工	체언	1096
민속	民俗	체언	1095
사상	史上	체언	1095
매춘	賣春	체언	1094
다행	多幸	체언	1093
완성	完成	복합명사구	1093
모자	帽子	체언	1090
부장	部長	체언	1090
비치	備置	복합명사구	1089
전후	前後	복합명사구	1087
협상	協商	복합명사구	1087
한자	漢字	체언	1087
과목	科目	체언	1086
보수	保守	체언	1085
보완	補完	복합명사구	1085
유일	唯一	체언	1085
출근	出勤	복합명사구	1083
처지	處地	복합명사구	1083
부탁	付託	체언	1083
용어	用語	복합명사구	1081
부인	否認	복합명사구	1080
협회	協會	복합명사구	1079
사무실	事務室	복합명사구	1078
관리	官吏	체언	1077
심화	深化	복합명사구	1077
무한	無限	체언	1077
전형	典型	복합명사구	1076
동원	動員	복합명사구	1076
법원	法院	체언	1072
무심	無心	체언	1072
집권	執權	복합명사구	1072
실체	實體	복합명사구	1071
동경	憧憬	복합명사구	1069
부정	否定	복합명사구	1069
외환	外換	체언	1068
신호	信號	복합명사구	1065
농촌	農村	체언	1061
오해	誤解	복합명사구	1061
동화	童話	복합명사구	1060
승리	勝利	복합명사구	1059
직전	直前	체언	1059
표준	標準	복합명사구	1057
충동	衝動	체언	1057

교실	教室	복합명사구	1057
문학사	文學史	복합명사구	1057
유교	儒教	체언	1055
숙제	宿題	복합명사구	1054
애인	愛人	복합명사구	1053
항공	航空	체언	1051
성실	誠實	복합명사구	1050
양심	良心	체언	1050
처분	處分	복합명사구	1049
반복	反復	동사성 명사	1046
측정	測定	복합명사구	1043
천하	天下	체언	1043
선배	先輩	복합명사구	1040
공화국	共和國	체언	1039
적합	適合	체언	1037
의존	依存	복합명사구	1037
효율	效率	체언	1036
우연	偶然	체언	1035
실감	實感	복합명사구	1034
동일	同一	동사성 명사	1034
주관	主管	복합명사구	1033
대출	貸出	복합명사구	1031
서방	書房	체언	1030
저지	沮止	복합명사구	1027
의무	義務	복합명사구	1027
방침	方針	복합명사구	1024
토론	討論	복합명사구	1024
창출	創出	복합명사구	1023
세계관	世界觀	복합명사구	1023
농약	農藥	체언	1021
유물	遺物	복합명사구	1019
지상	地上	체언	1018
여유	餘裕	복합명사구	1017
청소년	青少年	체언	1016
금방	今方	부사사전	1015
평소	平素	체언	1012
위반	違反	복합명사구	1011
시집	詩集	체언	1010
고생	苦生	복합명사구	1009
투자자	投資者	복합명사구	1009
비난	非難	복합명사구	1008
경계	境界	체언	1008
상관	相關	체언	1008
혐의	嫌疑	복합명사구	1006
흥미	興味	복합명사구	1006
극장	劇場	복합명사구	1005
선언	宣言	복합명사구	1005
혼란	混亂	복합명사구	1001
내세	來世	체언	1001
변경	變更	복합명사구	999
성분	成分	복합명사구	997
범주	範疇	복합명사구	997
공산주의	共産主義	체언	997
동포	同胞	복합명사구	997
보증	保證	복합명사구	995
해명	解明	복합명사구	994
내외	內外	복합명사구	994
세포	細胞	복합명사구	994
항목	項目	복합명사구	994
내년	來年	체언	993
심지어	甚至於	부사사전	993
명칭	名稱	복합명사구	992
형편	形便	복합명사구	992
유사	類似	복합명사구	990
선물	膳物	복합명사구	990
이탈	離脫	복합명사구	989
명분	名分	복합명사구	987
인지	認知	복합명사구	987
공정	公正	체언	985
이하	以下	복합명사구	985
고등학교	高等學校	복합명사구	981
위원장	委員長	복합명사구	981
대비	對比	복합명사구	980
고위	高位	체언	979
고백	告白	복합명사구	979
야당	野黨	체언	979
존경	尊敬	복합명사구	979
솔직	率直	부사사전	978
창업	創業	복합명사구	977
비상	非常	체언	976
출현	出現	복합명사구	975
관찰	觀察	복합명사구	975
부채	負債	복합명사구	971
묘사	描寫	복합명사구	969
인도	人道	체언	966
불편	不便	복합명사구	964

전설	傳說	복합명사구	963
강남	江南	체언	963
천지	天地	복합명사구	963
폐쇄	閉鎖	복합명사구	962
저항	抵抗	복합명사구	959
공업	工業	복합명사구	958
기대	企待	복합명사구	958
수용	受容	복합명사구	958
입증	立證	복합명사구	956
왕조	王朝	복합명사구	953
구입	購入	복합명사구	952
이내	以內	의존명사사전	952
안타	安打	체언	951
법칙	法則	복합명사구	950
여론	輿論	복합명사구	950
범죄	犯罪	복합명사구	949
일보	一步	체언	947
복도	複道	복합명사구	945
책상	冊床	복합명사구	944
정치인	政治人	복합명사구	944
추가	追加	복합명사구	943
참석	參席	복합명사구	942
미안	未安	체언	942
조국	祖國	복합명사구	942
규칙	規則	복합명사구	941
집착	執着	복합명사구	941
변형	變形	복합명사구	940
대외	對外	체언	939
단편	短篇	체언	938
비율	比率	복합명사구	934
영구	永久	체언	934
축적	蓄積	복합명사구	933
조기	早期	체언	933
지급	支給	동사성 명사	933
만두	饅頭	체언	932
보조	補助	복합명사구	930
감동	感動	복합명사구	930
비평	批評	복합명사구	929
탄생	誕生	복합명사구	927
노조	勞組	체언	927
대체	代替	체언	926
전하	電荷	체언	926
회계	會計	복합명사구	926

출산	出産	복합명사구	925
동북	東北	복합명사구	925
피부	皮膚	복합명사구	925
정서	情緖	체언	925
아지	兒枝	체언	924
비전	祕傳	체언	924
비전	碑殿	체언	924
감상	鑑賞	체언	923
수도	首都	복합명사구	923
여사	女史	체언	922
관행	慣行	복합명사구	918
등록	登錄	복합명사구	915
통화	通貨	체언	914
취급	取扱	복합명사구	913
통과	通過	복합명사구	911
기관	器官	체언	910
도망	逃亡	복합명사구	908
제일	第一	체언	905
공포	恐怖	복합명사구	905
시내	市內	복합명사구	905
매입	買入	복합명사구	903
정비	整備	복합명사구	903
고독	孤獨	복합명사구	902
의사소통	意思疏通	복합명사구	902
미술	美術	체언	897
민족주의	民族主義	복합명사구	896
수석	首席	복합명사구	896
처녀	處女	체언	894
환상	幻想	복합명사구	893
이혼	離婚	동사성 명사	893
서리	署理	체언	893
구상	構想	복합명사구	892
영혼	靈魂	복합명사구	891
후자	後者	체언	889
청와대	靑瓦臺	체언	888
최종	最終	체언	888
기획	企劃	복합명사구	887
언급	言及	복합명사구	887
비행기	飛行機	복합명사구	886
교류	交流	복합명사구	885
요리	料理	동사성 명사	885
주주	株主	복합명사구	885
시원	始原	체언	884

고급	高級	체언	882
긴급	緊急	체언	881
취미	趣味	복합명사구	881
약화	弱化	복합명사구	881
경지	境地	복합명사구	878
적당	適當	부사사전	878
저자	著者	복합명사구	878
분포	分布	복합명사구	875
의문	疑問	복합명사구	875
화장	化粧	복합명사구	874
원망	怨望	복합명사구	874
재단	財團	복합명사구	873
다방	茶房	체언	873
추측	推測	복합명사구	873
근처	近處	복합명사구	871
인상	印象	복합명사구	871
이지	理智	체언	870
선전	宣傳	복합명사구	869
회복	回復	동사성 명사	868
신청	申請	복합명사구	868
대왕	大王	복합명사구	867
이래	以來	의존명사사전	867
화려	華麗	형용사성 명사	866
조명	照明	복합명사구	866
서민	庶民	체언	864
비리	非理	복합명사구	862
교환	交換	복합명사구	862
성질	性質	복합명사구	862
박물관	博物館	복합명사구	861
업적	業績	복합명사구	861
명제	命題	체언	859
식탁	食卓	체언	859
현금	現金	체언	859
수요	需要	복합명사구	859
경계	警戒	복합명사구	857
현행	現行	체언	857
활발	活潑	형용사성 명사	856
재배	栽培	복합명사구	856
창고	倉庫	복합명사구	855
상실	喪失	복합명사구	854
지옥	地獄	복합명사구	853
군대	軍隊	복합명사구	853
수술	手術	복합명사구	853
방지	防止	복합명사구	852
지도자	指導者	복합명사구	852
지혜	智慧	복합명사구	850
상인	商人	복합명사구	849
학부모	學父母	체언	849
양복	洋服	체언	849
감옥	監獄	체언	848
증언	證言	복합명사구	847
이기	利器	체언	846
이기	利己	동사성 명사	846
국경	國境	복합명사구	845
배려	配慮	복합명사구	845
실용	實用	체언	845
중생	衆生	체언	843
사전	事前	체언	842
정의	正義	체언	842
욕구	欲求	체언	840
일제	一齊	부사사전	839
불만	不滿	복합명사구	837
관습	慣習	복합명사구	837
명령	命令	복합명사구	837
성인	成人	체언	833
통치	統治	복합명사구	833
상하	上下	체언	832
신체	身體	복합명사구	830
당기	當期	체언	829
신부	神父	체언	829
섭취	攝取	복합명사구	828
점심	點心	체언	827
육체	肉體	복합명사구	827
원천	源泉	복합명사구	827
품목	品目	복합명사구	826
안녕	安寧	복합명사구	825
정자	精子	체언	825
패배	敗北	동사성 명사	824
맥락	脈絡	복합명사구	823
대두	擡頭	복합명사구	822
제조	製造	복합명사구	821
탐구	探究	복합명사구	820
불법	不法	복합명사구	819
감사	感謝	체언	819
교양	教養	복합명사구	819
기차	汽車	복합명사구	818

부동산	不動産	체언	813
습관	習慣	복합명사구	812
동구	東歐	체언	811
의외	意外	체언	811
개최	開催	복합명사구	808
소중	所重	형용사성 명사	808
문헌	文獻	복합명사구	808
자아	自我	복합명사구	808
방어	防禦	복합명사구	807
국토	國土	체언	807
연출	演出	복합명사구	807
통화	通話	체언	806
위축	萎縮	복합명사구	806
본성	本性	복합명사구	805
교과서	教科書	복합명사구	803
친척	親戚	복합명사구	801
공존	共存	복합명사구	800
편성	编成	복합명사구	799
정면	正面	복합명사구	799
정체	正體	복합명사구	798
화자	話者	체언	797
판결	判決	복합명사구	797
소녀	少女	체언	797
증상	症狀	복합명사구	797
축하	祝賀	복합명사구	797
문서	文書	복합명사구	796
문체	文體	복합명사구	796
수원	水源	체언	795
소속	所屬	복합명사구	795
추세	趨勢	복합명사구	794
음소	音素	체언	793
빈곤	貧困	체언	791
인상	引上	복합명사구	789
고정	固定	복합명사구	786
신념	信念	복합명사구	786
주역	主役	복합명사구	786
통로	通路	복합명사구	785
연예인	演藝人	복합명사구	785
활성	活性	체언	784
당대	當代	복합명사구	783
의혹	疑惑	복합명사구	782
중단	中斷	복합명사구	782
변신	變身	복합명사구	780
불신	不信	동사성 명사	780
구원	救援	동사성 명사	780
합격	合格	복합명사구	779
내지	乃至	부사사전	778
흥분	興奮	복합명사구	778
가사	歌詞	복합명사구	777
공익	公益	체언	777
주일	週日	체언	777
가요	歌謠	복합명사구	776
연속	連續	체언	776
청산	清算	복합명사구	772
체질	體質	체언	772
조절	調節	복합명사구	771
유전	遺傳	복합명사구	771
저축	貯蓄	복합명사구	771
공통	共通	체언	770
고용	雇用	복합명사구	770
질환	疾患	복합명사구	770
수면	水面	체언	770
당국	當局	복합명사구	769
형제	兄弟	복합명사구	769
강제	強制	복합명사구	767
추석	秋夕	체언	766
소위	所謂	부사사전	766
위상	位相	복합명사구	765
심장	心臟	체언	765
이사	移徙	복합명사구	765
지능	知能	체언	765
신고	申告	복합명사구	764
추정	推定	복합명사구	763
심정	心情	복합명사구	762
계단	階段	복합명사구	761
확정	確定	복합명사구	761
양상	樣相	복합명사구	761
황제	皇帝	복합명사구	760
지도	地圖	복합명사구	759
진학	進學	복합명사구	759
제출	提出	복합명사구	759
풍토	風土	복합명사구	758
침체	沈滯	복합명사구	758
색채	色彩	체언	757
장식	裝飾	복합명사구	757
인종	人種	체언	756

상업	商業	체언	756
고리	高利	체언	755
공감	共感	복합명사구	752
검사	檢事	복합명사구	751
현지	現地	복합명사구	751
상대방	相對方	체언	751
엄격	嚴格	형용사성 명사	751
의상	衣裳	복합명사구	751
후반	後半	복합명사구	750
투명	透明	형용사성 명사	750
주저	躊躇	복합명사구	749
태아	胎兒	체언	749
투기	投機	복합명사구	749
이윤	利潤	체언	748
손실	損失	복합명사구	748
인쇄	印刷	복합명사구	748
총재	總裁	복합명사구	748
간판	看板	복합명사구	747
변혁	變革	복합명사구	746
유통	流通	복합명사구	746
신설	新設	복합명사구	746
근원	根源	복합명사구	742
우유	牛乳	체언	742
장기	長期	체언	741
절약	節約	복합명사구	741
무사	無事	체언	740
영상	映像	체언	740
연기	演技	복합명사구	739
과장	課長	체언	738
진보	進步	체언	736
야지	野池	체언	736
야지	野地	체언	736
선두	先頭	복합명사구	735
기호	記號	체언	733
목사	牧師	체언	733
저서	著書	복합명사구	733
공항	空港	체언	732
구역	區域	복합명사구	732
복식	服飾	체언	731
접촉	接觸	복합명사구	731
서명	署名	복합명사구	730
수학	數學	체언	730
변호사	辯護士	복합명사구	729
정원	庭園	복합명사구	729
탈출	脫出	복합명사구	729
예감	豫感	복합명사구	729
여지	餘地	복합명사구	728
침대	寢臺	체언	727
귀족	貴族	체언	726
가령	假令	부사사전	726
감시	監視	복합명사구	726
진단	診斷	복합명사구	725
문양	文樣	복합명사구	724
현황	現況	복합명사구	722
생물학	生物學	체언	721
입구	入口	복합명사구	719
발작	發作	복합명사구	718
금리	金利	복합명사구	718
자신	自信	복합명사구	718
실수	失手	복합명사구	717
실내	室內	체언	717
단지	團地	체언	717
부서	部署	복합명사구	716
물가	物價	체언	716
학원	學院	복합명사구	716
구절	句節	체언	714
고집	固執	복합명사구	713
각자	各自	체언	712
간부	幹部	복합명사구	710
행사	行使	복합명사구	710
순서	順序	복합명사구	710
부품	部品	복합명사구	709
가량	假量	체언	709
유행	流行	복합명사구	707
신비	神祕	체언	707
제안	提案	복합명사구	707
보험료	保險料	복합명사구	705
타락	墮落	복합명사구	705
예외	例外	복합명사구	705
맥주	麥酒	체언	705
원자	原子	체언	705
창문	窓門	복합명사구	704
주년	周年	체언	704
지혜	知慧	체언	702
심사	審査	복합명사구	701
저작	著作	복합명사구	701

조합	組合	복합명사구	701
명예	名譽	복합명사구	700
평가	平價	체언	700
시달	示達	복합명사구	700
제조업	製造業	복합명사구	700
초조	焦燥	체언	699
신사	紳士	체언	699
적응	適應	복합명사구	699
통증	痛症	복합명사구	699
일선	一線	복합명사구	699
우수	優秀	복합명사구	699
복제	複製	복합명사구	698
제사	祭祀	복합명사구	698
전반	全般	복합명사구	698
권위주의	權威主義	복합명사구	698
정성	精誠	체언	697
절반	折半	복합명사구	696
지수	指數	체언	696
시각	視覺	체언	695
전자	前者	체언	693
의식	儀式	복합명사구	693
자격	資格	복합명사구	693
칭찬	稱讚	복합명사구	692
국적	國籍	복합명사구	692
동작	動作	복합명사구	690
지출	支出	복합명사구	690
청소	淸掃	복합명사구	688
시야	視野	복합명사구	688
자전거	自轉車	복합명사구	688
작정	作定	복합명사구	687
대가	代價	복합명사구	686
위주	爲主	복합명사구	685
중학교	中學校	체언	685
내면	內面	복합명사구	684
반도체	半導體	체언	683
인체	人體	체언	683
주류	主流	복합명사구	683
병석	病席	체언	682
교훈	敎訓	복합명사구	682
강요	強要	복합명사구	682
도달	到達	복합명사구	681
타협	妥協	복합명사구	681
요새	要塞	복합명사구	681
최소한	最小限	체언	681
영리	怜悧	형용사성 명사	681
원래	元來	체언	680
원래	原來	체언	680
설화	說話	복합명사구	679
만물	萬物	체언	679
수면	睡眠	복합명사구	677
감성	感性	복합명사구	676
사찰	査察	복합명사구	675
재현	再現	복합명사구	675
한정	限定	복합명사구	674
일화	逸話	복합명사구	674
담보	擔保	체언	673
방학	放學	복합명사구	673
손자	孫子	복합명사구	673
판사	判事	체언	671
연장	延長	복합명사구	670
구실	口實	체언	669
총선	總選	체언	669
논쟁	論爭	복합명사구	668
일자	日子	복합명사구	668
풍자	諷刺	복합명사구	667
귀신	鬼神	복합명사구	667
과시	誇示	복합명사구	667
영양	營養	복합명사구	667
모조	模造	체언	665
구도	構圖	복합명사구	664
개척	開拓	복합명사구	664
임시	臨時	체언	664
조세	租稅	복합명사구	664
평범	平凡	형용사성 명사	663
예측	豫測	복합명사구	663
지리	地理	복합명사구	662
세금	稅金	복합명사구	662
우위	優位	복합명사구	661
증명	證明	복합명사구	661
제정	制定	복합명사구	661
가수	歌手	복합명사구	660
유리	琉璃	체언	660
우승	優勝	복합명사구	660
매력	魅力	복합명사구	659
최저	最低	체언	659
대처	對處	복합명사구	658

향후	向後	체언	658
필연	必然	체언	657
채택	採擇	복합명사구	657
설비	設備	복합명사구	657
촉진	促進	복합명사구	656
정지	停止	복합명사구	656
신탁	信託	체언	656
설득	說得	복합명사구	655
자살	自殺	복합명사구	655
별명	別名	복합명사구	653
성숙	成熟	복합명사구	653
지하	地下	복합명사구	653
만화	漫畫	복합명사구	653
근로자	勤勞者	체언	653
임의	任意	체언	653
임기	任期	복합명사구	652
범인	犯人	복합명사구	650
화장실	化粧室	복합명사구	650
사법	司法	체언	650
흔적	痕迹	복합명사구	649
영문	英文	체언	649
건국	建國	복합명사구	648
물량	物量	복합명사구	648
보유	保有	복합명사구	647
진화	進化	복합명사구	647
석기	石器	체언	647
시위	示威	복합명사구	647
작전	作戰	복합명사구	647
해답	解答	복합명사구	645
상상력	想像力	복합명사구	645
구제	救濟	복합명사구	644
촬영	撮影	복합명사구	643
부근	附近	복합명사구	643
청주	淸酒	체언	643
상표	商標	복합명사구	643
유학	留學	복합명사구	642
전라	全裸	체언	642
진술	陳述	복합명사구	641
계통	系統	복합명사구	640
고래	古來	체언	639
상반기	上半期	복합명사구	639
당당	堂堂	형용사성 명사	639
제법	製法	복합명사구	639
군인	軍人	체언	638
농가	農家	복합명사구	638
부대	部隊	복합명사구	637
고무	鼓舞	동사성 명사	637
민요	民謠	복합명사구	637
천국	天國	복합명사구	637
총장	總長	복합명사구	636
상자	箱子	복합명사구	634
첨단	尖端	복합명사구	632
공산당	共産黨	체언	631
희곡	戲曲	복합명사구	630
대결	對決	복합명사구	629
풍속	風俗	복합명사구	629
기독교	基督教	체언	629
연방	聯邦	복합명사구	629
약사	藥師	체언	629
개정	改正	체언	628
예술가	藝術家	체언	628
의회	議會	체언	628
재생	再生	복합명사구	627
합치	合致	복합명사구	626
편안	便安	체언	625
후세	後世	체언	625
석탄	石炭	체언	625
시기	時機	체언	625
유적	遺跡	복합명사구	625
출판	出版	복합명사구	624
해소	解消	복합명사구	624
옹호	擁護	복합명사구	624
가구	家具	복합명사구	623
입원	入院	복합명사구	623
기호	嗜好	복합명사구	622
대지	大地	체언	621
결심	決心	복합명사구	621
표시	標示	복합명사구	620
표시	表示	복합명사구	620
둔화	鈍化	복합명사구	620
번지	番地	체언	620
흑자	黑字	복합명사구	619
종일	終日	복합명사구	619
초월	超越	복합명사구	618
사위	四圍	체언	618
관세	關稅	체언	617

구사	驅使	복합명사구	617
한문	漢文	체언	616
기도	祈禱	체언	616
현관	玄關	체언	616
다수	多數	복합명사구	615
중소	中小	체언	615
기피	忌避	체언	614
억지	抑止	복합명사구	614
자동	自動	복합명사구	614
혼합	混合	복합명사구	613
풍부	豊富	형용사성 명사	613
배치	配置	복합명사구	613
과정	課程	체언	612
구두	口頭	체언	612
손해	損害	복합명사구	612
혼인	婚姻	복합명사구	611
집회	集會	체언	611
안내	案內	복합명사구	610
치열	熾烈	형용사성 명사	610
반사	反射	복합명사구	610
근육	筋肉	복합명사구	610
미학	美學	복합명사구	610
확신	確信	복합명사구	609
주방	廚房	복합명사구	608
노선	路線	복합명사구	607
성리학	性理學	체언	607
신문	訊問	복합명사구	607
여건	與件	복합명사구	607
녹음	錄音	복합명사구	606
생계	生計	복합명사구	606
조작	操作	복합명사구	605
급증	急增	복합명사구	605
분해	分解	복합명사구	603
분산	分散	복합명사구	603
신성	神聖	체언	602
호박	琥珀	체언	601
연초	年初	체언	601
투입	投入	복합명사구	601
사원	寺院	복합명사구	600
훈련	訓鍊	동사성 명사	600
교원	教員	복합명사구	599
절실	切實	형용사성 명사	599
생애	生涯	복합명사구	599
이민	移民	복합명사구	599
정상	正常	체언	599
대량	大量	체언	596
참조	參照	복합명사구	595
명확	明確	형용사성 명사	595
중시	重視	복합명사구	595
불어	佛語	체언	594
사막	沙漠	체언	594
식량	食糧	체언	594
전투	戰鬪	복합명사구	594
전년	前年	체언	593
경화	硬化	복합명사구	592
종말	終末	복합명사구	592
동부	東部	복합명사구	591
이자	利子	체언	591
모색	摸索	복합명사구	591
성호	聖號	체언	591
훈련	訓練	동사성 명사	591
붕괴	崩壞	복합명사구	590
후기	後期	복합명사구	590
결여	缺如	복합명사구	590
달성	達成	복합명사구	589
모험	冒險	복합명사구	589
정열	情熱	복합명사구	589
중국인	中國人	체언	589
읍내	邑內	체언	587
제국주의	帝國主義	복합명사구	586
해체	解體	복합명사구	586
소용	所用	체언	586
유신	維新	체언	586
유산	遺産	복합명사구	586
대접	待接	복합명사구	585
여학생	女學生	체언	585
전원	全員	복합명사구	585
석유	石油	체언	585
이성	異性	체언	585
욕심	欲心	체언	585
추상	抽象	체언	584
영토	領土	복합명사구	584
의례	儀禮	복합명사구	584
인과	因果	체언	584
국화	菊花	체언	583
살인	殺人	복합명사구	583

주일	主日	체언	583
필수	必須	체언	582
이사	理事	복합명사구	582
반발	反撥	복합명사구	581
광장	廣場	체언	581
경제학	經濟學	체언	579
영감	令監	체언	579
목록	目錄	복합명사구	579
보관	保管	복합명사구	578
대륙	大陸	체언	578
사설	社說	복합명사구	578
신입	新入	체언	578
연기	煙氣	복합명사구	578
추억	追憶	복합명사구	578
보존	保存	복합명사구	577
일환	一環	복합명사구	577
각기	各其	체언	576
억제	抑制	복합명사구	576
부하	部下	복합명사구	575
점수	點數	복합명사구	575
분열	分裂	체언	575
청춘	青春	복합명사구	575
궁극	窮極	체언	575
무조건	無條件	형용사성 명사	575
일방	一方	복합명사구	575
본부	本部	복합명사구	574
표면	表面	복합명사구	572
수집	蒐集	복합명사구	572
위성	衛星	체언	572
신인	新人	체언	572
원장	院長	복합명사구	572
장점	長點	복합명사구	571
권유	勸誘	복합명사구	571
제고	提高	복합명사구	571
도모	圖謀	복합명사구	571
인수	引受	복합명사구	571
발굴	發掘	복합명사구	570
과세	課稅	복합명사구	570
소주	燒酒	체언	570
제국	帝國	복합명사구	569
합법	合法	체언	569
일정	日程	복합명사구	569
수축	收縮	복합명사구	569
충돌	衝突	체언	567
동향	動向	복합명사구	567
국내외	國內外	체언	567
침해	侵害	복합명사구	567
입력	入力	복합명사구	567
정립	定立	복합명사구	566
고교	高校	체언	566
관측	觀測	복합명사구	566
곤란	困難	형용사성 명사	566
비참	悲慘	체언	565
징계	懲戒	체언	565
후배	後輩	복합명사구	565
원시	原始	체언	565
진상	眞相	복합명사구	564
유기	有機	형용사성 명사	563
허가	許可	복합명사구	562
사무	事務	복합명사구	562
시청자	視聽者	복합명사구	561
학기	學期	복합명사구	560
육신	肉身	복합명사구	559
중동	中東	체언	559
원시	元始	체언	559
등등	等等	체언	558
동의	動議	복합명사구	557
전신	全身	체언	557
도서관	圖書館	복합명사구	557
실적	實績	체언	556
풍습	風習	복합명사구	555
감안	勘案	복합명사구	555
정자	亭子	체언	555
동수	同數	복합명사구	555
흡수	吸收	복합명사구	555
주의	主義	체언	555
부위	部位	체언	554
고용	雇傭	체언	554
유발	誘發	복합명사구	554
염려	念慮	형용사성 명사	553
실장	室長	복합명사구	553
사방	四方	체언	553
왕국	王國	체언	553
착각	錯覺	복합명사구	551
세속	世俗	체언	551
인용	引用	복합명사구	551

표출	表出	복합명사구	550
지점	地點	복합명사구	550
인위	人爲	체언	550
충족	充足	복합명사구	549
검정	檢定	체언	549
실력	實力	복합명사구	549
시신	屍身	복합명사구	548
성인	聖人	복합명사구	547
시사	示唆	체언	546
덕분	德分	복합명사구	545
부자	富者	체언	545
확충	擴充	복합명사구	545
정당	正當	형용사성 명사	545
청문회	聽聞會	체언	544
최선	最善	복합명사구	544
타당	妥當	형용사성 명사	544
공직자	公職者	체언	543
기아	飢餓	복합명사구	543
산책	散策	복합명사구	543
종종	種種	부사사전	543
폐지	廢止	복합명사구	542
방해	妨害	복합명사구	542
세계사	世界史	체언	542
경상	經常	부사사전	542
북부	北部	복합명사구	541
즉시	卽時	체언	541
경찰서	警察署	체언	541
시민운동	市民運動	체언	541
운동장	運動場	체언	541
중부	中部	복합명사구	541
선행	先行	체언	540
교섭	交涉	복합명사구	539
신문사	新聞社	체언	539
지칭	指稱	복합명사구	539
분쟁	紛爭	복합명사구	538
방황	彷徨	체언	537
정국	政局	체언	537
고분	古墳	복합명사구	536
항의	抗議	복합명사구	536
입주	入住	복합명사구	536
실무	實務	체언	536
사찰	寺刹	체언	536
아동	兒童	체언	535
상무	常務	체언	534
행정부	行政府	복합명사구	534
문법	文法	복합명사구	534
대사관	大使館	복합명사구	533
본인	本人	체언	532
성취	成就	복합명사구	532
야단	惹端	체언	531
부진	不振	복합명사구	530
장편	長篇	체언	530
대학원	大學院	체언	530
국장	局長	체언	530
행렬	行列	체언	529
이면	裏面	복합명사구	529
저장	貯藏	복합명사구	529
악수	握手	체언	528
상환	償還	복합명사구	527
대폭	大幅	체언	527
호남	湖南	체언	527
장교	將校	복합명사구	527
심리학	心理學	체언	527
교체	交替	복합명사구	526
일기	日記	복합명사구	525
주시	注視	복합명사구	525
수직	垂直	체언	524
부지	敷地	복합명사구	524
방치	放置	복합명사구	523
보급	普及	복합명사구	523
승려	僧侶	복합명사구	523
선조	先祖	복합명사구	522
변수	變數	체언	521
지방	脂肪	체언	521
고장	故障	체언	520
호기심	好奇心	복합명사구	520
후회	後悔	체언	520
진심	眞心	복합명사구	520
촉구	促求	체언	519
후원	後援	복합명사구	519
수치	數値	체언	519
서두	序頭	복합명사구	519
은하	銀河	체언	519
신부	新婦	복합명사구	518
자인	自認	복합명사구	518
파장	波長	복합명사구	517

경고	警告	복합명사구	517
매매춘	賣買春	체언	517
실재	實在	복합명사구	517
주권	主權	복합명사구	517
결제	決濟	복합명사구	516
상사	上士	체언	516
수건	手巾	체언	516
변증법	辨證法	복합명사구	515
품질	品質	복합명사구	515
보살	菩薩	체언	515
수렴	收斂	복합명사구	515
치밀	緻密	형용사성 명사	515
자부심	自負心	복합명사구	515
독재	獨裁	복합명사구	514
영달	榮達	체언	514
동반	同伴	복합명사구	514
행운	幸運	체언	513
어음	語音	체언	513
대안	代案	복합명사구	512
귀국	歸國	복합명사구	512
매출액	賣出額	복합명사구	512
중학	中學	체언	512
봉건	封建	체언	511
무용	舞踊	복합명사구	511
파문	波紋	복합명사구	510
용서	容恕	복합명사구	510
천장	天障	복합명사구	510
별도	別途	체언	509
법안	法案	복합명사구	509
혜택	惠澤	복합명사구	509
대사	臺詞	복합명사구	509
대사	臺辭	복합명사구	509
숙소	宿所	복합명사구	509
양성	養成	복합명사구	509
의복	衣服	체언	509
냉전	冷戰	복합명사구	508
노출	露出	복합명사구	508
인재	人材	복합명사구	508
다산	多産	체언	507
유의	留意	동사성 명사	507
업계	業界	복합명사구	507
장사	葬事	체언	507
온도	溫度	복합명사구	506
문단	文壇	체언	506
협정	協定	복합명사구	506
안경	眼鏡	체언	506
예방	豫防	복합명사구	506
전선	戰線	체언	506
탄력	彈力	체언	505
파견	派遣	복합명사구	505
구체	球體	체언	505
부실	不實	형용사성 명사	504
민심	民心	복합명사구	504
전기	前期	복합명사구	504
시어	詩語	체언	504
무관	無關	형용사성 명사	504
내재	內在	복합명사구	503
무장	武裝	복합명사구	503
요령	要領	체언	503
의의	意義	복합명사구	503
대형	大型	체언	502
연애	戀愛	복합명사구	502
중대	重大	형용사성 명사	502
승용차	乘用車	복합명사구	501
분화	分化	복합명사구	501
학과	學科	체언	501
섬유	纖維	복합명사구	500
채소	菜蔬	체언	499
동서	東西	체언	499
고함	高喊	복합명사구	499
명성	名聲	복합명사구	499
청구	請求	복합명사구	499
일요일	日曜日	체언	499
입사	入社	복합명사구	499
수수	收受	복합명사구	499
토기	土器	체언	499
사귀	邪鬼	체언	499
인도	引渡	동사성 명사	499
대한	大韓	체언	498
부각	浮刻	복합명사구	498
매년	每年	체언	498
대한	大旱	체언	498
면제	免除	복합명사구	497
청사	廳舍	복합명사구	497
장수	長壽	체언	496
등지	等地	체언	495

전력	電力	체언	495
개체	個體	복합명사구	495
고뇌	苦惱	복합명사구	495
피곤	疲困	체언	495
선발	選拔	복합명사구	495
야구	野球	체언	495
지표	指標	복합명사구	495
부당	不當	형용사성 명사	494
분업	分業	복합명사구	494
고조	高調	체언	494
군부	軍部	체언	494
여왕	女王	체언	494
용량	容量	복합명사구	494
거주	居住	복합명사구	493
연주	演奏	복합명사구	493
각국	各國	체언	492
구성원	構成員	복합명사구	492
협의	協議	복합명사구	492
증권사	證券社	체언	491
활자	活字	체언	490
통계	統計	복합명사구	490
재원	財源	복합명사구	489
당초	當初	복합명사구	489
기원	起源	복합명사구	489
순사	巡査	체언	489
악기	樂器	체언	489
자존심	自尊心	복합명사구	489
기금	基金	복합명사구	488
특권	特權	복합명사구	488
처벌	處罰	복합명사구	487
공학	工學	체언	487
막대	莫大	형용사성 명사	487
추장	酋長	체언	487
위로	慰勞	체언	487
하부	下部	복합명사구	487
두부	豆腐	체언	486
독서	讀書	복합명사구	486
신중	愼重	복합명사구	486
시장	市長	복합명사구	486
배아	胚芽	체언	485
협의회	協議會	복합명사구	485
지적	知的	체언	485
다정	多情	형용사성 명사	484
곡물	穀物	체언	484
공중	空中	체언	484
피로	疲勞	복합명사구	484
물고	物故	체언	484
정식	正式	체언	484
기원	起原	체언	484
포착	捕捉	복합명사구	483
한일	韓日	체언	483
무려	無慮	형용사성 명사	483
승화	昇華	복합명사구	482
봉투	封套	복합명사구	481
공해	公害	복합명사구	481
경이	驚異	복합명사구	481
최대한	最大限	복합명사구	481
열차	列車	체언	480
유역	流域	체언	480
시비	是非	복합명사구	480
생명력	生命力	복합명사구	479
철도	鐵道	복합명사구	479
응원	應援	복합명사구	479
무지	無知	복합명사구	478
약물	藥物	체언	478
월급	月給	체언	478
당사자	當事者	복합명사구	477
상위	上位	복합명사구	477
계승	繼承	복합명사구	476
미술관	美術館	복합명사구	476
건전	健全	체언	475
장래	將來	복합명사구	475
지극	至極	형용사성 명사	475
비유	比喩	복합명사구	474
분양	分讓	복합명사구	474
감기	感氣	체언	474
궁궐	宮闕	체언	474
취업	就業	복합명사구	474
시청	視聽	복합명사구	474
어차피	於此彼	부사사전	474
출자	出資	복합명사구	473
당면	當面	체언	473
귀하	貴下	복합명사구	473
한가	閑暇	형용사성 명사	473
수정	修正	복합명사구	473
일원	一員	복합명사구	473

담기	膽氣	체언	472
간난	艱難	체언	472
소송	訴訟	복합명사구	472
담기	痰氣	체언	472
도중	途中	복합명사구	472
단백질	蛋白質	복합명사구	471
화해	和解	복합명사구	471
임무	任務	복합명사구	471
소화	消化	체언	471
사기	詐欺	복합명사구	471
증시	證市	체언	471
포괄	包括	복합명사구	470
동산	動産	체언	470
호주	戶主	체언	470
집합	集合	복합명사구	470
교전	交戰	복합명사구	470
남부	南部	복합명사구	470
서재	書齋	체언	470
안목	眼目	복합명사구	470
요약	要約	복합명사구	470
입지	立地	복합명사구	469
결함	缺陷	복합명사구	469
식민	植民	체언	469
직능	職能	체언	469
단일	單一	체언	468
유리	有利	형용사성 명사	468
등산	登山	복합명사구	467
조장	助長	복합명사구	467
장기	臟器	체언	467
번호	番號	복합명사구	466
재무	財務	체언	465
지구촌	地球村	체언	465
침략	侵略	복합명사구	465
협조	協助	복합명사구	465
비명	悲鳴	복합명사구	464
공작	工作	복합명사구	464
이상	理想	체언	464
입자	粒子	복합명사구	464
실망	失望	복합명사구	464
동기	同期	복합명사구	464
여가	餘暇	복합명사구	464
고발	告發	복합명사구	463
가부장	家父長	체언	463
강당	講堂	복합명사구	463
간주	看做	동사성 명사	463
이기주의	利己主義	체언	463
견제	牽制	복합명사구	463
수지	收支	복합명사구	463
아지	阿之	체언	462
호응	呼應	복합명사구	462
모방	模倣	복합명사구	462
아지	雅志	체언	462
비전	妃殿	체언	462
지구	地區	복합명사구	461
경영진	經營陣	복합명사구	461
명절	名節	복합명사구	461
잠재	潛在	복합명사구	461
휴가	休暇	복합명사구	461
은근	慇懃	체언	461
인근	隣近	복합명사구	460
산소	酸素	체언	460
계곡	溪谷	복합명사구	460
중년	中年	체언	460
거론	擧論	복합명사구	459
성찰	省察	복합명사구	459
신랑	新郞	복합명사구	459
출세	出世	복합명사구	458
참고	參考	복합명사구	457
개국	個國	분류사사전	457
배분	配分	복합명사구	457
겸손	謙遜	복합명사구	457
신도	信徒	복합명사구	457
의류	衣類	체언	457
간섭	干涉	복합명사구	456
교감	交感	복합명사구	456
피해자	被害者	복합명사구	455
연령	年齡	복합명사구	455
진료	診療	복합명사구	455
공평	公平	체언	454
묘지	墓地	체언	454
친절	親切	복합명사구	454
소음	騷音	체언	454
시조	時調	체언	454
실명	實名	체언	454
배달	配達	동사성 명사	453
추출	抽出	복합명사구	452

출판사	出版社	복합명사구	452
호소	呼訴	복합명사구	452
자비	慈悲	복합명사구	451
개설	開設	복합명사구	451
장비	裝備	복합명사구	451
포로	捕虜	복합명사구	449
답변	答辯	복합명사구	449
허락	許諾	복합명사구	449
절벽	絶壁	체언	449
생산자	生産者	복합명사구	449
당황	唐慌	동사성 명사	449
좌절	挫折	복합명사구	448
곡선	曲線	체언	448
일생	一生	복합명사구	448
자각	自覺	복합명사구	448
암시	暗示	복합명사구	447
강대국	強大國	복합명사구	447
파도	波濤	복합명사구	446
한복	韓服	체언	446
사단	師團	체언	446
치유	治癒	복합명사구	446
호수	湖水	체언	445
대변인	代辯人	복합명사구	444
인형	人形	복합명사구	444
중반	中盤	복합명사구	444
작자	作者	복합명사구	444
고속	高速	체언	443
해수욕장	海水浴場	체언	443
획득	獲得	체언	443
진입	進入	복합명사구	443
실존	實存	복합명사구	443
점검	點檢	복합명사구	442
발상	發想	복합명사구	442
가공	加工	복합명사구	442
환원	還元	복합명사구	441
동창	同窓	복합명사구	441
동상	銅像	체언	441
총체	總體	복합명사구	441
연락	連絡	체언	440
제의	提議	복합명사구	440
통념	通念	복합명사구	440
대학교	大學校	체언	439
복종	服從	복합명사구	439
공유	共有	체언	439
고아	孤兒	복합명사구	439
과다	過多	복합명사구	439
과장	誇張	복합명사구	439
낙엽	落葉	체언	439
성경	聖經	체언	439
속성	屬性	복합명사구	439
음속	音速	체언	439
연간	年間	체언	437
치아	齒牙	체언	436
해군	海軍	체언	436
경력	經歷	복합명사구	436
신령	神靈	체언	436
외국어	外國語	체언	436
이전	移轉	복합명사구	436
하위	下位	체언	435
감당	堪當	체언	434
생리	生理	복합명사구	434
단속	團束	복합명사구	434
회복	恢復	동사성 명사	434
지분	持分	복합명사구	433
열정	熱情	복합명사구	433
교감	校監	체언	432
급속	急速	체언	431
경제력	經濟力	복합명사구	431
뇌물	賂物	복합명사구	431
검증	檢證	복합명사구	430
단기	短期	체언	429
국정	國政	체언	429
시체	屍體	복합명사구	429
의욕	意欲	체언	429
부도	不渡	체언	428
초청	招請	복합명사구	428
보수	補修	복합명사구	427
체결	締結	동사성 명사	427
행성	行星	체언	427
녹색	綠色	체언	427
성서	聖書	체언	427
선호	選好	복합명사구	427
연락	聯絡	동사성 명사	426
내각	內閣	복합명사구	426
석탑	石塔	체언	426
계열	系列	체언	426

혈압	血壓	체언	426
출입	出入	복합명사구	425
공천	公薦	복합명사구	425
회견	會見	복합명사구	425
밀도	密度	복합명사구	425
상담	相談	복합명사구	425
육성	育成	복합명사구	425
정원	定員	체언	424
한기	寒氣	체언	424
미로	迷路	체언	424
명목	名目	복합명사구	424
응답	應答	복합명사구	424
진영	陣營	체언	424
관여	關與	복합명사구	423
우산	雨傘	체언	423
원조	援助	복합명사구	423
군수	郡守	복합명사구	422
여간	如干	체언	422
수평	水平	체언	422
사료	飼料	복합명사구	422
조화	造化	체언	422
자신감	自信感	복합명사구	422
경기장	競技場	복합명사구	421
군주	君主	복합명사구	421
연습	練習	복합명사구	421
운전	運轉	복합명사구	421
전파	電波	체언	420
논거	論據	복합명사구	420
선고	宣告	복합명사구	420
대구	大口	체언	419
대구	對句	체언	419
기왕	旣往	체언	419
학급	學級	체언	419
음대	音大	체언	419
전후	戰後	체언	419
제재	制裁	복합명사구	419
합병	合倂	복합명사구	418
임상	臨床	체언	418
책임자	責任者	복합명사구	418
화랑	畵廊	체언	417
제주	祭酒	체언	417
생식	生殖	체언	417
외래	外來	체언	417
계장	係長	체언	417
소설가	小說家	복합명사구	417
은폐	隱蔽	복합명사구	417
총무	總務	체언	417
서두	書頭	체언	416
초반	初盤	복합명사구	415
건립	建立	복합명사구	415
거실	居室	체언	415
내주	來週	체언	415
여신	女神	체언	415
산림	山林	복합명사구	415
형이상학	形而上學	체언	415
성능	性能	복합명사구	415
주말	週末	복합명사구	415
안일	安逸	체언	414
고등	高等	체언	414
가정	假定	체언	414
우상	偶像	복합명사구	414
평면	平面	체언	414
특이	特異	형용사성 명사	414
과거	科擧	체언	413
대등	對等	체언	411
의거	依據	체언	410
소모	消耗	복합명사구	409
어색	語塞	체언	409
추적	追跡	복합명사구	409
대조	對照	복합명사구	408
진흥	振興	체언	408
보건	保健	체언	407
분배	分配	복합명사구	407
국산	國産	체언	407
침투	浸透	체언	407
목욕	沐浴	복합명사구	407
순응	順應	복합명사구	407
규명	糾明	복합명사구	406
악몽	惡夢	복합명사구	405
과감	果敢	형용사성 명사	405
여관	旅館	체언	405
전직	前職	체언	405
원고	原稿	복합명사구	405
냉장고	冷藏庫	체언	404
박수	拍手	복합명사구	404
산맥	山脈	복합명사구	404

일행	一行	복합명사구	404
유혹	誘惑	복합명사구	404
철학자	哲學者	복합명사구	404
수출	搜出	동사성 명사	404
방송사	放送社	체언	403
무식	無識	복합명사구	403
지주	地主	체언	402
구매	購買	복합명사구	402
농담	弄談	복합명사구	402
본국	本國	체언	401
폭포	瀑布	체언	401
인원	人員	복합명사구	401
소박	素朴	형용사성 명사	401
포장	包裝	복합명사구	400
금속	金屬	체언	400
소매	小賣	체언	400
정체	停滯	복합명사구	399
토요일	土曜日	체언	399
어휘	語彙	체언	399
자매	姊妹	체언	399
편의	便宜	복합명사구	398
한시	漢詩	체언	398
횟수	回數	체언	398
연행	連行	복합명사구	398
민감	敏感	형용사성 명사	398
모집	募集	복합명사구	398
전용	專用	복합명사구	398
출생	出生	복합명사구	397
방문	房門	체언	397
분담	分擔	복합명사구	397
관중	觀衆	복합명사구	397
탐색	探索	복합명사구	397
치기	稚氣	체언	397
반하	半夏	체언	396
동요	動搖	체언	396
휴식	休息	복합명사구	396
신속	迅速	체언	396
우울	憂鬱	복합명사구	396
비례	比例	복합명사구	395
변명	辨明	복합명사구	395
장서	藏書	체언	395
자가	自家	체언	395
안심	安心	체언	394
승인	承認	복합명사구	394
부작용	副作用	복합명사구	394
전면	前面	복합명사구	394
역사가	歷史家	체언	393
매출	賣出	복합명사구	393
숙명	宿命	복합명사구	393
회관	會館	복합명사구	392
역량	力量	복합명사구	392
재일	在日	체언	392
피고인	被告人	복합명사구	391
대사	大使	복합명사구	391
국방	國防	체언	391
극단	劇團	체언	391
면적	面積	복합명사구	391
민영	民營	체언	391
세간	世間	체언	391
통상	通商	복합명사구	391
현대인	現代人	체언	391
협동	協同	복합명사구	391
요란	搖亂	체언	391
일주일	一週日	체언	391
원소	元素	체언	391
증인	證人	복합명사구	391
처방	處方	복합명사구	390
결성	結成	복합명사구	390
난감	難堪	형용사성 명사	390
태평	太平	체언	390
동의	同意	복합명사구	390
성향	性向	복합명사구	390
일차	一次	체언	390
원유	原油	체언	390
자취	自炊	복합명사구	390
가사	家事	체언	389
농부	農夫	체언	389
흡연	吸煙	복합명사구	389
혈액	血液	체언	388
연구자	研究者	복합명사구	388
밤새	夜禽	체언	388
일면	一面	복합명사구	388
전파	傳播	복합명사구	387
추이	推移	복합명사구	387
종래	從來	체언	386
단독	單獨	복합명사구	386

입각	立脚	체언	386
연설	演說	복합명사구	386
행태	行態	복합명사구	385
저해	沮害	복합명사구	385
특유	特有	복합명사구	385
연구원	研究員	복합명사구	385
유입	流入	복합명사구	384
말미	末尾	복합명사구	384
과자	菓子	체언	383
능동	能動	체언	383
승부	勝負	복합명사구	383
헌신	獻身	복합명사구	383
신선	新鮮	동사성 명사	383
증세	症勢	복합명사구	383
여대	女大	체언	382
시인	是認	복합명사구	381
원료	原料	복합명사구	381
화성	火星	체언	380
냉동	冷凍	동사성 명사	380
수표	手票	복합명사구	380
전향	轉向	복합명사구	380
자질	資質	복합명사구	380
부과	賦課	복합명사구	379
즉각	卽刻	부사사전	378
군사	軍士	체언	378
기원	祈願	복합명사구	378
성당	聖堂	체언	378
순조	順調	형용사성 명사	378
무료	無料	복합명사구	378
고리	故里	체언	378
산모	產母	체언	377
반론	反論	복합명사구	377
품위	品位	체언	377
산성	酸性	체언	377
월남	越南	체언	377
지침	指針	복합명사구	377
주간	週間	체언	377
발효	發效	복합명사구	376
공중	公衆	체언	376
규율	規律	체언	376
소수	少數	복합명사구	376
시급	時急	체언	376
실행	實行	복합명사구	376
음양	陰陽	체언	376
대행	代行	복합명사구	375
외화	外貨	체언	375
신민	臣民	체언	374
수작	酬酌	체언	374
함축	含蓄	동사성 명사	374
선출	選出	복합명사구	374
압도	壓倒	복합명사구	374
의리	義理	복합명사구	374
축복	祝福	복합명사구	374
잠실	蠶室	체언	373
척도	尺度	복합명사구	373
황금	黃金	체언	373
경영자	經營者	복합명사구	373
양국	兩國	체언	373
생사	生死	체언	373
수호	守護	복합명사구	373
서적	書籍	복합명사구	373
자정	子正	체언	373
이사회	理事會	체언	372
실업	失業	체언	372
양주	洋酒	체언	372
일반인	一般人	체언	372
흑백	黑白	체언	371
거액	巨額	체언	371
당뇨병	糖尿病	복합명사구	371
혈관	血管	체언	371
의병	義兵	체언	371
단락	段落	복합명사구	370
기후	氣候	복합명사구	370
건조	乾燥	체언	370
탈피	脫皮	복합명사구	370
언론인	言論人	체언	370
심층	深層	복합명사구	369
생일	生日	복합명사구	369
심성	心性	복합명사구	369
장악	掌握	복합명사구	369
방금	方今	부사사전	368
공모	公募	복합명사구	368
경관	景觀	복합명사구	368
배열	配列	복합명사구	368
장미	薔薇	체언	368
특혜	特惠	복합명사구	368

허공	虛空	체언	368
학술	學術	체언	368
부활	復活	복합명사구	367
응시	凝視	복합명사구	367
박해	迫害	복합명사구	367
거세	去勢	복합명사구	367
조약	條約	복합명사구	367
유권자	有權者	체언	367
감사	監査	동사성 명사	366
단결	團結	복합명사구	366
지불	支拂	복합명사구	366
상민	常民	체언	365
창가	唱歌	체언	365
악마	惡魔	체언	365
관악	管樂	체언	365
미륵	彌勒	체언	365
수질	水質	복합명사구	365
사투	死鬪	체언	365
점령	占領	체언	365
종목	種目	복합명사구	365
국무	國務	체언	364
흑인	黑人	체언	364
휴대	携帶	복합명사구	364
변질	變質	복합명사구	363
산물	産物	복합명사구	363
대요	大要	복합명사구	363
배기	排氣	체언	363
군중	群衆	복합명사구	363
시중	市中	체언	363
통장	通帳	체언	363
오락	娛樂	체언	363
대요	大腰	체언	363
해안	海岸	체언	362
각오	覺悟	복합명사구	362
연말	年末	체언	362
천재	天才	복합명사구	362
은행	銀杏	체언	362
중계	中繼	복합명사구	362
담임	擔任	복합명사구	361
교역	交易	복합명사구	361
접속	接續	복합명사구	361
낭비	浪費	복합명사구	361
신음	呻吟	복합명사구	361
생선	生鮮	체언	361
신규	新規	체언	361
연수	研修	체언	361
음미	吟味	복합명사구	361
재능	才能	복합명사구	360
체포	逮捕	복합명사구	360
체념	諦念	복합명사구	360
풍수	風水	복합명사구	360
고찰	考察	복합명사구	360
전적	全的	체언	360
사안	事案	복합명사구	360
지기	知己	체언	360
보충	補充	복합명사구	359
고국	故國	복합명사구	359
화석	化石	체언	359
갈증	渴症	복합명사구	359
임원	任員	복합명사구	359
충실	忠實	복합명사구	359
요건	要件	복합명사구	358
출범	出帆	복합명사구	357
발음	發音	복합명사구	357
경리	經理	체언	357
연인	戀人	체언	357
응용	應用	복합명사구	357
도출	導出	복합명사구	356
흡사	恰似	형용사성 명사	356
심판	審判	복합명사구	356
유용	有用	형용사성 명사	356
평론	評論	복합명사구	355
소장	所長	복합명사구	355
총회	總會	복합명사구	355
부재	不在	복합명사구	354
취소	取消	복합명사구	354
문화재	文化財	복합명사구	354
여야	與野	체언	354
보수	報酬	복합명사구	353
폭발	爆發	복합명사구	353
개시	開始	복합명사구	353
승진	昇進	복합명사구	353
재건	再建	복합명사구	353
정문	正門	복합명사구	353
화장품	化粧品	체언	352
기조	基調	복합명사구	352

외무	外務	체언	352
오류	誤謬	복합명사구	352
음료	飲料	복합명사구	352
운운	云云	체언	352
기저	基底	체언	351
취직	就職	복합명사구	351
고난	苦難	복합명사구	351
노파	老婆	체언	351
임진왜란	壬辰倭亂	체언	351
수년	數年	체언	351
체육	體育	복합명사구	351
수염	鬚髥	체언	351
천명	闡明	체언	350
공안	公安	체언	350
인문	人文	체언	350
추천	推薦	복합명사구	350
무력	武力	체언	350
간질	癎疾	체언	350
업자	業者	복합명사구	350
여신	與信	체언	350
정직	正直	복합명사구	350
탄압	彈壓	복합명사구	349
시범	示範	복합명사구	349
통보	通報	복합명사구	349
총액	總額	복합명사구	349
조제	調劑	복합명사구	348
호조	好調	체언	348
간신	艱辛	부사사전	348
사후	死後	복합명사구	348
동지	同志	복합명사구	348
출혈	出血	복합명사구	347
교육청	教育廳	체언	347
간행	刊行	복합명사구	347
의지	依支	복합명사구	347
지양	止揚	체언	347
종사	從事	복합명사구	346
각지	各地	복합명사구	346
관청	官廳	체언	346
미국인	美國人	체언	346
시가지	市街地	복합명사구	346
의약품	醫藥品	체언	346
표상	表象	복합명사구	345
동남	東南	복합명사구	345
특위	特委	체언	345
전락	轉落	복합명사구	345
선박	船舶	복합명사구	344
후진	後進	체언	344
강사	講師	복합명사구	344
선동	煽動	복합명사구	344
천연	天然	체언	344
학회	學會	복합명사구	344
지주	支柱	체언	344
주소	住所	복합명사구	344
기술	記述	복합명사구	343
간혹	間或	부사사전	343
유리창	琉璃窓	체언	343
동행	同行	체언	343
최후	最後	복합명사구	343
비애	悲哀	복합명사구	342
채용	採用	복합명사구	342
미덕	美德	복합명사구	342
소홀	疏忽	동사성 명사	342
은유	隱喩	체언	342
정복	征服	복합명사구	342
주최	主催	복합명사구	341
신기	神奇	형용사성 명사	340
학파	學派	체언	340
예고	豫告	복합명사구	340
종족	種族	복합명사구	340
주재	駐在	복합명사구	340
편입	編入	체언	339
치욕	恥辱	복합명사구	339
전통문화	傳統文化	체언	339
감행	敢行	복합명사구	339
하필	何必	부사사전	339
사과	沙果	체언	339
십자가	十字架	체언	339
만세	萬歲	체언	339
학부	學部	체언	339
지각	知覺	복합명사구	339
부족	部族	복합명사구	338
대안	對案	복합명사구	338
영장	令狀	복합명사구	338
수소	水素	체언	338
학위	學位	복합명사구	338
조달	調達	복합명사구	337

성명	聲明	복합명사구	337
완공	完工	복합명사구	337
세균	細菌	체언	337
정립	正立	복합명사구	337
주술	呪術	체언	337
보상	補償	체언	336
만기	滿期	복합명사구	336
살해	殺害	복합명사구	336
쇄국	鎖國	복합명사구	336
병역	兵役	체언	335
창의	創意	복합명사구	335
대치	對峙	복합명사구	335
할인	割引	복합명사구	335
관문	關門	복합명사구	335
한인	韓人	체언	335
화초	花草	체언	335
기지	基地	체언	335
편견	偏見	복합명사구	335
토양	土壤	복합명사구	335
착취	搾取	복합명사구	335
정월	正月	체언	335
주둔	駐屯	복합명사구	335
탁자	卓子	체언	335
포교	布教	복합명사구	334
비료	肥料	복합명사구	334
부상	浮上	복합명사구	334
모금	募金	동사성 명사	334
융합	融合	복합명사구	334
설득력	說得力	복합명사구	334
한도	限度	복합명사구	334
동학	動學	체언	334
연습	鍊習	동사성 명사	334
장기간	長期間	체언	333
대감	大監	체언	333
감수	甘受	복합명사구	333
공단	工團	체언	333
파멸	破滅	복합명사구	333
수상	受賞	복합명사구	333
소망	所望	복합명사구	333
세분	細分	복합명사구	333
자문	諮問	복합명사구	333
차관	次官	복합명사구	332
분자	分子	복합명사구	332
궁중	宮中	체언	332
활기	活氣	체언	332
모범	模範	복합명사구	332
일대	一大	관형사사전	332
교체	交遞	동사성 명사	332
등급	等級	복합명사구	331
감격	感激	복합명사구	331
계좌	計座	복합명사구	331
가출	家出	복합명사구	331
기상	氣象	체언	331
인심	人心	복합명사구	331
무선	無線	체언	331
자의	自意	체언	331
광경	光景	복합명사구	330
경주	競走	복합명사구	330
은색	銀色	체언	330
충고	忠告	복합명사구	330
박탈	剝奪	복합명사구	329
곡식	穀食	체언	329
결실	結實	복합명사구	329
옥상	屋上	체언	329
지연	遲延	복합명사구	328
전반	前半	복합명사구	328
병사	兵士	복합명사구	327
대다수	大多數	복합명사구	327
단연	斷然	부사사전	327
해설	解說	복합명사구	327
말기	末期	복합명사구	327
권익	權益	복합명사구	327
생전	生前	체언	327
무사	武士	체언	327
일련	一連	체언	327
파고	波高	체언	326
반찬	飯饌	복합명사구	326
노무	勞務	체언	326
연맹	聯盟	복합명사구	326
약자	弱者	체언	326
퇴근	退勤	복합명사구	326
음주	飲酒	체언	326
여당	與黨	체언	326
죄송	罪悚	형용사성 명사	326
전차	電車	체언	325
절정	絶頂	체언	325

입법	立法	동사성 명사	325
유대	紐帶	복합명사구	325
청원	請願	복합명사구	325
실태	實態	복합명사구	325
야만	野蠻	체언	325
전력	戰力	체언	325
본문	本文	복합명사구	324
폐허	廢墟	체언	324
환영	歡迎	복합명사구	324
서식	棲息	체언	324
소재	所在	복합명사구	324
추리	推理	복합명사구	324
계열사	系列社	복합명사구	324
소멸	消滅	복합명사구	324
유감	遺憾	복합명사구	324
배신	背信	복합명사구	323
채집	採集	복합명사구	323
춘추	春秋	체언	323
구경	究竟	형용사성 명사	323
시조	始祖	복합명사구	323
사춘기	思春期	체언	323
전시장	展示場	복합명사구	323
지성	知性	체언	323
구경	九經	체언	323
분규	紛糾	복합명사구	322
가계	家計	체언	322
국한	局限	복합명사구	322
낭만	浪漫	체언	321
평민	平民	체언	321
학계	學界	체언	321
당선	當選	복합명사구	320
관광객	觀光客	체언	320
결단	決斷	복합명사구	320
시공	施工	복합명사구	320
소유자	所有者	복합명사구	320
선인	先人	체언	320
장부	帳簿	복합명사구	320
화폐	貨幣	체언	319
영광	榮光	복합명사구	319
입대	入隊	복합명사구	319
생명체	生命體	복합명사구	319
수백	數百	관형사사전	319
음식점	飲食店	체언	319
모처	某處	체언	318
상부	上部	복합명사구	318
수시	隨時	체언	318
이주	移住	복합명사구	318
고속도로	高速道路	복합명사구	317
염두	念頭	복합명사구	317
서점	書店	체언	317
형상	形象	복합명사구	317
형상	形像	체언	317
매매	賣買	복합명사구	316
취지	趣旨	복합명사구	316
사대부	士大夫	체언	316
채취	採取	복합명사구	315
단적	端的	체언	315
아미	蛾眉	체언	315
함성	喊聲	체언	315
화재	火災	체언	315
인성	人性	복합명사구	315
소산	所産	체언	315
과잉	過剩	복합명사구	314
수명	壽命	복합명사구	314
동정	同情	복합명사구	314
외모	外貌	복합명사구	314
신임	新任	체언	314
보전	保全	복합명사구	313
고승	高僧	복합명사구	313
광고주	廣告主	체언	313
역학	力學	체언	313
마귀	魔鬼	체언	313
원동력	原動力	복합명사구	313
주축	主軸	복합명사구	313
관례	慣例	복합명사구	312
미아	迷兒	체언	312
명사	名詞	체언	312
포구	浦口	체언	312
서장	署長	체언	312
초과	超過	복합명사구	311
대리	代理	복합명사구	311
활약	活躍	복합명사구	311
미녀	美女	체언	311
현실	玄室	체언	311
춘향	春香	체언	310
경찰관	警察官	체언	310

몰락	沒落	복합명사구	310
미신	迷信	복합명사구	310
포도	葡萄	체언	310
일일	一一	부사사전	310
음반	音盤	복합명사구	310
우선	優先	체언	310
전시회	展示會	복합명사구	310
안수	按手	복합명사구	309
출전	出戰	복합명사구	309
대항	對抗	복합명사구	309
미인	美人	체언	309
취득	取得	복합명사구	309
열대	熱帶	체언	309
세련	洗練	체언	309
언론사	言論社	체언	309
부수	部數	복합명사구	308
성벽	城壁	체언	308
감염	感染	복합명사구	308
회색	灰色	체언	308
회전	回轉	복합명사구	308
두통	頭痛	체언	308
미만	未滿	복합명사구	308
찬성	贊成	복합명사구	308
도산	倒産	복합명사구	307
은혜	恩惠	복합명사구	307
거인	巨人	체언	307
양보	讓步	복합명사구	307
왕자	王子	복합명사구	307
지배자	支配者	복합명사구	307
징역	懲役	체언	306
단호	斷乎	형용사성 명사	306
항쟁	抗爭	복합명사구	306
쟁점	爭點	복합명사구	306
국교	國交	복합명사구	305
밀어	蜜語	체언	305
수천	數千	체언	305
효용	效用	복합명사구	305
서사시	敍事詩	복합명사구	305
작동	作動	복합명사구	305
기사	技士	복합명사구	304
경로	經路	복합명사구	304
판정	判定	복합명사구	304
친정	親庭	복합명사구	304
약점	弱點	복합명사구	304
주재	主宰	복합명사구	304
공산	共産	체언	304
안도	安堵	체언	303
폭발	暴發	복합명사구	303
기력	氣力	복합명사구	303
융자	融資	복합명사구	303
예비	豫備	복합명사구	303
원기	元氣	체언	303
운전사	運轉士	복합명사구	303
주거	住居	복합명사구	303
자원	自願	복합명사구	303
북방	北方	복합명사구	302
도교	道教	체언	302
독신	獨身	체언	302
국세청	國稅廳	체언	302
만인	萬人	체언	302
정통	正統	체언	302
증후군	症候群	복합명사구	302
암호	暗號	복합명사구	301
감상	感想	체언	301
구조	救助	복합명사구	301
예의	禮儀	체언	301
쇠약	衰弱	체언	301
순위	順位	복합명사구	301
동맹	同盟	복합명사구	301
투수	投手	체언	301
학설	學說	체언	301
학업	學業	체언	301
압박	壓迫	복합명사구	301
도가	道家	체언	300
방위	防衛	복합명사구	300
기소	起訴	체언	300
위장	僞裝	복합명사구	300
연기	延期	복합명사구	300
종자	種子	복합명사구	300
부호	符號	체언	299
후보자	候補者	복합명사구	299
수색	搜索	복합명사구	299
이의	異議	복합명사구	299
증자	增資	복합명사구	299
대상	大賞	복합명사구	298
방영	放映	복합명사구	298

부인	婦人	체언	298
해변	海邊	체언	298
후손	後孫	복합명사구	298
혼례	婚禮	복합명사구	298
거치	擧痔	체언	298
거치	鋸齒	체언	298
논술	論述	동사성 명사	298
파출소	派出所	체언	298
시정	是正	복합명사구	298
수거	收去	복합명사구	298
수로	水路	체언	298
도서	圖書	복합명사구	298
혈연	血緣	체언	298
우정	友情	복합명사구	298
탐구	探求	동사성 명사	298
본론	本論	복합명사구	297
초록	草綠	체언	297
대변	代辯	동사성 명사	297
분량	分量	복합명사구	297
관리자	管理者	복합명사구	297
적성	適性	체언	297
무신	武臣	체언	297
여운	餘韻	복합명사구	297
주연	主演	복합명사구	297
정리	定理	체언	297
철거	撤去	복합명사구	296
성금	誠金	복합명사구	296
경과	經過	복합명사구	296
시세	時勢	복합명사구	296
체력	體力	복합명사구	296
대합실	待合室	복합명사구	295
악순환	惡循環	복합명사구	295
봉지	封紙	체언	295
과부	寡婦	체언	295
권태	倦怠	복합명사구	295
실상	實狀	복합명사구	295
수법	手法	복합명사구	295
특허	特許	체언	295
동전	銅錢	체언	295
외출	外出	복합명사구	295
의제	議題	체언	295
자궁	子宮	복합명사구	295
장자	長子	복합명사구	294
고가	高價	체언	294
홍수	洪水	복합명사구	294
회수	回收	복합명사구	294
군자	君子	체언	294
공백	空白	복합명사구	294
연계	連繫	복합명사구	294
수리	修理	복합명사구	294
순경	巡警	체언	294
오로	惡露	체언	293
이원	二元	체언	293
평지	平地	체언	293
구단	球團	복합명사구	293
인내	忍耐	복합명사구	293
산하	傘下	복합명사구	293
희생자	犧牲者	복합명사구	293
원작	原作	복합명사구	293
직선	直線	체언	293
장단	長短	체언	292
차장	次長	체언	292
획기적	劃期的	체언	292
침범	侵犯	체언	292
일리	一理	체언	292
영재	英才	체언	292
증진	增進	복합명사구	292
직무	職務	체언	292
저술	著述	복합명사구	292
아부	阿附	체언	291
불평	不平	복합명사구	291
액수	額數	복합명사구	291
이순	耳順	체언	291
격차	隔差	복합명사구	291
결의	決意	복합명사구	291
각성	覺醒	복합명사구	291
연세	年歲	복합명사구	291
사료	史料	복합명사구	291
동화	同化	복합명사구	291
수급	需給	체언	291
중추	中樞	복합명사구	291
가두	街頭	체언	290
고문	拷問	복합명사구	290
과업	課業	복합명사구	290
타지	他地	체언	290
허위	虛僞	체언	290

진정	鎭靜	복합명사구	290
수익	受益	동사성 명사	290
시국	時局	복합명사구	289
제휴	提携	복합명사구	289
조항	條項	복합명사구	289
유치원	幼稚園	체언	289
탁월	卓越	형용사성 명사	289
백지	白紙	체언	288
행랑	行廊	복합명사구	288
장수	將帥	체언	288
명의	名義	복합명사구	288
기적	奇迹	복합명사구	288
속담	俗談	체언	288
업소	業所	복합명사구	288
이식	移植	복합명사구	288
착수	着手	복합명사구	288
사과	砂果	체언	288
종속	從屬	복합명사구	287
다발	多發	동사성 명사	287
공직	公職	체언	287
기득	既得	체언	287
가속	加速	복합명사구	287
감면	減免	복합명사구	287
경위	經緯	복합명사구	287
요법	療法	체언	287
명시	明示	복합명사구	287
사랑	思郞	체언	287
종전	從前	체언	286
목격	目擊	복합명사구	286
심경	心境	복합명사구	286
표명	表明	복합명사구	285
간격	間隔	복합명사구	285
각광	脚光	복합명사구	285
인파	人波	체언	285
문화제	文化祭	복합명사구	285
재고	在庫	체언	285
백인	白人	체언	284
기념	記念	체언	284
안주	按酒	체언	283
당부	當付	복합명사구	283
항구	港口	체언	283
성자	聖者	체언	283
유래	由來	복합명사구	283
지석묘	支石墓	체언	283
중순	中旬	복합명사구	283
공정	工程	복합명사구	282
환희	歡喜	체언	282
결승	決勝	복합명사구	282
이재	理財	체언	282
팽창	膨脹	복합명사구	282
원형	原形	체언	282
지고	至高	체언	282
폭풍	暴風	체언	281
대략	大略	복합명사구	281
봉쇄	封鎖	복합명사구	281
사후	事後	체언	281
팔자	八字	복합명사구	280
재단	裁斷	복합명사구	280
점포	店鋪	체언	280
하마	河馬	체언	280
가문	家門	복합명사구	280
교과	教科	체언	280
금년	今年	체언	280
몰두	沒頭	복합명사구	280
연구비	研究費	복합명사구	280
중립	中立	복합명사구	280
폭행	暴行	체언	279
발간	發刊	복합명사구	279
각서	覺書	복합명사구	279
수탈	收奪	복합명사구	279
탐욕	貪慾	복합명사구	279
통속	通俗	체언	279
상당수	相當數	복합명사구	279
서문	序文	복합명사구	279
기행	紀行	복합명사구	278
영감	靈感	체언	278
강도	強度	체언	278
심의	審議	체언	278
사신	使臣	복합명사구	278
측근	側近	복합명사구	277
최루탄	催淚彈	체언	277
폐기	廢棄	복합명사구	277
요원	要員	복합명사구	277
음향	音響	체언	277
초대	招待	복합명사구	277
직면	直面	복합명사구	277

도성	都城	체언	276
연탄	煉炭	체언	276
배출	排出	복합명사구	276
위인	偉人	체언	276
향유	享有	복합명사구	276
학력	學歷	복합명사구	276
증오	憎惡	복합명사구	276
비단	緋緞	체언	275
분할	分割	복합명사구	275
경쟁자	競爭者	복합명사구	275
이별	離別	복합명사구	275
확률	確率	체언	275
시간대	時間帶	복합명사구	275
숙부	叔父	체언	275
토막	土幕	체언	275
중독	中毒	복합명사구	275
보상	報償	복합명사구	274
책방	冊房	체언	274
장안	長安	체언	274
승객	乘客	복합명사구	274
국왕	國王	체언	274
후대	後代	체언	274
격려	激勵	복합명사구	274
결속	結束	복합명사구	274
상류	上流	복합명사구	274
생산력	生産力	체언	274
수첩	手帖	체언	274
사지	四肢	복합명사구	274
체면	體面	복합명사구	274
물리학	物理學	체언	274
연기자	演技者	체언	274
통찰	洞察	복합명사구	273
동력	動力	복합명사구	273
척수	脊髓	체언	273
장차	將次	부사사전	273
난리	亂離	체언	273
만성	慢性	체언	273
기온	氣溫	복합명사구	273
사치	奢侈	복합명사구	273
사모	師母	체언	273
사자	獅子	체언	273
수용	收容	복합명사구	273
신기	新奇	형용사성 명사	273
자유주의	自由主義	체언	273
순전	純全	형용사성 명사	272
제물	祭物	복합명사구	272
해제	解除	복합명사구	272
배상	賠償	복합명사구	272
식생활	食生活	복합명사구	272
도장	圖章	복합명사구	272
온전	穩全	형용사성 명사	272
연안	沿岸	복합명사구	272
보행	步行	복합명사구	271
창립	創立	복합명사구	271
대웅전	大雄殿	복합명사구	271
분별	分別	복합명사구	271
경선	競選	복합명사구	271
가위	可謂	부사사전	271
객체	客體	복합명사구	271
협박	脅迫	복합명사구	271
일류	一流	체언	271
이국	異國	체언	271
고소	告訴	복합명사구	270
가동	稼動	복합명사구	270
진로	進路	복합명사구	270
정밀	精密	체언	270
구호	口號	체언	270
천주교	天主教	체언	270
의사	議事	체언	270
병력	兵力	체언	269
임대	賃貸	복합명사구	269
내역	內譯	복합명사구	269
사명	使命	복합명사구	269
수영	水泳	복합명사구	269
특파원	特派員	복합명사구	269
무속	巫俗	체언	269
징후	徵候	복합명사구	269
죄악	罪惡	체언	269
잠정	暫定	동사성 명사	269
대상자	對象者	복합명사구	268
발급	發給	복합명사구	268
공생	共生	복합명사구	268
정진	精進	복합명사구	268
남아	男兒	체언	268
지탱	支撑	복합명사구	268
주관	主觀	복합명사구	268

파랑	波浪	체언	267
대금	代金	체언	267
당분간	當分間	체언	267
한심	寒心	체언	267
화두	話頭	복합명사구	267
예사	例事	체언	267
명함	名銜	복합명사구	267
강경	強勁	형용사성 명사	267
산정	算定	체언	267
퇴출	退出	체언	267
외세	外勢	체언	267
미흡	未洽	체언	267
문맥	文脈	복합명사구	267
선거법	選擧法	복합명사구	267
역사	驛舍	복합명사구	267
우기	雨期	체언	267
대뇌	大腦	복합명사구	266
매수	買收	복합명사구	266
명명	命名	복합명사구	266
순식간	瞬息間	체언	266
위안	慰安	복합명사구	266
기생	妓生	체언	265
면접	面接	복합명사구	265
수원	水原	체언	265
양말	洋襪	체언	265
이견	異見	복합명사구	265
예약	豫約	복합명사구	265
운반	運搬	복합명사구	265
주임	主任	복합명사구	265
분비	分泌	복합명사구	264
호전	好轉	복합명사구	264
하천	河川	체언	264
취임	就任	복합명사구	264
기한	期限	복합명사구	264
기세	氣勢	복합명사구	264
전방	前方	체언	264
신세	身世	복합명사구	264
수치	羞恥	복합명사구	264
이색	異色	체언	264
점유	占有	체언	264
진공	眞空	체언	264
저주	詛呪	복합명사구	264
폐해	弊害	복합명사구	263
감탄	感歎	체언	263
전역	全域	체언	263
약세	弱勢	체언	263
문의	問議	복합명사구	263
서산	西山	체언	263
타격	打擊	복합명사구	262
연금	年金	체언	262
방북	訪北	동사성 명사	261
감지	感知	복합명사구	261
관람	觀覽	복합명사구	261
국기	國旗	복합명사구	261
활동가	活動家	체언	261
농작물	農作物	체언	261
용납	容納	체언	261
소원	所願	복합명사구	261
허무	虛無	체언	261
운행	運行	복합명사구	261
사색	思索	복합명사구	260
외상	外傷	체언	260
원주민	原住民	복합명사구	260
주차장	駐車場	복합명사구	260
출마	出馬	복합명사구	259
발전	發電	복합명사구	259
국면	局面	복합명사구	259
역설	力說	동사성 명사	259
밀집	密集	복합명사구	259
납득	納得	복합명사구	259
남도	南道	체언	259
시한	時限	체언	259
수신	受信	복합명사구	259
퇴장	退場	복합명사구	259
잔인	殘忍	체언	258
성적	成績	복합명사구	258
처형	處刑	복합명사구	258
창건	創建	체언	258
회상	回想	복합명사구	258
명작	名作	복합명사구	258
내성	耐性	복합명사구	258
경사	傾斜	복합명사구	258
수습	收拾	복합명사구	258
추론	推論	복합명사구	258
문고	文庫	체언	258
원서	願書	복합명사구	258

추락	墜落	복합명사구	258
조처	措處	복합명사구	257
대세	大勢	복합명사구	257
전선	電線	체언	257
폐기물	廢棄物	체언	257
공약	公約	복합명사구	257
공감대	共感帶	복합명사구	257
금고	金庫	복합명사구	257
명색	名色	복합명사구	257
침실	寢室	복합명사구	257
정조	情操	체언	257
식기	食器	체언	257
질량	質量	복합명사구	257
주력	注力	복합명사구	257
병리	病理	체언	256
대출금	貸出金	체언	256
조리	調理	체언	256
독창	獨唱	체언	256
발명	發明	복합명사구	256
고수	固守	복합명사구	256
귀결	歸結	복합명사구	256
합동	合同	체언	256
구미	歐美	체언	256
소란	騷亂	복합명사구	256
실상	實相	체언	256
서당	書堂	체언	256
두뇌	頭腦	복합명사구	256
불쾌	不快	체언	255
상주	常住	체언	255
법령	法令	복합명사구	255
감촉	感觸	복합명사구	255
고아원	孤兒院	복합명사구	255
가면	假面	복합명사구	255
건의	建議	복합명사구	255
배우자	配偶者	복합명사구	255
하락세	下落勢	복합명사구	255
유효	有效	복합명사구	255
어업	漁業	체언	255
분주	奔走	체언	254
본사	本社	복합명사구	254
순결	純潔	복합명사구	254
공세	攻勢	복합명사구	254
극단	極端	복합명사구	254
모국어	母國語	복합명사구	254
사법부	司法府	체언	254
미련	未練	복합명사구	254
언어학	言語學	체언	254
약국	藥局	체언	254
자사	自社	체언	254
사표	辭表	복합명사구	253
고령	高齡	복합명사구	253
개화	開化	체언	253
근로	勤勞	체언	253
동참	同參	복합명사구	253
위인	爲人	체언	253
하반기	下半期	체언	253
상기	想起	체언	253
중지	中止	복합명사구	253
중력	重力	체언	253
인건비	人件費	복합명사구	252
퇴직	退職	복합명사구	252
물품	物品	체언	252
중점	重點	복합명사구	252
주기	週期	복합명사구	252
적대	敵對	체언	251
발전소	發電所	복합명사구	251
극도	極度	체언	251
가축	家畜	체언	251
전형	銓衡	체언	251
신상	身上	체언	251
주사	注射	복합명사구	251
병행	竝行	복합명사구	250
결혼식	結婚式	복합명사구	250
산문	散文	복합명사구	250
상장	上場	복합명사구	250
수위	水位	복합명사구	250
어조	語調	체언	250
원활	圓滑	복합명사구	250
지도원	指導員	체언	250
주무	主務	체언	250
신하	臣下	체언	249
전기	傳記	복합명사구	249
회피	回避	복합명사구	249
개막	開幕	복합명사구	249
명단	名單	복합명사구	249
여경	女警	체언	249

여경	女鏡	체언	249	부상	負傷	복합명사구	244
취향	趣向	체언	249	복귀	復歸	동사성 명사	244
소지	素地	체언	249	포도주	葡萄酒	체언	244
용역	用役	체언	249	용기	容器	복합명사구	244
여경	餘慶	체언	249	체중	體重	복합명사구	244
총각	總角	체언	249	삽화	揷畵	복합명사구	243
성적	成跡	체언	249	함수	函數	체언	243
표기	表記	복합명사구	248	항해	航海	복합명사구	243
개요	概要	복합명사구	248	회생	回生	복합명사구	243
공룡	恐龍	체언	248	금성	金星	체언	243
비서관	祕書官	체언	248	경비	經費	복합명사구	243
인생관	人生觀	복합명사구	248	평야	平野	체언	243
용이	容易	형용사성 명사	248	식이	食餌	체언	243
상점	商店	복합명사구	248	야산	野山	체언	243
모방	摸倣	동사성 명사	248	재해	災害	체언	243
모방	摹倣	동사성 명사	248	재계	財界	체언	242
괴물	怪物	체언	247	반박	反駁	복합명사구	242
해양	海洋	체언	247	분수	分數	체언	242
곤충	昆蟲	복합명사구	247	극동	極東	체언	242
약탈	掠奪	복합명사구	247	가중	加重	복합명사구	242
이행	履行	체언	247	구미	口味	체언	242
석방	釋放	복합명사구	247	매장	賣場	복합명사구	242
수화기	受話器	체언	247	귀납	歸納	체언	241
성적	性的	형용사성 명사	247	기술자	技術者	복합명사구	241
연구원	研究院	체언	247	개봉	開封	복합명사구	241
여파	餘波	복합명사구	247	광기	狂氣	복합명사구	241
장가	杖家	동사성 명사	247	양도	讓渡	복합명사구	241
중심지	中心地	복합명사구	247	심미	審美	체언	241
출간	出刊	복합명사구	246	첨가	添加	복합명사구	241
부가	附加	복합명사구	246	의뢰	依賴	복합명사구	241
관아	官衙	체언	246	음식물	飲食物	체언	241
수난	受難	복합명사구	246	조합원	組合員	복합명사구	241
소아	小兒	체언	246	방언	方言	복합명사구	240
광복	光復	체언	245	혼수	婚需	체언	240
길일	吉日	체언	245	경련	痙攣	복합명사구	240
사연	事緣	복합명사구	245	매개	媒介	복합명사구	240
만사	萬事	체언	245	평론가	評論家	체언	240
소극	笑劇	체언	245	정반대	正反對	복합명사구	240
현안	懸案	복합명사구	245	과도	過度	복합명사구	239
약용	藥用	체언	245	합작	合作	복합명사구	239
저수지	貯水池	복합명사구	245	내전	內戰	복합명사구	239
잔재	殘滓	체언	244	침입	侵入	체언	239
대장	大將	복합명사구	244	거래소	去來所	복합명사구	239

일탈	逸脫	복합명사구	239
소환	召喚	복합명사구	239
교도소	矯導所	체언	238
광산	鑛山	체언	238
상여	喪輿	체언	238
원자재	原資材	체언	238
집필	執筆	복합명사구	238
저작물	著作物	복합명사구	238
애착	愛着	복합명사구	237
별장	別莊	복합명사구	237
창피	猖披	체언	237
수가	酬價	체언	237
출국	出國	복합명사구	237
존립	存立	복합명사구	237
반전	反轉	복합명사구	237
고립	孤立	복합명사구	237
강좌	講座	복합명사구	237
노동력	勞動力	복합명사구	237
양자	兩者	체언	237
유출	流出	복합명사구	237
교포	僑胞	체언	237
사학	私學	체언	237
퇴치	退治	복합명사구	237
미묘	微妙	형용사성 명사	237
정조	貞操	복합명사구	237
집사	執事	체언	237
공경	恭敬	체언	236
교제	交際	복합명사구	236
경비	警備	체언	236
경의	敬意	복합명사구	236
여우	女優	체언	236
계몽	啓蒙	복합명사구	236
기색	氣色	복합명사구	236
삼각	三角	체언	236
사리	事理	복합명사구	236
도발	挑發	복합명사구	236
운동가	運動家	체언	236
형기	形氣	체언	236
대명사	代名詞	복합명사구	235
복원	復元	동사성 명사	235
국고	國庫	체언	235
노화	老化	동사성 명사	235
인상	人相	체언	235
사용자	使用者	복합명사구	235
문예	文藝	체언	235
지향	指向	체언	235
비호	庇護	복합명사구	234
고모	姑母	복합명사구	234
관할	管轄	복합명사구	234
긍지	矜持	복합명사구	234
정기	精氣	복합명사구	234
입장	入場	복합명사구	234
세무	稅務	복합명사구	234
태풍	颱風	체언	234
특집	特輯	복합명사구	234
심신	心身	복합명사구	234
연유	緣由	복합명사구	234
진위	眞僞	복합명사구	234
단원	單元	복합명사구	233
담당자	擔當者	복합명사구	233
조미료	調味料	체언	233
관심사	關心事	복합명사구	233
호소	號召	복합명사구	233
회의	懷疑	체언	233
극심	極甚	형용사성 명사	233
양측	兩側	체언	233
적정	適正	형용사성 명사	233
천체	天體	체언	233
하자	瑕疵	복합명사구	233
정치가	政治家	복합명사구	233
비약	飛躍	복합명사구	232
극대	極大	체언	232
금전	金錢	체언	232
식욕	食慾	복합명사구	232
답사	踏査	복합명사구	232
자회사	子會社	복합명사구	232
불량	不良	형용사성 명사	231
동해	東海	체언	231
부회장	副會長	복합명사구	231
집약	集約	체언	231
여행자	旅行者	복합명사구	231
상영	上映	복합명사구	231
응원단	應援團	복합명사구	231
정규	正規	체언	231
지점	支店	복합명사구	231
포용	包容	복합명사구	230

보석	寶石	복합명사구	230
부총리	副總理	복합명사구	230
개정안	改正案	복합명사구	230
농경	農耕	복합명사구	230
여하	如何	체언	230
용품	用品	복합명사구	230
유쾌	愉快	형용사성 명사	230
중산	中産	체언	230
표적	標的	복합명사구	229
불안감	不安感	체언	229
초원	草原	체언	229
단축	短縮	복합명사구	229
공조	共助	복합명사구	229
행보	行步	복합명사구	229
회랑	回廊	체언	229
가미	加味	복합명사구	229
개천	開川	체언	229
유학	儒學	체언	229
산문	山門	체언	229
실학	實學	체언	229
중국어	中國語	체언	229
취약	脆弱	복합명사구	228
대거	大擧	체언	228
경직	硬直	체언	228
안정	安靜	체언	227
별개	別個	체언	227
대여	貸與	복합명사구	227
방면	方面	복합명사구	227
객실	客室	복합명사구	227
대수	臺數	체언	227
동요	童謠	체언	227
문인	文人	체언	227
세수	洗手	체언	227
역사	役事	체언	227
유무	有無	복합명사구	227
여백	餘白	체언	227
장례	葬禮	체언	227
좌석	座席	복합명사구	227
송이	松耳	체언	227
송이	松栮	체언	227
북구	北歐	체언	226
충실	充實	복합명사구	226
저하	低下	복합명사구	226
건축물	建築物	체언	226
접수	接受	복합명사구	226
남학생	男學生	체언	226
절박	切迫	형용사성 명사	226
예민	銳敏	형용사성 명사	226
시청	市廳	체언	226
태생	胎生	복합명사구	226
도피	逃避	복합명사구	226
훈장	勳章	체언	226
엄밀	嚴密	체언	226
지사	知事	체언	226
전담	專擔	복합명사구	226
수용자	收容者	체언	226
백마	白馬	체언	225
장남	長男	복합명사구	225
동맥	動脈	복합명사구	225
고지	高地	복합명사구	225
격리	隔離	복합명사구	225
고취	鼓吹	복합명사구	225
기능	技能	복합명사구	225
멸망	滅亡	복합명사구	225
뇌간	腦幹	복합명사구	225
선의	善意	복합명사구	225
신장	伸張	복합명사구	225
소요	所要	복합명사구	225
야채	野菜	체언	225
자연주의	自然主義	체언	225
초석	礎石	체언	224
사퇴	辭退	복합명사구	224
지검	地檢	체언	224
단서	端緖	복합명사구	224
공인	公認	복합명사구	224
게재	揭載	복합명사구	224
욕설	辱說	복합명사구	224
생략	省略	복합명사구	224
태연	泰然	체언	224
형국	形局	복합명사구	224
안면	顔面	체언	224
인출	引出	복합명사구	224
장벽	障壁	복합명사구	224
정계	政界	체언	224
종손	宗孫	체언	224
단점	短點	복합명사구	223

공통점	共通點	복합명사구	223
광명	光明	체언	223
사무소	事務所	복합명사구	223
외제	外製	체언	223
형질	形質	체언	223
주의자	主義者	복합명사구	223
본연	本然	체언	222
지기	地氣	체언	222
고문	顧問	체언	222
교화	教化	복합명사구	222
해결책	解決策	복합명사구	222
궁리	窮理	복합명사구	222
서예	書藝	체언	222
동자	童子	체언	222
육아	育兒	복합명사구	222
재편	再編	복합명사구	222
변환	變換	복합명사구	221
박제	剝製	복합명사구	221
성의	誠意	체언	221
호감	好感	복합명사구	221
피질	皮質	체언	221
상품	賞品	복합명사구	221
셋방	貰房	체언	221
수상	首相	복합명사구	221
소형	小型	체언	221
압축	壓縮	복합명사구	221
예언	豫言	복합명사구	221
오만	傲慢	복합명사구	220
숭배	崇拜	복합명사구	220
타자	打者	체언	220
공표	公表	체언	220
강구	講究	복합명사구	220
유산	流産	복합명사구	220
강압	強壓	복합명사구	220
지명	指名	복합명사구	220
덕목	德目	복합명사구	219
제왕	帝王	복합명사구	219
전산	電算	체언	219
아귀	餓鬼	체언	219
법무부	法務部	체언	219
풍선	風船	체언	219
객석	客席	복합명사구	219
마찰	摩擦	복합명사구	219
기일	期日	복합명사구	219
권고	勸告	복합명사구	219
사회학	社會學	복합명사구	219
침착	沈着	체언	219
왕궁	王宮	체언	219
허탈	虛脫	체언	219
요지	要旨	체언	219
해석	解析	동사성 명사	219
변모	變貌	복합명사구	218
반문	反問	복합명사구	218
갈색	褐色	체언	218
회화	繪畫	체언	218
모체	母體	복합명사구	218
정조	情調	체언	218
신경질	神經質	복합명사구	218
십상	十常	체언	218
시안	試案	복합명사구	218
향교	鄉校	체언	218
수행	修行	복합명사구	218
우세	優勢	복합명사구	218
원고	原告	체언	218
지장	支障	체언	218
지갑	紙匣	복합명사구	218
자립	自立	복합명사구	218
반항	反抗	복합명사구	217
부합	符合	동사성 명사	217
농구	籠球	체언	217
윤곽	輪廓	복합명사구	217
모성	母性	체언	217
배열	排列	체언	217
입양	入養	복합명사구	217
상원	上院	체언	217
문물	文物	복합명사구	217
이체	移替	복합명사구	217
유적지	遺跡地	체언	217
집중	執中	동사성 명사	217
시가	詩歌	체언	217
부친	父親	복합명사구	216
막강	莫強	체언	216
신학	神學	체언	216
실증	實證	복합명사구	216
수비	守備	복합명사구	216
세곡	稅穀	체언	216

사령관	司令官	복합명사구	216
동거	同居	복합명사구	216
증가세	增加勢	복합명사구	216
지부	支部	체언	216
파동	波動	복합명사구	215
긴밀	緊密	형용사성 명사	215
고전	苦戰	체언	215
비결	祕訣	복합명사구	215
농지	農地	복합명사구	215
상세	詳細	형용사성 명사	215
성교	性交	복합명사구	215
유익	有益	형용사성 명사	215
직감	直感	복합명사구	215
자제	自制	복합명사구	215
복식	複式	체언	214
개개인	個個人	체언	214
건설업	建設業	체언	214
소동	騷動	복합명사구	214
수정	受精	복합명사구	214
수출입	輸出入	복합명사구	214
사과	謝過	복합명사구	214
재야	在野	체언	214
증산	增産	복합명사구	214
조짐	兆朕	체언	214
제약	製藥	체언	214
장외	場外	체언	213
전등	電燈	체언	213
부수	附隨	체언	213
공론	公論	복합명사구	213
이해	利害	체언	213
생원	生員	체언	213
시상	施賞	복합명사구	213
수분	水分	체언	213
이모	姨母	복합명사구	213
조회	照會	체언	213
정오	正午	체언	213
외상	外相	체언	213
폭로	暴露	복합명사구	212
재봉	裁縫	체언	212
조정	調停	복합명사구	212
환호	歡呼	복합명사구	212
근래	近來	체언	212
공상	空想	복합명사구	212
용인	容認	복합명사구	212
석사	碩士	체언	212
사인	死因	복합명사구	212
망각	忘却	체언	212
염소	鹽素	체언	212
원형	圓形	체언	212
추궁	追窮	체언	212
자본가	資本家	체언	212
관철	貫徹	복합명사구	211
강연	講演	복합명사구	211
미궁	迷宮	체언	211
인간관	人間觀	복합명사구	211
터득	攄得	복합명사구	211
태산	泰山	체언	211
미각	味覺	복합명사구	211
야간	夜間	체언	211
자손	子孫	복합명사구	211
주자	走者	복합명사구	211
표방	標榜	복합명사구	210
창설	創設	복합명사구	210
대구	大邱	체언	210
개조	改造	복합명사구	210
화합	和合	복합명사구	210
인가	認可	복합명사구	210
액체	液體	체언	210
자재	資材	복합명사구	210
변호인	辯護人	복합명사구	209
참모	參謀	체언	209
합성	合成	복합명사구	209
가옥	家屋	복합명사구	209
각도	角度	복합명사구	209
각인	刻印	복합명사구	209
무성	茂盛	형용사성 명사	209
배정	配定	복합명사구	209
동등	同等	복합명사구	209
위력	威力	체언	209
장관	壯觀	체언	209
비단	非但	부사사전	208
부식	腐蝕	복합명사구	208
호화	豪華	체언	208
기원전	紀元前	체언	208
매화	梅花	체언	208
열중	熱中	복합명사구	208

수기	手記	체언	208
돌파	突破	복합명사구	208
정무	政務	체언	208
지원	志願	복합명사구	208
장로	長老	체언	207
출가	出家	복합명사구	207
지형	地形	체언	207
공권력	公權力	복합명사구	207
하구	河口	복합명사구	207
근거리	近距離	체언	207
작위	爵位	복합명사구	207
이득	利得	복합명사구	207
전교	全校	체언	207
육식	肉食	체언	207
상거래	商去來	체언	207
사업자	事業者	복합명사구	207
사유	思惟	체언	207
체조	體操	복합명사구	207
약과	藥果	체언	207
직장인	職場人	체언	207
제어	制御	복합명사구	207
궤도	軌道	복합명사구	206
행진	行進	복합명사구	206
회귀	回歸	복합명사구	206
농장	農場	복합명사구	206
유도	柔道	체언	206
산화	酸化	복합명사구	206
체구	體軀	복합명사구	206
철강	鐵鋼	체언	206
유력	有力	체언	206
월간	月刊	체언	206
상용	常用	체언	205
대대적	大大的	체언	205
대주주	大株主	복합명사구	205
발단	發端	복합명사구	205
복사	複寫	복합명사구	205
감회	感懷	복합명사구	205
공사	公社	체언	205
공무	公務	복합명사구	205
핵무기	核武器	체언	205
공책	空冊	체언	205
매주	每週	체언	205
설사	設使	부사사전	205
생업	生業	체언	205
담론	談論	복합명사구	205
토속	土俗	체언	205
선경	仙境	체언	205
향토	鄕土	체언	205
인자	因子	체언	205
유한	有限	체언	205
예견	豫見	복합명사구	205
적발	摘發	복합명사구	205
중기	中期	복합명사구	205
대강	大綱	복합명사구	204
당국자	當局者	복합명사구	204
공헌	貢獻	복합명사구	204
행인	行人	체언	204
역대	歷代	체언	204
민생	民生	체언	204
농도	濃度	복합명사구	204
상층	上層	복합명사구	204
특색	特色	복합명사구	204
청자	聽者	체언	204
재학	在學	체언	204
지점장	支店長	복합명사구	204
백색	白色	체언	203
차등	差等	체언	203
동물원	動物園	체언	203
도심	都心	복합명사구	203
목장	牧場	체언	203
여고	女高	체언	203
배당	配當	복합명사구	203
신주	神主	체언	203
사기	士氣	체언	203
도취	陶醉	복합명사구	203
동질	同質	체언	203
주사	主事	체언	203
최상	最上	체언	203
대미	對美	체언	203
창당	創黨	복합명사구	202
풍조	風潮	복합명사구	202
기념	紀念	복합명사구	202
천사	天使	체언	202
하숙	下宿	복합명사구	202
엄숙	嚴肅	체언	202
일당	一黨	복합명사구	202

영리	營利	체언	202
낙관	樂觀	복합명사구	202
정답	正答	복합명사구	202
지도부	指導部	복합명사구	202
주한	駐韓	체언	202
사전	辭典	복합명사구	201
발사	發射	복합명사구	201
격식	格式	복합명사구	201
귀가	歸家	복합명사구	201
항공기	航空機	체언	201
주정	酒酊	복합명사구	201
반군	叛軍	복합명사구	201
권장	勸獎	복합명사구	201
성현	聖賢	체언	201
시가	媤家	체언	201
전시	戰時	체언	201
진동	振動	복합명사구	201
지휘	指揮	복합명사구	201
대동	帶同	체언	200
고전주의	古典主義	복합명사구	200
교재	教材	복합명사구	200
정적	靜寂	체언	200
거시	巨視	체언	200
임대료	賃貸料	복합명사구	200
정감	情感	체언	200
구릉	丘陵	체언	200
상공	上空	복합명사구	200
세부	細部	체언	200
응답자	應答者	복합명사구	200
원자력	原子力	체언	200
가계	家系	복합명사구	199
건수	件數	복합명사구	199
간호사	看護師	체언	199
맹목	盲目	체언	199
남매	男妹	체언	199
기업체	企業體	복합명사구	199
인정	人情	체언	199
입찰	入札	복합명사구	199
시점	視點	복합명사구	199
문화사	文化史	체언	199
수도원	修道院	체언	199
연희	演戲	체언	199
연역	演繹	체언	199
은행장	銀行長	체언	199
영등	影燈	체언	199
중공업	重工業	복합명사구	199
좌익	左翼	체언	199
정경	正經	형용사성 명사	199
재수	財數	체언	198
대부	代父	복합명사구	198
전화기	電話機	체언	198
부임	赴任	복합명사구	198
궁전	宮殿	체언	198
감축	減縮	복합명사구	198
교대	交代	복합명사구	198
과외	課外	체언	198
매사	每事	체언	198
면회	面會	복합명사구	198
통곡	痛哭	복합명사구	198
현대사	現代史	체언	198
효자	孝子	체언	198
우편	郵便	체언	198
진작	振作	체언	198
보물	寶物	체언	197
북측	北側	체언	197
이산화탄소	二酸化炭素	체언	197
조리	條理	복합명사구	197
미생물	微生物	체언	197
무형	無形	체언	197
설사	泄瀉	체언	197
약품	藥品	체언	197
일원	一圓	체언	197
지대	至大	형용사성 명사	197
조언	助言	복합명사구	197
전기	轉機	복합명사구	197
창구	窓口	체언	196
타파	打破	복합명사구	196
후유증	後遺症	복합명사구	196
기재	記載	체언	196
기생	寄生	체언	196
정신과	精神科	체언	196
유방	乳房	복합명사구	196
설령	設令	부사사전	196
시도	市道	체언	196
수송	輸送	복합명사구	196
문과	文科	체언	196

유예	猶豫	복합명사구	196
운하	運河	체언	196
재개	再開	복합명사구	196
자선	慈善	복합명사구	195
대청	大廳	복합명사구	195
동경	東經	체언	195
풍류	風流	체언	195
근절	根絶	복합명사구	195
경품	景品	복합명사구	195
거동	擧動	복합명사구	195
가혹	苛酷	체언	195
열거	列擧	동사성 명사	195
민간단체	民間團體	체언	195
역설	逆說	체언	195
익명	匿名	체언	195
사교	社交	복합명사구	195
수확	收穫	복합명사구	195
소작	小作	복합명사구	195
신흥	新興	체언	195
진정	眞情	체언	195
안부	安否	체언	194
피의자	被疑者	복합명사구	194
불면증	不眠症	체언	194
차이점	差異點	체언	194
출장	出張	복합명사구	194
계정	計定	복합명사구	194
면담	面談	복합명사구	194
전신	前身	복합명사구	194
향수	香水	복합명사구	194
지문	指紋	복합명사구	194
초가	草家	체언	193
출토	出土	체언	193
대칭	對稱	복합명사구	193
급여	給與	복합명사구	193
과언	過言	복합명사구	193
개벽	開闢	복합명사구	193
연료	燃料	복합명사구	193
일지	日誌	복합명사구	193
상금	賞金	복합명사구	193
연변	沿邊	체언	193
의존도	依存度	복합명사구	193
이왕	已往	체언	193
어로	漁撈	체언	193
원수	怨讐	복합명사구	193
주식	主食	체언	193
사당	祠堂	체언	192
전복	顚覆	체언	192
복용	服用	복합명사구	192
해상	海上	체언	192
절제	節制	체언	192
경락	經絡	복합명사구	192
구비	具備	복합명사구	192
쾌감	快感	복합명사구	192
내한	來韓	동사성 명사	192
여정	旅程	체언	192
청각	聽覺	복합명사구	192
성주	城主	체언	191
후퇴	後退	복합명사구	191
정보부	情報部	체언	191
세대	世帶	체언	191
천문학	天文學	체언	191
옹기	甕器	체언	191
와중	渦中	복합명사구	191
심상	尋常	형용사성 명사	191
월말	月末	체언	191
주입	注入	복합명사구	191
백두	白頭	체언	190
조류	潮流	복합명사구	190
단련	鍛鍊	복합명사구	190
복장	服裝	복합명사구	190
공양	供養	복합명사구	190
기하학	幾何學	체언	190
교차	交叉	복합명사구	190
금기	禁忌	복합명사구	190
정교	精巧	형용사성 명사	190
평안	平安	복합명사구	190
기업인	企業人	복합명사구	190
전근대	前近代	체언	190
강도	強盜	복합명사구	190
일시	日時	복합명사구	190
삼가	三加	체언	190
시위대	示威隊	체언	190
탈퇴	脫退	체언	190
유심	唯心	체언	190
현감	縣監	체언	190
성급	性急	형용사성 명사	190

직결	直結	체언	190
총괄	總括	복합명사구	190
폭락	暴落	복합명사구	189
장화	長靴	체언	189
대국	大國	체언	189
형평	衡平	체언	189
연하	年下	체언	189
기질	氣質	복합명사구	189
신전	神殿	체언	189
시구	詩句	체언	189
실세	實勢	복합명사구	189
수동	受動	체언	189
사상가	思想家	복합명사구	189
태극기	太極旗	체언	189
망명	亡命	복합명사구	189
왕래	往來	복합명사구	189
상념	想念	복합명사구	189
해학	諧謔	체언	189
선반	旋盤	체언	189
우대	優待	복합명사구	189
불가사의	不可思議	형용사성 명사	188
부귀	富貴	체언	188
경찰청	警察廳	체언	188
공허	空虛	체언	188
모유	母乳	체언	188
실사	實査	복합명사구	188
실지	實地	체언	188
사유	事由	복합명사구	188
미세	微細	형용사성 명사	188
협약	協約	복합명사구	188
우아	優雅	형용사성 명사	188
치중	置重	복합명사구	188
폭탄	爆彈	체언	187
변소	便所	체언	187
창의력	創意力	복합명사구	187
반증	反證	복합명사구	187
감명	感銘	복합명사구	187
나열	羅列	동사성 명사	187
일과	日課	복합명사구	187
입국	入國	복합명사구	187
문민	文民	체언	187
웅변	雄辯	복합명사구	187
선포	宣布	복합명사구	187
이양	移讓	복합명사구	187
독자	獨自	부사사전	187
보안	保安	복합명사구	186
조정	朝廷	체언	186
발로	發露	복합명사구	186
비행	飛行	체언	186
강령	綱領	복합명사구	186
간담회	懇談會	복합명사구	186
연합회	聯合會	복합명사구	186
영주	領主	체언	186
연봉	年俸	복합명사구	186
품종	品種	복합명사구	186
담화	談話	복합명사구	186
충성	忠誠	복합명사구	186
죄수	罪囚	복합명사구	186
보복	報復	동사성 명사	185
당위	當爲	체언	185
분홍	粉紅	체언	185
할부	割賦	복합명사구	185
납치	拉致	체언	185
면모	面貌	복합명사구	185
빈민	貧民	복합명사구	185
연필	鉛筆	체언	185
청결	淸潔	체언	185
열망	熱望	복합명사구	185
시초	始初	복합명사구	185
소통	疏通	복합명사구	185
태극	太極	체언	185
단장	團長	복합명사구	185
완료	完了	복합명사구	185
문구	文句	체언	185
혈통	血統	복합명사구	185
이형	異形	체언	185
질감	質感	체언	185
주석	主席	복합명사구	185
철회	撤回	복합명사구	184
국악	國樂	체언	184
가전	家電	체언	184
관대	寬大	형용사성 명사	184
낭만주의	浪漫主義	체언	184
산천	山川	체언	184
사립	私立	체언	184
청장	廳長	체언	184

신자	信者	복합명사구	184
허상	虛像	체언	184
유기	遺棄	복합명사구	184
조만간	早晚間	부사사전	184
비굴	卑屈	체언	183
성사	成事	복합명사구	183
도처	到處	복합명사구	183
방출	放出	복합명사구	183
간파	看破	복합명사구	183
모형	模型	복합명사구	183
기점	起點	복합명사구	183
일상생활	日常生活	체언	183
동반자	同伴者	복합명사구	183
외형	外形	복합명사구	183
상속	相續	복합명사구	183
신축	新築	복합명사구	183
모형	模形	체언	183
조종	操縱	복합명사구	182
출발점	出發點	복합명사구	182
전래	傳來	복합명사구	182
간장	肝腸	체언	182
간장	肝臟	체언	182
황야	荒野	체언	182
결말	結末	복합명사구	182
미화	美化	체언	182
빈약	貧弱	복합명사구	182
섭리	攝理	복합명사구	182
실종	失踪	복합명사구	182
삭제	削除	복합명사구	182
잡초	雜草	체언	182
택지	宅地	체언	182
전무	專務	체언	182
분당	分當	동사성 명사	182
도사	道士	복합명사구	181
고층	高層	체언	181
개소	個所	체언	181
기하	幾何	체언	181
임종	臨終	동사성 명사	181
육지	陸地	체언	181
매월	每月	체언	181
내장	內臟	복합명사구	181
산지	山地	체언	181
선악	善惡	체언	181
사격	射擊	복합명사구	181
사조	思潮	복합명사구	181
속세	俗世	체언	181
왕위	王位	체언	181
조급	躁急	형용사성 명사	181
자칭	自稱	체언	181
최신	最新	체언	181
좌파	左派	복합명사구	181
반주	伴奏	복합명사구	180
배후	背後	복합명사구	180
쾌락	快樂	복합명사구	180
천자	天子	체언	180
정류장	停留場	체언	180
휴양	休養	체언	180
수련	修鍊	복합명사구	180
유가	油價	체언	180
오지	奧地	복합명사구	179
등록금	登錄金	체언	179
폐수	廢水	복합명사구	179
법제	法制	체언	179
규격	規格	복합명사구	179
회원국	會員國	체언	179
경매	競賣	복합명사구	179
인접	隣接	체언	179
배포	配布	복합명사구	179
쇠퇴	衰退	복합명사구	179
토의	討議	복합명사구	179
문무	文武	체언	179
선임	選任	복합명사구	179
동면	冬眠	복합명사구	178
국군	國軍	체언	178
과오	過誤	복합명사구	178
황홀	恍惚	체언	178
풍성	豊盛	형용사성 명사	178
연대	連帶	복합명사구	178
연쇄	連鎖	동사성 명사	178
내국인	內國人	체언	178
강행	強行	복합명사구	178
권세	權勢	복합명사구	178
토론회	討論會	체언	178
최소	最少	체언	178
최소	最小	복합명사구	178
차차	次次	부사사전	177

타개	打開	복합명사구	177
대열	隊列	체언	177
개량	改良	복합명사구	177
고귀	高貴	형용사성 명사	177
한약	韓藥	체언	177
양산	量産	복합명사구	177
표류	漂流	복합명사구	177
전진	前進	복합명사구	177
인맥	人脈	복합명사구	177
사촌	四寸	복합명사구	177
초대소	招待所	체언	177
질곡	桎梏	체언	177
대용	代用	복합명사구	176
등기	登記	체언	176
함유	含有	복합명사구	176
질주	疾走	체언	176
감치	監置	복합명사구	176
감사원	鑑査員	체언	176
구호	救護	복합명사구	176
유보	留保	동사성 명사	176
명문	名門	복합명사구	176
내심	內心	체언	176
노비	奴婢	복합명사구	176
비평가	批評家	복합명사구	176
강세	強勢	복합명사구	176
시행령	施行令	복합명사구	176
시동	始動	체언	176
서정	抒情	체언	176
외식	外食	복합명사구	176
연구실	研究室	복합명사구	176
우월	優越	체언	176
작별	作別	복합명사구	176
전송	電送	복합명사구	175
불경	佛經	체언	175
복수	複數	체언	175
황혼	黃昏	체언	175
기강	紀綱	복합명사구	175
강변	江邊	복합명사구	175
열등	劣等	체언	175
명부	名簿	복합명사구	175
마술	魔術	복합명사구	175
사단	社團	체언	175
세태	世態	복합명사구	175
정신대	挺身隊	체언	175
향가	鄉歌	체언	175
영양소	營養素	복합명사구	175
유희	遊戲	체언	175
착용	着用	복합명사구	175
증발	蒸發	복합명사구	175
공화	共和	체언	175
보육	保育	체언	174
부류	部類	복합명사구	174
대표단	代表團	복합명사구	174
법관	法官	복합명사구	174
가장	家藏	동사성 명사	174
가장	嘉獎	동사성 명사	174
가장	假葬	동사성 명사	174
가장	架藏	동사성 명사	174
금품	金品	체언	174
연루	連累	동사성 명사	174
매기	買氣	체언	174
내실	內實	체언	174
상가	商街	복합명사구	174
사색	死色	체언	174
특질	特質	복합명사구	174
타결	妥結	복합명사구	174
음모	陰謀	동사성 명사	174
용감	勇敢	형용사성 명사	174
원고지	原稿紙	체언	174
중화	中和	복합명사구	174
비석	碑石	복합명사구	173
변칙	變則	복합명사구	173
대표자	代表者	복합명사구	173
단가	單價	복합명사구	173
풍수지리	風水地理	체언	173
후진국	後進國	체언	173
황폐	荒廢	체언	173
노자	路資	복합명사구	173
명당	明堂	체언	173
권총	拳銃	체언	173
생태학	生態學	체언	173
실명	失明	복합명사구	173
탈락	脫落	복합명사구	173
형수	兄嫂	복합명사구	173
속속	續續	부사사전	173
인수	因數	체언	173

정색	正色	복합명사구	173
법인	法認	동사성 명사	173
병실	病室	체언	172
저렴	低廉	형용사성 명사	172
집계	集計	체언	172
친족	親族	체언	172
세인	世人	체언	172
도표	圖表	복합명사구	172
선제	先制	체언	172
일거	一擧	체언	172
이북	以北	체언	172
진압	鎭壓	복합명사구	172
재판부	裁判部	체언	171
촌락	村落	체언	171
이세	二世	체언	171
방편	方便	복합명사구	171
불상	佛像	복합명사구	171
호구	戶口	체언	171
절감	節減	복합명사구	171
결별	訣別	복합명사구	171
군정	軍政	복합명사구	171
논평	論評	체언	171
뇌신경	腦神經	복합명사구	171
기압	氣壓	복합명사구	171
염색체	染色體	복합명사구	171
사생활	私生活	복합명사구	171
체온	體溫	체언	171
돌기	突起	복합명사구	171
외자	外資	체언	171
무력	無力	복합명사구	171
휴전	休戰	복합명사구	171
서열	序列	복합명사구	171
엽서	葉書	복합명사구	171
일가	一家	체언	171
잡음	雜音	복합명사구	171
출제	出題	복합명사구	170
차질	蹉跌	체언	170
고원	高原	복합명사구	170
황당	荒唐	형용사성 명사	170
기제	機制	복합명사구	170
가열	加熱	복합명사구	170
간첩	間諜	복합명사구	170
갈망	渴望	복합명사구	170
양면	兩面	체언	170
말초	末梢	체언	170
내수	內需	체언	170
강자	強者	체언	170
수험	受驗	체언	170
태세	態勢	복합명사구	170
통신망	通信網	체언	170
도식	圖式	복합명사구	170
용도	用途	복합명사구	170
우울증	憂鬱症	복합명사구	170
원전	原電	체언	170
비관	悲觀	복합명사구	169
철폐	撤廢	복합명사구	169
전지	電池	체언	169
도읍	都邑	복합명사구	169
대원	隊員	복합명사구	169
이분법	二分法	체언	169
범행	犯行	복합명사구	169
국도	國道	체언	169
한의사	韓醫師	체언	169
횡포	橫暴	체언	169
역행	逆行	복합명사구	169
사상사	思想史	복합명사구	169
소질	素質	복합명사구	169
세시	歲時	체언	169
소신	所信	복합명사구	169
정거장	停車場	복합명사구	169
신뢰도	信賴度	체언	169
지면	紙面	체언	169
전념	專念	복합명사구	169
최악	最惡	체언	169
대권	大權	체언	168
번영	繁榮	복합명사구	168
공시	公示	복합명사구	168
예절	禮節	체언	168
납부	納付	복합명사구	168
조류	鳥類	체언	168
교량	橋梁	복합명사구	168
상사	商社	체언	168
사면	赦免	복합명사구	168
성명서	聲明書	복합명사구	168
두부	頭部	체언	168
상응	相應	체언	168

증폭	增幅	복합명사구	168
치수	治水	체언	168
장작	長斫	체언	167
동학	東學	체언	167
단기간	短期間	체언	167
이목	耳目	체언	167
반동	反動	복합명사구	167
고착	固着	복합명사구	167
합일	合一	복합명사구	167
호칭	呼稱	복합명사구	167
기성세대	旣成世代	체언	167
교육자	教育者	체언	167
진행자	進行者	복합명사구	167
내력	來歷	복합명사구	167
이산가족	離散家族	체언	167
목욕탕	沐浴湯	체언	167
청색	靑色	체언	167
설계사	設計士	체언	167
속박	束縛	복합명사구	167
동호회	同好會	체언	167
동학	同學	복합명사구	167
퇴조	退潮	복합명사구	167
무능	無能	복합명사구	167
선창	先唱	복합명사구	167
현세	現世	체언	167
신문지	新聞紙	체언	167
성기	性器	복합명사구	167
순례	巡禮	복합명사구	167
의정	議政	체언	167
상록	常綠	체언	166
지체	遲滯	복합명사구	166
단편	斷片	복합명사구	166
부응	副應	복합명사구	166
환멸	幻滅	복합명사구	166
간호	看護	복합명사구	166
냉기	冷氣	체언	166
역사학	歷史學	복합명사구	166
모태	母胎	복합명사구	166
별안간	瞥眼間	체언	166
파산	破産	복합명사구	166
기이	奇異	형용사성 명사	166
경멸	輕蔑	복합명사구	166
실록	實錄	체언	166
수주	受注	복합명사구	166
타자	他者	체언	166
모욕	侮辱	복합명사구	166
아전	衙前	체언	166
야외	野外	체언	166
은퇴	隱退	복합명사구	166
유전	油田	체언	166
제반	諸般	체언	166
자구	自救	동사성 명사	166
보세	保稅	체언	165
출시	出市	복합명사구	165
이병	二兵	체언	165
괴리	乖離	복합명사구	165
기업가	企業家	복합명사구	165
삼촌	三寸	체언	165
송금	送金	체언	165
대본	臺本	복합명사구	165
외침	外侵	체언	165
세탁	洗濯	복합명사구	165
서정	敍情	형용사성 명사	165
야학	夜學	체언	165
욕실	浴室	체언	165
전시관	展示館	체언	165
전경	戰警	체언	165
지망	志望	체언	165
조립	組立	복합명사구	165
작곡	作曲	복합명사구	165
애원	哀願	복합명사구	164
도래	到來	복합명사구	164
동사	動詞	체언	164
반기	反旗	복합명사구	164
해임	解任	복합명사구	164
열반	涅槃	복합명사구	164
파병	派兵	복합명사구	164
청탁	請託	복합명사구	164
상품	上品	체언	164
동서	同壻	복합명사구	164
문항	問項	복합명사구	164
사실주의	寫實主義	체언	164
약초	藥草	체언	164
이행	移行	복합명사구	164
조형	造形	복합명사구	164
오기	傲氣	체언	163

차기	次期	체언	163
당내	黨內	복합명사구	163
제이	第二	체언	163
전철	電鐵	복합명사구	163
도박	賭博	복합명사구	163
봉기	蜂起	복합명사구	163
공산품	工産品	복합명사구	163
국문학	國文學	체언	163
호의	好意	복합명사구	163
화상	畫像	복합명사구	163
군청	郡廳	복합명사구	163
항거	抗拒	복합명사구	163
양식	糧食	체언	163
양전	量田	동사성 명사	163
비서	祕書	복합명사구	163
구청	區廳	복합명사구	163
혐오	嫌惡	복합명사구	163
의문문	疑問文	체언	163
종기	腫氣	복합명사구	163
주문	呪文	체언	163
전이	轉移	체언	163
삽입	插入	복합명사구	162
공산	公算	체언	162
관절	關節	복합명사구	162
합류	合流	복합명사구	162
후반기	後半期	체언	162
가입자	加入者	복합명사구	162
전정	剪定	체언	162
항일	抗日	체언	162
가급적	可及的	부사사전	162
박차	拍車	복합명사구	162
유가	儒家	체언	162
생산량	生産量	복합명사구	162
승자	勝者	복합명사구	162
실무자	實務者	복합명사구	162
수수료	手數料	체언	162
단체장	團體長	복합명사구	162
우익	右翼	체언	162
유착	癒着	복합명사구	162
원초	原初	체언	162
부두	埠頭	체언	161
저온	低溫	체언	161
행각	行脚	복합명사구	161
급기야	及其也	부사사전	161
개항	開港	복합명사구	161
민법	民法	복합명사구	161
분지	盆地	체언	161
산성	山城	체언	161
오색	五色	체언	161
선언문	宣言文	복합명사구	161
원산	原産	복합명사구	161
운수	運數	체언	161
재발	再發	복합명사구	161
치안	治安	체언	161
제당	製糖	체언	161
작물	作物	체언	161
신세	身勢	체언	161
경작	耕作	복합명사구	160
고의	故意	체언	160
제대	祭臺	체언	160
유추	類推	체언	160
문중	門中	복합명사구	160
기습	奇襲	복합명사구	160
인간상	人間像	체언	160
신명	神明	체언	160
실례	失禮	체언	160
사변	事變	체언	160
수모	受侮	복합명사구	160
제대	梯隊	동사성 명사	160
천막	天幕	복합명사구	160
미숙	未熟	체언	160
무단	無斷	체언	160
무방	無妨	형용사성 명사	160
무궁화	無窮花	체언	160
하류	下流	복합명사구	160
신세대	新世代	체언	160
원만	圓滿	형용사성 명사	160
정치학	政治學	체언	160
징수	徵收	체언	160
자위	自慰	복합명사구	160
기억	岐嶷	동사성 명사	160
보조금	補助金	복합명사구	159
차창	車窓	체언	159
전승	傳承	복합명사구	159
전격	電擊	체언	159
액자	額子	체언	159

발병	發病	복합명사구	159
복구	復舊	동사성 명사	159
골동품	骨董品	체언	159
후계자	後繼者	복합명사구	159
활력	活力	체언	159
급성	急性	체언	159
유동	流動	체언	159
농성	籠城	복합명사구	159
염원	念願	복합명사구	159
소견	所見	복합명사구	159
상반	相反	체언	159
연예	演藝	체언	159
음력	陰曆	체언	159
유인	誘引	복합명사구	159
월요일	月曜日	체언	159
운전자	運轉者	복합명사구	159
재소자	在所者	체언	159
직시	直視	체언	159
불화	佛畵	체언	159
애국	愛國	체언	158
부지	不知	체언	158
재물	財物	체언	158
동구	洞口	체언	158
개정	改定	복합명사구	158
고등학생	高等學生	복합명사구	158
관조	觀照	복합명사구	158
검색	檢索	복합명사구	158
선심	善心	복합명사구	158
사관	史觀	복합명사구	158
도약	跳躍	복합명사구	158
현존	現存	복합명사구	158
의식주	衣食住	체언	158
직종	職種	체언	158
중복	重複	동사성 명사	158
보선	保線	체언	157
피고	被告	체언	157
피난	避難	복합명사구	157
보선	補繕	체언	157
보선	補選	동사성 명사	157
불황	不況	복합명사구	157
상임	常任	체언	157
성문	城門	체언	157
분간	分揀	복합명사구	157
복덕방	福德房	체언	157
한탄	恨嘆	동사성 명사	157
교리	教理	복합명사구	157
이기심	利己心	복합명사구	157
열등감	劣等感	체언	157
비위	脾胃	복합명사구	157
상한	上限	체언	157
도주	逃走	복합명사구	157
두서	頭緒	체언	157
석양	夕陽	체언	157
세제	洗劑	복합명사구	157
벽면	壁面	체언	156
책자	冊子	체언	156
발동	發動	복합명사구	156
행방	行方	복합명사구	156
혼수	昏睡	체언	156
교황	教皇	체언	156
구태	舊態	복합명사구	156
거처	居處	복합명사구	156
반도	叛徒	체언	156
상전	上典	체언	156
수정란	受精卵	체언	156
돌입	突入	복합명사구	156
무명	無名	체언	156
성미	性味	복합명사구	156
원인	原人	체언	156
비유	譬喩	체언	156
동진	童眞	체언	156
본체	本體	복합명사구	155
대대로	大對盧	체언	155
복수	復讐	복합명사구	155
개년	個年	체언	155
기기	機器	체언	155
가차	假借	복합명사구	155
간간	間間	부사사전	155
가로등	街路燈	복합명사구	155
경치	景致	복합명사구	155
명물	名物	복합명사구	155
파격	破格	체언	155
기기	器機	체언	155
건성	乾性	체언	155
강국	強國	체언	155
입수	入手	복합명사구	155

실습	實習	복합명사구	155
사이비	似而非	체언	155
수강	受講	복합명사구	155
소득세	所得稅	복합명사구	155
투자가	投資家	체언	155
미혼	未婚	체언	155
물자	物資	복합명사구	155
여타	餘他	체언	155
운동화	運動靴	복합명사구	155
정숙	貞淑	부사사전	155
중견	中堅	체언	155
자서전	自敍傳	복합명사구	155
폐단	弊端	복합명사구	154
피서	避暑	복합명사구	154
표본	標本	복합명사구	154
불화	不和	체언	154
단면	斷面	복합명사구	154
항소	抗訴	복합명사구	154
면역	免疫	복합명사구	154
말소	抹消	복합명사구	154
정세	情勢	복합명사구	154
상해	傷害	복합명사구	154
사형	死刑	체언	154
왕비	王妃	복합명사구	154
위해	危害	체언	154
희극	喜劇	체언	154
유서	遺書	복합명사구	154
음악회	音樂會	체언	154
찬양	讚揚	복합명사구	154
종료	終了	복합명사구	154
진부	陳腐	형용사성 명사	153
출석	出席	체언	153
조각가	彫刻家	복합명사구	153
독백	獨白	복합명사구	153
관장	管掌	체언	153
해저	海底	체언	153
한국사	韓國史	체언	153
회한	悔恨	체언	153
격정	激情	복합명사구	153
가담	加擔	복합명사구	153
냉정	冷靜	동사성 명사	153
매도	罵倒	복합명사구	153
명랑	明朗	형용사성 명사	153
배색	配色	체언	153
인준	認准	복합명사구	153
살인자	殺人者	복합명사구	153
신비주의	神祕主義	체언	153
수령	首領	체언	153
탈세	脫稅	복합명사구	153
위임	委任	복합명사구	153
석상	席上	복합명사구	153
한적	閑寂	체언	153
소품	小品	복합명사구	153
소인	小人	체언	153
신당	新黨	체언	153
수교	修交	체언	153
원전	原典	복합명사구	153
조림	造林	동사성 명사	153
전장	戰場	체언	153
장해	障害	체언	153
정종	正宗	체언	153
부락	部落	체언	152
출입구	出入口	복합명사구	152
대학생	大學生	체언	152
봉급	俸給	체언	152
공군	空軍	체언	152
이산	離散	체언	152
이장	里長	체언	152
이질	痢疾	체언	152
배척	排斥	복합명사구	152
시속	時速	복합명사구	152
소장	所藏	복합명사구	152
당숙	堂叔	복합명사구	152
천황	天皇	체언	152
동조	同調	복합명사구	152
무효	無效	복합명사구	152
정돈	整頓	복합명사구	152
죄인	罪人	복합명사구	152
저주	咀呪	체언	152
공포	空包	체언	152
증가	增價	체언	152
초시	初試	체언	151
득점	得點	복합명사구	151
비방	誹謗	복합명사구	151
분단	分團	체언	151
후생	厚生	체언	151

기숙사	寄宿舍	복합명사구	151
고심	苦心	복합명사구	151
구장	球場	복합명사구	151
상가	商家	체언	151
상승세	上昇勢	복합명사구	151
수긍	首肯	복합명사구	151
수문	水門	체언	151
사물	四物	체언	151
외도	外道	복합명사구	151
선후	先後	복합명사구	151
수련	修練	동사성 명사	151
양지	陽地	체언	151
야생	野生	체언	151
예술인	藝術人	체언	151
용지	用紙	복합명사구	151
정경	政經	체언	151
주차	駐車	복합명사구	151
이화	理化	체언	151
안주	安住	복합명사구	150
표지	表紙	체언	150
병신	病身	체언	150
충당	充當	체언	150
계란	鷄卵	체언	150
간색	間色	체언	150
해이	解弛	복합명사구	150
나팔	喇叭	체언	150
예속	隷屬	복합명사구	150
분출	噴出	복합명사구	150
연소	燃燒	복합명사구	150
열광	熱狂	복합명사구	150
사채	社債	체언	150
위엄	威嚴	복합명사구	150
미미	微微	형용사성 명사	150
소수	小數	체언	150
효력	效力	복합명사구	150
협동조합	協同組合	체언	150
총독부	總督府	체언	150
채색	彩色	체언	149
당국	當國	복합명사구	149
당일	當日	복합명사구	149
전각	殿閣	체언	149
격하	格下	복합명사구	149
관성	慣性	복합명사구	149
기증	寄贈	복합명사구	149
개장	開場	복합명사구	149
역력	歷歷	부사사전	149
연재	連載	복합명사구	149
낙하	落下	동사성 명사	149
문호	門戶	체언	149
생소	生疎	형용사성 명사	149
습기	濕氣	체언	149
실물	實物	복합명사구	149
순종	順從	복합명사구	149
통역	通譯	복합명사구	149
투영	投影	복합명사구	149
수학	修學	복합명사구	149
현기증	眩氣症	체언	149
양태	樣態	복합명사구	149
유목	遊牧	복합명사구	149
직경	直徑	체언	149
교무실	教務室	체언	148
경위	警衛	체언	148
편향	偏向	복합명사구	148
처가	妻家	체언	148
외무부	外務部	복합명사구	148
현역	現役	체언	148
일각	一角	체언	148
영입	迎入	복합명사구	148
영위	營爲	복합명사구	148
장인	丈人	복합명사구	148
소집	召集	복합명사구	148
중도	中途	체언	148
전당	全黨	체언	148
불우	不遇	체언	147
발족	發足	복합명사구	147
가곡	歌曲	복합명사구	147
고인	故人	체언	147
황색	黃色	체언	147
긴장감	緊張感	체언	147
경전	經典	복합명사구	147
궤양	潰瘍	체언	147
면허	免許	복합명사구	147
여배우	女俳優	체언	147
발효	醱酵	복합명사구	147
건달	乾達	체언	147
청동기	青銅器	체언	147

여의주	如意珠	체언	147	체내	體內	체언	145
상체	上體	체언	147	무녀	巫女	체언	145
시일	時日	복합명사구	147	하수	下水	체언	145
현관문	玄關門	체언	147	신년	新年	체언	145
일색	一色	복합명사구	147	요점	要點	체언	145
재직	在職	복합명사구	147	영정	影幀	복합명사구	145
채무	債務	체언	147	우월감	優越感	복합명사구	145
체류	滯留	복합명사구	147	우호	友好	복합명사구	145
결제	結制	체언	147	배낭	背囊	체언	144
불변	不變	체언	146	참석자	參席者	복합명사구	144
참전	參戰	복합명사구	146	성원	成員	복합명사구	144
창녀	娼女	체언	146	천식	喘息	체언	144
결정	結晶	체언	146	자수	刺繡	체언	144
능가	凌駕	체언	146	공략	攻略	복합명사구	144
민사	民事	체언	146	화물	貨物	체언	144
학대	虐待	체언	146	농민회	農民會	복합명사구	144
임용	任用	복합명사구	146	잠재력	潛在力	복합명사구	144
일기	日氣	체언	146	천부	天賦	체언	144
세제	稅制	체언	146	철기	鐵器	체언	144
사설	私設	동사성 명사	146	외곽	外郭	체언	144
정년	停年	체언	146	외채	外債	복합명사구	144
소변	小便	체언	146	형법	刑法	체언	144
교문	校門	복합명사구	146	휴일	休日	복합명사구	144
의대	醫大	복합명사구	146	일체	一切	부사사전	144
유아	幼兒	체언	146	영화제	映畵祭	복합명사구	144
중매	仲媒	체언	146	종양	腫瘍	복합명사구	144
자격증	資格證	복합명사구	146	대인	對人	체언	144
편찬	編纂	복합명사구	145	본명	本名	복합명사구	143
변천	變遷	복합명사구	145	층계	層階	체언	143
재정	裁定	동사성 명사	145	동방	東邦	체언	143
참가자	參加者	복합명사구	145	동헌	東軒	체언	143
조회	朝會	복합명사구	145	공사	公使	체언	143
사양	辭讓	체언	145	해역	海域	체언	143
단풍	丹楓	복합명사구	145	화로	火爐	체언	143
도의	道義	복합명사구	145	척추	脊椎	체언	143
법규	法規	복합명사구	145	기부금	寄附金	복합명사구	143
간수	看守	체언	145	적막	寂寞	복합명사구	143
누적	累積	체언	145	경비정	警備艇	체언	143
만원	滿員	체언	145	경내	境內	복합명사구	143
미모	美貌	체언	145	관용	寬容	복합명사구	143
일간지	日刊紙	체언	145	밀실	密室	체언	143
식별	識別	복합명사구	145	파국	破局	체언	143
수산	水産	체언	145	정황	情況	복합명사구	143

투신	投身	복합명사구	143
만국	萬國	체언	143
야자	椰子	체언	143
영영	永永	부사사전	143
우주관	宇宙觀	체언	143
직물	織物	체언	143
종식	終熄	복합명사구	143
자백	自白	복합명사구	143
자부	自負	복합명사구	143
개연	蓋然	형용사성 명사	142
구조물	構造物	체언	142
합창	合唱	복합명사구	142
간편	簡便	체언	142
개연	慨然	부사사전	142
빈도	頻度	체언	142
포장	鋪裝	복합명사구	142
경미	輕微	형용사성 명사	142
구간	區間	복합명사구	142
수용소	收容所	복합명사구	142
왕권	王權	체언	142
위탁	委託	복합명사구	142
문학상	文學賞	체언	142
선망	羨望	복합명사구	142
상봉	相逢	체언	142
성품	性品	복합명사구	142
수식	修飾	체언	142
서사	敍事	복합명사구	142
장례식	葬禮式	복합명사구	142
정장	正裝	복합명사구	142
종루	鐘樓	체언	142
주력	主力	복합명사구	142
애무	愛撫	복합명사구	141
비문	碑文	체언	141
보강	補強	복합명사구	141
종사자	從事者	복합명사구	141
좌절감	挫折感	복합명사구	141
지평	地平	체언	141
독립군	獨立軍	복합명사구	141
번민	煩悶	복합명사구	141
광역	廣域	체언	141
회사원	會社員	체언	141
화산	火山	체언	141
해산	解散	복합명사구	141
금강	金剛	체언	141
면밀	綿密	형용사성 명사	141
기단	氣團	체언	141
강간	強姦	복합명사구	141
사모	思慕	복합명사구	141
체육관	體育館	체언	141
통용	通用	복합명사구	141
돌연	突然	형용사성 명사	141
성욕	性慾	복합명사구	141
흥행	興行	복합명사구	141
연구회	研究會	복합명사구	141
야근	夜勤	복합명사구	141
지폐	紙幣	체언	141
제철	製鐵	동사성 명사	141
중화학	重化學	체언	141
암살	暗殺	복합명사구	140
책정	策定	복합명사구	140
이차	二次	체언	140
개인주의	個人主義	복합명사구	140
골수	骨髓	복합명사구	140
회동	會同	복합명사구	140
교육학	教育學	체언	140
청산	青山	체언	140
하산	下山	복합명사구	140
양자	養子	복합명사구	140
유족	遺族	복합명사구	140
용수	用水	체언	140
책임감	責任感	복합명사구	140
장담	壯談	복합명사구	140
분장	扮裝	복합명사구	139
전세	傳貰	체언	139
사설시조	辭說時調	체언	139
부지	扶持	체언	139
공공연	公公然	형용사성 명사	139
공리주의	功利主義	체언	139
공동묘지	共同墓地	체언	139
광목	廣木	체언	139
국채	國債	체언	139
제주	祭主	복합명사구	139
제주	濟洲	체언	139
견지	堅持	체언	139
고고학	考古學	체언	139
전조	前兆	복합명사구	139

정사	情事	체언	139
친인척	親姻戚	체언	139
결핍	缺乏	복합명사구	139
산행	山行	체언	139
식성	食性	복합명사구	139
식용유	食用油	체언	139
동시대	同時代	체언	139
투여	投與	복합명사구	139
토로	吐露	복합명사구	139
추산	推算	체언	139
서기	西紀	체언	139
서양인	西洋人	체언	139
상의	相議	체언	139
허기	虛飢	체언	139
의결	議決	복합명사구	139
어선	漁船	복합명사구	139
원로	元老	체언	139
재화	財貨	체언	138
장기	長技	복합명사구	138
대포	大砲	체언	138
다채	多彩	형용사성 명사	138
각계	各界	체언	138
국학	國學	체언	138
가산	加算	체언	138
매몰	埋沒	복합명사구	138
민란	民亂	체언	138
굴곡	屈曲	복합명사구	138
신원	身元	체언	138
완결	完結	복합명사구	138
유망	有望	복합명사구	138
정세	政勢	체언	138
창백	蒼白	형용사성 명사	137
전수	傳受	복합명사구	137
정점	頂點	복합명사구	137
대면	對面	복합명사구	137
악재	惡材	체언	137
공문	公文	복합명사구	137
공신	功臣	체언	137
혼동	混同	복합명사구	137
효모	酵母	체언	137
걸작	傑作	복합명사구	137
근세	近世	체언	137
이학	理學	체언	137
녹화	錄畵	동사성 명사	137
밀착	密着	복합명사구	137
능률	能率	복합명사구	137
친지	親知	체언	137
색상	色相	복합명사구	137
산간	山間	체언	137
산신	山神	체언	137
사랑방	舍廊房	체언	137
심연	深淵	복합명사구	137
속수무책	束手無策	복합명사구	137
퇴진	退陣	복합명사구	137
외신	外信	체언	137
위생	衛生	체언	137
계보	系譜	복합명사구	137
선도	先導	복합명사구	137
일례	一例	복합명사구	137
중편	中篇	체언	137
전업	專業	복합명사구	137
종교인	宗教人	복합명사구	137
파급	波及	복합명사구	136
차도	車道	체언	136
초대	初代	체언	136
단장	丹粧	복합명사구	136
담담	淡淡	형용사성 명사	136
관서	官署	체언	136
항성	恒星	체언	136
기념관	記念館	복합명사구	136
감별	鑑別	복합명사구	136
강산	江山	체언	136
정인	情人	복합명사구	136
사회	司會	복합명사구	136
소유주	所有主	복합명사구	136
천상	天上	체언	136
응급	應急	체언	136
우측	右側	복합명사구	136
우화	寓話	체언	136
암흑	暗黑	체언	135
보시	布施	체언	135
산고	產苦	체언	135
출입문	出入門	체언	135
적의	敵意	복합명사구	135
전신	電信	체언	135
동리	洞里	체언	135

대담	對談	복합명사구	135
방정식	方程式	복합명사구	135
고산	高山	체언	135
과실	果實	체언	135
한지	韓紙	체언	135
회로	回路	체언	135
결부	結付	복합명사구	135
개발도상국	開發途上國	체언	135
이문	利文	복합명사구	135
영하	零下	체언	135
맹렬	猛烈	형용사성 명사	135
기수	旗手	체언	135
경쾌	輕快	형용사성 명사	135
수배	手配	복합명사구	135
외양	外樣	복합명사구	135
오행	五行	체언	135
선발	先發	복합명사구	135
신혼	新婚	복합명사구	135
읍성	邑城	체언	135
응접실	應接室	복합명사구	135
선창	船艙	체언	134
전원	電源	복합명사구	134
분립	分立	복합명사구	134
국립공원	國立公園	체언	134
국세	國稅	복합명사구	134
하여간	何如間	부사사전	134
검열	檢閱	복합명사구	134
간이	簡易	체언	134
강신	姜紳	고유명사 사전	134
강신	講信	동사성 명사	134
강신	降神	체언	134
군사력	軍事力	복합명사구	134
고안	考案	복합명사구	134
이상주의	理想主義	체언	134
연도	年度	체언	134
전갈	全蠍	체언	134
인문학	人文學	체언	134
용액	溶液	체언	134
삼천	三千	체언	134
선전	善戰	복합명사구	134
웅장	雄壯	형용사성 명사	134
음료수	飲料水	체언	134
원한	怨恨	복합명사구	134
정가	政街	체언	134
반환	返還	복합명사구	133
부사장	副社長	체언	133
부식	副食	체언	133
과격	過激	복합명사구	133
황토	黃土	체언	133
집중력	集中力	복합명사구	133
가해자	加害者	복합명사구	133
결집	結集	복합명사구	133
해지	解止	복합명사구	133
차용	借用	체언	133
주전자	酒煎子	복합명사구	133
날인	捺印	복합명사구	133
여동생	女同生	복합명사구	133
구토	嘔吐	복합명사구	133
전생	前生	체언	133
신장	腎臟	체언	133
소재지	所在地	복합명사구	133
희롱	戲弄	복합명사구	133
야심	野心	복합명사구	133
운동회	運動會	체언	133
중심축	中心軸	복합명사구	133
중재	仲裁	복합명사구	133
파시	波市	체언	132
처사	處事	체언	132
감흥	感興	복합명사구	132
경운기	耕耘機	체언	132
함의	含意	동사성 명사	132
회비	會費	체언	132
가명	假名	복합명사구	132
감원	減員	복합명사구	132
경계선	境界線	복합명사구	132
거점	據點	복합명사구	132
냉소	冷笑	동사성 명사	132
목화	木花	체언	132
석류	石榴	체언	132
쇄신	刷新	복합명사구	132
수군	水軍	체언	132
오장	五臟	복합명사구	132
현실주의	現實主義	체언	132
휴지	休紙	체언	132
수도	修道	복합명사구	132
일인	一人	체언	132

유서	由緖	체언	132	노동조합	勞動組合	체언	130
약관	約款	복합명사구	132	난장	亂場	체언	130
착실	着實	형용사성 명사	132	매번	每番	부사사전	130
자수	自首	체언	132	연중	年中	체언	130
파시	罷市	체언	132	교민	僑民	체언	130
민망	憫惘	동사성 명사	132	융통	融通	복합명사구	130
보루	堡壘	복합명사구	131	사발	沙鉢	체언	130
피안	彼岸	체언	131	신청인	申請人	복합명사구	130
대담	大膽	형용사성 명사	131	성역	聖域	체언	130
지구당	地區黨	복합명사구	131	시책	施策	복합명사구	130
동란	動亂	체언	131	세계인	世界人	체언	130
번뇌	煩惱	복합명사구	131	수초	水草	체언	130
비대	肥大	체언	131	수사관	搜查官	체언	130
복음	福音	체언	131	척결	剔抉	복합명사구	130
각료	閣僚	복합명사구	131	무산	霧散	체언	130
고인	古人	체언	131	현직	現職	복합명사구	130
낙타	駱駝	체언	131	효도	孝道	복합명사구	130
금요일	金曜日	체언	131	선수단	選手團	복합명사구	130
주막	酒幕	복합명사구	131	약수	藥水	체언	130
거리감	距離感	복합명사구	131	일부분	一部分	복합명사구	130
미음	米飮	체언	131	응시	應試	복합명사구	130
민간인	民間人	체언	131	유령	幽靈	체언	130
민원	民願	복합명사구	131	운송	運送	복합명사구	130
모교	母校	복합명사구	131	재고	再考	복합명사구	130
계약자	契約者	복합명사구	131	진통제	鎭痛劑	체언	130
입산	入山	복합명사구	131	진열	陳列	동사성 명사	129
산사	山寺	체언	131	창간	創刊	체언	129
석이	石耳	체언	131	대부	貸付	복합명사구	129
토착	土着	복합명사구	131	당원	黨員	복합명사구	129
만년	萬年	체언	131	법정	法庭	체언	129
안구	眼球	체언	131	골자	骨子	복합명사구	129
은둔	隱遁	복합명사구	131	국익	國益	체언	129
유해	有害	복합명사구	131	후속	後續	체언	129
치하	治下	체언	131	기단	基壇	체언	129
중고	中古	체언	131	기미	幾微	복합명사구	129
주례	主禮	복합명사구	131	정통	精通	복합명사구	129
주심	主審	복합명사구	131	유치장	留置場	체언	129
자진	自進	체언	131	남문	南門	체언	129
법정	法定	체언	131	병풍	屛風	체언	129
대가	大家	복합명사구	130	기묘	奇妙	형용사성 명사	129
공연장	公演場	복합명사구	130	강박	強迫	복합명사구	129
관광지	觀光地	체언	130	윤기	潤氣	복합명사구	129
귀의	歸依	복합명사구	130	상정	上程	복합명사구	129

사운	社運	체언	129
사범	事犯	복합명사구	129
태동	胎動	복합명사구	129
퇴화	退化	복합명사구	129
외관	外觀	복합명사구	129
학년도	學年度	체언	129
원조	元祖	복합명사구	129
원정	遠征	복합명사구	129
월경	月經	체언	129
재수	再修	체언	129
직책	職責	체언	129
치장	治粧	체언	129
주상	主上	체언	129
법정	法廷	체언	129
기미	機微	체언	129
제어	制馭	체언	129
발탁	拔擢	복합명사구	128
변용	變容	복합명사구	128
채점	採點	복합명사구	128
차선	車線	체언	128
출구	出口	체언	128
덕택	德澤	복합명사구	128
악물	惡物	체언	128
개신교	改新教	체언	128
한방	韓方	체언	128
호구	虎口	체언	128
화신	化身	복합명사구	128
집권	集權	체언	128
검거	檢擧	복합명사구	128
목적지	目的地	복합명사구	128
삼포	三包	체언	128
삼포	三浦	체언	128
삼신	三神	체언	128
삼포	蔘圃	체언	128
실효	實效	복합명사구	128
사학	史學	체언	128
수상자	受賞者	복합명사구	128
도태	淘汰	복합명사구	128
동인	同人	복합명사구	128
도형	圖形	체언	128
지석	誌石	체언	128
용도	用度	체언	128
암자	庵子	체언	127
변론	辯論	복합명사구	127
이완	弛緩	복합명사구	127
조사단	調查團	복합명사구	127
호도	糊塗	복합명사구	127
기억력	記憶力	체언	127
교단	教壇	체언	127
노령	老齡	체언	127
연립	聯立	복합명사구	127
능숙	能熟	형용사성 명사	127
여공	女工	체언	127
기발	奇拔	형용사성 명사	127
사옥	社屋	복합명사구	127
설교	說教	복합명사구	127
미달	未達	체언	127
문안	問安	복합명사구	127
선회	旋回	복합명사구	127
연주회	演奏會	복합명사구	127
원격	遠隔	체언	127
주자학	朱子學	체언	127
전제	專制	체언	127
병상	病床	체언	126
박동	搏動	복합명사구	126
발화	發話	체언	126
방한	訪韓	복합명사구	126
고약	膏藥	체언	126
관련자	關聯者	복합명사구	126
즉석	即席	체언	126
교직	教職	체언	126
해탈	解脫	복합명사구	126
광업	鑛業	체언	126
강점	強點	체언	126
전액	全額	체언	126
시방	時方	체언	126
탄소	炭素	체언	126
전원	田園	체언	126
미약	微弱	체언	126
위선	僞善	복합명사구	126
서북	西北	체언	126
세안	洗顔	체언	126
정절	貞節	복합명사구	126
제복	制服	복합명사구	126
체증	滯症	체언	126
위장	胃臟	체언	126

변태	變態	체언	125
착오	錯誤	복합명사구	125
도량	道場	체언	125
도포	道袍	체언	125
등식	等式	체언	125
다각	多角	체언	125
번식	繁殖	복합명사구	125
분통	憤痛	체언	125
회의실	會議室	체언	125
교정	矯正	복합명사구	125
연일	連日	체언	125
양해	諒解	복합명사구	125
뇌파	腦波	복합명사구	125
천박	淺薄	체언	125
인부	人夫	체언	125
일평균	日平均	체언	125
실험실	實驗室	체언	125
사채	私債	체언	125
답습	踏襲	복합명사구	125
토성	土星	체언	125
퇴임	退任	복합명사구	125
탈법	脫法	체언	125
문맹	文盲	복합명사구	125
하인	下人	체언	125
선산	先山	복합명사구	125
신봉	信奉	복합명사구	125
허망	虛妄	복합명사구	125
유해	遺骸	체언	125
우체국	郵遞局	체언	125
주심포	柱心包	체언	125
자판	字板	복합명사구	125
연계	聯繫	체언	125
북어	北魚	체언	124
촉발	觸發	체언	124
대치	代置	복합명사구	124
저조	低調	복합명사구	124
방사선	放射線	체언	124
분신	分身	체언	124
고참	古參	복합명사구	124
관람객	觀覽客	복합명사구	124
극한	極限	복합명사구	124
고시	考試	체언	124
노동부	勞動部	체언	124
여행사	旅行社	체언	124
면책	免責	복합명사구	124
명사	名士	체언	124
배양	培養	복합명사구	124
배합	配合	복합명사구	124
기만	欺瞞	복합명사구	124
청동	青銅	체언	124
상제	喪制	체언	124
생강	生薑	체언	124
십자	十字	체언	124
미지	未知	체언	124
습격	襲擊	복합명사구	124
하사	下賜	체언	124
심혈	心血	체언	124
학비	學費	체언	124
요동	搖動	복합명사구	124
음절	音節	복합명사구	124
원형	原型	체언	124
자조	自嘲	복합명사구	124
편익	便益	체언	123
표준어	標準語	체언	123
재판소	裁判所	체언	123
출연	出捐	복합명사구	123
타산	打算	체언	123
타작	打作	복합명사구	123
부속	附屬	복합명사구	123
복권	復權	동사성 명사	123
함량	含量	복합명사구	123
항공사	航空社	체언	123
기교	技巧	복합명사구	123
장성	將星	체언	123
정액	精液	체언	123
능선	稜線	복합명사구	123
이용자	利用者	복합명사구	123
역전	逆轉	체언	123
평상시	平常時	체언	123
평온	平穩	복합명사구	123
신경절	神經節	체언	123
시제	時制	체언	123
식견	識見	복합명사구	123
외압	外壓	복합명사구	123
무안	無顔	복합명사구	123
습성	習性	복합명사구	123

수치심	羞恥心	복합명사구	123
언행	言行	복합명사구	123
우량	優良	체언	123
낙원	樂園	체언	123
전문의	專門醫	복합명사구	123
판도	版圖	복합명사구	122
본교	本校	체언	122
불가	不可	형용사성 명사	122
삽화	揷話	체언	122
촉각	觸覺	체언	122
전범	典範	체언	122
판촉	販促	복합명사구	122
불도	佛道	체언	122
공판	公判	체언	122
회갑	回甲	체언	122
급변	急變	복합명사구	122
검문	檢問	복합명사구	122
효소	酵素	체언	122
객사	客舍	체언	122
연작	聯作	체언	122
영락	零落	체언	122
말단	末端	체언	122
납품	納品	복합명사구	122
입문	入門	복합명사구	122
생체	生體	체언	122
시화	詩畵	체언	122
사회자	司會者	복합명사구	122
외교관	外交官	체언	122
오인	誤認	복합명사구	122
향약	鄕約	체언	122
향락	享樂	복합명사구	122
신진	新進	체언	122
형벌	刑罰	복합명사구	122
유년	幼年	체언	122
찬사	讚辭	복합명사구	122
채권자	債權者	체언	122
장대	張大	형용사성 명사	122
지목	指目	체언	122
중건	重建	복합명사구	122
주선	周旋	복합명사구	122
주거지	住居地	복합명사구	122
세차	歲差	체언	122
본고사	本考査	체언	121
본위	本位	체언	121
전염	傳染	복합명사구	121
대입	大入	체언	121
당쟁	黨爭	복합명사구	121
도학	道學	체언	121
지뢰	地雷	체언	121
지하실	地下室	체언	121
발육	發育	복합명사구	121
후일	後日	체언	121
호적	戶籍	복합명사구	121
환각	幻覺	체언	121
건축가	建築家	복합명사구	121
가로수	街路樹	복합명사구	121
금물	禁物	체언	121
역동	力動	체언	121
구타	毆打	복합명사구	121
기체	氣體	체언	121
생동	生動	체언	121
위세	威勢	체언	121
유독	惟獨	부사사전	121
위조	僞造	복합명사구	121
문어	文魚	체언	121
희망자	希望者	복합명사구	121
수양	修養	복합명사구	121
음악가	音樂家	체언	121
중엽	中葉	복합명사구	121
종결	終結	복합명사구	121
장엄	莊嚴	체언	121
이기	理氣	체언	121
유독	唯獨	부사사전	121
현상	現狀	체언	121
장방형	長方形	체언	120
성읍	城邑	체언	120
덕성	德性	복합명사구	120
해마	海馬	체언	120
감소세	減少勢	체언	120
공제	控除	복합명사구	120
파편	破片	복합명사구	120
파기	破棄	복합명사구	120
임직원	任職員	체언	120
상경	上京	체언	120
사업장	事業場	복합명사구	120
태반	胎盤	체언	120

선사	先史	체언	120
형부	兄夫	복합명사구	120
원색	原色	복합명사구	120
정수	整數	체언	120
직위	職位	체언	120
총수	總帥	복합명사구	120
죄책감	罪責感	복합명사구	120
백정	白丁	체언	119
북진	北進	복합명사구	119
초상	初喪	체언	119
당선자	當選者	복합명사구	119
혼돈	混沌	복합명사구	119
급등	急騰	복합명사구	119
집적	集積	체언	119
갑판	甲板	복합명사구	119
감방	監房	체언	119
근접	近接	복합명사구	119
개전	開戰	복합명사구	119
개탄	慨歎	체언	119
목마	木馬	체언	119
기사	騎士	체언	119
강호	強豪	체언	119
일제	日製	체언	119
육박	肉薄	동사성 명사	119
살균	殺菌	복합명사구	119
실업자	失業者	체언	119
시판	市販	복합명사구	119
사고력	思考力	복합명사구	119
소임	所任	복합명사구	119
체취	體臭	복합명사구	119
무상	無償	체언	119
무모	無謀	체언	119
희귀	稀貴	체언	119
하오	下午	체언	119
신생	新生	체언	119
수사학	修辭學	체언	119
이종	異種	체언	119
영화관	映畫館	체언	119
용사	勇士	체언	119
유상	有償	체언	119
원성	怨聲	체언	119
재앙	災殃	체언	119
중심부	中心部	복합명사구	119
준비물	準備物	복합명사구	119
특사	特舍	체언	119
반지	半指	체언	118
본보	本報	체언	118
대원군	大院君	복합명사구	118
단층	單層	체언	118
지진	地震	체언	118
봉사자	奉仕者	복합명사구	118
부결	否決	체언	118
골격	骨格	복합명사구	118
감수	減數	동사성 명사	118
강의실	講義室	복합명사구	118
해부	解剖	동사성 명사	118
취업자	就業者	체언	118
곤혹	困惑	체언	118
만수	滿水	체언	118
배설	排泄	체언	118
전례	前例	체언	118
사공	沙工	체언	118
산악	山岳	체언	118
사리	舍利	체언	118
수목	樹木	체언	118
쌍방	雙方	복합명사구	118
사각	四角	체언	118
와해	瓦解	복합명사구	118
망신	亡身	복합명사구	118
무난	無難	형용사성 명사	118
하순	下旬	복합명사구	118
성별	性別	복합명사구	118
영생	永生	체언	118
재기	再起	복합명사구	118
자색	紫色	체언	118
규정	規程	체언	118
사리	奢利	체언	118
보좌관	補佐官	복합명사구	117
불사	不辭	동사성 명사	117
참담	慘澹	체언	117
출가	出嫁	복합명사구	117
초보	初步	복합명사구	117
초입	初入	체언	117
법학	法學	체언	117
할당	割當	체언	117
급료	給料	복합명사구	117

골반	骨盤	복합명사구	117
급속도	急速度	체언	117
점진	漸進	체언	117
장려	獎勵	체언	117
면목	面目	체언	117
막무가내	莫無可奈	복합명사구	117
모어	母語	체언	117
굴복	屈服	복합명사구	117
전모	全貌	복합명사구	117
인칭	人稱	체언	117
상륙	上陸	복합명사구	117
시청각	視聽覺	체언	117
산수	算數	체언	117
소감	所感	복합명사구	117
퇴행	退行	복합명사구	117
망원경	望遠鏡	체언	117
문책	問責	복합명사구	117
착공	着工	복합명사구	117
진찰	診察	복합명사구	117
직관	直觀	복합명사구	117
준거	準據	복합명사구	117
총화	總和	체언	117
장롱	欌籠	체언	116
사정	查定	복합명사구	116
존속	存續	복합명사구	116
등교	登校	복합명사구	116
도미	渡美	복합명사구	116
분만	分娩	복합명사구	116
공손	恭遜	체언	116
공여	供與	복합명사구	116
합리주의	合理主義	체언	116
횡령	橫領	복합명사구	116
화분	花盆	체언	116
휘발유	揮發油	체언	116
가세	加勢	복합명사구	116
각색	脚色	복합명사구	116
낙태	落胎	동사성 명사	116
약자	略字	체언	116
파생	派生	복합명사구	116
인삼	人蔘	체언	116
용모	容貌	복합명사구	116
사회생활	社會生活	체언	116
조망	眺望	복합명사구	116
위헌	違憲	체언	116
소식통	消息通	복합명사구	116
학점	學點	복합명사구	116
요지	要地	복합명사구	116
영농	營農	체언	116
예선	豫選	체언	116
전학	轉學	복합명사구	116
자성	自省	복합명사구	116
반지	斑指	복합명사구	115
피신	避身	체언	115
채식	菜食	체언	115
산출	産出	체언	115
출처	出處	복합명사구	115
풍물	風物	체언	115
공관	公館	복합명사구	115
공립	公立	복합명사구	115
광학	光學	체언	115
귀속	歸屬	복합명사구	115
화단	禍端	체언	115
경협	經協	복합명사구	115
정맥	靜脈	체언	115
공황	恐慌	복합명사구	115
이력서	履歷書	복합명사구	115
배설물	排泄物	복합명사구	115
편파	偏頗	체언	115
근무자	勤務者	체언	115
유학자	儒學者	체언	115
설계도	設計圖	복합명사구	115
침몰	沈沒	복합명사구	115
성행	盛行	복합명사구	115
서약	誓約	복합명사구	115
수당	手當	체언	115
동정심	同情心	복합명사구	115
만류	挽留	복합명사구	115
의원	醫員	체언	115
쟁취	爭取	복합명사구	115
탱화	幀畵	체언	115
자초지종	自初至終	복합명사구	115
보은	報恩	복합명사구	114
반대편	反對便	복합명사구	114
제상	祭床	복합명사구	114
감금	監禁	복합명사구	114
냉정	冷情	체언	114

몰입	沒入	복합명사구	114
칠판	漆板	체언	114
경청	傾聽	복합명사구	114
열성	熱誠	체언	114
살생	殺生	체언	114
사육	飼育	체언	114
외투	外套	체언	114
교복	校服	복합명사구	114
선교	宣教	복합명사구	114
은기	銀器	체언	114
어투	語套	체언	114
운수	運輸	체언	114
운치	韻致	체언	114
재래	在來	체언	114
총독	總督	체언	114
대여	對與	체언	114
보답	報答	복합명사구	113
북상	北上	복합명사구	113
배출	輩出	복합명사구	113
전염병	傳染病	복합명사구	113
사임	辭任	복합명사구	113
대표작	代表作	복합명사구	113
대행사	代行社	복합명사구	113
고지	告知	체언	113
해안선	海岸線	체언	113
화법	話法	체언	113
첨예	尖銳	형용사성 명사	113
경영학	經營學	복합명사구	113
정신병	精神病	체언	113
양가	兩家	체언	113
논지	論旨	복합명사구	113
전연	全然	부사사전	113
인조	人造	체언	113
신경원	神經元	체언	113
신선	神仙	체언	113
시합	試合	복합명사구	113
수유	授乳	복합명사구	113
망국	亡國	복합명사구	113
왕복	往復	체언	113
위법	違法	체언	113
요강	要綱	체언	113
영업소	營業所	복합명사구	113
어감	語感	복합명사구	113
원가	原價	복합명사구	113
약정	約定	체언	113
증강	增強	복합명사구	113
철학사	哲學史	복합명사구	113
진골	眞骨	체언	113
당파	黨派	체언	112
단오	端午	체언	112
방심	放心	복합명사구	112
복무	服務	복합명사구	112
공인	公人	체언	112
관통	貫通	복합명사구	112
환기	換氣	복합명사구	112
견문	見聞	복합명사구	112
교도관	矯導官	체언	112
결의안	決議案	복합명사구	112
배격	排擊	복합명사구	112
판례	判例	복합명사구	112
기대감	期待感	복합명사구	112
기수	騎手	체언	112
전반기	前半期	복합명사구	112
열병	熱病	체언	112
상품권	商品券	체언	112
상회	上廻	체언	112
승격	昇格	복합명사구	112
사업가	事業家	복합명사구	112
태고	太古	체언	112
탐사	探査	복합명사구	112
천성	天性	체언	112
알선	斡旋	복합명사구	112
서경	西經	체언	112
형체	形體	체언	112
서경	敍景	체언	112
의구심	疑懼心	복합명사구	112
우애	友愛	복합명사구	112
자상	仔詳	체언	112
장모	丈母	복합명사구	112
한인	漢人	체언	112
비통	悲痛	체언	111
불의	不義	형용사성 명사	111
출동	出動	복합명사구	111
차남	次男	체언	111
전도	顚倒	복합명사구	111
호황	好況	복합명사구	111

하객	賀客	체언	111	화장	火葬	복합명사구	110
결승전	決勝戰	복합명사구	111	접경	接境	체언	110
고증	考證	복합명사구	111	경호	警護	복합명사구	110
예배	禮拜	복합명사구	111	취락	聚落	체언	110
난생	卵生	체언	111	고갈	枯渴	복합명사구	110
논법	論法	복합명사구	111	낭패	狼狽	형용사성 명사	110
논증	論證	복합명사구	111	이론가	理論家	복합명사구	110
매혹	魅惑	체언	111	예문	例文	체언	110
난민	難民	체언	111	농토	農土	복합명사구	110
배역	配役	복합명사구	111	권력자	權力者	체언	110
전두엽	前頭葉	체언	111	입금	入金	동사성 명사	110
침공	侵攻	복합명사구	111	생후	生後	체언	110
경사	慶事	체언	111	식단	食單	복합명사구	110
전경	全景	체언	111	수여	授與	복합명사구	110
입장료	入場料	복합명사구	111	사령부	司令部	복합명사구	110
초소	哨所	체언	111	탄성	嘆聲	체언	110
심문	審問	복합명사구	111	퇴원	退院	복합명사구	110
신기루	蜃氣樓	체언	111	문묘	文廟	체언	110
시발점	始發點	복합명사구	111	문신	文身	복합명사구	110
왕세자	王世子	체언	111	하층	下層	체언	110
향수	鄕愁	복합명사구	111	허점	虛點	체언	110
심취	心醉	복합명사구	111	일등	一等	복합명사구	110
수식어	修飾語	복합명사구	111	유세	遊說	복합명사구	110
유기체	有機體	체언	111	울분	鬱憤	복합명사구	110
여권	與圈	체언	111	제작자	製作者	복합명사구	110
존엄	尊嚴	복합명사구	111	종신	終身	체언	110
작중	作中	체언	111	재간	才幹	복합명사구	109
백사장	白沙場	체언	110	잔액	殘額	복합명사구	109
반세기	半世紀	체언	110	상례	常例	체언	109
보호자	保護者	복합명사구	110	대별	大別	체언	109
비수	匕首	체언	110	당사	黨舍	복합명사구	109
상근	常勤	체언	110	등단	登壇	복합명사구	109
상설	常設	체언	110	동서남북	東西南北	체언	109
대리점	代理店	복합명사구	110	발령	發令	복합명사구	109
등장인물	登場人物	체언	110	발송	發送	복합명사구	109
지법	地法	복합명사구	110	고하	高下	복합명사구	109
반격	反擊	복합명사구	110	공전	公轉	체언	109
반향	反響	복합명사구	110	과열	過熱	복합명사구	109
분권	分權	복합명사구	110	한발	旱魃	체언	109
부착	附着	복합명사구	110	환전	換錢	복합명사구	109
부산물	副産物	복합명사구	110	혼신	渾身	체언	109
근간	根幹	체언	110	극치	極致	복합명사구	109
행상	行商	체언	110	군수	軍需	체언	109

남측	南側	체언	109
남향	南向	체언	109
배치	排置	동사성 명사	109
청약	請約	체언	109
인민군	人民軍	체언	109
산호	珊瑚	체언	109
성모	聖母	체언	109
시공	時空	체언	109
수입품	輸入品	체언	109
문답	問答	복합명사구	109
서해안	西海岸	체언	109
성폭력	性暴力	복합명사구	109
순찰	巡察	복합명사구	109
엄정	嚴正	체언	109
이남	以南	복합명사구	109
정변	政變	체언	109
보류	保留	복합명사구	108
부정부패	不淨腐敗	체언	108
창단	創團	체언	108
차세대	次世代	체언	108
퇴적	堆積	복합명사구	108
법가	法家	체언	108
화투	花鬪	체언	108
화술	話術	체언	108
급진	急進	체언	108
근교	近郊	복합명사구	108
군비	軍備	체언	108
박자	拍子	복합명사구	108
편협	偏狹	체언	108
금슬	琴瑟	복합명사구	108
정경	情景	체언	108
궁핍	窮乏	복합명사구	108
구박	驅迫	복합명사구	108
인명	人命	체언	108
침전	沈澱	체언	108
수동	手動	체언	108
태자	太子	복합명사구	108
탐정	探偵	복합명사구	108
천신	天神	체언	108
정전	停戰	체언	108
통지	通知	복합명사구	108
외래어	外來語	체언	108
무언	無言	체언	108
세탁기	洗濯機	체언	108
약재	藥材	체언	108
오물	汚物	복합명사구	108
자생	自生	복합명사구	108
천정	天頂	체언	108
단조	單調	복합명사구	107
전류	電流	체언	107
부녀자	婦女子	체언	107
고속정	高速艇	체언	107
공산주의자	共產主義者	체언	107
고정관념	固定觀念	체언	107
화평	和平	체언	107
진도	進度	복합명사구	107
쾌적	快適	형용사성 명사	107
역점	力點	복합명사구	107
모자	母子	체언	107
납입	納入	복합명사구	107
남하	南下	복합명사구	107
응축	凝縮	복합명사구	107
기복	起伏	체언	107
경공업	輕工業	체언	107
소액	少額	체언	107
실직	失職	복합명사구	107
특수	特需	복합명사구	107
투신	投信	체언	107
왕실	王室	체언	107
서천	西天	체언	107
압수	押收	복합명사구	107
이의	異意	체언	107
여생	餘生	복합명사구	107
연고	緣故	복합명사구	107
월등	越等	체언	107
책무	責務	복합명사구	107
자본금	資本金	복합명사구	107
원력	元力	체언	107
패자	敗者	복합명사구	106
발발	勃發	체언	106
포장마차	布帳馬車	체언	106
재치	才致	복합명사구	106
성인병	成人病	체언	106
순이익	純利益	복합명사구	106
당정	黨政	체언	106
방석	方席	체언	106

비만	肥滿	복합명사구	106
할애	割愛	복합명사구	106
고어	古語	복합명사구	106
관내	管內	체언	106
급락	急落	복합명사구	106
교외	郊外	체언	106
경시	輕視	복합명사구	106
염색	染色	복합명사구	106
인자	仁慈	형용사성 명사	106
심야	深夜	체언	106
시학	詩學	체언	106
사용료	使用料	복합명사구	106
순리	順理	체언	106
태수	太守	체언	106
체격	體格	복합명사구	106
선입견	先入見	복합명사구	106
소폭	小幅	체언	106
학생회	學生會	체언	106
양철	洋鐵	체언	106
이방인	異邦人	체언	106
유동	遊動	체언	106
운항	運航	복합명사구	106
진가	眞價	체언	106
진통	陣痛	체언	106
축조	築造	복합명사구	106
좌측	左側	복합명사구	106
작곡가	作曲家	복합명사구	106
통곡	慟哭	동사성 명사	106
애용	愛用	복합명사구	105
포장지	包裝紙	체언	105
찰나	刹那	체언	105
질책	叱責	복합명사구	105
축사	畜舍	체언	105
순화	純化	복합명사구	105
당좌	當座	체언	105
범죄자	犯罪者	체언	105
범람	氾濫	동사성 명사	105
부침	浮沈	복합명사구	105
규약	規約	복합명사구	105
해운	海運	체언	105
호령	號令	복합명사구	105
획일	畫一	체언	105
획일	劃一	형용사성 명사	105
교직원	教職員	복합명사구	105
정토	淨土	체언	105
노승	老僧	체언	105
임박	臨迫	체언	105
만끽	滿喫	복합명사구	105
민박	民泊	체언	105
목재	木材	체언	105
막사	幕舍	복합명사구	105
연상	年上	체언	105
절감	切感	복합명사구	105
경단	瓊團	체언	105
생활환경	生活環境	체언	105
타계	他界	체언	105
태반	太半	복합명사구	105
천문	天文	체언	105
왕릉	王陵	체언	105
선점	先占	복합명사구	105
현실감	現實感	체언	105
훈장	訓長	체언	105
의술	醫術	체언	105
이종	姨從	체언	105
음가	音價	체언	105
우수	憂愁	체언	105
유선	有線	체언	105
어문	語文	체언	105
예보	豫報	복합명사구	105
울화	鬱火	체언	105
착륙	着陸	복합명사구	105
부정	不貞	체언	104
재질	材質	복합명사구	104
성화	成火	복합명사구	104
적도	赤道	체언	104
대마초	大麻草	체언	104
대소	大小	복합명사구	104
조소	彫塑	체언	104
둔갑	遁甲	복합명사구	104
발현	發現	복합명사구	104
분유	粉乳	체언	104
곡주	穀酒	체언	104
광선	光線	체언	104
국수주의	國粹主義	복합명사구	104
합방	合邦	복합명사구	104
호흡기	呼吸器	체언	104

기형	畸形	체언	104
적금	積金	복합명사구	104
제단	祭壇	복합명사구	104
게시판	揭示板	복합명사구	104
금당	金堂	체언	104
거부감	拒否感	복합명사구	104
개관	開館	체언	104
고대	苦待	체언	104
멸종	滅種	복합명사구	104
마녀	魔女	체언	104
농어촌	農漁村	체언	104
편두통	偏頭痛	체언	104
기용	起用	체언	104
정보원	情報員	체언	104
성수	聖水	체언	104
습지	濕地	체언	104
시련	試鍊	복합명사구	104
수상	殊常	형용사성 명사	104
서면	書面	체언	104
오산	誤算	복합명사구	104
상아	象牙	체언	104
신작로	新作路	체언	104
허약	虛弱	체언	104
유자	柚子	체언	104
제지	制止	복합명사구	104
대개	大蓋	부사사전	104
기생	期生	체언	104
시련	試練	동사성 명사	104
암기	暗記	복합명사구	103
부동	不動	체언	103
차체	車體	체언	103
충만	充滿	복합명사구	103
전수	傳授	체언	103
당혹	當惑	체언	103
정평	定評	복합명사구	103
방랑	放浪	복합명사구	103
풍광	風光	체언	103
부총재	副總裁	체언	103
고령자	高齡者	체언	103
국책	國策	체언	103
혼용	混用	복합명사구	103
교구	教區	체언	103
결산	決算	복합명사구	103
연민	憐憫	복합명사구	103
매물	賣物	체언	103
방광	膀胱	체언	103
배급	配給	복합명사구	103
편중	偏重	복합명사구	103
일산	日産	체언	103
신청서	申請書	복합명사구	103
성묘	省墓	체언	103
시녀	侍女	복합명사구	103
수해	水害	체언	103
세모	歲暮	체언	103
탄광	炭鑛	체언	103
천진	天眞	체언	103
통치자	統治者	체언	103
무례	無禮	부사사전	103
물의	物議	체언	103
연주자	演奏者	복합명사구	103
안수	晏殊	고유명사 사전	103
초청장	招請狀	복합명사구	103
질소	窒素	체언	103
주제문	主題文	복합명사구	103
보도	步道	체언	102
창공	蒼空	체언	102
대사	代謝	복합명사구	102
대의원	代議員	복합명사구	102
도적	盜賊	체언	102
단념	斷念	복합명사구	102
악취	惡臭	체언	102
방송인	放送人	체언	102
감미	甘味	체언	102
관능	官能	복합명사구	102
국무총리	國務總理	체언	102
과실	過失	복합명사구	102
규탄	糾彈	복합명사구	102
노모	老母	복합명사구	102
밀어	密語	복합명사구	102
말엽	末葉	복합명사구	102
내막	內幕	복합명사구	102
서정시	抒情詩	체언	102
도자기	陶瓷器	체언	102
학사	學士	체언	102
순회	巡廻	동사성 명사	102
의전	儀典	체언	102

잉태	孕胎	복합명사구	102
재난	災難	체언	102
중략	中略	복합명사구	102
장정	壯丁	체언	102
자청	自請	복합명사구	102
작업장	作業場	복합명사구	102
혼돈	渾沌	형용사성 명사	102
목조	木造	체언	102
시상	視床	체언	102
치과	齒科	체언	101
반란	反亂	복합명사구	101
복원	復原	동사성 명사	101
공보	公報	체언	101
고금	古今	체언	101
귀향	歸鄕	복합명사구	101
핵가족	核家族	체언	101
후발	後發	체언	101
연승	連勝	복합명사구	101
요양	療養	동사성 명사	101
열풍	烈風	체언	101
육로	陸路	복합명사구	101
목동	牧童	체언	101
반란	叛亂	복합명사구	101
평일	平日	체언	101
천도	遷都	체언	101
전력	全力	체언	101
살벌	殺伐	체언	101
상향	上向	체언	101
사극	史劇	복합명사구	101
천도	天道	체언	101
미개	未開	체언	101
무진	無盡	체언	101
물물	物物	체언	101
손색	遜色	체언	101
이입	移入	복합명사구	101
인력	引力	체언	101
정도	正道	복합명사구	101
증서	證書	체언	101
제동	制動	체언	101
중심주의	中心主義	체언	101
중층	重層	체언	101
포위	包圍	복합명사구	100
필사	筆寫	복합명사구	100
불능	不能	복합명사구	100
장거리	長距離	체언	100
선원	船員	복합명사구	100
타구	打球	체언	100
도수	度數	복합명사구	100
다량	多量	체언	100
발광	發狂	복합명사구	100
공리	公理	체언	100
해리	海里	체언	100
간식	間食	체언	100
장학금	獎學金	체언	100
정적	靜的	체언	100
균등	均等	복합명사구	100
곤경	困境	복합명사구	100
역임	歷任	복합명사구	100
연휴	連休	복합명사구	100
민가	民家	체언	100
민족의식	民族意識	체언	100
명가	名家	체언	100
내륙	內陸	체언	100
처량	凄涼	형용사성 명사	100
육안	肉眼	체언	100
삼라만상	森羅萬象	체언	100
선량	善良	형용사성 명사	100
상소	上疏	체언	100
생수	生水	체언	100
통상	通常	체언	100
통행	通行	복합명사구	100
퇴폐	頹廢	복합명사구	100
하사	下士	체언	100
집념	執念	복합명사구	100
중개	仲介	복합명사구	100
연민	憐愍	동사성 명사	100
백설	白雪	체언	99
보증금	保證金	복합명사구	99
잔존	殘存	복합명사구	99
단전	丹田	체언	99
이목구비	耳目口鼻	복합명사구	99
혜성	彗星	체언	99
혼령	魂靈	복합명사구	99
경구	警句	체언	99
경연	競演	복합명사구	99
군국주의	軍國主義	체언	99

유례	類例	체언	99
이농	離農	체언	99
노상	路上	체언	99
계발	啓發	복합명사구	99
청명	清明	체언	99
소수자	少數者	체언	99
실증주의	實證主義	체언	99
서고	書庫	복합명사구	99
태권도	跆拳道	체언	99
체득	體得	복합명사구	99
동의어	同意語	체언	99
동의어	同義語	복합명사구	99
돌출	突出	복합명사구	99
문건	文件	복합명사구	99
하품	下品	체언	99
선전	宣戰	체언	99
혈류	血流	체언	99
연출가	演出家	복합명사구	99
야담	野談	체언	99
일체감	一體感	복합명사구	99
유골	遺骨	복합명사구	99
은어	銀魚	체언	99
원본	原本	복합명사구	99
운전기사	運轉技士	체언	99
장독	杖毒	체언	99
제압	制壓	복합명사구	99
자초	自招	체언	99
무인	無人	체언	99
부정	不淨	체언	98
초창기	草創期	복합명사구	98
조수	潮水	체언	98
적색	赤色	체언	98
타도	打倒	복합명사구	98
전동차	電動車	체언	98
동사무소	洞事務所	체언	98
대응책	對應策	복합명사구	98
발부	發付	복합명사구	98
폐렴	肺炎	체언	98
공방	攻防	복합명사구	98
경악	驚愕	복합명사구	98
객지	客地	체언	98
예찬	禮讚	복합명사구	98
빈부	貧富	체언	98
수인	囚人	체언	98
산중	山中	체언	98
상사	上司	복합명사구	98
신사	神社	체언	98
시력	視力	복합명사구	98
태평	泰平	체언	98
천기	天氣	체언	98
투약	投藥	복합명사구	98
망막	網膜	복합명사구	98
세례	洗禮	복합명사구	98
헌병	憲兵	체언	98
소사	小使	체언	98
암석	巖石	체언	98
양식	養殖	복합명사구	98
조속	早速	형용사성 명사	98
진폭	振幅	체언	98
조수	助手	복합명사구	98
동경	銅鏡	체언	98
유물	唯物	체언	98
참사	慘事	복합명사구	97
처신	處身	복합명사구	97
대대	代代	복합명사구	97
등판	登板	체언	97
단발	斷髮	복합명사구	97
비행	非行	복합명사구	97
분말	粉末	복합명사구	97
광의	廣義	체언	97
황룡	黃龍	체언	97
회교	回教	체언	97
기원	紀元	체언	97
정력	精力	체언	97
개통	開通	복합명사구	97
광인	狂人	체언	97
비서실	祕書室	체언	97
구애	求愛	복합명사구	97
구걸	求乞	복합명사구	97
열심	熱心	체언	97
사제	司祭	체언	97
타지	他紙	체언	97
타지	他誌	체언	97
온대	溫帶	체언	97
온실	溫室	체언	97
문학인	文學人	체언	97

하원	下院	체언	97
소포	小包	체언	97
협조	協調	복합명사구	97
유인물	油印物	복합명사구	97
증식	增殖	복합명사구	97
직성	直星	체언	97
전자	電磁	체언	97
유일	惟一	형용사성 명사	97
판자	板子	체언	96
변조	變造	복합명사구	96
파란	波瀾	체언	96
보급	補給	체언	96
불참	不參	동사성 명사	96
불명	不明	체언	96
불문	不問	동사성 명사	96
측량	測量	체언	96
동해안	東海岸	체언	96
동인	動因	복합명사구	96
아사	餓死	복합명사구	96
방위	方位	복합명사구	96
분신	焚身	복합명사구	96
부흥	復興	복합명사구	96
기종	機種	체언	96
주류	酒類	체언	96
난제	難題	체언	96
농법	農法	복합명사구	96
피력	披瀝	복합명사구	96
기우	杞憂	복합명사구	96
잠잠	潛潛	부사사전	96
취재원	取材源	체언	96
전복	全鰒	체언	96
생산물	生産物	복합명사구	96
실점	失點	복합명사구	96
실어증	失語症	복합명사구	96
석실	石室	체언	96
시립	市立	체언	96
사전	事典	복합명사구	96
수위	守衛	체언	96
사유	私有	복합명사구	96
미비	未備	복합명사구	96
희박	稀薄	형용사성 명사	96
현상	懸賞	체언	96
연장선	延長線	복합명사구	96
응수	應酬	복합명사구	96
우여곡절	迂餘曲折	체언	96
오니	汚泥	체언	96
지조	志操	복합명사구	96
주범	主犯	복합명사구	96
전문직	專門職	복합명사구	96
작문	作文	체언	96
사상	捨象	형용사성 명사	96
순박	淳朴	형용사성 명사	95
대금	大金	체언	95
대졸	大卒	체언	95
동정	動靜	복합명사구	95
다의어	多義語	체언	95
발원	發源	복합명사구	95
격언	格言	복합명사구	95
급수	給水	체언	95
공기업	公企業	체언	95
궁합	宮合	복합명사구	95
행차	行次	복합명사구	95
합병증	合併症	복합명사구	95
천민	賤民	체언	95
확대	廓大	복합명사구	95
입춘	立春	체언	95
마차	馬車	복합명사구	95
청운	青雲	체언	95
일보	日報	체언	95
침잠	沈潛	체언	95
수장	收藏	동사성 명사	95
수평선	水平線	체언	95
통산	通算	동사성 명사	95
추대	推戴	체언	95
만무	萬無	체언	95
온정	溫情	체언	95
문집	文集	복합명사구	95
문학가	文學家	체언	95
무궁	無窮	체언	95
오도	誤導	복합명사구	95
선영	先塋	체언	95
연체	延滯	복합명사구	95
의사당	議事堂	체언	95
채무자	債務者	체언	95
정의감	正義感	복합명사구	95
지성인	知性人	체언	95

지휘자	指揮者	복합명사구	95
중등	中等	체언	95
탁주	濁酒	체언	95
생기	生起	동사성 명사	95
판화	版畫	복합명사구	94
북적	北狄	체언	94
편집자	編輯者	체언	94
착잡	錯雜	형용사성 명사	94
대동	大同	체언	94
지고	地高	체언	94
동결	凍結	복합명사구	94
악용	惡用	복합명사구	94
고모부	姑母夫	체언	94
고물	古物	체언	94
균열	龜裂	체언	94
합격자	合格者	복합명사구	94
제의	祭儀	체언	94
해독	解讀	복합명사구	94
절규	絶叫	체언	94
군복	軍服	체언	94
예시	例示	체언	94
평원	平原	체언	94
파탄	破綻	복합명사구	94
기각	棄却	복합명사구	94
전집	全集	체언	94
인지도	認知度	복합명사구	94
상복	喪服	체언	94
잉여	剩餘	체언	94
무상	無常	체언	94
무색	無色	체언	94
성생활	性生活	체언	94
학교장	學校長	체언	94
유언	遺言	복합명사구	94
영문학	英文學	체언	94
원내	院内	체언	94
전화	轉化	체언	94
자의식	自意識	복합명사구	94
군장	君長	체언	94
안락	安樂	체언	93
판석	板石	체언	93
포대	包袋	복합명사구	93
피차	彼此	체언	93
참선	參禪	체언	93
정설	定說	복합명사구	93
항문	肛門	복합명사구	93
경지	耕地	체언	93
공청회	公聽會	복합명사구	93
극우	極右	체언	93
감독원	監督員	체언	93
감독원	監督院	복합명사구	93
면세	免稅	체언	93
모면	謀免	복합명사구	93
뇌리	腦裏	복합명사구	93
근면	勤勉	복합명사구	93
추수	秋收	복합명사구	93
일당	日當	체언	93
연약	軟弱	형용사성 명사	93
시가	市價	체언	93
수학자	數學者	체언	93
탑신	塔身	체언	93
태기	胎氣	체언	93
당황	唐惶	체언	93
돌발	突發	복합명사구	93
도면	圖面	체언	93
수녀	修女	체언	93
속출	續出	복합명사구	93
영주	永住	복합명사구	93
조연	助演	체언	93
거사	居士	체언	93
영세	零細	형용사성 명사	93
필경	畢竟	부사사전	92
불효	不孝	복합명사구	92
재판장	裁判長	체언	92
차주	車主	체언	92
순정	純情	복합명사구	92
타박상	打撲傷	체언	92
독일어	獨逸語	체언	92
법대	法大	체언	92
법무	法務	체언	92
불가	佛家	체언	92
복부	腹部	복합명사구	92
관직	官職	체언	92
화력	火力	복합명사구	92
해직	解職	복합명사구	92
금단	禁斷	복합명사구	92
개업	開業	복합명사구	92

광물	鑛物	체언	92
냉면	冷麵	체언	92
예년	例年	체언	92
열강	列強	체언	92
율동	律動	체언	92
맥박	脈搏	복합명사구	92
멸시	蔑視	복합명사구	92
내신	內申	체언	92
여직원	女職員	체언	92
기로	岐路	체언	92
친화	親和	복합명사구	92
인류학	人類學	체언	92
소각	燒却	체언	92
석회	石灰	체언	92
세서	歲序	체언	92
오차	誤差	체언	92
세서	細書	체언	92
후각	嗅覺	복합명사구	92
의료인	醫療人	체언	92
찬반	贊反	복합명사구	92
장막	帳幕	체언	92
정강	政綱	체언	92
지사	支社	체언	92
구상	球狀	체언	92
별감	別監	체언	91
불임	不妊	동사성 명사	91
초등	初等	체언	91
등록증	登錄證	체언	91
등반	登攀	체언	91
지가	地價	체언	91
동방	東方	복합명사구	91
갱년기	更年期	복합명사구	91
공영	公營	복합명사구	91
공로	功勞	복합명사구	91
함양	涵養	복합명사구	91
행패	行悖	복합명사구	91
행원	行員	체언	91
결의	決議	체언	91
군신	君臣	체언	91
만족도	滿足度	복합명사구	91
염불	念佛	복합명사구	91
전성기	全盛期	복합명사구	91
연화	軟化	동사성 명사	91
살포	撒布	체언	91
상급	上級	체언	91
소령	少領	체언	91
생산비	生産費	복합명사구	91
소송법	訴訟法	체언	91
철사	鐵絲	체언	91
청중	聽衆	복합명사구	91
무한대	無限大	형용사성 명사	91
무지	無智	고유명사 사전	91
선녀	仙女	체언	91
학부형	學父兄	체언	91
요추	腰椎	체언	91
야성	野性	체언	91
의용군	義勇軍	체언	91
음색	音色	복합명사구	91
우편물	郵便物	체언	91
운율	韻律	체언	91
종파	宗派	복합명사구	91
애로	隘路	체언	90
애교	愛嬌	복합명사구	90
불허	不許	체언	90
충혈	充血	체언	90
춘란	春蘭	체언	90
지각	地殼	체언	90
점심시간	點心時間	체언	90
정석	定石	체언	90
번성	蕃盛	복합명사구	90
부조	扶助	복합명사구	90
부조	浮彫	체언	90
부종	浮腫	체언	90
궤변	詭辯	체언	90
해골	骸骨	체언	90
해적	海賊	체언	90
호환	互換	복합명사구	90
화합물	化合物	체언	90
격화	激化	복합명사구	90
항복	降伏	동사성 명사	90
접합	接合	복합명사구	90
접목	接木	체언	90
경건	敬虔	형용사성 명사	90
고행	苦行	복합명사구	90
연발	連發	동사성 명사	90
유념	留念	복합명사구	90

육사	陸士	체언	90
묵살	默殺	체언	90
난로	暖爐	체언	90
경주	傾注	체언	90
친분	親分	복합명사구	90
군상	群像	체언	90
영예	榮譽	복합명사구	90
산록	山麓	체언	90
산수	山水	체언	90
신성	神性	체언	90
성지	聖地	체언	90
수감	收監	복합명사구	90
타살	他殺	체언	90
특급	特級	체언	90
제하	題下	체언	90
타원	橢圓	체언	90
망상	妄想	복합명사구	90
문화부	文化部	체언	90
소독	消毒	복합명사구	90
신록	新綠	체언	90
신종	新種	체언	90
선별	選別	복합명사구	90
양육	養育	복합명사구	90
일품	一品	체언	90
인화	印畵	복합명사구	90
형광등	螢光燈	체언	90
진수	眞髓	복합명사구	90
주종	主宗	체언	90
주행	走行	복합명사구	90
애국심	愛國心	체언	89
패전	敗戰	복합명사구	89
출퇴근	出退勤	체언	89
전단	傳單	체언	89
당도	當到	복합명사구	89
지리학	地理學	체언	89
단식	斷食	복합명사구	89
발산	發散	복합명사구	89
번창	繁昌	복합명사구	89
공고	鞏固	형용사성 명사	89
기념비	記念碑	복합명사구	89
경영인	經營人	복합명사구	89
경비원	警備員	복합명사구	89
염치	廉恥	복합명사구	89
목수	木手	체언	89
목탑	木塔	체언	89
목격자	目擊者	복합명사구	89
빈익빈	貧益貧	체언	89
군집	群集	체언	89
생활비	生活費	복합명사구	89
실신	失神	체언	89
실의	失意	체언	89
시효	時效	복합명사구	89
수렵	狩獵	복합명사구	89
서기	書記	체언	89
사활	死活	복합명사구	89
동공	瞳孔	복합명사구	89
단합	團合	복합명사구	89
만능	萬能	체언	89
망령	亡靈	체언	89
망령	妄靈	동사성 명사	89
물증	物證	복합명사구	89
현미	玄米	체언	89
삭감	削減	복합명사구	89
혈기	血氣	체언	89
혈당	血糖	체언	89
일이	一二	수사사전	89
일념	一念	복합명사구	89
이채	異彩	체언	89
중앙당	中央黨	체언	89
전매	專賣	체언	89
자외선	紫外線	체언	89
고물	故物	체언	89
붕대	繃帶	체언	88
차관보	次官補	체언	88
독단	獨斷	복합명사구	88
발각	發覺	복합명사구	88
봉선화	鳳仙花	체언	88
개각	改閣	복합명사구	88
과민	過敏	복합명사구	88
호족	豪族	체언	88
계획서	計劃書	복합명사구	88
교도	教徒	체언	88
교육감	教育監	체언	88
정유	精油	체언	88
거목	巨木	복합명사구	88
감치	勘治	체언	88

양극	兩極	체언	88
난폭	亂暴	체언	88
명주	明紬	체언	88
남방	南方	체언	88
의사	擬似	형용사성 명사	88
여선생	女先生	체언	88
평교사	平教師	체언	88
산야	山野	체언	88
생가	生家	체언	88
세습	世襲	복합명사구	88
투철	透徹	형용사성 명사	88
잡담	雜談	복합명사구	88
정체	政體	체언	88
직권	職權	복합명사구	88
중계방송	中繼放送	체언	88
자본재	資本財	체언	88
동계	冬季	체언	88
편제	編制	동사성 명사	87
재력	財力	복합명사구	87
사설	辭說	복합명사구	87
대덕	大德	복합명사구	87
대업	大業	복합명사구	87
지층	地層	체언	87
투사	鬪士	복합명사구	87
폐업	廢業	복합명사구	87
법당	法堂	복합명사구	87
부양	扶養	복합명사구	87
간염	肝炎	체언	87
공비	共匪	체언	87
관찰자	觀察者	복합명사구	87
귀환	歸還	복합명사구	87
항로	航路	복합명사구	87
흑색	黑色	체언	87
기동	機動	동사성 명사	87
적립	積立	복합명사구	87
기행문	紀行文	체언	87
검소	儉素	복합명사구	87
경도	經度	체언	87
구치소	拘置所	체언	87
고고학자	考古學者	체언	87
공포감	恐怖感	복합명사구	87
녹지	綠地	체언	87
매기	賣氣	체언	87
매기	煤氣	체언	87
매기	每期	체언	87
면도	面刀	체언	87
민족사	民族史	체언	87
배구	排球	체언	87
기절	氣絶	동사성 명사	87
청렴	淸廉	체언	87
육질	肉質	체언	87
여래	如來	체언	87
유림	儒林	체언	87
입장권	入場券	체언	87
생동감	生動感	복합명사구	87
성대	盛大	형용사성 명사	87
시편	詩篇	체언	87
시사	時事	체언	87
사자	使者	체언	87
수매	收買	복합명사구	87
돌진	突進	복합명사구	87
외계	外界	체언	87
만년	晚年	체언	87
위문	慰問	복합명사구	87
문란	紊亂	복합명사구	87
무료	無聊	복합명사구	87
하대	下待	복합명사구	87
하향	下向	체언	87
심장병	心臟病	체언	87
요정	妖精	체언	87
유죄	有罪	체언	87
원단	原緞	체언	87
장본인	張本人	복합명사구	87
종언	終焉	체언	87
수호	修好	동사성 명사	87
반점	斑點	체언	86
북동	北東	체언	86
북서	北西	체언	86
조업	操業	체언	86
대리석	大理石	체언	86
대학교수	大學教授	체언	86
대리인	代理人	복합명사구	86
단청	丹靑	복합명사구	86
독창	獨創	동사성 명사	86
풍상	風霜	체언	86
부담금	負擔金	복합명사구	86

복직	復職	복합명사구	86
극락	極樂	체언	86
장병	將兵	체언	86
장학사	奬學士	체언	86
결석	結石	체언	86
금연	禁煙	복합명사구	86
정신문화	精神文化	체언	86
경마장	競馬場	체언	86
경쟁사	競爭社	체언	86
간호원	看護員	체언	86
구전	口傳	동사성 명사	86
낭송	朗誦	동사성 명사	86
마취	麻醉	체언	86
우발	偶發	체언	86
청정	淸淨	체언	86
산역	山役	체언	86
시상식	施賞式	복합명사구	86
세주	歲酒	체언	86
탐방	探訪	복합명사구	86
동성	同姓	체언	86
토성	土城	체언	86
외화	外畵	체언	86
위배	違背	복합명사구	86
온천	溫泉	체언	86
물색	物色	체언	86
선구자	先驅者	복합명사구	86
함정	陷穽	복합명사구	86
인두	咽頭	체언	86
야유	揶揄	복합명사구	86
음란	淫亂	체언	86
재상	宰相	체언	86
전투기	戰鬪機	체언	86
장갑	掌匣	복합명사구	86
치료법	治療法	복합명사구	86
자급	自給	복합명사구	86
함정	檻穽	체언	86
영광	靈光	체언	86
법조	法曹	체언	86
포섭	包攝	복합명사구	85
병정	兵丁	체언	85
책장	冊欌	체언	85
산후	産後	체언	85
탑승	搭乘	복합명사구	85
조서	調書	복합명사구	85
정관	定款	체언	85
악연	惡緣	체언	85
공덕	功德	체언	85
광고비	廣告費	복합명사구	85
국호	國號	복합명사구	85
과음	過飮	복합명사구	85
행장	行長	체언	85
후면	後面	복합명사구	85
후임	後任	복합명사구	85
즉흥	卽興	체언	85
계산기	計算器	체언	85
기고	寄稿	체언	85
항진	亢進	체언	85
용마	龍馬	체언	85
이력	履歷	복합명사구	85
미담	美談	복합명사구	85
보통학교	普通學校	체언	85
청혼	請婚	복합명사구	85
인간사	人間事	체언	85
심오	深奧	형용사성 명사	85
실수	實數	체언	85
수집	收集	복합명사구	85
수갑	手匣	체언	85
태교	胎敎	체언	85
담합	談合	복합명사구	85
동문	同門	복합명사구	85
동족	同族	체언	85
외벽	外壁	복합명사구	85
외가	外家	복합명사구	85
왕후	王后	체언	85
서남	西南	체언	85
상대편	相對便	복합명사구	85
초상화	肖像畵	체언	85
소실	消失	체언	85
소뇌	小腦	체언	85
소연	小宴	체언	85
신간	新刊	체언	85
신정	新正	체언	85
이민족	異民族	체언	85
유화	油畵	체언	85
중류	中流	체언	85
전문점	專門店	복합명사구	85

장착	裝着	복합명사구	85
서사	書寫	체언	85
지휘	指麾	동사성 명사	85
안이	安易	형용사성 명사	84
안건	案件	복합명사구	84
비구니	比丘尼	체언	84
파행	跛行	체언	84
보조	步調	체언	84
당직자	黨職者	복합명사구	84
방비	防備	복합명사구	84
비화	飛火	체언	84
고시	高試	복합명사구	84
공모	共謀	동사성 명사	84
관공서	官公署	체언	84
과수원	果樹園	체언	84
과도기	過渡期	복합명사구	84
행적	行跡	복합명사구	84
기장	機長	복합명사구	84
가전제품	家電製品	체언	84
감정	鑑定	체언	84
접대	接待	복합명사구	84
경추	頸椎	체언	84
구출	救出	복합명사구	84
곤욕	困辱	체언	84
여과	濾過	체언	84
밀림	密林	체언	84
난관	難關	체언	84
판단력	判斷力	복합명사구	84
전문	全文	복합명사구	84
색조	色調	체언	84
시술	施術	복합명사구	84
식모	食母	체언	84
세자	世子	체언	84
체벌	體罰	체언	84
동기	同氣	체언	84
미연	未然	체언	84
서문	西門	체언	84
서학	西學	체언	84
숙박	宿泊	복합명사구	84
염증	炎症	복합명사구	84
일괄	一括	체언	84
조응	照應	복합명사구	84
정쟁	政爭	복합명사구	84

중진	重鎭	체언	84
자타	自他	체언	84
대공	對共	체언	84
패권	覇權	체언	83
반포	頒布	복합명사구	83
보호법	保護法	복합명사구	83
본점	本店	복합명사구	83
본토	本土	복합명사구	83
빙하기	氷河期	체언	83
측두엽	側頭葉	체언	83
승낙	承諾	복합명사구	83
총기	銃器	체언	83
처치	處置	복합명사구	83
총서	叢書	체언	83
대작	大作	복합명사구	83
당첨	當籤	복합명사구	83
동국	東國	체언	83
독선	獨善	복합명사구	83
부익부	富益富	체언	83
고질	痼疾	복합명사구	83
효시	嚆矢	복합명사구	83
기술력	技術力	체언	83
객주	客主	복합명사구	83
이토	吏吐	체언	83
역사주의	歷史主義	체언	83
이토	泥土	체언	83
여중	女中	체언	83
전과자	前科者	체언	83
잠복	潛伏	복합명사구	83
인륜	人倫	체언	83
신분증	身分證	복합명사구	83
사관학교	士官學校	체언	83
세무서	稅務署	체언	83
손녀	孫女	복합명사구	83
위압	威壓	복합명사구	83
미완	未完	체언	83
무위	無爲	체언	83
물산	物産	체언	83
휴게소	休憩所	복합명사구	83
숙원	宿願	복합명사구	83
숙주	宿主	체언	83
선거구	選擧區	체언	83
안과	眼科	체언	83

양옥	洋屋	체언	83
일격	一擊	복합명사구	83
일견	一見	체언	83
일로	一路	체언	83
일문일답	一問一答	체언	83
의료진	醫療陣	체언	83
이토	異土	체언	83
영양분	營養分	복합명사구	83
우회	迂回	동사성 명사	83
어촌	漁村	체언	83
어민	漁民	체언	83
진화	鎮火	복합명사구	83
정치사	政治史	체언	83
질식	窒息	체언	83
장신구	裝身具	복합명사구	83
최적	最適	체언	83
시작	詩作	체언	83
사정	司正	체언	83
본의	本意	복합명사구	82
불륜	不倫	복합명사구	82
산업체	産業體	체언	82
성패	成敗	복합명사구	82
추첨	抽籤	복합명사구	82
추악	醜惡	형용사성 명사	82
촉감	觸感	체언	82
지명	地名	복합명사구	82
전분	澱粉	체언	82
독기	毒氣	복합명사구	82
이부	二部	체언	82
발행인	發行人	복합명사구	82
방전	放電	체언	82
부자	父子	체언	82
가야금	伽倻琴	체언	82
경색	梗塞	복합명사구	82
관건	關鍵	복합명사구	82
한우	韓牛	체언	82
합계	合計	복합명사구	82
회의장	會議場	체언	82
혼잡	混雜	체언	82
교향악단	交響樂團	체언	82
교무	教務	체언	82
구식	舊式	체언	82
절망감	絶望感	복합명사구	82
남루	襤褸	체언	82
냉수	冷水	체언	82
양분	兩分	복합명사구	82
열세	劣勢	복합명사구	82
만점	滿點	체언	82
비방	祕方	체언	82
민정	民情	체언	82
민정	民政	체언	82
마법	魔法	복합명사구	82
묘소	墓所	체언	82
난산	難産	복합명사구	82
농축	濃縮	복합명사구	82
표백	漂白	복합명사구	82
기운	氣運	복합명사구	82
친밀감	親密感	체언	82
권투	拳鬪	체언	82
섬광	閃光	체언	82
사주	四柱	복합명사구	82
태초	太初	체언	82
탐험	探險	복합명사구	82
물리학자	物理學者	체언	82
심술	心術	복합명사구	82
형식	型式	복합명사구	82
요원	遙遠	형용사성 명사	82
약주	藥酒	체언	82
용맹	勇猛	복합명사구	82
유람선	遊覽船	체언	82
원류	源流	복합명사구	82
전차	戰車	체언	82
중심가	中心街	복합명사구	82
주택가	住宅街	복합명사구	82
주철	鑄鐵	체언	82
자태	姿態	복합명사구	82
작업복	作業服	복합명사구	82
소극	消極	형용사성 명사	82
북향	北向	체언	81
본선	本選	체언	81
편승	便乘	복합명사구	81
빈소	殯所	체언	81
불면	不眠	체언	81
장단점	長短點	복합명사구	81
초보자	初步者	복합명사구	81
선장	船長	체언	81

찬탈	簒奪	복합명사구	81
답안	答案	복합명사구	81
당론	黨論	복합명사구	81
저질	低質	체언	81
저당	抵當	복합명사구	81
악인	惡人	체언	81
폐병	肺病	체언	81
공작원	工作員	체언	81
합숙	合宿	복합명사구	81
혼사	婚事	체언	81
기관장	機關長	체언	81
제전	祭典	복합명사구	81
교향곡	交響曲	복합명사구	81
국소	局所	체언	81
거만	倨慢	복합명사구	81
구강	口腔	복합명사구	81
고충	苦衷	복합명사구	81
입건	立件	동사성 명사	81
역사관	歷史觀	복합명사구	81
영산	靈山	체언	81
여행객	旅行客	체언	81
모국	母國	복합명사구	81
모음	母音	체언	81
남서	南西	체언	81
품격	品格	체언	81
절하	切下	복합명사구	81
결점	缺點	복합명사구	81
산재	散在	체언	81
상기	上氣	동사성 명사	81
생리학	生理學	체언	81
성직자	聖職者	체언	81
수구	守舊	체언	81
수수	授受	동사성 명사	81
시부모	媤父母	복합명사구	81
사체	死體	체언	81
숙청	肅淸	복합명사구	81
통폐합	統廢合	복합명사구	81
토목	土木	체언	81
완수	完遂	복합명사구	81
위계	位階	체언	81
효성	孝誠	복합명사구	81
교훈	校訓	체언	81
심리학자	心理學者	체언	81
심기	心氣	복합명사구	81
심사	心思	복합명사구	81
엄중	嚴重	체언	81
지천	至賤	체언	81
중흥	中興	복합명사구	81
주간	主幹	체언	81
저명	著名	체언	81
자금난	資金難	복합명사구	81
도당	道黨	체언	81
제당	祭堂	체언	81
주간	週刊	체언	81
본전	本錢	체언	80
별세	別世	체언	80
포수	捕手	체언	80
불가결	不可缺	체언	80
참고서	參考書	복합명사구	80
초록색	草綠色	체언	80
다도	茶道	복합명사구	80
상수	常數	체언	80
출품	出品	체언	80
초혼	初婚	체언	80
종군	從軍	복합명사구	80
단자	短資	체언	80
방사능	放射能	체언	80
간만	干滿	체언	80
공중전화	公衆電話	체언	80
과대평가	過大評價	체언	80
환갑	還甲	체언	80
함대	艦隊	체언	80
경락	競落	체언	80
결재	決裁	복합명사구	80
난간	欄干	체언	80
연락처	連絡處	복합명사구	80
영도	領導	체언	80
매연	煤煙	복합명사구	80
면장	面長	체언	80
민초	民草	체언	80
민담	民譚	복합명사구	80
목요일	木曜日	체언	80
뇌사	腦死	복합명사구	80
농림	農林	체언	80
분수	噴水	체언	80
처참	悽慘	형용사성 명사	80

전위	前衛	체언	80
전체주의	全體主義	체언	80
용의자	容疑者	복합명사구	80
입성	入城	복합명사구	80
신명	身命	체언	80
신명	神命	체언	80
습도	濕度	체언	80
식용	食用	체언	80
외과	外科	체언	80
선로	線路	체언	80
교정	校庭	체언	80
흉기	凶器	복합명사구	80
학장	學長	복합명사구	80
일사불란	一絲不亂	형용사성 명사	80
의사	義士	체언	80
우열	優劣	복합명사구	80
원금	元金	복합명사구	80
원심	遠心	체언	80
중독자	中毒者	복합명사구	80
주간지	週刊誌	복합명사구	80
자위	自衛	체언	80
출하	出荷	복합명사구	79
축산	畜産	체언	79
자기	磁氣	체언	79
답장	答狀	복합명사구	79
타박	打撲	체언	79
타진	打診	복합명사구	79
대의	代議	복합명사구	79
정녕	丁寧	부사사전	79
악담	惡談	체언	79
법회	法會	체언	79
감상	感傷	체언	79
고위급	高位級	체언	79
갱신	更新	복합명사구	79
공고	公告	복합명사구	79
국력	國力	체언	79
합장	合掌	복합명사구	79
후예	後裔	복합명사구	79
화장지	化粧紙	체언	79
극성	極盛	체언	79
감퇴	減退	복합명사구	79
내년도	來年度	체언	79
문간	門間	체언	79
명인	名人	체언	79
명상	冥想	복합명사구	79
명상	瞑想	동사성 명사	79
내과	內科	체언	79
평행선	平行線	체언	79
친애	親愛	체언	79
상주	喪主	체언	79
산정	山頂	체언	79
성군	聖君	체언	79
실존주의	實存主義	체언	79
실정법	實定法	체언	79
수신자	受信者	복합명사구	79
술어	述語	체언	79
사망자	死亡者	복합명사구	79
정전	停電	체언	79
유기	鍮器	체언	79
오찬	午餐	복합명사구	79
서론	序論	복합명사구	79
선수권	選手權	복합명사구	79
압류	押留	복합명사구	79
양식장	養殖場	체언	79
일병	一兵	체언	79
용건	用件	체언	79
원수	元帥	체언	79
재선	再選	체언	79
쟁반	錚盤	체언	79
중풍	中風	체언	79
추종	追從	복합명사구	79
추종자	追從者	복합명사구	79
자음	子音	체언	79
사공	砂工	체언	79
서론	緒論	체언	79
반구	半球	체언	78
본관	本館	체언	78
불쾌감	不快感	복합명사구	78
불심	不審	형용사성 명사	78
숭상	崇尙	복합명사구	78
대통령령	大統領令	체언	78
단번	單番	체언	78
저가	低價	체언	78
지하수	地下水	체언	78
조율	調律	복합명사구	78
동상	凍傷	체언	78

불사	佛事	체언	78
강철	鋼鐵	체언	78
고급문화	高級文化	체언	78
혁명가	革命家	체언	78
국유	國有	체언	78
회식	會食	체언	78
기내	機內	복합명사구	78
계량	計量	복합명사구	78
장학	奬學	체언	78
각본	脚本	복합명사구	78
가도	街道	복합명사구	78
난초	蘭草	체언	78
냉증	冷症	복합명사구	78
유포	流布	복합명사구	78
녹차	綠茶	체언	78
매립	埋立	복합명사구	78
판이	判異	형용사성 명사	78
평평	平平	형용사성 명사	78
굴욕	屈辱	복합명사구	78
전면전	全面戰	체언	78
섭외	涉外	복합명사구	78
생물학자	生物學者	체언	78
석등	石燈	체언	78
식수	食水	체언	78
시가	時價	복합명사구	78
산출	算出	복합명사구	78
외삼촌	外三寸	복합명사구	78
미지수	未知數	체언	78
온돌	溫突	체언	78
문화유산	文化遺産	체언	78
상담소	相談所	복합명사구	78
압승	壓勝	복합명사구	78
요술	妖術	체언	78
경화증	硬化症	체언	78
용지	用地	체언	78
여념	餘念	체언	78
어원	語原	체언	78
어원	語源	복합명사구	78
충절	忠節	체언	78
자임	自任	복합명사구	78
작고	作故	복합명사구	78
난간	欄杆	체언	78
납부	納附	동사성 명사	78
전국	戰國	체언	78
애완	愛玩	체언	77
백발	白髮	체언	77
포옹	抱擁	복합명사구	77
폭우	暴雨	체언	77
별거	別居	복합명사구	77
병장	兵長	체언	77
불운	不運	형용사성 명사	77
초막	草幕	체언	77
성형	成形	복합명사구	77
창시자	創始者	복합명사구	77
덕담	德談	복합명사구	77
지표	地表	체언	77
지방세	地方稅	체언	77
지역구	地域區	체언	77
방장	房長	체언	77
근성	根性	복합명사구	77
공석	公席	체언	77
궁정	宮廷	체언	77
고막	鼓膜	복합명사구	77
관료주의	官僚主義	체언	77
국사	國史	체언	77
국영	國營	체언	77
하등	何等	체언	77
견학	見學	복합명사구	77
장기	將棋	체언	77
접견	接見	복합명사구	77
매료	魅了	체언	77
명암	明暗	체언	77
연평균	年平均	복합명사구	77
구역	嘔逆	체언	77
경유	輕油	체언	77
친근감	親近感	복합명사구	77
굴절	屈折	복합명사구	77
인품	人品	복합명사구	77
삼각주	三角洲	체언	77
심호흡	深呼吸	체언	77
생활상	生活相	복합명사구	77
성전	聖殿	체언	77
시차	時差	체언	77
사업소	事業所	복합명사구	77
수심	水深	복합명사구	77
특별시	特別市	복합명사구	77

특화	特化	복합명사구	77
제보	提報	복합명사구	77
제소	提訴	복합명사구	77
동우회	同友會	복합명사구	77
외지	外地	체언	77
위신	威信	복합명사구	77
위암	胃癌	체언	77
문안	文案	체언	77
문병	問病	복합명사구	77
하청	下請	복합명사구	77
교내	校內	체언	77
심재	心材	체언	77
신임	信任	복합명사구	77
수료	修了	복합명사구	77
수업	修業	동사성 명사	77
허비	虛費	복합명사구	77
엄습	掩襲	동사성 명사	77
연산	演算	복합명사구	77
일개	一介	체언	77
인솔	引率	복합명사구	77
영양가	營養價	복합명사구	77
유수	有數	체언	77
원문	原文	복합명사구	77
재혼	再婚	복합명사구	77
정벌	征伐	복합명사구	77
증명서	證明書	체언	77
주파수	周波數	복합명사구	77
전입	轉入	체언	77
죄의식	罪意識	체언	77
존경심	尊敬心	복합명사구	77
애국자	愛國者	체언	76
벽지	壁紙	복합명사구	76
차익	差益	체언	76
전갈	傳喝	체언	76
당기	黨紀	복합명사구	76
당기	黨旗	복합명사구	76
점원	店員	체언	76
동서양	東西洋	체언	76
동양인	東洋人	체언	76
악성	惡性	체언	76
발매	發賣	복합명사구	76
공장장	工場長	복합명사구	76
귀천	貴賤	체언	76
과반수	過半數	복합명사구	76
해발	海拔	체언	76
합의	合議	복합명사구	76
환장	換腸	복합명사구	76
혼선	混線	복합명사구	76
경보	警報	복합명사구	76
공수	空輸	복합명사구	76
남근	男根	체언	76
남동생	男同生	복합명사구	76
편차	偏差	체언	76
기력	棋力	체언	76
인증	認證	체언	76
승소	勝訴	복합명사구	76
성가	聖歌	체언	76
실업	實業	체언	76
사무국	事務局	복합명사구	76
술수	術數	복합명사구	76
수중	水中	체언	76
설명회	說明會	복합명사구	76
시댁	媤宅	복합명사구	76
소생	甦生	복합명사구	76
돌파구	突破口	복합명사구	76
추진력	推進力	체언	76
퇴색	退色	체언	76
희석	稀釋	체언	76
헌장	憲章	체언	76
소국	小國	복합명사구	76
휴전선	休戰線	체언	76
야망	野望	체언	76
이화	異化	체언	76
재래식	在來式	체언	76
초인종	招人鐘	체언	76
지회	支會	체언	76
지체	肢體	체언	76
중인	中人	체언	76
중인	衆人	체언	76
주조	主潮	체언	76
주교	主教	복합명사구	76
자존	自尊	체언	76
족보	族譜	체언	76
조석	潮汐	체언	76
편액	扁額	체언	75
시기	猜忌	복합명사구	75

초안	草案	복합명사구	75
장발	長髮	체언	75
출력	出力	복합명사구	75
당수	黨首	복합명사구	75
득표	得票	복합명사구	75
득실	得失	복합명사구	75
득세	得勢	복합명사구	75
독촉	督促	복합명사구	75
법도	法度	복합명사구	75
개작	改作	복합명사구	75
공사장	工事場	복합명사구	75
관리직	管理職	체언	75
후학	後學	체언	75
환성	歡聲	체언	75
환산	換算	복합명사구	75
계상	計上	복합명사구	75
교미	交尾	복합명사구	75
계엄	戒嚴	체언	75
구국	救國	체언	75
준공	竣工	복합명사구	75
가망	可望	복합명사구	75
곳간	庫間	체언	75
이발소	理髮所	체언	75
임야	林野	체언	75
유배	流配	복합명사구	75
면사무소	面事務所	체언	75
민화	民畵	복합명사구	75
명소	名所	복합명사구	75
남진	南進	복합명사구	75
배회	徘徊	체언	75
정취	情趣	복합명사구	75
친선	親善	체언	75
열량	熱量	복합명사구	75
입상	入賞	복합명사구	75
삼단	三段	체언	75
시종	始終	체언	75
수용체	受容體	체언	75
수성	水星	체언	75
소유물	所有物	복합명사구	75
도토	陶土	체언	75
특기	特技	복합명사구	75
투구	投球	복합명사구	75
미행	尾行	복합명사구	75
희열	喜悅	복합명사구	75
수선	修繕	복합명사구	75
양수	陽數	체언	75
요일	曜日	체언	75
어학	語學	체언	75
원시인	原始人	체언	75
제후	諸侯	복합명사구	75
자급자족	自給自足	체언	75
총량	總量	복합명사구	75
수록	蒐錄	동사성 명사	75
본시	本是	체언	74
표어	標語	체언	74
병폐	病弊	복합명사구	74
조계종	曹溪宗	체언	74
창시	創始	복합명사구	74
분가	分家	복합명사구	74
부녀회	婦女會	복합명사구	74
항만	港灣	체언	74
구내	構內	복합명사구	74
관영	官營	체언	74
관찰사	觀察使	체언	74
국시	國是	체언	74
호소력	呼訴力	체언	74
황달	黃疸	체언	74
천대	賤待	복합명사구	74
장인	匠人	체언	74
교란	攪亂	복합명사구	74
차명	借名	체언	74
연합국	聯合國	체언	74
유리문	琉璃門	체언	74
만료	滿了	복합명사구	74
남정	男丁	체언	74
내용물	內容物	복합명사구	74
기합	氣合	체언	74
전실	前室	체언	74
삼대	三代	체언	74
신경전	神經戰	복합명사구	74
십분	十分	부사사전	74
실전	實戰	체언	74
통풍	通風	체언	74
투기	投棄	복합명사구	74
오미자	五味子	체언	74
하강	下降	복합명사구	74

혐오감	嫌惡感	체언	74
함락	陷落	동사성 명사	74
상극	相剋	체언	74
상정	想定	복합명사구	74
신호등	信號燈	체언	74
학창	學窓	체언	74
유목민	遊牧民	체언	74
진의	眞意	체언	74
직선	直選	체언	74
제작비	製作費	복합명사구	74
전문대	專門大	복합명사구	74
자형	字形	복합명사구	74
졸업식	卒業式	복합명사구	74
안정세	安定勢	복합명사구	73
보증인	保證人	복합명사구	73
변덕	變德	복합명사구	73
병렬	竝列	체언	73
상무이사	常務理事	체언	73
승무원	乘務員	체언	73
천착	穿鑿	복합명사구	73
등잔	燈盞	체언	73
독재자	獨裁者	복합명사구	73
단역	端役	체언	73
은총	恩寵	체언	73
분홍색	粉紅色	체언	73
복학	復學	동사성 명사	73
관원	官員	체언	73
관절염	關節炎	체언	73
횡단	橫斷	복합명사구	73
화대	花代	체언	73
회화	會話	복합명사구	73
집결	集結	체언	73
검사법	檢查法	복합명사구	73
함정	艦艇	체언	73
절기	節氣	체언	73
계명	誡命	체언	73
진급	進級	복합명사구	73
요기	療飢	체언	73
유파	流派	체언	73
건배	乾杯	복합명사구	73
신변	身邊	복합명사구	73
생화학	生化學	체언	73
생태	生太	체언	73
사업부	事業部	복합명사구	73
수요일	水曜日	체언	73
사적	私的	체언	73
사멸	死滅	복합명사구	73
속보	速報	복합명사구	73
소여	所與	체언	73
천당	天堂	체언	73
철근	鐵筋	체언	73
투사	投射	복합명사구	73
만찬	晚餐	체언	73
오동	梧桐	체언	73
무녀	舞女	체언	73
희로애락	喜怒哀樂	복합명사구	73
소위	小委	체언	73
소여	小輿	체언	73
신생아	新生兒	체언	73
신식	新式	체언	73
형용	形容	복합명사구	73
양기	陽氣	체언	73
음질	音質	체언	73
응징	膺懲	복합명사구	73
원점	原點	복합명사구	73
악극	樂劇	체언	73
자구책	自救策	체언	73
전위	電位	체언	73
팔각	八角	체언	72
백악	白堊	체언	72
백악	百惡	체언	72
백합	百合	체언	72
패망	敗亡	복합명사구	72
포부	抱負	복합명사구	72
북극	北極	체언	72
장시간	長時間	체언	72
자장	磁場	체언	72
사직서	辭職書	복합명사구	72
단행본	單行本	복합명사구	72
등산로	登山路	체언	72
법인세	法人稅	복합명사구	72
공과	工科	체언	72
공용	公用	체언	72
국민학생	國民學生	체언	72
한자어	漢字語	체언	72
즉위	卽位	복합명사구	72

강연회	講演會	복합명사구	72
긴축	緊縮	복합명사구	72
취침	就寢	복합명사구	72
공습	空襲	복합명사구	72
낭독	朗讀	동사성 명사	72
이상향	理想鄉	복합명사구	72
녹두	綠豆	체언	72
미남	美男	체언	72
미용	美容	체언	72
미술사	美術史	복합명사구	72
골몰	汨沒	체언	72
묵인	默認	체언	72
계원	契員	체언	72
인가	人家	체언	72
육감	肉感	복합명사구	72
색소	色素	체언	72
사무관	事務官	체언	72
수완	手腕	복합명사구	72
소외감	疏外感	복합명사구	72
수정	水晶	체언	72
수소문	搜所聞	복합명사구	72
소양	素養	복합명사구	72
특별법	特別法	복합명사구	72
청취자	聽取者	체언	72
동점	同點	체언	72
돌변	突變	복합명사구	72
돌연변이	突然變異	체언	72
완연	宛然	형용사성 명사	72
오륜	五倫	체언	72
흡입	吸入	체언	72
상생	相生	복합명사구	72
소풍	逍風	체언	72
소비량	消費量	복합명사구	72
효능	效能	복합명사구	72
연명	延命	복합명사구	72
업주	業主	체언	72
여력	餘力	체언	72
재배	再拜	복합명사구	72
지지율	支持率	복합명사구	72
제작진	製作陣	복합명사구	72
저금	貯金	체언	72
전가	轉嫁	복합명사구	72
가신	家神	체언	72
보훈	報勳	체언	71
폭동	暴動	복합명사구	71
배가	倍加	복합명사구	71
변조	變調	체언	71
포승	捕繩	체언	71
참회	懺悔	복합명사구	71
치약	齒藥	체언	71
사연	辭緣	체언	71
제방	堤防	복합명사구	71
저택	邸宅	복합명사구	71
지평선	地平線	체언	71
범인	凡人	체언	71
부적	符籍	복합명사구	71
공급자	供給者	복합명사구	71
호사	豪奢	체언	71
가정부	家政婦	복합명사구	71
견지	見地	체언	71
결탁	結託	복합명사구	71
갈구	渴求	복합명사구	71
나사	螺絲	체언	71
미간	眉間	복합명사구	71
양조장	釀造場	체언	71
빈혈	貧血	체언	71
곡예	曲藝	체언	71
거래량	去來量	복합명사구	71
전량	全量	체언	71
군소	群小	체언	71
열의	熱意	복합명사구	71
인선	人選	체언	71
입단	入團	복합명사구	71
사살	射殺	복합명사구	71
신격	神格	체언	71
신상	神像	체언	71
식염	食鹽	체언	71
실례	實例	체언	71
수비수	守備手	체언	71
수칙	守則	복합명사구	71
서신	書信	복합명사구	71
수식	數式	체언	71
속설	俗說	복합명사구	71
조례	條例	복합명사구	71
철제	鐵製	체언	71
위화감	違和感	체언	71

온상	溫床	복합명사구	71
온기	溫氣	복합명사구	71
아집	我執	복합명사구	71
선친	先親	복합명사구	71
소장	小腸	체언	71
소총	小銃	체언	71
소농	小農	체언	71
성명	姓名	체언	71
선교사	宣教師	체언	71
암벽	巖壁	체언	71
염기	鹽基	복합명사구	71
약제	藥劑	체언	71
약효	藥效	복합명사구	71
이단	異端	체언	71
의석	議席	복합명사구	71
인도인	印度人	체언	71
응모	應募	복합명사구	71
재위	在位	체언	71
조물주	造物主	체언	71
정파	政派	복합명사구	71
중령	中領	체언	71
전횡	專橫	체언	71
추모	追慕	복합명사구	71
사연	詞緣	체언	71
난로	煖爐	체언	71
안도감	安堵感	체언	70
반반	半半	체언	70
필승	必勝	체언	70
보약	補藥	복합명사구	70
장내	場內	체언	70
칭호	稱號	체언	70
성불	成佛	체언	70
졸지	猝地	체언	70
지연	地緣	체언	70
독과점	獨寡占	체언	70
다독	多讀	체언	70
개개	個個	부사사전	70
관전	觀戰	체언	70
항시	恒時	체언	70
후방	後方	체언	70
혼전	婚前	체언	70
경제인	經濟人	복합명사구	70
과학사	科學史	체언	70
유랑	流浪	동사성 명사	70
난소	卵巢	체언	70
모녀	母女	체언	70
내정	內定	복합명사구	70
역기능	逆機能	복합명사구	70
계약서	契約書	복합명사구	70
강점기	強占期	복합명사구	70
구획	區劃	복합명사구	70
일간	日刊	체언	70
산세	山勢	체언	70
심도	深度	체언	70
시외	市外	체언	70
수세	守勢	체언	70
세액	稅額	체언	70
소관	所管	복합명사구	70
타향	他鄉	체언	70
왕립	王立	체언	70
위기감	危機感	복합명사구	70
미망인	未亡人	복합명사구	70
문학자	文學者	체언	70
오곡	五穀	체언	70
오시	午時	체언	70
무용단	舞踊團	체언	70
신작	新作	체언	70
성행위	性行爲	복합명사구	70
성씨	姓氏	체언	70
허영	虛榮	체언	70
언어관	言語觀	복합명사구	70
연출자	演出者	복합명사구	70
일동	一同	체언	70
절충	折衷	체언	70
지류	支流	체언	70
지상	至上	체언	70
전공자	專攻者	복합명사구	70
장대	壯大	형용사성 명사	70
부대	附帶	동사성 명사	70
공소	公所	체언	70
안마	按摩	복합명사구	69
패소	敗訴	복합명사구	69
비구	比丘	체언	69
병합	併合	복합명사구	69
박람회	博覽會	복합명사구	69
참배	參拜	복합명사구	69

성년	成年	체언	69
출두	出頭	복합명사구	69
창조자	創造者	체언	69
총명	聰明	체언	69
타율	打率	복합명사구	69
대필	代筆	복합명사구	69
대피	待避	복합명사구	69
등성	登城	체언	69
등성	等星	체언	69
지상전	地上戰	체언	69
분절	分節	체언	69
봉토	封土	체언	69
복권	福券	체언	69
간선	幹線	체언	69
궁성	宮城	체언	69
국외	國外	체언	69
해일	海溢	체언	69
굉음	轟音	복합명사구	69
화염병	火焰瓶	체언	69
기밀	機密	복합명사구	69
극소수	極少數	체언	69
제수	祭需	체언	69
결행	決行	복합명사구	69
냉담	冷淡	체언	69
양질	良質	체언	69
요량	料量	동사성 명사	69
육십	六十	수사사전	69
누락	漏落	복합명사구	69
만개	滿開	복합명사구	69
만월	滿月	체언	69
미제	美製	체언	69
명의	名醫	체언	69
파출부	派出婦	체언	69
판별	判別	복합명사구	69
강약	強弱	복합명사구	69
청룡	青龍	체언	69
사회주의자	社會主義者	체언	69
사명감	使命感	복합명사구	69
세기말	世紀末	체언	69
수미	首尾	체언	69
수리	數理	체언	69
속력	速力	복합명사구	69
천주	天主	체언	69
퇴고	推敲	동사성 명사	69
만고	萬古	체언	69
문단	文段	복합명사구	69
온건	穩健	체언	69
서편	西便	복합명사구	69
상형	象形	체언	69
소풍	消風	체언	69
안색	顏色	체언	69
일변도	一邊倒	체언	69
의문사	疑問詞	체언	69
역전	驛前	체언	69
초빙	招聘	복합명사구	69
차일	遮日	체언	69
착안	着眼	복합명사구	69
중위	中尉	체언	69
중첩	重疊	복합명사구	69
추격	追擊	복합명사구	69
총력	總力	체언	69
죄업	罪業	체언	69
관계	官界	체언	69
백일몽	白日夢	체언	68
보고	寶庫	체언	68
북풍	北風	체언	68
본회의	本會議	복합명사구	68
참견	參見	체언	68
차비	車費	체언	68
전령	傳令	체언	68
창호지	窓戶紙	체언	68
창안	創案	복합명사구	68
창업자	創業者	복합명사구	68
자석	磁石	체언	68
달관	達觀	복합명사구	68
저급	低級	체언	68
적국	敵國	복합명사구	68
동백	冬柏	체언	68
동지	冬至	체언	68
독려	督勵	복합명사구	68
가무	歌舞	체언	68
급식	給食	체언	68
구매자	購買者	복합명사구	68
고목	古木	체언	68
합금	合金	복합명사구	68
기념일	記念日	복합명사구	68

기혼	既婚	체언	68
양편	兩便	체언	68
말살	抹殺	복합명사구	68
내의	內衣	체언	68
기약	期約	체언	68
계약금	契約金	체언	68
인의	仁義	체언	68
승패	勝敗	복합명사구	68
석주	石柱	체언	68
도야	陶冶	복합명사구	68
상충	相沖	동사성 명사	68
향리	鄕里	체언	68
사죄	謝罪	복합명사구	68
연구가	研究家	복합명사구	68
양로원	養老院	체언	68
야경	夜景	복합명사구	68
영화사	映畫社	체언	68
어록	語錄	복합명사구	68
원산지	原産地	복합명사구	68
원주	圓周	체언	68
식민주의	植民主義	체언	68
질색	窒塞	체언	68
중증	重症	복합명사구	68
저작자	著作者	복합명사구	68
자전	自轉	체언	68
자막	字幕	복합명사구	68
필수품	必需品	복합명사구	67
벽체	壁體	체언	67
잔혹	殘酷	체언	67
사돈	查頓	복합명사구	67
성곽	城郭	체언	67
징벌	懲罰	체언	67
처우	處遇	복합명사구	67
전구	電球	체언	67
전주	電柱	체언	67
단말기	端末機	복합명사구	67
이분	二分	체언	67
발표회	發表會	복합명사구	67
발설	發說	복합명사구	67
분개	憤慨	복합명사구	67
부담감	負擔感	복합명사구	67
개헌	改憲	복합명사구	67
고철	古鐵	체언	67
관제	管制	체언	67
과객	過客	체언	67
한옥	韓屋	체언	67
휘장	揮帳	체언	67
간통	姦通	체언	67
검문소	檢問所	체언	67
교단	教團	체언	67
극작가	劇作家	체언	67
군왕	君王	체언	67
가변	可變	복합명사구	67
밀폐	密閉	복합명사구	67
말년	末年	복합명사구	67
평판	評判	복합명사구	67
기도	企圖	복합명사구	67
기승	氣勝	복합명사구	67
전주	前週	체언	67
전주	前奏	체언	67
전주	錢主	체언	67
청사진	青寫眞	체언	67
곡조	曲調	체언	67
결손	缺損	복합명사구	67
인질	人質	체언	67
일수	日數	체언	67
선풍기	扇風機	체언	67
선도	善導	체언	67
사관	史官	체언	67
사림파	士林派	체언	67
수공업	手工業	체언	67
수차례	數次例	체언	67
사담	私談	복합명사구	67
속물	俗物	체언	67
수행	隨行	복합명사구	67
타의	他意	체언	67
도기	陶器	체언	67
천적	天敵	체언	67
동갑	同甲	체언	67
완장	腕章	체언	67
오보	誤報	체언	67
현미경	顯微鏡	체언	67
사악	邪惡	체언	67
신조어	新造語	체언	67
수리비	修理費	체언	67
안중	眼中	복합명사구	67

연주가	演奏家	복합명사구	67
요직	要職	복합명사구	67
야만인	野蠻人	체언	67
일축	一蹴	복합명사구	67
일말	一抹	체언	67
유가족	遺家族	복합명사구	67
억양	抑揚	복합명사구	67
이변	異變	체언	67
여담	餘談	체언	67
원운동	圓運動	체언	67
조예	造詣	체언	67
증권업	證券業	체언	67
지도력	指導力	복합명사구	67
중장	中將	체언	67
중천	中天	체언	67
주례사	主禮辭	체언	67
주재소	駐在所	복합명사구	67
자결	自決	복합명사구	67
자연관	自然觀	복합명사구	67
자생력	自生力	복합명사구	67
성곽	城廓	체언	67
대조	代祖	체언	67
전주	全州	체언	67
백조	白鳥	체언	66
폭군	暴君	체언	66
산지	產地	복합명사구	66
산기	產氣	체언	66
진국	辰國	체언	66
성장기	成長期	체언	66
지각	遲刻	복합명사구	66
충원	充員	체언	66
처방전	處方箋	복합명사구	66
순화	醇化	복합명사구	66
대문간	大門間	복합명사구	66
단백	蛋白	체언	66
등대	燈臺	체언	66
방파제	防波堤	복합명사구	66
불자	佛子	체언	66
부위원장	副委員長	체언	66
부의장	副議長	체언	66
고온	高溫	체언	66
각급	各級	체언	66
공대	工大	체언	66
공범	共犯	복합명사구	66
고도	古都	복합명사구	66
관변	官邊	체언	66
규식	規式	체언	66
해협	海峽	체언	66
후원자	後援者	복합명사구	66
환영	幻影	복합명사구	66
회부	回附	복합명사구	66
접전	接戰	복합명사구	66
차관	借款	복합명사구	66
진격	進擊	체언	66
진척	進陟	체언	66
항변	抗辯	체언	66
각고	刻苦	체언	66
열전	列傳	복합명사구	66
낙찰	落札	복합명사구	66
만족감	滿足感	복합명사구	66
내각	內角	체언	66
평상	平床	체언	66
기실	其實	체언	66
절도	竊盜	체언	66
궁지	窮地	체언	66
일기장	日記帳	복합명사구	66
삼진	三振	체언	66
산대	山臺	체언	66
선용	善用	체언	66
침울	沈鬱	형용사성 명사	66
시대정신	時代精神	체언	66
실기	實技	체언	66
순기능	順機能	복합명사구	66
사별	死別	복합명사구	66
외인	外人	체언	66
완치	完治	복합명사구	66
하급	下級	체언	66
선임	先任	복합명사구	66
상아탑	象牙塔	체언	66
성애	性愛	체언	66
예술품	藝術品	복합명사구	66
응급실	應急室	체언	66
용구	用具	복합명사구	66
유년기	幼年期	복합명사구	66
원통	寃痛	체언	66
원근법	遠近法	체언	66

잡지사	雜誌社	체언	66
재회	再會	복합명사구	66
쟁의	爭議	체언	66
집행부	執行部	체언	66
중퇴	中退	복합명사구	66
탁구	卓球	체언	66
자비	自費	체언	66
자위대	自衛隊	체언	66
종가	宗家	복합명사구	66
안식	安息	체언	65
백일홍	百日紅	체언	65
폭력배	暴力輩	체언	65
비축	備蓄	복합명사구	65
본기	本紀	체언	65
표지	標識	체언	65
보상금	補償金	체언	65
상습	常習	체언	65
초연	超然	형용사성 명사	65
천공	穿孔	체언	65
대지	垈地	체언	65
동태	動態	복합명사구	65
다국적군	多國籍軍	체언	65
반등	反騰	복합명사구	65
불성	佛性	체언	65
복통	腹痛	체언	65
복안	複眼	체언	65
공구	工具	복합명사구	65
공명	公明	형용사성 명사	65
공단	公團	복합명사구	65
과신	過信	복합명사구	65
호강	豪強	형용사성 명사	65
화환	花環	체언	65
환호성	歡呼聲	체언	65
황무지	荒蕪地	체언	65
혼미	昏迷	체언	65
급성장	急成長	복합명사구	65
기부	寄附	복합명사구	65
계모	繼母	복합명사구	65
입안	立案	복합명사구	65
연패	連敗	복합명사구	65
미술품	美術品	복합명사구	65
묘미	妙味	복합명사구	65
명산	名山	복합명사구	65
내치	內治	체언	65
내치	內痔	체언	65
연륜	年輪	복합명사구	65
농민군	農民軍	체언	65
여류	女流	체언	65
기거	起居	복합명사구	65
천추	千秋	체언	65
전립선	前立腺	체언	65
전일	前日	체언	65
전선	前線	복합명사구	65
거래처	去來處	복합명사구	65
인재	人災	체언	65
승가	僧家	체언	65
실조	失調	체언	65
적법	適法	복합명사구	65
소출	所出	복합명사구	65
청취	聽取	복합명사구	65
탁아	託兒	체언	65
협소	狹小	형용사성 명사	65
하수인	下手人	복합명사구	65
협찬	協贊	복합명사구	65
압권	壓卷	복합명사구	65
유료	有料	체언	65
월세	月貰	체언	65
전란	戰亂	체언	65
직각	直角	체언	65
직립	直立	체언	65
주의력	注意力	체언	65
주유소	注油所	복합명사구	65
전환기	轉換期	복합명사구	65
추월	追越	복합명사구	65
부사	府使	체언	65
연변	沿變	동사성 명사	65
보험금	保險金	체언	64
배신감	背信感	복합명사구	64
본령	本領	복합명사구	64
변호	辯護	복합명사구	64
별미	別味	복합명사구	64
찻잔	茶盞	체언	64
차도	差度	체언	64
산실	產室	체언	64
초순	初旬	체언	64
타자기	打字機	체언	64

지면	地面	체언	64
투지	鬪志	복합명사구	64
독감	毒感	복합명사구	64
폐간	廢刊	동사성 명사	64
범어	梵語	체언	64
판매량	販賣量	복합명사구	64
방수	防水	복합명사구	64
비행장	飛行場	복합명사구	64
비상	飛翔	복합명사구	64
공휴일	公休日	체언	64
광고문	廣告文	체언	64
경칩	驚蟄	체언	64
거주지	居住地	복합명사구	64
개표	開票	체언	64
역부족	力不足	형용사성 명사	64
연내	年內	체언	64
강진	強震	복합명사구	64
살의	殺意	체언	64
선사	膳賜	체언	64
시경	市警	복합명사구	64
수납	受納	체언	64
서화	書畫	체언	64
숙녀	淑女	체언	64
술회	述懷	복합명사구	64
수조	數兆	수사사전	64
수조	水槽	체언	64
송림	松林	체언	64
송신	送信	복합명사구	64
소지자	所持者	복합명사구	64
체감	體感	복합명사구	64
두목	頭目	복합명사구	64
만회	挽回	복합명사구	64
온존	溫存	복합명사구	64
문화인	文化人	체언	64
아군	我軍	체언	64
무화과	無花果	체언	64
무용담	武勇談	복합명사구	64
희비	喜悲	체언	64
수요자	需要者	체언	64
요체	要諦	복합명사구	64
잡곡	雜穀	체언	64
재차	再次	부사사전	64
지지자	支持者	복합명사구	64
집권당	執權黨	복합명사구	64
전환점	轉換點	복합명사구	64
총동원	總動員	복합명사구	64
우화	偶話	체언	64
상공	商工	체언	64
사상	事象	체언	64
필기	筆記	복합명사구	63
편자	編者	체언	63
편법	便法	체언	63
빙하	氷河	체언	63
보궐	補闕	체언	63
불복	不服	동사성 명사	63
불가침	不可侵	체언	63
재량	裁量	체언	63
장손	長孫	복합명사구	63
조공	朝貢	체언	63
자기	瓷器	체언	63
자기	磁器	체언	63
대변	大便	체언	63
단식	單式	체언	63
풍모	風貌	체언	63
복고	復古	동사성 명사	63
골품	骨品	체언	63
합산	合算	복합명사구	63
화목	和睦	복합명사구	63
기관지	機關紙	체언	63
금제	禁制	체언	63
경계심	警戒心	복합명사구	63
양호	良好	형용사성 명사	63
열성	劣性	체언	63
유용	流用	복합명사구	63
솔가	率家	체언	63
만발	滿發	복합명사구	63
모독	冒瀆	복합명사구	63
목차	目次	복합명사구	63
편애	偏愛	복합명사구	63
처자식	妻子息	복합명사구	63
기성회	期成會	체언	63
절상	切上	체언	63
청어	青魚	체언	63
인신매매	人身賣買	체언	63
산보	散步	복합명사구	63
살기	殺氣	체언	63

소주병	燒酒甁	체언	63
사직	社稷	체언	63
섭씨	攝氏	체언	63
사용량	使用量	복합명사구	63
씨족	氏族	체언	63
시험관	試驗官	체언	63
사법	私法	체언	63
소복	素服	체언	63
태양열	太陽熱	체언	63
탄산	炭酸	체언	63
동감	同感	복합명사구	63
동심	童心	복합명사구	63
두각	頭角	체언	63
퇴각	退却	복합명사구	63
망자	亡者	체언	63
미래학	未來學	체언	63
무제	無題	체언	63
상대자	相對者	복합명사구	63
초상	肖像	복합명사구	63
허세	虛勢	체언	63
축재	蓄財	체언	63
아량	雅量	체언	63
아열대	亞熱帶	체언	63
육성회	育成會	복합명사구	63
원죄	原罪	체언	63
원용	援用	복합명사구	63
월북	越北	복합명사구	63
전의	戰意	체언	63
치자	梔子	체언	63
직행	直行	체언	63
지척	咫尺	체언	63
징조	徵兆	체언	63
중생대	中生代	체언	63
종점	終點	복합명사구	63
중심	重心	체언	63
주모자	主謀者	복합명사구	63
자정	自淨	복합명사구	63
자책	自責	복합명사구	63
조직위	組織委	복합명사구	63
좌표	座標	복합명사구	63
공인	共認	체언	63
장갑	掌甲	체언	63
폭등	暴騰	복합명사구	62
불멸	不滅	체언	62
불상사	不祥事	체언	62
참봉	參奉	체언	62
조종사	操縱士	복합명사구	62
처세	處世	체언	62
창조력	創造力	복합명사구	62
착란	錯亂	체언	62
적개심	敵愾心	복합명사구	62
지하철역	地下鐵驛	체언	62
조인	調印	복합명사구	62
정보	町步	분류사사전	62
악의	惡意	체언	62
악영향	惡影響	복합명사구	62
번잡	煩雜	체언	62
방도	方途	체언	62
방패	防牌	체언	62
방화	放火	체언	62
개관	槪觀	복합명사구	62
고액	高額	체언	62
관장	館長	체언	62
혼탁	混濁	체언	62
화약	火藥	체언	62
기간	基幹	체언	62
급제	及第	체언	62
건망증	健忘症	복합명사구	62
교부	交付	복합명사구	62
교부	交附	동사성 명사	62
교통로	交通路	복합명사구	62
교육비	教育費	복합명사구	62
결과물	結果物	복합명사구	62
결백	潔白	복합명사구	62
침수	浸水	동사성 명사	62
금서	禁書	복합명사구	62
개국	開國	체언	62
모포	毛布	체언	62
나락	那落	복합명사구	62
나락	奈落	체언	62
역류	逆流	체언	62
기사	棋士	체언	62
권역	圈域	복합명사구	62
인내심	忍耐心	복합명사구	62
삼한	三韓	체언	62
석영	石英	체언	62

수두	水痘	체언	62
순산	順産	복합명사구	62
사복	私服	체언	62
소지품	所持品	복합명사구	62
특종	特種	복합명사구	62
철창	鐵窓	체언	62
토종	土種	체언	62
외적	外的	체언	62
만상	萬象	체언	62
형무소	刑務所	체언	62
선호도	選好度	복합명사구	62
이물	異物	체언	62
역참	驛站	체언	62
용병	傭兵	체언	62
우파	右派	체언	62
원년	元年	복합명사구	62
운문	韻文	체언	62
조경	造景	체언	62
전망대	展望臺	복합명사구	62
지탄	指彈	체언	62
제군	諸君	체언	62
주동	主動	복합명사구	62
전력	專力	복합명사구	62
자제	子弟	복합명사구	62
최강	最強	체언	62
산학	產學	체언	62
방도	方道	체언	62
가공	可恐	체언	62
애국가	愛國歌	체언	61
백혈병	白血病	체언	61
북벌	北伐	체언	61
본심	本心	체언	61
변기	便器	체언	61
포획	捕獲	복합명사구	61
장생	長生	체언	61
도청	盜聽	복합명사구	61
점화	點火	체언	61
액면	額面	체언	61
악명	惡名	체언	61
법전	法典	복합명사구	61
분당	分黨	체언	61
불단	佛壇	체언	61
복색	服色	체언	61
부녀	婦女	체언	61
구조주의	構造主義	복합명사구	61
고대사	古代史	복합명사구	61
골다공증	骨多孔症	체언	61
환수	還收	복합명사구	61
호출	呼出	복합명사구	61
환청	幻聽	체언	61
감시자	監視者	복합명사구	61
각목	角木	체언	61
해법	解法	복합명사구	61
근방	近方	복합명사구	61
근해	近海	복합명사구	61
근시안	近視眼	복합명사구	61
항체	抗體	복합명사구	61
객사	客死	복합명사구	61
역동	逆動	동사성 명사	61
판결문	判決文	복합명사구	61
피폐	疲弊	복합명사구	61
빈농	貧農	체언	61
평행	平行	복합명사구	61
기치	旗幟	복합명사구	61
절단	切斷	체언	61
전인	全人	체언	61
살상	殺傷	복합명사구	61
사회인	社會人	체언	61
사주	社主	복합명사구	61
석상	石像	체언	61
식초	食醋	체언	61
사용법	使用法	복합명사구	61
사업비	事業費	복합명사구	61
수순	手順	복합명사구	61
조건부	條件附	체언	61
통관	通關	복합명사구	61
동성	同性	체언	61
동화책	童話冊	체언	61
돌풍	突風	체언	61
추심	推尋	복합명사구	61
만유인력	萬有引力	체언	61
왕족	王族	체언	61
석간	夕刊	체언	61
세차	洗車	체언	61
항간	巷間	체언	61
해후	邂逅	복합명사구	61

신춘문예	新春文藝	체언	61
신교	新教	체언	61
서설	序說	복합명사구	61
선풍	旋風	체언	61
아호	雅號	체언	61
양생	養生	체언	61
의과	醫科	복합명사구	61
용무	用務	복합명사구	61
우등	優等	체언	61
어부	漁夫	체언	61
어부	漁父	체언	61
원동	原動	체언	61
약혼	約婚	체언	61
월동	越冬	체언	61
점거	占據	체언	61
집무실	執務室	체언	61
중성	中性	체언	61
자해	自害	복합명사구	61
조부	祖父	체언	61
최다	最多	체언	61
좌판	坐板	복합명사구	61
애호가	愛好家	복합명사구	60
포주	抱主	체언	60
필수	必修	복합명사구	60
병자	病者	체언	60
참관	參觀	복합명사구	60
산부인과	産婦人科	체언	60
초등학생	初等學生	체언	60
차례차례	次例次例	부사사전	60
췌장	膵臟	체언	60
저력	底力	복합명사구	60
도매상	都賣商	복합명사구	60
복병	伏兵	체언	60
부원장	副院長	체언	60
공언	公言	복합명사구	60
고성	古城	복합명사구	60
국전	國展	체언	60
후미	後尾	체언	60
화염	火焰	체언	60
교착	膠着	체언	60
교만	驕慢	복합명사구	60
금세기	今世紀	체언	60
군축	軍縮	복합명사구	60
간청	懇請	복합명사구	60
노임	勞賃	복합명사구	60
냉각	冷却	동사성 명사	60
풍족	豊足	체언	60
매표소	賣票所	복합명사구	60
명수	名手	복합명사구	60
남극	南極	체언	60
편마암	片麻巖	체언	60
처자	妻子	체언	60
계도	啓導	복합명사구	60
기화	氣化	복합명사구	60
전년도	前年度	체언	60
친밀	親密	체언	60
인도주의	人道主義	체언	60
인화	人和	체언	60
윤택	潤澤	체언	60
삼강	三綱	체언	60
상소	上訴	체언	60
섭생	攝生	복합명사구	60
신경통	神經痛	체언	60
실정	失政	복합명사구	60
석굴	石窟	체언	60
실생활	實生活	체언	60
세율	稅率	체언	60
사익	私益	체언	60
외계인	外界人	체언	60
만물상	萬物相	체언	60
위용	威容	체언	60
미풍	微風	체언	60
무공	武功	복합명사구	60
현모	賢母	체언	60
소방	消防	체언	60
심금	心琴	체언	60
행복감	幸福感	체언	60
흉년	凶年	복합명사구	60
숙직실	宿直室	체언	60
현혹	眩惑	복합명사구	60
연해	沿海	체언	60
연습	演習	체언	60
영업점	營業店	복합명사구	60
어족	語族	체언	60
욕조	浴槽	체언	60
원자로	原子爐	체언	60

악사	樂士	체언	60
전전긍긍	戰戰兢兢	체언	60
정자	正字	체언	60
충신	忠臣	체언	60
저작권자	著作權者	복합명사구	60
자화상	自畫像	복합명사구	60
취기	醉氣	체언	60
대부	大夫	체언	60
쇠퇴	衰頹	체언	60
통일	通日	체언	60
토기	土氣	체언	60
유가	有價	체언	60
애증	愛憎	체언	59
백의	白衣	체언	59
폭도	暴徒	체언	59
발기	勃起	체언	59
상주	常駐	체언	59
조소	嘲笑	복합명사구	59
출장	出場	복합명사구	59
제각	除角	체언	59
제각	除却	체언	59
선미	船尾	체언	59
타석	打席	체언	59
제각	帝閣	체언	59
체신	遞信	체언	59
동산	東山	체언	59
방과	放課	체언	59
부록	附錄	체언	59
광택	光澤	복합명사구	59
호주	濠洲	체언	59
합창단	合唱團	복합명사구	59
홀대	忽待	체언	59
화요일	火曜日	체언	59
제각	祭閣	체언	59
가산	家産	체언	59
거장	巨匠	복합명사구	59
결렬	決裂	체언	59
괴뢰	傀儡	복합명사구	59
노조원	勞組員	복합명사구	59
이원	李元	고유명사 사전	59
입회	立會	체언	59
연습실	練習室	복합명사구	59
양당	兩黨	체언	59

논점	論點	체언	59
매진	邁進	동사성 명사	59
만수	曼壽	체언	59
미화	美貨	체언	59
문벌	門閥	체언	59
명맥	命脈	복합명사구	59
마력	魔力	체언	59
모종	某種	체언	59
역경	逆境	복합명사구	59
여아	女兒	체언	59
실소	失笑	복합명사구	59
식도	食道	체언	59
시사점	示唆點	복합명사구	59
사사건건	事事件件	부사사전	59
시찰	視察	복합명사구	59
수족	手足	복합명사구	59
수산물	水産物	체언	59
사료	思料	체언	59
숙연	肅然	형용사성 명사	59
사바세계	娑婆世界	체언	59
제각	題刻	체언	59
조목	條目	체언	59
철로	鐵路	체언	59
통각	痛覺	체언	59
미동	微動	체언	59
왜군	倭軍	체언	59
무기물	無機物	체언	59
격문	檄文	체언	59
현자	賢者	체언	59
선상	線上	복합명사구	59
소고	小鼓	체언	59
성병	性病	체언	59
학도	學徒	체언	59
예술관	藝術觀	복합명사구	59
은행원	銀行員	체언	59
역외	域外	체언	59
예언자	豫言者	복합명사구	59
운집	雲集	복합명사구	59
운영비	運營費	복합명사구	59
운전석	運轉席	체언	59
증여	贈與	복합명사구	59
점막	粘膜	체언	59
정승	政丞	체언	59

치료비	治療費	복합명사구	59
종착역	終着驛	복합명사구	59
조사	助詞	체언	59
자포자기	自暴自棄	복합명사구	59
종단	宗團	복합명사구	59
작심	作心	체언	59
이원	二院	체언	59
법사	法司	체언	59
과도	過渡	체언	59
폭소	爆笑	복합명사구	58
표결	表決	복합명사구	58
병적	病的	체언	58
불발	不發	동사성 명사	58
전대	纏帶	체언	58
탐닉	耽溺	복합명사구	58
당해	當該	체언	58
도미	都彌	고유명사 사전	58
퇴비	堆肥	체언	58
악당	惡黨	체언	58
반전	反戰	체언	58
간척지	干拓地	체언	58
공복	公服	체언	58
공소	公訴	체언	58
고부	姑婦	체언	58
행색	行色	체언	58
호우	豪雨	체언	58
후문	後聞	복합명사구	58
화교	華僑	체언	58
검찰청	檢察廳	체언	58
검진	檢診	복합명사구	58
결사	結社	체언	58
정신력	精神力	체언	58
거물	巨物	복합명사구	58
항생제	抗生劑	체언	58
공복	空腹	체언	58
이발사	理髮師	체언	58
양립	兩立	복합명사구	58
여권	旅券	체언	58
민방위	民防衛	체언	58
납세자	納稅者	체언	58
양조	釀造	체언	58
평강	平康	체언	58
파손	破損	복합명사구	58
전대	前代	체언	58
전문	前文	체언	58
강제력	強制力	복합명사구	58
교목	喬木	체언	58
친목	親睦	복합명사구	58
인내천	人乃天	체언	58
사거리	射距離	복합명사구	58
시혜	施惠	복합명사구	58
세도	勢道	복합명사구	58
수의	壽衣	체언	58
수량	數量	체언	58
세원	稅源	복합명사구	58
체액	體液	복합명사구	58
철판	鐵板	체언	58
통학	通學	복합명사구	58
동월	同月	체언	58
도배	塗褙	복합명사구	58
오만	五萬	관형사사전	58
하체	下體	복합명사구	58
선후배	先後輩	복합명사구	58
현상	現像	체언	58
교시	校時	체언	58
사선	斜線	체언	58
신심	信心	체언	58
숙직	宿直	체언	58
학력	學力	복합명사구	58
학군	學群	체언	58
연극인	演劇人	체언	58
일방	一放	체언	58
일월	一月	체언	58
의경	義警	체언	58
음치	音癡	체언	58
은연중	隱然中	체언	58
용언	用言	체언	58
용의	用意	체언	58
증면	增面	체언	58
지국	支局	체언	58
치료제	治療劑	체언	58
종국	終局	체언	58
족속	族屬	체언	58
지주	持株	체언	58
연방	連方	체언	58
방관	傍觀	복합명사구	57

변방	邊方	복합명사구	57
별반	別般	체언	57
병리학	病理學	체언	57
재롱	才弄	체언	57
선사	禪師	체언	57
지병	持病	체언	57
촉매	觸媒	복합명사구	57
도로변	道路邊	체언	57
제삼자	第三者	복합명사구	57
대책위	對策委	복합명사구	57
다세대	多世帶	체언	57
발원지	發源地	복합명사구	57
법조인	法曹人	복합명사구	57
할복	割腹	동사성 명사	57
공양주	供養主	체언	57
국보	國寶	복합명사구	57
후두	喉頭	체언	57
혜안	慧眼	체언	57
기득권	既得權	체언	57
가사	袈裟	체언	57
교통난	交通難	복합명사구	57
접점	接點	체언	57
게시	揭示	복합명사구	57
결정체	結晶體	복합명사구	57
개의	介意	체언	57
진상	進上	복합명사구	57
군내	郡內	복합명사구	57
고초	苦楚	복합명사구	57
이재	罹災	체언	57
이재	李在	고유명사 사전	57
녹말	綠末	체언	57
명태	明太	체언	57
내실	內室	체언	57
농경지	農耕地	체언	57
피상	皮相	체언	57
피상	皮箱	체언	57
평점	評點	체언	57
기상	起牀	체언	57
기상	氣像	복합명사구	57
청부	請負	체언	57
전무	全無	형용사성 명사	57
인공위성	人工衛星	체언	57
인고	忍苦	체언	57

성쇠	盛衰	복합명사구	57
석축	石築	체언	57
시간표	時間表	복합명사구	57
사실	史實	복합명사구	57
수속	手續	복합명사구	57
숙모	叔母	체언	57
서평	書評	체언	57
숙성	熟成	복합명사구	57
수효	數爻	복합명사구	57
송환	送還	복합명사구	57
천리	天理	체언	57
미물	微物	체언	57
무궁무진	無窮無盡	체언	57
세척	洗滌	복합명사구	57
하직	下直	복합명사구	57
선왕	先王	체언	57
상종	相從	체언	57
향수	享受	동사성 명사	57
소학교	小學校	체언	57
야구장	野球場	체언	57
일조	一助	복합명사구	57
이관	移管	체언	57
음흉	陰凶	체언	57
어중간	於中間	체언	57
어장	漁場	복합명사구	57
여진	餘震	체언	57
잡채	雜菜	체언	57
증설	增設	복합명사구	57
칩거	蟄居	복합명사구	57
직계	直系	체언	57
징표	徵標	동사성 명사	57
제지	製紙	체언	57
질의	質疑	복합명사구	57
중사	中士	체언	57
찬장	饌欌	체언	57
장갑차	裝甲車	체언	57
자습	自習	복합명사구	57
자유인	自由人	체언	57
자택	自宅	복합명사구	57
자작	自作	체언	57
작품집	作品集	복합명사구	57
자사	刺史	체언	57
저하	邸下	체언	57

단자	團餈	체언	57
팔도	八道	체언	56
보직	補職	복합명사구	56
재가	裁可	체언	56
책장	冊張	체언	56
성장세	成長勢	복합명사구	56
처소	處所	체언	56
춘분	春分	체언	56
졸부	猝富	복합명사구	56
타수	打數	체언	56
대기실	待機室	복합명사구	56
단서	但書	복합명사구	56
전보	電報	복합명사구	56
독방	獨房	복합명사구	56
판매원	販賣員	체언	56
방형	方形	체언	56
방송가	放送街	체언	56
비상	飛上	동사성 명사	56
폐암	肺癌	체언	56
공적	公的	체언	56
구매력	購買力	복합명사구	56
고동	鼓動	복합명사구	56
관복	官服	복합명사구	56
행실	行實	체언	56
횡행	橫行	체언	56
홍역	紅疫	체언	56
화단	花壇	체언	56
제문	祭文	체언	56
가발	假髮	복합명사구	56
가식	假飾	복합명사구	56
검출	檢出	복합명사구	56
교호	交好	체언	56
교호	交互	체언	56
군화	軍靴	체언	56
개막식	開幕式	복합명사구	56
고역	苦役	복합명사구	56
열녀	烈女	체언	56
매립지	埋立地	체언	56
문전	門前	복합명사구	56
모친	母親	복합명사구	56
난이도	難易度	복합명사구	56
농기구	農器具	체언	56
부검	剖檢	복합명사구	56
청년회	青年會	복합명사구	56
삼월	三月	체언	56
소년단	少年團	체언	56
설혹	設或	부사사전	56
사대주의	事大主義	복합명사구	56
사업체	事業體	체언	56
수상작	受賞作	복합명사구	56
수영장	水泳場	체언	56
송사	訟事	체언	56
당분	糖分	복합명사구	56
특기	特記	체언	56
동상	銅賞	체언	56
도서실	圖書室	복합명사구	56
외측	外側	복합명사구	56
소화기	消化器	체언	56
아연	亞鉛	체언	56
일렬	一列	체언	56
의기	意氣	체언	56
유리	遊離	복합명사구	56
월경	越境	체언	56
악보	樂譜	복합명사구	56
재연	再演	복합명사구	56
주립	州立	체언	56
주치의	主治醫	체언	56
전속	專屬	체언	56
구속	九屬	체언	56
우미	優美	체언	56
증발	烝發	체언	56
주일	駐日	체언	56
안식일	安息日	체언	55
반경	半徑	복합명사구	55
박주	薄酒	체언	55
비원	悲願	체언	55
표피	表皮	복합명사구	55
박애	博愛	복합명사구	55
승계	承繼	복합명사구	55
성채	城砦	체언	55
도루	盜壘	복합명사구	55
등극	登極	복합명사구	55
정형	定型	복합명사구	55
악동	惡童	체언	55
법치	法治	체언	55
방책	方策	복합명사구	55

방천	防川	체언	55
고양	高陽	체언	55
고졸	高卒	체언	55
개인전	個人戰	체언	55
국방비	國防費	복합명사구	55
호실	號室	체언	55
화의	和議	체언	55
호국	護國	복합명사구	55
화실	畵室	체언	55
황산	黃酸	체언	55
감량	減量	복합명사구	55
강단	講壇	복합명사구	55
교과목	教科目	체언	55
요행	僥倖	체언	55
접종	接種	체언	55
경유	經由	동사성 명사	55
거성	巨星	체언	55
절경	絶景	체언	55
괄호	括弧	체언	55
역정	歷程	체언	55
윤회	輪廻	동사성 명사	55
논의	論意	체언	55
나선	螺旋	체언	55
약칭	略稱	복합명사구	55
매춘부	賣春婦	체언	55
모피	毛皮	체언	55
문외한	門外漢	복합명사구	55
몽상	夢想	복합명사구	55
면화	綿花	체언	55
민족정신	民族精神	체언	55
명실상부	名實相符	체언	55
내압	耐壓	체언	55
난방	暖房	복합명사구	55
판시	判示	체언	55
편식	偏食	체언	55
전야제	前夜祭	체언	55
추상	秋霜	체언	55
입당	入黨	복합명사구	55
삼림	森林	체언	55
사주	使嗾	복합명사구	55
적격	適格	복합명사구	55
수익금	收益金	복합명사구	55
수뢰	受賂	복합명사구	55
사오	四五	체언	55
철조망	鐵條網	복합명사구	55
단원	團員	체언	55
퇴보	退步	복합명사구	55
왜국	倭國	체언	55
무기	無機	체언	55
신예	新銳	체언	55
신뢰감	信賴感	복합명사구	55
현수막	懸垂幕	체언	55
염분	鹽分	복합명사구	55
일주	一周	복합명사구	55
음울	陰鬱	형용사성 명사	55
유학	遊學	체언	55
우방	友邦	복합명사구	55
우비	雨備	체언	55
어법	語法	복합명사구	55
운세	運勢	체언	55
운전수	運轉手	복합명사구	55
재외	在外	체언	55
증축	增築	복합명사구	55
전시실	展示室	체언	55
차양	遮陽	체언	55
정형	整形	체언	55
지배인	支配人	체언	55
중화	中華	체언	55
축대	築臺	체언	55
자주	紫珠	체언	55
자판기	自販機	복합명사구	55
자영	自營	체언	55
자주	自註	동사성 명사	55
작업실	作業室	복합명사구	55
중상	重傷	체언	55
백골	白骨	체언	54
비운	悲運	체언	54
북위	北緯	체언	54
폄하	貶下	복합명사구	54
참여자	參與者	복합명사구	54
처장	處長	체언	54
전도	傳導	체언	54
대법원장	大法院長	체언	54
대공	大公	복합명사구	54
지질	地質	체언	54
도량	度量	복합명사구	54

다소간	多少間	체언	54
발화	發火	복합명사구	54
폐품	廢品	체언	54
부랑	浮浪	체언	54
공격수	攻擊手	복합명사구	54
고궁	古宮	복합명사구	54
관사	官舍	복합명사구	54
국가	國歌	복합명사구	54
회유	懷柔	복합명사구	54
개발비	開發費	복합명사구	54
객차	客車	체언	54
역사	力士	체언	54
열도	列島	체언	54
명령어	命令語	체언	54
내조	內助	복합명사구	54
배란	排卵	체언	54
판관	判官	체언	54
표절	剽竊	복합명사구	54
처남	妻男	체언	54
염료	染料	복합명사구	54
선행	善行	복합명사구	54
상대	商大	체언	54
상여금	賞與金	체언	54
섭렵	涉獵	복합명사구	54
사병	士兵	체언	54
세입자	貰入者	복합명사구	54
수채화	水彩畫	체언	54
수면제	睡眠劑	체언	54
사해	四海	체언	54
세배	歲拜	체언	54
등본	謄本	체언	54
천정	天井	체언	54
동시	童詩	복합명사구	54
도감	圖鑑	복합명사구	54
위안부	慰安婦	체언	54
무용수	舞踊手	체언	54
하녀	下女	체언	54
헌금	獻金	복합명사구	54
인후	咽喉	체언	54
언사	言辭	체언	54
언성	言聲	복합명사구	54
이론	異論	체언	54
인쇄물	印刷物	체언	54
조어	造語	복합명사구	54
정부군	政府軍	체언	54
지서	支署	체언	54
지휘관	指揮官	복합명사구	54
주간	晝間	체언	54
전유물	專有物	복합명사구	54
추인	追認	체언	54
전정	前程	체언	54
전정	田政	체언	54
역사	譯詞	체언	54
은행권	銀行圈	체언	54
백일	百日	체언	53
분장실	扮裝室	체언	53
배치	背馳	복합명사구	53
상온	常溫	체언	53
찻간	車間	체언	53
출연자	出演者	복합명사구	53
도인	道人	체언	53
도지사	道知事	복합명사구	53
등산객	登山客	체언	53
도회지	都會地	체언	53
벌칙	罰則	복합명사구	53
방범	防犯	복합명사구	53
방일	訪日	복합명사구	53
분실	紛失	복합명사구	53
부신	副腎	체언	53
복합체	複合體	복합명사구	53
공사비	工事費	복합명사구	53
공문서	公文書	복합명사구	53
국제법	國際法	체언	53
해물	海物	체언	53
하중	荷重	복합명사구	53
횡설수설	橫說竪說	체언	53
활극	活劇	체언	53
간음	姦淫	복합명사구	53
교육세	教育稅	체언	53
경륜	經綸	복합명사구	53
공작	孔雀	체언	53
노장	老長	체언	53
역사책	歷史冊	복합명사구	53
영수증	領收證	복합명사구	53
목련	木蓮	체언	53
내장	內藏	복합명사구	53

내정	內政	복합명사구	53
역효과	逆效果	복합명사구	53
평의회	評議會	체언	53
청자	青瓷	체언	53
청자	青磁	체언	53
청천	青天	체언	53
구청장	區廳長	복합명사구	53
곡마단	曲馬團	체언	53
일전	日前	체언	53
유방암	乳房癌	체언	53
상심	傷心	복합명사구	53
상의	上衣	체언	53
설문지	設問紙	복합명사구	53
시설물	施設物	복합명사구	53
석재	石材	체언	53
석공	石工	체언	53
식료품	食料品	체언	53
시의	時宜	체언	53
시천주	侍天主	체언	53
수력	水力	체언	53
순발력	瞬發力	복합명사구	53
사인	私人	체언	53
소지	所持	복합명사구	53
제청	提請	복합명사구	53
체위	體位	체언	53
조문	條文	복합명사구	53
동창회	同窓會	복합명사구	53
동성애	同性愛	체언	53
문사	文士	체언	53
오감	五感	체언	53
세면	洗面	체언	53
선인장	仙人掌	체언	53
선구	先驅	복합명사구	53
선현	先賢	체언	53
향배	向背	복합명사구	53
상징주의	象徵主義	체언	53
사본	寫本	복합명사구	53
수행자	修行者	체언	53
의중	意中	복합명사구	53
인쇄소	印刷所	체언	53
영업시간	營業時間	체언	53
옥수	玉手	체언	53
옥수	玉樹	체언	53
옥수	玉水	체언	53
옥수	玉髓	체언	53
옥수	獄囚	체언	53
원두	原豆	체언	53
운명	殞命	체언	53
잡종	雜種	체언	53
증여세	贈與稅	복합명사구	53
정적	政敵	복합명사구	53
중도	中道	체언	53
중용	中庸	체언	53
주기	周忌	분류사사전	53
자유분방	自由奔放	형용사성 명사	53
총칭	總稱	체언	53
위장병	胃腸病	체언	53
유성	有性	체언	53
애수	哀愁	체언	52
암세포	癌細胞	체언	52
백치	白痴	체언	52
반야	般若	체언	52
보온	保溫	복합명사구	52
피난민	避難民	복합명사구	52
편집국장	编輯局長	체언	52
초지	草地	체언	52
철야	徹夜	체언	52
대대	大隊	체언	52
대변자	代辯者	복합명사구	52
당혹감	當惑感	복합명사구	52
등가	等價	체언	52
저지	低地	체언	52
지신	地神	체언	52
제수	弟嫂	복합명사구	52
전축	電蓄	체언	52
전압	電壓	체언	52
동식물	動植物	체언	52
단아	端雅	체언	52
다포	多包	체언	52
분과	分課	체언	52
부국	富國	체언	52
각양각색	各樣各色	체언	52
곡류	穀類	체언	52
관리인	管理人	복합명사구	52
관용어	慣用語	체언	52
과로	過勞	복합명사구	52

홍차	紅茶	체언	52	주전	主戰	체언	52
후계	後繼	체언	52	자형	姉兄	체언	52
가계부	家計簿	체언	52	조합장	組合長	복합명사구	52
겸비	兼備	복합명사구	52	장대	將臺	체언	52
항복	降服	체언	52	교도	矯導	동사성 명사	52
교인	教人	복합명사구	52	애욕	愛慾	체언	51
금융업	金融業	체언	52	안무	按舞	복합명사구	51
근년	近年	체언	52	포화	飽和	복합명사구	51
경합	競合	복합명사구	52	벽장	壁欌	복합명사구	51
구석기	舊石器	체언	52	표창	表彰	복합명사구	51
군의관	軍醫官	체언	52	빙산	氷山	체언	51
개간	開墾	복합명사구	52	포유류	哺乳類	체언	51
뇌교	腦橋	체언	52	불순	不純	부사사전	51
파벌	派閥	체언	52	부전	不全	체언	51
경감	輕減	복합명사구	52	장성	長成	복합명사구	51
일진	日辰	체언	52	충전	充電	복합명사구	51
소요	騷擾	체언	52	초로	初老	체언	51
상호	商號	복합명사구	52	주방장	廚房長	체언	51
상고	上古	체언	52	대장	大腸	체언	51
석고	石膏	체언	52	대검	大劍	체언	51
식인	食人	체언	52	당번	當番	복합명사구	51
서식	書式	복합명사구	52	조상	彫像	체언	51
수혈	輸血	복합명사구	52	정종	定宗	고유명사 사전	51
소행	所行	체언	52	반민	反民	체언	51
체형	體型	복합명사구	52	반목	反目	복합명사구	51
왕좌	王座	체언	52	반역자	反逆者	복합명사구	51
물망	物望	체언	52	방문객	訪問客	복합명사구	51
습작	習作	복합명사구	52	풍경화	風景畵	체언	51
소매업	小賣業	체언	52	봉변	逢變	복합명사구	51
성운	星雲	체언	52	봉황	鳳凰	체언	51
성비	性比	체언	52	부통령	副統領	복합명사구	51
약방	藥房	체언	52	고압	高壓	체언	51
일직선	一直線	체언	52	과점	寡占	체언	51
음복	飲福	복합명사구	52	귀착	歸着	복합명사구	51
경화	硬貨	체언	52	회합	會合	복합명사구	51
유흥	遊興	체언	52	기관차	機關車	체언	51
유영	游泳	동사성 명사	52	기록부	記錄簿	체언	51
원론	原論	체언	52	극기	克己	체언	51
원대	遠大	형용사성 명사	52	연모	戀慕	동사성 명사	51
원근	遠近	체언	52	임차인	賃借人	체언	51
조산	早産	복합명사구	52	윤리관	倫理觀	체언	51
저번	這番	체언	52	논제	論題	복합명사구	51
중대	中隊	체언	52	낙하산	落下傘	체언	51

약식	略式	체언	51
매실	梅實	체언	51
문지방	門地枋	체언	51
묵계	默契	체언	51
내무	內務	체언	51
평형	平衡	복합명사구	51
파렴치	破廉恥	체언	51
강변	強辯	체언	51
침상	寢牀	체언	51
청량음료	清凉飲料	체언	51
구도	求道	체언	51
용공	容共	체언	51
용적	容積	체언	51
유모	乳母	복합명사구	51
생활수준	生活水準	체언	51
생물체	生物體	체언	51
성원	聲援	복합명사구	51
실연	失戀	체언	51
시상	詩想	체언	51
시류	時流	체언	51
시계	視界	복합명사구	51
설법	說法	복합명사구	51
사각	死角	체언	51
소정	所定	체언	51
특강	特講	복합명사구	51
무력감	無力感	복합명사구	51
물신	物神	체언	51
세세	細細	형용사성 명사	51
하계	夏季	체언	51
심상	心象	체언	51
휴양지	休養地	체언	51
연기력	演技力	복합명사구	51
용례	用例	복합명사구	51
우표	郵票	체언	51
연원	淵源	복합명사구	51
원예	園藝	체언	51
찬송가	讚頌歌	체언	51
증원	增員	복합명사구	51
진동	震動	복합명사구	51
진노	震怒	체언	51
직설	直說	체언	51
중층	中層	체언	51
중역	重役	체언	51
전보	轉補	체언	51
자존	自存	복합명사구	51
자유자재	自由自在	체언	51
장사	長史	체언	51
번식	蕃息	체언	51
번식	蕃殖	체언	51
노장	老丈	체언	51
신주	神酒	체언	51
심상	心像	체언	51
다중	多重	체언	51
안장	鞍裝	체언	50
파수	把守	복합명사구	50
선승	禪僧	체언	50
상임위	常任委	복합명사구	50
성취감	成就感	복합명사구	50
성내	城內	체언	50
전언	傳言	복합명사구	50
대비	大妃	체언	50
적대감	敵對感	복합명사구	50
동궁	東宮	체언	50
동적	動的	형용사성 명사	50
단신	短信	복합명사구	50
악덕	惡德	체언	50
방지책	防止策	체언	50
분묘	墳墓	체언	50
부화	孵化	복합명사구	50
과소평가	過小評價	체언	50
행군	行軍	복합명사구	50
호재	好材	체언	50
가책	呵責	복합명사구	50
집체	集體	체언	50
기생충	寄生蟲	체언	50
강습	講習	복합명사구	50
결구	結構	동사성 명사	50
결구	結句	체언	50
결구	結球	체언	50
계엄령	戒嚴令	복합명사구	50
금주	今週	체언	50
진군	進軍	체언	50
경적	警笛	체언	50
경각심	警覺心	복합명사구	50
구한말	舊韓末	체언	50
가관	可觀	체언	50

내왕	來往	체언	50
용왕	龍王	체언	50
미풍	美風	체언	50
맹수	猛獸	체언	50
명부	冥府	체언	50
남침	南侵	복합명사구	50
판서	判書	체언	50
기겁	氣怯	복합명사구	50
권능	權能	복합명사구	50
삼중	三重	체언	50
상실감	喪失感	복합명사구	50
사기	沙器	체언	50
상경	上警	체언	50
성신	聖神	체언	50
실력자	實力者	체언	50
세관	稅關	체언	50
제보자	提報者	복합명사구	50
통일안	統一案	체언	50
만년필	萬年筆	체언	50
위산	胃酸	체언	50
오열	嗚咽	체언	50
소설책	小說冊	체언	50
휴게실	休憩室	복합명사구	50
연설회	演說會	체언	50
야인	野人	체언	50
유민	遺民	복합명사구	50
예능	藝能	체언	50
은행가	銀行家	체언	50
증액	增額	복합명사구	50
전리품	戰利品	체언	50
종주국	宗主國	복합명사구	50
총학생회	總學生會	복합명사구	50
보전	補塡	동사성 명사	50
관상	冠狀	체언	50
호안	湖岸	체언	50
방패	旁牌	체언	50
신문	神門	체언	50
수의	隨意	형용사성 명사	50
안정감	安定感	체언	49
안내원	案內員	복합명사구	49
백일장	白日場	체언	49
박명	薄明	체언	49
보험업	保險業	체언	49
폭언	暴言	복합명사구	49
파종	播種	복합명사구	49
참작	參酌	복합명사구	49
초인	超人	체언	49
조찬	朝餐	복합명사구	49
창간호	創刊號	체언	49
답안지	答案紙	복합명사구	49
대학가	大學街	체언	49
전말	顚末	체언	49
도매	都賣	복합명사구	49
발표문	發表文	복합명사구	49
발악	發惡	복합명사구	49
방방곡곡	坊坊曲曲	체언	49
분교	分校	복합명사구	49
개수	個數	체언	49
공업국	工業國	체언	49
공명	共鳴	체언	49
국교	國教	체언	49
행동거지	行動擧止	체언	49
호기	豪氣	체언	49
홍색	紅色	체언	49
기량	技倆	체언	49
기사	技師	체언	49
기념품	記念品	복합명사구	49
기념식	記念式	복합명사구	49
갑오	甲午	체언	49
교회당	教會堂	체언	49
해동	解凍	복합명사구	49
정병	精兵	체언	49
경관	警官	체언	49
국외자	局外者	복합명사구	49
개화	開花	복합명사구	49
간행물	刊行物	복합명사구	49
연연	戀戀	동사성 명사	49
양자	量子	체언	49
유성	流星	체언	49
면면	面面	복합명사구	49
묘목	苗木	복합명사구	49
명주	名酒	체언	49
농기계	農機械	체언	49
강경	強硬	부사사전	49
일광	日光	체언	49
일몰	日沒	체언	49

유두	乳頭	체언	49
색색	色色	체언	49
승복	僧服	체언	49
생필품	生必品	복합명사구	49
생존자	生存者	복합명사구	49
생색	生色	체언	49
성황	盛況	체언	49
실토	實吐	복합명사구	49
실학자	實學者	체언	49
시현	示現	체언	49
적자생존	適者生存	체언	49
수장	首長	체언	49
수뇌부	首腦部	복합명사구	49
수령	受領	복합명사구	49
수재	水災	체언	49
수자원	水資源	체언	49
사교육비	私教育費	체언	49
특공대	特攻隊	체언	49
제창	提唱	체언	49
통신사	通信社	체언	49
만민	萬民	체언	49
위세	位勢	복합명사구	49
온수	溫水	체언	49
선례	先例	복합명사구	49
상모	象毛	체언	49
소대	小隊	체언	49
소아과	小兒科	체언	49
소작료	小作料	복합명사구	49
신문인	新聞人	체언	49
성정	性情	복합명사구	49
휴학	休學	복합명사구	49
휴업	休業	체언	49
학벌	學閥	복합명사구	49
학사	學事	체언	49
요인	要人	체언	49
예술단	藝術團	복합명사구	49
인습	因習	체언	49
음정	音程	복합명사구	49
음운	音韻	체언	49
유흥업소	遊興業所	체언	49
유종	有終	체언	49
쟁탈	爭奪	복합명사구	49
지청	支廳	체언	49
지성	至誠	체언	49
작부	酌婦	체언	49
자멸	自滅	복합명사구	49
자학	自虐	복합명사구	49
초인	草人	체언	49
국교	國校	체언	49
기량	伎倆	체언	49
난도질	亂刀 –	체언	49
상모	相侮	체언	49
아첨	阿諂	복합명사구	48
비탄	悲嘆	체언	48
표지판	標識板	체언	48
불시	不時	체언	48
보초	步哨	복합명사구	48
차액	差額	체언	48
장세	場勢	체언	48
차고	車庫	체언	48
지론	持論	복합명사구	48
처리장	處理場	복합명사구	48
촌로	村老	체언	48
적중	的中	복합명사구	48
등신불	等身佛	체언	48
전화선	電話線	체언	48
악어	鰐魚	체언	48
법통	法統	복합명사구	48
반려	返戾	체언	48
방류	放流	복합명사구	48
부고	訃告	복합명사구	48
고성	高聲	체언	48
경작지	耕作地	복합명사구	48
공채	公採	복합명사구	48
과식	過食	복합명사구	48
과중	過重	형용사성 명사	48
호평	好評	복합명사구	48
횡단보도	橫斷步道	체언	48
활주로	滑走路	체언	48
화풍	畵風	복합명사구	48
훼방	毀謗	체언	48
화근	禍根	체언	48
기독교도	基督教徒	체언	48
건재	健在	복합명사구	48
교주	教主	복합명사구	48
결핵	結核	체언	48

정소	精巢	체언	48
결투	決鬪	복합명사구	48
군부대	軍部隊	체언	48
군함	軍艦	체언	48
군용	軍用	체언	48
가부	可否	체언	48
광공업	鑛工業	체언	48
예식장	禮式場	체언	48
영안실	靈安室	체언	48
융성	隆盛	복합명사구	48
윤리학	倫理學	체언	48
미술가	美術家	체언	48
면허증	免許證	체언	48
내측	內側	체언	48
능사	能事	체언	48
여군	女軍	체언	48
군도	群島	복합명사구	48
인어	人魚	체언	48
사회상	社會相	체언	48
시주	施主	복합명사구	48
실비	實費	체언	48
수상기	受像機	체언	48
수출국	輸出國	복합명사구	48
숙달	熟達	복합명사구	48
수종	樹種	체언	48
석학	碩學	체언	48
사계절	四季節	복합명사구	48
산술	算術	체언	48
당뇨	糖尿	복합명사구	48
철책	鐵柵	체언	48
동승	同乘	복합명사구	48
도안	圖案	복합명사구	48
탈출구	脫出口	복합명사구	48
위기의식	危機意識	체언	48
미수	未遂	체언	48
위장	胃腸	체언	48
문관	文官	체언	48
서안	西岸	체언	48
함몰	陷沒	복합명사구	48
현행법	現行法	체언	48
교장실	校長室	체언	48
사례	謝禮	체언	48
신진대사	新陳代謝	체언	48
숙식	宿食	복합명사구	48
아류	亞流	복합명사구	48
염전	鹽田	복합명사구	48
야수	野獸	체언	48
의생활	衣生活	복합명사구	48
역학	疫學	체언	48
영합	迎合	복합명사구	48
유기물	有機物	체언	48
유괴	誘拐	복합명사구	48
예산안	豫算案	체언	48
원단	元旦	체언	48
원통	圓筒	체언	48
열람	閱覽	복합명사구	48
운석	隕石	체언	48
직공	職工	체언	48
축문	祝文	체언	48
주물	鑄物	체언	48
장판	壯版	체언	48
조직력	組織力	체언	48
상위	常委	체언	48
군도	郡都	체언	48
기공	氣功	체언	48
서장	序章	체언	48
야수	野手	체언	48
우화	羽化	동사성 명사	48
애완동물	愛玩動物	체언	47
방조	幫助	체언	47
폭풍우	暴風雨	체언	47
폭주	暴注	복합명사구	47
편집부	編輯部	체언	47
초목	草木	체언	47
성적표	成績表	복합명사구	47
질타	叱咤	체언	47
총구	銃口	체언	47
출입국	出入國	체언	47
축산물	畜産物	체언	47
촉각	觸角	복합명사구	47
전도사	傳道師	체언	47
차후	此後	체언	47
지자제	地自制	체언	47
전문	電文	체언	47
동장	洞長	체언	47
대내외	對內外	체언	47

발아	發芽	체언	47
분과	分科	복합명사구	47
분리수거	分離收去	체언	47
분발	奮發	복합명사구	47
분뇨	糞尿	체언	47
부양	浮揚	복합명사구	47
부증	浮症	체언	47
부목	副木	체언	47
감색	紺色	체언	47
개인전	個人展	복합명사구	47
근거지	根據地	복합명사구	47
공예	工藝	체언	47
궁실	宮室	체언	47
공급량	供給量	복합명사구	47
골절	骨折	복합명사구	47
곡우	穀雨	체언	47
고체	固體	체언	47
관상	觀相	복합명사구	47
호수	號數	복합명사구	47
갈채	喝采	복합명사구	47
호위	護衛	복합명사구	47
회선	回線	체언	47
기선	機先	체언	47
집대성	集大成	복합명사구	47
강화	講和	체언	47
교육법	教育法	체언	47
주점	酒店	복합명사구	47
공갈	恐喝	복합명사구	47
연임	連任	동사성 명사	47
영계	靈界	체언	47
만화책	漫畵冊	체언	47
미곡	米穀	체언	47
남단	南端	복합명사구	47
판석	判釋	체언	47
편린	片鱗	체언	47
기상천외	奇想天外	형용사성 명사	47
기업주	企業主	복합명사구	47
기관지	氣管支	복합명사구	47
전야	前夜	체언	47
용암	鎔巖	체언	47
살충제	殺蟲劑	체언	47
상흔	傷痕	복합명사구	47
사리탑	舍利塔	체언	47
신경병	神經病	체언	47
신시	神市	고유명사 사전	47
생장	生長	복합명사구	47
생활사	生活史	체언	47
생식기	生殖器	체언	47
성은	聖恩	체언	47
시론	詩論	체언	47
사도	使徒	복합명사구	47
시가	市街	체언	47
수경	首警	체언	47
서가	書架	체언	47
술책	術策	복합명사구	47
수은	水銀	체언	47
사육신	死六臣	체언	47
타당	他黨	체언	47
천하장사	天下壯士	체언	47
철봉	鐵棒	체언	47
통고	通告	복합명사구	47
투표소	投票所	체언	47
탈선	脫線	복합명사구	47
외설	猥褻	체언	47
문방구	文房具	체언	47
무술	武術	체언	47
물정	物情	복합명사구	47
석권	席卷	복합명사구	47
효험	效驗	복합명사구	47
협연	協演	복합명사구	47
삭발	削髮	체언	47
설상가상	雪上加霜	체언	47
훈계	訓戒	체언	47
압제	壓制	복합명사구	47
요망	要望	복합명사구	47
이성	異姓	체언	47
음지	陰地	체언	47
예금자	預金者	체언	47
운동사	運動史	체언	47
잡기	雜技	체언	47
잡기	雜記	체언	47
조영	造營	체언	47
채권	債權	복합명사구	47
전황	戰況	체언	47
조영	照映	동사성 명사	47
증류주	蒸溜酒	체언	47

정사	政事	체언	47
지국장	支局長	체언	47
직할시	直轄市	체언	47
중성자	中性子	체언	47
충성심	忠誠心	복합명사구	47
종전	終戰	복합명사구	47
주곡	主穀	체언	47
졸업장	卒業狀	복합명사구	47
해장	解酲	체언	47
사무	社務	체언	47
난방	煖房	체언	47
정사	正使	체언	47
보건소	保健所	복합명사구	46
병력	病歷	복합명사구	46
불구	不具	체언	46
채송화	菜松花	체언	46
차표	車票	체언	46
차종	車種	체언	46
총성	銃聲	체언	46
출연료	出演料	복합명사구	46
췌장염	膵臟炎	체언	46
대관절	大關節	부사사전	46
단안	單眼	체언	46
지방색	地方色	체언	46
전산망	電算網	체언	46
전당	殿堂	복합명사구	46
정처	定處	체언	46
탈환	奪還	복합명사구	46
방탕	放蕩	체언	46
비범	非凡	형용사성 명사	46
부상자	負傷者	복합명사구	46
부농	富農	체언	46
개축	改築	복합명사구	46
개론	概論	복합명사구	46
경질	更迭	복합명사구	46
고대인	古代人	복합명사구	46
광년	光年	체언	46
국민운동	國民運動	체언	46
화기	和氣	체언	46
후광	後光	복합명사구	46
화상	火傷	체언	46
기층	基層	체언	46
격동	激動	체언	46
격파	擊破	복합명사구	46
교육장	教育長	체언	46
교육장	教育場	체언	46
해방감	解放感	복합명사구	46
금발	金髮	체언	46
진사	進士	체언	46
경서	經書	체언	46
결판	決判	복합명사구	46
항소심	抗訴審	복합명사구	46
예배당	禮拜堂	복합명사구	46
입방	立方	체언	46
매도	賣渡	체언	46
미장원	美粧院	체언	46
면죄부	免罪符	체언	46
목축	牧畜	체언	46
염주	念珠	체언	46
응집	凝集	복합명사구	46
기린	麒麟	체언	46
건전지	乾電池	체언	46
열연	熱演	복합명사구	46
인간미	人間味	체언	46
색연필	色鉛筆	체언	46
세상사	世上事	체언	46
송부	送付	체언	46
속칭	俗稱	복합명사구	46
손익	損益	체언	46
특정인	特定人	체언	46
특례	特例	복합명사구	46
체육부	體育部	체언	46
천도교	天道教	체언	46
전시과	田柴科	체언	46
청력	聽力	체언	46
투숙	投宿	복합명사구	46
외유	外遊	복합명사구	46
왕년	往年	체언	46
위궤양	胃潰瘍	체언	46
오정	五情	체언	46
오용	誤用	복합명사구	46
선도자	先導者	복합명사구	46
선홍	鮮紅	체언	46
상쇄	相殺	복합명사구	46
상담실	相談室	복합명사구	46
상속세	相續稅	복합명사구	46

상징물	象徵物	복합명사구	46
심증	心證	체언	46
신조	信條	복합명사구	46
수정	修訂	복합명사구	46
서술어	敍述語	체언	46
학당	學堂	체언	46
혈안	血眼	체언	46
이송	移送	복합명사구	46
영결식	永訣式	체언	46
오락실	娛樂室	체언	46
정전	正殿	복합명사구	46
직구	直球	체언	46
직속	直屬	체언	46
제과	製菓	체언	46
전문지	專門誌	복합명사구	46
자긍심	自矜心	복합명사구	46
정책	定策	체언	46
평형	坪形	체언	46
소장	少將	체언	46
외관	外官	체언	46
선홍	宣紅	체언	46
반상회	班常會	복합명사구	45
반원	半圓	체언	45
보수파	保守派	복합명사구	45
표집	標集	체언	45
재정난	財政難	복합명사구	45
참가비	參加費	복합명사구	45
조심조심	操心操心	부사사전	45
선방	禪房	체언	45
선문답	禪問答	복합명사구	45
장기수	長期囚	체언	45
초급	初級	체언	45
대모	代母	복합명사구	45
대모	玳瑁	체언	45
탄핵	彈劾	복합명사구	45
당무	黨務	복합명사구	45
당직	黨職	체언	45
적군	敵軍	복합명사구	45
도시인	都市人	체언	45
태환	兌換	체언	45
대각선	對角線	복합명사구	45
부업	副業	복합명사구	45
고지서	告知書	체언	45
개중	個中	체언	45
공사	公私	체언	45
관권	官權	체언	45
광속	光速	체언	45
광수	廣袖	체언	45
과태료	過怠料	복합명사구	45
해전	海戰	체언	45
환상	幻像	복합명사구	45
회교도	回教徒	체언	45
혹자	或者	체언	45
격변	激變	체언	45
기사문	記事文	체언	45
계승자	繼承者	복합명사구	45
가업	家業	복합명사구	45
강북	江北	체언	45
교통편	交通便	체언	45
금수강산	錦繡江山	체언	45
경제주의	經濟主義	복합명사구	45
정예	精銳	복합명사구	45
정제	精製	체언	45
구애	拘碍	체언	45
개학	開學	체언	45
개원	開院	복합명사구	45
간병	看病	복합명사구	45
객기	客氣	복합명사구	45
광수	鑛水	체언	45
이기주의자	利己主義者	체언	45
영구	靈柩	체언	45
유혈	流血	체언	45
미명	美名	체언	45
미용실	美容室	복합명사구	45
미식가	美食家	복합명사구	45
몽유병	夢遊病	복합명사구	45
민족주의자	民族主義者	체언	45
남녀노소	男女老少	체언	45
판독	判讀	복합명사구	45
벽력	霹靂	체언	45
칠성	七星	체언	45
전과	前科	체언	45
금수	禽獸	체언	45
정상	情狀	체언	45
약소국	弱小國	체언	45
상납	上納	복합명사구	45

사회부	社會部	체언	45
신사복	紳士服	체언	45
시료	試料	체언	45
시험지	試驗紙	복합명사구	45
수취	受取	복합명사구	45
추기경	樞機卿	체언	45
순간순간	瞬間瞬間	체언	45
사서	司書	복합명사구	45
단상	壇上	체언	45
특사	特使	복합명사구	45
통화량	通貨量	체언	45
완비	完備	복합명사구	45
완숙	完熟	체언	45
위급	危急	체언	45
옥토	沃土	체언	45
오목	五目	체언	45
사은	謝恩	체언	45
성교육	性教育	복합명사구	45
휴지통	休紙桶	체언	45
허탈감	虛脫感	체언	45
학예회	學藝會	체언	45
연회	宴會	복합명사구	45
일부일처	一夫一妻	체언	45
일언반구	一言半句	체언	45
음성	陰性	체언	45
영속	永續	복합명사구	45
우환	憂患	체언	45
원수	元首	체언	45
재활	再活	복합명사구	45
재심	再審	복합명사구	45
점토	粘土	체언	45
착복	着服	체언	45
지부장	支部長	체언	45
지배력	支配力	체언	45
지소	支所	체언	45
지존	至尊	체언	45
지원자	志願者	복합명사구	45
제조법	製造法	복합명사구	45
중대장	中隊長	체언	45
중년기	中年期	체언	45
주간지	週刊紙	체언	45
자주색	紫朱色	체언	45
자취방	自炊房	복합명사구	45
자괴감	自愧感	복합명사구	45
자만	自慢	복합명사구	45
대모	大母	체언	45
이주	移駐	동사성 명사	45
편집장	編輯長	체언	44
표현주의	表現主義	체언	44
병충해	病蟲害	복합명사구	44
포석	布石	복합명사구	44
참고인	參考人	복합명사구	44
초고	草稿	복합명사구	44
충치	蟲齒	체언	44
사직	辭職	복합명사구	44
저의	底意	복합명사구	44
도합	都合	체언	44
대내	對內	체언	44
다수결	多數決	체언	44
다중	多衆	체언	44
은사	恩師	체언	44
번화가	繁華街	복합명사구	44
복사	輻射	체언	44
관혼상제	冠婚喪祭	체언	44
관목	灌木	체언	44
국가주의	國家主義	체언	44
해로	海路	체언	44
화답	和答	복합명사구	44
화음	和音	체언	44
급수	級數	복합명사구	44
가격	加擊	체언	44
교련	教鍊	체언	44
금박	金箔	체언	44
경례	敬禮	복합명사구	44
노망	老妄	복합명사구	44
이발	理髮	동사성 명사	44
양친	兩親	복합명사구	44
요리사	料理師	체언	44
여장	旅裝	복합명사구	44
마부	馬夫	체언	44
밀매	密賣	체언	44
목책	木柵	체언	44
남북통일	南北統一	체언	44
연호	年號	체언	44
비준	批准	체언	44
피지	皮脂	체언	44

기마	騎馬	체언	44
기풍	氣風	체언	44
기개	氣概	복합명사구	44
천고	千古	체언	44
정부	情婦	복합명사구	44
전성	全盛	체언	44
식혜	食醯	체언	44
식중독	食中毒	체언	44
실학파	實學派	체언	44
사고	史庫	복합명사구	44
수류탄	手榴彈	체언	44
사경	死境	체언	44
당산	堂山	체언	44
제재	題材	체언	44
첨부	添附	복합명사구	44
동맹국	同盟國	복합명사구	44
탁아소	託兒所	체언	44
위장병	胃臟病	체언	44
무등	無等	체언	44
무리수	無理數	체언	44
무사	無死	체언	44
무죄	無罪	복합명사구	44
무용가	舞踊家	체언	44
선불	先拂	복합명사구	44
선물	先物	체언	44
선험	先驗	체언	44
현인	賢人	체언	44
소반	小盤	체언	44
교사	校舍	체언	44
사진사	寫眞師	체언	44
수작	秀作	체언	44
업보	業報	복합명사구	44
일일	一日	체언	44
이질	姨姪	체언	44
의거	義擧	복합명사구	44
유색	有色	체언	44
운동원	運動員	복합명사구	44
식재	植栽	체언	44
중형	中型	체언	44
주번	週番	복합명사구	44
전업	轉業	체언	44
장식품	裝飾品	복합명사구	44
준칙	準則	복합명사구	44
구두	句讀	체언	44
군비	軍費	체언	44
과정	科程	체언	44
산기	酸基	체언	44
애견	愛犬	체언	43
안온	安穩	체언	43
발췌	拔萃	복합명사구	43
반입	搬入	복합명사구	43
포악	暴惡	체언	43
비감	悲感	체언	43
본분	本分	복합명사구	43
본말	本末	체언	43
폐경기	閉經期	체언	43
병균	病菌	체언	43
부지기수	不知其數	체언	43
재판관	裁判官	체언	43
증조부	曾祖父	체언	43
장지	長指	체언	43
순도	純度	체언	43
순익	純益	복합명사구	43
자웅	雌雄	체언	43
차제	此際	체언	43
저항력	抵抗力	복합명사구	43
제일주의	第一主義	복합명사구	43
정박	碇泊	동사성 명사	43
투기	鬪技	체언	43
투기	妬忌	체언	43
악역	惡役	체언	43
분쇄	粉碎	복합명사구	43
부왕	父王	체언	43
복제품	複製品	체언	43
간척	干拓	복합명사구	43
간지	干支	체언	43
격상	格上	복합명사구	43
광채	光彩	복합명사구	43
국화	國花	복합명사구	43
국립대학	國立大學	체언	43
해연	海淵	체언	43
한대	寒帶	체언	43
후원회	後援會	복합명사구	43
호가	呼價	복합명사구	43
호란	胡亂	체언	43
호구	糊口	체언	43

계간	季刊	체언	43
적멸	寂滅	체언	43
가속도	加速度	복합명사구	43
갑상선	甲狀腺	체언	43
가교	架橋	복합명사구	43
간교	奸巧	체언	43
간지	奸智	체언	43
간지	間紙	체언	43
강토	疆土	체언	43
교육열	教育熱	복합명사구	43
해방군	解放軍	복합명사구	43
개재	介在	복합명사구	43
취학	就學	복합명사구	43
결연	決然	형용사성 명사	43
가결	可決	복합명사구	43
구령	口令	복합명사구	43
예우	禮遇	복합명사구	43
연정	聯政	체언	43
유행어	流行語	체언	43
매수세	買收勢	체언	43
문하	門下	복합명사구	43
마술사	魔術師	체언	43
목회	牧會	체언	43
난국	難局	체언	43
역적	逆賊	복합명사구	43
농군	農軍	체언	43
농노	農奴	체언	43
포도당	葡萄糖	체언	43
처형	妻兄	체언	43
기행	奇行	복합명사구	43
청교도	清教徒	체언	43
경중	輕重	복합명사구	43
추호	秋毫	체언	43
전폭	全幅	체언	43
결석	缺席	복합명사구	43
인력난	人力難	복합명사구	43
영욕	榮辱	체언	43
상수도	上水道	체언	43
상오	上午	체언	43
설전	舌戰	체언	43
사택	舍宅	체언	43
사회악	社會惡	체언	43
심사숙고	深思熟考	체언	43
생육	生育	체언	43
승점	勝點	체언	43
석불	石佛	체언	43
시시각각	時時刻刻	체언	43
사환	使喚	체언	43
시발	始發	복합명사구	43
수출품	輸出品	복합명사구	43
사상자	死傷者	복합명사구	43
천재	天災	체언	43
동업	同業	복합명사구	43
두개골	頭蓋骨	체언	43
토인	土人	체언	43
추앙	推仰	체언	43
탈진	脫盡	복합명사구	43
외박	外泊	복합명사구	43
완승	完勝	복합명사구	43
만석	萬石	체언	43
왕도	王道	복합명사구	43
문예지	文藝誌	체언	43
무인도	無人島	체언	43
서역	西域	체언	43
선각자	先覺者	복합명사구	43
선제공격	先制攻擊	체언	43
헌납	獻納	복합명사구	43
소연	蕭然	형용사성 명사	43
흥망	興亡	복합명사구	43
휴무	休務	체언	43
허풍	虛風	체언	43
허무주의	虛無主義	체언	43
학제	學制	체언	43
연구서	研究書	복합명사구	43
연사	演士	복합명사구	43
양성자	陽性子	체언	43
일약	一躍	체언	43
역학	易學	체언	43
흠모	欽慕	복합명사구	43
우송	郵送	복합명사구	43
어항	魚缸	체언	43
우민	愚民	체언	43
우롱	愚弄	복합명사구	43
우후죽순	雨後竹筍	체언	43
옥중	獄中	체언	43
예비군	豫備軍	체언	43

예정일	豫定日	복합명사구	43
원어	原語	복합명사구	43
장지	葬地	복합명사구	43
증보	增補	체언	43
장지	張芝	고유명사 사전	43
소연	昭然	형용사성 명사	43
정어	正語	체언	43
중간재	中間財	복합명사구	43
장년	壯年	체언	43
작황	作況	복합명사구	43
장지	將指	체언	43
기간	其間	체언	43
희극	戲劇	체언	43
오로	奧魯	체언	42
본서	本書	체언	42
변색	變色	복합명사구	42
별별	別別	관형사사전	42
불모	不毛	동사성 명사	42
잔여	殘餘	체언	42
진정서	陳情書	복합명사구	42
제초제	除草劑	체언	42
대양	大洋	체언	42
전화통	電話筒	체언	42
동국	冬菊	체언	42
동향	東向	체언	42
발원	發願	체언	42
반칙	反則	복합명사구	42
비행사	飛行士	체언	42
봉인	封印	복합명사구	42
복제물	複製物	체언	42
고관	高官	체언	42
공기	工期	체언	42
공채	公債	체언	42
구독	購讀	복합명사구	42
고풍	古風	체언	42
관제	官制	체언	42
귀인	貴人	체언	42
해수	海水	체언	42
행적	行績	체언	42
후생	後生	체언	42
회의소	會議所	체언	42
화주	火酒	체언	42
적체	積滯	복합명사구	42
기능사	技能士	체언	42
계류	繫留	복합명사구	42
교차로	交叉路	복합명사구	42
계제	階梯	체언	42
정령	精靈	체언	42
경장	警長	체언	42
경호원	警護員	체언	42
과징금	課徵金	체언	42
납북	拉北	체언	42
입신	立身	체언	42
유언비어	流言蜚語	체언	42
노숙	露宿	복합명사구	42
낙방	落榜	복합명사구	42
매개체	媒介體	복합명사구	42
미적	美的	형용사성 명사	42
미화원	美化員	체언	42
묘약	妙藥	복합명사구	42
모략	謀略	복합명사구	42
모성애	母性愛	복합명사구	42
목어	木魚	체언	42
능통	能通	체언	42
우지	牛脂	체언	42
농번기	農繁期	체언	42
파지	破紙	체언	42
기별	奇別	복합명사구	42
강탈	強奪	복합명사구	42
교각	橋脚	체언	42
침탈	侵奪	복합명사구	42
곡면	曲面	체언	42
결핍증	缺乏症	복합명사구	42
영화	榮華	체언	42
입적	入籍	체언	42
예지	叡智	복합명사구	42
삼대	三大	관형사사전	42
살인범	殺人犯	체언	42
상관	上官	복합명사구	42
사회면	社會面	체언	42
사직단	社稷壇	체언	42
신고서	申告書	복합명사구	42
신학자	神學者	체언	42
성우	聲優	체언	42
성전	聖戰	복합명사구	42
실성	失性	복합명사구	42

식상	食傷	복합명사구	42
사절	使節	복합명사구	42
사화	士禍	체언	42
세파	世波	체언	42
시의회	市議會	체언	42
송진	松津	체언	42
속요	俗謠	체언	42
탄화	炭化	복합명사구	42
특출	特出	형용사성 명사	42
통문	通文	체언	42
동국	同國	체언	42
투서	投書	복합명사구	42
투옥	投獄	복합명사구	42
유일신	唯一神	체언	42
미정	未定	체언	42
위패	位牌	체언	42
문구	文具	체언	42
문학관	文學觀	복합명사구	42
무악	巫樂	체언	42
오로	烏鷺	체언	42

第十一章

越南常用汉字词汇使用现状

说　明

（1）由于最终成果篇幅限制，这里收录现代越南语最常用的汉字词汇 10 000 条左右，并按照词频从大到小顺序排列。

（2）越南语汉字词来源：越南语专家的平时积累、越南语词典、本课题组研制的“现代越南语汉字标注语料库”。

（3）为了反映越南汉字词汇的使用现状，每一个汉字词条标有四种信息：越南语词形、简体汉字、越南语词性、越南语词频。

（4）越南语词性由越南语专家根据越南语词典等语言资源标注。

（5）每一条越南语汉字词词频，根据本课题组建设的“现代越南语汉字标注语料库”统计得到。

thời gian	时间	名	24456	kinh tế	经济	名	10223
lập tức	立即	副	20544	đệ tử	弟子	名	10094
việt nam	越南	名	19610	cán bộ	干部	名	9898
công ty/công ti	公司	名	18537	đối phương	对方	名	9882
đột nhiên	突然	副	18424	đồng thời	同时	副	9776
vô cùng	无穷	形副	17404	chuẩn bị	准备	动	9694
tổ chức	组织	动名	17089	đại sư	大师	名	9588
thực hiện	实现	动	16924	tiến công/tấn công	进攻	动	9507
cô nương	姑娘	名	16648	cơ hội	机会	形名	9457
vũ công/võ công	武功	名	16359	giang hồ	江湖	名	9401
tiếp tục	接续	动	16298	đại ca	大哥	名	9351
gia đình	家庭	形名	16129	võ lâm	武林	名	9349
đầu tiên	头先	名	15641	bảo vệ	保卫	动	9306
hoàn toàn	完全	形副	14900	quản lý/quản lí	管理	动名	9303
phu nhân	夫人	名	14829	từ từ	徐徐	形	9161
thế giới	世界	名	13866	hình như	形如	副	9050
vấn đề	问题	名	13701	chính phủ	政府	名	9006
sử dụng	使用	动	13433	yêu cầu	要求	动	8815
đầu tư	投资	动	13114	nhiệm vụ	任务	名	8809
quyết định	决定	动形名	12867	ngân hàng	银行	名	8763
ngạc nhiên	愕然	形	12728	nhân vật	人物	名	8703
hoạt động	活动	动形名	12493	tự nhiên	自然	形名	8703
phát triển	发展	动形	12420	kế hoạch	计划	名	8592
thượng quan	上官	名	12083	phụ nữ	妇女	名	8557
thị trường	视场 / 市场	名	11959	cổ phiếu	股票	名	8554
đơn vị	单位	名	11922	tình hình	情形	名	8523
thành phố	城铺	名	11890	hành động	行动	动名	8513
đặc biệt	特别	形	11832	sản xuất	产出	动名	8466
xuất hiện	出现	动	11627	nghiên cứu	研究	动	8461
thực sự/thật sự	实事	形	11613	tiên sinh	先生	名	8376
cảm giác	感觉	动	11379	xã hội	社会	名	8156
công tử	公子	名	11362	bí mật	秘密	名	8027
tiểu đệ	小弟	名	11290	liên quan	连关	动	7945
sư phụ	师父	名	11206	lão phu	老夫	名	7942
nhất định	一定	形副	11176	cao thủ	高手	形名	7852
thiên hạ	天下	名	11141	mục	目	名	7841
các vi	各位	代	11059	quan hệ	关系	形	7834
hà nội	河内	名	10627	đại nhân	大人	名	7793
tuy nhiên	虽然	连	10518	quần áo	裙袄	名	7742
doanh nghiệp	营业	动名	10479	bất cứ	不据	副	7656
khả năng	可能	名	10377	hệ thống	系统	名	7626
công tác	工作	名	10349	kết quả	结果	名	7618
quan trọng	关重	形	10331	phát hiện	发现	动	7580
cơ quan	机关	名	10304	tinh thần	精神	名	7539

huynh đệ	兄弟	名	7477
điện thoại	电话	名	7475
quy định/qui định	规定	动	7389
tham gia	参加	动	7378
như không	如空	形	7242
chương trình	章程	名	7206
khu vực	区域	名	7163
thành công	成功	动名	7136
thiếu nữ	少女	名	7132
quả thực/quả thật	果实	副	7119
thậm chí	甚至	副	7104
cơ sở	基础	名	6996
bị thương	被伤	动	6964
quan tâm	关心	动	6963
giáo chủ	教主	名	6961
nhân dân	人民	名	6892
dự án	预案	名	6864
lực lượng	力量	名	6831
đại học	大学	名	6781
kinh hãi	惊骇	形	6777
địa phương	地方	名	6765
hạnh phúc	幸福	形名	6750
thanh niên	青年	形名	6708
quốc gia	国家	形名	6707
bản thân	本身	名	6630
yêng hùng/anh hùng	英雄	名	6624
bình thường	平常	形	6585
lao động	劳动	动名	6563
khoa học	科学	名	6555
trung quốc	中国	名	6521
bác sĩ	博士	名	6515
điều kiện	条件	名	6484
an toàn	安全	形名	6464
tài chính	财政	名	6448
nguy hiểm	危险	形名	6408
không khí	空气	名	6407
lý do/lí do	理由	名	6380
chú ý	注意	动	6317
duy nhất	唯一	形	6314
kinh doanh	经营	动	6292
giải thích	解释	动	6210
tập trung	集中	动	6153
trung tâm	中心	形名	6119
quân đội	军队	名	6117
đối phó	对付	动	6111
trường hợp	场合	名	6054
sự thực/sự thật	事实	名副	5999
cực kỳ/cực kì	极其	副	5984
dĩ nhiên	已然	形	5966
nhân viên	人员	名	5952
tình trạng	情状	名	5941
tiểu thư	小姐	名	5904
sinh viên	生员	名	5892
cẩn thận	谨慎	形	5886
chính trị	政治	形名	5863
thân hình	身形	名	5843
kiểm tra	检查	动	5842
cổ phần	股份	名	5802
lão nhân	老人	名	5790
ý kiến	意见	名	5781
toàn bộ	全部	名	5745
bất giác	不觉	副	5714
địch nhân	敌人	名	5662
trách nhiệm	责任	动名	5639
giải quyết	解决	动	5617
chiến tranh	战争	名	5525
các hạ	阁下	名	5483
ảnh hưởng	影响	动名	5447
quan sát	观察	动	5428
tiểu tử	小子	名	5428
quốc tế	国际	形名	5421
chiến sĩ	战士	名	5407
chỉ huy	指挥	动	5389
chiến đấu	战斗	动	5314
đương nhiên	当然	副	5288
lĩnh đạo/lãnh đạo	领导	动名	5239
hình ảnh	形影	名	5236
hiệu quả	效果	名	5228
yên tâm/an tâm	安心	形	5215
quả nhiên	果然	副	5212
hiện tại	现在	名	5208
chứng	证 / 症	动	5206
tình cảm	情感	名	5183
ý nghĩ	意擬（拟）	名	5177
tự do	自由	形名	5155
khẳng định	肯定	副	5107
thực tế	实际	名形	5099
biến thành	变成	动	5085

sư huynh	师兄	名	5072	tình thế	情势	形名	4352
thiếu niên	少年	名	5068	thân thể	身体	名	4348
chủ tịch	主席	名	5038	đào tạo	陶造	动	4345
thục địa	熟地	名	4998	học sinh	学生	名	4343
công nghệ	工艺	名	4973	thiết mộc	铁木	名	4337
đồng hồ	铜壶	名	4972	phối hợp	配合	动	4329
chất lượng	质量	名	4971	tất nhiên	必然	副	4313
bảo đảm	保担	动	4943	triển khai	展开	动	4304
sản phẩm	产品	名	4939	chính sách	政策	名	4294
toàn thân	全身	名	4917	giới thiệu	介绍	动	4283
lợi hại	厉害 / 利害	形	4914	chấp nhận	执认	动	4280
chứng khoán	证券	名	4902	thanh âm	声音	名	4258
thái độ	态度	名	4880	tưởng tượng	想象	动	4232
bệnh viện	病院	名	4878	đăng ký/đăng kí	登记	动	4225
quốc phòng	国防	名	4870	biện pháp	办法	名	4223
quân sự	军事	名	4833	xử lý/xử lí	处理	动	4206
huấn luyện	训练	动	4824	đơn giản	单简	动形	4191
báo cáo	报告	动名	4794	điều tra	调查	动	4185
thanh vân	青云	名	4791	tương lai	将来	名	4165
chủ nhân	主人	名	4775	môi trường	媒场	名	4123
cảnh sát	警察	名	4757	dịch vụ	役务	名	4119
tư mã	司马	名	4732	cung cấp	供给	动	4113
đồng ý	同意	动	4718	hoàng đế	皇帝	名	4097
công chúa	公主	名	4696	âm thanh	音声	名	4090
đề nghị	提议	动名	4686	cách mệnh/cách mạng	革命	名	4085
dương hải	洋海	名	4681	tiểu nhân	小人	名	4085
tiến hành	进行	动	4643	bộ đội	部队	名	4070
hoàn thành	完成	动	4633	tiền bối	前辈	名	4058
kinh ngạc	惊愕	形	4633	khách sạn	客栈	名	4056
phục vụ	服务	动	4619	tái	再	动	4020
giao dịch	交易	动	4585	nội dung	内容	名	4003
lịch sử	历史	名	4566	đồng chí	同志	名	3977
vị trí	位置	名	4561	công lực	功力	名	3964
giám đốc	监督	名	4544	đảm bảo	担保	动	3951
mục tiêu	目标	名	4506	kết thúc	结束	动	3930
giá trị	价值	名	4501	thông minh	聪明	形	3926
bình tĩnh	平静	形	4486	thông báo	通报	动名	3896
giáo dục	教育	动名	4474	trầm ngâm	沉吟	形	3881
kinh nghiệm	经验	名	4456	mục đích	目的	名	3875
cá nhân	个人	名	4445	nội lực	内力	名	3850
nguyên nhân	原因	名	4444	hòa thượng	和尚	名	3825
hỗ trợ	互助	动	4434	trực tiếp	直接	形	3819
văn hóa	文化	名	4386	thủ tướng	首相	名	3809
bạt phong	拔风	形	4373	thời điểm	时点	名	3803

phương pháp	方法	名	3791
chỉ đạo	指导	动名	3786
thị trấn	市镇	名	3785
dân tộc	民族	名	3779
thuộc hạ	属下	名	3755
hợp tác	合作	动名	3739
vũ khí/võ khí	武器	名	3714
tháo	品行拆卸	名动	3706
quá trình	过程	名	3688
công trình	工程	名	3673
tựa hồ/tự hồ	似乎	动	3633
công phu	功夫	形名	3608
đông phương	东方	名	3605
liên tục	连续	形	3604
đối diện	对面	动	3590
cụ thể	具体	形	3589
thành viên	成员	名	3567
thường xuyên	常川	副	3543
phản ứng	反应	动名	3533
giáo sư	教师	名	3523
cần thiết	勤切	形	3516
cơ thể	肌体	名	3498
sư đệ	师弟	名	3496
xác định	确定	动形	3477
nhu cầu	需求	名	3451
văn phòng	文房	名	3442
tình huống	情况	名	3435
ý nghĩa	意义	名	3430
giai đoạn	阶段	名	3428
thương mại	商卖	名	3415
liên tiếp	连接	形	3403
trung ương	中央	形名	3390
phù hợp	符合	动形	3382
giao thông	交通	名	3381
lĩnh vực/lãnh vực	领域	名	3360
nhất thời	一时	副	3355
cảm ơn	感恩	动	3354
hội đồng	会同	名	3353
sung sướng	充畅	形	3352
tướng quân	将军	名	3349
không gian	空间	名	3344
tầm thường	寻常	形	3336
thông qua	通过	动	3333
vãn bối	晚辈	名	3322
tăng cường	增强	动	3298
môn phái	门派	名	3277
vô tình	无情	形	3277
hiển nhiên	显然	形	3255
hoàng thượng	皇上	名	3249
tuyệt đối	绝对	形	3247
đột ngột	突兀	形副	3207
tốc độ	速度	名	3202
bất kỳ/bất kì	不期	形	3198
tướng công	相公	名	3173
đạo nhân	道人	名	3167
đáp ứng	答应	动	3126
đề phòng	提防	动	3126
chi tiết	肢节 / 枝节	名	3114
đối thủ	对手	名	3094
an ninh	安宁	形名	3071
thành lập	成立	动	3069
tỷ lệ/tỉ lệ	比例	名	3062
tồn tại	存在	动名	3060
pháp luật	法律	名	3055
tác phẩm	作品	名	3051
công bố	公布	动	3050
nữ nhân	女人	名	3049
tâm hồn	心魂	名	3043
chấn động	震动	动	3020
công nghiệp	工业	名	3019
tuyên bố	宣布	动	3012
trạm	站	名	3011
chính xác	正确	形	3010
thái hậu	太后	名	3006
hoàn cảnh	环境	名	3005
du lịch	游历	动	3003
biên giới	边界	名	2996
ổn định	稳定	形	2994
thất bại	失败	动名	2989
thất vọng	失望	动	2973
chính thức	正式	形	2972
thể hiện	体现	动	2972
hành lang	行廊	名	2954
chiến lược	战略	形名	2949
xúc động	触动	动	2947
đại diện	代面	动	2945
hướng dẫn	向引	动	2945
áp dụng	压用	动	2923

bố trí	布置	动	2916
phát giác	发觉	动	2907
binh khí	兵器	名	2899
an ủi	安慰	动	2898
quốc hội	国会	名	2896
thiết kế	设计	动	2888
chế độ	制度	名	2885
cố ý	故意	动	2885
trưởng lão	长老	名	2885
trung nguyên	中元 / 中原	名	2881
hợp đồng	合同	动名	2874
thủ đoạn	手段	名	2850
cảm nhận	感认	动	2836
phức tạp	复杂	形	2822
thiết bị	设备	名	2819
bộ trưởng	部长	名	2811
học tập	学习	动	2805
liên lạc	联络	动	2791
chủ yếu	主要	形	2790
xuất khẩu	出口	动	2783
dân chúng	民众	名	2777
tư tưởng	思想	名	2775
thủ hạ	手下	名	2769
lão tiền bối	老前辈	名	2762
công an	公安	名	2759
tổng thống	总统	名	2745
sư muội	师妹	名	2724
đối tượng	对象	名	2723
ý định	意定	名	2710
thời kỳ/thời kì	时期	名	2696
cử động	举动	动	2693
cơ bản	基本	形名	2689
tập đoàn	集团	名	2688
vũ trụ	宇宙	名	2686
ấn độ	印度	名	2680
nghệ thuật	艺术	名	2676
chính quyền	政权	名	2658
tính mệnh/tính mạng	性命	名	2657
cái bang	丐帮	名	2650
chủ động	主动	形	2650
bất luận	不论	副	2647
số tiền	数钱	名	2647
thế kỷ	世纪	名	2639
duy trì	维持	动	2638
giải phóng	解放	动名	2618
tích cực	积极	形	2618
phong trào	风潮	名	2613
thống nhứt/thống nhất	统一	动形	2609
ủy ban	委班	名	2604
quản trị	管治	动	2581
thản nhiên	坦然	形	2577
vận động	运动	动	2549
tác giả	作者	名	2528
cứ như	据如	副	2526
hấp dẫn	吸引	动	2526
sáng tạo	创造	动	2526
tựa như	似如	形	2510
tài sản	财产	名	2507
căn cứ	根据	动名	2502
thí chủ	施主	名	2499
ông bà	翁婆	名	2496
phát huy	发挥	动	2494
cao cường	高强	形	2489
kiến thức	见识	名	2488
cộng sản	共产	形名	2486
tâm sự	心事	动名	2482
phản đối	反对	动	2476
sĩ quan	士官	名	2476
điều chỉnh	调整	动	2473
khai thác	开拓	动	2472
khoảnh khắc	顷刻	名	2467
hành vi	行为	名	2465
phương tiện	方便	名	2465
dược sư	药师	名	2464
hội nghị	会议	名	2463
khủng khiếp	恐怯	形	2462
quy hoạch/qui hoạch	规划	动	2457
biến sắc	变色	动	2454
hiện đại	现代	形	2437
tiểu thuyết	小说	名	2436
truyền thống	传统	形名	2434
nghiêm trọng	严重	形	2432
dự kiến	预见	动	2429
lợi dụng	利用	动	2420
tội nghiệp	罪孽	形名	2420
vi phạm	违犯	动	2418
mông cổ	蒙古	名	2417
thần sắc	神色	名	2414

địa bàn	地盘	名	2412
phi thường	非常	形	2408
tai nạn	灾难	名	2406
bất quá	不过	副	2405
chứng kiến	证见	动	2403
chuyên gia	专家	名	2400
thủ tục	手续	名	2397
long vương	龙王	名	2394
mãnh liệt	猛烈	形	2388
trang bị	装备	动名	2385
y tế	医际	名	2378
hình thức	形式	形名	2369
ủng hộ	拥护	动	2364
nội công	内攻 / 内功	动	2360
tài liệu	材料	名	2356
sư thúc	师叔	名	2355
điện tử	电子	名	2349
công nhân	工人	名	2341
hạn chế	限制	动形名	2335
tương tự	相似	形	2335
tiết lộ	泄露	动	2334
phân tích	分析	动	2333
điều hành	调行	动	2330
tạm thời	暂时	形	2325
sự kiện	事件	名	2305
tăng trưởng	增长	动	2305
đại hội	大会	名	2292
trường an	长安	名	2290
vĩnh viễn	永远	形	2289
năng lực	能力	名	2288
chất độc	质毒	名	2284
chức năng	职能	名	2275
cô đơn	孤单	形	2274
số lượng	数量	名	2272
chi phí	支费	动名	2266
bổ sung	补充	动	2263
bình yên/bình an/bằng an	平安	形	2262
hải quân	海军	名	2259
bệnh nhân	病人	名	2256
thuyết phục	说服	动	2255
quá khứ	过去	名	2253
vô số	无数	形	2252
ám khí	暗器	名	2243
thực phẩm	食品	名	2238
điều khiển	调遣	动	2228
di chuyển	移转	动	2226
ung dung	雍容	形	2223
bằng hữu	朋友	名	2222
xuất bản	出版	动	2220
tiêu diêu/tiêu dao	逍遥	动	2218
di động	移动	动	2209
huy động	挥动	动	2208
thanh thanh	清清	形	2207
trình độ	程度	名	2198
cử chỉ	举止	名	2191
phụ thân	父亲	名	2191
triều đình	朝廷	名	2188
phân biệt	分别	动	2186
hối hận	悔恨	动	2184
tâm lý/tâm lí	心理	名	2181
sầm uất	岑蔚	名	2180
thân phận	身份	名	2179
đội ngũ	队伍	名	2174
ngân sách	银策	名	2173
nạn nhân	难人	名	2170
y phục	衣服	名	2163
phòng khách	房客	名	2153
phụ trách	负责	动	2153
tông giáo/tôn giáo	宗教	名	2153
bệ hạ	陛下	名	2148
bất tiện	不便	形	2144
quý vị/quí vị	贵位	名	2144
toàn lực	全力	名	2143
chủ trương	主张	动名	2142
thanh tra	清查	动名	2140
thế lực	势力	名	2140
báo thù/báo cừu	报仇	动	2124
giải pháp	解法	名	2111
tham dự	参与	动	2104
hoa kỳ	花旗	名	2100
sở hữu	所有	动名	2095
khống chế	控制	动	2092
chứng minh	证明	动名	2091
thích thú	适趣	动形	2091
tốt nghiệp	卒业	动	2090
văn bản	文本	名	2090
sinh hoạt	生活	动名	2087
chuyển động	转动	动	2082

kết hợp	结合	动	2082
khám phá	勘破	动	2082
đại tá	大佐	名	2080
quyết tâm	决心	动	2078
đô thị	都市	名	2070
vật chất	物质	名	2062
tiêu diệt	消灭	动	2061
hoang mang	慌忙	形	2054
chỉ số	指数	名	2051
thi thể	尸体	名	2051
mẫu thân	母亲	名	2050
tư cách	资格	名	2049
lợi nhuận	利润	名	2045
thi hành	施行	动	2045
tiến sĩ/tấn sĩ	进士	名	2040
hậu quả	后果	名	2034
minh chủ	盟主 / 明主	名	2033
yếu tố	要素	名	2033
thận trọng	慎重	形	2032
nông dân	农民	名	2026
cảm động	感动	动	2020
đệ nhất	第一	形	2017
thú vị	趣味	名	2017
hiền đệ	贤弟	名	2008
yên tĩnh/an tĩnh	安静	形	2004
tâm thần	心神	名	2003
báo chí	报志	名	1998
tác động	作动	动	1994
ma giáo	魔教	名	1988
sự nghiệp	事业	名	1988
chiến thắng	战胜	动名	1987
quái nhân	怪人	名	1982
giám sát	监察	动名	1979
mạo hiểm	冒险	动	1974
thế gian	世间	名	1970
căn bản	根本	形名副	1967
xứng đáng	称当	形	1965
đại tướng	大将	名	1960
địa vị	地位	名	1957
cổ đông	股东	名	1948
đấu tranh	斗争	名	1947
thích hợp	适合	形	1945
khủng hoảng	恐慌	动名	1939
đạo đức	道德	名	1933
tiện thiếp	贱妾	名	1930
trạng thái	状态	名	1929
thái tử	太子	名	1924
tiêu chuẩn	标准	名	1924
bộ phận	部分	名	1913
công tôn	公孙	名	1913
tín dụng	信用	名	1911
trưng dụng	征用	动	1906
độc lập	独立	形	1905
sinh tử	生死	动形	1905
do dự	犹豫	形	1904
chân nhân	真人	名	1902
thủ đô	首都	名	1899
tâm trạng	心状	名	1898
mỹ nhân/mĩ nhân	美人	名	1895
kinh hoàng	惊惶	形	1894
tiết kiệm	节俭	动	1892
nhận thức	认识	动名	1889
đại biểu	代表	动名	1886
độc thủ	毒手	名	1882
quan tài	棺材	名	1881
chỉ thị	指示	动名	1876
ý thức	意识	动名	1874
chiến trường	战场	名	1864
thân pháp	身法	名	1863
âm mưu	阴谋	动名	1859
thế hệ	体系	名	1854
phát hành	发行	动	1852
diễn biến	演变	动	1851
động tác	动作	名	1850
hoảng hốt	恍惚	形	1849
thanh toán	清算	动	1849
đầu từ	头磁	动	1848
thần công	神功	名	1848
cung kính	恭敬	形	1847
liên hệ	联系	动	1847
nhận định	认定	动名	1845
tiếp xúc	接触	动	1839
tử tế	仔细	形	1839
số phận	数份	名	1835
lợi ích	利益	名	1834
thừa nhận	承认	动	1831
tác dụng	作用	动名	1828
thư sinh	书生	名	1822

điều trị	调治	动	1820
địa điểm	地点	名	1815
tiêu dùng	消用	动	1810
đại sảnh	大厅	名	1807
vệ sinh	卫生	动形名	1807
mô hình	模型	名	1799
thủ pháp	手法	名	1793
cảm xúc	感触	动名	1789
thiếu phụ	少妇	名	1788
quân bình	均平	形	1783
bất tất	不必	副	1780
cạnh tranh	竞争	动	1778
hoài nghi	怀疑	动名	1778
biểu diễn	表演	动	1774
hàng hóa	行货	名	1774
ông lão	翁老	名	1774
nhập khẩu	入口	动	1772
quan điểm	观点	名	1771
bản lĩnh	本领	名	1770
văn học	文学	名	1768
tương đương	相当	形	1766
y như	依如	形	1764
ứng phó	应付	动	1762
nỗ lực	努力	形名	1758
ấn tượng	印象	形名	1757
bao vây	包围	动	1750
bần đạo	贫道	名	1748
kiến trúc	建筑	名	1748
đầu hàng	投降	动	1747
hiện tượng	现象	名	1747
trí thức/tri thức	知识	名	1745
quảng cáo	广告	动名	1743
xuất sắc	出色	形	1741
cảm kích	感激	动	1740
thông thường	通常	形副	1734
năng lượng	能量	名	1731
thần bí	神秘	形	1731
áp lực	压力	名	1727
thân thiết	亲切	形	1723
bảo hiểm	保险	动名	1719
tính tình	性情	名	1716
thiền sư	禅师	名	1712
đồng tiền	铜钱	名	1710
chế tạo	制造	动	1708
thu hồi	收回	动	1707
đích thân	嫡亲 / 嫡身	名	1706
phục hồi	复回	动	1697
chủ nhật	主日	名	1695
tổn thương	损伤	动名	1690
vô ích	无益	形	1690
nông nghiệp	农业	名	1688
nguy cơ	危机	名	1686
phát sinh	发生	动	1682
quân khu	军区	名	1681
viễn thông	远通	名	1677
thư viện	书院	名	1676
cao thâm	高深	形	1674
sứ giả	使者	名	1673
thổ ty/thổ ti	土司	名	1670
hiệp sĩ	侠士	名	1669
bất động	不动	形	1668
tiến bộ	进步	动形名	1668
thu nhập	收入	动名	1666
tức thì	即时	副	1665
kiềm chế	钳制	动	1664
biểu hiện	表现	动	1663
vĩ đại	伟大	形	1663
tâm trí	心智	名	1662
chuyên môn	专门	形名	1655
khắc phục	克服	动	1655
lang thang	踉跄	动	1648
hình dung	形容	动名	1647
tăng giá	增价	动	1646
đại gia	大家	名	1644
gia tăng	加增	动	1644
truyền hình	传形	动名	1644
cảnh tượng	景象	名	1636
cộng đồng	共同	名	1629
đồng bào	同胞	名	1628
không trung	空中	名	1628
hoàng hậu	皇后	名	1626
ý tưởng	意想	名	1621
danh sách	名册	名	1620
hứng thú	兴趣	动名	1617
hành chính	行政	形	1616
thuận lợi	顺利	形名	1616
hốt hoảng	惚恍	形	1614
nghiêm túc	严肃	形	1612

bạch y	白衣	名	1608	sở dĩ	所以	连	1554
miễn cưỡng	勉强	动	1605	ngôn ngữ	语言	名	1550
vận tải	运载	动	1605	công viên	公园	名	1548
hòa bình	和平	形名	1604	phòng thủ	防守	动	1548
tổ quốc	祖国	名	1604	hình thành	形成	动	1545
hảo hán	好汉	名	1601	tào tháo	曹操	名	1545
phật giáo	佛教	名	1600	tự hào	自豪	形	1541
phổ biến	普遍	动形	1600	bắc kinh	北京	名	1540
phạm vi	范围	名	1599	lịch sự	历事	形	1539
vũ sĩ/võ sĩ	武士	名	1598	tài năng	才能	名	1539
đắc ý	得意	形	1597	trật tự	秩序	名	1539
kết luận	结论	动名	1597	hàng đầu	行头	名	1538
ngoại trừ	外除	动	1596	phương án	方案	名	1534
chiêu thức	招式	名	1595	xá lị	舍利	动	1534
đối xử	对处	动	1595	vận chuyển	运转	动	1533
thành thực/thành thật	诚实	形	1590	phảng phất	仿佛	动	1532
địa chỉ	地址	名	1589	kim cương	金刚	名	1531
vô vi	无为	形	1589	thời tiết	时节	名	1529
đề tài	题材	名	1587	ban hành	颁行	动	1527
khẩn trương	紧张	形	1587	đề cập	提及	动	1527
bí ẩn	秘隐	名	1586	biến hóa	变化	动	1522
cơ chế	机制	名	1585	đồ đệ	徒弟	名	1518
thi lễ	施礼 / 诗礼	动	1585	học viện	学院	名	1514
tuyệt vọng	绝望	动	1585	tàn nhẫn	残忍	形	1514
đồng thanh	同声	副	1584	can đảm	肝胆	形名	1512
xuân thu	春秋	名	1583	chu đáo	周到	形	1507
khổ sở	苦楚	形	1582	đề xuất	提出	动	1506
linh hồn	灵魂	名	1581	như thường	如常	形	1504
lương thực	粮食	名	1581	công nhận	公认	动	1500
chủ trì	主持	动	1579	khôi phục	恢复	动	1500
tính cách	性格	名	1579	phương trượng	方丈	名	1496
tuyên truyền	宣传	动	1578	tạo thành	造成	动	1494
tiền bạc	钱箔	名	1574	trọng thương	重商 / 重伤	动	1489
áo quần	袄裙	名	1572	công bình/công bằng	公平	形	1488
công khai	公开	动形	1571	quy mô/qui mộ	规模	名	1488
tư vấn	咨问	动	1565	toàn cầu	全球	名	1488
ứng dụng	应用	动名	1563	quyền lực	权力	名	1485
phát biểu	发表	动	1562	bình thản	平坦	形	1484
luyện tập	练习	动	1561	nguyên tắc	原则	名	1484
tập thể	集体	形名	1560	điểm huyệt	点穴	动	1480
đa tạ	多谢	动	1559	trí tuệ	智慧	名	1475
can thiệp	干涉	动	1558	trung bình	中平	形	1475
nghệ sĩ	艺士	名	1557	đả thương	打伤	动	1474
tiếp nhận	接认	动	1556	thiên nhiên	天然	名	1474

tiền tệ	钱币	名	1473
phóng viên	访员	名	1472
hồ chí minh	胡志明	名	1471
trầm trọng	沉重	形	1469
vương quốc	王国	名	1468
sơn trang	山庄	名	1467
đạo sĩ	道士	名	1466
thời đại	时代	形名	1464
vô hình	无形	形	1460
cố tình	故情	副	1459
trung thành	忠诚	形	1456
thảo luận	讨论	动	1455
hành khách	行客	名	1454
dự báo	预报	动	1453
giáo viên	教员	名	1453
đại lý/đại lí	代理	名	1452
lai lịch	来历	名	1452
cảnh giác	警觉	动	1447
nữ lang	女郎	名	1446
hạ thủ	下手	动	1441
thân mật	亲密	形	1440
tự động	自动	形	1440
tổng công ty/tổng công ti	总公司	名	1436
tư thế	姿势	名	1434
nông thôn	农村	名	1433
phẫn nộ	愤怒	形	1431
quái dịch/quái dị	怪异	形	1431
tiếp cận	接近	动	1428
thị vệ	侍卫	名	1424
bình quân	平均	形	1422
thắng lợi	胜利	动名	1422
học viên	学员	名	1419
hồi phục	回复	动	1418
tạp chí	杂志	名	1417
bản đồ	版图	名	1414
hàng không	航空	名	1413
thủ lĩnh/thủ lãnh	首领	名	1411
độc ác	毒恶	形	1408
tâm tình	心情	动形名	1403
hạ sát	下杀	动	1402
tình cảnh	情景	名	1402
hiểu ý	晓意	动	1395
tổng hợp	总合	动形	1393
quảng trường	广场	名	1388
tôn trọng	尊重	动	1387
uy hiếp	威胁	动	1384
thỏa thuận	妥顺	动名	1378
cao minh	高明	形	1373
đại đội	大队	名	1373
khí giới	器械	名	1372
võ nghệ	武艺	名	1370
binh sĩ	兵士	名	1368
ngoại giao	外交	名	1367
hài nhi	孩儿	名	1366
tinh tú	星宿	名	1364
đa số	多数	名	1362
cổ tức	股息	名	1359
trung niên	中年	形	1359
chủ nghĩa	主义	名	1354
truyền thụ	传授	动	1351
âm dương	阴阳	形名	1349
thái giám	太监	名	1349
nghị định	议定	名	1348
xu hướng	趋向	名	1347
bần tăng	贫僧	名	1346
dân chủ	民主	名	1346
khuyến khích	劝激	动	1344
thừa cơ	乘机	动	1342
mỹ nữ/mĩ nữ	美女	名	1340
tương đối	相对	形副	1340
thư ký/thư kí	书记	名	1338
khí thế	气势	名	1335
văn minh	文明	形名	1335
gia nhập	加入	动	1331
doanh trại/dinh trại	营寨	名	1327
bất hạnh	不幸	形	1326
hồ đồ	糊涂	形	1323
kinh khủng	惊恐	形	1322
lý tưởng	理想	名	1321
kích động/khích động	激动	动	1319
thời hạn	时限	名	1317
xuất phát	出发	动	1316
thưởng thức	赏识	动	1315
minh bạch	明白	形	1313
chân thành	真诚	形	1312
động viên	动员	动	1312
văn nghệ	文艺	名	1311
tự vệ	自卫	动	1310

越南语	汉字	词性	频次
hỗn loạn	混乱	形	1308
bồidưỡng	培养	动	1307
hành trình	行程	名	1306
bất chấp	不执	动	1303
nghĩa phụ	义父	名	1301
phản kích	反击	动	1301
tổng giám đốc	总监督	名	1299
tác chiến	作战	动	1298
chiến dịch	战役	名	1297
thể thao	体操	名	1296
toàn diện	全面	形	1289
đại vương	大王	名	1288
lang quân	郎君	名	1287
vận dụng	运用	动	1284
diện tích	面积	名	1282
thê thảm	凄惨	形	1280
đại sứ	大使	名	1277
dân quân	民军	名	1276
mệnh lệnh	命令	形名	1274
thực lực/thật lực	实力	副	1271
tổng cục	总局	名	1271
dự trữ	预储	动	1269
thu thập	收拾	动	1269
thời khắc	时刻	名	1267
tạ ơn/tạ ân	谢恩	动	1265
kích thích	激刺	动	1264
sự tình	事情	名	1261
thành tích	成绩	名	1259
tranh thủ	争取	动	1259
cứu mạng	救命	动	1255
phi cơ	飞机	名	1255
tín hiệu	信号	名	1254
hoàng hôn	黄昏	名	1253
hạt nhân	核因	名	1252
hào kiệt	豪杰	名	1251
phát động	发动	动	1251
thực hành	实行	动	1250
phấn đấu	奋斗	动	1247
sát hại	杀害	动	1247
toàn quân	全军	名	1246
động cơ	动机	名	1242
đáng thương	当伤	形	1241
trưởng thành	长成	名	1238
khâm phục	钦服	动	1234
chỉ tiêu	指标	名	1232
quản gia	管家	名	1232
mai phục	埋伏	动	1230
tối đa	最多	形	1230
hành hạ	行下	动	1229
hung thủ	凶手	名	1229
toàn thể	全体	名	1228
nghị quyết	议决	名	1225
sương mù	霜雾	名	1224
điều lệ	条例	名	1221
hôn nhân	婚姻	名	1220
phi thân	飞身	动	1220
trừ phi	除非	连	1220
nam nữ	男女	名	1219
văn chương	文章	名	1218
lạt ma	喇嘛	名	1217
sinh nhật	生日	名	1213
chú trọng	注重	动	1212
củng cố	巩固	动	1211
tiểu hoàn	小环	名	1210
kiền khôn/càn khôn	乾坤	名	1208
nhiệt độ	热度	名	1208
cản trở	扞阻	动	1207
hành quân	行军	动	1207
kháng chiến	抗战	动名	1204
cảm tưởng	感想	名	1202
dũng cảm	勇敢	形	1202
cơ hồ	几乎	副	1200
đảng viên	党员	名	1199
chỉ điểm	指点	动名	1197
nhẫn nại	忍耐	形	1196
thư thư	舒舒	动	1190
tỷ giá/tỉ giá	比价	动	1190
phấn khởi	奋起	形	1189
hoàng cung	皇宫	名	1188
kiên quyết	坚决	形	1188
báu vật/bảo vật	宝物	名	1187
động tĩnh	动静	动	1185
thoát thân	脱身	动	1185
trung học	中学	名	1182
ông nội	翁内	名	1181
quần chúng	群众	名	1180
tả hữu	左右	名	1180
thất kinh	失惊	动	1180

cảnh báo	警报	动	1179
trực thăng	直升	名	1179
phân đội	分队	名	1177
thông cảm	通感	动	1177
trị giá	值价	名	1177
tuyệt diệu	绝妙	形	1177
tướng mạo	相貌	名	1176
hạ tầng	下层	名	1174
cảnh giới	警戒	动	1172
đại thần	大臣	名	1171
quý phái/quí phái	贵派	名	1170
thái sư	太师	名	1170
mâu thuẫn	矛盾	形名	1167
biểu tượng	表象	名	1165
tụ tập	聚集	动	1164
xuất thân	出身	动	1163
kịch liệt	剧烈	形	1162
truyền thông	传通	动名	1161
nam hải	南海	名	1157
phản bội	反背	动	1157
sinh mệnh/sinh mạng	生命	名	1156
cổ quái	古怪	形	1155
trụ sở	住所	名	1154
dẫn đầu	引头	动	1151
hiện diện	现面	动	1150
phòng không	防空	动	1150
tư liệu	资料	名	1150
tính chất	性质	名	1148
vô địch	无敌	形名	1146
cải thiện	改善	动	1144
cao cấp	高级	形	1143
bí thư	秘书	名	1141
huống hồ	况乎	副	1139
ngưỡng mộ	仰慕	动	1136
quan niệm	观念	动名	1135
bộ lạc	部落	名	1134
cam kết	甘结	动名	1134
liên kết	连结 / 联结	动	1134
chủ nhiệm	主任	名	1133
giản dị	简易	形	1133
kính trọng	敬重	动	1133
hạ lệnh	下令	动	1132
nghiêm nghị	严毅	形	1132
phượng hoàng	凤凰	名	1132
vận khí	运气	名	1131
thảo nguyên	草原	名	1130
thực tình/thật tình	实情	名	1129
tung tích/tông tích	踪迹	名	1126
bức bách	逼迫	动	1125
khẩn cấp	紧急	形	1124
tổng số	总数	名	1124
thần thái	神采	名	1121
kiên nhẫn	坚韧	形	1120
thần kỳ/thần kì	神奇	形	1120
sự cố	事故	名	1116
thống kê	统计	动	1116
thống lĩnh/thống lãnh	统领	动名	1111
ám ảnh	暗影	动名	1110
biến cố	变故	名	1109
danh hiệu	名号	名	1109
đồng nghiệp	同业	形名	1109
hoa hồng	花红	名	1109
cấp cứu	急救	动	1108
ngẫu nhiên	偶然	形	1107
anh kiệt	英杰	名	1104
quân nhân	军人	名	1104
vô lễ	无礼	形	1104
hành sự	行事	动	1102
thí sinh	试生	名	1102
phi công	飞工	名	1100
hoàn thiện	完善	动形	1098
ngọc lan	玉兰	名	1097
bách hoa	百花	名	1096
biệt thự	别墅	名	1096
bằng chứng	凭证	名	1093
uy lực	威力	名	1092
thâm hậu	深厚	形	1090
thương lượng	商量	动	1089
xác nhận	确认	动	1089
âm nhạc	音乐	名	1088
lãng mạn	浪漫	形	1087
tình nguyện	情愿	动	1086
thương hiệu	商号	名	1080
cơ cấu	机构	动名	1079
thái bình	太平	形名	1079
niêm yết	粘揭	动	1077
bất lợi	不利	形	1074
đắc tội	得罪	动	1074

đại quân	大军	名	1074
kháng cự	抗拒	动	1073
không quân	空军	名	1072
doanh thu	营收	名	1070
mai hoa	梅花	名	1070
bản chất	本质	名	1069
chu du	周游	动	1068
thái dương	太阳	名	1067
hậu cần	后勤	名	1066
phương hướng	方向	名	1066
bộ dạng	部样	名	1065
dự định	预定	动名	1065
khán giả	看者	名	1064
cái thế	盖世	形	1063
danh dự	名誉	形名	1062
tội phạm	罪犯	名	1061
hoàn hảo	完好	形	1060
linh hoạt	灵活	形	1060
công thế	攻势	名	1060
quận công	郡公	名	1059
trang trại	庄寨	名	1058
hành lý/hành lí	行李	名	1053
hoàn tất	完毕	动	1053
tai hoạ	灾祸	名	1052
xung đột	冲突	动	1051
hộ pháp	护法	名	1049
tham mưu	参谋	动名	1049
môn hạ	门下	名	1048
văn thanh	文声	名	1048
ý chí	意志	名	1048
yên ổn	安稳	形	1048
thời cơ	时机	名	1047
chế biến	制变	动	1046
cung nữ	宫女	名	1046
địch thủ	敌手	名	1046
đích thực	的实	副	1046
hoan hô	欢呼	动	1044
thành thử	诚此	介	1043
giới hạn	界限	动名	1042
bất lực	不力	形	1041
điên cuồng	癫狂	形	1041
biên phòng	边防	动	1039
địa ngục	地狱	名	1038
bàng hoàng	彷徨	形	1037
bất động sản	不动产	名	1036
đàng hoàng	堂皇	形	1035
cao tăng	高僧	名	1031
hi vọng	希望	名	1031
thành tựu	成就	名	1031
vũ trang/võ trang	武装	名	1030
lâu đài	楼台	名	1029
hành tung	行踪	名	1028
khoan khoái	宽快	形	1027
thiên địa	天地	名	1027
hư vô	虚无	形	1026
thái úy	太尉	名	1026
đoàn kết	团结	动名	1025
độc giả	读者	名	1025
thê lương	凄凉	形	1024
sa mạc	沙漠	名	1021
khốn khổ	困苦	叹形	1020
trực thuộc	直属	动	1020
công kích	攻击	动	1019
đạo lý/đạo lí	道理	名	1017
ưu tiên	优先	形	1017
cảm tình	感情	名	1016
thành phần	成分	名	1016
nhan sắc	颜色	名	1015
tập kích	袭击	动	1015
liên minh	联盟	动名	1014
nguyên tử	原子	名	1011
thỏa mãn	妥满	动	1011
chủ ý	主意	动名	1010
quận chúa	郡主	名	1009
thẩm quyền	审权	名	1009
vô lượng	无量	形	1009
lưu ý	留意	动	1008
thần tiên	神仙	形名	1007
nữ tử	女子	名	1006
tài khoản	财款	名	1006
quân sĩ	军士	名	1005
tiêu thụ	销售	动	1005
bàn tán	盘赞	动	1004
bất bình/bất bằng	不平	形	1004
vô lý/vô lí	无理	形	1004
hoàng tử	皇子	名	1002
quan chức	官职	名	1001
ân hận	殷恨	名	999

phương diện	方面	名	999
đối tác	对作	名	998
hiệu trưởng	校长	名	997
định thần	定神	动	996
cao nhân	高人	名	994
ngọc nữ	玉女	名	994
kiếm thuật	剑术	名	992
cô độc	孤独	形	991
bồ tát	菩萨	名	990
đạo diễn	导演	动名	989
nội bộ	内部	名	989
từ biệt	辞别	动	989
xâm nhập	侵入	动	989
bất thường	不常	形	988
diễn viên	演员	名	988
tu hành	修行	动	988
luật sư	律师	名	987
tự tử	自死	动	987
chức vụ	职务	名	986
tu viện	修院	名	984
đại sự	大事	名	983
phân phối	分配	动	983
tha thiết	磋切	动形	983
nhân loại	人类	名	981
sát khí	杀气	名	980
vô dụng	无用	形	980
giải trí	解致	动	979
lạm phát	滥发	动	976
thù hận/cừu hận	仇恨	名	976
tâm linh	心灵	名	975
thị xã	市社	名	975
tiên tử	仙子	名	975
câu lạc bộ	俱乐部	名	974
lý thuyết	理论 / 学说	名	974
thần kinh	神京 / 神经	名	972
anh tuấn	英俊	形	970
thảo	一下子	副	970
trúng độc	中毒	动	969
cầu nguyện	求愿	动	968
đồng đội	同队	名	968
uy tín	威信	名	967
trang chủ	庄主	名	965
thượng đế	上帝	名	964
cảnh vật	景物	名	963
cục diện	局面	名	963
đỉnh đầu	顶头	名	962
cao độ	高度	名	962
phong phú	丰富	形	962
khảo sát	考察	动	961
hầu hạ	侯下	动	957
hoàng giáo	黄教	名	957
thắng bại	胜败	动	956
thủy thủ	水手	名	956
tuần lễ	旬礼	名	956
học hành	学行	动名	953
thục luyện	熟练	形	952
điều động	调动	动	951
đối địch	对敌	动	951
đội trưởng	队长	名	951
khốn nạn	困难	形	951
quả quyết	果决	形	951
tài nguyên	财源	名	949
thư phòng	书房	名	949
quái vật	怪物	名	948
thiên đường/thiên đàng	天堂	名	948
giai cấp	阶级	名	947
trừng phạt	惩罚	动	947
sáng tác	创作	动	946
bất đồng	不同	形	943
kết hôn	结婚	动	942
học bổng	学俸	名	941
nghiêm trang	严庄	形	941
chân chính	真正	形	940
công lao	功劳	名	940
quyết liệt	决烈	形	939
siêu thị	超市	名	939
bảo tàng	宝藏	名	936
lão bà	老婆	名	936
chủ đề	主题	名	935
phương thức	方式	名	935
tư nhân	私人	形名	935
hiệp hội	协会	名	934
thi sĩ	诗士	名	934
hà tất	何必	副	933
thi công	施工	动	933
dư luận	舆论	名	932
hân hoan	欣欢	形	932
chân thực/chân thật	真实	形	931

hương chủ	乡主	名	931
phỏng vấn	访问	动	931
hiệu lực	效力	名	930
đảng ủy	党委	名	929
trọng đại	重大	形	929
chấp thuận	执顺	动	928
dự đoán	预断	动名	927
la hán	罗汉	名	927
sảnh đường	厅堂	名	926
thiết lập	设立	动	926
nghiêm khắc	严刻	形	925
thủy chung	始终	形名	925
giải cứu	解救	动	924
hiếu kỳ/hiếu kì	好奇	形	923
phá hoại	破坏	动	923
tổng quản	总管	名	923
hiện thực	现实	形名	922
cao đẳng	高等	形	921
dụng cụ	用具	名	919
trái phiếu	债票	名	919
tuyệt thế	绝世	形	918
âm u	阴幽	形	917
chư vị	诸位	名	917
đối đầu	对头	动	916
phẫu thuật	剖术	动	916
tham quan	参观 / 贪官	动	916
tổ hợp	组合	名	915
chuyên nghiệp	专业	形名	914
cao hứng	高兴	形	913
y tá	医佐	名	913
đồi tệ	颓弊	形	912
tiểu đoàn	小团	名	911
tỷ thí/tỉ thí	比试	动	911
bình định	平定	动	910
đông dương	东洋	名	910
khung cảnh	穹景	名	910
tự chủ	自主	动	910
thanh nhã	清雅	形	909
bao la	包罗	形	907
du kích	游击	动名	907
quy chế/qui chế	规制	名	906
tình nhân	情人	名	906
động tâm	动心	动	905
bảo hộ	保护	动	902
kinh phí	经费	名	902
trở ngại	阻碍	动	902
nhiệt tình	热情	形	901
trang điểm	妆点	动	898
ý niệm	意念	名	897
cải cách	改革	动	895
náo nhiệt	闹热	形	895
tức khắc	即刻	副	895
độc đáo	独到	形	894
giai nhân	佳人	名	894
vương phủ	王府	名	894
xuất gia	出家	动	894
hải phòng	海防	动	893
quang minh	光明	形	892
vật liệu	物料	名	892
diễn tập	演习	动	891
nhân lực	人力	名	891
bất đắc dĩ	不得已	副	890
song song	双双	形	889
ai cập	埃及	名	888
liên bang	联邦	名	888
thượng thặng	上乘	形	887
điển hình	典型	形名	886
biểu lộ	表露	动	885
nhân tài	人才	名	884
phong cách	风格	名	884
thám tử	探子	名	883
du khách	游客	名	882
hôn mê	昏迷	动	882
chủ quyền	主权	名	881
phòng bị	防备	动	881
thất nghiệp	失业	动	881
đối thoại	对话	动	880
tranh chấp	争执	动形	880
báo động	报动	动	878
nương nương	娘娘	名	878
thiên tử	天子	名	878
phê duyệt	批阅	动	877
bảo kiếm	宝剑	名	876
ly hôn/li hôn	离婚	动	876
mô tả	摹写	动	876
thất thanh	失声	形	876
cao siêu	高超	形	875
đồng loạt	同刷	形副	875

khiêm tốn	谦逊	形	875
toàn cầu hóa	全球化	形	875
phó tổng	副总	名	873
tối cao	最高	形	873
tự sát	自杀	动	872
bình minh	平明	名	871
họa sĩ	画士	名	871
hoàng gia	皇家	名	868
quy trình/qui trình	规程	名	867
thiên thần	天神	名	867
phụ thuộc	附属	动	866
bất hòa	不和	形熟	865
giảm giá	减价	动	865
chinh phục	征服	动	864
lý luận/lí luận	理论	名	862
hộ tống	护送	动	861
phổ thông	普通	形	861
chứng nhận	证认	动	860
binh chủng	兵种	名	859
biến động	变动	动名	858
hành tinh	行星	名	858
bao phủ	包俯	动	857
miễn phí	免费	动	857
tội ác	罪恶	名	857
bổn phận	本分	名	855
cảnh cáo	警告	动	855
hào quang	毫光	名	855
phi trường	飞场	名	855
dao động	摇动	动名	854
định hướng	定向	动名	854
ân sư	恩师	名	853
nhất thiết	一切	副	852
thương hại	伤害	动	852
viện trợ	援助	动	852
trầm mặc	沉默	形	851
chấp hành	执行	动	850
liên miên	连绵	形	850
quyền lợi	权利	名	850
sư tử	狮子	名	850
tư pháp	司法	名	850
tiện nghi	便宜	形名	849
ma quỷ/ma qui	魔鬼	名	848
tàn sát	残杀	动	848
du học	游学	动	847

đại bác	大炮	名	846
vương phi	王妃	名	846
trấn tĩnh	镇静	形	845
dân cư	民居	名	844
kiêu ngạo	骄傲	形	843
nhất quyết	一决	动副	842
thảm thiết	惨切	形	842
ca sĩ	歌士	名	841
chiến thuyền	战船	名	840
cung cấm	宫禁	名	839
thanh danh	声名	名	839
quý giá/quí giá	贵价	名	838
thái tổ	太祖	名	838
xuất thần	出神	形	837
lương tâm	良心	名	836
trọng yếu	重要	形	836
vận hành	运行	动	835
cấp bách	急迫	形	834
gia phụ	家父	名	833
tâm tư	心思	名	831
tổ tiên	祖先	名	831
trung úy	中尉	名	831
khủng bố	恐怖	动	830
tình báo	情报	名	830
tranh luận	争论	动	830
bản tính	本性	名	829
công dân	公民	名	829
thân thiện	亲善	形	829
từ bi	慈悲	形	829
đại danh	大名	名	828
phấn chấn	奋振	形	828
biểu tình	表情	动	827
đại dương	大洋	名	827
hắc bạch	黑白	形	827
bình sinh	平生	名	826
dương tử	扬子	名	826
tuần tra	巡查	动	825
đồng tử	童子 / 瞳子	名	824
dụng ý	用意	动	824
trang trí	装置	动	824
đam mê	耽迷	动	821
quân tử	君子	名	821
thiên lý/thiên lí	千里	名	820
ni cô	尼姑	名	819

kim loại	金类	名	818
trịnh trọng	郑重	形	817
tự xưng	自称	动	817
giải thoát	解脱	动	815
quý tộc/quí tộc	贵族	名	814
tiên phong	先锋	形	814
chân không	真空	名	812
cửu long	九龙	名	812
nô lệ	奴隶	名	812
tối thiểu	最少	形	812
chuyển giao	转交	动	811
kiểm toán	检算	动	811
uy danh/oai danh	威名	名	811
cải trang	改装	动	810
kính cẩn	敬谨	形	810
lãnh tụ	领袖	名	810
sinh vật	生物	名	809
bình nguyên	平原	名	807
kim tự tháp	金字塔	名	807
tiến độ	进度	名	807
chân tướng	真相	名	806
sáng kiến	创见	名	806
toàn dân	全民	名	806
cử nhân	举人	名	803
cải tạo	改造	动	802
đông bắc	东北	名	802
tán thành	赞成	动	802
phân vân	纷纭	形	800
triển lãm	展览	动名	800
đề án	提案	名	798
ngoại quốc	外国	名	798
vô tội	无罪	形	798
đại khái	大概	形名副	797
phiên bản	翻版	名	797
thường trực	常值	动	797
thế trận	势阵	名	796
tử vong	死亡	动	796
chỉ giáo	指教	动	794
phát tác	发作	动	794
quá đáng	过当	形	794
do thái	犹太	名	793
nghĩa vụ	义务	名	793
đào tẩu	逃走	动	792
mỹ dung	美容	动	792
tập hợp	集合	动	792
tranh đấu	争斗	动	792
thiết thực/thiết thật	切实	形	790
bái kiến	拜见	动	788
an nam	安南	名	787
vô tận	无尽	形	787
cáo từ	告辞	动	786
nữ hoàng	女皇	名	786
hưng phấn	兴奋	形	785
tố cáo	诉告	动	785
tạm biệt	暂别	动	784
chiếu cố	照顾	动	783
thanh y	青衣	名	783
tuân lệnh	遵令	动	783
cương quyết	刚决	形	782
kết nghĩa	结义	动	782
hoặc giả	或者	连	781
kinh dị	惊异	形	781
nam tử	男子	名	781
nguy cấp	危急	形	781
quân sư	军师	名	781
thuyền trưởng	船长	名	781
thần y	神医	名	780
tây phương	西方	名	779
ung thư	痈疽	名	779
công chức	公职	名	777
diêm vương	阎王	名	777
xúc phạm	触犯	动	776
cư sĩ	居士	名	775
kim lan	金兰	名	773
nguyên liệu	原料	名	773
thí nghiệm	试验	动	773
tín nhiệm	信任	动	773
đàm phán	谈判	动	772
hồn nhiên	浑然	形	772
toàn quốc	全国	名	772
ân cần	殷勤	形	771
đại lộ	大路	名	771
bách tính/bá tánh	百姓	名	770
đại phu	大夫	名	769
hiệp định	协定	名	769
kiến nghị	建议	动	768
lãnh thổ	领土	名	767
phong cảnh	风景	名	767

tổ sư	祖师	名	767
xưng hô	称呼	动	767
cách thức	格式	名	766
diện mạo	面貌	名	766
nghệ an	义安	名	765
phê bình	批评	动	765
thích khách	刺客	名	765
bộc lộ	暴露	动	763
chuyển biến	转变	动	763
ý đồ	意图	名	762
lễ vật	礼物	名	761
ủy viên	委员	名	761
thực tiễn	实践	名	760
thâm tâm	深心	名	759
hộ vệ	护卫	动	757
nghinh tiếp/nghênh tiếp	迎接	动	757
tứ đại	四代	名	757
bối cảnh	背景	名	756
khám bệnh	勘病	动	756
nghiệp vụ	业务	名	756
gia sư	家师	名	755
nội thương	内伤 / 内商	名	755
phần tử/phân tử	分子	名	755
lý trí/lí trí	理智	名	754
thứ trưởng	次长	名	754
phong lưu	风流	形	753
giám thị	监视	动名	752
cấp ủy	级委	名	751
hiên ngang	轩昂	形	751
phá huỷ	破毁	动	751
khí hậu	气候	名	750
phạm tội	犯罪	动	750
thiếu tá	少佐	名	750
bất mãn	不满	形	749
giao đấu	交斗	动	749
nội địa	内地	形名	749
quý phi/quí phi	贵妃	名	749
thượng thư	尚书	名	749
tư đồ	司徒	名	749
bản năng	本能	名	748
kinh động	惊动	动	747
ngang nhiên	昂然	形	747
khiêu chiến	挑战	动	746
ngũ hành	五行	名	746
tâm ý	心意	名	745
thần trí	神智	名	745
tình nghĩa	情义	形名	745
xâm phạm	侵犯	动	745
cân đối	斤对	形	744
hóa giải	化解	动	744
ngọc đường	玉堂	名	744
ngu xuẩn	愚蠢	形	744
thần tình	神情	形	744
tình dục	情欲	名	744
truyền thuyết	传说	名	744
vô song	无双	形	743
gia nhân	家人	名	742
phó giám đốc	副监督	名	741
lưu thông	流通	动	740
đồng bộ	同步	形	739
ngoại tệ	外币	名	739
quy củ/qui củ	规矩	名	739
tàn ác	残恶	形	739
công cụ	工具	名	738
đô đốc	都督	名	738
kế tiếp	继接	动	737
ám sát	暗杀	动	736
kinh thành	京城	名	736
ác liệt	恶劣 / 恶烈	形	735
hô hấp	呼吸	动	735
phản công	反攻	动	735
song thân	双亲	名	735
bộ binh	步兵	名	734
cường địch	强敌	名	734
tận dụng	尽用	动	734
đại úy	大尉	名	733
ác mộng	恶梦	名	732
kiêu hãnh	骄横	形	732
thị thần	侍臣	名	732
vô danh	无名	名	732
khách khí	客气	动	731
oai phong	威风	形	731
quang cảnh	光景	名	730
quốc lộ	国路	名	730
thân thế	身世	名	730
cầm đầu	擒头	动	728
thủ trưởng	首长	名	727
công văn	公文	名	726

thừa tướng	丞相	名	726
cảm tạ	感谢	动	725
dự bị	预备	形	725
việt minh	越盟	名	725
vô tư	无思 / 无私	形	725
ưng thuận	应顺	动	724
cải tiến	改进	动	723
mưu đồ	谋图	动名	723
nghi hoặc	疑惑	动	723
tỉnh ngộ	醒悟	动	723
đại trượng phu	大丈夫	名	722
thái cực	太极	名	721
tú sĩ	秀士	名	721
văn vũ/văn võ	文武	名	721
hội thảo	会讨	名	720
thương tâm	伤心	形	718
cân bằng	斤平	形	715
thanh thế	声势	名	715
cộng hòa	共和	形	714
đặc điểm	特点	名	713
vinh dự	荣誉	形名	713
kế toán	计算	动名	711
phủ nhận	否认	动	711
trang phục	装服	名	711
phiêu lưu	漂流	动	710
ưu đãi	优待	动	710
tổng cộng	总共	动	709
thống trị	统治	动	708
bất tỉnh	不醒	形	707
chỉ dẫn	指引	动	707
thứ tự	次序	名	706
đột phá	突破	动	705
ưu thế	忧世 / 优势	动	705
thiên cơ	天机	名	704
lạc quan	乐观	形	703
cứu nạn	救难	动	702
thuận tiện	顺便	形	702
tùy tùng/tùy tòng	随从	名	702
kính phục	敬服	动	700
phản ánh	反映	动	700
thánh thượng	圣上	名	700
thổ lộ	吐露	动	700
hợp nhất	合一	动	698
tướng sĩ	相士 / 将士	名	698
linh cảm	灵感	动名	697
tây nam	西南	名	697
tinh tế	精细	形	697
ác độc	恶毒	形	696
tập luyện	习练	动	695
bảo anh	保婴	动	694
đao kiếm	刀剑	名	694
dị thường	异常	形	694
hình dạng	形样	名	694
thỉnh giáo	请教	动	694
tù binh	囚兵	名	694
bi thảm	悲惨	形	692
công khanh	公卿	名	692
số liệu	数料	名	692
bất an	不安	形	691
chứng cứ/chứng cớ	证据	名	691
thương binh	伤兵	名	691
khách quan	客观	形名	690
bản thảo	本草	名	689
công binh	工兵	名	689
công đường	公堂	名	689
ảm đạm	黯淡	形	688
phản chiếu	反照	动	688
tinh thông	精通	动	688
từ tốn	慈逊	形	688
diễn đàn	演坛	名	687
hiện hữu	现有	动	687
điềm đạm	恬淡	形	686
khởi đầu	起头	动	686
luật pháp	律法	名	686
mã phu	马夫	名	685
nhất tề	一齐	副	685
công cộng	公共	形	684
tài trí	才智	形名	684
tổng kết	总结	动	683
chính đạo	正道	名	682
cuồng phong	狂风	名	681
tần số	频数	名	681
thiên tai	天灾	名	681
binh đoàn	兵团	名	679
hiện trường	现场	名	679
tàn bạo	残暴	形	679
tùy tiện	随便	形	679
bội phục	佩服	动	678

gian khổ	艰苦	形	678
ngoại ô	外坞	名	678
ba má	爸妈	名	677
phong ba	风波	形名	677
trường giang/tràng giang	长江	名	677
phòng thí nghiệm	试验房	名	676
công chúng	公众	名	675
điểm tâm	点心	动	675
bất tử	不死	形	673
cảm ứng	感应	动	673
nha môn	衙门	名	673
hạm đội	舰队	名	671
hoan hỉ	欢喜	形	671
thượng tướng	上将	名	671
danh mục	名目	名	670
cự tuyệt	拒绝	动	668
đối đáp	对答	动	668
quy luật/qui luật	规律	名	668
trung đoàn	中团	名	668
thu hoạch	收获	动名	667
bảo quản	保管	动	666
tương ứng	相应	动	666
chỉ định	指定	动	665
kiên cố	坚固	形	665
đồng minh	同盟	名	664
giả bộ	假部	名	664
triệt để	彻底	形	664
chi tiêu	支销	动	663
học phí	学费	名	662
trình diễn	呈演	动	662
quân chủng	军种	名	661
khuất phục	屈服	动	660
lan can	栏杆	名	660
nhân gian	人间	名	660
ô nhiễm	污染	动	660
hung ác	凶恶	形	659
quan quân	官军	名	659
kinh đô	京都	名	658
phản kháng	反抗	动	658
tu luyện	修炼	动	658
nữ sinh	女生	名	657
sáng lập	创立	动	657
phong bì	封皮	名	656
tác phong	作风	名	656
tài nghệ	才艺	名	656
thành hình	成形	动	656
quyết chiến	决战	动	655
giả như	假如	连	654
giả sử	假使	连动	654
cao tốc	高速	形	653
tiêu cực	消极	形名	653
hào hứng	豪兴	形名	652
kịch bản	剧本	名	650
lợi thế	利势	名	650
suy đoán	推断	动	650
thực chất	实质	名	650
chung cư	终居	名	649
nô tỳ/nô tì	奴婢	名	649
phân công	分工	动	649
thủy tinh	水星 / 水晶	名	649
an bài	安排	动	648
trinh sát	侦察	动名	648
hãnh diện	幸面	形	647
quyết thắng	决胜	动	647
thủy sản	水产	名	647
viên ngoại	员外	名	647
đáp lễ	答礼	动	646
tư không	司空	名	646
tham nhũng	贪冗	动	645
tử thi	死尸	名	645
bình luận	评论	动	644
dung mạo	容貌	名	644
nghĩa trang	义庄	名	644
pháp lý/pháp lí	法理	名	644
ngư dân	渔民	名	643
quân y	军医	名	643
tuyệt đỉnh	绝顶	形	643
chúa công	主公	名	642
động vật	动物	名	642
dự thảo	预草	动名	642
lý lịch	履历	名	642
mê man	迷漫	形	642
tình bạn	情伴	名	642
chứng chỉ	证纸	名	641
đồng tình	同情	动	641
cổ thụ	古树	名	640
ma túy	麻醉	名	639
khởi hành	起行	动	638

luật lệ	律例	名	638
nữ tỳ/nữ tì	女婢	名	638
thương nghị	商议	动	638
bất thần	不神	副	637
giảng viên	讲员	名	637
tôn kính	尊敬	动	636
xử trí	处置	动	636
điện hạ	殿下	名	634
hưởng ứng	响应	动	633
ẩn thân	隐身	动	632
báo hiệu	报效	动	632
giáo hoàng	教皇	名	632
phát điên	发癫	形	632
tinh nhuệ	精锐	名	632
trang nghiêm	庄严	形	632
đồng đạo	同道	形名	631
huyền bí	玄秘	形	631
kiên trì	坚持	形	631
đoản kiếm	短剑	名	630
đông nam	东南	名	629
giao lưu	交流	动	629
hưởng thụ	享受	动	629
thái nguyên	太原	名	628
nhân sự	人事	名	627
phụ huynh	父兄	名	626
thủ thế	守势	名	626
tự ái	自爱	动	626
mê hoặc	迷惑	动	625
phiền phức	繁复	形	625
tế bào	细胞	名	625
thái thú	太守	名	625
tiếp ứng	接应	动	625
y học	医学	名	625
bàn luận	盘论	动	624
bí quyết	秘诀	名	624
di lặc	弥勒	名	624
tự tại	自在	形	624
binh mã	兵马	名	623
ẩn hiện	隐现	动	622
báo đáp	报答	动	622
cầu thủ	球手	名	622
nghiêm chỉnh	严整	形	622
phù dung	芙蓉	名	622
thạc sĩ	硕士	名	622
thủy sinh	水生	动	622
tiềm năng	潜能	名	622
căn bệnh	根病	名	621
quần đảo	群岛	名	621
ân oán	恩怨	名	619
địa đạo	地道	名	619
thanh thản	清坦	形	619
tự ý	自意	动	619
tỷ dụ/tỉ dụ	譬喻	介名	619
thanh long	青龙	名	618
như ý	如意	形	617
sở trường	所长	名	617
thi đấu	施斗	动	617
trân trọng	珍重	动	617
hoàn chỉnh	完整	动形	616
hoảng loạn	慌乱	形	616
linh mục	灵牧	名	616
dân số	民数	名	615
vô tuyến điện	无线电	名	615
hành lễ	行礼	动	614
môn đồ	门徒	名	614
tung hoành	纵横	动	614
địa hình	地形	名	612
đối đãi	对待	动	612
hoang dã	荒野	形名	612
tự nguyện	自愿	动	612
đa dạng	多样	形	611
ly khai/li khai	离开	动	611
pháp bảo	法宝	名	611
tiểu học	小学	名	611
trường sinh	长生	形	611
bản nhạc	本乐	名	610
cam tâm	甘心	动	610
hoàng kim	黄金	形名	610
oán hận	怨恨	动	610
thán phục	叹服	动	610
vô hạn	无限	形	610
nhập ngũ	入伍	动	608
thượng hoàng	上皇	名	608
tiên tiến	先进	形	608
cơ động	机动	动	607
cư xử	居处	动	607
đồng môn	同门	形名	607
hãm hại	陷害	动	607

quan âm	观音	名	607
thân binh	亲兵	名	607
liên hoàn	连环	形	606
lưỡng lự	两虑	形	606
thanh tú	清秀	形	606
thiểu số	少数	名	606
ý tứ	意思	名	606
lãng phí	浪费	形	605
phán đoán	判断	动	604
phò mã	驸马	名	604
khu phố	区铺	名	603
vận mệnh/vận mạng	运命	名	603
bình dân	平民	名	602
dụng tâm	用心	动名	602
mưu kế	谋计	名	602
đề cao	提高	动	601
bảo toàn	保全	动	600
đại việt	大越	形	600
thống khổ	痛苦	形	600
cao quý	高贵	形	599
công suất	功率	名	599
giao tiếp	交接	动	599
miêu tả	描写	动	599
thù địch/cừu địch	仇敌	名	599
trung đội	中队	名	599
kinh hồn	惊魂	形	598
ngu huynh	愚兄	名	598
u ám	幽暗	形	598
vô nghĩa	无义	形	598
hân hạnh	欣幸	形	597
hội nhập	汇入	动	597
nhạc sĩ	乐士	名	597
triệu chứng	兆症	名	597
quảng nam	广南	名	596
bệnh tật	病疾	名	595
trượng phu	丈夫	名	595
bảo tồn	保存	动	594
đầu cơ	投机	动	594
lễ hội	礼会	名	594
thanh hóa	清化	名	594
thất sắc	失色	动	594
uy thế	威势	名	594
giang sơn/giang san	江山	名	593
giao thừa	交承	名	593
quảng ngãi	广义	名	593
thân hành	亲行	动	593
thần tượng	神像	名	593
huyên náo	喧闹	动	592
khiêu khích	挑激	动	592
tiếp khách	接客	动	592
trung châu	中州	名	592
chân dung	真容	名	591
trận thế	阵势	名	591
chính quy	正规	形	590
tuyệt luân	绝伦	副	590
mãn nguyện	满愿	动	589
quốc vương	国王	名	589
tàn phá	残破	动	589
tăng gia	增加	动	589
điềm tĩnh	恬静	形	588
lý giải/lí giải	理解	动	588
diễn tả	演写	动	587
phẩm chất	品质	名	587
phù thủy	符水	名	587
tâm nguyện	心愿	名	587
tri kỷ/tri kỉ	知己	形名	587
đại chiến	大战	名	586
tận cùng	尽穷	形名	586
trầm tư	沉思	动	586
danh từ	名词	名	585
đạo hạnh	道行	名	585
giáo hội	教会	名	585
nữ nhi	女儿	名	585
thần tốc	神速	形	585
cầu cứu	求救	动	584
giám mục	监牧	名	584
hóa trang	化妆	动	584
hoan nghinh/hoan nghênh	欢迎	动	584
nội tâm	内心	名	584
song phương	双方	形	584
cung điện	宫殿	名	583
khởi nghĩa	起义	动	583
thần thánh	神圣	形名	583
trang thiết bị	装设备	名	583
đại huynh	大兄	名	582
hà đông	河东	名	582
lão trượng	老丈	名	582
nguyên do	原由	名	582

thảm hại	惨害	形	582
thực tập	实习	动	582
cứu viện	救援	动	581
lương thiện	良善	形	581
tiêu biểu	标表	动名	581
phong tỏa	封锁	动	580
quán triệt	贯彻	动	580
thú thực/thú thật	首实	动	580
liên quân	联军	名	579
bi thương	悲伤	形	578
chiến hạm	战舰	名	578
lãnh đạm	冷淡	形	578
thông điệp	通牒	名	578
yên trí	安智	形	578
bổ nhiệm/bổ nhậm	补任	动	576
điều dưỡng	调养	动	576
tướng lĩnh	将领	名	575
lĩnh giáo/lãnh giáo	领教	动	574
thường vụ	常务	名	572
bưu điện	邮电	名	571
hình thù	形殊	名	571
mỹ lệ/mĩ lệ	美丽	形	571
quỷ kế/quỉ kế	诡计	名	571
trợ lý/trợ lí	助理	名	571
lộ trình	路程	名	570
sai khiến	差遣	动	570
tham lam	贪婪	形	570
thiết tha	切磋	动形	570
tịch mịch	寂寞	形	570
triết lý/triết lí	哲理	动名	570
bất công	不公	形	569
hoành hành	横行	动	569
tùy ý	随意	动	569
uyển chuyển	婉转	形	569
việt kiều	越侨	名	569
tệ hại	弊害	形名	568
thái phó	太傅	名	568
thu thủy	秋水	名	568
động lực	动力	名	567
nhất trí	一致	形	567
trọng điểm	重点	名	567
tư duy	思维	名	567
hiện thân	现身	动名	566
kinh hoảng	惊慌	形	566
huyền thoại	玄话	名	565
đấu giá	斗价	动	564
cung ứng	供应	动	563
hợp pháp	合法	形	563
sư đoàn	师团	名	563
tán thưởng	赞赏	动	562
thông tư	通咨	名	562
thú nhận	首认	动	562
bức xạ	辐射	名	561
đơn độc	单独	形副	561
hội trường	会场	名	561
không tưởng	空想	形	561
sát thủ	杀手	名	561
tiền lương	钱粮	名	561
chỉ trích	指责	动	560
hiền muội	贤妹	名	560
liên tưởng	联想	动	560
nghi lễ	仪礼	名	560
phân tán	分散	动	560
tổn thất	损失	动	560
từ thiên	磁偏	名	560
sát nhân	杀人	动	559
thủ cấp	首级	名	559
tinh vi	精微	形	559
bác học	博学	形	558
mật mã	密码	名	558
suy tư	推思	动	558
tài trợ	财助	动	558
biên chế	编制	名	557
châu báu	珠宝	名	557
nội tình	内情	名	557
thái bình dương	太平洋	名	557
bình dương	平阳	名	556
hiểm trở	险阻	形	556
khởi động	起动	动	556
sơn cốc	山谷	名	556
ái tình	爱情	名	555
phái đoàn	派团	名	555
sách lược	策略	名	555
tín đồ	信徒	名	555
trọng lượng	重量	名	555
tuyển sinh	选生	动	555
bất ổn	不稳	形	554
liên hồi	连回	形	554

nguyện vọng	愿望	名	554
sư cô	师姑	名	554
tượng trưng	象征	动形名	554
vật tư	物资	名	554
gia tộc	家族	名	553
giải tán	解散	动	553
cùng cực	穷极	形	552
trang sức	装饰	动	552
tư lệnh	司令	名	552
đương thời/đương thì/đang thì	当时	形	551
tây nguyên	西原	名	551
cực điểm	极点	名	550
khái niệm	概念	名	550
khí lực	气力	名	549
quý khách/quí khách	贵客	名	549
triệu tập	召集	动	549
đảng bộ	党部	名	548
kế thừa	继承	动	548
phát minh	发明	动名	548
phong độ	风度	名	548
thống đốc	统督	名	548
tuân thủ	遵守	动	548
đào hoa	桃花	形	547
sự biến	事变	名	547
thương tích	伤迹	名	547
trợ cấp	助给	动	547
binh lực	兵力	名	546
hủy diệt	毁灭	动	546
khinh bỉ	轻鄙	动	546
quảng trị	广治	名	546
thuộc địa	属地	名	546
trọng tâm	重心	名	546
văn tự	文辞	名	545
a di đà phật	阿弥陀佛	名	543
cổ mộ	古墓	名	543
định mệnh	定命	名	543
thập niên	十年	名	543
tư bổn/tư bản	资本	形名	543
dẫn dụ	引诱	动	542
khả nghi	可疑	形	542
huy hoàng	辉煌	形	541
phong thái	风采	名	541
tiêu chí	标志	名	541
điều hòa	调和	动形	540
hoang vu	荒芜	形	540
bạn hữu	伴友	名	539
chỉ huy trưởng	指挥长	名	539
độc thân	独身	形	539
tinh diệu	精妙	形	539
lưu tâm	留心	动	538
thiên thu	千秋	名	538
bồi thường	赔偿	动	537
hôn lễ	婚礼	名	537
phiền não	烦恼	形	537
phú quý	富贵	形	537
tường vi	蔷薇	名	537
điềm nhiên	恬然	形	536
thừa kế	承继	动	536
thượng phong	上风	形	536
vệ sĩ	卫士	名	536
phù hộ	扶护	动	534
xử phạt	处罚	动	534
giải độc	解毒	动	533
tranh đoạt	争夺	动	533
bất trắc	不测	形	532
hồi tưởng	回想	动	531
sứ mệnh/sứ mạng	使命	名	531
hâm mộ	歆慕	动	530
tuyệt nhiên	绝然	副	530
vệ tinh	卫星	名	530
dĩ vãng	以往	名	529
gia súc	家畜	名	529
thù oán	仇怨	动名	529
quân phục	军服	名	528
xảo quyệt/giảo quyệt	狡谲	形	528
thời trang	时装	形名	527
bình phục	平复	动	526
thốt nhiên	猝然	副	526
tổn hại	损害	动	526
ba lan	波兰	名	525
chiến mã	战马	名	525
doanh số	营数	名	525
lựu đạn	榴弹	名	525
tĩnh mịch	静谧	形	525
công sai	公差	名	524
kết cục	结局	名	524
bí hiểm	秘险	形	523

chính sự	政事	名	523
tham khảo	参考	动	523
thần thông	神通	形	523
đột kích	突击	动	522
kết giao	结交	动	522
khắc nghiệt	刻孽	形	522
trung tá	中佐	名	522
tu sĩ	修士	名	522
chỉnh tề	整齐	形	520
đại dũng	大勇	形	520
tôn sư	尊师	名	520
trừ khử	除驱	动	520
cục trưởng	局长	名	519
địa thế	地势	名	518
tham vọng	贪望	名	518
thiên hà	天河	名	517
bồi hồi	徘徊	形	516
cấm vệ	禁卫	名	516
ly kỳ/li kì	离奇	形	516
mục trường	牧场	名	516
thanh bình	清平	形	516
trần gian	尘间	名	516
công nhiên	公然	副	515
hung hiểm	凶险	形	515
khốn kiếp	困劫	形	515
thành thị	城市	名	515
thu phục	收服 / 收复	动	515
xung phong	冲锋	动	515
bình ổn	平稳	形	514
cứu hộ	救护	动	514
khát vọng	渴望	动	514
bàn giao	盘交	动	513
bình phong	屏风	名	513
chiến công	战功	名	513
danh vọng	名望	名	513
dự liệu	预料	动	513
chiếm đoạt	占夺	动	512
chiêm ngưỡng	瞻仰	动	512
chủ lực	主力	名	512
nhẫn tâm	忍心	形	512
tập huấn	集训	动	512
thư từ	书词	动名	512
tú tài	秀才	名	512
cố định	固定	动形	511
hình phạt	刑罚	名	511
mật thiết	密切	形	511
phục kích	伏击	动	511
tâm phúc	心腹	名	511
tế nhị	细腻	形	511
thực tại	实在	名	511
trấn an	镇安	动	511
chất vấn	质问	动	510
đặc thù	特殊	形名	510
hùng vĩ	雄伟	形	510
lại bộ	吏部	名	509
sắc diện	色面	名	508
bộ hạ	部下	名	507
hàng ngũ	行伍	名	507
sản lượng	产量	名	507
suy giảm	衰减	动	507
đảm nhiệm	担任	动	506
tính năng	性能	名	506
hiện thời	现时	名	505
thỉnh cầu	请求	动	505
đại lễ	大礼	名	504
mặc cảm	默感	动名	504
nhiên liệu	燃料	名	504
trùng trùng	重重	形	504
bại lộ	败露	动	503
dân sự	民事	形名	502
khủng long	恐龙	名	502
cố vấn	顾问	动名	501
ngoại ngữ	外语	名	501
thóa mạ	唾骂	动	501
vô duyên	无缘	形	501
định cư	定居	动	500
đơn thuần	单纯	形	500
dũng mãnh	勇猛	形	500
nguyên đán	元旦	名	500
phiền muộn	烦闷	形	500
triết học	哲学	名	500
văn sĩ	文士	名	500
vinh quang	荣光	形	500
vô ý	无意	动形	500
phòng vệ	防卫	动	499
toán học	算学	名	499
tuấn tú	俊秀	形	499
chúa thượng	主上	名	498

môi giới	媒介	名	498
thô lỗ	粗鲁	形	498
a hoàn	丫环 / 丫鬟	名	497
đối ngoại	对外	动	496
đột nhập	突入	动	496
hung hãn	凶悍	形	496
viên chức	员职	名	496
độc nhất	独一	形	495
kim ngạch	金额	名	495
thu cúc	秋菊	名	495
trận địa	阵地	名	495
từ đường	祠堂	名	495
hiệu lệnh	号令	名	494
nương tử	娘子	名	494
thiên văn	天文	名	494
cách biệt	隔别	动	493
cấu kết	构结	动	493
công trường	工场	名	493
dung nhan	容颜	名	493
đương đầu	当头	动	493
phòng ngự	防御	动	493
hợp lực	合力	动名	492
hùng hậu	雄厚	形	492
tráng sĩ	壮士	名	492
đan điền	丹田	名	491
kết bạn	结伴	动	491
giải đáp	解答	动	489
quan lớn	大官	名	489
thương cảm	伤感	动	489
tra tấn	查讯	动	489
trực tuyến	直线	名	489
cao điểm	高点	名	488
di tích	遗迹	名	488
hải quan	海关	名	488
thiên tài	天才	名	488
đả kích	打击	动	487
thám thính	探听	动	487
trung thực	忠实	形	487
chúng sinh	众生	名	486
kế sách	计策	名	486
mê hồn	迷魂	形	486
tuấn mã	骏马	名	486
chế ngự	制御	动	485
thân nhân	亲人	名	485
vị thế	位势	名	485
miên man	绵漫	形	484
dật tài	逸才	名	483
đế quốc	帝国	名	483
kim hoàn	金环	名	483
giả mạo	假冒	动	482
thảm khốc	惨酷	形	482
thụy sĩ	瑞士	名	482
tự phụ	自负	形	482
khổ tâm	苦心	形名	481
hồi giáo	回教	名	480
cổ vũ/cổ võ	鼓舞	动	479
sự vật	事物	名	479
tiềm lực	潜力	名	479
cổ tích	古迹	名	478
phong tục	风俗	名	477
tiếp thu	接收	动	477
trúng kế	中计	动	477
xứ sở	处所	名	477
cầm bút	擒笔	动	476
đồng phục	同服	名	476
khuyết điểm	缺点	名	476
loạn xạ	乱射	形	476
quan lại	官吏	名	476
quỷ quái/qui quái	鬼怪	名	476
ám chỉ	暗指	动	475
bình đẳng	平等	名	475
kim đồng	金童	名	475
quân chủ	君主	名	475
dân gian	民间	形名	474
đoàn thể	团体	名	474
hoạn nạn	患难	名	474
nhân chứng	人证	名	474
thủ phạm	首犯	名	474
trang trọng	庄重	形	474
đinh ninh	叮咛	动副	473
giải ngân	解银	动	473
giáo huấn	教训	动名	473
lập trường	立场	名	473
thành đạt	成达	动	473
thành quả	成果	名	473
binh pháp	兵法	名	472
kiên cường	坚强	形	472
ổn thỏa	稳妥	形	472

nghĩa khí	义气	名	471
sảng khoái	爽快	形	471
xâm lược	侵略	动	471
đại cao thủ	大高手	名	470
đồng hành	同行	动	470
đội hình	队形	名	469
nhân từ	仁慈	形	469
thể hình	体型	名	469
chi bộ	支部	名	468
minh châu	明珠	名	468
anh đào	樱桃	名	467
đa tình	多情	形	467
tàn khốc	残酷	形	466
di cư	移居	动	465
dung công	佣工	名	465
tâm địa	心地	名	465
tường tận	详尽	形	465
chân tình	真情	形名	464
khốc liệt	酷烈	形	464
pháp lệnh	法令	名	464
bạn học	伴学	名	463
gian nan	艰难	形	463
hương vị	香味	名	463
phật môn	佛门	名	463
thảng thốt	倘猝	形	463
anh vũ	鹦鹉	名	462
chuyển hướng	转向	动	462
đại công	大公	名	462
đồ án	图案	名	462
vương hậu	王后	名	462
bất tận	不尽	形	461
diệu kế	妙计	名	461
khẩu hiệu	口号	名	461
bảo lĩnh/bảo lãnh	保领	动	460
giao tình	交情	动	460
tinh binh	精兵	名	460
ngạo mạn	傲慢	形	459
chức trách	职责	名	458
đê tiện	低贱	形	458
địa chủ	地主	名	458
hữu nghị	友谊	形	458
tê liệt	痹劣	名	458
tỵ nạn	避难	动	458
liên lụy	连累	动	457
vĩ mô	伟模	形	457
cẩn trọng	谨重	形	456
chuyển nhượng	转让	动	456
khí huyết	气血	名	456
suy thoái	衰退	动	456
xã hội chủ nghĩa	社会主义	形名	456
tận hưởng	尽享	动	455
thẩm định	审定	动	455
truyền lệnh	传令	动	455
hoa viên	花园	名	454
khích lệ	激励	动	454
tận lực	尽力	形	454
thực dân	殖民	名	454
cư dân	居民	名	453
huynh trưởng	兄长	名	453
tạo hóa	造化	名	453
tiết mục	节目	名	453
nghi thức	仪式	名	452
tỳ nữ	婢女	名	452
thăng bình/thăng bằng	升平	动形名	451
cố nhiên	固然	形	450
linh chi	灵芝	名	450
thanh xuân	青春	形名	450
thể diện	体面	名	450
tính khí	性气	名	450
ẩn cư	隐居	动	449
đầu lâu	头颅	名	449
nghiêm mật	严密	形	449
thôi thúc	催促	动	449
tiếp đãi	接待	动	449
trừng trị	惩治	动	449
chuyên viên	专员	名	448
lương thảo	粮草	名	448
sáng chế	创制	动	448
thiếu tướng	少将	名	448
thượng tá	上佐	名	448
bạo lực	暴力	名	447
cảnh sắc	景色	名	447
điện ảnh	电影	名	447
đích xác	的确	名	446
đột biến	突变	动名	446
giao chiến	交战	动	446
hiện hành	现行	形	446
nhất nhất	一一	副	446

thị phi	是非	动名	446
thành thân	成亲	动	445
gian tặc	奸贼	名	444
thường niên	常年	形	444
triển vọng	展望	名	444
bảo cô	保辜 / 保孤	动	443
ca tụng	歌颂	动	443
niên hiệu	年号	名	443
phất trần	拂尘	名	443
thiện cảm	善感	名	443
thực tâm	实心	名	443
tự nhận	自认	动	443
chi phối	支配	动	442
cứu vãn	救挽	动	442
hóa chất	化质	名	442
hoang đường/hoang đàng	荒唐	形	442
khai huyệt	开穴	动	442
khiêu vũ	跳舞	动	442
khinh thường	轻常	动	442
nam giới	男界	名	442
ngoại lệ	外例	形名	442
tâm huyết	心血	形名	442
thất lễ	失礼	动	441
vạn vật	万物	名	441
hà nam	河南	名	440
hòa hợp	和合	形	440
trung tướng	中将	名	440
anh dũng	英勇	形	439
hài hước	谐谑	形	439
khai mạc	开幕	动	439
kiểm điểm	检点	动	439
thừa thế	乘势	动	439
tri huyện	知县	名	439
cô lập	孤立	动	438
hoàng thái hậu	皇太后	名	438
tăng tốc	增速	动	438
hàn quang	寒光	名	437
nghi vấn	疑问	名	437
giáo đồ	教徒	名	435
thực vật	食物 / 植物	名	435
lập công	立功	动	434
xử tử	处死	动	434
đảm đương/đảm đang	担当	动形	433
danh nghĩa	名义	名	433
lục tục	陆续	副	433
ma quái	魔怪	形名	433
tản cư	散居	动	433
chủ quan	主观	形名	432
la liệt	罗列	形	432
năng suất	能率	名	432
nhân tạo	人造	形	432
tàn phế	残废	形	432
điệu bộ	调步	动	431
hô hoán	呼唤	动	431
súc sinh	畜牲	名	431
võ sư	武师	名	431
xử sự	处事	动	431
bị nạn	被难	动	430
cử hành	举行	动	430
cư trú	居住	动	430
mông lung	朦胧	形	430
phu quân	夫君	名	430
nguyên soái	元帅	名	429
trụ trì	住持	名	429
vô biên	无边	形	429
xâm chiếm	侵占	动	429
truy kích	追击	动	428
tri phủ	知府	名	427
nam cao	男高	名	426
thanh khoản	清款	动	426
thủy điện	水电	名	426
ti vi	卑微	形	426
bi kịch	悲剧	名	425
phá sản	破产	动	425
pháo binh	炮兵	名	425
thiết giáp	铁甲	名	425
túc xá	宿舍	名	425
chính đáng	正当	形	424
đáng giá	当价	形	424
quý báu	贵宝	形	424
sư phạm	师范	形名	424
thiên thạch	天石	名	424
tiến triển	进展	名	424
cập nhật	及日	形	423
đạo gia	道家	名	423
gia trang	家装	名	423
khuynh hướng	倾向	名	423
nghị lực	毅力	名	422

nguyên khí	元气	名	422
nhược điểm	弱点	名	422
tụng kinh	诵经	动	422
ảo ảnh	幻影	名	421
hành thích	行刺	动	421
lạc đà	骆驼	名	421
nữ thần	女神	名	421
sinh động	生动	形	421
thái quá	太过	副	421
ác tăng	恶僧	名	420
đồn điền	屯田	名	420
hải dương	海洋	名	420
thuần thục	纯熟	形	420
bệnh tình	病情	名	419
cao bằng	高平	名	419
cố thủ	固守	动	419
doanh nhân	营人	名	419
hữu hiệu	有效	形	419
chú thích	注释	动	418
huyền ảo	玄幻	形	418
thực thi	实施	动	418
truy sát	追杀	动	418
cá tính	个性	名	417
cầm quyền	擒权	动	417
mật thám	密探	名	417
ngọc bích	玉碧	名	417
phật tử	佛子	名	417
tài hoa	才华	形	417
cửu trùng	九重	名	416
quyết đấu	决斗	动	416
tân khách	宾客	名	416
tập trận	习阵	动	416
tự trách	自责	动	416
uy nghiêm/oai nghiêm	威严	形	416
cơ nghiệp	基业	名	415
giải tỏa	解锁	动	415
thoát nạn	脱难	动	415
trầm tĩnh	沉静	形	415
từ ngữ	词语	名	415
yết hầu	咽喉	名	415
côn trùng	昆虫	名	414
nội vụ	内务	名	414
nồng nhiệt	浓热	形	414
phấn kích/phấn khích	奋激	形	414
bắc việt	北越	名	413
dã tâm	野心	名	413
điên đảo	颠倒	形	413
học giả	学者	名	413
nam định	南定	名	413
cứu trợ	救助	动	412
hình tượng	形象	名	412
quốc công	国公	名	412
thâm trầm	深沉	形	412
thân vương	亲王	名	412
thôi miên	催眠	动	412
trọng trách	重责	名	412
bá tước	伯爵	名	411
đặc tính	特性	名	411
thường thường	常常	副	411
trị bệnh	治病	动	411
bảo trọng	保重	动	410
đối lập	对立	形	410
hà lan	荷兰	名	410
hận thù/hận cừu	恨仇	名	410
kiếm khách	剑客	名	410
uy nghi/oai nghi	威仪	形	410
biểu thị	表示	动	409
tiêu tán	消散	动	409
điện lực	电力	名	408
giáng sinh	降生	动	408
hào khí	豪气	名	408
hoa tiên	花笺	名	408
lục địa	陆地	名	408
môn học	学科	名	408
tai hại	灾害	形名	408
từ thiện	慈善	形	408
xuất nhập khẩu	出入口	动	408
định kỳ/định kì	定期	动形名	407
giả thuyết	假说	名	407
hậu viện	后援	名	407
phụ hoàng	父皇	名	407
quy tắc/qui tắc	规则	名	407
cuồng nhiệt	狂热	形	406
giới luật	戒律	名	405
hình thế	形势	名	405
phân tâm	分心	动	405
du ngoạn	游玩	动	404
liên can	连干	动	404

lục quân	陆军	名	404
ảo tưởng	幻想	动名	403
địa lý/địa lí	地理	名	403
lân cận	临近	形	403
tương trợ	相助	动	403
xí nghiệp	企业	名	403
bị động	被动	动	402
biên bản	编本	名	402
hóa học	化学	名	402
hoàng thành	皇城	名	402
kình địch	劲敌	动名	402
sưu tập	搜集	动	402
tiên thiên	先天	形	402
trấn thủ	镇守	动	402
di tản	移散	动	401
phi tần	妃嫔	名	401
táo bạo	躁暴	形	401
cầm cự	擒拒	动	400
đường đường	堂堂	形	400
gián điệp	间谍	名	400
phóng hỏa	放火	动	399
tiên tri	先知	动	399
vận tốc	运速	名	399
đoàn viên	团圆 / 团员	动	398
giảng giải	讲解	动	398
oán trách	怨责	动	398
thứ sử	刺史	名	398
tổng thể	总体	形名	398
trực giác	直觉	名	398
tuyển dụng	选用	动	398
cáo biệt	告别	动	397
cấu trúc	构筑	动名	397
chi cục	支局	名	397
lỗ mãng	鲁莽	形	397
phục tùng/phục tòng	服从	动	397
quỷ sứ/quỉ sứ	鬼使	名	397
quyền thế	权势	名	397
quyết đoán	决断	动形	397
tiên liệu	先料	名	397
ứng biến	应变	动	397
ân nhân	恩人	名	396
cai trị	该治	动	396
phục quốc	复国	动	396
phụng mệnh	奉命	动	396
thẩm vấn	审问	动	396
tinh hà	星河	名	396
cơ khí	机器	名	395
giác ngộ	觉悟	动名	395
giảo hoạt	狡猾	形	395
hỗn độn	混沌	形	395
quả nhân	寡人	名	395
áp giải	押解	动	394
bị cáo	被告	名	394
hoa quả	花果	名	394
quyến luyến	眷恋	动	394
sơ tán	疏散	动	394
sủng ái	宠爱	动	394
tạo phản	造反	动	394
tù nhân	囚人	名	394
tự tiện	自便	动	394
bệnh hoạn	病患	名	393
khí công	气功	名	393
loại hình	类型	名	393
thâm nhập	深入	动	393
tiên đế	先帝	名	393
trí mạng	致命	形	393
yêu kiều	妖娇	形	393
bát quái	八卦	名	392
thanh lâu	青楼	名	392
thất lạc	失落	动	392
thị lang	侍郎	名	392
vật thể	物体	名	392
chú tâm	注心	动	391
cổ điển	古典	形	391
soạn thảo	撰草	动	391
tình ý	情意	名	391
vị tất	未必	副	391
côn sơn	昆山	名	390
hành quán	行馆	名	390
nhân nghĩa	仁义	名	390
phản nghịch	反逆	动	390
u uất	幽郁	形	390
cương vị	岗位	名	389
đại bàng	大鹏	名	389
hàn lâm	翰林	名	389
học vấn	学问	名	389
toàn quyền	全权	形名	389
tứ chi	四肢	名	389

bình thuận	平顺	动	388
hấp thụ	吸受	动	388
lưu luyến	留恋	动	388
phú yên	富安	名	388
thắng trận	胜阵	动	388
thư thái	舒泰	形	388
viện trưởng	院长	名	388
bạch mi	白眉	名	387
bồ đề	菩提	名	387
đình chỉ	停止	动	387
hối lộ	贿赂	动	387
phát xuất	发出	动	387
ty chức/ti chức	卑职	名	387
bộ tộc	部族	名	386
công đức	功德	名	386
cung cách	宫格	名	386
cứu quốc	救国	动	386
đắc lực	得力	形	386
đại chúng	大众	形名	386
sưu tầm	搜寻	动	386
thần linh	神灵	名	386
thành danh	成名	动	386
thiên chúa giáo	天主教	名	386
liên doanh	联营	动	385
lưu lạc	流落	动	385
sơn tây	山西	名	385
thân cận	亲近	形	385
tiểu hổ	小虎	名	385
võ thuật	武术	名	385
bại trận	败阵	动	384
lập luận	立论	动名	384
phi đao	飞刀	名	384
tàn tật	残疾	形	384
thoát hiểm	脱险	动	384
cam đoan	甘端	动	383
gia cầm	家禽	名	383
gia tài	家财	名	383
lê đình	梨庭	名	383
nhàn nhã	闲雅	形	383
nhân tố	因素	名	383
pháp sư	法师	名	383
tán loạn	散乱	形	383
trùng hợp	重合	动	383
tử thần	死神	名	383
khả thi	可施	形	382
khoái lạc	快乐	形	382
kiều diễm	娇艳	形	382
ngoại thành	外城	名	382
tín ngưỡng	信仰	名	382
công hiệu	功效	形名	381
độc địa	毒地	名	381
quyết ý	决意	动	381
sự thể	事体	名	381
thành hôn	成婚	动	381
tinh nghịch	精逆	形	381
vĩnh biệt	永别	动	381
vô tuyến	无线	形名	381
vô vị	无味	形	381
dã man	野蛮	形	380
đại họa	大祸	名	380
lý trưởng/lí trưởng	里长	名	380
trung cấp	中级	形	380
bôn tẩu	奔走	动	379
nhân đạo	人道	形名	379
quốc sư	国师	名	379
thủ tiêu	取消	动	379
trọng tài	仲裁	名	379
hải lưu	海流	名	378
huyền diệu	玄妙	形	378
kết cấu	结构	名	378
liệt sĩ	烈士	名	378
phong vân	风云	名	378
tiếp thị	接市	动	378
vạn nhất	万一	连	378
ác nhân	恶因 / 恶人	名	377
bế tắc	闭塞	形	377
hậu bối	后辈 / 后背	名	377
kết liễu	结了	动	377
linh động	灵动	形	377
thánh giá	圣架 / 圣驾	名	377
thương gia	商家	名	377
tiểu đồng	小童	名	377
độc quyền	独权	动名	376
phương vị	方位	名	376
chứng thực	证实	动名	375
hạ thần	下臣	名	375
nghiễm nhiên	俨然	形	375
nhân tình	人情	名	375

quân dân	军民	名	375
trận pháp	阵法	名	375
hình sự	刑事	名	374
khẩu khí	口气	名	374
nghĩa hiệp	义侠	形	374
phong thanh	风声	名	374
trung gian	中间	形名	374
công đoàn	工团	名	373
quá độ	过渡 / 过度	动	373
xúc tiến	促进	动	373
cảnh ngộ	境遇	名	372
khấu đầu	叩头	动	372
chính trị viên	政治员	名	371
hội viên	会员	名	371
hợp tác xã	合作社	名	371
kĩ thuật	技术	名	371
tận tình	尽情	形	371
tiểu quỷ	小鬼	名	371
chính diện	正面	形名	370
đặc trưng	特征	形名	370
nham hiểm	岩险	形	370
thực khách	食客	名	370
yết kiến	谒见	动	370
cao nguyên	高原	名	369
cực khổ	极苦	形	369
phúc lợi	福利	名	369
thấu hiểu	透晓	动	369
thiếu nhi	少儿	名	369
thủ thành	守城	名	369
trấn áp	镇压	动	369
vô tâm	无心	形	369
yểu điệu	窈窕	形	369
hài cốt	骸骨	名	368
hải ngoại	海外	名	368
quân số	军数	名	368
thánh chỉ	圣旨	名	368
thất tuyệt	七绝	名	368
thật tuyệt	实绝	形	368
thương hải	沧海	名	368
tinh xảo	精巧	形	368
âu châu	欧洲	名	367
chiến binh	战兵	名	367
giáo phái	教派	名	367
nhượng bộ	让步	动	367
tiều tụy	憔悴	形	367
cảnh quan	景观	名	366
chẩn đoán	诊断	动	366
định đoạt	定夺	动	366
khuyến cáo	劝告	动	366
khuyên giải	劝解	动	366
thượng lưu	上流	名	366
áp đảo	压倒	动形	365
hồ ly/hồ li	狐狸	名	365
khôi hài	诙谐	动形	365
uất ức	郁抑	动	365
vô thức	无识	形	365
y khoa	医科	名	365
bất tài	不才	形	364
thế huynh	世兄	名	364
tiến cử	进举	动	364
trì hoãn	迟缓	动	364
trú ngụ	住寓	动	364
đô thống	都统	名	363
động thái	动态	名	363
khởi công	起工	动	363
lý thú	理趣	名	363
minh họa	明画	名	363
nam nhi	男儿	名	363
phát tài	发财	动	363
trách cứ	责据	动	363
ảo giác	幻觉	名	362
ôn hòa	温和	形	362
thành sự	成事	名	362
thanh tịnh	清净	形	362
đoàn tụ	团聚	动	361
hiểm độc	险毒	形	361
hồi ký/hồi kí	回记	名	361
khai trương	开张	动	361
sai phạm	差犯	动	361
sinh đôi	生对	动	361
triều đại	朝代	名	361
biên độ	编度	名	360
cận vệ	近卫	名	360
đấu trường	斗场	名	360
lực sĩ	力士	名	360
sào huyệt	巢穴	名	360
thiết yếu	切要	动	360
u linh	幽灵	名	360

vô luận	无论	副	360
ai oán	哀怨	形	359
am hiểu	谙晓	动	359
chuẩn xác	准确	形	359
hiếu sắc/háo sắc	好色	形	359
liên hoan	联欢	名	359
nha dịch	衙役	名	359
thất thần	失神	动	359
thị nữ	侍女	名	359
biên tập	编辑	动	358
phá giải	破解	动	358
thí điểm	试点	名	358
tiểu đội	小队	名	358
triền miên	缠绵	形	358
trường sơn	长山	名	358
công nhân viên	工人员	名	357
giảng đường	讲堂	名	357
hủy hoại	毁坏	动	357
y thuật	医术	名	357
chu tuyền/chu toàn	周全	形	356
sách báo	册报	名	356
tổng đốc	总督	名	356
diệt trừ	灭除	动	355
quỷ thần/quỉ thần	鬼神	名	355
cổ đại	古代	形	354
định nghĩa	定义	名	354
gia quyến	家眷	名	354
nữ trang	女装	名	354
ôn tồn	温存	形	354
tham kiến	参见	动	354
thân tín	亲信	形	354
thành tâm	诚心	形	354
thu nhận	收认	动	354
tiêu sái	潇洒	形	354
bảo dưỡng	保养	动	353
bồ đào	葡萄	名	353
cao kiến	高见	形名	353
hung thần	凶神	名	353
khoái chí	快志	形	353
cảm khái	感慨	动	352
giao tranh	交争	动	352
khoáng sản	矿产	名	352
không lưu	空流	名	352
thị phần	市份	名	352
tiên nữ	仙女	名	352
yên thân/an thân	安身	动熟	352
ác ý	恶意	名	351
bức xúc	逼促	动	351
đắc thắng	得胜	动形	351
ngự sử	御史	名	351
phê phán	批判	动	351
tiên đoán	先断	动	351
truyền thần	传神	形	351
vinh hạnh	荣幸	形名	351
yên bình	安平	形	351
chư tướng	诸将	名	350
điều ước	条约	名	350
dự toán	预算	动名	350
dương cầm	扬琴	名	350
gia đinh	家丁	名	350
khả dĩ	可以	副	350
linh tính	灵性	动名	350
oan uổng	冤枉	形	350
phi mã	飞马	形	350
phỏng đoán	仿断	动	350
cảm thông	感通	动	349
du dương	悠扬	形	349
hao tổn	耗损	动	349
hậu phương	后方	名	349
náo loạn	闹乱	动	349
phụ cận	附近	形	349
thể chất	体质	名	349
ba lê	巴黎	名	348
đích thị	的是	副	348
điệp viên	谍员	名	348
đông nam á	东南亚	名	348
thành bại	成败	动	348
trung quân	忠君 / 中军	形	348
biến chuyển	变转	动	347
đại hoàng	大黄	名	347
đáp án	答案	名	347
hành trang	行装	名	347
luân hồi	轮回	动	347
lưu manh	流氓	形名	347
thái bảo	太保	名	347
thần diệu	神妙	形	347
thừa thiên	承天	动	347
tịch thu	籍收	动	347

đảo chính/đảo chánh	倒政	动	346	long trọng	隆重	形	338
huân chương	勋章	名	346	thái hư	太虚	名	338
khi quân	欺君	动	346	bá phụ	伯父	名	337
tự vẫn	自刎	动	346	đại trí	大智	形	337
tuyệt nghệ	绝艺	名	346	giả tạo	假造	形	337
diêm la	阎罗	名	345	hiển thị	显示	动	337
hồi tỉnh	回醒	动	345	linh tinh	零星	形	337
nguyên lý/nguyên lí	原理	名	345	mạo phạm	冒犯	动	337
thập phần	十份	形	345	ngũ sắc	五色	名	337
cố chấp	固执	形	344	phương châm	方针	名	337
đa phần	多分	名	344	sám hối	忏悔	动	337
phản động	反动	动	344	sinh thái	生态	名	337
thân thích	亲戚	名	344	ác chiến	恶战	动	336
nhân số	人数	名	343	ca khúc	歌曲	名	336
tâm cơ	心机	名	343	hi sinh	牺牲	动名	336
tăng lữ	僧侣	名	343	hòa giải	和解	动	336
công giáo	公教	名	342	mê tín	迷信	动	336
đại loạn	大乱	形	342	thế gia	世家	名	336
dự phòng	预防	动	342	thịnh nộ	盛怒	动	336
ích lợi	益利	名	342	thô bạo	粗暴	形	336
lưu trữ	留贮	动	342	biểu dương	表扬	动	335
phần thưởng	分赏	动	342	cộng tác	共作	动	335
tiến quân	进军	动	342	đông tây	东西	名	335
tổng binh	总兵	名	342	dũng khí	勇气	名	335
tư chất	资质	名	342	quá cố	过故	动	335
bất hiếu	不孝	形	341	tận tâm	尽心	形	335
chính nghĩa	正义	形名	341	thảm họa	惨祸	名	335
mật độ	密度	名	341	thẩm mỹ/thẩm mĩ	审美	动名	335
nhân cách	人格	名	341	cai quản	该管	动	334
cầu khẩn	求恳	动	340	đặc sắc	特色	形名	334
hạ lưu	下流	名	340	lôi đình	雷霆	名	334
thành kiến	成见	动名	340	phân loại	分类	动	334
đệ nhị	第二	形	339	phong kiến	封建	形名	334
nghĩa địa	义地	名	339	tập quán	习惯	名	334
phóng xạ	放射	动	339	tụ hội	聚会	动	334
quả phụ	寡妇	名	339	vô vọng	无望	形	334
quy phạm/qui phạm	规范	动	339	bài tập	排习	名	333
tiên sư	先师	名	339	bố đạo	布道	动	333
tưởng niệm	想念	动	339	khả quan	可观	形	333
chức vị	职位	名	338	nguyên văn	原文	名	333
đáo để	到底	形副	338	sinh học	生学	形名	333
gián tiếp	间接	形	338	tập kết	集结	动	333
hồi ức	回忆	动	338	tổng giá trị	总价值	名	333
lão luyện	老练	形	338	tỷ như/tỉ như	比如	名	333

ưu điểm	优点	名	333
vũ lực/võ lực	武力	名	333
xuất xứ	出处	名	333
ân ái	恩爱	形	332
an lạc	安乐	形	332
canh phòng	更防	动	332
liên thành	联城	形	332
lỗi lạc	磊落	形	332
sư tổ	师祖	名	332
thể chế	体制	名	332
tiến trình	进程	动	332
vạn tuế	万岁	名	332
đại ác	大恶	名形	331
di thư	遗书	名	331
đơn sơ	单疏	形	331
hệ trọng	系重	形	331
hàng không mẫu hạm	航空母舰	名	331
mỹ thuật	美术	名形	331
phật pháp	佛法	名	331
ưu tư	忧思	动	331
bản xứ	本处	名	330
bảo thủ	保守	动	330
đồng nghĩa	同义	形	330
lệnh đường	令堂	名	330
mệnh danh	命名	动	330
nguy nan	危难	形	330
quá ư	过于	副	330
tổng bí thư	总秘书	名	330
biên cương	边疆	名	329
chấn chỉnh	振整	动	329
cơ mật	机密	名	329
giam cầm	监擒	动	329
hào phóng	豪放	形	329
thể lực	体力	名	329
vô phương	无方	形	329
khiếp đởm/khiếp đảm	怯胆	动	328
khinh miệt	轻蔑	动	328
nhiệt đới	热带	名	328
sơ sinh	初生	形	328
thổ dân	土民	名	328
áo giáp	袄甲	名	327
cà sa	袈裟	名	327
cấp tốc	急速	形	327
đáng kính	当敬	形	327
oanh tạc	轰炸	动	327
sinh tồn	生存	动	327
thâm độc	深毒	形	327
thành trì	城池	名	327
tối hậu	最后	形	327
ân tình	恩情	形名	326
cao ngạo	高傲	形	326
liên hiệp	联协	动	326
tu la	修罗	名	326
viện nghiên cứu	研究院	名	326
dũng sĩ	勇士	名	325
thất thường	失常	形	325
tử vi	紫微 / 紫薇	名	325
u minh	幽明 / 幽冥	形名	325
xu thế	趋势	名	325
cổ kính	古劲	形	324
đồng hương	同乡	形名	324
hồi đầu	回头	动	324
hữu ích	有益	形	324
liên hợp	联合	动形	324
tất yếu	必要	形	324
thị trưởng	市长	名	324
trung thu	中秋	名	324
từ ba	磁波	名	324
vệ binh	卫兵	名	324
cấu tạo	构造	动名	323
chất phác	质朴	形	323
đề cử	提举	动	323
kiên định	坚定	形	323
ngưng tụ	凝聚	动	323
thập kỷ/thập kỉ	十纪	名	323
tử chiến	死战	动	323
kinh thiên động địa	惊天动地	熟	322
lĩnh hội/lãnh hội	领会	动	322
nhân tâm	人心	名	322
pháo đài	炮台	名	322
bài trừ	排除	动	322
thú y	兽医	名	322
vi diệu	微妙	形	322
xa lộ	车路	名	322
xúc cảm	触感	动名	322
ảo thuật	幻术	名	321
chính ủy	政委	名	321
giáo lý/giáo lí	教理	名	321

khu trục	驱逐	动	321
sơ suất	疏率	形名	321
thường tình	常情	名	321
tuyên ngôn	宣言	名	321
chuyên tâm	专心	形	320
mai táng	埋葬	动	320
phát ngôn	发言	动名	320
vô sỉ	无耻	形	320
yếu quyết	要诀	名	320
dinh dưỡng	营养	名	319
khởi sự	起事	动	319
lượng thứ	量恕	动	319
quốc dân	国民	名	319
hoàng lão	黄老	名	318
hùng hổ	雄虎	形	318
lâm nguy	临危	动	318
quần thần	群臣	名	318
san hô	珊瑚	名	318
thanh minh	声明 / 清明	动	318
bản sắc	本色	名	317
tình tiết	情节	名	317
tùy thuộc	随属	动	317
xuất chúng	出众	形	317
bá chủ	霸主	名	316
bắc ninh	北宁	名	316
cải biến	改变	动	316
dẫn binh	引兵	动	316
đầu độc	投毒	动	316
độc dược	毒药	名	316
phô trương	铺张	动	316
phòng bệnh	防病	动	316
thiên phú	天赋	名	316
cổ động	鼓动	动	315
lâu la	喽啰	名	315
lực lưỡng	力俩	形	315
thu nạp	收纳	动	315
thương vong	伤亡	名	315
truyền đạt	传达	动	315
tư sản	资产	名	315
tứ tung	四纵	名	315
bất khả	不可	副	314
đại đức	大德	名	314
đại loại	大类	副	314
đảm nhận	担认	动	314
di sản	遗产	名	314
giáo sĩ	教士	名	314
phạm nhân	犯人	名	314
quyền cước	拳脚	名	314
quyền hạn	权限	名	314
tình tứ	情思	形	314
toan tính	酸性	名	314
vĩnh cửu	永久	形	314
vô lại	无赖	名	314
vô sự	无事	形	314
cảm hứng	感兴	名	313
điêu khắc	雕刻	动名	313
khiếu nại	叫奈	动	313
tự thân	自身	名	313
úy kỵ/úy kị	畏忌	动	313
ấn định	印定	动	312
bản quyền	版权	名	312
giao thiệp	交涉	动	312
hoạt bát	活泼	形	312
hồi sinh	回生	动	312
khâm sai	钦差	名	312
siêu phàm	超凡	形	312
tài phiệt	财阀	名	312
thiên không	天空	名	312
tình ái	情爱	名	312
cẩn mật	谨密	形	311
diễn văn	演文	名	311
dược vật	药物	名	311
hóa đơn	货单	名	311
diễm lệ	艳丽	形	310
nội thất	内室	名	310
sinh trưởng	生长	动	310
tài tình	才情	形	310
tam công	三公	名	310
thân thuộc	亲属	形名	310
từ trường	磁场	名	310
đôn đốc	敦督 / 敦笃	动	309
đông lạnh	冻冷	形	309
hoảng hồn	慌魂	形	309
phiền toái	繁碎	形	309
quảng ninh	广宁	名	309
thường lệ	常例	名	309
uyên ương	鸳鸯	名	309
cầu hôn	求婚	动	308

dã thú	野兽	名	308
hào hiệp	豪侠	形名	308
nhân tiện	因便	连	308
phụ tá	辅佐	动名	308
truy cập	追及	动	308
từ chức	辞职	动	308
biệt hiệu	别号	名	307
hàm ý	含意	动名	307
nhập học	入学	动	307
thổ nhĩ kỳ	土耳其	名	307
bảo trợ	保助	动	306
dục vọng	欲望	名	306
quý trọng/quí trọng	贵重	名	306
thư lại	书吏	名	306
trường thành	长城	名	306
uổng công	枉工	动	306
văn kiện	文件	名	306
xao động	敲动	动	306
đức tính	德性	名	305
ngữ khí	语气	名	305
phản xạ	反射	动名	305
sinh lực	生力	名	305
tam bảo	三宝	名	305
tâm can	心肝	名	305
thất thủ	失守	动	305
thi thố	施措	动	305
tự lập	自立	动	305
vô thượng	无上	形	305
ban thưởng	颁赏	动	304
cao trình	高程	名	304
cống hiến	贡献	名	304
di chúc	遗嘱	动名	304
điều khoản	条款	名	304
gia công	加工	动	304
giả thiết	假设	动	304
giao phó	交付	动	304
tiền giang	前江	名	304
tinh hoa	精华	名	304
tử hình	死刑	名	304
đột xuất	突出	形	303
ngụ ý	寓意	名	303
tài tử	才子	名	303
tể tướng	宰相	名	303
thao túng	操纵	动	303
thích nghi	适宜	动	303
ái nữ	爱女	名	302
ám hại	暗害	动	302
bổ ích	补益	形	302
chỉnh đốn	整顿	动	302
hiền hòa	贤和	形	302
hoa lệ	华丽	形	302
khẩn cầu	恳求	动	302
khí phách	气魄	名	302
nội thị	内市 / 内侍	名	302
quái đản	怪诞	形	302
thủ công	手工	名	302
tích lũy	积累	动	302
trưởng tôn	长孙	名	302
tường thuật	详述	动	302
chấn thương	震伤	动	301
chân truyền	真传	形名	301
giao phong	交锋	动	301
lưu hành	流行	动	301
nam phi	南非	名	301
súc vật	畜物	名	301
tái sinh	再生	动形	301
trích tinh	摘星	动	301
diễn thuyết	演说	动	300
gian tế	奸细	名	300
hiểm nguy	险危	形	300
ngoạn mục	玩目	形	300
tinh khiết	晶洁	形	300
vân vân	云云	助	300
chiến trận	战阵	名	299
độc tài	独裁	形	299
khôi ngô	魁梧	形	299
lưu truyền	流传	动	299
phân phó	分赴	动	299
bửu bối/bảo bối	宝贝	名	298
cầm tù	擒囚	动	298
cao thượng	高尚	形	298
chi viện	支援	动	298
khinh địch	轻敌	动	298
kiếm hiệp	剑侠	名	298
thể thống	体统	名	298
tiếp diễn	接演	动	298
cẩm thạch	锦石	名	297
đối kháng	对抗	动	297

hồ nghi	狐疑	动	297
lạc hậu	落后	形	297
nam kỳ	南圻	名	297
nội thành	内城	名	297
sư phó	师傅	名	297
tẩu thoát	走脱	动	297
trân châu	珍珠	名	297
truyền bá	传播	动	297
bàng quan	旁观	动	296
bỉ ổi	鄙猥	动	296
địa phận	地份	名	296
nhãn lực	眼力	名	296
thẩm phán	审判	动名	296
bị lộ	被露	动	295
đại nghĩa	大义	名	295
đẳng cấp	等级	名	295
điện biên phủ	奠边府	名	295
hội thao	会操	动	295
khổ luyện	苦练	动	295
nghĩa huynh	义兄	名	295
nhiệt huyết	热血	名	295
quan viên	官员	名	295
quảng bình	广平	名	295
quyền hành	权行	名	295
bần thần	贫神	形	294
cường độ	强度	名	294
đàm luận	谈论	动	294
hiện đại hóa	现代化	动	294
hiếu thắng	好胜	形	294
mật vụ	密务	名	294
nhân hậu	仁厚	形	294
suy luận	推论	动	294
tận tuỵ	尽瘁	形	294
trú ẩn	住隐	动	294
trung sĩ	中士	名	294
ủy thác	委托	动	294
vị quan	味官	名	294
hàng hải	航海	动	293
tiền sảnh	前厅	名	293
cơ trí	机智	形	292
giao du	交游	动	292
khinh khi	轻欺	动	292
nghinh địch/nghênh địch	迎敌	动	292
pháp môn	法门	名	292
phu phụ	夫妇	名	292
tiêu hao	消耗	动	292
xác thực/xác thật	确实	动	292
bẩm sinh	禀生	名	291
bất lương	不良	形	291
chiếm lĩnh	占领	动	291
điện từ	电磁	名	291
khoái trá/khoái chá	脍炙	名	291
nhãn quang	眼光	名	291
phố xá	铺舍	名	291
tâm thức	心识	名	291
thường bị	常备	形	291
tiến hóa	进化	动	291
tiện nhân	贱人	名	291
tính từ	性词	名	291
danh bất hư truyền	名不虚传	熟	290
dị ứng	异应	动	290
nghĩa lý/nghĩa lí	义理	名	290
nhân văn	人文	形名	290
quảng bá	广播	动	290
tháo chạy	逃跑	动	290
tỷ phú/tỉ phú	秭富	名	290
á châu	亚洲	名	289
băng tuyết	冰雪	形名	289
dịch bệnh	疫病	名	289
dịch chuyển	易转	动	289
hộ thân	护身	动	289
khắc khổ	刻苦	形	289
quỹ đạo/quĩ đạo	轨道	名	289
thành khẩn	诚恳	形	289
thất tình	失情 / 七情	动	289
thương nhân	商人	名	289
tương tư	相思	动	289
tuyệt sắc	绝色	形	289
bẩm báo	禀报	动	288
chính thống	正统	形	288
cứu hỏa	救火	动	288
cứu thương	救伤	动	288
đa nghi	多疑	形	288
giả dạng	假样	动	288
hiền từ	贤慈	形	288
hiệp đồng	协同	动	288
hoa đào	花桃	名	288
nguyên thủy	原始	形	288

nhận diện	认面	动	288
tạ tội	谢罪	动	288
thống khoái	痛快	形	288
trọng dụng	重用	动	288
y sĩ	医士	名	288
bao dung	包容	形	287
bộ môn	部门	名	287
cự địch	拒敌	动	287
độc hại	毒害	形	287
gia truyền	家传	动	287
lộ diện	露面	动	287
quân ngũ	军伍	名	287
thân tình	亲情	形名	287
thiếu úy	少尉	名	287
tiếp viện	接援	动	287
tổng tham mưu	总参谋	名	287
bất đồ	不图	副	286
biến dạng	变样	动	286
cầm binh	擒兵	动	286
chân như	真如	名	286
chuyển tiếp	转接	动	286
đặc sản	特产	名	286
gia định	嘉定	名	286
hốt nhiên	忽然	形	286
khám nghiệm	勘验	动	286
quân mã	军马	名	286
sát hợp	擦合	动	286
sĩ khí	士气	名	286
sỉ nhục	耻辱	名	286
tán dương	赞扬	动	286
tiểu liên	小连	名	286
vô thường	无常	形	286
chiêu đãi	招待	动	285
hứng khởi	兴起	动	285
lưu động	流动	形	285
nhân công	人工	名	285
nhập viện	入院	动	285
ứng xử	应处	动	285
vô cảm	无感	形	285
vô sản	无产	形名	285
danh môn	名门	名	284
diện mục	面目	名	284
đông cung	东宫	名	284
hà bắc	河北	名	284
khoa trương	夸张	动	284
kinh điển	经典	名	284
linh đơn/linh đan	灵丹	名	284
ngoại trưởng	外长	名	284
nhi đồng	儿童	名	284
nữ giới	女界	名	284
tiền sử	前史	名	284
tương phản	相反	形	284
tướng quốc	相国	名	284
tỷ trọng/tỉ trọng	比重	名	284
an táng	安葬	动	283
bán đảo	半岛	名	283
cải lương	改良	动	283
chính tâm	正心	名	283
hoa văn	华文 / 花纹	名	283
kết tội	结罪	动	283
ngụy trang	伪装	动	283
phục binh	伏兵	名	283
phương cách	方格	名	283
cổ phần hóa	股份化	动	282
công danh	功名	名	282
cự ly/cự li	距离	名	282
giám mã	监马	名	282
phân bổ	分补	动	282
thượng du	上游	名	282
tương tác	相作	动形	282
uy quyền/oai quyền	威权	名	282
chuyên trách	专责	动	281
giải trừ	解除	动	281
hoạch định	划定	动	281
phân cấp	分级	动名	281
thời thế	时势	名	281
tôn vinh	尊荣	动	281
vãn hồi	挽回	动	281
vương cung	王宫	名	281
bất nghĩa	不义	形	280
hào hoa	豪华	形	280
hòa nhập	和入	动	280
hồng ngọc	红玉	名	280
kết nạp	接纳	动	280
khuyên can	劝干	动	280
lạm dụng	滥用	动	280
thế sự	世事	名	280
danh thiếp	名帖	名	280

tiềm ẩn	潜隐	动	280
đố kỵ/đố kị	妒忌	动	279
khiếm khuyết	欠缺	形名	279
lệ phí	例费	名	279
nhật báo	日报	名	279
nhậm chức	任职	动	279
tinh quái	精怪	形	279
xa giá	车驾	名	279
biến ảo	变幻	动	278
châm biếm	针砭	动名	278
chủng loại	种类	名	278
đối chiếu	对照	动	278
hiểm ác	险恶	形	278
lạc thú	乐趣	名	278
nam phương	南方	名	278
náo động	闹动	动	278
thỏa đáng	妥当	形	278
tiện lợi	便利	形	278
trợ lực	助力	动	278
vô tri	无知	形	278
bằng cấp	凭给	名	277
giản đơn	简单	形	277
lão bộc	老仆	名	277
mê cung	迷宫	名	277
nhân thế	人世	名	277
niêm phong	粘封	动	277
tiếp tân	接新 / 接宾	动	277
từ điển	词典	名	277
xung kích	冲击	动	277
anh minh	英明	形	276
bất định	不定	形	276
chung quy	终归	副	276
công lý/công lí	公理	名	276
cực độ	极度	名	276
đường đột	唐突	形	276
nô bộc	奴仆	名	276
pháp thuật	法术	名	276
từ thông	磁通	名	276
vây hãm	围陷	动	276
bảo mật	保密	动	275
chấp pháp	执法	动	275
đao phủ	刀斧	名	275
khí chất	气质	名	275
tàu thuyền	艚船	名	275
tôn huynh	尊兄	名	275
tử thương	死伤	动	275
tự trọng	自重	动	275
cổ nhân	古人	名	274
công thương	工商	名	274
hành hình	行刑	动	274
hào hùng	豪雄	形	274
hợp thành	合成	动	274
liên hoa	莲花	名	274
minh chứng	明证	动名	274
thịnh vượng	盛旺	形	274
tự học	自学	动	274
xã giao	社交	动形名	274
chí tôn	至尊	名	273
hỏa khí	火器	名	273
hoàn hồn	还魂	动	273
hùng hồn	雄浑	形	273
huyễn hoặc	眩惑	形	273
lập thân	立身	动	273
năng động	能动	形	273
ngân phiếu	银票	名	273
nhân duyên	因缘 / 姻缘	名	273
nông sản	农产	名	273
cầm thú	禽兽	名	272
cổ tự	古寺	名	272
do thám	由探	动名	272
hải sản	海产	名	272
hành hung	行凶	动	272
hung nô	匈奴	名	272
kết án	结案	动	272
khí khái	气概	名	272
ngôn từ	言词	名	272
sự tích	事迹	名	272
thần đạo	神道	名	272
thống soái	统帅	名	272
trình diện	呈面	动	272
ứng chiến	应战	动	272
bất cập	不及	动形	271
đạo cô	道姑	名	271
hỗn hợp	混合	动形名	271
mưu trí	谋智	形名	271
nữ tu sĩ	女修士	名	271
trầm trồ	沉醉	形	271
tương đồng	相同	形	271

yểm trợ	掩助	动	271
ác cảm	恶感	名	270
đại đội trưởng	大队长	名	270
giai điệu	阶调	名	270
hư thực	虚实	名	270
khai phong	开封	动	270
kiện toàn	健全	动	270
kiêu căng	骄矜	形	270
nhập siêu	入超	名	270
tự giác	自觉	形	270
bạch phát	白发	名	269
đương kim	当今	形	269
gia hạn	加限	动	269
gia phong	加封 / 家风	动	269
gian ác	奸恶	形	269
hải âu	海鸥	名	269
hiển hiện	显现	动	269
hỏa lực	火力	名	269
mặc nhiên	默然	形副	269
tây ninh	西宁	名	269
tê tái	痹塞	动	269
thần minh	神明	名	269
tồn vong	存亡	动	269
xảo diệu	巧妙	形	269
cao tầng	高层	形	268
danh giá	名价	形名	268
dự luật	预律	名	268
huy hiệu	徽号	名	268
ngọa long	卧龙	名	268
nhạc phụ	岳父	名	268
phản tặc	反贼	名	268
phát âm	发音	动	268
sung túc	充足	形	268
thánh mẫu	圣母	名	268
tửu lâu	酒楼	名	268
áp chế	压制	动	267
bưu thiếp	邮帖	名	267
cổ vật	古物	名	267
kiệt lực	竭力	形	267
nghi ngại	疑碍	形	267
quật cường	倔强	形	267
thanh phong	清风	名	267
thế tử	世子	名	267
tráng lệ	壮丽	形	267
áp bức	压迫	动	266
bị cảm	被感	动	266
đại cục	大局	名	266
để chế	抵制	名	266
khổ cực	苦极	形	266
khổ não	苦恼	形	266
thân ái	亲爱	形	266
thành ý	诚意	名	266
tiếp viên	接员	名	266
trứ danh	著名	形	266
anh tài	英才	名	265
bất nhẫn	不忍	形	265
giải khát	解渴	动	265
giao nhiệm	交任	动	265
khoan dung	宽容	动形	265
nghĩa quân	义军	名	265
nhập môn	入门	名	265
thần chú	神咒	名	265
vô định	无定	形	265
chung thủy	终始	形	264
mãnh thú	猛兽	名	264
thần lực	神力	名	264
thần thoại	神话	名	264
thi hài	尸骸	名	264
thủy triều	水潮	名	264
tồi tàn	摧残	形	264
trần thế	尘世	名	264
trục xuất	逐出	动	264
cộng sự	共事	动名	263
cực đoan	极端	形	263
tọa lạc	坐落	动	263
cư ngụ	居寓	动	262
hư danh	虚名	名	262
khoản đãi	款待	动	262
nguy hại	危害	形	262
si tình	痴情	形	262
thao tác	操作	动名	262
trị tội	治罪	动	262
bành trướng	膨胀	动	261
đại bại	大败	动	261
lập kế	立计	动	261
long an	隆安	名	261
mị nương	媚娘	名	261
ngoan cố	顽固	形	261

sinh sự	生事	动	261
tam quan	三关	名	261
tạm trú	暂住	动	261
thuần túy	纯粹	形	261
trung thần	忠臣	名	261
tương kiến	相见	动	261
ưu tú	优秀	形	261
vi khuẩn	微菌	名	261
bi ai	悲哀	形	260
bôn ba	奔波	形	260
can dự	干与	动	260
chư tăng	诸僧	名	260
cứ điểm	据点	名	260
động dung	动容	动	260
gián đoạn	间断	动	260
mô phỏng	模仿	动	260
thực trạng	实状	名	260
trang hoàng	装潢	动	260
bi quan	悲观	形	259
công lập	公立	形	259
hoài bão	怀抱	动名	259
linh vị	灵位	名	259
nhân danh	人名	名	259
sơ ý	疏意	形	259
thâm tình	深情	名	259
thuần khiết	纯洁	形	259
hàn lâm	翰林	名	259
vô lực	无力	形	259
bắc đẩu	北斗	名	258
công thức	公式	形名	258
đạo pháp	道法	名	258
giải trình	解呈	动	258
hạng mục	项目	名	258
nam dương	南洋	名	258
nguy nga	巍峨	形	258
phố phường	铺坊	名	258
quốc tịch	国籍	名	258
quyền quý	权贵	名	258
thảm kịch	惨剧	名	258
than vãn	叹惋	动	258
thiên hương	天香	名	258
tông đồ	宗徒	名	258
trung nghĩa	忠义	形	258
tục ngữ	俗语	名	258

xã tắc	社稷	名	258
xa vọng	奢望	名	258
bình tâm	平心	形	257
học thuyết	学说	名	257
hư không	虚空	形	257
khẩn khoản	恳款	形	257
trác tuyệt	卓绝	形	257
bất nhân	不仁	形	256
cao phong	高峰 / 高风	名	256
đại hội đồng	大会同	名	256
hải đảo	海岛	名	256
khuyến mãi	劝买	动	256
lương khô	干粮	名	256
nhẫn nhục	忍辱	动	256
phản lực	反力	名	256
phóng sự	访事	名	256
yên vị/an vị	安位	动	256
chất liệu	质料	名	255
đại sứ quán	大使馆	名	255
hài hòa	谐和	形	255
hiền huynh	贤兄	名	255
lợi tức	利息	名	255
tà ma	邪魔	名	255
toại nguyện	遂愿	动	255
toán tử	算子	名	255
tuyệt mỹ/tuyệt mĩ	绝美	形	255
biên soạn	编撰	动	254
bình yên vô sự/ bình an vô sự	平安无事	熟	254
chiến khu	战区	名	254
khai quật	开掘	动	254
khuyết tật	缺疾	形名	254
kích cầu	激求	动	254
kim ngân	金银	名	254
minh triết	明哲	形	254
nam châm	南针	名	254
thoát ly/thoát li	脱离	动	254
thụy điển	瑞典	名	254
tồi bại	颓败	形	254
trượng nghĩa	仗义	动	254
tuyệt chiêu	绝招	名	254
an nhiên	安然	形	253
cao môn	高门	名	253
chủng tộc	种族	名	253

dã hạc	野鹤	形名	253
định vị	定位	动	253
độ lượng	度量	名	253
lập nghiệp	立业	动	253
mê muội	迷昧	形	253
nhuệ khí	锐气	名	253
phụng sự	奉事	动	253
thân thương	亲伤	形	253
thời sự	时事	形名	253
tự quyết	自决	动	253
chuyên đề	专题	名	252
di thể	遗体	名	252
diệt vong	灭亡	动	252
hàm hồ	含糊	形	252
ngọc thành	玉成	动	252
sư trưởng	师长	名	252
thảm bại	惨败	动	252
than phiền	叹烦	动	252
ca nhạc	歌乐	名	251
căn cơ	根基	形名	251
du thuyền	游船	名	251
gian trá	奸诈	形	251
hội ngộ	会晤	动	251
hương hoa	香花	名	251
linh nghiệm	灵验	形	251
ngoại thương	外商	名	251
phân xưởng	分厂	名	251
tiếp kiến	接见	动	251
cố hữu	固有 / 故友	形	250
khai giảng	开讲	动	250
khinh bạc	轻薄	形	250
mẫu đơn	牡丹	名	250
mục sư	牧师	名	250
nguyên tố	元素	名	250
phụ vương	父王	名	250
tiếp tế	接济	动	250
tiều phu	樵夫	名	250
trợ thủ	助手	名	250
cách ly/cách li	隔离	动	249
đàm đạo	谈道	动	249
giáp công	夹攻		249
hợp ý	合意	形	249
khí tượng	气象	名	249
lệnh ái	令爱	名	249
phong trần	风尘	名	249
thô tục	粗俗	形	249
ác ôn	恶瘟	形名	248
ám hiệu	暗号	动名	248
an sinh	安生	形名	248
bằng cứ	凭据	名	248
cơ duyên	机缘	名	248
di truyền	遗传	动	248
di vật	遗物	名	248
giải mã	解码	动	248
hộ chiếu	护照	名	248
hoan lạc	欢乐	形	248
khước từ	却辞	动	248
kiểm định	检定	动	248
nam bộ	南部	名	248
nghị sĩ	议士	名	248
sắc chỉ	敕旨	名	248
xa hoa	奢华	形	248
bản án	本案	名	247
bảo trì	保持	动	247
đồng cảm	同感	动	247
dưỡng thương	养伤	动	247
duyên hải	沿海	名	247
pháo hoa	炮火	名	247
quốc ngữ	国语	名	247
tam đại	三代	形名	247
tâm tưởng	心想	名	247
tận trung	尽忠	形	247
thanh quang	清光	名	247
thông tri	通知	动名	247
trách phạt	责罚	动	247
đăng tải	登载	动	246
giám khảo	监考	动名	246
hỏa tiễn	火箭	名	246
ngoại hình	外形	名	246
quá tải	过载	形	246
tích hợp	积合	动	246
văn thư	文书	名	246
chu vi	周围	名	245
công phá	攻破	动	245
điều tiết	调节	动	245
hoàn mỹ/hoàn mĩ	完美	形	245
phục hưng	复兴	动	245
quân pháp	军法	名	245

song kiếm	双剑	名	245
thông hiểu	通晓	动	245
tiết chế	节制	动名	245
vô giá	无价	形	245
yêu ma	妖魔	名	245
công vụ	公务	名	244
đại nghiệp	大业	名	244
đế vương	帝王	形名	244
đoạn trường	断肠	形	244
giáo đường	教堂	名	244
phi hành	飞行	动	244
phu thê	夫妻	名	244
tinh anh	精英	形名	244
trinh tiết	贞节	名	244
trường phái	场派	名	244
tửu quán	酒馆	名	244
cốt nhục	骨肉	名	243
hàm lượng	含量	名	243
hiền hậu	贤厚	形	243
hồng nhan	红颜	名	243
vô hồn	无魂	形	243
chí khí	志气	名	242
công trái	公债	名	242
đặc công	特工	形名	242
đại đa số	大多数	名	242
đại nạn	大难	名	242
đối nghịch	对逆	形	242
dược phẩm	药品	名	242
giới tính	界性	名	242
hình hài	形骸	名	242
phát thanh	发声	动	242
tam giác	三角	名	242
tán đồng	赞同	动	242
triều chính	朝政	名	242
trùng điệp	重叠	形	242
tuần dương hạm	巡洋舰	名	242
vũ nữ	舞女	名	242
yêu quái	妖怪	名	242
bách quan/bá quan	百官	名	241
cô cậu	姑舅	名	241
đại thụ	大树	名	241
hiểm yếu	险要	形	241
huyết mạch	血脉	名	241
kiểm lâm	检林	动	241
lễ nghi	礼仪	名	241
an giang	安江	名	240
cường đạo	强盗	名	240
gia sản	家产	名	240
khẩn yếu	紧要	形	240
khảo cổ	考古	动	240
oán thù/oán cừu	怨仇	名	240
phiên dịch	翻译	动名	240
tích tụ	积聚	动	240
tù trưởng	酋长	名	240
bất kính	不敬	形	239
cảm phục	感服	动	239
cầu kỳ/cầu kì	求奇	形	239
diễn đạt	演达	动	239
hà tĩnh	河静	名	239
lễ độ	礼度	形名	239
lưu chuyển	流转	动	239
mệnh giá	命价	名	239
nông phu	农夫	名	239
phản loạn	反乱	动	239
phụ họa	附和	动	239
thể loại	体类	名	239
thương vụ	商务	名	239
tiêu hóa	消化	动	239
đắc chí	得志	形	238
đề đốc	提督	名	238
giác quan	觉官	名	238
hạ sơn	下山	动	238
hội tụ	会聚	动	238
khả ái	可爱	形	238
sử học	史学	名	238
trần tục	尘俗	形名	238
tỷ số/tỉ số	比数	名	238
bắc thần	北辰	名	237
cao ốc	高屋	名	237
huy chương	徽章	名	237
khang trang	康庄	形	237
kịch chiến	剧战	动	237
nghinh chiến/nghênh chiến	迎战	动	237
ngoại tình	外情	名	237
nhân sĩ	人士	名	237
phân định	分定	动	237
sứ quán	使馆	名	237

thanh thoát	清脱	形	237
thiền định	禅定	动	237
thực đơn	食单	名	237
võ quan	武官	名	237
bắc phương	北方	名	236
bao quát	包括	动	236
châu mỹ	洲美	名	236
chướng ngại	障碍	名	236
công sự	工事	名	236
đạo nghĩa	道义	名	236
nguyên bản	原本	名	236
ninh bình	宁平	名	236
phóng túng	放纵	形	236
sáp nhập	插入	动	236
thể dục	体育	名	236
thông lệ	通例	名	236
triết gia	哲家	名	236
tửu điếm	酒店	名	236
âm lịch	阴历	名	235
bỉ nhân	鄙人	名	235
biệt danh	别名	名	235
đại đao	大刀	名	235
đại đạo	大道	名	235
nan giải	难解	形	235
ngũ đại	五代	名	235
phó sứ	副使	名	235
sinh linh	生灵	名	235
sung mãn	充满	形	235
thắng cuộc	胜局	动	235
ân huệ	恩惠	名	234
bách linh	百灵	名	234
bố thí/bá thí	布施	动	234
đoan trang	端庄	形	234
giảm thiểu	减少	动	234
hoàng thiên	皇天	名	234
minh mẫn	明敏	形	234
mưu lược	谋略	名	234
ngự trị	御治	动	234
quyền uy	权威	名	234
thẩm tra	审查	动	234
cố nhân	故人	名	233
cực hình	极刑	名	233
giải phẫu	解剖	动	233
lâm đồng	林同	名	233
lệnh bà	令婆	名	233
lịch duyệt	历阅	动	233
phận sự	分事	名	233
thám hiểm	探险	动	233
thành nhân	成仁 / 成人	动	233
thời bình	时评	名	233
thương tổn	伤损	动名	233
tứ tán	四散	动	233
ước lượng	约量	动名	233
ưu ái	优爱	动	233
đại biến	大变	名	232
hành hương	行香	动	232
thi ca	诗歌	名	232
truy phong	追风 / 追封	动	232
ứng cứu	应救	动	232
xa xỉ	奢侈	形	232
ác ma	恶魔	名	231
cường tráng	强壮	形	231
đả thông	打通	动	231
đồng tâm	同心	形	231
hàng hiên	行轩	名	231
hổ phách	琥珀	名	231
hoàng oanh	黄莺	名	231
hư hại	虚害	形	231
nho nhã	儒雅	形	231
phản bác	反驳	动	231
phong lan	风兰	名	231
tái tạo	再造	动	231
tiên nga	仙娥	名	231
tổ trưởng	组长	名	231
cung nga	宫娥	名	230
điện biên	奠边	名	230
điệp báo	谍报	动名	230
lâm chung	临终	动	230
nguyên lai	源来	名	230
si mê	痴迷	形	230
thu không	收空	动	230
thú vật	兽物	名	230
trầm hương	沉香	名	230
tương xứng	相称	形	230
bắc giang	北江	名	229
bất tuyệt	不绝	形	229
đại lượng	大量	形名	229
đồng thuận	同顺	动	229

hảo ý	好意	动	229
hung bạo	凶暴	形	229
lâm trận	临阵	动	229
quyết toán	决算	动	229
tang lễ	丧礼	名	229
thâm ý	深意	名	229
tỉnh ủy	省委	名	229
trích dẫn	摘引	动	229
truy binh	追兵	名	229
ái quốc	爱国	动	228
bồ đào nha	葡萄牙	名	228
chiếm cứ	占据	动	228
mỹ phẩm	美术品	名	228
phán quyết	判决	动	228
phong nhã	风雅	形	228
quan khách	官客	名	228
quốc doanh	国营	形	228
sơn trại	山寨	名	228
tâm tính	心性	名	228
thành tài	成才	动	228
thư quán	书馆	名	228
thuật số	术数	名	228
tôn thất	宗室	名	228
văn nhân	文人	名	228
ca dao	歌谣	名	227
cổ truyền	古传	形	227
đàn áp	弹压	动	227
điên loạn	癫乱	形	227
giải lao	解劳	动	227
mục kích	目击	动	227
nông trường	农场	名	227
phân bố	分布	动	227
phê chuẩn	批准	动	227
tăng tiến	增进	动	227
thô sơ	粗疏	形	227
thừa hưởng	承享	动	227
thủy sư	水师	名	227
tổ tông	祖宗	名	227
trung hậu	忠厚	形	227
bao tử	包子	名	226
chung kết	终结	名	226
đệ tam	第三	形	226
dịch giả	译者	名	226
khởi binh	起兵	动	226
môn hộ	门户	名	226
phong bế	封闭	动	226
sa thải	沙汰	动	226
sơn hải	山海	名	226
thảm thương	惨伤	形	226
thụ động	受动	动	226
tiền đồ	前途	名	226
tỉnh lỵ/tỉnh lị	省莅	名	226
dự hội	与会	动	225
giả trang	假装	动	225
hung tàn	凶残	形	225
lục lâm	绿林	名	225
nhất tâm	一心	形	225
quái quỷ	怪鬼	形	225
yêu tà	妖邪	名	225
biên hòa	边和	名	224
chấn song	镇窗	名	224
cuồng nộ	狂怒	形	224
kiểm chứng	检证	动	224
thổ địa	土地	名	224
chủ soái	主帅	名	223
khoan hồng	宽宏	形	223
ngự tiền	御前	形	223
nguy ngập	危岌	形	223
nhật nguyệt	日月	名	223
niên thiếu	年少	名	223
phiền hà	烦苛	动	223
thiên cổ	千古	名	223
thiết tưởng	设想	动	223
trại giam	寨 □ 监	名	223
báo ứng	报应	动	222
bộ hành	步行	动	222
cung đình	宫廷	名	222
đao thương	刀伤 / 刀枪	名	222
hiến pháp	宪法	名	222
khinh thị	轻视	动	222
nhân sinh	人生	名	222
thâm sơn	深山	名	222
thông tuệ	聪慧	形	222
tổng đài	总台	名	222
vọng tưởng	妄想	动	222
vương bá	王霸	名	222
bổ túc	补足	动	221
công lại	公吏	名	221

danh sĩ	名士	名	221
họa đồ	画图	名	221
hữu dụng	有用	形	221
khởi sắc	起色	动	221
nhất thống	一统	动	221
phản ảnh	反影	动	221
phồn hoa	繁华	形	221
thiên chúa	天主	名	221
tự tận	自尽	动	221
vong tình	忘情	动	221
bắc bộ	北部	名	220
chung thân	终身	形	220
địa danh	地名	名	220
phóng khoáng	放旷	形	220
tâm niệm	心念	名	220
tiểu bang	小邦	名	220
tiêu khiển	消遣	动	220
ước định	约定	动	220
uyên bác	渊博	形	220
xương tủy	骨髓	名	220
chiêu hồn	招魂	动	219
đồng loại	同类	形名	219
hiệu ứng	效应	名	219
hoang tàn	荒残	形	219
ngoại đạo	外道	名	219
như lai	如来	名	219
thế chiến	世战	名	219
từ thân	慈亲	名	219
tuân mệnh	遵命	动	219
địa đồ	地图	名	218
định giá	定价	动	218
đức hạnh	德行	名	218
hậu duệ	后裔	名	218
lộ liễu	露了	形	218
mạo muội	冒昧	动	218
oanh liệt	轰烈	形	218
phiêu bạc	漂泊	动	218
phủ đệ	府第	名	218
phục sức	服饰	动名	218
sinh khí	生气	名	218
thánh nhân	圣人	名	218
thô thiển	粗浅	形	218
tuyên dương	宣扬	动	218
u hồn	幽魂	名	218
võ cử	武举	名	218
xuất binh	出兵	动	218
bách khoa	百科	名	217
binh quyền	兵权	名	217
hóa thân	化身	动	217
lịch thiệp	历涉	动形	217
nhu nhược	柔弱	形	217
quảng đông	广东	名	217
sùng bái	崇拜	动	217
tác hại	作害	动名	217
tham mưu trưởng	参谋长	名	217
tiến thoái lưỡng nan	进退两难	熟	217
tiểu tư sản	小资产	名	217
trang nhã	庄雅	形	217
tức tốc	即速	副	217
viễn chinh	远征	动	217
định luật	定律	名	216
gia chủ	家主	名	216
niên kỷ/niên kỉ	年纪	名	216
thánh đường	圣堂	名	216
thành hoàng	城隍	名	216
thất phu	匹夫	名	216
vi thần	微臣	名	216
viên tịch	圆寂	动	216
vô hiệu	无效	形	216
bộ thuộc	部属	名	215
chinh chiến	征战	动	215
chuyển hóa	转化	动	215
đại thắng	大胜	动	215
gian lận	奸吝	形	215
hiềm khích	嫌隙	名	215
mộng tưởng	梦想	名	215
phân thân	分身	动	215
sinh sản	生产	动	215
thảm sát	惨杀	动	215
thành kính	诚敬	形	215
tình ca	情歌	名	215
trường kỳ	长期	形	215
vô phước/vô phúc	无福	形	215
bài bản	排版	形名	214
bi phẫn	悲愤	形	214
công nguyên	公元	名	214
hoàng thân	皇亲	名	214
luân phiên	轮番	动	214

oan hồn	冤魂	名	214
thành nội	城内	名	214
tuyển quân	选军	动	214
ứng cử viên	应举员	名	214
ước vọng	约望	动	214
yên phận/an phận	安分	动	214
ác đạo	恶道	名	213
chủ khách	主客	名	213
giao liên	交联	动名	213
hậu đường	后堂	名	213
hưng thịnh	兴盛	形	213
kê khai	计开	动	213
khán đài	看台	名	213
kiệt tác	杰作	名	213
quả tang	果臓	名	213
quyết chí	决志	动	213
tam cấp	三级	名	213
thanh cao	清高	形	213
thúc thủ	束手	动	213
thương quyền	商权	名	213
tiến thoái	进退	动	213
từ trần	辞尘	动	213
tương quan	相关	动形	213
văn nghệ sĩ	文艺士	名	213
ẩn ý	隐意	名	212
biện hộ	辩护	动	212
chiến sự	战事	名	212
cô chú	孤注	动	212
kỉ niệm	纪念	动名	212
lam lũ	褴褛	形	212
lệ thuộc	隶属	动	212
linh kiện	零件	名	212
phản vật chất	反物质	形	212
sát thân	杀身	动	212
thanh lịch	清历	形	212
thông dụng	通用	形	212
tối tân	最新	形	212
truy nã	追拿	动	212
tự lượng	自量	动	212
bình dị	平易	形	211
gia vị	加味	名	211
hắc ám	黑暗	形	211
hảo tâm	好心	名	211
khổ sai	苦差	名	211
khuyến mại	劝卖	动	211
lăng mộ	陵墓	名	211
phân phát	分发	动	211
tai biến	灾变	名	211
tái diễn	再演	动	211
thân chinh	亲征	动形	211
xác minh	确明	动	211
y nguyên	依原	形	211
chính tông	正宗	形	210
đạo hữu	道友	名	210
du hành	游行	动	210
khánh thành	庆成	动	210
nguy kịch	危剧	形	210
nhạc công	乐工	名	210
nhiệt liệt	热烈	形	210
ô uế	污秽	形	210
tàn tạ	残谢	形	210
tỉnh thành	省城	名	210
tôn sùng	尊崇	动	210
triệt thoái	撤退	动	210
chi trì	支持	动	209
chúa tể	主宰	名	209
chuyên dùng	专用	形	209
cưỡng bức	强逼	动	209
diện kiến	面见	动	209
hoa hậu	花后	名	209
hoạn quan	宦官	名	209
hội kiến	会见	动	209
hôn quân	昏君	名	209
nhân phẩm	人品	名	209
nội tạng	内脏	名	209
nội trú	内住	动	209
phân trần	分陈	动	209
tiêm kích	歼击	动	209
tiềm thức	潜识	名	209
vinh hoa	荣华	形	209
bại hoại	败坏	形	208
bán tín bán nghi	半信半疑	熟	208
cứu nguy	救危	动	208
đặc vụ	特务	名	208
hành khất	行乞	动	208
phật ý	拂意	动	208
tăng chúng	僧众	名	208
tình lang	情郎	名	208

tổng quát	总括	动	208	vũ tướng/võ tướng	武将	名	205
vĩnh hằng	永恒	形	208	âm điệu	音调	名	204
đào thoát	逃脱	动	207	biện bạch	辩白	动	204
diễn tiến	演进	动	207	cẩu thả	苟且	形	204
hộ giá	护驾	动	207	đa đoan	多端	形	204
hội họa	绘画	名	207	diễm phúc	艳福	名	204
lưu dung	留容	动	207	hạ du	下游	名	204
lưu ly	琉璃	名	207	hồng phúc	洪福	名	204
nội cung	内宫	名	207	khiển trách	谴责	动	204
phát xạ	发射	动	207	nhân nhượng	仁让	动	204
sắc thái	色态 / 色彩	名	207	túc trực	宿值	动	204
sứ thần	使臣	名	207	âm phủ	阴府	名	203
thần hồn	神魂	名	207	chuyển vận	转韵 / 转运	动	203
thường dân	常民	名	207	cổ kim	古今	名	203
toàn gia	全家	名	207	điện toán	电算	动	203
trọng vọng	重望	动	207	diễn xuất	演出	动	203
chính thị	正是	动	206	khai sinh	开生	动	203
chúc tụng	祝颂	动	206	ly biệt/li biệt	离别	动	203
chung tình	钟情 / 衷情	动	206	nhân ái	仁爱	名	203
công thần	功臣	形名	206	nhân dân tệ	人民币	名	203
dị nghị	异议	动	206	phẫn uất	愤郁	动	203
đội viên	队员	名	206	phủ phục	俯伏	动	203
hùng dũng	雄勇	形	206	quan ải	关隘	名	203
lẫm liệt	凛冽	形	206	suy tưởng	推想	动	203
lãnh địa	领地	名	206	trinh nữ	贞女	名	203
long đình	龙庭	名	206	trúng tuyển	中选	动	203
tháp tùng	插从	动	206	uổng phí	枉费	动	203
thích ứng	适应	动	206	cao ly	高丽	名	202
thiện chí	善志	名	206	dạ hội	夜会	名	202
truy cứu	追究	动	206	đảm trách	担责	动	202
ái mộ	爱慕	动	205	dung thân	容身	动	202
chiến hữu	战友	名	205	giải vi/giải vây	解围	动	202
chuyển dịch	转易	动	205	hiệp ước	协约	名	202
danh tính	名姓	名	205	nam trang	男装	名	202
đạo luật	道律	名	205	phát tiết	发泄	动	202
giảm chi	减支	动	205	thưởng ngoạn	赏玩	动	202
học thức	学识	名	205	tráng kiện	壮健	形	202
loạn lạc	乱落	动	205	trinh thám	侦探	动名	202
phát ngôn viên	发言员	名	205	trùng dương	重洋 / 重阳	名	202
quân nhu/binh nhu	军需	名	205	tục lệ	俗例	名	202
tái xuất	再出	动	205	cấm ky/cấm kị	禁忌	动	201
tốc lực	速力	名	205	cầm quân	擒军	动	201
uất hận	郁恨	动	205	cử tri	举知	名	201
vạn đại	万代	名	205	đa khoa	多科	形	201

đại ân	大恩	形	201
để kháng/đề kháng	抵抗	动	201
hiệu nghiệm	效验	名	201
hội trưởng	会长	名	201
liên đoàn	联团	名	201
nhân ảnh	人影	名	201
quân lực	军力	形名	201
sơ bộ	初步	形	201
tân văn	新闻	名	201
thanh lương	清凉	形	201
thông thái	通泰	形	201
tiền tài	钱财	名	201
tuyển tập	选集	名	201
bình nhưỡng/ bằng nhưỡng	平壤	名	200
cấp độ	级度	名	200
cật lực	拮力	形	200
đáng tội	当罪	形	200
đoản đao	短刀	名	200
học sĩ	学士	名	200
linh dược	灵药	名	200
nhục đậu khấu	肉豆蔻	名	200
thánh thiện	圣善	形	200
thế chấp	替执	动	200
thoái thác	退托	动	200
thượng đẳng	上等	形	200
tuần phủ	巡抚	名	200
tuyệt trần	绝尘	形	200
cầu kiến	求见	动	199
đông á	东亚	名	199
hàn huyên	寒暄	动	199
hung mãnh	凶猛	形	199
minh tinh	铭旌 / 明星	名	199
phân minh	分明	形	199
phụ mẫu	父母	名	199
quyền năng	权能	名	199
tái ngộ	再遇	动	199
thịnh tình	盛情	名	199
thổ huyết	吐血	动	199
thù lao	酬劳	动名	199
thực hư	实虚	形	199
từ khu	磁区	名	199
ác quỷ	恶鬼	名	198
bội chi	倍支	动	198
chủ tướng	主将	名	198
đơn điệu	单调	形	198
hồng thủy	洪水	名	198
nghi kỵ/nghi kị	疑忌	动	198
thiên nga	天鹅	名	198
trắc trở	陟阻	名	198
triệu phú	兆富	名	198
tuyên thệ	宣誓	动	198
viễn đông	远东	名	198
an nhàn	安闲	形	197
bách chiến	百战	名	197
bộc phát	爆发	动	197
cừu nhân	仇人	名	197
đề bạt	题跋 / 提拔	名	197
giao hiếu/giao hảo	交好	动	197
hoàng tộc	皇族	名	197
quảng tây	广西	名	197
thục mạng	赎命	动	197
tiền nhân	前人	名	197
tư lự	思虑	动	197
tuần hoàn	循环	动	197
ủy quyền	委权	动	197
uy vệ/oai vệ	威卫	形	197
vấn an	问安	动	197
xuất huyết	出血	动	197
xuất quân	出军	动	197
chư hầu	诸侯	名	196
công nương	公娘	名	196
địa ốc	地屋	名	196
hoang phế	荒废	动	196
kiến văn	见闻	名	196
phân giải	分解	名	196
phục sinh	复生	动	196
sản sinh	产生	动形	196
tân gia	新家	名	196
tiền phong	前锋	名	196
ẩn tàng	隐藏	动	195
độc thần	独神	名	195
giám định	鉴定	动	195
hạn hán	旱暵	形	195
luân đôn	伦敦	名	195
ma lực	魔力	名	195
mạch môn	麦门 / 脉门	名	195
nhân sâm	人参	名	195

tà ác	邪恶	形	195
trọng thưởng	重赏	动	195
tỳ bà	琵琶	名	195
cảm nghĩ	感疑	动	194
cực lạc	极乐	形	194
dị dạng	异样	形	194
hải cảng	海港	名	194
hải tặc	海贼	名	194
sư mẫu	师母	名	194
tổ phụ	祖父	名	194
tôn nữ	尊女	名	194
vinh nhục	荣辱	形	194
bồng bột	蓬勃	形	193
chính tà	正邪	形	193
công dụng	功用	名	193
cương mục	纲目	名	193
mẫu hậu	母后	名	193
tà thuật	邪术	名	193
thủy tiên	水仙	名	193
tiện nữ	贱女	名	193
tiểu thương	小商	名	193
xả thân	舍身	动	193
bái tạ	拜谢	动	192
bán nguyệt	半月	名	192
bình phẩm	评品	动	192
bưu chính/bưu chánh	邮政	名	192
hậu cung	后宫	名	192
hồ điệp	蝴蝶	名	192
hoành tráng	宏壮	形	192
lâm nghiệp	林业	名	192
liên hiệp quốc	联协国	名	192
lưu vong	流亡	形	192
phản hồi	返回	动	192
tạ thế	谢世	动	192
tái định cư	再定居	动	192
thê tử	妻子	名	192
thịnh hành	盛行	形	192
thực nghiệm	实验	动	192
thượng sách	上策	名	192
thuyết trình	说呈	动名	192
bắc quốc	北国	名	191
cải tổ	改组	动	191
chính khách	政客	名	191
đạo tặc	盗贼	名	191
đầu lĩnh	头领	名	191
đầu mục	头目	名	191
định kiến	定见	名	191
dự cảm	预感	动名	191
hô hào	呼嚎	动	191
luận án	论案 / 论文	动	191
tai ương	灾殃	名	191
tiêu điều	萧条	形	191
tổ ấm	祖荫	名	191
toàn thắng	全胜	动	191
tư tình	私情	名	191
tư vị	私位	动	191
viễn cảnh	远景	名	191
cần cù	勤劬	形	190
hồi âm	回音	名	190
liên hợp quốc	联合国	名	190
luân lý/luân lí	伦理	名	190
ngu muội	愚昧	形	190
phi phàm	非凡	形	190
phú quốc	富国	名	190
quý nhân/quí nhân	贵人	名	190
sơ kết	初结	动	190
tao nhã	骚雅	形	190
thâm hiểm	深险	形	190
thần quyền	神权	名	190
thanh lý/thanh lí	清理	动	190
thất tinh	七星	名	190
thất truyền	失传	动	190
thí mạng	施命	动	190
thuế suất	税率	名	190
tứ hải	四海	名	190
văn hoa	文华	形	190
vũ bão	雨暴	名	190
anh thư	英雌	名	189
bội phần	倍份	副	189
đệ tứ	第四	形	189
du mục	游牧	动	189
hậu sinh	后生	名	189
quân vương	君王	名	189
sĩ diện	士面	形名	189
số học	数学	名	189
thắng thế	胜势	动	189
thị uy/thị oai	示威	动	189
tiền tuyến	前线	名	189

trù trừ	踌躇	动	189
tử cung	子宫	名	189
vụ trưởng	务长	名	189
vương hầu	王侯	名	189
dưỡng thần	养神	动	188
giáo trình	教程	名	188
hổ khẩu	虎口	名	188
mãnh hổ	猛虎	名	188
oan gia	冤家	形名	188
sơn la	山罗	名	188
tố tâm	素心	名	188
ức hiếp	抑胁	动	188
xâm lăng	侵凌	动	188
xử án	处案	动	188
bạch hổ	白虎	名	187
cuồng loạn	狂乱	形	187
danh tướng	名相	名	187
dị đoan	异端	动名	187
lục phủ ngũ tạng	六腑五脏	熟	187
phản gián	反间	动	187
phúc đức	福德	形名	187
tâm lý học/tâm lí học	心理学	名	187
trụ cột	柱骨	名	187
tửu lượng	酒量	名	187
y đạo	医道	名	187
câu nệ	拘泥	动	186
chính yếu	正要	形	186
danh lợi	名利	名	186
gia nô	家奴	名	186
hộ khẩu	户口	名	186
hùng tráng	雄壮	形	186
huyết khí	血气	名	186
mộng mị	梦寐	动	186
nội chiến	内战	名	186
sơ đồ	初图	名	186
thỉnh an	请安	动	186
thu thuế	收税	动	186
tranh hùng	争雄	动	186
yểm hộ	掩护	动	186
bao hàm	包含	动	185
báo ơn/báo ân	报恩	动	185
chiến lợi phẩm	战利品	名	185
đầu não	头脑	名	185
đoạn tuyệt	断绝	动	185
học thuật	学术	名	185
khổ công	苦工	动形	185
pháp chế	法制	名	185
phù du	蜉蝣	名	185
quân chính	军政	名	185
tán tụng	赞颂	名	185
thanh hoa	清华	名	185
ý trung nhân	意中人	名	185
a hương	阿香	名	184
bao bì	包皮	名	184
biệt tích	别迹	形	184
chúc thọ	祝寿	动	184
đả động	打动	动	184
đại thanh	大声	名	184
đồng đảng	同党	形名	184
hà hiếp	苛胁	动	184
khinh suất	轻率	形	184
lữ hành	旅行	动	184
nhục mạ	辱骂	动	184
phóng đại	放大	动	184
thái cực quyền	太极拳	名	184
thánh kinh	圣经	名	184
tộc trưởng	族长	名	184
vận động viên	运动员	名	184
vĩnh phúc	永福	名	184
cần mẫn	勤敏	形	183
chế phục	制服	动名	183
chinh phạt	征伐	动	183
đầu thai	投胎	动	183
hướng đạo	向导	动名	183
huyết áp	血压	名	183
kế vị	继位	动	183
khảo cứu	考究	动	183
liệt kê	列计	动	183
mậu dịch	贸易	动名	183
mẫu giáo	母教	名	183
nghĩa đệ	义弟	名	183
trừ diệt	除灭	动	183
tuyên quang	宣光	动	183
ước nguyện	约愿	动	183
văn thái	文采	名	183
yêu đạo	妖道	名	183
bàn định	盘定	动	182
bình thành	平成	名	182

cách tuyệt	隔绝	动	182
dâm đãng	淫荡	形	182
địa giới	地界	名	182
định tâm	定心	动形	182
đỗ quyên	杜鹃	名	182
độc tính	毒性	名	182
hồn phách	魂魄	名	182
lai vãng	来往	动	182
môn đệ	门第	名	182
nghĩa sĩ	义士	名	182
nội trợ	内助	名	182
phòng ốc	房屋	名	182
sa trường	沙场	名	182
sinh lý/sinh lí	生理	形名	182
thiên thai	天台	名	182
thừa thắng	乘胜	动	182
thực thụ	实授	形	182
trung lưu	中流	名	182
vô danh tiểu tốt	无名小卒	名	182
xuất đầu lộ diện	出头露面	熟	182
ban ơn/ban ân	颁恩	名	181
bất chính	不正	形	181
bích ngọc	碧玉	名	181
căn nguyên	根源	名	181
chức danh	职名	名	181
cung tiễn	弓箭	名	181
dạ hành	夜行	动	181
đại lão	大佬	名	181
phân lượng	分量	名	181
phúc đáp	复答	动	181
siêu việt	超越	形	181
tạp chủng	杂种	名	181
thế tục	世俗	名	181
trung cổ	中古	名	181
trùng phùng	重逢	动	181
tự đắc	自得	形	181
từ tâm	慈心	名	181
ứng viên	应员	名	181
chẩn tế	赈济	名	180
đạm bạc	淡泊	形	180
di ngôn	遗言	名	180
diễu hành	绕行	动	180
lưu tinh	流星	名	180
nhân quyền	人权	名	180
oan ức	冤抑	形	180
phụ tùng	附从	名	180
quả tình	果情	副	180
tà đạo	邪道	名	180
thánh địa	圣地	名	180
thành ủy	城委	名	180
tiêu hủy	销毁	动	180
tinh trùng	精虫	名	180
trầm luân	沉沦	动	180
tuần báo	旬报	名	180
việt bắc	越北	名	180
xuất trần	出尘	动	180
y chính	医政	名	180
chiến xa	战车	名	179
cung thủ	弓手	名	179
đại liên	大连	名	179
đỉnh điểm	顶点	名	179
gia thế	家世	名	179
hệ số	系数	名	179
lãng tử	浪子	名	179
phát điện	发电	动	179
thời cuộc/thời cục	时局	名	179
trung đội trưởng	中队长	名	179
từ quan	辞官	动	179
tùy cơ ứng biến	随机应变	熟	179
vô đạo	无道	形	179
đa mưu	多谋	形	178
dư âm	余音	名	178
hiển hách	显赫	形	178
hỗn chiến	混战	动	178
lễ bái	礼拜	动	178
nhất quán	一贯	形	178
nội ứng	内应	名	178
thủy lợi	水利	名	178
trương đại	张大	动	178
tu dưỡng	修养	动	178
chế tác	制作	动	177
chiến đấu cơ	战斗机	名	177
cù lao	劬劳	名	177
dung tha	容他	动	177
huyết chiến	血战	动	177
khốn đốn	困顿	形	177
nguyên lão	元老	名	177
phát đạt	发达	动	177

sa cơ	蹉机	名	177
thiểu não	悄恼	形	177
tử trận	死阵	动	177
uy vũ/oai vũ	威武	形	177
vô hại	无害	形	177
vô nhân	无仁	形	177
bài trí	排置	动	176
châm cứu	针灸	动	176
chí lý/chí lí	至理	形	176
chủ đạo	主导	动	176
danh gia	名家	名	176
địch quân	敌军	名	176
đơn phương	单方	形名	176
hoạt hình	活形	名	176
linh cữu	灵柩	名	176
lưu niệm	留念	动	176
ngộ nhận	误认	动	176
nham thạch	岩石	名	176
khuê phòng	闺房	名	176
thao trường	操场	名	176
tiền chiến	前战	形	176
viện binh	援兵	名	176
xảo trá	狡诈	形	176
xử tội	处罪	动	176
xuất chinh	出征	动	176
xuất kích	出击	动	176
bá vương	霸王	名	175
bàng bạc	磅礴	形	175
đan mạch	丹麦	名	175
giam hãm	监陷	动	175
hoang đảo	荒岛	名	175
hoàng liên	黄连	名	175
mai một	埋没	动	175
phu tử	夫子	名	175
quan ngại	关碍	动	175
tân tiến	新进	形	175
tạo hình	造型	动	175
thái ất	太乙	名	175
tử địa	死地	名	175
can qua	干戈	名	174
đề cương	提纲	名	174
gia bảo	家宝	名	174
hà giang	和江	名	174
hòa nhã	和雅	形	174
hoàng thái tử	皇太子	名	174
hội diện	会面	动	174
khóc than	哭叹	动	174
lệnh huynh	令兄	名	174
nghiêm cấm	严禁	动	174
ngư lôi	鱼雷	名	174
nhân quả	因果	名	174
phi thuyền	飞船	名	174
phong hàn	风寒	名	174
sử sách	史册	名	174
tâm khảm	心坎	名	174
tâm lực	心力	名	174
tham chiến	参战	动	174
thành phật	成佛	名	174
thấu đáo	透到	形	174
thời thượng	时尚	形名	174
trình tự	程序	名	174
trực diện	直面	形	174
chủ định	主定	名	173
chướng khí	瘴气	名	173
công đạo	公道	名	173
công sở	公所	名	173
đắc đạo	得道	动	173
đại đồng	大同	形	173
đấu chí	斗志	名	173
khả ố	可恶	形	173
khởi tố	起诉	动	173
không vận	空运	动	173
mãnh tướng	猛将	名	173
minh công	明公	名	173
ngoại hối	外汇	名	173
nhân kiệt	人杰	名	173
phóng đãng	放荡	形	173
tạp hóa	杂货	名	173
tiên ông	仙翁	名	173
tinh tường	精详	动形	173
tối thượng	最上	形	173
tra khảo	查拷 / 查考	动	173
tuyệt hảo	绝好	形	173
anh túc	罂粟	名	172
bảo an	保安	动名	172
côn đồ	棍徒	名	172
dã ngoại	野外	形	172
danh y	名医	名	172

dự bị đại học	预备大学	名	172
hàng phục	降服	动	172
hỏa hoạn	火患	名	172
khai báo	开报	动	172
nhan đề	颜题	名	172
phá giá	破价	动	172
thăng trầm	升沉	动	172
thông cáo	通告	名	172
tu đạo	修道	动	172
a đầu	丫头	名	171
áp tải	押载	动	171
bất hủ	不朽	形	171
cách chức	革职	动	171
câu kết	勾结	动	171
chiếm hữu	占有	动	171
đại hàn	大寒	名	171
giảng hòa	讲和	动	171
hầu tước	侯爵	名	171
kim khí	金器	名	171
kinh khiếp	惊怯	形	171
mã số	码数	名	171
ngoại công	外功	名	171
nhân mạng	人命	名	171
phá lệ	破例	动	171
phan thiết	潘切	名	171
thanh sơn	青山	名	171
tiên vương	先王	名	171
bệnh xá	病舍	名	170
cách chính	革正	动	170
chính cống	正贡	形	170
chính trực	正直	形	170
đào nguyên	桃源	名	170
điều đình	调停	动	170
đô thành	都城	名	170
kiều bào	侨胞	名	170
lõa thân/khỏa thân	裸身	形	170
nghiêm minh	严明	形	170
sơ khai	初开	形	170
tại trận	在阵	形	170
thượng viện	上院	名	170
tối ưu	最优	形	170
truy tầm	追寻	动	170
vĩnh long	永隆	名	170
xiêm y	襜衣	名	170

anh lạc	璎珞	名	169
chánh án	正案	名	169
chiêu bài	招牌	名	169
di dân	移民	动名	169
dương liễu	杨柳	名	169
gia cảnh	家境	名	169
lâm thời	临时	形	169
long biên	龙编	名	169
mạc tư khoa	莫斯科	名	169
mộc lan	木兰	名	169
nhi nữ	儿女	名	169
tạm ứng	暂应	动	169
tàng hình	藏形	动	169
tàng thư	藏书	名	169
thích đáng	适当	形	169
thịnh soạn	盛馔	形	169
thượng lộ	上路	动	169
tích trữ	积贮	动	169
tiền đạo	前导	名	169
trí não	智脑	名	169
hậu giang	后江	名	168
hoài niệm	怀念	动	168
mưu sinh	谋生	动	168
nghị luận	议论	动	168
nhận tội	认罪	动	168
phù sa	浮沙	名	168
quỷ quyệt/quỉ quyệt	诡谲	动	168
thần khí	神气	名	168
thần thông quảng đại	神通广大	熟	168
thánh tăng	圣僧	名	168
thao thao bất tuyệt	滔滔不绝	熟	168
thủy quân lục chiến	水军陆战	名	168
tiểu tâm	小心	形	168
tĩnh tâm	静心	动	168
ẩu đả	殴打	动	167
biểu đồ	表图	名	167
châu thành	州城	名	167
chủ tâm	主心	动	167
cô hồn	孤魂	名	167
đấu trí	斗智	动	167
duy tân	维新	动	167
mạo xưng	冒称	动	167
sinh cơ	生基	名	167
tản bộ	散步	动	167

thất thế	失势	动	167
thích chí	适志	动	167
thiếu bảo	少保	名	167
trị liệu	治疗	动	167
vũ trường	舞场	名	167
công quán	公馆	名	166
cúng tế	供祭	动	166
đại xá	大赦	动	166
địa trung hải	地中海	名	166
điểm số	点数	动	166
đối xứng	对称	形	166
đồng bạn	同伴	名	166
khốn cùng	困穷	形	166
kiểm nghiệm	检验	动	166
lục bình	绿瓶 / 绿萍	名	166
quan liêu	官僚	形名	166
tâm đắc	心得	动形	166
thăng quan	升官	动	166
thượng cấp	上级	名	166
thuyết pháp	说法	动	166
tiếp cứu	接救	动	166
ý nguyện	意愿	名	166
anh linh	英灵	名	165
bạc liêu	薄寮	名	165
bái phục	拜服	动	165
bất cẩn	不谨	形	165
bố cục	布局	名	165
bút tích	笔迹	名	165
công trạng	功状	名	165
cục bộ	局部	形名	165
đại bộ phận	大部分	名	165
đăng báo	登报	动	165
đào huyệt	掏穴	动	165
dư thừa	余剩	形	165
dụng binh	用兵	动	165
giới chức	界职	名	165
hấp lực	吸力	名	165
hòa khí	和气	名	165
hư ảo	虚幻	形	165
hùng biện	雄辩	动	165
kim tuyến	金线	名	165
lễ bộ	礼部	名	165
lữ quán	旅馆	名	165
phần mộ	坟墓	名	165
phương trình	方程	名	165
thu dụng	收用	动	165
thường nhật	常日	形	165
tiên nhân	先人	名	165
truy tố	追诉	动	165
túc hạ	足下	名	165
vô liêm sỉ	无廉耻	形	165
ái ân	爱恩	动名	164
bản địa	本地	名	164
chi đoàn	支团	名	164
chức sắc	职敕	名	164
công tước	公爵	名	164
cương nghị	刚毅	形	164
đình công	停工	动	164
giảm tốc	减速	动	164
khôi vĩ	魁伟	形	164
lượng tử	量子	名	164
mộ phần	墓坟	名	164
nhập cư	入居	动	164
nhiễm trùng	染虫	动	164
nội giám	内监	名	164
oan nghiệt	冤孽	名	164
siêu quần	超群	形	164
tân binh	新兵	名	164
tang vật	赃物	名	164
thuyết minh	说明	动名	164
tình địch	情敌	名	164
tội nhân	罪人	名	164
tổng bộ	总部	名	164
tự chế	自制	动	164
tự ti	自卑	形	164
vô tích sự	无绩事	形	164
bách công	百工	名	163
ban bố	颁布	动	163
chi phái	支派	名	163
dẫn chứng	引证	动名	163
dân vận	民运	动	163
định đô	定都	动	163
định hình	定型	动	163
đính hôn	订婚	动	163
giả định	假定	动	163
giao ước	交约	动	163
ngao du	遨游	动	163
phạm pháp	犯法	动	163

pháp danh	法名	名	163
trạng nguyên	状元	名	163
xuất viện	出院	动	163
giám hiệu	监校	名	162
binh đao	兵刀	名	162
công hãm	攻陷	动	162
cốt cách	骨格	名	162
đạn dược	弹药	名	162
hà tây	河西	名	162
hoa cương	花岗	名	162
khai sáng	开创	动	162
khẩn thiết	恳切	形	162
khổ thân	苦身	形	162
lục hiệp	六合	名	162
mỹ kim/mĩ kim	美金	名	162
phụ tử	附子 / 父子	名	162
thắng cảnh	胜景	名	162
thanh bạch	清白	形	162
thủy lôi	水雷	名	162
tổng doanh thu	总营收	名	162
tra cứu	查究	动	162
bảo chủ	保主	名	161
bồi thẩm	陪审	名	161
cấm địa	禁地	名	161
cấp phát	给发	动	161
cơ cực	饥极	形名	161
cường quốc	强国	名	161
đài các	台阁	形名	161
đáng trách	当责	形	161
đồ tể	屠宰	动名	161
hậu thuẫn	后盾	名	161
hồ lô	葫芦	名	161
lão thành	老成	形	161
lệnh chỉ	令旨	名	161
nữ sắc	女色	名	161
pháo kích	炮击	动	161
phát lệnh	发令	动	161
phó thác	付托	动	161
phục thù	复仇	动	161
thậm tệ	甚弊	形	161
thân mẫu	亲母	名	161
thăng chức	升职	动	161
thi nhân	诗人	名	161
thôn tính	吞并	动	161
thực dụng	实用	形	161
tinh kỳ/tinh kì	旌旗	名	161
truyền đơn	传单	名	161
binh bộ	兵部	名	160
dã chiến	野战	动形	160
đại phá	大破	动	160
hạ giá	下价	动	160
hạ sĩ quan	下士官	名	160
hà tiên	河仙	名	160
hòa hoãn	和缓	动	160
lệ thường	例常	名	160
nhiếp ảnh	摄影	名	160
phật học	佛学	名	160
phục dịch	服役	动	160
tái hiện	再现	动	160
thảm cảnh	惨景	名	160
thần dân	臣民	名	160
thần nông	神农	名	160
thánh hiền	圣贤	名	160
tổng thư ký/tổng thư kí	总书记	名	160
chí hướng	志向	名	159
dị nhân	异人	名	159
đoàn trưởng	团长	名	159
hình tích	形迹	名	159
hoang lương	荒凉	形	159
phật tổ	佛祖	名	159
phong tư	风姿	名	159
tái phát	再发	动	159
tang thương	沧桑	名	159
thanh la	声锣	名	159
tô điểm	素点	名	159
tương truyền	相传	动	159
u mê	幽迷	形	159
bảo hành	保行	动	158
tâm thần	心神	名	158
cận thị	近市 / 近视	形	158
chánh văn phòng	正文房	名	158
công đoạn	工段	名	158
cung từ	宫词	名	158
đê mê	低迷	形	158
địa cầu	地球	名	158
kiệt xuất	杰出	形	158
minh nguyệt	明月	名	158
mộ chí	墓志	名	158

phòng tuyến	防线	名	158
phụ bạc	负薄	形	158
phú thọ	富寿	名	158
sở tại	所在	形	158
tân hôn	新婚	名	158
thanh tao	清骚	形	158
thư pháp	书法	名	158
thuật ngữ	术语	名	158
thủy văn	水文	名	158
tổng biên tập	总编辑	名	158
tử thủ	死守	动	158
tự túc	自足	动	158
tuệ giác	慧觉	名	158
ưng ý	应意	动	158
bất hợp pháp	不合法	形	157
đặc nhiệm	特任	动形	157
đại binh	大兵	名	157
danh nhân	名人	名	157
hình cụ	刑具	名	157
huyết thống	血统	名	157
lãng đãng	浪荡	形	157
luân chuyển	轮转	动	157
lũng lạc/lung lạc	笼络	动	157
mật khẩu	密口	名	157
nhập định	入定	动	157
nữ diễn viên	女演员	名	157
phòng chỉ	防止	动	157
sinh bình	生平	名	157
song toàn	双全	形	157
thổ công	土公	名	157
thương thuyết	商说	动	157
trắc ẩn	恻隐	动	157
triều lưu/trào lưu	潮流	名	157
trung hưng	中兴	形	157
vạn kiếp	万劫	名	157
cao học	高学	形名	156
chấn hưng	振兴	动	156
cứu tinh	救星	名	156
dật sĩ	逸士	名	156
lập quốc	立国	动	156
nữ lưu	女流	名	156
phá trận	破阵	动	156
sai nha	差衙	名	156
sơn thần	山神	名	156
thê thiếp	妻妾	名	156
thông ngôn	通言	动名	156
thù nghịch	仇逆	名	156
thực thể	实体	名	156
thủy quân	水军	名	156
tiền tiêu	前哨	名	156
trung kiên	中坚	形	156
ty tiện/ti tiện	卑贱	形	156
bàng quang	膀胱	名	155
can gián	干谏	动	155
châu ngọc	珠玉	名	155
hiện hình	现形	动	155
hiếp đáp	胁答	动	155
hoang tưởng	荒想	动	155
hùng tâm	雄心	名	155
kiến tạo	建造	动名	155
ngũ cốc	五谷	名	155
nhàn hạ	闲暇	形	155
ô hợp	乌合	形	155
thông số	通数	名	155
tĩnh dưỡng	静养	动	155
toàn tâm toàn ý	全心全意	熟	155
chiêu mộ	招募	名	155
tước đoạt	削夺	动	155
canh tác	耕作	动	154
chỉ dụ	旨喻	名	154
hạ sĩ	下士	名	154
hình thể	形体	名	154
khinh mạn	轻慢	动	154
ngô công	蜈蚣	名	154
niệm tình	念情	动	154
niết bàn/nát bàn	涅槃	动	154
quy tụ	归聚	动	154
thân sinh	亲生	名	154
thính giả	听者	名	154
thoát tục	脱俗	动	154
tình duyên	情缘	名	154
cổ tích	古迹	名	154
kiểm sát	检察	名	154
xã trưởng	社长	名	154
bắc cực	北极	名	153
bạo chúa	暴主	名	153
bộ đàm	步谈	名	153
chánh hội	正会	名	153

điều lệnh	条令	名	153
đồng tâm hiệp lực	同心协力	熟	153
hiện trạng	现状	名	153
khất cái	乞丐	名	153
lữ đoàn	旅团	名	153
lưỡng nghi	两仪	名	153
lưu hoạt	流滑	形	153
ngâm nga	吟哦	动	153
ngộ độc	误毒	动	153
phòng thân	防身	动	153
quân bài	军牌	名	153
tạm giam	暂监	动	153
uyên thâm	渊深	形	153
viên mãn	圆满	形	153
ân đức	恩德	名	152
đặc phái viên	特派员	名	152
dân tình	民情	名	152
điệp khúc	叠曲	名	152
độc kế	毒计	名	152
đối ẩm	对饮	动	152
duyên phận	缘分	名	152
hậu hoạn	后患	名	152
hồi đáp	回答	动	152
nghĩa mẫu	义母	名	152
nghiệm thu	验收	动	152
nhất cử nhất động	一举一动	熟	152
ô nhục	侮辱	形	152
phàm tục	凡俗	名	152
phát tán	发散	动	152
phù trợ	扶助	动	152
phương chi	方之	副	152
siêu nhân	超人	名	152
tạo lập	造立	动	152
tranh cử	争举	动	152
vong linh	亡灵	名	152
cao tổ	高祖	名	151
chú mục	注目	动	151
cựu chiến binh	旧战兵	名	151
đạn đạo	弹道	名	151
điện tín	电信	名	151
khuất tất	屈膝	动形	151
mưu hại	谋害	动	151
nghệ nhân	艺人	名	151
nhận dạng	认样	动	151
nội các	内阁	名	151
phong tước	封爵	名	151
phụ cấp	附给	动名	151
suy nhược	衰弱	形	151
tịnh tọa/tĩnh tọa	静坐	动	151
tri châu	知州	名	151
tự mãn	自满	形	151
vô thanh	无声	形	151
vong mệnh/vong mạng	亡命	形	151
xuân lan	春兰	名	151
xuất thế	出世	动	151
cách trở	隔阻	动	150
chính nhân quân tử	正人君子	熟	150
cốt yếu	骨要	形	150
dược liệu	药料	名	150
kế toán trưởng	会计长	名	150
khoái cảm	快感	名	150
kiểm duyệt	检阅	动	150
liên khu	联区	名	150
phạm thượng	犯上	动	150
phân tranh	纷争	动	150
phế nhân	废人	名	150
quyết tử	决死	动	150
sát thương	杀伤	动形	150
thuyên giảm	痊减	动	150
tiền đề	前提	名	150
tiểu tiện	小便	动	150
âm khí	阴气	名	149
án binh bất động	按兵不动	熟	149
bội phản	背反	动	149
đặc quyền	特权	名	149
dân chủ hóa	民主化	动	149
đậu phụ	豆腐	名	149
độc nhãn	独眼	形	149
gian thần	奸臣	名	149
hạ viện	下院	名	149
huấn luyện viên	训练员	名	149
khiêm nhượng	谦让	动	149
lăng nhục	凌辱	动	149
nghiên cứu sinh	研究生	名	149
nguy khốn	危困	名	149
nhiệt thành	热诚	形	149
phát quang	发光	动	149
phi đội	飞队	名	149

quân công	军功	名	149	tự lực	自力	形	147
sơ sơ	疏疏	形	149	ai lao	哀牢	名	146
sơn hà	山河	名	149	cấm đoán	禁断	动	146
thiên hoàng	天皇	名	149	đảng phái	党派	名	146
vô cùng vô tận	无穷无尽	熟	149	di mệnh	遗命	名	146
vô ngần	无垠	副	149	diễn kịch	演剧	名	146
xạ thủ	射手	名	149	lũy thừa	累乘	动	146
bách bộ	百步 / 百部	动	148	minh đức	明德	名	146
can hệ	干系	动	148	mộng du	梦游	动	146
cáo trạng	告状	名	148	nguyên hình	原形	名	146
điền trang	田庄	名	148	quật khởi	崛起	动	146
kiến lập	建立	动	148	siêu âm	超音	名	146
lão hóa	老化	动	148	sùng kính	崇敬	动	146
lão tướng	老将	名	148	tại gia	在家	形	146
phóng thích	放释	动	148	thanh khiết	清洁	形	146
sơn lâm	山林	名	148	thánh thần	圣神	名宗	146
tài khóa	财课	名	148	thỏa hiệp	妥协	动	146
thứ tội	恕罪	动	148	tội tình	罪情	名	146
tiểu sinh	小生	名	148	triều thần	朝臣	名	146
tinh lực	精力	名	148	vô tự	无嗣	形	146
tội danh	罪名	名	148	yêu sách	要索	动	146
trung lương	忠良	形	148	bạch đầu/bạc đầu	白头	形	145
truyền giáo	传教	动	148	đại để	大抵	副	145
u sầu	幽愁	形	148	đại tây dương	大西洋	名	145
ẩm thực	饮食	名	147	dân ca	民歌	名	145
bất diệt	不灭	形	147	đô hộ	都护	动名	145
bế quan	闭关	动	147	đông âu	东欧	名	145
cô nhi viện	孤儿院	名	147	giao kết	交结	动	145
đại ý	大意	名	147	kế cận	继近	形	145
giao diện	交面	名	147	lân tinh	磷精	名	145
hữu hạn	有限	形	147	lưu thủy	流水	名	145
ngoại tộc	外族	名	147	mã cầu	马球	名	145
nhất đẳng	一等	形	147	ma vương	魔王	名	145
ninh thuận	宁顺	名	147	nghiêm cẩn	严谨	形	145
phạt tiền	罚钱	动	147	nhân tính	人性	名	145
phóng thanh	放声	动	147	sát phạt	杀伐	动	145
phúc trình	复呈	动	147	sinh dục	生育	动	145
quang minh chính đại	光明正大	熟	147	thời vụ	时务	名	145
giáo khoa	教科	名	147	tình nghi	情疑	动	145
sử ký/sử kí	史记	名	147	tình tự	情绪	动名	145
tiền vệ	前卫	名	147	trần thiết	陈设	动	145
tiêu đề	标题	名	147	trợ chiến	助战	动	145
toàn cảnh	全景	名	147	võ đài	舞台 / 武台	名	145
tôn chỉ	宗旨	名	147	xác lập	确立	动	145

báo danh	报名	动	144
biệt lập	别立	动	144
cấp thiết	急切	形	144
chuyên khoa	专科	名	144
độc cước	独脚	形	144
độc tôn	独尊	形	144
giả dụ	假喻	连	144
gia thần	家臣	名	144
hỏa công	火攻	名	144
hữu tình	有情	形	144
huyết quản	血管	名	144
phi châu	非洲	名	144
phi vụ	飞务	名	144
quân kỳ/quân khí	军器	名	144
thiên đế	天帝	名	144
thượng khách	上客	名	144
tiên cô	仙姑	名	144
tiện ích	便益	形	144
tình thâm	情深	名	144
trường chinh	长征	动	144
tư thông	私通	动	144
tung hô	纵呼	动	144
vận hà	运河	名	144
âm ty/âm ti	阴司	名	143
bạch văn	白文	名	143
chân tâm	真心	名	143
dương vật	阳物	名	143
khí quyển	气圈	名	143
khuếch trương	扩张	动	143
kim ô	金乌	名	143
liên thanh	连声	形名	143
mẫu tử	母子	名	143
ngoại vi	外围	名	143
ngữ điệu	语调	名	143
nguyệt hoa	月华	名	143
nhật thực	日食	名	143
nữ tính	女性	名	143
phẫn hận	愤恨	动	143
quái ác	怪恶	形	143
quận huyện	郡县	名	143
thất thoát	失脱	动	143
thương pháp	枪法	名	143
thủy đạo	水道	名	143
tiểu chủ	小主	名	143
tuần tiễu	巡哨	动	143
tửu sắc	酒色	名	143
vãn sinh	晚生	代	143
bảo điện	宝殿	名	142
đại quan	大观 / 大官	动	142
đại thế	大势	名	142
đồng trinh	童贞	名	142
giáo dân	教民	名	142
giao long	蛟龙	名	142
mạo danh	冒名	动	142
phong tình	风情	形	142
tham ô	贪污	动	142
tiểu đội trưởng	小队长	名	142
trừ hại	除害	动	142
tự tạo	自造	形	142
tường trình	详呈	动	142
am tường	谙详	动	141
bình phước	平福	名（地）	141
cơ mưu	机谋	名	141
điều binh	调兵	名	141
hồ tiên	狐仙	名	141
kì dị	奇异	形	141
nam trung	男中	名	141
ngọc thạch	玉石	名	141
pháp y	法衣 / 法医	名	141
sắc phong	敕封	动	141
siêu nhiên	超然	形	141
tài cán	才干	名	141
thành thục	成熟	形	141
thông hành	通行	名	141
tiểu sử	小史	名	141
tịnh xá	净舍	名	141
trúng đích	中的	动	141
xác đáng	确当	形	141
âm hưởng	音响	名	140
biến chứng	变症	动名	140
cưỡng bách	强迫	动	140
dinh thự	营署	名	140
hà khắc	苛刻	形	140
hồi hương	茴香 / 回乡	名	140
hỗn nguyên	浑元	形	140
môn thần	门神	名	140
nhập nội	入内	动	140
phiền nhiễu	烦扰	动	140

sử gia	史家	名	140
suy tôn	推尊	动	140
thâm thù	深仇	动	140
thần phục	臣服	动	140
thủ tín	守信	动	140
tiềm nhập	潜入	动	140
tử huyệt	死穴	名	140
tự phát	自发	形	140
ưu việt	优越	形	140
viên âm	圆音	名	140
bất phân thắng bại	不分胜败	熟	139
bất tỉnh nhân sự	不省人事	熟	139
cấp bộ	级部	名	139
cầu thân	求亲	动	139
chân giả	真假	形	139
cung nhân	恭人	名	139
điêu luyện	雕炼	形	139
đối chất	对质	动	139
hành cung	行宫	名	139
lịch lãm	历览	形	139
nguyên chất	原质	形	139
nữ tướng	女将	名	139
sơn dã	山野	名	139
tá túc	借宿	动	139
tề tựu	齐就	动	139
thành ngữ	成语	名	139
thức thời	识时	动	139
tu bổ	修补	动	139
tuần tự	循序	动	139
bản tướng	本将	名	138
bảo thạch	宝石	名	138
cẩm nang	锦囊	名	138
cơ giới	机械	名	138
công sứ	公使	名	138
công tố	公诉	动	138
cụ thể hóa	具体化	动	138
đại tự	大字	名	138
đạo mạo	道貌	形	138
đấu khẩu	斗口	动	138
giảm thuế	减税	动	138
hiệp lực	协力	动	138
học đường	学堂	名	138
ngục tốt	狱卒	名	138
nhất phẩm	一品	名	138
nho sĩ	儒士	名	138
quan gia	官家	名	138
tà tà	斜斜	形	138
tái lập	再立	动	138
tập tục	习俗	名	138
tệ nạn	弊难	名	138
thiện chiến	善战	形	138
thục nữ	淑女	名	138
thượng úy	上尉	名	138
tiểu đạo	小道	名	138
triêu dương	朝阳	名	138
trưởng giả	长者	名	138
truyền tụng	传颂	动	138
tử khí	死气	名	138
từ tạ	辞谢	动	138
tư thục	私塾	名	138
ảo não	懊恼	形	137
ban phát	颁发	动	137
băng thạch	冰石	名	137
bát tiên	八仙	名	137
cá thể	个体	名	137
cai ngục	该狱	名	137
đại nghịch	大逆	名	137
du học sinh	游学生	名	137
đương đại	当代	形	137
hạ quan	下官	名	137
hao phí	耗费	动	137
hiện vật	现物	名	137
ngũ tuần	五旬	名	137
phản phúc	反复	形	137
quân đoàn	军团	名	137
tế lễ	祭礼	动	137
thân chủ	亲主	名	137
thăng hoa	升华	动	137
tiếp giáp	接夹	动	137
tiếp quản	接管	动	137
tiết tấu	节奏	名	137
triệu hồi	召回	动	137
trọng bệnh	重病	名	137
tự cảm	自感	动	137
văn thơ	文诗	名	137
vũ điệu	舞调	名	137
xuất quỷ nhập thần	出鬼入神	动	137
á đông	亚东	名	136

biên ải	边隘	名	136
cầu viện	求援	动	136
chế tài	制裁	动	136
cứu ứng	救应	动	136
dung lượng	容量	名	136
hệ quả	系果	名	136
hiểm họa	险祸	名	136
hương án	香案	名	136
khẩu trang	口装	名	136
loan báo	鸾报	动	136
mạch lạc	脉络	形名	136
miến điện	缅甸	名	136
ngọc diện	玉面	名	136
nữ vương	女王	名	136
oai phong lẫm liệt	威风凛冽	熟	136
sinh nhai	生涯	名	136
sơn ca	山歌	名	136
thần nữ	神女	名	136
thiên tiên	天仙	名	136
thô bỉ	粗鄙	形	136
thổ phỉ	土匪	名	136
tiềm tàng	潜藏	形	136
tri âm	知音	名	136
vi trùng	微虫	名	136
bất biến	不变	形	135
bộ vị	部位	名	135
chiếu chỉ	诏旨	名	135
chứng từ	证词	名	135
đế chế	帝制	名	135
đích đáng	的当	形	135
điện báo	电报	名	135
độc nhất vô nhị	独一无二	熟	135
hành khiển	行遣	名	135
hoang sơ	荒疏	形	135
hội ý	会意	动	135
hỗn tạp	混杂	形	135
khoáng đạt	旷达	形	135
lý sự	理事	动	135
mệnh hệ	命系	名	135
sầu khổ	愁苦	形	135
thái không	太空	名	135
thăng đường	升堂	动	135
thất thố	失措	形	135
thiện ý	善意	名	135
thu quân	收军	动	135
thư trai	书斋	名	135
thương tình	伤情	动	135
thương trường	商场	名	135
tôn trưởng	尊长	名	135
trận đồ	阵图	名	135
tư thái	姿态	名	135
vô cực	无极	形	135
vô ưu	无忧	形	135
xưng bá	称霸	动	135
ỷ lại	倚赖	动	135
ý vị	意味	名	135
yêu tinh	妖精	名	135
ám thị	暗示	动	134
an thần	安神	动	134
bác ái	博爱	形	134
băng hà	崩遐 / 冰河	动	134
đồng nhất	同一	动形	134
dung hòa	融和	动	134
gia huynh	家兄	名	134
khai phá	开破	动	134
khiếp nhược	怯弱	形	134
ma thuật	魔术	名	134
nhược thủy	弱水	名	134
phụng dưỡng	奉养	动	134
quản giáo	管教	名	134
quan hoài	关怀	动	134
quốc khánh	国庆	名	134
sai phái	差派	动	134
tả đạo	左道	名	134
tiểu tiết	小节	名	134
vương triều	王朝	名	134
bất thành	不成	动	133
công nghiệp hóa	工业化	名	133
công ơn	功恩	名	133
đại lược	大略	形	133
địa hạt	地核	名	133
độc khí	毒气	名	133
hải đăng	海灯	名	133
lăng kính	棱镜	名	133
lợi lộc	利禄	名	133
nhập cảnh	入境	动	133
phân cách	分隔	动	133
thiên tư	偏私 / 天资	动	133

thu ngân	收银	动	133
truyền tải	传载	动	133
tứ tuần	四旬	名	133
yêu nghiệt	妖孽	名	133
ác bá	恶霸	名	132
bán thân	半身	名	132
biện minh	辩明	动	132
cầu yên/cầu an	求安	动	132
chấp chưởng	执掌	动	132
chủ mưu	主谋	动名	132
cố công	雇工	动	132
cưỡng hiếp	强胁	动	132
đồ họa	图画	名	132
đốc thúc	督促	动	132
đông xuân	冬春	名	132
dư lực	余力	名	132
hung đồ	凶徒	名	132
hữu hình	有形	形	132
kích hoạt	激活	动	132
quá giang	过江	动	132
quan nha	官衙	名	132
sinh thời	生时	名	132
tâm điểm	心点	名	132
tàn hại	残害	动	132
tăng lương	增粮	动	132
thâm giao	深交	动	132
thiên vị	偏位	动	132
thính giác	听觉	名	132
tội trạng	罪状	名	132
tử trung	死忠	名	132
tùy thân	随身	形	132
vu oan	诬怨	动	132
cầm cương	擒缰	动	131
địa chất	地质	名	131
điên đầu	颠头	形	131
hậu thế	后世	名	131
hoa mỹ/hoa mĩ	华美	形	131
khắc chữ	刻字	动	131
khẩu đội	口队	名	131
lưu vực	流域	名	131
ma đạo	魔道	名	131
nữ công	女工	名	131
quán thế	冠世	形	131
quân thù	军讐	名	131
quy chuẩn/qui chuẩn	规准	名	131
tài đức	才德	名	131
thôn nữ	村女	名	131
trung lập	中立	形	131
trường kỷ	长几	名	131
u cốc	幽谷	名	131
vương vị	王位	名	131
bãi chiến	罢战	动	130
bị oan	被冤	动	130
cá biệt	个别	形	130
cô cùng	孤穷	形	130
cô phong	孤峰	名	130
cô thôn	孤村	名	130
đả đảo	打倒	动	130
độc đoán	独断	形	130
đồng tính	童性 / 同性	名	130
gia tốc	加速	名	130
hào sảng	豪爽	形	130
hình nhân	形人	名	130
lễ nghĩa	礼义	名	130
mưu sát	谋杀	动	130
nguyên tiêu	元宵	名	130
nhiệt điện	热电	名	130
quốc tử giám	国子监	名	130
quy đầu/qui đầu	龟头	名	130
sơ lược	疏略	形	130
tận thế	尽世	形	130
thiên kim	千金	名	130
thiên tính	天性	名	130
thương nghiệp	商业	动	130
tróc nã	捉拿	动	130
trọng nghĩa	重义	动	130
tương kế tựu kế	将计就计	熟	130
tỳ thiếp	婢妾	名	130
bách thảo	百草	名	129
chính trị gia	政治家	名	129
cung cầu	供求	动	129
cương lĩnh/cương lãnh	纲领	名	129
hiếu khách	好客	形	129
lệnh lang	令郎	名	129
môn sinh	门生	名	129
nhiếp chính	摄政	动	129
sự vụ	事务	名	129
tề chỉnh	齐整	形	129

tính danh	姓名	名	129
tổng diện tích	总面积	名	129
văn công	文工	名	129
vương giả	王者	名	129
án ngự/án ngữ	按御	动	128
ân xá	恩赦	动	128
bất hợp lý/bất hợp lí	不合理	形	128
bố chính/bố chánh	布政	名	128
bút ký/bút kí	笔记	名	128
căn cước	根脚	名	128
chiến bại	战败	动	128
chung tú	钟秀	形	128
cư xá	居舍	名	128
đại bản doanh	大本营	名	128
diệu thủ	妙手	名	128
dung dịch	溶液	名	128
giai thoại	佳话	名	128
hà tiện	何贱	形	128
hóa công	化工	名	128
khai diễn	开演	动	128
kháng sinh	抗生	名	128
khẩu phần	口分	名	128
kí hiệu	记号	名	128
kiêm nhiệm	兼任	动	128
kiệt quệ	竭蹶	形	128
lưu trú	留住	动	128
nghĩa vụ quân sự	军事义务	名	128
phù tá/phò tá	扶佐	动	128
sát sinh	杀生	动	128
tao ngộ	遭遇	动	128
tha hương	他乡	动名	128
thu phong	秋风	名	128
tri giác	知觉	名	128
vạn phúc	万福	名	128
bức tử	逼死	动	127
cao sơn	高山	名	127
chấp sự	执事	名	127
công pháp	公法	名	127
dân công	民工	名	127
diệu kỳ/diệu kì	妙奇	形	127
định chế	定制	名	127
khai thông	开通	动	127
luyến ái	恋爱	动	127
mưu phản	谋反	动	127
phòng trà	茶房	名	127
phù phiếm	浮泛	形	127
tiên cảnh	仙境	名	127
tổn hao	损耗	动	127
tôn nghiêm	尊严	形	127
tụng niệm	诵念	动	127
xuyên tạc	穿凿	动	127
bạo ngược	暴虐	形	126
cảm thụ	感受	动	126
chí thành	至诚	形	126
chính tả	正写	动	126
cố hương	故乡	名	126
danh phận	名分	名	126
đạo giáo	道教	名	126
đấu kiếm	斗剑	动	126
đồn trú	屯驻	动	126
hành đạo	行道	动	126
hình bộ	刑部	名	126
khổ hạnh	苦行	形	126
kiêu hùng	骁雄	形	126
giáng sinh	降生	名	126
pháp hiệu	法号	名	126
pháp trường	法场	名	126
phi hành đoàn	飞行团	名	126
tân nương	新娘	名	126
tế đàn	祭坛	名	126
toàn cục	全局	名	126
trào phúng	嘲讽	动	126
ưu phiền	忧烦	动	126
văn nhã	文雅	形	126
âm luật	音律	名	125
ám muội	暗昧	形	125
ẩn dật	隐逸	动	125
bạch dương	白杨	名	125
bài vị	牌位	名	125
bộc bạch	暴白	动	125
đa cảm	多感	形	125
đại lục	大陆	名	125
địa phủ	地府	名	125
hàn thử biểu	寒暑表	名	125
hiếu chiến/háo chiến	好战	形	125
hiệu triệu	号召	动	125
hòa thuận	和顺	形	125
kết thân	结亲	动	125

khai nhận	开认	动	125
không tập	空袭	名	125
nghịch tặc	逆贼	名	125
phong thủy	风水	名	125
phúc âm	复音 / 福音	动	125
phúc hậu	福厚	形	125
thế cuộc/thế cục	世局	名	125
thiết giáp hạm	铁甲舰	名	125
thụ giới	受戒	动	125
từ nguyên	词源	名	125
tượng đài	像台	名	125
tương thích	相适	动	125
tuyệt tình	绝情	动	125
xuất trận	出阵	动	125
bao cấp	包给	动	124
cấm cung	禁宫	动形名	124
chứng giám	证鉴	动	124
công tâm	公心 / 攻心	形名	124
cứu thế	救世	动	124
định dạng	定样	名	124
chính xác	正确	名	124
dương xuân	阳春	名	124
giải thể	解体	动	124
hải lý/hải lí	海里	名	124
khởi điểm	起点	名	124
ngoại xâm	外侵	名	124
ngự giá	御驾	名	124
ngược đãi	虐待	动	124
quả báo	果报	名	124
sơn thủy	山水	名	124
tà giáo	邪教	名	124
tam đảo	三岛	名	124
thích ca	释迦	名	124
thu ba	秋波	名	124
thủ môn	守门	名	124
trình duyệt	呈阅	动	124
trọng thể	重体	形	124
trung du	中游	名	124
tướng tá	将佐	名	124
văn bằng	文凭	名	124
vu khống	污控	动	124
vũ phu/võ phu	武夫	名	124
ái hữu	爱友	名	123
an tọa	安坐	动	123
bạch đàn	白檀	名	123
bí truyền	秘传	动	123
biến cải	变改	动	123
biểu quyết	表决	动	123
cục thế	局势	名	123
dân vệ	民卫	名	123
đích danh	的名	名	123
diên thọ	延寿	动	123
động mạch	动脉	名	123
dung thứ	容恕	动	123
hạch toán	核算	动	123
hội đàm	会谈	动	123
hồn hậu	浑厚	形	123
khổ ải	苦隘	形名	123
khởi xướng	起倡	动	123
kim ngọc	金玉	名	123
nghị viện	议院	名	123
ngũ quan	五官	名	123
nộ khí	怒气	名	123
nồng độ	浓度	名	123
quan tiền	贯钱	名	123
tâm phục	心服	动	123
tạng phủ	脏腑	名	123
thái hòa	太和	形	123
thăng tiến	升进	动	123
thanh tĩnh	清静	形	123
thiên la địa võng	天罗地网	熟	123
thụ hưởng	受享	动	123
thủ thuật	手术	名	123
thược dược	芍药	名	123
thượng nghị sĩ	上议士	名	123
tối kỵ/tối kị	最忌	形	123
uẩn khúc	蕴曲	名	123
bí thư	秘书	名	122
băng sơn	冰山	名	122
chướng ngại vật	障碍物	名	122
đính chính	订正	动	122
đồng lõa	同伙	动名	122
dư đảng	余党	名	122
hãm hiếp	陷胁	动	122
hành quyết	行决	动	122
kì quái	奇怪	形	122
lập trình	立程	动	122
linh khí	灵气	名	122

nguyên vị	原位	名	122
quá hạn	过限	动	122
tái bản	再版	动	122
tất thắng	必胜	动	122
thái âm	太阴	名	122
thâm niên	深年	形名	122
thu hình	收形	动	122
tiền nhiệm	前任	名	122
tiểu đoàn trưởng	小团长	名	122
trấn định	镇定	形	122
trúng số	中数	动	122
bái yết	拜谒	动	121
bất tường	不祥 / 不详	形	121
biện lý	辩理	动	121
cố sự	故事	名	121
dương tính	阳性	名	121
giáo án	教案	名	121
hạ công	贺功	动	121
hách dịch	赫弈	形	121
hồng lâu	红楼	名	121
mã lai	马来	名	121
minh đạt	明达	形	121
mỹ mãn/mĩ mãn	美满	形	121
phục nguyên	复原	动	121
quá khích	过激	形	121
quan tước	官爵	名	121
thanh thiên	青天	形名	121
thanh thiếu niên	青少年	名	121
thống thiết	痛切	形	121
thu thanh	收声	动	121
trầm cảm	沉感	形	121
triệt hạ	撤下	动	121
trúc lâm	竹林	名	121
xứng đôi	称对	形	121
bãi khóa	罢课	动	120
báo công	报功	动	120
bất khuất	不屈	形	120
cảm thán	感叹	动	120
chiếu thư	诏书	名	120
chu cấp	赒给	动	120
đức độ	德度	名	120
gian xảo	奸巧	形	120
hành giả	行者	名	120
hướng dương	向阳	名	120
mê loạn	迷乱	形	120
ngọc khánh	玉罄	名	120
phân xử	分处	动	120
thập phương	十方	名	120
toàn năng	全能	形	120
trữ tình	贮情	形	120
bạc đãi	薄待	动	119
bào chế	泡制	动	119
bạo loạn	暴乱	动	119
bảo lưu	保留	动	119
cảnh tỉnh	警醒	动	119
cao trào	高潮	名	119
cộng tác viên	共作员	名	119
đầu quân	投军	动	119
đồng từ	同辞	形	119
giả trá	假诈	形	119
gia từ	家慈	名	119
gian tà	奸邪	形	119
lộ phí	路费	名	119
mãnh lực	猛力	名	119
mạt sát	抹杀	动	119
phi pháp	非法	形	119
phụ nghĩa	负义	动	119
tái cấu trúc	再构筑	动	119
tàn quân	残军	名	119
thế nhân	世人	名	119
thúc phụ	叔父	名	119
thường trú	常住	动	119
thủy chiến	水战	动	119
từ căn	词根	名	119
tuyên án	宣案	动	119
văn hiến	文献	名	119
vạn thọ	万寿	动	119
vọng các	望阁	名	119
vu cáo	诬告	动	119
âm hồn	阴魂	名	118
căn cứ địa	根据地	名	118
dị giáo	异教	名	118
điêu tàn	凋残	形	118
hậu trường	后场	名	118
hình thái	形态	名	118
nam giao	南郊	名	118
tăng viện	僧院 / 增援	名	118
thể nhân	体人	名	118

tinh túy	精粹	形	118
trực ban	值班	动名	118
ác thú	恶兽	名	117
biến diễn	变演	动	117
biên thùy	边陲	名	117
châu lục	洲陆	名	117
chính điện	正殿	名	117
điều trần	条陈	动名	117
động từ	动词	名	117
dung túng	容纵	动	117
dưỡng khí	养气 / 氧气	动	117
hoàng triều	皇朝	名	117
hồi tâm	回心	动	117
hồng ngoại	红外	形	117
hương liệu	香料	名	117
khảo nghiệm	考验	动	117
lợi khí	利器	名	117
luận văn	论文	名	117
nhập quan	入棺	动	117
quy phục	归服	动	117
sầu muộn	愁闷	形	117
thạch cao	石膏	名	117
thiên thể	天体	名	117
thượng cổ	上古	名	117
tinh linh	精灵	名	117
tinh tinh	猩猩	名	117
tuyên huấn	宣训	动	117
văn khoa	文科	名	117
văn phong	文风	名	117
vương tôn	王孙	名	117
xuất ngũ	出伍	动	117
ác nghiệt	恶孽	形名	116
bạn hàng	伴行	名	116
bản ngã	本我	名	116
báo giới	报界	名	116
biên tập viên	编辑员	名	116
cầu chúc	求祝	动	116
chí tình	至情	名	116
chư ni	诸尼	名	116
cừ khôi	巨魁	形名	116
đại thánh	大圣	名	116
đàm thoại	谈话	动	116
địa lợi	地利	名	116
diễn giả	演者	名	116
đơn lập	单立	形	116
gian truân	艰屯	形	116
hạ cố	下顾	动	116
hạ quốc	下国	名	116
hải đội	海队	名	116
hợp lệ	合例	形	116
hưởng lạc	享乐	动	116
khẩu cung	口供	名	116
lĩnh mệnh	领命	动	116
mê ly/mê li	迷离	形	116
nữ sĩ	女士	名	116
quân hàm	军衔	名	116
quốc học	国学	名	116
quý hồ/quí hồ	贵乎	名	116
siêu thoát	超脱	动	116
thiên sứ	天使	名	116
tín vật	信物	名	116
toàn xã hội	全社会	名	116
tổng tư lệnh	总司令	名	116
vị nhân	为人	动	116
bệnh nhi	病儿	名	115
câu liêm	勾镰	名	115
chính kiến	政见	名	115
chức tước	职爵	名	115
cương cường	刚强	形	115
đa năng	多能	形	115
đại náo	大闹	动	115
địa chấn	地震	名	115
điều phối	调配	动	115
đoạn hậu	断后	动	115
dưỡng bệnh	养病	动	115
hung khí	凶器	名	115
kiểm kê	检计	动	115
lịch trình	历程	名	115
lương dân	良民	名	115
nghiệp chướng	业障	名	115
phản trắc	反侧	形	115
sắc phục	色服	名	115
thảm trạng	惨状	名	115
thiên can	天干	名	115
tiếu lâm	笑林	名	115
trừu tượng	抽象	动形	115
tử nạn	死难	动	115
tùy cơ	随机	动	115

vị tha	为他	形	115
vũ bị/võ bị	武备	名	115
bạc nhược	薄弱	形	114
bại vong	败亡	动	114
cẩm bào	锦袍	名	114
can chi	干支	名	114
cáo thành	告成	动	114
chuyên cần	专勤	形	114
cô tịch	孤寂	形	114
công minh	公明	形	114
dao trì	瑶池	名	114
đoán định	断定	动	114
hoàng mai	黄梅	名	114
khí sắc	气色	名	114
lãnh khốc	冷酷	形	114
lý tài	理财	形	114
ngoại nhân	外人	名	114
ngũ tạng	五脏	名	114
phác thảo	朴草	动	114
phủ đầu	斧头	名	114
thông dịch	通译	动名	114
thông linh	通灵	形	114
thủ bút	手笔	名	114
thứ yếu	次要	形	114
tín nghĩa	信义	名	114
trình báo	呈报	动	114
trung bộ	中部	名	114
xuất kỳ bất ý	出其不意	熟	114
xương long	昌隆	形	114
chủ công	主攻	形	113
cơ học	机学	名	113
đàm tiếu	谈笑	动	113
hiến kế	献计	动	113
hộ mệnh/hộ mạng	护命	动	113
hoàng bào	黄袍	名	113
khắc tinh	克星	名	113
kinh niên	经年	形	113
kinh tế học	经济学	名	113
luận điệu	论调	名	113
mệnh phụ	命妇	名	113
nam cực	南极	名	113
ngọc hoàng	玉皇	名	113
ngư ông	渔翁	名	113
nội gián	内奸	名	113
phồn vinh	繁荣	形	113
quán quân	冠军	名	113
sản nghiệp	产业	名	113
suy diễn	推演	动	113
tại vị	在位	动	113
tây thiên	西天	名	113
thái dương hệ	太阳系	名	113
thành đội	城队	名	113
tháo bỏ	拆除	动	113
thể thức	体式	名	113
tổng kim ngạch	总金额	名	113
trị an	治安	名	113
bạch kim	白金	名	112
bộ tướng	部相 / 部将	名	112
bút pháp	笔法	名	112
cảm tử	敢死	动	112
chí linh	至灵	形	112
đãi khách	待客	动	112
đình chiến	停战	动	112
đô ngự sử	都御使	名	112
dung hợp	融合	动	112
giá họa	嫁祸	动	112
hậu đãi	厚待	动	112
hồng mao	鸿毛	名	112
hư cấu	虚构	动	112
kiến thiết	建设	动	112
lăng tẩm	陵寝	名	112
lộ thiên	露天	形	112
mạn tính/mãn tính	慢性	形	112
nhiễm độc	染毒	动	112
phi kiếm	飞剑	名	112
phi tiêu	飞镖	名	112
tặc tử	贼子	名	112
tiêu trừ	消除	动	112
triều kiến	朝见	动	112
tử đệ	子弟	名	112
tự tôn	自尊	形	112
u uẩn	幽蕴	形	112
xuất ngoại	出外	动	112
xuất trình	出呈	动	112
xưng danh	称名	动	112
chủ quản	主管	动	111
đại đoàn kết	大团结	动	111
đại yến	大宴	名	111

đằng vân	腾云	动	111
di hình	遗形	名	111
đoan chính	端正	形	111
dược sĩ	药士	名	111
dương lịch	阳历	名	111
gian dâm	奸淫	动	111
hậu sự	后事	名	111
hòa hiệp	和协	形	111
hòa hiếu/hòa hảo	和好	形名	111
khích bác	激拨	动	111
liệt vị	列位	名	111
ngoại cảnh	外境	名	111
ngọc dung	玉容	名	111
nhạc cụ	乐具	名	111
nhân đức	仁德	名	111
phi báo	飞报	动	111
quân lệnh	军令	名	111
quang đãng	光荡	形	111
sắc lệnh	敕令	名	111
sản phụ	产妇	名	111
tặng hoa	赠花	名	111
tham chiếu	参照	动	111
thắng phụ	胜负	名	111
thiếu điều	少条	动	111
thôn dã	村野	形	111
tổng giám mục	总监牧	名	111
tù tội	囚罪	动	111
vô sinh	无生	形	111
vong hồn	亡魂	名	111
bào thai	胞胎	名	110
bình địa	平地	名	110
đôn hậu	敦厚	形	110
hộ bộ	户部	名	110
hủ lậu	腐陋	形	110
hứng chí	兴志	形	110
huyệt mộ	穴墓	名	110
kế tục	继续	动	110
lưu lượng	流量	名	110
mục đồng	牧童	名	110
oai hùng	威雄	形	110
tân quán	宾馆	名	110
tặng thưởng	赠赏	动	110
hối cải	悔改	动	110
thu phát	收发	动	110
tiếp thụ	接受	动	110
tinh ý	精意	形	110
văn sách	文策	名	110
xưng vương	称王	动	110
ai chỉ	哀止	动	109
báo oán	报怨	动	109
bị tắc	闭塞	动	109
biệt kích	别击	名	109
chi dụng	支用	动	109
cực thịnh	极盛	形	109
diễn giải	演解	动	109
đơn giản hóa	单简化	动	109
đông y	东医	名	109
hàng nhập	行入	名	109
hiệp khách	侠客	名	109
hướng dẫn viên	向引员	名	109
khinh cử vọng động	轻举妄动	熟	109
kiến giải	见解	名	109
kim tiền	金钱	名	109
lũng đoạn	垄断	动	109
lương tri	良知	名	109
luyện kim	炼金	动	109
mưu sĩ	谋士	名	109
quân trang	军装	名	109
quận vương	郡王	名	109
thông thuộc	通熟	动	109
tổ mẫu	祖母	名	109
trận mạc	阵漠	名	109
vạn an	万安	形	109
vô bổ	无补	动	109
vương miện	王冕	名	109
xã hội học	社会学	名	109
xưng tụng	称颂	动	109
y lý/y lí	医理	名	109
biệt tài	别才	名	108
cao lương	膏粱 / 高粱	名	108
cầu cạnh	求竞	动	108
chiến tuyến	战线	名	108
cơ đồ	基图	名	108
công bộ	工部	名	108
công luận	公论	名	108
dân biểu	民表	名	108
đơn thân	单身	形	108
giáo điều	教条	形名	108

hậu họa	后祸	名	108
hưng vượng	兴旺	形	108
hữu ý	有意	形	108
huyết dịch	血液	名	108
kỉ luật	纪律	动名	108
kiên nghị	坚毅	形	108
lập mưu	立谋	动	108
liệu pháp	疗法	名	108
lục bát	六八	名	108
mãng xà	蟒蛇	名	108
phạn điếm	饭店	名	108
phiên âm	翻音	动	108
quản thúc	管束	动	108
quang vinh	光荣	形	108
thanh tâm	清心	名	108
thôn trang	村庄	名	108
thủ phủ	首府	名	108
tiểu tốt	小卒	名	108
tĩnh đường	净堂	名	108
tuần không	巡空	动	108
vô căn cứ	无根据	动	108
xung động	冲动	动名	108
y sinh	医生	名	108
an định	安定	名	107
bạc tình	薄情	形	107
bảo hoàng	保皇	形	107
chuyên mục	专目	名	107
cùng khổ	穷苦	形	107
đại học sĩ	大学士	名	107
dịch thuật	译述	动	107
độc tố	毒素	名	107
hàn mặc	翰墨	名	107
hiểm địa	险地	名	107
hoa khôi	花魁	名	107
hỏa thiêu	火烧	动	107
hội chứng	汇症	名	107
khái quát	概括	动形	107
không lực	空力	名	107
ngọc bội	玉佩	名	107
nội điện	内殿	名	107
quản ngại	管碍	动	107
sầu thảm	愁惨	形	107
tâm phục khẩu phục	心服口服	熟	107
tân kỳ/tân kì	新奇	形	107
thao thao	滔滔	形	107
thiên tướng	天将	名	107
thiêu thân	烧身	动名	107
thượng hạng	上项	形	107
trắc nghiệm	测验	动	107
trì trệ	迟滞	形	107
trọng thần	重臣	名	107
trùng trùng điệp điệp	重重叠叠	熟	107
trùng tu	重修	动	107
tử tù	死囚	名	107
viện quân	援军	名	107
y dược	医药	名	107
bản bộ	本部	名	106
ban tặng	颁赠	动	106
bạo động	暴动	动	106
binh thư	兵书	名	106
bố trận	布阵	动	106
công cán	公干	动名	106
đại tài	大才	形	106
đại thừa	大乘	名	106
danh chính ngôn thuận	名正言顺	熟	106
đối sách	对策	名	106
dưỡng lão	养老	动形	106
dương thế	阳世	名	106
gia cố	加固	动	106
hành tẩu	行走	名	106
hấp thu	吸收	动	106
hoảng kinh	慌惊	形	106
hội quán	会馆	名	106
hồng trần	红尘	名	106
hương hỏa	香火	名	106
khẩu lệnh	口令	名	106
lao công	劳工	名	106
lập dị	立异	形	106
phân hóa	分化	动	106
phiêu diêu	飘渺	形	106
quy ước/qui ước	规约	动	106
sĩ tốt	士卒	名	106
tàng trữ	藏贮	动	106
thanh nhàn	清闲	形	106
thất tín	失信	动	106
thiềm thừ	蟾蜍	名	106
thông gia	通家	名	106
truy vấn	追问	动	106

truyền nhiễm	传染	动	106
từ vị	词位	名	106
vô kế khả thi	无计可施	熟	106
ách tắc	厄塞	动名	105
bệnh dịch	病疫	名	105
biên lai	编来	名	105
biến thế	变势	动	105
bút hiệu	笔号	名	105
cảm biến	感变	动	105
chí cao	至高	形	105
chiến hào	战壕	名	105
cung phụng	供奉	动	105
cuồng vọng	狂望	名	105
dân sinh	民生	名	105
địa tạng	地藏	名	105
độc chiếm	独占	动	105
giáng lâm	降临	动	105
hiếu động	好动	形	105
hóa thạch	化石	名	105
hôn ước	婚约	名	105
hồng quân	鸿钧 / 红军	名	105
hư nhược	虚弱	动	105
lưu huỳnh/lưu hoàng	硫磺	名	105
ngô đồng	梧桐	名	105
ngư trường	渔场	名	105
nguyệt quế	月桂	名	105
nhân bản	人本	形	105
nội tại	内在	形	105
phân giới	分界	动	105
phong tặng	封赠	动	105
phụ trợ	辅助	动	105
quan lộ	官路	名	105
quy hàng	归降	动	105
thăng thiên	升天	动名	105
thời loạn	乱时	名	105
thú tội	首罪	动	105
tiểu đường	小糖	名	105
tinh thể	晶体	名	105
tỉnh trưởng	省长	名	105
tứ phương	四方	名	105
vô hiệu hóa	无效化	动	105
ẩn tình	隐情	名	104
anh hào	英豪	名	104
bất khả xâm phạm	不可侵犯	熟	104
bình nhật	平日	名	104
chính ngọ	正午	名	104
chư huynh	诸兄	名	104
cổ lỗ	古鲁	形	104
đào ngũ	逃伍	动	104
giao ban	交班	动	104
hạ sách	下策	名	104
hoạt kê	滑稽	形	104
khuyến nghị	劝议	动	104
nhân chính	仁政	名	104
nhãn quan	眼观	名	104
siêu hình	超形	形	104
song mã	双马	形	104
song sinh	双生	动	104
thần tử	臣子	名	104
thảo xá	草舍	名	104
thủ khoa	首科	名	104
tiền thân	前身	名	104
tống khứ	送去	动	104
tri khách	知客	名	104
uy vọng	威望	名	104
xã hội hóa	社会化	动	104
bãi chức	罢职	动	103
bán kính	半径	名	103
bệ vệ	陛卫	形	103
bồng lai	蓬莱	名	103
cầu kinh	求经	动	103
chuyên quyền	专权	动	103
định lượng	定量	动名	103
đồng hóa	同化	动	103
dung nạp	容纳	动	103
gia tâm	加心	动	103
giao nhận	交认	动	103
hãn hữu	罕有	形	103
hán tộc	汉族	名	103
hống hách	吼赫	形	103
hùng tài	雄才	名	103
kí ức	记忆	名	103
long xuyên	龙川	名	103
mạo nhận	冒认	动	103
miễn thứ	免恕	动	103
nam tính	男性	名	103
nghị sự	议事	动	103
ngư phủ	渔甫	名	103

ngục thất	狱室	名	103	tự vấn	自问	动	102
nông trại	农寨	名	103	ấn hành	印行	动	101
phô diễn	铺演	动	103	bất hợp	不合	形	101
phụng chỉ	奉旨	动	103	cận thần	近臣	名	101
quân kỷ	军纪	名	103	cao đồ	高徒	名	101
quân thần	君臣	名	103	câu khách	钩客	动	101
sứ quân	使君	名	103	cấu thành	构成	动	101
thành phẩm	成品	名	103	chí thân	至亲	形	101
thế tộc	世族	名	103	chủ thể	主体	名	101
thổ thần	土神	名	103	chủ tọa	主座	动名	101
thu một	没收	动	103	chúc thư	嘱书	名	101
tiểu yêu	小妖	名	103	công thủ	攻守	动	101
tổng tài	总裁	名	103	đa phương	多方	形	101
tri ân	知恩	动	103	diệu dụng	妙用	形	101
viễn đại	远大	形	103	giả hiệu	假号	形	101
xử thế	处世	动	103	hài kịch	谐剧	名	101
xưng đế	称帝	动	103	khảo chứng	考证	动	101
ẩn dụ	隐喻	名	102	la bàn	罗盘	名	101
ấn phẩm	印品	名	102	lâm sàng	临床	形	101
bảo mẫu	保姆	名	102	nam sinh	男生	名	101
cao xạ	高射	名	102	nam tước	男爵	名	101
châm ngôn	箴言	名	102	nguyên trạng	原状	名	101
chỉ giới	止界	名	102	nhu đạo	柔道	名	101
cuồng tín	狂信	动	102	nông lâm	农林	名	101
đại từ	代词	名	102	phồn thịnh	繁盛	形	101
dị tộc	异族	名	102	tà khí	邪气	名	101
du hý/du hí	游戏	名	102	tại ngũ	在伍	形	101
gian lao	艰劳	形	102	tái phạm	再犯	动	101
hậu quân	后军	名	102	tang phục	丧服	名	101
hiền tài	贤才	名	102	tất niên	毕年	名	101
hiền thục	贤淑	形	102	thể dục thể thao	体育体操	名	101
hoa trà	花茶	名	102	thiên ân	天恩	名	101
long thành	龙城	名	102	thiện lương	善良	形	101
minh hoàng	螟蝗	名	102	thiếu thời	少时	名	101
phong quang	风光	形	102	thượng đỉnh	上顶	名	101
thảo mộc	草木	名	102	thượng sĩ	上士	名	101
thập tự	十字	名	102	thuyết khách	说客	名	101
thông đồng	通同	形	102	toàn đảng	全党	名	101
tiến cống	进贡	动	102	tổng trưởng	总长	名	101
tiếp nhiệm	接任	名	102	trọng tải	重载	名	101
tọa đàm	座谈	动	102	tự trị	自治	动	101
tru diệt	诛灭	动	102	yếu điểm	要点	名	101
tự điển	字典	名	102	bái biệt	拜别	动	100
tự khắc	自刻	副	102	chính hiệu	正号	形	100

chính khí	正气	名	100	phá thai	破胎	动	99
chủ sự	主事	名	100	phù hiệu	符号	名	99
công ích	公益	名	100	quần thể	群体	名	99
cực hạn	极限	名	100	siêu thanh	超声	形	99
đại nội	大内	名	100	sinh thành	生成	动	99
dâm phụ	淫妇	名	100	sơn môn	山门	名	99
dân trí	民智	名	100	suy đồi	衰颓	形	99
độc đạo	独道	名	100	thi vị	诗味	名	99
du côn	游棍	形名	100	tiên đồng	仙童	名	99
dụng võ	用武	动	100	trà vinh	茶荣	名	99
gia thất	家室	名	100	tráng đinh	壮丁	名	99
hiệu suất	效率	名	100	tự thú	自首	动	99
hoàng hoa	黄花	名	100	ức chế	抑制	动	99
hội hợp	会合	动	100	vãng lai	往来	动	99
lập pháp	立法	动	100	xưng hùng	称雄	动	99
lê dân	黎民	名	100	âu phục	欧服	名	98
lương đống	梁栋	名	100	bát giác	八角	名	98
miễn dịch	免疫 / 免役	动	100	bị can	被干	动名	98
mỹ nghệ	工艺美术	名	100	cửu phẩm	九品	名	98
nho giáo	儒教	名	100	hư trương thanh thế	虚张声势	熟	98
nhục thể	肉体	名	100	lâm bệnh	临病	动	98
phân viện	分院	名	100	loạn tâm	乱心	形	98
phát bệnh	発病	动	100	miễn thuế	免税	动	98
sĩ tử	士子	名	100	niên đại	年代	名	98
sơ cấp	初级	形	100	phổ độ	普渡	动	98
suất lĩnh	率领	动	100	quang học	光学	名	98
tân lang	新郎 / 槟榔	名	100	sinh tiền	生前	名	98
tăng thu	增收	动	100	thánh chúa	圣主	名	98
thanh sắc	声色	名	100	thị giác	视觉	名	98
thất khiếu	七窍	名	100	thiện ác	善恶	名	98
thế tất	势必	副	100	thiện nhân	善人	名	98
thủ thư	手书	动	100	thời vận	时运	名	98
tố giác	诉觉	动	100	từ mẫu	慈母	名	98
toàn phần	全份	形	100	võ sinh	武生	名	98
cảm thương	感伤	动	99	xuất hành	出行	动	98
cao niên	高年	形	99	á huyệt	哑穴	名	97
cổ độc	蛊毒	名	99	băng tâm	冰心	名	97
cử tọa	举座	名	99	cấp báo	急报	动	97
đại quyền	大权	形	99	chỉnh trang	整装	动	97
hậu vệ	后卫	名	99	công tố viên	公诉员	名	97
lâm trường	林场	名	99	cùng đồ	穷途	名	97
ngoan đạo	顽道	形	99	đa quốc gia	多国家	形	97
nguyên thủ	元首	名	99	đề mục	题目	名	97
nhạc khí	乐器	名	99	đô hội	都会	名	97

du đãng	游荡	动	97
hành pháp	行法	动	97
hiến thân	献身	动	97
khả dụng	可用	形	97
lễ tân	礼宾	形名	97
ngân hà	银河	名	97
nội quy	内规	名	97
quảng đại	广大	形	97
tiếp chiến	接战	动	97
toàn thị	全是	副	97
truyền cảm	传感	动	97
tự cường	自强	动	97
tướng số	相数	名	97
tùy thời	随时	副	97
tuyển mộ	选募	动	97
vô chủ	无主	形	97
xuân tình	春情	名	97
bàn toán	盘算	动	96
bát bửu/bát bảo	八宝	名	96
bất lịch sự	不历事	词组	96
biểu cảm	表感	动	96
bổng lộc	俸禄	名	96
cảm phiền	敢烦	动	96
cần lao	勤劳	形	96
cảnh trí	景致	名	96
chỉ thực	枳实	名	96
chuyên chế	专制	形	96
cơ đốc giáo	基督教	名	96
cực lực	极力	形	96
đãng trí	荡智	动	96
đầu cái	头盖	名	96
dục tình	欲情	名	96
giá trị giao dịch	交易价值	名	96
hiền thê	贤妻	名	96
hợp chất	合质	名	96
lang trung	郎中	名	96
nguyên vật liệu	原物料	名	96
phá giới	破戒	动	96
phí tổn	费损	动名	96
phủ đường	府堂	名	96
quảng bác	广博	形	96
thiên lôi	天雷	名	96
tổng hành dinh	总行营	名	96
tự thị	自恃	动	96
tượng hình	象形	动	96
tương tranh	相争	动	96
vạn hạnh	万幸	形	96
vô điều kiện	无条件	形	96
vọng tộc	望族	名	96
xá tội	赦罪	动	96
ỷ thế	倚势	动	96
ẩn hình	隐形	动	95
ca vũ	歌舞	名	95
chủ đích	主的	名	95
cố đô	故都	名	95
công chứng	公证	名	95
dạ quang	夜光	名	95
đại nguyên soái	大元帅	名	95
đang tâm	当心	动	95
điều quân	调军	动	95
hải ninh	海宁	名	95
hòa đồng	和同	动	95
hữu cơ	有机	形	95
kinh qua	经过	动	95
ngẫu hứng	偶兴	名	95
nhiễu loạn	扰乱	动	95
nhục dục	肉欲	名	95
phụ lục	附录	名	95
tận diệt	尽灭	动	95
thái phi	太妃	名	95
cô thân	孤身	形	95
thành đoàn	城团	名	95
thành quách	城郭	名	95
thiện nghệ	善艺	形	95
thiêu hủy	烧毁	动	95
tỉnh mộng	醒梦	动	95
trù phú	稠富	形	95
tương ngộ	相遇	动	95
tỵ hiềm/tị hiềm	避嫌	动	95
vân du	云游	动	95
y đức	医德	名	95
bại tướng	败将	名	94
bế mạc	闭幕	动	94
cải chính	改正	动	94
chiến tích	战绩	名	94
chiết khấu	折扣	动	94
cứu tế	救济	动	94
điểm chỉ	点指	动	94

điều luật	条律	名	94
hà thành	河城	名	94
hiếp dâm	胁淫	动	94
kết oán	结怨	动	94
khâm sứ	钦使	名	94
lương y	良医	名	94
lưu danh	留名	动	94
nghiệp dư	业余	形	94
nhân thể	人体	名	94
phác họa	朴画	动	94
thâm nghiêm	深严	形	94
thân hữu	亲友	名	94
thanh liêm	清廉	形	94
thế tôn	世尊	名	94
thuyền viên	船员	名	94
tiền định	前定	形	94
tình trường	情场	名	94
tố chất	素质	名	94
tổng tiến công/ tổng tấn công	总进攻	动	94
vô lương tâm	无良心	形	94
vô thần	无神	形	94
vương đạo	王道	名	94
an dân	安民	动	93
bài xích	排斥	动	93
báo giá	报价	动	93
bảo tháp	宝塔	名	93
bí danh	秘名	名	93
bình diện	平面	名	93
cải dạng	改样	动	93
cao danh	高名	名	93
chánh tổng	正总	名	93
chủ bút	主笔	名	93
chú giải	注解	动	93
công năng	功能	名	93
động kinh	动惊	名	93
dụng công	用功	动	93
khế ước	契约	名	93
khoái hoạt	快活	形	93
kịch tính	剧性	名	93
kiêu dũng	骁勇	形	93
lãnh sự	领事	名	93
lập phương	立方	名	93
nghiêm lệnh	严令	名	93
nhân khẩu	人口	名	93
nồng hậu	浓厚	形	93
pháo thủ	炮手	名	93
phiêu dật	飘逸	形	93
phúc phận	福分	名	93
soái phủ	帅府	名	93
tâm đầu ý hợp	心投意合	熟	93
tầm thước	寻尺	形	93
thị hiếu	嗜好	名	93
thực địa	实地	名	93
thủy ngân	水银	名	93
trí dũng	智勇	名	93
trình chiếu	呈照	动	93
trung hạn	中限	形	93
trung trực	中直 / 忠直	形名	93
trường thọ	长寿	形	93
tự cao	自高	形	93
văn võ toàn tài	文武全才	熟	93
vô cùng tận	无穷尽	形	93
vô ý thức	无意识	形	93
bị đạn	被弹	动	92
biệt ly/biệt li	别离	动	92
cảm quan	感官	名	92
dạ minh châu	夜明珠	名	92
đặc chủng	特种	形	92
dân dụng	民用	形	92
điện quang	电光	名	92
dinh cơ	营基	名	92
dự trù	预筹	动	92
giao hưởng	交响	名	92
hạ nhiệt	下热	动	92
hỏa thạch	火石	名	92
hồng hồng	红红	形	92
khảng khái	慷慨	形	92
khô mộc	枯木	名	92
linh giác	灵觉	名	92
linh lợi	伶俐	形	92
mật báo	密报	动	92
na uy	挪威	名	92
phương hại	妨害	动	92
quả cảm	果敢	形	92
quân dụng	军用	形名	92
tần suất	频率	名	92
thám sát	探察	动	92

thâm thúy	深邃	形	92
thanh hương	清香	形	92
thoát thai	脱胎	动	92
thực học	实学	名	92
trá hình	诈形	动	92
trọng trấn	重镇	名	92
tướng soái	将帅	名	92
xung thiên	冲天	形	92
chiêu dụ	招谕	名	91
đại dịch	大疫	名	91
địa chính/địa chánh	地政	名	91
diệu toán	妙算	名	91
đức cao vọng trọng	德高望重	熟	91
hậu chiến	后战	动形	91
hiệp nghị	协议	名	91
hoang phí	荒费	动	91
hư đốn	虚钝	形	91
kế nhiệm	继任	动	91
khiếm nhã	欠雅	形	91
lục tuần	六旬	名	91
mã hóa	码化	动	91
nghị hội	议会	名	91
nguyên chủ	原主	名	91
quắc thước	矍铄	名	91
sai dịch	差役	名	91
sinh từ	生祠	名	91
song hành	双行	动	91
tập sự	习事	动	91
thâm cung	深宫	名	91
thanh mai	青梅	名	91
thập tử nhất sinh	十死一生	熟	91
thống chế	统制	名	91
tổng tham mưu trưởng	总参谋长	名	91
tử bệnh	死病	名	91
tự hành	自行	形	91
tự truyện	自传	名	91
tương phùng	相逢	动	91
tuyên chiến	宣战	动	91
văn tài	文才	名	91
á khẩu	哑口	动	90
bạc hà	薄荷	名	90
bái đường	拜堂	名	90
bại quân	败军	名	90
bình chương	平章	动	90
bồi bổ	培补	动	90
cấp tiến	急进	形名	90
cấu hình	构型	名	90
chỉ tội	只罪	连	90
chính biến	政变	名	90
chung cuộc	终局	名	90
công phẫn	公愤	动	90
điều tra viên	调查员	名	90
đồng quy	同归	形	90
hiềm nghi	嫌疑	动	90
hoa tiêu	花哨	名	90
hồng bảo	红宝	名	90
khứu giác	嗅觉	名	90
minh sát	明察	动	90
phì nhiêu	肥饶	形	90
quyên sinh	捐生	动	90
sinh kế	生计	名	90
tài sắc	才色	名	90
tam thức	三式	名	90
thái thượng hoàng	太上皇	名	90
thân nhiệt	身热	形	90
thần vật	神物	名	90
thanh thiên bạch nhật	青天白日	熟	90
thị chính	市政	名	90
thị sát	视察	动	90
thiên biến vạn hóa	千变万化	熟	90
thiển cận	浅近	形	90
thiên đạo	天道	名	90
thiền tông	禅宗	名	90
thịnh trị	盛治	形	90
thỏa ước	妥约	名	90
thường phục	常服	名	90
thương thảo	商讨	动	90
tiểu ban	小班	名	90
tông phái/tôn phái	宗派	名	90
trạm xá	站舍	名	90
trung trinh	忠贞	形	90
trượng nhân	丈人	名	90
trường tồn	长存	形	90
truyền thanh	传声	动	90
tự cao tự đại	自高自大	熟	90
tự viện	寺院	名	90
tuyển cử	选举	动	90
ưng trảo	鹰爪	名	90

ước thúc	约束	动	90
vô học	无学	形	90
âm phong	阴风	名	89
bá nghiệp	霸业	名	89
cao luận	高论	名	89
cử binh	举兵	动	89
cực bắc	极北	形	89
cứu cánh	究竟	名	89
đốc suất	督率	动	89
gian nguy	艰危	形	89
hạ bộ	下部	名	89
hằng số	恒数	名	89
hảo hạng	好项	名	89
hiện tình	现情	名	89
lập trận	立阵	动	89
lễ giáo	礼教	名	89
ngự lâm	御林	名	89
nhân thọ	人寿	名	89
phái bộ	派部	名	89
phong chức	封职	动	89
tam nguyên	三元	名	89
thảo phạt	讨伐	动	89
thất tán	失散	动	89
thê nhi	妻儿	名	89
thiên mệnh	天命	名	89
thiết diện	切面	名	89
thôi sơn	推山	形	89
thu lợi	收利	动	89
tiến binh	进兵	动	89
tiên quyết	先决	形	89
tú lệ	秀丽	形	89
vọng cổ	望古	动名	89
ân nghĩa	恩义	名	88
anh quân	英君	名	88
bạch lạp	白蜡	名	88
bảo chứng	保证	动名	88
cao lâu	高楼	名	88
cao miên	高棉	名	88
cao nhã	高雅	形	88
chuẩn tấu	准奏	动	88
đại hải	大海	名	88
điểm danh	点名	名	88
độn thổ	遁土	动	88
dung tích	容积	名	88
đường đường chính chính	堂堂正正	熟	88
đường thi	唐诗	名	88
hạn định	限定	动	88
hoa kiều	华侨	名	88
khiêm cung	谦恭	形	88
mẫn tiệp	敏捷	形	88
phàm trần	凡尘	名	88
phi nhân	非人	形	88
tải thương	载伤	动名	88
tăng ni	僧尼	名	88
thành bộ	城部	名	88
thanh đạm	清淡	形	88
thư tín	书信	名	88
tinh hoàn	精丸	名	88
tổng lượng	总量	名	88
tranh phong	争锋	动	88
trung đoàn trưởng	中团长	名	88
từ tính	磁性	名	88
tỷ suất/tỉ suất	比率	名	88
vô khối	无愧	形	88
vô trách nhiệm	无责任	形	88
xung khắc	冲克	动	88
xưng tội	称罪	动	88
bần tiện	贫贱	形	87
bảo cái	宝盖	名	87
binh gia	兵家	名	87
chiêu tập	招集	动	87
công ước	公约	名	87
cực đại	极大	形	87
đạt lý	达理	动	87
giả sơn	假山	名	87
giải sầu	解愁	动	87
gian manh	奸萌	形	87
hoa đăng	花灯	名	87
hoàng yến	黄燕	名	87
hồi môn	回门	名	87
hữu ngạn	右岸	名	87
kết tinh	结晶	动名	87
khải hoàn	凯还	动	87
khất thực	乞食	动	87
liên thông	联通	动	87
lộng hành	弄行	动	87
miệt thị	蔑视	动	87
phát khiếp	发怯	形	87

sơn trà	山茶	名	87
tài lực	才力 / 财力	名	87
thị thành	市城	名	87
thiên thanh	天青	形	87
thứ dân	庶民	名	87
triệt tiêu	撤销	动	87
trợ giáo	助教	名	87
tùng quân/tòng quân	从军	动	87
xác suất	确率	名	87
xử trảm	处斩	动	87
xung trận	冲阵	动	87
âm sắc	音色	名	86
án thư	案书	名	86
bệnh án	病案	名	86
bội bạc	背薄	形	86
chiến thư	战书	名	86
cuồng bạo	狂暴	形	86
đại gia đình	大家庭	名	86
đấu thủ	斗手	名	86
đối chứng	对证	动	86
du tiên	游仙	名	86
giới nghiêm	戒严	名	86
hoàn cầu	环球	名	86
hoàng thúc	皇叔	名	86
kết duyên	结缘	动	86
lương bổng	粮俸	名	86
ma cô	麻姑	名	86
nam tư	南斯	名	86
nghi binh	疑兵	动	86
nguyên tác	原作	名	86
nhã ý	雅意	名	86
phó phòng	副房	名	86
phong thần	封神	动	86
phụ lão	父老	名	86
quá thế	过世	动	86
sinh lợi	生利	动	86
tác quái	作怪	名	86
thạch sùng	石虫 / 石崇	名	86
thành gia	成家	动	86
thành tố	成素	名	86
thụ giáo	受教	动	86
thư mục	书目	名	86
tịch dương	夕阳	名	86
tiền lệ	前例	名	86
văn đức	文德	名	86
vi xử lý/vi xử lí	微处理	动	86
bạc nghĩa	薄义	形	85
bản ý	本意	名	85
báo quốc	报国	动	85
bội ước	背约	动	85
bút danh	笔名	名	85
can trường/can tràng	肝肠	名	85
chuyển tải	转载	动	85
cô nhi	孤儿	名	85
định liệu	定料	动	85
dương danh	扬名	动	85
gia dụng	家用	形	85
hành vân	行云	名	85
hiển vi	显微	形名	85
hộ tịch	户籍	名	85
hoàng lan	黄兰	名	85
hối đoái	汇兑	动	85
khẩu vị	口味	名	85
khổ nhục	苦辱	形	85
khuất thân	屈身	动	85
lâm nạn	临难	动	85
lĩnh chúa/lãnh chúa	领主	名	85
luận cứ	论据	名	85
man di	蛮夷	名	85
mưu cầu	谋求	动	85
nhập cảng	入港	动形	85
phỉ báng	诽谤	动	85
phong vận	风韵	名	85
quân bị	军备	名	85
quản đốc	管督	名	85
quang phục	光复	动	85
sai lạc	差落	形	85
siêu đẳng	超等	形	85
khai hoang	开荒	动	85
tiền hô hậu ủng	前呼后拥	熟	85
tiên phát chế nhân	先发制人	熟	85
tiết độ sứ	节度使	名	85
tình phụ	情妇	名	85
trung tuần	中旬	名	85
tuần hành	巡行	动	85
viễn vọng	远望	动	85
vụ lợi	务利	动	85
xuất nhập	出入	动	85

âm hiểm	阴险	形	84
an trí	安置	动	84
bất nhã	不雅	形	84
bất trung	不忠	形	84
ca nhi	歌儿	名	84
đặc ân	特恩	名	84
đảm lược	胆略	名	84
dân dã	民野	形名	84
đảo điên	倒颠	动	84
đinh hương	丁香	名	84
đồng ca	同歌	动名	84
đồng khởi	同起	动	84
hộ sinh	护生	动名	84
hữu quan	有关	形	84
mộ đạo	慕道	动	84
nghị định thư	议定书	名	84
nhập tràng	入肠	动	84
oan khuất	冤屈	形	84
phân số	分数	名	84
qui thuận	归顺	动	84
quyết nhiên	决然	副	84
tả xung hữu đột	左冲右突	熟	84
tân thời	新时	形	84
thấp nhiệt	湿热	形	84
thất tung	失踪	动	84
thiên hữu	偏右	形	84
thư hương	书香	名	84
tiểu khu	小区	名	84
tri ngộ	知遇	动	84
vạn sự	万事	名	84
xán lạn	灿烂	形	84
ác tính	恶性	名	83
bảng giá	榜价	名	83
biện luận	辩论	动	83
cấp số	级数	名	83
chấp chính	执政	动	83
chức phận	职分	名	83
cung phi	宫妃	名	83
giáng thế	降世	动	83
giảng võ	讲武	动	83
hàng phố	行铺	名	83
hỏa tập	火袭	动	83
hoàng đạo	黄道	名	83
học xá	学舍	名	83
hưu trí	休致	动	83
kim anh	金樱	名	83
lữ khách	旅客	名	83
nhiệt tâm	热心	名	83
ôn dịch	瘟疫	名	83
quan trường	官场	名	83
quốc bảo	国宝	名	83
sinh hạ	生下	动	83
thái miếu	太庙	名	83
tham vấn	参问	动	83
thị tuyến	视线	名	83
thịnh thế	盛世	名	83
thông lại	通吏	名	83
thùy my/thùy mị	垂媚	形	83
trị quốc	治国	动	83
tứ mã	驷马	名	83
tự sự	叙事	名	83
việt ngữ	越语	名	83
vô can	无干	动	83
xạ hương	麝香	名	83
bách hội	百会	名	82
bế khí	闭气	动	82
chí nguyện	志愿	名	82
chuyên chú	专注	动	82
đa dạng hóa	多样化	动	82
dân phòng	民防	名	82
địa đầu	地头	名	82
đình trệ	停滞	动	82
độc thoại	独话	动	82
đương sự	当事	名	82
hòa tan	和散	动	82
khởi nghiệp	起业	动	82
kính chúc	敬祝	动	82
man trá	瞒诈	形	82
miễn trách	免责	动	82
nhạc sư	乐师	名	82
nhân trung	人中	名	82
ôn luyện	温练	动	82
phản biện	反辩	动	82
phòng hộ	防护	动	82
phù vân	浮云	形名	82
sản vật	产物	名	82
sát trùng	杀虫	动	82
sự chủ	事主	名	82

tặng phẩm	赠品	名	82
tệ quốc	敝国	名	82
thần nhân	神人	名	82
thể tích	体积	名	82
thông tấn	通讯	动	82
thừa hành	承行	动	82
tiền hậu	前后	名	82
tiền phòng	前房	名	82
tinh khí	精气	名	82
tinh sương	星霜	名	82
trước bạ	著簿	动名	82
tử biệt	死别	动	82
u nhã	幽雅	形	82
vị hôn thê	未婚妻	名	82
viện sĩ	院士	名	82
vô ơn	无恩	形	82
chân chất	真质	名	81
chiếu lệ	照例	动形	81
cô phụ	孤妇	名	81
công chính	公正	形	81
đại phú	大富	形	81
dân chính	民政	名	81
đệ trình	递呈	动	81
di truyền học	遗传学	名	81
điều chế	调制	动	81
dưỡng dục	养育	动	81
hàm ơn/hàm ân	衔恩	动	81
hậu thổ	后土	名	81
hiệu úy	校尉	名	81
huyện ủy	县委	名	81
khắc cốt	刻骨	动	81
khai triển	开展	动	81
khoan nhượng	宽让	动	81
kì diệu	奇妙	形	81
linh bài	灵牌	名	81
linh diệu	灵妙	形	81
ngọ môn	午门	名	81
ngụ ngôn	寓言	名	81
ngụy biện	伪辩	动	81
nguyện cầu	愿求	动	81
sầu não	愁恼	形	81
thần học	神学	名	81
thất đức	失德	动形	81
thiên bẩm	天禀	名	81
tố nữ	素女	名	81
tôn xưng	尊称	动	81
tuấn kiệt	俊杰	名	81
tuyệt tác	绝作	名	81
xã viên	社员	名	81
xung yếu	冲要	名	81
ẩn sĩ	隐士	名	80
áp suất	压率	名	80
bắc hà	北河	名	80
bạo tàn	暴残	形	80
biến thể	变体	名	80
chân tài	真才	形名	80
cơ điện	机电	名	80
cường hào	强豪	名	80
đặc cách	特格	动	80
đãi ngộ	待遇	动	80
đích tôn	嫡孙	名	80
dũng tướng	勇将	名	80
giả danh	假名	动名	80
giải ngũ	解伍	动	80
giao hợp	交合	动	80
hình tướng	形相	名	80
khai hỏa	开火	动	80
khâm liệm	衾殓	动	80
khôi giáp	盔甲 / 魁甲	名	80
ly tán/li tán	离散	动	80
nghịch cảnh	逆境	名	80
quân báo	军报	名	80
quân cơ	军机	名	80
quy y	皈依	动	80
tận tâm tận lực	尽心尽力	熟	80
tang chứng	赃证	名	80
tẩy trần	洗尘	动	80
tham tri	参知	名	80
thê thiết	凄切	形	80
thu liễm	收敛	动	80
thủy bộ	水陆	形	80
tiền quân	前军	名	80
tín điều	信条	名	80
trầm hùng	沉雄	形	80
viện phó	院副	名	80
xúc tu	触须	名	80
yêu thuật	妖术	名	80
bất trị	不治	形	79

biệt động	别动	形	79
bức hiếp	逼胁	动	79
cấm thành	禁城	名	79
cốt truyện	骨传	名	79
cương trực	刚直	形	79
cứu độ	救度	动	79
đề xướng	提倡	动	79
di cốt	遗骨	名	79
điện đàm	电谈	动	79
đường bệ	堂陛	形	79
hảo sự	好事	名	79
hiến chương	宪章	名	79
hiển linh	显灵	动	79
hiếu sinh	好生	形	79
hoãn binh	缓兵	动	79
khổ chiến	苦战	动	79
kĩ sư	技师	名	79
mật thư	密书	名	79
nghĩa tình	义情	名	79
nguy biến	危变	名	79
nội nhân	内人	名	79
phản bạn	反叛	动	79
phổ cập	普及	形	79
phụ tình	负情	动	79
quý tử/quí tử	贵子	名	79
thao lược	韬略	形名	79
thất điên bát đảo	七颠八倒	熟	79
thấu triệt	透彻	动形	79
thể lệ	体例	名	79
thiên văn học	天文学	名	79
thụ tinh	受精	动	79
tiệp khắc	捷克	名	79
tiểu kỷ/tiểu kỉ	小己	形	79
trạm trưởng	站长	名	79
trấn quốc	镇国	动	79
trận tuyến	阵线	名	79
trí lực	致力 / 智力	动	79
trọng nhiệm/trọng nhậm	重任	名	79
trùng vi	重围	动	79
truy tặng	追赠	动	79
tử tội	死罪	名	79
tuấn nhã	俊雅	形	79
tước vị	爵位	名	79
vi hành	微行	动	79
vị kỷ/vị kỉ	为己	形	79
xá muội	舍妹	名	79
xử quyết	处决	动	79
an phủ sứ	安抚使	名	78
bách hợp	百合	名	78
bại danh	败名	动	78
bản tâm	本心	名	78
bàn thạch	磐石	名	78
bản vị	本位	名	78
bì thư	皮书	名	78
bố phòng	布防	动	78
cảnh vệ	警卫	动名	78
dẫn xác	引壳	动	78
đơn chiếc	单只	形	78
dụ hoặc	诱惑	动	78
hạ đẳng	下等	形	78
hành doanh/hành dinh	行营	名	78
hiệu chỉnh	校整	动	78
hồ thủy	湖水	形	78
hoa thịnh đốn	华盛顿	名	78
học lực	学力	名	78
hùng cứ	雄踞	动	78
không phận	空分	名	78
liệu hồn	料魂	动	78
mật chỉ	密旨	名	78
ngoan cường	顽强	形	78
nhân thân	人身	名	78
nho học	儒学	名	78
phong sương	风霜	名	78
quân bản bộ	军本部	名	78
số từ	数词	名	78
suy kiệt	衰竭	动	78
tà dương	斜阳	名	78
tài bồi	栽培	动	78
tạm trữ	暂贮	动	78
thái y	太医	名	78
thảm đạm	惨淡	形	78
tham luận	参论	名	78
thánh thể	圣体	名	78
thịnh hội	盛会	名	78
thuần phục	驯服	动	78
tổng chi phí	总支费	名	78
tranh biện	争辩	动	78
truyền kỳ/truyện kì	传奇	名	78

tự kỷ	自己	名	78
vĩ cầm	尾琴	名	78
vi phân	微分	名	78
vũ hội	舞会	名	78
án sát	按察	名	77
bần cùng	贫穷	形	77
bản thể	本体	名	77
bệ phóng	陛放	名	77
chỉ thiên	指天	动	77
cố cựu	故旧	形	77
cô thầm	孤枕	名	77
cường lực	强力	名	77
đa sự	多事	形	77
dị vật	异物	名	77
điện năng	电能	名	77
đoạn đầu	断头	动	77
đột quỵ	突跪	动	77
gia giáo	家教	形名	77
gian thương	奸商	名	77
giảng đạo	讲道	动	77
giáo đầu	教头	动名	77
hải đường	海棠	名	77
hư hư thực thực	虚虚实实	熟	77
kê đơn	计单	动	77
khai trừ	开除	动	77
kim sinh	今生	名	77
lạc hà	落霞	名	77
lãnh binh	领兵	名	77
li dị	离异	动	77
hình pháp	刑法	名	77
mẫn cảm	敏感	形	77
nghiệp đoàn	业团	名	77
ốc đảo	屋岛	名	77
phẩm giá	品价	名	77
quan tư	官司	名	77
quy tiên	归仙	动	77
số hóa	数化	动	77
tả ngạn	左岸	名	77
tạo vật	造物	名	77
thể nghiệm	体验	动	77
thiện xạ	善射	形	77
thiết yến	设宴	动	77
thoái vị	退位	动	77
trí dũng song toàn	智勇双全	熟	77
trọng tội	重罪	名	77
trữ lượng	贮量	名	77
tự quản	自管	动	77
tuyển thủ	选手	名	77
ủy nhiệm	委任	动	77
vô gia cư	无家居	形	77
ẩn nhẫn	隐忍	动	76
bán cầu	半球	名	76
bán kết	半结	名	76
bệnh lý/bệnh lí	病理	名	76
biến thái	变态	名	76
cấm vận	禁运	动	76
cật vấn	诘问	动	76
cầu hòa	求和	动	76
chí tử	至死	形	76
chu sa/châu sa	朱砂	名	76
hồi xuân	回春	动	76
khai chiến	开战	动	76
khí số	气数	名	76
mệnh môn	命门	名	76
minh oan	鸣冤	动	76
nghĩa tử	义子	名	76
ngũ âm	五音	名	76
phật bà	佛婆	名	76
quá tệ	过弊	动	76
quân cảnh	军警	名	76
si ngốc	痴呆	形	76
sử lược	史略	名	76
tàn binh	残兵	名	76
tàn tệ	残弊	形	76
tiến thân	进身	动	76
từ ái	慈爱	名	76
tùy viên	随员	名	76
văn đoàn	文团	名	76
xuất cảnh	出境	动	76
yếu chỉ	要旨	名	76
a dua	阿谀	动	75
báo hại	报害	动	75
biểu đạt	表达	动	75
biểu trưng	表征	名	75
cẩm chướng	锦帐	名	75
cầu siêu	求超	动	75
chủ hôn	主婚	动	75
cường thịnh	强盛	形	75

đại tội	大罪	名	75
đào thải	淘汰	动	75
diễu binh	绕兵	动	75
dự mưu	预谋	动	75
gia ơn/gia ân	加恩	动	75
giáp trụ	甲胄	名	75
hậu tạ	厚谢	动	75
hình trạng	形状	名	75
hoàng ngọc	黄玉	名	75
hợp thời	合时	形	75
khai quốc	开国	动	75
khuê các	闺阁	名	75
lưỡng toàn	两全	形	75
mãn hạn	满限	动	75
nguyệt thực	月食	名	75
nhuận bút	润笔	名	75
ô mai	乌梅	名	75
phản cảm	反感	动	75
phân liệt	分裂	动	75
tái thế	再世	动	75
thặng dư	剩余	形	75
thất trận	失阵	动	75
thiên niên kỷ	千年纪	名	75
thư hùng	雌雄	形	75
thủ quỹ	守柜	名	75
tiễu trừ	剿除	动	75
tố tụng	诉讼	动	75
trinh bạch	贞白	形	75
trọng địa	重地	名	75
trung chuyển	中转	动	75
an hưởng	安享	动	75
ba đào	波涛	名	74
bạch tuyết	白雪	名	74
báo tử	报死	动	74
cầu tài	求财 / 求才	动	74
chuẩn úy	准尉	名	74
cùng nhân	穷人	名	74
đại hạn	大旱 / 大限	名	74
dâm loạn	淫乱	形	74
đằng không	腾空	动	74
danh sư	名师	名	74
điện đài	电台	名	74
điêu ngoa	刁讹	形	74
đơn thương độc mã	单枪独马	熟	74
động não	动脑	动	74
động phòng	洞房	动名	74
đồng sự	同事	名	74
hiệu dụng	效用	名	74
hoàng kỳ/hoàng kì	黄芪	名	74
hữu tâm	有心	形	74
huyền hồ	玄乎	形	74
khoa mục	科目	名	74
khuê nữ	闺女	名	74
khuếch đại	扩大	动	74
lang bạt	狼跋	动	74
ngu si	愚痴	形	74
quán tính	惯性	名	74
tác nghiệp	作业 / 作孽	动	74
tàn tích	残迹	名	74
tập san	集刊	名	74
thân tộc	亲族	名	74
thành lũy	城垒	名	74
thúc bách	促逼	动	74
thượng kinh	上京	动	74
thưởng lãm	赏览	动	74
tiên cung	仙宫	名	74
tiểu luận	小论	名	74
tiểu thiếp	小妾	名	74
tốc hành	速行	形	74
tôn ty/tôn ti	尊卑	名	74
tráng chí	壮志	名	74
truyền kiếp	传劫	形	74
tứ linh	四灵	名	74
tư lợi	私利	动名	74
tứ thiên	四天	名	74
tuần phòng	巡防	动	74
tùng bách	松柏	名	74
tuyên giáo	宣教	动	74
văn hào	文豪	名	74
vĩ nhân	伟人	名	74
yêu đao	腰刀	名	74
âm tiết	音节	名	73
bán công	半公	形	73
bất minh	不明	形	73
biến loạn	变乱	动	73
ca kịch	歌剧	名	73
chuẩn y	准依	动	73
đào vong	逃亡	动	73

đình thần	廷臣	名	73
đốc công	督工	名	73
dư vị	余味	名	73
dương dương tự đắc	洋洋自得	熟	73
hồ cầm	胡琴	名	73
hưng binh	兴兵	动	73
khúc chiết	曲折	形	73
kiểm dịch	检疫	动	73
kim đan	金丹	名	73
mai danh ẩn tích	埋名隐迹	熟	73
nặc danh	匿名	动	73
niệm kinh	念经	动	73
oán thán	怨叹	动	73
sài lang	豺狼	形名	73
sơn cước	山脚	名	73
thánh ca	圣歌	名	73
thiên triều	天朝	名	73
thời lượng	时量	名	73
thư họa	书画	名	73
thủ túc	手足	名	73
thương hàn	伤寒	名	73
thủy lộ	水路	名	73
tổng khởi nghĩa	总起义	名	73
tông miếu/tôn miếu	宗庙	名	73
tổng quan	综观	动	73
tráng niên	壮年	名	73
truyền dẫn	传引	动	73
tư trang	资妆	名	73
vật lực	物力	名	73
vị thành niên	未成年	名	73
vị thứ	位次	名	73
vũ đạo	舞蹈	名	73
xuất tinh	出精	动	73
xưng thần	称臣	动	73
ái thê	爱妻	名	72
ấu trĩ	幼稚	形	72
bang giao	邦交	动	72
bát giới	八戒	名	72
châu lụy/châu lệ	珠泪	名	72
chứng minh thư	证明书	名	72
cơ sự	机事	名	72
công điện	公电	名	72
công hầu	公侯	名	72
đại cương	大纲	形名	72
đàn hồi	弹回	形	72
đáng kiếp	当劫	形	72
đầu thú	投首	动	72
gia chính/gia chánh	家政	名	72
giao cảm	交感	动形	72
hạ tiện	下贱	形	72
hệ lụy	系累	名	72
hoàn tục	还俗	动	72
hương hồn	香魂	名	72
lăng trì	凌迟	动	72
lưỡng diện	两面	形	72
nga my	娥眉	名	72
phán xử	判处	动	72
phương sách	方策	名	72
sinh ly	生离	名	72
sở nguyện	所愿	名	72
tải trọng	载重	名	72
tàn dư	残余	形名	72
thảo dược	草药	名	72
thu binh	收兵	动	72
thủy hỏa	水火	名	72
thủy phi cơ	水飞机	名	72
thuyên chuyển	铨转	动	72
tiểu cầu	小球	名	72
tra vấn	查问	动	72
trợ oai	助威	动	72
truy điệu	追悼	动	72
trụy lạc	坠落	动	72
tư doanh	私营	名	72
tùy tâm	随心	动	72
tuyệt tích	绝迹	形	72
vong ân	忘恩	动	72
xâm hại	侵害	动	72
xử nữ	处女	名	72
a bảo	阿保	名	71
ám trợ	暗助	动	71
báo phục	报复	动	71
biện chứng	辩证	形	71
điều độ	调度	动形	71
đồi mồi	玳瑁	名	71
dưỡng sinh	养生	动	71
hiền triết	贤哲	名	71
hoàng giáp	黄甲	名	71
khử trùng	去虫	动	71

lệnh tiễn	令箭	名	71
liên tỉnh	联省	形	71
luân lưu	轮流	动	71
luân thường	伦常	名	71
ngỗ nghịch	忤逆	形	71
ngọc chỉ	玉旨	名	71
ngu độn	愚钝	形	71
ngự uyển	御苑	名	71
nhiễm bệnh	染病	动	71
như nguyện	如愿	动	71
phản quốc	反国	动	71
phú hộ	富户	名	71
quý hóa	贵化	形	71
siêu cường	超强	形名	71
sinh bệnh	生病	动	71
sơn dương	山羊	名	71
suy tàn	衰残	形	71
tác nhân	作因	名	71
tao đàn	骚坛	名	71
tấu nhạc	奏乐	动	71
tính dục	性欲	名	71
trực chiến	值战	动	71
tựu trung	就中	动	71
tuyệt chủng	绝种	动	71
vị danh	为名	形	71
vĩ tuyến	纬线	名	71
xuân sắc	春色	名	71
bách chiến bách thắng	百战百胜	熟	70
bản chính	本正	名	70
bi tráng	悲壮	形	70
biệt động quân	别动军	名	70
binh phù	兵符	名	70
cao giá	高价	形	70
câu thúc	拘束	动	70
chế xuất	制出	动	70
chỉ lệnh	指令	名	70
chiêm tinh	占星	动	70
cổ hủ	古腐	形	70
cô thành	古城	名	70
cung hỉ	恭喜	动	70
đà điểu	鸵鸟	名	70
danh vị	名位	名	70
đơn cử/đan cử	单举	动	70
động binh	动兵	动	70
đồng cân	铜斤	名	70
du ký/du kí	游记	名	70
duy vật	唯物	形名	70
giáo hóa	教化	动	70
hàm dưỡng	涵养	名	70
hiệp trợ	协助	动	70
hoàng ân	皇恩	名	70
hoạt đầu	滑头	名	70
khuyến nông	劝农	动	70
liên bộ	联部	名	70
mưu sự	谋事	动	70
bộc trực	朴直	形	70
phàm phu tục tử	凡夫俗子	熟	70
phụ đạo	妇道 / 辅导	名	70
phục mệnh	复命	动	70
quốc hiệu	国号	名	70
quyền thuật	权术 / 拳术	名	70
sắc tộc	色族	名	70
tận số	尽数	动	70
thi văn	诗文	名	70
thiên hoa	天花	名	70
thuận hóa	顺化	形	70
tinh luyện	精炼	动形	70
toàn tập	全集	名	70
trọng hạ	仲夏	名	70
trừ gian	除奸	动	70
truyền khẩu	传口	动	70
tứ xứ	四处	名	70
tùy bút	随笔	名	70
ứng nghiệm	应验	动	70
ấn bản	印版 / 印本	名	69
an cư	安居	动	69
bình thì	平时	名	69
cận chiến	近战	动	69
chẩn mạch	诊脉	动	69
chỉ nam	指南	动名	69
chủ kiến	主见	名	69
công báo	公报	名	69
cường điệu	强调	动	69
cứu binh	救兵	名	69
cừu gia	仇家	名	69
dâm tà	淫邪	形	69
di huấn	贻训	名	69
đồng mưu	同谋	动	69

dung nham	熔岩	名	69
giao thông hào	交通壕	名	69
giới tuyến	界线	名	69
hầu phòng	候房	动	69
hỏa châu	火珠	名	69
khuyến học	劝学	动	69
lễ tiết	礼节	名	69
mỹ vị/mĩ vị	美味	名	69
nạp đạn	纳弹	动	69
ngân khố	银库	名	69
nghĩa cử	义举	名	69
phế thải	废汰	动名	69
phiền lụy	烦累	动	69
quân dịch	军役	名	69
quán xuyến	贯串	动	69
tai ác	灾恶	形	69
tai quái	灾怪	名	69
tái thiết	再设	动	69
tản mạn	散漫	形	69
thần từ	神寺	名	69
thanh đồng	青铜	名	69
thị tộc	氏族	名	69
thiện tiện	擅便	副	69
thống suất	统率	动	69
thụ thai	受胎	动	69
thừa lệnh	承令	动	69
tinh thuần	精纯	形	69
tinh vân	星云	名	69
tọa độ	坐度	名	69
trá ngụy	诈伪	形	69
trọng thọ	重寿	形	69
tứ bảo	四宝	名	69
tư gia	思家 / 私家	动	69
tư văn	斯文	名	69
tương đắc	相得	形	69
tuyệt diệt	绝灭	动	69
vật chứng	物证	名	69
vương pháp	王法	名	69
ý tình	意情	名	69
an cư lạc nghiệp	安居乐业	熟	68
ấn tín	印信	名	68
băng sương	冰霜	形名	68
bình thủy	瓶水	动	68
cuồng điên	狂癫	形	68
đa nguyên	多元	形	68
đắc cử	得举	形	68
đấu tố	斗诉	动	68
giám hộ	监护	动	68
hải hà	海河	形名	68
hiệu phó	校副	名	68
học vị	学位	名	68
lao tù	牢囚	名	68
minh quân	明君	名	68
mỹ quan/mĩ quan	美观	名	68
nan y	难医	形	68
nhất nguyên	一元	形	68
ô hô	呜呼	叹	68
phân hủy	分毁	动	68
phát dương	发扬	动	68
phát khởi	发起	动	68
phủ dụ	抚谕	动	68
quân hiệu	军校 / 军号	名	68
quốc văn	国文	名	68
sơ thẩm	初审	动	68
tá điền	借田	名	68
tham chính	参政	动名	68
dịch thể	液体	名	68
thiên binh vạn mã	千兵万马	熟	68
thu chi	收支	动	68
tiễn biệt	饯别	动	68
trục lợi	逐利	动	68
tự thiêu	自烧	动	68
vi sinh vật	微生物	名	68
võ đường	武堂	名	68
vong quốc	亡国	动	68
anh danh	英名	名	67
bách hóa	百货	名	67
bách thú	百兽	名	67
bản đàn	本弹	名	67
bổ khuyết	补缺	动形	67
cam lộ	甘露	名	67
cán sự	干事	名	67
cổ văn	古文	名	67
công quả	功果	名	67
cung khai	供开	动	67
cứu cấp	救急	动	67
danh bạ	名簿	名	67
đoan ngọ	端午	名	67

động tình	动情		67
gia số	加数	名	67
hạ nhục	下辱	动	67
hiền nhân	贤人	名	67
hỗn hào	混淆	形	67
hồng diệp	红叶	名	67
khởi phát	起发	动	67
kinh nghĩa	经义	名	67
lão nông	老农	名	67
mã đao	马刀	名	67
mật sứ	密使	名	67
nguyên niên	元年	名	67
nhạc mẫu	岳母	名	67
nhãn giới	眼界	名	67
nhàn tản	闲散	形	67
học niên	学年	名	67
phiên toà	番座	名	67
phong cầm	风琴	名	67
quá quan	过关	动	67
quá vãng	过往	名	67
quân huấn	军训	名	67
quốc mẫu	国母	名	67
sính lễ	聘礼	名	67
sơ cứu	初救	动	67
sở đoản	所短	名	67
sùng đạo	崇道	动	67
thai nhi	胎儿	名	67
thần mặt	神面	名	67
thanh thủy	清水	名	67
thanh trừng	清澄	动	67
thị dân	市民	名	67
thịnh đức	盛德	名	67
thời kế/thì kế	时计	名	67
tiền đường	前堂	名	67
tiên tổ	先祖	名	67
trù liệu	筹料	动	67
trung hòa	中和	动	67
tu nghiệp	修业	动	67
uyên nguyên	渊源	名	67
vị hôn phu	未婚夫	名	67
vọng nguyệt	望月	动	67
ẩn số	隐数	名	66
bãi công	罢工	动	66
bất khả kháng	不可抗	形	66
bình thân	平身	动	66
cảnh bị	警备	动	66
cao thế	高势	形	66
chí kim	至今	名	66
chính trường	政场	名	66
chức quyền	职权	名	66
dã khách	野客	名	66
di hài	遗骸	名	66
điện tích	电析	名	66
điệu hổ ly sơn	调虎离山	熟	66
đồng đại	同代	形	66
hạ âm	下音	名	66
hán văn	汉文	名	66
hành cước	行脚	动	66
hoàng thất	皇室	名	66
học chính	学政	名	66
khí tiết	气节	名	66
khiêu dâm	挑淫	形	66
không chiến	空战	动	66
kim sa	金砂	名	66
liệt phụ	烈妇	名	66
long mạch	龙脉	名	66
luận điểm	论点	名	66
lưu diễn	流演	动	66
mệnh vận	命运	名	66
nghị viên	议员	名	66
ô hô ai tai	呜呼哀哉	熟	66
phái sinh	派生	形	66
phẩm hạnh	品行	名	66
phật đường	佛堂	名	66
phát hỏa	发火	动	66
phụ gia	附加	动名	66
quang tuyến	光线	名	66
sơn nhân	山人	名	66
tha phương	他方	动名	66
thao diễn	操演	动	66
thiếu quân	少军	名	66
thính lực	听力	名	66
thoái hóa	退化	动	66
thuần phong	淳风	名	66
trang viên	庄园	名	66
trung hiếu	忠孝	名	66
từ pháp	词法	名	66
tử thù	死仇	名	66

vật phẩm	物品	名	66
ý thức hệ	意识系	名	66
biên khảo	编考	动	65
biến thiên	变迁	动	65
ca từ	歌词	名	65
cách âm	隔音	动	65
cảm hóa	感化	动	65
chiếm dụng	占用	动	65
chiêm nghiệm	占验	动	65
chu tất	周悉	形	65
đặc chế	特制	动	65
đại cao	大高	名	65
đằng đằng sát khí	腾腾杀气	熟	65
đính ước	订约	动	65
du di	游移	动	65
hà bá	河伯	名	65
hành nhân	行人	名	65
họa phúc	祸福	名	65
hùng binh	雄兵	名	65
khổ nạn	苦难	形	65
lao lực	劳力	动形	65
lực bất tòng tâm	力不从心	熟	65
ma trận	魔阵	名	65
mại dâm	卖淫	动	65
minh giám	明鉴	动	65
ngân khoản	银款	名	65
ngôn luận	言论	动	65
nha sĩ	牙士	名	65
nhân sư	人狮	名	65
nhập trường	入场	动	65
nhật trình	日呈 / 日程	名	65
pháp định	法定	形	65
phiên trấn	藩镇	名	65
phong vị	风味	名	65
quân lương	军粮	名	65
quân sở	军所	名	65
qui tụ	归聚	动	65
tâm giao	心交	形	65
tam tài	三才	名	65
tệ bạc	弊薄	形	65
thiện nam tín nữ	善男信女	熟	65
thịnh suy	盛衰	动	65
thỉnh tội	请罪	动	65
thuyền nhân	船人	名	65
thuyết giảng	说讲	动	65
tiền thế	前世	名	65
tĩnh mạch	静脉	名	65
triều phục	朝服	名	65
trước tác/trứ tác	著作	名	65
tụ nghĩa	聚义	动	65
tung hứng	纵兴	动	65
tùy thích	随适	动	65
vị chi	谓之	口	65
viễn ảnh	远影	名	65
xuân huy	春晖	名	65
âm điện	阴电	名	64
bạch ốc	白屋	名	64
bán dẫn	半引	形	64
cấm quân	禁军	名	64
cáo thị	告示	动	64
chí sĩ	志士	名	64
cửu tuyền	九泉	名	64
danh thủ	名手	名	64
di trú	移驻	动	64
diệu võ dương oai/ diễu võ dương oai	耀武扬威	熟	64
giai phẩm	佳品	名	64
giáo chỉ	教旨	名	64
giao hòa	交和	动	64
hải cẩu	海狗	名	64
hải yến	海燕	名	64
hằng hà	恒河	名	64
hòa nhạc	和乐	动	64
khinh hạm	轻舰	名	64
kiêm chức	兼职	形	64
lễ phục	礼服	名	64
liêm khiết	廉洁	形	64
linh dương	羚羊	名	64
mã lực	马力	名	64
ngạn ngữ	谚语	名	64
nghi nan	疑难	形	64
nguyên ủy	原委	名	64
nội quan	内观	动	64
phát kiến	发见	动	64
phong thấp	风湿	名	64
sai biệt	差别	形	64
siêu tuyệt	超绝	形	64
sơn hào hải vị	山肴海味	熟	64

tài chủ	财主	名	64
thăng thưởng	升赏	动	64
thiên luân	天伦	名	64
thứ nữ	次女	名	64
thực quyền	实权	名	64
tối hậu thư	最后书	名	64
trưởng tử	长子	名	64
tù phạm	囚犯	名	64
ủy mị	委靡	形	64
vật giá	物价	名	64
vinh danh	荣名	动	64
xà mâu	蛇矛	名	64
xuất giá	出嫁	动	64
ấn chứng	印证	名	63
ẩn tích	隐迹	动名	63
bản doanh	本营	名	63
bạo bệnh	暴病	名	63
bạo hành	暴行	名	63
báo tường	报墙	动	63
bạt kiếm	拔剑	动	63
ca kỹ/ca kĩ	歌妓	名	63
cảm lạnh	感冷	动	63
cầu tự	求嗣	动	63
chánh sứ	正使	名	63
châu tử	舟子	名	63
chuẩn đích	准的	名	63
công đảng	工党	名	63
cực nam	极南	形	63
đả thảo kinh xà	打草惊蛇	熟	63
đại hình	大刑	名	63
danh thắng	名胜	名	63
đấu pháp	斗法	动	63
đồn trưởng	屯长	名	63
gia phổ/gia phả	家谱	名	63
giả tưởng	假想	动	63
hạm trưởng	舰长	名	63
hậu vận	后运	名	63
hi lạp	希腊	名	63
hộ lý/hộ lí	护理	名	63
hỏa táng	火葬	动	63
hữu danh	有名	形	63
kế nghiệp	继业	动	63
kim thoa	金钗	名	63
lệnh muội	令妹	名	63
lõa thể	裸体	名	63
loạn thần	乱臣	名	63
manh nha	萌芽	动	63
minh chính	明正	动	63
hoang mạc	荒漠	名	63
ngụy quân	伪军	名	63
nguyên quán	原贯	名	63
nhân hòa	人和	名	63
nữ ca sĩ	女歌士	名	63
oan khiên	冤愆	形	63
phong thổ	风土	名	63
sát hạch	察核	动	63
tại ngoại	在外	动	63
tận tâm kiệt lực	尽心竭力	熟	63
tập tính	习性	名	63
thần dược	神药	名	63
thanh uy	声威	名	63
thí phát/thế phát	剃发	动	63
trọng sự	重事	名	63
tự phong	自封	动	63
tự tích	字迹	名	63
văn miếu	文庙	名	63
văn từ	文祠 / 文辞	名	63
vô chính phủ	无政府	形	63
vu hãm	诬陷	动	63
xuất lực	出力	动	63
an bang	安邦	动	62
bạt mạng	拔命	形	62
cầm kỳ	琴棋	名	62
cẩm y	锦衣	名	62
cấp điện	给电	动名	62
cầu trường	球场	名	62
chi li	支离	形	62
cô quả	孤寡	形名	62
cố tri	故知	名	62
cộng hưởng	共享 / 共响	动	62
công nông	工农	名	62
đồng âm	同音 / 童音	形	62
du nhập	游入	动	62
đức chính	德政	名	62
giao quyền	交权	动	62
hội sinh	会生	名	62
hợp kim	合金	名	62
khô kiệt	枯竭	形	62

khu biệt	区别	动	62
kính tặng	敬赠	动	62
lao khổ	劳苦	形	62
ngoại bang	外邦	名	62
ngụy tạo	伪造	动	62
nữ trung	女中	名	62
phạm giới	犯戒	动	62
phạm trù	范畴	名	62
pháp nhân	法人	名	62
phi hành gia	飞行家	名	62
thương mại	商卖	名	62
phương phi	芳菲	形	62
sát nhập	杀入	动	62
tác thành	作成	动	62
thạch bàn	石盘	名	62
thành tín	诚信	名	62
thành văn	成文	形	62
thất thiệt	失蚀 / 失实	动	62
thiên thời	天时	名	62
thu dung	收容	动	62
thuộc viên	属员	名	62
tiếp liền	接连	动	62
tình si	情痴	名	62
tối mật	最密	形	62
tổng sản lượng	总产量	名	62
trí giả	智者	名	62
từ chương	词章	名	62
tụ điểm	聚点	名	62
tương hợp	相合	动	62
văn đàn	文坛	名	62
viện phí	院费	名	62
xã luận	社论	名	62
xuyên quốc gia	穿国家	形	62
an gia	俺家	名	61
anh tú	英秀	形	61
bách biến	百变	动	61
biển hiệu	匾号	名	61
cảm tính	感性	名	61
cao áp	高压	形	61
diễn nghĩa	演义	动	61
điều kinh	调经	动	61
duyên số	缘数	名	61
gia thuộc	家属	名	61
giao thoa	交叉	动	61
hiếu học	好学	形	61
hóa dược	化药	名	61
hỏa pháo	火炮	名	61
khấu trừ	扣除	动	61
mộng ảo	梦幻	名	61
phủ định	否定	动	61
quốc sự	国事	名	61
quyền thần	权臣	名	61
súc tích	蓄积	动形	61
tân giáo	新教	名	61
khu trục	驱逐	名	61
thân quyến	亲眷	名	61
thao luyện	操练	动	61
thể tất	体悉	动	61
thi pháp	诗法	名	61
thỏa chí	妥志	形	61
thuần hậu	淳厚	形	61
thủy cung	水宫	名	61
tiếp liệu	接料	动名	61
tín chỉ	信纸	名	61
trân bảo	珍宝	名	61
tri giao	知交	名	61
trú phòng	驻防	动	61
trưng cầu	征求	动	61
tử lộ	死路	名	61
tương hỗ	相互	形	61
vấn đáp	问答	动	61
vấn nạn	问难	名	61
bần hàn	贫寒	形	60
biến hình	变形	动名	60
cân xứng	斤称	形	60
cát cứ	割据	动	60
chứng tích	证迹	名	60
đắc lợi	得利	形	60
đáng khinh	当轻	形	60
đăng quang	登光	动	60
đáo hạn	到限	动	60
đạo quan	道观	名	60
đê điều	堤条	名	60
điện văn	电文	名	60
dược thảo	药草	名	60
gia trưởng	家长	名	60
giải nghĩa	解义	动	60
gian hùng	奸雄	名	60

hậu cứ	后据	名	60
hiền đức	贤德	形	60
hoa lợi	花利	名	60
hoàng cầm	黄芩	名	60
học cụ	学具	名	60
hùng hoàng	雄黄	名	60
khang an	康安	形	60
kì thực/kì thật	其实	连	60
mạnh thường quân	孟尝君	名	60
nhiệt lượng	热量	名	60
nội loạn	内乱	名	60
phàm phu	凡夫	名	60
phiêu lãng	飘浪	动	60
phú thương	富商	名	60
quốc sắc thiên hương	国色天香	熟	60
quốc thích	国戚	名	60
quyết sách	决策	名	60
sở khanh	楚卿	名	60
sơn tăng	山僧	名	60
suy dinh dưỡng	衰营养	动	60
thảng hoặc	倘或	副	60
thánh hoàng	圣皇	名	60
thị lực	视力	名	60
thiền môn	禅门	名	60
thôn dân	村民	名	60
thượng đài	上台	动	60
thương sinh	苍生	名	60
tiên chỉ	先址 / 先指	名	60
tiết hạnh	节行	名	60
tổ truyền	祖传	动	60
toán loạn	算乱	动	60
tổng tuyển cử	总选举	名	60
tra phong	查封	动	60
trinh nguyên	贞元	形	60
truy hoan	追欢	动	60
truyền đạo	传导 / 传道	动	60
tựu trường	就场	动	60
văn vật	文物	形名	60
vân vụ	云雾	名	60
việt gian	越奸	名	60
ái thiếp	爱妾	名	59
an dưỡng	安养	动	59
ấn loát	印刷	动	59
bắc nam	北南	名	59
bàn dân	蟠民	名	59
bất đắc kỳ tử	不得其死	熟	59
bổ trợ	补助	动	59
cẩm tú	锦绣	形	59
chi lan	芝兰	名	59
chúc phúc	祝福	动	59
cơ biến	机变	名	59
cưỡng chế	强制	动	59
cường đại	强大	形	59
cưỡng đoạt	强夺	动	59
di chỉ	遗址	名	59
độc chất	毒质	名	59
gia pháp	家法	名	59
giáng trần	降尘	动	59
hàm tiếu	含笑	动	59
hàn vi	寒微	形	59
hoạt cảnh	活景	名	59
hương sắc	香色	名	59
khán phòng	看房	名	59
kiện tướng	健将	名	59
kinh sử	经史	名	59
luyện đan	炼丹	动	59
mẫn cán	敏干	形	59
ngũ kinh	五经	名	59
nhân tình thế thái	人情世态	熟	59
nhiệm sở	任所	名	59
phật tự	佛寺	名	59
phó ban	副班	名	59
quá bộ	过步	动	59
quân vụ	军务	名	59
quốc thư	国书	名	59
tân chủ	宾主 / 新主	名	59
thanh cảnh	清境	形	59
thanh nữ	青女	名	59
thuần hóa	驯化	动	59
thượng hạ	上下	形	59
tiềm phục	潜伏	动	59
tiên mẫu	先母	名	59
tiêu điểm	焦点	名	59
tình lý	情理	名	59
tổn thọ	损寿	动	59
trì gia	持家	动	59
trừ tà	除邪	动	59
tú bà	秀婆	名	59

tương giao	相交	动名	59
tưởng thưởng	奖赏	动	59
tuyên cáo	宣告	动	59
tuyết cừu	雪仇	动	59
tuyệt giao	绝交	动	59
yên hoa	烟花	名	59
bạc mệnh	薄命	形	58
bệnh binh	病兵	名	58
biên dịch	编译	动	58
chính đề	正题	名	58
chuyên án	专案	名	58
chuyển thể	转体	动	58
cô khổ	孤苦	形	58
cốt cán	骨干	名	58
đầu bảng	头榜	名	58
dị biệt	异别	形	58
điền chủ	田主	名	58
điêu linh	凋零	形	58
đồ thị	图示	名	58
giáp binh	甲兵	名	58
hạ tầng cơ sở	下层基础	名	58
hải đoàn	海团	名	58
hào phú	豪富	形名	58
hỏa tốc	火速	形	58
hoài vọng	怀望	动	58
hoành phi	横扉	名	58
hội diễn	汇演	动	58
hướng thiện	向善	动	58
khai đao	开刀	动	58
khúc xạ	曲射	动名	58
lập đàn	立坛	动	58
liên tịch	联席	形	58
luận lý	伦理	名	58
mục lục	目录	名	58
nghĩa nữ	义女	名	58
nội tệ	内币	名	58
phi quân sự	非军事	形	58
quán xá	馆舍	名	58
sa môn	沙门	名	58
siêu độ	超度	动	58
tả cảnh	写景	动	58
tạp dịch	杂役	名	58
thanh khí	声气	名	58
thất học	失学	动	58
thị thực	示实	动名	58
thiện tâm	善心	名	58
thỏa nguyện	妥愿	动	58
thương phẩm	商品	名	58
thưởng phạt	赏罚	动	58
thương tật	伤疾	名	58
thủy binh	水兵	名	58
tiền phương	前方	名	58
tinh thục	精熟	形	58
tống tiễn	送饯	动	58
trích lập	摘立	动	58
trường thiên	长篇	形	58
truyền ngôn	传言	名	58
từ nan	辞难	动	58
tự phê bình	自批评	动	58
tử sinh	死生	动	58
tư thất	私室	名	58
tuân hành	遵行	动	58
tuyệt cảnh	绝景	名	58
vận số	运数	名	58
vô độ	无度	形	58
vô năng	无能	形	58
xuất xưởng	出厂	动	58
bất hảo	不好	形	57
biểu ngữ	表语	名	57
cải tà	改邪	动	57
chiến lũy	战垒	名	57
chiêu hồi	招回	动	57
đả phá	打破	动	57
dạ vũ	夜舞 / 夜雨	名	57
đăng kiểm	登检	动	57
danh ngôn	名言	名	57
đáp số	答数	名	57
đề tặng	题赠	动	57
dược tính	药性	名	57
gian phi	奸妃	古	57
hồ tiêu	胡椒	名	57
hộc tốc	觳觫	副	57
không kích	空击	名	57
khuynh đảo	倾倒	动	57
kinh lược	经略	动名	57
lâm sản	林产	名	57
mỹ cảnh	美景	名	57
ngự y	御医	名	57

phẩm cách	品格	名	57
phó giáo sư	副教师	名	57
phụ chính/phụ chánh	辅政	名	57
quán thông	贯通	动	57
quốc ca	国歌	名	57
tại chức	在职	形	57
tái hội	再会	动	57
tảo mộ	扫墓	动	57
tê ngưu	犀牛	名	57
thành niên	成年	形	57
thiên đình	天庭	名	57
thông khí	通气	形	57
thủ dâm	手淫	动	57
thú tính	兽性	名	57
thủ từ	守祠	名	57
thùy dương	垂杨	名	57
trầm uất	沉郁	形	57
trận tiền	阵前	名	57
tự động hóa	自动化	动	57
tuyệt mệnh	绝命	动	57
xung sát	冲杀	动	57
ánh kim	映金	名	56
ảo mộng	幻梦	名	56
bất phân	不分	动	56
bích họa	壁画	名	56
cáo tố	告诉	动	56
châm chước	斟酌	动	56
chiêu an	招安	动	56
chuẩn hóa	准化	动	56
cứu sinh	救生	动	56
đa phương tiện	多方便	形	56
dạ xoa	夜叉	名	56
đặc trách	特责	动	56
đại tiện	大便	动	56
điểm xuyết	点缀	动	56
đốc học	督学	名	56
du xuân	游春	动	56
dược lực	药力	名	56
giải hòa	解和	动	56
hạ giới	下界	名	56
hàm ẩn	含隐	动	56
hành lạc	行乐	动	56
hiện sinh	现生	名	56
hình học	形学	名	56
hôn thú	婚娶	动	56
hương thân	乡绅	名	56
kết tụ	结聚	动	56
khiếu kiện	叫件	动	56
khổ hình	苦刑	名	56
kim khôi	金盔	名	56
kinh lịch	经历	名	56
lập tâm	立心	动	56
luận bàn	论盘	动	56
luận công	论功	动	56
ngộ nạn	遇难	动	56
ngoại nhập	外入	动	56
ngữ pháp	语法	名	56
ngũ quả	五果	名	56
nhập ngoại	入外	动	56
phàm nhân	凡人	名	56
phân khu	分区	名	56
phiến quân	煽军	名	56
phúc thẩm	复审	动	56
quyền bính	权柄	名	56
sơ đẳng	初等	形	56
sư đoàn trưởng	师团长	名	56
tam giáo	三教	名	56
tăng giảm	增减	动	56
thần đồng	神童	名	56
thảo khấu	草寇	名	56
thi tài	诗才	名	56
thi tập	诗集	名	56
thiên phương bách kế	千方百计	熟	56
thủ lễ	守礼	动	56
thụ lý/thụ lí	受理	动	56
thuế quan	税关	动	56
tiên du	仙游	动	56
tiểu phẩm	小品	名	56
tiểu xảo	小巧	形	56
tỉnh lộ	省路	名	56
trần tình	陈情	动	56
trực quan	直观	形	56
tự kiêu	自骄	动	56
tứ thư	四书	名	56
tứ tuyệt	四绝	名	56
y thường	衣裳	名	56
án tích	案迹	名	55
chủ hộ	主户	名	55

cúng bái	供拜	动	55
cung xưng	供称	动	55
dân quốc	民国	名	55
đan thanh	丹青	名	55
di chứng	遗症	名	55
gian đảng	奸党	名	55
gian hiểm	奸险 / 艰险	形	55
hạ thủy	下水	动	55
hạnh kiểm	行检	名	55
hợp khẩu	合口	形	55
khai vị	开胃	动	55
khí vị	气味	名	55
kiêm toàn	兼全	形	55
kinh độ	经度	名	55
luyện quân	练军	动	55
manh động	盲动	动	55
mật lệnh	密令	名	55
mộ địa	墓地	名	55
mỹ tục	美俗	名	55
nghĩa dũng	义勇	形	55
ngôn ngữ học	言语学	名	55
nguy quyền	伪权	名	55
phục viên	复员	动	55
phước long	福隆	名	55
sạn đạo	栈道	名	55
suy vi	衰微	动	55
tái kiến	再见	动	55
tán phát	散发	动	55
thành chung	成终	名	55
thất thân	失身	动	55
thế vị	世味	名	55
tiền đồn	前屯	名	55
tiền kiếp	前劫	名	55
trọng trường	重场	名	55
trung vệ	中卫	名	55
tướng hiệu	将校	名	55
ty trần/tị trần	避尘	动	55
vận hạn	运限	名	55
vạn năng	万能	形	55
vị lai	未来	名	55
vinh hiển	荣显	形	55
vô tội vạ	无罪祸	形	55
bài bạc	牌博	动	54
báo cáo viên	报告员	名	54
bút thiếp	笔帖	名	54
cẩm y vệ	锦衣卫	名	54
cập đệ	及第	动	54
chân thân	真身	名	54
chấp nhất	执一	形	54
chi hội	支会	名	54
chính lệnh	政令	名	54
cô liêu	孤廖	形	54
đắc dụng	得用	形	54
đại phong	大风	名	54
danh sơn	名山	名	54
dị chủng	异种	名	54
đương nhiệm	当任	形	54
hậu đài	后台	名	54
hậu đội	后队	名	54
hiếu thuận	孝顺	形	54
hổ tướng	虎将	名	54
hoài cổ	怀古	动	54
huyền vi	玄微	形	54
huyết tích	血迹	名	54
khai trí	开智	动	54
kham khổ	堪苦	形	54
kháng nghị	抗议	动	54
khổng tước	孔雀	名	54
linh ứng	灵应	动名	54
luật gia	律家	名	54
lưu huyết	流血	动	54
ngoại hạng	外项	形	54
nguyệt điện	月殿	名	54
nhãn tiền	眼前	名	54
nhập tâm	入心	动	54
nhũng nhiễu	冗扰	动	54
phi đoàn	飞团	名	54
phó đô đốc	副都督	名	54
quản hạt	管辖	动	54
quang phổ	光谱	名	54
quốc trưởng	国长	名	54
sắc dục	色欲	名	54
siêu thực	超实	形	54
sinh tố	生素	名	54
sơ học	初学	动	54
tam bành	三彭	名	54
tâm thuật	心术	名	54
thảm án	惨案	名	54

thâm u	深幽	形	54
thần binh	神兵	名	54
thanh tân	清新	形	54
thấu cốt	透骨	形	54
thổ quan	土官	名	54
thu đông	秋冬	名	54
thư đồng	书童	名	54
thủy tổ	始祖	名	54
tiễn hành	饯行	动	54
tiểu nhi	小儿	名	54
tôn quân	尊君	形	54
trọng lực	重力	名	54
trung liệt	忠烈	形	54
trưởng nữ	长女	名	54
tù giam	囚监	动	54
tứ sắc	四色	名	54
tư thương	私商	名	54
u hoài	幽怀	形	54
ứng cử	应举	动	54
ứng đối	应对	动	54
văn quan	文官	名	54
vi chỉ	违旨	动	54
vũ đoán/võ đoán	武断	形	54
ý hợp tâm đầu	意合心投	熟	54
ân điển	恩典	名	53
bạch hạc	白鹤	名	53
bạch sắc	白色	形	53
bất di bất dịch	不移不易	动	53
bị chú	备注	名	53
binh biến	兵变	动	53
binh nghiệp	兵业	名	53
bội thu	倍收	动	53
cựu ước	旧约	名	53
đầu phục	投服	动	53
điện bình	电瓶	名	53
điều hợp	调合	动	53
đoạn tình	断情	动	53
giám sinh	监生	名	53
hàm thụ	函授	形	53
hoàn công	完工	动	53
huân tước	勋爵	名	53
khắc họa	刻画	动	53
khảo cổ học	考古学	名	53
khảo thí	考试	动	53
kim cổ	今古	名	53
lăng mạ	凌骂	动	53
lương duyên	良缘	名	53
mật hiệu	密号	名	53
nhạc trưởng	乐长	名	53
nịnh thần	佞臣	名	53
phong bao	封包	动名	53
phụ sản	妇产	名	53
phương danh	芳名	名	53
quần thảo	群讨	动	53
quí tự	贵嗣	名	53
sách phong	册封	动	53
tam sinh	三牲 / 三生	名	53
thác loạn	错乱	形	53
thân gia	亲家	名	53
thánh minh	圣明	形	53
thất thu	失收	动	53
thiên chức	天职	名	53
thông thương	通商	动	53
thuận tình	顺情	动	53
toán số	算数	动	53
trung đường	中堂	名	53
trương mục	账目	名	53
tù xa	囚车	名	53
tuân phục	遵服	动	53
vi trần	微尘	名	53
vô phép	无法	动形	53
biện bác	辩驳	动	52
biệt phái	别派	动	52
bộ điệu	步调	名	52
bố y	布衣	名	52
bột phát	勃发	动	52
chiến pháp	战法	名	52
chiêu hàng	招降	动	52
chiêu hiền	招贤	动	52
cố tập	痼习	名	52
công xưởng	工厂	名	52
cung thỉnh	恭请	动	52
đa nhiệm	多任	名	52
đề thơ	题诗	动	52
di tinh	遗精	名	52
đồng tính luyến ái	同性恋爱	名	52
du thủ du thực	游手游食	熟	52
giải phóng quân	解放军	名	52

giao lộ	交路	名	52
hạ thế	下势	形	52
hi hữu	稀有	形	52
hiền lương	贤良	形	52
kết thù	结仇	动	52
khả kính	可敬	形	52
khí cầu	气球	名	52
khí quản	气管	名	52
khiếm thị	欠视	形	52
lĩnh hải/lãnh hải	领海	名	52
ma sát	摩擦	名	52
mộng ước	梦约	名	52
nhạc gia	乐家	名	52
nhận chân	认真	动	52
nhiễm khuẩn	染菌	动	52
nữ chúa	女主	名	52
ôn tập	温习	动	52
phần hồn	分魂	动	52
phì nộn	肥嫩	形	52
phiến loạn	煽乱	动	52
phúc lộc	福禄	名	52
tái chế	再制	动	52
tài vụ	财务	名	52
tăng độ	增度	动	52
tế bần	济贫	动	52
thành lệ	成例	名	52
thi hào	诗豪	名	52
thô lậu	粗陋	形	52
thương mãi	商买	动	52
thượng nguyên	上元	名	52
thủy tạ	水榭	名	52
tỉnh thức	醒识	名	52
tổng trấn	总镇	名	52
trá hàng	诈降	动	52
trung á	中亚	名	52
trung tín	忠信	形	52
trường cửu	长久	形	52
tự cổ chí kim	自古至今	熟	52
tư thù	私仇	名	52
tùng phạm/tòng phạm	从犯	名	52
tước hiệu	爵号	名	52
vô nhân đạo	无人道	形	52
âm đạo	阴道	名	51
âm đức	阴德	名	51
âm tín	音讯	名	51
anh hoa	英华	名	51
bạo phát	暴发 / 爆发	动	51
bệ kiến	陛见	动	51
bí thuật	秘术	名	51
bình phương	平方	动名	51
bồi phòng	陪房	名	51
cận đại	近代	形	51
chính thân	正身	副	51
công tư	公私	名	51
cung trang	宫妆	名	51
cương giới	疆界	名	51
đa dụng	多用	形	51
đa tài	多才	形	51
đắc thế	得势	形	51
đăng trình	登程	动	51
đơn giá	单价	名	51
đồng nam	童男	名	51
dưỡng phụ	养父	名	51
gia đồng	家僮	名	51
giáng hạ	降下	动	51
giao thương	交商	动	51
hạ bút	下笔	动	51
họa tiết	画节	名	51
hội thẩm	会审	名	51
hôn ám	昏暗	形	51
hủ tục	腐俗	名	51
huỳnh quang	荧光	名	51
không môn	空门	名	51
khuất khúc	屈曲	形	51
khúc côn cầu	曲棍球	名	51
khuyết danh	缺名	形	51
linh từ	灵祠	名	51
loạn trí	乱智	形	51
mãi dâm	买淫	动	51
miễn lễ	免礼	动	51
nguyên đại	原代	名	51
nhạc kịch	乐剧	名	51
nhất sinh	一生	名	51
niên khóa	年课	名	51
phó bản	副本	名	51
phòng dịch	防疫	动	51
phủ tạng	腑脏	名	51
phượng vĩ	凤尾	名	51

song phi	双飞	动名	51
tà dâm	邪淫	形	51
tâm chí	心志	名	51
tam phẩm	三品	名	51
tân khổ	辛苦	形	51
vũ trụ	宇宙	名	51
thất cơ	失机	动	51
thất sách	失策	形	51
thế mạng	替命	动	51
thể trạng	体状	名	51
thối chí/thoái chí	退志	动	51
thủ kho	守库	名	51
tịch điền	籍田	名	51
tiên hiền	先贤	名	51
tiến thủ	进取	动	51
tinh cầu	星球	名	51
trâm anh	簪缨	名	51
trọng thị	重视	动	51
trùng hưng	重兴	动	51
tuần du	巡游	动	51
tương tế	相济	动	51
tuyên phạt	宣罚	动	51
u tịch	幽寂	形	51
vạn bất đắc dĩ	万不得已	熟	51
viện dẫn	援引	动	51
vô tri vô giác	无知无觉	熟	51
y quan	医官 / 衣冠	名	51
y sử	医史	名	51
âm thần	阴唇	名	50
an khang	安康	形	50
án quân	按军	动	50
bích thủy	碧水	名	50
biên kịch	编剧	动名	50
bội tín	背信	动	50
cáo giác	告觉	动	50
cao tần	高频	形	50
chân tu	真修	动	50
châu bị	州备	名	50
chiêm bái	瞻拜	动	50
chuyển ngữ	转语	动名	50
cổ lai	古来	副	50
công nghĩa	公义	名	50
cung tần	宫嫔	名	50
dâm dục	淫欲	形名	50
dâm ô	淫污	形	50
dân phu	民夫	名	50
định lệ	定例	名	50
định số	定数	动名	50
đồng la	铜锣	名	50
dự thầu	与投	动	50
dung tục	庸俗	形	50
gian giảo	奸狡	形	50
hạ từ	下辞	动	50
hạn ngạch	限额	名	50
hậu môn	后门	名	50
hiến binh	宪兵	名	50
hồ đào	胡桃	名	50
hổ phù	虎符	名	50
hỏa diệm sơn	火焰山	名	50
họa mi	画眉	名	50
hội chẩn	会诊	动	50
hồng tâm	红心	名	50
hợp lí	合理	形	50
khứ hồi	去回	动	50
kiện cáo	件告	动	50
lao lung	牢笼	名	50
lập chí	立志	动	50
liệu lý/liệu lí	料理	动	50
long bào	龙袍	名	50
lực điền	力田	名	50
oan trái	冤债	名	50
phá án	破案	动	50
phản chiến	反战	动	50
pháp giới	法界	名	50
phát thanh viên	发声员	名	50
phong vũ biểu	风雨表	名	50
quá đa	过多	形	50
tẩm bổ	浸补	动	50
thâm ảo	深奥	形	50
thần hiệu	神效	名	50
thi phẩm	诗品	名	50
thoát xác	脱壳	动	50
thượng tuần	上旬	名	50
tiền đội	前队	名	50
tốc ký/tốc kí	速记	动	50
trí sĩ	致仕	动	50
tụ hợp	聚合	动	50
tứ kết	四结	名	50

tử sĩ	死士	名	50
tùy tướng	随将	名	50
ưu dụ	优裕	形	50
viễn du	远游	动	50
võ biền	武弁	名	50
vô hình trung	无形中	副	50
xú khí	臭气	名	50
âm ba	音波	名	49
ấn độ giáo	印度教	名	49
bá hộ	百户	名	49
bạch khí	白器	名	49
bài bác	排驳	动	49
bại binh	败兵	名	49
bảo mệnh/bảo mạng	保命	动	49
bất thành văn	不成文	形	49
cao vọng	高望	名	49
cầu đảo	求祷	动	49
châu mục	州牧	名	49
chiến bào	战袍	名	49
cự phách	巨擘	形	49
cường bạo	强暴	形	49
cưỡng gian	强奸	动	49
dã sử	野史	名	49
đặc xá	特赦	动	49
dân lập	民立	形	49
đăng cai	登该	动	49
dị tật	异疾	名	49
duyệt binh	阅兵	动	49
giáng chỉ	降旨	动	49
hải phận	海份	名	49
hòa ước	和约	名	49
hoàng bá	黄柏	名	49
khoái khẩu	快口	形	49
kiên tâm	坚心	形	49
lễ đài	礼台	名	49
liêm sỉ	廉耻	形	49
loạn quân	乱军	名	49
lục đạo	陆道 / 六道	名	49
lục phủ	六腑	名	49
lưu bút	留笔	名	49
mã não	玛瑙	名	49
mã thượng	马上	名	49
nghi án	疑案	名	49
ngộ đạo	悟道	动	49
nhạc điệu	乐调	名	49
nội y	内衣	名	49
phó lý	副里	名	49
phố thị	铺市	名	49
quang huy	光辉	名	49
soạn nhạc	撰乐	动	49
tác hợp	作合	动	49
tài phú	财富	名	49
tân trang	新装	动	49
thánh đế	圣帝	名	49
thanh quan	清官	名	49
thấu tình	透情	动	49
thiên nhãn	天眼	名	49
thịnh danh	盛名	名	49
thứ cấp	次级	形	49
thượng quốc	上国	名	49
thượng tọa	上座	名	49
thủy vận	水运	名	49
tích sự	绩事	名	49
tiêu ma	消磨	动	49
tiêu phí	消费	动	49
tình sử	情史	名	49
triêm nhiễm/tiêm nhiễm	沾染	动	49
trung dung	中庸	形	49
truy nguyên	追源	动	49
từ điện	磁电	名	49
tư tâm	私心	名	49
từ thạch	磁石	名	49
tử tức	子息	名	49
tuẫn tiết	殉节	动	49
văn chỉ	文址	名	49
vật lí	物理	名	49
việt văn	越文	名	49
vô giá trị	无价值	形	49
vô luân	无伦	形	49
vương sư	王师	名	49
ý hướng	意向	名	49
bàn đào	蟠桃	名	48
bất đắc chí	不得志	形	48
bất dung	不容	动	48
bát trận đồ	八阵图	名	48
bất tri bất giác	不知不觉	熟	48
bút nghiên	笔砚	名	48
cầm thư	琴书	名	48

cấp dưỡng	给养	动名	48
chí công	至公	形	48
chiêu nạp	招纳	动	48
chư tử	诸子	名	48
công du	公游	动	48
cùng dân	穷民	名	48
cường quyền	强权	名	48
đại gian đại ác	大奸大恶	熟	48
đạo hàn	盗汗	名	48
đậu tương	豆酱	名	48
điện cực	电极	名	48
diệu dược	妙药	名	48
điếu tang	吊丧	动	48
đoạt quyền	夺权	动	48
đốc quân	督军	名	48
đồng điệu	同调	形	48
dự tuyển	与选	动	48
gia dĩ	加以	动	48
hằng nga	姮娥	名	48
hiệu đính	校订	动	48
hiệu năng	效能	名	48
hoàn vũ	寰宇	名	48
hoang dâm	荒淫	形	48
hùng cường	雄强	形	48
hữu danh vô thực	有名无实	熟	48
khí hóa	气化	动	48
lệnh giới nghiêm	戒严令	名	48
liệt quốc	列国	名	48
miễn tội	免罪	动	48
mỹ đức/mĩ đức	美德	名	48
nữ hài	女鞋	名	48
phẩm vật	品物	名	48
pháp độ	法度	名	48
pháp quy	法规	名	48
pháp quyền	法权	名	48
phát dục	发育	动名	48
quả bất địch chúng	寡不敌众	熟	48
quân y viện	军医院	名	48
siêu hình học	超形学	名	48
sinh thú	生趣	名	48
tẩm liệm	寝殓	动	48
tấn phong	晋封	动	48
tế thế	济世	动	48
thái học sinh	太学生	名	48
thánh sư	圣师	名	48
thổ âm	土音	名	48
thời khóa biểu	时课表	名	48
thông tấn xã	通讯社	名	48
tích điện	积电	动	48
tiên phong đạo cốt	仙风道骨	熟	48
tĩnh từ	静词	名	48
tống táng	送葬	动	48
trần ai	尘埃	名	48
trào lộng	嘲弄	动	48
tuần canh	巡更	动	48
vệ quốc quân	卫国军	名	48
viên môn	辕门	名	48
vô tuyến truyền hình	无线传形	名	48
y gia	医家	名	48
ái khanh	爱卿	名	47
báo mộng	报梦	动	47
bất bình đẳng	不平等	形	47
bất túc	不足	形	47
bổ dụng	补用	动	47
bức cung	逼供	动	47
ca thán	歌叹	动	47
cần vương	勤王	动	47
chế phẩm	制品	名	47
chi khu	支区	名	47
chinh phụ	征妇	名	47
chính quốc	正国	名	47
chủ từ	主词	名	47
cố đạo	故道	名	47
công quỹ	公柜	名	47
cùng quẫn	穷窘	形	47
cương nhu	刚柔	形	47
đại tang	大丧	名	47
dẫn giải	引解	动	47
dịch tễ	疫毙	名	47
địch tình	敌情	名	47
điển tích	典迹	名	47
đông pháp	东法	名	47
gia hình	加刑	动	47
giá thú	嫁娶	动	47
giáo xứ	教处	名	47
giáp giới	夹界	形	47
hàng binh	降兵	名	47
hằng hà sa số	恒河沙数	熟	47

hạnh ngộ	幸遇	动	47
hướng nghiệp	向业	动	47
kế hoạch hóa	计划化	动	47
khánh kiệt	罄竭	动	47
khu trừ	驱除	动	47
kiểm toán viên	检算员	名	47
long sàng	龙床	名	47
luật học	律学	名	47
mãn ý	满意	形	47
miễn giảm	免减	动	47
mộc tinh	木星	名	47
môi sinh	媒生	名	47
mỹ học/mĩ học	美学	名	47
nhãn tuyến	眼线	名	47
nho gia	儒家	名	47
ni sư	尼师	名	47
nữ anh hùng	女英雄	名	47
phái hệ	派系	名	47
phái viên	派员	名	47
phạm luật	犯律	动	47
phần cảm	分感	动	47
phật thủ	佛手	名	47
phế liệu	废料	名	47
phú gia	富家	名	47
phủ quyết	否决	动	47
quá kỳ	过期	动	47
quẫn bách	窘迫	形	47
quận trưởng	郡长	名	47
quyến thuộc	眷属	名	47
sinh thể	生体	名	47
tác quyền	作权	名	47
tài mạo	才貌	名	47
tâm cảnh	心境	名	47
tầm xuân	寻春	名	47
tây dương	西洋	名	47
tế tửu	祭酒	名	47
thám hoa	探花	名	47
thăng cấp	升级	动	47
thanh bần	清贫	形	47
thị tì	侍婢	名	47
thiên phủ	天府	名	47
thổ hào	土豪	名	47
thổ mộc	土木	名	47
thụ hình	受刑	动	47
thứ phi	次妃	名	47
thuộc cấp	属级	名	47
thưởng hoa	赏花	动	47
tôn tạo	尊造	动	47
trở lực	阻力	名	47
trường sinh bất lão	长生不老	熟	47
tử tước	子爵	名	47
tuế nguyệt	岁月	名	47
vô cương	无疆	形	47
vô tư lự	无思虑	形	47
xu nịnh	趋佞	动	47
yếu nhân	要人	名	47
ác danh	恶名	名	46
ảo vọng	幻望	名	46
bản chức	本职	名	46
biên đội	编队	名	46
bình trị	平治	动	46
bưu kiện	邮件	名	46
cân não	筋脑	形名	46
cảnh binh	警兵	名	46
canh cải	更改	动	46
chính thể	政体	名	46
công xã	公社	名	46
đế vị	帝位	名	46
di cảo	遗稿	名	46
đối ứng	对应	动	46
đồng giá	同价	名	46
dư dật	余逸	形	46
dương gian	阳间	名	46
giao hữu	交友	动形	46
hạ màn	下幔	动	46
hiền khô	贤枯	形	46
hộ thủ	护首	动	46
hoàn bị	完备	形	46
hội đoàn	会团	名	46
hợp âm	合音	名	46
hủ nho	腐儒	名	46
huyết lệ	血泪	名	46
khai hoa	开花	动	46
khoa cử	科举	名	46
lộng quyền	弄权	动	46
luận thuyết	论说	名	46
miếu hiệu	庙号	动	46
nạn dân	难民	名	46

ngục tù	狱囚	名	46
nguyên sơ	元初	动	46
nhạc viện	乐院	名	46
nhân huệ	仁惠	形	46
nhiễu nhương	扰攘	形	46
nông gia	农家	名	46
phong hóa	风化	动	46
phù điêu	浮雕	名	46
phương viên	方圆	形	46
quái thai	怪胎	名	46
quốc nội	国内	形	46
quốc sách	国策	名	46
sinh vật học	生物学	名	46
sơ khởi	初起	形	46
sự thế	事势	名	46
ta thán	嗟叹	动	46
tằng tổ	曾祖	名	46
táo quân	灶君	名	46
thâm căn cố đế	深根固蒂	熟	46
tham nghị	参议	动名	46
thẩm thấu	渗透	动	46
thần phật	神佛	名	46
thi ân	施恩	动	46
thiên kiến	偏见	名	46
thiên nhai	天涯	名	46
thiên tả	偏左	形	46
thổ ngữ	土语	名	46
thương chính	商政	名	46
trung dũng	忠勇	形	46
tự thuật	自述	动	46
vạn bảo	万宝	名	46
vạn cổ	万古	名	46
văn học sử	文学史	名	46
văn phạm	文范	名	46
vi sinh	微生	名	46
vô tỉ	无比	无比名	46
xú uế	臭秽	形	46
bác đại	博大	形	45
biến áp	变压	动名	45
binh vận	兵运	名	45
bổ cứu	补救	动	45
bức hại	逼害	动	45
canh nông	耕农	名	45
chân chúa	真主	名	45
châu quận	州郡	名	45
chỉnh thể	整体	名	45
dạ yến	夜宴	名	45
đại cán	大干	名	45
đại ngôn	大言	动	45
dĩ dật đãi lao	以逸待劳	熟	45
điền kinh	田径	名	45
đô úy	都尉	名	45
đồng bảng	同榜	形	45
đồng vị	同位 / 同味	名	45
duy ngã độc tôn	唯我独尊	熟	45
hạ cấp	下级	动形名	45
hải lực	海力	名	45
hiệu báo	号报	名	45
hồng hoang	洪荒	形	45
hữu dũng vô mưu	有勇无谋	熟	45
huyện lệnh	县令	名	45
ích kỉ	益己	形	45
khai khẩn	开垦	动	45
khai quốc công thần	开国功臣	名	45
kĩ năng	技能	名	45
kiều hối	侨汇	名	45
lạm sát	滥杀	动	45
lãnh cảm	冷感	形	45
lưỡng quyền	两颧	名	45
mặc định	默定	动	45
mô phạm	模范	名	45
ngoạn cảnh	玩景	动	45
phế quản	肺管	名	45
phó chính ủy	副政委	名	45
phù kiều	浮桥	名	45
quốc kỳ/quốc kì	国旗	名	45
sùng tín	崇信	动	45
tạ từ	谢辞	动	45
tác oai tác quái	作威作怪	形	45
tái hợp	再合	动	45
tốc hành	速行	名	45
thông huyền	通玄	动	45
thư tịch	书籍	名	45
thực quản	食管	名	45
tiện nội	贱内	名	45
tiếp dầu	接油	动	45
tín phiếu	信票	名	45
toàn hảo	全好	形	45

tôn ông	尊翁	名	45
tranh quyền	争权	动	45
trọng đãi	重待	动	45
trường ca	长歌	名	45
tức vị	即位	动	45
tùy nghi	随宜	动	45
vô cố	无故	形	45
xiêm áo	襜袄	名	45
xuyên tâm	穿心	名	45
bạch cầu	白球	名	44
báo hiếu	报孝	动	44
bất kham	不堪	形	44
bổ dưỡng	补养	动	44
cách điệu	格调	名	44
cấm chỉ	禁止	动	44
cầu toàn	求全	动	44
cầu vinh	求荣	动	44
công chiếu	公照	动	44
công hàm	公函	名	44
cùng đinh	穷丁	名	44
đại châu	大洲	名	44
đại thọ	大寿	形	44
đáng tiền	当钱	形	44
đề tựa	题序	动	44
di chiếu	遗诏	名	44
đồng liêu	同僚	名	44
giáo khoa	教科	形	44
giáo thụ	教授	名	44
hạch sách	劾索	动	44
hành tại	行在	名	44
họa sư	画师	名	44
hồng ân	鸿恩	名	44
hợp tấu	合奏	动	44
hủ bại	腐败	形	44
hưởng lộc	享禄	动	44
khai tử	开死	动	44
khoan thứ	宽恕	动	44
liên danh	联名	形	44
long não	龙脑	名	44
lục sự	录事	名	44
lý hóa	理化	名	44
manh tâm	萌心	动	44
minh ước	盟约	名	44
môn đăng hộ đối	门登户对	熟	44
mưu cơ	谋机	名	44
ngân quỹ	银柜	名	44
ngoại tỉnh	外省	形名	44
ngọc thỏ/ngọc thố	玉兔	名	44
nô dịch	奴役	动形	44
nội hóa	内化 / 内货	动	44
nữ văn sĩ	女文士	名	44
phế phẩm	废品	名	44
phong sắc	丰啬	形	44
phức hợp	复合	形	44
sa đà	蹉跎	动	44
sách nhiễu	索扰	动	44
sĩ phu	士夫	名	44
siêu sinh	超生	动	44
sóc phương	朔方	名	44
tai ách	灾厄	名	44
tàn hương	残香	名	44
thảo lư	草庐	名	44
thiển ý	浅意	名	44
thời gian biểu	时间表	名	44
thông giám	通鉴	名	44
thủ tiết	守节	动	44
thuộc tính	属性	名	44
thủy quái	水怪	名	44
thuyết giáo	说教	动	44
tiền án	前案	名	44
tình nương	情娘	名	44
tọa thiền	坐禅	动	44
tống giam	送监	动	44
trú quân	驻军	动	44
tư hữu	私有	形	44
từ khước	辞却	动	44
tự tư tự lợi	自私自利	熟	44
túc vệ	宿卫	名	44
ty bỉ/ti bỉ	卑鄙	形	44
xuân phong	春风	名	44
an phủ	安抚	动	43
bách khoa toàn thư	百科全书	名	43
bi thiết	悲切	形	43
biển báo	匾报	名	43
biên niên	编年	形	43
bình sa	平沙	名	43
chí hiếu	至孝	形	43
chiêu binh mãi mã	招兵买马	熟	43

công tích	功绩 / 公积	名	43
cứu nhân độ thế	救人度世	熟	43
đại số	代数	名	43
đăng khoa	登科	动	43
danh tiết	名节	名	43
điền viên	田园	名	43
định hôn	定婚	动	43
độc chiêu	毒招	名	43
độc mộc	独木	名	43
động thổ	动土	动	43
đột khởi	突起	动	43
du thuyết	游说	动	43
giang mai	江梅	名	43
giao tế	交际	动	43
hạnh nhân	杏仁	名	43
hiếu phục	孝服	名	43
hộ thành	护城	动	43
hỏa tinh	火星	名	43
học quan	学官	名	43
hỗn mang	浑芒	形	43
hưng vong	兴亡	动	43
hướng đạo sinh	响导生	名	43
kinh phong	惊风	名	43
lí tưởng	理想	名	43
loạn luân	乱伦	动	43
luật thơ/luật thi	律诗	名	43
ngọc thể	玉体	名	43
nhũ hoa	乳花	名	43
nhũ mẫu	乳母	名	43
ni trưởng	尼长	名	43
nội tiết	内泄	名	43
nội tướng	内将	名	43
phát lộ	发露	动	43
phi cảng	飞港	名	43
phiêu đãng	飘荡	形	43
phong nguyệt	风月	名	43
quy cách/qui cách	规格	名	43
số mục	数目	名	43
tâm thất	心室	名	43
tân khoa	新科	名	43
tế tự	祭祀	动	43
thần vũ	神武	形	43
thanh trừ	清除	动	43
thị độc	侍读	动	43
thích ý	适意	形	43
thiếu phó	少傅	名	43
thoái bộ	退步	动	43
thông dâm	通淫	动	43
thực tài	实才	名	43
tích đức	积德	动	43
toàn đoàn	全团	名	43
trà lâu	茶楼	名	43
truy nhập	追入	动	43
tư bản chủ nghĩa	资本主义	名	43
tự liệu	自料	动	43
túc cầu	足球	名	43
tục danh	俗名	名	43
tước lộc	爵禄	名	43
vạn toàn	万全	形	43
viên thông	圆通	名	43
vọng lâu	望楼	名	43
vương phụ	王父	名	43
vương thần	王臣	名	43
yêu khí	妖气	名	43
ác đức	恶德	形名	42
biến chất	变质	动	42
biện giải	辩解	动	42
biệt xứ	别处	形	42
biểu hiệu	表号	名	42
chấn kinh	震惊	动	42
châu đốc	朱笃	名	42
chỉnh huấn	整训	动	42
chủ tế	主祭	动	42
chuyển phát	转发	动	42
cửu vạn	九万	名	42
danh lam thắng cảnh	名蓝胜景	熟	42
diễn giảng	演讲	动	42
điều chuyển	调转	动	42
đô thị hóa	都市化	动	42
đối trọng	对重	名	42
đồng văn	同文	名	42
dương khí	阳气	名	42
giảm cân	减斤	动	42
giao hoan	交欢	动	42
hạ tuần	下旬	名	42
hộ sản	护产	动	42
huấn thị	训示	动	42
khoa học viễn tưởng	科学幻想	名	42

khuyển mã	犬马	名	42
khuynh quốc khuynh thành	倾国倾城	熟	42
kinh kệ	经偈	名	42
kính mộ	敬慕	动	42
lạc đề	落题	动	42
lão giáo	老教	名	42
lê viên	梨园	名	42
mỹ ý/mĩ ý	美意	名	42
ngoại khóa	外课	名	42
ngọc trâm	玉簪	名	42
nha lại	衙吏	名	42
nữ y tá	女医佐	名	42
phẫn kích/phẫn khích	愤激	动	42
phiến diện	片面	形	42
phúng điếu	赗吊	动	42
quân phiệt	军阀	形名	42
quí hóa	贵货	名	42
qui tiên	归仙	动	42
quốc sử	国史	名	42
quyền cao chức trọng	权高职重	熟	42
sai số	差数	名	42
sinh sát	生杀	动	42
soái hạm	帅舰	名	42
sung quân	充军	动	42
suy vong	衰亡	动	42
tái giá	再嫁	动	42
tam thất	三七	名	42
tần tảo	苹藻	动名	42
tây du	西游	动	42
thai phụ	胎妇	名	42
thiếu sinh quân	少生军	名	42
thỉnh thị	请示	动	42
thụ mệnh	受命	动	42
thừa tự	承嗣	动	42
tỉnh đoàn	省团	名	42
tổng chỉ huy	总指挥	名	42
tông đường	宗堂	名	42
trị sự	治事	名	42
trương hoàng	装潢	动	42
tứ bình	四屏	名	42
tù ngục	囚狱	名	42
tương khắc	相克	形	42
tùy hứng	随兴	动	42
tỷ đối/tỉ đối	比对	动	42
uất khí	郁气	动	42
vĩnh yên	永安	名	42
vưu vật	尤物	名	42
xã đội trưởng	社队长	名	42
y trang	衣装	名	42
yên chi	胭脂	名	42
ác nghiệp	恶业	名	41
ác tâm	恶心	名	41
áp thuế	押税	动	41
bãi binh	罢兵	动	41
bao biện	包办	动	41
bát phương	八方	名	41
bị trị	被治	动	41
bội nghĩa	背义	动	41
cách ngôn	格言	名	41
cam phận	甘分	动	41
chỉnh hình	整形	名	41
cơ hàn	饥寒	形	41
cô tử	孤子	名	41
cục phó	局副	名	41
cương thường	纲常	名	41
đại gian	大奸	名	41
dâm dật	淫逸	形	41
đàn hương	檀香	名	41
đạo chích	盗跖	名	41
đề huề	提携	动形	41
di họa	遗祸	名	41
điểu thú	鸟兽	名	41
định tính	定性	动	41
độc đắc	独得	动	41
đường luật	唐律	名	41
gia tiên	家先	名	41
giải oan	解怨	动	41
giám quân	监军	动	41
giảm tải	减载	动	41
hàm nghĩa	含义	动名	41
hành tội	行罪	动	41
hóa dầu	化油	名	41
hỏa đầu quân	火头军	名	41
hoán vị	换位	动	41
hỗn danh	诨名	名	41
huyện đường	县堂	名	41
khai phóng	开放	动	41

khí cụ	器具	名	41
khoa trưởng	科长	名	41
khuếch tán	扩散	动	41
lãng du	浪游	动	41
liên đới/liên đái	连带	动	41
luật định	律定	名	41
lưu không	留空	形	41
mộc nhĩ	木耳	名	41
môn phiệt	门阀	名	41
nghi trượng	仪仗	名	41
ngoại khoa	外科	名	41
ngoại lai	外来	形	41
nhất luật	一律	副	41
nhu yếu phẩm	需要品	名	41
nông trang	农庄	名	41
phản quang	反光	形	41
phát chẩn	发赈	动	41
phiêu du	漂游	动	41
phụ kiện	附件	名	41
phúc tra	复查	动	41
quân giới	军械	名	41
quan thiết	关切	动形	41
quan yếu	关要	名	41
sĩ số	士数	名	41
siêu dẫn	超引	动	41
sứ bộ	使部	名	41
tài khoá	财课	名	41
tảo tần	藻苹	动名	41
tẩu tán	走散	动	41
tây học	西学	名	41
tê giác	犀角	名	41
thâm mưu	深谋	动	41
thắng cử	胜举	动	41
thanh sử	青史	名	41
thể tình	体情	动	41
thôn bản	村版	名	41
thuần nhất	纯一	形	41
thuần phác	淳朴	形	41
tiếp vận	接运	动	41
trác việt	卓越	形	41
từ hôn	辞婚	动	41
tự sản	嗣产	动名	41
từ tổ	词组	名	41
tự tuyệt	自绝	动	41
tuyệt thực	绝食	动	41
ưu sầu	忧愁	形	41
vô tiền khoáng hậu	无前旷后	熟	41
xưng hùng xưng bá	称雄称霸	熟	41
y bát	衣钵	动名	41
yến ẩm	宴饮	动	41
yến sào	燕巢	名	41
ai từ	哀辞	名	40
bạo liệt	暴烈	形	40
bảo nhân	保人	名	40
biến tính	变性	动	40
bức thiết	逼切	形	40
cách nhiệt	隔热	动	40
cận cảnh	近景	名	40
cao kỳ/cao kì	高奇	形	40
cáo phó	告讣	动名	40
cấp tính	急性	形	40
cầu phúc	求福	动	40
chân phương	真方	形	40
chiếu tướng	照将	动	40
chủ biên	主编	动名	40
cơ số	基数	名	40
công quyền	公权	形名	40
cung văn	供文	名	40
đa mưu túc trí	多谋足智	熟	40
đồng cam cộng khổ	同甘共苦	熟	40
dư địa	余地	名	40
đương chức	当职	形	40
dương oai	扬威	动	40
dưỡng tâm	养心	动	40
giao binh	交兵	动	40
giáp chiến	夹战	动	40
hàm oan	含冤	动	40
hán tự	汉字	名	40
hiếu danh/háo danh	好名	形	40
hiếu sự	孝事	名	40
hỏa xa	火车	名	40
hợp thức hóa	合式化	动	40
hương chức	乡职	名	40
khuynh thành	倾城	形	40
kính ái	敬爱	形	40
lao dịch	劳役	名	40
lượng từ	量词	名	40
mẫu số	母数	名	40

ngọc hoàn	玉环	名	40
ngu kiến	愚见	名	40
ngữ văn	语文	名	40
ngưng kết	凝结	动	40
nguy quân tử	伪君子	名	40
nguyên âm	元音	名	40
nguyệt cầm	月琴	名	40
nha khoa	牙科	名	40
nhục hình	肉刑	名	40
nội địa hóa	内地化	动	40
ô trọc	污浊	形	40
phá cách	破格	动	40
phóng điện	放电	动	40
phục trang	服装	名	40
qui hàng	归降	动	40
quyền biến	权变	动	40
sơ tuyển	初选	动	40
thạch anh	石英	名	40
tham tài	贪财	形	40
thân bằng	亲朋	名	40
than thân trách phận	叹身责份	熟	40
thổ cẩm	土锦	名	40
thôn ấp	村邑	名	40
thôn trưởng	村长	名	40
thủ chỉ	首指	名	40
thực lục	实录	动	40
tiên giới	仙界	名	40
tổng thu	总收	名	40
trí mưu	智谋	形	40
triều cống	朝贡	动	40
trung liên	中连	名	40
trung nông	中农	名	40
từ phú	词赋	名	40
tuần kiểm	巡检	动	40
vị tự	位似	名	40
vũ đài	武台 / 舞台	名	40
xa mã	车马	名	40
xảo kế	巧计	名	40
xuất nhập cảnh	出入境	动	40
yếm thế	厌世	形	40
ái phi	爱妃	名	39
bách phát bách trúng	百发百中	熟	39
binh bị	兵备	名	39
bồi hoàn	赔还	动	39
cải tử hoàn sinh	改死还生	熟	39
cam thảo	甘草	名	39
cầm tinh	禽星	动	39
cấp tập	急集	形	39
chí cốt	至骨	形	39
chí như	至如	介	39
chuyên chính	专政	动名	39
chuyển khoản	转款	动	39
cô thứ	姑恕	动	39
cừu thù	仇仇	动名	39
đa mang	多忙	动	39
đặc khu	特区	名	39
đại đoàn	大团	名	39
khí tượng	气象	名	39
dân binh	民兵	名	39
đốc chiến	督战	动	39
đơn bạc	单薄	形	39
động phòng hoa chúc	洞房花烛	熟	39
duy tu	维修	动	39
gia cư	家居	名	39
giả nhân giả nghĩa	假仁假义	熟	39
giả thử	假此	动	39
hàng tướng	降将	名	39
hậu tiến	后进	形	39
hỗ tương	互相	形	39
hòa tấu	和奏	动	39
hôn phối	婚配	动	39
khai hội	开会	动	39
khổ chủ	苦主	名	39
kị binh	骑兵	名	39
kính lão	敬老	动	39
liên tử	莲子	名	39
liệt dương	烈阳	名	39
long nhan	龙颜	名	39
long phụng	龙凤	名	39
lục lộ	陆路	名	39
mã đáo thành công	马到成功	熟	39
mật đàm	密谈	动	39
mạt vận	末运	形	39
mẫu tự	母字	名	39
miễn nhiệm	免任	动	39
nam ai	南哀	名	39
nghiệp báo	业报	名	39
ngoại viện	外援	动	39

nhân dạng	人样	名	39
phát tang	发丧	动	39
phi chính phủ	非政府	形	39
phổ thông trung học	普通中学	名	39
phòng ban	房班	名	39
quy tập	归集	动	39
thất ngôn	七言	名	39
thể dịch	体液	名	39
thiên binh	天兵	名	39
thuế vụ	税务	名	39
thượng giới	上界	名	39
thương thuyền	商船	名	39
thủy trúc	水竹	名	39
tĩnh tại	静在	形	39
tố khổ	诉苦	动	39
tọa thị	坐视	动	39
trắc thủ	测手	名	39
tranh cường	争强	动	39
truyền điện	传电	动	39
tương tàn	相残	动	39
tuyệt mật	绝密	名	39
tuyệt tự	绝嗣	形	39
ứng tuyển	应选	动	39
vị từ	谓词	名	39
vong ân bội nghĩa	忘恩负义	熟	39
xích thố	赤兔	名	39
ba động	波动	动	38
bài tiết	排泄	动	38
bàn cổ	盘古	名	38
báo đức	报德	动	38
bệnh trạng	病状	名	38
binh phục	兵服	名	38
cần kiệm	勤俭	形	38
cát hung	吉凶	形	38
chu trình	周程	名	38
chưởng quản	掌管	名	38
chuyên biệt	专别	形	38
chuyên trị	专治	动	38
công lộ	公路	名	38
cốt khí	骨气	名	38
cực phẩm	极品	名	38
đại doanh	大营	名	38
dân ý	民意	名	38
đăng đàn	登坛	动	38
đào luyện	陶炼	动	38
di dưỡng	颐养	动	38
địa dư	地舆	名	38
định lý/định lí	定理	名	38
đoạn đầu đài	断头台	名	38
độc ẩm	独饮	动形	38
đốc phủ	督府	名	38
đông chí	冬至	名	38
giai tầng	阶层	名	38
giáo chức	教职	名	38
giao phối	交配	动	38
hao binh tổn tướng	耗兵损将	熟	38
hiếu kính	孝敬	动	38
họa hình	画形	动	38
học khóa	学课	名	38
hội thoại	会话	动	38
hư thân	虚身	形	38
khinh binh	轻兵	名	38
lâm tuyền	林泉	名	38
lệnh đệ	令弟	名	38
liệt truyện	列传	名	38
linh miêu	灵猫	名	38
luận tội	论罪	动	38
miễn trừ	免除	动	38
nam bình	南平	名	38
nghiêm trị	严治	动	38
ngoại lực	外力	名	38
nhàn du	闲游	动	38
nhất cử lưỡng tiện	一举两便	熟	38
phạn văn	梵文	名	38
phế vật	废物	名	38
phi tang	飞赃	动	38
phòng sách	房册	名	38
quốc hoa	国花	名	38
tâm thần phân liệt	心神分裂	名	38
thành hội	城会	名	38
thất bảo	七宝	名	38
nhiễm sắc thể	染色体	名	38
thiên tuế	千岁	名	38
thổ sản	土产	名	38
thường sơn	常山	名	38
tiền trình	前程	名	38
tinh chế	精制	动	38
tổng hội	总会	名	38

trọc phú	浊富	名	38
tự điều chỉnh	自调整	动	38
tử ngoại	紫外	形	38
tương thân tương ái	相亲相爱	熟	38
tuyệt đại đa số	绝大多数	熟	38
tuyết nguyệt	雪月	名	38
tỳ tướng	裨将	名	38
ức đoán	臆断	动	38
vệ quốc đoàn	卫国团	名	38
vô tổ chức	无组织	形	38
vũ sư	舞师	名	38
ẩn khuất	隐屈	动	37
âu tây	欧西	名	37
bách tuế	百岁	名	37
bản quốc	本国	名	37
bản triều	本朝	名	37
băng hoại	崩坏	动	37
bất khả thi	不可施	形	37
ca trù	歌筹	名	37
can phạm	干犯	名	37
cáo chung	告终	动	37
chấn võ	振武	动	37
châu thổ	洲土	名	37
chi trưởng	支长	名	37
chiếu mệnh	照命	动	37
chủ khảo	主考	名	37
cụ bị	俱备	动	37
cùng tận	穷尽	形	37
cung thất	宫室	名	37
cựu binh	旧兵	名	37
cựu thần	旧臣	名	37
đại điển	大典	名	37
đại quy mô	大规模	形	37
đảo quốc	岛国	名	37
di ảnh	遗影	名	37
dị vực	异域	名	37
diệt chủng	灭种	动	37
độ trì	度持	动	37
đoản mệnh	短命	形	37
đoạt lợi	夺利	动	37
độc lực	独力	形	37
giáng chức	降职	动	37
hương cống	乡贡	名	37
khao quân	犒军	动	37
khoa bảng	科榜	名	37
khoan hòa	宽和	形	37
kim phượng	金凤	名	37
lục bộ	六部	名	37
miễn chấp	免执	动	37
mỹ châu	美洲	名	37
ngộ sát	误杀	动	37
ngoa ngôn	讹言	名	37
pháp học	法学	名	37
quái kiệt	怪杰	名	37
quân nhạc	军乐	名	37
quan thuế	关税	名	37
quân tịch	军籍	名	37
sinh hóa	生化	动名	37
sung công	充公	动	37
tái chiếm	再占	动	37
tâm lý chiến	心理战	名	37
tập hậu/tậ hậu	袭后	动	37
tạp vụ	杂务	名	37
tây y	西医	名	37
thất tiết	失节	动	37
thiên hướng	偏向	名	37
thụ phong	受封	动	37
thượng thọ	上寿	名	37
tiền duyên	前沿 / 前缘	名	37
tiền trạm	前站	名	37
toàn văn	全文	名	37
tổng thu nhập	总收入	名	37
trà hoa	茶花	名	37
trọng pháo	重炮	名	37
trù phòng	厨房	名	37
trúc đào	竹桃	名	37
trúc diệp	竹叶	名	37
trung đoàn bộ	中团部	名	37
tương liên	相怜 / 相连	动	37
tửu khách	酒客	名	37
văn giới	文界	名	37
vô thưởng vô phạt	无赏无罚	熟	37
xích đạo	赤道	名	37
xuẩn ngốc	蠢呆	形	37
bà la môn	婆罗门	名	36
bạc phận	薄分	形	36
bi lụy	悲累	形	36
biệt đãi	别待	动	36

bình luận viên	评论员	名	36
cách tân	革新	动	36
cảm nhiễm	感染	动	36
cao ủy	高禄	名	36
chiếu xạ	照射	动	36
chính cung/chánh cung	正宫	名	36
chính đảng	政党	名	36
chủng viện	种院	名	36
chưởng ấn	掌印	动	36
cơ yếu	机要	形名	36
công diễn	公演	动	36
đại độ	大度	形	36
đại phúc	大福	名	36
đẳng thức	等式	名	36
đồ giải	图解	动	36
đồng dạng	同样	形	36
đồng ngũ	同伍	形名	36
dương trang	洋装	名	36
duy tâm	唯心	形	36
gia đệ	家弟	名	36
giải khuyến	解劝	动	36
giải nghệ	解艺	动	36
giáo mác	槊镆	名	36
hạ huyệt	下穴	动	36
hải vận	海运	动	36
hán thư	汉书	名	36
hạo nhiên	浩然	形	36
hội báo	汇报	动	36
hội thánh	会圣	名	36
huyết thanh	血清	名	36
khán thủ	看守	名	36
khô cốt	枯骨	名	36
khóa sinh	课生	名	36
khoát đạt	阔达	形	36
kịch sĩ	剧士	名	36
kiệt cùng	竭穷	形	36
kinh luân	经纶	动	36
lạc thành	落成	动	36
lập hội	立会	动	36
luyện binh	练兵	动	36
mẫu quốc	母国	名	36
ngọc thạch câu phần	玉石俱焚	熟	36
ngũ đoản	五短	形	36
nhân chủng học	人种学	名	36
nhân sinh quan	人生观	名	36
nông nô	农奴	名	36
phân xã	分社	名	36
tự hành	自行	名	36
phát nguyện	发愿	动	36
phôi thai	胚胎	动名	36
phong thánh	封圣	动	36
thường trực	常值	名	36
phụ liệu	辅料	名	36
phục linh	茯苓	名	36
quán chỉ	贯址	名	36
quan sát viên	观察员	名	36
tình nguyện	情愿	名	36
quẫn trí	窘智	形	36
qui phục	归服	动	36
quốc khố	国库	名	36
sơn mạch	山脉	名	36
sử liệu	史料	名	36
suy cử	推举	动	36
tác gia	作家	名	36
tâm bệnh	心病	名	36
tam tạng	三藏	名	36
tân dược	新药	名	36
tế độ	济渡	动	36
tham tâm	贪心	名	36
thần quái	神怪	名	36
thập tự chinh	十字征	名	36
thế tình	世情	名	36
thi thư	诗书	名	36
thiên di	迁移	动	36
thiên hùng	天雄	名	36
thời biểu	时表	名	36
thường thức	常识	名	36
thượng võ	尚武	动形	36
tích huyết	积血	动	36
tiểu trường/tiểu tràng	小肠	名	36
trị thủy	治水	动	36
trích lục	摘录	动	36
triệt phá	撤破	动	36
triều đường	朝堂	名	36
trọng phạm	重犯	名	36
trúng cử	中举	动	36
trung đại	中代	名	36
trung đẳng	中等	形	36

truyền lực	传力	动	36
tu nghiệp sinh	修业生	名	36
tự tình	叙情	动	36
tuần lộc	驯鹿	名	36
tức thị	即是	副	36
vi mạch	微脉	名	36
viễn tưởng	远想	形	36
vô tính	无性	形	36
xử giảo	处绞	动	36
yêu mị	妖媚	形	36
âm lượng	音量	名	35
bạch diện thư sinh	白面书生	熟	35
bần cố nông	贫雇农	名	35
báo vụ	报务	名	35
bị kiện	备件	名	35
cách bức	隔辐	动	35
cấm khẩu	噤口	动	35
chính sử	政史	名	35
công lợi	功利 / 公利	名	35
cử sự	举事	动	35
cuồng sĩ	狂士	名	35
cứu khổ cứu nạn	救苦救难	熟	35
dạng thức	样式	名	35
đạo tâm	道心	名	35
đế đô	帝都	名	35
điểm hóa	点化	动	35
điểm trang	点妆	动	35
điện chính	电政	名	35
điện lạnh	电冷	名	35
đốc lý/đốc lí	督理	名	35
đồng tộc	同族	形	35
dưỡng mẫu	养母	名	35
hải hành	海行	动	35
hậu phi	后妃	名	35
hướng nội	向内	动	35
khoáng chất	矿质	名	35
khu phó	区副	名	35
khuất nhục	屈辱	名	35
kì công	奇功	形名	35
kiều dân	侨民	名	35
lại mục	吏目	名	35
lâm tặc	林贼	名	35
lữ điếm	旅店	名	35
mục dân	牧民	动	35
ngải cứu	艾灸	动名	35
nghị hòa	议和	动	35
nghĩa binh	义兵	名	35
ngoại cảm	外感	动名	35
ngưỡng vọng	仰望	动	35
nguyện ước	愿约	名	35
nhãn cầu	眼球	名	35
nhập thế	入世	动	35
nữ du kích	女游击	名	35
phát ban	发斑	动	35
phi lễ	非礼	动	35
phụ khoa	妇科	名	35
quốc sắc	国色	形	35
quyết nghị	决议	动名	35
quyết sinh	决生	动	35
sắc cầu	色球	名	35
sở kiến	所见	名	35
sử quan	史观 / 史官	名	35
tạp chất	杂质	名	35
tẩy uế	洗秽	动	35
thảm sầu	惨愁	形	35
tham sinh úy tử	贪生畏死	熟	35
thanh quản	声管	名	35
thánh tích	圣迹	名	35
thanh u	清幽	形	35
thập ác	十恶	名	35
thể cách	体格	名	35
thổ tả	吐泻	形名	35
thông phán	通判	名	35
thụ nghiệp	授业 / 受业	动	35
thượng tầng	上层	名	35
thuyền chủ	船主	名	35
tĩnh trí	静置	动	35
trầm kha	沉疴	形	35
tru di	诛夷	动	35
trung chính	中正	形	35
trung lộ	中路	名	35
trưng thu	征收	动	35
vạn vô nhất thất	万无一失	熟	35
vô mưu	无谋	形	35
vũ khúc	舞曲	名	35
xuất cảng	出港	动	35
xung điện	冲电	名	35
âm phù	音符	名	34

bẩm tính	禀性	名	34
bản quán	本贯 / 本馆	名	34
bằng sa	硼砂	名	34
biểu chương	表章	名	34
bố cáo	布告	动名	34
cải biên	改编	动	34
cẩm nhung	锦绒	名	34
cao sĩ	高士	名	34
chủ chiến	主战	形	34
chung khảo	终考	名	34
cổ ngoạn/cổ ngoãn	古玩	名	34
cố tâm	固心	动	34
công lương	公粮	名	34
đa thức	多式	名	34
di thần	遗臣	名	34
điển cố	典故	名	34
dung dị	容易	形	34
dương đông kích tây	扬东击西	熟	34
dương xỉ	羊齿	名	34
giám quốc	监国	名	34
giản đồ	简图	名	34
gian ngoan	奸顽	形	34
giao duyên	交缘	动	34
giao thời	交时	名	34
hà thủ ô	何首乌	名	34
hải chiến	海战	动	34
hậu thiên	后天	名	34
hiếu chủ	孝主	名	34
hoa cái	华盖	名	34
hóa kiếp	化劫	动	34
hoài thai	怀胎	动	34
hoàng tuyền	黄泉	名	34
hồi quang	回光	名	34
hồng thập tự	红十字	名	34
hợp xướng	合唱	名	34
hương thôn	乡村	名	34
huyết học	血学	名	34
kết liên	结连	动	34
khổ nhục kế	苦肉计	名	34
kích dục	激欲	动	34

参考文献

[1] 北京日本学研究中心：中日对译语料库，2002年。

[2] 毕玉德、赵岩等：《基于新闻语料库的韩国语汉字词分布特点研究》，载于《民族语文》2019年第4期。

[3] 毕玉德、赵岩：《基于新闻语料库的朝韩词汇对比研究》，载于《东北亚外语研究》2016年第3期。

[4] 曹红：《有关中日同形汉字词汇对比研究中的几个基本问题》，载于《西安外国语学院学报》2005年第9期。

[5] 陈庆云：《公共政策分析》，北京大学出版社2011年版。

[6] 陈月娥：《何谓"语言的近代性"——评述日本语言政策与语言思想之相关研究》，载于《国外理论动态》2011年第7期。

[7] 陈章太：《语言规划研究》，商务印书馆2005年版。

[8] 程方：《现代越南语概论》，广西民族学院民族所，1988年。

[9] 崔宰宇：《从朝文书写沿革论朝汉夹写的不可行性》，载于《中央民族学院学报》1988年第1期。

[10] 戴世双：《韩汉同形汉字词的句法功能与语义色彩分析》，载于《解放军外国语学院学报》2000年第3期。

[11] 范宏贵、刘志强：《越南语言文化探究》，民族出版社2008年版。

[12] 高陆洋：《韩国语言净化事业——"国语醇化运动"的启示》，载于《东北亚外语研究》2013年第2期。

[13] 桂香：《汉语词语与韩国语汉字词的差异》，载于《韩国语教学与研究》2016年第3期。

[14] 郭熙：《中国社会语言学》，南京大学出版社1999年版。

[15] 国家汉语水平考试委员会办公室考试中心：《汉语水平词汇与汉字等级大纲（修订版）》，经济科学出版社2001年版。

[16] 韩春梅：《韩国语汉字复合词与汉语复合词的构词法比较研究》，载于

《吉林省教育学院学报》2009年第9期。

[17] 韩涛:《佩里来航事件与近代日本语言政策转变的关系》，载于《日本问题研究》2015年第3期。

[18] 郝祥满:《日本近代语言政策的困惑——兼谈日本民族“二律背反”的民族性格》，载于《世界民族》2014年第2期。

[19] 黄华:《论现代越语中的汉越词》，载于《现代外语》1990年第3期。

[20] 黄文行编:《常用汉越词素词典》，越南社会科学出版社1991年版。

[21] 黄贞姬:《韩国语汉字形容词与汉语形容词的语义对比》，载于《延边大学学报（社会科学版）》2009年第6期。

[22] 纪小川:《汉字时代的归来——从国家关系角度看韩文的恢复汉字化》，载于《科技》2010年第22期。

[23] 姜飞:《韩国语汉字词与中国语词汇对比研究》，载于《韩国语教学与研究》2018年第1期。

[24] 李大遂编著:《简明实用汉字学》，北京大学出版社1993年版。

[25] 李得春:《朝鲜语汉字词和汉源词》，载于《民族语文》2007年第5期。

[26] 李得春:《关于朝鲜语中的汉语借词》，载于《延边大学学报（社会科学版）》1986年第2期。

[27] 李得春、金基石:《关于朝鲜语词汇发展中的若干问题》，载于《东疆学刊》2002年第4期。

[28] 李得春:《浅谈汉朝同形词》，载于《延边大学学报（社会科学版）》1988年第4期。

[29] 李得春:《试析韩国语汉源汉字词汇和韩国独有汉字词》，载于《延边大学学报（社会科学版）》2005年第1期。

[30] 刘凡夫:《现代中日两国词语共时性互动研究》，载于《日语学习与研究》2016年第6期。

[31] 刘富华:《HSK词汇大纲中汉日通形词汇的比较研究与对日本学生的汉语词汇教学》，载于《汉语学习》1998年第6期。

[32] 刘汉武、丁崇明:《20世纪90年代以来汉越语言对比研究综述》，载于《汉语国际传播》2013年第1期。

[33] 吕晓军:《汉日同形词的对照研究》，中国海洋大学硕士学位论文，2007年。

[34] 罗文青:《越南语双音节汉越词特点研究》，世界图书出版公司2011年版。

[35] 马淑香:《浅谈韩国语汉字词与汉语对等词的词义差异》，载于《解放

军外国语学院学报》2009年第5期。

[36] 南广祐:《废除汉字利少弊多——论国字(谚文)与汉字并用》,载于《汉字文化》1991年第4期。

[37] 潘钧:《中日同形词词义差异原因浅析》,载于《日语学习与研究》1995年第3期。

[38] 彭广陆:《从汉语的新词语看日语的影响——说"人脉"》,载于《日语学习与研究》2012年第6期。

[39] 彭广陆:《从汉语的新词语看日语的影响—说"~屋",》,引自《日本学研究——日本学国际学术研讨会论文集》,中国人民大学出版社2001年版。

[40] 彭广陆:《从汉语的新词语看日语的影响·之二——说"写真"》,引自《日本语言文化论集第3辑》,北京出版社2002年版。

[41] 彭广陆:《从汉语的新词语看日语的影响·之三——说"蒸发"》,世界知识出版社2003a年版。

[42] 彭广陆:《从汉语的新词语看日语的影响·之一——说"~族"》,引自《汉日语言研究文集第3辑》,北京出版社2000年版。

[43] 彭广陆:《从汉语新词看日语借词的变化及影响》,引自《中国日语教学研究文集之十》,大象出版社2008b年版。

[44] 彭广陆:《关于汉语新词中日语借词的一个考察——以近年出版的辞书为对象》,引自《日本语言文化研究——日本学框架与国际化视角》,清华大学出版社2008a年版。

[45] 彭广陆:《汉语新词中的日源词——以〈现代汉语词典〉(2002年增补本)为考察对象》,引自《日语教育与日本学研究论丛第1辑》,民族出版社2003b年版。

[46] 彭广陆:《中国の新聞に見られる日本語の語彙》,载于《日本学研究》2003年第13期。

[47] 朴爱华等:《韩国独有汉字词构词初探》,载于《南开语言学刊》2012年第1期。

[48] 朴金凤:《韩语中的'汉字词'及其教学法探索》,载于《安徽工业大学学报(社会科学版)》2010年第1期。

[49] 齐晓峰:《韩国语汉字词的母语迁移与教学对策》,载于《北京第二外国语学院学报》2008年第2期。

[50] 祁广谋:《论越南语汉越词词义内容的动态变化》,载于《日本学研究》2013年第23期。

[51] 祁广谋:《越南语文化语言学》,洛阳出版社2006年版。

[52] 祁广谋:《越南语文化语言学》,世界图书出版公司 2011 年版。

[53] 奇化龙:《中韩同形词正负迁移初探》,载于《汉语学习》2000 年第 1 期。

[54] 曲维:《中日同形词比较研究》,载于《辽宁师范大学学报》1995 年第 6 期。

[55] 全香兰:《韩语汉字词对学生习得汉语词语的影响》,载于《世界汉语教学》2006 年第 1 期。

[56] 全香兰:《汉韩同形词偏误分析》,载于《汉语学习》2004 年第 3 期。

[57] 全香兰:《谈朝鲜语独有的汉字成语》,载于《民族语文》1996 年第 4 期。

[58] 阮福禄:《对越汉语词汇教学中的"陷阱"》,载于《云南师范大学学报》2011 年第 6 期。

[59] 阮福禄:《汉越词与汉语词的词义关系》,载于《国际汉语》2014 年第 00 期。

[60] 阮善甲:《越语词汇学》,教育出版社 1985 年版。

[61] 阮越雄:《越南语汉源词研究史》,湖南师范大学博士学位论文,2014 年。

[62] 施建军、洪洁:《关于中日同形词意义用法对比方法的研究》,载于《外语教学与研究》2013 年第 4 期。

[63] 施建军、洪洁:《日本的语言文字问题及其相关语言政策》,载于《语言政策与规划研究》2017 年第 6 期。

[64] 施建军、谯燕:《中日同形词意义用法距离的计量研究》,载于《解放军外国语学院学报》2016 年第 4 期。

[65] 施建军:《日语中汉字词汇的使用现状及其历史变迁》,载于《对外传播》2017 年第 10 期。

[66] 施建军、许雪华:《再论中日两国语言中的同形词问题》,载于《解放军外国语学院学报》2014 年第 6 期。

[67] 施建军:《中日同形词共时比较研究的现状及存在的课题》,载于《东北亚外语研究》2013 年第 1 期。

[68] 史有为:《汉语外来词研究 70 年——兼忆先期借词考源研究》,载于《语言战略研究》2019 年第 5 期。

[69] 舒雅丽、阮福禄:《略论双音节汉越词与汉语双音节词的异同》,载于《汉语学习》2003 年第 6 期。

[70] 宋文军主编:《现代日汉大词典》,商务印书馆 1987 年版。

[71] 孙永方、管明阳:《浅谈汉字词在韩国语中的重要地位》,载于《长沙

铁道学院学报》（社会科学版）2013年第2期。

［72］太平武：《论朝鲜语同义汉字词识别方法与应用》，载于《汉语学习》2000年第3期。

［73］谭志词：《论汉语词汇对越南语词汇的影响》，载于《解放军外国语学院学报》1997年第1期。

［74］谭志词：《中越语言文化关系》，洛阳出版社2003年版。

［75］万华玲：《中日同字词比较研究》，华东师范大学博士学位论文，2004年。

［76］王力：《汉越语研究，龙虫并雕斋文集》，中华书局1980年版。

［77］王蜀豫：《中日词汇对比研究》，四川文艺出版社2001年版。

［78］王燕：《韩前总理总动员推动汉字成韩字》，载于《法制晚报》2009年1月13日。

［79］徐建宏：《汉语词汇与韩国语汉字词的对比研究》，载于《辽宁大学学报》1999年第4期。

［80］徐通锵：《语言论——语义型语言的结构原理和研究方法》，东北师范大学出版社1997年版。

［81］许雪华：《汉日同形词词性的实证性研究》，北京外国语大学博士学位论文，2016年。

［82］杨念群：《何谓“东亚”？——近代以来中日韩对“亚洲”想象的差异及其后果》，载于《清华大学学报》2012年第1期。

［83］杨绪明、阮氏和：《〈汉语水平词汇与汉字等级大纲〉的可对应汉越词及其教学策略》，载于《通化师范学院学报（人文社会科学）》2018年第3期。

［84］张光军：《韩国的汉字与汉字词》，载于《韩国研究》2001年第5期。

［85］张光军：《韩国的汉字》，载于《解放军外国语学院学报》1999年第5期。

［86］张光军：《南朝鲜语中的日语汉字词》，载于《教学研究》1982年第1期。

［87］张辉女：《汉字和汉语与朝鲜半岛语言的关系》，载于《民族语文》2002年第5期。

［88］张文丽：《关于韩国语汉字词的研究》，载于《韩国语教学与研究》2019年第3期。

［89］张晓曼：《试论中韩语言的接触》，载于《语言研究》2002年特刊。

［90］张晓曼：《语言接触视域下汉语对韩国语影响研究》，载于《东北师大学报（哲学社会科学版）》2015年第6期。

［91］张兴权：《朝鲜语和汉语词汇对比》，载于《中央民族学院学报》1984

年第 2 期。

[92] 张义源:《谈朝鲜语汉字词与汉朝翻译中"读音译法"的特殊性》,载于《延边大学学报(社会科学版)》1987 年第 1 期。

[93] 张治国:《中美语言教育政策比较研究—以全球化时代为背景》,北京大学出版社 2012 年版。

[94] 赵新建、马会霞、赵岩:《与韩国汉字政策相关的六种主张》,载于《中国外语战略研究中心研报》,2013 年。

[95] 周琨:《韩国语汉字收音与日语汉字音对应关系研究》,载于《语文学刊》2015 年第 21 期。

[96] 朱京伟:《近现代以来我国音乐术语的形成与确立》,载于《中国音乐》1998 年第 2 期。

[97] 朱京伟:《日语词汇学教程》,外语教学与研究出版社 2005 年版。

[98] 朱京伟:《日语汉字词演变举例》,载于《外语教学与研究》1992 年第 3 期。

[99] 朱京伟:《严复译作中的新造词和日语借词》,载于《人文论丛》2008 年。

[100] David Easton. *The Political System: An Inquiry into the State of Political Science*. NewYork: Knopf, 1971.

[101] Robert L, Cooper. *Language planning and Social Change*. Cambridge: Cambridge University Press, 1989.

[102] CD-ROM 版新潮文庫,1997,明治の文豪,新潮社.

[103] KenLunde 著小松章他訳,2002,CJKV 日中韓越情報処理,オライリー・ジャパン.

[104] 荒川清秀,1979,中国語と漢語——文化庁『中国語と対応する漢語』の評を兼ねて」,愛知大学文学論叢 1979(62).

[105] 石井正彦,2007,現代日本語の複合語形成論,東京:ひつじ書房.

[106] 伊藤雅光,2002,『計量言語学入門』,東京:大修館書店.

[107] 井之口有一,1982,明治以後の漢字政策,日本学術振興会.

[108] 大河内康憲,1992,日本語と中国語の同形語,日本語と中国語の対照研究論文集(下),東京:くろしお出版.

[109] 大塚秀明,1990,日中同形語について,外国語教育論集,筑波大学外国語センター外国語教育研究会.

[110] 菅野倫匡,2017,漢字はなくなるか——再び「漢字の将来」を問い

直す，計量国語学 2017.30（8）.

［111］金田一春彦他，1988，日本語百科大辞典，東京：大修館書店 .

［112］金田一京助他，1997，新明解国語辞典（第五版），東京：三省堂 .

［113］熊谷明泰，2014，朝鮮語の近代化と日本語語彙，関西大学人権問題研究室紀要 .

［114］倉島正長，2002，国語 100 年，東京：小学館 .

［115］佐藤喜代治，1996，漢字百科大事典，東京：明治書院 .

［116］菅野則子，2011，文字・文・ことばの近代化，東京：同成社 .

［117］鈴木康之，1977，無視された国研の資料，国語国字問題の理論，東京：麦書房 .

［118］砂川有里子，2015，日本語教育語彙表 ver1.0，http：//jhlee. sakura. ne. jp/JEV. html 2015.

［119］石剛，2016，戦後日本言語計画一瞥，成蹊大学文学部紀要 2016 年第 51 号 .

［120］武部良明，1977，「国語国字問題の由来」『岩波講座日本語 3　国語国字問題』，東京：岩波書店 .

［121］多言語化現象協会編，2013，多言語社会現状及課題，東京：三元社 .

［122］田中牧郎，2010，雑誌コーパスでとらえる明治・大正期の漢語の変動，日本国立国語研究所主催国際学術研究集会「漢字漢語研究新次元」予稿集 .

［123］田中牧郎他，2011，言語政策に役立つコーパスを用いた語彙表・漢字表等の作成と活用，日本文部科学省科学研究費特定領域研究「日本語コーパス」言語政策班報告書 .

［124］张元哉，2002，日韓語彙の交流と形成についての研究，東京都立大学博士論文 .

［125］陳力衛，2001，和製漢語の形成とその展開，東京：日本汲古書院 .

［126］中野洋，1996，パソコンによる日本語研究法入門，東京：笠間書院 .

［127］日本国語学会編，1980，国語学大辞典，東京：東京堂出版 .

［128］日本国立国語研究所，1962，現代雑誌九十種の用語用字第 1 分冊：総記および語彙表，国立国語研究所研究报告（21）.

［129］日本国立国語研究所，1970，電子計算機による新聞の語彙調査，国立国语研究所研究报告（37）.

[130] 日本国立国語研究所，1972，電子計算機による新聞の語彙調査 3，東京：秀英出版．

[131] 日本国立国語研究所，1984，日本語教育のための基本語彙調査，東京：秀英出版．

[132] 日本国立国語研究所，2002，現代雑誌の漢字調査，国立国語研究所報告（119）．

[133] 日本国立国語研究所，2004，分類語彙表，東京：大日本図書．

[134] 日本国立国語研究所，2005，太陽コーパス，東京：博文館新社．

[135] 日本国立国語研究所編，2005，『現代雑誌の語彙調査－1994 年発行 70 誌－』，国立国語研究所報告（121）．

[136] 日本国立国語研究所，2006，「外来語」言い換え提案第 1 回～第 4 回総集編，東京：国立国語研究所「外来語」委員会．

[137] コーパス日本国立国語研究所コーパス開発センター，2011，『現代日本語書き言葉均衡コーパス』利用の手引き V1.0，日本国立国語研究所．

[138] コーパス日本国立国語研究所コーパス開発センター，2011，DVD『現代日本語書き言葉均衡コーパス』，日本国立国語研究所．

[139] 日本内阁，2010，常用漢字表，日本内閣告示．

[140] 日本文化庁編，2006，国語施策百年史，東京:ぎょうせい出版．

[141] 野村雅昭，1980，週刊誌の漢字含有率，計量国語学 1980.12（5）．

[142] 野村雅昭，1999，語彙調査データによる基本漢語の抽出，早稲田大学日本語研究教育センター．

[143] 野村雅昭，2013，現代日本漢語の探究，東京：東京堂出版．

[144] 野村雅昭，2013，品詞性による字音複合語基の分類．野村雅昭．現代日本漢語の探究，東京：東京堂出版．

[145] 林大監修、宮島達夫、金田一春彦他，1982，図説日本語，東京：角川書店．

[146] 平井昌夫，1998，国語国字問題の歴史，東京：三元社．

[147] 毎日新聞社，2005-2012，CD『毎日新聞データ集』，東京：日外アソシエーツ．

[148] 丸山岳彦，2009，『現代日本語書き言葉均衡コーパス』領域内公開データ DVD-R，日本国立国語研究所．

[149] 安田敏朗，2016，『漢字廃止の思想史』，東京：平凡社．

[150] 安本美典，1963，漢字の将来，言語生活 1963（137）．

[151] 山崎誠，2013，『現代日本語書き言葉均衡コーパス』語彙表 ver.1.0

解説，国立国語研究所言語資源研究系．

［152］山崎誠，2013，語彙調査の系譜とコーパス，コーパス入門，東京：朝倉書店．

［153］山崎誠他，2014，書き言葉コーパス設計と構築，東京：朝倉書店．

［154］山田孝雄，1940，國語の中に於ける漢語の研究，大阪：宝文館出版．

［155］李漢燮，2012，韓国における漢字語研究の現状と課題，日本学研究 2013（23）．

［156］李光济，2011，韓国における国語醇化運動と日本語系借用語，韩国翰林大学校日本学研究所，翰林日本学 2011（19）．

［157］早稲田大学語学教育研究所，1978，中国語と対応する漢語，日本文化庁．

［158］渡部晋太郎，1995，国語国字の根本問題，大阪：新風書房．

［159］전 한국총리 이한동 인터뷰，2013，한글과 한자는 모두 국자，어문생활 182.

［160］蔡玉子，2020，조선어교육을위한동일한자구성의조한어휘대조，中国朝鲜语文 2020（2）．

［161］국립국어원，2003，『国語醇化資料集合本』，국립국어원．

［162］국립국어원，2005，현대국어사용빈도조사 2，국립국어원．

［163］국어국어원 민현식 원장 인터뷰，2012，어문생활 180.

［164］김광해，1993，국어어휘론개설，집문당．

［165］김광해，2003，등급별국어교육용어휘，박이정．

［166］김민수，2007，현대어문정책론，한국문화사．

［167］金昌辰，2011，漢字文化圈 외래어표기법은 韓國語 傳統으로，돌아가야 한다，국어정책 연속토론회 자료집．

［168］담당랜구원：김합샘，2005，현대국애샤뽭변포쪼샤깔，국립국어원 2005-1-33.

［169］李應百，1980，国語辞典語彙의類別構成比로본漢字語의重要度와教育問題，韓国語文教育研究会『語文研究』1980（8）．

［170］문화체육관광부국립국어원，2011，21 세기세종계획최종성과물 1，2011. 12 수정판．

［171］서상규외，2006，（21 세기세종계획）국어특수자료구축，국립국어원．

［172］서종학 김주필，1999，교과서의어휘분석연구：초등학교교과서를

대상으로, 과천: 문화관광부.

[173] 이운영, 2002, 標準国語大辞典分析研究, 国立国語院.

[174] 정연실, 2008, 한국의한자교육, 중국학연구회.

[175] 조태린, 2010, 언어정책이란무엇인가, 새국어생활 2010 (20-2).

[176] 조태린, 2010, 언어정책이란 무엇인가, 새국어생활 20-2, 2010.

[177] 조희훈, 2010, 박정의 대통령 시기의 언어정책, 한국어정책의 이해, 최용기.

[178] 한글학회, 1991, 우리말큰사전한글로보기, 어문각.

[179] Hoàng Văn Hành, 1991, Từ điển yếu tố Hán Việt thường dùng, Nhà xuất bản Khoa học xã hội.

[180] Lý Toàn Thắng, 2002, Mấy vấn đề Việt ngữ học và ngôn ngữ học đại cương, Nhà xuất bản Khoa học xã hội.

[181] Nguyễn Tài Cẩn, 1979, Nguồn gốc và quá trình hình thành âm đọc Hán Việt, Nhà xuất bản Khoa học Xã hội, Hà Nội.

[182] Nguyễn Tài Cẩn, 2000, Nguồn gốc và quá trình hình thành cách đọc Hán Việt, Nhà xuất bản Đại học Quốc gia Hà Nội.

[183] Nguyễn Tài Cẩn, 2001, Một số chứng tích về ngôn ngừ, văn tự và văn hoá, Nhà xuất bản Đại học quốc gia Hà nội.

[184] Nguyễn Thiện Giáp, 2002, Từ vựng học tiếng Việt, Nhà xuất bản Giáo dục.

[185] Nguyễn Thiện Giáp, 2007, Lược sử Việt ngữ học, Nhà xuất bản Giáo dục.

[186] Oàn Lê Giang, Cần khôi phục việc dạy chữ Hán trong nhà trường, Tuổi Trẻ Cuối tuần, 2010-6-26.

[187] vnTokenizer4.1.1Userguide, http: //mim. hus. vnu. edu. vn/phuonglh/tools/userguide-vnTokenizer.pdf, 2009-12-28.

后 记

汉字文化共同体国家语言中的汉字和汉字词汇是近年来社会非常关注的话题，也是学界关心的研究领域。要开展该领域的研究，首先必须解决一个非常基础的问题，即研究东亚国家语言中的汉字词汇使用现状，为汉字词汇在东亚国家语言中的使用情况进行摸底。本课题研究实际上也就是为进一步开展东亚国家语言汉字词汇研究打下基础。

通过本课题的实施，我们得到了许多关于汉字词汇在东亚国家语言中使用情况的数据，包括日本、韩国、越南等国语言中常用汉字词汇的条目、汉字词汇的使用频率、汉字词汇的覆盖率、汉日通用词汇、汉韩通用词汇、汉越通用词汇等，收集和建设了现代日本语语料库、现代韩国语语料库、现代越南语语料库、现代越南语汉字标注语料库、中日平行语料库等数据资源，建设了使用这些数据库的 WEB 平台。由于出版字数和篇幅限制，本书只反映了本重大课题研究的一部分核心成果内容。

本课题的实施只是迈开了东亚国家汉字词汇研究的第一步，所研究的问题也只是该领域最基本的问题，所获得的科研成果只是为学界开展该领域的深入研究提供了一些基础性资料。希望这部著作的出版能够起到抛砖引玉的作用，带动更多的学者进入本领域研究的行列。

东亚国家汉字词汇研究是一个非常宽泛的研究领域，有着无数值得研究的课题，这些问题不可能通过一个项目的实施而得到解决，我们在实施本课题研究的过程中也留有很多遗憾。本课题最终成果的鉴定专家提出了很多富有真知灼见的鉴定意见，我们根据这些意见对该项目的最终成果进行了尽可能的修改和完善。同时，专家们的意见也给学界在东亚国家汉字词汇研究方面提出了新的课题和指明了方向，许多意见均可以作为一个新的研究项目来实施。今后我们将继续认真思考这些建议和意见，以现有的研究成果作为基础，进一步深入开展这方面的研究，为弘扬汉字文化做出应有的贡献。

施建军

2023 年 2 月 10 日于上海松江

教育部哲学社會科学研究重大課題攻關項目
成果出版列表

序号	书　名	首席专家
1	《马克思主义基础理论若干重大问题研究》	陈先达
2	《马克思主义理论学科体系建构与建设研究》	张雷声
3	《马克思主义整体性研究》	逄锦聚
4	《改革开放以来马克思主义在中国的发展》	顾钰民
5	《新时期　新探索　新征程 ——当代资本主义国家共产党的理论与实践研究》	聂运麟
6	《坚持马克思主义在意识形态领域指导地位研究》	陈先达
7	《当代资本主义新变化的批判性解读》	唐正东
8	《当代中国人精神生活研究》	童世骏
9	《弘扬与培育民族精神研究》	杨叔子
10	《当代科学哲学的发展趋势》	郭贵春
11	《服务型政府建设规律研究》	朱光磊
12	《地方政府改革与深化行政管理体制改革研究》	沈荣华
13	《面向知识表示与推理的自然语言逻辑》	鞠实儿
14	《当代宗教冲突与对话研究》	张志刚
15	《马克思主义文艺理论中国化研究》	朱立元
16	《历史题材文学创作重大问题研究》	童庆炳
17	《现代中西高校公共艺术教育比较研究》	曾繁仁
18	《西方文论中国化与中国文论建设》	王一川
19	《中华民族音乐文化的国际传播与推广》	王耀华
20	《楚地出土戰國簡册［十四種］》	陈　伟
21	《近代中国的知识与制度转型》	桑　兵
22	《中国抗战在世界反法西斯战争中的历史地位》	胡德坤
23	《近代以来日本对华认识及其行动选择研究》	杨栋梁
24	《京津冀都市圈的崛起与中国经济发展》	周立群
25	《金融市场全球化下的中国监管体系研究》	曹凤岐
26	《中国市场经济发展研究》	刘　伟
27	《全球经济调整中的中国经济增长与宏观调控体系研究》	黄　达
28	《中国特大都市圈与世界制造业中心研究》	李廉水

序号	书 名	首席专家
29	《中国产业竞争力研究》	赵彦云
30	《东北老工业基地资源型城市发展可持续产业问题研究》	宋冬林
31	《转型时期消费需求升级与产业发展研究》	臧旭恒
32	《中国金融国际化中的风险防范与金融安全研究》	刘锡良
33	《全球新型金融危机与中国的外汇储备战略》	陈雨露
34	《全球金融危机与新常态下的中国产业发展》	段文斌
35	《中国民营经济制度创新与发展》	李维安
36	《中国现代服务经济理论与发展战略研究》	陈 宪
37	《中国转型期的社会风险及公共危机管理研究》	丁烈云
38	《人文社会科学研究成果评价体系研究》	刘大椿
39	《中国工业化、城镇化进程中的农村土地问题研究》	曲福田
40	《中国农村社区建设研究》	项继权
41	《东北老工业基地改造与振兴研究》	程 伟
42	《全面建设小康社会进程中的我国就业发展战略研究》	曾湘泉
43	《自主创新战略与国际竞争力研究》	吴贵生
44	《转轨经济中的反行政性垄断与促进竞争政策研究》	于良春
45	《面向公共服务的电子政务管理体系研究》	孙宝文
46	《产权理论比较与中国产权制度变革》	黄少安
47	《中国企业集团成长与重组研究》	蓝海林
48	《我国资源、环境、人口与经济承载能力研究》	邱 东
49	《“病有所医”——目标、路径与战略选择》	高建民
50	《税收对国民收入分配调控作用研究》	郭庆旺
51	《多党合作与中国共产党执政能力建设研究》	周淑真
52	《规范收入分配秩序研究》	杨灿明
53	《中国社会转型中的政府治理模式研究》	娄成武
54	《中国加入区域经济一体化研究》	黄卫平
55	《金融体制改革和货币问题研究》	王广谦
56	《人民币均衡汇率问题研究》	姜波克
57	《我国土地制度与社会经济协调发展研究》	黄祖辉
58	《南水北调工程与中部地区经济社会可持续发展研究》	杨云彦
59	《产业集聚与区域经济协调发展研究》	王 珺

序号	书　名	首席专家
60	《我国货币政策体系与传导机制研究》	刘　伟
61	《我国民法典体系问题研究》	王利明
62	《中国司法制度的基础理论问题研究》	陈光中
63	《多元化纠纷解决机制与和谐社会的构建》	范　愉
64	《中国和平发展的重大前沿国际法律问题研究》	曾令良
65	《中国法制现代化的理论与实践》	徐显明
66	《农村土地问题立法研究》	陈小君
67	《知识产权制度变革与发展研究》	吴汉东
68	《中国能源安全若干法律与政策问题研究》	黄　进
69	《城乡统筹视角下我国城乡双向商贸流通体系研究》	任保平
70	《产权强度、土地流转与农民权益保护》	罗必良
71	《我国建设用地总量控制与差别化管理政策研究》	欧名豪
72	《矿产资源有偿使用制度与生态补偿机制》	李国平
73	《巨灾风险管理制度创新研究》	卓　志
74	《国有资产法律保护机制研究》	李曙光
75	《中国与全球油气资源重点区域合作研究》	王　震
76	《可持续发展的中国新型农村社会养老保险制度研究》	邓大松
77	《农民工权益保护理论与实践研究》	刘林平
78	《大学生就业创业教育研究》	杨晓慧
79	《新能源与可再生能源法律与政策研究》	李艳芳
80	《中国海外投资的风险防范与管控体系研究》	陈菲琼
81	《生活质量的指标构建与现状评价》	周长城
82	《中国公民人文素质研究》	石亚军
83	《城市化进程中的重大社会问题及其对策研究》	李　强
84	《中国农村与农民问题前沿研究》	徐　勇
85	《西部开发中的人口流动与族际交往研究》	马　戎
86	《现代农业发展战略研究》	周应恒
87	《综合交通运输体系研究——认知与建构》	荣朝和
88	《中国独生子女问题研究》	风笑天
89	《我国粮食安全保障体系研究》	胡小平
90	《我国食品安全风险防控研究》	王　硕

序号	书　名	首席专家
91	《城市新移民问题及其对策研究》	周大鸣
92	《新农村建设与城镇化推进中农村教育布局调整研究》	史宁中
93	《农村公共产品供给与农村和谐社会建设》	王国华
94	《中国大城市户籍制度改革研究》	彭希哲
95	《国家惠农政策的成效评价与完善研究》	邓大才
96	《以民主促进和谐——和谐社会构建中的基层民主政治建设研究》	徐　勇
97	《城市文化与国家治理——当代中国城市建设理论内涵与发展模式建构》	皇甫晓涛
98	《中国边疆治理研究》	周　平
99	《边疆多民族地区构建社会主义和谐社会研究》	张先亮
100	《新疆民族文化、民族心理与社会长治久安》	高静文
101	《中国大众媒介的传播效果与公信力研究》	喻国明
102	《媒介素养：理念、认知、参与》	陆　晔
103	《创新型国家的知识信息服务体系研究》	胡昌平
104	《数字信息资源规划、管理与利用研究》	马费成
105	《新闻传媒发展与建构和谐社会关系研究》	罗以澄
106	《数字传播技术与媒体产业发展研究》	黄升民
107	《互联网等新媒体对社会舆论影响与利用研究》	谢新洲
108	《网络舆论监测与安全研究》	黄永林
109	《中国文化产业发展战略论》	胡惠林
110	《20 世纪中国古代文化经典在域外的传播与影响研究》	张西平
111	《国际传播的理论、现状和发展趋势研究》	吴　飞
112	《教育投入、资源配置与人力资本收益》	闵维方
113	《创新人才与教育创新研究》	林崇德
114	《中国农村教育发展指标体系研究》	袁桂林
115	《高校思想政治理论课程建设研究》	顾海良
116	《网络思想政治教育研究》	张再兴
117	《高校招生考试制度改革研究》	刘海峰
118	《基础教育改革与中国教育学理论重建研究》	叶　澜
119	《我国研究生教育结构调整问题研究》	袁本涛 王传毅
120	《公共财政框架下公共教育财政制度研究》	王善迈

序号	书　名	首席专家
121	《农民工子女问题研究》	袁振国
122	《当代大学生诚信制度建设及加强大学生思想政治工作研究》	黄蓉生
123	《从失衡走向平衡：素质教育课程评价体系研究》	钟启泉 崔允漷
124	《构建城乡一体化的教育体制机制研究》	李　玲
125	《高校思想政治理论课教育教学质量监测体系研究》	张耀灿
126	《处境不利儿童的心理发展现状与教育对策研究》	申继亮
127	《学习过程与机制研究》	莫　雷
128	《青少年心理健康素质调查研究》	沈德立
129	《灾后中小学生心理疏导研究》	林崇德
130	《民族地区教育优先发展研究》	张诗亚
131	《WTO 主要成员贸易政策体系与对策研究》	张汉林
132	《中国和平发展的国际环境分析》	叶自成
133	《冷战时期美国重大外交政策案例研究》	沈志华
134	《新时期中非合作关系研究》	刘鸿武
135	《我国的地缘政治及其战略研究》	倪世雄
136	《中国海洋发展战略研究》	徐祥民
137	《深化医药卫生体制改革研究》	孟庆跃
138	《华侨华人在中国软实力建设中的作用研究》	黄　平
139	《我国地方法制建设理论与实践研究》	葛洪义
140	《城市化理论重构与城市化战略研究》	张鸿雁
141	《境外宗教渗透论》	段德智
142	《中部崛起过程中的新型工业化研究》	陈晓红
143	《农村社会保障制度研究》	赵　曼
144	《中国艺术学学科体系建设研究》	黄会林
145	《人工耳蜗术后儿童康复教育的原理与方法》	黄昭鸣
146	《我国少数民族音乐资源的保护与开发研究》	樊祖荫
147	《中国道德文化的传统理念与现代践行研究》	李建华
148	《低碳经济转型下的中国排放权交易体系》	齐绍洲
149	《中国东北亚战略与政策研究》	刘清才
150	《促进经济发展方式转变的地方财税体制改革研究》	钟晓敏
151	《中国—东盟区域经济一体化》	范祚军

序号	书　名	首席专家
152	《非传统安全合作与中俄关系》	冯绍雷
153	《外资并购与我国产业安全研究》	李善民
154	《近代汉字术语的生成演变与中西日文化互动研究》	冯天瑜
155	《新时期加强社会组织建设研究》	李友梅
156	《民办学校分类管理政策研究》	周海涛
157	《我国城市住房制度改革研究》	高　波
158	《新媒体环境下的危机传播及舆论引导研究》	喻国明
159	《法治国家建设中的司法判例制度研究》	何家弘
160	《中国女性高层次人才发展规律及发展对策研究》	佟　新
161	《国际金融中心法制环境研究》	周仲飞
162	《居民收入占国民收入比重统计指标体系研究》	刘　扬
163	《中国历代边疆治理研究》	程妮娜
164	《性别视角下的中国文学与文化》	乔以钢
165	《我国公共财政风险评估及其防范对策研究》	吴俊培
166	《中国历代民歌史论》	陈书录
167	《大学生村官成长成才机制研究》	马抗美
168	《完善学校突发事件应急管理机制研究》	马怀德
169	《秦简牍整理与研究》	陈　伟
170	《出土简帛与古史再建》	李学勤
171	《民间借贷与非法集资风险防范的法律机制研究》	岳彩申
172	《新时期社会治安防控体系建设研究》	宫志刚
173	《加快发展我国生产服务业研究》	李江帆
174	《基本公共服务均等化研究》	张贤明
175	《职业教育质量评价体系研究》	周志刚
176	《中国大学校长管理专业化研究》	宣　勇
177	《“两型社会”建设标准及指标体系研究》	陈晓红
178	《中国与中亚地区国家关系研究》	潘志平
179	《保障我国海上通道安全研究》	吕　靖
180	《世界主要国家安全体制机制研究》	刘胜湘
181	《中国流动人口的城市逐梦》	杨菊华
182	《建设人口均衡型社会研究》	刘渝琳
183	《农产品流通体系建设的机制创新与政策体系研究》	夏春玉

序号	书　名	首席专家
184	《区域经济一体化中府际合作的法律问题研究》	石佑启
185	《城乡劳动力平等就业研究》	姚先国
186	《20世纪朱子学研究精华集成——从学术思想史的视角》	乐爱国
187	《拔尖创新人才成长规律与培养模式研究》	林崇德
188	《生态文明制度建设研究》	陈晓红
189	《我国城镇住房保障体系及运行机制研究》	虞晓芬
190	《中国战略性新兴产业国际化战略研究》	汪　涛
191	《证据科学论纲》	张保生
192	《要素成本上升背景下我国外贸中长期发展趋势研究》	黄建忠
193	《中国历代长城研究》	段清波
194	《当代技术哲学的发展趋势研究》	吴国林
195	《20世纪中国社会思潮研究》	高瑞泉
196	《中国社会保障制度整合与体系完善重大问题研究》	丁建定
197	《民族地区特殊类型贫困与反贫困研究》	李俊杰
198	《扩大消费需求的长效机制研究》	臧旭恒
199	《我国土地出让制度改革及收益共享机制研究》	石晓平
200	《高等学校分类体系及其设置标准研究》	史秋衡
201	《全面加强学校德育体系建设研究》	杜时忠
202	《生态环境公益诉讼机制研究》	颜运秋
203	《科学研究与高等教育深度融合的知识创新体系建设研究》	杜德斌
204	《女性高层次人才成长规律与发展对策研究》	罗瑾琏
205	《岳麓秦简与秦代法律制度研究》	陈松长
206	《民办教育分类管理政策实施跟踪与评估研究》	周海涛
207	《建立城乡统一的建设用地市场研究》	张安录
208	《迈向高质量发展的经济结构转变研究》	郭熙保
209	《中国社会福利理论与制度构建——以适度普惠社会福利制度为例》	彭华民
210	《提高教育系统廉政文化建设实效性和针对性研究》	罗国振
211	《毒品成瘾及其复吸行为——心理学的研究视角》	沈模卫
212	《英语世界的中国文学译介与研究》	曹顺庆
213	《建立公开规范的住房公积金制度研究》	王先柱

序号	书　名	首席专家
214	《现代归纳逻辑理论及其应用研究》	何向东
215	《时代变迁、技术扩散与教育变革：信息化教育的理论与实践探索》	杨　浩
216	《城镇化进程中新生代农民工职业教育与社会融合问题研究》	褚宏启 薛二勇
217	《我国先进制造业发展战略研究》	唐晓华
218	《融合与修正：跨文化交流的逻辑与认知研究》	鞠实儿
219	《中国新生代农民工收入状况与消费行为研究》	金晓彤
220	《高校少数民族应用型人才培养模式综合改革研究》	张学敏
221	《中国的立法体制研究》	陈　俊
222	《教师社会经济地位问题：现实与选择》	劳凯声
223	《中国现代职业教育质量保障体系研究》	赵志群
224	《欧洲农村城镇化进程及其借鉴意义》	刘景华
225	《国际金融危机后全球需求结构变化及其对中国的影响》	陈万灵
226	《创新法治人才培养机制》	杜承铭
227	《法治中国建设背景下警察权研究》	余凌云
228	《高校财务管理创新与财务风险防范机制研究》	徐明稚
229	《义务教育学校布局问题研究》	雷万鹏
230	《高校党员领导干部清正、党政领导班子清廉的长效机制研究》	汪　曦
231	《二十国集团与全球经济治理研究》	黄茂兴
232	《高校内部权力运行制约与监督体系研究》	张德祥
233	《职业教育办学模式改革研究》	石伟平
234	《职业教育现代学徒制理论研究与实践探索》	徐国庆
235	《全球化背景下国际秩序重构与中国国家安全战略研究》	张汉林
236	《进一步扩大服务业开放的模式和路径研究》	申明浩
237	《自然资源管理体制研究》	宋马林
238	《高考改革试点方案跟踪与评估研究》	钟秉林
239	《全面提高党的建设科学化水平》	齐卫平
240	《“绿色化”的重大意义及实现途径研究》	张俊飚
241	《利率市场化背景下的金融风险研究》	田利辉
242	《经济全球化背景下中国反垄断战略研究》	王先林

序号	书　名	首席专家
243	《中华文化的跨文化阐释与对外传播研究》	李庆本
244	《世界一流大学和一流学科评价体系与推进战略》	王战军
245	《新常态下中国经济运行机制的变革与中国宏观调控模式重构研究》	袁晓玲
246	《推进 21 世纪海上丝绸之路建设研究》	梁　颖
247	《现代大学治理结构中的纪律建设、德治礼序和权力配置协调机制研究》	周作宇
248	《渐进式延迟退休政策的社会经济效应研究》	席　恒
249	《经济发展新常态下我国货币政策体系建设研究》	潘　敏
250	《推动智库建设健康发展研究》	李　刚
251	《农业转移人口市民化转型：理论与中国经验》	潘泽泉
252	《电子商务发展趋势及对国内外贸易发展的影响机制研究》	孙宝文
253	《创新专业学位研究生培养模式研究》	贺克斌
254	《医患信任关系建设的社会心理机制研究》	汪新建
255	《司法管理体制改革基础理论研究》	徐汉明
256	《建构立体形式反腐败体系研究》	徐玉生
257	《重大突发事件社会舆情演化规律及应对策略研究》	傅昌波
258	《中国社会需求变化与学位授予体系发展前瞻研究》	姚　云
259	《非营利性民办学校办学模式创新研究》	周海涛
260	《基于“零废弃”的城市生活垃圾管理政策研究》	褚祝杰
261	《城镇化背景下我国义务教育改革和发展机制研究》	邬志辉
262	《中国满族语言文字保护抢救口述史》	刘厚生
263	《构建公平合理的国际气候治理体系研究》	薄　燕
264	《新时代治国理政方略研究》	刘焕明
265	《新时代高校党的领导体制机制研究》	黄建军
266	《东亚国家语言中汉字词汇使用现状研究》	施建军
	……	

军外国语学院学报》2009 年第 5 期。

［36］南广祐：《废除汉字利少弊多——论国字（谚文）与汉字并用》，载于《汉字文化》1991 年第 4 期。

［37］潘钧：《中日同形词词义差异原因浅析》，载于《日语学习与研究》1995 年第 3 期。

［38］彭广陆：《从汉语的新词语看日语的影响——说“人脉”》，载于《日语学习与研究》2012 年第 6 期。

［39］彭广陆：《从汉语的新词语看日语的影响—说“～屋”,》，引自《日本学研究——日本学国际学术研讨会论文集》，中国人民大学出版社 2001 年版。

［40］彭广陆：《从汉语的新词语看日语的影响・之二——说“写真”》，引自《日本语言文化论集第 3 辑》，北京出版社 2002 年版。

［41］彭广陆：《从汉语的新词语看日语的影响・之三——说“蒸发”》，世界知识出版社 2003a 年版。

［42］彭广陆：《从汉语的新词语看日语的影响・之一——说“～族”》，引自《汉日语言研究文集第 3 辑》，北京出版社 2000 年版。

［43］彭广陆：《从汉语新词看日语借词的变化及影响》，引自《中国日语教学研究文集之十》，大象出版社 2008b 年版。

［44］彭广陆：《关于汉语新词中日语借词的一个考察——以近年出版的辞书为对象》，引自《日本语言文化研究——日本学框架与国际化视角》，清华大学出版社 2008a 年版。

［45］彭广陆：《汉语新词中的日源词——以〈现代汉语词典〉（2002 年增补本）为考察对象》，引自《日语教育与日本学研究论丛第 1 辑》，民族出版社 2003b 年版。

［46］彭广陆：《中国の新聞に見られる日本語の語彙》，载于《日本学研究》2003 年第 13 期。

［47］朴爱华等：《韩国独有汉字词构词初探》，载于《南开语言学刊》2012 年第 1 期。

［48］朴金凤：《韩语中的‘汉字词’及其教学法探索》，载于《安徽工业大学学报（社会科学版）》2010 年第 1 期。

［49］齐晓峰：《韩国语汉字词的母语迁移与教学对策》，载于《北京第二外国语学院学报》2008 年第 2 期。

［50］祁广谋：《论越南语汉越词词义内容的动态变化》，载于《日本学研究》2013 年第 23 期。

［51］祁广谋：《越南语文化语言学》，洛阳出版社 2006 年版。

[52] 祁广谋：《越南语文化语言学》，世界图书出版公司 2011 年版。

[53] 奇化龙：《中韩同形词正负迁移初探》，载于《汉语学习》2000 年第 1 期。

[54] 曲维：《中日同形词比较研究》，载于《辽宁师范大学学报》1995 年第 6 期。

[55] 全香兰：《韩语汉字词对学生习得汉语词语的影响》，载于《世界汉语教学》2006 年第 1 期。

[56] 全香兰：《汉韩同形词偏误分析》，载于《汉语学习》2004 年第 3 期。

[57] 全香兰：《谈朝鲜语独有的汉字成语》，载于《民族语文》1996 年第 4 期。

[58] 阮福禄：《对越汉语词汇教学中的"陷阱"》，载于《云南师范大学学报》2011 年第 6 期。

[59] 阮福禄：《汉越词与汉语词的词义关系》，载于《国际汉语》2014 年第 00 期。

[60] 阮善甲：《越语词汇学》，教育出版社 1985 年版。

[61] 阮越雄：《越南语汉源词研究史》，湖南师范大学博士学位论文，2014 年。

[62] 施建军、洪洁：《关于中日同形词意义用法对比方法的研究》，载于《外语教学与研究》2013 年第 4 期。

[63] 施建军、洪洁：《日本的语言文字问题及其相关语言政策》，载于《语言政策与规划研究》2017 年第 6 期。

[64] 施建军、谯燕：《中日同形词意义用法距离的计量研究》，载于《解放军外国语学院学报》2016 年第 4 期。

[65] 施建军：《日语中汉字词汇的使用现状及其历史变迁》，载于《对外传播》2017 年第 10 期。

[66] 施建军、许雪华：《再论中日两国语言中的同形词问题》，载于《解放军外国语学院学报》2014 年第 6 期。

[67] 施建军：《中日同形词共时比较研究的现状及存在的课题》，载于《东北亚外语研究》2013 年第 1 期。

[68] 史有为：《汉语外来词研究 70 年——兼忆先期借词考源研究》，载于《语言战略研究》2019 年第 5 期。

[69] 舒雅丽、阮福禄：《略论双音节汉越词与汉语双音节词的异同》，载于《汉语学习》2003 年第 6 期。

[70] 宋文军主编：《现代日汉大词典》，商务印书馆 1987 年版。

[71] 孙永方、管明阳：《浅谈汉字词在韩国语中的重要地位》，载于《长沙

铁道学院学报》(社会科学版)2013年第2期。

[72] 太平武:《论朝鲜语同义汉字词识别方法与应用》,载于《汉语学习》2000年第3期。

[73] 谭志词:《论汉语词汇对越南语词汇的影响》,载于《解放军外国语学院学报》1997年第1期。

[74] 谭志词:《中越语言文化关系》,洛阳出版社2003年版。

[75] 万华玲:《中日同字词比较研究》,华东师范大学博士学位论文,2004年。

[76] 王力:《汉越语研究,龙虫并雕斋文集》,中华书局1980年版。

[77] 王蜀豫:《中日词汇对比研究》,四川文艺出版社2001年版。

[78] 王燕:《韩前总理总动员推动汉字成韩字》,载于《法制晚报》2009年1月13日。

[79] 徐建宏:《汉语词汇与韩国语汉字词的对比研究》,载于《辽宁大学学报》1999年第4期。

[80] 徐通锵:《语言论——语义型语言的结构原理和研究方法》,东北师范大学出版社1997年版。

[81] 许雪华:《汉日同形词词性的实证性研究》,北京外国语大学博士学位论文,2016年。

[82] 杨念群:《何谓"东亚"?——近代以来中日韩对"亚洲"想象的差异及其后果》,载于《清华大学学报》2012年第1期。

[83] 杨绪明、阮氏和:《〈汉语水平词汇与汉字等级大纲〉的可对应汉越词及其教学策略》,载于《通化师范学院学报(人文社会科学)》2018年第3期。

[84] 张光军:《韩国的汉字与汉字词》,载于《韩国研究》2001年第5期。

[85] 张光军:《韩国的汉字》,载于《解放军外国语学院学报》1999年第5期。

[86] 张光军:《南朝鲜语中的日语汉字词》,载于《教学研究》1982年第1期。

[87] 张辉女:《汉字和汉语与朝鲜半岛语言的关系》,载于《民族语文》2002年第5期。

[88] 张文丽:《关于韩国语汉字词的研究》,载于《韩国语教学与研究》2019年第3期。

[89] 张晓曼:《试论中韩语言的接触》,载于《语言研究》2002年特刊。

[90] 张晓曼:《语言接触视域下汉语对韩国语影响研究》,载于《东北师大学报(哲学社会科学版)》2015年第6期。

[91] 张兴权:《朝鲜语和汉语词汇对比》,载于《中央民族学院学报》1984

年第 2 期。

[92] 张义源:《谈朝鲜语汉字词与汉朝翻译中“读音译法”的特殊性》,载于《延边大学学报(社会科学版)》1987 年第 1 期。

[93] 张治国:《中美语言教育政策比较研究—以全球化时代为背景》,北京大学出版社 2012 年版。

[94] 赵新建、马会霞、赵岩:《与韩国汉字政策相关的六种主张》,载于《中国外语战略研究中心研报》,2013 年。

[95] 周琨:《韩国语汉字收音与日语汉字音对应关系研究》,载于《语文学刊》2015 年第 21 期。

[96] 朱京伟:《近现代以来我国音乐术语的形成与确立》,载于《中国音乐》1998 年第 2 期。

[97] 朱京伟:《日语词汇学教程》,外语教学与研究出版社 2005 年版。

[98] 朱京伟:《日语汉字词演变举例》,载于《外语教学与研究》1992 年第 3 期。

[99] 朱京伟:《严复译作中的新造词和日语借词》,载于《人文论丛》2008 年。

[100] David Easton. *The Political System: An Inquiry into the State of Political Science*. NewYork: Knopf, 1971.

[101] Robert L, Cooper. *Language planning and Social Change*. Cambridge: Cambridge University Press, 1989.

[102] CD-ROM 版新潮文庫,1997,明治の文豪,新潮社.

[103] KenLunde 著小松章他訳,2002,CJKV 日中韓越情報処理,オライリー・ジャパン.

[104] 荒川清秀,1979,中国語と漢語——文化庁『中国語と対応する漢語』の評を兼ねて」,愛知大学文学論叢 1979(62).

[105] 石井正彦,2007,現代日本語の複合語形成論,東京:ひつじ書房.

[106] 伊藤雅光,2002,『計量言語学入門』,東京:大修館書店.

[107] 井之口有一,1982,明治以後の漢字政策,日本学術振興会.

[108] 大河内康憲,1992,日本語と中国語の同形語,日本語と中国語の対照研究論文集(下),東京:くろしお出版.

[109] 大塚秀明,1990,日中同形語について,外国語教育論集,筑波大学外国語センター外国語教育研究会.

[110] 菅野倫匡,2017,漢字はなくなるか——再び「漢字の将来」を問い